U0678844

中国古代名著全本译注丛书

三国志译注

一

[晋]陈寿 著 [南朝宋]裴松之 注

方北辰 译注

图书在版编目(CIP)数据

三国志译注 /（晋）陈寿著;（南朝宋）裴松之注;方北辰译注. —上海：上海古籍出版社，2021.12（2025.5 重印）

（中国古代名著全本译注丛书）

ISBN 978-7-5732-0128-7

Ⅰ.①三… Ⅱ.①陈… ②裴… ③方… Ⅲ.①中国历史—三国时代—纪传体②《三国志》—译文③《三国志》—注释 Ⅳ.①K236.042

中国版本图书馆 CIP 数据核字(2021)第 243638 号

中国古代名著全本译注丛书

三国志译注

（全三册）

［晋］陈 寿 著

［南朝宋］裴松之 注

方北辰 译注

上海古籍出版社出版发行

（上海市闵行区号景路 159 弄 1-5 号 A 座 5F 邮政编码 201101）

（1）网址：www.guji.com.cn

（2）E-mail：guji1@guji.com.cn

（3）易文网网址：www.ewen.co

江阴市机关印刷服务有限公司印刷

开本 890×1240 1/32 印张 100.125 插页 15 字数 1,923,000

2021 年 12 月第 1 版 2025 年 5 月第 7 次印刷

ISBN 978-7-5732-0128-7

K·3074 定价：398.00 元

如有质量问题，请与承印公司联系

序　论

——陈寿和《三国志》

缪　钺

在吾国二十余部纪传体史书中，论者均推前四史为冠冕。在前四史中，《史记》、《汉书》之后，即是西晋陈寿所撰的《三国志》，而范晔《后汉书》作于南朝刘宋时，尚在《三国志》后一百余年，所以《三国志》可以说是紧承《史记》、《汉书》之后的一部史学名著。《晋书·陈寿传论》谓："丘明既没，班、马迭兴，奋鸿笔于西京，骋直词于东观。自斯以降，分明竞爽，可以继明先典者，陈寿得之乎。"

《三国志》的作者陈寿，字承祚，巴西郡安汉县（四川南充市）人。生于蜀汉建兴十一年（公元 233 年）癸丑，卒于晋惠帝元康七年（公元 297 年）丁巳，年六十五岁。

陈寿少时受学于同郡史学家谯周，"聪慧敏识，属文富艳"（《华阳国志》卷十一《陈寿传》）。在蜀汉时，陈寿出仕为东观秘书郎、散骑黄门侍郎。当时宦者黄皓专权，许多朝臣都谄附他，陈寿独不然，所以屡被谴黜。

公元 263 年，蜀汉为曹魏所灭，这时陈寿三十一岁。两年之后，司马炎夺取曹魏政权，建立晋朝，是为晋武帝。先是陈寿居父丧时，有病，使侍婢调治药丸，当时人认为此事触犯封建礼教，加以贬责，因此，蜀汉灭亡之后，陈寿沉废累年。后来司空张华欣赏陈寿的才华，替他辩护，于是陈寿被举为孝廉，做佐著作郎，又迁著作郎，出补平阳侯相。陈寿为著作郎时，中书监荀勖、中书令和峤奏使陈寿定蜀丞相诸葛亮故事。陈寿将诸葛亮的著作"删除复重，随类相从"，于晋武帝泰始十年（公元 274 年）在平阳侯相任上时，编成《诸葛亮集》二十四篇，奏于朝廷，并作了一篇表。表中对诸葛亮作了公允的评价，既称赞其“逸群之才，英霸之器”，同时也指出，他“治戎为长，奇谋为短，理民之干，优于将略”。表中又说，诸葛亮的“声教遗言，皆经事综物，公诚之心，形于文墨，足以知其人之意理而有补于当世”。不久，他又入为著作郎。陈寿为佐著作郎及著作郎时，都兼本郡中正。

晋武帝太康元年(公元280年)，晋灭吴。自汉末以来，分崩离析者前后约九十年，至此复归统一。这时陈寿四十八岁，他开始整理三国史事，著《魏书》、《蜀书》、《吴书》共六十五篇，称为《三国志》。张华看到这部书，很欣赏，将荐举陈寿为中书郎。权臣荀勖嫉妒张华，因此也不喜欢陈寿，授意吏部迁陈寿为长广太守。陈寿以母老为借口，辞官不就。镇南大将军杜预表荐陈寿为散骑侍郎，朝廷任命他为治书侍御史。他奏上《官司论》七篇，依据典故，议所因革。后来因母死丁忧去职。他母亲临死时，遗言葬于洛阳，陈寿遵照办理。当时清议认为陈寿不以母丧归葬于蜀中故乡是不对的，于是又遭到贬议。数年之后，起为太子中庶子，还未就职，就病死了。西晋时，朝政腐败，权贵恣肆，陈寿才学出众，以蜀中文士出仕中朝，其受到排挤是很自然的；而蜀中文士与陈寿同时入洛者，不乏才俊，如寿良、李骧等，又与陈寿情好不终，常相诋议(《华阳国志》卷十一《王化传》、《陈寿传》、《李宓传》)，也增加了陈寿仕途的坎坷。所以陈寿终身仕宦不得志。《华阳国志·陈寿传》说：“位望不充其才，当时冤之。”

陈寿之所以能撰写《三国志》这样的不朽名著，并非偶然。他在史学方面早就有深厚的修养。陈寿师事同郡谯周，谯周是一位博学的人，曾著《古史考》。在谯周的教导之下，陈寿从少时起，就喜欢读古代历史名著如《尚书》、《春秋三传》、《史记》、《汉书》等，了解撰写史书的方法、义例、别裁、通识。后来他自己撰写史书，先从地方史做起。自东汉初以来，蜀郡郑伯邑、赵彦信，汉中陈申伯、祝元灵，广汉王文表等，都是博学洽闻，留心乡邦人物的，曾作《巴蜀耆旧传》。陈寿认为他们的著作还有不足之处，于是除巴、蜀外，又包括汉中，撰《益部耆旧传》十篇。此外，他又撰《古国志》五十篇，品藻典雅，而最精心结撰的则是《三国志》。《益部耆旧传》与《古国志》都已亡佚了，只有《三国志》流传下来。

在陈寿撰著《三国志》之前，魏、吴两国都有官修的史书。魏文帝、明帝时，曾命卫觊、缪袭草创纪传，累载不成，后又命韦诞、应璩、王沈、阮籍、孙该、傅玄等共撰定，其后王沈独就其业，勒成魏书四十卷，“其书多为时讳，殊非实录”。孙吴时，亦曾命韦曜(即韦昭)、周昭、薛莹、梁广、华覈等撰述《吴书》，韦曜独终其业，定为五十五卷。魏鱼豢又曾私撰《魏略》，事止明帝。(以上均据《史通》卷十二《正史》篇。按卢弼《集解》引张鹏一说，谓鱼豢《魏略》所记，讫于陈留王奂时。)这些，都是陈寿所参考依据的资料。当然，除此之外，陈寿还可能多方采访。至于蜀汉，因为未置史官，无有撰述，所以蜀汉史事，更有赖于陈寿的殷勤搜集。陈寿原是蜀人，对于故国文献，向来留意，在撰著《三国志》之前，曾奉命定《诸葛亮故事》，后来编成《诸葛亮集》二十四篇，所以是具备有利条件的。《三国志》撰成后，当时见到稿本的人都很赞赏，“称其善叙事，有良史之才”。张华比之于司马迁、班固，并且对陈寿说：“当以《晋书》相付耳。”夏侯湛正在撰《魏书》，“见寿所作，便坏己书而罢”。陈寿卒后，梁州大中正、尚书郎范頵等上表说：“臣等按，故治书侍御史陈寿作《三国志》，辞多劝诫，明乎得失，有益风化，虽文艳不若相如，而质直过之，愿垂采录。”于是朝廷命河南尹、洛阳令到陈寿家中抄写这部书，藏于官府(以上引文均见《晋书·陈寿传》)。这个抄本，应当就是后世各种传抄本的“祖本”。

陈寿的《三国志》，就大体说来，超出他以前及以后其他诸家关于魏、蜀、吴三国史事的撰著，后人对他评价颇高。刘勰《文心雕龙·史传篇》说：“及魏代三雄，记传互出，《阳秋》、《魏略》之属，《江表》、《吴录》之类，或激抗难征，或疏阔寡要，唯陈寿三《志》，文质辨洽，荀、张比之迁、固，非妄誉也。”但是其中也有一些问题，引起后人的批评与责难。

第一个是关于陈寿修史态度的问题。《晋书·陈寿传》在肯定《三国志》的价值之后，记载了两件事，说明陈寿修史态度有时不公平：

> 或云：丁仪、丁廙有盛名于魏，寿谓其子曰：“可觅千斛米见与，当为尊公作佳传。”丁不与之，竟不为立传。寿父为马谡参军，谡为诸葛亮所诛，寿父亦坐被髡，诸葛瞻又轻寿，寿为亮立传，谓亮将略非长，无应敌之才，言瞻惟工书，名过其实。议者以此少之。

这两种受到指责的事是否属实呢？古代学者中是有人轻信这个说法的。索米一说，周柳虬、唐刘元济、刘知几皆信之。刘知几甚至于说陈寿是“记言之奸贼，载笔之凶人”（《史通·曲笔》篇）。宋陈振孙《直斋书录解题》卷四《三国志》条，在评价《三国志》时也说：“乞米作佳传，以私憾毁诸葛亮父子，难乎免物议矣。”但是更多的学者，则是审情度理，提出异议。早在北魏时期，崔浩即高度评价《三国志》，而为陈寿辩诬。《魏书》卷四十三《毛脩之传》：

> （崔）浩以其（按，指毛脩之）中国旧门，虽学不博洽，而犹涉猎书传，每推重之，与共论说，言次遂及陈寿《三国志》，有古良史之风，其所著述文义典正，皆扬于王廷之言，微而显，婉而成章，班史以来无及寿者。脩之曰：“昔在蜀中，闻长老言，寿曾为诸葛亮门下书佐，被挞百下，故其论武侯云：‘应变将略，非其所长。’”浩乃与论曰：“承祚之评亮，乃有故义过美之誉，案其迹也，不为负之，非挟恨之矣。”

到了清代，朱彝尊、杭世骏、王鸣盛、钱大昕、赵翼等，则提出有力的理由为陈寿辩护。朱彝尊《曝书亭集》卷五十九《陈寿论》中说：

> 街亭之败，寿直书马谡违亮节度，举动失宜，为张郃所破，初未尝以父参谡军被罪借私隙咎亮。至谓亮应变将略非其所长，则张俨、袁准之论皆然，非寿一人之私言也。寿于魏文士，惟为王粲、卫觊五人等立传，粲取其兴造制度，觊取其多识典故，若徐幹、陈琳、阮瑀、应玚、刘桢，仅于《粲传》附书，彼丁仪、丁廙，何独当立传乎？造此谤者，亦未明寿作史之大凡矣。

朱氏的辨析已甚明确。王鸣盛《十七史商榷》卷三十九《陈寿史皆实录》条中，综合朱彝尊、杭世骏两家之说加以申述补充，认为丁仪、丁廙二人“盖巧佞之尤，安得立佳传”。又谓：“寿入晋后，撰次《亮集》表上之，推许甚至，本传特附其目录并上书表，创史家未有之例，尊亮极矣。评中反复称其刑赏之当，则必不以父坐罪为嫌。”钱大昕《潜研堂集》卷二十八《跋三国志》亦谓“承祚于蜀，所推重者惟诸葛武侯……其称颂盖不遗余力”，与王鸣盛有相同之意见。赵翼《廿二史札记》卷六《陈寿论诸葛亮》条，也举出许多例证，说明陈寿对诸葛亮推崇备至，所谓因私嫌而于诸葛亮有贬词者，乃无识之论。综合以上诸家之所辨析，可见《晋书·陈寿传》所讥之两事都是不足信的，正如王鸣盛所谓“《晋书》好引杂说，故多芜秽”也。

其次，后人对《三国志》责难最多者，是以魏为正统一事。陈寿修《三国志》，是以魏为正统的。书中对于魏国的君主如曹操(曹丕建立魏朝后，追尊曹操为武皇帝)、曹丕、曹叡等，都列为武帝、文帝、明帝诸纪，而对于蜀汉与吴的君主如刘备、孙权等，则立为传。在《魏书》中，对于刘备称帝孙权称帝之事皆不书，而在《蜀书》、《吴书》中，于君主即位，必记明魏之年号，以见正统之在魏。东晋习凿齿作《汉晋春秋》，开始提出异议，主张以蜀汉为正统。南宋朱熹以后，都赞同习凿齿而非难陈寿。关于此问题，《四库全书总目提要》中《三国志》条有一段解释：

> 以理而论，寿之谬万万无辞；以势而论，则凿齿帝汉顺而易，寿欲帝汉逆而难。盖凿齿时晋已南渡，其事有类乎蜀，为偏安者争正统，此孚于当代之论者也；寿则身为晋武之臣，而晋武承魏之统，伪魏是伪晋矣，其能行于当代哉！此犹宋太祖篡立近于魏，而北汉、南唐迹近于蜀，故北宋诸儒皆有所避而不伪魏；高宗以后，偏安江左，近于蜀，而中原魏地全入于金，故南宋诸儒乃纷纷起而帝蜀，此皆当论其世，未可以一格绳也。

这个解释很明白。所谓“正统”之说，完全是为封建统治服务的，说明当时政权的合理性，其是非标准，以对当时的封建统治是否有利为权衡。西晋承魏，北宋承周，建都于中原，所以当时史家皆以魏为正统；东晋与南宋都是偏安江南，情况与蜀汉相似，所以当时史家又都以蜀汉为正统。陈寿是西晋朝臣，而西晋政权是继承曹魏的，所以陈寿修《三国志》，以魏为正统，这是封建史家照例的做法。这种是非的争论，在我们今日看来，是并无多大意义的。

这里还要补充一点。陈寿在西晋政权下撰《三国志》，在某些书法上，势必以魏为正统，但是他在思想感情上，仍然倾向于蜀汉。朱彝尊曾说，陈寿的书取名为“三国志”，承认魏、蜀、吴三国并峙这一事实。当曹丕受禅时，群臣颂功德、上符瑞者先后动百余人，其文见裴松之注所引，而陈寿均不记载；至于蜀汉先主王汉中，在武担即帝位，群臣请封之辞、劝进之表、告祀之文，大书特书，“著昭烈之绍汉统，予蜀以天子之制，足以见良史之用心苦矣”（《曝书亭集》卷五十九《陈寿论》）。恽敬《大云山房文稿》初集卷二《书三国志后》，更继朱氏之说，举例阐发陈寿尊蜀为正统之微意。当然，我们今日并不必以此标准来衡量

《三国志》一书的长短得失，不过，通过这一点，也可以看出，古人著书，常有不便明言者，而用巧妙的笔法以寄托其深意微旨。所以我们读古书时，应当结合作者的身世处境，进而探求其用心，所谓“好学深思，心知其意”，这还是必要的。

另一种对《三国志》的批评，是说书中时有曲笔，多所回护，换句话说，就是替封建统治者（尤其是西晋统治者）隐恶溢美。《史通》卷七《直书》篇：“当宣、景开基之始，曹、马构纷之际，或列营渭曲，见屈武侯，或发仗云台，取伤成济，陈寿、王隐咸杜口而无言。”赵翼《廿二史札记》卷六《三国志多回护》条举出许多例证。譬如齐王芳之被废，是司马师的主张，事前太后并不知道，而《齐王芳纪》反载太后之令，极言齐王芳无道不孝，以见其当废；高贵乡公亲自率兵讨司马昭，为司马昭之党成济所杀，乃《高贵乡公纪》但书“高贵乡公卒”，绝不见被杀之迹，反载太后之令，言高贵乡公悖逆不道，自陷大祸，欲以庶人礼葬之；叙魏与蜀战争，常是讳败夸胜；刘放、孙资本是奸邪之人，而陈寿作二人合传，说他们身在近密，每因群臣谏诤，多扶赞其义，并时陈损益，不专导谀言，大概因为孙、刘二人有功于西晋统治者司马氏，司马氏感激他们，所以陈寿为二人作佳传。由刘知几、赵翼所举的例证，可以看出，陈寿为西晋统治者回护是明显的。本来封建史书都不免要为封建统治服务，陈寿身为晋臣，撰写史书，当然不便也不敢揭发批评司马氏，甚至于要为他们粉饰；况且陈寿记述魏、晋之际的政事，多是沿用王沈《魏书》，而王沈是司马氏之党，其书“多为时讳，殊非实录”，而陈寿也难以多作改动。不过，陈寿在某些地方，还是有时用微妙曲折之笔法透露一点自己的意见，尽管这些意见往往是不符合司马氏心意的。

以上所举，是历来学者对于《三国志》几点重要的批评，以及对于这些批评意见的讨论。其中索米不遂而不为丁仪兄弟立传及因父受刑而贬抑诸葛亮的两种传说，都是不可靠的。至于以魏为正统，乃是西晋时修史者所不得不如此做的，而且所谓“正统”的是非，我们今日也不必多去理会。唯独书中时有曲笔，为西晋统治者隐恶溢美，多所回护，这不免是《三国志》的一个缺点。

陈寿修《三国志》，为了维护当时统治者司马氏的利益，做了不少的曲笔，但是对于曹魏与孙吴刑政的苛虐，徭役的繁重，却都是据事直书，并无掩饰。同时，其他许多史事的叙述，也都是“剪裁斟酌处，亦自有下笔不苟者，参订他书，而后知其矜慎”（赵翼《廿二史札记》卷六《三国志书事得实》条）。兹以《诸葛亮传》为例，加以说明。关于诸葛亮的史料，文献记载与口头传说都相当的丰富。陈寿作《诸葛亮传》时，在史料的取舍上，是经过审慎斟酌的。关于刘备与诸葛亮最初相识的经过，《魏略》与《九州春秋》都说是诸葛亮自己去见刘备的(《三国志·诸葛亮传》裴注引)，陈寿不取此说，而根据诸葛亮《出师表》中的自述：“先帝不以臣卑鄙，猥自枉屈，三顾臣于草庐之中。”所以记此事时说：“由是先主遂诣亮，凡三往，乃见。”诸葛亮征南中事，当时传说不免有夸大溢美之处，譬如对于孟获的七擒七纵，是不合情理的，所谓“南人不复反”，也是不合事实的。(后来东晋习凿齿作《汉晋春秋》，采录了这些事。)陈寿一概不取，只说：“其秋悉平，军资所出，国以富饶。”当时又有一种传说：诸葛亮于建兴五年北伐时屯于阳平，遣大军东去，司马懿率二十万人径至城下，城中兵少力弱，将士失色，莫知所出。诸葛亮意气自若，敕军中卧旗息鼓，大开城门。司马懿疑有伏兵，引军北去。西晋人郭冲说诸葛亮五事，此为其一(见裴注引王隐《蜀记》)。这个传说既不合事实，也不近情理。蜀汉后主建兴五年即是魏明帝太和元年(公元227年)，这时司马懿为荆州都督，镇宛城，并未在关中抗御诸葛亮；况且司马懿是对军事很有经验的人，也不至于这样幼稚可欺。(裴松之注已对此加以辨析。)所以陈寿对此事摒弃不取。诸葛亮《后出师表》载于吴人张俨《默记》中，就这篇文章中的思想与所叙事实看来，都不像是诸葛亮的作品，可能是张俨拟作或其他人拟作而张俨采录的。(清人袁枚、黄以周都曾撰文辨析。)陈寿撰《诸葛亮传》不录此篇，是有道理的。从以上所举诸事例，都足以看出，陈寿对于史料的取舍选择，谨严矜慎。他虽然崇拜诸葛亮，但是对于有些传说将诸葛亮夸饰得过于神奇者，他都不采用。

陈寿所作诸传，照顾的方面很广。凡是三国时期在政治、经济、军事上有关系的人物以及在学术思想、文学、艺术、科学技术上有贡献者，都根据具体情况，或立专传，或用附见。不过，也不免偶有遗漏。譬如张仲景与华佗同时，都是杰出的名医，陈寿为华佗立传而忽略了张仲景，《史通·人物》篇已指出这一点，认为是“网漏吞舟”。又如马钧是当时“天下之名巧”，陈寿也没有给他立传。至于桓范、何晏都是魏、晋间政治上的重要人物，陈寿也未曾为之立传，大概因为桓、何二人是司马氏的敌党，有所顾忌，故而略之。还有，对于少数民族，陈寿只撰写了乌丸、鲜卑、东夷传，记录了东北地区的少数民族，对于西方的氐、羌诸族以及西域诸国，均未立专篇。至于孙吴境内的山越，蜀汉境内的南中少数族，都甚为活跃，事迹颇多，陈寿也未立专传。这也是《三国志》的不足之处。刘知几又指出有的是“才非拔萃，行不逸群”，不当立传者，如“《蜀志》之有许慈”(《史通·人物》篇)。

《三国志》只有纪、传而没有志，似乎也是一个缺陷。志是比较难作的，江淹认为：“史之所难，无出于志。”(《史通·正史》篇)陈寿大概是因为资料搜集不够，所以没有作志。

《三国志》通体简约爽洁，无繁冗芜杂之弊，各传中所选录的文章，也都能择取最重要者，大都有历史意义，或兼有文学价值，不像王沈《魏书》、鱼豢《魏略》选录文章过多，有“秽累”之弊(《史通·载文》篇)。至于陈寿的文章，亦以简练见长，而对于历史人物的描写，在生动传神方面，则不如司马迁的《史记》，亦不如班固的《汉书》。叶适说：“陈寿笔高处逼司马迁，方之班固，但少文义缘饰尔，要终胜固也。”(《文献通考》卷一九一《经籍考·三国志》条引)未免称赞过高。刘熙载谓，陈寿

《三国志》“练核事情，每下一字一句，极有斤两”（《艺概》卷一）。李慈铭说：“承祚固称良史，然其意务简洁，故裁制有余，文采不足；当时人物，不减秦、汉之际，乃子长《史记》，声色百倍，承祚此书，暗然无华，范蔚宗《后汉书》较为胜矣。”（《越缦堂日记》咸丰己未二月初三日）这个衡量是分寸恰当的。

陈寿《三国志》自从撰成之后，迄今千余年中，读者评论，虽然意见也颇有分歧，然大体上都是肯定的，认为是一部“良史”。但是也有个别的人，对《三国志》作了全面的否定。《全唐文》卷六九五刘肃《大唐新语后总论》：“陈寿意不逮文，容身远害，既乖直笔，空紊旧章。”可见好为怪论以惊世骇俗者也是自古有之。

在陈寿作《三国志》后约一百三十年，刘宋文帝命裴松之为《三国志》作注。

裴松之（公元372—451年），字世期，河东闻喜（山西闻喜县）人，他的祖父裴昧已经迁居江南。裴松之“博览坟籍，立身简素”。宋初，官中书侍郎。他奉命作《三国志》注，即“鸠集传记，增广异闻”。书成，于元嘉六年（公元429年）奏上。宋文帝很欣赏，说：“此为不朽矣。”（以上引文均见《宋书·裴松之传》）

裴松之上《三国志注表》中说：

> 臣前被诏，使采三国异同，以注陈寿《国志》。寿书铨序可观，事多审正。……然失在于略，时有所脱漏。臣奉旨寻详，务在周悉，上搜旧闻，傍摭遗逸。按三国虽历年不远，而事关汉、晋，首尾所涉，出入百载，注记纷错，每多舛互。其寿所不载，事宜存录者，则罔不毕取，以补其阙；或同说一事，而辞有乖杂，或出事本异，疑不能判，并皆抄内，以备异闻；若乃纰缪显然，言不附理，则随违矫正，以惩其妄；其时事当否，及寿之小失，颇以愚意有所论辩。

可见裴注体例，不在于训诂、名物、制度的解释(裴注中在这方面亦有相当多的数量)，而在于对史事的补阙、备异、惩妄与论辩。虽然后来有些学者认为裴注失于繁芜，譬如刘知几说：裴注“喜聚异同，不加刊定，恣其击难，坐长烦芜”（《史通·补注》篇）。陈振孙也说:《三国志》“本书固率略，而注又繁芜”（《直斋书录解题》卷四《三国志》条)。叶适认为：“注之所载，皆寿书之弃余。”（《文献通考》卷一九一《经籍考·三国志》条引)但是这些批评并不恰当。尤其叶适的说法更是错的。裴注所引史料，其中大部分是陈寿同时或以后的人的著作，非陈寿所能见到，怎么能说是“皆寿书之弃余”呢?

裴注搜采广博，“所引书目，全部而言，为二百一十余种，若除去关于诠释文字及评论方面的，则为一百五十余种”（据杨翼骧《裴松之与〈三国志〉》，载《历史研究》1963 年第 2 期)。其中有百分之九十几早已亡佚，赖裴注征引，尚可见其崖略，并且裴注引书，首尾完具，不加以剪裁割裂，尤便于后人参考。所以《四库全书总目提要》说：“考证之家，取材不竭，转相引据者，反多于陈寿本书焉。”我们今天读《三国志》，必须兼读裴注，研究三国时期的历史，裴注应是很重要的参考资料。当然，裴注亦偶有遗漏之处，赵翼《陔余丛考》卷六十三《三国志》条已指出这一点。

如果进而观之，裴注之价值，不仅在于广收博采为《三国志》拾遗、补阙而已，尚有可称述者三端。一、为注解古书开创新体例。在裴松之以前，注解古书者，大概都是训释文辞音义、名物制度，至于博采群书，补阙备异，则自裴松之始。梁刘孝标注《世说新语》，即用此法。陈寅恪先生认为，这可能是受佛经启发的“合本子注”的体例(《寒柳堂集》中《徐高阮重刊洛阳伽蓝记序》)。此体例一开，对后世注书者影响甚大。二、为史学考证的先行者。在裴松之以前，撰著史书者，对于史事的考证，往往不笔之于书，后人无从知其取舍之故而审辨其是非。注史者亦未尝广搜史籍，比勘异同，考其正误。裴松之首先做了这项工作，他博采有关三国史事的各种书籍，与陈寿本书对勘，明辨其是非正误，使读者对于当时史事有更明确的认识。司马光的名著《资治通鉴考异》，其体例与方法，就是受到裴松之《三国志注》的启发的。三、开史学评论之端。裴松之不仅考辨史事的正误，而且对于有关三国时期的各种史书加以评议(包括陈寿本书在内)，指出其长短得失，有时并对历史人物及事件亦提出自己的看法。总之，裴松之是一个在史学上有卓越贡献的人，他见闻广博，方法精密，不但有史学，而且有史识。他的《三国志注》在史学上有创新之功，不仅是附陈寿的骥尾而已。

前　言

1995年5月，拙著《三国志注译》（全三册）出版问世之后，受到学界和读者的肯定。当年《中国史研究动态》、《光明日报》的《史学》副刊等，曾发表专门的书评。2000年，由当时美国哈佛大学教授Endymion Wilkinson（中文名魏根深，曾任欧盟驻华大使）编撰，哈佛大学东亚研究中心正式出版的专业工具书《中国历史手册》（*CHINESE HISTORY/A MANUAL*），其中第810页，即对该书的内容和特色进行了介绍，将其列入了解三国时期历史文化的基本参考书目。易中天先生《品三国》（下册）中讲述刘备托孤的遗嘱问题时，也特别引用了其中的注释内容。2011年4月，此书改名为《三国志全本今译注》出版，同样获得了学界和读者的好评，绝版后的二手书，在旧书网上的价格已经上涨到原价的数倍。

进入新时代的现今，此书再次修订后的升级版《三国志译注》，承蒙上海古籍出版社特别看重，积极安排出版。这是一种新的机缘，也是笔者在中国史学古籍名著的普及化和通俗化方面，长期努力的延续和提高。

本书的内容，是对西晋史学名家陈寿《三国志》的全本正文六十五卷，以及刘宋史学家裴松之的全部注释，进行原文的校勘和标点之后，再对陈寿的全本正文，逐卷进行今注和今译。其基本性质，是具有坚实学术基础的普及性读物。其阅读对象的定位，主要是具有中学及其以上文化水平的广大普通读者；同时也为对三国历史文化具有特别兴趣的读者，提供一个宽广的知识阶梯。你可以随意翻翻每卷的白话译文，那里有一个又一个生动有趣的故事；你还可以进一步细细阅读白话的注释，那里有政治、军事、文化、经济、科学、民族的丰富信息。总之，本书既是三国英雄贤才的白话故事总汇，也是三国历史文化的整体信息大观。

全书包括三个分册：卷一至卷二十为第一分册，包括序论、前言；卷二十一至卷四十五为第二分册；卷四十六至卷六十五为第三分册，包括附录、校勘记。

本书的突出特色主要有二：一是校勘、标点、今译、今注这四大古籍整理的基本要素，全部齐备，相互配合，其中的校勘和标点，是今注和今译的坚实基础，而今注和今译，是全书的主体枝干。二是全书三个分册的编纂工作，均由著者一人独立承担完成，而非成于众人之手，因而能够很好做到整体的一致和照应，不会出现歧异和矛盾。

在校勘方面，本书不仅严格选择底本，而且精心进行校勘。之所以如此，是看到近年来在古籍的注译上，出现了不少根本没有精选底本和细致校勘，就贸然进行注释和翻译的书籍，结果是原文的文字有误，注释和翻译也跟着错了，读者把这类硬伤称之为“以错注错”和“以错译错”。有鉴于此，本书精选了笔者珍藏的清光绪十四年戊子(公元 1888 年)上海图书集成印书局校印的《钦定三国志》，作为基准性的底本。上海图书集成印书局，是著名《申报》报馆的下属机构，曾经用铅字印行了《二十四史》和《古今图书集成》，是清代后期引进国外铅印技术的先行者。由于整体的职业素质较高，而铅制活字排版，又比木刻制版更容易修改讹误，因此这一版本的质量，明显要优于清代坊间的一般木刻本。由于其母本是清代乾隆四年武英殿本，所以定名为《钦定三国志》。武英殿本原有的各卷考证，此书也全部附于各卷之后。殿本是清代以国家之力完成的，所以在底本的充分选择上，在编辑、校勘、刻印力量的组织上，都具有民间任何机构难以企及的优势。因此，殿本尽管也存在种种缺陷，但是其总体质量却是应当肯定的。考虑到《钦定三国志》的母本是殿本，而它本身也是校印皆精的百年善本，所以就以之作为基准性的底本。

上述底本，首先，采用《三国志》的其他版本精心参校。参校本主要有考古发现的古代写本残卷、涵芬楼百衲南宋本、元大德池州路学刊本、明毛氏汲古阁刻本、影印清文渊阁四库全书本、民国卢弼《三国志集解》本等。其次，再使用多种与《三国志》相关的古代文献典籍，对文本进行勘校。最后，又对清代以来至今，众多学者对《三国志》的校勘成果，进行适当的吸收。由于本书的基本性质是普及性的读物，进行校勘的根本目的，是为了给今注和今译扫除障碍，奠定基础，而不是对《三国志》文本本身进行专门性的深入学术研究。因此，本书在校勘的具体处理上，尽量做到简明扼要，而不作广泛征引和繁琐考证。

为了适合广大普通读者阅读，又对已经形成的文本，进行了以下多方面的处理。一是将繁体字改为标准简化字。极少数人名、地名中的繁体字，改为简化字之后其字音和字义有可能发生误会性变化者，则保留不改。二是异体字直接改为通行字；常见的通假字直接改为本字；使用次数多而且容易对现代读者阅读造成困难的古体字，直接改为现今的通行字。后面三项改动的字数，总计约二百八十个左右，此不一一列举。

在标点方面，早在新式标点本出现之前，明代的陈仁锡刊本，清末中华图书馆的仿刻殿本，民国扫叶山房石印本、世界书局铅印本等，就已经先后对《三国志》进行过句读性的断句；传世的南宋刻本、清乾隆文渊阁四库全书本、同治金陵书局活字本等，则已对《三国志》的部分或全部，进行过段落的划分。前贤的这些工作和贡献，都为后来新式标点本的出现，开辟了先路，提供了参照，奠定了基础。笔者对《三国志》的标点素有留意，早在上世纪八十年代中期，即曾公开发表《〈三国志〉标点商榷》等论文，对通行本的标点问题，专题加以探讨，并将这些成果引用到本书之中。在标点和分段方面，力求贯彻使层次更加准确、眉目更加清晰的原则，以便于广大普通读者对照阅读。

比如分段方面，在三国君主的本纪或传记中，自该君主正式称帝之后的史文，都照例要在每年的纪事当中，于四季之中每一季节首次出现的月份之前，标出春、夏、秋、冬四季中某一季节的字样。这种沿用《春秋》经传旧例而形成的史家笔法，是中国历史典籍文化的一种传统特色。本书在处理三国君主本纪和传记的时候，即注意将上述带有四季字样的月份进行提行分段，以便准确体现史家的主旨和意图。另外在其他人物的传记中，也注意以不同君主作为时间标志点，对其史文进行分段，使其生平活动更加清晰。

又如标点方面，对于裴注中大量相关文献典籍的引文，都使用引号加以明确的区分。还有很重要的一点，即魏晋时期是中国古代文章骈偶化开始风行的时代，这种现象也在陈寿的史文和裴松之注文中普遍出现。无论是文意的并列式层次，还是递进式层次，都常常使用非常讲求对称之美的骈偶化句式来表达。本书在标点时，也尽量将这些骈偶化的句式明晰地展现出来。这样，不仅使读者阅读时能够准确理解文句，而且还能将当时这种特别的文化信息传达给读者。

通过以上步骤形成的最终文本，就是本书据以进行今译和今注的正式文本。

在今译方面，译文统一安排在每一卷的后面。译文力求准确、畅达、生动、通俗。在句式上尽量与原文保持一致；但是在文句过长时，也适当分为较短的句式来表达，从而使读者阅读起来更加顺畅。对于较为晦涩的典故，由于已有注释加以说明，所以采取直接翻译其意的办法来加以处理，以免译文过于冗赘。原文是韵文的，将继续保持《三国志注译》中独树一帜的做法，即译文也一律采用生动而押韵的白话韵文来翻译，以求尽可能保持原有的风貌、情感和韵味。由于官名大多都有注释，所以在译文中一律直译其名，而不用现代的官名来作非常勉强的对译。原文中蕴涵的感叹、惊讶、疑惑、赞叹等等情绪，也尽量在译文中准确地表达出来。

在今注方面，为节省篇幅，每一分册之中，相同的词语一般只在首次出现时出注，此后再次出现者，不作重复注释，也不注互见。如果出现在不同地方的词语，其字面相同然而内涵有异，或者词语作用重要而又较为冷僻难于理解者，则斟酌情况再次进行简略的注释。注释在行文上，使用纯正白话，力求通俗、简明，以适合广大普通读者的阅读。

三国是中国古代历史中特别散发异彩奇光的时代，历史人物活动频繁，历史事件错综复杂，历史制度新陈交替，历史情势变化多端。而陈寿《三国志》的史文，简约高华，沉着凝练；同时因为他在撰写此书时，处在司马氏刚刚取代曹魏的西晋王朝，作为蜀汉的亡国故臣，无论是在处理蜀汉故国的史事上，还是在司马氏取代曹魏的史事上，都有迫不得已的避忌、曲笔、回护和隐讳。在这种情况下，要想在《三国志》的现今注释之中，传达给读者以更加准确、更加丰富、更加深入的历史文化信息，就应当在借鉴和发扬裴松之注释《三国志》的优秀传统方面，给予极大的重视。

裴松之自述其注释《三国志》的具体工作，是补缺、备异、惩妄和论辩四者，也就是补充缺少的资料、罗列不同的说法、批驳错误的记载、发表自己的评论。对史学名著进行如此的注释，与传统上单纯对其字词、语句进行训诂解释的注释，显然有所不同。裴松之的做法，一言以蔽之，就是恩师缪钺(彦威)先生所说的“创新注史”四字。在裴氏之后又近一千六百年的今天，这种注释方法依然具有不灭的光辉。

本书见贤思齐，也想努力借鉴“创新注史”的方法，来进行《三国志》的全文注释，从而形成本书今注的特色。在这方面的指导思想是：要尽量从语言训诂的层次，深入到历史文化的内核。具体做法主要有以下几个方面。

第一，除了注释词语的一般含义之外，还特别注意吸收当今历史学、考古学、文化学和旅游学等多方面领域中的研究成果和考古发现，将其有机地融入相关的注释当中。

第二，又特别注意结合本人四十年来在魏晋南北朝历史文化研究方面的心得和成果，以及对大量三国名胜古迹的实地考察，在疑误记载的考辨、重大典制的说明、复杂背景的交代、隐微内涵的揭示、相关史事的照应、遗缺资料的补充等等方面，都充分加以留意和表现。仅以卷一《武帝纪》为例，在建安元年十月处，说明曹操实施屯田制度的主要内容与重大作用，建安五年正月处，考辨曹操东攻刘备时，袁绍并未如史文所言没有出兵偷袭，建安十年九月处，交代曹操严厉破除冀州朋党势力的复杂背景，建安十五年冬处，揭示曹操兴建铜雀三台的真正用心，建安十八年正月处，注释曹操并省十四州为九州的意图时，照应上文扩大魏郡辖区的范围，建安二十年正月处，注释曹操撤销并州四郡时，又补充史文遗漏失载的上郡等等，都属于这样的情形。

第三，时间和空间，是历史事件的基本要素。所以对史事发生的时间和空间，都特别留意其准确性。以时间而言，本书对《三国志》正文中出现的干支记日和闰月，以及魏、蜀、吴三国实施不同历法而造成月、日纪时的差异上，全部都使用陈垣先生《二十史朔闰表》，逐一加以核查。而核查的结果，也确实发现干支记日等纪时的史文当中，存在有不少的讹误，从而给予更正。至于空间所表现的地理方面，凡是出注的地名，无论其地域的大小，都努力考核其现今的正确方位。

总之，本书力求继承“创新注史”的优秀传统，在注释的内容之中，传达给读者以更加准确、更加丰富、更加深入和更加生动的历史文化信息。对于这样的努力，相信细心的读者在阅读注释时，是能够心领神会的。

人物的注释，大体可分为三类。第一，纪传体史书中有传或记有其较重要事迹者，均加注释。内容一般包括以下数项：姓、名、字，生卒年，主要官爵，重要事迹，传记或事迹所在的书名、卷次。如为国君，则加注在位的起讫年代。但是，以上各项内容，也会视史文阅读的需要而有详略和侧重之别。即便是同一人物，在不同的史文中，其注释内容也会有所不同。第二，本书(包括裴注)有传或记有较重要事迹者，为了方便读者对照参阅，在其第一次出现时，也加以最简单的索引式注释，即只点明姓名、生卒年、传记或事迹所在的卷次。第三，其他人物，如在历史上有重要活动者，也作简要的注释。

职官的注释，一般只简要说明其职掌，不详注其沿革、秩禄，也不勉强对译为现代的官名。多次出现的常见职官，同一分册中只在第一次出现时加注。不常见的职官，视情况的需要酌加重注。作用重要的职官制度，将视情况作特别的说明。

地名的注释中，官名、爵名所包含的地名一般不出注。各级行政区的地名，只注治所的今地方位，不注沿革和范围。郡、国、州等使用“治所在今”字样，县使用“县治在今”字样。其他的地区名和一般地名，都只简略介绍今地的范围和方位，不予详说。今地注明在某省或某自治区、某直辖市之某市、某区、某县、某旗，其中略去某直辖市的“直辖”二字，以及某省的“省”字。今地的归属，主要依据中华人民共和国民政部编定、中国地图出版社出版的《中华人民共和国行政区划简册》（2019 年版）进行注释。

语词的注释，大体是博采通人，自作裁断。陈寿的史文中，有不少当时的口语、习语、缩略语等，对这些语词，除作简要注释外，有时也视情况点明其性质。语词的注释力避繁冗，除特殊情况外，一般不连续串讲文句；繁难字采用拼音注音，不加同音字。

典故的注释，包括引用古事或古语，除扼要指出其在史文中的特定含义之外，还注意以下两点：第一，尽可能注明典故的较早出处；第二，一律不使用三国之后才出现的伪书作注。纪元的标示，公元前使用“前”字，公元后使用“公元”二字。括号中人物的生卒年一律省去“年”字。

此外，《钦定三国志》等旧本的目录中，对于符合列入附传的人物多有漏列。本书依据史文是否明确记载其籍贯、历官和重要事迹这三点，在考核全文之后，对此又作了必要的增补。新增补的附传人物，均在目录中以六角符号标志之。对于旧本中各卷卷首的标题，也依然沿用不改。

构成《三国志》三个分支部分的名称，后世或称魏书、蜀书、吴书，或称魏志、蜀志、吴志。1980 年，笔者曾就此问题请教恩师缪钺(彦威)先生，先生赐答如下：

> 考察《三国志》问世之后，正史当中记载一代典籍文献的专志，对其最早记载者是《隋书·经籍志》，紧接其后则为《旧唐书·经籍志》和《新唐书·艺文志》。《隋书·经籍志》中，只有该书的总称《三国志》；虽然没有三个分支部分的名称，但是在紧接陈寿《三国志》之后，即列有北魏卢宗道《魏志音义》一书。至于《旧唐书·经籍志》和《新唐书·艺文志》二者之中，对这三个分支部分的用名，则是完全一致的，均为《魏国志》、《蜀国志》与《吴国志》。正史史家笔下这种记载一代文献典籍的专志，对文献典籍名称的著录，是极其规范和完整的，而且他们对《三国志》这种典范性史籍的文本，自然也是时时寓目，非常之熟悉的。因此，他们的上述记载，具有极高的可信度。《魏国志》、《蜀国志》与《吴国志》的省称，正是“魏志”、“蜀志”与“吴志”。而西晋之后引用陈寿此书的重要典籍，也以称“某志”者为多，如南朝宋刘孝标《世说新语注》、唐李贤《后汉书注》、唐李善《文选注》、唐徐坚《初学记》、唐虞世南《北堂书钞》、唐欧阳询《艺文类聚》、北宋《太平御览》、司马光《资治通鉴》等，均是如此。

考虑到恩师四十年前列举的以上历史事实，又依据影印清文渊阁四库全书本每卷正文前面的标目和每两页中缝的用名，以及《钦定三国志》中缝的用名，本书决定对此三国分支部分，统一使用《魏志》、《蜀志》和《吴志》的名称。

恩师缪钺(彦威)先生，回翔文史，卓然名家，在《三国志》方面也素有极其精深的研究。我在先生门下受教多年，沾溉丰沛，没齿不忘。早在1995年拙著《三国志注译》出版之时，先生即曾赐以所撰《陈寿和〈三国志〉》一文作为序论，以示鼓励。如今此书出版，而先生早归道山，谨再以此文冠于本书之首，用以寄托无尽的怀思。

上海古籍出版社胡文波先生和相关的社领导、编辑同仁，对此书的出版给予大力支持，付出了辛勤劳动，谨致由衷谢意。笔者夫人刘敬淑医师，精心照顾生活，使我得以顺利完成工作，情意长存。

本书纯粹是以个人之力完成，由于校勘、标点、今注、今译四者皆备，工作量颇大，而精力与学识所限，疏漏谬误或所难免，盼望读者批评指教。

方北辰

公元2020年6月夏日

于成都濯锦江畔双桐荫馆寓所

目　录

文帝八子

第二分册

第 三 分 册

【三国志译注卷一】　　魏志一

武帝纪第一

太祖武皇帝〔1〕，沛国谯人也〔2〕。姓曹，讳操〔3〕，字孟德。汉相国参之后〔4〕。〔一〕桓帝世〔5〕，曹腾为中常侍、大长秋〔6〕，封费亭侯。〔二〕养子嵩嗣，官至太尉〔7〕；莫能审其生出本末〔8〕。〔三〕

【注释】

〔1〕太祖武皇帝：指曹操。曹操生前没有正式代汉称帝。他的儿子曹丕建立魏王朝后，才追尊他为武皇帝，又定其庙号为太祖。《三国志》写于西晋，而西晋直接承继曹魏，所以陈寿不能不把曹魏作为三国当中的正统。具体做法就是称曹魏的君主为“某帝”，其编年大事记录为“纪”；蜀、吴的君主则称“某主”，其编年大事记录为“传”。以下《武帝纪》史文对曹操的称谓，有“太祖”、“公”、“王”三次变化。建安元年冬十月曹操升任司空之前均称“太祖”，之后则改称“公”或“曹公”。建安二十一年五月曹操进爵魏王后，再改称“王”，直至其去世。以上称谓反映出曹操身份的上升历程。〔2〕沛国：王国名。治所在今安徽濉溪县西北。东汉的封爵制度规定，同姓宗王的封地为一郡，凡郡成为宗王封地则改称为国，其行政长官郡太守也随之改称国相。谯：县名。县治在今安徽亳(bó)州市。1974年以来，在该市南郊发现了曹氏宗族墓葬群，陆续出土了带字墓砖、银镂玉衣等文物。现今亳州市境内，尚有多处与曹魏史事相关的遗迹留存。〔3〕讳：避忌。古代帝王和尊长的名字不能直呼，如果提到要在前面加一“讳”字，以示尊敬。曹操的表字“孟德”，其中“孟”字表示他的排行是儿子中的老大。三国时期的前后，人们的名和字之中，爱用“德”、“玄”二字，这是

儒、道二家融合渗透过程的一种文化折射现象。〔4〕相国：官名。朝廷最高行政长官，辅佐皇帝治理全国。后改称丞相。　参：指曹参（？—前190），沛县（今江苏沛县）人。秦末随刘邦起兵。西汉建立，以功封平阳侯。后继萧何为相国。传见《史记》卷五十四、《汉书》卷三十九。〔5〕桓帝：即刘志（公元132—167）。东汉皇帝。公元146至167年在位。事详《后汉书》卷七《桓帝纪》。〔6〕曹腾：字季兴。东汉宦官，在宫廷掌权三十多年。传见《后汉书》卷七十八《宦者列传》。　中常侍：官名。皇帝的随身侍从宦官，传达诏命和处理文书，实权很大。　大长秋：官名。皇后的侍从长官，负责处理皇后宫中事务。〔7〕太尉：官名。为全国军事长官，与司徒、司空并称三公。〔8〕审：弄清楚。曹嵩的家世，后文裴注引《曹瞒传》、《世语》都说出自与曹氏同县的夏侯氏。陈寿虽然没有直接采用这一说法，但是在本书卷九记述曹氏宗族大将时，他把夏侯惇、夏侯渊、夏侯尚与曹仁、曹洪、曹休、曹真并列，可见他实际上还是赞同的。曹嵩出自夏侯氏，除了裴注所引文献中还有另外一些证据外，1974年以来亳州市出土的曹氏宗族墓砖中，即有夏侯氏成员姓名在内，也可证明这一点。陈寿在这里说弄不清楚曹嵩的家世，是古代史家的一种曲笔。

【裴注】

〔一〕〔《曹瞒传》〕曰："太祖一名吉利，小字阿瞒。"

王沈《魏书》曰："其先出于黄帝。当高阳世，陆终之子曰安，是为曹姓。周武王克殷，存先世之后，封曹侠于邾。春秋之世，与于盟会；逮至战国，为楚所灭。子孙分流，或家于沛。汉高祖之起，曹参以功封平阳侯，世袭爵土。绝而复绍，至今嫡嗣国于容城。"

〔二〕司马彪《续汉书》曰："腾父节，字元伟。素以仁厚称。邻人有亡豕者，与节豕相类，诣门认之，节不与争。后所亡豕自还其家，豕主人大惭。送所认豕，并辞谢节，节笑而受之。由是乡党贵叹焉。长子伯兴，次子仲兴，次子叔兴。腾字季兴，少除黄门从官。永宁元年，邓太后诏黄门令：选中黄门从官年少温谨者，配皇太子书。腾应其选。太子特亲爱腾，饮食赏赐与众有异。顺帝即位，为小黄门，迁至中常侍、大长秋。在省闼三十余年，历事四帝，未尝有过。好进达贤能，终无所毁伤。其所称荐，若陈留虞放、边韶，南阳延固、张温，弘农张奂，颍川堂谿典等，皆致位公卿，而不伐其善。蜀郡太守因计吏修敬于腾，益州刺史种暠于函谷关搜得其笺，上太守，并奏腾内臣外交，所不当为，请免官治罪。帝曰：'笺自外来，腾书不出，非其罪也。'乃寝暠奏。腾不以介意，常称叹暠，以为暠得事上之节。暠后为司徒，语人曰：'今日为公，乃曹常侍恩也。'腾之行事，皆此类也。桓帝即位，以腾先帝旧臣，忠孝彰著，封费亭侯，加位特进。太和三年，追尊腾曰高皇帝。"

〔三〕《续汉书》曰："嵩字巨高。质性敦慎，所在忠孝。为司隶校尉。灵帝擢拜大司农、大鸿胪，代崔烈为太尉。黄初元年，追尊嵩曰太皇帝。"

吴人作《曹瞒传》及郭颁《世语》并云："嵩，夏侯氏之子，夏侯惇之叔父。"太祖于惇为从父兄弟。

嵩生太祖。太祖少机警，有权数[1]。而任侠放荡[2]，不治行业[3]，故世人未之奇也[4]。〔一〕惟梁国桥玄、南阳何颙异焉[5]。玄谓太祖曰："天下将乱，非命世之才不能济也[6]。能安之者，其在君乎！"〔二〕

年二十，举孝廉为郎[7]，除洛阳北部尉[8]。迁顿丘令[9]。〔三〕征拜议郎[10]。〔四〕

【注释】

〔1〕权数：权变心计。　〔2〕任侠：指爱交结和帮助朋友。　〔3〕行(xìng)业：品行和学业。　〔4〕未之奇：并不看重他。　〔5〕桥玄(公元109—183)：字公祖，梁国睢阳(今河南商丘市)人。东汉灵帝时历任三公。传见《后汉书》卷五十一。　何颙(yóng)：字伯求，南阳郡襄乡(今湖北枣阳市东北)人。东汉党锢名士集团的重要人物。曾密谋杀董卓，未成功。传见《后汉书》卷六十七。　〔6〕命世之才：这里指安邦定国的杰出人才。　〔7〕举：被推举。　孝廉：汉代选拔人才的常设科目之一。应选者要孝敬父母和行为廉洁，故名。　郎：皇帝侍卫官员的总称。有中郎、侍郎、郎中之分。郎官的来源有多种，以孝廉充任是其中之一。中央机构的官吏常从郎官中选拔。　〔8〕洛阳：县名。县治在今河南洛阳市东。为东汉首都。　尉：官名。东汉时县令之下设县尉，小县一人，大县二人，负责维持治安，捉拿盗贼。由中央发布的正式任命，当时称之为"除"。郎官一般需要有中央机构官员的推荐，才能得

到这种正式的除授。曹操初次除授官职洛阳北部尉，是出自司马懿之父司马防的大力推荐。因而后来司马防的多名子嗣，在曹魏时期能在政治上得到重用，次子司马懿尤其如此。〔9〕顿丘：县名。县治在今河南内黄县东。　令：官名。一县的行政长官。所辖户数在一万户以上称为县令，一万户以下称为县长。〔10〕征拜：征召入京并且任命。　议郎：官名。负责议论朝廷政事得失。

【裴注】

〔一〕《曹瞒传》云："太祖少好飞鹰走狗，游荡无度。其叔父数言之于嵩，太祖患之。后逢叔父于路，乃佯败面㖞口。叔父怪而问其故，太祖曰：'猝中恶风。'叔父以告嵩，嵩惊愕。呼太祖，太祖口貌如故。嵩问曰：'叔父言汝中风，已差乎?'太祖曰：'初不中风，但失爱于叔父，故见罔耳。'嵩乃疑焉。自后叔父有所告，嵩终不复信。太祖于是益得肆意矣。"

〔二〕《魏书》曰："太尉桥玄，世名知人，睹太祖而异之，曰：'吾见天下名士多矣，未有若君者也！君善自持。吾老矣！愿以妻子为托。'由是声名益重。"

《续汉书》曰："玄字公祖。严明有才略，长于人物。"

张璠《汉纪》曰："玄历位中外，以刚断称。谦俭下士，不以王爵私亲。光和中为太尉，以久病策罢。拜太中大夫。卒，家贫乏产业，柩无所殡。当世以此称为名臣。"

《世语》曰："玄谓太祖曰：'君未有名，可交许子将。'太祖乃造子将。子将纳焉，由是知名。"

孙盛《异同杂语》云："太祖尝私入中常侍张让室，让觉之。乃舞手戟于庭，逾垣而出。才武绝人，莫之能害。博览群书，特好兵法。抄集诸家兵法，名曰《接要》；又注《孙武》十三篇：皆传于世。尝问许子将：'我何如人?'子将不答。固问之，子将曰：'子治世之能臣，乱世之奸雄。'太祖大笑。"

〔三〕《曹瞒传》曰："太祖初入尉廨，缮治四门。造五色棒，悬门左右各十余枚。有犯禁者，不避豪强，皆棒杀之。后数月，灵帝爱幸小黄门蹇硕叔父夜行，即杀之。京师敛迹，莫敢犯者。近习宠臣咸疾之，然不能伤。于是共称荐之，故迁为顿丘令。"

〔四〕《魏书》曰："太祖从妹夫濦强侯宋奇被诛，从坐，免官。后以能明古学，复征拜议郎。先是，大将军窦武、太傅陈蕃谋诛阉官，反为所害。太祖上书陈武等正直而见陷害，奸邪盈朝，善人壅塞，其言甚切。灵帝不能用。是后诏书敕三府：举奏州县政理无效，民为作谣言者，免罢之。三公倾邪，皆希世见用，货赂并行。强者为怨，不见举奏；弱者守道，多被陷毁。太祖疾之。是岁，以灾异博问得失，因此复上书切谏，说三公所举奏专回避贵戚之意。奏上，天子感悟，以示三府，责让之；诸以谣言征者，皆拜议郎。是后政教日乱，豪猾益炽，多所摧毁。太祖知不可匡正，遂不复献言。”

光和末〔1〕，黄巾起〔2〕；拜骑都尉〔3〕，讨颍川贼〔4〕。迁为济南相〔5〕，国有十余县，长吏多阿附贵戚〔6〕，赃污狼藉；于是奏免其八〔九〕。禁断淫祀〔7〕，奸宄逃窜〔8〕，郡界肃然。〔一〕久之，征还为东郡太守〔9〕；不就，称疾归乡里。〔二〕

顷之，冀州刺史王芬、南阳许攸、沛国周旌等连结豪杰〔10〕，谋废灵帝〔11〕，立合肥侯〔12〕，以告太祖。太祖拒之，芬等遂败。〔三〕

【注释】

〔1〕光和：东汉灵帝的年号。光和末是公元184年。 〔2〕黄巾：张角兄弟用太平道组织起来的农民起义军。参加者均以黄巾裹头，故名。〔3〕骑都尉：官名。统领皇帝侍卫队中的骑兵小分队。 〔4〕颍川：郡名。治所在今河南禹州市。 〔5〕济南：王国名。治所在今山东济南市东。 〔6〕长吏：县长、县令的别称。 〔7〕淫祀：祭祀对象未经官方正式批准的祭祀活动。 〔8〕奸宄（guǐ）：违法乱纪的人。 〔9〕东郡：郡名。治所在今河南濮阳市西南。 〔10〕刺史：官名。本来是皇帝派出的使者，巡察一州之内官员和豪强的不法行为。东汉后期成为一州的行政长官。 许攸：字子远，南阳郡（治所在今河南南阳市）人。曾任袁绍谋士，官渡之战又投奔曹操，不久被杀。传见本书卷十二《崔琰传》裴注引《魏略》。 〔11〕灵帝：即刘宏（公元156—189）。东汉皇帝，公元168至189年在位。事详《后汉书》卷八《灵帝纪》。 〔12〕合肥侯：

东汉皇族的一名成员。

【裴注】

〔一〕《魏书》曰："长吏受取贪饕，依倚贵势，历前相不见举闻。太祖至，咸皆举免。小大震怖，奸宄遁逃，窜入他郡；政教大行，一郡清平。初，城阳景王刘章以有功于汉，故其国为立祠。青州诸郡转相仿效，济南尤盛，至六百余祠；贾人或假二千石舆服导从作倡乐，奢侈日甚，民坐贫穷：历世长吏无敢禁绝者。太祖到，皆毁坏祠屋，止绝官吏民不得祠祀。及至秉政，遂除奸邪鬼神之事，世之淫祀由此遂绝。"

〔二〕《魏书》曰："于是权臣专朝，贵戚横恣。太祖不能违道取容，数数干忤。恐为家祸，遂乞留宿卫，拜议郎。常托疾病，辄告归乡里：筑室城外，春夏习读书传，秋冬弋猎，以自娱乐。"

〔三〕司马彪《九州春秋》曰："于是陈蕃子逸与术士平原襄楷，会于芬坐，楷曰：'天文不利宦者，黄门、常侍(贵)〔真〕族灭矣。'逸喜。芬曰：'若然者，芬愿驱除。'于是与攸等结谋。灵帝欲北巡河间旧宅，芬等谋因此作难，上书言黑山贼攻劫郡县，求得起兵。会北方有赤气，东西竟天。太史上言'当有阴谋，不宜北行'，帝乃止。敕芬罢兵，俄而征之；芬惧，自杀。"

《魏书》载太祖拒芬辞曰："夫废立之事，天下之至不祥也！古人有权成败、计轻重而行之者，伊尹、霍光是也。伊尹怀至忠之诚，据宰臣之势，处官司之上；故进退废置，计从事立。及至霍光受托国之任，藉宗臣之位；内因太后秉政之重，外有群卿同欲之势；昌邑即位日浅，未有贵宠；朝乏谠臣，议出密近。故计行如转圜，事成如摧朽。今诸君徒见曩者之易，未睹当今之难。诸君自度：结众连党，何若七国？合肥之贵，孰若吴、楚？而造作非常，欲望必克，不亦危乎！"

金城边章、韩遂杀刺史、郡守以叛〔1〕，众十余万，天下骚动。征太祖为典军校尉〔2〕。

会灵帝崩，太子即位〔3〕，太后临朝〔4〕。大将军何进与袁绍谋诛宦官〔5〕，太后不听；进乃召董卓〔6〕，欲以胁太后。〔一〕卓未至而进见杀。

卓到，废帝为弘农王而立献帝[7]，京都大乱。卓表太祖为骁骑校尉[8]，欲与计事。太祖乃变易姓名，间行东归[9]；〔二〕出关[10]，过中牟[11]。为亭长所疑[12]，执诣县。邑中或窃识之[13]，为请得解。〔三〕卓遂杀太后及弘农王[14]。太祖至陈留[15]，散家财，合义兵，将以诛卓。冬十二月，始起兵于己吾[16]。〔四〕是岁，中平六年也。

【注释】

〔1〕韩遂(？—公元215)：字文约，金城郡(治所在今青海民和县)人。传见本卷后文裴注引《典略》。 〔2〕典军校尉：官名。东汉灵帝中平五年(公元188)设西园八校尉，分统京城驻军。典军校尉为其中之一。〔3〕太子：即刘辩(公元173—190)。公元189至190年在位，即位不久即被董卓废黜杀死。事附《后汉书》卷八《灵帝纪》。 〔4〕太后：即何太后(？—公元189)。刘辩的生母。传见《后汉书》卷十下。〔5〕大将军：官名。领兵将军的最高一级称号，地位在三公之上。领兵征伐并且执掌朝政。因其权力太大，所以不是经常设置。 何进(？—公元189)：字遂高，南阳郡宛县(今河南南阳市)人。何太后的异母兄。出身屠户。刘辩即位，以帝舅任大将军辅政。传见《后汉书》卷六十九。 袁绍(？—公元202)：传见本书卷六。 〔6〕董卓(？—公元192)：传见本书卷六。 〔7〕弘农：王国名。治所在今河南灵宝市北。献帝：即刘协(公元181—234)。刘辩的异母弟。东汉末代皇帝。公元190至220年在位。在位期间东汉王朝已名存而实亡。事详《后汉书》卷九《献帝纪》。 〔8〕表：上表推荐。 骁骑校尉：官名。东汉时京城驻有特种兵五营，统称北军。每营置校尉一人指挥，骁骑校尉是其中之一。后改称屯骑校尉。 〔9〕间行：从小路悄悄走。 〔10〕关：指旋门关，在今河南荥(xíng)阳市西北。中平元年(公元184)，东汉在京城洛阳周围设立八关，置官把守。旋门关作为洛阳东面的要隘亦列入其中。〔11〕中牟：县名。县治在今河南中牟县东。 〔12〕亭长：官名。汉代乡村每十里设一亭，置亭长一人，负责维持治安。亭之上设乡，乡之上设县，县之上设郡。 〔13〕或：有人。 〔14〕杀太后及弘农王：董卓

杀何太后在中平六年(公元 189)，但杀弘农王则在第二年的正月。见《后汉书》卷八《灵帝纪》、卷九《献帝纪》。〔15〕陈留：郡名。治所在今河南开封市东南。〔16〕己吾：县名。县治在今河南宁陵县西南。

【裴注】

〔一〕《魏书》曰："太祖闻而笑之曰：'阉竖之官，古今宜有；但世主不当假之权宠，使至于此。既治其罪，当诛元恶，一狱吏足矣，何必纷纷召外将乎？欲尽诛之，事必宣露，吾见其败也。'"

〔二〕《魏书》曰："太祖以卓终必覆败，遂不就拜，逃归乡里。从数骑过故人成皋吕伯奢，伯奢不在。其子与宾客共劫太祖，取马及物；太祖手刃击杀数人。"《世语》曰："太祖过伯奢，伯奢出行。五子皆在，备宾主礼。太祖自以背卓命，疑其图己，手剑夜杀八人而去。"孙盛《杂记》曰："太祖闻其食器声，以为图己，遂夜杀之。既而凄怆曰：'宁我负人，毋人负我！'遂行。"

〔三〕《世语》曰："中牟疑是亡人，见拘于县。时掾亦已被卓书；唯功曹心知是太祖，以世方乱，不宜拘天下雄俊，因白令释之。"

〔四〕《世语》曰："陈留孝廉卫兹，以家财资太祖，使起兵，众有五千人。"

初平元年春正月[1]，后将军袁术、冀州牧韩馥、〔一〕豫州刺史孔伷、〔二〕兖州刺史刘岱、〔三〕河内太守王匡、〔四〕勃海太守袁绍、陈留太守张邈、东郡太守桥瑁、〔五〕山阳太守袁遗、〔六〕济北相鲍信，〔七〕同时俱起兵[2]。众各数万，推绍为盟主。太祖行奋武将军[3]。

【注释】

〔1〕初平元年：公元 190 年。〔2〕后将军：官名。汉代设前、后、左、右四将军，领兵征伐。袁术(？—公元 199)：传见本书卷六。张邈(？—公元 195)：传见本书卷七。济北相：据本书卷十二《鲍勋传》裴注引《魏书》，此时鲍信的官职为代理破虏将军，他任济北相系

一年以后的事。这里是以后来的官职称呼他。 俱起兵：据《后汉书》卷七十四《袁绍传》和本书卷七《臧洪传》，当时广陵太守张超，是起兵的积极发动者和参加者，这里遗漏未列。张超其人，不仅是上列陈留太守张邈之弟，兄弟两人在起兵一事上曾经相互呼应，而且还是群雄首次结盟誓师的主要发起者。张超、张邈、刘岱、孔伷和桥瑁五人，最先在陈留郡酸枣县誓师讨董。此后，袁绍、袁术、韩馥、王匡、袁遗、鲍信以及曹操，才相继加入。 〔3〕行：代理。 奋武将军：官名。领兵征伐。东汉领兵将军的等级，最高为大将军，以下有骠骑、车骑、卫将军，前、后、左、右将军。此外多属杂号将军，名称繁多，奋武将军即是其中之一。

【裴注】

〔一〕《英雄记》曰："馥字文节，颍川人。为御史中丞。董卓举为冀州牧。于时冀州民人殷盛，兵粮优足。袁绍之在勃海，馥恐其兴兵，遣数部从事守之，不得动摇。东郡太守桥瑁，诈作京师三公移书，与州郡，陈卓罪恶，云'见逼迫，无以自救；企望义兵，解国患难'。馥得移，请诸从事问曰：'今当助袁氏邪，助董卓邪?'治中从事刘子惠曰：'今兴兵为国，何谓袁、董!'馥自知言短，而有惭色。子惠复言：'兵者凶事，不可为首。今宜往视他州，有发动者，然后和之。冀州于他州不为弱也，他人功未有在冀州之右者也。'馥然之。馥乃作书与绍，道卓之恶，听其举兵。"

〔二〕《英雄记》曰："伷字公绪，陈留人。"张璠《汉纪》载郑泰说卓云："孔公绪能清谈高论，嘘枯吹生。"

〔三〕岱，刘繇之兄，事见《吴志》。

〔四〕《英雄记》曰："匡字公节，泰山人。轻财好施，以任侠闻。辟大将军何进府进符使，匡于徐州发强弩五百西诣京师。会进败，匡还州里。起家拜河内太守。"谢承《后汉书》曰："匡少与蔡邕善。其年为卓军所败，走还泰山。收集劲勇得数千人，欲与张邈合。匡先杀执金吾胡母班。班亲属不胜愤怒，与太祖并势，共杀匡。"

〔五〕《英雄记》曰："瑁字元伟。玄族子。先为兖州刺史，甚有威惠。"

〔六〕遗字伯业。绍从兄，为长安令。河间张超尝荐遗于太尉朱儁，称遗"有冠世之懿，干时之量；其忠允亮直，固天所纵。若乃包罗载籍，管综百氏；登高能赋，睹物知名；求之今日，邈焉靡俦"。事在

《超集》。

《英雄记》曰："绍后用遗为扬州刺史，为袁术所败。"

太祖称"长大而能勤学者，惟吾与袁伯业耳"。语在文帝《典论》。

〔七〕信事，见子《勋传》。

二月，卓闻兵起，乃徙天子都长安〔1〕。卓留屯洛阳，遂焚宫室。是时。绍屯河内〔2〕，邈、岱、瑁、遗屯酸枣〔3〕，术屯南阳〔4〕，伷屯颍川，馥在邺〔5〕。卓兵强，绍等莫敢先进。

太祖曰："举义兵以诛暴乱，大众已合，诸君何疑？向使董卓闻山东兵起〔6〕，倚王室之重，据二周之险〔7〕，东向以临天下，虽以无道行之，犹足为患。今焚烧宫室，劫迁天子，海内震动，不知所归。此天亡之时也！一战而天下定矣。不可失也！"遂引兵西，将据成皋〔8〕。

邈遣将卫兹，分兵随太祖。到荥阳汴水〔9〕，遇卓将徐荣，与战不利，士卒死伤甚多。太祖为流矢所中，所乘马被创〔10〕。从弟洪以马与太祖〔11〕，得夜遁去。荣见太祖所将兵少〔12〕，力战尽日；谓酸枣未易攻也，亦引兵还。

太祖到酸枣。诸军兵十余万，日置酒高会，不图进取。太祖责让之〔13〕，因为谋曰："诸君听吾计：使勃海引河内之众临孟津〔14〕；酸枣诸将守成皋，据敖仓〔15〕，塞轘辕、太谷〔16〕，全制其险；使袁将军率南阳之军军丹、析〔17〕，入武关〔18〕，以震三辅〔19〕。皆高垒深壁，勿与战；益为疑兵〔20〕，示天下形势。以顺诛逆，可立定也！今兵以义动，持疑而不进，失天下之望。窃为诸君耻之！”邈等不能用。太祖兵少，乃与夏侯惇等诣扬州募兵〔21〕。刺史陈温、丹杨太守周昕与兵四千余人〔22〕；还到龙亢〔23〕，士卒多叛。〔一〕至铚、建平〔24〕，复收兵得千余人。进屯河内。

刘岱与桥瑁相恶〔25〕，岱杀瑁，以王肱领东郡太守〔26〕。

袁绍与韩馥谋立幽州牧刘虞为帝〔27〕，太祖拒之。〔二〕绍又尝得一玉印〔28〕，于太祖坐中，举向其肘〔29〕；太祖由是笑而恶焉。〔三〕

【注释】

〔1〕长安：县名。县治在今西安市西北。 〔2〕河内：郡名。治所在今河南武陟县西。 〔3〕酸枣：县名。县治在今河南延津县西南。〔4〕南阳：郡名。治所在今河南南阳市。 〔5〕邺：县名。县治在今河北临漳县西南。 〔6〕向使：假使不久之前。 山东：地区名。此指崤山以东地区，与“关东”含义相同。 〔7〕二周：这里设想董卓固守洛阳不西迁长安的情况，所以“二周”指洛阳近郊的两处屏障，即河南县、巩县二城。《史记》卷四《周本纪》记载，战国时周考王封其弟于河南城（今河南洛阳市西郊王城公园一带），因其地在王都洛阳西面，故称为西周桓公。桓公之孙惠公，又封自己的小儿子在洛阳东面的巩（今河南巩义市），称为东周惠公。合称“二周”。 〔8〕成皋：县名。县治在今河南荥阳市西北。 〔9〕荥阳：县名。县治在今河南荥阳市东北。〔10〕被创（chuāng）：受伤。 〔11〕从（zòng）弟：堂弟。 洪：即曹洪（？—公元232）。传见本书卷九。 〔12〕将：带领。 〔13〕让：责备。〔14〕勃海：郡名。治所在今山东南皮县北。这里指任勃海太守的袁绍。孟津：古黄河津渡名。在今河南偃师市北。东汉在此设关，为洛阳周围八关之一。 〔15〕敖仓：从秦代开始在敖山建立的大型谷仓群。在今河南荥阳市东北，位于古黄河漕运的枢纽处。 〔16〕轘（huán）辕：关隘名。在今河南登封市西北。为洛阳八关之一。 太谷：关隘名。在今河

南洛阳市东南。为洛阳八关之一。〔17〕袁将军：指担任后将军的袁术。　军丹、析：出兵丹水县、析县。丹水县治在今河南淅川县西。析县县治在今河南西峡县。〔18〕武关：关隘名。在今陕西丹凤县东南。为古代关中通往荆、湘的要隘。〔19〕三辅：地区名。西汉景帝时，左内史、右内史、主爵中尉三者分管京都地区，合称“三辅”。汉武帝时改称京兆尹、左冯翊(píng yì)、右扶风。三者的辖地相当于今陕西省中部的渭水流域，以后即习称这一地区为三辅。〔20〕益为：增设。〔21〕夏侯惇(？—公元220)：传见本书卷九。　扬州：州名。东汉末治所在今安徽和县。三国分立，曹魏和孙吴各占了扬州的一部分，就都设置了扬州。〔22〕陈温：事见本书卷六《袁术传》裴注引《英雄记》。周昕(？—公元196)：事见本书卷五十一《孙静传》裴注引《会稽典录》。〔23〕龙亢：县名。县治在今安徽怀远县西。〔24〕铚(zhì)：县名。县治在今安徽宿州市西。　建平：县名。县治在今河南夏邑县西南。〔25〕相恶(wù)：相互憎恶。〔26〕领：兼任。〔27〕牧：官名。东汉末是一州的军政长官。自西汉成帝起至东汉末，州刺史改称州牧有好几次。东汉末州刺史、州牧并存，同为州行政长官，但是刺史的品级和权力比州牧低和小，刺史有功才能晋升州牧。　刘虞(？—公元193)：字伯安，东汉皇室的远房宗亲。传见《后汉书》卷七十三。〔28〕玉印：皇帝的印章。东汉时皇帝的印章才以玉刻制，王侯官员用金、银、铜制印。〔29〕举向其肘：用手提起系在印纽上的绶带让玉印在自己的肘部晃来晃去进行炫耀。但是，据《后汉书》卷四十八《徐璆传》李贤注引卫宏的叙述，举玉印示人的是袁术而不是袁绍。袁术的部将孙坚进攻董卓，在洛阳得到汉朝皇帝的传国玉玺。玉玺后来落到袁术之手，袁术因此想当皇帝。

【裴注】

〔一〕《魏书》曰：“兵谋叛，夜烧太祖帐。太祖手剑杀数十人，余皆披靡，乃得出营。其不叛者五百余人。”

〔二〕《魏书》载太祖答绍曰：“董卓之罪，暴于四海；吾等合大众、兴义兵而远近莫不响应，此以义动故也。今幼主微弱，制于奸臣，未有昌邑亡国之衅；而一旦改易，天下其孰安之？诸君北面，我自西向！”

〔三〕《魏书》曰：“太祖大笑曰：‘吾不听汝也！’绍复使人说太祖曰：‘今袁公势盛兵强，二子已长；天下群英，孰逾于此？’太祖不应。由是益不直绍，图诛灭之。”

二年春[1]，绍、馥遂立虞为帝，虞终不敢当。

夏四月，卓还长安。

秋七月，袁绍胁韩馥，取冀州[2]。黑山贼于毒、白绕、眭固等[一]十余万众略魏郡、东郡[3]，王肱不能御。太祖引兵入东郡，击白绕于濮阳[4]，破之。袁绍因表太祖为东郡太守；治东武阳[5]。

【注释】

〔1〕二年：初平二年（公元191）。〔2〕冀州：州名。东汉末治所在邺县（今河北临漳县西南）。〔3〕黑山：东汉末年北方农民起义军的名称。其主要根据地在黑山（今河南鹤壁市东），故名。 略：攻取。 魏郡：郡名。治所在邺县（今河北临漳县西南）。〔4〕濮阳：县名。县治在今河南濮阳市东南。〔5〕东武阳：县名。县治在今山东莘（shēn）县南。东郡的治所原来在濮阳。

【裴注】

〔一〕眭，申随反。

三年春[1]，太祖军顿丘，毒等攻东武阳。太祖乃引兵西入山，攻毒等本屯[2]。[一]毒闻之，弃武阳还[3]。太祖要击眭固[4]，又击匈奴于夫罗于内黄[5]，皆大破之。[二]

【注释】

〔1〕三年：初平三年（公元192）。〔2〕本屯：大本营。〔3〕武阳：即东武阳。〔4〕要（yāo）击：半路截击。〔5〕匈奴：北方少数族名。东汉时匈奴分化为南北二部。这里指移居塞内的南匈奴。于夫罗就是南匈奴的首领。 内黄：县名。县治在今河南内黄县西。

【裴注】

〔一〕《魏书》曰："诸将皆以为当还自救。太祖曰：'孙膑救赵而攻魏，耿弇欲走西安攻临淄。使贼闻我西而还，武阳自解也；不还，我能败其本屯。虏不能拔武阳，必矣！'遂乃行。"

〔二〕《魏书》曰："于夫罗者，南单于子也。中平中，发匈奴兵，于夫罗率以助汉。会本国反，杀南单于，于夫罗遂将其众留中国。因天下挠乱，与西河白波贼合；破太原、河内，抄略诸郡为寇。"

夏四月，司徒王允与吕布共杀卓[1]。卓将李傕、郭汜等[2]，杀允攻布。布败，东出武关。傕等擅朝政。

青州黄巾众百万入兖州[3]，杀任城相郑遂，转入东平[4]。刘岱欲击之，鲍信谏曰："今贼众百万，百姓皆震恐，士卒无斗志，不可敌也。观贼众群辈相随[5]，军无辎重[6]，唯以抄略为资[7]。今不若蓄士众之力，先为固守。彼欲战不得，攻又不能；其势必离散。后选精锐，据其要害，击之可破也。"岱不从，遂与战，果为所杀。〔一〕

信乃与州吏万潜等至东郡[8]，迎太祖领兖州牧。遂进兵，击黄巾于寿张东[9]。信力战，斗死，仅而破之[10]。〔二〕购求信丧不得[11]，众乃刻木如信形状，祭而哭焉。追黄巾，至济北[12]；乞降。冬，受降卒三十余万，男女百余万口。收其精锐者，号为"青州兵"。

袁术与绍有隙[13]，术求援于公孙瓒[14]。瓒使刘备屯高唐[15]，单经屯平原[16]，陶谦屯发干[17]：以逼绍。太祖与绍会击，皆破之。

【注释】

〔1〕司徒：官名。东汉三公之一，主管全国民政。　王允（公元

137—192)：字子师，太原郡祁县(今山西祁县)人。传见《后汉书》卷六十六。 吕布(？—公元198)：传见本书卷七。〔2〕李傕(？—公元198)：字稚然，北地郡(治所在今宁夏青铜峡市南)人。 郭汜(？—公元197)：又名多，张掖郡(治所在今甘肃张掖市西北)人。李、郭二人传附本书卷六《董卓传》。〔3〕青州：州名。治所在今山东淄博市东北。 兖州：州名。治所在今山东巨野县南。〔4〕东平：王国名。治所在今山东东平县东。〔5〕群辈相随：成群结队在一起。〔6〕辎重：用车辆运载的大批量军用物资。〔7〕抄略：抢掠。〔8〕州吏：指兖州的官吏。〔9〕寿张：县名。县治在今山东东平县西南。〔10〕仅而破之：竭尽全力才击破敌人。〔11〕丧(sāng)：遗体。据本书卷十二《鲍勋传》裴注引《魏书》记载，鲍信是为了解救曹操而战死的，所以曹操对鲍信的丧事办理特别尽心。〔12〕济北：王国名。治所在今山东济南市长清区南。曹操此时兵力仅有五万人马。一次性收降黄巾士兵三十余万和非战斗人员一百多万，五万兵力很难做到。获胜之后多报斩首和俘获的敌军人数，有一报十扩大十倍，是曹操军队自来的惯例。可见此役收编的黄巾，应当为士兵三万余人，非战斗人员十余万人。〔13〕有隙：有矛盾。〔14〕公孙瓒(？—公元199)：传见本书卷八。〔15〕刘备(公元161—223)：传见本书卷三十二。 高唐：县名。县治在今山东高唐县东北。〔16〕平原：县名。县治在今山东平原县南。〔17〕陶谦(公元132—194)：传见本书卷八。 发干：县名。县治在今山东冠县东。

【裴注】

〔一〕《世语》曰：“岱既死，陈宫谓太祖曰：‘州今无主，而王命断绝。宫请说州中，明府寻往牧之。资之以收天下，此霸王之业也。’宫说别驾、治中曰：‘今天下分裂而州无主。曹东郡，命世之才也；若迎以牧州，必宁生民。’鲍信等亦谓之然。”

〔二〕《魏书》曰：“太祖将步骑千余人，行视战地。猝抵贼营，战不利，死者数百人。引还，贼寻前进。黄巾为贼久，数乘胜，兵皆精悍。太祖旧兵少，新兵不习练，举军皆惧。太祖被甲婴胄，亲巡将士，明劝赏罚；众乃复奋，承间讨击，贼稍折退。贼乃移书太祖曰：‘昔在济南，毁坏神坛；其道乃与中黄太乙同，似若知道。今更迷惑。汉行已尽，黄家当立。天之大运，非君才力所能存也。’太祖见檄书，呵骂之，数开示降路。遂设奇伏，昼夜会战；战辄擒获，贼乃退走。”

四年春[1]，军鄄城[2]。荆州牧刘表断术粮道[3]。术引军入陈留，屯封丘[4]；黑山余贼及于夫罗等佐之。术使将刘详屯匡亭[5]。太祖击详，术救之；与战，大破之。术退保封丘，遂围之；未合，术走襄邑[6]。追到太寿[7]，决渠水灌城；走宁陵[8]。又追之，走九江[9]。

夏，太祖还军定陶[10]。下邳阙宣聚众数千人，自称天子。徐州牧陶谦与共举兵，取泰山华、费[11]，略任城[12]。

秋，太祖征陶谦，下十余城。谦守城不敢出。

是岁，孙策受袁术使渡江[13]，数年间遂有江东[14]。

【注释】

〔1〕四年：初平四年(公元193)。 〔2〕鄄(juàn)城：县名。县治在今山东鄄城县北。 〔3〕刘表(公元142—208)：传见本书卷六。〔4〕封丘：县名。县治在今河南封丘县西南。 〔5〕匡亭：地名。属陈留郡平丘县(今河南长垣县南)。 〔6〕走：逃奔。 襄邑：县名。县治在今河南睢县。 〔7〕太寿：地名。在宁陵、襄邑二县之间。 〔8〕宁陵：县名。县治在今河南宁陵县。 〔9〕九江：郡名。东汉末治所，在今安徽寿县。 〔10〕定陶：县名。县治在今山东定陶县西北。〔11〕泰山：郡名。治所在今山东泰安市东。 华：县名。县治在今山东费县东北。 费(bì)：县名。县治在今山东费县西北。 〔12〕任城：王国名。治所在今山东济宁市东南。 〔13〕孙策(公元175—200)：传见本书卷四十六。 江：河流名。即长江。古称长江为江，黄河为河。〔14〕江东：地区名。长江在今芜湖至南京间，流向几乎是由南向北，所以古代称自此以下的长江南岸地区为江东或江左，北岸地区为江西或江右。

兴平元年春，太祖自徐州还[1]。初，太祖父嵩，去

官后还谯。董卓之乱，避难琅邪[2]。为陶谦所害，故太祖志在复仇东伐。〔一〕

夏，使荀彧、程昱守鄄城[3]；复征陶谦，拔五城，遂略地至东海[4]。还过郯[5]；谦将曹豹与刘备屯郯东，要太祖[6]。太祖击破之，遂攻拔襄贲[7]。所过多所残戮。〔二〕

【注释】

〔1〕徐州：州名。治所在今山东郯（tán）城县北。 〔2〕琅邪（yá）：王国名。治所在今山东临沂市北。 〔3〕荀彧（公元 163—212）：传见本书卷十。彧音 yù。 程昱（yù）：传见本书卷十四。 〔4〕东海：郡名。治所在今山东郯城县北。 〔5〕郯：县名。县治在今山东郯城县北。当时是徐州和东海郡的治所。 〔6〕要（yāo）：半路截击。 〔7〕襄贲（féi）：县名。县治在今山东兰陵县南。

【裴注】

〔一〕《世语》曰："嵩在泰山华县，太祖令泰山太守应劭，送家诣兖州。劭兵未至，陶谦密遣数千骑掩捕。嵩家以为劭迎，不设备。谦兵至，杀太祖弟德于门中。嵩惧，穿后垣，先出其妾；妾肥，不时得出。嵩逃于厕，与妾俱被害，阖门皆死。劭惧，弃官赴袁绍。后太祖定冀州，劭时已死。"韦曜《吴书》曰："太祖迎嵩，辎重百余辆。陶谦遣都尉张闿，将骑二百卫送。闿于泰山华、费间杀嵩，取财物，因奔淮南。太祖归咎于陶谦，故伐之。"

〔二〕孙盛曰："夫伐罪吊民，古之令轨。罪谦之由，而残其属部，过矣。"

会张邈与陈宫叛迎吕布[1]，郡县皆应；荀彧、程昱保鄄城，范、东阿二县固守[2]。太祖乃引军还。

布到，攻鄄城不能下，西屯濮阳。太祖曰："布一且得一州〔3〕，不能据东平，断亢父、泰山之道乘险要我〔4〕；而乃屯濮阳：吾知其无能为也〔5〕。”遂进军攻之。布出兵战，先以骑犯青州兵〔6〕；青州兵奔，太祖阵乱。驰突火出，坠马，烧左手掌。司马楼异扶太祖上马〔7〕，遂引去。〔一〕未至营止〔8〕，诸将未与太祖相见，皆怖。太祖乃自力劳军〔9〕，令军中促为攻具〔10〕。进，复攻之，与布相守百余日。蝗虫起，百姓大饿。布粮食亦尽，各引去。

【注释】

〔1〕陈宫（？—公元198）：事附本书卷七《吕布传》。〔2〕范：县名。县治在今山东梁山县西。东阿：县名。县治在今山东东阿县西南。〔3〕一州：指曹操所辖的兖州。〔4〕亢父（gāng fǔ）：县名。县治在今山东济宁市南。这里的道路自古以来就非常险峻。〔5〕无能为：不会有作为。〔6〕骑（jì）：骑兵。犯：冲击。〔7〕司马：官名。汉代领兵的将军，其下属有司马一人，主管军务处理。〔8〕营止：立营安顿的地方。〔9〕自力：尽力支撑着自己的身体。劳（lào）：慰问。〔10〕促：赶快。

【裴注】

〔一〕袁暐《献帝春秋》曰：“太祖围濮阳，濮阳大姓田氏，为反间，太祖得入城。烧其东门，示无返意。及战，军败。布骑得太祖，而不知是，问曰：‘曹操何在？’太祖曰：‘乘黄马走者，是也！’布骑乃释太祖而追黄马者。门火犹盛，太祖突火而出。”

秋九月，太祖还鄄城。布到乘氏〔1〕，为其县人李进所破；东屯山阳〔2〕。于是绍使人说太祖，欲连和〔3〕。太祖新失兖州，军食尽，将许之；程昱止太祖，太祖从之。

冬十月，太祖至东阿。

是岁，谷一斛五十余万钱[4]，人相食。乃罢吏兵新募者。陶谦死，刘备代之。

【注释】

〔1〕乘氏：县名。县治在今山东巨野县西南。〔2〕山阳：郡名。治所在今山东金乡县西北。〔3〕连和：联合。所谓“连和”是一种掩饰性的说法。事实上是曹操准备投奔袁绍，充当其下属，并且已经同意把家属送到袁绍那里作为人质，详见本书卷十四《程昱传》。〔4〕斛(hú)：古代容量单位。十斗为一斛。

二年春[1]，袭定陶。济阴太守吴资保南城[2]，未拔[3]。会吕布至，又击破之。

夏，布将薛兰、李封屯钜野[4]，太祖攻之。布救兰，兰败；布走，遂斩兰等。布复从东缗与陈宫将万余人来战[5]。时太祖兵少，设伏，纵奇兵击；大破之，〔一〕布夜走。太祖复攻，拔定陶，分兵平诸县。布东奔刘备；张邈从布，使其弟超将家属保雍丘[6]。

秋八月，围雍丘。

冬十月，天子拜太祖兖州牧。十二月，雍丘溃，超自杀。夷邈三族[7]。邈诣袁术请救，为其众所杀，兖州平。遂东略陈地[8]。

是岁，长安乱，天子东迁，败于曹阳[9]，渡河幸安邑[10]。

【注释】

〔1〕二年：兴平二年（公元195）。〔2〕南城：指定陶县的南城。

〔3〕拔：攻克。 〔4〕钜野：县名。县治在今山东巨野县东北。〔5〕东缗(mín)：县名。县治在今山东金乡县东北。 〔6〕张超(？—公元195)：事附本书卷七《臧洪传》。 雍丘：县名。县治在今河南杞县。〔7〕夷：诛杀。 三族：说法很多。据《汉书》卷二十三《刑法志》，应当是指父母、妻室儿女、同胞兄弟姐妹。 〔8〕陈：王国名。治所在今河南淮阳县。 〔9〕曹阳：亭名。属弘农郡弘农县，在今河南灵宝市东北黄河南岸。 〔10〕安邑：县名。县治在今山西夏县西北。

【裴注】

〔一〕《魏书》曰："于是兵皆出取麦；在者不能千人，屯营不固。太祖乃令妇人守陴，悉兵拒之。屯西有大堤，其南树木幽深。布疑有伏，乃相谓曰：'曹操多谲，勿入伏中！'引军屯南十余里。明日复来，太祖隐兵堤里，出半兵堤外。布益进，乃令轻兵挑战。既合，伏兵乃悉乘堤，步骑并进。大破之，获其鼓车，追至其营而还。"

建安元年春正月[1]，太祖军临武平[2]。袁术所置陈相袁嗣，降。太祖将迎天子，诸将或疑；荀彧、程昱劝之。乃遣曹洪将兵西迎。卫将军董承与袁术将苌奴拒险[3]，洪不得进。汝南、颍川黄巾何仪、刘辟、黄邵、何曼等[4]，众各数万。初应袁术，又附孙坚[5]。

二月，太祖进军讨破之，斩辟、邵等[6]，仪及其众皆降。天子拜太祖建德将军[7]。

夏六月，迁镇东将军[8]，封费亭侯。

秋七月，杨奉、韩暹以天子还洛阳[9]。〔一〕奉别屯梁[10]。太祖遂至洛阳，卫京都。暹遁走。天子假太祖节、钺[11]，录尚书事[12]。〔二〕洛阳残破，董昭等劝太祖都许[13]。

九月，车驾出轘辕而东。以太祖为大将军，封武平

侯。自天子西迁，朝廷日乱。至是宗庙、社稷制度始立〔14〕。〔三〕

【注释】

〔1〕建安元年：公元196年。 〔2〕武平：县名。县治在今河南柘城县南。 〔3〕卫将军：官名。负责领兵征伐。 董承(？—公元200)：汉灵帝母亲董太后的侄儿。汉献帝时任车骑将军。与刘备等人密谋诛杀曹操，使献帝摆脱傀儡处境，行动失败被杀。事附本书卷三十二《先主传》。 苌(cháng)奴：人名。 〔4〕汝南：郡名。治所在今河南平舆县北。 〔5〕孙坚(公元155—191)：传见本书卷四十六。 〔6〕斩辟：本卷后文有“汝南降贼刘辟等叛应绍，略许下”的记载，可见刘辟未死。此处被斩者中不应列入刘辟，应列入投降者中。 〔7〕建德将军：官名。负责领兵征伐。这是为了奖赏曹操而临时设置的杂号将军，以后不再授人。 〔8〕镇东将军：官名。负责领兵征伐。汉魏有镇东、镇南、镇西、镇北将军各一人，统称“四镇”。 〔9〕杨奉、韩暹：杨奉原来是李傕的部将，韩暹原来是白波农民起义军的首领。以后二人联合进攻在长安控制汉献帝的李傕、郭汜，加入军阀混战。事附本书卷六《董卓传》。〔10〕梁：县名。县治在今河南汝州市西。 〔11〕假：授予。 节：代表天子所授威权的一种器物，以竹、旄制成。假节之后就有权诛杀违犯军令者。 钺：即黄钺。一种以黄金为装饰的大斧形兵器，是皇帝的仪仗之一。大臣领兵出朝，如果皇帝假以黄钺，就表示是代表皇帝征伐四方，有权指挥全国的军队。 〔12〕录：总管。 尚书：这里指尚书台。东汉的尚书台是处理军国机要事务的中枢机构。其长官为尚书令，副长官为尚书仆射(yè)。在令和仆射之下，又有尚书多人，分别处理各类事务。此外，朝廷有时又给予个别重要大臣以“录尚书事”的名号。凡享有这一名号的大臣，有权过问和决定尚书台的一切公务，成为在尚书令、仆射之上的朝廷首席执政官。 〔13〕董昭：传见本书卷十四。 许：县名。县治在今河南许昌市东面张潘乡一带。现今尚有故城遗址、毓秀台、射鹿台、张辽城等古迹留存，并曾在古城遗址出土当时的宫殿构件四神柱础等珍贵文物。 〔14〕宗庙：天子祭祀祖宗的庙堂。 社：祭祀土神的祭坛。 稷：祭祀谷神的祭坛。古代认为，土地和粮食是立国的两项最基本条件，所以帝王要在都城修建社稷进行祭祀。曹操迎接汉献帝到许县之后，开始“挟天子以令诸侯”，从此对割据群雄取得政治优势。

【裴注】

〔一〕《献帝春秋》曰："天子初至洛阳，幸城西故中常侍赵忠宅。使张杨缮治宫室，名殿曰'杨安殿'。八月，帝乃迁居。"

〔二〕《献帝纪》曰："又领司隶校尉。"

〔三〕张璠《汉纪》曰："初，天子败于曹阳，欲浮河东下。侍中、太史令王立曰：'自去春太白犯镇星于牛、斗，过天津；荧惑又逆行守北河，不可犯也。'由是天子遂不北渡河，将自轵关东出。立又谓宗正刘艾曰：'前太白守天关，与荧惑会；金火交会，革命之象也。汉祚终矣！晋、魏必有兴者。'立后数言于帝曰：'天命有去就，五行不常盛。代火者土也，承汉者魏也。能安天下者，曹姓也！唯委任曹氏而已。'公闻之，使人语立曰：'知公忠于朝廷，然天道深远，幸勿多言！'"

天子之东也，奉自梁欲要之，不及。

冬十月，公征奉〔1〕。奉南奔袁术；遂攻其梁屯，拔之。于是以袁绍为太尉。绍耻班在公下〔2〕，不肯受。公乃固辞，以大将军让绍；天子拜公司空〔3〕，行车骑将军〔4〕。

是岁，用枣祗、韩浩等议〔5〕，始兴屯田〔6〕。〔一〕

吕布袭刘备，取下邳〔7〕，备来奔。程昱说公曰："观刘备有雄才而甚得众心，终不为人下；不如早图之〔8〕。"公曰："方今收英雄时也；杀一人而失天下之心，不可！"

【注释】

〔1〕公：指曹操。这时曹操任大将军，位在三公之上；转任司空后，也是三公之一。所以史文从此称他为"公"。〔2〕耻班在公下：以自己官位在曹操之下为耻。东汉的太尉为三公之一，官位低于大将军一等。〔3〕司空：官名。三公之一。主管土木建筑和水利工程。〔4〕车骑将军：官名。领兵征伐。〔5〕枣祗（zhī）：事附本书卷十六《任峻传》。韩浩：传附本书卷九《夏侯惇传》。〔6〕屯田：指曹操创立的民户屯田

制度。东汉末年军阀连年混战，百姓流亡，农业衰败，粮食极度缺乏。曹操在割据群雄中最先组织流亡农民开荒种地。屯田农民由专设的屯田官管辖，组织军事化。收获的谷物，按照规定的比例上缴政府，其余留归屯田民自己。这一制度的实行，为日后曹操统一北方奠定了雄厚的物质基础，与曹操迎接汉献帝到许县具有同样重要的意义。〔7〕下邳：县名。县治在今江苏睢宁县西北。〔8〕图：设法对付。

【裴注】

〔一〕《魏书》曰："自遭荒乱，率乏粮谷。诸军并起，无终岁之计。饥则寇略，饱则弃余。瓦解流离，无敌自破者，不可胜数。袁绍之在河北，军人仰食桑椹；袁术在江、淮，取给蒲嬴：民人相食，州里萧条。公曰：'夫定国之术，在于强兵足食；秦人以急农兼天下，孝武以屯田定西域。此先代之良式也。'是岁，乃募民屯田许下，得谷百万斛。于是州郡例置田官，所在积谷；征伐四方，无运粮之劳。遂兼灭群贼，克平天下。"

张济自关中走南阳〔1〕；济死，从子绣领其众〔2〕。

二年春正月〔3〕，公到宛〔4〕。张绣降，既而悔之，复反。公与战，军败，为流矢所中。长子昂、弟子安民遇害〔5〕。〔一〕公乃引兵还舞阴〔6〕，绣将骑来抄〔7〕。公击破之，绣奔穰〔8〕，与刘表合。公谓诸将曰："吾降张绣等，失不便取其质〔9〕，以至于此。吾知所以败。诸卿观之：自今以后，不复败矣！"遂还许。〔二〕

袁术欲称帝于淮南〔10〕，使人告吕布。布收其使〔11〕，上其书。术怒，攻布，为布所破。

秋九月，术侵陈，公东征之。术闻公自来，弃军走，留其将桥蕤、李丰、梁纲、乐就。公到，击破蕤等，皆斩之。术走，渡淮〔12〕。公还许。公之自舞阴还也，南阳章陵诸县复叛为绣〔13〕。公遣曹洪击之，不利。

还屯叶[14]，数为绣、表所侵[15]。

冬十一月，公自南征，至宛。〔三〕表将邓济，据湖阳[16]。攻拔之，生擒济，湖阳降。攻舞阴，下之。

【注释】

〔1〕关中：地区名。所指范围因时代而异。此指今陕西中部渭水流域。旧说在东函谷、南武关、西散关、北萧关这四关之中，故名。〔2〕从（zòng）子：侄儿。 张绣（？—公元207）：传见本书卷八。〔3〕二年：建安二年（公元197）。〔4〕宛（yuān）：县名。县治在今河南南阳市。〔5〕昂：指曹昂（？—公元197）。曹操的长子，曹丕的异母兄。传见本书卷二十。 弟子：弟弟的儿子。即侄儿。〔6〕舞阴：县名。县治在今河南社旗县东。〔7〕抄：攻掠。〔8〕穰：县名。县治在今河南邓州市。〔9〕失不便取其质：失误在于没有立即收取张绣的家属作为人质。〔10〕淮南：这里指当时的九江郡，治所在今安徽寿县。九江郡是西汉初淮南王的封国，其地在淮水之南。〔11〕收：逮捕。〔12〕淮：河流名。即今淮河。〔13〕章陵：县名。县治在今湖北枣阳市南。 为（wèi）：支持。〔14〕叶（shè）：县名。县治在今河南叶县西南。〔15〕数（shuò）：多次。〔16〕湖阳：县名。县治在今河南唐河县西南。

【裴注】

〔一〕《魏书》曰："所乘马名'绝影'。为流矢所中，伤颊及足；并中公右臂。"《世语》曰："昂不能骑，进马于公。公故免，而昂遇害。"

〔二〕《世语》曰："旧制：三公领兵入见，皆交戟叉颈而前。初，公将讨张绣，入觐天子，时始复此制。公自此不复朝见。"

〔三〕《魏书》曰："临淯水，祠亡将士。歔欷流涕，众皆感恸。"

三年春正月[1]，公还许。初置军师祭酒[2]。三月，公围张绣于穰。

夏五月，刘表遣兵救绣，以绝军后[3]。〔一〕公将引还，绣兵来。公军不得进，连营稍前[4]。公与荀彧书曰："贼来追吾，虽日行数里；吾策之[5]，到安众，破绣必矣！"到安众[6]，绣与表兵合，守险，公军前后受敌。公乃夜凿险为地道，悉过辎重；设奇兵。会明，贼谓公为遁也，悉军来追[7]。乃纵奇兵步骑夹攻，大破之。

秋七月，公还许。荀彧问公："前以策贼必破，何也？"公曰："虏遏吾归师而与吾死地战[8]，吾是以知胜矣。"

【注释】

〔1〕三年：建安三年（公元198）。〔2〕军师祭酒：官名。曹操的下属，负责军事谋议。〔3〕绝军后：截断曹军的后路。〔4〕稍：逐渐。〔5〕策：预料。〔6〕安众：县名。县治在今河南邓州市东北。〔7〕悉军：调集全军。〔8〕虏：对敌人的蔑称。遏：阻挡。《孙子》的《军争》有"归师勿遏"一句，《九地》又有"陷之死地而后生"的说法，曹操的话来源于此。

【裴注】

〔一〕《献帝春秋》曰："袁绍叛卒诣公，云：'田丰使绍早袭许，若挟天子以令诸侯，四海可指麾而定。'公乃解绣围。"

吕布复为袁术，使高顺攻刘备[1]。公遣夏侯惇救之，不利；备为顺所败。九月，公东征布。

冬十月，屠彭城[2]，获其相侯谐。进至下邳，布自将骑逆击[3]。大破之，获其骁将成廉，追至城下。布恐，欲降。陈宫等沮其计[4]，求救于术，劝布出战。战又败，乃还固守；攻之不下。时公连战，士卒疲，欲还；用荀攸、郭嘉计[5]，遂决泗、沂水以灌城[6]。月余，布将宋宪、魏续等执陈宫，举城降。生擒布、宫，皆杀之。

太山臧霸、孙观、吴敦、尹礼、昌豨〔7〕，各聚众。布之破刘备也，霸等悉从布。布败，获霸等，公厚纳待，遂割青、徐二州附于海以委焉〔8〕。分琅邪、东海、北海为城阳、利城、昌虑郡〔9〕。

初，公为兖州，以东平毕谌为别驾〔10〕。张邈之叛也，邈劫谌母弟妻子。公谢遣之，曰："卿老母在彼，可去。"谌顿首无二心，公嘉之，为之流涕。既出，遂亡归〔11〕。及布破，谌生得。众为谌惧，公曰："夫人孝于其亲者〔12〕，岂不亦忠于君乎？吾所求也！"以为鲁相〔13〕。〔一〕

【注释】

〔1〕高顺（？—公元198）：事附本书卷七《吕布传》。〔2〕屠：大肆残杀。 彭城：县名。县治在今江苏徐州市。〔3〕逆击：迎头攻击。〔4〕沮：阻止。〔5〕荀攸（公元157—214）：传见本书卷十。 郭嘉（公元170—207）：传见本书卷十四。〔6〕泗、沂：均河流名。下邳城位于沂水入泗水处，沂水流经城西，泗水流经城南。〔7〕太山：即泰山。 臧霸：传见本书卷十八。 孙观：传附本书卷十八《臧霸传》。 昌豨（xī）：又名昌霸，事附本书卷十七《张辽传》。〔8〕遂割青、徐二州附于海以委焉：把青、徐二州的滨海地区分割出来，委托给臧霸等人管辖。所分割者就是下句列出的各郡国。其中，臧霸任琅邪相，昌豨任东海太守，孙观任北海相，孙康（孙观之兄）任城阳太守，吴敦任利城太守。分见本书卷十七《张辽传》、卷十八《臧霸传》。〔9〕北海：王国名。治所在今山东诸城市。 利城：郡名。治所在今江苏赣榆区西。 昌虑：郡名。治所在今山东滕州市东南。〔10〕别驾：官名。别驾从事史的简称。东汉的司隶校尉和州刺史之下，有从事史多人，别驾是其中之一。别驾主管府中众事，当主官乘车出巡时，则另乘车在前领路。

〔11〕亡：逃亡。〔12〕亲：指毕谌的母亲。古人说“亲”，往往指父母。〔13〕鲁：王国名。治所在今山东曲阜市。

【裴注】

〔一〕《魏书》曰：“袁绍宿与故太尉杨彪、大长秋梁绍、少府孔融有隙，欲使公以他过诛之。公曰：‘当今天下土崩瓦解，雄豪并起；辅相君长，人怀怏怏，各有自为之心：此上下相疑之秋也。虽以无嫌待之，犹惧未信；如有所除，则谁不自危？且夫起布衣，在尘垢之间，为庸人之所陵陷，可胜怨乎！高祖赦雍齿之仇而群情以安，如何忘之？’绍以为公外托公义，内实离异，深怀怨望。”

臣松之以为：杨彪亦曾为魏武所困，几至于死；孔融竟不免于诛灭。岂所谓先行其言而后从之哉！非知之难，其在行之。信矣！

四年春二月[1]，公还至昌邑[2]。张杨将杨丑杀杨[3]。眭固又杀丑，以其众属袁绍，屯射犬[4]。

夏四月，进军临河，使史涣、曹仁渡河击之[5]。固使杨故长史薛洪、河内太守缪尚留守[6]，自将兵北迎绍求救。与涣、仁相遇犬城[7]，交战；大破之，斩固。公遂济河，围射犬。洪、尚率众降，封为列侯[8]。还军敖仓。

以魏种为河内太守，属以河北事。

初，公举种孝廉。兖州叛[9]，公曰：“唯魏种且不弃孤也[10]。”及闻种走，公怒曰：“种不南走越、北走胡[11]；不置汝也[12]！”既下射犬，生擒种。公曰：“唯其才也！”释其缚而用之。

是时，袁绍既并公孙瓒[13]，兼四州之地[14]，众十余万，将进军攻许。诸将以为不可敌。公曰：“吾知绍之为人：志大而智小；色厉而胆薄[15]；忌克而少威[16]；

兵多而分画不明[17]；将骄而政令不一。土地虽广，粮食虽丰，适足以为吾奉也[18]！”

秋八月，公进军黎阳[19]；使臧霸等入青州破齐、北海、东安[20]；留于禁屯河上[21]。九月，公还许，分兵守官渡[22]。

冬十一月，张绣率众降，封列侯。十二月，公军官渡。

袁术自败于陈，稍困[23]。袁谭自青州遣迎之[24]，术欲从下邳北过；公遣刘备、朱灵要之[25]，会术病死。程昱、郭嘉闻公遣备，言于公曰：“刘备不可纵。”公悔，追之不及。

备之未东也，阴与董承等谋反。至下邳，遂杀徐州刺史车胄，举兵屯沛[26]。遣刘岱、王忠击之，不克。[一]

庐江太守刘勋率众降[27]，封为列侯。

【注释】

〔1〕四年：建安四年(公元199)。〔2〕昌邑：县名。县治在今山东金乡县西北。〔3〕张杨(？—公元199)：传见本书卷八。〔4〕射犬：地名。属河内郡野王县，在今河南沁阳市东北。〔5〕史涣(？—公元209)：传附本书卷九《夏侯惇传》。曹仁(公元168—223)：传见本书卷九。〔6〕故：过去的。长史：官名。东汉的三公和高级将军府内设有长史，总管府内事务。〔7〕犬城：地名。在射犬和邺城之间。〔8〕列侯：爵位名。东汉的封爵制度，授给异姓有功者的爵位有二十级，其最高一级为列侯。按封地大小，列侯又有大县侯、小县侯、乡侯、亭侯之分。封侯者享有收取封地民户租税的特权。〔9〕兖州叛：指上文“张邈与陈宫叛迎吕布”事。〔10〕且：将。弃：背叛。孤：古代王侯的自称。〔11〕越：古时候对南方沿海地区少数族的泛称。胡：古

时候对北方少数族的泛称。〔12〕置：放过。〔13〕并：吞并。〔14〕四州：指黄河以北的冀、青、幽、并四州。〔15〕色厉：外表威严。〔16〕忌克：嫉妒而且好胜。〔17〕分画：任务的分配安排。〔18〕奉：礼品。〔19〕黎阳：县名。县治在今河南浚县东北，是当时从河北通向中原的要津。〔20〕齐：王国名。治所在今山东淄博市东北。 东安：郡名。治所在今山东沂水县西南。〔21〕于禁（？—公元221）：传见本书卷十七。〔22〕官渡：地名。在今河南中牟县东北官渡桥村。是决定曹操与袁绍争夺统一北方主导权的著名战场。与赤壁之战、猇亭之战构成确定三国鼎立版图基本格局的三大战役。现今尚有土垒遗存，名为曹公台。此外附近还有曹操井、袁绍岗、逐鹿营等与官渡之战史事相关的地名。〔23〕困：窘困。〔24〕遣迎：派遣使者迎接。〔25〕朱灵：传见本书卷十七。〔26〕沛：县名。县治在今江苏沛县。沛县属沛国管辖，所以又名小沛。〔27〕刘勋：事附本书卷十二《司马芝传》。

【裴注】

〔一〕《献帝春秋》曰："备谓岱等曰：'使汝百人来，其无如我何。曹公自来，未可知耳！'"

《魏武故事》曰："岱字公山，沛国人。以司空长史从征伐，有功，封列侯。"

《魏略》曰："王忠，扶风人。少为亭长。三辅乱，忠饥乏噉人，随辈南向武关。值娄子伯为荆州遣，迎北方客人。忠不欲去，因率等仵逆击之，夺其兵，聚众千余人以归公。拜忠中郎将，从征讨。五官将知忠尝噉人，因从驾出行，令俳取冢间髑髅系著忠马鞍，以为欢笑。"

五年春正月[1]，董承等谋泄，皆伏诛。

公将自东征备，诸将皆曰："与公争天下者，袁绍也。今绍方来，而弃之东；绍乘人后[2]，若何？"公曰："夫刘备，人杰也。今不击，必为后患！〔一〕袁绍虽有大志，而见事迟；必不动也。"郭嘉亦劝公，遂东击备。破之，生擒其将夏侯博。备走，奔绍；获其妻子。

备将关羽屯下邳[3]，复进攻之，羽降。昌豨叛为备，又攻破之。公还官渡，绍卒不出[4]。

【注释】

〔1〕五年：建安五年(公元200)。〔2〕乘人后：乘机袭击我们后方。〔3〕关羽(？—公元219)：传见本书卷三十六。〔4〕绍卒不出：袁绍终究没有出兵。但是，据本书卷十七《于禁传》记载，曹操东攻刘备时，袁绍曾南下延津准备奔袭曹操的后方，只是因为受到于禁的阻击，所以未能渡河。由此可见当初曹操“留于禁屯河上”的用意。

【裴注】

〔一〕孙盛《魏氏春秋》云：“答诸将曰：‘刘备，人杰也！将生忧寡人。’”

臣松之以为：史之记言，既多润色，故前载所述有非实者矣。后之作者又生意改之，于失实也，不亦弥远乎！凡孙盛制书，多用《左氏》以易旧文，如此者非一。嗟乎，后之学者将何取信哉？且魏武方以天下励志，而用夫差分死之言，尤非其类。

二月，绍遣郭图、淳于琼、颜良攻东郡太守刘延于白马[1]；绍引兵至黎阳，将渡河。

夏四月，公北救延。荀攸说公曰：“今兵少，不敌，分其势乃可。公到延津[2]，若将渡兵向其后者，绍必西应之。然后轻兵袭白马，掩其不备[3]；颜良可擒也。”公从之。绍闻兵渡，即分兵西应之。公乃引军兼行趋白马[4]。未至十余里，良大惊，来逆战。使张辽、关羽前登[5]，击破，斩良；遂解白马围，徙其民，循河而西。

绍于是渡河，追公军，至延津南。公勒兵驻营南坂下，使登垒望之。曰：“可五六百骑[6]。”有顷，复白〔7〕："骑稍多，步兵不可胜数。"公曰："勿复白！"乃令骑解鞍放马。是时，白马辎重就道；诸将以为敌骑多，不如还保营。荀攸曰："此所以饵敌〔8〕，如何去之！"绍骑将文丑与刘备将五六千骑，前后至。诸将复白："可上马。"公曰："未也。"有顷，骑至稍多，或分趋辎重。公曰："可矣！"乃皆上马，时骑不满六百；遂纵兵击，大破之，斩丑。良、丑皆绍名将也，再战〔9〕，悉擒；绍军大震。

公还军官渡。绍进保阳武〔10〕。关羽亡，归刘备。

八月，绍连营稍前，依沙塠为屯〔11〕，东西数十里。公亦分营，与相当；合战，不利。〔一〕时公兵不满万，伤者十二三。〔二〕绍复进临官渡，起土山、地道。公亦于内作之，以相应。绍射营中，矢如雨下。行者皆蒙盾，众大惧。时公粮少，与荀彧书，议欲还许。彧以为："绍悉众聚官渡，欲与公决胜败；公以至弱当至强，若不能制，必为所乘。是天下之大机也〔12〕。且绍，布衣之雄耳〔13〕，能聚人而不能用。夫以公之神武明哲而辅以大顺〔14〕，何向而不济〔15〕！"公从之。

【注释】

〔1〕郭图（？—公元205）：事附本书卷六《袁绍传》。 淳于：复姓。 白马：县名。县治在今河南浚县东南。 〔2〕延津：津渡名。古黄河流经今河南延津县西北至滑县北的一段，是当时重要渡口，总称为延津。 〔3〕掩：突袭。 〔4〕兼行：用比平常加倍快的速度行军。〔5〕张辽（公元169—222）：传见本书卷十七。 前登：作为前锋接战。〔6〕可：大约。 〔7〕白：报告。 〔8〕饵：引诱。 〔9〕再战：两次交战。 〔10〕阳武：县名。县治在今河南原阳县东。 〔11〕塠（duī）：小

丘。〔12〕天下之大机：决定天下大局的关键。〔13〕布衣：这里指凡夫俗子。〔14〕神武：极不寻常的军事才能。 大顺：道义上的光明正大。指以天子的名义讨伐袁绍。〔15〕济：成功。

【裴注】

〔一〕习凿齿《汉晋春秋》曰："许攸说绍曰：'公无与操相攻也！急分诸军持之，而径从他道迎天子，则事立济矣。'绍不从，曰：'吾要当先围取之！'攸怒。"

〔二〕臣松之以为：魏武初起兵，已有众五千。自后百战百胜，败者十二三而已矣。但一破黄巾，受降卒三十余万；余所吞并，不可悉纪。虽征战损伤，未应如此之少也。夫结营相守，异于摧锋决战。《本纪》云："绍众十余万，屯营东西数十里。"魏太祖虽机变无方，略不世出；安有以数千之兵，而得逾时相抗者哉？以理而言，窃谓不然。绍为屯数十里，公能分营与相当，此兵不得甚少。一也。绍若有十倍之众，理应当悉力围守，使出入断绝；而公使徐晃等击其运车，公又自出击淳于琼等，扬旌往还，曾无抵阂；明绍力不能制，是不得甚少。二也。诸书皆云"公坑绍众八万"，或云"七万"。夫八万人奔散，非八千人所能缚；而绍之大众皆拱手就戮，何缘力能制之？是不得甚少。三也。将记述者欲以少见奇，非其实录也。按《钟繇传》云："公与绍相持，繇为司隶，送马二千余匹以给军。"《本纪》及《世语》并云公时有骑六百余匹，繇马为安在哉？

孙策闻公与绍相持，乃谋袭许；未发，为刺客所杀。汝南降贼刘辟等，叛应绍，略许下[1]。绍使刘备助辟，公使曹仁击破之。备走，遂破辟屯。

袁绍运谷车数千乘至；公用荀攸计，遣徐晃、史涣邀击[2]。大破之，尽烧其车。公与绍相拒连月，虽比战斩将[3]，然众少粮尽，士卒疲乏。公谓运者曰："却十五日为汝破绍[4]，不复劳汝矣！"

冬十月，绍遣车运谷；使淳于琼等五人，将兵万余人送之，宿绍营北四十里。绍谋臣许攸贪财，绍不能足[5]；来奔，因说公击琼等。左右疑之，荀攸、贾诩劝公。公乃留曹洪守，自将步骑五千人，夜往。会明至[6]，琼等望见公兵少，出阵门外。公急击之，琼退保营，遂攻之。绍遣骑救琼，左右或言："贼骑稍近，请分兵拒之！"公怒曰："贼在背后，乃白！"士卒皆殊死战，大破琼等，皆斩之。〔一〕

绍初闻公之击琼，谓长子谭曰[7]："就彼（攻）〔破〕琼等[8]，吾攻拔其营，彼固无所归矣！"乃使张郃、高览攻曹洪[9]。郃等闻琼破，遂来降，绍众大溃。绍及谭弃军走，渡河，追之不及。尽收其辎重、图书、珍宝，虏其众。〔二〕公收绍书中，得许下及军中人书，皆焚之。〔三〕冀州诸郡，多举城邑降者。

初，桓帝时有黄星现于楚、宋之分[10]。辽东殷馗善天文，〔四〕言："五十岁当有真人起于梁、沛之间[11]，其锋不可当。"至是，凡五十年，而公破绍，天下莫敌矣。

【注释】

〔1〕许下：许县一带地区。 〔2〕徐晃（？—公元227）：传见本书卷十七。 邀击：半路截击。又可说成"邀"。 〔3〕比（bì）：接连。〔4〕却：此后。 〔5〕足：使许攸满足。 〔6〕明：天明。 〔7〕谭：指袁谭（？—公元205）。传附本书卷六《袁绍传》。 〔8〕就：就算是。〔9〕张郃（？—公元231）：传见本书卷十七。 〔10〕黄星：发出黄色光芒的星。古代认为这是瑞星，预示有非凡人物出现。 分：分野。古代相信天人感应，人们根据地上的州国来划分天上的星空，把星空中的二十八宿分别指配给地上的州国，并把对应的星宿称为该州国的分野。这样，人们即可依照星区中的天象，来预测对应州国的吉凶。先秦时楚、宋二国的分野，分别是二十八宿中的翼、轸和氐、房、心。所以这句话

指黄星出现在上述五宿所在的星空。〔11〕真人：真命君主。东汉的梁、沛二王国，地跨先秦楚、宋二国故地，所以殷馗认为楚、宋分野黄星出现，是梁、沛将出真人的预兆。

【裴注】

〔一〕《曹瞒传》曰："公闻攸来，跣出迎之，抚掌笑曰：'子卿远来，吾事济矣！'既入坐，谓公曰：'袁氏军盛，何以待之？今有几粮乎？'公曰：'尚可支一岁。'攸自：'无是，更言之！'又曰：'可支半岁。'攸曰：'足下不欲破袁氏邪？何言之不实也！'公曰：'向言戏之耳！其实可一月，为之奈何？'攸曰：'公孤军独守，外无救援而粮谷已尽，此危急之日也。今袁氏辎重有万余乘，在故市、乌巢，屯军无严备。今以轻兵袭之，不意而至，燔其积聚。不过三日，袁氏自败也。'公大喜，乃举精锐步骑；皆用袁军旗帜，衔枚缚马口；夜从间道出，人抱束薪。所历道，有问者，（语）〔绐〕之曰：'袁公恐曹操抄略后军，遣兵以益备。'闻者信以为然，皆自若。既至，围屯，大放火，营中惊乱，大破之。尽燔其粮谷宝货；斩督将眭元进、骑督韩莒子、吕威璜、赵叡等首；割得将军淳于仲简鼻，未死。杀士卒千余人，皆取鼻，牛马割唇舌，以示绍军。将士皆怛惧。时有夜得仲简，将以诣麾下。公谓曰：'何为如是？'仲简曰：'胜负自天，何用为问乎！'公意欲不杀。许攸曰：'明旦鉴于镜，此益不忘人。'乃杀之。"

〔二〕《献帝起居注》曰："公上言：'大将军邺侯袁绍，前与冀州牧韩馥立故大司马刘虞，刻作金玺；遣故任长毕瑜，诣虞，为说命录之数。又绍与臣书云："可都鄄城，当有所立。"擅铸金银印，孝廉、计吏，皆往诣绍。从弟济阴太守叙，与绍书云："今海内丧败，天意实在我家；神应有征，当在尊兄。南兄臣下欲使即位，南兄言：以年则北兄长，以位则北兄重；便欲送玺，会曹操断道。"绍宗族累世受国重恩，而凶逆无道，乃至于此。辄勒兵马，与战官渡；乘圣朝之威，得斩绍大将淳于琼等八人首，遂大破溃。绍与子谭轻身迸走。凡斩首七万余级，辎重财物巨亿。'"

〔三〕《魏氏春秋》曰："公云：'当绍之强，孤犹不能自保，而况众人乎！'"

〔四〕馗，古逵字。见《三苍》。

六年夏四月[1]，扬兵河上[2]。击绍仓亭军[3]，破之。绍归，复收散卒，攻定诸叛郡县。

九月，公还许。绍之未破也，使刘备略汝南；汝南贼共都等应之[4]。遣蔡扬击都，不利，为都所破。公南征备。备闻公自行，走奔刘表；都等皆散。

七年春正月[5]，公军谯。令曰："吾起义兵，为天下除暴乱。旧土人民[6]，死丧略尽[7]。国中终日行，不见所识[8]，使吾凄怆伤怀！其举义兵以来[9]，将士绝无后者，求其亲戚以后之[10]；授土田，官给耕牛；置学师以教之。为存者立庙，使祀其先人。魂而有灵，吾百年之后何恨哉！"遂至浚仪[11]，治睢阳渠[12]；遣使以太牢祀桥玄[13]。〔一〕进军官渡。

【注释】

〔1〕六年：建安六年（公元201）。〔2〕扬兵：扩张兵势。〔3〕仓亭：津渡名。在今山东阳谷县北。是古黄河重要渡口。"仓"又作"苍"。〔4〕共都：本书卷三十二《先主传》作"龚都"。〔5〕七年：建安七年（公元202）。〔6〕旧土：故乡。〔7〕略：全都。〔8〕所识：所认得的人。〔9〕其：助词，用于指令性文告，表示在这之后的文字属于具体的指令。〔10〕后之：做他们的后嗣。〔11〕浚仪：县名。县治在今河南开封市。〔12〕睢（suī）阳渠：渠水名。在今河南商丘市南。〔13〕太牢：古代祭祀，同时以牛、羊、猪三牲作为祭品，称为太牢。有时只用牛一牲做祭品也称太牢。

【裴注】

〔一〕《褒赏令》载公祀文曰："故太尉桥公，诞敷明德，泛爱博容；国念明训，士思令谟。灵幽体翳，邈哉晞矣！吾以幼年，逮升堂室；特以顽鄙之姿，为大君子所纳；增荣益观，皆由奖助：犹仲尼称不如颜渊，李生之厚叹贾复。士死知己，怀此无忘。又承从容约誓之言：'殂逝之后，路有经由，不以斗酒只鸡过相沃酹；车过三步，腹痛勿怪！’虽临时戏笑之言，非至亲之笃好，胡肯为此辞乎？匪谓灵忿，能贻己疾；怀旧惟顾，念之凄怆！奉命东征，屯次乡里；北望贵土，乃心陵墓。裁致薄奠，公其尚飨！”

绍自军破后，发病呕血；夏五月死，小子尚代〔1〕。谭自号车骑将军，屯黎阳。

秋九月，公征之，连战；谭、尚数败退，固守。

八年春三月〔2〕，攻其郭〔3〕；乃出战。击，大破之，谭、尚夜遁。

夏四月，进军邺。五月，还许，留贾信屯黎阳。己酉〔4〕，令曰：“《司马法》，‘将军死绥’〔5〕。〔一〕故赵括之母〔6〕，乞不坐括〔7〕：是古之将者，军破于外，而家受罪于内也。自命将征行，但赏功而不罚罪，非国典也。其令诸将出征，败军者抵罪，失利者免官爵。”〔二〕

【注释】

〔1〕袁尚(？—公元207)：传附本书卷六《袁绍传》。〔2〕八年：建安八年(公元203)。〔3〕郭：外城。〔4〕己酉：旧历五月二十五日。〔5〕司马法：书名。《汉书》卷三十《艺文志》著录有《军礼司马法》一书，共一百五十五篇，是战国时齐威王的臣僚辑录古代兵法而成。今只残存五篇。绥：败退。“将军死绥”的意思是说，凡军队败退，领兵将军要受到军法的严厉处置，判以死刑。〔6〕赵括(？—前260)：战国时赵国名将赵奢的儿子。从小喜欢阅读兵书，议论兵法。前260年，赵军与秦军在长平(今山西高平市西北)大战。赵孝成王中了秦国的反间计，以赵括代替老将廉颇为赵军主帅，结果招致惨败，四十多万赵军全部被歼灭。事前赵括的母亲一再劝阻赵王不要任命赵括，但赵王不听。赵母就要求，万一赵括失败，自己将不受连累。事见《史记》卷八十一。〔7〕坐括：由于赵括犯法而被连带治罪。

【裴注】

〔一〕《魏书》曰："绥，却也。有前一尺，无却一寸。"

〔二〕《魏书》载庚申令曰："议者或以军吏虽有功能，德行不足堪任郡国之选；所谓'可与适道，未可与权'。管仲曰：'使贤者食于能，则上尊；斗士食于功，则卒轻于死；二者设于国，天下治。'未闻无能之人，不斗之士，并受禄赏，而可以立功兴国者也。故明君不官无功之臣，不赏不战之士。治平尚德行，有事赏功能。论者之言，一似管窥虎欤！"

秋七月，令曰："丧乱以来，十有五年。后生者不见仁义礼让之风，吾甚伤之。其令郡国：各修文学[1]；县满五百户，置校官[2]，选其乡之俊造而教学之[3]。庶几先王之道不废[4]，而有以益于天下。"八月，公征刘表，军西平[5]。公之去邺而南也，谭、尚争冀州。谭为尚所败，走保平原[6]。尚攻之急，谭遣辛毗乞降请救[7]。诸将皆疑，荀攸劝公许之；〔一〕公乃引军还。

冬十月，到黎阳，为子整与谭结婚[8]。〔二〕尚闻公北，乃释平原，还邺。东平吕旷、吕翔叛尚，屯阳平[9]；率其众降，封为列侯。〔三〕

【注释】

〔1〕修：振兴。 文学：此指文化教育，与现今的含义不同。〔2〕校官：学校。〔3〕俊造：指优秀人才。俊是俊士，造是造士，语出《礼记·王制》。〔4〕庶几(jī)：或许可以(使)。〔5〕西平：县名。县治在今河南舞阳县东南。〔6〕平原：县名。县治在今山东平原县南。〔7〕辛毗：传见本书卷二十五。〔8〕整：曹整(？—公元218)。传见本书卷二十。据本卷后面史文记载，当时曹整娶袁谭之女为妻。〔9〕阳平：县名。县治在今山东莘(shēn)县南。

【裴注】

〔一〕《魏书》曰："公云：'我攻吕布，表不为寇；官渡之役，不救袁绍：此自守之贼也，宜为后图。谭、尚狡猾，当乘其乱。纵谭挟诈，不终束手；使我破尚，偏收其地，利自多矣。'乃许之。"

〔二〕臣松之按：绍死至此，过周五月耳。谭虽出后其伯，不为绍服三年；而于再期之内以行吉礼，悖矣！魏武或以权宜，与之约言；今云"结婚"，未必便以此年成礼。

〔三〕《魏书》曰："谭之围解，阴以将军印绶假旷。旷受印，送之，公曰：'我固知谭之有小计也：欲使我攻尚，得以其间略民聚众；尚之破，可得自强以乘我弊也。尚破我盛，何弊之乘乎？'"

九年春正月〔1〕，济河，遏淇水入白沟以通粮道〔2〕。二月，尚复攻谭，留苏由、审配守邺〔3〕。公进军到洹水〔4〕，由降；既至，攻邺，为土山、地道。武安长尹楷屯毛城〔5〕，通上党粮道〔6〕。

夏四月，留曹洪攻邺；公自将击楷，破之而还。尚将沮鹄守邯郸〔7〕；〔一〕又击，拔之。易阳令韩范、涉长梁岐举县降，赐爵关内侯〔8〕。五月，毁土山、地道；作围堑，决漳水灌城〔9〕。城中饿死者过半。

秋七月，尚还救邺，诸将皆以为："此归师，人自为战，不如避之。"公曰："尚从大道来，当避之；若循西山来者〔10〕，此成擒耳！"尚果循西山来，临滏水为营〔11〕。〔二〕夜遣兵犯围；公逆击破走之，遂围其营。未合，尚惧，〔遣〕故豫州刺史阴夔及陈琳乞降〔12〕。公不许，为围益急。尚夜遁，保祁山〔13〕。追击之，其将马延、张颉等临阵降；众大溃，尚走中山〔14〕，尽获其辎重。得尚印绶、节、钺〔15〕，使尚降人示其家。城中崩沮[16]。八月，审配兄子荣，夜开所守城东门，纳兵。配逆战，败，生擒配。斩之，邺定。公临祀绍墓，哭之流涕。慰劳绍妻，还其家人宝物，赐杂缯絮[17]，廪食之[18]。[三]

【注释】

〔1〕九年：建安九年(公元204)。〔2〕淇水：河流名。黄河北岸支流之一。　白沟：河流名。本为一小水，发源处接近淇水东岸，东北流入内黄县以下的大清河。淇水和白沟都在冀州南端。曹操攻袁尚，为了打通河北水道运输，就在淇水入黄河处，以大木筑堰以遏淇水东入白沟，并名之为枋头。自此之后，上起枋头，下包括大清河，皆称为白沟，成为河北水运干道。枋头亦因此变成军事要地。〔3〕审配(？—公元204)：事附卷六《袁绍传》。〔4〕洹(huán)水：河流名。在邺城南面约15公里。〔5〕毛城：地名。在今河北涉县西南。〔6〕上党：郡名。当时治所在今山西长治市北。〔7〕邯郸：县名。县治在今河北邯郸市。〔8〕关内侯：东汉爵位名。在列侯之下，是第十九级。〔9〕漳水：河流名。流经邺城西北。〔10〕西山：山名。今太行山。在邺城西北。〔11〕滏(fǔ)水：河流名。在邺城北面大约5公里。〔12〕陈琳(？—公元217)：传附本书卷二十《王粲传》。〔13〕祁山：地名。在邺城与中山之间。〔14〕中山：王国名。治所在今河北定州市。〔15〕绶：系在官印上的丝绳，其颜色依官位高低而不同。〔16〕崩沮：精神崩溃沮丧。〔17〕杂：各种各样。　缯(zēng)：丝织品的统称。〔18〕廪食(sì)：由政府发粮供养。

【裴注】

〔一〕沮，音菹，河朔间今犹有此姓。鹄，沮授子也。

〔二〕《曹瞒传》曰："遣候者数部，前后参之，皆曰：'定从西道，已在邯郸。'公大喜，会诸将曰：'孤已得冀州，诸君知之乎？'皆曰：'不知。'公曰：'诸君方见不久也。'"

〔三〕孙盛云："昔者先王之为诛赏也，将以惩恶劝善，永彰鉴戒。绍因世艰危，遂怀逆谋；上议神器，下干国纪。荐社污宅，古之制也；而乃尽哀于逆臣之家，加恩于饕餮之室。为政之道，于斯踬矣。夫匿怨友人，前哲所耻；税骖旧馆，义无虚涕。苟道乖好绝，何哭之有！昔汉高失之于项氏，魏武遵谬于此举，岂非百虑之一失也。”

初，绍与公共起兵。绍问公曰：“若事不辑〔1〕，则方面何所可据？”公曰：“足下意以为何如？”绍曰：“吾南据河，北阻燕、代〔2〕；兼戎狄之众〔3〕，南向以争天下。庶可以济乎〔4〕？”公曰：“吾任天下之智力，以道御之。无所不可！”〔一〕

【注释】

〔1〕辑：成功。〔2〕燕（yān）、代：均为先秦国名。这里指其故地，即今河北省北部。〔3〕戎：西方少数族的泛称。狄：北方少数族的泛称。〔4〕庶：或许。

【裴注】

〔一〕《傅子》曰：“太祖又云：‘汤、武之王，岂同土哉？若以险固为资，则不能应机而变化也。’”

九月，令曰：“河北罹袁氏之难〔1〕。其令无出今年租赋〔2〕！”重豪强兼并之法〔3〕，百姓喜悦。〔一〕天子以公领冀州牧，公让还兖州。

公之围邺也，谭略取甘陵、安平、勃海、河间〔4〕。尚败，还中山。谭攻之，尚奔故安〔5〕，遂并其众。

公遗谭书〔6〕，责以负约，与之绝婚。女还，然后进军。谭惧，拔平原〔7〕，走保南皮〔8〕。

十二月，公入平原〔9〕，略定诸县〔10〕。

【注释】

〔1〕罹：遭受。〔2〕租：田租。这是土地税。 赋：赋调。这是一种人头税。通常以户为单位，缴纳绢、布、绵等手工产品。又称户调。〔3〕重：加重。〔4〕甘陵：郡名。治所在今山东临清市东北。 安平：王国名。治所在今河北冀州区。 河间：王国名。治所在今河北献县东南。〔5〕故安：县名。县治在今河北涞水县西南。〔6〕遗（wèi）：送给。〔7〕拔平原：从平原城撤退。〔8〕南皮：县名。县治在今河北南皮县东北。〔9〕平原：这是郡名。治所在平原县。〔10〕略定：攻取平定。

【裴注】

〔一〕《魏书》载公令曰："'有国有家者，不患寡而患不均，不患贫而患不安'。袁氏之治也，使豪强擅恣，亲戚兼并；下民贫弱，代出租赋；炫鬻家财，不足应命。审配宗族，至乃藏匿罪人，为逋逃主。欲望百姓亲附，甲兵强盛，岂可得邪！其收田租亩四升，户出绢二匹、绵二斤而已；他不得擅兴发！郡国守相明检察之，无令强民有所隐藏，而弱民兼赋也。"

十年春正月〔1〕，攻谭，破之。斩谭，诛其妻子〔2〕，冀州平。〔一〕下令曰："其与袁氏同恶者，与之更始〔3〕。"令民不得复私仇，禁厚葬；皆一之于法〔4〕。是月，袁熙大将焦触、张南等叛〔5〕，攻熙、尚；熙、尚奔三郡乌丸〔6〕。触等举其县降，封为列侯。

初讨谭时，民亡椎冰〔7〕，〔二〕令不得降〔8〕。顷之，亡民有诣门首者〔9〕。公谓曰："听汝则违令〔10〕，杀汝则诛首〔11〕。归深自藏，无为吏所获！"民垂泣而去，后竟捕得。

【注释】

〔1〕十年：建安十年（公元205）。〔2〕妻子：妻室儿女。〔3〕更始：重新开始。意思是给予袁氏党羽以改过自新的机会。〔4〕一之于法：一律以法律制裁。〔5〕袁熙（？—公元207）：袁绍的次子。事附本

书卷六《袁绍传》。〔6〕三郡：指幽州的辽西郡、右北平郡和辽东属国。或有将辽东属国误以为辽东郡者，不确。二者虽同属幽州，均为郡级行政单位，但各有地域范围，并非一事。 乌丸：或作乌桓。当时东北边区一支强大的少数族。袁绍占据河北，曾封辽西郡乌丸王蹋顿、右北平郡乌丸王汗卢、辽东属国乌丸王颁下三人为单于。见本书卷三十《乌丸传》裴注引《英雄记》。〔7〕椎(chuí)冰：用锤敲破河面冰冻，以通行舟船。这句是说调来敲冰的百姓有人逃跑。〔8〕令不得降：下令不准接受逃跑者的投降。指一律处死。〔9〕首：自首。〔10〕听汝：听从你自首而给予赦免。〔11〕诛首：诛杀主动自首者。这样做会违背从宽处治自首者的原则。

【裴注】

〔一〕《魏书》曰："公攻谭，旦及日中，不决。公乃自执桴鼓，士卒咸奋，应时破陷。"

〔二〕臣松之以为：讨谭时，川渠水冻，使民椎冰以通船；民惮役而亡。

夏四月，黑山贼张燕率其众十余万降〔1〕，封为列侯。故安赵犊、霍奴等杀幽州刺史、涿郡太守。三郡乌丸攻鲜于辅于犷平〔2〕。〔一〕

秋八月，公征之，斩犊等。乃渡潞河救犷平〔3〕；乌丸奔走，出塞。

九月，令曰："阿党比周〔4〕，先圣所疾也〔5〕。闻冀州俗：父子异部更相毁誉〔6〕。昔直不疑无兄，世人谓之盗嫂〔7〕；第五伯鱼三娶孤女，谓之挝妇翁〔8〕；王凤擅权，谷永比之申伯〔9〕；王商忠议，张匡谓之左道〔10〕。此皆以白为黑，欺天罔君者也〔11〕。吾欲整齐风俗；四者不除〔12〕，吾以为羞！"

冬十月，公还邺。

初，袁绍以甥高幹领并州牧[13]。公之拔邺，幹降，遂以为刺史。幹闻公讨乌丸，乃以州叛。执上党太守，举兵守壶关口[14]。遣乐进、李典击之[15]，幹还守壶关城[16]。

【注释】

〔1〕张燕：传见本书卷八。〔2〕鲜于辅：事附本书卷八《公孙瓒传》。鲜于是复姓。犷平：县名。县治在今北京市密云区东北。〔3〕潞河：河流名。即今北京市通县以下的北运河。〔4〕阿(ē)党比(bì)周：拉帮结派，谋取私利。孔子有“君子周而不比，小人比而不周”的说法，比是为了谋取私利而相互勾结，周是为了弘扬道义而相互团结，见《论语·为政》。〔5〕先圣：指孔子。疾：憎恶。〔6〕父子异部更相毁誉：亲生父子也会分属不同帮派，诋毁对方，赞誉同党。〔7〕直不疑：西汉南阳郡人，传见《汉书》卷四十六。盗嫂：与嫂私通。〔8〕第五伯鱼：即第五伦，东汉京兆长陵(今陕西泾阳县东南)人。传见《后汉书》卷四十一。第五是复姓。孤女：死了父亲的女子。挝(zhuā)妇翁：殴打岳父。〔9〕王凤(？—前22)：字孝卿，东平陵(今山东济南市东)人。西汉成帝时以外戚的关系担任大司马、大将军、领尚书事，专擅朝政。谷永：字子云，长安人。王凤专权，大树同党，引起舆论指责。而谷永为了巴结，反而上书朝廷，说王凤“有申伯之忠”。传见《汉书》卷八十五。申伯：西周王室的外戚。〔10〕王商(？—前12)：字子威，蠡吾(今河北高阳县西南)人。西汉成帝时任丞相，为人正直，受到王凤的排挤。而张匡一心迎合王凤，借出现日食上书朝廷，说王商“作威作福……执左道以乱政”。传见《汉书》卷八十二。左道：邪道。〔11〕罔：蒙骗。〔12〕四者：指类似上述四例的不良风气。冀州朋党之风盛行，是地方大族势力扩张的反映。曹操力求集中权力，把冀州改造成自己可靠的根据地，所以要严厉破除朋党风气。此后，其子曹丕和其孙曹叡在位时，都继续奉行打击朋党风气的政治方针。〔13〕并(bīng)州：州名。治所在今山西太原市西南。〔14〕壶关口：关隘名。即壶口关，在今山西长治市东南。〔15〕乐进(？—公元218)：传见本书卷十七。李典(公元174—209)：传见本书卷十八。〔16〕壶关：这是县名。县治在今山西长治市北，壶关口的西北。

【裴注】

〔一〕《续汉书·郡国志》曰："犷平，县名。属渔阳郡。"

十一年春正月[1]，公征幹。幹闻之，乃留其别将守城，走入匈奴，求救于单于[2]。单于不受。公围壶关三月，拔之。幹遂走荆州[3]，上洛都尉王琰捕斩之。

秋八月，公东征海贼管承。至淳于[4]，遣乐进、李典击破之；承走入海岛。割东海之襄贲、郯、戚以益琅邪[5]，省昌虑郡。〔一〕

三郡乌丸承天下乱[6]，破幽州[7]，略有汉民合十余万户。袁绍皆立其酋豪为单于；以家人子为己女[8]，妻焉。辽西单于蹋顿尤强[9]，为绍所厚[10]。故尚兄弟归之，数入塞为害。

公将征之，凿渠，自呼沲入泒水[11]，〔二〕名"平虏渠"[12]。又从泃河口[13]，〔三〕凿入潞河，名"泉州渠"[14]，以通海。

【注释】

〔1〕十一年：建安十一年(公元206)。〔2〕单(chán)于：北方匈奴、乌丸、鲜卑等少数族君主的称号。〔3〕荆州：州名。东汉末治所在今湖北襄阳市。〔4〕淳于：县名。县治在今山东安丘市东北。〔5〕戚：县名。县治在今山东微山县。益琅邪：扩大琅邪郡的辖地。〔6〕承：趁着。〔7〕幽州：州名。治所在今北京市。〔8〕家人子：家族成员的女儿。〔9〕辽西：郡名。治所在今辽宁义县西南。蹋顿(？—公元207)：事见本书卷三十《乌丸传》。〔10〕厚：厚待。〔11〕呼沲(tuó)：河流名。即今滹沱河。泒(gū)水：河流名。上游是今河北大沙河，下游经冀州东北入海。〔12〕平虏渠：渠水名。具体位置当在今河北沧州市北。〔13〕泃(jū)河：河流名。发源于今天津市蓟

州区北，南流至宝坻区东北入海。〔14〕泉州渠：渠水名。因南起泉州县（今天津市武清区西南），故名。南引潞河水，北至泃河的入海口。

【裴注】

〔一〕《魏书》载十月乙亥令曰："夫治世御众，建立辅弼，诫在面从。《诗》称'听用我谋，庶无大悔'，斯实君臣恳恳之求也。吾充重任，每惧失中；频年以来，不闻嘉谋。岂吾开延不勤之咎邪？自今以后，诸掾属、治中、别驾，常以月旦，各言其失。吾将览焉。"

〔二〕泒，音孤。

〔三〕泃，音句。

十二年春二月〔1〕，公自淳于还邺。丁酉〔2〕，令曰："吾起义兵诛暴乱，于今十九年；所征必克，岂吾功哉？乃贤士大夫之力也！天下虽未悉定，吾当要与贤士大夫共定之；而专享其劳〔3〕，吾何以安焉？其促定功行封〔4〕。"于是大封功臣二十余人，皆为列侯；其余各以次受封；及复死事之孤〔5〕：轻重各有差〔6〕。〔一〕

【注释】

〔1〕十二年：建安十二年（公元207）。〔2〕丁酉：旧历二月初五日。〔3〕劳：功劳。〔4〕促：赶快。〔5〕复：免除徭役和租税。死事之孤：为国牺牲者的子女。〔6〕差：等级，区别。

【裴注】

〔一〕《魏书》载公令曰："昔赵奢、窦婴之为将也，受赐千金，一朝散之；故能济成大功，永世流声。吾读其文，未尝不慕其为人也。与诸将、士大夫共从戎事，幸赖贤人不爱其谋，群士不遗其力；是以夷险平乱，而吾得窃大赏，户邑三万。追思窦婴散金之义，今分所受租，与诸将、掾属及故戍于陈、蔡者；庶以畴答众劳，不擅大惠也！宜差死事之孤，以租谷及之。若年殷用足，租奉毕入，将大与众人，悉共享之。"

将北征三郡乌丸，诸将皆曰："袁尚，亡虏耳。夷狄贪而无亲，岂能为尚用？今深入征之，刘备必说刘表以袭许；万一为变，事不可悔！"唯郭嘉策表必不能任备[1]，劝公行。

夏五月，至无终[2]。

秋七月，大水，傍海道不通；田畴请为乡导[3]，公从之。引军出卢龙塞[4]，塞外道绝不通。乃堑山堙谷五百余里[5]，经白檀[6]，历平冈[7]；涉鲜卑庭[8]，东指柳城[9]。未至二百里，虏乃知之。尚、熙与蹋顿、辽西单于楼班、右北平单于能臣抵之等[10]，将数万骑逆军。

八月，登白狼山[11]，猝与虏遇[12]。众甚盛。公车重在后，被甲者少[13]；左右皆惧。公登高，望虏阵不整，乃纵兵击之，使张辽为先锋；虏众大崩；斩蹋顿及名王以下[14]，胡、汉降者二十余万口。辽东单于速仆丸及辽西、北平诸豪[15]，弃其种人[16]，与尚、熙奔辽东[17]，众尚有数千骑。

初，辽东太守公孙康恃远不服[18]。及公破乌丸，或说公遂征之，尚兄弟可擒也。公曰："吾方使康斩送尚、熙首，不烦兵矣！"

九月，公引兵自柳城还。[一]康即斩尚、熙及速仆丸等，传其首。诸将或问："公还而康斩送尚、熙，何也？"公曰："彼素畏尚等，吾急之则并力，缓之则自相图；其势然也。"

十一月，至易水[19]，代郡乌丸行单于普富卢、上郡乌丸行单于那楼[20]，将其名王来贺。

【注释】

〔1〕任：信任。〔2〕无终：县名。县治在今天津市蓟州区。〔3〕田畴：传见本书卷十一。　乡导：向导。〔4〕卢龙塞：古塞名。在今河北喜峰口一带。当时是河北平原通向东北平原的要塞。〔5〕堑(qiàn)山堙(yīn)谷：挖山填谷。〔6〕白檀：县名。西汉置，东汉省。县治在今河北滦平县东北。〔7〕平冈：县名。西汉置，东汉省。县治在今河北平泉市东北。〔8〕鲜卑庭：鲜卑单于的驻地。〔9〕柳城：县名。西汉置，东汉省。县治在今辽宁朝阳市西南。〔10〕能臣抵之：据本书卷三十《乌丸传》，能臣抵之即能臣氐，是代郡乌丸首领。当时右北平乌丸的首领是乌延和汗卢。〔11〕白狼山：山名。即今辽宁喀喇沁左翼蒙古族自治县以东的白鹿山。〔12〕虏：对敌人的蔑称。〔13〕被(pī)：穿上。〔14〕名王：部落中有名的首领。〔15〕辽东：属国名。东汉安帝时分幽州的辽东、辽西二郡交界地，置辽东属国，设都尉一人，治所在今辽宁义县。　北平：即右北平郡。　豪：部落首领。〔16〕种人：本部落的人民。〔17〕辽东：此指辽东属国东面的辽东郡。治所在今辽宁辽阳市。〔18〕公孙康：传附本书卷八《公孙度传》。〔19〕易水：河流名。发源于今河北易县境，东流之后合沠水入海。〔20〕代郡：郡名。治所在今山西阳高县。　上郡：郡名。治所在今陕西米脂县西北。

【裴注】

〔一〕《曹瞒传》曰："时寒且旱，二百里无复水，军又乏食；杀马数千匹以为粮，凿地入三十余丈，乃得水。既还，科问前谏者。众莫知其故，人人皆惧，公皆厚赏之。曰：'孤前行，乘危以徼幸；虽得之，天所佐也！故不可以为常。诸君之谏，万安之计；是以相赏，后勿难言之。'"

十三年春正月〔1〕，公还邺。作玄武池以肄舟师〔2〕。〔一〕汉罢三公官，置丞相、御史大夫〔3〕。

夏六月，以公为丞相。〔二〕

秋七月，公南征刘表。八月，表卒；其子琮代〔4〕，屯襄阳〔5〕。刘备屯樊〔6〕。九月，公到新野〔7〕，琮遂降。

备走夏口〔8〕。公进军江陵〔9〕，下令荆州吏民，与之更始。乃论荆州服从之功，侯者十五人。以刘表大将文聘为江夏太守〔10〕，使统本兵；引用荆州名士韩嵩、邓义等〔11〕。〔三〕益州牧刘璋始受征役〔12〕，遣兵给军。

十二月，孙权为备攻合肥〔13〕。公自江陵征备，至巴丘〔14〕。遣张憙救合肥〔15〕，权闻憙至，乃走。公至赤壁〔16〕，与备战，不利；于是大疫，吏士多死者。乃引军还，备遂有荆州江南诸郡〔17〕。〔四〕

【注释】

〔1〕十三年：建安十三年(公元208)。〔2〕玄武池：在邺城北郊。肄(yì)：练习。〔3〕丞相：官名。为朝廷最高行政长官，辅佐皇帝治理全国。御史大夫：官名。地位仅仅低于丞相，主管监察、执法和国家文书档案。如果丞相缺人，通常由御史大夫递补。东汉光武帝废除丞相执政制，以太尉、司徒、司空三公为名义上的辅政大臣，而实际事权却归于侍从皇帝的尚书台，以此削弱相权，加强君权。现在曹操废除三公，恢复旧制，并且自任丞相，目的是削弱汉室，独揽朝廷权力。〔4〕琮(cóng)：即刘琮。事附本书卷六《刘表传》。〔5〕襄阳：县名。县治在今湖北襄阳市襄城区。〔6〕樊：县名。县治在今襄阳市樊城区。〔7〕新野：县名。县治在今河南新野县。〔8〕夏口：地名。在今湖北武汉市武昌区。〔9〕江陵：县名。县治在今湖北荆州市荆州区。〔10〕文聘：传见本书卷十八。〔11〕韩嵩、邓义：二人事附本书卷六《刘表传》。〔12〕刘璋(？—公元219)：传见本书卷三十一。〔13〕孙权(公元182—252)：孙坚的次子，孙策的弟弟。传见本书卷四十七。合肥：县名。县治在今安徽合肥市。〔14〕巴丘：山名。在今湖南岳阳市。是当时长江中游的江防重镇。〔15〕张憙：本书卷四十七《吴主传》作“张喜”，并且记其率军救合肥在赤壁之战以后。〔16〕赤壁：地名。决定曹操能否向长江以南扩张势力范围，并且初步奠定三国分立局面的著名古战场。与官渡之战、猇亭之战构成确定三国鼎立版图基本格局的三大战役。具体位置有多种说法，但都认为在今湖北境内的长江之滨。其中，主张赤壁在江北汉阳、黄冈的说法与《三国

志》记载不符，难以令人信服。认为赤壁在江南者有三说：即蒲圻县西北(《括地志》、《通典》、《元和郡县志》)，嘉鱼县东北(《大清一统志》)和武昌县西(《水经注》)。蒲圻赤壁与北岸的乌林相对，同《三国志》的记载吻合。结合当时战况与现存遗迹，当以赤壁在蒲圻西北为是。蒲圻县现已正式更名为赤壁市。赤壁市西北约40公里长江南岸之滨的赤壁山，是赤壁古战场所在地，尚有“赤壁”题刻，翼江亭等名胜。〔17〕荆州江南诸郡：荆州辖郡中位于长江以南的。即长沙、武陵、零陵和桂阳四郡。

【裴注】

〔一〕肄，以四反。《三苍》曰：“肄，习也。”

〔二〕《献帝起居注》曰：“使太常徐璆，即授印绶。御史大夫不领中丞，置长史一人。”

《先贤行状》曰：“璆字孟(平)〔玉〕，广陵人。少履清爽，立朝正色。历任城、汝南、东海三郡，所在化行。被征当还，为袁术所劫。术僭号，欲授以上公之位。璆终不为屈。术死后，璆得术玺，致之汉朝。拜卫尉，太常。公为丞相，以位让璆焉。”

〔三〕卫恒《四体书势序》曰：“上谷王次仲，善隶书，始为楷法。至灵帝好书，世多能者，而师宜官为最。甚矜其能，每书，辄削焚其札。梁鹄乃益为版而饮之酒，候其醉而窃其札。鹄卒以攻书至选部尚书。于是公欲为洛阳令，鹄以为北部尉。鹄后依刘表。及荆州平，公募求鹄；鹄惧，自缚诣门。署军假司马，使在秘书，以勤书自效。公常悬著帐中，及以钉壁玩之，谓胜宜官。鹄字孟黄，安定人。魏宫殿题署，皆鹄书也。”

皇甫谧《逸士传》曰：“汝南王儁，字子文。少为范滂、许章所识，与南阳岑晊善。公之为布衣，特爱儁；儁亦称公有治世之具。及袁绍与弟术丧母，归葬汝南；儁与公会之，会者三万人。公于外密语儁曰：‘天下将乱，为乱魁者，必此二人也！欲济天下，为百姓请命；不先诛此二子，乱今作矣。’儁曰：‘如卿之言，济天下者，舍卿复谁?’相对而笑。儁为人外静而内明，不应州郡、三府之命。公车征，不到。避地居武陵，归儁者一百余家。帝之都许，复征为尚书，又不就。刘表见绍强，阴与绍通。儁谓表曰：‘曹公，天下之雄也！必能兴霸道，继桓、文之功者也。今乃释近而就远；如有一朝之急，遥望漠北之救，不亦难乎?’表不从。儁年六十四，以寿终于武陵。公闻而哀伤。及平荆州，自临江迎丧：改葬于江陵，表为先贤也。”

〔四〕《山阳公载记》曰：“公船舰为备所烧，引军从华容道，步归。遇泥泞，道不通。天又大风，悉使羸兵负草填之，骑乃得过。羸兵为人马所蹈藉，陷泥中，死者甚众。军既得出，公大喜；诸将问之，公曰：‘刘备，吾俦也，但得计少晚。向使早放火，吾徒无类矣！’备寻亦放火而无所及。”孙盛《异同评》曰：“按《吴志》，刘备先破公军，然后权攻合肥。而此记云权先攻合肥，后有赤壁之事。二者不同，《吴志》为是。”

十四年春三月[1]，军至谯。作轻舟，治水军。

秋七月，自涡入淮[2]，出肥水[3]，军合肥。辛未[4]，令曰：“自顷以来[5]，军数征行，或遇疫气[6]。吏士死亡不归，家室怨旷[7]，百姓流离。而仁者岂乐之哉[8]？不得已也！其令死者家无基业不能自存者，县官勿绝廪[9]。长吏存恤抚循[10]，以称吾意。”置扬州郡县长吏，开芍陂屯田[11]。

十二月，军还谯。

十五年春[12]，下令曰：“自古受命及中兴之君[13]，曷尝不得贤人君子与之共治天下者乎[14]？及其得贤也，曾不出闾巷[15]。岂幸相遇哉[16]？上之人(不)求〔取〕之耳[17]！今天下尚未定，此特求贤之急时也。‘孟公绰为赵、魏老则优[18]，不可以为滕、薛大夫[19]’。若必廉士而后可用，则齐桓其何以霸世[20]？今天下得无有被褐怀玉而钓于渭滨者乎[21]？又得无盗嫂受金而未遇无知者乎[22]？二三子其佐我明扬仄陋[23]，唯才是举[24]。吾得而用之。”

冬，作铜雀台[25]。〔一〕

【注释】

〔1〕十四年：建安十四年(公元209)。〔2〕涡(guō)：河流名。发源于今河南境，至安徽怀远县入淮水。〔3〕肥水：河流名。即淝水。发源于今安徽合肥市西，至寿县入淮水。〔4〕辛未：据陈垣《二十史朔闰表》，七月己卯朔，无辛未，此处史文疑有误。〔5〕自顷以来：近来。〔6〕疫气：流行性传染病。〔7〕怨旷：早已成年但未能结婚者，女称怨女，男称旷夫。〔8〕仁者：有仁爱之心的人。这是曹操自喻。〔9〕县官：公家。〔10〕存恤抚循：救济慰问。〔11〕芍陂(què bēi)：陂塘名。在今安徽寿县南。是古代淮河流域最著名的水利工程。后来叫作安丰塘。〔12〕十五年：建安十五年(公元210)。〔13〕受命：承受天命。意指开国。〔14〕曷尝：何尝。〔15〕闾巷：里弄。〔16〕幸：侥幸，偶然。〔17〕上之人：居于尊上地位的人。指君主。〔18〕孟公绰：春秋时鲁国的大夫。这两句是孔子的话，见于《论语·宪问》。赵、魏：都是春秋时晋国执政的卿。后来瓜分晋地成立国家。老：家臣中的长者。晋国的赵、魏二卿都有家臣。优：精力有余。〔19〕滕、薛：当时的两个小国。大夫：官名。负责处理国政。孔子的原话是说，孟公绰如果做赵、魏二卿家臣之长，位尊事简，足以胜任；如果当了滕、薛二国的大夫，任重事繁，一定应付不了。意思是人才各有所长，不能求全。〔20〕齐桓：即齐桓公(？—前643)。姜姓，名小白。春秋时齐国的国君。前685至前643年在位。在位时任用管仲实施政治改革，国力迅速增强，最后成为春秋“五霸”之首。事见《史记》卷三十二《齐太公世家》。而管仲(？—前645)少年时家庭贫穷，与鲍叔牙合伙经商时，经常欺骗对方以多分利润。事见《史记》卷六十二《管仲列传》。〔21〕得无：是不是。褐：用粗毛布或麻布做的短衣。这是贫贱者的衣着。“被褐怀玉”比喻出身贫贱而才智杰出的人，语出《老子》第七十章。钓于渭滨者：指吕尚。他曾在渭滨钓鱼，被周文王发现才受到重用，后来辅佐周武王灭商建立周王朝。传见《史记》卷三十二。〔22〕盗嫂受金：指陈平(？—前178)。陈平受到魏无知的引荐，被刘邦任命为监督领兵诸将的都尉。周勃等人对陈平产生嫉妒，说陈平在家时与嫂私通(盗嫂)，当都尉之后又收受贿赂(受金)。魏无知为陈平辩护，刘邦因此更信任陈平。后来陈平成为西汉的开国功臣，任丞相，封曲逆侯。事见《史记》卷五十六《陈丞相世家》、《汉书》卷四十《陈平传》。〔23〕二三子：诸位。曹操对有关下属的称呼。明扬仄陋：意指访察和举用那些被埋没的人才。语出《尚书·尧典》。〔24〕唯才是举：只要有才能就将受到举用。言外之意是不管其品行、出

身如何。两汉以来，选拔人才一贯是以品德为先。曹操现在公开提出“唯才是举”的用人方针，这是当时政治制度上的重大变革。〔25〕铜雀台：楼台名。其残存遗址在今河北临漳县西南三台村西。台借城墙为基，台身高十丈（约合今 24 米），周围殿屋百余间。台顶置大铜雀，故名。始建于建安十五年（公元 210）冬，完成于十七年（公元 212）春，费时一年有余。此后不久，曹操又在其南筑金虎台，其北筑冰井台，都很雄伟壮丽，合称三台。曹操毕生节俭，他之所以耗费大量人力物力修筑三台，主要还是出于政治上的考虑。在中国古代，建造高台是君主享有的权力，所以秦始皇筑琅邪台，汉武帝筑柏梁台，东汉光武帝筑云台。而同时拥有三座高台，更是皇帝至高无上威权的体现，所以东汉许慎《说文解字》说是“天子有三台”。积极准备代汉的曹操，为了使邺城变为政治中心，向世人表明自己的政治意向，所以在大力营建邺城的同时，又连续修造三台。或以为曹操的目的只是想游览或加强警戒，恐怕未触及要害。详见拙著《曹丕新传》第六章，台北国际文化有限公司，1990 年。以建造铜雀台为标志，曹操对自己政治中心邺县的大规模营建，也随之开始。后来西晋左思的《魏都赋》，曾对当时邺县的繁荣景象作了细致的描绘。现今河北临漳县西南地带，尚有大量邺县的遗迹留存。

【裴注】

〔一〕《魏武故事》载公十二月己亥令曰：

“孤始举孝廉，年少，自以本非岩穴知名之士，恐为海内人之所见凡愚；欲为一郡守，好作政教，以建立名誉，使世士明知之。故在济南，始除残去秽，平心选举，违迕诸常侍。以为强豪所忿，恐致家祸，故以病还。去官之后，年纪尚少；顾视同岁中，年有五十，未名为老。内自图之：从此却去二十年，待天下清，乃与同岁中始举者等耳。故以四时归乡里，于谯东五十里，筑精舍，欲秋夏读书，冬春射猎。求底下之地，欲以泥水自蔽，绝宾客往来之望。然不能得如意，后征为都尉，迁典军校尉。意遂更欲为国家讨贼立功，欲望封侯作征西将军，然后题墓道言‘汉故征西将军曹侯之墓’，此其志也！而遭值董卓之难，兴举义兵。是时，合兵能多得耳；然常自损，不欲多之。所以然者，多兵意盛，与强敌争，倘更为祸始。故汴水之战数千；后还到扬州更募，亦复不过三千人：此其本志有限也。后领兖州，破降黄巾三十万众。又袁术僭号于九江，下皆‘称臣’，名门曰‘建号门’，衣被皆为天子之制，两妇预争为皇后。志计已定，人有劝术使遂即帝位，露布天下；答言‘曹公尚在，未可也’。后孤讨擒其四将，获其人众；遂使术穷亡解沮，发病而死。及至袁绍据河北，兵势强盛。孤自度势，实不敌之；但计投死为国，以义灭身，足垂于后。幸而破绍，枭其二子。又刘表自以为宗室，包藏奸心；乍前乍却，以观世事，据有当州。孤复定之，遂平天下。身为宰相，人臣之贵已极，意望已过矣。

今孤言此，若为自大；欲人言尽，故无讳耳。设使国家无有孤，不知当几人称帝？几人称王？或者人见孤强盛，又性不信天命之事；恐私心相评，言有不逊之志，妄相忖度，每用耿耿。齐桓、晋文所以垂称至今日者，以其兵势广大，犹能奉事周室也。《论语》云‘三分天下有其二，以服事殷，周之德可谓至德矣’，夫能以大事小也。昔乐毅走赵，赵王欲与之图燕；乐毅伏而垂泣，对曰：‘臣事昭王，犹事大王；臣若获戾，放在他国，没世然后已；不忍谋赵之徒隶，况燕后嗣乎！’胡亥之杀蒙恬也，恬曰：‘自吾先人及至子孙，积信于秦三世矣。今臣将兵三十余万，其势足以背叛。然自知必死而守义者，不敢辱先人之教以忘先王也。’孤每读此二人书，未尝不怆然流涕也。孤祖、父以至孤身，皆当亲重之任，可谓见信者矣；以及子桓兄弟，过于三世矣。孤非徒对诸君说此也，常以语妻妾，皆令深知此意；孤谓之言：‘顾我万年之后，汝曹皆当出嫁。欲令传道我心，使他人皆知之。’孤此言皆肝鬲之要也。所以勤勤恳恳叙心腹者，见周公有《金縢》之书以自明，恐人不信之故。然欲孤便尔委捐所典兵众以还执事，归就武平侯国；实不可也。何者？诚恐已离兵为人所祸也。既为子孙计，又己败则国家倾危；是以不得慕虚名而处实祸，此所不得为也。前朝恩封三子为侯，固辞不受，今更欲受之；非欲复以为荣，欲以为外援，为万安计。孤闻介推之避晋封，申胥之逃楚赏，未尝不舍书而叹，有以自省也。奉国威灵，仗钺征伐；推弱以克强，处小而擒大；意之所图，动无违事；心之所虑，何向不济？遂荡平天下，不辱主命；可谓天助汉室，非人力也。

然封兼四县，食户三万，何德堪之！江湖未静，不可让位；至于邑土，可得而辞。今上还阳夏、柘、苦三县户二万，但食武平万户；且以分损谤议，少减孤之责也。”

十六年春正月〔1〕，〔一〕天子命公世子丕为五官中郎将〔2〕，置官属〔3〕；为丞相副。

太原商曜等，以大陵叛〔4〕；遣夏侯渊、徐晃围破之〔5〕。张鲁据汉中〔6〕；三月，遣钟繇讨之〔7〕。公使渊等出河东，与繇会〔8〕。

【注释】

〔1〕十六年：建安十六年（公元211）。 〔2〕丕：即曹丕（公元187—226）：事详本书卷二《文帝纪》。 五官中郎将：官名。汉代是皇宫侍卫队的分队长之一，统领五官署的郎官，警卫宫廷。这里作为荣誉性官职给予曹丕，提高他的地位，并没有要他到许都皇宫去侍卫汉献帝。〔3〕置官属：设置下属官员。汉代的五官中郎将品位不高，本来没有资格设置下属官员，现在这样做也是有意提高其地位。 〔4〕大陵：县名。县治在今山西文水县东北。 〔5〕夏侯渊（？—公元219）：传见本书卷九。 〔6〕张鲁：传见本书卷八。 汉中：郡名。治所在今陕西汉中市。〔7〕钟繇（公元151—230）：传见本书卷十三。 〔8〕河东：郡名。治所在今山西夏县西北。

【裴注】

〔一〕《魏书》曰："庚辰，天子报：减户五千；分所让三县万五千，封三子，植为平原侯，据为范阳侯，豹为饶阳侯，食邑各五千户。"

是时，关中诸将疑繇欲自袭〔1〕，马超遂与韩遂、杨秋、李堪、成宜等叛〔2〕。遣曹仁讨之，超等屯潼关〔3〕。公敕诸将："关西兵精悍〔4〕，坚壁勿与战！"

秋七月，公西征，〔一〕与超等夹关而军。公急持之〔5〕，而潜遣徐晃、朱灵等，夜渡蒲坂津〔6〕，据河西为营。公自潼关北渡，未济，超赴船急战。校尉丁斐，因放牛马以饵贼。贼乱，取牛马。公乃得渡，〔二〕循河为甬道而南〔7〕。贼退，拒渭口〔8〕。公乃多设疑兵，潜以舟载兵入渭，为浮桥；夜，分兵结营于渭南。贼夜攻营，伏兵击破之。超等屯渭南，遣信求割河以西请和[9]；公不许。

九月，进军渡渭。〔三〕超等数挑战，又不许；固请割地，求送任子[10]。公用贾诩计[11]，伪许之。韩遂请与公相见；公与遂父同岁孝廉，又与遂同时侪辈，于是交马语移时。不及军事；但说京都旧故，拊手欢笑[12]。既罢，超等问遂："公何言？"遂曰："无所言也。"超等疑之。〔四〕他日，公又与遂书，多所点窜[13]，如遂改定者，超等愈疑遂。公乃与克日会战[14]，先以轻兵挑之。战良久，乃纵虎骑夹击[15]；大破之，斩成宜、李堪等。遂、超等走凉州[16]，杨秋奔安定[17]，关中平。

诸将或问公曰："初，贼守潼关，渭北道缺[18]；不从河东击冯翊而反守潼关[19]，引日而后北渡[20]：何也？"公曰："贼守潼关，若吾入河东；贼必引守诸津，则西河未可渡[21]。吾故盛兵向潼关，贼悉众南守，西河之备虚；故二将得擅取西河[22]。然后引军北渡，贼不能与吾争西河者，以有二将之军也。连车树栅，为甬道而南。〔五〕既为不可胜[23]，且以示弱。渡渭为坚垒，虏至不出，所以骄之也。故贼不为营垒而求割地；吾顺言许之，所以从其意，使自安而不为备。因蓄士卒之力，一旦击之，所谓疾雷不及掩耳。兵之变化，固非一道也。"

始，贼每一部到，公辄有喜色。贼破之后，诸将问其故。公答曰："关中长远，若贼各依险阻；征之，不一二年不可定也。今皆来集，其众虽多，莫相归服，军无嫡主〔24〕。一举可灭，为功差易〔25〕，吾是以喜。”

冬十月，军自长安北征杨秋，围安定；秋降，复其爵位，使留抚其民人。〔六〕

十二月，自安定还，留夏侯渊屯长安。

【注释】

〔1〕自袭：袭击自己。〔2〕马超（公元176—222）：传见本书卷三十六。〔3〕潼关：关隘名。在今陕西潼关县东北。是当时关中通向中原的要冲。〔4〕关西：地区名。泛指函谷关或潼关以西的地区。〔5〕持：牵制。〔6〕蒲坂：县名。县治在今山西永济市西蒲州镇。西临黄河渡口，是当时汾水流域通向关中的要冲。〔7〕甬道：两旁设有保护性屏障的夹道。〔8〕渭口：地名。渭水入黄河处。在今陕西潼关县东北港口镇。〔9〕信：送信的使者。这是当时的习语。〔10〕任子：作为人质的亲生儿子。〔11〕贾诩（公元147—223）：传见本书卷十。〔12〕拊（fǔ）手：拍手。〔13〕点窜：涂改字句。〔14〕克日：约定日期。〔15〕虎骑：曹操手下的精锐骑兵队名。同时又有豹骑，二者合称虎豹骑。都是精选出来的骁勇骑兵，并且以宗族勇将为统兵官。见本书卷九《曹仁传》裴注引《魏书》。故宫博物院收藏有当时的“豹骑司马”官印，见《秦汉南北朝官印征存》。〔16〕凉州：州名。治所在今甘肃张家川回族自治县。〔17〕安定：郡名。治所在今甘肃镇原县东南。〔18〕缺：有缺口。指敌人未设防。〔19〕冯翊（píng yì）：即左冯翊。汉代三辅之一。治所在今陕西大荔县。〔20〕引日：拖延时日。〔21〕西河：古代称我国西部地区南北流向的黄河河段为西河。这里指今陕西、山西两省交界上的河段。〔22〕擅取：顺顺当当地攻取。据本书卷十七《徐晃传》，以重兵在南面的潼关牵制敌人，然后趁虚从北面的蒲坂派另一支部队渡河进入关中，这一套战略最先是徐晃提出的。此处的记载没有点明徐晃的作用。徐晃为曹魏五虎名将之一，久经沙场，实战经验极其丰富。而且他是河东郡杨县（今山西洪洞县东南）人氏，对于邻接河东郡的潼关一线地形地貌，非常之熟悉。〔23〕为不可胜：造成敌方无法取胜的形势。语出《孙子·形》。〔24〕嫡主：统一的主帅。〔25〕差易：较为容易。

【裴注】

〔一〕《魏书》曰："议者多言'关西兵强，习长矛，非精选前锋，则不可以当也'。公谓诸将曰：'战在我，非在贼也。贼虽习长矛，将使不得以刺。诸君但观之耳。'"

〔二〕《曹瞒传》曰："公将过河，前队适渡，超等奄至。公犹坐胡床，不起；张郃等见事急，共引公入船。河水急，比渡，流四五里。超等骑追射之，矢下如雨。诸将见军败，不知公所在，皆惶惧。至见，乃悲喜，或流涕。公大笑曰：'今日几为小贼所困乎！'"

〔三〕《曹瞒传》曰："时公军每渡渭，辄为超骑所冲突，营不得立。地又多沙，不可筑垒。娄子伯说公曰：'今天寒，可起沙为城，以水灌之，可一夜而成。'公从之，乃多作缣囊以运水，夜渡兵作城。比明，城立，由是公军，尽得渡渭。"

或疑于时九月，水未应冻。臣松之按《魏书》"公军八月至潼关，闰月北渡河"，则其年闰八月也，至此容可大寒邪？

〔四〕《魏书》曰："公后日复与遂等会语，诸将曰：'公与虏交语，不宜轻脱；可为木行马，以为防遏。'公然之。贼将见公，悉于马上拜；秦、胡观者，前后重沓。公笑谓贼曰：'汝欲观曹公邪？亦犹人也；非有四目两口，但多智耳！'胡前后大观。又列铁骑五千，为十重阵，精光耀日，贼益震惧。"

〔五〕臣松之按：汉高祖二年，与楚战荥阳京、索之间；筑甬道属河以取敖仓粟。应劭曰："恐敌抄辎重，故筑垣墙如街巷也。"今魏武不筑垣墙，但连车树栅，以扞两面。

〔六〕《魏略》曰："杨秋，黄初中迁讨寇将军，位特进，封临泾侯。以寿终。"

十七年春正月〔1〕，公还邺。天子命公赞拜不名〔2〕，入朝不趋〔3〕，剑履上殿〔4〕：如萧何故事〔5〕。马超余众梁兴等，屯蓝田〔6〕，使夏侯渊击平之。割河内之荡阴、朝歌、林虑〔7〕，东郡之卫国、顿丘、东武阳、发干〔8〕，巨鹿之廮陶、曲周、南和、广平、(之)任(城)〔9〕，赵之襄国、邯郸、易阳，以益魏郡〔10〕。

冬十月，公征孙权。

十八年春正月[11]，进军濡须口[12]；攻破权江西营，获权都督公孙阳[13]，乃引军还。诏书并十四州[14]，复为九州[15]。

夏四月，至邺。

五月丙申[16]，天子使御史大夫郗虑，持节策命公为魏公曰[17]：〔一〕

朕以不德[18]，少遭愍凶[19]；越在西土[20]，迁于唐、卫[21]。当此之时，若缀旒然[22]；〔二〕宗庙乏祀，社稷无位；群凶觊觎[23]，分裂诸夏[24]。率土之民，朕无获焉，即我高祖之命将坠于地[25]。朕用夙兴假寐[26]，震悼于厥心，曰："惟祖惟父[27]，股肱先正[28]，〔三〕其孰能恤朕躬！"乃诱天衷[29]，诞育丞相，保乂我皇家，弘济于艰难[30]。朕实赖之，今将授君典礼，其敬听朕命：

昔者董卓初兴国难，群后释位以谋王室[31]；〔四〕君则摄进[32]，首启戎行[33]。此君之忠于本朝也。后及黄巾反易天常[34]，侵我三州[35]，延及平民；君又翦之以宁东夏[36]。此又君之功也。韩暹、杨奉专用威命；君则致讨，克黜其难，遂迁许都，造我京畿，设官兆祀[37]，不失旧物[38]，天地鬼神于是获乂[39]。此又君之功也。袁术僭逆[40]，肆于淮南；慑惮君灵，用丕显谋[41]，蕲阳之役[42]，桥蕤授首[43]，棱威南迈，术以陨溃。此又君之功也。回戈东征，吕布就戮；乘辕将返，张杨殂毙，眭固伏罪，张绣稽服[44]。此又君之功也。袁绍逆乱天常，谋危社稷，凭恃其众，称兵内侮[45]。当此之时，王师寡弱，天下寒心，莫有固志；君执大节[46]，精贯白日，奋其武怒，运其神策，致届官渡[47]，大歼丑类，〔五〕俾我国家拯于危坠。此又君之功也。济师洪河[48]，拓定四州[49]，袁谭、高幹，咸枭其首，海盗奔进，黑山顺轨[50]。此又君之功也。乌丸三种[51]，崇乱二世[52]，袁尚因之，逼据塞北；束马悬车[53]，一征而灭。此又君之功也。刘表背诞，不供贡职[54]；王师首路[55]，威风先逝，百城八郡[56]，交臂屈膝。此又君之功也。马超、成宜，同恶相济，滨据河、潼，求逞所欲；殄之渭南，献馘万计[57]，遂定边境，抚和戎狄。此又君之功也。鲜卑、丁零[58]，重译而至[59]；(单)〔箄〕于、白屋[60]，请吏率职[61]。此又君之功也。

君有定天下之功，重之以明德：班叙海内[62]，宣美风俗；旁施勤教[63]，恤慎刑狱；吏无苛政，民无怀慝[64]；敦崇帝族，表继绝世[65]；旧德前功，罔不咸秩[66]。虽伊尹格于皇天[67]，周公光于四海[68]，方之蔑如也[69]！

朕闻先王并建明德[70]，胙之以土[71]，分之以民，崇其宠章[72]，备其礼物，所以藩卫王室，左右厥世也[73]。其在周成，管、蔡不静[74]，惩难念功，乃使邵康公赐齐太公履[75]；东至于海，西至于河，南至于穆陵[76]，北至于无棣[77]，五侯九伯[78]，实得征之；世祚太师，以表东海[79]。爰及襄王，亦有楚人不供王职[80]，又命晋文登为侯伯[81]，锡以二辂、虎贲、鈇钺、秬鬯、弓矢[82]；大启南阳[83]，世作盟主。故周室之不坏，繄二国是赖。今君称丕显德，明保朕躬；奉答天命，导扬弘烈；绥爰九域[84]，莫不率俾。〔六〕功高于伊、周，而赏卑于齐、晋，朕甚恧焉[85]！

朕以眇眇之身，托于兆民之上，永思厥艰，若涉渊(冰)〔水〕[86]。非君攸济，朕无任焉。今以冀州之河东、河内、魏郡、赵国、中山、常山、钜鹿、安平、甘陵、平原凡十郡[87]，封君为魏公；锡君玄土[88]，苴以白茅[89]；爰契尔龟[90]，用建冢社[91]。昔在周室，毕公、毛公入为卿佐[92]，周、邵师保出为二伯[93]。外内之任，君实宜之；其以丞相领冀州牧如故。又加君九锡[94]，其敬听朕命：

以君经纬礼律[95]，为民轨仪，使安职业，无或迁志。是用锡君大辂、戎辂各一，玄牡二驷[96]。

君劝分务本[97]，穑人昏作[98]，〔七〕粟帛滞积，大业惟兴。是用锡君衮冕之服[99]，赤舄副焉[100]。

君敦尚谦让，俾民兴行[101]，少长有礼，上下咸和。是用锡君轩悬之乐[102]，六佾之舞[103]。

君翼宣风化，爰发四方，远人革面[104]，华夏充实。是用锡君朱户以居[105]。

君研其明哲，思帝所难[106]，官才任贤，群善必举。是用锡君纳陛以登[107]。

君秉国之钧，正色处中〔108〕，纤毫之恶，靡不抑退。是用锡君虎贲之士三百人。

君纠虔天刑〔109〕，彰厥有罪〔110〕，〔八〕犯关干纪〔111〕，莫不诛殛〔112〕。是用锡君铁、钺各一。

君龙骧虎视〔113〕，旁眺八维，掩讨逆节，折冲四海〔114〕。是用锡君彤弓一〔115〕，彤矢百，玈弓十〔116〕，玈矢千。

君以温恭为基，孝友为德，明允笃诚〔117〕，感于朕思。是用锡君秬鬯一卣〔118〕，珪、瓒副焉〔119〕。

魏国置丞相以下群卿百僚，皆如汉初诸侯王之制。

往钦哉〔120〕，敬服朕命！简恤尔众〔121〕，时亮庶功〔122〕，用终尔显德，对扬我高祖之休命〔123〕！〔九〕

【注释】

〔1〕十七年：建安十七年(公元212)。〔2〕赞拜：臣下朝拜皇帝时，司仪官要高声报告朝见人的官衔、名字，叫做赞拜。 不名：不报名字只报官衔。〔3〕趋：小步快走。表示恭敬的动作。〔4〕剑履：带剑穿鞋。当时臣下上殿照例不能带剑穿鞋，以防行刺皇帝。〔5〕萧何(？—前193)：沛县(今江苏沛县)人。秦末随刘邦起兵，是辅佐刘邦建立西汉王朝的首席功臣。刘邦称帝后任相国，封酂侯。特许他剑履上殿，入朝不趋。传见《史记》卷五十三、《汉书》卷三十九。 故事：过去的事例。〔6〕蓝田：县名。县治在今陕西蓝田县西。〔7〕荡阴：县名。县治在今河南汤阴县。 朝歌：县名。县治在今河南淇县。 林虑：县名。县治在今河南林州市。〔8〕卫国：县名。县治在今河南清丰县。〔9〕巨鹿：郡名。治所在今河北宁晋县西南。廮(yīng) 陶：县名。县治在今河北宁晋县西南。 曲周：县名。县治在今河北威县西南。 南和：县名。县治在今河北南和县。 广平：县名。县治在今河北

曲周县东北。 任：县名。县治在今河北任县东。〔10〕赵：王国名。治所在今河北邯郸市。 襄国：县名。县治在今河北邢台市。 邯郸：县名。县治在今河北邯郸市。 易阳：县名。县治在今河北永年区东南。〔11〕十八年：建安十八年(公元213)。〔12〕濡须口：地名。濡须水入长江处。在今安徽无为县东南。由长江经濡须水向北，可至巢湖，所以这里是江南通向淮南的要冲。建安十六年孙吴攻占濡须水口，在此修建坞壁，配备强弩一万张，从而保障长江至巢湖水道的畅通。此后便以此为据点不断出动水军从巢湖进攻淮南。〔13〕都督：官名。督察并指挥军队的长官。孙吴在宫廷近卫军和沿长江一线的军事要地设督，或称都督。统领全军者又称大督或大都督。〔14〕十四州：即司、冀、兖、豫、徐、青、荆、扬、益、凉、雍、并、幽、交州。〔15〕九州：即雍、冀、兖、豫、徐、青、荆、扬、益州。通过并省，曹操的根据地冀州，辖地扩大了一倍以上。同扩大魏郡辖地一样，这是曹操削弱汉室壮大自己的重要措施。〔16〕丙申：旧历初十日。〔17〕策命：君主向臣下宣布封土授爵的简册文书。 公：爵位名。东汉爵制，同姓宗室才能封王封公，异姓最高只能封列侯。曹操封公是不寻常的事。〔18〕不德：无德。〔19〕愍凶：忧患灾难。〔20〕越：流亡。 西土：指长安。〔21〕唐、卫：均为先秦国名。汉献帝从长安逃回洛阳，先经过安邑，后经过野王。安邑是唐国故地，野王是卫国故地。〔22〕缀旒：被系住的旌旗飘带。比喻自己被人控制，只能跟随人活动。〔23〕群凶：指董卓等人。〔24〕诸夏：全国。〔25〕高祖之命：高祖刘邦禀承天命开创的基业。〔26〕假寐：和衣而卧。〔27〕惟：助词。无实义。〔28〕股肱(gōng)：大腿和胳膊。比喻辅政大臣。〔29〕乃诱天衷：引起上天的感动。〔30〕弘济：广为拯救。〔31〕群后：诸侯。这里指讨伐董卓的州牧、郡太守。〔32〕摄进：收集军队进攻。〔33〕戎行(háng)：军队。〔34〕天常：天理。〔35〕三州：指青、兖、豫州。〔36〕东夏：中国东部。〔37〕兆祀：开始祭祀。〔38〕旧物：以往的典章制度。〔39〕乂(yì)：安定。〔40〕僭(jiàn)：超越本分。指袁术在淮南称帝。〔41〕丕：奉行。〔42〕蕲(qí)阳：县名。县治在今安徽宿州市南。〔43〕授首：丢掉脑袋。〔44〕稽(qǐ)服：叩头降服。〔45〕称兵内侮：举兵向内侵侮朝廷。〔46〕大节：忠于皇室的气节。〔47〕致届：执行上天的惩罚。〔48〕洪河：宽广的黄河。〔49〕四州：指冀、青、幽、并州。〔50〕顺轨：遵守朝廷法制。〔51〕乌丸三种：即三郡乌丸。〔52〕二世：指东汉灵帝、献帝两代。〔53〕束马：用软布包裹马蹄。这是防止在崎岖山路上突然滑跌的措施。 悬车：

把车轮抬起。束马悬车是形容山路险峻，行军艰难。〔54〕不供贡职：不向朝廷进贡述职。〔55〕首路：上路。〔56〕百城：指荆州的属县。东汉荆州有一百一十七县。见《续汉郡国志》四。 八郡：指荆州下属的南阳、章陵、南郡、江夏、零陵、桂阳、武陵、长沙八郡。〔57〕馘(guó)：从杀死的敌人头上割下的左耳朵。这是评比战功的证据。〔58〕鲜卑、丁零：均为北方少数族名。〔59〕重译：通过中间语言转译。〔60〕箄(bì)于、白屋：均为北方少数族名。箄，注音见《文选·李善注》。〔61〕请吏：请求汉朝派遣官员管理。 率职：遵守规定。〔62〕班叙：整顿次序。〔63〕旁施：对百姓广为施恩。〔64〕怀慝(tè)：罪恶。〔65〕绝世：断绝了禄位的官僚后代。〔66〕秩：按照等级给予优待。〔67〕伊尹：商代大臣。传说是奴隶出身，后辅商汤灭夏。事见《史记》卷三《殷本纪》。 格于皇天：(德泽)高达上天。〔68〕周公：姬姓，名旦，西周武王的弟弟。因采邑在周(今陕西岐山县北)，所以称周公。曾助武王灭商，武王死后又辅佐戎王。传见《史记》卷三十三。〔69〕蔑如：不如。〔70〕并建明德：同时分封贤明有德的人。〔71〕胙(zuò)：赏赐。胙土是分封诸侯的一种仪式，即给予受封者一包用茅草包裹的土壤。〔72〕宠章：表示荣宠的标志物品。〔73〕左右：辅佐保护。〔74〕周成：即周成王。名诵，周武王的儿子。事见《史记》卷四《周本纪》。 管：即管叔。名鲜。 蔡：即蔡叔。名度。管叔和蔡叔都是周武王的弟弟。武王死，成王年幼，由周公执政。二人不服，举兵叛乱，被周公平定。〔75〕邵康公：即邵公。又作召公。姬姓，名奭(shì)。助武王灭商。成王时任太保，与周公一同辅政。事见《史记》卷三十四。 齐太公：即吕尚。赏赐吕尚鞋子，是表示鞋所践踏的地域都是他行使权力的范围。〔76〕穆陵：关隘名。在今山东临朐县东南。〔77〕无棣：河流名。是古黄河下游的分支。在今河北沧州市西南分流，至今山东无棣县北入海。〔78〕五侯：指五等诸侯封爵，即公、侯、伯、子、男。 九伯：九州的长官。〔79〕太师：官名。西周王朝军队的最高统帅。这里指任太师的吕尚。 表东海：封吕尚于东海边的齐国以显耀他。〔80〕襄王：即周襄王。名郑。前651至前619年在位。事见《史记》卷三《周本纪》。 不供王职：不向周王朝贡述职。〔81〕晋文：即晋文公(前697—前628)。春秋时晋国国君。名重耳。前636至前628年在位。在位时整顿政治，加强国力，成为继齐桓公之后的霸主。事见《史记》卷三十九《晋世家》。 登：升。侯伯(bà)：诸侯的霸主。〔82〕锡：赏赐。 二辂(lù)：大辂和戎辂。大辂是礼仪专车，戎辂是作战的兵车。 虎贲(bēn)：侍从保卫君主的武士名称。 鈇(fū)：斧。鈇和钺都是天子的仪仗。 秬鬯(jù chàng)：以黑黍酿成而用于祭祀的美酒。〔83〕大启：封以大片土地。 南阳：地区名。今河南济源市至获嘉县黄河北岸的狭长地带。因位于太行山南，故名。〔84〕绥：安抚。 爰：于。 九域：九州。〔85〕恧(nǜ)：惭愧。〔86〕若涉渊水：比喻内心忧惧不安。〔87〕常山：王国名。治所在今河北元氏县西北。〔88〕玄：黑色。〔89〕苴(jū)：包裹。古代天子祭祀土地神的社坛，用五种颜色的土壤筑成，东方青色，南方赤色，西方白色，北方黑色，中央黄色。分封诸侯时，按照其封地的方位取相应颜色的土壤，用白茅草包裹后给予受封者。曹操的封地魏郡在北方，所以赏赐黑土。〔90〕契：钻刻。古代用龟甲占卜时，先要在甲上钻刻小洞，接着用火烧灼，最后根据小洞四周裂纹情况作出预测。〔91〕冢社：大社坛。诸侯接受白茅包裹的土壤后，要拿回自己的封地筑起祭祀土神的社坛。〔92〕毕公、毛公：两人是周成王时的大臣。〔93〕师、保：官名。即太师、太保。西周初年的辅政官。周公曾任太师，邵公曾任太保。 二伯：周成王时，周公与邵公曾分治全国，自陕(今河南三门峡市陕州区西南)以东归周公，以西归邵公，称为二伯。〔94〕九锡：九种赏赐。即车马、衣服、乐器、朱户、纳陛、虎贲、鈇钺、弓矢和秬鬯。是天子给予诸侯的最高赏赐。汉代以来，受九锡的多是控制君主的权臣。〔95〕经纬：制定。〔96〕牡：公马。 驷：四匹马共拉一车叫做驷。二驷是八匹马。〔97〕劝分：劝导人们相互帮助。 务本：务农。当时以农业为本，商业为末。〔98〕穑(sè)人：农民。 昏(mǐn)作：勉力耕作。〔99〕衮(gǔn)：天子或上公所穿的礼服。 冕：天子、诸侯和官员戴的礼冠。〔100〕舄(xì)：鞋。〔101〕兴行：努力培养品行。〔102〕轩悬：三面悬挂乐器。周代礼制，天子奏乐时，四面悬挂乐器，称为宫悬。诸侯用轩悬。〔103〕佾(yì)：舞蹈行列。周代礼制，为天子跳舞时用八佾，即纵横八人，共六十四人。诸侯用六佾，共三十六人。〔104〕革面：改变面貌。〔105〕朱户：红色大门。〔106〕思帝所难：考虑唐尧也觉得难办的选才授官一事。《尚书·皋陶谟》说："惟帝其难之，知人则哲，能官人。"句中"帝"指唐尧。〔107〕纳陛：暗设在宫殿檐下的登殿阶梯。〔108〕正色：态度严肃。〔109〕纠虔天刑：代表上天纠举不法者并对他们处以刑罚。〔110〕彰：揭露。〔111〕犯关：破门。比喻触犯法律。 干(gān)：违犯。〔112〕殛(jí)：诛杀。〔113〕骧：昂首飞腾。龙骧虎视比喻气势不凡、威镇天下。〔114〕折冲：克敌取胜。〔115〕彤：红色。〔116〕玈(lú)：黑色。〔117〕允：守信用。〔118〕卣(yǒu)：盛酒的容器。〔119〕珪：上尖下方的长形玉版。用作封爵授官的凭信。　瓒：玉勺。祭祀时舀酒浇地的器具。〔120〕钦：敬。〔121〕简恤尔众：非常关怀你的臣民。〔122〕时亮庶功：及时建立各种功业。〔123〕对：显示。　休：美好。

【裴注】

〔一〕《续汉书》曰："虑字鸿豫，山阳高平人。少受业于郑玄。建安初，为侍中。"

虞溥《江表传》曰："献帝尝特见虑及少府孔融，问融曰：'鸿豫何所优长？'融曰：'可与适道，未可与权。'虑举笏曰：'融昔宰北海，政散民流；其权安在也！'遂与融互相长短，以至不睦。公以书和解之。虑从光禄勋迁为大夫。"

〔二〕《公羊传》曰："君若赘旒然。"何休云："赘，犹缀也。旒，旂旒也。以旒譬者，言为下所执持东西也。"

〔三〕《文侯之命》曰："亦惟先正。"郑玄云："先正，先臣；谓公卿大夫也。"

〔四〕《左氏传》曰："诸侯释位以间王政。"服虔曰："言诸侯释其私政而佐王室。"

〔五〕《诗》曰："致天之届，于牧之野。"郑玄云："届，极也。"《鸿范》曰："鲧则殛死。"

〔六〕《盘庚》曰："绥爰有众。"郑玄曰："爰，于也，安隐于其众也。"

《君奭》曰："海隅出日，罔不率俾。"率，循也；俾，使也。四海之隅，日出所照，无不循度而可使也。

〔七〕《盘庚》曰："堕农自安，不昏作劳。"郑玄云："昏，勉也。"

〔八〕"纠虔天刑"，语出《国语》。韦昭注曰："纠，察也；虔，敬也；刑，法也。"

〔九〕后汉尚书左丞潘勖之辞也。勖字元茂，陈留中牟人。

《魏书》载："公令曰：'夫受九锡，广开土宇，周公其人也。汉之异姓八王者，与高祖俱起布衣，创定王业，其功至大。吾何可比之？'前后三让。于是中军师、陵树亭侯荀攸，前军师、东武亭侯钟繇，左军师凉茂，右军师毛玠，平虏将军、华乡侯刘勋，建武将军、清苑亭侯刘若，伏波将军、高安侯夏侯惇，扬武将军、都亭侯王忠，奋威将军、乐乡侯(刘)〔邓〕展，建忠将军、昌乡亭侯鲜于辅，奋武将军、安国亭侯程昱，太中大夫、都乡侯贾诩，军师祭酒、千秋亭侯董昭，都亭侯薛洪，南乡亭侯董蒙，关内侯王粲、傅巽，祭酒王选、袁涣、王朗、张承、任藩、杜袭，中护军、国明亭侯曹洪，中领军、万岁亭侯韩浩，行骁骑将军、安平亭侯曹仁，领护军将军王图，长史万潜、谢奂、袁霸等，劝进曰：'自古三代，胙臣以土；受命中兴，封秩辅佐。皆所以褒功赏德，为国藩卫也。往者天下崩乱，群凶豪起；颠越跋扈之险，不可忍言。明公奋身出命以徇其难，诛二袁篡盗之逆，灭黄巾贼乱之类，殄夷首逆，芟拨荒秽，沐浴霜露二十余年。书契以来，未有若此功者。昔周公承文、武之迹，受已成之业，高枕墨笔，拱揖群后，商、奄之勤，不过二年；吕望因三分有二之形，据八百诸侯之势，暂把旄钺，一时指麾：然皆大启土宇，跨州兼国。周公八子，并为侯伯：白牡骍刚，郊祀天地；典策备物，拟则王室。荣章宠盛如此之弘也。逮至汉兴，佐命之臣张耳、吴芮，其功至薄，亦连城开地，南面称孤。此皆明君达主行之于上，贤臣圣宰受之于下；三代令典，汉帝明制。今比劳则周、吕逸，计功则张、吴微，论制则齐、鲁重，言地则长沙多；然则魏国之封，九锡之荣，况于旧赏，犹怀玉而被褐也。且列侯、诸将，幸攀龙骥，得窃微劳，佩紫怀黄，盖以百数，亦将因此传之万世。而明公独辞赏于上，将使其下怀不自安。上违圣朝欢心，下失冠带至望；忘辅弼之大业，信匹夫之细行。攸等所大惧也！'于是公敕外为章，但受魏郡。攸等复曰：'伏见魏国初封，圣朝发虑，稽谋群僚，然后策命；而明公久违上指，不即大礼。今既虔奉诏命，副顺众望；又欲辞多当少，让九受一。是犹汉朝之赏不行，而攸等之请未许也。昔齐、鲁之封，奄有东海；疆域井赋，四百万家；基隆业广，易以立功；故能成翼戴之勋，立一匡之绩。今魏国虽有十郡之名，犹减于曲阜；计其户数，不能参半：以藩卫王室，立垣树屏，犹未足也。且圣上览亡秦无辅之祸，惩曩日震荡之艰；托建忠贤，废坠是为。愿明公恭承帝命，无或拒违。'公乃受命。"

《魏略》载公上书谢曰："臣蒙先帝厚恩，致位郎署；受性疲怠，意望毕足；非敢希望高位，庶几显达。会董卓作乱，义当死难；故敢奋身出命，摧锋率众。遂值千载之运，奉役目下。当二袁炎沸侵侮之际，陛下与臣寒心同忧，顾瞻京师，进受猛敌；常恐君臣俱陷虎口，诚不自意能全首领。赖祖宗灵祐，丑类夷灭，得使微臣，窃名其间。陛下加恩，授以上相；封爵宠禄，丰大弘厚；生平之愿，实不望也。口与心计，幸且待罪；保持列侯，遗付子孙；自托圣世，永无忧责。不意陛下乃发盛意，开国备锡，以贶愚臣；地比齐、鲁，礼同藩王；非臣无功，所宜膺据。归情上闻，不蒙听许；严诏切至，诚使臣心俯仰逼迫。伏自惟省，列在大臣；命制王室，身非己有；岂敢自私，遂其愚意？亦将黜退，令就初服。今奉疆土，备数藩翰；非敢远期，虑有后世。至于父子相誓，终身灰躯尽命，报塞厚恩。天威在颜，悚惧受诏。”

秋七月，始建魏社稷、宗庙。天子聘公三女为贵人〔1〕；少者，待年于国〔2〕。〔一〕九月，作金虎台〔3〕。凿渠引漳水入白沟，以通河。

冬十月，分魏郡为东、西部，置都尉〔4〕。十一月，初置尚书、侍中、六卿〔5〕。〔二〕

马超在汉阳〔6〕，复因羌胡为害〔7〕。氐王千万叛应超〔8〕，屯兴国〔9〕。使夏侯渊讨之。

【注释】

〔1〕三女：指曹宪、曹节和曹华三姐妹。　贵人：东汉妃嫔(pín)名。地位低于皇后。其中的曹节后来被立为皇后，传见《后汉书》卷十下。曹操与汉献帝联姻，意图是想消除自己封魏公造成的不良影响。〔2〕待年：等待长到成人的年龄。〔3〕金虎台：邺城三台之一。在铜雀台南。〔4〕都尉：官名。东汉在边塞和关隘要冲设都尉把守。魏郡辖地扩大后，曹操在此设都尉二人，领兵维持治安。〔5〕初置：指魏国初次设置。　尚书：官名。协助君主处理机要事务。　侍中：官名。君主的侍从长官兼政事顾问。　六卿：指郎中令(后改光禄勋)、太仆、大理(后改廷尉)、大农(后改大司农)、少府、中尉(后改执金吾)。见《文选》卷六《魏都赋》注。〔6〕汉阳：郡名。治所在今甘肃甘谷县东南。〔7〕羌胡：羌族。这里的“胡”，含义是少数族。〔8〕氐：西部少数族名。　千万：人名。〔9〕兴国：地名。在今甘肃秦安县东北。

【裴注】

〔一〕《献帝起居注》曰：“使使持节、行太常、大司农、安阳亭侯王邑，赍璧、帛、玄纁、绢五万匹，之邺纳聘；介者五人，皆以议郎行大夫事；副介一人。”

〔二〕《魏氏春秋》曰：“以荀攸为尚书令；凉茂为仆射；毛玠、崔琰、常林、徐奕、何夔为尚书；王粲、杜袭、卫觊、和洽为侍中。”

十九年春正月[1]，始耕籍田[2]。

南安赵衢、汉阳尹奉等，讨超，枭其妻子。超奔汉中。韩遂徙金城，入氐王千万部，率羌胡万余骑与夏侯渊战。击，大破之，遂走西平[3]。渊与诸将攻兴国，屠之。省安东、永阳郡[4]。

安定太守毌丘兴将之官[5]，公戒之曰：“羌胡欲与中国通，自当遣人来，慎勿遣人往！善人难得，必将教羌胡妄有所请求，因欲以自利。不从，便为失异俗意[6]；从之，则无益事。”兴至，遣校尉范陵至羌中；陵果教羌，使自请为属国都尉[7]。公曰：“吾预知当尔。非圣也[8]，但更事多耳。”〔一〕

三月，天子使魏公位，在诸侯王上；改授金玺、赤绂、远游冠[9]。〔二〕

秋七月，公征孙权。〔三〕

初，陇西宋建，自称“河首平汉王”，聚众枹罕[10]；改元，置百官；三十余年。遣夏侯渊自兴国讨之。

冬十月，屠枹罕，斩建，凉州平。

公自合肥还。

十一月，汉皇后伏氏坐昔与父故屯骑校尉完书[11]，云帝以董承被诛怨恨公，辞甚丑恶；发闻[12]，后废黜死，兄弟皆伏法。〔四〕

十二月，公至孟津。天子命公置旄头[13]，宫殿设钟虡[14]。

乙未[15]，令曰："夫有行之士未必能进取[16]，进取之士未必能有行也。陈平岂笃行，苏秦岂守信邪[17]？而陈平定汉业，苏秦济弱燕。由此言之，士有偏短，庸可废乎[18]！有司明思此义[19]，则士无遗滞，官无废业矣。"

又曰："夫刑，百姓之命也。而军中典狱者，或非其人，而任以三军死生之事；吾甚惧之！其选明达法理者，使持典刑[20]。"于是置理曹掾属[21]。

【注释】

〔1〕十九年：建安十九年(公元214)。 〔2〕耕籍田：古代君主表示重视农业生产的一种礼仪。春天农事开始时，君主到京城近郊农田中进行象征性耕作，叫做亲耕籍田。 〔3〕西平：郡名。治所在今青海西宁市。 〔4〕安东：郡名。治所位置待考。 永阳：郡名。治所在今甘肃天水市。 〔5〕毌(guàn)丘兴：事附本书卷二十八《毌丘俭传》。毌丘是复姓。 〔6〕异俗：指与汉族风俗不同的羌族。 〔7〕属国：东汉在一些少数族聚居的边境地区设置属国。属国设都尉一人，管理属国内少数族事务。 〔8〕圣：先知先觉的人。 〔9〕绂(fú)：系印的丝绳。东汉制度，宗室亲王才能用金玺、赤绂、远游冠。这时曹操还未封王，先已享受王的待遇，以便为晋爵为王作准备。 〔10〕枹(fū)罕：县名。县治在今甘肃临夏市西南。 〔11〕伏氏(？—公元214)：名寿，汉献帝的皇后。传见《后汉书》卷十下。伏皇后死后的墓园，相传在今河南许昌市南蒋李集镇的冢刘村，现今尚有墓冢等遗迹留存。墓冢残高约10米，周长约125米。 完：即伏完(？—公元209)：伏皇后的父亲。事附《后汉书》卷十下《伏皇后纪》。 〔12〕发闻：发觉。 〔13〕旄头：皇帝出行时，披着长发手执武器在前面开路的骑兵队。 〔14〕虡(jù)：悬挂编钟的木架立桩。上面用猛兽图案装饰。东汉制度，旄头和钟虡只有同姓宗王中最亲贵的才能使用。不过，献帝的诏命虽下在此月，但是钟虡的制作完成，则在两年之后建安二十一年的五月。所铸钟虡有蕤宾钟、无射钟各一件。对称安放在邺城魏宫的主体建筑文昌殿前，用作朝会四方

的礼仪重器。详见《文选》卷六左思《魏都赋》李善注。〔15〕乙未：旧历十九日。〔16〕行(xìng)：德行。〔17〕苏秦：字季子，战国时洛阳人。曾奉燕昭王的指示到齐国鼓动战争，使之疲于外战，以便燕国攻齐复仇，因此有人骂他是“卖国反覆之臣”。1973年马王堆出土帛书《战国纵横家书》，保存有苏秦的书信与游说辞十六章。传见《史记》卷六十九。〔18〕庸：岂。〔19〕有司：有关官员。〔20〕持典刑：掌握法律。〔21〕理曹：官署名。丞相府中的分支机构，掌管刑狱。 掾属：丞相和三公府内办事官员的泛称。府内的分支机构叫做曹。各曹的主办官员叫做掾，掾的副手叫做属。

【裴注】

〔一〕《献帝起居注》曰：“使行太常事、大司农、安阳亭侯王邑，与宗正刘艾，皆持节；介者五人，赍束帛驷马；及给事黄门侍郎、掖庭丞、中常侍二人：迎二贵人于魏公国。二月癸亥，又于魏公宗庙授二贵人印绶。甲子，诣魏公宫延秋门，迎贵人升车。魏遣郎中令、少府、博士、御府乘黄厩令、丞相掾属，侍送贵人。癸酉，二贵人至洧仓中。遣侍中丹，将冗从虎贲前后络绎往迎之。乙亥，二贵人入宫；御史大夫、中二千石将、大夫、议郎会殿中，魏国二卿及侍中、中郎二人，与汉公卿并升殿，宴。”

〔二〕《献帝起居注》曰：“使左中郎将杨宣、亭侯裴茂，持节、印授之。”

〔三〕《九州春秋》曰：“参军傅幹谏曰：‘治天下之大具有二：文与武也。用武则先威，用文则先德。威德足以相济，而后王道备矣。往者天下大乱，上下失序；明公用武攘之，十平其九。今未承王命者，吴与蜀也。吴有长江之险，蜀有崇山之阻；难以威服，易以德怀。愚以为可且按甲寝兵，息军养士；分土定封，论功行赏；若此则内外之心固，有功者劝，而天下知制矣。然后渐兴学校，以导其善性而长其义节。公神武震于四海，若修文以济之，则普天之下，无思不服矣。今举十万之众，顿之长江之滨。若贼负固深藏，则士马不能逞其能，奇变无所用其权；则大威有屈而敌心未能服矣。唯明公思虞舜舞干戚之义，全威养德，以道制胜。’公不从，军遂无功。幹字彦材，北地人。终于丞相仓曹属。有子曰玄。”

〔四〕《曹瞒传》曰：“公遣华歆勒兵入宫，收后；后闭户，匿壁中。歆坏户发壁，牵后出。帝时与御史大夫郗虑坐；后被发徒跣过，执帝手曰：

‘不能复相活邪?’帝曰:‘我亦不自知命在何时也!’帝谓虑曰:‘郗公,天下宁有是邪!’遂将后杀之,(完)〔兄弟〕及宗族死者数百人。”

二十年春正月〔1〕,天子立公中女为皇后〔2〕。省云中、定襄、五原、朔方郡〔3〕,郡置一县领其民;合以为新兴郡〔4〕。

三月,公西征张鲁。至陈仓〔5〕,将自武都入氐〔6〕。氐人塞道,先遣张郃、朱灵等攻破之〔7〕。

夏四月,公自陈仓以出散关〔8〕,至河池〔9〕。氐王窦茂,众万余人,恃险不服。五月,公攻屠之。西平、金城诸将麴演、蒋石等,共斩送韩遂首。〔一〕

秋七月,公至阳平〔10〕。张鲁使弟卫与将杨昂等据阳平关,横山筑城十余里。攻之不能拔,乃引军还。贼见大军退,其守备解散。公乃密遣解慓、高祚等乘险夜袭。大破之,斩其将杨任。进攻卫,卫等夜遁;鲁溃,奔巴中〔11〕。公军入南郑〔12〕,尽得鲁府库珍宝。〔二〕巴、汉皆降〔13〕。复汉宁郡为汉中;分汉中之安阳、西城为西城郡〔14〕,置太守;分锡、上庸(郡)〔15〕,置都尉。

八月,孙权围合肥;张辽、李典击破之。

九月,巴七姓夷王朴胡、賨邑侯杜濩举巴夷、賨民来附〔16〕。〔三〕于是分巴郡〔17〕:以胡为巴东太守,濩为巴西太守,皆封列侯。天子命公承制封拜诸侯、守相〔18〕。〔四〕

冬十月,始置名号侯至五大夫〔19〕。与旧列侯、关内侯凡六等〔20〕,以赏军功。〔五〕

十一月,鲁自巴中将其余众降。封鲁及五子皆为列

侯。刘备袭刘璋，取益州〔21〕，遂据巴中。遣张郃击之。十二月，公自南郑还，留夏侯渊屯汉中。〔六〕

【注释】

〔1〕二十年：建安二十年(公元215)。〔2〕中女：即曹节。〔3〕云中：郡名。治所在今内蒙古自治区和林格尔县西北。定襄：郡名。治所在今山西右玉县西南。五原：郡名。治所在今内蒙古自治区包头市西。朔方：郡名。治所在今内蒙古自治区磴口县北。〔4〕新兴：郡名。治所在今山西忻州市。这次曹操撤销的云中、定襄、五原、朔方四郡，都在塞外。而新设立的新兴郡，则在塞内太原郡的东北部。因此，上述行政机构的变动，实际上是完全放弃了塞外四郡大片地区。东汉末年战乱，匈奴与鲜卑的势力乘机南下，导致中原汉王朝的西北边境线大幅度向内地压缩。首当其冲的并州，辖地损失将近三分之二。在这种情况下，曹操不得不撤销并州五个名存实亡的边郡(还有一个上郡，与云中等四郡同年撤销，此处史文未记载)。但是，匈奴族的内迁趋势并未就此停止。他们继续南下，深入汾水流域，逼近京城洛阳。这种进逼所带来的严重后果，将在西晋后期充分展现出来。〔5〕陈仓：县名。县治在今陕西宝鸡市东。〔6〕武都：郡名。治所在今甘肃成县西北。〔7〕张郃(？—公元231)：传见本书卷十七。〔8〕散关：关隘名。在今陕西宝鸡市西南。〔9〕河池：县名。县治在今甘肃徽县西北。〔10〕阳平：关隘名。在今陕西勉县西。〔11〕巴中：巴族聚居区之中。巴：古代西南少数族名。〔12〕南郑：县名。县治在今陕西汉中市。〔13〕巴、汉：巴族与汉族居民。〔14〕安阳：县名。县治在今陕西城固县东。西城：县名。县治在今陕西安康市西北。新设的西城郡治所在这里。〔15〕锡：县名。县治在今陕西白河县东。上庸：县名。县治在今湖北竹山县西南。〔16〕七姓：巴族的七大姓。即罗、朴(pú)、昝(zǎn)、鄂、度、夕、龚。賨(cóng)：巴族的别称。邑侯：汉朝给巴族首领的封号。〔17〕巴郡：郡名。治所在今重庆市。据常璩《华阳国志》卷一《巴志》，分巴郡立巴东、巴西二郡，是建安六年(公元201)益州牧刘璋首先作出的决定，与这里记载不同。〔18〕承制：承受皇帝命令而拥有某种特别权力。通常是官员任命权和爵位授予权。〔19〕名号侯：爵位名。即只有美好的名号冠于“侯”字之上，而无实际封地和封户的侯爵封号。五大夫：爵位名。五大夫和名号侯都只有爵号而不享有收取民户田租的权利。〔20〕关内侯：爵位名。据下文裴注

引《魏书》，当时曹操新设置的爵位名称，有名号侯、关中侯、关外侯、五大夫四种。加上以往已有的列侯、关内侯，一共是六种。〔21〕益州：州名。治所在今四川成都市。

【裴注】

〔一〕《典略》曰："遂字文约。始与同郡边章俱著名西州。章为督军从事。遂奉计，诣京师。何进宿闻其名，特与相见。遂说进，使诛诸阉人，进不从；乃求归。会凉州宋扬、北宫玉等反，举章、遂为主。章寻病卒；遂为扬等所劫，不得已，遂阻兵为乱。积三十二年，至是乃死，年七十余矣。"

刘艾《灵帝纪》曰："章，一名(元)〔允〕。"

〔二〕《魏书》曰："军自武都，山行千里，升降险阻，军人劳苦；公于是大飨，莫不忘其劳。"

〔三〕孙盛曰："朴，音浮。濩，音户。"

〔四〕孔衍《汉魏春秋》曰："天子以公典任于外，临事之赏，或宜速疾；乃命公得承制封拜诸侯、守相。诏曰：'夫军之大事，在兹赏罚；劝善惩恶，宜不旋时。故《司马法》曰"赏不逾日"者，欲民速睹为善之利也。昔在中兴，邓禹入关，承制拜军祭酒李文为河东太守；来歙又承制拜高峻为通路将军。察其本传，皆非先请；明临事刻印也。斯则世祖神明，权达损益，盖所用速示威怀而著鸿勋也。其《春秋》之义，大夫出疆，有专命之事，苟所以利社稷安国家而已。况君秉任二伯，师尹九有，实征夷夏；军行藩甸之外，失得在于斯须之间；停赏俟诏以滞世务，固非朕之所图也。自今以后，临事所甄，当加宠号者，其便刻印章假授。咸使忠义得相奖励，勿有疑焉。'"

〔五〕《魏书》曰："置名号侯爵十八级，关中侯爵十七级，皆金印、紫绶；又置关(内)外侯十六级，铜印龟纽、墨绶：五大夫十五级，铜印环纽，亦墨绶。皆不食租，与旧列侯、关内侯凡六等。"

臣松之以为：今之虚封，盖自此始。

〔六〕是行也，侍中王粲作五言诗以美其事曰："从军有苦乐，但问所从谁？所从神且武，安得久劳师？相公征关右，赫怒振天威。一举灭獯虏，再举服羌夷。西收边地贼，忽若俯拾遗。陈赏越山岳，酒肉逾川坻。军中多饶饫，人马皆溢肥。徒行兼乘还，空出有余资。拓土三千里，往返速如飞。歌舞入邺城，所愿获无违。"

二十一年春二月[1]，公还邺。〔一〕三月壬寅[2]，公亲耕籍田。〔二〕

夏五月，天子进公爵为魏王。〔三〕代郡乌丸行单于普富卢，与其侯王来朝。天子命王女为公主[3]，食汤沐邑[4]。

秋七月，匈奴南单于呼厨泉，将其名王来朝。待以客礼，遂留魏。使右贤王去卑监其国[5]。八月，以大理钟繇为相国[6]。〔四〕

冬十月，治兵，〔五〕遂征孙权。十一月至谯。

【注释】

〔1〕二十一年：建安二十一年（公元216）。〔2〕壬寅：旧历初三日。〔3〕王女：即曹操之女。从此史文称曹操为王。　公主：东汉制度，皇帝的女儿称公主，食一县民租；宗王的女儿称乡主，食一乡民租。只有少数亲贵宗王的女儿能封公主，与皇帝的女儿享受同样待遇。〔4〕汤沐邑：封给公主专门供其收取民租以支付卫生美容费用的县。〔5〕右贤王：匈奴王号名。匈奴君主称单于。单于之下有左、右贤王，辅佐单于处理政务。单于缺人，通常由左贤王补位。〔6〕大理：官名。主管司法刑狱。后改称廷尉。　相国：这里的相国和大理都是魏王国官员。

【裴注】

〔一〕《魏书》曰："辛未，有司以太牢告至，策勋于庙。甲午，始春祠，令曰：'议者以为祠庙上殿当解履。吾受锡命：带剑不解履上殿。今有事于庙而解履〔上殿〕，是尊先公而替王命，敬父祖而简君主；故吾不敢解履上殿也。又临祭就洗，以手拟水而不盥。夫盥以洁为敬，未闻拟向不盥之礼；且'〔祭如在，〕祭神如神在'，故吾亲受水而盥也。又降神礼讫，下阶就（幕）〔坐〕而立，须奏乐毕竟；似若不（愆）〔衎〕烈祖，迟祭速（不）讫也。故吾坐俟乐阕送神，乃起也。受胙纳（神）〔袖〕，以授侍中，此为敬恭不终实也。古者亲执祭事，故吾亲纳于（神）

〔袖〕，终抱而归也。仲尼曰“虽违众，吾从下”，诚哉斯言也。’”

〔二〕《魏书》曰：“有司奏：‘四时讲武于农隙。汉承秦制，三时不讲；唯十月都试，车(马)〔驾〕幸长水南门，会五营士，为八阵进退，名曰“乘之”。今金革未偃，士民素习。自今以后，可无四时讲武；但以立秋择吉日大朝车骑，号曰“治兵”：上合礼名，下承汉制。’奏，可。”

〔三〕《献帝传》载诏曰：“自古帝王，虽号称相变，爵等不同；至乎褒崇元勋，建立功德，光启氏姓，延于子孙，庶姓之与亲，岂有殊焉。昔我圣祖受命，创业肇基，造我区夏；鉴古今之制，通爵等之差；尽封山川以立藩屏，使异姓亲戚，并列土地，据国而王。所以保乂天命，安固万嗣。历世承平，臣主无事。世祖中兴，而时有难易；是以旷年数百，无异姓诸侯王之位。朕以不德，继序弘业；遭率土分崩，群凶纵毒，自西徂东，辛苦卑约。当此之际，唯恐溺入于难，以羞先帝之圣德。赖皇天之灵，俾君秉义奋身，震迅神武；捍朕于艰难，获保宗庙；华夏遗民，含气之伦，莫不蒙焉。君勤过稷、禹，忠侔伊、周；而掩之以谦让，守之以弥恭。是以往者初开魏国，锡君土宇；惧君之违命，虑君之固辞；故且怀志屈意，封君为上公：欲以钦顺高义，须俟勋绩。韩遂、宋建，南结巴、蜀；群逆合从，图危社稷。君复命将，龙骧虎奋；枭其元首，屠其窟栖。暨至西征，阳平之役；亲擐甲胄，深入险阻；芟夷蝥贼，殄其凶丑；荡定西陲，悬旌万里；声教远振，宁我区夏。盖唐、虞之盛，三后树功。文、武之兴，旦、奭作辅。二祖成业，英豪佐命。夫以圣哲之君，事为己任，犹锡土班瑞以报功臣；岂有如朕寡德，仗君以济，而赏典不丰，将何以答神祇、慰万方哉？今进君爵为魏王：使使持节、行御史大夫、宗正刘艾，奉策玺、玄土之社，苴以白茅，金虎符第一至第五，竹使符第一至十。君其正王位，以丞相领冀州牧如故。其上魏公玺绶符册，敬服朕命：简恤尔众，克绥庶绩，以扬我祖宗之休命。”

魏王上书三辞，诏三报不许。又手诏曰：“大圣以功德为高美，以忠和为典训；故创业垂名，使百世可希；行道制义，使力行可效；是以勋烈无穷，休光茂著。稷、契载元首之聪明，周、邵因文、武之智用；虽经营庶官，仰叹俯思；其对岂有若君者哉？朕惟古人之功，美之如彼；思君忠勤之绩，茂之如此；是以每将镂符析瑞，陈礼命册，寤寐慨然，自忘守文之不德焉。今君重违朕命，固辞恳切，非所以称朕心而训后世也。其抑志撙节，勿复固辞！”

《四体书势序》曰：“梁鹄以公为北部尉。”

《曹瞒传》曰：“为尚书右丞司马建公所举。及公为王，召建公到邺，与欢饮。谓建公曰：‘孤今日，可复作尉否？’建公曰：‘昔举大王时，适可作尉耳。’王大笑。”

建公名防，司马宣王之父。臣松之按《司马彪序传》，建公不为右丞，疑此不然。而王隐《晋书》云：“赵王篡位，欲尊祖为帝。博士马平议称：京兆府君昔举魏武帝为北部尉，贼不犯界。”如此，则为有征。

〔四〕《魏书》曰：“始置奉常、宗正官。”

〔五〕《魏书》曰：“王亲执金鼓，以令进退。”

二十二年春正月〔1〕，王军居巢〔2〕。二月，进军屯江西郝溪〔3〕。权在濡须口筑城，拒守。遂逼攻之，权退走。三月，王引军还，留夏侯惇、曹仁、张辽等屯居巢。

夏四月，天子命王设天子旌旗，出入称“警跸”〔4〕。五月，作泮宫〔5〕。六月，以军师华歆为御史大夫〔6〕。〔一〕

冬十月，天子命王冕十有二旒〔7〕，乘金根车〔8〕，驾六马〔9〕，设五时副车〔10〕；以五官中郎将丕为魏太子。

刘备遣张飞、马超、吴兰等屯下辩〔11〕；遣曹洪拒之。

【注释】

〔1〕二十二年：建安二十二年(公元217)。〔2〕居巢：县名。县治在今安徽桐城市东南。〔3〕郝溪：地名。在居巢东北。〔4〕警跸(bì)：天子出入的专称。出称警，入称跸。〔5〕泮(pàn)宫：诸侯国的大学。据《宋书》卷十四《礼志一》记载，当时魏国的泮宫建在邺城南面。〔6〕军师：官名。是军内的主要参谋人员。华歆(公元157—231)：传见本书卷十三。〔7〕旒：皇帝、诸侯、官员所戴礼冠上面悬挂的玉串。其数量与材质因地位高低而异。东汉制度，皇帝十二旒，白玉；三公诸侯七旒，青玉；卿大夫五旒，黑玉。见《续汉舆服志》下。〔8〕金根车：皇帝的礼仪专车。〔9〕驾六马：东汉制度，金根车用六匹马牵引，公卿诸侯只能用四匹马。〔10〕五时副车：皇帝出巡时与金根车配套的五辆随行车。副车按东、南、西、北、中五方，涂以青、赤、白、黑、黄五色，故名。曹操取得上述特殊待遇后，实际上已经成为皇帝。〔11〕下辩：县名。县治在今甘肃成县西北。

【裴注】

〔一〕《魏书》曰："初置卫尉官。秋八月，令曰：'昔伊挚、傅说，出于贱人；管仲，桓公贼也：皆用之以兴。萧何、曹参，县吏也；韩信、陈平，负污辱之名，有见笑之耻：卒能成就王业，声著千载。吴起贪将，杀妻自信，散金求官，母死不归；然在魏，秦人不敢东向；在楚，则三晋不敢南谋。今天下得无有至德之人，放在民间；及果勇不顾，临敌力战；若文俗之吏，高才异质，或堪为将守；负污辱之名，见笑之行，或不仁不孝，而有治国用兵之术？其各举所知，勿有所遗。'"

二十三年春正月〔1〕，汉太医令吉本与少府耿纪、司直韦晃等反〔2〕。攻许，烧丞相长史王必营〔3〕。〔一〕必与颍川典农中郎将严匡讨斩之〔4〕。〔二〕

曹洪破吴兰，斩其将任夔等。三月，张飞、马超走汉中。阴平氐强端斩吴兰〔5〕，传其首〔6〕。

夏四月，代郡、上谷乌丸无臣氐等叛〔7〕。遣鄢陵侯彰讨破之〔8〕。〔三〕

六月，令曰："古之葬者，必居瘠薄之地。其规西门豹祠西原上为寿陵〔9〕。因高为基，不封不树〔10〕。《周礼》，冢人掌公墓之地〔11〕：凡诸侯居左右以前，卿大夫居后。汉制亦谓之陪陵〔12〕。其公卿大臣、列将有功者，宜陪寿陵；其广为兆域〔13〕，使足相容。"

秋七月，治兵，遂西征刘备。九月，至长安。

冬十月，宛守将侯音等反；执南阳太守，劫略吏民，保宛。初，曹仁讨关羽，屯樊城；是月，使仁围宛。

【注释】

〔1〕二十三年：建安二十三年（公元218）。　〔2〕太医令：官名。主管宫廷医疗事务，下领御医二百九十三人。　少府：官名。主管宫廷御

用衣物、珍宝、膳食、医疗等。为九卿之一。　司直：官名。丞相府主要官员，负责督察官员，纠举不法行为。〔3〕长(zhǎng)史：官名。丞相府主要官员，主办府内公务。〔4〕典农中郎将：官名。主管民户屯田区内农业生产、田租征收及民政事务。地位与郡太守相当，但直属九卿之一的大司农管辖。〔5〕阴平：道名。治所在今甘肃文县西北。汉代称少数族聚居的县为道。〔6〕传(zhuàn)其首：用驿车送来吴兰的脑袋。〔7〕上谷：郡名。治所在今北京延庆区西南。〔8〕彰：即曹彰(？—公元223)。曹操的第三子。传见本书卷十九。〔9〕规：规划。　西门豹：人名。复姓西门，名豹。战国魏文侯时任邺令，破除当地"河伯娶妇"的迷信，开渠十二处，引漳水灌溉，发展农业生产。传见《史记》卷一百二十六。　寿陵：帝王未死前预先建造的陵墓。死后入葬则另取专名。〔10〕封：在墓穴上垒土成高堆。　树：在封土上及其周围种树。〔11〕冢人：官名。负责管理贵族墓地。见《周礼·春官·宗伯》。〔12〕陪陵：在君主陵墓旁边作陪伴的功臣坟墓。〔13〕兆域：陵园的地域。

【裴注】

〔一〕《魏武故事》载令曰："领长史王必，是吾披荆棘时吏也。忠能勤事，心如铁石，国之良吏也；蹉跌久未辟之。舍骐骥而弗乘，焉遑遑而更求哉？故教辟之，已署所宜，便以领长史统事如故。"

〔二〕《三辅决录注》曰："时有京兆金祎，字德祎。自以世为汉臣，自日磾讨莽何罗，忠诚显著，名节累叶。睹汉祚将移，谓可季兴；乃喟然发愤，遂与耿纪、韦晃、吉本、本子邈、邈弟穆等结谋。纪字季行。少有美名，为丞相掾，王甚敬异之。迁侍中，守少府。邈字文然，穆字思然；以祎慷慨有日磾之风，又与王必善，因以间之。若杀必，欲挟天子以攻魏，南援刘备。时关羽强盛，而王在邺，留必典兵，督许中事。文然等率杂人及家僮千余人，夜烧门攻必。祎遣人为内应，射必中肩。必不知攻者为谁，以素与祎善，走投祎，夜唤'德祎'。祎家不知是必，谓为文然等，错应曰：'王长史已死乎？卿曹事立矣！'必乃更他路奔。一曰：必欲投祎，其帐下督谓必曰：'今日事，竟知谁门而投入乎？'扶必奔南城。会天明，必犹在；文然等众散，故败。后十余日，必竟以创死。"

《献帝春秋》曰："收纪、晃等，将斩之。纪呼魏王名曰：'恨吾不自生意，竟为群儿所误耳！'晃顿首搏颊，以至于死。"

《山阳公载记》曰："王闻王必死，盛怒。召汉百官诣邺：令救火者左，不救火者右。众人以为救火者必无罪，皆附左。王以为：'不救火者，非助乱；救火，乃实贼也！'皆杀之。"

〔三〕《魏书》载王令曰："去冬天降疫疠，民有凋伤；军兴于外，垦田损少：吾甚忧之。其令吏民男女：女年七十以上无夫、子，若年十二以下无父母、兄弟，及目无所见，手不能作，足不能行，而无妻、子、父、兄、产业者，廪食终身。幼者至十二止。贫穷不能自赡者，随口给贷。老耄须待养者，年九十以上，复不事；家一人。"

二十四年春正月[1]，仁屠宛，斩音。〔一〕

夏侯渊与刘备战于阳平，为备所杀。三月，王自长安出斜谷[2]，军遮要以临汉中[3]。遂至阳平，备因险拒守。〔二〕

夏五月，引军还长安。

秋七月，以夫人卞氏为王后[4]。遣于禁助曹仁，击关羽。八月，汉水溢，灌禁军，军没。羽获禁，遂围仁。使徐晃救之。九月，相国钟繇坐西曹掾魏讽反[5]，免。〔三〕

冬十月，军还洛阳。〔四〕孙权遣使上书，以讨关羽自效。王自洛阳南征羽。未至，晃攻羽，破之。羽走，仁围解。王军摩陂[6]。〔五〕

【注释】

〔1〕二十四年：建安二十四年（公元 219）。 〔2〕斜（yé）谷：古道路名。在今陕西眉县西南。因取道斜水河谷而得名。斜水源出秦岭太白山，北流入渭水，谷口在眉县西南约 15 公里。自斜谷道南行，接褒谷道，即可穿越秦岭进入汉中盆地，全程 235 公里，是古代秦岭重要通道之一。 〔3〕遮要：保护沿途的要害处。本书卷十一《田畴传》有"遮守蹊要"之句，即与此处"遮要"含义相同。当时褒斜谷道通过陡峻山

岩的路段，是由悬空的栈道构成。这种木制栈道很易受到敌方破坏，而且一旦被破坏又很难修复。这里的“遮要”就指保护各段栈道，以便通过褒斜道撤退汉中守军。现今陕西留坝县南河乡褒水西岸古栈道遗址的岩壁上，还刻有“遮要”两个大字。不久曹操决定撤军放弃汉中，是从军事地理角度作出的明智抉择。此后，曹魏凭借秦岭采取战略守势，绵绵秦岭成为三国时期最先形成的两国之间稳定疆域线，在军事地理上具有典型的意义。〔4〕夫人：魏国妃嫔称号之一。曹操当魏王之后，定其后宫妻妾为王后、夫人、昭仪、倢伃(jié yú)、容华、美人六等。卞氏(公元160—230)：曹丕、曹彰和曹植的生母。本为小妾，后来升为正妻。传见本书卷五。〔5〕西曹掾：官名。魏国相国府的下属，主管人事。〔6〕摩陂(bēi)：陂塘名。在今河南郏县东南。

【裴注】

〔一〕《曹瞒传》曰：“是时，南阳间苦徭役。音于是执太守东里(褒)〔衮〕，与吏民共反，与关羽连和。南阳功曹宗子卿，往说音曰：‘足下顺民心，举大事，远近莫不望风；然执郡将，逆而无益；何不遣之？吾与子共戮力。比曹公军来，关羽兵亦至矣。’音从之，即释遣太守。子卿因夜逾城亡出，遂与太守收余民，围音。会曹仁军至，共灭之。”

〔二〕《九州春秋》曰：“时王欲还，出令曰‘鸡肋’。官属不知所谓。主簿杨修便自严装，人惊问修：‘何以知之?’修曰：‘夫鸡肋，弃之如可惜，食之无所得；以比汉中，知王欲还也。’”

〔三〕《世语》曰：“讽字子京，沛人。有惑众才，倾动邺都。钟繇由是辟焉。大军未反，讽潜结徒党；又与长乐卫尉陈祎谋袭邺。未及期，祎惧，告之太子。诛讽，坐死者数十人。”

王昶《家诫》曰“济阴魏讽”。而此云沛人，未详。

〔四〕《曹瞒传》曰：“王更修治北部尉廨，令过于旧。”

〔五〕《魏略》曰：“孙权上书称臣，称说天命。王以权书示外曰：‘是儿欲踞吾著炉火上邪！’侍中陈群、尚书桓阶奏曰：‘汉自安帝以来，政去公室，国统数绝。至于今者，唯有名号；尺土一民，皆非汉有。期运久已尽，历数久已终，非适今日也。是以桓、灵之间，诸明图纬者，皆言“汉行气尽，黄家当兴”。殿下应期，十分天下而有其九，以服事汉；群生注望，遐迩怨叹，是故孙权在远称臣。此天人之应，异气齐声。臣愚以为虞、夏不以谦辞，殷、周不吝诛放；畏天知命，无所与让也。’”

《魏氏春秋》曰：“夏侯惇谓王曰：‘天下咸知汉祚已尽，异代方起。自古以来，能除民害，为百姓所归者，即民主也！今殿下即戎三十余年，功德著于黎庶，为天下所依归。应天顺民，复何疑哉！’王曰：‘“施于有政，是亦为政”。若天命在吾，吾为周文王矣。’”

《曹瞒传》及《世语》并云：“桓阶劝王正位；夏侯惇以为宜先灭蜀，蜀亡则吴服，二方既定，然后遵舜、禹之轨，王从之。及至王薨，惇追恨前言，发病卒。”

孙盛评曰：“夏侯惇耻为汉官，求受魏印。桓阶方惇，有义直之节。考其传记，《世语》为妄矣”。

二十五年春正月[1]，至洛阳。权击斩羽，传其首。

庚子[2]，王崩于洛阳[3]。年六十六。〔一〕遗令曰：“天下尚未安定，未得遵古也。葬毕，皆除服[4]；其将兵屯戍者，皆不得离屯部；有司各率乃职。殓以时服[5]，无藏金玉珍宝。”谥曰武王[6]。

二月，丁卯[7]，葬高陵。〔二〕

【注释】

〔1〕二十五年：建安二十五年（公元220）。〔2〕庚子：旧历二十三日。〔3〕崩：皇帝或皇后死亡叫做崩。王公死亡本来应当称“薨”，但因曹操死后被追尊为帝，所以这里也称崩。〔4〕除服：脱掉丧服。指结束治丧和追悼活动。〔5〕殓：给死者换衣服装进棺材。　时服：与时令相应的衣服。《宋书》卷十五《礼志》二记载：“魏武以送终制衣服四箧，题识其上。春秋冬夏日有不讳（死亡），随时以殓。”〔6〕谥（shì）：议定谥号。古代帝王、贵族、大臣或其他有地位的人死后，人们要根据其生平事迹给他一个表示褒贬的称号，叫做谥号。曹操的谥号是“武”，意思是能够平定天下的祸乱。〔7〕丁卯：旧历二十一日。埋葬曹操的高陵，在当时魏国的首都邺县。但其具体位置，现今已难确定。后世曾有漳河七十二疑冢的说法，流传很广。在20世纪70年代考古发掘后，证明河北临漳县内漳河沿岸的所谓“曹操疑冢”，乃是东魏、北齐的墓葬群。

【裴注】

〔一〕《世语》曰："太祖自汉中至洛阳，起建始殿。伐濯龙祠树而血出。"《曹瞒传》曰："王使工苏越，徙美梨；掘之，根伤尽出血。越白状，王躬自视而恶之，以为不祥。还遂寝疾。"

〔二〕《魏书》曰："太祖自统御海内，芟夷群丑；其行军用师，大较依孙、吴之法。而因事设奇，谲敌制胜，变化如神。自作兵书十万余言；诸将征伐，皆以新书从事。临事又手为节度，从令者克捷，违教者负败。与虏对阵，意思安闲，如不欲战。然及至决机乘胜，气势盈溢；故每战必克，军无幸胜。知人善察，难眩以伪。拔于禁、乐进于行阵之间，取张辽、徐晃于亡虏之内；皆佐命立功，列为名将。其余拔出细微，登为牧守者，不可胜数。是以创造大业，文武并施。御军三十余年，手不舍书。昼则讲武策，夜则思经传；登高必赋，及造新诗；被之管弦，皆成乐章。才力绝人，手射飞鸟，躬擒猛兽，尝于南皮一日射雉获六十三头。及造作宫室，缮治器械；无不为之法则，皆尽其意。雅性节俭，不好华丽；后宫衣不锦绣，侍御履不二采；帷帐屏风，坏则补纳；茵蓐取温，无有缘饰。攻城拔邑，得(美)〔靡〕丽之物，则悉以赐有功。勋劳宜赏，不吝千金；无功望施，分毫不与。四方献御，与群下共之。常以送终之制，袭称之数；繁而无益，俗又过之。故预自制终亡衣服，四箧而已。"

《傅子》曰："太祖愍嫁娶之奢僭，公女适人，皆以皂帐，从婢不过十人。"

张华《博物志》曰："汉世，安平崔瑗、瑗子寔，弘农张芝、芝弟昶，并善草书；而太祖亚之。桓谭、蔡邕善音乐，冯翊山子道、王九真、郭凯等善围棋；太祖皆与埒能。又好养性法，亦解方药。招引方术之士，庐江左慈、谯郡华佗、甘陵甘始、阳城郄俭，无不毕至。又习啖野葛至一尺，亦得少多饮鸩酒。"

《傅子》曰："汉末王公，多委王服，以幅巾为雅。是以袁绍、崔(豹)〔钧〕之徒，虽为将帅，皆著缣巾。魏太祖以天下凶荒，资财乏匮；拟古皮弁，裁缣帛以为帢；合于简易随时之义，以色别其贵贱。于今施行，可谓军容，非国容也。"

《曹瞒传》曰："太祖为人佻易，无威重。好音乐，倡优在侧，常以日达夕。被服轻绡，身自佩小鞶囊，以盛手巾细物；时或冠帢帽以见宾客。每与人谈论，戏弄言诵，尽无所隐。及欢悦大笑，至以头没杯案中，肴膳皆沾污巾帻，其轻易如此。然持法峻刻，诸将有计画胜出己者，随以法诛之。及故人旧怨，亦皆无余。其所刑杀，辄对之垂涕嗟痛之，终无所活。初，袁忠为沛相，尝欲以法治太祖。沛国桓邵，亦轻之。及在兖州，陈留边让，言议颇侵太祖。太祖杀让，族其家。忠、邵俱避难交州，太祖遣使就太守士燮，尽族之。桓邵得出首，拜谢于庭中。太祖谓曰：'跪可解死邪！'遂杀之。尝出军，行经麦中，令士卒：'无败麦，犯者死！'骑士皆下马，付麦以相持。于是太祖马腾入麦中，敕主簿议罪。主簿对以《春秋》之义，罚不加于尊。太祖曰：'制法而自犯之，何以帅下？然孤为军帅，不可自杀，请自刑。'因援剑割发以置地。又有幸姬常从昼寝，枕之卧。告之曰：'须臾觉我。'姬见太祖卧安，未即寤。及自觉，棒杀之。尝讨贼，廪谷不足。私谓主者曰：'如何？'主者曰：'可以小斛以足之。'太祖曰：'善！'后军中言太祖欺众，太祖谓主者曰：'特当借君死以厌众，不然，事不解。'乃斩之，取首题徇曰：'行小斛，盗官谷。'斩之军门。其酷虐变诈，皆此类也。"

评曰〔1〕：汉末天下大乱，雄豪并起。而袁绍虎视四州〔2〕，强盛莫敌。太祖运筹演谋，鞭挞宇内〔3〕：揽申、商之法术〔4〕，该韩、白之奇策〔5〕；官方授材〔6〕，各因其器；矫情任算，不念旧恶。终能总御皇机〔7〕，克成洪业者，惟其明略最优也〔8〕。抑可谓非常之人〔9〕，超世之杰矣！

【注释】

〔1〕评曰：陈寿写《三国志》，仿照司马迁《史记》中以"太史公曰"引发议论的格式，在每一卷末尾以"评曰"开头，发表简短评论。〔2〕四州：指袁绍占据的冀、青、幽、并四州。 〔3〕鞭挞宇内：比喻以武力征服天下。 〔4〕揽：吸收采纳。 申：指申不害（？—前337）。战国时郑国京（今河南荥阳市东南）人。韩昭侯用他为相，以术治国，国治兵强，当时无人敢侵犯韩国。事附《史记》卷六十三《老子列传》。商：指商鞅（？—前338）。战国时卫国人。辅佐秦孝公，实行变法，奠定秦国富强基础。传见《史记》卷六十八。 法术：法制和权术。申、韩二人虽然同属法家，但在具体的施政手段上，前者善用术，后者善用法。曹操则兼采二者之长。 〔5〕该：兼有。 韩：指韩信（？—前

196）。淮阴（今江苏淮安市西南）人。帮助刘邦打天下的大将。善用兵，自称“多多益善”。著有《兵法》三篇，今已亡佚。传见《史记》卷九十三、《汉书》卷三十四。 白：指白起（？—前257）。战国时郿（今陕西眉县）人。秦国名将。曾进攻韩、魏、赵、楚等国，屡建战功，被封为武安君。传见《史记》卷七十三。〔6〕授材：授给各类人才以官职。〔7〕皇机：皇朝大权。〔8〕明略：见识和谋略。〔9〕抑：助词。无实义。

【译文】

太祖武皇帝，沛国谯县人。姓曹，名操，字孟德，是西汉相国曹参的后代。东汉桓帝时，曹腾任中常侍、大长秋，封费亭侯。曹腾的养子曹嵩继承了爵位，官做到太尉；但是没有人弄得清楚他原来出生在谁家。

曹嵩就是太祖的生身父亲。太祖年轻时机警，有权变心计。爱结交和帮助朋友，放荡不羁，不注意操行和学业，所以当时的人并不特别看重他。只有梁国的桥玄、南阳郡的何颙两人赏识他的才能。桥玄曾对太祖说：“天下将要大乱了，不是安邦定国的杰出人才难以挽救。能够安定天下的人，恐怕就是您了！”

太祖二十岁时，被举荐为孝廉，做了郎官，又被任命为洛阳北部尉。升任顿丘县令，后来应召入京担任议郎。

东汉灵帝光和末年（公元184），黄巾军起事；朝廷任命太祖为骑都尉，领兵讨伐颍川郡的黄巾军。后来升任济南国相。济南国下辖十多个县，各县的长官大多巴结依附权贵，贪污受贿，声名狼藉。太祖上奏朝廷，罢免了其中八九个县的长官，又下令禁绝不符合官方规定的鬼神祭祀活动。这样一来，违法乱纪的人只得逃走，辖境内秩序安定。过了很久，朝廷征召太祖，任命他为东郡太守。他没有去上任，声称有病回到家乡。不久，冀州刺史王芬、南阳郡人许攸、沛国人周旌等联络各方面杰出人士，密谋废黜灵帝，改而拥立合肥侯为皇帝，他们把事情告诉太祖。太祖拒绝参加，后来王芬等人果然失败了。

金城郡人边章、韩遂举兵叛乱，杀死凉州刺史和本郡的太守，聚集了十多万人，一时间天下骚动不安。朝廷任命太祖为典军校尉。

正碰上灵帝去世，太子刘辩继位，由何太后临朝主政。太后的哥哥大将军何进，与袁绍策划诛杀一直控制权力的宦官，太后却不同意；何进就下令召董卓领兵进京，想以此逼迫太后同意自己的计划。董卓还没有到达京城洛阳，何进却先被宦官杀死。

董卓一到，就废黜皇帝刘辩为弘农王，改立献帝刘协，京城秩序大乱。董卓上表朝廷，推荐太祖为骁骑校尉，想和他共同商议政事。太祖却改名换姓，从洛阳东面的小路悄悄逃往家乡；不料出了旋门关经过中牟县的时候，一个亭长起了疑心，把太祖抓起来送到县里。县城中有人暗中认出他，为他向县里的官员求情，结果被释放。这时京城的董卓先后杀了何太后和弘农王刘辩。太祖到达陈留郡，耗用家中的财产，聚集义兵，将要讨伐董卓。冬十二月，开始在己吾县起兵，这一年是东汉灵帝中平六年(公元 189)。

东汉献帝初平元年(公元 190)春正月，后将军袁术、冀州牧韩馥、豫州刺史孔伷、兖州刺史刘岱、河内郡太守王匡、勃海郡太守袁绍、陈留郡太守张邈、东郡太守桥瑁、山阳郡太守袁遗、济北国相鲍信，同时都起兵讨伐董卓。各自有数万人马，并推举袁绍为盟主。太祖以代理奋武将军身份加入联盟。

这年二月，董卓听说袁绍等人起兵，于是强迫献帝迁都到西面的长安；自己领兵留守洛阳，并放火烧了洛阳的皇宫。这时，袁绍驻扎在河内郡，张邈、刘岱、桥瑁和袁遗驻扎在酸枣县，袁术驻扎在南阳郡，孔伷驻扎在颍川郡，韩馥驻扎在邺县。面对董卓的强大兵力，袁绍等人没有谁敢率先进军。

太祖说："发动义兵来讨伐暴乱，现在大军已经会合，诸君还迟疑什么？假使不久前董卓听说崤山以东我们共同起兵的消息，就依仗朝廷的声威，占据洛阳的险要地形，构成向东控制天下的态势，那么尽管他的行为违背道义，仍然足以造成祸患。现今他焚烧皇宫，劫持天子迁徙，使全国人民震惊万分，不知道应当依附谁。这正是上天要灭亡他的时机！只消打一仗就可以平定天下，不能坐失良机啊！"于是太祖自己率先领兵西进，计划占领成皋县。

张邈派部将卫兹，率领一部分人马跟随太祖出击。到达荥阳县的汴水，碰上了董卓的部将徐荣。交战结果，太祖失利，部下的人马死伤很多。太祖本人又被流箭射中，所骑的马受伤。他的堂弟曹洪把自己的马给他骑上，才使他趁着夜色逃脱。徐荣见太祖的人马不多，奋力进攻了一个整天；后来认为酸枣城不容易攻克，也就领兵撤回。

太祖回到酸枣后，各路大军有十多万人，诸将天天会聚饮酒，不考虑进攻董卓的大事。太祖责备他们，并出主意说："请诸位听从我的计策：让勃海郡袁绍太守带领河内郡的军队进逼孟津；酸枣的各位将军防守成皋，占据敖仓，封锁轘辕关和太谷关，完全控制洛阳周围险要的地方；再让袁术将军带领南阳郡的军队进军丹水县和析县，杀入武关，以动摇董卓的后方三辅地区。各路大军都高筑壁垒深挖战壕，不与对方交战；多增设疑兵，以显示全国人民协同作战的形势。以正义讨伐叛逆，天下可以立刻平定！现在军队已经出于正义而发动，可是诸位却抱着迟疑的态度不敢前进，使全国人民大为失望。我私下为你们的表现感到羞耻！"但是，张邈等人仍然不肯采纳他的建议。由于部下的兵少，太祖就和夏侯惇一起到扬州去招兵买马。扬州刺史陈温、丹杨郡太守周昕给了他四千多人；回来到达龙亢县境，士兵大多叛逃了。到了铚县、建平县，又招集到了一千多人。太祖带着这支队伍进驻河内郡。

刘岱与桥瑁相互仇视，刘岱动手杀死桥瑁，让王肱兼任东郡太守。

袁绍与韩馥打算立幽州牧刘虞为皇帝，太祖不同意。袁绍又曾经得到一方玉印，当太祖在坐时，提起系在印纽上的绶带让玉印在自己的肘部晃来晃去进行炫耀；太祖表面上装出笑容，内心则产生了厌恶。

初平二年(公元191)的春天，袁绍、韩馥竟自推举刘虞当皇帝，刘虞本人始终不接受。

夏四月，董卓撤退回长安。

秋七月，袁绍胁迫韩馥，夺取了冀州。黑山叛乱者于毒、白绕、眭固等率领十多万人进攻魏郡、东郡，王肱抵挡不住。太祖领兵进入东郡，在濮阳县一带进攻白绕的人马，把对方击溃。为此袁绍上表朝廷推荐太祖当东郡太守。太祖就任后把治所设在东武阳县。

初平三年(公元 192)的春天，太祖出兵顿丘县，于毒等人趁机进攻东武阳城。太祖领兵向西进入山区，袭击于毒等人的大本营。于毒得知消息，连忙放弃东武阳，回兵援救。太祖在半途截击眭固，又在内黄县进攻匈奴族首领于夫罗的叛乱军队，把他们都打得大败而逃。

夏四月，司徒王允与吕布在长安杀死董卓。董卓的部将李傕、郭汜等，又杀死王允，并进攻吕布。吕布战败，向东逃出武关。李傕等人开始控制朝廷政权。

青州黄巾军有上百万人拥入兖州，杀死任城国相郑遂，然后转到东平国。刘岱想出兵打击他们，鲍信劝阻说:“现今贼军多达百万，老百姓都震惊惶恐，士兵也没有斗志，不能与他们直接交锋。我看贼军有成群的家属老小跟着，军队里没有什么粮草物资，全靠临时抢掠作为补给。现在不如积蓄我们军队的力量，先固守城池。对方想决战得不到机会，想进攻又攻不下城池；势必要出现分崩离析现象。这时我们选拔精锐力量，占据要害，发起攻击，必定可以打败他们。”刘岱不听他的建议，轻率出战，果然被对方杀死。

鲍信与兖州的官员万潜一起，到东郡迎接太祖兼任兖州牧。太祖接任后即出兵进攻黄巾军，在寿张县东面展开激战。鲍信当场奋战，不幸阵亡，太祖竭尽全力才击败对方。由于悬赏寻找鲍信的尸体也未能找到，所以大家就用木头刻成鲍信的像，哭着祭奠他。接着太祖又挥兵追击黄巾军，直到济北国的境内；黄巾军只好请求投降。这年冬天，太祖声称接受投降的军队有三十多万人，男女人口一百多万。太祖挑选其中的精锐战士组建军队，称之为“青州兵”。

袁术与袁绍发生矛盾，袁术就向公孙瓒求援。公孙瓒派刘备驻扎在高唐县，单经驻扎在平原县，陶谦驻扎在发干县:形成进逼袁绍的态势。太祖与袁绍联合发起攻击，把他们都打败了。

初平四年(公元 193)春天，太祖进军鄄城县。荆州牧刘表出兵截断袁术的运粮道路。袁术就领兵转移到陈留郡，驻扎在封丘县；黑山军的残部和匈奴族首领于夫罗等也支持他。袁术让部将刘详驻扎在匡亭。太祖出兵袭击刘详，袁术赶来援救；双方交战，袁术大败。只好退守封丘，太祖进兵包围封丘；袁术趁包围圈还没有合拢，又逃往襄邑县。太祖紧追到太寿，挖开渠水淹城；袁术出逃到宁陵县。太祖继续追击，袁术赶紧逃往九江郡。

这年夏天，太祖领兵回到定陶县。下邳人阙宣纠合了几千人，自称天子；徐州牧陶谦与他一同出兵，占领了泰山郡的华县、费县，又进攻任城国。

秋天，太祖领兵征伐陶谦，一连攻下十多座城池，陶谦躲在城中坚守不敢出来。

这一年，孙策受袁术的派遣南渡长江，几年之间就占领了江东。

东汉献帝兴平元年(公元194)春天，太祖从徐州回来。起初，太祖的父亲曹嵩，辞去官职后回到故乡谯县。董卓之乱发生后又到琅邪国境内避难，被陶谦杀害，所以太祖立志要东征陶谦报仇雪恨。

这年夏天，太祖留荀彧、程昱守鄄城；自己再次领兵征伐陶谦，攻下五座城池，占领了直到东海郡的大片土地。回军经过郯县时，陶谦的部将曹豹与刘备驻扎在城东，准备截击太祖。太祖把他们击败，接着攻下襄贲县城。所过之处，大多进行了破坏和屠杀。

碰上这时张邈和陈宫背叛了太祖迎接吕布，兖州下属郡县都起来响应；荀彧、程昱保卫鄄城，范县和东阿县站在太祖一边坚守。太祖赶忙领兵回来援救。

吕布到达兖州，进攻鄄城不能得手，只好驻扎在西面的濮阳县。太祖说："吕布一下子就得到兖州，却不能占据东平，切断亢父、泰山一带的道路，利用险要的地形截击我军；反而驻扎在濮阳：我知道他不会有什么作为。"于是进兵攻击吕布。吕布出兵应战，先用骑兵冲击青州兵；青州兵逃避，太祖的军队阵形顿时大乱。太祖连忙打马从烈火中往外冲，不料却掉下马来，还烧伤了左手掌。这时司马楼异赶来扶他上马，才算脱离险境。在他到达大营之前，麾下众将官因为不见太祖的踪影，都很惊慌。太祖回营后，亲自勉励慰劳军队，又命令军中赶快制造进攻用的器械。再次进兵，发起攻击。在与吕布相持一百多天之后，由于发生蝗虫灾害，百姓非常饥饿。吕布的军粮也吃完了，于是双方撤兵退走。

秋九月，太祖回到鄄城。吕布到达乘氏县后，被当地人李进击败，退到东面的山阳郡。于是袁绍派人来劝说太祖，想双方联合起来。太祖刚刚丢掉了兖州，军粮耗尽，所以准备答应袁绍；程昱阻止太祖，太祖听从了他的意见。

冬十月，太祖到达东阿。

这一年，谷米一斛值到五十多万钱，到了人吃人的地步。太祖只好遣散新招募来的士兵。这时陶谦死了，由刘备替代他任徐州牧。

兴平二年(公元195)春天，太祖领兵袭击定陶县。济阴郡太守吴资坚守南城，没有能攻克。碰上吕布领兵来到，太祖又击败吕布。

这年夏天，吕布的部将薛兰、李封驻扎在钜野县，太祖出兵进攻。吕布赶来援救，薛兰战败后吕布逃走，于是杀死薛兰等人。吕布又与陈宫一起，带领一万多人马从东缗县来迎战。当时太祖的兵少，便设下埋伏，出动奇兵攻击；把吕布打得大败，吕布连夜逃跑。太祖再次进攻，拿下定陶，接着分兵平定各县。吕布向东投奔刘备；张邈跟随吕布前往，留下弟弟张超带着家属据守雍丘县城。

秋八月，太祖出兵包围雍丘。

冬十月，献帝正式任命太祖为兖州牧。十二月，雍丘城被攻破，张超自杀，太祖灭了张邈的三族。张邈前往袁术处搬救兵，结果被部下杀死。兖州平定之后，太祖就向东攻取陈国的辖地。

这一年，长安发生动乱，献帝离开长安向东迁徙，在曹阳时他的护卫军队被击败，献帝北渡黄河前往安邑县暂时安下身来。

东汉献帝建安元年(公元196)春正月，太祖率军进驻武平县。袁术所任命的陈国相袁嗣前来投降。太祖打算去迎接献帝，将领中有的人表示疑惑，荀彧、程昱则鼓励他这样做。于是派遣曹洪带兵西去迎接献帝。但是汉朝的卫将军董承和袁术的部将苌奴，凭借险要地形来阻挡，使曹洪的兵马前进不得。汝南、颍川两郡的黄巾军首领何仪、刘辟、黄邵、何曼等人，各有兵马几万，他们起初响应袁术，后来又依附孙坚。

二月，太祖进兵击败以上两郡的黄巾军，杀死黄邵等人，何仪和他的部下全部投降。献帝任命太祖为建德将军。

夏六月，太祖又升任镇东将军，封费亭侯。

秋七月，杨奉、韩暹护送献帝回洛阳，杨奉单独驻扎在梁县。太祖亲自前往洛阳，保卫京城。韩暹逃跑。献帝下令授给太祖节杖和黄钺，又让他总管尚书台机要公务。由于洛阳残破不堪，所以董昭等人劝说太祖把都城移到许县。

九月，献帝的车队离开洛阳，向东出轘辕关前往许县。献帝又任命太祖为大将军，封武平侯。自从献帝西迁长安起，朝廷的局势一天比一天混乱，直到这时才算把宗庙、土神和谷神的祭祀制度重新建立起来。

当献帝东迁的时候，杨奉曾从梁县出兵阻截，但是没能赶上。冬十月，曹公出兵征讨杨奉，杨奉向南逃跑去依附袁术；曹公挥兵进攻对方留在梁县的大营，一举攻克。这时曹公让献帝任命袁绍为太尉。袁绍耻于官位排列次序在曹公之下，拒不接受。曹公只好坚决辞去原来的职务，把大将军让给袁绍去当；献帝任命曹公为司空，同时代理车骑将军的职务。

这一年，曹公采用了枣祗、韩浩等人的建议，开始推行屯田制度。

吕布袭击刘备，夺取了下邳县城，刘备只好前来投靠曹公。程昱劝曹公说："我看刘备这个人有雄才而又很得人心，终究不肯居于他人之下；不如趁早除掉他。"曹公回答说："当今正是招纳英雄的时候；杀刘备一人而失去天下人的心，这样做是不行的。"

张济从关中逃到南阳郡。张济死后，他的侄儿张绣继续统领他的军队。

建安二年(公元197)春正月，曹公进军宛县。张绣投降，过后张绣又后悔，再次反叛。曹公挥兵迎战，遭到失败，曹公本人被流箭射中，大儿子曹昂和侄儿曹安民遇难。

曹公领兵退到舞阴县，张绣带领骑兵前来攻掠。曹公把他击败。张绣逃奔穰县，与刘表会合。曹公对将领们说："我降服了张绣等人，失误在于没有立刻收取他们的家属作为人质，以致造成现在这样的后果。我已经知道失败的原因。诸位留心看吧：从今以后我再不会遭到这样的失败了！"于是领兵回到许都。

淮南的袁术一心想称帝，派人告诉吕布。吕布逮捕了他的使者，把他的来信上报朝廷。袁术大怒，出兵进攻吕布，被吕布击败。

秋九月，袁术又侵入陈国，曹公出兵东征。袁术一听曹公亲自带兵前来，吓得丢下军队逃跑，留下部将桥蕤、李丰、梁纲、乐就。曹公大兵到达，把桥蕤等人全部打败杀死。袁术得知消息，向南逃过淮河。曹公随后回到许都。自从曹公从舞阴回许都之后，南阳郡的章陵等县又反叛支持张绣。曹公派曹洪领兵打击，结果战斗失利。曹洪撤退到叶县驻扎，多次受到张绣、刘表的侵扰。

冬十一月，曹公亲自带兵南征，到达宛县。刘表的部将邓济据守在湖阳县。曹公挥兵进攻，打下湖阳城，活捉了邓济，湖阳守军投降。接着又进攻舞阴，也攻下了。

建安三年(公元198)春正月，曹公回到许都。开始设置军师祭酒的官职。三月，曹公把张绣包围在穰县。

夏五月，刘表派兵救援张绣，截断了曹公大军的后路。曹公准备率军撤退，张绣军队前来追击。曹公军队无法前进，只能让各个军营紧密保持联系形成一个整体，逐步向前移动。曹公给荀彧写信说："敌军来追赶我，虽然现今我们每天只能向前移动几里路；但是我预料，一到安众县，就必定能击败张绣！"到达安众之后，张绣与刘表的援军联合据守险要地形，曹公的军队前后受敌。曹公下令趁黑夜在险要路段开凿地道，先让全部载运军用物资的车辆通过；然后再布设伏兵。这时正好天亮，敌军以为曹公率军逃跑，出动全部兵力前来追赶。曹公发动埋伏的步兵队和骑兵队，对敌人实行夹击，把张绣打得大败。

秋七月，曹公回到许都。荀彧问他："您先前来信预料敌军必定被击溃，为什么呢？"曹公回答说："敌人截断我军的退路，与我们处于死亡境地的军队作战，所以我知道这一仗必胜无疑。"

吕布又帮助袁术，派遣部将高顺进攻刘备。曹公派夏侯惇去援救，作战失利。刘备也被高顺击败。九月，曹公出兵东征吕布。

冬十月，大军攻克彭城县，大肆残杀当地百姓，活捉了彭城国相侯谐。大军继续推进到下邳，吕布亲自带领骑兵迎战。曹公把吕布打得大败，俘获了对方的勇将成廉，曹公乘胜追击到下邳城下。吕布心中害怕，准备出城投降。陈宫等人阻止了他的投降打算，一面派人向袁术求援，一面又鼓励吕布再度出战。吕布出战又遭惨败，只得回城固守；曹公急攻不能得手。这时，曹公军队连续作战，士兵疲惫不堪，已经准备退兵；后来采用了荀攸、郭嘉的计策，引泗水、沂水来淹没城池。一个多月后，吕布的部将宋宪、魏续等人抓住陈宫，献城投降。曹公活捉了吕布、陈宫，把他们都杀掉了。

泰山郡的臧霸、孙观、吴敦、尹礼、昌狶，各自聚集了一帮人。吕布打败刘备的时候，臧霸等都归附了吕布。吕布失败，曹公俘获了臧霸等人，对他们给以厚待，并且把青、徐二州的滨海地区划分给他们管理。还分出琅邪、东海、北海三个郡国的土地设立城阳、利城、昌虑三郡。

当初，曹公当兖州牧时，曾经任命东平人毕谌为别驾从事史。张邈背叛时，把毕谌的母亲、弟弟和妻子儿女抓走。曹公向毕谌表示歉意后想打发他去寻找亲人，说："你的老母在那边，可以离开。"毕谌当即伏地叩头表示决无二心，曹公深为嘉许他的忠诚，为此感动得流下眼泪。不料毕谌一告辞出去，就逃跑到亲人那里。到了吕布失败，毕谌被活捉。众人都替毕谌害怕，曹公却说："一个人能孝顺他的父母，难道能不忠于君主吗？我所寻求的正是这样的人！"于是任命毕谌为鲁国相。

建安四年(公元 199)春二月，曹公回到昌邑县。张杨的部将杨丑杀了张杨。眭固又杀死杨丑，带着他们的队伍投靠袁绍，驻扎在射犬。

夏四月，曹公进兵直到黄河岸，派史涣、曹仁渡过河去袭击眭固。眭固让张杨过去的长史薛洪、河内郡太守缪尚留下来固守，自己带兵往北去迎接袁绍，向他求救。途中眭固与史涣、曹仁在犬城遭遇，双方交战；史涣、曹仁二将大胜，把眭固斩首。曹公于是挥兵渡黄河，包围射犬。薛洪、缪尚带领部下投降，被封为列侯。曹公退兵回敖仓。

以魏种为河内郡太守，委托他处理黄河以北地区的事务。当初曹公举荐魏种为孝廉。兖州发生叛变时，曹公说："只有魏种绝不会背叛我。"等到听说魏种也叛逃了，曹公发怒说："除非魏种向南逃入越族中，向北逃入胡族中，否则我决不放过他！"攻下射犬之后，活捉了魏种。曹公说："只因为他是一个人才啊！"下令松了魏种的绑，而且还重用他。

这时的袁绍已经吞并了公孙瓒，兼有冀、青、幽、并四州的土地，拥兵十多万，将要进军攻击许都。将领们都以为难以抵挡袁绍。曹公却说："我很了解袁绍的为人：他志向大而才智小，外表威严而内心怯懦，嫉妒好胜而缺乏威信，士兵多而任务的安排不清楚，将领骄傲而政令不统一。他的土地虽然广大，粮食虽然丰足，却正好作为献给我的礼物！"

秋八月，曹公进军黎阳县；命令臧霸等人进入青州攻破齐国、北海国和东安郡；留于禁驻扎在黄河一线。九月，曹公回到许都，分一部分兵力守卫官渡。

冬十一月，张绣又率领部下投降，被封为列侯。十二月，曹公率军进驻官渡。

袁术自从在陈国战败之后，处境渐渐困窘。袁谭从青州派人去迎接他，他想取道下邳北上青州；曹公就派了刘备、朱灵去截击，碰上这时袁术发病死了。程昱、郭嘉听说派刘备执行任务，都向曹公说："刘备绝不能放走！"曹公也失悔，连忙派人去追已经来不及。

刘备还没有出发东去之前，曾与董承等人谋反；他一到下邳，便杀死徐州刺史车胄，领兵驻扎在沛县。曹公派刘岱、王忠去进攻刘备，未能取胜。

庐江太守刘勋率领部下投降，被封为列侯。

建安五年(公元200)春正月，董承等人的密谋泄露，都被处死。

曹公准备亲自东征刘备，将领们都说："与您争夺天下的人，是北面的袁绍。而今袁绍正要打来而您却放下他去东征；万一袁绍进攻我们的后方，怎么办?"曹公说："刘备是人中的豪杰，现在不攻击他，必定成为后患。袁绍虽然有大志，但是他对事情的观察迟钝；必定不会有所动作。”郭嘉也鼓励曹公东征，于是出兵进攻刘备，活捉了对方的将领夏侯博。刘备逃去投靠袁绍，只俘获了他的妻子儿女。刘备的部将关羽驻扎在下邳，曹公挥兵进攻，关羽投降。昌豨叛变之后支持刘备，曹公又把他击溃。曹公收兵回到官渡，袁绍始终没有出兵。

二月，袁绍派郭图、淳于琼、颜良进攻驻扎在白马县城的东郡太守刘延；自己则率领大军到黎阳，准备南渡黄河。

夏四月，曹公北上援救刘延。荀攸劝说曹公：“现今我们兵少，难以抵挡敌军，必须分散对方的力量才可能取胜。您到达延津之后，装出好像要渡河攻击他们后方的样子，袁绍必定要赶往西边来应战。这时候让军队轻装奔袭白马，趁他们没有防备，就可以捉住颜良。”曹公听从了他的建议。袁绍听说对方要从延津渡黄河，果然立即分出兵力到西边应战。曹公领兵兼程赶往白马。离白马还有十多里路时，颜良大吃一惊，赶来应战。曹公派张辽、关羽为先锋，击溃敌军，杀死颜良；解除了白马的包围之后，曹公下令迁走白马的居民，带着他们沿黄河向西走。

袁绍在这时渡过黄河来追赶曹公的军队，一直追到延津县的南边。曹公指挥兵马在南面的山坡下扎营，让人爬上壁垒瞭望敌情。瞭望的人说：“大约来了五六百骑兵。”一会儿，又报告说：“骑兵不断增多，步兵多得数不过来了。”曹公说：“不必再报告了！”于是命令骑兵解下马鞍放开马。这时，从白马起程运送军用物资的车辆已经上路，将领们认为敌人骑兵多，不如让辎重车队退回营垒以便保护。荀攸说：“这是用来引诱敌人上钩的，怎么能撤退走呢！”袁绍的骑兵将领文丑与刘备带领了五六千骑兵，先后赶到。将领们又报告说：“可以上马了。”曹公说：“还不到时候。”一会儿，敌人骑兵渐渐增多，有的分头奔去抢辎重车队，这时曹公才说：“可以动手了！”于是将士们全部上马。当时骑兵不到六百人，曹公挥兵冲击，把敌军杀得大败，当场斩了文丑。颜良、文丑都是袁绍的著名部将，两次交战，全被杀死；袁绍军队大为震惊。

曹公领兵回到官渡。袁绍进军到阳武据守。关羽在这时逃跑回刘备那里。

八月，袁绍联结各营军队逐步向前推进，并且依靠沙丘修筑营寨，东西延展几十里路宽。曹公也分别建立营寨，与对方的分布形势大体相当；应战的结果，未能获胜。这时曹公的军队人数还不满一万，十个人当中就有两三个人是伤员。袁绍又向前进军逼到官渡，筑土山，挖地道，发起猛攻。曹公也在自己的营垒内筑土山挖地道，以应付对方的攻击。袁绍军队向曹公营中射箭，箭就像雨点一般落下。曹营中的人走路都只有用盾牌遮住身体，大家非常之害怕。这时军粮也很少，曹公给荀彧写信，打主意撤退回许都。荀彧却认为："袁绍聚集全部兵力在官渡，决心与您决一胜负；而您以最弱的兵力抵抗最强大的对手，如果不能制服对方，必定会被对方乘机击败：这是决定天下大局的关键。再说袁绍只能算是凡夫俗子当中的英雄，能够收揽人才而不能够使用人才。以您极不寻常的军事天才和聪明智慧，再加上辅佐天子讨伐叛逆的正当名义，有什么事情做不成功呢！"曹公听从了他的劝告继续坚守。

孙策听说曹公与袁绍相持在官渡，就策划偷袭许都；还没有行动，却被刺客杀死了。汝南郡投降的叛乱首领刘辟等人再度背叛，响应袁绍，攻掠许都一带。袁绍让刘备去援助刘辟，曹公派曹仁击溃他们。刘备逃走，刘辟的大本营也被攻破。

袁绍的几千辆运粮车到达；曹公采纳荀攸的计谋，派徐晃、史涣去截击。打败护送军队，把粮车一把火烧光。曹公与袁绍相持了几个月，虽然接连交战都杀了敌将，但是人少粮尽，士兵疲乏。曹公对搬运物资的人们说："再过十五天我给你们打败袁绍，就不再劳累你们了！"

冬十月，袁绍又派车辆运送粮食；让淳于琼等五员将领带一万多军队护送，车队住宿在袁绍大营北面四十里处。袁绍的谋臣许攸贪财，袁绍不能满足他；许攸就跑来投靠曹公，因此劝说曹公去袭击淳于琼等护送的运粮车队。曹公左右的人对许攸产生怀疑，但是荀攸、贾诩两位谋臣则鼓励曹公这么干。曹公就留下曹洪守卫大本营，亲自率领步兵和骑兵五千人，乘黑夜出发。到达目的地时正好天亮，淳于琼等人望见曹公的兵少，在大营门外摆开阵势应战。曹公催兵急攻，淳于琼连忙退回营垒坚守，曹公继续进攻敌营。这时袁绍派来救援的骑兵也赶到了。左右的人中有的说："敌人骑兵逐渐逼近，请您分兵去抵挡。"曹公发怒说："敌人骑兵到了身背后，再向我报告！"于是士兵们都拼死战斗，把淳于琼等人打得大败，把他们全部杀死。

起初，袁绍听说曹公去袭击淳于琼，对大儿子袁谭说："就算让他击溃淳于琼等人，我只要攻下他的大本营，他就没有归宿的地方了！"于是派遣张郃、高览进攻曹洪。张郃等人听说淳于琼被击败，就前来投降，这一来袁绍的人马完全崩溃。袁绍与袁谭丢下军队逃跑，渡过黄河，曹公派兵追赶没有赶上。缴获了袁绍所有的军事物资、图册文书、金银珍宝，俘虏了他的部下。曹公从缴获的文书当中，发现了许都官员和自己军队的人写给袁绍的信件，他下令把这些信件全部烧掉而不予追查。这时，冀州各郡原来受袁绍指挥的官员，纷纷前来献城投降。

此前，东汉桓帝时有黄星出现在楚、宋二国故地的分野。辽东郡的殷馗精通天文，预言："五十年之后会有真命君主崛起在梁国和沛国之间，他的锋芒不可阻挡。"从那时到现在正好五十年，而曹公把袁绍击败，从此天下无敌了。

建安六年(公元 201)夏四月，曹公在黄河一线炫耀武力。出击袁绍在仓亭的驻军，取得胜利。袁绍回到冀州，重新收集被打散的士兵，攻击平定各个叛乱的郡县。

九月，曹公回到许都。在袁绍还没有被打垮的时候，他曾派刘备去攻掠汝南郡；汝南的叛乱首领共都等人响应刘备。曹公派蔡扬进攻共都，作战不利，被对方打败。曹公亲自南征刘备，刘备听说曹公要来，逃去投靠刘表；共都等人也都逃散。

建安七年(公元 202)春正月，曹公领兵到达故乡谯县。下达指令说："我发动义军，是为天下铲除暴乱。可是故乡的人民，而今都快死光了。在县境内走一整天，也看不到一个过去认识的人，使我悲哀伤心得很！自我发动义军以来，将士中死绝了后代的，要寻找他们的亲戚充当继承人；分给田地，公家提供耕牛，设立学校请老师来教育他们。为活着的人修建祠庙，使他们有地方祭祀祖先。如果死者有灵，我死之后见到这些魂灵还会有什么遗憾啊！”

于是前往浚仪县，修治了睢阳渠；派使者用牛、羊、猪三牲祭祀桥玄。接着又领兵前往官渡。

袁绍自从军队被击溃之后，发病吐血；夏五月就死了，他的小儿子袁尚接替了他的权位。大儿子袁谭自称车骑将军，驻扎在黎阳。

秋九月，曹公出兵征讨他们，接连交战；袁谭、袁尚多次战败，退入黎阳城固守。

建安八年(公元 203)春三月，曹公挥兵攻击黎阳的外城；袁谭与袁尚出城应战，被打得大败，只好趁黑夜逃往邺城。

夏四月，曹公向邺城进军，五月，回许都，留贾信驻扎在黎阳。五月二十五日己酉，曹公下达指令：“兵书《司马法》上有‘将军作战败退要处死刑’的说法。所以赵括的母亲，请求赵王不要因儿子赵括打了败仗而连累自己受刑罚：可见古代的将军，如果在外面打了败仗，在家的亲属会连带受罪。自从我发号施令指挥将领出征以来，只是奖赏有功的人而不惩罚有罪的人，这不是国家正规的制度。我宣布：今后将领们出征，军队被打垮的要抵罪，作战失利的要削除官职爵位。”

秋七月，曹公又下达指令：“自从发生董卓之乱以来，已经十五年了。年轻的人看不到仁义礼让的风尚，我对此很感痛心。我命令：各个郡国，都要发展文化教育；居民满五百户的县，要建立学校，从各乡当中挑选优秀人才来接受教育。这样也许可以使古代圣王之道不至于荒废，从而有益于天下。”八月，曹公出兵征讨刘表，进军到西平县。当初曹公离开邺城南下回许都之后，袁谭和袁尚开始争夺冀州。袁谭被打败，逃到平原县城固守。袁尚挥兵猛攻平原，袁谭只好派辛毗到曹公处投降并搬救兵。将领们对此表示怀疑，荀攸则鼓励曹公答应下来；曹公就领兵退回，然后北上。

冬十月，曹公抵达黎阳，为儿子曹整聘娶袁谭的女儿为妻。袁尚听说曹公北上，赶忙解除了对平原城的包围，回到自己的大本营邺县。东平的吕旷、吕翔这时候背叛袁尚，驻扎在阳平县；带领部下投降曹公，两人被封为列侯。

建安九年(公元 204)春正月，曹公挥兵北渡黄河，又阻拦淇水，导入白沟，形成运送粮食的水上通道。二月，袁尚又出兵进攻袁谭，留下苏由、审配守卫邺县。曹公进军到洹水，苏由前来投降。大军抵达后，立即进攻邺县，筑土山，挖地道。袁尚的武安县长尹楷驻扎在毛城，以保持通往上党郡的运粮道路畅通。

夏四月，曹公留曹洪进攻邺县；自己率兵袭击毛楷，把对方击败后回来。袁尚的部将沮鹄据守邯郸，曹公又出兵攻克。易阳县令韩范、涉县县长梁岐献城投降，曹公赐他们关内侯的爵位。五月，曹公下令把先前筑的土山和挖的地道全部平掉，另外在邺县外围修筑围墙和深沟，然后挖开漳河引水淹城。城中被围困的人饿死一大半。

秋七月，袁尚赶回来援救，将领们都认为："这是返回根据地的军队，人人都会拼死作战，不如避开他们。"曹公回答说："袁尚如果从大路赶来，倒是应当避开；如果沿着西山赶来的话，就会成为我们的俘虏！"袁尚果然沿着西山赶来，并且临近滏水扎营。夜里袁尚派兵冲击曹公军队对邺县的包围圈；曹公予以迎头痛击赶走敌军，又指挥军队包围袁尚的军营。包围圈还没有合拢，袁尚害怕了，派了过去的豫州刺史阴夔和幕僚陈琳，前来请求投降；曹公拒绝他的请求，加紧包围。袁尚只好在夜晚逃跑，据守祁山。曹公派兵追击，袁尚的部将马延、张𫖮临阵投降，袁尚军队彻底崩溃，他本人向北逃到中山国，曹公缴获了敌军的军用物资。得到袁尚的印绶、节杖和黄钺，并且让对方来投降的人拿起印绶等器物向袁尚的家属展示。这一下使得邺县城中的人精神崩溃士气沮丧。八月，审配的侄儿审荣，在夜晚打开所守卫的东门，让曹公军队进城。审配带领人马来迎战，失败，被活捉。曹公把他处死，邺县完全平定。曹公亲自到袁绍的墓前祭奠，痛哭流涕。又慰问袁绍的妻子，归还了袁家的奴仆和珍宝，还赠送了各种丝织品和绵絮，并由官府发粮食供养。

最初，袁绍与曹公共同起兵声讨董卓，袁绍问曹公："如果事情不成功，哪里可以作为据守的地方呢？"曹公问："您的意见以为如何？"袁绍说："我南据黄河，北靠燕、代；兼有少数族的兵众，向南争夺天下。大概可以成功了吧？"曹公说："我要任用天下一切有智慧有能力的人，用道义来统率他们。这样无论在什么地方都能取得成功。”

九月，曹公下达指令说：“黄河以北地区遭受袁氏带来的祸难。我宣布：这一地区的老百姓不用缴纳今年的田租、户调。”又下令加重有关惩治豪强兼并的法律，老百姓们非常高兴。献帝让曹公兼任冀州牧，曹公便辞掉原来担任的兖州牧职务。

在曹公围攻邺县的时候，袁谭趁机攻取甘陵、安平、勃海、河间四个郡国的地盘。袁尚失败，逃往中山。袁谭对他发起攻击，袁尚又逃往故安县，袁谭就吞并了袁尚留下的人马。

曹公给袁谭写信，责备他违背了盟约，宣布与他断绝婚姻关系。在把袁谭的女儿退还之后，就要兴师问罪。袁谭心中害怕，从平原城撤退，逃到南皮县坚守。十二月，曹公率军进入平原郡，一一进攻平定各县。

建安十年(公元205)春正月，曹公发起进攻，攻克南皮县城。杀死袁谭及其妻室儿女，冀州完全平定。曹公下达指令：“所有随同袁氏做恶者，都给他们以改过自新的机会。”又下令不准老百姓报私仇，禁止厚葬；违犯者一律以法律制裁。

这一月，袁绍二儿子袁熙的大将焦触、张南等叛变，反转来袭击袁熙、袁尚；迫使袁熙、袁尚逃去投奔三郡的乌丸族首领。焦触等人献城投降，被封为列侯。

起初曹公出兵讨伐袁谭时，曾有被征调来敲破河面冰层的百姓逃亡，曹公下令不准接受逃亡者的自首，要一律处死。不久，有逃亡的百姓来到曹公府署门口投案，曹公对他们说：“接受你们自首就违反了过去的命令，按命令处死你们我又不忍心；赶快回去好生躲藏起来，不要让执法官抓获!”这些百姓流泪离去，后来仍然被逮住处死了。

夏四月，黑山叛乱首领张燕带领他的十多万人马前来投降，曹公封他为列侯。故安的赵犊、霍奴等人起兵杀死幽州刺史和涿郡太守。三郡乌丸族的武装进攻了驻扎在犷平县的军事长官鲜于辅。

秋八月，曹公出征，斩了赵犊等人之后，又渡过潞河援救犷平；乌丸族武装逃跑出塞外。

九月，曹公下达指令说："拉帮结派谋取私利，这是圣人孔子所憎恶的事。听说冀州的风俗，亲生父子也会分属不同的帮派，诋毁对方，赞誉同党。从前直不疑没有哥哥，当时却有人说他与嫂子私通；第五伯鱼结婚三次都娶的孤女，却有人说他殴打岳父；王凤专权跋扈，谷永说他比得上申伯；王商言论忠直，张匡说他不守正道。这些都是黑白颠倒而欺天骗君的行为。我要整顿风俗，类似以上四者的恶习不铲除，我感到是一种羞耻！"

冬十月，曹公回到邺城。

当初，袁绍让外甥高幹兼任并州牧。曹公打下邺县，高幹投降，曹公让他当并州刺史。高幹听说曹公讨伐乌丸，就在并州举兵反叛。抓了上党郡太守，又出兵扼守壶关口。曹公派乐进、李典出击，高幹退守壶关县城。

建安十一年(公元 206)春正月，曹公亲自讨伐高幹。高幹听说后，留另外的将领守城，自己则逃到匈奴族中，向匈奴的单于求救。单于却不接纳他。曹公围困壶关城三个月，终于攻下。高幹向南逃往荆州，途中被上洛都尉王琰逮捕砍头。

秋八月，曹公向东出兵讨伐从海上窜入的叛乱首领管承。到达淳于县后，派乐进、李典把叛乱军队击溃；管承逃到海岛上。曹公下令把东海郡的襄贲、郯、戚三县划归琅邪国以扩大其辖地，同时撤销了昌虑郡。

三郡的乌丸族趁着天下大乱，出兵攻破幽州，虏掠了汉族居民十多万户。袁绍把乌丸族的首领都封给单于的名号；并且把本族人的女儿说成是自己的女儿，嫁给他们。辽西郡的乌丸单于蹋顿势力最为强大，受到袁绍的厚待。所以袁尚兄弟去投靠他，他多次率兵进入塞内造成危害。

曹公准备出兵讨伐乌丸，先开凿河渠，从呼沲河到泒水，名叫平虏渠。又从泃河入海处开凿河渠到潞河，名叫泉州渠，以便与大海相通。

建安十二年(公元 207)春二月，曹公从淳于回到邺县。二月初五日丁酉，曹公下达指令说："我发动义军诛锄暴乱，到现今已经十九年；只要出兵征讨就必定取胜，这难道是我个人的功劳吗？这是贤能士大夫们尽力的结果。天下还没有完全平定，我应当与贤能士大夫们共同来平定它；而我现在却独自享有功劳，我怎么能够心安理得呢？要赶快对大家评定功劳进行封赏。”于是大封功臣二十多人，都封为列侯；其余的人按照功劳大小的次序也得到封赏；还宣布对阵亡人员的子女免予征收租税和摊派徭役，优待的轻重程度各有差别。

曹公将要北上征讨三郡乌丸，将领们都说：“袁尚，不过是一个逃走的敌人而已。少数族的人贪婪而不看重亲戚关系，怎么会替袁尚出力呢？现今要深入北方去征讨乌丸，刘备必定劝说刘表来偷袭许都；万一局势发生变化，后悔就来不及了！”唯有郭嘉预料刘表定然不会信任刘备而采纳其建议，鼓励曹公出征。

夏五月，曹公大军到达无终县。

秋七月，这一带突发大水，靠海地区的道路无法通行；这时田畴主动请求担任向导，得到曹公的同意。于是田畴带领大军出卢龙塞，塞外的道路断绝不通。军队挖山填谷，跋涉了五百多里，历经白檀县、平冈县；穿过鲜卑族单于的驻地，向东直指柳城县。在距柳城还有二百里地的时候，敌人察觉了。袁尚、袁熙会同蹋顿、辽西郡乌丸单于楼班、右北平郡乌丸单于能臣抵之等，带领了几万骑兵来迎战。

八月，曹公大军爬上白狼山，突然与敌人遭遇。对方的气势很盛。而曹公军队运送军用物资的车辆在后面，前锋部队中穿上甲胄的士兵不多；在左右随从的人员都很害怕。曹公登上高处，看到敌人的阵形不整齐，就挥兵发动攻击，并派张辽充当先锋；敌军完全崩溃；当场斩杀了蹋顿和乌丸族著名首领以下多人，前来投降的少数族和汉族共有二十多万人。辽东属国的乌丸族单于速仆丸和辽西郡、右北平郡的乌丸族首领，都丢下本部落的人，会同袁尚、袁熙逃往辽东郡，这时他们还有骑兵几千人。

起初，辽东郡太守公孙康仗恃地处偏远而不服从朝廷的统治。曹公击败乌丸之后，有人劝说曹公趁机讨伐公孙康，即可抓到袁尚兄弟。曹公说：“我正要让公孙康自己主动砍下袁尚、袁熙的脑袋送来，不需要劳烦我的士兵前去了！”

九月，曹公领兵从柳城凯旋，公孙康果然就杀了袁尚、袁熙和速仆丸，用驿车把他们的头颅快速送呈曹公。将领中有人问：“您带兵回转而公孙康却把袁尚、袁熙的脑袋砍下送来，这是为什么？”曹公回答说：“公孙康素来畏惧袁尚等人，我如果逼得太急他们就会合力抵抗，我放松之后他们就会自相残杀；形势就是如此。”

十一月，大军抵达易水，代郡乌丸族的代理单于普富卢、上郡乌丸族的代理单于那楼，带着著名的乌丸族首领们前来祝贺。

建安十三年(公元208)春正月，曹公回到邺县，修建玄武池以训练水军。汉朝撤销三公的官职，设置丞相、御史大夫。

夏六月，朝廷任命曹公为丞相。

秋七月，曹公南下征伐刘表。八月，刘表死；他的儿子刘琮继承了他的职位，驻扎在襄阳。而刘备则驻扎在樊城。九月，曹公大军抵达新野县，刘琮前来投降，刘备逃往夏口。曹公进军到江陵县，向荆州的官员百姓下达指令，要给他们开创新生活的机会。于是评定荆州官员归服朝廷的功劳，封以侯爵的有十五人。任命刘表的大将文聘为江夏郡太守，还让他统带原来手下的军队；又任用荆州的名士韩嵩、邓义等人。益州牧刘璋在这时也开始接受朝廷分派的征调壮丁任务，遣送士兵来补充曹公的军队。

十二月，孙权为了声援刘备而出兵进攻合肥县城。曹公从江陵出发征讨刘备，到达巴丘时，派张憙援救合肥。孙权听说张憙来到，撤兵退走。曹公大军抵达赤壁，与刘备交战，失利；这时曹公军中传染病流行，官员士兵病死很多。他决定带兵回去，于是，刘备就占有了荆州在长江以南的各郡。

建安十四年(公元209)春三月，曹公大军抵达谯县，制造快船，训练水军。

秋七月，曹公率军从涡水进入淮河，又从淮河沿肥水南下，一直到达合肥。辛未这一天，曹公下达指令说：“近来，大军多次出征，有时还遇到流行性传染病。官员士兵死亡在外不能回家，家庭中夫妻不能团聚，百姓流离失所。而有仁爱之心的人难道喜欢造成这样的情景吗？这是不得已的事呀！我下令：凡是死者的家庭没有产业难以养活自己的，公家不能停止发给他们口粮。县里的行政长官要救济慰问，以符合我的心意。”又任命扬州下属郡县的行政长官，开挖芍陂蓄水以便屯田。

十二月，曹公率军回到谯县。

建安十五年(公元210)春天，曹公下达指令：“自古以来承受天命的开国君主和扭转国家衰落的中兴君主，谁人不是得到了贤人君子与他们一起治理天下的呢？而他们得到贤才，并未离开里弄到远方去寻找。双方的相遇难道只是一种偶然么？这是上面的君主有意访求的结果啊！现今天下还没有完全平定，这正是急待寻求贤才的时候。孔子说过：‘孟公绰担任赵氏、魏氏的首席家臣会绰有余裕，却不能胜任滕国、薛国大夫的职务。’如果一定要得到廉洁的人士才加以任用，那么齐桓公怎么能成为世间的霸主啊？当今的天下，是不是还有出身贫贱而才智杰出的人像吕尚那样在渭河边上钓鱼呢？又是不是还有像陈平那样曾私通嫂子接受贿赂却未得到魏无知推荐的优秀人才呢？请诸位帮助我访察和举用那些被埋没的人才，只要有才能就可以举荐，使我能够任用他们。”

这年冬天，开始动工修建铜雀台。

建安十六年(公元211)春正月，献帝任命曹公的世子曹丕为五官中郎将，设置下属官员，充当丞相的副手。

太原郡的商曜等人凭借大陵县城举兵反叛；曹公派夏侯渊、徐晃领兵将其包围击溃。张鲁占据汉中郡；三月，派遣钟繇前去讨伐。曹公命令夏侯渊等人取道河东郡，与钟繇会合。

这时，关中的将领们怀疑钟繇要袭击自己，其中的马超就与韩遂、杨秋、李堪、成宜等人举兵叛乱。曹公派曹仁去讨伐，马超等人驻扎在潼关。曹公训示各将领说：“关西士兵精锐强悍，你们要坚守壁垒不要与他们交战！”

秋七月，曹公亲自领兵西征关中，与马超等人的军队隔着潼关驻扎。曹公把对方紧紧牵制住，然后悄悄派遣徐晃、朱灵等人，趁黑夜从蒲坂津渡过黄河，占据河西岸建立营寨。然后曹公本人从潼关北面西渡黄河，还未渡过，马超带兵赶来堵截船队。校尉丁斐，在这时放出牛马去引诱敌人。敌人果然去乱抢牛马，曹公得以渡过黄河，并且沿着河岸凭借夹道向南推进。敌人撤退，在渭水的河口坚守抵抗。曹公大量设置疑兵，悄悄用船载运士兵进入渭河，在河上建立浮桥；夜晚，又分出军队到渭河南岸建立营寨。敌人在夜晚前来偷袭营寨，被预设的伏兵击溃。马超等人在渭河南岸驻扎，派遣使者来见曹公，表示愿意让出黄河西面地区以谋求和解；曹公不答应。

九月，曹公催兵渡过渭河。马超等人多次前来挑战，曹公也不应战；马超坚持请求割让地盘，又送儿子充当人质；曹公采用贾诩的计策，假装答应对方的条件。韩遂请求与曹公见面；曹公与韩遂的父亲是同一年的孝廉，与韩遂则是同辈的人，于是两人马靠着马交谈了多时。也不谈军事；只回忆京城中那些老朋友，谈得双方拍手欢笑。见面过后，马超等人问韩遂："曹公对您谈了些什么?"韩遂说："没有谈什么重要事。"马超等人起了疑心。另一天，曹公又给韩遂写了一封信。信上涂改了多处，就好像是韩遂自己改的一样，马超等人看了更加怀疑韩遂。到了这时曹公才与对方约定日子决战，交锋时先用轻装军队挑战。很久之后，才放开精锐骑兵实施夹击；把敌人打得大败，当场杀死成宜、李堪等人。韩遂与马超逃往凉州，杨秋逃往安定郡，至此关中宣告完全平定。

事后将领中有人问曹公："当初，敌人据守潼关，渭河北岸一路空虚；您不从河东进击冯翊反而守在潼关，拖了一段日子然后才从北面渡过黄河：这是什么原因呢?"曹公回答说："敌人据守潼关时，我如果急着进入河东，敌人必定要分兵扼守黄河各处的渡口，这样一来黄河就难以渡过了。因此我先调集大兵，指向潼关；等敌人全部兵力到南面扼守之后，黄河上游的守卫就空虚了；所以徐晃、朱灵二将得以顺顺当当地拿下黄河渡口。然后我才率领大军从北面渡河，这时敌人已经无法阻止我的大军渡河了，因为有徐、朱二将的军队作掩护啊。连结车辆，树立栅栏，做成夹道向南面推进。这既使敌人难以取胜，又有故意示弱的用意。渡过渭河之后我军建立坚固的营垒，敌军来挑战我们也闭门不出，是要使他们骄傲轻敌。所以他们不修营垒而请求割地讲和；我假装同意，按他们的要求办，是为了使他们安心而不作防备。我借此积蓄士兵的力量，一下子发动攻击，这就是所谓的疾雷不及掩耳。用兵的变化，确实不单是一种方法呀。”

开始的时候，敌人每调一部分军队来到，曹公总是面带喜色。敌人被打败之后，将领们问他原因。曹公回答说：“关中地域辽阔，如果敌人各自凭借险要地形抵抗，我要出兵讨伐，没有一两年时间是不能平定的。现今敌人都来会合，他们人数虽多，但是互相不服从，军队缺乏统一的主帅。一战即可消灭他们，这样平定关中，着手较为容易，因此我感到高兴。”

冬十月，曹公率领大军从长安北上讨伐杨秋，包围了安定。杨秋前来投降，曹公恢复了他的封爵官位，让他留在安定郡安抚民众。

十二月，曹公从安定回还，留下夏侯渊驻守在长安。

建安十七年(公元212)春正月，曹公回到邺城。献帝特别给予曹公以下特殊待遇：在朝拜时司仪官不直呼其名字，进入朝廷时不必小步快走，还可以带剑穿鞋登上殿堂：就像过去萧何的事例一样。马超的残余部将梁兴等人盘踞在蓝田县一带，曹公派夏侯渊去平定了他们。朝廷决定分割出河内郡的荡阴县、朝歌县、林虑县，东郡的卫国县、顿丘县、东武阳县、发干县，钜鹿郡的廮陶县、曲周县、南和县、广平县、任县，赵国的襄国县、邯郸县、易阳县，把它们全都划归魏郡以扩大其辖地。

冬十月，曹公出兵征讨孙权。

建安十八年(公元213)春正月，曹公进军到濡须口；攻破孙权在长江北岸的营寨，俘获了孙权的都督公孙阳，于是领兵凯旋。献帝下达诏书，把原来全国的十四州进行合并，恢复为古代的九州。

夏四月，曹公到达邺县。

五月初十日丙申，献帝派遣御史大夫郗虑，持节宣布策命，封曹公为魏公，策命文书说：

> 我因为没有德行，从小遭受忧患灾难；起先流亡到长安，后来又迁徙到唐国、卫国的故地。在这个时候，我就像旌旗上系住的飘带只是随人摆布；宗庙缺乏祭祀，土神和谷神的祭坛也没能定下位置；董卓等凶恶的人野心勃勃，动手分割

国家。各个地方的民众，我也无权统治，由我的高祖禀承天命开创的基业，将要掉在地上垮掉。我因此而早晚不能安眠，内心震动悲伤，暗中祷告说："我的祖辈父辈啊，前朝的辅佐大臣啊，谁能怜悯我呀！"我的哀告引起上天的感动，就诞生和哺育了丞相您，让您保护安定汉家皇朝，广为拯救处在艰难当中的百姓。我确实要依赖您，现今我要授给您典章上规定的礼物，请您恭恭敬敬听我的策命：

从前董卓开始给国家制造祸难，各地的州牧和郡太守不怕丢掉官位合谋起兵拯救王朝；您招募士兵向董卓发动进攻，为各路军队起了带头作用。这是您忠于本朝的表现啊。后来黄巾军违背天理，侵犯我汉朝的青、兖、豫三州，殃及平民；您把他们剪除而使东方得到安宁。这又是您的功劳啊。韩暹、杨奉专擅威权；您就对他们进行讨伐，消除了他们造成的祸难，于是迁都许县，重建京城，设置百官并恢复祭祀礼仪，使过去的典章制度不至于废弃，天地鬼神在这时也得到安宁。这又是您的功劳啊。袁术不守本分妄想称帝，横行在淮南；他畏惧您的神威，您就施展宏大的谋略，蕲阳一战，斩了他的大将桥蕤，然后挥兵南进，把袁术彻底击溃使得他发病而死。这又是您的功劳啊。解决了袁术之后您又调转锋芒东征，把吕布擒获处死；在凯旋的途中，让张杨送了性命，眭固丢了脑袋，张绣乖乖来投降。这又是您的功劳啊。袁绍违背和扰乱天理，企图危害国家，凭借和仗恃他的兵多将广，竟然出兵侵犯朝廷。此时此刻，王朝的军队兵力单薄，天下的人民心怀畏惧，都没有坚强的斗志；而您却表现出忠于皇室的高尚气节，精诚上贯太阳，发挥威武的气势，运用神妙的计策，在官渡执行上天的惩罚，大举歼灭了这帮匪徒，使我的国家免遭危害灭亡。这又是您的功劳啊。您带领大军渡过滔滔黄河，开拓平定了河北的冀、青、幽、并四州，袁谭、高幹，都丢掉他们的头颅，海上窜来的匪徒望风而逃，黑山的叛乱武装前来投降遵守王法。这又是您的功劳啊。三郡的乌丸族首领，从先帝时就开始作乱直到现在，袁尚借助他们的力量，进逼并盘踞在塞北；您率领军队包裹马蹄抬起车轮跋涉崎岖山路，一下子把他们彻底消灭。这又是您的功劳啊。刘表背叛朝廷，不向朝廷进贡述职；您带领的王朝军队刚踏上出征的道路，他的威风就消逝无余，荆州下属的八郡一百多个县，全都拱手屈膝投降。这又是您的功劳啊。马超、成宜，相互勾结起来为非作歹，带兵逼到黄河、潼关，妄想满足野心；您在渭南把他们消灭，杀死敌人之后割下来的左耳朵就数以万计，于是平定了西部的边境地区，安抚了少数族人民。这又是您的功劳啊。现在，鲜卑族和丁零族，都通过中间语言的转译前来朝贡；箄于族和白屋族，也请求汉朝派出官员去管理他们。这又是您的功劳啊。

您有安定天下的丰功伟绩，加上又有如下高尚的德行：整顿社会秩序，树立美好风俗；对百姓广施恩德殷勤教育，使用刑罚时谨慎而充满仁慈之心；官员们不敢实行严酷政治，老百姓心里没有作恶的想法；您真心尊重我的皇族，上表请求让断绝了禄位的贵族后代能继续享有禄位，过去树了德的、从前立了功的，全都按等级给予优待。虽然伊尹的德泽高达青天，周公的功业光照四海，比起来都不如您啊！

我听说从前的君主同时分封贤明有德的人，赏给土地，分给人民，赐给表示荣宠的标志器物以示尊崇，还要按照礼仪规定备办和赠送一批礼品，这样做是想让他们尽心护卫王室，辅佐君主。在西周成王时，管叔、蔡叔制造动乱，平定祸乱之后思念有功之臣，成王就派邵康公赐给齐太公吕尚一双鞋子；表示凡是鞋子践踏到的地域，东边到大海，西边到黄河，南边到穆陵关，北边到无棣水，都是吕尚行使权力的范围，其中所有的诸侯和地方行政长官，只要有罪吕尚都可以征伐；为了使担任太师的吕尚世代子孙能享受福禄，还把他封在东海边上的齐国。到了周襄王时，也有楚国不向周天子进贡述职，天子把晋文公提升为诸侯的霸主，赐给他大辂戎辂、侍卫勇士、斧钺、香酒、弓箭；还有黄河北岸的大片土地，让晋国世世代代充当诸侯的主盟者。因此，周王朝能够不崩溃，所依赖的就是齐、晋两国。现今您表现出光辉的德行，忠心保护我；禀承天命，开创大业；安抚全国，没有人不服从您的领导。您的功劳高于伊尹、周公，而对您的奖赏却低于齐太公、晋文公，对此我深感惭愧！

我是一个渺小的人，却居于千百万人之上，常常想起所经历的艰险，心中如同面临深渊一样恐惧不安。假若不是您来救助，我本人绝对承担不了这样的重任。现在我要把冀州的河东、河内、魏郡、赵国、中山、常山、钜鹿、安平、甘陵、平原共十郡的土地赐给您，封您为魏公；赏给您北方的黑土，外面用白茅草包裹；钻烧龟甲择定吉日，在您的封国建造土神的大祭坛。从前在周朝时，毕公、毛公入朝担任辅政大臣，周公、邵公以太师、太保的身份出外治理地方。因此兼任朝廷内外的职务，对您再合适不过了；所以我要您依旧以丞相兼任冀州牧。另外，还要给您九种赏赐，请恭恭敬敬听我的策命：

因为您制定了礼仪法律，为人民树立了规范，使他们安居乐业，不想逃亡。所以赐给您大辂、戎辂各一辆，黑色公马八匹。

因为您劝导人们相互帮助，勤事农桑，农民都勉力耕作，积蓄了大量的粮食布匹，宏伟的事业日益兴盛。所以赐给您公爵的礼服礼帽，再配上红色的鞋子。

因为您崇尚谦让，使民众努力培养自己的好品行，老的少的都讲礼，上级下级都和气。所以赐给您三面悬挂的乐器，三十六人的舞蹈队伍。

因为您能帮助我宣扬好的风俗教化，使四面八方的人都赶来接受熏陶，远方无礼的人改变了面貌，中原地区人口繁衍。所以赐给您红色大门居住。

因为您在用人方面有英明合理的考虑，妥善解决连唐尧也觉得难办的选才授官事务，任用贤才，举荐好人。所以赐给您登上殿堂的特制阶梯。

因为您执掌国家的大权，严肃地处在不偏不倚的地位，即使是一丝一毫的邪恶，也要被您排除。所以赐给您侍卫勇士三百人。

因为您代表上天来纠举不法者并惩处他们，揭露他们的罪行，严重违法乱纪的人，都要受到诛灭。所以赐给您斧、钺各一件。

因为您威镇天下，观察八方，讨伐叛逆，战胜一切世间的敌人。所以赐给您红色的弓一张，红色的箭一百支，黑色的弓十张，黑色的箭一千支。

因为您以温良恭俭为根本，孝顺友爱为美德，守信用，怀诚心，使我深受感动。所以赐给您用黑黍和香草酿成的美酒一樽，再配上玉珪和舀酒的玉勺。

您的魏国可以设置丞相和以下的群臣百官，完全如同汉朝初年优待诸侯王的制度。

恭恭敬敬地回您的封国去吧，要服从我的策命啊！要非常关怀您的臣民，及时建立各项功业，以完成您的光辉德行，显扬我高祖禀承的美好天命。

秋七月，开始建立魏国的土神祭坛、谷神祭坛和宗庙。献帝聘娶魏公的三个女儿为贵人；小女儿留在魏国等长成大人之后再完婚。九月，建造金虎台，开凿河渠引漳河水进入白沟以通连黄河。

冬十月，分魏郡为东西两部分，每部分设置都尉。十一月，魏国首次设置尚书、侍中、六卿的官职。

马超在汉阳郡，又借助羌族人的力量造成危害。氐族人首领千万也举兵反叛响应马超，驻扎在兴国。魏公命令夏侯渊去讨伐他们。

建安十九年(公元214)春正月，魏公开始亲耕籍田。

南安郡人赵衢、汉阳郡人尹奉等出兵讨伐马超，杀了他的妻室儿女。马超逃奔到汉中。韩遂从金城郡向东南转移，进入氐族人首领千万的部落，带领了羌族骑兵一万多人与夏侯渊交战。夏侯渊奋起迎击，把他们打得大败，韩遂逃往西平郡。夏侯渊会同众将猛攻兴国，打下城池后大肆屠杀。朝廷下令撤销安东、永阳二郡。

安定郡太守毌丘兴将要去上任，魏公告诫他说："羌族人如果想与中原交往，自己应当派人来，切记不要派人去！善良的人难找，不好的人派去后必然要教唆羌人乱提过分的要求，自己就好趁机谋取私利。如果我们不答应要求，将会使异族失望；答应要求，又对国家不利。”毌丘兴到任后，不遵指示派遣校尉范陵到羌族人中间。范陵果然教唆羌人，让他们请求朝廷任命自己为属国都尉。魏公说：“我早知道会这样。并非因为我是先知先觉的圣人，只不过经历的事情多而已。”

三月，献帝让魏公的地位，排在汉朝的宗室亲王之上；改授他黄金的印玺，红色的系印丝绳，还有宗室亲王戴的远游冠。

秋七月，魏公出兵征讨孙权。

当初，陇西郡人宋建自称河首平汉王，在枹罕县聚集人马；改换年号，设置百官；历时三十多年。魏公派遣夏侯渊从兴国出兵去讨伐。

冬十月，夏侯渊的大军攻克枹罕，把宋建斩首，凉州完全平定。

曹公从合肥回来。

十一月，献帝的皇后伏氏因为从前给父亲原屯骑校尉伏完写信，说献帝对魏公杀死董承心怀怨恨，言辞很丑恶；事情发觉后，伏皇后被废黜处死，她的兄弟一并处以死刑。

十二月，魏公到达孟津。献帝特许魏公比照天子的规格在仪仗队伍中设置旄头，在宫殿内摆放钟虡。

当月十九日乙未，魏公下达指令说：“有德行的人未必愿意求取功名，求取功名的人未必具有德行。陈平难道有纯厚的德行吗？苏秦难道又守信用吗？可是陈平安定了大汉朝的基业，苏秦拯救了弱小的燕国。由此说来，一个人即便有偏差短处，岂能够废弃不用呢！有关官员想明白了这个道理，那么人才就不会被遗漏阻滞，官府也不会有被荒废的公务了。”

又下达指令说：“刑罚这个东西，关系到百姓的性命。而军中负责审案的官员有时用了不合适的人，而我们却把决定三军将士生死的大事委托给他们；使我心中非常担心。要选择通晓法律道理的人，让他们掌管刑法。”于是设置了专门掌管刑狱的理曹掾、属。

建安二十年(公元 215) 春正月，献帝立魏公的第二个女儿为皇后。撤销了云中、定襄、五原、朔方四郡，每郡只设置一县管辖原来郡内的居民；四县合起来成立新兴郡。三月，魏公率军西征张鲁，到达陈仓县后，将要从武都郡进入氐族人居住区。氐族武装前来阻挡，魏公先派张郃、朱灵等将领将其击溃。

夏四月，魏公从陈仓取道散关，来到河池县。氐族首领窦茂拥有一万多人马，仗恃占据了险要地形而不服从朝廷。五月，魏公进攻并屠杀了他们。这时，西平、金城二郡的将领麹演、蒋石等人，把韩遂的头颅砍下送来。

秋七月，魏公抵达阳平关。张鲁派弟弟张卫与部将杨昂等人扼守阳平关，横断山势修筑城墙十多里长。魏公的军队猛攻而不能得手，决定全线撤退。敌军见对方撤退，竟然撤除了防备。魏公就悄悄派遣解僄、高祚等将领利用险要地势在夜晚发起突袭。把敌人打得大败，斩了敌将杨任。然后进攻张卫，张卫等人趁黑夜逃跑。张鲁率部下溃逃到南边的巴族聚居区中。魏公大军进入南郑县，全部缴获了张鲁仓库中的珍宝。巴族与汉族居民纷纷前来投降。魏公决定恢复汉宁郡原来的名称汉中郡；又分出汉中郡的安阳县、西城县设置西城郡，并任命了郡太守；又分出汉中郡的锡县、上庸县，设置都尉来管辖。

八月，孙权率军包围了合肥，张辽、李典将孙权军打败。

九月，巴族人七个大姓首领当中的朴胡，会同另一个巴族首领杜濩，带领巴族各部落的民众前来归附朝廷。于是魏公决定分出巴郡辖地设立巴东郡、巴西郡：以朴胡为巴东郡太守，杜濩为巴西郡太守，都封为列侯。这时，献帝特许魏公可以秉承皇帝旨意自行封立诸侯，任命郡太守和国相。

冬十月，开始设置从名号侯到五大夫四种等级的爵位。与旧有的列侯、关内侯合起来共有六等，用来封赏建立军功的人。

十一月，张鲁从巴族聚居区中出来投降。魏公封张鲁和他的五个儿子都为列侯。刘备袭击刘璋，夺取了益州，于是占据了巴族聚居区。魏公派张郃出击刘备。

十二月，魏公从南郑县回来，留夏侯渊镇守汉中。

建安二十一年(公元216)春二月，魏公回到邺县。三月初三日壬寅，魏公亲耕籍田。

夏五月，献帝加封魏公的爵位为魏王。代郡乌丸族代理单于普富卢，与本族的首领们前来朝见。献帝特许魏王的女儿称为公主，让她们享有汤沐邑。

秋七月，匈奴族的南部单于呼厨泉，带领本族的著名首领们前来朝见，魏王以客礼接待，让呼厨泉留在魏国。派匈奴族右贤王去卑回去监管国内事务。八月，魏王任命大理钟繇为魏国的相国。

冬十月，魏王训练军队，然后讨伐孙权。十一月率军到达谯县。

建安二十二年(公元217)春正月，魏王驻军居巢县。二月，进军驻扎在长江以西的郝溪。孙权在濡须口修筑城堡坚守抵抗。魏王指挥大军进逼攻击，孙权撤退。三月，魏王引兵回来，留下夏侯惇、曹仁、张辽等将领在居巢驻守。

夏四月，献帝特许魏王设置天子的旌旗，出入也像天子一样专门称为“警跸”。五月，魏王在邺县修建泮宫。六月，任命军师华歆为御史大夫。

冬十月，献帝又特许魏王可以像天子那样在礼冠上悬挂十二条白玉串，乘坐金根车，车用六匹马牵引，配置五时副车；还批准五官中郎将曹丕为魏王的太子。

刘备派遣张飞、马超、吴兰等人驻扎在下辩县；魏王派曹洪前去抵御。

建安二十三年(公元218)春正月，汉朝的太医令吉本，联合少府耿纪、司直韦晃等人造反。进攻许都，火烧丞相长史王必的军营。王必与颍川典农中郎将严匡出兵把吉本等人杀死。

曹洪击败吴兰，斩了他的部将任夔等人。三月，张飞、马超逃回汉中。阴平道的氐族首领强端杀死吴兰，用驿车把吴兰的头颅送到。

夏四月，代郡、上谷郡的乌丸族首领无臣氐等人反叛。魏王派鄢陵侯曹彰把他们击溃。

六月，魏王下达指令说：“古代埋葬死者，必定要选择贫瘠的土地。我要求规划西门豹祠西边的高原作为我的陵园。利用地形的自然高度作为墓基，墓穴上面不堆土，也不种树。《周礼》上说，冢人负责管理贵族的公共墓地：诸侯死后埋在左右两边的前面，卿大夫死埋在后面。汉代制度也称为陪陵。凡公卿大臣和将领们有功劳的，死后应当在我的陵园陪葬；要加大陵园的地域范围，使它足以容纳陪葬者。”

秋七月，魏王训练军队，开始西征刘备。九月，到达长安。

冬十月，宛县的守将侯音等人反叛；抓了南阳郡太守，胁迫官员百姓，据守宛县城。最初，曹仁讨伐关羽，驻守在樊城；这一月，魏王调派曹仁率兵包围了宛县。

建安二十四年(公元219)春正月，曹仁攻下宛县之后大肆屠杀，把侯音斩首。

夏侯渊与刘备在阳平关激战，被刘备杀死。三月，魏王从长安取道斜谷，大军沿途保护各段栈道，进入汉中郡。抵达阳平关后，刘备利用险要的山地固守抵抗。

夏五月，魏王率领汉中的军队退回长安。

秋七月，魏王以夫人卞氏为王后。派遣于禁率军帮助曹仁阻击关羽。八月，汉水泛滥，淹没了于禁的军队，造成全军覆灭。关羽俘获了于禁，接着包围曹仁。魏王派徐晃赶去援救。九月，魏国的相国钟繇，因下属西曹掾魏讽密谋造反，被免去职务。

冬十月，魏王率领大军回洛阳。孙权派遣使者向魏王上书，请求出兵讨伐关羽，以此献上忠心。魏王从洛阳南下征讨关羽。还没有到达，徐晃进攻关羽，将其击败。关羽逃走，曹仁得以解围。魏王在摩陂驻军。

建安二十五年(公元220)春正月，魏王回到洛阳。孙权进攻并杀死关羽，用驿车送来关羽的头颅。

这一月二十三日庚子，魏王在洛阳去世。终年六十六岁。临死前遗留的指令说：“天下还没有完全安定，所以办理我的丧事时不能遵循古代制度。遗体一旦安葬完毕，都要脱掉丧服；凡是领兵戍守的将领，都不准离开驻地前来奔丧；有关官员要各自尽忠职守。入殓时给我穿上与时令相应的衣服，不准用金玉珍宝殉葬。”魏王被谥为武王。二月二十一日丁卯，魏王被埋葬在高陵。

评论说：汉朝末年天下大乱，英雄豪杰一齐崛起。而袁绍占据冀、青、幽、并四州之地虎视眈眈，力量强盛到没有人能够与他相匹敌的地步。太祖运筹帷幄，施展计谋，以武力征服全国：

他采纳申不害、商鞅的法制和权术，吸取韩信、白起的奇妙策略；设置固定的官职，任用各类人才，让他们发挥自己的才干；克制感情冷静思考，不计较别人过去的过错。他之所以最终能总揽朝政大权，完成建国大业，就在于他的见识谋略是最优秀的。他可以说是一个非同寻常的人物，世间超群的英杰啊！

【三国志译注卷二】　魏志二

文帝纪第二

文皇帝讳丕，字子桓。武帝太子也。中平四年冬[1]，生于谯。〔一〕建安十六年[2]，为五官中郎将，副丞相[3]。二十二年[4]，立为魏太子。〔二〕

太祖崩，嗣位为丞相，魏王。〔三〕尊王后曰王太后[5]。改建安二十五年为延康元年。

【注释】

〔1〕中平四年：公元187年。〔2〕建安十六年：公元211年。〔3〕副丞相：做丞相的副手之意，不是正式的官名。〔4〕二十二年：建安二十二年(公元217)。〔5〕王后：即曹丕的生母卞氏。

【裴注】

〔一〕《魏书》曰："帝生时，有云气，青色，而圜如车盖，当其上，终日。望气者以为'至贵之证，非人臣之气'。年八岁，能属文。有逸才，遂博贯古今经传、诸子百家之书。善骑射，好击剑。举茂才，不行。"

《献帝起居注》曰："建安十(五)〔三〕年，为司徒赵温所辟。太祖表'温辟臣子弟，选举故不以实'。使侍中、守光禄勋郗虑，持节奉策免温官。"

〔二〕《魏略》曰："太祖不时立太子。太子自疑。是时有高元吕者，善相人。乃呼问之，对曰：'其贵乃不可言！'问：'寿几何？'元吕曰：'其寿至四十，当有小苦；过是无忧也。'后无几而立为王太子，至年四十而薨。”

〔三〕袁宏《汉纪》载汉帝诏曰：“魏太子丕：昔皇天授乃显考以翼我皇家，遂攘除群凶，拓定九州。弘功茂绩，光于宇宙；朕用垂拱负扆，二十有余载。天不慭遗一老，永保余一人；早世潜神，哀悼伤切。丕奕世宣明，宜秉文武，绍熙前绪。今使使持节、御史大夫华歆，奉策诏，授丕丞相印绶、魏王玺绂，领冀州牧。方今外有遗虏，遐夷未宾；旗鼓犹在边境，干戈不得韬刃。斯乃播扬洪烈，立功垂名之秋也；岂得修谅闇之礼，究曾、闵之志哉？其敬服朕命，抑弭忧怀；旁祗厥绪，时亮庶功，以称朕意。於戏，可不勉与！”

元年二月，〔一〕壬戌[1]，以太中大夫贾诩为太尉[2]，御史大夫华歆为相国，大理王朗为御史大夫[3]。置散骑常侍、侍郎各四人[4]。其宦人为官者，不得过诸署令[5]；为金策著令[6]，藏之石室[7]。

初，汉熹平五年[8]，黄龙现谯[9]。光禄大夫桥玄问太史令单飏[10]：“此何祥也[11]？”飏曰：“其国，后当有王者兴。不及五十年[12]，亦当复现。天事恒象[13]，此其应也。”内黄殷登默而记之。至四十五年，登尚在。三月，黄龙现谯，登闻之曰：“单飏之言，其验兹乎！”〔二〕

己卯[14]，以前将军夏侯惇为大将军[15]。涉貊、扶余单于，焉耆、于阗王皆各遣使奉献[16]。〔三〕

【注释】

〔1〕壬戌：旧历十六日。　〔2〕太中大夫：官名。侍从皇帝，随时回答皇帝的各类问题。　〔3〕大理：官名。是朝廷的司法长官，负责重大案件的审理判决。　王朗(？—公元228)：传见本书卷十三。此处贾诩、华歆、王朗三人所任的官职中，太中大夫是汉皇朝的官职，而太尉、御史大夫、相国和大理则是魏王国的官职。当时，任职者既可由汉官调任

魏官，也可由魏官调任汉官。〔4〕散骑常侍：官名。随从皇帝出入，参与处理尚书台呈送给皇帝的机要公事，并且负责起草皇帝诏命之类的重要文件。　侍郎：官名。即散骑侍郎。主要职责是参与处理尚书台呈送给皇帝的机要公事。〔5〕署：指当时宫廷之中为魏王制作并收藏食品、衣服和各种杂物的生活服务性机构，如太官、御府、尚方、中藏府之类。　令：官名。这里指上述各署的负责官员，当时用被阉割的宦者担任。〔6〕金策著令：把这一命令的文字铸造在金属板上。〔7〕石室：以石料建造的房屋。是保存朝廷文书、档案和图册的地方，取其坚固而防火。曹丕对宦者任职作出严格的限制，是吸取东汉后期宦官专权乱政的教训。〔8〕熹平五年：公元176年。〔9〕龙：古代传说中的一种神奇动物，有须、鳞、爪，能兴云作雨，并且是皇帝的象征。曹丕继承魏王位后，立即准备代汉称帝。在这种情况下，一批投机者争着向朝廷报告“祥瑞”，为曹丕代汉称帝制造舆论。曹丕家乡所在的谯县说有黄龙出现，即是第一例。〔10〕光禄大夫：官名。皇帝的政事顾问之一，当宗室亲王有丧事时，则代表皇帝前往吊唁。　太史令：官名。负责观察天文，记录祥瑞灾异，制定历法。每逢朝廷有祭祀和嫁娶，则负责选定吉日良辰。　单飏：字武宣，山阳郡湖陆（县治在今江苏沛县西北）人。善天文历算。传见《后汉书》卷八十二下《方术列传》。〔11〕何祥：什么征兆。〔12〕不及：不到。〔13〕恒象：总是有具体的现象来向人们作预示。〔14〕己卯：旧历初三日。〔15〕前将军：官名。领兵征伐。〔16〕涉貊（huì mò）、扶余：均为古代东北方少数族名。二族情况详见本书卷三十《东夷传》。　焉耆、于阗（tián）：均为西域古国名。焉耆故地在今新疆焉耆县一带。于阗故地在今新疆和田县一带。

【裴注】

〔一〕《魏书》载：“庚戌令曰：‘关津所以通商旅，池苑所以御灾荒；设禁重税，非所以便民。其除池籞之禁；轻关津之税，皆复什一。’辛亥，赐诸侯王、将相以下大将，粟万斛，帛千匹，金银各有差等。遣使者循行郡国，有违理掊克暴虐者，举其罪。”

〔二〕《魏书》曰：“王召见登，谓之曰：‘昔成风闻楚丘之繇，而敬事季友；邓晨信少公之言，而自纳光武。登以笃老，服膺占术；记识天道，岂有是乎！’赐登谷三百斛，遣归家。”

〔三〕《魏书》曰：“丙戌，令史官奏修重、黎、羲、和之职：钦若昊天，历象日月星辰，以奉天时。”臣松之按：《魏书》有是言而不闻其职也。

丁亥令曰："故尚书仆射毛玠，奉常王修、凉茂，郎中令袁涣，少府谢奂、万潜，中尉徐奕、国渊等，皆忠直在朝，履蹈仁义；并早即世，而子孙陵迟，恻然愍之。其皆拜子男为郎中。"

夏四月，丁巳[1]，饶安县言白雉见[2]。〔一〕庚午[3]，大将军夏侯惇薨。〔二〕

五月戊寅[4]，天子命王追尊皇祖太尉曰"太王"[5]，夫人丁氏曰"太王后"[6]；封王子叡为武德侯[7]。〔三〕是月，冯翊山贼郑甘、王照率众降[8]，皆封列侯。〔四〕酒泉黄华、张掖张进等各执太守以叛[9]。金城太守苏则讨进，斩之[10]。华降。〔五〕

六月辛亥[11]，治兵于东郊[12]。〔六〕庚午[13]，遂南征[14]。〔七〕

【注释】

〔1〕丁巳：旧历十二日。〔2〕饶安：县名。县治在今山东乐陵市西北。雉：野鸡。古代认为白色的飞禽也是祥瑞之物。〔3〕庚午：旧历二十五日。〔4〕戊寅：旧历初三日。〔5〕皇祖太尉：指曹嵩。〔6〕丁氏：曹嵩的正妻。〔7〕叡：即曹叡(公元206—239)。后来继曹丕的皇位，为魏明帝。事详本书卷三。武德：县名。县治在今河南武陟县东。〔8〕冯(píng)翊：即左冯翊。曹丕代汉称帝之后，对地方行政区划及其名称作了很多改动。汉代"三辅"中，京兆尹改为京兆郡，左冯翊改为冯翊，右扶风改为扶风。这里史文是使用后来更改了的名称。〔9〕酒泉：郡名。治所在今甘肃酒泉市。张掖：郡名。治所在今甘肃张掖市西北。〔10〕金城：郡名。治所在今甘肃永靖县西北。苏则(？—公元223)：传见本书卷十六。〔11〕辛亥：旧历初七日。〔12〕治兵：魏王国制度，在立秋的前后选择吉日检阅军队，称为治兵。东郊：指魏王国首都邺县的东郊。〔13〕庚午：旧历二十六日。〔14〕南征：所谓"南征"其实是曹丕出动大军的借口。他从邺县出发

后，并未与南方的孙权作战，而是绕了一圈，最后在距许昌不到50公里的颍阴县境内停留下来。这实际上是以武力逼迫汉献帝让位。于是，汉魏王朝之间的禅代就此开始。

【裴注】

〔一〕《魏书》曰：“赐饶安田租，勃海郡百户牛酒，大酺三日；（太常）〔奉常〕以太牢祠宗庙。”

〔二〕《魏书》曰：“王素服幸邺东城门，发哀。”

孙盛曰：“在礼，‘天子哭同姓于宗庙门之外’。哭于城门，失其所也。”

〔三〕《魏略》曰：“以侍中郑称为武德侯傅，令曰：‘龙渊、太阿，出昆吾之金；和氏之璧，由井里之田。砻之以砥励，错之以他山；故能致连城之价，为命世之宝。学亦人之砥砺也。称，笃学大儒，勉以经学辅侯；宜旦夕入侍，曜明其志。’”

〔四〕《魏书》曰：“初，郑甘、王照及卢水胡率其属来降。王得降书以示朝曰：‘前欲有令吾讨鲜卑者，吾不从而降；又有欲使吾及今秋讨卢水胡者，吾不听，今又降。昔魏武侯一谋而当，有自得之色，见讥李悝。吾今说此，非自是也；徒以为坐而降之，其功大于动兵革也。’”

〔五〕华，后为兖州刺史，见《王凌传》。

〔六〕《魏书》曰：“公卿相仪；王御华盖，（视）〔亲令〕金鼓之节。”

〔七〕《魏略》曰：“王将出征，度支中郎将新平霍性上疏谏曰：‘臣闻文王与纣之事，是时天下括囊无咎，凡百君子，莫肯用讯。今大王体则乾坤，广开四聪，使贤愚各建所规。伏惟先王功无与比，而今能言之类，不称为德。故圣人曰“得百姓之欢心”。兵书曰“战，危事也”。是以六国力战，强秦承弊；豳王不争，周道用兴。愚谓大王且当委重本朝而守其雌，抗威虎卧，功业可成。而今创基，便复起兵；兵者凶器，必有凶扰；扰则思乱，乱出不意。臣谓此危，危于累卵。昔夏启隐神三年，《易》有“不远而复”，《论》有“不惮改”。诚愿大王揆古察今，深谋远虑，与三事大夫算其长短。臣沐浴先王之遇，又初改政，复受重任；虽知言触龙鳞，阿谀近福，窃感所诵，危而不持。’奏通，帝怒，遣刺奸，就考竟，杀之。既而悔之，追原，不及。”

秋七月，庚辰〔1〕，令曰："轩辕有明台之议〔2〕，放勋有衢室之问〔3〕；皆所以广询于下也。〔一〕百官有司，其务以职尽规谏：将率陈军法〔4〕，朝士明制度〔5〕，牧守申政事〔6〕，缙绅考六艺〔7〕。吾将兼览焉。"

孙权遣使奉献。蜀将孟达率众降〔8〕。武都氐王杨仆率种人内附〔9〕，居汉阳郡〔10〕。〔二〕

甲午〔11〕，军次于谯〔12〕。大飨六军及谯父老百姓于邑东〔13〕。〔三〕八月，石邑县言凤凰集〔14〕。

【注释】

〔1〕庚辰：旧历初六日。 〔2〕轩辕：即黄帝。传说为中原各族的共同祖先。姬姓，号轩辕氏，又号有熊氏。相传他曾打败姜姓部落首领炎帝，又击杀九黎族首领蚩尤，成为中原部落联盟的领袖。事见《史记》卷一。 明台：古代议论政事的地方。相传黄帝曾在明台征询下属的意见。 〔3〕放勋：即唐尧。传说为父系氏族社会后期的部落联盟领袖。号陶唐氏，名放勋。相传他曾设官掌管时令，制定历法，并挑选舜为继承人。事见《史记》卷一。 衢室：相传是唐尧听取民众意见的地方。〔4〕将率：将领。 陈：陈述。 〔5〕朝士：朝廷的士大夫。这里着重指中央行政机构中的文职官员。 明：阐明。 〔6〕牧守：州牧和郡太守。〔7〕缙：插笏在腰间。 绅：用大带束在外衣的腰部。缙绅是古代官员的装束，这里代称官员，特别是那些负责议论政事得失的顾问。 考六艺：从六经中考求治国之道。汉代以后的六艺又可指儒家的六经，即《周易》、《尚书》、《诗经》、《礼》、《乐》和《春秋》。 〔8〕孟达（？—公元228）：字子度。扶风（治所在今陕西兴平市东南）人。事见本书卷三《明帝纪》裴注引《魏略》、卷四十《刘封传》。 〔9〕武都氐王杨仆：武都郡是氐人聚居区，氐族杨氏世代为当地氐人的首领，从汉代一直延续到南北朝时期。杨氏的根据地在仇池山（今甘肃成县西、西汉水北岸）。仇池山也叫百顷山。因此，当地氐族又名仇池氐，杨氏也被称为百顷氐王。 〔10〕汉阳：郡名。治所在今甘肃甘谷县东南。〔11〕甲午：旧历二十日。 〔12〕次：旅途中停留。 〔13〕飨（xiǎng）：用酒食慰劳。 六军：朝廷军队的泛称。《周礼·夏官·司马》："王六

军。大国三军。次国二军。小国一军。” 〔14〕石邑：县名。县治在今河北石家庄市西南。 凤凰：古代传说中的一种神鸟。雄鸟叫凤，雌鸟叫凰。外形是“鸡头、蛇颈、燕颔、龟背、鱼尾，五采色，高六尺许”（《尔雅》郭璞注）。凤凰出现也被认为是特别的祥瑞。

【裴注】

〔一〕《管子》曰：“黄帝立明台之议者，上观于兵也；尧有衢室之问者，下听于民也；舜有告善之旌，而主不蔽也；禹立建鼓于朝，而备诉讼也；汤有总街之廷，以观民非也；武王有灵台之囿，而贤者进也。此古圣帝明王，所以有而勿失，得而勿忘也。”

〔二〕《魏略》载王自手笔令曰：“吾前遣使，宣国威灵，而达即来。吾惟《春秋》褒仪父，即封拜达，使还领新城太守。近复有扶老携幼首向王化者。吾闻夙沙之民，自缚其君以归神农；豳国之众，襁负其子而入丰、镐。斯岂驱略迫胁之所致哉？乃风化动其情而仁义感其衷，欢心内发使之然也。以此而推，西南将万里无外；权、备，将与谁守死乎？”

〔三〕《魏书》曰：“设伎乐百戏，令曰：‘先王皆乐其所生，礼不忘其本。谯，霸王之邦，真人本出。其复谯租税二年。’三老吏民上寿，日夕而罢。丙申，亲祠谯陵。”

孙盛曰：“昔者先王之以孝治天下也，内节天性，外施四海；存尽其敬，亡极其哀；思慕谅闇，寄政冢宰，故曰‘三年之丧，自天子达于庶人’。夫然，故在三之义惇，臣子之恩笃；雍熙之化隆，经国之道固。圣人之所以通天地，厚人伦；显至教，敦风俗：斯万世不易之典，百王服膺之制也。是故丧礼素冠，郐人著庶见之讥；宰予降期，仲尼发不仁之叹；子颓忘戚，君子以为乐祸；鲁侯易服，《春秋》知其不终。岂不以坠至痛之诚心，丧哀乐之大节者哉？故虽三季之末，七雄之弊；犹未有废缞斩于旬朔之间，释麻杖于反哭之日者也。逮于汉文，变易古制；人道之纪，一旦而废。缞素夺于至尊，四海散其遏密；义感阙于群后，大化坠于君亲。虽心存贬约，虑在经纶；至于树德垂声，崇化变俗：固以道薄于当年，风颓于百代矣。且武王载主而牧野不阵，晋襄墨缞而三帅为俘；应务济功，服其焉害？魏王既追汉制，替其大礼；处莫重之哀而设飨宴之乐，居贻厥之始而坠王化之基。及至受禅，显纳二女，忘其至恤以诬先圣之典。天心丧矣，将何以终！是以知王龄之不遐，卜世之期促也。”

冬十(一)月癸卯[1]，下令曰："诸将征伐，士卒死亡者或未收敛。吾甚哀之。其告郡国：给槥椟殡殓[2]，送致其家；官为设祭。"[一]丙午[3]，行至曲蠡[4]。

【注释】

〔1〕癸卯：旧历初一日。〔2〕槥(huì)椟：小而薄的棺材。〔3〕丙午：旧历初四日。〔4〕曲蠡：地名。在今河南许昌市南。当时属颍川郡颍阴县(治所在今河南许昌市)，在许都西南不到50公里。

【裴注】

〔一〕槥，音卫。《汉书》高祖(八月)〔八年十一月〕令曰："士卒从军死，为槥。"应劭曰："槥，小棺也，今谓之椟。"应璩《百一诗》曰："槥车在道路，征夫不得休。"陆机《大墓赋》曰："观细木而闷迟，睹洪椟而念槥。"

汉帝以众望在魏，乃召群公卿士[1]，[一]告祠高庙[2]。使兼御史大夫张音，持节奉玺绶禅位[3]，册曰[4]："咨！尔魏王[5]：昔者，帝尧禅位于虞舜[6]；舜亦以命禹[7]。天命不于常[8]，惟归有德[9]。汉道陵迟[10]，世失其序。降及朕躬，大乱兹昏[11]。群凶肆逆，宇内颠覆。赖武王神武，拯兹难于四方；惟清区夏[12]，以保绥我宗庙[13]；岂予一人获乂[14]，俾九服实受其赐[15]。今王钦承前绪，光于乃德；恢文武之大业，昭尔考之弘烈[16]；皇灵降瑞[17]，人神告征[18]；诞惟亮采[19]，师锡朕命[20]。佥曰：'尔度克协于虞舜[21]，用率我唐典[22]，敬逊尔位。'於戏[23]！'天之历数在尔躬[24]，允执其中[25]，天禄永终[26]'。君其祗顺大礼〔27〕，飨兹万国〔28〕，以肃承天命〔29〕。”〔二〕乃为坛于繁阳〔30〕。

庚午〔31〕，王升坛，即阼〔32〕；百官陪位。事讫，降坛，视燎成礼而反〔33〕。改延康为黄初，大赦。〔三〕

【注释】

〔1〕群公卿士：即朝廷百官。 〔2〕告祠：祭祀并且禀告祖先自己将要禅位的事。 高庙：祭祀两汉开国皇帝刘邦的神庙。刘邦的尊号为高皇帝，故名。在今河南许昌市东南蒋官池乡，曾有一座被称为“高庙”的宏大建筑，现今尚有遗迹留存。后世有人误以为是魏文帝曹丕的神庙。但是，依据历史文献来考察，应当是当时许都东汉王朝的高庙所在。〔3〕奉玺绶：向曹丕奉送皇帝的印绶。 〔4〕册：古代皇帝对臣下封爵授官的诏书。也叫“策”。据下文裴注所引资料，当时百官向曹丕劝进共17次，献帝下诏禅位4次，曹丕谦让推辞19次。繁文缛节，在此有充分的体现。 〔5〕咨：感叹词。相当于“啧啧”。《论语·尧曰》记载尧禅位于舜时的话，第一句是“咨！尔舜！”此处的册文即仿照这种句式。 〔6〕虞舜：传说中父系氏族社会后期的部落联盟领袖。姚姓，号有虞氏，名重华。相传他受尧的禅让继位，后又禅位给治水有功的禹。事见《史记》卷一。 〔7〕禹：即夏禹，传说中古代部落联盟的领袖。又称大禹。原为夏后氏部落首领，受虞舜之命治理洪水，十三年中三过家门而不入。后被舜选为继承人。他传位给自己的儿子启。启建立了中国历史上第一个奴隶制国家，即夏朝。事见《史记》卷二。 〔8〕天命：上天的旨意。这里指秉承天命为君主。 常：固定不变。 〔9〕有德：有德的人。 〔10〕陵迟：衰颓。 〔11〕兹：更加。 昏：混乱。〔12〕区夏：华夏地区，指中国。 〔13〕保绥：保护、安定。 〔14〕获乂(yì)：得到安宁。 〔15〕俾：使。 九服：京畿以外的九等地区，即侯服、甸服、男服、采服、卫服、蛮服、夷服、镇服、藩服。这里指京都以外的全国各地。 〔16〕考：父亲。指曹操。 弘烈：大业。〔17〕皇灵：皇天的神灵。 〔18〕告征：显示征兆。 〔19〕诞惟亮采：慎重考虑继承人选问题。《尚书·尧典》记载，虞舜挑选继承人时，标准是“使宅百揆，亮采惠畴”，即能够领导百官，很好地处理政事。这里使用句中的“亮采”一词来指代禅让。 〔20〕师锡：众人议论。这里的众人指王公大臣。 〔21〕佥：都。 克协于虞舜：能够和虞舜融合无

间。意思是要汉献帝效法传位给舜的尧，让位给曹丕。〔22〕率：遵从。 唐典：唐尧定下的制度和准则。指用禅让的形式传位。汉代的皇族刘氏，据说是唐尧的后裔，所以册文有“率我唐典”的措辞。〔23〕於戏(wū hū)：感叹词。这里表示赞叹。〔24〕历数：帝王继承的次序。自此以下三句，均出自《论语·尧曰》。〔25〕允：确实，实实在在。 执其中：处事时保持正确。〔26〕天禄永终：上天赐给的禄位永远终结。句出《论语·尧曰》。〔27〕祗顺：恭敬地举行。 大礼：指受禅即帝位的仪式。〔28〕飨：享有，保有。 万国：本意为各方诸侯，此指全国各地。〔29〕肃：恭敬。〔30〕繁阳：亭名。属颍阴县，在今河南临颍县西北繁城镇。现有曹丕受禅台遗址。留存的坛台残高约20米，顶部直径约30米，底部长宽各约75米。另外，附近尚有魏文帝受禅当时所草拟、书写和镌刻的受禅碑两通遗存，列为国家重要文物受到保护。此二碑一称《公卿将军上尊号奏》，另一称《受禅表》。二者不仅具有极高的史料价值，而且均为中国书法艺术史上的瑰宝，一直享有极高的美誉。〔31〕庚午：旧历二十八日。据后文裴注引《献帝传》、《隶释》卷十九载《魏受禅碑》，均记曹丕受禅仪式在十月辛未举行，即旧历二十九日。与此处记载不同。〔32〕即阼：即帝位。〔33〕视燎：观看祭祀的柴火。当时礼制，新朝皇帝即位时要祭祀天地、五岳(泰山、华山、衡山、恒山和嵩山)和四渎(长江、黄河、淮河和济水)。祭祀时点燃堆放的木柴，称为燎柴或燎祭。关于当时禅让帝位的具体经过，陈寿的史文写得比较简略，而下文裴松之则引录了上万字的史料。裴氏注《三国志》，是出自刘宋文帝的诏书指令，属于官方行为。而刘宋政权，正是从东晋的禅让得来。因此，裴氏此举，具有美化刘宋的深层政治背景。

【裴注】

〔一〕袁宏《汉纪》载汉帝诏曰：“朕在位三十有二载，遭天下荡覆；幸赖祖宗之灵，危而复存。然仰瞻天文，俯察民心；炎精之数既终，行运在乎曹氏。是以前王既树神武之绩，今王又光曜明德以应其期，是历数昭明，信可知矣。夫大道之行，天下为公，选贤与能；故唐尧不私于厥子，而名播于无穷。朕羡而慕焉。今其追踵尧典，禅位于魏王。”

〔二〕《献帝传》载禅代众事曰：

左中郎将李伏表魏王曰：“昔先王初建魏国，在境外者闻之未审，皆以为拜王。武都李庶姜合，羁旅汉中，谓臣曰：‘必为魏公，未便王也。定天下者，魏公子桓。神之所命，当合符谶，以应天人之位。’臣以合辞语镇南将军张鲁，鲁亦问合：‘知书所出？’合曰：‘孔子《玉版》也。天子历数，虽百世可知。’是后月余，有亡人来，写得册文，卒如合辞。合长于内学，关右知名。鲁虽有怀国之心，沈溺异道变化，不果悟合之言。后密与臣议策质，国人不协，或欲西通。鲁即怒曰：‘宁为魏公奴，不为刘备上客也！’言发恻痛，诚有由然。合先迎王师，往岁病亡于邺。自臣在朝，每为所亲宣说此意；时未有宜，弗敢显言。殿下即位初年，祯祥众瑞，日月而至；有命自天，昭然著见。然圣德洞达，符表预明，实乾坤挺庆，万国作孚。臣每庆贺，欲言合验；事君尽礼，人以为谄。况臣名行秽贱，入朝日浅；言为罪尤，自抑而已。今洪泽被四表，灵恩格天地；海内翕习，殊方归服；兆应并集，以扬休命，始终允臧。臣不胜喜舞，谨具表通。”

王令曰：“以示外。薄德之人，何能致此，未敢当也。斯诚先王至德通于神明，固非人力也。”

魏王侍中刘廙、辛毗、刘晔，尚书令桓阶，尚书陈矫、陈群，给事黄门侍郎王毖、董遇等言：“臣伏读左中郎将李伏上事。考图纬之言，以效神明之应；稽之古代，未有不然者也。故尧称历数在躬，璇玑以明天道；周武未战，而赤乌衔书；汉祖未兆，而神母告符；孝宣仄微，字成木叶；光武布衣，名已勒谶。是天之所命以著圣哲，非有言语之声、芬芳之臭可得而知也；徒悬象以示人，微物以效意耳。自汉德之衰，渐染数世；桓、灵之末，皇极不建；暨于大乱，二十余年。天之不泯，诞生明圣，以济其难；是以符谶先著，以彰至德。殿下践阼未期，而灵象变于上，群瑞应于下；四方不羁之民，归心向义，唯惧在后：虽典籍所传，未若今之盛也。臣妾远近，莫不凫藻。”

王令曰：“犁牛之驳似虎，莠之幼似禾；事有似是而非者，今日是已。睹斯言事，良重吾不德。”于是尚书仆射宣告官僚，咸使闻知。

辛亥，太史丞许芝，条魏代汉见谶纬于魏王曰：“《易传》曰：‘圣人受命而王，黄龙以戊己日现。’七月四日戊寅，黄龙现；此帝王受命之符瑞最著明者也。又曰：‘初六，履霜，阴始凝也。又有积虫大穴天子之宫，厥咎然。’今蝗虫现，应之也。又曰：‘圣人以德亲比天下，仁恩洽普，厥应麒麟以戊己日至，厥应圣人受命。’又曰：‘圣人清净行中正，贤人福至民从命，厥应麒麟来。’《春秋汉含孳》曰：‘汉以魏，魏以征。’《春秋玉版谶》曰：‘代赤者魏公子。’《春秋佐助期》曰：‘汉以许昌失天下。’故白马令李云上事曰：‘许昌气见于当涂高；当涂高者，当昌于许。’当涂高者，魏也；象魏者，两观阙是也；当道而高大者魏，魏当代汉。今魏基昌于许，汉征绝于许；乃今效见，如李云之言，许昌相应也。《佐助期》又曰：'汉以蒙孙亡。'说者以蒙孙，汉二十四帝，童蒙愚昏，以弱亡。或以杂文为'蒙其孙当失天下'，以为汉帝非正嗣，少时为董侯，名不正；蒙乱之荒惑，其子孙以弱亡。《孝经中黄谶》曰：'日载东，绝火光。不横一，圣聪明。四百之外，易姓而王。天下归功，致太平；居八甲，共礼乐；正万民，嘉乐家和杂。'此魏王之姓讳，著见图谶。《易运期谶》曰："言居东，西有午，两日并光日居下。其为主，反为辅。五八四十，黄气受，真人出。'言午，'许'字。两日，'昌'字。汉当以许亡，魏当以许昌。今际会之期在许，是其大效也。《易运期》又曰：'鬼在山，禾女连，王天下。'臣闻帝王者，五行之精；易姓之符，代兴之会，以七百二十年为一轨。有德者过之，至于八百；无德者不及，至四百载。是以周家八百六十七年，夏家四百数十年；汉行夏正，迄今四百二十六岁。又高祖受命，数虽起'乙未'，然其兆征始于获麟。获麟以来七百余年，天之历数将以尽终。帝王之兴，不常一姓。太微中，黄帝坐常明，而赤帝坐常不见；以为黄家兴而赤家衰，凶亡之渐。自是以来四十余年，又荧惑失色不明十有余年。建安十年，彗星先除紫微；二十三年，复扫太微。新天子气见东南以来，二十三年；白虹贯日，月蚀荧惑；比年己亥、壬子、丙午日蚀，皆水灭火之象也。殿下即位，初践阼，德配天地，行合神明；恩泽盈溢，广被四表，格于上下。是以黄龙数现，凤凰仍翔，麒麟皆臻，白虎效仁，前后献见于郊甸；甘露醴泉，奇兽神物，众瑞并出：斯皆帝王受命易姓之符也。昔黄帝受命，风后受《河图》；舜、禹有天下，凤凰翔，洛出《书》；汤之王，白鸟为符；文王为西伯，赤鸟衔丹书；武王伐殷，白鱼升舟；高祖始起，白蛇为征。巨迹瑞应，皆为圣人兴。观汉前后之大灾，今兹之符瑞；察图谶之期运，揆河洛之所甄，未若今大魏之最美也。夫得岁星者，道始兴。昔武王伐殷，岁在鹑火；有周之分野也。高祖入秦，五星聚东井；有汉之分野也。今兹岁星在大梁；有魏之分野也。而天之瑞应，并集来臻；四方归附，襁负而至；兆民欣戴，咸乐嘉庆。《春秋大传》曰：'周公何以不之鲁？盖以为虽有继体守文之君，不害圣人受命而王。'周公反政，《尸子》以为孔子非之，以为周公不圣，不为兆民也。京房作《易传》曰：'凡为王者，恶者去之，弱者夺之。易姓改代，天命应常；人谋鬼谋，百姓与能。'伏惟殿下体尧舜之盛明，膺七百之禅代；当汤武之期运，值天命之移授。河洛所表，图谶所载，昭然明白，天下学士所共见也。臣职在史官，考符察征，图谶效见，际会之期，谨以上闻。"

王令曰："昔周文三分天下有其二，以服事殷；仲尼叹其至德。公旦履天子之籍，听天下之断，终然复子明辟；《书》美其人。吾虽德不及二圣，敢忘高山景行之义哉？若夫唐尧、舜、禹之迹，皆以圣质茂德处之，故能上和灵祇，下宁万姓，流称今日。今吾德至薄也，人至鄙也；遭遇际会，幸承先王余业；恩未被四海，泽未及天下；虽倾仓竭府以赈魏国百姓，犹寒者未尽暖，饥者未尽饱。夙夜忧惧，弗敢遑宁；庶欲保全发齿，长守今日；以没于地，以全魏国；下见先王，以塞负荷之责。望狭志局，守此而已；虽屡蒙祥瑞，当之战惶，五色无主。若芝之言，岂所闻乎？心栗手悼，书不成字，辞不宣心。吾间作诗曰：'丧乱悠悠过纪，白骨纵横万里。哀哀下民靡恃，吾将佐时整理。复子明辟致仕。'庶欲守此辞以自终，卒不虚言也。宜宣示远近，使昭赤心。"

于是侍中辛毗、刘晔，散骑常侍傅巽、卫臻，尚书令桓阶，尚书陈矫、陈群，给事中、博士、骑都尉苏林、董巴等奏曰："伏见太史丞许芝上魏国受命之符；令书恳切，允执谦让，虽舜、禹、汤、文，义无以过。然古先哲王所以受天命而不辞者，诚急遵皇天之意，副兆民之望，弗得已也。且《易》曰：'观乎天文以察时变，观乎人文以化成天下。'又曰：'天垂象，见吉凶，圣人则之；河出《图》，洛出《书》，圣人效之。'以为天文因人而变；至于河洛之《书》，著于《洪范》，则殷、周效而用之矣。斯言，诚帝王之明符，天道之大要也。是以由德应录者，代兴于前；失道数尽者，迭废于后。《传》讥苌弘欲支天之所坏，而说蔡墨'雷乘乾'之说；明神器之存亡，非人力所能建也。今汉室衰替，帝纲堕坠；天子之诏，歇灭无闻；皇天将舍旧而命新，百姓既去汉而为魏；昭然著明，是可知也。先王拨乱平世，将建洪基；至于殿下，以至德当历数之运。即位以来，天应人事，粲然大备；神灵图籍，兼仍往古；休征嘉兆，跨越前代。是芝所取《中黄》、《运期》姓(纬)〔讳〕之谶，斯文乃著于前世，与汉并见。由是言之，天命久矣，非殿下所得而拒之也。神明之意，候望禋享；兆民颙颙，咸注嘉愿。惟殿下览图籍之明文，急天下之公义；辄宣令外内，布告州郡，使知符命著明而殿下谦虚之意。"

令曰："下四方以明孤款心，是也。至于览余辞，岂余所谓哉？宁所堪哉？诸卿指论，未若孤自料之审也。夫虚谈谬称，鄙薄所弗当也。且闻比来东征，经郡县，历屯田；百姓面有饥色，衣或裋褐不完。罪皆在孤，是以上惭众瑞，下愧士民。由斯言之，德尚未堪偏王，何言帝者也！宜止息此议，无重吾不德。使逝之后，不愧后之君子。"

癸丑，宣告群僚。督军御史中丞司马懿，侍御史郑浑、羊祕、鲍勋、武周等言："令如左。伏读太史丞许芝上符命事。臣等闻有唐世衰，天命在虞；虞氏世衰，天命在夏。然则天地之灵，历数之运，去就之符，惟德所在。故孔子曰：'凤鸟不至，河不出《图》，吾已矣夫！'今汉室衰，自安、和、冲、质以来，国统屡绝；桓、灵荒淫，禄去公室。此乃天命去就，非一朝一夕，其所由来久矣。殿下践阼，至德广被，格于上下；天人感应，符瑞并臻。考之旧史，未有若今日之盛。夫大人者，先天而天弗违；后天而奉天时。天时已至而犹谦让者，舜、禹所不为也；故生民蒙救济之惠，群类受育长之施。今八方颙颙，大小注望；皇天乃眷，神人同谋；十分而九以委质，义过周文，所谓过恭也。臣妾上下，伏所不安。"

令曰："世之所不足者，道义也；所有余者，苟妄也。常人之性，贱所不足，贵所有余；故曰'不患无位，患所以立'。孤虽寡德，庶自免于常人之贵。夫'石可破而不可夺坚，丹可磨而不可夺赤'。丹石微物，尚保斯质；况吾托士人之末列，曾受教于君子哉？且于陵仲子以仁当富，柏成子高以义为贵；鲍焦感子贡之言，弃其蔬而槁死；薪者讥季札失辞，皆委重而弗视。吾独何人？昔周武，大圣也，使叔旦盟胶鬲于四内，使召公约微子于共头。故伯夷、叔齐相与笑之曰：'昔神农氏之有天下，不以人之坏自成，不以人之卑自高。'以为周之伐殷以暴也。吾德非周武而义惭夷、齐，庶欲远苟妄之失道，立丹石之不夺；迈于陵之所富，蹈柏成之所贵；执鲍焦之贞至，遵薪者之清节。故曰：'三军可夺帅，匹夫不可夺志。'吾之斯志，岂可夺哉！"

乙卯，册诏魏王禅代天下曰："惟延康元年十月乙卯，皇帝曰：咨！尔魏王：夫命运否泰，依德升降；三代卜年，著于《春秋》。是以天命不于常，帝王不一姓，由来尚矣。汉道陵迟，为日已久；安、顺已降，世失其序；冲、质短祚，三世无嗣；皇纲肇亏，帝典颓沮。暨于朕躬，天降之灾；遭无妄厄运之会，值炎精幽昧之期；变兴辇毂，祸由阉宦。董卓乘衅，恶甚浇、豷；劫迁省御，（太仆）〔火焚〕宫庙；遂使九州幅裂，强敌虎争；华夏鼎沸，蝮蛇塞路。当斯之时，尺土非复汉有，一夫岂复朕民？幸赖武王德膺符运，奋扬神武；芟夷凶暴，清定区夏，保乂皇家。今王缵承前绪，至德光昭；御衡不迷，布德优远；声教被四海，仁风扇鬼区；是以四方效珍，人神响应。天之历数，实在尔躬。昔虞舜有大功二十，而放勋禅以天下；大禹有疏导之绩，而重华禅以帝位。汉承尧运，有传圣之义；加顺灵祇，绍天明命；禧降二女，以嫔于魏。使使持节、行御史大夫事、太常音，奉皇帝玺绶。王其永君万国，敬御天威；允执其中，天禄永终。敬之哉！"

于是尚书令桓阶等奏曰："汉氏以天子位禅之陛下。陛下以圣明之德，历数之序；承汉之禅，允当天心。夫天命弗可得辞，兆民之望弗可得违；臣请会列侯、诸将、群臣陪隶，发玺书，顺天命。具礼仪列奏。"

令曰："当议孤终不当承之意而已。犹猎，还方有令。"

尚书令等又奏曰："昔尧、舜禅于文祖。至汉氏，以师征受命，畏天之威，不敢怠遑，便即位行在所之地。今当受禅代之命，宜会百僚群司，六军之士，皆在行位，使咸睹天命。营中促狭，可于平敞之处设坛场，奉答休命。臣辄与侍中、常侍会议礼仪，太史官择吉日讫，复奏。"

令曰："吾殊不敢当之，外亦何豫事也！"

侍中刘廙、常侍卫臻等奏议曰："汉氏遵唐尧公天下之议，陛下以圣德膺历数之运；天人同欢，靡不得所；宜顺灵符，速践皇阼。问太史丞许芝，今月十七日己未直成，可受禅命；辄治坛场之处，所当施行别奏。"

令曰："属出，见外便设坛场，斯何谓乎？今当辞让不受诏也。但于帐前发玺书，威仪如常；且天寒，罢作坛士，使归。"

既发玺书，王令曰："当奉还玺绶为让章。吾岂奉此诏承此贶邪？昔尧让天下于许由、子州支甫；舜亦让于善卷、石户之农、北人无择。或退而耕颍之阳；或辞以幽忧之疾；或远入山林，莫知其处；或携子入海，终身不返；或以为辱，自投深渊。且颜斶惧太朴之不完，守知足之明分；王子搜乐丹穴之潜处，被熏而不出；柳下惠不以三公之贵易其介；曾参不以晋、楚之富易其仁。斯九士者，咸高节而尚义，轻富而贱贵；故书名千载，于今称焉。求仁得仁，仁岂在远？孤独何为不如哉！义有蹈东海而逝，不奉汉朝之诏也。亟为上章还玺绶，宣之天下，使咸闻焉。"

己未，宣告群僚；下魏，又下天下。

辅国将军、清苑〔乡〕侯刘若等百二十人，上书曰："伏读令书，深执克让；圣意恳恻，至诚外昭。臣等有所不安，何者？石户、北人，匹夫狂狷，行不合义，事不经见者；是以史迁谓之不然，诚非圣明所当希慕。且有虞不逆放勋之禅，夏禹亦无辞位之语。故《传》曰：'舜陟帝位，若固有之。'斯诚圣人知天命不可逆，历数弗可辞也。伏惟陛下应乾符运，至德发闻；升昭于天，是三灵降瑞，人神以和；休征杂沓，万国响应。虽欲勿用，将焉避之？而固执谦虚，违天逆众；慕匹夫之微分，背上圣之所蹈；违经谶之明文，信百氏之穿凿。非所以奉答天命，光慰众望也。臣等昧死以请。辄整顿坛场，至吉日受命，如前奏，分别写令宣下。"

王令曰："昔柏成子高辞夏禹而匿野，颜阖辞鲁币而远迹。夫以王者之重，诸侯之贵，而二子忽之，何则？其节高也！故烈士徇荣名，义夫高贞介；虽蔬食瓢饮，乐在其中。是以仲尼师王骀，而子产嘉申徒。今诸卿皆孤股肱腹心，足以明孤，而今咸若斯；则诸卿游于形骸之内，而孤求为形骸之外：其不相知，未足多怪。亟为上章还玺绶，勿复纷纷也。"

辅国将军等一百二十人，又奏曰："臣闻符命不虚见，众心不可违。故孔子曰：'周公其为不圣乎？以天下让。是天地日月轻去万物也。'是以舜享天下，不拜而受命。今火德气尽，炎上数终；帝迁明德，祚隆大魏。符瑞昭晰，受命既固；光天之下，神人同应。虽有虞仪凤，成周跃鱼；方今之事，未足以喻。而陛下违天命以饰小行，逆人心以守私志；上忤皇穹眷命之旨，中忘圣人达节之数，下孤人臣翘首之望；非所以扬圣道之高衢，乘无穷之懿勋也。臣等闻事君有献可替否之道，奉上有逆鳞固争之义。臣等敢以死请。"

令曰："夫古圣王之治也，至德合乾坤，惠泽均造化；礼教优乎昆虫，仁恩洽乎草木；日月所照，戴天履地，含气有生之类，靡不被服清风，沐浴玄德。是以金革不起，苛慝不作；风雨应节，祯祥触类而见。今百姓寒者未暖，饥者未饱；鳏者未室，寡者未嫁；权、备尚存，未可舞以干戚，方将整以齐斧；戎役未息于外，士民未安于内；耳未闻康哉之歌，目未睹击壤之戏；婴儿未可托于高巢，余粮未可以宿于田亩：人事未备，至于此也！夜未曜景星，治未通真人；河未出龙马，山未出象车；蓂荚未植阶庭，萐莆未生庖厨；王母未献白环，渠搜未见珍裘：灵瑞未效，又如彼也！昔东户季子、容成、大庭、轩辕、赫胥之君，咸得以此，就功勒名。今诸卿独不可少假孤精心竭虑，以和天人，以格至理；使彼众事备，群瑞效，然后安乃议此乎？何遽相愧相迫之如是也？速为让章，上还玺绶，无重吾不德也。"

侍中刘廙等奏曰："伏惟陛下以大圣之纯懿，当天命之历数；观天象则符瑞著明，考图纬则文义焕炳；察人事则四海齐心，稽前代则异世同归。而固拒禅命，未践尊位。圣意恳恻，臣等敢不奉诏？辄具章遣使者。"

奉令曰："泰伯三以天下让，人无得而称焉，仲尼叹其至德；孤独何人？"

庚申，魏王上书曰："皇帝陛下：奉被今月乙卯玺书，伏听册命，五内惊震；精爽散越，不知所处。臣前上还相位，退守藩国，圣恩听许。臣虽无古人量德度身自定之志，保己存性实其私愿。不悟陛下猥损过谬之命，发不世之诏，以加无德之臣。且闻尧禅重华，举其克谐之德；舜授文命，采其齐圣之美；犹下咨四岳，上观璇玑。今臣德非虞、夏，行非二君；而承历数之谘，应选授之命；内自揆抚，无德以称。且许由匹夫，犹拒帝位；善卷布衣，而逆虞诏。臣虽鄙蔽，敢忘守节以当大命？不胜至愿，谨拜章陈情。使行相国、永寿少府粪土臣毛宗奏，并上玺绶。”

辛酉，给事中、博士苏林、董巴上表曰：“天有十二次，以为分野，王公之国，各有所属；周在鹑火，魏在大梁。岁星行历十二次，〔所在〕国天子受命，诸侯以封。周文王始受命，岁在鹑火；至武王伐纣十三年，岁星复在鹑火。故《春秋传》曰‘武王伐纣，岁在鹑火’；又曰‘岁之所在，即我有周之分野也’。昔光和七年，岁在大梁，武王始受命(为时将讨黄巾)〔为将，讨黄巾〕。是岁改年为中平元年。建安元年，岁复在大梁，始拜大将军。十三年复在大梁，始拜丞相。今二十五年，岁复在大梁，陛下受命。此魏得岁与周文(王)〔武〕受命相应。今年青龙在庚子，《诗推度灾》曰：‘庚者更也，子者滋也，圣(命)〔人制法〕天下治。’又曰：‘王者布德于子，治成于丑。’此言今年天更命圣人，制治天下，布德于民也。魏以改制天下，与(时)《〔诗〕》协矣。颛顼受命，岁在豕韦；卫居其地，亦在豕韦。故《春秋传》曰：‘卫，颛顼之墟也。’今十月，斗之建，则颛顼受命之分也；始魏以十月受禅，此同符始祖受命之验也。魏之氏族，出自颛顼，与舜同祖。见于《春秋》世家。舜以土德承尧之火，今魏亦以土德承汉之火，于行运，(会)〔合〕于尧舜授受之次。臣闻天之去就，固有常分；圣人当之，昭然不疑。故尧捐骨肉而禅有虞，终无恡色；舜发陇亩而君天下，若固有之。其相授受，间不替漏，天下已传矣；所以急天命，天下不可一日无君也。今汉期运已终，妖异绝之已审。陛下受天之命，符瑞告征，叮咛详悉，反复备至；虽言语相喻，无以代此。今既发诏书，玺绶未御，固执谦让；上逆天命，下违民望。臣谨案古之典籍，参以图纬：魏之行运及天道所在，即尊之验，在于今年此月，昭晰分明。唯陛下迁思易虑，以时即位，显告天帝而告天下；然后改正朔，易服色，正大号。天下幸甚！”

令曰：“凡斯皆宜圣德，故曰：‘苟非其人，道不虚行。’天瑞虽彰，须德而光；吾德薄之人，胡足以当之？今让，冀见听许。外内咸使闻知。”

壬戌，册诏曰：“皇帝问魏王言：遣宗奉庚申书到，所称引，闻之。朕惟汉家世逾二十，年过四百；运周数终，行祚已讫；天心已移，兆民望绝；天之所废，有自来矣。今大命有所厎止，神器当归圣德；违众不顺，逆天不祥。王其体有虞之盛德，应历数之嘉会；是以祯祥告符，图谶表录，神人同应，受命咸宜。朕畏上帝，致位于王；天不可违，众不可拂。且重华不逆尧命，大禹不辞舜位。若夫由、卷匹夫，不载圣籍；固非皇材帝器，所当称慕。今使音，奉皇帝玺绶，王其陟帝位；无逆朕命，以祗奉天心焉。”

于是尚书令桓阶等奏曰：“今汉使音奉玺书到，臣等以为天命不可稽，神器不可渎。周武中流有白鱼之应，不待师期而大号已建；舜受大麓，桑荫未移而已陟帝位。皆所以祗承天命，若此之速也。故无固让之义，不以守节为贵，必道信于神灵，符合于天地而已。《易》曰：‘其受命如响，无有远近幽深，遂知来物，非天下之至精，其孰能与于此？’今陛下应期运之数，为皇天所子；而复稽滞于辞让，低回于大号；非所以则天地之道，副万国之望。臣等敢以死请。辄敕有司修治坛场，择吉日，受禅命，发玺绶。”

令曰：“冀三让而不见听，何汲汲于斯乎？”

甲子，魏王上书曰：“奉今月壬戌玺书，重被圣命；伏听册告，肝胆战悸，不知所措。天下，神器；禅代，重事。故尧将禅舜，纳于大麓；舜之命禹，玄圭告功；烈风不迷，九州攸平；询事考言，然后乃命，而犹执谦让于德不嗣。况臣顽固，质非二圣；乃应天统，受终明诏？敢守微节，归志箕山，不胜大愿。谨拜表陈情。使并奉上玺绶。”

侍中刘廙等奏曰：“臣等闻圣帝不违时，明主不逆人；故《易》称‘通天下之志，断天下之疑’。伏惟陛下体有虞之上圣，承土德之行运；当亢阳明夷之会，应汉氏祚终之数；合契皇极，同符两仪。是以圣瑞表征，天下同应；历运去就，深切著明。论之天命，无所与议；比之时宜，无所与争。故受命之期，时清日晏，曜灵施光，休气云蒸。是乃天道悦怿，民心欣戴；而仍见闭拒，于礼何居？且群生不可一日无主，神器不可以斯须无统；故臣有违君以成业，下有矫上以立事。臣等敢不重以死请。”

王令曰：“天下，重器；王者，正统。以圣德当之，犹有惧心；吾何人哉？且公卿未至乏主，斯岂小事；且宜以待固让之后，乃当更议其可耳。”

丁卯，册诏魏王曰：“天讫汉祚，辰象著明；朕祗天命，致位于王；仍陈历数于诏册，喻符运于翰墨；神器不可以辞拒，皇位不可以谦让；稽于天命，至于再三。且四海不可以一日旷主，万机不可以斯须无统；故建大业者不拘小节，知天命者不系细物；是以舜受大业之命，而无逊让之辞；圣人达节，不亦远乎！今使音，奉皇帝玺绶。王其钦承，以答天下响应之望焉。”

相国华歆、太尉贾诩、御史大夫王朗及九卿上言曰：“臣等被召，到，伏见太史丞许芝、左中郎将李伏所上图谶、符命，侍中刘廙等宣叙众心，人灵同谋。又汉朝知陛下圣化通于神明，圣德参于虞、夏；因瑞应之备至，听历数之所在；遂献玺绶，固让尊号。能言之伦，莫不抃舞！《河图》、《洛书》，天命瑞应；人事协于天时，民言协于天叙。而陛下性秉劳谦，体尚克让；明诏恳切，未肯听许；臣妾小人，莫不伊邑。臣等闻自古及今，有天下者不常在乎一姓：考以德势，则盛衰在乎强弱；论以终始，则废兴在乎期运。唐、虞历数，不在厥子而在舜、禹。舜、禹虽怀克让之意迫，群后执玉帛而朝之，兆民怀欣戴而归之，率土扬歌谣而咏之。故其守节之拘，不可得而常处；达节之权，不可得而久避；是以或逊位而不吝，或受禅而不辞；不吝者未必厌皇宠，不辞者未必渴帝祚：各迫天命而不得以已。既禅之后，则唐氏之子为宾于有虞，虞氏之胄为客于夏代；然则禅代之义，非独受之者实应天福，授之者亦与有余庆焉。汉自章、和之后，世多变故，稍以陵迟。洎乎孝灵，不恒其心；虐贤害仁，聚敛无度；政在嬖竖，视民如仇；遂令上天震怒，百姓从风如归；当时则四海鼎沸，既没则祸发宫廷；宠势并竭，帝室遂卑。若在帝舜之末节，犹择圣代而授之；荆人抱玉璞，犹思良工而刊之；况汉国既往，莫之能匡？推器移君，委之圣哲，固其宜也。汉朝委质，既愿礼禅之速定也。天祚率土，必将有主；主率土者，非陛下其孰能任之？所谓论德无与为比，考功无推让矣。天命不可久稽，民望不可久违。臣等偻偻，不胜大愿。伏请陛下割执谦之志，修受禅之礼；副人神之意，慰外内之愿。”

令曰：“以德则孤不足，以时则戎虏未灭。若以群贤之灵，得保首领；终君魏国，于孤足矣。若孤者，胡足以辱四海？至乎天瑞人事，皆先王圣德遗庆，孤何有焉？是以未敢闻命。”

己巳，魏王上书曰：“臣闻舜有宾于四门之勋，乃受禅于陶唐；禹有存国七百之功，乃承禄于有虞。臣以蒙蔽，德非二圣；猥当天统，不敢闻命。敢屡抗疏，略陈私愿；庶章通紫庭，得全微节；情达宸极，永守本志。而音重复衔命，申制诏臣；臣实战惕，不发玺书。而音迫于严诏，不敢复命；愿陛下驰传骋驿，召音还台。不胜至诚，谨使宗奉书。”

相国歆、太尉诩、御史大夫朗及九卿奏曰：“臣等伏读诏书，于邑益甚！臣等闻《易》称圣人‘奉天时’，《论语》云君子‘畏天命’；天命有去就，然后帝者有禅代。是以唐之禅虞，命在尔躬；虞之顺唐，谓之受终；尧知天命去已，故不得不禅舜；舜知历数在躬，故不敢不受。

不得不禅，奉天时也；不敢不受，畏天命也。汉朝虽承季末陵迟之余，犹务奉天命以则尧之道，是以愿禅帝位而归二女。而陛下正于大魏受命之初，抑虞、夏之达节，尚延陵之让退；而所枉者大，所直者小；所详者轻，所略者重。中人凡士，犹为陛下陋之！没者有灵，则重华必忿愤于苍梧之神墓，大禹必郁悒于会稽之山阴，武王必不悦于(商)〔高〕陵之玄宫矣。是以臣等敢以死请！且汉政在阉宦，禄去帝室七世矣；遂集矢石于其宫殿，而二京为之丘墟。当是之时，四海荡覆，天下分崩；武王亲衣甲而冠胄，沐雨而栉风。为民请命，则活万国；为世拨乱，则致升平。鸠民而立长，筑宫而置吏；元元无过，罔于前业，而始有造于华夏。陛下即位，光昭文德，以翊武功；勤恤民隐，视之如伤；惧者宁之，劳者息之；寒者以暖，饥者以充；远人以(恩復)〔德服〕，寇敌以恩降；迈恩种德，光被四表。稽古笃睦，茂于放勋；纲漏吞舟，弘乎周文。是以布政未期，人神并和；皇天则降甘露而臻四灵，后土则挺芝草而吐醴泉。虎豹鹿兔，皆素其色；雉鸠燕雀，亦白其羽。连理之木，同心之瓜，五采之鱼，珍祥瑞物，杂沓于其间者，无不毕备。古人有言：'微禹，吾其鱼乎！'微大魏，则臣等之白骨，交横于旷野矣。伏省群臣外内前后章奏，所以陈叙陛下之符命者，莫不条河洛之《图》、《书》，据天地之瑞应；因汉朝之款诚，宣万方之景附。可谓信矣(省)〔著〕矣！三王无以及，五帝无以加；民命之悬于魏〔邦，民心之系于魏〕政，三十有余年矣！此乃千世时至之会，万载一遇之秋。达节广度，宜昭于斯际；拘牵小节，不施于此时。久稽天命，罪在臣等。辄营坛场，具礼仪，择吉日，昭告昊天上帝，秩群神之礼；须禋祭毕，会群僚于朝堂，议年号、正朔、服色当施行，上。”

复令曰：“昔者大舜饭糗茹草，将终身焉，斯则孤之前志也。及至承尧禅，被珍裘，妻二女，若固有之，斯则顺天命也。群公卿士诚以天命不可拒，民望不可违，孤亦曷以辞焉？”

庚午，册诏魏王曰：“昔尧以配天之德，秉六合之重；犹睹历运之数，移于有虞，委让帝位，忽如遗迹。今天既讫我汉命，乃眷北顾；帝皇之业，实在大魏。朕守空名，以窃古义；顾视前事，犹有惭德。而王逊让，至于三四，朕用惧焉。夫不辞万乘之位者，知命达节之数也；虞、夏之君，处之不疑。故勋烈垂于万载，美名传于无穷。今遣守尚书令、侍中(颢)〔觊〕喻，王其速陟帝位，以顺天人之心，副朕之大愿！”

于是尚书令桓阶等奏曰：“今汉氏之命已四至，而陛下前后固辞。臣等伏以为上帝之临圣德，期运之隆大魏，斯岂数载？《传》称周之有天下，非甲子之朝；殷之去帝位，非牧野之日也。故《诗》序商汤，追本玄王之至；述姬周，上录后稷之生。是以受命既固，厥德不回。汉氏衰废，行次已绝；三辰垂其征，史官著其验；耆老记先古之占，百姓协歌谣之声。陛下应天受禅，当速即坛场，柴燎上帝；诚不宜久停神器，拒亿兆之愿。臣辄下太史令择元辰：今月二十九日，可登坛受命。请诏三公、群卿，具条礼仪别奏。”

令曰：“可。”

〔三〕《献帝传》曰：“辛未，魏王登坛，受禅。公卿、列侯、诸将、匈奴单于、四夷朝者数万人，陪位。燎祭天地、五岳、四渎，曰：‘皇帝臣丕，敢用玄牡，昭告于皇皇后帝：汉历世二十有四，践年四百二十有六；四海困穷，三纲不立；五纬错行，灵祥并见。推术数者，虑之古道，咸以为天之历数，运终兹世；凡诸嘉祥民神之意，比昭有汉数终之极、魏家受命之符。汉主以神器宜授于臣，宪章有虞，致位于丕。丕震畏天命，虽休勿休。群公庶尹六事之人，外及将士，洎于蛮夷君长，佥曰：“天命不可以辞拒，神器不可以久旷；群臣不可以无主，万机不可以无统。”丕祇承皇象，敢不钦承。卜之守龟，兆有大横；筮之三易，兆有革兆。谨择元日，与群僚登坛受帝玺绶，告类于尔大神；唯尔有神，尚飨！永吉兆民之望，祚于有魏世享。’遂制诏三公：‘上古之始有君也，必崇恩化以美风俗，然百姓顺教而刑辟措焉。今朕承帝王之绪，其以延康元年为黄初元年；议改正朔，易服色，殊徽号，同律度量。承土行，大赦天下：自殊死以下，诸不当得赦，皆赦除之。’”

《魏氏春秋》曰：“帝升坛，礼毕，顾谓群臣曰：‘舜、禹之事，吾知之矣！’”

干宝《搜神记》曰：“宋大夫邢史子臣，明于天道。周敬王之三十七年，景公问曰：‘天道其何祥？’对曰：‘后五(十)年五月丁亥，臣将死；死后五年五月丁卯，吴将亡；亡后五年，君将终；终后四百年，邾，王天下。’俄而皆如其言。所云‘邾，王天下’者，谓魏之兴也。邾，曹姓；魏亦曹姓，皆邾之后。其年数则错，未知邢史失其数邪，将年代久远，注记者传而谬也？”

黄初元年十一月，癸酉[1]，以河内之山阳，邑万户，奉汉帝为山阳公[2]；行汉正朔[3]；以天子之礼郊祭[4]；上书不称“臣”[5]；京都有事于太庙[6]，致胙[7]；封公之四子为列侯。追尊皇祖太王曰太皇帝，考武王曰武皇帝，尊王太后曰皇太后。赐男子爵人一级[8]；为父后及孝悌、力田人二级[9]。以汉诸侯王为崇德侯[10]，列侯为关中侯。以颍阴之繁阳亭为繁昌县。封爵、增位各有差。

改相国为司徒，御史大夫为司空，奉常为太常[11]，郎中令为光禄勋[12]，大理为廷尉，大农为大司农[13]。郡国、县邑，多所改易。更授匈奴南单于呼厨泉魏玺绶，赐青盖车、乘舆、宝剑、玉玦[14]。

十二月，初营洛阳宫。戊午幸洛阳[15]。〔一〕

是岁，长水校尉戴陵谏不宜数行弋猎[16]。帝大怒，陵减死罪一等[17]。

【注释】

〔1〕癸酉：旧历初一日。曹丕称帝，年号定为“黄初”：孙权称王，年号定为“黄武”，称帝之后又改“黄龙”。魏、吴二国的初定年号，均含有一个“黄”字，与汉代流行的“五德终始”政治理论密切相关。〔2〕山阳：县名。县治在今河南焦作市东。据《后汉书》卷9《孝献帝纪》记载，献帝被降为山阳公之后，其都城在山阳县境内的浊鹿城。浊鹿城又名浊城，在今河南修武县西，尚有遗迹留存。〔3〕正(zhēng)朔：一年第一天开始的时候。我国古代的夏历以冬至之后二月为正月，天明为朔；殷历以冬至之后一月为正月，鸡鸣为朔；周历以冬至所在的月份为正月，夜半为朔。汉代自西汉武帝时起行太初历，使用的是夏历的正朔，简称夏正。所谓“行汉正朔”，就是允许退位的山阳公在自己的封地内继续使用汉朝的历法。〔4〕郊祭：汉代制度，皇帝要定时在京城的南郊和北郊祭祀天地、日月、星辰、风雷、山川诸神，祈求福佑，这叫做郊祭。〔5〕上书：指山阳公向魏帝上奏章。〔6〕有事：有祭祀活动。〔7〕致胙：进献祭祀用的肉。这是允许山阳公继续参与重大的宗庙祭祀活动。〔8〕爵：古时候朝廷赐给臣民的荣誉性称号。秦代的爵位有二十级，最低的是第一级公士，最高的是第二十级列侯。西汉和东汉沿袭秦代爵制。东汉献帝建安二十年(公元215)，曹操对秦汉爵

名加以改动。新爵制共有六种二十级，最高的第二十级仍为列侯，以下五种是第十九级关内侯、第十八级名号侯、第十七级关中侯、第十六级关外侯、第十五级五大夫。爵位通常赏给建立军功者，但是在有大吉庆或是大灾害时，朝廷也普遍赏赐成年男子以示恩典。爵位积累上升到一定等级，可以享受某种特权。　人一级：每人一级。〔9〕后：即继承人。　孝悌：孝敬父母和爱护兄弟的男子。　力田：努力从事农业生产的男子。〔10〕诸侯王：皇族的亲王。〔11〕太常：官名。主管国家礼仪制度和祭祀活动，为朝廷九卿之首。〔12〕光禄勋：官名。主管皇宫警卫，指挥并且考察三署郎官。在郊祀时还负责礼品进献。为九卿之一。曹丕称帝，出于政治动机多改官名。建安十八年曹操封为魏公后，形成两套职官系统。一是东汉献帝之下的汉官系统，中心在许县；另一是曹操之下的魏官系统，中心在邺县。曹丕取代东汉，两套系统实施合并，不仅恢复东汉旧制，重设三公，而且多采东汉职官的旧名。以此表明曹魏是由东汉禅代而来。〔13〕大司农：官名。主管国家钱、粮、绢、布的铸造、生产、贮藏和调运。为九卿之一。〔14〕青盖车：皇太子和已经封王的皇子所乘坐的礼仪车。因车上装有青色车盖，故名。　乘舆：皇帝的专用车队。　玦(jué)：一种有缺口的圆环形玉器。古代作为显贵者的佩饰。曹魏的玉器制作，已经达到很高的工艺水平。现今河南洛阳市博物馆内，保存了曹魏的白玉杯一件，造型典雅庄重，雕刻精美圆润，是该馆镇馆珍宝之一。〔15〕戊午：旧历十七日。　幸：皇帝到达某地称幸。〔16〕长水校尉：官名。京城有特种兵北军五营，每营设校尉一人，长水校尉是其中之一。负责统领乌丸族骑兵七百余人，警卫京城。弋猎：猎取飞禽走兽。〔17〕减死罪一等：处以比死刑只轻一等的刑罚。这种刑罚即本卷后文所说的“五岁刑”。

【裴注】

〔一〕臣松之按：诸书记是时，帝居北宫，以建始殿朝群臣，门曰“承明”。陈思王植诗曰“谒帝承明庐”是也。至明帝时，始于汉南宫崇德殿处，起太极、昭阳诸殿。

《魏书》曰：“以夏数为得天，故即用夏正，而服色尚黄。”

《魏略》曰：“诏以汉火行也；火忌水，故‘洛’去‘水’而加‘隹’。魏于行次为土；土，水之牡也，水得土而乃流，土得水而柔，故除‘隹’加‘水’，变‘雒’为‘洛’。”

二年春正月〔1〕，郊祀天地、明堂〔2〕。甲戌〔3〕，校猎至原陵〔4〕。遣使者，以太牢祠汉世祖〔5〕。乙亥〔6〕，朝日于东郊〔7〕。〔一〕初令郡国口满十万者〔8〕，岁察孝廉一人；其有秀异〔9〕，无拘户口。辛巳〔10〕，分三公户邑，封子弟各一人为列侯。壬午〔11〕，复颍川郡一年田租〔12〕。〔二〕改许县为许昌县。以魏郡东部为阳平郡〔13〕，西部为广平郡〔14〕。〔三〕

【注释】

〔1〕二年：黄初二年(公元221)。〔2〕明堂：皇帝祭祀五帝并同时宣布政教的地方。这里的五帝，指中国古代神话中的五方天帝，即东方青帝灵威仰、南方赤帝赤熛(biāo)怒、中央黄帝含枢纽、西方白帝白招拒、北方黑帝汁光纪。〔3〕甲戌：旧历初三日。〔4〕校猎：打猎。原陵：东汉皇帝刘秀的陵墓。在今河南洛阳市北郊。〔5〕祠：祭祀。世祖：即刘秀(前6—公元57)。东汉王朝的建立者。字文叔，南阳郡蔡阳(今湖北枣阳市西南)人。西汉皇族。公元25—57年在位。事详《后汉书》卷一上、下。〔6〕乙亥：旧历初四日。〔7〕朝(cháo)日：皇帝祭祀太阳的礼仪。〔8〕口：人口。〔9〕秀异：优秀不凡的人才。〔10〕辛巳：旧历初十日。〔11〕壬午：旧历十一日。〔12〕复：免除。〔13〕阳平：郡名。治所在今河北大名县东北。〔14〕广平：郡名。治所在今河北邯郸县东北。以上阳平、广平二郡是从魏郡分出，分出之后魏郡仍然存在，但辖地大为减小。当初曹操扩大魏郡辖地，意在削弱汉室加强自身力量。现在曹丕已经代汉称帝，再无保持大魏郡的必要，故有此举。

【裴注】

〔一〕臣松之以为：礼，天子以春分朝日，秋分夕月。寻此年正月郊祀，有月无日；乙亥朝日，则有日无月：盖文之脱也。按明帝朝日、夕月，皆如礼文，故知此纪为误者也。

〔二〕《魏书》载诏曰："颍川，先帝所由起兵征伐也。官渡之役，四方瓦解，远近顾望；而此郡守义，丁壮荷戈，老弱负粮。昔汉祖以秦中为国本，光武恃河内为王基。今朕复于此，登坛受禅，天以此郡翼成大魏。”

〔三〕《魏略》曰：“改长安、谯、许昌、邺、洛阳为五都；立石表：西界宜阳，北循太行，东北界阳平，南循鲁阳，东界郯，为中都之地。令天下听内徙，复五年；后又增其复。”

诏曰：“昔仲尼资大圣之才[1]，怀帝王之器；当衰周之末，无受命之运[2]。在鲁、卫之朝[3]，教化乎洙、泗之上[4]。凄凄焉[5]，遑遑焉，欲屈己以存道，贬身以救世。于时王公，终莫能用之；乃退考五代之礼[6]，修素王之事[7]：因鲁史而制《春秋》[8]，就太师而正《雅》、《颂》[9]。俾千载之后，莫不宗其文以述作[10]，仰其圣以成谋。咨！可谓命世之大圣，亿载之师表者也！遭天下大乱，百祀堕坏[11]。旧居之庙[12]，毁而不修；褒成之后[13]，绝而莫继。阙里不闻讲颂之声[14]；四时不睹蒸、尝之位[15]。斯岂所谓崇礼报功，盛德百世必祀者哉！其以议郎孔羡为宗圣侯[16]，邑百户，奉孔子祀。令鲁郡修起旧庙[17]，置百户吏卒以守卫之[18]；又于其外广为室屋以居学者。”

(春)三月，加辽东太守公孙恭为车骑将军[19]。初复五铢钱[20]。

夏四月，以车骑将军曹仁为大将军。五月，郑甘复叛，遣曹仁讨斩之。

六月庚子[21]，初祀五岳、四渎，咸秩群祀[22]。〔一〕丁卯[23]，夫人甄氏卒[24]。戊辰晦[25]，日有食之；有司奏免太尉[26]，诏曰：“灾异之作，以谴元首[27]；而归过股肱[28]，岂禹、汤罪己之义乎[29]？其令百官，各虔厥职。后有天地之眚[30]，勿复劾三公。”

【注释】

〔1〕仲尼：即孔子(前551—前479)。春秋末期的思想家、政治家和教育家，儒家的创始者。孔氏，名丘，字仲尼，后世尊称为孔子。鲁国陬邑(今山东曲阜市东南)人。五十岁时任鲁国司寇，实施抑制家臣势力的政策，结果失败。随后周游宋、卫、陈、蔡、齐、楚等国，未受重用。晚年致力于教育和古代文献整理。相传他曾整理《诗经》、《尚书》，又删定鲁史官所记的《春秋》。其弟子先后有三千人，当中著名的有七十余人。孔子的学说以“仁”为中心，两千年间一直在封建文化中占据正统地位，对后世影响巨大。传见《史记》卷四十七。以下这段诏书，魏文帝将其刊刻在《鲁孔子庙之碑》的碑文中，立在孔子庙内。此碑现存于曲阜孔庙之内，在文物、文献和书法艺术上具有很高的价值。〔2〕受命：承受天命。指成为君主。〔3〕鲁：先秦国名。公元前11世纪周分封的诸侯国。开国君主是周公旦的儿子伯禽，都城在曲阜(今山东曲阜市)。前256年灭于楚。卫：先秦国名。公元前11世纪周分封的诸侯国。开国君主是周武王的弟弟康叔，都城在朝(zhāo)歌(今河南淇县)。前209年灭于秦。〔4〕洙、泗：均河流名。古时二水在今山东泗水县北合流西下，至曲阜城北又分二水，洙水在北，泗水在南。而洙、泗之间，就是孔子聚徒讲学的地方。〔5〕凄凄：同“栖栖”，忙碌不安的样子。《论语·宪问》记载微生亩问孔子：“丘何为是栖栖者与?”〔6〕五代：指唐、虞、夏、商、周五个朝代。《史记》卷四十七《孔子世家》记载孔子整理古代文献时“上纪唐、虞之际，下至秦缪”。〔7〕素王：有王者之道而无王者名位的人，特指孔子。〔8〕因：依据。春秋：书名。儒家经典之一。为编年体春秋史。相传是孔子依据鲁史官所记加以整理修订而成。后来解释《春秋》的有《左氏》、《公羊》、《穀梁》三传。〔9〕太师：官名。周代主管音乐的官员。又称“师”。雅、颂：均为《诗经》诗歌的类别名。雅是周王朝直接统治区域即“王畿”的诗歌。颂是周天子和鲁、宋国君用于祭祀或其他大典礼的乐歌。《论语·子罕》记载孔子自言：“吾自卫返鲁，然后乐正，雅、颂各得其所。”〔10〕述：复述前人的说法。作：创造自己的理论。〔11〕百祀：各种祭祀。〔12〕旧居：指孔子故居。〔13〕褒成：两汉朝廷封给孔子后嗣的封号名。西汉平帝时封孔均为褒成侯，追谥孔子为

"褒成宣尼"。东汉光武帝又封孔均之子孔志为褒成侯，以后世代相传爵位不绝，到东汉献帝初年中断。事见《后汉书》卷七十九上《儒林孔僖传》。〔14〕阙里：地名。在今山东曲阜市内阙里街。春秋时孔子在这里居住讲学。现存有规模巨大的孔庙。〔15〕蒸、尝：均祭祀名。冬祭叫蒸，又作"烝"。秋祭叫尝。〔16〕孔羡：孔子的第二十一代孙。〔17〕修起：修复。〔18〕百户吏卒：一百户专门承担兵役的家庭。东汉末年曹操执政之后，由于战争需要，出现了一种专门承担兵役的家庭，当时称为士家或兵家。这里吏卒以户为单位，就是士家。〔19〕公孙恭：传附本书卷八《公孙度传》。〔20〕五铢：钱币名。西汉武帝元狩五年(前118)开始铸用，东汉继续发行。东汉献帝初平元年(公元190)董卓废五铢钱。铢：古代重量单位，为一两的二十四分之一。〔21〕庚子：旧历初一日。〔22〕秩群祀：比照诸侯爵位的次序，给予山川群神以相应礼仪规格的祭祀。如五岳相当于三公，四渎相当于侯，见《礼记·王制》。〔23〕丁卯：旧历二十八日。〔24〕甄氏(公元182—221)：传见本书卷五《后妃传》。〔25〕戊辰：旧历二十九日。晦：阴历的月终。〔26〕奏免太尉：东汉制度，当天上出现如日食之类的反常天象，地上出现洪水之类的严重灾害时，要罢免三公，另选他人任职。〔27〕元首：指君主。〔28〕归过：归罪于。〔29〕汤：商王朝的创立者。又称武汤、成汤、商汤、武王，甲骨文称唐、大乙、高祖乙。原为商族领袖，任用伊尹执政，国力渐强。后灭夏，建立商朝。事见《史记》卷三。罪己：归罪于自己。《左传·庄公十一年》："禹、汤罪己，其兴也勃焉。"〔30〕眚(shěng)：日食之类的灾异。

【裴注】

〔一〕《魏书》："甲辰，以京师宗庙未成，帝亲祠武皇帝于建始殿。躬执馈奠，如家人之礼。"

秋八月，孙权遣使奉章，并遣于禁等还〔1〕。丁巳〔2〕，使太常邢贞，持节拜权为大将军，封吴王，加九锡。

冬十月，授杨彪光禄大夫〔3〕。〔一〕以谷贵，罢五铢钱。〔二〕己卯〔4〕，以大将军曹仁为大司马〔5〕。

十二月，行东巡。

是岁，筑陵云台〔6〕。

【注释】

〔1〕遣于禁等：于禁被关羽擒获。孙权派吕蒙取荆州袭杀关羽，于禁又被俘虏到江东。〔2〕丁巳：旧历十九日。〔3〕杨彪（公元142—225）：字文先，弘农郡华阴（今陕西华阴市）人。出自东汉著名的世家大族，官至太尉。传附《后汉书》卷五十四《杨震列传》。〔4〕己卯：十月戊戌朔，无己卯。己卯是旧历十一月十三日。此处史文疑有误。〔5〕大司马：官名。领兵将军中特别尊崇的名号，地位在大将军之上，但不常置。负责领兵征伐。〔6〕陵云台：楼台名。在当时洛阳魏宫明光殿的西面。另一种流传的说法，是在今河南漯河市郾城区西北新店乡，现今尚有遗迹留存。

【裴注】

〔一〕《魏书》曰："己亥，公卿朝朔旦；并引故汉太尉杨彪，待以客礼。诏曰：'夫先王制几杖之赐，所以宾礼黄耇，褒崇元老也。昔孔光、卓茂，皆以淑德高年，受兹嘉锡。公故汉宰臣，乃祖以来，世著名节；年过七十，行不逾矩。可谓老成人矣，所宜宠异以章旧德。其赐公延年杖及凭几；谒请之日，便使杖入；又可使著鹿皮冠。'彪辞让，不听；竟著布单衣、皮弁以见。"

《续汉书》曰："彪见汉祚将终，自以累世为三公，耻为魏臣。遂称足挛，不复行，积十余年。帝即王位，欲以为太尉，令近臣宣旨。彪辞曰：'尝以汉朝为三公，值世衰乱，不能立尺寸之益；若复为魏臣，于国之选，亦不为荣也。'帝不夺其意。黄初四年，诏拜光禄大夫，秩中二千石，朝见位次三公，如孔光故事。彪上章固让，帝不听。又为门施行马，致吏卒，以优崇之。年八十四，以六年薨。"

子修，事见《陈思王传》。

〔二〕《魏书》曰："十一月辛未，镇西将军曹真命众将及州郡兵，讨破叛胡治元多、卢水封赏等。斩首五万余级，获生口十万，羊一百一十一万口，牛八万，河西遂平。帝初闻胡决水灌显美，谓左右诸将曰：'昔隗嚣灌略阳，而光武因其疲弊，进兵灭之。今胡决水灌显美，其事正相似。破胡事，今至不久。'旬日，破胡告檄到，上大笑曰：'吾策之于帷幕之内，诸将奋击于万里之外，其相应若合符节。前后战克获虏，未有如此也！’”

三年春正月[1]，丙寅朔，日有食之。庚午[2]，行幸许昌宫。诏曰：“今之计、(考)〔孝〕[3]，古之贡士也。十室之邑，必有忠信。若限年然后取士[4]，是吕尚、周晋不显于前世也[5]。其令郡国所选，勿拘老幼；儒通经术，吏达文法[6]，到，皆试用。有司纠故不以实者[7]。”〔一〕

二月，鄯善、龟兹、于阗王各遣使奉献[8]。诏曰：“西戎即叙[9]，氐、羌来王[10]，《诗》、《书》美之[11]。顷者西域外夷并款塞内附[12]，〔二〕其遣使者抚劳之。”是后西域遂通，置戊己校尉[13]。

三月，乙丑[14]，立齐公叡，为平原王；帝弟鄢陵公彰等十一人，皆为王。初制封王之庶子为乡公[15]；嗣王之庶子为亭侯[16]；公之庶子为亭伯。甲戌[17]，立皇子霖为河东王[18]。甲午[19]，行幸襄邑。

夏四月，戊申[20]，立鄄城侯植为鄄城王[21]。癸亥[22]，行还许昌宫。五月，以荆、扬江表八郡为荆州[23]，孙权领牧故也[24]；荆州江北诸郡，为郢州[25]。

闰月[26]，孙权破刘备于夷陵[27]。初，帝闻备兵东下，与权交战，树栅连营七百余里。谓群臣曰：“备不晓兵[28]，岂有七百里营可以拒敌者乎？苞原隰险阻而为军者为敌所擒[29]，此兵忌也！孙权上事今至矣[30]。”后七日，破备书到。

【注释】

〔1〕三年：黄初三年(公元222)。〔2〕庚午：旧历初五日。〔3〕计：上计吏。当时制度，每年郡国的守相要派出专人到京城的司徒府，呈交本年度有关人口、垦田面积等方面的统计表，并回答司徒的询问，这种专人称为上计吏。上计吏多选干练而有口才的办事吏员，所以朝廷常留上计吏在京城充任郎官，成为人才选举的一条路径。孝：即孝廉。〔4〕限年：限制在一定的年龄。〔5〕周晋：东周灵王的太子，名晋。据说八岁时就精通音乐，令人惊异，与吕尚八十多岁才受人注意形成对比。〔6〕文法：文书法令。〔7〕故不以实：故意弄虚作假。〔8〕鄯善、龟兹(qiū cí)：均西域古国名。鄯善故地在今新疆若羌县一带。龟兹故地在今新疆库车县一带。〔9〕戎：古代对西方少数族的泛称。即叙：就序。意思是服从中原王朝的统治。"西戎即叙"句出《尚书·禹贡》。〔10〕羌：西方少数族名。来王：前来朝见中原王朝的君主。《诗经·殷武》有"自彼氐羌……莫敢不来王"句。〔11〕美：赞美。〔12〕西域：地区名。汉代以后对玉门关、阳关以西地区的总称。有两种含义：狭义西域的西界只到葱岭为止；广义西域则指凡通过狭义西域所能到达的地区，包括中亚、西亚、东欧、北非和印度半岛。这里的史文指狭义西域。〔13〕戊己校尉：官名，西域屯田区的最高长官，负责屯田事务。西汉元帝时开始设置。曹魏时治所在高昌(今新疆吐鲁番市东20多公里)。高昌古城遗址大部分残存，现今在这里有大量文物出土。〔14〕乙丑：旧历初一日。〔15〕封王：始封开国的宗室亲王。庶子：正妻以外小妾所生的儿子。乡公：封地为一乡的公爵。〔16〕嗣王：继承父亲王爵的宗王。这是相对于封王而言。〔17〕甲戌：旧历初十日。〔18〕霖：即曹霖(？—公元249)，曹丕的庶子。传见本书卷二十《武文世王公传》。〔19〕甲午：旧历三十日。〔20〕戊申：旧历十四日。〔21〕植：即曹植(公元192—232)。字子建，曹丕的胞弟。文学家和文学批评家。传见本书卷十九。〔22〕癸亥：旧历二十九日。〔23〕江表：江南。荆、扬二州在江南有八郡，即荆州的长沙、武陵、零陵、桂阳，扬州的丹杨、吴、会稽、豫章。〔24〕领牧：兼任荆州牧。上年曹丕封孙权为吴王，兼任荆州牧。〔25〕郢州：州名。治所在今河南新野县。后来也改称荆州，与孙吴的荆州同名而异地。〔26〕闰月：据陈垣《二十史朔闰表》，当年闰六月。这里史文接在"五月"之后，疑有误。〔27〕夷陵：县名。县治在今湖北宜昌市东南。〔28〕晓兵：懂得兵法。〔29〕苞：包裹。这里指处于不利地形的包围中。原隰(xí)：平坦低湿的地方。〔30〕上事：上呈的文书。

【裴注】

〔一〕《魏书》曰："癸亥，孙权上书说：'刘备支党四万人，马二三千匹，出秭归。请往扫扑，以克捷为效。'帝报曰：'昔隗嚣之弊，祸发栒邑；子阳之擒，变起扞关。将军其亢厉威武，勉蹈奇功，以称吾意。'"

〔二〕应劭《汉书注》曰："款，叩也；皆叩塞门来服从。"

秋七月，冀州大蝗。民饥，使尚书杜畿持节开仓廪以赈之〔1〕。八月，蜀大将黄权率众降〔2〕。〔一〕

九月，甲午〔3〕，诏曰："夫妇人与政〔4〕，乱之本也。自今以后，群臣不得奏事太后；后族之家不得当辅政之任〔5〕；又不得横受茅土之爵〔6〕。以此诏传后世：若有背违，天下共诛之！"〔二〕庚子〔7〕，立皇后郭氏〔8〕。赐天下男子爵，人二级；鳏、寡、笃癃及贫不能自存者赐谷〔9〕。

【注释】

〔1〕杜畿：传见本书卷十六。 〔2〕黄权(？—公元239)：传见本书卷四十三。 〔3〕甲午：旧历初三日。 〔4〕与(yù)：干预。 〔5〕家：家属。 〔6〕横(hèng)：无缘无故。 茅土之爵：即封爵。曹丕对后妃及其家属作出上述严格规定，是吸取东汉外戚专权乱政的教训。〔7〕庚子：旧历初九日。 〔8〕郭氏(公元184—235)：传见本书卷五。〔9〕笃癃(lóng)：严重病残。 自存：养活自己。

【裴注】

〔一〕《魏书》曰："权及领南郡太守史郃等三百一十八人，诣荆州刺史，奉上所假印绶、棨戟、幢麾、牙门、鼓车。权等诣行在所，帝置酒设乐，引见于承光殿。权、郃等，人人前自陈；帝为论说军旅成败去就之分，诸将无不喜悦。赐权金帛、车马、衣裘、帷帐、妻妾；下及偏裨，皆有差。拜权为侍中，镇南将军，封列侯；即日召使骖乘。及封史邻等四十二人皆为列侯，为将军、郎将百余人。”

〔二〕孙盛曰：“夫经国营治，必凭俊哲之辅；贤达令德，必居参乱之任。故虽周室之盛，有妇人与焉。然则坤道承天，南面罔二；三从之礼，谓之至顺。至于号令自天子出，奏事专行，非古义也。昔在申、吕，实匡有周。苟以天下为心，惟德是杖；则亲疏之授，至公一也，何至后族而必斥远之哉？二汉之季世，王道陵迟；故令外戚凭宠，职为乱阶。于此自时昏道丧，运祚将移；纵无王、吕之难，岂乏田、赵之祸乎？而后世观其若此，深怀鸩毒之戒也；至于魏文，遂发一概之诏：可谓有识之爽言，非帝者之宏议。”

冬十月，甲子〔1〕，表首阳山东为寿陵〔2〕。作终制曰〔3〕：“礼，国君即位为椑〔4〕：存不忘亡也。〔一〕昔尧葬穀林〔5〕，通树之〔6〕；禹葬会稽〔7〕，农不易亩〔8〕。〔二〕故葬于山林，则合乎山林；封树之制，非上古也〔9〕，吾无取焉。寿陵因山为体，无为封树；无立寝殿、造园邑、通神道〔10〕。夫葬也者，藏也，欲人之不得见也。骨无痛痒之知〔11〕，冢非栖神之宅〔12〕。礼不墓祭〔13〕，欲存亡之不黩也〔14〕。为棺椁足以朽骨，衣衾足以朽肉而已。故吾营此丘墟不食之地〔15〕，欲使易代之后不知其处〔16〕。无施苇炭〔17〕；无藏金银铜铁〔18〕，一以瓦器〔19〕：合古涂车、刍灵之义〔20〕。棺但漆际会三过〔21〕。饭含无以珠玉〔22〕，无施珠襦玉匣〔23〕：诸愚俗所为也。季孙以玙璠敛〔24〕，孔子历级而救之，譬之‘暴骸中原’。宋公厚葬，君子谓华元、乐莒不臣〔25〕，以为弃君于恶。汉文帝之不发〔26〕，霸陵无求也〔27〕；光武之掘，原陵封树也。霸陵之完，功在释之〔28〕；原陵之掘，罪在明帝〔29〕。是释之忠以利君，明帝爱以害亲也。忠臣孝子[30]，宜思仲尼、丘明、释之之言，鉴华元、乐莒、明帝之戒；存于所以安君定亲[31]，使魂灵万载无危：斯则贤圣之忠孝矣[32]。自古及今，未有不亡之国，亦无不掘之墓也。丧乱以来，汉氏诸陵无不发掘；至乃烧取玉匣金缕[33]，骸骨并尽，是焚如之刑[34]：岂不重痛哉！祸由乎厚葬封树。'桑、霍为我戒'[35]，不亦明乎？其皇后及贵人以下[36]，不随王之国者[37]，有终没皆葬涧西[38]；前又以表其处矣。盖舜葬苍梧[39]，二妃不从[40]；延陵葬子[41]，远在嬴、博[42]。魂而有灵，无不之也[43]；一涧之间，不足为远。若违今诏，妄有所变改造施；吾为戮尸地下，戮而重戮，死而重死。臣子为蔑死君父[44]，不忠不孝；使死者有知，将不福汝[45]！其以此诏藏之宗庙，副在尚书、秘书、三府[46]。"

是月，孙权复叛。复郢州为荆州。帝自许昌南征，诸军兵并进。权临江拒守。十一月，辛丑[47]，行幸宛。庚申晦[48]，日有食之。

是岁，穿灵芝池[49]。

【注释】

〔1〕甲子：旧历初三日。 〔2〕表：用标志标明。 首阳山：山名。在今河南偃师市西北约五公里。 〔3〕终制：遗嘱。 〔4〕椑（bì）：内棺。古代尊贵人物的棺材不止一重，椑是贴身的内棺。《礼记·檀弓》上："君即位而为椑，岁一漆之。"意在应付突然死亡。 〔5〕榖林：地名。在今山东菏泽市东北。传说尧葬在此。 〔6〕通树：入葬之后填平墓穴，然后连同周围地域种植树木。 〔7〕会（kuài）稽：山名。在今浙江绍兴市南。相传夏禹葬在这里。现今绍兴市南约三公里有禹王陵。陵旁有神庙，规模雄伟。 〔8〕易亩：移到其他地方耕种。 〔9〕非上古：

不是上古时有的。〔10〕寝殿：帝后陵园中放置死者生前用品以供祭祀的殿堂也称寝庙。园邑：陵墓周围用高墙圈起来的园林区域。神道：陵园前方两旁立有石柱、石兽之类标志的大道。〔11〕知：知觉。〔12〕神：精神。此句意思是指人死后精神不再存在。〔13〕墓祭：到墓前祭祀死者。《后汉书》卷二《明帝纪》李贤注引《汉官仪》："古不墓祭。秦始皇起寝于墓侧，汉因而不改。"〔14〕存亡之不黩：生者不要轻慢死者。古代认为祭祀次数过多，就是对被祭祀者的轻慢和不敬。〔15〕丘墟不食之地：不能耕种的荒山。〔16〕易代：改朝换代。〔17〕苇：芦苇。炭：用蚌、蛤蜊之类软体动物外壳烧成的炭灰。下葬棺材之前，先用这两种东西铺在葬穴底部，以防潮湿。〔18〕金银铜铁：指用这些金属做成的殉葬品。〔19〕一：一律。〔20〕涂车：用泥做的车。刍灵：用草捆扎成的人、马。涂车和刍灵是简朴的殉葬品。〔21〕际会：合缝的地方。三过：三次。〔22〕饭含(hàn)：殡殓时放在死者口中的珠玉和生米。〔23〕珠襦玉匣：即金缕玉衣。是用黄金细线串连宝珠、玉片而制成的外衣。1968年在河北满城发掘的西汉中山靖王刘胜和其妻窦绾墓，就有两件完整的金缕玉衣出土。〔24〕季孙：这里指季平子(？—前505)。出自春秋后期掌握鲁国政权的贵族季孙氏，名意如。自前519年起，执鲁国国政十五年。事见《史记》卷三十三《鲁周公世家》。玙璠(yú fán)：鲁国的美玉。季平子死，季孙氏的家臣阳虎要用玙璠做殉葬品。孔子登上殿堂的台阶去阻止，认为这等于是把尸体露在原野上。见《吕氏春秋·安死》。〔25〕宋公：指宋文公(？—前588)。名鲍革。春秋时宋国国君，前610至前588年在位。事见《史记》卷三十八《宋微子世家》。华元：春秋时宋国大夫。乐莒：宋国官员。宋文公死，华元与乐莒主办丧事，实行厚葬，受到《左传》作者的严厉批评，认为他们"不臣"(不尽臣职)，是"弃君于恶"(把国君置于作恶的境地)。事见《左传》成公二年。〔26〕汉文帝(前202—前157)：即刘恒。西汉皇帝。前180至前157年在位。在位时实行"与民休息"的政策，发展农业生产。又削弱诸侯王势力，加强中央集权。平时生活俭朴，临死下遗诏禁厚葬。事详《汉书》卷四《文帝纪》。不发：陵墓未被发掘。〔27〕霸陵：汉文帝陵墓名。在今陕西西安市东北二十公里。〔28〕释之：即张释之。字季，西汉南阳郡堵阳(今河南方城县东)人。文帝时官至廷尉。曾随文帝到霸陵，文帝说将来要用北山石头做自己的墓室，以免后世被人盗墓。张释之回答说："如果墓中藏有人们一心想要的宝物，哪怕把整座山的缝隙都用金属熔液填塞，也挡不住盗墓者；如果墓中没有人们想要的东西，即使不用石头造墓室，也用不着担心。”文帝非常赞赏他的话。事见《汉书》卷五十《张释之传》。〔29〕明帝：即刘庄(公元28—75)。东汉皇帝。公元57至75年在位。事详《后汉书》卷二。刘庄的父亲刘秀临死前，也曾下遗诏要仿效汉文帝实行薄葬，即不用珍宝做殉葬品，也不垒土起坟。但刘庄并未遵照执行，动工修陵“方三百二十步，高六丈”。分见《后汉书》卷一下《光武帝纪》下、同书卷二《明帝纪》注引《帝王纪》。〔30〕忠臣：针对朝臣而言。 孝子：针对自己的家属而言。〔31〕存于所以：关心怎么样才能够。〔32〕贤圣之忠孝：意指真正的忠孝，不是“诸愚俗所为”的忠孝。〔33〕玉匣金缕：即金缕玉衣。〔34〕焚如：用火烧死犯人的酷刑名称。〔35〕桑：指桑弘羊(前152—前80)。洛阳人。西汉昭帝时任御史大夫，与大将军霍光共同执政。后受霍光指控参与谋反，被杀。 霍：指霍禹(？—前66)。河东郡平阳(今山西临汾市西南)人。霍光之子。西汉宣帝时任大司马。后以谋反罪名被宣帝诛杀。 为我戒：对我的告诫。这是张临的话。张临，西汉杜陵(今陕西西安市东南)人，出自显赫的功臣之家。为人谦虚俭朴，常常担心家族过于贵盛，说：“桑、霍为我戒，岂不厚哉!”事见《汉书》卷五十九《张汤传》。〔36〕贵人：据本书卷五《后妃传》，魏宫后妃的名称，在曹操时有后、夫人、昭仪、倢伃、容华、美人六种，曹丕时增加贵嫔、淑媛、修容、顺成、良人五种，都没有贵人。此处史文疑有误。〔37〕随王之国：跟随自己封王的儿子到封国去居住。曹魏制度，皇子封王公者一律到各自的封国，不能住在京城。他们的母亲可以不同去。〔38〕终没：死亡。〔39〕苍梧：山名。又名九嶷山。在今湖南宁远县南。相传虞舜葬在这里。〔40〕二妃：指娥皇、女英。 不从：没有和舜葬在一起。传说娥皇、女英葬在苍梧以北的衡山。〔41〕延陵：指季札。春秋时吴国贵族，吴王诸樊的弟弟。封于延陵(今江苏常州市)，称延陵季子。事附《史记》卷三十一《吴太伯世家》。〔42〕嬴：县名。县治在今山东济南市莱芜区西北。 博：县名。县治在今山东泰安市东南。《礼记·檀弓》记载，季札出使齐国回来，途中长子死亡，他把儿子葬在嬴、博交界处，没有运回吴国。〔43〕无不之：无处不到。〔44〕蔑：背弃。〔45〕福汝：保佑你们。〔46〕副在：副本放在。 秘书：官署名。又称内阁。负责收藏国家文件、档案、图书。其长官是秘书监。 三府：三公的官署。〔47〕辛丑：旧历十一日。〔48〕庚申：旧历三十日。〔49〕灵芝池：池名。在洛阳魏宫内。

【裴注】

〔一〕椑，音扶历反。臣松之按：礼，天子诸侯之棺，各有重数；棺之亲身者，曰椑。

〔二〕《吕氏春秋》："尧葬于穀林，通树之；舜葬于纪，市廛不变其肆；禹葬会稽，不变人徒。"

四年春正月[1]，诏曰："丧乱以来，兵革未戢[2]。天下之人，互相残杀。今海内初定，敢有私复仇者，皆族之[3]！"筑南巡台于宛。

三月，丙申[4]，行自宛还洛阳宫。癸卯[5]，月犯心中央大星[6]。〔一〕丁未[7]，大司马曹仁薨。是月，大疫[8]。

【注释】

〔1〕四年：黄初四年(公元223)。〔2〕兵革：兵器与甲胄。戢(jí)：收藏。兵革未戢指战争没有停止。〔3〕族之：对他们处以诛杀其三族的刑罚。〔4〕丙申：旧历初八日。〔5〕癸卯：旧历十五日。〔6〕犯：古代天文学术语。指从地面看到的一个移动星体与另一个不动星体的接触。心：星座名。二十八宿之一，东方苍龙七宿的第五宿。共有三星，接近成一条直线，中央为大星，两侧为小星。〔7〕丁未：旧历十九日。〔8〕大疫：出现严重的流行性疾病。当时的疫区主要在南阳郡，死亡上万人，见《宋书》卷三十四《五行志》五。

【裴注】

〔一〕《魏书》载丙午诏曰："孙权残害民物，朕以寇不可长，故分命猛将三道并征。今征东诸军与权党吕范等水战，则斩首四万，获船万艘。大司马据守濡须，其所擒获亦以万数。中军、征南，攻围江陵；左将军张郃等舳舻直渡，击其南渚，贼赴水溺死者数千人；又为地道攻城，城中外，雀鼠不得出入，此几上肉耳！而贼中疠气疾病，夹江涂地，恐相染污。昔周武伐殷，旋师孟津；汉祖征隗嚣，还军高平：皆知天时而度贼情也。且成汤解三面之网，天下归仁；今开江陵之围，以缓成死之擒。且休力役，罢省徭戍；蓄养士民，咸使安息。”

夏五月，有鹈鹕鸟集灵芝池[1]。诏曰：“此诗人所谓‘污泽’也[2]。曹诗‘刺恭公远君子而近小人[3]’，今岂有贤智之士处于下位乎？否则斯鸟何为而至？其博举天下俊德茂才、独行君子[4]，以答曹人之刺。”〔一〕

六月，甲戌[5]，任城王彰，薨于京都。甲申[6]，太尉贾诩薨。太白昼现[7]。是月大雨，伊、洛溢流[8]，杀人民，坏庐宅。〔二〕

秋八月，丁卯[9]，以廷尉钟繇为太尉。〔三〕辛未[10]，校猎于荥阳，遂东巡。论征孙权功，诸将以下进爵、增户各有差。九月，甲辰[11]，行幸许昌宫。〔四〕

【注释】

〔1〕鹈鹕(tí hú)：一种捕鱼的水鸟。 〔2〕污泽：即洿泽，鹈鹕的别名。 〔3〕曹诗：指《诗经·候人》，这首诗属于《曹风》，即曹国(今山东西部)的民歌。诗中以鹈鹕作比喻，揭露贵族官僚毫无才能却坐享利益。《毛诗序》认为这首诗是讽刺曹国君主共公“远君子而好近小人焉”。 恭公：即曹共公(？—前 618)。名襄。前 652 至前 618 年在位。事附《史记》卷三十五《管蔡世家》。 〔4〕独行(xìng)：突出的高尚品行。 〔5〕甲戌：旧历十七日。 〔6〕甲申：旧历二十七日。〔7〕太白：星名。即金星。金星通常出现在黎明或黄昏。黎明时出现在东方，称为启明。如黄昏出现则在西方，称为太白。偶尔出现于白昼，古代认为是异常天象，国君应及时自我反省实施德政。 〔8〕伊：河流名。是洛水南岸的大支流，在当时的洛阳正南合洛水。这次大暴雨，使伊水的水位陡涨“四丈五尺”，洛水也淹到洛阳城门，冲毁房屋数千家，分见《水经注·伊水》、《晋书》卷二十七《五行志》上。 〔9〕丁卯：旧历十一日。 〔10〕辛未：旧历十五日。 〔11〕甲辰：旧历十九日。

【裴注】

〔一〕《魏书》曰："辛酉，有司奏造二庙：立太皇帝庙，大长秋特进侯与高祖合祭，亲尽以次毁；特立武皇帝庙，四时享祀，为魏太祖，万载不毁也。"

〔二〕《魏书》曰："七月，乙未，大军当出；使太常以特牛一，祠于郊。"

臣松之按：魏郊祀奏中，尚书卢毓议祀厉(殊)〔殃〕事云："具牺牲祭器，如前后师出告郊之礼。"如此，则魏氏出师，皆告郊也。

〔三〕《魏书》曰："有司奏改汉氏宗庙安世乐曰正世乐，嘉至乐曰迎灵乐，武德乐曰武颂乐，昭容乐曰昭业乐；云(翻)〔翘〕舞曰凤翔舞，育命舞曰灵应舞，武德舞曰武颂舞，文(昭)〔始〕舞曰大(昭)〔韶〕舞，五行舞曰大武舞。"

〔四〕《魏书》曰："十二月，丙寅，赐山阳公夫人汤沐邑；公女曼，为长乐郡公主：食邑各五百户。是冬，甘露降芳林园。"

臣松之按：芳林园，即今华林园；齐王芳即位，改为"华林"。

五年春正月〔1〕，初令"谋反大逆乃得相告〔2〕；其余，皆勿听治。敢妄相告，以其罪罪之"。三月，行自许昌还洛阳宫。

夏四月，立太学〔3〕；制五经课试之法〔4〕，置《春秋穀梁》博士〔5〕。五月，有司以公卿朝朔望日〔6〕。因奏疑事；听断大政，论辩得失。

秋七月，行东巡，幸许昌宫。八月，为水军，亲御龙舟。循蔡、颍〔7〕，浮淮〔8〕，幸寿春〔9〕。扬州界将吏士民〔10〕，犯五岁刑以下〔11〕，皆原除之。九月，遂至广陵〔12〕。赦青、徐二州〔13〕，改易诸将守。

冬十月，乙卯〔14〕，太白昼现。行还许昌宫。〔一〕十一月，庚寅〔15〕，以冀州饥〔16〕，遣使者开仓廪赈之。戊申晦〔17〕，日有食之。

十二月，诏曰：“先王制礼，所以昭孝事祖〔18〕：大则郊社〔19〕，其次宗庙，三辰、五行，名山、水川〔20〕。非此族也〔21〕，不在祀典。叔世衰乱〔22〕，崇信巫史；至乃宫殿之内，户牖之间，无不沃酹〔23〕。甚矣其惑也！自今，其敢设非(祀)〔礼〕之祭、巫祝之言，皆以执左道论〔24〕。著于令典〔25〕。”

是岁，穿天渊池〔26〕。

【注释】

〔1〕五年：黄初五年(公元224)。 〔2〕相告：相互告发。 〔3〕太学：中央王朝在京城设的大学。为全国最高学府。 〔4〕五经：指《周易》、《尚书》、《诗经》、《礼》、《春秋》。 课试：考试。 〔5〕《春秋穀梁》：书名。即《春秋穀梁传》。相传为孔子删定的《春秋》，文字简短，被称之为“经”。解释经文的有《左氏》、《公羊》和《穀梁》三传。《穀梁传》起于前722年，止于前481年，旧题穀梁赤撰。 博士：官名。西汉武帝之后选择专精儒家经典的人充任，负责经学传授。〔6〕朝(cháo)朔望日：在每月的朔日和望日入朝。朔为初一日。望为十五日(小月)或十六日(大月)。 〔7〕蔡：河流名。战国至秦汉时的鸿沟，在今河南荥阳市北引黄河水东流，经中牟、开封折向南流，再经通许、太康，至淮阳汇入颍水。这是当时连通黄河与淮河的中原水道交通干线。魏、晋以后，自开封以下改称蔡水，开封以上改称汴水，总称狼汤(làng tàng)渠或渠水。 颍：河流名。淮河北岸的大支流之一。发源于今河南登封市西，东南流至今安徽颍上县东南入淮河。 〔8〕淮：河流名。古代与长江、黄河、济水合称“四渎”。发源于今河南桐柏县西桐柏山，东流经安徽、江苏入海。 〔9〕寿春：县名。县治在今安徽寿县。 〔10〕扬州：州名。治所在寿春。孙吴与曹魏断绝臣属关系后，曹魏在原东汉扬州的江北地区置扬州，与位于江南的孙吴扬州同名而异地。〔11〕五岁刑：刑罚名。曹魏的刑律，在魏文帝曹丕时大体袭用汉代旧法。魏明帝曹叡时开始制定实行新刑律。此处的五岁刑就是髡(kūn)刑。被判髡刑者，男子剃光头发，颈带铁钳，从事苦力劳动，女子在家为政府舂米，时间均为五年。 以下：指完刑(四岁刑)、作刑(三岁刑、二

岁刑、一岁刑)等。〔12〕广陵：郡名。曹魏时治所在今江苏淮安市西南。〔13〕徐州：州名。曹魏时治所移在今江苏睢宁县西北。〔14〕乙卯：旧历初六日。〔15〕庚寅：旧历十一日。〔16〕冀州：州名。曹魏时治所移在今河北衡水市冀州区。〔17〕戊申：旧历二十九日。〔18〕昭：显示。事：尊奉。〔19〕郊：指郊祀天地。社：指祭祀社稷。〔20〕三辰：日月星。五行：本为木、火、土、金、水五种基本物质，这里指在明堂祭祀的五方天帝。因为古代以东、南、中、西、北五方加青、赤、黄、白、黑五色与上述五行相配。〔21〕此族：这一类。〔22〕叔世：末世，指王朝衰亡的时期。〔23〕沃酹(lèi)：把酒浇在地上。祭祀鬼神或立誓、抒情时的一种表示。〔24〕左道：邪道。论：论处。〔25〕令典：国家的法令规章。〔26〕天渊池：池名。在洛阳魏宫内，引穀水注入而成。

【裴注】

〔一〕《魏书》载癸酉诏曰："近之不绥，何远之怀？今事多而民少，上下相弊以文法，百姓无所措其手足。昔太山之哭者，以为苛政甚于猛虎。吾(备)〔被〕儒者之风，服圣人之遗教；岂可以目玩其辞，行违其诫者哉？广议轻刑，以惠百姓。"

六年春二月[1]，遣使者循行许昌以东，尽沛郡[2]。问民所疾苦，贫者赈贷之。[一]三月，行幸召陵[3]，通讨虏渠[4]。乙巳[5]，还许昌宫。并州刺史梁习讨鲜卑轲比能[6]，大破之。辛未[7]，帝为舟师，东征。

五月戊申[8]，幸谯。壬戌[9]，荧惑入太微[10]。

六月，利城郡兵蔡方等以郡反，杀太守徐质。遣屯骑校尉任福、步兵校尉段昭与青州刺史讨平之[11]；其见胁略及亡命者[12]，皆赦其罪。

秋七月，立皇子鉴为东武阳王[13]。八月，帝遂以舟师自谯循涡入淮。从陆道幸徐[14]。九月，筑东巡台。

冬十月，行幸广陵故城[15]，临江观兵[16]。戎卒十余万，旌旗数百里。〔二〕是岁，大寒，水道冰，舟不得入江；乃引还。十一月，东武阳王鉴薨。十二月，行自谯过梁[17]，遣使以太牢祀故汉太尉桥玄。

【注释】

〔1〕六年：黄初六年(公元225)。〔2〕循行：巡视。　尽沛郡：到沛郡为止。曹魏的沛郡即东汉的沛国，治所不变但辖地大为减小。划出的地域新立谯郡，治所在谯县。〔3〕召(shào)陵：县名。县治在今河南漯河市郾城区东。〔4〕讨虏渠：渠水名。在今河南漯河市郾城区东。西在郾城区接汝水，东在周口市西通颍水。〔5〕乙巳：旧历二十八日。〔6〕梁习(？—公元230)：传见本书卷十五。　轲比能(？—公元235)：鲜卑部落首领。在魏文帝、明帝时雄据幽、并二州边境，强盛时有骑兵十余万。后被幽州刺史王雄派遣的刺客杀死。事见本书卷三十《鲜卑传》。〔7〕辛未：三月戊寅朔，无辛未。据陈垣《二十史朔闰表》，当年闰三月，辛未是旧历闰三月二十四日。此处史文疑有误。〔8〕戊申：旧历初二日。〔9〕壬戌：旧历十四日。〔10〕荧惑：星名。即火星。太微：星座名。在北斗七星的南面。分太微左、右垣，各有星五颗。《史记》卷二十七《天官书》认为：荧惑进入太微垣，君主将逢恶运。〔11〕步兵校尉：官名。为京城北军五校尉之一，负责京城警卫。〔12〕见胁略：被胁迫参加。〔13〕鉴：即曹鉴(？—公元225)。曹丕的庶子。传见本书卷二十《武文世王公传》。〔14〕徐：徐州。〔15〕广陵故城：地名。汉代为县，三国时废。在今江苏扬州市西北。〔16〕观兵：检阅军队以显示武力。〔17〕梁：王国名。治所在今河南商丘市南。

【裴注】

〔一〕《魏略》载诏曰："昔轩辕建四面之号，周武称'予有乱臣十人'；斯盖先圣所以体国君民，亮成天工，多贤为贵也。今内有公卿以镇京师，外设牧伯以监四方。至于元戎出征，则军中宜有柱石之贤帅；辎重所在，又宜有镇守之重臣。然后车驾可以周行天下，无内外之虑。吾今当征贼，欲守之积年。其以尚书令、颍乡侯陈群为镇军大将军，尚书仆射、西乡侯司马懿为抚军大将军。若吾临江授诸将方略，则抚军当留许昌，督后诸军，录后台文书事；镇军随车驾，当董督众军，录行尚书事；皆假节鼓吹，给中军兵骑六百人。吾欲去江数里，筑宫室，往来其中；见贼可击之形，便出奇兵击之。若或未可，则当舒六军以游猎，飨赐军士。”

〔二〕《魏书》载帝于马上为诗曰：“观兵临江水，水流何汤汤！戈矛成山林，玄甲耀日光。猛将怀暴怒，胆气正纵横。谁云江水广？一苇可以航！不战屈敌虏，戢兵称贤良。古公宅岐邑，实始剪殷商。孟献营虎牢，郑人惧稽颡。充国务耕植，先零自破亡。兴农淮、泗间，筑室都徐方。量宜运权略，六军咸悦康！岂如《东山》诗，悠悠多忧伤？”

七年春正月，将幸许昌。许昌城南门，无故自崩；帝心恶之，遂不入。壬子〔1〕，行还洛阳宫。三月，筑九华台〔2〕。

夏五月，丙辰〔3〕，帝疾笃〔4〕。召中军大将军曹真、镇军大将军陈群、征东大将军曹休、抚军大将军司马宣王〔5〕，并受遗诏，辅嗣主。遣后宫淑媛、昭仪以下归其家。丁巳〔6〕，帝崩于嘉福殿。时年四十。〔一〕

六月，戊寅〔7〕，葬首阳陵。自殡及葬，皆以终制从事〔8〕。〔二〕

【注释】

〔1〕壬子：旧历初十日。 〔2〕九华台：楼台名。位于天渊池中。〔3〕丙辰：旧历十六日。 〔4〕疾笃：病重。 〔5〕中军大将军：官名。职责与大将军相同。曹丕称帝之后，有意提拔与自己关系亲密的宗族将领曹真来主持朝廷军务。但因曹真年资不高，当时只是镇西将军，不好一下给以大将军的高位，因而特别为他设立上军大将军、中军大将军两个过渡名号。黄初三年曹真升任上军大将军，进京主持全国军务。同年又转中军大将军。四年后出任大将军。在曹真之后，无人再担任上军大将军和中军大将军的官职。 曹真(？—公元231)：传见本书卷九。镇军大将军：官名。曹丕称帝之后，经常率领大军外出。他授给一直随行的尚书令陈群以镇军大将军的名号，让他在处理尚书台公务的同时，

协助自己处理行军事务并监督各军。　陈群(？—公元236)：传见本书卷二十二。　征东大将军：官名。负责领兵征伐。当时领兵将领有征东、征南、征西、征北四将军，合称“四征”，官位在“四镇”之上。如果出任者资望高，则在“将军”之前加“大”字。征东将军通常驻防淮南。　曹休(？—公元228)：传见本书卷九。　抚军大将军：官名。职责是在魏文帝曹丕率军外出时，镇守后方，征调后备军和供应军用物资。司马宣王：即司马懿(公元179—251)。字仲达，河内郡温县(今河南温县西)人。出身于世家大族，历仕曹操、曹丕、曹叡和曹芳四代，官至太傅。嘉平元年(公元249)，他发动政变，杀死执政的曹爽(曹真之子)，控制朝政大权，为西晋王朝的建立奠定基础。公元266年，他的孙子司马炎代魏称帝，建立晋朝。司马懿死后，先被追谥为宣王，后又追谥为宣帝。事见《晋书》卷一《宣帝纪》。陈寿的《三国志》写于西晋，所以用谥号尊称司马懿。此处所列魏文帝病危时所召见的辅政大臣，共有曹真、陈群、曹休和司马懿四人。然而事实上，文帝临死时真正入宫觐见的只有三人，曹休并没有能够当面参与接受遗命。这一情况的出现有复杂的原因，并曾导致曹魏政治上的不良后果。〔6〕丁巳：旧历十七日。〔7〕戊寅：旧历初九日。〔8〕从事：办理。埋葬魏文帝的首阳陵，在今河南洛阳市北郊的北邙山。

【裴注】

〔一〕《魏书》曰：“殡于崇华前殿。”

〔二〕《魏氏春秋》曰：“明帝将送葬，曹真、陈群、王朗等以暑热固谏；乃止。”

孙盛曰：“夫窀穸之事，孝子之极痛也！人伦之道，于斯莫重。故天子七月而葬，同轨毕至。夫以义感之情，犹尽临隧之哀；况乎天性发中，敦礼者重之哉！魏氏之德，仍世不基矣。昔华元厚葬，君子以为弃君于恶；群等之谏，弃孰甚焉！”

鄄城侯植为诔曰：

“惟黄初七年五月〔十〕七日，大行皇帝崩，呜呼哀哉！于时天震地骇，崩山陨霜；阳精薄景，五纬错行；百姓呼嗟，万国悲伤；若丧考妣，(恩过慕)〔思慕过〕唐；擗踊郊野，仰想穹苍；佥曰何辜，早世殒丧。呜呼哀哉！悲夫大行，忽焉光灭；永弃万国，云往雨绝。承问荒忽，惛懵哽咽；袖锋抽刃，叹自僵毙；追慕三良，甘心同穴。感惟南风，惟以郁滞；终于偕没，指景自誓。考诸先记，寻之哲言；生若浮寄，唯德可论；朝闻夕逝，孔志所存。皇虽一没，天禄永延；何以述德？表之素旃。何以咏功？宣之管弦。乃作诔曰：

皓皓太素，两仪始分；中和产物，肇有人伦。爰暨三皇，实秉道真；降逮五帝，继以懿纯；三代制作，踵武立勋。季嗣不维，网漏于秦；崩乐灭学，儒坑礼焚；二世而歼，汉氏乃因；弗求古训，嬴政是遵；王纲帝典，阒尔无闻。末光幽昧，道究运迁；乾坤回历，简圣授贤；乃眷大行，属以黎元；龙飞启祚，合契上玄；五行定纪，改号革年；明明赫赫，受命于天；仁风偃物，德以礼宣。详惟圣质，嶷在幼妍；庶几六典，学不过庭；潜心无罔，抗志青冥；才秀藻朗，如玉之莹；听察无响，瞻睹未形；其刚如金，其贞如琼；如冰之洁，如砥之平。爵公无私，戮违无轻；心镜万机，揽照下情。思良股肱，嘉昔伊、吕；搜扬侧陋，举汤代禹；拔才岩穴，取士蓬户；唯德是萦，弗拘祢祖。宅土之表，道义是图；弗营厥险，六合是虞。齐契共遵，下以纯民；恢拓规矩，克绍前人；科条品制，褒贬以因。乘殷之辂，行夏之辰；金根黄屋，翠葆龙鳞；绋冕崇丽，衡纨维新；尊肃礼容，瞩之若神。方牧妙举，钦于恤民；虎将荷节，镇彼四邻；朱旗所剿，九壤被震；畴克不若？孰敢不臣？悬旌海表，万里无尘。虏备凶彻，鸟殪江岷；权若涸鱼，乾腊矫鳞；肃慎纳贡，越裳效珍；条支绝域，侍子内宾。德侪先皇，功侔太古；上灵降瑞，黄初叔祜；河龙洛龟，凌波游下；平钧应绳，神鸾翔舞；数荚阶除，系风扇暑；皓兽素禽，飞走郊野；神钟宝鼎，形自旧土；云英甘露，瀸涂被宇；灵芝冒沼，朱华荫渚；回回凯风，祁祁甘雨；稼穑丰登，我稷我黍：家佩惠君，户蒙慈父。图致太和，洽德全义；将登介山，先皇作俪；镌石纪勋，兼录众瑞；方隆封禅，归功天地；宾礼百灵，勋命视规；望祭四岳，燎封奉柴；肃于南郊，宗祀上帝；三牲既供，夏禘秋尝；元侯佐祭，献璧奉璋；鸾舆幽蔼，龙旂大常。爰迄太庙，钟鼓锽锽；颂德咏功，八佾锵锵；皇祖既飨，烈考来享；神具醉止，降兹福祥。天地震荡，大行康之；三辰暗昧，大行光之；皇纮绝维，大行纲之；神器莫统，大行当之；礼乐废弛，大行张之；仁义陆沉，大行扬之；潜龙隐凤，大行翔之；疏狄遐康，大行匡之。在位七载，〔元〕〔九〕功仍举；将永太和，绝迹三五；宜作物师，长为神主；寿终金石，等算东父；如何奄忽，摧身后土？俾我茕茕，靡瞻靡顾！嗟嗟皇穹，胡宁忍(务)〔予〕？呜呼哀哉！明监吉凶，体远存亡；深垂典制，申之嗣皇。圣上虔奉，是顺是将；乃创玄宇，基为首阳；拟迹穀林，追尧慕唐；合山同陵，不树不疆，涂车刍灵，珠玉靡藏。百神警侍，来宾幽堂；耕禽田兽，望魂之翔。

于是，俟大隧之致功兮，练元辰之淑祯，潜华体于梓宫兮，凭正殿以居灵；顾望嗣之号咷兮，存临者之悲声；悼晏驾之既修兮，感容车之速征；浮飞魂于轻霄兮，就黄墟以灭形；背三光之昭晰兮，归玄宅之冥冥；嗟一往之不返兮，痛阏闼之长扃！咨远臣之眇眇兮，感凶讳以怛惊；心孤绝而靡告兮，纷流涕而交颈；思恩荣以横奔兮，阂阙塞之晓峥；顾衰绖以轻举兮，迫关防之我婴；欲高飞而遥憩兮，惮天网之远经；遥投骨于山足兮，报恩养于下庭；慨拊心而自悼兮，惧施重而命轻；嗟微躯之是效兮，甘九死而忘生；几司命之役籍兮，先黄发而陨零；天盖高而察卑兮，冀神明之我听；独郁伊而莫诉兮，追顾景而怜形；奏斯文以写思兮，结翰墨以敷诚。呜呼哀哉！”

初，帝好文学，以著述为务。自所勒成垂百篇[1]；又使诸儒撰集经传，随类相从，凡千余篇，号曰《皇览》[2]。[一]

【注释】

〔1〕勒成：编定。　垂：将近。　〔2〕《皇览》：书名。我国第一部分类编纂的大型类书。具有大百科全书的性质和规模。参加编纂者已知有王象、刘劭、桓范、韦诞、缪袭等人。自延康元年（公元220）开始，至黄初三年（公元222）完成。全书分四十余部，每部数十篇。共有一千余篇，八百多万字。现今全书不存，仅有佚文一卷。

【裴注】

〔一〕《魏书》曰：“帝初在东宫，疫疠大起，时人凋伤。帝深感叹，与素所敬者大理王朗书曰：‘生有七尺之形，死唯一棺之土；唯立德扬名，可以不朽；其次莫如著篇籍。疫疠数起，士人凋落；余独何人，能全其寿？’故论撰所著《典论》、诗赋，盖百余篇。集诸儒于肃（城）〔成〕门内，讲论大义，侃侃无倦。常嘉汉文帝之为君，宽仁玄默；务欲以德化民，有贤圣之风。时文学诸儒，或以为‘孝文虽贤，其于聪明，通达国体，不如贾谊’。帝由是著《太宗论》曰：‘昔有苗不宾，重华舞以干戚；尉佗称帝，孝文抚以恩德；吴王不朝，锡之几杖以抚其意。而天下赖安，乃弘三章之教，恺悌之化；欲使曩时累息之民，得阔步高谈，无危惧之心。若贾谊之才敏，筹画国政；特贤臣之器，管、晏之姿；

岂若孝文，大人之量哉?’三年之中，以孙权不服，复颁《太宗论》于天下，明示不愿征伐也。他日又从容言曰：‘顾我亦有所不取于汉文帝者三：杀薄昭；幸邓通；慎夫人衣不曳地，集上书囊为帐帷。以为汉文俭而无法；舅后之家，但当养育以恩而不当假借以权，既触罪法，又不得不害矣。’其欲秉持中道，以为帝王仪表者如此。”

胡冲《吴历》曰：“帝以素书所著《典论》及诗赋饷孙权；又以纸写一通，与张昭。”

评曰：文帝天资文藻〔1〕，下笔成章；博闻强识，才艺兼该〔2〕。〔一〕若加之旷大之度，励以公平之诚；迈志存道〔3〕，克广德心〔4〕：则古之贤主，何远之有哉!

【注释】

〔1〕天资：先天赋予。 文藻：文采。指出色的文才。 〔2〕艺：指体育、艺术等方面的技能。 〔3〕迈志：立志高远。 存道：留心于正道。 〔4〕克：能够。

【裴注】

〔一〕《典论》帝《自叙》曰：“初平之元，董卓杀主鸩后，荡覆王室。是时四海既困中平之政，兼恶卓之凶逆；家家思乱，人人自危。山东牧守，咸以《春秋》之义，‘卫人讨州吁于濮’，言人人皆得讨贼。于是大兴义兵，名豪大侠，富室强族；飘扬云会，万里相赴。兖、豫之师战于荥阳，河内之甲军于孟津。卓遂迁大驾，西都长安。而山东大者连郡国，中者婴城邑，小者聚阡陌，以还相吞灭。会黄巾盛于海岱，山寇暴于并、冀；乘胜转攻，席卷而南，乡邑望烟而奔，城郭睹尘而溃；百姓死亡，暴骨如莽。余时年五岁，上以世方扰乱，教余学射，六岁而知射，又教余骑马；八岁而能骑射矣。以时之多(故)〔难〕，每征〔伐〕，余〔乘马〕常从。建安初，上南征荆州，至宛，张绣降，旬日而反；亡兄孝廉子修、从兄安民遇害。时余年十一岁，乘马得脱。夫文武之道，各随时而用；生于中平之季，长于戎旅之间；是以少好弓马，于今不衰；逐禽辄十里，驰射常百步；日多体健，心每不厌。建安十年，始定冀州；涉、貊贡良弓，燕、代献名马。时岁之暮春，勾芒司节，和风扇物；弓燥手柔，草浅兽肥。与族兄子丹，猎于邺西，终日手获獐鹿九，雉兔三十。后军南征次曲蠡，尚书令荀彧奉使犒军。见余，谈论之末，彧言：‘闻君善左右射，此实难能。’余言：‘执事未睹夫项发口纵，俯马蹄而仰月支也。’彧喜笑曰：‘乃尔！’余曰：‘埒有常径，的有常所；虽每发辄中，非至妙也！若驰平原，赴丰草，要狡兽，截轻禽；使弓不虚弯，所中必洞，斯则妙矣！’时军祭酒张京在坐，顾彧拊手曰：“善！”余又学击剑，阅师多矣；四方之法各异，唯京师为善。桓、灵之间，有虎贲王越，善斯术，称于京师。河南史阿，言昔与越游，具得其法；余从阿学之精熟。尝与平虏将军刘勋、奋威将军邓展等共饮。宿闻展善有手臂，晓五兵，又称其能空手入白刃。余与论剑良久，谓言：‘将军法非也！余顾尝好之，又得善术。’因求与余对。时酒酣耳热，方食甘蔗，便以为杖；下殿数交，三中其臂，左右大笑。展意不平，求更为之。余言：‘吾法急属，难相中面，故齐臂耳！’展言‘愿复一交’。余知其欲突以取交中也，因伪深进；展果寻前，余却脚鄛，正截其颡，坐中惊视。余还坐，笑曰：‘昔阳庆使淳于意去其故方，更授以秘术。今余亦愿邓将军捐弃故伎，更受要道也！’一坐尽欢。夫事不可自谓已长。余少晓持复，自谓无对；俗名双戟为‘坐铁室’，镶盾为‘蔽木户’。后从陈国袁敏学，以单攻复，每为若神，对家不知所出。先日若逢敏于狭路，直决耳！余于他戏弄之事少所喜，唯弹棋略尽其巧，少为之赋。昔京师先工有马合乡侯、东方安世、张公子，常恨不得与彼数子者对。上雅好诗书文籍，虽在军旅，手不释卷。每每定省从容，常言：‘人少好学则思专，长则善忘；长大而能勤学者，唯吾与袁伯业耳！’余是以少诵诗、论，及长而备历五经、四部，《史》、《汉》、诸子百家之言，靡不毕览。”

《博物志》曰：“帝善弹棋，能用手巾角。时有一书生，又能低头以所冠著葛巾角撇棋。”

【译文】

文皇帝名丕，字子桓。是武帝曹操的太子。东汉灵帝中平四年(公元 187)冬天，出生在谯县。东汉献帝建安十六年(公元 211)，被任命为五官中郎将，充当丞相的副手。建安二十二年(公元 217)，被确立为魏王太子。

太祖去世，他继位为丞相、魏王。尊称生母王后卞氏为王太后。改建安二十五年为延康元年。

延康元年(公元 220)二月十六日壬戌，魏王任命太中大夫贾诩为魏国的太尉，御史大夫华歆为魏国的相国，大理王朗为魏国的御史大夫。又在魏国设置散骑常侍、散骑侍郎各四人。魏王还下达指令：宦官在宫廷当官，不准超过少府卿下属各署的负责官职；并把这一指令铸在金属板上，收藏在石头建造的档案馆中。

起初，在东汉灵帝熹平五年(公元176)，有黄龙出现在谯县。光禄大夫桥玄问太史令单飏："这是什么征兆呢?"单飏回答说："这个地方，以后会有帝王兴起。不到五十年，黄龙还要在谯县出现。上天安排好的事总会用具体的现象来向人们预示，这里黄龙出现就是一个证明。"内黄县人殷登默默记住了他的话。过了四十五年，殷登还健在。延康元年这一年的三月，黄龙又出现在谯县，殷登听到后说："单飏的话，大概这时应验了!"

三月初三日己卯，魏王任命前将军夏侯惇为魏国的大将军。涉貊、扶余的单于，焉耆、于阗的国王都各自派遣使者来向魏国进贡。

夏四月十二日丁巳，饶安县报告说有白色的野鸡出现。二十五日庚午，大将军夏侯惇去世。

五月初三日戊寅，献帝指示魏王追尊祖父太尉曹嵩为太王，曹嵩的夫人丁氏为太王后；又封魏王的儿子曹叡为武德侯。这一月，左冯翊山区的叛乱者郑甘、王照率领部下来投降，都封为列侯。酒泉郡人黄华、张掖郡人张进各自抓了本郡的太守造反；金城郡太守苏则讨伐张进，将他斩首，黄华投降。

六月初七日辛亥，魏王在邺城东郊训练军队。二十六日庚午，魏王率领大兵南征。

秋七月初六日庚辰，魏王下达指令说："轩辕黄帝曾设有议政的明台，唐尧也曾设有问政的衢室；这都是用来广泛征询下面的意见。各级官员，务必要根据本职情况尽量给我提出规劝：将领要陈述军队法规，朝廷士大夫要阐明政治制度，州牧和郡太守要报告行政事务，议论政事的顾问要从儒家的六经中考求治国之道。我将广为阅览。"

孙权派遣使者前来进贡。刘备的部将孟达率领人马投降。武都郡的氐族首领杨仆率领本部落的人进入内地归附朝廷，居住在汉阳郡。

这一月二十日甲午，魏王率大军在谯县停留。在县城东面大摆宴席犒劳军队和谯县的父老乡亲。八月，石邑县报告说有凤凰飞来聚集。

冬十月初一日癸卯，魏王下达指令说："将领们出征，士兵死亡后有的还没有收尸。我对此很觉得伤心。要通告各个郡国：提供棺材安放死者的遗体，然后运到他们的家中；公家还要为他们安排祭奠活动。"初四日丙午，魏王来到许都东南的曲蠡。

汉献帝因为看到大众的心都归向魏国，就召集公卿百官，到高祖的神庙祭祀并禀告自己将要把帝位禅让给魏王。然后派遣兼任御史大夫张音，手持节杖奉送皇帝的印绶与魏王正式让位，并向魏王宣读册文说："啊！魏王：从前唐尧让位于虞舜，虞舜也让位于夏禹；禀承天命为君主的事情不会固定不变，君主的位置只属于有德的人。汉朝政治衰颓，社会丧失了秩序。到了我在位的时候，大乱更加严重。群凶放肆作恶，国家动荡不宁。依赖魏武王非凡的军事才能，在四方拯救危难；使华夏逐渐清静，我的宗庙也得到保护和安定；岂止我一个人获得平安，就是全国远近地区的人民也都受到了他的恩赐。现今魏王您恭恭敬敬继承了先人的事业，表现出自己光辉的品德；要发展文治武功的大业，显扬您父亲的丰功伟绩；上天已经降下了祥瑞，人民和神灵也来告知吉祥的征兆。我现在慎重考虑禅让帝位给您，大家讨论了我的决定，都说：'您的决定能够使您和魏王亲密无间，是遵从唐尧定下的制度和准则，应该恭恭敬敬退位。'哎呀！上天所安排的帝王继承次序已经轮到了您，我如果实实在在保持正确处世态度的话，就应当看出上天赐给汉朝的禄位已经永远终结了。您要恭恭敬敬举行受禅即位的盛大仪式，享有统治全国各地的权利，以严肃地承受天命。"

于是在繁阳亭建筑一座举行受禅仪式的土坛。这一月二十八日庚午，魏王登坛就皇帝位，百官在旁边陪同。仪式的各个具体事项结束之后，皇帝下坛，观看燎祭的火焰，完成最后的礼仪才回去。宣布改年号延康为黄初，大赦天下。

魏文帝黄初元年(公元220)十一月初一日癸酉，以河内郡山阳县一万民户供养汉献帝，称之为山阳公；山阳公依旧使用汉朝的历法；可以用天子的礼仪举行郊祭；向魏帝上书时不必称臣；还能够参加京城的宗庙祭祀活动，亲自进献祭祖的肉食；又封山阳公的四个儿子为列侯。魏文帝宣布追尊皇祖太王曹嵩为太皇帝，父亲武王曹操为武皇帝，尊称王太后卞氏为皇太后。赐天下男子每人爵位一级；充当父亲继承人的和孝敬父母爱护兄弟努力从事农业生产的，每个男子赐爵位两级。原来汉朝的皇族亲王都改封为崇德侯，皇族列侯都改封为关中侯。把颍阴县的繁阳亭升格为繁昌县。其他人员封爵升官奖赏各有差别。

改相国为司徒、御史大夫为司空、奉常为太常、郎中令为光禄勋、大理为廷尉、大农为大司农。郡、国、县的名称，也作了很多改变。重新授予匈奴族南部单于呼厨泉以魏朝刻制的印章连同绶带，赐给他青盖车、皇帝的专用车队、宝剑、玉玦。

十二月，开始营建洛阳皇宫。这一月十七日戊午，文帝驾临洛阳。

这一年，长水校尉戴陵劝告文帝不应当多次外出打猎。文帝大怒，结果戴陵被处以仅比死刑轻一等的刑罚。

黄初二年(公元221)春正月，文帝在郊外祭祀天地，在明堂祭祀五方上帝。初三日甲戌，文帝打猎到达原陵，派遣使者以牛、羊、猪三牲在原陵祭祀东汉光武帝刘秀。初四日乙亥，文帝在京城东郊祭祀太阳。开始要求郡国人口满十万的，每年推举孝廉一人；如果有优秀不凡的人才，则不受户口数量的限制。初十日辛巳，允许太尉、司徒、司空这三公可以从自己封地中分出一部分民户，转封给自己的子弟一人为列侯。十一日壬午，免除颍川郡民户一年的田租。改许县为许昌县。改魏郡东部为阳平郡，魏郡西部为广平郡。

文帝下诏说："从前孔子具备大圣的才能，怀有帝王的气质；可惜生在周朝衰落的末年，没有禀受天命担当君主的运气，身在鲁国、卫国的朝廷，教育感化推行于洙水、泗水之滨；忙忙碌碌，惶惶不安，总想委屈自己以保存正道，降低身份来拯救世人。当时的王公终究没有人任用他；他就隐退民间，考察以往唐、虞、夏、商、周五代的礼制，建立后代帝王所遵循的治国之道。他依据鲁国史书而编定《春秋》，访问周朝乐官而修正《雅》、《颂》

的音乐篇章。使得千年之后，人们在复述前人的学说或创造自己的理论时，没有谁不以他的著作为标准；在治理社会时，没有谁不仰仗他的圣明来完成自己的计划。哎，他可以说是世间著名的大圣，亿万年人们学习的楷模啊！由于碰到了天下大乱，各种祭祀全都受到破坏。孔子故居的神庙，也遭到毁损而未能重修；褒成侯这一爵位的继承，在汉末断绝之后也没有能接上。孔子故里听不到讲课读书的声音；一年四季看不到祭祀孔子的神位。这难道就是所谓的尊崇礼教酬报功勋吗？就是所谓的凡有大德者世代都要祭祀吗？我现在封议郎孔羡为宗圣侯，食邑一百户，负责承当对孔子的祭祀。命令鲁郡修复孔子的神庙，派遣一百户专门承担兵役的家庭充任神庙的守卫；又在神庙外围建造大批房屋，供给求学的儒生居住。”

三月，加授辽东郡太守公孙渊为车骑将军。开始恢复使用五铢钱。

夏四月，任命车骑将军曹仁为大将军。五月，郑甘再度反叛，派遣曹仁去讨伐，将其斩首。

六月初一日庚子，初次祭祀泰山、华山、衡山、恒山、嵩山五岳，以及长江、黄河、淮河、济水四渎，比照人间官爵的等级给予山川群神以相应礼仪规格的祭祀。这一月二十八日丁卯，夫人甄氏去世。二十九日戊辰是月终，发生了日食；有关官员按惯例呈上奏章请求罢免太尉。文帝下诏说：“灾害和异常现象的发生，是上天用来谴责君主的；君主反而归罪于辅政大臣，这难道合乎夏禹、商汤归罪于自己的道理吗？我命令：百官各自尽忠职守，今后天上地下再有灾害或异常现象发生，不要再弹劾三公。”

秋八月，孙权派遣使者呈送奏章，并且把于禁等人放回。这一月十九日丁巳，文帝派遣太常邢贞手持节杖前去任命孙权为大将军，封吴王，加赐车马、衣服、乐器、红色大门、登殿阶梯、侍卫勇士、斧钺、弓箭、香酒等九种礼物。

冬十月，任命杨彪为光禄大夫。由于粮食价格昂贵，停止使用五铢钱。十一月十三日己卯，任命大将军曹仁为大司马。

十二月，文帝到东方巡察。这一年，在皇宫中修建陵云台。

黄初三年(公元222)春正月初一日丙子，发生日食。这一月初五日庚午，文帝驾临许昌皇宫。下诏说：“现今的上计吏、孝廉，就相当于古代地方向中央进贡的人才。一个只有十户人家的小城，也一定会有忠贞诚实的人。如果先限定年龄再选取人才，那么年老的吕尚、年幼的周太子晋，都不会在从前的时代出名。我命令：郡国行政长官举荐人才时，不受年龄大小的限制；儒生只要通晓经学，办事人员只要熟悉文书法令，来了都可以试用。有关官员要检举故意弄虚作假的人。”

二月，西域的鄯善、龟兹、于阗国王各自派遣使者前来进贡。文帝下诏说：“西方的少数族服从统治，氐族、羌族都来朝见中原王朝的君主，这是《诗经》、《尚书》都赞美的事情。近来西域的境外少数族一齐来到边塞归附，要派遣使者去安抚慰劳他们。”从这以后与西域的来往开始畅通，魏朝在西域设置了戊己都尉。

三月初一日乙丑，宣布立齐公曹叡，为平原王；文帝弟弟鄢陵公曹彰等皇族近亲十一人，也都封王。开始规定：始封开国的皇族亲王，其小妾所生的儿子封为乡公；继承父亲王爵的皇族亲王，其小妾所生的儿子封为亭侯；皇族公爵，其小妾所生的儿子封为亭伯。初十日甲戌，立皇子曹霖为河东王。三十日甲午，文帝巡察到达襄邑县。

夏四月十四日戊申，立鄄城侯曹植为鄄城王。二十九日癸亥，文帝巡察回到许昌皇宫。五月，以荆、扬二州在长江以南的八个郡为荆州，这是由于占据着这八个郡的孙权兼任了荆州牧的缘故；荆州在长江以北的郡，改立为郢州。

闰六月，孙权在夷陵县击溃刘备的大军。起初，文帝听说刘备领兵东下，与孙权交战，树立栅栏连接军营长达七百多里。就对群臣说：“刘备不懂得用兵，哪里有七百里长营能够抗拒敌人的呢？‘在四周被低湿平地或险阻山丘所包围的地域驻军的，将被敌人擒获’，这是兵家所说的大忌啊！孙权报捷的文书现在要到了。”七天之后，孙权击溃刘备的报告果然送到。

秋七月，冀州发生大蝗灾。百姓遭受饥荒，文帝派尚书杜畿手持节杖前去，打开仓库赈济人民。八月，蜀国大将黄权率领部下前来投降。

九月初三日甲午，文帝下诏说：“妇人参与政事，是祸乱产生的根源。从今以后，群臣不准向太后上奏政事；皇后家的亲属不能担任辅佐朝政的官职；也不准无缘无故接受封地和爵位。要把这道诏书传给后世：如果有人违背，天下的人都要起来诛灭他！”初九日庚子，立郭氏为皇后。赐天下男子每人爵位二级；孤寡老人、严重病残和贫困得不能养活自己的人，都赐给粮食。

冬十月初三日甲子，用标志标出首阳山东面的地域作为文帝的陵园。文帝还预先留下遗嘱说：“按照礼制，国君即位之后就要制作自己的棺材：表示活着不忘记死亡。从前唐尧埋葬在穀林，入葬之后填平墓穴，连同周围地域一并栽上树木；夏禹埋葬在会稽，当地农民不受任何影响甚至不必迁移到其他地方耕种。所以埋葬在山林，就要和山林合为一体；在墓穴上面垒起土堆，又在土堆上面栽上树木，这种制度不是上古时候有的，我不会采取。我的墓穴要利用自然的山形构成，墓穴上面不垒土堆，更不在土堆上栽树；不要在旁边修祭祀的殿堂，不要在周围建高墙围起来的园林，也不要在前方修筑两旁立着石人、石兽的大路。葬，意思就是藏，是想别人看不见。枯骨没有痛痒的知觉，墓穴也不是精神居住的房屋。礼仪上规定不到墓前祭奠，就是想使生者不要去打扰死者。做我的棺椁时厚度只要能保持到骨头腐朽就够了，穿衣盖被时件数只要能保持到肌肉腐朽也就够了。我之所以要选这块不能耕种的荒山营建墓地，就是想将来改朝换代之后没有人知道埋葬我的地点。墓穴里面不要放置防潮的芦苇、炭灰，也不要藏入金、银、铜、铁制成的殉葬物品；一律用陶器殉葬，以符合古代只用泥车、草人草马之类简朴物品殉葬的风俗。装我遗体的棺材，只需在合缝的地方漆上三遍。遗体口中含的东西不要用珍珠玉器，也不要给遗体穿上金缕玉衣：这些都是无知的俗人才干的事。季平子死后用美玉做殉葬品，孔子跑步登上殿堂的台阶去阻止，把这比喻为在原野上暴露尸体。宋文公死，华元、乐莒为他举行厚葬，《左传》作者左丘明说他们不尽臣职，把国君置于作恶的境地。汉文帝的霸陵一直保存完好，是因为他死后不追求厚葬的缘故；汉光武帝的原陵后来被人发掘，是因为他的墓穴上面既垒土堆又种树木的缘故。霸陵的完好，功劳归于奉劝汉文帝实行薄葬的张释之；原陵的被盗，罪过归于违背光武帝遗嘱实行厚葬的汉明帝。由此可见张释之忠于君主，使君主得到利益；汉明帝热爱父亲，却使父亲遭到损害。凡是忠臣孝子，应当好生思考孔子、左丘明、张释之的话语，认真以华元、乐莒、汉明帝为鉴戒；关心怎么样才能够让君主父亲死后得到安宁，使他的魂灵经过一万年也没有危险：这就是真正的忠孝了。从古到今，没有不灭亡的国家，也没有不被发掘的陵墓啊。自从汉末天下动乱以来，汉朝皇室的各个陵墓都遭到了发掘；盗墓者为了取下金缕玉衣，甚至放火烧光尸骨。这简直是在受火刑，岂不是在死亡之后又遭受一次痛苦吗！祸害都起源于厚葬，起源于在墓穴上面垒土堆又种树。'桑家、霍家就是我的鉴戒'，张临说的这句话道理不是很明白吗？皇后和贵人以下的妃子，凡是不跟随封王的儿子到封国去的，死了都埋在这片陵园的溪涧西边；此前已经把这处地点标明了。从前虞舜葬在苍梧，他的两个妃子都没有和他埋在一起；吴国的季札埋葬儿子，也远在北方的嬴县、博县之间。魂魄真的有灵，没有不能去的地方；那么隔着一条溪涧，也不能算远。如果以后违反今天这道诏书，妄加改变内容；建造陵墓实施厚葬，那就相当于使我在地下的尸体遭到残害，残害又加残害，死亡又再死亡。真是这样，臣僚、儿子就背弃了你们死去的君主、父亲，属于不忠不孝；假使死者有知觉，将不会保佑你们！要把这道诏书收藏在宗庙，副本分放在尚书台、秘书署和太尉、司徒、司空三公的官府。"

这一月，孙权再次反叛。恢复郢州为荆州。文帝从许昌南征孙权，各路大军齐头并进，孙权赶到长江一线抵抗防守。十一月十一日辛丑，文帝到达宛县。三十日庚申月终，发生日食。

这一年，在皇宫内开挖灵芝池。

黄初四年(公元223)春正月，文帝下诏说："汉末大乱以来，战争一直没有停止。天下的人，相互残杀。现今国家开始安定，胆敢有私自复仇杀人的，都将处以诛灭父母、妻室儿女、同胞兄弟姐妹的刑罚。"在宛城修筑南巡台。

三月初八日丙申，文帝从宛城回到洛阳皇宫。十五日癸卯，月亮接触到心宿三星中间那颗大星。十九日丁未，大司马曹仁去世。这一月，发生了大瘟疫。

夏五月，有鹈鹕鸟聚集在灵芝池。文帝下诏说："这就是过去诗人叫做污泽的鸟啊。《诗经》的《曹风》中有《候人》一诗，《毛诗序》说这首诗是'讽刺曹恭公疏远君子而亲近小人'，现今难道说有贤才智士处在低下的地位吗？否则这种鸟为什么飞来呢？要广泛举荐天下有优秀道德杰出才能的人和不合流俗的君子，以消除像曹国人那样的讽刺。"

六月十七日甲戌，任城王曹彰，在京城去世。二十七日甲申，太尉贾诩去世。金星在白天出现。这一月天降大雨，伊水、洛水泛滥，淹死百姓，冲坏房屋。

秋八月十一日丁卯，任命廷尉钟繇为太尉。十五日辛未，文帝在荥阳县境内打猎，然后到东方巡察。评定参加征讨孙权者的功劳，将领们以下晋升爵位、增加食邑户数各有差别。九月十九日甲辰，文帝驾临许昌宫。

黄初五年(公元224)春正月，开始规定："只有谋反的大逆不道行为才允许到官府检举告发；其他情况的检举告发一律不予受理。胆敢诬告他人的，诬告他人有什么罪行，就用这种罪行惩处诬告者。"三月，文帝从许昌回到洛阳皇宫。

夏四月，在京城建立太学；制定儒家五经的考试办法，设置《春秋穀梁传》的博士。五月，有关官员在每月的朔日和望日公卿入朝聚会时，借机会上奏疑难公务；共同听取和决断重大政事，议论政治得失。

秋七月，文帝到东方巡察，驾临许昌宫。八月，组成水军，文帝亲自登上龙船。沿着蔡水、颍水，进入淮河，直抵寿春县城。他下令："扬州境内的将领、官员、士兵、百姓，凡是犯法被处以做苦工五年以下刑罚的，都给予赦免。"九月，文帝抵达广陵郡。对青、徐二州宣布大赦，更换各处将领、太守。

冬十月初六日乙卯，金星在白天出现。文帝回到许昌皇宫。十一月十一日庚寅，因为冀州发生饥荒，派遣使者打开仓库赈济百姓。二十九日戊申月终，发生日食。

十二月，文帝下诏说："早先的君王制定出祭祀的礼仪，是用来显示孝心尊奉祖先的：大的是祭天地，祭土神谷神，其次是祭祖宗，祭日月星，祭五方天帝，祭名山大川。不属于这一类的祭祀对象，祭祀的礼仪制度就不予列入。末落时期社会衰败混乱，人们崇拜相信巫师；以至于宫殿之内，门窗之间，无论何处都把酒浇在地上祭神祭鬼。受到的迷惑真是太深了！从今以后，胆敢再进行不属于礼仪规定的祭祀和迷信巫师的话的，都以宣扬邪道论处。这一条要记载在国家的法令规章里。”

这一年，在皇宫里开挖天渊池。

黄初六年(公元225)春二月，文帝派使者巡视许昌以东地区，直到沛郡为止。了解百姓的疾苦，对穷人进行赈济。三月，文帝出行驾临召陵县，开通讨虏渠。二十八日乙巳，文帝回到许昌皇宫。并州刺史梁习讨伐鲜卑族首领轲比能，把他打得大败。闰三月二十四日辛未，文帝组织水军东征孙权。

五月初二日戊申，文帝率军到达谯县。十四日壬戌，火星进入太微垣星区。

六月，利城郡士兵蔡方等人占领该郡造反，杀死太守徐质。文帝派屯骑校尉任福、步兵校尉段昭会同青州刺史讨伐平定了这场叛乱；在叛乱中被强迫参加和事后畏罪逃亡的，都被赦免。

秋七月，立皇子曹鉴为东武阳王。八月，文帝派遣水军从谯县沿着涡水进入淮河。自己则从陆路亲临徐州。九月，修筑东巡台。

冬十月，文帝驾临广陵过去的县城，在长江北岸检阅军队以显示武力。兵将十多万人，旌旗沿江蔓延数百里长。这一年冬天特别寒冷，河道结了厚冰，水军的舟船进不了长江；于是率领大军回还。十一月，东武阳王曹鉴去世。十二月，从谯县经过梁国，派遣使者以牛、羊、猪三牲祭祀已故的汉朝太尉桥玄。

黄初七年(公元226)春正月，文帝大驾将临许昌。许昌城南门，无缘无故自己崩塌；文帝心里不痛快，就不进许昌城。初十日壬子，文帝回到洛阳皇宫。三月，在皇宫里修筑九华台。

夏五月十六日丙辰，文帝病重。召集中军大将军曹真、镇军大将军陈群、征东大将军曹休、抚军大将军司马懿，一齐接受遗诏，辅佐继位的君主。下令遣散后宫淑媛、昭仪以下的妃子们回家。这一月十七日丁巳，文帝在皇宫内嘉福殿去世。终年四十岁。

六月初九日戊寅，他被埋葬在首阳陵。从遗体装棺材到安葬，都按照文帝生前预先留下的遗嘱办理。

当初，文帝喜好文学，专心从事著述。自己亲手编定的作品将近有一百篇；又召集学者让他们从经传当中抄写收集资料，分类排列，编成一千多篇，书名叫做《皇览》。

评论说：文帝先天具有出色的文才，提起笔来就能写出文章；知识面广，记忆力强，才能和技艺兼而有之。如果能够具有宽宏的度量，用公平的诚心来勉励自己；立志高远，留心正道，广施德泽：那么他与古代的贤明君主相比，差距又会有多远呢？

【三国志译注卷三】　　魏志三

明帝纪第三

明皇帝讳叡，字元仲。文帝太子也。生而太祖爱之，常令在左右。〔一〕年十五，封武德侯。黄初二年为齐公。三年为平原王[1]。以其母诛，故未建为嗣。〔二〕

七年夏五月[2]，帝病笃，乃立为皇太子。丁巳[3]，即皇帝位。大赦；尊皇太后曰太皇太后[4]，皇后曰皇太后[5]；诸臣封爵各有差。〔三〕〔六月〕，癸未[6]，追谥母甄夫人曰文昭皇后[7]。壬辰[8]，立皇弟蕤为阳平王[9]。

【注释】

〔1〕三年：黄初三年(公元222)。〔2〕七年：黄初七年(公元226)。〔3〕丁巳：旧历十七日。〔4〕皇太后：指曹叡的祖母卞氏。〔5〕皇后：指曹叡的养母郭氏。〔6〕癸未：旧历十四日。〔7〕母甄夫人：指曹叡的生母甄氏。曹丕继承王位之后，厌恶甄氏并把她杀死，所以甄氏生前未能封后。〔8〕壬辰：旧历二十三日。〔9〕蕤：即曹蕤(？—公元233)。传见本书卷二十《武文世王公传》。

【裴注】

〔一〕《魏书》曰："帝生数岁而有岐嶷之姿，武皇帝异之。曰：'我基于尔三世矣。'每朝宴会同，与侍中近臣并列帷幄。好学多识，特留意于法理。"

〔二〕《魏略》曰："文帝以郭后无子，诏使子养帝。帝以母不以道终，意甚不平；后不获已，乃敬事郭后，旦夕因长御问起居。郭后亦自以无子，遂加慈爱。文帝始以帝不悦，有意欲以他姬子京兆王为嗣，故久不拜太子。”

《魏末传》曰：“帝尝从文帝猎，见子母鹿。文帝射杀鹿母，使帝射鹿子。帝不从，曰：‘陛下已杀其母，臣不忍复杀其子！’因涕泣。文帝即放弓箭，以此深奇之，而树立之意定。”

〔三〕《世语》曰：“帝与朝士素不接。即位之后，群下想闻风采。居数日，独见侍中刘晔。语尽日，众人侧听。晔既出，问：‘何如？’晔曰：‘秦始皇、汉孝武之俦，才具微不及耳。’”

〔秋〕八月，孙权攻江夏郡〔1〕。太守文聘坚守〔2〕，朝议欲发兵救之。帝曰：“权习水战，所以敢下船陆攻者，几掩不备也〔3〕。今已与聘相持；夫攻守势倍〔4〕，终不敢久也。”先时，遣治书侍御史荀禹慰劳边方〔5〕。禹到，于江夏发所经县兵及所从步骑千人乘山举火〔6〕，权退走。辛巳〔7〕，立皇子冏为清河王。吴将诸葛瑾、张霸等寇襄阳〔8〕。抚军大将军司马宣王讨破之，斩霸。征东大将军曹休又破其别将于寻阳〔9〕。论功行赏各有差。

冬十月，清河王冏薨。十二月，以太尉钟繇为太傅〔10〕，征东大将军曹休为大司马，中军大将军曹真为大将军，司徒华歆为太尉，司空王朗为司徒，镇军大将军陈群为司空，抚军大将军司马宣王为骠骑(大)将军。

【注释】

〔1〕江夏：郡名。魏、吴对立，魏分原东汉荆州江夏郡北部立江夏郡，吴分其南部也立江夏郡。魏江夏郡治所在今湖北云梦县西南。〔2〕文聘：传见本书卷十八。〔3〕几：企图。〔4〕攻守势倍：进攻与防守相比要加倍费力。〔5〕治书侍御史：官名。当时中央的监察机构称为御史台。治书侍御史是御史台中的负责官员之一，负责纠举朝廷百

官的不法行为，有时也作为皇帝的特使巡视外地。 边方：边境地区。〔6〕乘山：登山。 〔7〕辛巳：旧历十二日。 〔8〕诸葛瑾（公元174—241）：传见本书卷五十二。 〔9〕别将：率领军队在别处作战的将领。 寻阳：县名。县治在今湖北黄梅县西南。 〔10〕太傅：官名。是一种荣誉性的官职，没有固定职责，也不常设。地位在太尉、司徒、司空三公之上，多由年高资深的官员担任。此次任命的列名，曹休不仅在曹真以及陈群、司马懿之前，而且在官位品级上也高于曹真，因为曹魏的大司马，要比大将军要高一级。明帝意图通过这样的安抚，使曹休当初未能进京当面接受文帝遗命的积怨得以消除。

太和元年春正月，郊祀武皇帝，以配天；宗祀文皇帝于明堂，以配上帝〔1〕。分江夏南部，置江夏南部都尉。西平麹英反，杀临羌令、西都长〔2〕。遣将军郝昭、鹿磐，讨斩之。二月，辛未〔3〕，帝耕于籍田。辛巳〔4〕，立文昭皇后寝庙于邺。丁亥〔5〕，朝日于东郊。

夏四月，乙亥〔6〕，行五铢钱。甲申〔7〕，初营宗庙〔8〕。

秋八月，〔己丑〕〔9〕，夕月于西郊〔10〕。

冬十月，丙寅〔11〕，治兵于东郊。焉耆王遣子入侍〔12〕。十一月，立皇后毛氏〔13〕。赐天下男子爵，人二级；鳏寡孤独不能自存者，赐谷。十二月，封后父毛嘉为列侯。新城太守孟达反〔14〕，诏骠骑将军司马宣王讨之。〔一〕

【注释】

〔1〕上帝：指在明堂祭祀的五方天帝。 〔2〕临羌：县名。县治在今青海湟源县东南。 西都：县名。县治在今青海西宁市。 〔3〕辛未：旧历初五日。 〔4〕辛巳：旧历十五日。 〔5〕丁亥：旧历二十一日。

〔6〕乙亥：旧历初十日。〔7〕甲申：旧历十九日。〔8〕初营宗庙：指在洛阳新修曹氏皇族的宗庙。曹氏宗庙原来在邺县。〔9〕己丑：旧历二十六日。〔10〕夕月：祭祀月神的仪式名称。祭月在京城西郊，祭日在东郊。〔11〕丙寅：旧历初四日。〔12〕遣子入侍：送亲生儿子到洛阳侍奉皇帝。这是当时附属国国君对中原王朝表示忠诚的举动。所送的儿子实际上是人质。〔13〕毛氏(？—公元237)：传见本书卷五《后妃传》。〔14〕新城：郡名。治所在今湖北房县。

【裴注】

〔一〕《三辅决录》曰："伯郎，凉州人。名不令休。其注曰：'伯郎姓孟，名他。扶风人。'灵帝时，中常侍张让专朝政；让监奴典护家事。他仕不遂，乃尽以家财赂监奴，与共结亲。积年家业为之破尽，众奴皆惭，问他所欲。他曰：'欲得卿曹拜耳。'奴被恩久，皆许诺。时宾客求见让者，门下车常数百乘，或累日不得通。他最后到，众奴伺其至，皆迎车而拜，径将他车独入。众人悉惊，谓他与让善，争以珍物遗他。他得之，尽以赂让；让大喜。他又以蒲桃酒一斛遗让，即拜凉州刺史。"

他生达，少入蜀，其处蜀事迹在《刘封传》。

《魏略》曰："达以延康元年率部曲四千余家，归魏。文帝时初即王位，既宿知有达，闻其来，甚悦。令贵臣有识察者往观之，还曰'将帅之才也'，或曰'卿相之器也'；王益钦达，逆与达书曰：'近日有命，未足达旨。何者？昔伊挚背商而归周，百里去虞而入秦，乐毅感鸱夷以蝉蜕，王遵识逆顺以去就；皆审兴废之符效，知成败之必然；故丹青画其形容，良史载其功勋。闻卿姿度纯茂，器量优绝，当骋能明时，收名传记；今者翻然濯鳞清流，甚相嘉乐。虚心西望，依依若旧；下笔属辞，欢心从之。昔虞卿入赵，再见取相；陈平就汉，一觐参乘。孤今于卿，情过于往；故致所御马物，以昭忠爱。'又曰：'今者海内清定，万里一统；三垂无边尘之警，中夏无狗吠之虞；以是弛网阔禁，与世无疑；保官空虚，初无(资)〔质〕任。卿来相就，当明孤意；慎勿令家人缤纷道路，以亲骇疏也。若卿欲来相见，且当先安部曲，有所保固；然后徐徐轻骑来东。'达既至谯，进见闲雅，才辩过人，众莫不属目。又王近出，乘小辇，执达手，抚其背戏之曰：'卿得无为刘备刺客邪？'遂与同载。又加拜散骑常侍，领新城太守，委以西南之任。时众臣或以为待之太猥，又不宜委以方任。王闻之曰：'吾保其无他，亦譬以蒿箭射蒿中耳。'达既为文帝所宠，又与桓阶、夏侯尚亲善。及文帝崩，时(桓)〔阶〕、尚皆卒，达自以羁旅久在疆埸，心不自安。诸葛亮闻之，阴欲诱达，数书招之；达与相报答。魏兴太守申仪与达有隙，密表达与蜀潜通，帝未之信也。司马宣王遣参军梁几，察之，又劝其入朝。达惊惧，遂反。”

干宝《晋纪》曰：“达初入新城，登白马塞。叹曰：‘刘封、申耽，据金城千里而失之乎！’”

二年春正月[1]，宣王攻破新城。斩达，传其首[2]。〔一〕分新城之上庸、武陵、巫县为上庸郡[3]，锡县为锡郡。

蜀大将诸葛亮寇边[4]，天水、南安、安定三郡吏民叛应亮[5]。〔二〕遣大将军曹真都督关右[6]，并进兵。右将军张郃击亮于街亭[7]，大破之。亮败走，三郡平。丁未[8]，行幸长安。〔三〕

夏四月，丁酉[9]，还洛阳宫。〔四〕赦系囚非殊死以下[10]。乙巳[11]，论讨亮功，封爵、增邑各有差。五月，大旱。六月，诏曰：“尊儒贵学，王教之本也。自顷儒官或非其人[12]，将何以宣明圣道？其高选博士[13]：才任侍中、常侍者[14]。申敕郡国：贡士以经学为先[15]。”

秋九月，曹休率诸军至皖[16]，与吴将陆议战于石亭[17]，败绩[18]。乙酉[19]，立皇子穆为繁阳王。庚子[20]，大司马曹休薨。

冬十月，诏公卿近臣举良将[21]，各一人。十一月，司徒王朗薨。十二月，诸葛亮围陈仓；曹真遣将军费曜等拒之。〔五〕辽东太守公孙恭兄子渊，劫夺恭位；遂以渊领辽东太守。

【注释】

〔1〕二年：太和二年（公元228）。〔2〕传（zhuàn）其首：用驿站的车马把孟达的头颅运送到洛阳。〔3〕上庸：县名。县治在今湖北竹山县西南田家坝。当时是上庸郡治所。　武陵：县名。县治在今湖北竹山县西北宝丰镇。与吴属荆州武陵郡名同实异。　巫：县名。具体位置待考。与吴属荆州建平郡的巫县同名而异地。〔4〕诸葛亮（公元181—234）：传见本书卷三十五。　寇边：侵犯边境。〔5〕天水：郡名。治所在今甘肃甘谷县东南。　南安：郡名。治所在今甘肃陇西县东南。〔6〕关右：地区名。含义与关西相同，即函谷关或潼关以西的地区。曹真和司马懿都是文帝安排的辅政大臣，本应在京城供职朝廷。现今先后被派往西面的关中和南面的荆襄，出任地方战区的军事长官。这是魏明帝曹叡个人亲政实行集权的开始。从此曹魏政局，进入一个新的时期。〔7〕右将军：官名。负责京城警卫和边境防守。然而据本书卷十七《张郃传》，张郃此时任左将军非右将军。　街亭：地名。具体位置说法纷纭，大约有在今甘肃庄浪县东南韩店乡、秦安县东北陇城镇、天水市东南街子镇等。但是结合诸葛亮攻取祁山之后兵锋指向长安，魏明帝从长安紧急派遣张郃迎战，以及街亭失守之后诸葛亮退守祁山等地理方向综合考虑，当以在天水市东南的街子镇为合理。〔8〕丁未：据陈垣《二十史朔闰表》，正月辛酉朔，无丁未。丁未是旧历二月十七日。此处史文疑有误。〔9〕丁酉：旧历初八日。〔10〕系囚：被关押的囚犯。　殊死：刑罚名。即斩刑。〔11〕乙巳：旧历十六日。〔12〕儒官：负责儒学教育的官员，指经学博士等。〔13〕高选：用高标准来挑选。〔14〕才任：才能要能够胜任。　常侍：即散骑常侍。〔15〕贡士：进贡人才。〔16〕皖：县名。县治在今安徽潜山市。当时是孙吴扬州庐江郡的治所。〔17〕陆议：即陆逊（公元183—245）：传见本书卷五十八。　石亭：地名。在今安徽潜山市东北。石亭之战为三国时期的重要战役，是魏、吴两国间攻守态势的转折点。六年前的夷陵之战，使孙吴的西部边境完全安定下来。但是从那以后，孙吴的北部边境却受到曹魏方面的强大压力，致使割据江东达二十余年之久的孙权迟迟不敢称皇帝。石亭之战最后以曹军大败告终，从而结束了曹军在淮南一直保持的进攻态势，直到曹魏灭亡情况大体不变。相反孙吴却成为主动一方，屡次从淮南发起攻击，企图突入中原。这次战争一结束，孙权就宣布当皇帝，并把首都迁回正对淮南易受威胁的建业。战争经过详见本书卷九《曹休传》、卷五十八《陆逊传》、卷六十《周鲂传》。〔18〕败绩：战败。〔19〕乙酉：旧历二十九日。〔20〕庚子：据陈垣《二十史朔闰表》，九

月丁巳朔，无庚子。庚子是旧历十月十四日。此处史文疑有误。〔21〕公卿：三公九卿。曹魏九卿是太常、光禄勋、卫尉、太仆、廷尉、大鸿胪、宗正、大司农、少府。 近臣：皇帝身边的侍臣。指侍中、散骑常侍、侍郎等。

【裴注】

〔一〕《魏略》曰："宣王诱达将李辅，及达甥邓贤；贤等开门纳军。达被围旬有六日而败，焚其首于洛阳四达之衢。"

〔二〕《魏书》曰："是时，朝臣未知计所出，帝曰：'亮阻山为固；今者自来，既合兵书致人之术；且亮贪三郡，知进而不知退。今因此时，破亮必也！'乃部勒兵马步骑五万，拒亮。"

〔三〕《魏略》载帝露布天下并班告益州曰："刘备背恩，自窜巴蜀；诸葛亮弃父母之国，阿残贼之党：神人被毒，恶积身灭。亮外慕立孤之名，而内贪专擅之实，刘升之兄弟守空城而已。亮又侮易益土，虐用其民；是以利狼、宕渠、高定、青羌莫不瓦解，为亮仇敌。而亮反裘负薪，里尽毛殚；刖趾适屦，刻肌伤骨；反更称说，自以为能；行兵于井底，游步于牛蹄。自朕即位，三边无事。犹哀怜天下数遭兵革，且欲养四海之耆老，长后生之孤幼；先移风于礼乐，次讲武于农隙；置亮画外，未以为虞。而亮怀李熊愚勇之志，不思荆邯度德之戒；驱略吏民，盗利祁山。王师方振，胆破气夺。马谡、高祥，望旗奔败；虎臣逐北，蹈尸涉血。亮也小子，震惊朕师；猛锐踊跃，咸思长驱。朕惟率土莫非王臣，师之所处，荆棘生焉；不欲使千室之邑忠信贞良，与夫淫昏之党共受涂炭。故先开示，以昭国诫；勉思变化，无滞乱邦。巴蜀将吏士民诸为亮所劫迫，公卿以下皆听束手。"

〔四〕《魏略》曰："是时讹言，云'帝已崩，从驾群臣迎立雍丘王植'。京师自卞太后、群公尽惧。及帝还，皆私察颜色。卞太后悲喜，欲推始言者。帝曰：'天下皆言，将何所推？'"

〔五〕《魏略》曰："先是，使将军郝昭筑陈仓城。会亮至，围昭，不能拔。昭字伯道，太原人。为人雄壮，少入军，为部曲督，数有战功。为杂号将军，遂镇守河西十余年，民夷畏服。亮围陈仓，使昭乡人靳详于城外遥说之，昭于楼上应详曰：'魏家科法，卿所练也；我之为人，卿所知也。我受国恩多而门户重，卿无可言者，但有必死耳。卿还谢诸葛，便可攻也！'详以昭语告亮，亮又使详重说昭，言'人兵不敌，无为空自破灭'。昭谓详曰：'前言已定矣。我识卿耳，箭不识也！'详乃去。亮自以有众数万，而昭兵才千余人；又度东救未能便到，乃进兵攻昭。起云梯、冲车以临城；昭于是以火箭逆射其云梯，梯燃，梯上人皆烧死；昭又以绳连石磨压其冲车，冲车折。亮乃更为井阑百尺以射城中，以土丸填堑，欲直攀城；昭又于内筑重墙。亮又为地突，欲踊出于城里；昭又于城内穿地横截之。昼夜相攻拒二十余日，亮无计；救至，引退。诏嘉昭善守，赐爵列侯。及还，帝引见慰劳之，顾谓中书令孙资曰：'卿乡里乃有尔曹快人，为将灼如此！朕复何忧乎？'仍欲大用之。会病亡，遗令戒其子凯曰：'吾为将，知将不可为也。吾数发冢，取其木以为攻战具，又知厚葬无益于死者也。汝必殓以时服。且人，生有处所耳，死复何在耶？今去本墓远，东西南北，在汝而已。'"

三年夏四月[1]，元城王礼薨。六月，癸卯[2]，繁阳王穆薨。戊申[3]，追尊高祖大长秋曰高皇帝，夫人吴氏曰高皇后。

秋七月，诏曰："礼：王后无嗣，择建支子以继大宗[4]。则当纂正统而奉公义[5]，何得复顾私亲哉？汉宣继昭帝后[6]，加悼考以皇号[7]。哀帝以外藩援立[8]，而董宏等称引亡秦[9]，惑误时朝[10]：既尊恭皇，立庙京都；又宠藩妾[11]，使比长信[12]；叙昭穆于前殿[13]，并四位于东宫[14]；僭差无度[15]，人神弗祐；而非罪师丹忠正之谏[16]，用致丁、傅焚如之祸[17]。自是之后，相踵行之。昔鲁文逆祀[18]，罪由夏父[19]；宋国非度[20]，讥在华元。其令公卿有司：深以前世行事为戒；后嗣万一有由诸侯入奉大统[21]，则当明为人后之义[22]；敢为佞邪导谀时君[23]，妄建非正之号以干正统，谓考为'皇'，称妣为'后'[24]：则股肱大臣，诛之无赦！其书之金策，藏之宗庙，著于令典。"

冬十月，改平望观曰听讼观[25]。帝常言："狱者，天下之性命也。"每断大狱，常幸观临听之。

初，洛阳宗庙未成，神主在邺庙。十一月，庙始成。使太常韩暨持节迎高皇帝、太皇帝、武帝、文帝神主于邺[26]。十二月，己丑至[27]，奉安神主于庙[28]。[一]癸卯[29]，大月氏王波调遣使奉献[30]，以调为亲魏大月氏王。

【注释】

〔1〕三年：太和三年（公元 229）。 〔2〕癸卯：旧历二十一日。〔3〕戊申：旧历二十六日。 〔4〕支子：古代宗法制度，称嫡长子或继承先祖嫡系的儿子为宗子，其余的儿子为支子。 大宗：嫡系的长房。也就是由宗子来传承的那一支系。由支子来传承的支系称为小宗。明帝颁布下面这一措辞非常严厉的诏书，其深层背景是他当时已二十四岁却没有子嗣，他预感将来有可能出现继承自己帝位者并非自己亲生儿子的情况，所以有此举动。 〔5〕纂：继承。 正统：嫡传支系。也就是大宗。 〔6〕汉宣：即刘询（前 91—前 49）。西汉皇帝。前 74 至前 49 年在位。其祖刘据，本来是汉武帝刘彻的太子，因被江充诬告，逃亡自杀。刘询也因此生长在民间。汉武帝死。由刘据的小弟刘弗陵继位为昭帝。昭帝死时无儿子，便由刘询继承昭帝之位。事详《汉书》卷八《宣帝纪》。 昭帝：即刘弗陵（前 94—前 74）。西汉皇帝。武帝的小儿子。前 87 至前 74 年在位。事详《汉书》卷七《昭帝纪》。 〔7〕悼考：指汉宣帝的父亲。悼是谥号。刘询当皇帝后，先是追谥父亲为悼，然后又称之为皇考。事见《汉书》卷六十三《戾太子传》。 〔8〕哀帝：即刘欣（前 26—前 1）。西汉皇帝。前 7 至前 1 年在位。刘欣原本是汉成帝刘骜的侄儿。因为刘骜没有儿子，就封刘欣为太子做继承人。此前刘欣是定陶王，属于外藩。事详《汉书》卷十一《哀帝纪》。 〔9〕称引亡秦：引用秦国的事情为例证。哀帝即位之后，朝臣董宏为了取悦他，上奏请求尊称皇帝的生母丁氏为皇太后。董宏在奏章中引用秦始皇父亲秦庄襄王同时尊称养母、生母为太后的例子。朝臣师丹指责董宏"称引亡秦以为比喻，诖误圣朝"。最终哀帝仍然下诏追尊自己的生父为恭皇，并为之建

立祭祀的神庙于京城。另外，又尊称自己健在的祖母傅氏为帝太太后，生母丁氏为帝太后。当时已故汉成帝的母亲王氏和嫡妻赵氏也健在，王氏称太皇太后，赵氏称皇太后。上列四太后地位一样尊贵，待遇完全相同。事见《汉书》卷八十六《师丹传》、卷九十七下《外戚孝元傅昭仪传》。〔10〕时朝：当时的朝廷。〔11〕藩妾：指丁氏与傅氏。哀帝的生母丁氏本来是定陶王的王妃，藩王的妃简称藩。哀帝的祖母傅氏，本来是汉元帝的小妾。〔12〕长信：指已故汉成帝的生母太皇太后王氏。当时王氏住在长信宫。〔13〕叙昭穆：安排子孙祭祀时的排列次序。意思是为恭皇举行祭祀活动。宗庙祭祀时，祖先的神位在正中，神位左边称为昭，右边称为穆。子孙的排列次序是第一、三、五等单数代在左，第二、四、六等双数代在右。这叫叙昭穆。〔14〕并四位：并列设置了四个位置。 东宫：当时称长信宫为东宫。这里代指皇太后的地位。〔15〕僭(jiàn)差：超过本分。〔16〕师丹(？—公元3)：字仲公，琅邪郡东武县(今山东诸城市)人。西汉大臣。哀帝时官至大司马，封高乐侯。他曾坚决反对给傅氏、丁氏以太后尊号，后又反对在京城建立恭皇庙。传见《汉书》卷八十六。〔17〕焚如之祸：傅氏和丁氏地位的提高，引起太皇太后王氏的强烈不满。哀帝死，王氏的侄儿王莽执政。王莽派人发掘傅氏和丁氏陵墓，放火焚烧丁氏的棺木。〔18〕鲁文：即鲁文公(？—前609)。名兴，姬氏。前626至前609年在位。事见《史记》卷三十三《鲁周公世家》。 逆祀：宗庙祭祀中的神位排列违反了礼制所规定的次序。鲁文公二年(前625)，文公祭祀宗庙，他把自己生父鲁僖公的神位，提到鲁闵公神位的前面。僖公是闵公的弟弟，即位前又是闵公的臣僚，按理应排在闵公的后面。《左传》称鲁文公的做法为逆祀。事见《左传》文公二年。〔19〕夏父：鲁国负责祭祀的官员。名弗忌。把僖公神位提前的主意就是他出的。〔20〕非度：殉葬品过分珍贵而不合礼制。指上卷提到的宋文公厚葬事。〔21〕大统：帝系。〔22〕为人后：做别人后嗣。〔23〕导谀：引诱阿谀。 时君：当时的君主。〔24〕妣：这里指生母。〔25〕平望观：亭观名。在洛阳魏宫内，天渊池东面。〔26〕韩暨(？—公元238)：传见本书卷二十四。 神主：为已死君主或诸侯制作的牌位。供祭祀。用木或石做成，“天子长尺二寸，诸侯长一尺”(《穀梁传》文公二年范宁《集解》)。〔27〕己丑：旧历初十日。〔28〕奉安：安放的尊敬说法。〔29〕癸卯：旧历二十四日。〔30〕大月氏(zhī)：广义西域古族名。当时居住在今印度、巴基斯坦、阿富汗三国的北部。建有贵霜王国，首都弗楼沙，在今巴基斯坦白沙瓦。

【裴注】

〔一〕臣松之按：黄初四年，“有司奏立二庙：太皇帝、大长秋与文帝之高祖共一庙；特立武帝庙，百世不毁”。今此无高祖神主，盖以亲尽毁也。此则魏初唯立亲庙，祀四室而已。至景初元年，始定七庙之制。

孙盛曰：“事亡犹存，祭如神在；迎迁神主，正斯宜矣。”

四年春二月，壬午[1]，诏曰：“世之质文[2]，随教而变。兵乱以来，经学废绝；后生进趣，不由典谟[3]。岂〔朕〕训导未洽[4]，将进用者不以德显乎[5]？其郎吏学通一经[6]，才任牧民；博士课试，擢其高第者[7]：亟用[8]。其浮华不务道本者[9]，皆罢退之。”戊子[10]，诏太傅、三公：“以文帝《典论》刻石[11]，立于庙门之外。”癸巳[12]，以大将军曹真为大司马，骠骑将军司马宣王为大将军，辽东太守公孙渊为车骑将军[13]。

夏四月，太傅钟繇薨。六月，戊子[14]，太皇太后崩。丙申[15]，省上庸郡。

秋七月，武宣卞后祔葬于高陵[16]。诏大司马曹真、大将军司马宣王伐蜀。八月，辛巳[17]，行东巡，遣使者以特牛祠中岳[18]。〔一〕乙未[19]，幸许昌宫。九月，大雨，伊、洛、河、汉水溢[20]，诏真等班师。

冬十月，乙卯[21]，行还洛阳宫。庚申[22]，令：“罪非殊死，听赎[23]。”各有差。十一月，太白犯岁星[24]。十二月，辛未[25]，改葬文昭甄后于朝阳陵[26]。丙寅[27]，诏公卿举贤良[28]。

【注释】

〔1〕四年：太和四年（公元230）。 壬午：旧历初四日。 〔2〕质文：质朴或有文采。 〔3〕典谟：《尚书》的第一篇是《尧典》，其次是《皋陶谟》，这里的典谟指代如《尚书》之类的儒家经典。 〔4〕岂：与下句的“将”构成选择性问句，意思为“究竟是……还是……”。 未洽：不充分，不够。 〔5〕进用者：受到任用的人。 〔6〕郎吏：指尚书郎、中书郎、中郎、侍郎、郎中一类以“郎”为名的中央政府低级官员。中央或地方的中级官员从他们中间选取。 〔7〕高第：优等。〔8〕亟：赶快，尽快。 〔9〕浮华：本意是浮夸不实，但是当时特指在政治上相互吹捧结成帮派的人。魏明帝打击浮华，与当初曹操破除朋党是一脉相承的。 〔10〕戊子：旧历初十日。 〔11〕典论：书名。曹丕所著的论文集。《隋书·经籍志》著录为五卷。现今原书不存，只有后人所辑录的残文一卷。其中的《论文》一篇，因被《文选》选入而完整保存下来。《论文》在中国文学史上占有重要地位。它是古代文学批评专著的开始。而曹丕在文中提出的“文章经国之大业，不朽之盛事”的观点，则是第一次肯定了文学的重要价值和独立地位。因此，后世认为《论文》的问世标志着文学“自觉”时代的到来。 〔12〕癸巳：旧历十五日。 〔13〕车骑将军：官名。负责京城警卫和边境防守。 〔14〕戊子：旧历初十日。 〔15〕丙申：旧历十八日。 〔16〕祔：合葬。〔17〕辛巳：旧历初五日。 〔18〕特牛：一头牛。 中岳：即嵩山。〔19〕乙未：旧历十九日。 〔20〕汉水：河流名。发源于今陕西秦岭西南，东南流至今湖北武汉市入长江。古代又名沔水。 〔21〕乙卯：旧历初十日。 〔22〕庚申：旧历十五日。 〔23〕听赎：允许以金钱物品抵罪。 〔24〕岁星：古代称木星为岁星。《史记·天官书》认为太白犯岁星，预示有战争发生。 〔25〕辛未：旧历二十八日。 〔26〕朝阳陵：甄后的陵墓名。在邺城。 〔27〕丙寅：旧历二十三日。丙寅应当在辛未之前，此处史文疑有误。 〔28〕贤良：人才选拔的科目名称之一。应选者要有贤德良才，故名。

【裴注】

〔一〕《魏书》曰：“行过繁昌，使执金吾臧霸行太尉事，以特牛祠受禅坛。”

臣松之按：《汉纪》章帝元和三年，“诏高邑县祠即位坛、五成陌，比腊祠门户”。此虽前代已行故事，然为坛以祀天，而坛非神也；今无事于上帝，而致祀于虚坛，求之义典，未详所据。

五年春正月[1]，帝耕于籍田。三月，大司马曹真薨。诸葛亮寇天水。诏大将军司马宣王拒之。自去冬十月至此月，不雨。辛巳[2]，大雩[3]。

夏四月，鲜卑附义王轲比能率其种人及丁零大人兒禅[4]，诣幽州贡名马。复置护匈奴中郎将[5]。

秋七月，丙子[6]，以亮退走，封爵、增位各有差。[一]乙酉[7]，皇子殷生。大赦。

八月，诏曰："古者诸侯朝聘[8]，所以敦睦亲亲协和万国也[9]。先帝著令，'不欲使诸王在京都'者，谓幼主在位，母后摄政；防微以渐，关诸盛衰也[10]。朕惟不见诸王十有二载，悠悠之怀，能不兴思！其令诸王及宗室公侯，各将嫡子一人朝[11]。后有少主、母后在宫者，自如先帝令。申明著于令。"

冬十一月，乙酉[12]，月犯轩辕大星[13]。戊戌晦[14]，日有食之。十二月，甲辰[15]，月犯镇星[16]。戊午[17]，太尉华歆薨。

【注释】

〔1〕五年：太和五年（公元231）。〔2〕辛巳：旧历初九日。〔3〕大雩(yú)：古代祭祀求雨的仪式。〔4〕附义王：当时中原王朝给予服从统治的少数族首领的一种名号。大人：首领。〔5〕护匈奴中郎将：官名。负责监督、管理和镇慑西北边境的匈奴族，通常由并州刺史兼任。〔6〕丙子：旧历初六日。〔7〕乙酉：旧历十五日。〔8〕朝聘：古代诸侯定期朝见天子。有时诸侯之间相互访问亦称朝聘。这里指前者。〔9〕所以：用以，用来。亲亲：亲戚。〔10〕关诸：

关系到。〔11〕将：携带。 朝：进京朝见。〔12〕乙酉：旧历十七日。〔13〕轩辕：星座名。在太微垣的西面，有星十七颗。〔14〕戊戌：旧历三十日。〔15〕甲辰：旧历初六日。〔16〕镇星：古称土星为镇星。又名填星。〔17〕戊午：旧历二十日。

【裴注】

〔一〕《魏书》曰："初，亮出。议者以为'亮军无辎重，粮必不继，不击自破，无为劳兵'；或欲'自芟上邽左右生麦，以夺贼食'。帝皆不从。前后遣兵增宣王军；又敕使护麦，宣王与亮相持，赖得此麦以为军粮。"

六年春二月〔1〕，诏曰："古之帝王，封建诸侯，所以藩屏王室也〔2〕。《诗》不云乎，'怀德维宁，宗子维城'〔3〕。秦、汉继周，或强或弱〔4〕，俱失厥中〔5〕。大魏创业，诸王开国；随时之宜，未有定制：非所以永为后法也。其改封诸侯王，皆以郡为国〔6〕。"三月，癸酉〔7〕，行东巡；所过存问高年鳏寡孤独〔8〕，赐谷帛。乙亥〔9〕，月犯轩辕大星。

夏四月，壬寅〔10〕，行幸许昌宫。甲子〔11〕，初进新果于庙。五月，皇子殷薨，追封谥安平哀王。

秋七月，以卫尉董昭为司徒〔12〕。九月，行幸摩陂〔13〕。治许昌宫，起景福、承光殿。

冬十月，殄夷将军田豫帅众讨吴将周贺于成山〔14〕，杀贺。十一月，丙寅〔15〕，太白昼现；有星孛于翼〔16〕，近太微上将星〔17〕。庚寅〔18〕，陈思王植薨〔19〕。十二月，行还许昌宫。

【注释】

〔1〕六年：太和六年(公元232)。〔2〕藩屏：像篱笆和屏障一样在外围保护。〔3〕怀德维宁，宗子维城：这两句出自《诗经·板》，意思是能以道德团结宗族就会得到安宁，同姓宗族会像城墙一样保护你。〔4〕或强或弱：秦始皇统一天下后，废除分封同姓的制度，同姓的力量太弱。汉高祖实行分封，但是宗王的封地过大，同姓的力量又太强。〔5〕厥中：分寸非常适当。〔6〕以郡为国：魏文帝在黄初五年(公元224)下诏改变封爵制度，宗王封地由一郡减为一县。现在明帝又恢复旧制。〔7〕癸酉：旧历初七日。〔8〕存问：慰问。〔9〕乙亥：旧历初九日。〔10〕壬寅：旧历初一日。〔11〕甲子：旧历二十三日。〔12〕卫尉：官名。九卿之一。负责皇宫大门警卫和宫内各处的流动巡查。至于宫内各殿堂的门户警卫和皇帝的贴身保护，在曹魏时是由武卫将军负责。董昭(公元156—236)：传见本书卷十四。〔13〕摩陂：陂塘名。在今河南郏县东南。〔14〕殄夷将军：官名。属于杂号将军，负责领兵征伐。田豫：传见本书卷二十六。成山：地名。在今山东荣成市东北成山角，是山东半岛的最东端。当时辽东公孙渊与孙权联盟，孙权派遣船队到辽东交易马匹。船队在回程中停靠成山，受到魏军的伏击。事见本书卷八《公孙渊传》裴注引《魏略》、卷二十六《田豫传》。〔15〕丙寅：旧历初四日。〔16〕孛(bèi)：彗星光芒四射。翼：星座名。二十八宿之一，南方朱雀七宿的第六宿，有星二十二颗。〔17〕上将星：太微垣有两颗名为上将的星。左垣北面第一颗叫东上将，右垣北面第四颗叫西上将。〔18〕庚寅：旧历二十八日。〔19〕植：即曹植。曹植墓在鱼山(今山东东阿县西南)，现今尚存。1951年曾发掘清理，出土玉璜等文物上百件。1977年又在墓壁发现阴刻铭文砖一块。据铭文记载，曹植墓修建于明帝太和七年(公元233)三月，出动劳工二百人，奉令调发劳工的是兖州刺史王昶。详见《文物》1979年第5期，《文献》1989年第3期。

青龙元年春正月，甲申〔1〕，青龙现郏之摩陂井中〔2〕。二月，丁酉〔3〕，幸摩陂观龙。于是改年，改摩陂为龙陂。赐男子爵，人二级；鳏寡孤独。无出今年租赋。三月，甲子〔4〕，诏公卿举贤良、笃行之士。各一人。

夏五月，壬申[5]，诏祀故大将军夏侯惇、大司马曹仁、车骑将军程昱于太祖庙庭。[一]戊寅[6]，北海王蕤薨。闰月，庚寅朔，日有食之。丁酉[7]，改封宗室女非诸王女，皆为邑主。诏诸郡国："山川不在祠典者，勿祠。"六月，洛阳宫鞠室灾[8]。

保塞鲜卑大人步度根，与叛鲜卑大人轲比能私通[9]。并州刺史毕轨表[10]："辄出军以外威比能[11]，内镇步度根。"帝省表曰[12]："步度根以为比能所诱[13]，有自疑心。今轨出军，适使二部惊合为一；何所威镇乎？促敕轨：已出军者，慎勿越塞过句注也[14]！"

比诏书到[15]，轨已进军屯阴馆[16]。遣将军苏尚、董弼追鲜卑。比能遣子将千余骑，迎步度根部落。与尚、弼相遇，战于楼烦[17]；二将没。步度根部落皆叛出塞，与比能合，寇边。遣骁骑将军秦朗将中军讨之[18]。虏乃走漠北。

秋九月，安定保塞匈奴大人胡薄居姿职等，叛；司马宣王遣将军胡遵等追讨[19]，破降之。

冬十月，步度根部落大人戴胡阿狼泥等，诣并州降。朗引军还。[二]

十二月，公孙渊斩送孙权所遣使张弥、许晏首[20]；以渊为大司马、乐浪公。[三]

【注释】

〔1〕甲申：旧历二十三日。〔2〕郏：县名。县治在今河南郏县。

〔3〕丁酉：旧历初六日。〔4〕甲子：旧历初三日。〔5〕壬申：旧历十二日。〔6〕戊寅：旧历十八日。〔7〕丁酉：旧历初八日。〔8〕鞠室：宫中用来踢球游戏的房屋。灾：发生较大的火灾。〔9〕保塞：保卫边塞。是当时中原王朝对前来归顺的边境少数族所加的形容词。步度根：事见本书卷三十《鲜卑传》。私通：暗中联系。〔10〕毕轨（？—公元249）：传见本书卷九《曹真传》裴注引《魏略》。表：上表朝廷。〔11〕辄：未得命令而自行决定。〔12〕省（xǐng）：阅看。〔13〕以为：由于受了。〔14〕句(gōu)注：山名。在今山西代县北。又名陉岭、雁门山。是塞上军事要地。〔15〕比(bì)：等到。〔16〕阴馆：县名。县治在今山西朔州市东南。在句注山外约20公里。〔17〕楼烦：县名。县治在今山西宁武县。〔18〕骁骑将军：官名。是中军的将领之一。负责领兵征伐。中军：魏晋时期的军队，开始有中军和外军之分。中军是常驻京城由中央直辖的军队，包括宫廷禁卫军。外军是驻守在地方各战区由都督分领的军队。中军和外军构成中央军。在中央军之外，还有少量由州郡行政长官兼领的治安部队，称为州郡兵。〔19〕胡遵：传见本书卷二十八《钟会传》裴注引《晋诸公赞》。〔20〕张弥、许晏：均为受孙权派遣到辽东封拜公孙渊为燕王的吴国使臣。事详本书卷四十七《吴主传》、同传裴注引《江表传》和《吴书》。

【裴注】

〔一〕《魏书》载："诏曰：'昔先王之礼于功臣，存则显其爵禄，没则祭于大蒸。故汉氏功臣，祀于庙庭。大魏元功之臣，功勋优著，终始休明者，其皆依礼祀之。'于是以惇等配飨。"

〔二〕《魏氏春秋》曰："朗字元明。新兴人。"

《献帝传》曰："朗父，名宜禄。为吕布使诣袁术，术妻以汉宗室女。其前妻杜氏，留下邳。布之被围，关羽屡请于太祖，求以杜氏为妻。太祖疑其有色。及城陷，太祖见之，乃自纳之。宜禄归降，以为铚长。及刘备走小沛，张飞随之，过谓宜禄曰：'人取汝妻，而为之长；乃蚩蚩若是邪！随我去乎？'宜禄从之数里，悔，欲还；飞杀之。朗随母氏，蓄于公宫，太祖甚爱之。每坐席，谓宾客曰：'世有人爱假子如孤者乎？'"

《魏略》曰："朗游遨诸侯间，历武、文之世而无尤也。及明帝即位，授以内官，为骁骑将军，给事中。每车驾出入，朗常随从。时明帝喜发举，数有以轻微而致大辟者；朗终不能有所谏止，又未尝进一善人。

帝亦以是亲爱，每顾问之，多呼其小字‘阿稣’；数加赏赐，为起大第于京城中。四方虽知朗无能为益，犹以附近至尊，多赂遗之，富均公侯。”

《世语》曰：“朗子秀。劲厉，能直言，为晋武帝博士。”

《魏略》以朗与孔桂俱在《佞幸篇》：“桂字叔林，天水人也。建安初，数为将军杨秋使诣太祖，太祖表拜骑都尉。桂性便辟，晓博弈、蹋鞠，故太祖爱之；每在左右，出入随从。桂察太祖意，喜乐之时，因言次曲有所陈，事多见从。数得赏赐，人多馈遗，桂由此侯服玉食。太祖既爱桂，五官将及诸侯亦皆亲之。其后，桂见太祖久不立太子，而有意于临菑侯；因更亲附临菑侯而简于五官将，将甚衔之。及太祖薨，文帝即王位，未及致其罪。黄初元年，随例转拜驸马都尉。而桂私受西域货赂，许为人事；事发，有诏收问，遂杀之。”

鱼豢曰：“为上者不虚授，处下者不虚受。然后外无‘伐檀’之叹，内无尸素之刺；雍熙之美著，太平之律显矣。而佞幸之徒，但姑息人主；至乃无德而荣，无功而禄。如是焉得不使中正日朘，倾邪滋多乎！以武皇帝之慎赏，明皇帝之持法，而犹有若此等人，而况下斯者乎？”

〔三〕《世语》曰：“并州刺史毕轨，送汉故度辽将军范明友鲜卑奴，年三百五十岁，言语饮食，如常人。奴云：‘霍显，光后小妻。明友妻，光前妻女。’”

《博物志》曰：“时京邑有一人，失其姓名。食啖兼十许人，遂肥，不能动。其父曾作远方长吏，官徙送彼县，令故义传供食之。一二年中，一乡中辄为之俭。”

《傅子》曰：“时太原发冢破棺，棺中有一生妇人。将出与语，生人也。送之京师，问其本事，不知也。视其冢上树木，可三十岁，不知此妇人三十岁常生于地中邪？将一朝欻生，偶与发冢者会也？”

二年春二月，（乙）〔己〕未[1]，太白犯荧惑。癸酉[2]，诏曰：“‘鞭作官刑[3]’，所以纠慢怠也[4]；而顷多以无辜死。其减鞭杖之制[5]，著于令。”三月，庚寅[6]，山阳公薨；帝素服发哀[7]，遣使持节，典护丧事。己酉[8]，大赦。

夏四月，大疫。崇华殿灾。丙寅[9]，诏有司以太牢告祠文帝庙。追谥山阳公为汉孝献皇帝，葬以汉礼。〔一〕是月，诸葛亮出斜谷，屯渭南；司马宣王率诸军拒之。诏宣王："但坚壁拒守，以挫其锋；彼进不得志，退无与战；久停则粮尽，虏略无所获：则必走矣。走而追之，以逸待劳：全胜之道也。"〔二〕

【注释】

〔1〕二年：青龙二年（公元 234）。 己未：旧历初四日。〔2〕癸酉：旧历十八日。〔3〕鞭作官刑：把鞭打作为惩治官员的一种刑罚。语出《尚书·尧典》。〔4〕纠慢怠：纠正官员漫不经心和偷懒怠工的现象。〔5〕减：减轻。〔6〕庚寅：旧历初六日。〔7〕素服：白色的丧服。 发哀：发出哀哭的声音。据《后汉书》卷九《孝献帝纪》记载，当时曹魏当局为东汉献帝所修建的陵墓称为"禅陵"。当年八月禅陵建成后，以天子的礼仪规格入葬。现今河南修武县境内，尚有禅陵的墓园遗迹留存。〔8〕己酉：旧历二十五日。〔9〕丙寅：旧历十二日。

【裴注】

〔一〕《献帝传》曰：

"帝变服，率群臣哭之。使使持节、行司徒、太常和洽吊祭，又使持节、行大司空、大司农崔林监护丧事。诏曰：'盖五帝之事尚矣！仲尼盛称尧、舜巍巍荡荡之功者，以为禅代乃大圣之懿事也。山阳公深识天禄永终之运，禅位文皇帝以顺天命。先帝命公行汉正朔，郊天祀祖以天子之礼，言事不称"臣"，此舜事尧之义也。昔放勋殂落，四海如丧考妣，遏密八音；明丧葬之礼，同于王者也。今有司奏丧礼比诸侯王，此岂古之遗制而先帝之至意哉？今谥公"汉孝献皇帝"。'

使太尉具以一太牢，告祠文帝庙，曰：'叡闻夫礼也者，反本修古，不忘厥初；是以先代之君，尊尊亲亲，咸有尚焉。今山阳公寝疾弃国，有司建言：丧纪之礼视诸侯王。叡惟山阳公昔知天命永终于己，深观历数允在圣躬，传祚禅位，尊我民主；斯乃陶唐懿德之事也。黄初受终，命公于国行汉正朔，郊天祀祖、礼乐制度率乃汉旧；斯亦舜、禹明堂之义也。上考遂初，皇极攸建；允熙克让，莫朗于兹。盖子以继志嗣训为孝，臣以配命钦述为忠。故《诗》称"匪棘其犹，聿追来孝"，《书》

曰“前人受命，兹不忘大功”。叡敢不奉承徽典，以昭皇考之神灵。今追谥山阳公曰“孝献皇帝”，册赠玺绶。命司徒、司空，持节吊祭护丧；光禄、大鸿胪，为副；将作大匠、复土将军，营成陵墓；及置百官群吏，车旗服章丧葬礼仪，一如汉氏故事。丧葬所供群官之费，皆仰大司农。立其后嗣为山阳公，以通三统，永为魏宾。’

于是赠册曰：‘呜呼！昔皇天降戾于汉，俾逆臣董卓，播厥凶虐，焚灭京都，劫迁大驾；于时六合云扰，奸雄熛起。帝自西京，徂唯求定，臻兹洛邑。畴咨圣贤，聿改乘辕；又迁许昌，武皇帝是依。岁在玄枵，皇师肇征；迄于鹑尾，十有八载；群寇歼殄，九域咸乂。惟帝念功，祚兹魏国，大启土宇。爰及文皇帝，齐圣广渊，仁声旁流；柔远能迩，殊俗向义；乾精承祚，坤灵吐曜；稽极玉衡，允膺历数；度于轨仪，克厌帝心。乃仰钦七政，俯察五典；弗采四岳之谋，不俟师锡之举；幽赞神明，承天禅位。祚建朕躬，统承洪业。盖闻昔帝尧，元、恺既举，凶族未流，登舜百揆；然后百揆时序，内平外成，授位明堂，退终天禄。故能冠德百王，表功嵩岳。自往迄今，弥历七代，岁暨三千；而大运来复，庸命底绩；纂我民主，作建皇极。念重光，绍咸池，继韶夏。超群后之遐踪，邈商、周之惭德；可谓高朗令终，昭明洪烈之懿盛者矣！非夫汉、魏与天地合德，与四时合信，动和民神，格于上下，其孰能至于此乎？朕惟孝献享年不永，钦若顾命；考之典谟，恭述皇考先灵遗意；阐崇弘谥，奉成圣美；以彰希世同符之隆，以传亿载不朽之荣。魂而有灵，嘉兹弘休。呜呼哀哉！’

八月壬申，葬于山阳国，陵曰禅陵，置园邑。葬之日，帝制锡衰弁绖，哭之恸。嫡孙桂氏乡侯康，嗣立为山阳公。”

〔二〕《魏氏春秋》曰：“亮既屡遣使交书，又致巾帼妇人之饰，以怒宣王。宣王将出战，辛毗杖节奉诏，勒宣王及军吏以下，乃止。宣王见亮使，唯问其寝食及其事之烦简，不问戎事。使对曰：‘诸葛公，夙兴夜寐；罚二十以上，皆亲览焉；所啖食，不过数升。’宣王曰：‘亮体毙矣，其能久乎？’”

五月，太白昼现。孙权入居巢湖口〔1〕，向合肥新城〔2〕；又遣将陆议、孙韶各将万余人入淮、沔〔3〕。六月，征东将军满宠进军拒之〔4〕。宠欲拔新城守〔5〕，致贼寿春〔6〕。帝不听，曰：“昔汉光武遣兵悬据略阳〔7〕，终以破隗嚣[8]。先帝东置合肥，南守襄阳，西固祁山[9]；贼来辄破于三城之下者[10]，地有所必争也。纵权攻新城，必不能拔；敕诸将坚守，吾将自往征之；比至，恐权走也。”

秋七月，壬寅[11]，帝亲御龙舟，东征。权攻新城，将军张颖等拒守力战。帝军未至数百里，权遁走，议、韶等亦退。群臣以为：“大将军方与诸葛亮相持，未解，车驾可西幸长安。”帝曰：“权走，亮胆破；大将军(以)〔必〕制之！吾无忧矣。”遂进军幸寿春，录诸将功，封赏各有差。八月，己未[12]，大曜兵[13]，飨六军；遣使者持节，犒劳合肥、寿春诸军。辛巳[14]，行还许昌宫。

司马宣王与亮相持，连围积日[15]；亮数挑战，宣王坚垒不应。会亮卒[16]，其军退还。

冬十月，乙丑[17]，月犯镇星及轩辕。戊寅[18]，月犯太白。十一月，京都地震，从东南来，隐隐有声，摇动屋瓦。十二月，诏有司删定大辟[19]，减死罪。

【注释】

〔1〕居巢：地名。在今安徽巢湖市东北。是濡须水进入巢湖的入口处。〔2〕合肥新城：城名。在合肥旧城(今安徽合肥市)西面15公里。青龙元年(公元233)，满宠继死去的曹休出镇淮南。他认为合肥接近巢湖，易受孙吴水军攻击，就在旧城西面另筑新城，作为淮南郡治所。现今尚有城墙遗迹留存。由10余处土墩绵延连接而成，呈长方形，南北长约330米，东西宽约210米，厚实坚固。长江虽然是中国南北方之间的天堑，但是对三国时期的魏、吴两国而言，其稳定的疆域线，却不在长江沿线的江面，而是在其北岸一百里至三百里的陆地之上。因为这才是

长于陆战的曹魏和长于水战的孙吴，双方都难以逾越，即使逾越也很难长期保持通畅，从而会招致重大挫败的地理界限。〔3〕孙韶（公元188—241）：传见本书卷五十一。〔4〕满宠（？—公元242）：传见本书卷二十六。〔5〕拔新城守：从合肥新城撤出守军。〔6〕致贼：引诱敌人。〔7〕悬据：孤军据守。 略阳：县名。县治在今甘肃庄浪县西南。是从关中进入河西走廊的军事要地。公元32年，东汉光武帝进攻割据陇右的隗嚣。他先派大将来歙（xī）攻占略阳，扼敌咽喉，然后合兵夹击，结果大获全胜。事见《后汉书》卷一下《光武帝纪》下、同书卷十三《隗嚣传》。〔8〕隗嚣（？—公元33）：字季孟，天水郡成纪（今甘肃秦安县）人。新莽末年，在本地豪强的支持下，割据陇右的天水、武都、金城等郡，自称西州大将军。建武九年（公元33），因被汉军击溃，忧病而死。传见《后汉书》卷十三。〔9〕祁山：山名。在今甘肃礼县东二十多公里的祁山堡。祁山南依西汉水，山顶坦平，在汉代即筑有坚固城堡，是从益州进入陇右的军事要地。〔10〕辄：总是。〔11〕壬寅：旧历十九日。〔12〕己未：旧历初七日。〔13〕曜兵：即观兵，检阅军队以显示武力。〔14〕辛巳：旧历二十九日。〔15〕连围：军营的外围彼此相连不断。古代军队建立营寨时，要在四周用木石设置屏障，称之为围。司马懿采取集中兵力固守不战的方针，所以要“连围”。〔16〕会：碰巧遇到。〔17〕乙丑：旧历十四日。〔18〕戊寅：旧历二十七日。〔19〕大辟：刑罚名。即死刑。曹魏的死刑，按罪名轻重又分三等：最轻为弃市（用刀杀死在市场上）；其次为腰斩（让犯人脱光衣服伏在砧板上，用斧把腰斩断）；最重为枭首（用刀砍下脑袋，然后高悬示众）。

三年春正月，戊子〔1〕，以大将军司马宣王为太尉。己亥〔2〕。复置朔方郡。京都大疫。丁巳〔3〕，皇太后崩。乙亥〔4〕，陨石于寿光县〔5〕。三月，庚寅〔6〕，葬文德郭后。营陵于首阳陵涧西〔7〕，如终制。〔一〕

是时，大治洛阳宫，起昭阳、太极殿，筑总章观。百姓失农时〔8〕。直臣杨阜、高堂隆等各数切谏〔9〕；虽不能听，常优容之〔10〕。〔二〕

秋七月，洛阳崇华殿灾。八月，庚午[11]，立皇子芳为齐王[12]，询为秦王。丁巳[13]，行还洛阳宫。命有司复崇华[14]；改名“九龙殿”。

冬十月，己酉[15]，中山王衮薨[16]。壬申[17]，太白昼现。十一月，丁酉[18]，行幸许昌宫。〔三〕

【注释】

〔1〕三年：青龙三年（公元235）。明帝将司马懿提升为太尉，使他让出大将军一职，出自深层次政治考量。太尉作为三公之首，品级地位虽然略高于大将军，但是在控制军事实权和亲近皇帝的程度上，却比不上后者。明帝是要为曹氏亲族的年轻将领腾出这一重要位置，与异姓元勋重臣进行力量平衡，从而保证皇权安定稳固。 戊子：旧历初八日。〔2〕己亥：旧历十九日。 〔3〕丁巳：据陈垣《二十史朔闰表》，正月辛巳朔，无丁巳。丁巳是二月初八日。此处史文疑有误。 〔4〕乙亥：旧历二月二十六日。 〔5〕寿光：县名。县治在今山东寿光市东北。〔6〕庚寅：旧历十一日。 〔7〕营：营建。 〔8〕失农时：错过了耕种的季节。 〔9〕直臣：敢于直言进谏的朝臣。 杨阜：传见本书卷二十五。高堂隆：传见本书卷二十五。 切谏：言辞恳切的进谏。 〔10〕优容：宽容。 〔11〕庚午：旧历二十四日。 〔12〕芳：即曹芳（公元232—274）。后继明帝位为帝，公元240至254年在位。因对司马氏不满而被司马师废黜，死于西晋初。事见本书卷四《三少帝纪》。 〔13〕丁巳：旧历十一日。八月的丁巳应排在庚午之前，此处史文疑有误。〔14〕复：修复。 〔15〕己酉：旧历初三日。 〔16〕衮：即曹衮（？—公元235）。传见本书卷二十《武文世王公传》。 〔17〕壬申：旧历二十六日。 〔18〕丁酉：旧历二十二日。

【裴注】

〔一〕顾恺之《启蒙注》曰：“魏时人有开周王冢者，得殉葬女子。经数日而有气，数月而能语，年可二十。送诣京师，郭太后爱养之。十余年，太后崩。哀思哭泣，一年余而死。”

〔二〕《魏略》曰：“是年，起太极诸殿；筑总章观，高十余丈，建翔凤于其上；又于芳林园中起陂池，楫櫂越歌。又于列殿之北，立八坊：

诸才人以次序处其中，贵人、夫人以上，转南附焉；其秩石拟百官之数。帝常游宴在内，乃选女子知书可付信者六人，以为女尚书。使典省外奏事，处当画‘可’。自贵人以下至尚保，及给掖庭洒扫，习伎歌者，各有千数。通引榖水，过九龙殿前，为玉井绮栏，蟾蜍含受，神龙吐出。使博士马均作司南车，水转百戏。岁首建巨兽，鱼龙曼延，弄马倒骑；备如汉西京之制。筑阊阖诸门阙外罘罳。太子舍人张茂以吴、蜀数动，诸将出征；而帝盛兴宫室，留意于玩饰；赐与无度，帑藏空竭；又录夺士女前已嫁为吏民妻者，还以配士；既听以生口自赎，又简选其有姿色者内之掖庭。乃上书谏曰：‘臣伏见诏书：“诸士女嫁非士者，一切录夺，以配战士。”斯诚权时之宜，然非大化之善者也。臣请论之。陛下，天之子也；百姓吏民，亦陛下之子也。礼，赐君子、小人不同日，所以殊贵贱也。吏属君子，士为小人；今夺彼以与此，亦无以异于夺兄之妻妻弟也，于父母之恩偏矣。又诏书，“听得以生口年纪、颜色与妻相当者自代”，故富者则倾家尽产，贫者举假贷贳，贵买生口以赎其妻。县官以配士为名而实内之掖庭，其丑恶者乃出与士；得妇者未必有欢心，而失妻者必有忧色。或穷或愁，皆不得志。夫君有天下而不得万姓之欢心者，鲜不危殆。且军师在外数(千)〔十〕万人，一日之费非徒千金。举天下之赋以奉此役，犹将不给；况复有宫廷非员无录之女，椒房母后之家，赏赐横兴，内外交引，其费半军。昔汉武帝好神仙，信方士；掘地为海，封土为山。赖是时天下为一，莫敢与争者耳。自衰乱以来，四五十载。马不舍鞍，士不释甲。每一交战，血流丹野。创痍号痛之声，于今未已；犹强寇在疆，图危魏室。陛下不兢兢业业，念崇节约，思所以安天下者；而乃奢靡是务，中尚方纯作玩弄之物，炫耀后园，建承露之盘。斯诚快耳目之观，然亦足以骋寇仇之心矣。惜乎！舍尧舜之节俭，而为汉武之侈事，臣窃为陛下不取也。愿陛下沛然下诏：万几之事有无益而有损者，悉除去之；以所除无益之费，厚赐将士父母妻子之饥寒者；问民所疾，而除其所恶；实仓廪，缮甲兵，恪恭以临天下。如是，吴贼面缚，蜀虏舆榇，不待诛而自服；太平之路，可计日而待也。陛下可无劳神思于海表，军师高枕，战士备员。今群公皆结舌，而臣所以不敢不献瞽言者，臣昔上《要言》，散骑奏臣书以《听谏篇》为善；诏曰“是也”，擢臣为太子舍人；且臣作书讥为人臣不能谏诤，今有可谏之事而臣不谏，此为作书虚妄而不能言也。臣年五十，常恐至死无以报国；是以投躯没命，冒昧以闻。惟陛下裁察！’书通，上顾左右曰：‘张茂，恃乡里故也。’以事付散骑而已。”

茂字彦林，沛人。

〔三〕《魏氏春秋》曰："是岁，张掖郡删丹县金山玄川溢涌，宝石负图，状象灵龟。广一丈六尺，长一丈七尺一寸，围五丈八寸，立于川西。有石马七：其一仙人骑之，其一羁绊，其五有形而不善成。有玉匣（关）〔开〕盖于前，上有玉字，玉玦二，璜一。〔又有〕麒麟在东，凤鸟在南，白虎在西，牺牛在北。马自中布列四面，色皆苍白。其南有五字，曰'上上三天王'；又曰'述大金，大讨曹，金但取之，金立中，大金马一匹在中，大（告）〔吉〕开寿，此马甲寅述永'。凡〔三十五字，〕'中'字六，'金'字十；又有若八卦及列宿、孛、彗之象焉。"

《世语》曰："又有一鸡象。"

《搜神记》曰："初，汉元、成之世，先识之士有言曰：魏年有'和'，当有开石于西三千余里，系五马，文曰'大讨曹'。及魏之初兴也，张掖之柳谷，有开石焉。始见于建安，形成于黄初，文备于太和。周围七寻，中高一仞。苍质素章，龙马、麟鹿、凤凰、仙人之象，粲然咸著。此一事者，魏、晋代兴之符也。至晋泰始三年，张掖太守焦胜上言：'以留郡本国图，校今石文，文字多少不同，谨具图上。'按其文有五马象：其一有人平上帻，执戟而乘之；其一有若马形而不成。其字有'金'，有'中'，有'大司马'，有'王'，有'大吉'，有'正'，有'开寿'；其一成行，曰'金当取之'。"

《汉晋春秋》曰："氐池县大柳谷口，夜激波涌溢，其声如雷。晓而有苍石立水中，长一丈六尺，高八尺。白石画之，为十三马，一牛，一鸟，八卦玉玦之象；皆隆起。其文曰'大讨曹，适水中，甲寅'。帝恶其'讨'也，使凿去为'计'，以苍石窒之，宿昔而白石满焉。至晋初，其文愈明，马、象皆焕彻如玉焉。"

四年春二月〔1〕，太白复昼现；月犯太白，又犯轩辕一星，入太微而出。

夏四月，置崇文观，征善属文者以充之〔2〕。五月，乙卯〔3〕，司徒董昭薨。丁巳〔4〕，肃慎氏献楛矢〔5〕。

六月，壬申〔6〕，诏曰："有虞氏画象而民弗犯〔7〕，周人刑措而不用〔8〕。朕从百王之末〔9〕，追望上世之风〔10〕，邈乎何相去之远？法令滋彰〔11〕，犯者弥多；刑罚愈众，而奸不可止。往者按大辟之条，多所蠲除[12]；思济生民之命[13]，此朕之至意也。而郡国蔽狱[14]，一岁之中尚过数百。岂朕训导不醇[15]，俾民轻罪[16]？将苛法犹存，为之陷阱乎？有司其议狱缓死[17]，务从宽简。及乞恩者[18]，或辞未出而狱已报断[19]，非所以究理尽情也。其令廷尉及天下狱官：诸有死罪，具狱以定[20]；非谋反及手杀人，亟语其亲治[21]；有乞恩者，使与奏当文书俱上[22]，朕将思所以全之[23]。其布告天下，使明朕意。”

秋七月，高句丽王宫斩送孙权使胡卫等首[24]，诣幽州。甲寅[25]，太白犯轩辕大星。

冬十月，己卯[26]，行还洛阳宫。甲申[27]，有星孛于大辰[28]；乙酉[29]，又孛于东方。十一月，己亥[30]，彗星现[31]，犯宦者、天纪星[32]。十二月，癸巳[33]，司空陈群薨。乙未[34]，行幸许昌宫。

【注释】

〔1〕四年：青龙四年(公元236)。〔2〕属文：作文。〔3〕乙卯：旧历十三日。〔4〕丁巳：旧历十五日。〔5〕肃慎：古代东北方少数族名。居住在今吉林省东部至俄罗斯哈巴罗夫斯克的乌苏里江流域一带。楛(hù)：一种荆类树木。肃慎人用楛木做箭杆，装上石制的箭头，称为楛矢石砮(nǔ)，是有名的利箭。自先秦时期起，中原王朝就把肃慎氏进献楛矢石砮当作自己威德远扬的证明。〔6〕壬申：旧历初一日。〔7〕有虞氏：指虞舜。画象：传说虞舜所使用的一种刑罚，犯法者只在衣着的颜色和式样上作特殊的改变就算是受刑。又称为象刑。见《白虎通义》。〔8〕措：闲置。据说西周成、康王时期，天下安宁，刑罚闲置不用达四十多年。见《史记》卷四《周本纪》。〔9〕百王：泛指曹叡之前各朝各代的帝王。〔10〕上世：上古时代。〔11〕滋彰：越来

越多，越来越被民众知晓。〔12〕蠲(juān)除：免除。〔13〕济：挽救。〔14〕蔽狱：断案。这里专门指判决死刑。〔15〕不醇：不够，不深厚。〔16〕轻罪：认为犯罪没什么了不起。〔17〕缓死：延缓死刑犯的处决。意思是要重新审议。〔18〕乞恩：直接上书皇帝请求降恩免予处死刑。这是曹叡为了显示自己宽厚仁慈而作出的一条规定。〔19〕辞未出：犯人的申诉文书还未送出来。 报断：处决。〔20〕具狱：当时把一个案件的全部有关文字材料称为具狱。具狱以定意思是文件证据齐全之后才能定罪。〔21〕亲治：亲自审理。〔22〕奏当文书：案件审理完毕向皇帝呈报的定罪量刑文书。简称为奏当。〔23〕所以全之：怎么样保全乞恩者的生命。〔24〕高句(gōu)丽：东北方的古国名。曹魏时建都丸都(今吉林集安市西北)。事见本书卷三十《东夷高句丽传》。 宫：高句丽国王名。事也见《东夷高句丽传》。〔25〕甲寅：旧历十三日。〔26〕己卯：旧历初十日。〔27〕甲申：旧历十五日。〔28〕大辰：星名。即心宿三星的中央大星。古代认为大辰是天王之位，有星孛于大辰，预示"天下有丧"(《宋书》卷二十三《天文志》一)。〔29〕乙酉：旧历十六日。〔30〕己亥：据陈垣《二十史朔闰表》，十一月庚子朔，无己亥。己亥是十月三十日。此处史文疑有误。〔31〕彗星：光芒偏向一侧并且呈扫帚形的移动星体。和光芒四散发射的孛星有所不同。在古代，这两种星出现都被认为是凶兆。〔32〕宦者：星座名。在太微垣东面的天市垣内，有星四颗。 天纪：星座名。在宦者北面，有星九颗。〔33〕癸巳：旧历二十四日。〔34〕乙未：旧历二十六日。

景初元年春(正)〔二〕月，壬辰[1]，山茌县言黄龙现[2]。〔一〕于是有司奏，以为魏得地统[3]，宜以建丑之月为正[4]。三月，定历改年为孟夏四月；〔二〕服色尚黄[5]；牺牲用白[6]；戎事乘黑首白马[7]，建大赤之旂[8]；朝会，建大白之旗。〔三〕改太和历曰景初历[9]：其春夏秋冬孟仲季月，虽与正岁不同[10]，至于郊祀、迎气、礿祠、蒸尝、巡狩、蒐田、分至启闭、班宣时令、中气早晚、敬授民事[11]，皆以正岁斗建为历数之序〔12〕。

五月，己巳〔13〕，行还洛阳宫。己丑〔14〕，大赦。六月，戊申〔15〕，京都地震。己亥〔16〕，以尚书令陈矫为司徒〔17〕，尚书左仆射卫臻为司空〔18〕。丁未〔19〕，分魏兴之魏阳，锡郡之安富、上庸，为上庸郡〔20〕。省锡郡。以锡县属魏兴郡。

有司奏：武皇帝拨乱反正，为魏太祖；乐用武始之舞〔21〕。文皇帝应天受命，为魏高祖；乐用咸熙之舞。帝制作兴治〔22〕，为魏烈祖；乐用章(武)〔斌〕之舞。三祖之庙，万世不毁。其余四庙〔23〕，亲尽迭毁〔24〕，如周后稷、文、武庙祧之制〔25〕。〔四〕

【注释】

〔1〕壬辰：旧历二十四日。 〔2〕山茌(chí)：县名。在今山东济南市长清区东南。 〔3〕地统：夏、殷、周三代的正朔不同，称为“三正”。与“三正”相对应的是“三统”，即夏得人统，殷得地统，周得天统。古代认为“三统”的顺序要随朝代的更替而循环出现。除开秦朝不算，周之后的汉朝使用夏正，得人统。现在魏又代汉，所以得地统。下面改用殷历的正朔也因此而来。 〔4〕建丑之月：旧历十二月与十二时辰相配，称为月建。建子之月是夏历十一月，建丑之月是夏历十二月，建寅之月是夏历的正月，以下类推。 为正(zhēng)：作为正月。这实际上是把岁首提前了一月。 〔5〕服色：古时各个朝代所定的车马祭牲的颜色。 尚黄：以黄色为贵。 〔6〕牺牲：祭祀用的牲畜。 〔7〕戎事：战事，军事。 〔8〕大赤：纯赤色。 旂(qí)：一种竿顶系有铜铃并且绘有龙形图案的旗帜。 〔9〕景初历：由曹魏尚书郎杨伟制定的新历法。详见《宋书》卷十二《律历志》中。 〔10〕正岁：这里指通常使用的夏历纪年。 〔11〕迎气：祭祀名。皇帝在立春、立夏、立秋前十八天、立秋、立冬这五个日子，依次祭祀五方神灵，迎接四季的到来。称为迎气。 礿(yuè)祠：祭祀名。春天祭祀宗庙叫祠，夏天祭祀宗庙叫礿。 巡狩：皇帝定时外出巡视地方。 蒐(sōu)田：皇帝率军打猎习

武。　分至：春分、秋分和夏至、冬至。　班宣：颁布。古代颁布时令是天子享有的权力之一。　中气：二十四节气中，自冬至起，编号为单数的叫中气，有冬至、大寒、雨水、春分、谷雨、小满、夏至、大暑、处暑、秋分、霜降、小雪十二中气。其余叫十二节气。〔12〕斗建：北斗星的斗柄一年旋转一周。古代把一周分为十二等分，用地支标示，称为十二辰。观察斗柄所指的方位，就能计算出当月的月份。例如，斗柄指向子（正北）是仲冬十一月，指向丑（北偏东三十度）是季冬十二月。而斗柄所指的辰，就叫做斗建。魏明帝改变正朔完全出于政治考虑，实际的种种活动则依然按照能够较好反映四季气候变化的夏历时序来进行。〔13〕己巳：旧历初二日。〔14〕己丑：旧历二十二日。〔15〕戊申：旧历十二日。〔16〕己亥：旧历初三日。己亥不应排在戊申之后，此处史文疑有误。〔17〕尚书令：官名。尚书台的长官，负责处理朝廷政务，是行政首脑。　陈矫（？—公元237）：传见本书卷二十二。〔18〕尚书左仆射（yè）：官名。尚书台的第一副长官，协助尚书令处理朝廷政务。尚书令的副手如只设一人，则称尚书仆射；如置二人，则分左、右，左仆射为第一副长官。　卫臻：传见本书卷二十二。〔19〕丁未：旧历十一日。丁未也不应排在戊申之后。〔20〕魏兴：郡名。治所在今安康市西。　魏阳：县名。县治具体位置待考。　安富：县名。县治具体位置待考。〔21〕乐：这里指皇帝祭祀宗庙时专门为某一祖先编排的配乐舞蹈。舞蹈内容是赞颂祖先的功德。曹魏这次制定乐舞事，详见《宋书》卷十九《乐志》一。〔22〕制作：制定礼乐典章。〔23〕四庙：指曹叡的曾祖曹嵩、曹嵩之父曹腾、曹腾之父曹节、曹节之父这四代祖先的神庙。古代认为天子应为七代祖先立庙祭祀，即所谓的七庙。诸侯五庙。见《礼记·王制》。〔24〕亲尽：古代宗法制度认为，下传到第六代时，祖先与子孙之间的亲情就完了，这叫亲尽。　毁：按照宗法制度，除了始祖等少数祖先外，其余祖先的神位，都只祭奉到第六代子孙亲尽时为止，到第七代的时候要把神主从庙中迁出，另外安置后出祖先的神位，这叫做毁，又叫迁。后世子孙一代又一代地把亲尽祖先神位迁出，就是迭毁。〔25〕后稷：古代周族的始祖。姬姓，名弃。善于种植粮食作物，曾在尧、舜时代做农官，教民耕种。传说他是开始种植稷和麦的人。　文：即周文王。名昌。商代末期的周族领袖。曾被商纣囚禁。在他的领导下，周族逐渐强盛，并在丰邑（今陕西西安市长安区沣河西岸）建立国都。在位五十年。　武：即周武王。文王的长子，名发。他继承父位后，联合各族进攻商王。在牧野（今河南淇县西南）大败商朝军队，灭商。在镐（今陕西西安市长安区沣河东岸）建立西周王朝。在位十年。后稷、文王、武王事，均见《史记》卷四《周本纪》。　祧(tiāo)：远祖的神庙。《礼记·王制》记载，周王朝的宗庙制度，以后稷为太祖(始祖)，其神庙居中。下面的东、西两方各有三庙，称为三昭与三穆。三昭之首是周文王庙。三穆之首是周武王庙。文、武二王的神庙就叫做祧。后稷的太祖庙与文、武二王的祧，合称庙祧，是永远不毁的。其他四庙，亲尽迭毁。而移出的神主，属于昭的放到文王的祧里收藏，属于穆的放到武王的祧里收藏。曹叡仿周制，以曹操比后稷，以曹丕比周文王，以自己比周武王。

【裴注】

〔一〕茬，音仕狸反。

〔二〕《魏书》曰："初，文皇帝即位；以受禅于汉，因循汉正朔，弗改。帝在东宫著论，以为五帝三王虽同气共祖，礼不相袭；正朔自宜改变，以明受命之运。及即位，优游者久之。史官复著言宜改，乃诏三公、特进、九卿、中郎将、大夫、博士、议郎、千石、六百石博议，议者或不同。帝据古典，甲子，诏曰：'夫太极运三辰五星于上，元气转三统五行于下；登降周旋，终则又始。故仲尼作《春秋》，于三微之月，每月称王，以明三正迭相为首。今推三统之次，魏得地统；当以建丑之月为正月。考之群艺，厥义章矣。其改青龙五年三月为景初元年四月。'"

〔三〕臣松之按：魏为土行，故服色尚黄；行殷之时，以建丑为正，故牺牲、旂旗一用殷礼。《礼记》云："夏后氏尚黑，故戎事乘骊，牲用玄旂；殷人尚白，戎事乘翰，牲用白；周人尚赤，戎事乘騵，牲用骍。"郑玄云："夏后氏以建寅为正，物生色黑；殷以建丑为正，物牙色白；周以建子为正，物萌色赤。翰，白色马也。《易》曰'白马翰如'。"《周礼·巾车》职"建大赤以朝"，"大白以即戎"，此则周以正色之旗以朝，先代之旗即戎。今魏用殷礼，变周之制；故建大白以朝，大赤即戎。

〔四〕孙盛曰："夫谥以表行，庙以存容，皆于既没然后著焉。所以原始要终，以示百世也。未有当年而逆制祖宗，未终而预自尊显。昔华、乐以厚殓致讥，周人以预凶违礼。魏之群司，于是乎失正。"

秋七月，丁卯[1]，司徒陈矫薨。孙权遣将朱然等二万人，围江夏郡[2]；荆州刺史胡质等击之[3]，然退走。

初，权遣使浮海与高句丽通，欲袭辽东。遣幽州刺史毌丘俭率诸军及鲜卑、乌丸，[4]屯辽东南界；玺书征公孙渊[5]。渊发兵反，俭进军讨之；会连雨十日，辽水大涨[6]，诏俭引军还。右北平乌丸单于寇娄敦、辽西乌丸都督王护留等居辽东[7]，率部众随俭内附。己卯[8]，诏辽东将吏士民为渊所胁略不得降者，一切赦之[9]。辛卯[10]，太白昼现。渊自俭还，遂自立为燕王，置百官，称绍汉元年。

诏青、兖、幽、冀四州大作海船[11]。九月，冀、兖、徐、豫四州民，遇水[12]。遣侍御史循行没溺死亡及失财产者[13]，在所开仓赈救之[14]。庚辰[15]，皇后毛氏卒。

冬十月，丁未[16]，月犯荧惑。癸丑[17]，葬悼毛后于愍陵[18]。乙卯[19]，营洛阳南委粟山为圜丘[20]。〔一〕十二月，壬子冬至[21]，始祀[22]。丁巳[23]，分襄阳临沮、宜城、旍阳、邔四县[24]，〔二〕置襄阳南部都尉。己未[25]，有司奏文昭皇后立庙京都。分襄阳郡之鄀、叶县属义阳郡[26]。〔三〕

【注释】

〔1〕丁卯：旧历初二日。〔2〕朱然(公元182—249)：传见本书卷五十六。〔3〕胡质(？—公元250)：传见本书卷二十七。〔4〕毌丘俭(？—公元255)：传见本书卷二十八。〔5〕玺书：即皇帝的诏书。〔6〕辽水：河流名。即今辽河。是公孙渊据守辽东的屏障。〔7〕都督王：乌丸族首领名号。即都督率义王的简称。〔8〕己卯：旧历十四日。

〔9〕一切：一律，全部。〔10〕辛卯：旧历二十六日。〔11〕兖：曹魏的兖州治所，在今山东鄄城县东北。〔12〕遇水：遭水灾。〔13〕侍御史：即上文提到的治书侍御史。〔14〕在所：当地。〔15〕庚辰：旧历十六日。〔16〕丁未：旧历十三日。〔17〕癸丑：旧历十九日。〔18〕悼：毛皇后的谥号。 愍陵：毛皇后陵墓名。〔19〕乙卯：旧历二十一日。〔20〕委粟山：山名。在当时洛阳正南十公里洛水南岸。 圜(yuán)丘：祭天的圆形高坛。即天坛。〔21〕壬子：旧历十九日。〔22〕始祀：开始在圜丘祭天。圜丘祭祀应在冬至日举行，见《礼记·郊特牲》。〔23〕丁巳：旧历二十四日。〔24〕襄阳：郡名。治所在今湖北襄阳市。 临沮：县名。县治在今湖北远安县西北。 宜城：县名。县治在今湖北宜城市东南。 旍(jīng)阳：县名。县治在今湖北当阳市东南。旍阳当时在孙吴荆州南郡境内，不可能属曹魏管辖。此处史文疑有误。 邔(qǐ)：县名。县治在今湖北宜城市北。〔25〕己未：旧历二十六日。〔26〕鄀(ruò)：县名。县治在今湖北宜城市东南。 叶(shè)：叶县一直为南阳郡属县，在南阳的东北端，而襄阳郡在南阳的南面，所以叶不可能属襄阳管辖。此处史文疑有误。 义阳：郡名。治所在今湖北枣阳市东南。

【裴注】

〔一〕《魏书》载诏曰：“盖帝王受命，莫不恭承天地以彰神明，尊祀世统以昭功德。故先代之典既著，则禘郊祖宗之制备也。昔汉氏之初，承秦灭学之后；采摭残缺，以备郊祀。自甘泉后土、雍宫五畤，神祇兆位，多不见经。是以制度无常，一彼一此；四百余年，废无禘祀；古代之所更立者，遂有阙焉。曹氏系世，出自有虞氏。今祀圜丘，以始祖帝舜配，号圜丘曰皇皇帝天；方丘所祭曰皇皇后地，以舜妃伊氏配；天郊所祭曰皇天之神，以太祖武皇帝配；地郊所祭曰皇地之祇，以武宣〔皇〕后配；宗祀皇考高祖文皇帝于明堂，以配上帝。”至晋泰始二年，并圜丘、方丘二至之祀于南北郊。

〔二〕邔，音其己反。

〔三〕《魏略》曰：“是岁，徙长安诸钟虡、骆驼、铜人、承露盘。盘折；铜人重不可致，留于霸城。大发铜，铸作铜人二，号曰翁仲，列坐于司马门外。又铸黄龙、凤凰各一：龙高四丈，凤高三丈余，置内殿前。起土山于芳林园西北陬，使公卿群僚皆负土成山。树松竹杂木善草于其上，捕山禽杂兽置其中。”

《汉晋春秋》曰："帝徙盘，盘折，声闻数十里；金狄或泣，因留霸城。"

《魏略》载："司徒军议掾、河东董寻上书谏曰：'臣闻古之直士，尽言于国，不避死亡。故周昌比高祖于桀、纣，刘辅譬赵后于人婢。天生忠直，虽白刃沸汤，往而不顾者，诚为时主爱惜天下也。建安以来，野战死亡，或门殚户尽；虽有存者，遗孤老弱。若今宫室狭小，当广大之，犹宜随时，不妨农务；况乃作无益之物，黄龙、凤凰、九龙、承露盘、土山、渊池，此皆圣明之所不兴也，其功参倍于殿舍。三公、九卿、侍中、尚书，天下至德，皆知非道而不敢言者，以陛下春秋方刚，心畏雷霆。今陛下既尊群臣，显以冠冕，被以文绣，载以华舆，所以异于小人。而使穿方举土，面目垢黑，沾体涂足，衣冠了鸟；毁国之光以崇无益，甚非谓也！孔子曰："君使臣以礼，臣事君以忠。"无忠无礼，国何以立！故有君不君，臣不臣，上下不通，心怀郁结。使阴阳不和，灾害屡降；凶恶之徒，因间而起：谁当为陛下尽言事者乎？又谁当千万乘以死为戏乎？臣知言出必死，而臣自比于牛之一毛；生既无益，死亦何损？秉笔流涕，心与世辞。臣有八子，臣死之后，累陛下矣！'将奏，沐浴。既通，帝曰：'董寻不畏死邪！'主者奏收寻，有诏'勿问'。后为贝丘令，清省得民心。"

二年春正月[1]，诏太尉司马宣王。率众讨辽东。〔一〕

二月，癸卯[2]，以太中大夫韩暨为司徒。癸丑[3]，月犯心距星[4]；又犯心中央大星。

夏四月，庚子[5]，司徒韩暨薨。壬寅[6]，分沛国萧、相、竹邑、符离、蕲、铚、龙亢、山桑、洨、虹〔二〕十县[7]，为汝阴郡；宋县、陈郡苦县皆属谯郡[8]。以沛、杼秋、公丘、彭城丰国、广戚并五县[9]，为沛王国。庚戌[10]，大赦。五月，乙亥[11]，月犯心距星，又犯中央大星。〔三〕六月，省渔阳郡之狐奴县[12]，复置安乐县[13]。

【注释】

〔1〕二年：景初二年（公元 238）。〔2〕癸卯：旧历十一日。〔3〕癸丑：旧历二十一日。〔4〕距星：星座外端的小星。〔5〕庚子：旧历初九日。〔6〕壬寅：旧历十一日。〔7〕沛国：曹魏沛国治所，在今江苏沛县。　萧：县名。县治在今安徽萧县西北。　相：县名。县治在今安徽濉溪县西北。　竹邑：县名。县治在今安徽宿州市北。　符离：县名。县治在今安徽宿州市东北。　蕲（qí）：县名。县治在今安徽宿州市东南。　山桑：县名。县治在今安徽蒙城县北。　洨（xiáo）：县名。县治在今安徽固镇县东南。　虹（jiàng）：县名。县治在今安徽五河县西北。〔8〕宋县：县名。县治在今安徽太和县西北。　苦县：县名。县治在今河南鹿邑县。　谯郡：郡名。治所在今安徽亳州市。〔9〕沛：县名。县治在今江苏沛县。　杼秋：县名。县治在今安徽砀山县东南。公丘：县名。县治在今山东滕州市西南。　彭城：王国名。治所在今江苏徐州市。　丰国：县名。县治在今江苏丰县。　广戚：县名。县治在今江苏沛县东南。〔10〕庚戌：旧历十九日。〔11〕乙亥：旧历十五日。〔12〕渔阳：郡名。治所在今北京市密云区西南。　狐奴：县名。县治在今北京市顺义区东北。〔13〕安乐：县名。县治在今北京市顺义区西北。

【裴注】

〔一〕干宝《晋纪》曰："帝问宣王：'公孙渊将何计以待君？'宣王对曰：'渊弃城预走，上计也；据辽水拒大军，其次也；坐守襄平，此为成擒耳。'帝曰：'然则三者何出？'对曰：'唯明智审量彼我，乃预有所割弃；此既非渊所及，又谓今往悬远，不能持久；必先拒辽水，后守也。'帝曰：'往还几日？'对曰：'往百日，攻百日，还百日，以六十日为休息；如此，一年足矣。'"

《魏名臣奏》载散骑常侍何曾表曰："臣闻先王制法，必于全慎。故建官授任，则置假辅；陈师命将，则立监贰；宣命遣使，则设介副；临敌交刃，则参御右。盖以尽谋思之功，防安危之变也。是以在险当难，则权足相济；陨缺不预，则才足相代：其为固防，至深至远。及至汉氏，亦循旧章。韩信伐赵，张耳为贰；马援讨越，刘隆副军。前世之迹，著在篇志。今懿奉辞诛罪，步骑数万；道路回阻，四千余里；虽假天威，有征无战，寇或潜遁，消散日月；命无常期，人非金石；远虑详备，诚宜有副。今北边诸将及懿所督，皆为僚属。名位不殊，素无定分；猝有变急，不相镇摄。存不忘亡，圣达所戒，宜选大臣名将威重宿著者，盛其礼秩，遣诣懿军；进同谋略，退为副佐。虽有万一不虞之灾，军主有储，则无患矣。”

《毌丘俭志记》云，时以俭为宣王副也。

〔二〕洨，音胡交反。虹，音绛。

〔三〕《魏书》载戊子诏曰：“昔汉高祖创业，光武中兴，谋除残暴，功昭四海；而坟陵崩颓，童儿牧竖践蹈其上：非大魏尊崇所承代之意也。其表高祖、光武陵四面百步，不得使民耕牧樵采。”

秋八月，烧当羌王芒中、注诣等叛[1]。凉州刺史率诸郡攻讨[2]，斩注诣首。癸丑[3]，有彗星现张宿[4]。〔一〕

丙寅[5]，司马宣王围公孙渊于襄平[6]，大破之。传渊首于京都。海东诸郡平[7]。

冬十一月，录讨渊功，太尉宣王以下，增邑、封爵各有差。初，帝议遣宣王讨渊，发卒四万人。议臣皆以为“四万兵多，役费难供[8]”。帝曰：“四千里征伐，虽云用奇[9]，亦当任力[10]，不当稍计役费[11]。”遂以四万人行。及宣王至辽东，霖雨，不得时攻[12]；群臣或以为“渊未可猝破，宜诏宣王还”。帝曰：“司马懿临危制变，擒渊可计日待也。”卒皆如所策[13]。

壬午[14]，以司空卫臻为司徒，司隶校尉崔林为司空[15]。闰月〔癸丑〕[16]，月犯心中央大星。

十二月，乙丑[17]，帝寝疾不豫[18]。辛巳[19]，立皇后[20]。赐天下男子爵，人二级；鳏寡孤独，谷。以燕王宇为大将军[21]；甲申免[22]，以武卫将军曹爽代之[23]。〔二〕

【注释】

〔1〕烧当：古代羌族的一支。西汉时有羌族首领名叫烧当，其子孙后来即以烧当为名号。见《后汉书》卷八十七《西羌传》。〔2〕凉州刺史：据本书卷二十七《徐邈传》，当时凉州刺史是徐邈，这里缺姓名。〔3〕癸丑：旧历二十四日。〔4〕张：星座名。二十八宿之一。南方朱雀七宿的第五宿，有星六颗。〔5〕丙寅：景初历八月庚寅朔，无丙寅。丙寅是景初历九月初七日。此处史文疑有误。〔6〕襄平：县名。县治在今辽宁省辽阳市。〔7〕海东诸郡：指勃海以东的辽东（治所在今辽宁辽阳市）、带方（治所在今朝鲜凤山附近）、乐浪（治所在今朝鲜平壤市南）和玄菟（治所在今辽宁沈阳市东北）四郡。〔8〕役费：所需的人力和经费。〔9〕用奇：使用计谋。〔10〕任力：凭借实力。〔11〕稍计：过于计较。〔12〕时：及时。〔13〕卒：结果。〔14〕壬午：旧历二十四日。〔15〕司隶校尉：官名。既是京都地区的地方行政长官，又兼朝廷的监察长官，负责纠举朝廷百官和京城地区的违法者。 崔林：传见本书卷二十四。〔16〕癸丑：旧历二十六日。〔17〕乙丑：旧历初八日。〔18〕不豫：帝王病重的婉转说法。〔19〕辛巳：旧历二十四日。〔20〕皇后：指明元郭皇后（？—公元263）。传见本书卷五《后妃传》。〔21〕宇：即曹宇，魏明帝叔父。传见本书卷二十《武文世王公传》。〔22〕甲申：旧历二十七日。〔23〕武卫将军：官名。曹魏时皇帝的贴身卫队叫做武卫营，武卫将军是统领武卫营的长官。 曹爽（？—公元249）：传附本书卷九《曹真传》。

【裴注】

〔一〕《汉晋春秋》曰：“史官言于帝曰：‘此周之分野也，洛邑恶之。’于是大修禳祷之术以厌焉。”

《魏书》曰：“九月，蜀阴平太守廖惇反，攻守善羌侯宕蕈营。雍州刺史郭淮遣广魏太守王赟、南安太守游奕，将兵讨惇。淮上书：‘赟、奕等分兵，夹山东西围落，贼表破在旦夕。’帝曰：‘兵势恶离！促诏淮，敕奕诸别营非要处者，还令据便地。’诏敕未到，奕军为惇所破；赟为流矢所中死。”

〔二〕《汉晋春秋》曰：“帝以燕王宇为大将军，使与领军将军夏侯献、武卫将军曹爽、屯骑校尉曹肇、骁骑将军秦朗等，对辅政。中书监刘放、令孙资，久专权宠，为朗等素所不善，惧有后害，阴图间之；而宇常在帝侧，故未得有言。甲申，帝气微，宇下殿呼曹肇有所议，未还。

而帝少间，惟曹爽独在。放知之，呼资与谋。资曰：‘不可动也！’放曰：‘俱入鼎镬，何不可之有？’乃突前见帝，垂泣曰：‘陛下气微，若有不讳，将以天下付谁？’帝曰：‘卿不闻用燕王耶？’放曰：‘陛下忘先帝诏敕：藩王不得辅政。且陛下方病，而曹肇、秦朗等便与才人侍疾者言戏；燕王拥兵南面，不听臣等入：此即竖刁、赵高也。今皇太子幼弱，未能统政；外有强暴之寇，内有劳怨之民。陛下不远虑存亡，而近系恩旧；委祖宗之业，付二三凡士；寝疾数日，外内壅隔；社稷危殆，而己不知：此臣等所以痛心也。’帝得放言，大怒曰：‘谁可任者？’放、资乃举爽代宇，又白‘宜诏司马宣王使相参’，帝从之。放、资出，曹肇入，泣涕固谏，帝使肇敕停。肇出户，放、资趋而往，复说止帝，帝又从其言。放曰：‘宜为手诏。’帝曰：‘我困笃，不能。’放即上床，执帝手强作之；遂赍出，大言曰：‘有诏免燕王宇等官，不得停省中！’于是宇、肇、献、朗，相与泣而归第。”

初，青龙三年中，寿春农民妻自言：“为天神所下，命为登女〔1〕；当营卫帝室〔2〕，蠲邪纳福〔3〕。”饮人以水，及以洗疮，或多愈者。于是立馆后宫，下诏称扬，甚见优宠。及帝疾，饮水无验，于是杀焉。

三年春正月，丁亥〔4〕，太尉宣王还至河内；帝驿马召到〔5〕，引入卧内，执其手谓曰：“吾疾甚！以后事属君。君其与爽辅少子〔6〕。吾得见君，无所恨！”宣王顿首流涕〔7〕。〔一〕即日，帝崩于嘉福殿。〔二〕时年三十六〔8〕。〔三〕

癸丑〔9〕，葬高平陵〔10〕。〔四〕

【注释】

〔1〕登：人名。〔2〕营卫：照顾保护。〔3〕蠲（juān）：驱除。〔4〕三年：景初三年（公元239）。丁亥：旧历初一日。〔5〕驿马：官方驿站的马匹。古时在路上建有供文书传送和官员往来歇息的处所，叫做驿。驿站备有马匹供使用。当有紧急公事时，采用换马不换人的方式，可以迅速到达目的地。〔6〕爽：指曹爽。少子：指八岁的太子曹芳。

〔7〕顿首：以头叩地的跪拜礼节。〔8〕时年三十六：曹叡的生母甄氏，原为袁绍次子袁尚的妻子。东汉献帝建安九年(公元204)旧历八月初二日，曹操攻破邺城，曹丕俘获甄氏并将她作为自己的妻子。如果曹叡死时为三十六岁，则其生年就正好在建安九年。既然曹丕当年八月才娶得甄氏，曹叡假使也出生在当年，就肯定是袁尚的儿子，而且这将是当时尽人皆知的事实。因为即使曹叡出生在当年的十二月，也绝对不可能是曹丕的血脉。曹叡果真是袁家的后代，而且尽人皆知，那么从袁家与曹家的仇怨关系来看，曹丕肯定不会传位给曹叡。因此，曹叡死时的年龄不会有三十六岁。据本卷上文记载，曹叡“年十五，封武德侯”。卷二《文帝纪》记曹叡封武德侯在延康元年(公元220)的五月戊寅(旧历初三日)。由此可知，曹叡生于公元206年，即建安十一年，死时应为三十四岁。此处史文疑不确。〔9〕癸丑：旧历二十七日。〔10〕高平陵：魏明帝陵墓名。在当时距洛阳南郊45公里的大石山。

【裴注】

〔一〕《魏略》曰：“帝既从刘放计，召司马宣王，自力为诏。既封，顾呼宫中常所给使者曰：‘辟邪，来！汝持我此诏授太尉也。’辟邪驰去。先是，燕王为帝画计，以为关中事重，宜便道遣宣王从河内西还。事已施行，宣王得前诏；斯须复得后手笔，疑京师有变，乃驰到，入见帝。劳问讫，乃召齐、秦二王以示宣王。别指齐王谓宣王曰：‘此是也！君谛视之，勿误也！’又教齐王令前抱宣王颈。”《魏氏春秋》曰：“时太子芳年八岁，秦王九岁，在于御侧。帝执宣王手，目太子曰：‘死乃复可忍，朕忍死待君。君其与爽辅此。’宣王曰：‘陛下不见先帝属臣以陛下乎？’”

〔二〕《魏书》曰：“殡于九龙前殿。”

〔三〕臣松之按：魏武以建安九年八月定邺，文帝始纳甄后，明帝应以十年生；计至此年正月，整三十四年耳。时改正朔，以故年十二月为今年正月；可强名三十五年，不得三十六也。

〔四〕《魏书》曰：“帝容止可观，望之俨然。自在东宫，不交朝臣，不问政事，唯潜思书籍而已。即位之后，褒礼大臣，料简功能，真伪不得相贸，务绝浮华谮毁之端。行师动众，论决大事；谋臣将相，咸服帝之大略。性特强识，虽左右小臣，官簿性行，名迹所履，及其父兄子弟；一经耳目，终不遗忘。含垢藏疾，容受直言。听受吏民士庶上书，一月之中至数十百封；虽文辞鄙陋，犹览省究竟，意无厌倦。”孙盛曰：“闻之长老：魏明帝天姿秀出，立发垂地；口吃少言，而沉毅好断。初，诸公受遗辅导，帝皆以方任处之，政自己出。而优礼大臣，开容善直；虽犯颜极谏，无所摧戮。其君人之量如此之伟也。然不思建德垂风，不固维城之基；至使大权偏据，社稷无卫。悲夫！"

评曰：明帝沉毅断识[1]，任心而行[2]，盖有君人之至概焉[3]。于时百姓凋弊，四海分崩；不先聿修显祖[4]，阐拓洪基，而遽追秦皇、汉武，宫馆是营：格之远猷[5]，其殆疾乎[6]！

【注释】

〔1〕沉毅：沉着刚毅。　断识：有决断，有见识。〔2〕任心：按照自己的想法。　行：行事。〔3〕君人之至概：统治者的大气魄。〔4〕聿(yù)：句首助词，无实义。　修显祖：继承祖父的事业。显祖是对祖父的尊称，指曹操。〔5〕格：衡量。　远猷(yóu)：远大的计划和目标。〔6〕疾：太快了。

【译文】

明皇帝名叡，字元仲。是文帝的太子。生下来就受到太祖的宠爱，经常让他在左右陪伴自己。明帝十五岁时，被封为武德侯。黄初二年(公元221)被封为齐公。黄初三年(公元222)被封为平原王。因为他的生母甄氏被文帝下诏赐死，所以他长时间未被确立为继承人。

黄初七年(公元226)夏五月，文帝病重，才宣布立他为皇太子。五月十七日丁巳，他正式继位为皇帝，宣布大赦天下；尊称皇太后卞氏为太皇太后，皇后郭氏为皇太后；各位朝廷大臣按等级封赏爵位。六月十四日癸未，追谥生母甄夫人为文昭皇后。六月二十三日壬辰，立皇弟曹蕤为阳平王。

秋八月，孙权进攻江夏郡。太守文聘坚守。朝臣议论应当发兵援救。明帝却说："孙权熟习水战，这次之所以敢于下船发动地面进攻，是企图打我们一个毫无防备。现今他已经与文聘相持不下；进攻要比防守加倍费力，他终究不敢长久坚持下去的。”在此之前，明帝曾派治书侍御史荀禹慰劳边境将士。荀禹到达江夏郡后，立即调发沿途各县的军队，加上随从自己的一千多步兵和骑兵，登山放火张扬声势，孙权很快撤军退走。

八月十二日辛巳，立皇子曹冏为清河王。吴将诸葛瑾、张霸等侵犯襄阳。抚军大将军司马懿率军将其击溃，斩杀张霸；征东大将军曹休又在寻阳县击败对方一支别动队。于是论功行赏，各有差别。

冬十月，清河王曹冏去世。十二月，提升太尉钟繇为太傅，征东大将军曹休为大司马，中军大将军曹真为大将军，司徒华歆为太尉，司空王朗为司徒，镇军大将军陈群为司空，抚军大将军司马懿为骠骑大将军。

太和元年(公元227)春正月，在京城南郊祭天时，以武皇帝曹操配祭；在明堂祭五方上帝时，以文皇帝曹丕配祭。把江夏郡的南部划出，设置江夏南部都尉。西平郡的麴英造反，杀死临羌县令、西都县长。朝廷派将军郝昭、鹿磐前往讨伐，将其斩首。二月初五日辛未，明帝参加亲耕籍田的礼仪活动。二月十五日辛巳，为文昭皇后甄氏在邺县建立神庙。二月二十一日丁亥，明帝到京城东郊祭太阳神。

夏四月初十日乙亥，发行五铢钱。四月十九日甲申，开始在京城洛阳兴修宗庙。

八月二十六日己丑，明帝在京城西郊祭月亮神。

冬十月初四日丙寅，明帝在京城东郊训练视察军队。西域的焉耆国王派遣儿子到洛阳侍奉皇帝。十一月，立毛氏为皇后。赐天下男子每人爵位二级，鳏寡孤独不能养活自己的人赐给粮食。十二月，封皇后的父亲毛嘉为列侯。新城郡太守孟达造反，下诏派遣骠骑将军司马懿前去讨伐。

太和二年(公元228)春正月，司马懿攻破新城。斩杀孟达，把他的头颅用驿车传送到京城。分出新城郡的上庸、武陵、巫三县成立上庸郡，又分出新城郡的锡县成立锡郡。

蜀国大将诸葛亮侵犯边境，天水、南安、安定三郡的官员百姓叛变朝廷响应诸葛亮。朝廷派大将军曹真为关右各军的总指挥，一起进军迎战。右将军张郃在街亭攻击诸葛亮的先锋马谡，把对方打得大败。诸葛亮全军败退，上述三郡全部收复。二月十七日丁未，明帝到达长安督战。

夏四月初八日丁酉，明帝回洛阳。宣布赦免监狱中的非死刑犯人。四月十六日乙巳，评定讨伐诸葛亮的战功，封给爵位增加封邑各有差别。五月，出现大旱。六月，明帝下诏说："尊敬儒家重视教育，是王朝教化的根本。最近以来负责儒学教育的官员有的很不称职，又怎么能宣扬阐明圣人之道？从现在起，要用高标准挑选人才担任博士主讲儒经：其才能要能胜任侍中、散骑常侍职务。向各个郡国发布指令：要他们在进贡人才时以经学的优劣作为首要选择条件。"

秋九月，曹休率领大军到达皖县，与吴将陆逊在石亭大战，失败退回。九月二十九日乙酉，立皇子曹穆为繁阳王。

冬十月十四日庚子，大司马曹休去世。十月，下诏要公卿和宫廷侍臣每人举荐优秀将领一名。十一月，司徒王朗去世。十二月，诸葛亮再度出兵，包围陈仓；曹真派将军费曜等前去抵御。辽东郡太守公孙恭哥哥的儿子公孙渊，夺取了公孙恭的权位；朝廷正式下令让公孙渊兼任辽东郡太守。

太和三年(公元229)夏四月，元城王曹礼去世。六月二十一日癸卯，繁阳王曹穆去世。六月二十六日戊申，追尊高祖大长秋曹腾为高皇帝，其夫人吴氏为高皇后。

秋七月，明帝下诏说："按照礼仪制度：王后没有生下子嗣，就要选择家族中非嫡系分支的男子来入宫继承嫡系长房的王位。这时他要接续正统而奉行大义，怎么能再顾念自己的生身父母呢？汉宣帝就是像这样成为昭帝的继承人的，他即位之后却追尊自己死去的生父为'皇考'。汉哀帝也是以外地藩王的身份入宫继承汉成帝的帝位，而朝臣董宏等人引用亡国秦朝的例证，迷惑哀帝：使他既追尊自己的生父为'恭皇'，为生父在京城建立神庙；而且还优待自己的祖母傅氏和生母丁氏，尊称她们为帝太太后和帝太后，使她们竟然和汉成帝的母亲太皇太后王氏并列；他为生父举行祭祀活动，并列设置了四个皇太后的位置；超越本分没有节制，神灵都不保佑他；而他却还对进行忠诚正直劝谏的师丹加以打击，结果招致丁氏、傅氏坟墓被挖开而尸体被烧毁的惨祸。从那以后，后人还跟着仿效他们。过去鲁文公随便提高自己生父在宗庙中的神位排列位置，罪魁祸首是负责祭祀的官员夏父；宋国不守礼制给宋文公实行厚葬，后代的讥评集中在承办丧事的华元身上。要通令公卿及有关官员：深深以从前这些事例作为鉴戒；以后万一有人以诸侯身份入宫继承帝位，就应该懂得充当别人后嗣的本分；这时如果有臣僚胆敢以谄媚奸邪的主意引诱讨好当时的君主，妄自设立不正当的称号来干扰正统，把生父称为'皇'，生母称为'后'：那么辅政的大臣，就要立即诛杀此人而不准赦免！这道诏书要铸在金属简板上，藏在宗庙中，还要写进法典里面。"

冬十月，改称平望观为听讼观。明帝常说："刑狱，关系到天下百姓的性命啊。"所以每当审理大案，他常常要到听讼观亲自旁听。

当初，洛阳的宗庙没有修好，皇族祖先的神灵牌位都供在邺县的宗庙中。十一月，洛阳的宗庙建成。明帝派太常卿韩暨，持有节杖，到邺县迎接高皇帝曹腾、太皇帝曹嵩、武皇帝曹操、文皇帝曹丕的神灵牌位。十二月初十日己丑，神灵牌位到达，安放在洛阳新宗庙中。

十二月二十四日癸卯，大月氏国王波调派遣使者前来进贡，封波调为亲魏大月氏王。

太和四年(公元230)春二月初四日壬午，明帝下诏说："世间风气的质朴无华或具有文采，会随着教化而改变。汉末大乱以来，儒学荒废；后起的年轻人进取功名，都不留心儒家经典。究竟是朕本人在上面的训示引导不够，还是得到任用的人并不以品德著称的缘故呢？从现在起，凡是郎官中能够通晓一部儒家经典，才能足以胜任治理百姓的职务；经过主讲儒经的博士考试，而成绩达到优等的：要赶快任用。至于拉帮结派相互吹捧不在正道的根本上用心的，一律免职赶走。"二月初十日戊子，向太傅和三公下诏："要把文帝的著作《典论》全部文字刻在石头上，立在京城宗庙的大门外。"二月十五日癸巳，升任大将军曹真为大司马，骠骑将军司马懿为大将军，辽东郡太守公孙渊为车骑将军。

夏四月，太傅钟繇去世。六月初十日戊子，太皇太后卞氏去世。六月十八日丙申，撤销上庸郡。

秋七月，把太皇太后合葬在武皇帝曹操的高陵。下诏命令大司马曹真、大将军司马懿领兵讨伐蜀国。八月初五日辛巳，明帝到东方巡视，派使者用一头牛作为祭品祭祀中岳嵩山。八月十九日乙未，明帝驾临许昌皇宫。九月，天降大雨，伊水、洛水、黄河、汉水，全部出现洪水漫过堤岸的险情，于是下诏让曹真等撤军。

冬十月初十日乙卯，明帝出行结束回到洛阳皇宫。十月十五日庚申，明帝下令："罪犯只要不是判处了死刑，允许以金钱财物抵罪。"抵罪所需缴纳的金钱财物各有差别。十一月，金星接触木星。十二月二十八日辛未，改葬文昭甄皇后到新建的朝阳陵。在这一月的二十三日丙寅，明帝还下诏要公卿举荐贤良人才。

太和五年(公元231)春正月，明帝参加亲耕籍田的礼仪活动。三月，大司马曹真去世。诸葛亮出兵侵犯天水郡，明帝下诏让大将军司马懿率军迎战。从去年冬天到这个月一直不下雨。初九日辛巳，朝廷举行祭祀求雨。

夏四月，鲜卑族附义王轲比能率领本部落百姓，以及丁零族人首领兒禅，到幽州贡献骏马。朝廷重新设置护匈奴中郎将。

秋七月初六日丙子，因为诸葛亮退兵，加官晋爵各有差别。这一月十五日乙酉，皇子曹殷出生，宣布大赦。

八月，明帝下诏说："古代诸侯定期朝见天子，是用来和睦亲戚团结各国的办法。先皇帝明确下令，'不准诸位亲王留在京都'的原因，是考虑到幼主在位，由母后代为执政；这时需要防微杜渐，否则会影响到国运的盛衰。朕回想与诸位亲王分别已经十二年，岁月悠悠，岂能不令人思念！现在请诸位宗室亲王、公侯，各自带一个嫡妻生的儿子进京朝见。以后如果出现幼主继位而母后在宫中代为执政的情况，那时再按先皇帝的指令办事。把这一点写进法令中。"

冬十一月十七日乙酉，月亮接触到轩辕座的大星。这一月三十日戊戌月终，发生日食。十二月初六日甲辰，月亮接触到土星。这一月二十日戊午，太尉华歆去世。

太和六年(公元232)春二月，明帝下诏说："古代的帝王，封建诸侯，是让他们在外围像篱笆和屏障一样保护王室。《诗经·板》里的诗句不是说过吗，'能够以德团结宗族就会得到安宁，同姓宗族就会像城墙一般保护你'。秦朝、汉朝承继周朝，同姓诸侯的力量或强或弱，分寸都不适当。大魏创立基业，诸位亲王接受封地开国；封地的大小随时势而变化，没有一定的制度：这不能成为后世永远效法的规矩。现在改封诸位亲王，一律以一郡为封地。"三月初七日癸酉，明帝出京到东方巡察；所过之处慰问老年人和鳏寡孤独，赏赐他们粮食。这一月初九日乙亥，月亮接触轩辕座的大星。

夏四月初一日壬寅，明帝驾临许昌皇宫。这一月二十三日壬寅，向宗庙进献新采摘的水果。五月，皇子曹殷去世，追加封爵谥号为安平哀王。

秋七月，以卫尉董昭为司徒。九月，明帝驾临摩陂，修缮许昌皇宫，新建景福殿、承光殿。

冬十月，殄夷将军田豫领兵在成山伏击吴国将军周贺统率的水军船队，斩杀周贺。十一月初四日丙寅，金星在白昼出现；有彗星在翼宿附近出现并发出强烈的光芒，后来靠近太微垣的上将星。这一月二十八日庚寅，陈思王曹植去世。十二月，明帝结束出巡回到洛阳皇宫。

青龙元年(公元233)春正月二十三日甲申，青龙出现在郏县摩陂的井中。二月初六日丁酉，明帝驾临摩陂看龙。于是改变年号，又改摩陂为龙陂。赐天下男子每人爵位二级；鳏寡孤独，免交今年的租赋。三月初三日甲子，明帝下诏要公卿举荐贤能而且坚持品行修养的人才，各自举荐一名。

夏五月十二日壬申，下诏在太祖武皇帝的神庙中配祭已故大将军夏侯惇、大司马曹仁、车骑将军程昱。这一月十八日戊寅，北海王曹蕤去世。闰五月初一日庚寅，发生日食。这一月初八日丁酉，改封皇族中非亲王的女儿都为县公主。下诏指示各个郡国："凡是没有列入官方祭祀典章的山峰河流，都不准祭祀。"六月，洛阳皇宫中用来踢球游戏的房屋发生火灾。

为朝廷保卫边塞的鲜卑族首领步度根，与反叛朝廷的鲜卑族首领轲比能暗中勾结。并州刺史毕轨上奏说:“自己独自决定出动军队,以便对外威胁轲比能,对内镇慑步度根。”明帝看了他的表章,说:“步度根因为受到轲比能的引诱,有疑惧之心。现今毕轨出兵,正好使这两部分鲜卑势力受到惊动而会合在一起;还能威胁、镇慑什么啊?赶快批示毕轨:如果已经出兵的话慎勿越过边塞上的句注山!”

等到明帝的诏令到达,毕轨已经越过句注山进军到阴馆。又派将军苏尚、董弼追击鲜卑。轲比能派儿子带领一千多骑兵来迎接步度根的部落。与苏尚、董弼遭遇,在楼烦激战;结果苏、董二将阵亡,全军覆没。步度根的部落全部逃出边塞,与轲比能联合起来,侵扰内地。朝廷派骁骑将军秦朗率领京城驻军前往征讨,鲜卑人都逃到大沙漠的北边去了。

秋九月,在安定郡为朝廷保卫边塞的匈奴人首领胡薄居姿职等人反叛。司马懿派将军胡遵等人前去讨伐,匈奴族军队战败投降。

冬十月,步度根部落的首领之一戴胡阿狼泥到并州投降。秦朗带领大军回还。

十二月,辽东太守公孙渊斩杀孙权派去的使臣张弥、许晏,把头颅送往京城;朝廷任命他为大司马,封乐浪公。

青龙二年(公元234)春二月初四日己未,金星接触到火星。这一月十八日癸酉,明帝下诏说:“把鞭打作为惩治官员的一种刑罚,是用来纠正官员漫不经心和偷懒怠工的现象;然而近来无辜的人多被鞭打致死。现在要减轻动用鞭棍笞打的惩罚,把这写进法令中。”三月初六日庚寅,山阳公去世;明帝穿上丧服进行哭悼,派遣使者持有节杖,负责操办并保护丧事活动。这一月二十五日己酉,宣布大赦。

夏四月,传染病流行。皇宫中的崇华殿发生火灾。四月十二日丙寅,明帝下诏让有关官员用牛、羊、猪三牲作为祭品去文帝的神庙祭祀祷告。追谥山阳公为汉孝献皇帝,用汉朝的礼仪安葬。

这一月,诸葛亮出兵经过斜谷,到达渭水南岸驻扎;司马懿带领大军前去抵御。明帝向司马懿下诏说:“只消依据坚固的壁垒进行防守,以挫折其锐气;对方前又前进不了,退又无法和我军决一胜负；停留久了军粮耗尽，出兵抢掠又抢不到东西：只能撤走。趁其撤退发动追击，以逸待劳：这是大获全胜的策略。"

五月，金星在白昼出现。孙权率领大军进攻居巢附近的湖口，进军合肥新城；又派大将陆逊、孙韶各带一万多兵马，东边进入淮河，西边进入沔水，作为两翼的声援。六月，朝廷命令征东将军满宠进军迎战。满宠请求从合肥新城撤出守军，诱敌深入到寿春城下再反击。明帝不同意，说："过去汉光武帝派出孤军去据守略阳县城，终于击破了隗嚣。先皇帝在东边设置合肥据点，南边坚守襄阳重镇，西边保卫祁山要津；敌军前来进攻总是要败在这三城之下的原因，是因为这三处均为兵家必争之地。就算孙权要进攻合肥新城，也必定不能攻克；指示诸将坚守阵地，我将亲自前往讨伐孙权；等我到达时，恐怕他已经逃走了。"

秋七月十九日壬寅，明帝乘龙舟东下亲征孙吴。孙权进攻合肥新城，守将张颖等据城死战。明帝还差数百里才到达这里时，孙权果然撤军退走，陆逊、孙韶的侧翼部队也一并退回。群臣认为这时大将军司马懿正与诸葛亮相持不下，明帝应当前往长安督战。明帝却说："孙权一撤退，诸葛亮就胆怯了。大将军必定能制服他，我还担忧什么！"于是下令继续南下到达寿春，评定诸将的战功，封赏各有差别。八月初七日己未，明帝大规模检阅军队以显示武力，并设酒宴犒赏全军将士；又派遣使者持有节杖，前往合肥、寿春的前线慰劳军队。这一月二十九日辛巳，明帝在回程路上到达许昌皇宫。

司马懿与诸葛亮相持，把军营的外围一一接连起来进行长期坚守；诸葛亮多次前来挑战，他守在坚固的壁垒中拒不应战。碰巧这时诸葛亮病死，蜀军全部撤退。

冬十月十四日乙丑，月亮接触到土星和轩辕座。这一月二十七日戊寅，月亮又接触到金星。十一月，京城出现地震，震波从东南方传来，暗中发出响声，屋顶上的瓦都被摇动。十二月，明帝下诏让有关官员删改死刑的法律，减轻死罪判处的条款。

青龙三年(公元235)春正月初八日戊子，任命大将军司马懿为太尉。这一月十九日己亥，重新设置朔方郡。京城传染病流行。二月初八日丁巳，皇太后郭氏驾崩。这一月二十六日乙亥，寿光县落下陨石。三月十一日庚寅，安葬文德郭太后。在首阳陵涧水的西边修建陵墓，完全按照当初文皇帝生前留下的遗嘱办理。

这时，明帝下令大规模修建洛阳皇宫，新起昭阳殿、太极殿，又修总章观。农民被征调来做工，耽误了耕种。正直大臣杨阜、高堂隆等各自多次恳切劝谏；明帝虽然不听从，对他们还能宽容。

秋七月，洛阳皇宫的崇华殿发生火灾。八月二十四日庚午，立皇子曹芳为齐王、曹询为秦王。这一月的十一日丁巳，明帝从外面回到洛阳皇宫，向有关部门下令修复崇华殿；并改名为九龙殿。

冬十月初三日己酉，中山王曹衮去世。这一月的二十六日壬申，金星在白昼出现。十一月二十二日丁酉，明帝驾临许昌皇宫。

青龙四年(公元236)春二月，金星再次在白昼出现；月亮接触金星，又接触轩辕座中一颗星，然后穿过太微垣出来。

夏四月，设置崇文观，征召善于写文章的人才到这里从事文学活动。五月十三日乙卯，司徒董昭去世。这一月十五日丁巳，东北方的肃慎国派人来进贡楛木做成的利箭。

六月初一日壬申，明帝下诏说："虞舜使用一种叫做画像的象征性刑罚就能使人民不去犯法，周朝的成王、康王时因百姓无人犯法而使刑罚闲置不用达四十多年。朕从百代帝王的末尾位置，追望上古社会的良好风尚，觉得相差何其遥远啊！法令越来越繁琐而且越来越被民众知晓，犯法者反而越来越多；受刑者数量越来越大，然而奸恶行径并未得到阻止。此前曾仔细检查死罪的条款，去除了其中很多内容；一心想拯救老百姓的生命，这是朕的最大心愿呀。而现今全国各地判决的死刑犯，一年当中仍然有数百人。究竟是朕的训示教导不够，使得人民轻于犯罪呢？还是苛刻的法律依然存在，成为百姓很容易掉进去的陷阱呢？有关部门要认真评议案情，延缓死刑犯的判决，尽量宽大。另外，死刑犯人中有直接向朕上书请求降恩免处死刑的，他们的上书还未送出而上级已经批准处决，这不是充分了解案件情理的做法。现在指示廷尉和全国各地的司法官员：凡是判处死刑，都必须全部文件证据齐全之后才能定罪；只要不是谋反和亲手杀人，都要亲自审理避免误判死刑；有向朕求恩的，要把他们的上书连同定罪量刑的报批公文一并上报，朕将考虑如何保全他们的生命。要把这些都向天下人民宣布，使他们知道朕的心意。”

秋七月，高句丽的国王宫，斩杀了孙权派去的使者胡卫等人，把头颅送到幽州政府以表忠诚。七月十三日甲寅，金星接触轩辕座的大星。

冬十月初十日己卯，明帝从外面回到洛阳皇宫。这一月十五日甲申，有孛星出现在心宿的中央大星附近，光芒四射。十六日乙酉，又有孛星出现在东方的星空，光芒四射。这月三十日己亥，彗星出现，接触宦者座、天纪座的星星。十二月二十四日癸巳，司空陈群去世。这月二十六日乙未，明帝驾临许昌皇宫。

景初元年(公元 237)春正月二十四日壬辰，山茌县报告有黄龙出现。于是有关官员上奏，认为魏朝得的是地统，应当改用殷朝的历法，以夏历的十二月为正月。三月，正式改用新历法，更新年号，并把三月改为孟夏四月；车马祭牲的颜色以黄色为贵；祭祀的牲畜用白色；有战事时乘黑头的白马，立纯红色旗帜；百官到宫廷朝见天子时立纯白旗帜。改太和历为景初历：景初历在一年四季各个月份的安排上虽然与常用的夏历相差一个月，但是朝廷在进行郊祀、迎气、礿祠、蒸尝、巡狩、蒐田等重大礼仪活动，以及确定节气、宣布时令以指挥农事活动时，都还是以常用的夏历为准。

五月初二日己巳，明帝外出回到洛阳皇宫。这月二十二日己丑，宣布大赦。六月十二日戊申，京城发生地震。这一月的初三日己亥，以尚书令陈矫为司徒，尚书左仆射卫臻为司空。十一日丁未，分魏兴郡的魏阳县，锡郡的安富县、上庸县，成立上庸郡。撤销锡郡，把锡郡余下的锡县划归魏兴郡管辖。

有关部门上奏议定：武皇帝曹操拨乱反正，为魏太祖；祭祀时用《武始之舞》。文皇帝顺应天意受命称帝，为魏高祖；祭祀时用《咸熙之舞》。明帝制定典章兴立政治，为魏烈祖；今后祭祀时用《章斌之舞》。这三祖之神庙，千秋万代永不废弃。其余明帝的曾祖曹嵩、曹嵩之父曹腾、曹腾之父曹节、曹节之父这四代祖先的神庙，按照古代制度中下传到第六代子孙时祖先亲情即告完结的原则，依次废弃。这完全仿照周朝宗庙制度中安置后稷、文王、武王神庙的做法。

秋七月初二日丁卯，司徒陈矫去世。孙权派大将朱然领两万人马包围江夏郡；荆州刺史胡质出兵迎击，朱然退走。

起初，孙权派遣使者渡海与高句丽联络，准备袭击辽东的公孙渊。朝廷趁此机会，派幽州刺史毌丘俭带领本州各军，以及鲜卑、乌丸族军队进驻到辽东郡的南部边界；然后下达诏书征召公孙渊进京。公孙渊立即举兵反叛，毌丘俭进军讨伐；碰巧这时连下十天大雨，辽河水猛涨，明帝只好下诏让毌丘俭撤回。这时，右北平郡乌丸族单于寇娄敦、辽西郡乌丸族首领护留等，也从辽东跟随毌丘俭到内地归顺朝廷。这月十四日己卯，下诏赦免辽东郡将士官兵中，一切受到公孙渊的逼迫而不能向朝廷投降的人。二十六日辛卯，金星白昼出现。毌丘俭撤军后，公孙渊即自立为燕王，设置百官，确定自己的年号为绍汉元年。

明帝下诏命令青、兖、幽、冀四州大量制造海船。九月，冀、兖、徐、豫四州百姓遇上洪水。明帝派侍御史前往视察人员死亡和财产受损的情况，在当地开仓放粮救济百姓。这月十六日庚辰，皇后毛氏去世。

冬十月十三日丁未，月亮接触火星。这月十九日癸丑，在愍陵安葬毛皇后。二十一日乙卯，在洛阳南郊的委粟山建造祭天的圆形高坛。十二月十九日壬子是冬至，开始在圆坛祭祀上天。这月二十四日丁巳，分出襄阳郡的临沮、宜城、旍阳、邔四县，设置襄阳南部都尉。二十六日己未，有关官员上奏请求为明帝的生母甄太后在京城建立祭祀的神庙。把襄阳郡的鄀县、叶县划归义阳郡管辖。

景初二年(公元238)春正月，明帝下诏命令太尉司马懿率领大军讨伐辽东的公孙渊。

二月十一日癸卯，以太中大夫韩暨为司徒。这月二十四日癸丑，月亮接触心宿外端的小星，又接触心宿中央的大星。

夏四月初九日庚子，司徒韩暨去世。这月十一日壬寅，分出沛国的萧、相、竹邑、符离、蕲、铚、龙亢、山桑、洨、虹总共十县，设立汝阴郡。沛国的宋县和陈郡的苦县改属谯郡管辖。以沛国的沛县、杼秋县、公丘县，以及彭城国的丰国县、广戚县，共计五县作为沛王曹林的封国。十九日庚戌，宣布大赦。五月十五日乙亥，月亮又接触心宿外端的小星，接着又接触心宿中央的大星。六月，撤销渔阳郡的狐奴县，重新设置安乐县。

秋八月，烧当羌族部落的首领芒中、注诣等人反叛。凉州刺史率领属下各郡军队前往讨伐，斩了注诣的头颅。这月二十四日癸丑，有彗星出现在张宿。

九月初七日丙寅，司马懿在襄平县包围公孙渊，大破敌军。杀死公孙渊并将其头颅用驿车送往京城。勃海以东的辽东、带方、乐浪、玄菟四郡至此完全平定。

冬十一月，评定讨伐公孙渊的战功，太尉司马懿和以下的将领增加封邑、封以爵位，各有差别。当初，明帝决定派遣司马懿讨伐公孙渊，调发兵力四万人。参加商议此事的大臣都认为“四万人太多，从事运输的民工和军事费用都难以得到充足的保证”。明帝说：“跋涉四千里远征，虽然说可以运用计谋，也应当凭借实力，不要过分计较人力和经费问题。”于是调集四万大军前往。司马懿一到辽东，就碰上连降大雨，不能及时发起进攻；朝臣中又有人认为“公孙渊一下子不能打败，最好下诏让司马懿撤回大军”。明帝说：“司马懿能够在面临危险时控制局势，擒杀公孙渊是指日可待的事。”结果都不出他所料。

十一月二十四日壬午，以司空卫臻为司徒、司隶校尉崔林为司空。闰十一月二十六日癸丑，月亮接触心宿中央的大星。

十二月初八日乙丑，明帝生病病势沉重。这月二十四日辛巳，立皇后郭氏。赐天下男子，每人爵位二级；鳏寡孤独，赐给粮食。任命燕王曹宇为大将军；二十七日甲申又将他免职，让武卫将军曹爽代替他的职务。

起初，青龙三年(公元235)间，寿春县有个农民的妻子自称是天上的神仙下凡，受命投生做一个名叫登的人的女儿，她将要照顾保护皇帝的家族，为他们消灾降福。她常常用神水给病人饮用，又用神水给病人清洗毒疮，很多人都被治好了。于是明帝在后宫特别为她修了住房，又下诏称赞表扬，很受优待。到了明帝生了重病，饮了她的神水却毫无效验，明帝一气之下下令把她处死。

景初三年(公元 239)春正月初一日丁亥，太尉司马懿率军回到河内郡；明帝用官方驿站的快马急召他赶到皇宫，引进自己的卧室，拉着他的手说："朕病得厉害！把身后的事情托付给您。您要与曹爽一同辅佐朕的小儿子。朕还能见到您，就没有遗憾了！"司马懿叩头流泪不止。当天，明帝在洛阳皇宫的嘉福殿去世。终年三十六岁。

这一月二十七日癸丑，把明帝安葬在高平陵。

评论说：明帝沉着刚毅，有决断，有见识，按照自己的想法处理政事，算是具有统治者的大气魄了。然而当时百姓穷困，天下三分；他不先考虑继承祖父开创的事业，拓展更加宏伟的基础，却急急忙忙去仿效秦始皇、汉武帝，大规模建造宫殿馆舍；从远大的计划和目标来衡量，他这种举动也未免太快了一点吧！

#【三国志译注卷四】　　魏志四

三少帝纪第四

齐王讳芳，字兰卿。明帝无子，养王及秦王询。宫省事秘[1]，莫有知其所由来者。[一]

青龙三年，立为齐王。景初三年正月，丁亥朔，帝病甚，乃立为皇太子。是日，即皇帝位。大赦。尊皇后曰皇太后[2]。大将军曹爽、太尉司马宣王辅政。诏曰："朕以眇身[3]，继承鸿业。茕茕在疚[4]，靡所控告[5]。大将军、太尉奉受末命[6]，夹辅朕躬；司徒、司空，冢宰元辅总率百僚[7]，以宁社稷；其与群卿大夫勉勖乃心[8]，称朕意焉。"诸所兴作宫室之役，皆以遗诏罢之；官奴婢六十以上，免为良人[9]。

二月，西域重译献火浣布[10]，诏大将军、太尉临试以示百僚。[二]丁丑诏曰[11]："太尉体道正直[12]，尽忠三世[13]；南擒孟达，西破蜀虏，东灭公孙渊：功盖海内。昔周成建保傅之官[14]，近汉显宗崇宠邓禹[15]；所以优隆俊乂[16]，必有尊也[17]。其以太尉为太傅，持节统兵、都督诸军事如故。"三月，以征东将军满宠为太尉。

夏六月，以辽东东沓县吏民渡海居齐郡界[18]，以故纵城为新沓县以居徙民[19]。

秋七月，上始亲临朝，听公卿奏事。八月，大赦。

冬十月，以镇南将军黄权为车骑将军。

十二月，诏曰："烈祖明皇帝以正月弃背天下[20]，臣子永惟忌日之哀[21]，其复用夏正。虽违先帝通三统之义，斯亦礼制所由变改也[22]。又夏正，于数为得天正[23]；其以建寅之月为正始元年正月，以建丑月为后十二月[24]。"

【注释】

〔1〕宫省：宫廷。〔2〕皇后：指明帝的皇后郭氏。〔3〕眇(miǎo)：微小。眇身是皇帝文告中常用的谦词。〔4〕茕茕(qióng)：孤独无靠的样子。 在疚：因丧事而悲痛。孔子死，鲁哀公的悼词有"茕茕余在疚"的句子，见《左传》哀公十六年。〔5〕靡所：无处。 控告：倾诉。〔6〕末命：帝王的临终遗命。〔7〕冢宰：执政长官。 元辅：首要辅臣。冢宰和元辅都指上列的大将军和太尉、司徒、司空三公。〔8〕勉勖：勉励。〔9〕良人：享有人身自由的平民。〔10〕重译：通过中间语言来转译。这表示来自远离中国的地方。 火浣布：一种用火焚烧后变得干净的布。类似现今的石棉布。当时视为珍稀物品。〔11〕丁丑：旧历二十一日。〔12〕体：行。〔13〕三世：指曹操、曹丕、曹叡三代。〔14〕周成：周成王。 保傅：即太保、太傅。太保是辅佐国君的执政官之一，西周成王时由召公奭担任。〔15〕显宗：东汉明帝刘庄的庙号。 邓禹(公元2—58)：字仲华，东汉南阳郡新野(今河南新野县)人。新莽末年随从刘秀起兵征战，是协助建立东汉王朝的重要人物。刘秀即位之后，任大司徒，封酂侯(后改封高密侯)，名列二十八开国功臣之首。明帝继位，任命他为太傅。传见《后汉书》卷十六。〔16〕俊乂：贤明的人。〔17〕必有尊：必定要有尊崇的表示。指授以高位。实际上，这次任命是曹爽要削夺司马懿过问尚书台政事的实权，事见本书卷九《曹爽传》。〔18〕东沓：县名。县治在今辽宁大连市金州区南。〔19〕纵城：县名。县治在今山东淄博市西南。〔20〕弃背天下：帝王死亡的委婉说法。〔21〕永惟：永远记得。〔22〕礼制所

由变改：由于礼制的原因需要作出改变。当时礼制，每年正月初一日皇帝要接受百官朝贺，饮宴作乐，庆祝新年来临。但因魏明帝死在景初历的正月初一日，就使岁首的朝会宴乐无法举行。补救的办法是废止景初历，恢复使用夏正，明帝的忌日就不在岁首了。当时魏朝对此事的讨论，详见《宋书》卷十四《礼志》一。〔23〕得天正：得天时之正。意思是使用夏正，一年四季的划分与实际的气候变化最能吻合。〔24〕后十二月：第二个十二月。这次改历的诏书下达于景初历的十二月，相当于夏历十一月。改历之后还要过夏历的十二月（即建丑之月）。为了与景初历的十二月相区别，所以称夏历十二月为后十二月。关于古代以十二个月与十二地支相配的情形，参见上卷《明帝纪》景初元年的注释。

【裴注】

〔一〕《魏氏春秋》曰："或云任城王楷子。"

〔二〕《异物志》曰："斯调国有火州，在南海中。其上有野火，春夏自生，秋冬自死。有木生于其中而不消也，枝皮更活，秋冬火死则皆枯瘁。其俗常冬采其皮以为布，色小青黑。若尘垢污之，便投火中，则更鲜明也。"

《傅子》曰："汉桓帝时，大将军梁冀以火浣布为单衣。常大会宾客，冀佯争酒，失杯而污之，伪怒，解衣曰：'烧之！'布得火，炜晔赫然，如烧凡布。垢尽火灭，粲然洁白，若用灰水焉。"

《搜神记》曰："昆仑之墟，有炎火之山。山上有鸟兽草木，皆生于炎火之中，故有火浣布。非此山草木之皮枲，则其鸟兽之毛也。汉世西域旧献此布，中间久绝。至魏初，时人疑其无有。文帝以为火性酷烈，无含生之气；著之《典论》，明其不然之事，绝智者之听。及明帝立，诏三公曰：'先帝昔著《典论》，不朽之格言。其刊石于庙门之外及太学，与石经并，以永示来世。'至是西域使至而献火浣布焉，于是刊灭此论；而天下笑之。"臣松之昔从征，西至洛阳，历观旧物；见《典论》石在太学者尚存，而庙门外无之。问诸长老，云："晋初受禅，即用魏庙，移此石于太学，非两处立也。"窃谓此言为不然。

又东方朔《神异经》曰："南荒之外有火山，长三十里，广五十里。其中皆生不烬之木，昼夜火烧；得暴风不猛，猛雨不灭。火中有鼠，重百斤。毛长二尺余，细如丝，可以作布。常居火中，色洞赤，时时出外而色白，以水逐而沃之即死。续其毛，织以为布。"

正始元年春二月，乙丑[1]，加侍中、中书监刘放，侍中、中书令孙资为左、右光禄大夫[2]。丙戌[3]，以辽东汶、北丰县民流徙渡海[4]，规齐郡之西安、临菑、昌国县界，为新汶、南丰县[5]，以居流民。

自去冬十二月至此月不雨。丙寅[6]，诏令："狱官亟平冤枉，理出轻微[7]；群公卿士谠言嘉谋[8]，各悉乃心[9]。"

夏四月，车骑将军黄权薨。

秋七月，诏曰："《易》称'损上益下[10]'，'节以制度[11]，不伤财，不害民'。方今百姓不足，而御府多作金银杂物[12]，将奚以为[13]？今出黄金银物百五十种，千八百余斤，销冶以供军用。"八月，车驾巡省洛阳界秋稼[14]，赐高年、力田各有差。

【注释】

〔1〕乙丑：据陈垣《二十史朔闰表》，二月辛巳朔，无乙丑。下文有丙戌，则乙丑疑为乙酉之误。乙酉为旧历初五日。 〔2〕加：加官。在本职之外再担任某些荣誉性职务，叫做加官。魏朝的加官有光禄大夫（可分左、右）、特进等。 中书监：官名。曹操当魏王后设置秘书令，专门负责处理由尚书台呈奏上来的机要公文，是曹操的贴身机要秘书。曹丕当了皇帝不久，改称秘书为中书，设监、令各一人，为正副长官，下设中书侍郎、中书通事等属官。中书负责起草诏令，向州郡地方官员和驻外将领下达皇帝的密旨，还对尚书台呈奏的公文提出处理意见。东汉开始以尚书台掌管机要，九卿等执行命令；曹魏时中书掌管机要，有"凤凰池"的美称，尚书台反倒逐渐变成执行命令的机构了。这是汉魏以来中枢机构的一大变化，对隋唐"三省制"的形成有直接的影响。 刘放（？—公元250）：传见本书卷十四。 中书令：官名。协助中书监掌管中书机要。 孙资（？—公元251）：传见本书卷十四。 〔3〕丙戌：旧历初六日。 〔4〕汶：县名。县治在今辽宁营口市东南。 北丰：县名。

县治在今辽宁瓦房店市。〔5〕西安：县名。县治在今山东桓台县东南。临菑：县名。县治在今山东淄博市东北。　昌国：县名。县治在今山东淄博市东南。　新汶：县名。县治在今山东淄博市南。　南丰：县名。县治在今山东寿光市西北。〔6〕丙寅：据陈垣《二十史朔闰表》，二月无丙寅。丙寅是旧历三月十七日。此处史文疑有误。〔7〕理：清查。〔8〕谠（dǎng）言：直言。〔9〕悉乃心：把心里的话都说出来。〔10〕损上益下：减少上面（指统治者）的利益而增加下面（指百姓）的利益。这是《周易·益卦》彖辞中的话。〔11〕节以制度：用制度来节制。自此以下三句出自《周易·节卦》彖辞。〔12〕御府：官署名。汉魏的宫廷中有御府，专门为皇室制作衣服、被褥等纺织用品。其中的工匠由阉人和女奴充当。这里泛指御府一类的宫廷工艺品制作机构。〔13〕奚以为：用来做什么。〔14〕车驾：本来指皇帝的座车，这里代称皇帝。

二年春二月[1]，帝初通《论语》[2]。使太常以太牢祭孔子于辟雍[3]，以颜渊配[4]。

夏五月，吴将朱然等围襄阳之樊城，太傅司马宣王率众拒之。[一]六月，辛丑[5]，退。己卯[6]，以征东将军王凌为车骑将军[7]。

冬十二月，南安郡地震。

【注释】

〔1〕二年：正始二年（公元241）。〔2〕论语：书名。孔子弟子和后学者关于孔子言行的记录。共二十篇，约一万二千字。成书年代据推断在战国初期。为研究孔子思想学说的重要资料。汉代开始列入儒家经典，是古代教育的基本教材之一。〔3〕辟（bì）雍：本来是中央王朝的大学，与诸侯国的大学泮宫相区别。汉代以后成为皇帝祭祀孔子、宴请元老大臣的场所。曹魏的辟雍在京城洛阳的南郊。〔4〕颜渊（前521—前490）：名回，字子渊，春秋末期鲁国人。是孔子最得意的学生。他曾贫居陋巷，箪食瓢饮，依然很快乐。孔子非常赞赏他的德行。不幸早死，孔子极为悲痛。传见《史记》卷六十七《仲尼弟子列传》。〔5〕辛丑：

旧历二十九日。此次孙吴将领朱然进攻樊城，本来并不需要年老的司马懿率军前去迎战，但他坚持在暑夏前往，是为了继续控制军权。

〔6〕己卯：旧历初七日。己卯应当排在辛丑之前，此处史文疑有误。

〔7〕王凌(？—公元251)：传见本书卷二十八。

【裴注】

〔一〕干宝《晋纪》曰："吴将全琮寇芍陂，朱然、孙伦五万人围樊城，诸葛瑾、步骘寇柤中。琮已破走而樊围急，宣王曰：'柤中民夷十万，隔在水南，流离无主；樊城被攻，历月不解。此危事也，请自讨之。'议者咸言：'贼远围樊城不可拔，挫于坚城之下，有自破之势，宜长策以御之。'宣王曰：'军志有之：将能而御之，此为縻军；不能而任之，此为覆军。今疆埸骚动，民心疑惑，是社稷之大忧也！'六月，督诸军南征。车驾送津阳城门外。宣王以南方暑湿，不宜持久；使轻骑挑之，然不敢动。于是乃令诸军休息洗沐，简精锐，募先登，申号令，示必攻之势。然等闻之，乃夜遁。追至三州口，大杀获。"

三年春正月〔1〕，东平王徽薨〔2〕。三月，太尉满宠薨。

秋七月，甲申〔3〕，南安郡地震。乙酉〔4〕，以领军将军蒋济为太尉〔5〕。

冬十二月，魏郡地震。

四年春正月〔6〕，帝加元服〔7〕。赐群臣各有差。

夏四月，乙卯〔8〕，立皇后甄氏〔9〕。大赦。五月朔，日有食之，既〔10〕。

秋七月，诏祀故大司马曹真、曹休，征南大将军夏侯尚，太常桓阶，司空陈群，太傅钟繇，车骑将军张郃，(左)〔右〕将军徐晃，前将军张辽，右将军乐进，太尉华歆，司徒王朗，骠骑将军曹洪，征西将军夏侯渊，后将军朱灵、文聘，执金吾臧霸，破虏将军李典，立义将军庞德，武猛校尉典韦于太祖庙庭〔11〕。

冬十二月，倭国女王卑弥呼遣使奉献〔12〕。

五年春二月〔13〕，诏大将军曹爽率众征蜀。

夏四月朔，日有食之。

五月，癸巳〔14〕，讲《尚书》经通〔15〕。使太常以太牢祀孔子于辟雍，以颜渊配；赐太傅、大将军及侍讲者各有差。丙午〔16〕，大将军曹爽引军还。

秋八月，秦王询薨。九月，鲜卑内附，置辽东属国〔17〕，立昌黎县以居之〔18〕。

冬十一月，癸卯〔19〕，诏祀故尚书令荀攸于太祖庙庭。〔一〕己酉〔20〕，复秦国为京兆郡〔21〕。十二月，司空崔林薨〔22〕。

【注释】

〔1〕三年：正始三年（公元242）。〔2〕徽：即曹徽（？—公元242）。传见本书卷二十《武文世王公传》。〔3〕甲申：旧历十三日。〔4〕乙酉：旧历十四日。〔5〕领军将军：官名。曹魏时京城洛阳的驻军，主要分为武卫（长官为武卫将军）、中垒（长官为中垒将军）、中坚（长官为中坚将军）、五校（长官为屯骑、步兵、射声、越骑、长水五校尉）、中领军、中护军共六大营。六大营都是禁卫军，其总司令官即是领军将军。除了指挥全部禁卫六大营外，领军将军还直接统领中领军营的军队，是皇帝最亲近的武官。如果任职者资历较浅，则改称中领军。蒋济（？—公元249）：传见本书卷十四。〔6〕四年：正始四年（公元243）。〔7〕元服：皇冠。曹芳即位时只有八岁，年龄还小。现在十二岁，开始正式戴上皇冠。〔8〕乙卯：旧历二十日。〔9〕甄氏：事附本书卷五《后妃文昭甄皇后传》。〔10〕既：日全食。〔11〕夏侯尚（？—公元225）：传见本书卷九。桓阶：传见本书卷二十二。执金吾：官名。负责皇宫外围警戒，防火防洪，并保卫中央武器库。破虏

将军：官名。属杂号将军，负责领兵征伐。　立义将军：官名。也是杂号将军，负责领兵征伐。　庞德(？—公元219)：传见本书卷十八。　武猛校尉：官名。曹操贴身侍卫队的队长。后来变为武卫将军。　典韦(？—公元197)：传见本书卷十八。〔12〕倭国：古国名。在今日本。卑弥呼：倭国女王名。倭国和卑弥呼事见本书卷三十《东夷倭传》。中国与倭在西汉武帝时就开始发生关系。公元1784年，日本福冈县志贺岛上出土了东汉赐给的“汉委奴国王”金印一枚。但是在正史中专篇记载日本古史及其与中国的关系，则以陈寿的这篇《东夷倭传》为最早，所以受到中外学者的重视。〔13〕五年：正始五年(公元244)。〔14〕癸巳：旧历初八日。〔15〕尚书：书名。儒家经典之一。在先秦时长期汇集而成，又名《书》或《书经》。记述上古时期的史事。有今文与古文之分。《今文尚书》二十八篇。现存的《古文尚书》二十五篇，已被断定是伪书。〔16〕丙午：旧历二十一日。〔17〕辽东属国：本东汉安帝时设置，后废。现在曹魏再度设置，治所仍旧在昌黎。〔18〕昌黎：县名。在今辽宁义县。〔19〕癸卯：旧历二十一日。〔20〕己酉：旧历二十七日。〔21〕京兆：郡名。治所在今陕西西安市西北。〔22〕崔林(？—公元244)：传见本书卷二十四。

【裴注】

〔一〕臣松之以为：故魏氏配飨不及荀彧，盖以其末年异议，又位非魏臣故也。至于升程昱而遗郭嘉，先钟繇而后荀攸，则未详厥趣也。徐佗逆而许褚心动，忠诚之至，远同于日磾；且潼关之危，非褚不济；褚之功烈有过典韦，今祀韦而不及褚，又所未达也。

六年春二月，丁卯[1]，南安郡地震。丙子[2]，以骠骑将军赵俨为司空[3]。

夏六月，俨薨。八月。丁卯[4]，以太常高柔为司空。癸巳[5]，以左光禄大夫刘放为骠骑将军，右光禄大夫孙资为卫将军。

冬十一月，祫祭太祖庙[6]，始祀前所论佐命臣二十一人[7]。十二月，辛亥[8]，诏故司徒王朗所作《易传》[9]，令学者得以课试。乙亥[10]，诏曰：“明日大会群臣，其令太傅乘舆上殿[11]。”

七年春二月[12]，幽州刺史毌丘俭讨高句骊。

夏五月，讨涉貊，皆破之。韩那奚等数十国各率种落降[13]。

秋八月，戊申[14]，诏曰：“属到市观见所斥卖官奴婢[15]，年皆七十，或癃疾残病；所谓‘天民之穷’者也[16]。且官以其力竭而复鬻之[17]，进退无谓[18]。其悉遣为良民；若有不能自存者，郡县赈给之。”〔一〕

己酉[19]，诏曰：“吾乃当以十九日亲祠[20]，而昨出，已见治道[21]。得雨当复更治[22]，徒弃功夫。每念百姓力少役多，夙夜存心。道路但当期于通利[23]，闻乃挝捶老小，务崇修饰；疲困流离，以至哀叹。吾岂安乘此而行，致馨德于宗庙邪[24]？自今以后，明申敕之。”

冬十二月，讲《礼记》通[25]。使太常以太牢祀孔子于辟雍，以颜渊配。〔二〕

【注释】

〔1〕六年：正始六年(公元245)。 丁卯：旧历十七日。 〔2〕丙子：旧历二十六日。 〔3〕赵俨(？—公元245)：传见本书卷二十三。〔4〕丁卯：旧历十九日。 〔5〕癸巳：据陈垣《二十史朔闰表》，八月己酉朔，无癸巳。癸巳是旧历九月十六日。此处史文疑有误。〔6〕祫(xiá)：祭祀仪式名。把祖先的神主牌位全部安放在太庙之中举行大合祭。 〔7〕二十一人：指上文所载曹芳第一次宣布的曹真等二十人，再加上第二次宣布的荀彧。但是，早在明帝时先列有夏侯惇、曹仁、程昱三人，所以实际共为二十四人。 〔8〕辛亥：旧历初五日。 〔9〕易

传：书名。注解《周易》的书。据本书卷十三《王朗传附王肃传》记载，王朗的《易传》是由他的儿子王肃编定，所以《隋书·经籍志》记为王肃注，共十卷。全书今不存。〔10〕乙亥：旧历二十九日。〔11〕舆：即舆车，一种小型轻便的车子。曹魏允许年老有病的三公上朝时坐在舆车上，由卫士抬进殿堂，叫乘舆上殿。〔12〕七年：正始七年（公元246）。〔13〕韩那奚：古国名。当时在今朝鲜半岛南部，有许多小国，总称为韩。那奚应属其中之一。〔14〕戊申：旧历初六日。〔15〕属（zhǔ）：近日。斥卖：出卖。官奴婢：官府所占有的男女奴隶。当时私人还可拥有奴隶和半自由的各种依附人口。〔16〕天民之穷：老百姓中处于困境者。着重指老弱病残、鳏寡孤独之类。《礼记·王制》说："（孤独矜寡）此四者，天民之穷而无告者也。"〔17〕鬻（yù）：卖。〔18〕无谓：不好，不妥。把失去劳动力的奴隶卖给他人不妥，卖不掉又把奴隶退回各个作坊养起也不好，所以说是进退无谓。〔19〕己酉：旧历初七日。〔20〕亲祠：亲自到宗庙祭祖。〔21〕治道：修路。〔22〕得雨：遇雨。〔23〕期于：达到。〔24〕致馨德：向祖先进献祭品，报告所施的德政。馨是谷物的芳香，这里指代谷物一类的祭品。《尚书·酒诰》有"弗惟德馨香祀"的话。〔25〕礼记：书名。儒家经典中关于礼的著作有三部，《礼记》是其中之一。传说是西汉戴圣编定，有四十九篇，后分为十二卷。是研究古代社会、儒家学说和典章制度的重要资料。

【裴注】

〔一〕臣松之按：帝初即位，有诏"官奴婢六十以上，免为良人"。既有此诏，则宜遂为永制，七八年间，而复货年七十者；且七十奴婢及癃疾残病，并非可售之物；而鬻之于市，此皆事之难解。

〔二〕习凿齿《汉晋春秋》曰："是年，吴将朱然入柤中，斩获数千，柤中民吏万余家渡沔。司马宣王谓曹爽曰：'若便令还，必复致寇；宜权留之。'爽曰：'今不修守沔南，留民沔北；非长策也。'宣王曰：'不然。凡物置之安地则安，危地则危，故兵书曰："成败，形也；安危，势也；形势御众之要，不可不审。"设令贼二万人断沔水，三万人与沔南诸军相持，万人陆抄柤中，君将何以救之？'爽不听，卒令还。然后袭破之。袁淮言于爽曰：'吴楚之民脆弱寡能，英才大贤不出其土；比技量力，不足与中国相抗。然自上世以来常为中国患者，盖以江汉为池，舟楫为用。利则陆抄，不利则入水；攻之道远，中国之长技无所用之也。孙权自十数年以来，大畋江北，缮治甲兵，精其守御，数出盗窃，敢远其水，陆次平土。此中国所愿闻也。夫用兵者，贵以饱待饥，以逸击劳；师不欲久，行不欲远；守少则固，力专则强。当今宜捐淮、汉以南，退却避之。若贼能入居中央，来侵边境；则随其所短，中国之长技得用矣。若不敢来，则边境得安，无抄盗之忧矣。使我国富兵强，政修民一，陵其国不足为远矣。今襄阳孤在汉南，贼循汉而上，则断而不通；一战而胜，则不攻而自服；故置之无益于国，亡之不足为辱。自江夏以东淮南诸郡，三后以来，其所亡，几何以近贼疆界易抄掠之故哉！若徙之淮北，远绝其间，则民人安乐，何鸣吠之惊乎？'遂不徙。"

八年春二月朔〔1〕，日有食之。

夏五月，分河东之汾北十县为平阳郡〔2〕。

秋七月，尚书何晏奏曰〔3〕："善为国者，必先治其身；治其身者，慎其所习。所习正，则其身正；其身正，则不令而行。所习不正则其身不正；其身不正，则虽令不从。是故为人君者，所与游必择正人，所观览必察正象。'放郑声'而弗听〔4〕；'远佞人'而弗近，然后邪心不生而正道可弘也。季末暗主〔5〕，不知损益〔6〕；斥远君子，引近小人。忠良疏远，便辟亵狎〔7〕。乱生近暱〔8〕，譬之社鼠〔9〕。考其昏明，所积以然〔10〕；故圣贤谆谆，以为至虑〔11〕。舜戒禹曰'邻哉邻哉'〔12〕，言慎所近也；周公戒成王曰'其朋其朋'〔13〕，言慎所与也。《(诗)〔书〕》云：'一人有庆〔14〕，兆民赖之。'可自今以后，御幸式乾殿及游豫后园〔15〕，皆大臣侍从；因从容戏宴〔16〕，兼省文书，询谋政事，讲论经义：为万世法。"

冬十二月，散骑常侍、谏议大夫孔乂奏曰〔17〕："礼：

天子之宫，有斫砻之制[18]，无朱丹之饰。宜循礼复古。今天下已平，君臣之分明[19]。陛下但当不懈于位，平公正之心，审赏罚以使之。可绝后园习骑乘马，出必御辇乘车：天下之福，臣子之愿也。”晏、乂咸因缺以进规谏[20]。

九年春二月[21]，卫将军、中书令孙资；癸巳[22]，骠骑将军、中书监刘放；三月甲午[23]，司徒卫臻：各逊位，以侯就第[24]，位特进[25]。

四月，以司空高柔为司徒；光禄大夫徐邈为司空[26]，固辞不受。

秋九月，以车骑将军王凌为司空。

冬十月，大风发屋折树。

【注释】

〔1〕八年：正始八年（公元247）。1956年河南省洛阳市涧西区曾发现正始八年曹魏墓葬，出土了极其精美的白玉杯、带有“正始八年”字样的帷帐铁架等器物。白玉杯现藏河南洛阳市博物馆。 〔2〕汾：河流名。发源于今山西吕梁山北段，南流经山西中、南部，至山西河津市西南小梁镇入黄河。 十县：均在今山西省境内，有平阳（今临汾市西）、永安（今霍州市）、杨县（今洪洞县东南）、襄陵（今临汾市东南）、绛邑（今侯马市东北）、临汾（今侯马市西北）、皮氏（今河津市）、北屈（今吉县东北）、蒲子（今隰县）和狐谡（今永和县西南）。 〔3〕何晏（？—公元249）：传附本书卷九《曹真传》。 〔4〕郑：先秦国名。前806年，周宣王的弟弟友，被封于郑（今陕西渭南市华州区东），为开国君主郑桓公。后来迁都到新郑（今河南新郑市），在春秋初年成为强国。前375年灭于韩。郑国地方的音乐，因与孔子提倡的雅乐不同，所以被儒家视为靡靡之音。孔子在《论语·卫灵公》中强调要“放（舍弃）郑声，远佞人”。 〔5〕季末：末代。 暗主：指昏君。 〔6〕损益：利弊，利害。〔7〕便（pián）辟：逢迎谄媚的人。 亵狎（xiá）：轻佻的亲热。

〔8〕近暱：亲近的人。〔9〕社鼠：土神祭坛上的老鼠。由于怕损坏土神的祭坛，人们对这种老鼠不敢使用火熏或水灌的办法来捕杀。这是比喻依仗君主庇护而做坏事的小人，见《晏子春秋·问上》。〔10〕所积以然：是坏影响长期积累造成这样。〔11〕至虑：最大的忧虑。〔12〕邻哉：《尚书·皋陶谟》记载，虞舜曾告诫大禹："臣哉邻哉！邻哉臣哉！"意思是正直的大臣才能亲近，亲近的只能是正直大臣。〔13〕其朋：《尚书·洛诰》记载，周公曾告诫年轻的成王："孺子其朋！孺子其朋！"意思是要和你忠诚的大臣在一起。〔14〕一人：指统治天下的君主。这两句出自《尚书·吕刑》，意思是君主向善，天下百姓就有指望。〔15〕游豫：游玩。〔16〕因：借机会。〔17〕谏议大夫：官名。负责向皇帝进谏。孔乂：事见本书卷十六《仓慈传》裴注引《孔氏谱》。〔18〕斫砻：把木头砍断后，对断面略加修整。〔19〕分(fèn)：名分。〔20〕因缺：针对皇帝的缺点。〔21〕九年：正始九年(公元248)。参照下文，在"二月"之后应当有记日的干支。此处史文疑有脱落。〔22〕癸巳：旧历三十日。〔23〕甲午：旧历初一日。〔24〕以侯：以侯爵身份。就第：回家。也就是退休。〔25〕特进：荣誉性官名，有时作为在职者的加官，有时作为退休诸侯的名号，没有实际任务和权力。〔26〕徐邈(公元172—249)：传见本书卷二十七。

嘉平元年春正月，甲午[1]，车驾谒高平陵。〔一〕太傅司马宣王奏免大将军曹爽、爽弟中领军羲、武卫将军训、散骑常侍彦官[2]，以侯就第。戊戌[3]，有司奏收黄门张当付廷尉[4]；考实其辞，爽与谋不轨。又尚书丁谧、邓飏、何晏，司隶校尉毕轨，荆州刺史李胜，大司农桓范，皆与爽通奸谋[5]，夷三族。语在《爽传》。丙午[6]，大赦。丁未[7]，以太傅司马宣王为丞相；固让，乃止。〔二〕

夏四月乙丑[8]，改年。丙子[9]，太尉蒋济薨。

冬十二月，辛卯[10]，以司空王凌为太尉。庚子[11]，以司隶校尉孙礼为司空[12]。

二年夏五月[13]，以征西将军郭淮为车骑将军[14]。

冬十月，以特进孙资为骠骑将军。十一月，司空孙礼薨。十二月，甲辰[15]，东海王霖薨。乙未[16]，征南将军王昶渡江[17]，掩攻吴，破之。

【注释】

〔1〕甲午：旧历初六日。〔2〕中领军：官名。领军将军如资历较浅，则称中领军。职责与领军将军完全相同。羲：即曹羲（？—公元249）。训：即曹训（？—公元249）。彦：即曹彦（？—公元249）。以上三人传均附本书卷九《曹真传》。〔3〕戊戌：旧历初十日。〔4〕黄门：指宫廷中供驱使的宦官。宦官由黄门令管辖，故名。张当（？—公元249）：事附本书卷九《曹真传附曹爽传》。〔5〕丁谧（？—公元249）、邓飏（？—公元249）、李胜（？—公元249）、桓范（？—公元249）：四人传均附本书卷九《曹真传附曹爽传》、又均见同传裴注引《魏略》。〔6〕丙午：旧历十八日。〔7〕丁未：旧历十九日。这次政坛大变故，史家称为“高平陵事变”。它是曹魏历史的重大转折点。自此以后，司马氏完全控制统治权力，曹魏已是名存而实亡。〔8〕乙丑：旧历初八日。〔9〕丙子：旧历十九日。〔10〕辛卯：旧历初九日。〔11〕庚子：旧历十八日。〔12〕孙礼（？—公元250）：传见本书卷二十四。〔13〕二年：嘉平二年（公元250）。〔14〕郭淮（？—公元255）：传见本书卷二十六。〔15〕甲辰：旧历二十七日。〔16〕乙未：旧历十八日。乙未应当排在甲辰之前，此处史文疑有误。〔17〕王昶（？—公元259）：传见本书卷二十七。

【裴注】

〔一〕孙盛《魏世谱》曰：“高平陵，在洛水南大石山，去洛城九十里。”

〔二〕孔衍《汉魏春秋》曰：“诏使太常王肃，册命太傅为丞相：增邑万户；群臣奏事不得称名，如汉霍光故事。太傅上书辞让曰：‘臣亲受顾命，忧深责重；凭赖天威，摧弊奸凶；赎罪为幸，功不足论。又三公之官，圣王所制，著之典礼。至于丞相，始自秦政；汉氏因之，无复变改。今三公之官皆备，横复宠臣，违越先典；革圣明之经，袭秦汉之路；虽在异人，臣所宜正；况当臣身而不固争，四方议者将谓臣何！'书十余上，诏乃许之。复加九锡之礼。太傅又言：'太祖有大功大德，汉氏崇重，故加九锡。此乃历代异事，非后代之君臣所得议也。'又辞不受。"

三年春正月〔1〕，荆州刺史王基、新城太守(陈)〔州〕泰攻吴〔2〕。破之，降者数千口。二月，置南郡之夷陵县以居降附〔3〕。三月，以尚书令司马孚为司空〔4〕。

四月，甲申〔5〕，以征南将军王昶为征南大将军。壬辰〔6〕，大赦。丙午〔7〕，闻太尉王凌谋废帝，立楚王彪〔8〕；太傅司马宣王东征凌。五月，甲寅〔9〕，凌自杀。六月，彪赐死。

秋七月，壬戌〔10〕，皇后甄氏崩。辛未〔11〕，以司空司马孚为太尉。〔八月〕，戊寅〔12〕，太傅司马宣王薨，以卫将军司马景王为抚军大将军〔13〕，录尚书事。乙未〔14〕，葬怀甄后于太清陵〔15〕。庚子〔16〕，骠骑将军孙资薨。

十一月，有司奏：诸功臣应飨食于太祖庙者，更以官为次；太傅司马宣王，功高爵尊，最在上。十二月，以光禄勋郑冲为司空。

四年春正月，癸卯〔17〕，以抚军大将军司马景王为大将军。二月，立皇后张氏〔18〕，大赦。

夏五月，鱼二，现于武库屋上〔19〕。〔一〕

冬十一月，诏征南大将军王昶、征东将军胡遵、镇南将军毌丘俭等，征吴。十二月，吴大将军诸葛恪拒战〔20〕，大破众军于东关〔21〕。不利而还。〔二〕

【注释】

〔1〕三年：嘉平三年（公元251）。 〔2〕王基（？—公元261）：传见本书卷二十七。 州泰（？—公元261）：传附本书卷二十八《邓艾传》。〔3〕夷陵：这是在曹魏荆州境内虚置的县，并无固定辖地。当时夷陵的实县在孙吴的荆州宜都郡，孙吴改名为西陵，县治在今湖北宜昌市东南。〔4〕司马孚（公元180—272）：司马懿的弟弟。字叔达，曹魏时官至太傅。西晋建立，升任太宰，封安平王。传见《晋书》卷三十七。〔5〕甲申：旧历初九日。 〔6〕壬辰：旧历十七日。 〔7〕丙午：据陈垣《二十史朔闰表》，四月丙子朔，无丙午。丙午是旧历五月初二日。此处史文疑有误。 〔8〕彪：即曹彪（公元195—251）。传见本书卷二十《武文世王公传》。 〔9〕甲寅：旧历初十日。 〔10〕壬戌：旧历十九日。〔11〕辛未：旧历二十八日。 〔12〕戊寅：旧历初五日。 〔13〕司马景王：即司马师（公元208—255）。司马懿的长子，字子元。司马懿发动高平陵事变，司马师出力很大。司马懿死，他继承父亲控制朝权，废黜皇帝曹芳改立曹髦，打击反对势力，把取代曹魏的趋势向前推进一大步。死后被追谥为景王、景帝。事见《晋书》卷二《景帝纪》。 〔14〕乙未：旧历二十二日。 〔15〕怀：曹芳皇后甄氏的谥号。太清陵：甄后的陵墓名。 〔16〕庚子：旧历二十七日。 〔17〕四年：嘉平四年（公元252）。 癸卯：旧历初二日。 〔18〕张氏：事附本书卷十五《张既传》。〔19〕武库：中央的武器库。在洛阳城内。 〔20〕诸葛恪（公元203—253）：传见本书卷六十四。 〔21〕东关：城名。在今安徽含山县西南。扼濡须水的中段，是从长江进入巢湖的又一军事要塞。公元252年诸葛恪所筑，事见本书卷六十四《诸葛恪传》。

【裴注】

〔一〕《汉晋春秋》曰："初，孙权筑东兴堤，以遏巢湖。后征淮南，坏不复修。是岁，诸葛恪帅军更于堤左右，结山挟筑两城；使全端、留略守之，引军而还。诸葛诞言于司马景王曰：'致人而不致于人者，此之谓也。今因其内侵，使文舒逼江陵，仲恭向武昌，以羁吴之上流；然后简精卒，攻两城：比救至，可大获也！'景王从之。"

〔二〕《汉晋春秋》曰："毌丘俭、王昶闻东军败，各烧屯走。朝议欲贬黜诸将，景王曰：'我不听公休，以至于此。此我过也！诸将何罪？'悉原之。时司马文王为监军，统诸军；唯削文王爵而已。是岁，雍州刺史陈泰求敕并州，并力讨胡，景王从之。未集，而雁门、新兴二郡以为将远役，遂惊反。景王又谢朝士曰：‘此我过也，非玄伯之责！’于是魏人愧悦，人思其报。”

习凿齿曰：“司马大将军引二败以为己过，过消而业隆，可谓智矣。夫民忘其败，而下思其报；虽欲不康，其可得邪？若乃讳败推过，归咎万物，常执其功而隐其丧；上下离心，贤愚解体，是楚再败而晋再克也：谬之甚矣！君人者，苟统斯理，而以御国，则朝无秕政，身靡留愆；行失而名扬，兵挫而战胜，虽百败可也，况于再乎！”

五年夏四月[1]，大赦。五月，吴太傅诸葛恪围合肥新城；诏太尉司马孚拒之。〔一〕

秋七月，恪退还。〔二〕

八月，诏曰：“故中郎西平郭修[2]，砥节厉行，秉心不回[3]。乃者蜀将姜维寇抄修郡[4]，为所执略。往岁伪大将军费祎，驱率群众[5]，阴图窥窬[6]；道经汉寿[7]，请会众宾。修于广坐之中，手刃击祎[8]，勇过聂政[9]，功逾介子[10]。可谓杀身成仁，释生取义者矣[11]。夫追加褒宠，所以表扬忠义；祚及后胤，所以奖劝将来。其追封修为长乐乡侯，食邑千户，谥曰威侯；子袭爵，加拜奉车都尉[12]；赐银千饼[13]，绢千匹。以光宠存亡[14]，永垂来世焉。”〔三〕

自帝即位至于是岁，郡国县道多所置省[15]，俄或还复[16]。不可胜记。

【注释】

〔1〕五年：嘉平五年(公元253)。　〔2〕中郎：官名。郎官的一种。在汉代是皇帝的宫廷侍卫。曹魏时宫廷侍卫主要由武卫将军所统领的卫队担任，郎官就成为闲职。　〔3〕不回：不背叛(故主)。　〔4〕乃者：过去。　姜维(公元202—264)：传见本书卷四十四。　〔5〕费祎(？—

公元253）：传见本书卷四十四。　群众：部众。〔6〕窥窬：窥测可乘之机。〔7〕汉寿：县名。县治在今四川广元市西南昭化古城。〔8〕击：刺杀。〔9〕聂政：战国时韩国轵（今河南济源市南）人。是当时的勇士，曾为人刺杀韩国的执政官侠累。传见《史记》卷八十六《刺客列传》。〔10〕介子：即傅介子（？—前65）。西汉北地郡（治所在今甘肃庆阳市西北）人。汉昭帝时受命到西域，刺杀背叛汉朝的楼兰国国王，因此被封为义阳侯。传见《汉书》卷七十。〔11〕释生：舍弃生命。〔12〕奉车都尉：官名。皇帝出行时负责管理车队的车辆。有时作为荣誉性官职赐给受赏者。〔13〕饼（bǐng）：饼状的金属板。〔14〕存亡：死者家属和死者。〔15〕道：少数族聚居区所设的县称为道。〔16〕俄：不久。

【裴注】

〔一〕《汉晋春秋》曰："是时姜维亦出，围狄道。司马景王问虞松曰：'今东西有事，二方皆急；而诸将意沮，若之何？'松曰：'昔周亚夫坚壁昌邑，而吴楚自败；事有似弱而强，或似强而弱，不可不察也。今恪悉其锐众，足以肆暴；而坐守新城，欲以致一战耳。若攻城不拔，请战不得；师老众疲，势将自走；诸将之不径进，乃公之利也。姜维有重兵而悬军应恪，投食我麦，非深根之寇也。且谓我并力于东，西方必虚，是以径进。今若使关中诸军倍道急赴，出其不意，殆将走矣。'景王曰：'善！'乃使郭淮、陈泰悉关中之众，解狄道之围；敕毌丘俭等按兵自守，以新城委吴。姜维闻淮进兵，军食少，乃退屯陇西界。"

〔二〕是时，张特守新城。

《魏略》曰："特字子产。涿郡人。先时领牙门，给事镇东诸葛诞。诞不以为能也，欲遣还护军。会毌丘俭代诞，遂使特屯守合肥新城。及诸葛恪围城，特与将军乐方等三军，众合有三千人，吏兵疾病及战死者过半。而恪起土山急攻，城将陷，不可护。特乃谓吴人曰：'今我无心复战也！然魏法：被攻过百日而救不至者，虽降，家不坐也。自受敌以来，已九十余日矣。此城中本有四千余人，而战死者已过半；城虽陷，尚有半人不欲降：我当还为相语之，条名别善恶，明日早送名。且持我印绶去，以为信。'乃投其印绶以与之。吴人听其辞而不取印绶，不攻。顷之，特还，乃夜彻诸屋材栅，补其缺为二重。明日，谓吴人曰：'我但有斗死耳！'吴人大怒，进攻之，不能拔，遂引去。朝廷嘉之，加杂号将军，封列侯，又迁安丰太守。"

〔三〕《魏氏春秋》曰："修字孝先。素有业行，著名西州。姜维劫之，修不为屈。刘禅以为左将军，修欲刺禅而不得亲近。每因庆贺，且拜且前；为禅左右所遏，事辄不克，故杀祎焉。"

臣松之以为：古之舍生取义者，必有理存焉。或感恩怀德，投命无悔；或利害有机，奋发以应会：诏所称聂政、介子是也。事非斯类，则陷乎妄作矣。魏之与蜀，虽为敌国；非有赵襄灭智之仇，燕丹危亡之急。且刘禅凡下之主，费祎中才之相；二人存亡，固无关于兴丧。郭修在魏，西州之男子耳。始获于蜀，既不能抗节不辱；于魏又无食禄之责，不为时主所使。而无故规规然糜身于非所，义无所加，功无所立，可谓"折柳樊圃"；其狂也且，此之谓也。

六年春二月，己丑〔1〕，镇东将军毌丘俭上言："昔诸葛恪围合肥新城，城中遣士刘整出围〔2〕，传消息，为贼所得。考问所传，语整曰：'诸葛公欲活汝，汝可具服〔3〕。'整骂曰：'死狗，此何言也！我当必死为魏国鬼！不苟求活逐汝去也。欲杀我者，便速杀之！'终无他辞。又遣士郑像出城传消息。或以语恪，恪遣马骑寻围迹索，得像还。四五人的头面缚〔4〕，将绕城表。敕语像〔5〕，使大呼，言：'大军已还洛，不如早降！'像不从其言，更大呼城中曰：'大军近在围外，壮士努力！'贼以刀筑其口，使不得言。像遂大呼，令城中闻知。整、像为兵，能守义执节，子弟宜有差异〔6〕。"

诏曰："夫显爵所以褒元功，重赏所以宠烈士。整、像召募通使，越蹈重围，冒突白刃，轻身守信；不幸见获，抗节弥厉；扬六军之大势，安城守之惧心；临难不顾，毕志传命。昔解杨执楚〔7〕，有陨无贰〔8〕；齐路中大夫以死成命〔9〕：方之整、像，所不能加。今追赐整、像爵关中侯；各除士名[10]，使子袭爵：如部曲将死事科[11]。”

庚戌[12]，中书令李丰与皇后父光禄大夫张缉等谋废易大臣[13]，以太常夏侯玄为大将军[14]。事觉，诸所连及者皆伏诛。辛亥[15]，大赦。三月，废皇后张氏。

夏四月，立皇后王氏。大赦。五月，封后父奉车都尉王夔为广明乡侯、光禄大夫，位特进；妻田氏为宣阳乡君。

秋九月，大将军司马景王将谋废帝，以闻皇太后。〔一〕

甲戌[16]，太后令曰：“皇帝芳春秋已长[17]，不亲万机；耽淫内宠，沈漫女德；日延倡优[18]，纵其丑谑；迎六宫家人留止内房[19]，毁人伦之序[20]，乱男女之节；恭孝日亏，悖傲滋甚：不可以承天绪，奉宗庙。使兼太尉高柔奉策[21]，用一元大武告于宗庙[22]：遣芳归藩于齐，以避皇位。”〔二〕

是日，迁居别宫，年二十三。使者持节送卫[23]，营齐王宫于河内重门[24]，制度皆如藩国之礼。〔三〕

丁丑[25]，令曰：“东海王霖，高祖文皇帝之子；霖之诸子，与国至亲。高贵乡公髦有大成之量[26]，其以为明皇帝嗣。”〔四〕

【注释】

〔1〕六年：嘉平六年（公元254）。　己丑：旧历初一日。〔2〕士：兵士。〔3〕具服：彻底坦白。〔4〕的头：用绳套住脑袋。　面缚：反绑双手。〔5〕敕语：命令。〔6〕差异：不同的对待。曹魏的士家制

度规定，专门承担兵役的士家，其户籍另列一类而与一般的民户不同，父死子代，兄死弟代。如果没有政府特别的命令，刘整、郑像的子弟只能当兵。这里不同对待的主要意思就是要解除两人子弟的兵籍，使他们成为一般的民户。〔7〕解杨：春秋时晋国的大夫。前594年，楚国进攻宋国，宋求救于晋。晋派解杨到宋传达准备发兵救宋的信息。中途解杨被楚军俘获，楚军要他劝说宋投降。解杨被押到宋国城下，仍然大呼晋将救宋。事见《左传》宣公十五年。〔8〕陨：死。〔9〕路中大夫：即路印，西汉景帝时任中大夫。前154年，吴、楚等王国发动叛乱，强迫齐孝王参加，并出兵包围齐国的都城临淄。路中大夫受汉景帝之命，入临淄告知中央政府已发兵进攻吴、楚。他到临淄时被俘，不顾死亡的威胁，在城下大呼朝廷已发兵，完成使命。事见《史记》卷五十二《齐悼惠王世家》。〔10〕除士名：从士家的名册中除掉姓名。〔11〕部曲将：军队中配备有下属部队列入正式编制的将官。 死事科：战亡以后的待遇规定。〔12〕庚戌：旧历二十二日。〔13〕李丰(？—公元254)：传见本书卷九《夏侯尚传附夏侯玄传》裴注引《魏略》。 张缉(？—公元254)：传见本书卷十五《张既传》裴注引《魏略》。 大臣：指司马师。〔14〕夏侯玄(公元209—254)：传附本书卷九《夏侯尚传》。〔15〕辛亥：旧历二十三日。〔16〕甲戌：旧历十九日。〔17〕春秋：年龄。〔18〕倡优：以奏乐跳舞和说笑话为业的艺人。〔19〕六宫：本指后妃所居的后宫，这里指后妃。〔20〕人伦：人与人之间的关系和应当遵守的准则。〔21〕策：这里指以皇太后名义写的废黜皇帝的文告。〔22〕一元大武：一头肥壮的牛。〔23〕送卫：护送保卫。实际是押送。〔24〕重门：地名。在今河南辉县市西北十公里。〔25〕丁丑：旧历二十二日。〔26〕髦：即曹髦(公元241—260)。他是上句所说的东海王曹霖之子。事见本卷。

【裴注】

〔一〕《世语》及《魏氏春秋》并云："此秋，姜维寇陇右。时安东将军司马文王镇许昌，征还，击维。至京师，帝于平乐观以临军过。中领军许允与左右小臣谋：因文王辞，杀之；勒其众，以退大将军。已书诏于前。文王入，帝方食栗。优人云午等唱曰：'青头鸡，青头鸡。'青头鸡者，鸭也。帝惧不敢发。文王引兵入城，景王因是谋废帝。"臣松之按《夏侯玄传》及《魏略》，许允此年春，与李丰事相连。丰既诛，即出允为镇北将军；未发，以放散官物收付廷尉；徙乐浪，追杀之。允此秋不得故为领军而建此谋。

〔二〕《魏书》曰："是日，景王承皇太后令，诏公卿中朝大臣会议。群臣失色，景王流涕曰：'皇太后令如是，诸君其若王室何！'咸曰：'昔伊尹放太甲以宁殷，霍光废昌邑以安汉。夫权定社稷以济四海，二代行之于古，明公当之于今。今日之事，亦唯公命！'景王曰：'诸君所以望师者重，师安所避之？'于是乃与群臣共为奏永宁宫曰：'守尚书令、太尉、长社侯臣孚，大将军、(武)〔舞〕阳侯臣师，司徒、万岁(亭)〔乡〕侯臣柔，司空、文阳亭侯臣冲，行征西、安东将军、新城〔乡〕侯臣昭，光禄大夫、关内侯臣邕，太常臣晏，卫尉、昌邑侯臣伟，太仆臣嶷，廷尉、定陵侯臣(繁)〔毓〕，大鸿胪臣芝，大司农臣祥，少府臣(褒)〔袤〕，永宁卫尉臣(祯)〔桢〕，永宁太仆臣(闳)〔阁〕，大长秋臣模，司隶校尉、颍昌侯臣曾，河南尹、兰陵侯臣肃，城门校尉臣虑，中护军、永安亭侯臣望，武卫将军、安寿亭侯臣演，中坚将军、平原侯臣德，中垒将军、昌武亭侯臣廙，屯骑校尉、关内侯臣陔，步兵校尉、临晋侯臣建，射声校尉、安阳乡侯臣温，越骑校尉、睢阳侯臣初，长水校尉、关内侯臣超，侍中臣小同、臣颉、臣酆，博平侯臣表，侍中、中书监、安阳亭侯臣诞，散骑常侍臣瑰、臣仪，关内侯臣芝，尚书仆射、光禄大夫、高乐亭侯臣毓，尚书、关内侯臣观、臣嘏，长合乡侯臣亮、臣赞、臣骞，中书令臣康，御史中丞臣钤，博士臣范、臣峻等，稽首言：臣等闻天子者，所以济育群生，永安万国。三祖勋烈，光被六合。皇帝即位，纂继洪业；春秋已长，未亲万机；耽淫内宠，沈漫女色；废捐讲学，弃辱儒士；日延小优郭怀、袁信等于建始、芙蓉殿前裸袒游戏，使与保林、女尚等为乱，亲将后宫瞻观；又于广望观上，使怀、信等于观下作辽东妖妇，嬉亵过度，道路行人掩目，帝于观上以为宴笑；于陵云台曲中施帷，见九亲妇女，帝临宣曲观，呼怀、信使入帷共饮酒；怀、信等更行酒，妇女皆醉，戏侮无别；使保林李华、刘勋等与怀、信等戏。清商令令狐景呵华、勋曰："诸女，上左右人，各有官职，何以得尔！"华、勋数谗毁景。帝常喜以弹弹人，以此恚景，弹景不避首目。景语帝曰："先帝持门户急。今陛下日将妃后游戏无度，至乃共观倡优，裸袒为乱，不可令皇太后闻。景不爱死，为陛下计耳。"帝言："我作天子，不得自在邪？太后何与我事！"使人烧铁灼景，身体皆烂。甄后崩后，帝欲立王贵人为皇后。太后更欲外求，帝恚语景等："魏家前后立皇后，皆从所爱耳。太后必违我意，知我当往不也？"后卒待张皇后疏薄。太后遭(合)〔郃〕阳君丧，帝日在后园，倡优音乐自若，不数往定省。清商丞庞熙谏帝："皇太后至孝，今遭重忧，水浆不入口。陛下当数往宽慰，不可但在此作乐！”帝言：“我自尔！谁能奈我何？”皇太后还北宫，杀张美人及禺婉。帝恚望，语景等：“太后横杀我宠爱，此无复母子恩！”数往至故处啼哭，私使暴室厚殡棺，不令太后知也。每见九亲妇女有美色，或留以付清商。帝至后园竹间戏，或与从官携手共行。熙曰：“从官不宜与至尊相提挈。”帝怒，复以弹弹熙。日游后园，每有外文书入，帝不省；左右曰“出”，帝亦不索视。太后令帝常在式乾殿上讲学，不欲使行来，帝径去。太后来问，辄诈令黄门答言“在”耳。景、熙等畏恐，不敢复止，更共谄媚。帝肆行昏淫，败人伦之叙，乱男女之节；恭孝弥颓，凶德侵盛。臣等忧惧倾覆天下，危坠社稷，虽杀身毙命不足以塞责。今帝不可以承天绪；臣请依汉霍光故事，收帝玺绶。帝本以齐王践阼，宜归藩于齐。使司徒臣柔，持节，与有司以太牢告祀宗庙。臣谨昧死以闻。’奏，可。”

〔三〕《魏略》曰：“景王将废帝，遣郭芝入白太后。太后与帝对坐，芝谓帝曰：‘大将军欲废陛下，立彭城王据。’帝乃起去。太后不悦。芝曰：‘太后有子不能教，今大将军意已成，又勒兵于外以备非常。但当顺旨，将复何言！’太后曰：‘我欲见大将军！口有所说。’芝曰：‘何可见邪？但当速取玺绶！’太后意折，乃遣傍侍御取玺绶，著坐侧。芝出报景王，景王甚欢。又遣使者授齐王印绶，当出就西宫。帝受命，遂载王车；与太后别，垂涕。始从太极殿南出，群臣送者数十人。太尉司马孚悲不自胜，余多流涕。王出后，景王又使使者请玺绶。太后曰：‘彭城王，我之季叔也。今来立，我当何之！且明皇帝当绝嗣乎？吾以为高贵乡公者，文皇帝之长孙，明皇帝之弟子。于礼，小宗有后大宗之义，其详议之。’景王乃更召群臣，以皇太后令示之；乃定迎高贵乡公。是时太常已发二日，待玺绶于温。事定，又请玺绶。太后令曰：‘我见高贵乡公，小时识之；明日我自欲以玺绶手授之。’”

〔四〕《魏书》曰：“景王复与群臣共奏永宁宫曰：‘臣等闻：人道亲亲，故尊祖；尊祖，故敬宗。礼，大宗无嗣，则择支子之贤者。为人后者，为之子也。东海定王子高贵乡公，文皇帝之孙；宜承正统，以嗣烈祖明皇帝后。率土有赖，万邦幸甚，臣请征公诣洛阳宫。’奏，可。使中护军望，兼太常、河南尹肃，持节，与少府(褒)〔袤〕、尚书亮、侍中表等，奉法驾，迎公于元城。”

《魏世谱》曰：“晋受禅，封齐王为邵陵县公。年四十三，泰始十年薨。谥曰厉公。”

高贵乡公讳髦，字彦士。文帝孙，东海定王霖子也。正始五年，封郯县高贵乡公。少好学，夙成。齐王废，公卿议迎立公。

十月，己丑[1]，公至于玄武馆[2]，群臣奏请舍前殿；公以先帝旧处，避止西厢。群臣又请以法驾迎[3]，公不听。庚寅[4]，公入于洛阳。群臣迎拜西掖门南[5]；公下舆，将答拜。傧者请曰[6]："仪不拜[7]。"公曰："吾人臣也。"遂答拜。至止车门下舆[8]。左右曰："旧乘舆入[9]。"公曰："吾被皇太后征，未知所为?"遂步至太极东堂[10]，见于太后。其日，即皇帝位于太极前殿，百僚陪位者欣欣焉。[一]

诏曰："昔三祖神武圣德，应天受祚。齐王嗣位，肆行非度，颠覆厥德。皇太后深惟社稷之重，延纳宰辅之谋，用替厥位，集大命于余一人。以眇眇之身，托于王公之上，夙夜祗畏；惧不能嗣守祖宗之大训，恢中兴之弘业；战战兢兢，如临于谷。今群公卿士，股肱之辅；四方征、镇，宣力之佐[11]：皆积德累功，忠勤帝室。庶凭先祖、先父、有德之臣，左右小子[12]，用保乂皇家[13]；俾朕蒙暗[14]，垂拱而治[15]。盖闻人君之道，德厚侔天地，润泽施四海；先之以慈爱，示之以好恶；然后教化行于上，兆民听于下。朕虽不德，昧于大道，思与宇内，共臻兹路。《书》不云乎，'安民则惠[16]，黎民怀之'。"

大赦。改元。减乘舆服御、后宫用度，及罢尚方御府百工技巧靡丽无益之物[17]。

【注释】

〔1〕己丑：旧历初四日。〔2〕玄武馆：曹魏皇家别墅名。在当时洛阳正北的芒山脚下。明帝时建。〔3〕法驾：皇帝出入宫廷时的礼仪车队。〔4〕庚寅：旧历初五日。〔5〕掖门：宫殿正门两旁的边门。〔6〕傧者：迎接宾客并且司仪的官员。〔7〕仪不拜：按照礼仪不必回拜。〔8〕止车门：皇宫正门之内有止车门。除皇帝外，臣僚到此应当下车。如果个别大臣被允许乘车进入，就是所谓的乘舆上殿。〔9〕旧：按照以往制度。〔10〕太极：当时魏宫的正殿名。〔11〕征、镇：即四征与四镇。曹魏通常派征东或镇东将军驻守淮南，征南或镇南将军驻守荆襄，征西或镇西将军驻守关中，征北或镇北将军驻守河北。这里的征、镇泛指在外驻守的将领。宣力：效力。〔12〕左右：辅佐扶助。小子：天子或诸侯对自己的谦称。使用这一谦称有多种情况，这里是因为上面提到了“先祖先父”，相对之下就应自谦。〔13〕保乂：安定和治理。〔14〕蒙暗：蒙昧无知。〔15〕垂拱：垂衣拱手。形容无事可做，不必操心。〔16〕安民则惠：使百姓安定就是给他们的恩惠。这两句出自《尚书·皋陶谟》。〔17〕尚方：官署名。汉魏宫廷中有中尚方、左尚方和右尚方，专门负责制造御用刀剑及其他手工艺品。

【裴注】

〔一〕《魏氏春秋》曰：“公神明爽俊，德音宣朗。罢朝，景王私曰：‘上何如主也？’钟会对曰：‘才同陈思，武类太祖。’景王曰：‘若如卿言，社稷之福也。’”

正元元年冬十月，壬辰[1]，遣侍中持节，分适四方：观风俗，劳士民，察冤枉、失职者。癸巳[2]，假大将军司马景王黄钺；入朝不趋，奏事不名，剑履上殿。戊戌[3]，黄龙现于鄴井中。甲辰[4]，命有司论废立定策之功[5]，封爵、增邑、进位、班赐，各有差。

二年春正月，乙丑[6]，镇东将军毌丘俭、扬州刺史文钦反。(戊戌)〔戊寅〕[7]，大将军司马景王征之。癸未[8]，车骑将军郭淮薨。闰月，己亥[9]，破钦于乐嘉[10]；钦遁走，遂奔吴。甲辰[11]，安风淮津都尉斩俭[12]，传首京都。[一]壬子[13]，复特赦淮南士民诸为俭、钦所诖误者[14]。以镇南将军诸葛诞为镇东大将军[15]。司马景王薨于许昌。二月，丁巳[16]，以卫将军司马文王为大将军[17]，录尚书事。

甲子[18]，吴大将孙峻等众号十万[19]，至寿春；诸葛诞拒击破之，斩吴左将军留赞[20]，献捷于京都。三月，立皇后卞氏[21]，大赦。

夏四月甲寅[22]，封后父卞隆为列侯[23]。甲戌[24]，以征南大将军王昶为骠骑将军。

秋七月，以征东大将军胡遵为卫将军，镇东大将军诸葛诞为征东大将军。

八月，辛亥[25]，蜀卫将军姜维寇狄道[26]。雍州刺史王经与战洮西[27]。经大败，还保狄道城。辛未[28]，以长水校尉邓艾行安西将军[29]，与征西将军陈泰并力拒维[30]。戊辰[31]，复遣太尉司马孚为后继。

九月，庚子[32]，讲《尚书》业终；赐执经亲授者司空郑冲、侍中郑小同等各有差[33]。甲辰[34]，姜维退还。

冬十月，诏曰："朕以寡德，不能'式遏寇虐[35]'，乃令蜀贼陆梁边陲[36]。洮西之战，至取负败。将士死亡，计以千数。或没命战场，冤魂不反；或牵掣虏手，流离异域。吾深痛愍，为之悼心！其令所在郡、典农及安、抚夷二护军、各部大吏[37]：慰恤其门户，无差赋役一年[38]；其力战死事者，皆如旧科。勿有所漏。"

十一月，甲午[39]，以陇右四郡及金城[40]，连年受敌，或亡叛投贼；其亲戚留在本土者不安，皆特赦之。癸丑[41]，诏曰："往者洮西之战，将吏士民或临阵战亡，或沉溺洮水。骸骨不收，弃于原野。吾常痛之。其告征西、安西将军：各令部人于战处及水次钩求尸丧[42]，收敛藏埋，以慰存亡。"

【注释】

〔1〕壬辰：旧历初七日。〔2〕癸巳：旧历初八日。〔3〕戊戌：旧历十三日。〔4〕甲辰：旧历十九日。〔5〕废立：废黜曹芳改立曹髦。〔6〕二年：正元二年(公元255)。乙丑：旧历十二日。〔7〕戊寅：旧历二十五日。〔8〕癸未：旧历三十日。〔9〕己亥：旧历十六日。〔10〕乐嘉：地名。在今河南周口市东南。〔11〕甲辰：旧历二十一日。〔12〕安风淮津：即淮河上的安风津。淮河古津渡名。在今安徽颍上县西南。〔13〕壬子：旧历二十九日。〔14〕淮南：郡名。治所在今安徽寿县。诖(guà)误：蒙骗上当。〔15〕诸葛诞(？—公元257)：传见本书卷二十八。〔16〕丁巳：旧历初五日。〔17〕司马文王：即司马昭(公元211—265)。司马懿的次子，字子上。司马师死时无儿子，由司马昭继承权位。他进一步打击反对势力，杀死心怀不满起兵抗争的皇帝曹髦，又出兵攻灭蜀汉。公元264年，受封为晋王。死后被追谥为文王、文帝。事见《晋书》卷二《文帝纪》。〔18〕甲子：旧历十二日。〔19〕孙峻(公元219—256)：传见本书卷六十四。〔20〕留赞(公元183—255)：传见本书卷六十四《孙峻传》裴注引《吴书》。〔21〕卞氏：事附卷五《后妃武宣卞皇后传》。〔22〕甲寅：旧历初三日。〔23〕卞隆：事附卷五《后妃武宣卞皇后传》。〔24〕甲戌：旧历二十三日。〔25〕辛亥：旧历初二日。〔26〕狄道：县名。县治在今甘肃临洮县。〔27〕王经(？—公元260)：事附本书卷九《夏侯尚传附夏侯玄传》。洮(táo)：河流名。黄河上游南岸的大支流之一。发源于今青海河南县境，东流至甘肃岷县折向正北，至永靖县入黄河。〔28〕辛未：旧历二十二日。〔29〕邓艾(？—公元263)：传见本书卷二十八。安西将军：官名。曹魏的"四征"、"四镇"将军以下，又有安东、安南、安西、安北四将军，合称"四安"，都负责领兵征伐。其作战区域也按

方位分配，与“四征”、“四镇”类似。〔30〕陈泰(？—公元260)：传附本书卷二十二《陈群传》。〔31〕戊辰：旧历十九日。戊辰不应排列在辛未之后，此处史文疑有倒错。〔32〕庚子：旧历二十一日。〔33〕郑小同：东汉大经学家郑玄的孙子，事见本卷后文裴注引《郑玄别传》和《魏氏春秋》。〔34〕甲辰：旧历二十五日。〔35〕式遏：抑制，阻止。式是发语词，无实义。句出《诗经·民劳》。〔36〕陆梁：嚣张，逞凶。〔37〕安、抚夷二护军：均为官名。曹魏在氐族聚居的关中设置安夷护军、抚夷护军，负责管理监督内迁的氐族居民。前者治所在今陕西扶风县东南。后者治所在今陕西淳化县西北。〔38〕无差赋役：不承担租赋和徭役。租是田租，即土地税，曹魏时每亩收谷物四升。赋是人头税，曹魏时每户收绢二匹、丝绵二斤。租、赋、役三项或简称赋役，或简称租役，是当时自耕小农对王朝承担的封建义务。〔39〕甲午：旧历十六日。〔40〕陇右四郡：指位于陇山(今六盘山)以西的广魏(治所在今甘肃天水市东北)、天水、南安、陇西(治所在今甘肃陇西县东南)四郡。〔41〕癸丑：据陈垣《二十史朔闰表》，十一月己卯朔，无癸丑。癸丑是旧历十二月初五日。此处史文疑有误。〔42〕水次：河边。

【裴注】

〔一〕《世语》曰：“大将军奉天子征俭，至项。俭既破，天子先还。”

臣松之检诸书，都无此事；至诸葛诞反，司马文王始挟太后及帝与俱行耳。故发诏引汉二祖及明帝亲征以为前比，知明帝以后始有此行也。按张璠、虞溥、郭颁，皆晋之令史；璠、颁出为官长；溥，鄱阳内史。璠撰《后汉纪》，虽似未成，辞藻可观。溥著《江表传》，亦粗有条贯。惟颁撰《魏晋世语》，蹇乏全无宫商，最为鄙劣；以时有异事，故颇行于世。干宝、孙盛等，多采其言以为《晋书》；其中虚错如此者，往往而有之。

甘露元年春正月辛丑〔1〕，青龙现轵县井中〔2〕。乙巳〔3〕，沛王林薨〔4〕。〔一〕

夏四月庚戌〔5〕，赐大将军司马文王衮冕之服，赤舄副焉。

【注释】

〔1〕辛丑：旧历二十四日。〔2〕轵(zhǐ)：县名。县治在今河南济源市东南。〔3〕乙巳：旧历二十八日。〔4〕林：即曹林(？—公元256)。传见本书卷二十《武文世王公传》。〔5〕庚戌：旧历初四日。

【裴注】

〔一〕《魏氏春秋》曰：

“二月，丙辰，帝宴群臣于太极东堂。与侍中荀顗，尚书崔赞、袁亮、钟毓，给事中、中书令虞松等，并讲述礼典。遂言帝王优劣之差，帝慕夏少康，因问顗等曰：‘有夏既衰，后相殆灭；少康收集夏众，复禹之绩。高祖拔起陇亩，驱帅豪俊；芟夷秦、项，包举宇内。斯二主可谓殊才异略，命世大贤者也。考其功德，谁宜为先？’顗等对曰：‘夫天下重器，王者天授；圣德应期，然后能受命创业。至于阶缘前绪，兴复旧绩；造之与因，难易不同。少康功德虽美，犹为中兴之君，与世祖同流可也。至如高祖，臣等以为优。’帝曰：‘自古帝王，功德言行，互有高下，未必创业者皆优，绍继者咸劣也。汤、武、高祖，虽俱受命；贤圣之分，所觉悬殊。少康、殷宗，中兴之美；夏启、周成，守文之盛。论德较实，方诸汉祖；吾见其优，未闻其劣；顾所遇之时殊，故所名之功异耳。少康生于灭亡之后，降为诸侯之隶；崎岖逃难，仅以身免。能布其德而兆其谋，卒灭过、戈，克复禹绩，祀夏配天，不失旧物；非至德弘仁，岂济斯勋？汉祖因土崩之势，仗一时之权，专任智力，以成功业；行事动静，多违圣检。为人子，则数危其亲；为人君，则囚系贤相；为人父，则不能卫子：身没之后，社稷几倾。若与少康易时而处，或未能复大禹之绩也。推此言之，宜高夏康而下汉祖矣。诸卿具论详之。’

翌日丁巳，讲业既毕，顗、亮等议曰：‘三代建国，列土而治；当其衰弊，无土崩之势；可怀以德，难屈以力。逮至战国，强弱相兼；去道德而任智力，故秦之弊可以力争。少康布德，仁者之英也；高祖任力，智者之俊也。仁智不同，二帝殊矣！《诗》、《书》述殷中宗、高宗，皆列大雅；少康功美，过于二宗，其为大雅明矣！少康为优，宜如诏旨。’赞、毓、松等议曰：‘少康虽积德累仁，然上承大禹遗泽余庆；内有虞、仍之援，外有靡、艾之助。寒浞谗慝，不德于民；浇、豷无亲，外内弃之：以此有国，盖有所因。至于汉祖，起自布衣，率乌合之士，以成帝者之业。论德则少康优，课功则高祖多；语资则少康易，校时则高祖难。’帝曰：‘诸卿论少康因资，高祖创造，诚有之矣。然未知三代之世，任德济勋如彼之难；秦、项之际，任力成功如此之易。且太上立德，其次立功。汉祖功高，未若少康盛德之茂也。且夫仁者必有勇，诛暴必用武；少康武烈之威，岂必降于高祖哉？但夏书沦亡，旧文残缺，故勋美阙而罔载。唯有伍员粗述大略，其言复禹之绩，不失旧物；祖述圣业，旧章不愆：自非大雅兼才，孰能与于此？向令坟、典具存，行事详备，亦岂有异同之论哉？’于是群臣咸悦服。

中书令松进曰：‘少康之事，去世久远，其文昧如；是以自古及今，议论之士莫有言者，德美隐而不宣。陛下既垂心远鉴，考详古昔；又发德音，赞明少康之美，使显于千载之上。宜录以成篇，永垂于后。’帝曰：‘吾学不博，所闻浅狭，惧于所论，未获其宜；纵有可采，亿则屡中，又不足贵；无乃致笑后贤，彰吾暗昧乎！’于是侍郎钟会，退论次焉。”

丙辰〔1〕，帝幸太学。问诸儒曰：“圣人幽赞神明〔2〕，仰观俯察，始作八卦。后圣重之为六十四〔3〕，立爻以极数〔4〕；凡斯大义，罔有不备。而夏有《连山》〔5〕，殷有《归藏》〔6〕，周曰《周易》〔7〕；《易》之书，其故何也〔8〕？”

《易》博士淳于俊对曰〔9〕：“包羲因燧皇之图而制八卦〔10〕，神农演之为六十四〔11〕，黄帝、尧、舜通其变。三代随时〔12〕，质文各由其事〔13〕。故《易》者，变易也；名曰《连山》，似山出纳〔云〕气〔14〕，连天地也；《归藏》者，万事莫不归藏于其中也。”

帝又曰：“若使包羲因燧皇而作《易》，孔子何以不云‘燧人氏没包羲氏作’乎〔15〕？”俊不能答。

帝又问曰：“孔子作《彖》、《象》〔16〕，郑玄作注〔17〕；虽圣、贤不同〔18〕，其所释经义，一也〔19〕。今《彖》、《象》不与经文相连；而注连之〔20〕，何也？”

俊对曰："郑玄合《彖》、《象》于经者，欲使学者寻省易了也[21]。"

帝曰："若郑玄合之，于学诚便；则孔子曷为不合，以了学者乎？"

俊对曰："孔子恐其与文王相乱[22]，是以不合；此圣人以不合为谦。"

帝曰："若圣人以不合为谦，则郑玄何独不谦邪？"

俊对曰："古义弘深，圣问奥远[23]，非臣所能详尽。"

帝又问曰："《系辞》云'黄帝、尧、舜，垂衣裳而天下治[24]'，此包羲、神农之世为无衣裳[25]。但圣人化天下[26]，何殊异尔邪[27]？"

俊对曰："三皇之时[28]，人寡而禽兽众，故取其羽皮而天下用足。及至黄帝，人众而禽兽寡，是以作为衣裳以济时变也[29]。"

帝又问："乾为天[30]，而复为金，为玉，为老马，与细物并邪[31]？"

俊对曰："圣人取象[32]，或远或近；近取诸物，远则天地。"

【注释】

〔1〕丙辰：旧历初十日。〔2〕圣人：这里指下文所说的包羲。幽赞神明：暗中得到神的帮助。句出《周易·说卦》。〔3〕后圣：指下文所说的神农。〔4〕立爻以极数：使用爻来演示全部数的变化。爻(yáo)是构成《周易》卦的基本符号。"—"为阳爻，"--"为阴爻。每三爻合成一卦，可以组成八种单卦。每两单卦相重叠，可以组成六十

四种复卦，这就是《周易》的全部卦式。〔5〕连山：书名。是《周易》之前的古《易》，今不存。〔6〕归藏：书名。也是一种古《易》，今不存。据《太平御览》卷六百八引东汉桓谭《新论》，说《连山》有八万字，《归藏》只有四千三百字。〔7〕周易：书名。儒家经典之一。也称《易》或《易经》。关于这本书的作者和形成，自来有多种说法。书分经、传两大部分。经包括六十四卦三百八十四爻、卦辞和爻辞，用于占卜。传包括解释卦辞、爻辞的七种文辞，分上彖、下彖、上象、下象、上系、下系、文言、说卦、序卦、杂卦共十篇。1973 年在湖南长沙马王堆 3 号汉墓中曾发现了西汉前期的帛书《周易》，其六十四卦卦序、卦名、卦辞、爻辞等，都与现今流传的本子有许多不同。〔8〕其故何也：(有不同文本和名称的)原因在哪里。〔9〕易博士：讲授《易经》的教官。〔10〕包羲：即伏羲。传说中人类的始祖。相传他曾教人民织网以便进行渔猎，又曾创制八卦。　燧皇：即燧人氏。传说中人工取火的发明者。他钻木取火，教人民熟食，结束了远古“茹毛饮血”的生活。　图：传说燧人氏所画的一种神秘图形。由神马从黄河中背负而出，所以又叫河图。相传包羲根据河图创制八卦。〔11〕神农：传说中农业和医药的发明者。他用木材制造耒、耜(sì)等农具，教人民从事农耕；又曾尝遍百草，发现药材，教人民治病。　演：演变。关于《周易》的卦式由谁创制和演变完成，古代学者有多种推测。这里曹髦用的是郑玄的说法。〔12〕三代：夏、殷、周。　随时：随时代而变化。〔13〕各由其事：各自由当时的情况而定。指《易》的文本、名称出现不同。〔14〕出纳：发出和吸入。〔15〕孔子何以不云：孔子所写的《周易·系辞》下，有“包羲氏没，神农氏作”，“神农氏没，黄帝、尧、舜氏作”的句子，叙述远古时代的变迁，但没有说到包羲之前，所以曹髦有此疑问。〔16〕彖(tuàn)、象：即彖辞、象辞。每种又分上、下两篇。〔17〕郑玄(公元 127—200)：字康成，北海郡高密(今山东高密市西南)人。东汉大经学家。早年游学天下，曾在经学大师马融门下受业。后回家乡传授经学，多次拒绝朝廷的任命，门下有弟子数千人。他的经学知识极为渊博，是两汉经学集大成的学者。生前遍注群经，著述很多。完整流传至今的还有《毛诗笺》、《周礼注》、《仪礼注》和《礼记注》四种，均收入《十三经注疏》之中。传见《后汉书》卷三十五。〔18〕圣：指孔子。　贤：指郑玄。〔19〕一：一样。〔20〕注连之：在郑玄之前，《周易》的经、传是分开的。郑玄注释《周易》，开始把传中孔子所写的彖辞、象辞分散，附在所解释的卦辞、爻辞后面。〔21〕寻省易了：查阅时一目了然。〔22〕与文王相乱：郑玄一派的学者认为，《周易》的卦辞和爻辞都是周文王写的，所以这里意思是与卦辞、爻辞相混淆。〔23〕圣问：指曹髦所提的问题。〔24〕衣裳：上身所穿为衣，下身所穿为裳。相传到了黄帝时才有衣裳。由衣裳发展为服饰和礼仪制度，有礼仪制度就容易治理国家，所以说是“垂衣裳而天下治”。〔25〕此：这证明。〔26〕化天下：领导社会移风易俗。〔27〕何殊异尔：怎么这样不同。意思是有的要百姓做衣裳穿，有的又没有这样做。〔28〕三皇：说法很多，这里指燧人氏、包羲和神农。〔29〕作为：制作。〔30〕乾：《周易》第一卦的卦名。以下的为天、为金、为玉、为老马，出自《周易·说卦》。〔31〕细物：细小的东西。指金、玉、老马等。 并：相提并论。〔32〕取象：选取作比喻的事物形象。

讲《易》毕，复命讲《尚书》。帝问曰：“郑玄曰‘稽古，同天’〔1〕，言尧同于天也。王肃云‘尧顺考古道而行之’〔2〕：二义不同，何者为是？”

博士庾峻对曰〔3〕：“先儒所执〔4〕，各有乖异〔5〕，臣不足以定之。然《洪范》称‘三人占，从二人之言’〔6〕。贾、马及肃皆以为‘顺考古道’〔7〕。以《洪范》言之，肃义为长。”

帝曰：“仲尼言‘唯天为大，唯尧则之’〔8〕。尧之大美，在乎则天；顺考古道，非其至也〔9〕。今发篇开义，以明圣德；而舍其大，更称其细，岂作者之意邪？”

峻对曰：“臣奉遵师说，未喻大义。至于折中〔10〕，裁之圣思。”

次及四岳举鲧〔11〕。帝又问曰：“夫大人者，与天地合其德，与日月合其明；思无不周，明无不照。今王肃云‘尧意不能明鲧〔12〕，是以试用’。如此，圣人之明有所未尽邪？”

峻对曰："虽圣人之弘，犹有所未尽。故禹曰'知人则哲，惟帝难之'[13]。然卒能改授圣贤[14]，缉熙庶绩[15]，亦所以成圣也。"

帝曰："夫有始有卒[16]，其唯圣人；若不能始，何以为圣？其言'惟帝难之'，然卒能改授；盖谓知人圣人所难，非不尽之言也。《经》云：'知人则哲，能官人。'[17]若尧疑鲧，试之九年；官人失叙[18]，何得谓之圣哲？"

峻对曰："臣窃观经传[19]，圣人行事不能无失；是以尧失之四凶[20]，周公失之二叔[21]，仲尼失之宰予[22]。"

帝曰："尧之任鲧，九载无成，汩陈五行[23]，民用昏垫[24]；至于仲尼失之宰予，言行之间[25]：轻重不同也。至于周公、管、蔡之事，亦《尚书》所载，皆博士所当通也。"

峻对曰："此皆先贤所疑，非臣寡见所能究论。"

次及"有鳏在下曰虞舜"[26]，帝问曰："当尧之时，洪水为害，四凶在朝，宜速登贤圣济斯民之时也[27]。舜年在既立[28]，圣德光明；而久不进用，何也？"

峻对曰："尧咨嗟求贤[29]，欲逊己位；岳曰'否德忝帝位'[30]。尧复使岳扬举仄陋[31]，然后荐舜。荐舜之本，实由于尧；此盖圣人欲尽众心也。"

帝曰："尧既闻舜而不登用，又时忠臣亦不进达；乃使岳扬仄陋而后荐举，非急于用圣恤民之谓也[32]。"

峻对曰："非臣愚见所能逮及。"

【注释】

〔1〕稽古：《尚书》第一篇《尧典》的开始，有"曰若稽古帝尧"一句。对"稽古"二字的理解，郑玄认为稽就是同，古就是天，意思指尧的功业与天相比美。〔2〕王肃（？—公元256）：字子雍，王朗的儿子。曹魏时官至光禄勋，袭爵兰陵侯。传附本书卷十三《王朗传》。他继承家学，也是经学家。其学术观点与郑玄不同，所以常常有意与郑玄之说唱反调。由于他是司马氏集团成员，司马昭就是他的女婿，在司马氏掌权后，有不少人放弃郑玄之说改而赞成王氏父子的观点。把王朗的《易传》列为考试课目，博士庾峻赞同王肃而否定郑玄，都有这样的背景。对司马氏不满的曹髦，在这里两次反驳王肃对《尚书》的解释，也很有微妙意味。另外，在上文裴注引录的《魏氏春秋》大段史文，还详细记载了曹髦与群臣议论夏代君主少康与西汉高祖刘邦的优劣，曹髦竭力赞美能够中兴夏朝的少康，暗含自比少康有志振兴曹魏皇权之意。都有借学术讨论张扬政治意图的深层次背景。〔3〕庾峻：事见本书卷十一《管宁传》裴注引《庾氏谱》。〔4〕所执：所持的看法。〔5〕乖异：分歧和不同。〔6〕洪范：《尚书》的一篇。占：占卜。〔7〕贾：即贾逵（公元20—101）。字景伯，右扶风平陵（今陕西咸阳市西北）人。东汉著名经学家。他在经学中加入了当时皇帝最喜欢的谶讳迷信成分，所以很受重视，官至侍中。传见《后汉书》卷三十六。马：即马融（公元79—166）。字季长，右扶风茂陵（今陕西兴平市东北）人。东汉大经学家。门生常有千人，郑玄就是他的学生。早年从事政治，官至南郡太守。后因得罪大将军梁冀，被免职流放。从此对梁冀阿谀奉承，受到正直者的轻视。传见《后汉书》卷六十上。〔8〕则之：效法上天。这两句出自《论语·泰伯》。〔9〕非其至：不是唐尧最为伟大的地方。〔10〕折中：选取正确的解释。〔11〕四岳：传说为尧、舜时的四方部落首领。尧和舜有重大事情时要和他们商量。鲧（gǔn）：传说中原始时代的部落首领。由四岳推举，尧派他去治理洪水，九年不成功，被舜杀死。大禹就是他的儿子。四岳推举鲧治水，见《尚书·尧典》。〔12〕尧意不能明鲧：尧的意思是不太了解鲧的能力。当四岳推举鲧时，尧起初不同意，四岳建议试用一下，尧才应允，所以王肃作这样的解释。〔13〕知人则哲：知人善任，才算最有智慧的人。惟帝难之：（要做到知人善任，）连尧也感觉到困难。这两句出自《尚书·皋陶谟》。

〔14〕改授圣贤：指尧传位给舜。〔15〕缉熙庶绩：振兴各项事业。〔16〕卒：终。〔17〕知人则哲，能官人：这两句见于《尚书·皋陶谟》。〔18〕官人失叙：在选用人才上有失误。〔19〕窃：私下。表示个人意见时的谦词。〔20〕四凶：传说中的四个凶恶人。即浑沌、穷奇、梼杌(táo wù)、饕餮(tāo tiè)。尧未能清除他们。到舜继位，才把他们流放到边远地方。事见《史记》卷一《五帝本纪》。〔21〕二叔：指管叔与蔡叔。管叔名鲜，蔡叔名度，都是周武王的弟弟。周武王死，其子成王继位，年幼，由周公旦执政。管叔、蔡叔对哥哥周公旦不满，扬言周公旦有夺位意图，并且发动武装叛乱，被周公旦平定。管叔被杀，蔡叔被流放。二人事见《史记》卷三十五《管蔡世家》。〔22〕宰予：孔子的学生。他曾在白天睡懒觉，孔子说他是“朽木不可雕也”。他又不赞同为父母服丧三年，孔子批评他“不仁”。事见《论语》的《公冶长》、《阳货》篇。〔23〕汩(gǔ)陈五行：扰乱了上帝创造的五行规律。句出《尚书·洪范》。〔24〕民用昏垫：老百姓被洪水吞没。〔25〕言行之间：仅仅是言行不一致。宰予在白天睡懒觉，孔子说过去我听到别人的话就相信他的行为，现在我听到别人的话后一定要考察他的行为，是宰予这件事使我发生改变。事见《论语·公冶长》。〔26〕在下：在民间。这一句出自《尚书·尧典》。〔27〕速登：赶快提拔。〔28〕既立：三十岁。据说舜三十岁时才继承尧的位置，见《尚书·尧典》。〔29〕咨嗟：感叹声。《尚书·尧典》记载尧在向四岳征求人才时，常在说话开始发出“咨”的感叹，表示急于求贤的心情。〔30〕否(pǐ)德忝帝位：我们的德行鄙陋，不配继承你的帝位。这是尧要四岳当继承人时四岳作的回答。见《尚书·尧典》。〔31〕扬举仄陋：选拔举用埋没在社会下层的贤才。〔32〕恤民：关心人民。

于是复命讲《礼记》。帝问曰：“‘太上立德，其次务施报〔1〕’。为治何由而教化各异〔2〕？皆修何政而能致于立德，施而不报乎？”

博士马照对曰：“太上立德，谓三皇五帝之世以德化民〔3〕；其次报施，谓三王之世以礼为治也〔4〕。”

帝曰：“二者致化，薄厚不同，将主有优劣邪〔5〕？时使之然乎？”

照对曰："诚由时有朴文[6]，故化有薄厚也。"[一]

【注释】

〔1〕太上：指三皇五帝时的上古时代。 立德：全社会注重道德。指大家乐于奉献而不求报答。 其次：指太上之后的夏、商、周三王朝。务施报：讲求施与和报答。这两句出自《礼记》第一篇《曲礼》上。〔2〕教化：这里指社会的道德风尚。 〔3〕五帝：说法很多，这里指黄帝、颛顼(zhuān xū)、帝喾(kù)、尧、舜。 〔4〕以礼为治：礼节讲究有往有来。往相当于施与，来相当于报答。 〔5〕主：君主。 〔6〕朴文：朴素和修饰。

【裴注】

〔一〕《帝集》载帝自叙始生祯祥，曰："昔帝王之生，或有祯祥，盖所以彰显神异也。惟予小子，支胤末流，谬为灵祇之所相佑也；岂敢自比于前哲，聊记录以示后世焉。其辞曰：'惟正始(三)〔二〕年，九月辛未朔，二十五日乙未直成，予生。于时也，天气清明，日月辉光；爰有黄气，烟煴于堂；照曜室宅，其色煌煌。相而论之曰：未者为土，魏之行也；厥日直成，应嘉名也；烟煴之气，神之精也；无灾无害，蒙神灵也。齐王不吊，颠覆厥度；群公受予，绍继祚皇。以眇眇之身，质性顽固；未能涉道，而遵大路；临深履冰，涕泗忧惧。古人有云，惧则不亡；伊予小子，曷敢怠荒？庶不忝辱，永奉丞尝。'"

傅畅《晋诸公赞》曰："帝常与中护军司马望、侍中王沈、散骑常侍裴秀、黄门侍郎钟会等，讲宴于东堂，并属文论。名秀为'儒林丈人'，沈为'文籍先生'，望、会亦各有名号。帝性急，请召欲速。秀等在内职，到得及时；以望在外，特给追锋车，虎贲卒五人。每有集会，望辄奔驰而至。"

五月，邺及上(谷)〔洛〕并言甘露降[1]。(夏)六月，丙午[2]，改元为甘露。乙丑[3]，青龙现元城县界井中[4]。

秋七月，己卯[5]，卫将军胡遵薨。

癸未[6]，安西将军邓艾，大破蜀大将姜维于上邽[7]。诏曰："兵未极武[8]，丑虏摧破。斩首获生，动以万计。自顷战克，无如此者。今遣使者犒赐将士，大会临飨，饮宴终日。称朕意焉。"八月，庚午[9]，命大将军司马文王加号大都督，奏事不名，假黄钺。癸酉[10]，以太尉司马孚为太傅。九月，以司徒高柔为太尉。

冬十月，以司空郑冲为司徒，尚书左仆射卢毓为司空[11]。

【注释】

〔1〕上洛：县名。县治在今陕西商洛市商州区。 甘露：一种凝结在树叶上的甘甜液体。古代认为是祥瑞之物。 〔2〕丙午：旧历初一日。 〔3〕乙丑：旧历二十日。 〔4〕元城：县名。县治在今河北大名县东北。 〔5〕己卯：旧历初五日。 〔6〕癸未：旧历初九日。 〔7〕上邽(guī)：县名。县治在今甘肃天水市。 〔8〕极武：充分发挥军队威力。 〔9〕庚午：旧历二十六日。 〔10〕癸酉：旧历二十九日。 〔11〕卢毓(？—公元257)：传见本书卷二十二。

二年春二月[1]，青龙现温县井中。三月，司空卢毓薨。

夏四月，癸卯[2]，诏曰："玄菟郡高显县吏民反叛[3]，长郑熙为贼所杀。民王简，负担熙丧，晨夜星行，远致本州[4]。忠节可嘉，其特拜简为忠义都尉，以旌殊行[5]。"甲子[6]，以征东大将军诸葛诞为司空。

五月，辛未[7]，帝幸辟雍。会，命群臣赋诗。侍中和逌、尚书陈骞等作诗稽留[8]，有司奏免官。诏曰：

“吾以暗昧，爱好文雅。广延诗赋，以知得失。而乃尔纷纭[9]，良用反仄[10]。其原逌等，主者宣敕：自今以后，群臣皆当玩习古义，修明经典。称朕意焉。”

乙亥[11]，诸葛诞不就征，发兵反，杀扬州刺史乐綝[12]。

丙子[13]，赦淮南将吏士民为诞所诖误者。

丁丑[14]，诏曰：“诸葛诞造为凶乱，荡覆扬州。昔黥布逆叛[15]，汉祖亲戎；隗嚣违戾，光武西伐；及烈祖明皇帝，躬征吴、蜀：皆所以奋扬赫斯[16]，震耀威武也。今宜皇太后与朕暂共临戎[17]，速定丑虏，时宁东夏[18]。”

己卯[19]，诏曰：“诸葛诞造构逆乱，迫胁忠义。平寇将军、临渭亭侯庞会，骑督、偏将军路蕃[20]，各将左右，斩门突出。忠壮勇烈，所宜嘉异。其进会爵乡侯，蕃封亭侯。”

六月，乙巳[21]，诏：“吴使持节、都督夏口诸军事、镇军将军、沙羡侯孙壹[22]，贼之支属，位为上将；畏天知命，深鉴祸福；翻然举众，远归大国。虽微子去殷[23]，乐毅遁燕[24]，无以加之。其以壹为侍中、车骑将军，假节，交州牧，吴侯；开府辟召仪同三司[25]；依古侯伯八命之礼[26]，衮冕、赤舄：事从丰厚。”[一]

甲子[27]，诏曰：“今车驾驻项[28]。大将军恭行天罚，前临淮浦[29]。昔相国、大司马征讨[30]，皆与尚书俱行[31]。今宜如旧。”乃令散骑常侍裴秀、给事黄门侍郎钟会咸与大将军俱行[32]。

秋八月，诏曰："昔燕剌王谋反[33]，韩谊等谏而死[34]，汉朝显登其子。诸葛诞创造凶乱[35]，主簿宣隆、部曲督秦洁秉节守义[36]，临事固争，为诞所杀；所谓无比干之亲而受其戮者[37]。其以隆、洁子为骑都尉，加以赠赐；光示远近，以殊忠义。"

九月，大赦。

冬十二月，吴大将全端、全怿等率众降[38]。

【注释】

〔1〕二年：甘露二年（公元257）。〔2〕癸卯：旧历初三日。〔3〕高显：县名。县治在今辽宁铁岭市。〔4〕本州：指玄菟郡所在的幽州治所蓟县（今北京市）。〔5〕旌：表扬。殊行：特殊的品行。〔6〕甲子：旧历二十四日。〔7〕辛未：旧历初一日。〔8〕和逌（yóu）：事附本书卷二十三《和洽传》。陈骞（公元212—292）：字休渊。广陵郡东阳（今江苏金湖县西南）人。仕魏为征南大将军。因帮助司马氏代魏有功，西晋时任大司马，封高平郡公。传见《晋书》卷三十五。稽留：不能按时完成。〔9〕纷纭：扰乱。意思是引起风波。〔10〕反仄：心情不安。〔11〕乙亥：旧历初五日。〔12〕乐綝（？—公元257）：传附本书卷十七《乐进传》。〔13〕丙子：旧历初六日。〔14〕丁丑：旧历初七日。〔15〕黥（qíng）布（？—前195）：姓英，名布，六安国六县（今安徽六安市东北）人。西汉初的异姓诸侯王之一。曾犯法黥面（用刀刺刻面部再涂上墨色），所以又称黥布。秦末率骊山囚徒起兵，先属项羽。后归刘邦，并助刘邦消灭项羽，被封为淮南王。因彭越、韩信等功臣相继被刘邦杀死，恐惧而起兵反抗，兵败被杀。传见《史记》卷九十一、《汉书》卷三十四。〔16〕赫斯：震怒。《诗经·皇矣》有"王赫斯怒"的句子。〔17〕临戎：亲临前线作战。据《晋书》卷二《文帝纪》记载，皇太后郭氏和皇帝曹髦出京亲征，是应司马昭的上表请求，实际上是强迫随军前往。司马氏控制中央朝政后，在兵强粮足的淮南战区，先后发生了三次反对司马氏的大规模军事行动。六年前王凌起兵时，司马懿亲自领兵镇压，留司马师镇守京城防止变故。两年前毌丘俭、文钦起兵，司马师亲自领兵镇压，留司马昭镇守京城。现在诸葛诞起兵，

司马昭必须亲自领兵镇压，但后方却缺乏一个有能力威望的直系亲属镇守，所以不能不带着太后、皇帝出兵，以防变故。〔18〕东夏：中国的东部。〔19〕己卯：旧历初九日。〔20〕平寇将军：官名。属杂号将军，领兵征伐。庞会：事附本书卷十八《庞德传》。骑督：骑兵的分队长。偏将军：官名。领兵征伐，是将军中的低等。〔21〕乙巳：旧历初六日。〔22〕使持节：一种表示诛杀威权的名号。类似的名号分为三等：最高为使持节，有权杀官位在二千石以下的官员；其次为持节，平时可杀无官位的人，战争时威权与使持节相同；最低为假节，战争时可以杀犯军令者。镇军将军：官名。领兵征伐。孙壹（？—公元259）：孙权的族侄。传附本书卷五十一《宗室孙奂传》。〔23〕微子：名开。商纣王的庶兄，封在微（今山东梁山县西北）。因见商代将亡，多次进谏，纣王不听，于是出走。西周王朝建立后，周公封他于宋。事见《史记》卷三十八《宋微子世家》。〔24〕乐毅：中山国灵寿（今河北平山县东北）人。战国时燕国名将。燕昭王时，曾率军攻齐国，连克七十余城，以功封昌国君。燕惠王继位，齐国用反间计，迫使他逃亡赵国。传见《史记》卷八十。〔25〕开府：建立独自的官府和办事机构。辟召：不必经过中央政府的人事机构而可以自行任命本府内的僚属。开府和辟召通常是三公享有的特殊待遇。仪：仪仗队的规格。三司：三公。〔26〕命：周代表示官阶等级的名称。最低为一命，最高为九命。据《周礼·春官·典命》记载，侯伯只是七命，天子的三公才是八命，与这里的说法不同。〔27〕甲子：旧历二十五日。〔28〕项：县名。县治在今河南沈丘县。〔29〕淮浦：淮河边。诸葛诞据守的寿春城，在项城东南约250公里的淮河南岸。司马昭留太后和皇帝在项城，自己立营在项城东南20公里处的丘头指挥全军进攻。〔30〕相国：指司马懿。司马懿死后追赠相国。大司马：指司马师。司马师死后追赠大司马。分见《晋书》卷一《宣帝纪》、卷二《景帝纪》。〔31〕尚书：这里指尚书行台。当时皇帝或控制朝廷大权的强臣率领大军外出时，要由尚书台和有关官员组成一个临时性的中枢机构，随军行动，处理军国事务，这叫尚书行台。简称行台。〔32〕裴秀（公元224—271）：字季彦，河东郡闻喜（今山西闻喜县）人。出身世家大族。起初被曹爽提拔，曹爽死时受到牵连被免职。后来支持司马氏，成为亲信。西晋建立，官至司空，封巨鹿郡公。他在世界地图学史上有重大贡献，第一次提出了“制图六体”：分率、准望、道里、高下、方邪、迂直，即地图绘制上的比例尺、方位、距离、地形等原则，从此被我国制图者遵循。他还主持绘制了《禹贡地域图》和《地形方丈图》，前者是历史地图集，后者是西晋的全国地图。传见《晋书》卷三十五。　给事黄门侍郎：官名。简称黄门侍郎。皇帝的侍从官员之一。负责宫廷内外之间的联络，同时与散骑常侍、侍中一起，审议尚书台呈送给皇帝的公事。　钟会（公元225—264）：传见本书卷二十八。行台的组成不能缺少尚书台的长官。据本书卷二十二《陈群传附陈泰传》记载，当时尚书左仆射陈泰曾参加行台，并且担任行台的总负责长官，此处史文未提到。另外，让裴秀与钟会参加行台，一则因为他们是司马氏的心腹智囊人物，二则因为按制度散骑常侍、黄门侍郎要会同审议尚书台的公事。〔33〕燕剌（là）王：即刘旦（？—前80）。汉武帝刘彻的庶子。封燕王。武帝死，武帝的小儿子刘弗陵继位为昭帝。刘旦不满，准备起兵夺位。部属韩义等多次劝阻，被刘旦杀死。刘旦后来也被迫自杀。传见《汉书》卷六十三《武五子传》。〔34〕韩谊：即韩义。〔35〕创造：制造。〔36〕主簿：官名。当时三公、高级将军和州郡长官的官府中都有主簿，主管文书。　部曲督：官名。军队小分队的队长。领兵作战。〔37〕比干：商王朝的贵族，纣王的叔父。官任少师。相传他多次劝诫纣王，被剖心处死。事见《史记》卷三《殷本纪》。〔38〕全怿：传附本书卷六十《全琮传》。

【裴注】

〔一〕臣松之以为：壹畏逼归命，事无可嘉。格以古义，欲盖而名彰者也。当时之宜，未得远遵式典；固应量才受赏，足以酬其来情而已。至乃光锡八命，礼同台鼎，不亦过乎！于招携致远，又无取焉。何者？若使彼之将守，与时无嫌，终不悦于殊宠，坐生叛心；以叛而愧，辱孰甚焉？如其忧危将及，非奔不免，则必逃死苟存，无希荣利矣：然则高位厚禄，何为者哉？魏初有孟达、黄权，在晋有孙秀、孙楷。达、权爵赏，比壹为轻；秀、楷礼秩，优异尤甚。及至吴平，而降黜数等；不承权舆，岂不缘在始失中乎？

三年春二月[1]，大将军司马文王陷寿春城，斩诸葛诞。三月，诏曰："古者克敌，收其尸以为京观[2]，所以惩昏逆而彰武功也。汉孝武元鼎中[3]，改桐乡为闻喜[4]，新乡为获嘉[5]，以著南越之亡[6]。大将军亲总六戎[7]，营据丘头[8]；内夷群凶[9]，外殄寇虏[10]；功济兆民，声振四海。克敌之地，宜有令名[11]：其改‘丘头’为‘武丘’。明以武平乱，后世不忘；亦京观、二邑之义也[12]”。

夏五月，命大将军司马文王为相国，封晋公，食邑八郡[13]，加之九锡；文王前后九让，乃止。

六月，丙子[14]，诏曰：“昔南阳郡山贼扰攘[15]，欲劫质故太守东里衮[16]。功曹应余独身捍衮[17]，遂免于难。余颠沛殒毙，杀身济君[18]。其下司徒[19]：署余孙伦吏[20]，使蒙伏节之报[21]”〔一〕

辛卯[22]，大论淮南之功，封爵、行赏各有差。

秋八月，甲戌[23]，以骠骑将军王昶为司空。丙寅[24]，诏曰：“夫养老兴教，三代所以树风化垂不朽也。必有三老、五更以崇至敬[25]，乞言纳诲[26]，著在惇史[27]；然后六合承流[28]，下观而化[29]。宜妙简德行[30]，以充其选。关内侯王祥[31]，履仁秉义，雅志淳固。关内侯郑小同，温恭孝友，率礼不忒[32]。其以祥为三老，小同为五更。”车驾亲率群司[33]，躬行古礼焉。〔二〕

是岁，青龙、黄龙仍现顿丘、冠军、阳夏县界井中[34]。

【注释】

〔1〕三年：甘露三年(公元258)。 〔2〕京观(guàn)：把被杀死的敌人尸体垒成堆，然后在上面封土，称为京观。这是显示武功的行为。〔3〕汉孝武：即刘彻(前156—前87)。西汉皇帝。前140至前87年在位。统治期间，从思想意识和政治制度上采取多种措施加强中央集权，又大力发展农业、手工业生产和商业贸易，还出兵击退北方的匈奴，向

西北打通西域，向西南开发边区建立七个新郡，使西汉王朝的发展达到顶峰。由于举行封禅，祈求神仙，修建宫殿，耗费了大量财富，晚年的政治、经济状况开始恶化。事见《史记》卷十二、《汉书》卷六。 元鼎：汉武帝年号，前116至前111年。〔4〕桐乡：县名。县治在今山西闻喜县东北。〔5〕新乡：县名。县治在今河南新乡市西。〔6〕著：显示。 南越：秦汉时南方古国名。先秦时在今广东、广西两省境内，生活着古代南方越族的一支，名叫南越或南粤。秦统一中国，在此设立桂林、象郡和南海三郡。秦末动乱，南海郡龙川县令赵佗兼并三郡，建立南越国，持续近一百年。前111年，汉武帝出兵灭南越，在故地设九个郡。事见《史记》卷一百一十三、《汉书》卷九十五《南粤传》。〔7〕六戎：即六军。〔8〕丘头：地名，在今河南沈丘县东南。当初司马懿擒获王凌就在这里。〔9〕群凶：指诸葛诞等参加反抗行动的曹魏官员。〔10〕寇虏：指前来援助诸葛诞的孙吴军队三万多人。〔11〕令名：好名字。〔12〕二邑：指上文提到的闻喜、获嘉二县。〔13〕八郡：指并州的太原、上党、西河、乐平、新兴、雁门，司州的河东、平阳，见《晋书》卷二《文帝纪》。〔14〕丙子：旧历十三日。〔15〕扰攘：动乱。〔16〕劫质：劫持为人质。〔17〕功曹：官名。郡太守府的下属官员之一，负责人事档案和人才选举。〔18〕济君：解救主官。在汉魏时期，郡国守相享有自己任命办公机构官员的权力，不必经过中央。这样一来，郡国官署办公机构的官员，就与守相形成了君臣关系。因此，守相的僚属可以称守相为“府君”或“君”，而郡国官署的办公机构也被称为“郡朝”或“府朝”。〔19〕下司徒：向司徒府下达指示。〔20〕署余孙伦吏：任命应余的孙子应伦为司徒府的吏员。当时司徒是位尊而无实权的官，所以当司徒府的吏员只是一种荣誉性赏赐。曹魏后期司徒府吏员和各类郎官有二万多人，可见这种赏赐并无多大价值。〔21〕伏节：坚持节操而死。〔22〕辛卯：旧历二十八日。〔23〕甲戌：旧历十二日。〔24〕丙寅：旧历初四日。丙寅应排在甲戌之前，此处史文疑有误。〔25〕三老：一种给予年高有德之人的荣誉性称号。本来是掌管教化的乡官。秦有乡三老。西汉加设县三老。东汉以后又有郡三老和国家三老。 五更：也是一种给予年高有德之人的荣誉性称号。天子把三老视为父亲，把五更视为兄长，加以尊重优待，以向天下显示孝顺和友爱。〔26〕乞言：礼仪名。皇帝把三老、五更请到太学或辟雍，以学生的身份向他们请教治国安邦的道理，叫做乞言。〔27〕惇史：有德行者的言行记录。供他人学习仿效。〔28〕六合：上下与四方。也就是天下。〔29〕下：下面的百姓。〔30〕妙简：好好选择。〔31〕王祥(公元184—268)：字休徵，琅邪郡临沂(今山东临沂市)人。东汉末隐居二十余年。后进入仕途。曹魏时积极支持司马氏，官至太尉，封睢陵侯。西晋建立，升任太保，晋爵为睢陵公。其后子孙繁衍，世代出任高官显职，琅邪王氏成为两晋南朝最著名的世家大族。传见《晋书》卷三十三。〔32〕率礼：遵奉礼教。　不忒：不误。〔33〕群司：中央各机构的官员。〔34〕仍：频繁。　冠军：县名。县治在今河南邓州市西北。　阳夏(jiǎ)：县名。县治在今河南太康县。

【裴注】

〔一〕《楚国先贤传》曰："余字子正。天姿方毅，志尚仁义。建安二十三年为郡功曹。是时吴、蜀不宾，疆埸多虞。宛将侯音，扇动山民，保城以叛。余与太守东里衮，当扰攘之际，进窜得出。音即遣骑追逐，去城十里相及；贼便射衮，飞矢交流。余前以身当箭，被七创。因谓追贼曰：'侯音狂狡，造为凶逆，大军寻至，诛夷在近。谓卿曹本是善人，素无恶心；当思反善，何为受其指挥？我以身代君，已被重创；若身死君全，陨没无恨！'因仰天号哭泣涕，血泪俱下。贼见其义烈，释衮不害。贼去之后，余亦命绝。征南将军曹仁讨平音，表余行状，并修祭醊。太祖闻之，嗟叹良久。下荆州：复表门闾，赐谷千斛。"

衮后为于禁司马，见《魏略·游说传》。

〔二〕《汉晋春秋》曰："帝乞言于祥，祥对曰：'昔者明王，礼乐既备，加之以忠诚。忠诚之发，形于言行。夫大人者，行动乎天地；天且弗违，况于人乎？'"

祥事，别见《吕虔传》。

小同，郑玄孙也。《玄别传》曰："玄有子，为孔融吏，举孝廉。融之被围，往赴，为贼所害。有遗腹子，以丁卯日生；而玄以丁卯岁生，故名曰小同。"

《魏名臣奏》载太尉华歆表曰："臣闻励俗宣化，莫先于表善；班禄叙爵，莫美于显能。是以楚人思子文之治，复命其胤；汉室嘉江公之德，用显其世。伏见故汉大司农北海郑玄，当时之学，名冠华夏，为世儒宗。文皇帝旌录先贤，拜玄嫡孙小同以为郎中，长假在家。小同年逾三十，少有令质；学综六经，行著乡邑。海、岱之人，莫不嘉其自然，美其(气)〔器〕量。迹其所履，有质直不渝之性；然而恪恭静默，色养其亲；不治可见之美，不竞人间之名。斯诚清时所宜式叙，前后明诏所斟酌而求也。臣老病委顿，无益视听，谨具以闻。"

《魏氏春秋》曰："小同诣司马文王；文王有密疏，未之屏也。如厕还，谓之曰：'卿见吾疏乎？'对曰：'否。'文王犹疑而鸩之，卒。"

郑玄注《文王世子》曰："三老、五更各一人，皆年老更事致仕者也。"注《乐记》曰："皆老人更知三德、五事者也。"

蔡邕《明堂论》云："'更'应作'叟'。叟，长老之称，字与'更'相似，书者遂误以为'更'。'嫂'字'女'傍'叟'，今亦以为'更'，以此验知应为'叟'也。"臣松之以为：邕谓"更"为"叟"，诚为有似；而诸儒莫之从，未知孰是。

四年春正月[1]，黄龙二，现宁陵县界井中。〔一〕

夏六月，司空王昶薨。

秋七月，陈留王峻薨[2]。

冬十月，丙寅[3]，分新城郡，复置上庸郡。十一月，癸卯[4]，车骑将军孙壹为婢所杀。

【注释】

〔1〕四年：甘露四年（公元259）。〔2〕峻：即曹峻（？—公元259）。传见本书卷二十《武文世王公传》。〔3〕丙寅：旧历初十日。〔4〕癸卯：旧历十八日。

【裴注】

〔一〕《汉晋春秋》曰："是时龙仍现，咸以为吉祥。帝曰：'龙者，君德也。上不在天，下不在田；而数屈于井，非嘉兆也！'乃作《潜龙》之诗以自讽；司马文王见而恶之。"

五年春正月朔[1]，日有食之。

夏四月，诏有司率遵前命，复进大将军司马文王位为相国，封晋公，加九锡。

五月，己丑[2]，高贵乡公卒[3]。年二十。〔一〕

皇太后令曰："吾以不德，'遭家不造[4]'。昔援立东海王子髦，以为明帝嗣。见其好书疏文章，冀可成济；而情性暴戾，日月滋甚[5]。吾数呵责，遂更忿恚。造作丑逆不道之言以诬谤吾，遂隔绝两宫[6]。其所言道，不可忍听，非天地所覆载。吾即密有令，语大将军[7]：'不可以奉宗庙！恐颠覆社稷，死无面目以见先帝。'大将军以其尚幼，谓当改心为善，殷勤执据[8]。而此儿忿戾，所行益甚。举弩遥射吾宫，祝当令中吾项；箭亲堕吾前。吾语大将军：'不可不废之！'前后数十[9]。此儿具闻，自知罪重，便图为弑逆；赂遗吾左右人，令因吾服药，密行鸩毒[10]，重相设计[11]。事已觉露，直欲因际会举兵入西宫杀吾[12]，出取大将军[13]。呼侍中王沈、散骑常侍王业、[二]尚书王经[14]，出怀中黄素诏示之[15]，言'今日便当施行'。吾之危殆，过于累卵！吾老寡，岂复多惜余命邪？但伤先帝遗意不遂，社稷颠覆为痛耳！赖宗庙之灵，沈、业即驰语大将军，得先严警[16]。而此儿便将左右出云龙门[17]，擂战鼓，躬自拔刃，与左右杂卫共入兵阵间[18]，为前锋所害。此儿既行悖逆不道，而又自陷大祸，重令吾悼心不可言[19]！昔汉昌邑王以罪废为庶人[20]。此儿亦宜以民礼葬之。当令内外咸知此儿所行。又尚书王经，凶逆无状[21]；其收经及家属，皆诣廷尉。"

【注释】

〔1〕五年：甘露五年（公元 260）。〔2〕己丑：旧历初七日。

〔3〕高贵乡公：即曹髦。曹髦被司马昭杀死，所以陈寿不便再称曹髦为帝，只好称他原来的封爵。他的死也只好写为“卒”而不称“崩”。卒：古称诸侯以下的大夫死亡为卒。〔4〕不造：不好，不幸。这一句出自《诗经·闵予小子》。〔5〕日月：一天一天地。〔6〕两宫：指皇帝宫和皇太后所居的西宫。〔7〕语：告诉。〔8〕殷勤：情意恳切深厚的样子。执据：坚持(不废黜曹髦)。这是美化司马昭的说法。〔9〕数十：几十次。〔10〕鸩(zhèn)：传说中一种毒鸟。羽毛紫绿色，浸泡在酒中，酒就能毒死人。〔11〕重相设计：一再策划。〔12〕因际会：借机会。〔13〕出取：出宫攻取。〔14〕王沈(chén)(？—公元266)：字处道，太原郡晋阳(今山西太原市西南)人。早年与裴秀一样受曹爽提拔，曹爽死，被免职。后来支持司马氏，东山再起，升任侍中。曹髦起兵攻司马昭，他首先告密，从此成为司马氏集团骨干。西晋建立，任骠骑将军、录尚书事。封博陵县公。既指挥京城驻军，又总领尚书台机要，极受晋武帝信任。传见《晋书》卷三十九。〔15〕黄素：黄色的细绢。当时皇帝的亲笔手诏常用黄素书写。官府重要文书或用黄纸。〔16〕严警：武装将士，进行戒备。〔17〕将：率领。云龙门：洛阳的魏宫分为南宫和北宫两大部分，云龙门是南宫的东面正门。〔18〕杂卫：各种卫士。〔19〕重：加重。悼心：伤心。〔20〕昌邑王：即刘贺，汉武帝刘彻的孙子。前74年，武帝的儿子汉昭帝刘弗陵死，没有儿子继位，刘贺即以藩王身份入京为帝。在位仅二十七天，因淫乱被大将军霍光废黜，改立武帝的曾孙刘询为宣帝。传见《汉书》卷六十三《武五子传》。〔21〕无状：难以形容。

【裴注】

〔一〕《汉晋春秋》曰：“帝见威权日去，不胜其忿。乃召侍中王沈、尚书王经、散骑常侍王业，谓曰：‘司马昭之心，路人所知也！吾不能坐受废辱！今日当与卿自出讨之。’王经曰：‘昔鲁昭公不忍季氏，败走失国，为天下笑。今权在其门，为日久矣。朝廷四方皆为之致死，不顾逆顺之理，非一日也。且宿卫空阙，兵甲寡弱，陛下何所资用？而一旦如此，无乃欲除疾而更深之邪？祸殆不测，宜见重详！’帝乃出怀中版令投地，曰：‘行之决矣！正使死，何所惧？况不必死邪！’于是入白太后。沈、业奔走告文王，文王为之备。帝遂帅僮仆数百，鼓噪而出。文王弟屯骑校尉伷入，遇帝于东止车门，左右呵之，伷众奔走。中护军贾充又逆帝，战于南阙下。帝自用剑，众欲退。太子舍人成济问充曰：

‘事急矣。当云何?’充曰：‘畜养汝等，正谓今日！今日之事，无所问也！’济即前刺帝，刃出于背。文王闻，大惊，自投于地曰：‘天下其谓我何！’太傅孚奔往，枕帝股而哭，哀甚。曰：‘杀陛下者，臣之罪也！’”

臣松之以为：习凿齿书，虽最后出，然述此事差有次第。故先载习语，以其余所言微异者，次其后：

《世语》曰：“王沈、王业驰告文王；尚书王经，以正直，不出，因沈、业申意。”

《晋诸公赞》曰：“沈、业将出，呼王经。经不从，曰：‘吾子行矣！’”

干宝《晋纪》曰：“成济问贾充曰：‘事急矣。若之何?’充曰：‘公畜养汝等，为今日之事也。夫何疑！’济曰：‘然！’乃抽戈犯跸。”

《魏氏春秋》曰：“戊子夜，帝自将冗从仆射李昭、黄门从官焦伯等，下陵云台，铠仗授兵；欲因际会，自出讨文王。会雨，有司奏却日。遂见王经等，出黄素诏于怀曰：‘是可忍也，孰不可忍也！今日便当决行此事。’入白太后。遂拔剑升辇，帅殿中宿卫、苍头官僮，击战鼓，出云龙门。贾充自外而入，帝师溃散；犹称‘天子’，手剑奋击，众莫敢逼。充帅厉将士，骑督成倅弟成济，以矛进，帝崩于师。时暴雨雷霆，晦冥。”

《魏末传》曰：“贾充呼帐下督成济，谓曰：‘司马家事若败，汝等岂复有种乎？何不出击！’倅兄弟二人乃帅帐下人出，顾曰：‘当杀邪？执邪？’充曰：‘杀之！’兵交，帝曰：‘放仗！’大将军士皆放仗。济兄弟因前刺帝，帝倒车下。”

〔二〕《世语》曰：“业，武陵人。后为晋中护军。”

庚寅[1]，太傅孚、大将军文王、太尉柔、司徒冲稽首言：“伏见中令[2]：故高贵乡公悖逆不道，自陷大祸；依汉昌邑王罪废故事，以民礼葬。臣等备位[3]，不能匡救祸乱，式遏奸逆；奉令震悚，肝心悼栗。《春秋》之义，‘王者无外’[4]，而书襄王‘出居于郑’[5]；不能事母，故绝之于位也。今高贵乡公肆行不轨，几危社稷；自取倾覆，人神所绝：葬以民礼，诚当旧典。然臣等伏惟殿下仁慈过隆，虽存大义，犹垂哀矜；臣等之心，实有不忍，以为可加恩，以王礼葬之。”

太后从之。〔一〕

【注释】

〔1〕庚寅：旧历初八日。 〔2〕伏：拜伏在地。这是臣下向君主上奏时，加在表示自己动作的动词前面的谦词。 中：宫廷之中。中令指皇太后发的令书。皇帝的诏书则称中诏或中旨。 〔3〕备位：占据大臣的位置。 〔4〕王者无外：天子离开京城不能称为出外。这是《春秋公羊传》僖公二十四年中的话，针对《春秋》同年经文说周襄王“出居于郑”而言。因为普天之下莫非王土，所以无内外之分。 〔5〕襄王：即周襄王（？—前619）。名郑，春秋时周王朝君主。前651至前619年在位。前636年，他的后母要想立自己的儿子叔带为周王，便引外兵入周，襄王逃到郑国。事见《史记》卷四《周本纪》。《春秋》经文中这一句的“襄王”为“天王”。

【裴注】

〔一〕《汉晋春秋》曰：“丁卯，葬高贵乡公于洛阳西北三十里瀍涧之滨。下车数乘，不设旌旐。百姓相聚而观之，曰：‘是前日所杀天子也！’或掩面而泣，悲不自胜。”

臣松之以为：若但下车数乘，不设旌旐，何以为王礼葬乎？斯盖恶之过言，所谓不如是之甚者。

使使持节、行中护军、中垒将军司马炎，北迎常道乡公璜〔1〕，嗣明帝后。

辛卯〔2〕，群公奏太后曰：“殿下圣德光隆，宁济六合；而犹称‘令’〔3〕，与藩国同。请自今殿下令书，皆称‘诏制’〔4〕，如先代故事。”

癸卯〔5〕，大将军固让相国、晋公、九锡之宠；太后诏曰："夫有功不隐，《周易》大义；成人之美，古贤所尚。今听所执，出表示外：以彰公之谦光焉[6]。"

戊申[7]，大将军文王上言："高贵乡公率将从驾人兵[8]，拔刃鸣金鼓，向臣所止。惧兵刃相接，即敕将士：'不得有所伤害，违令以军法从事！'骑督成倅弟太子舍人济[9]，横入兵阵伤公，遂至陨命。辄收济行军法。臣闻人臣之节，有死无二；事上之义，不敢逃难[10]。前者变故猝至，祸同发机[11]；诚欲委身守死，唯命所裁。然惟本谋乃欲上危皇太后[12]，倾覆宗庙；臣忝当大任，义在安国[13]；惧虽身死，罪责弥重；欲遵伊、周之权[14]，以安社稷之难。即骆驿申敕[15]：'不得迫近辇舆！'而济遽入阵间，以致大变[16]。哀怛痛恨，五内摧裂[17]，不知何地可以陨坠！科律：'大逆无道，父母、妻子、同产皆斩[18]。'济凶戾悖逆，干国乱纪，罪不容诛！辄敕侍御史：收济家属，付廷尉，结正其罪[19]。"〔一〕

太后诏曰："夫五刑之罪[20]，莫大于不孝。夫人有子不孝[21]，尚告治之[22]，此儿岂复成人主邪[23]？吾妇人，不达大义，以谓济不得便为大逆也。然大将军志意恳切，发言恻怆，故听如所奏。当班下远近，使知本末也。"〔二〕

【注释】

〔1〕中护军：官名。曹操开始设置。职责主要有二：一是与中领军共同统领京城的禁卫军，是京城驻军的副总司令长官；二是负责武官的选举任用。实权很大。资历深的人任此职，则称护军将军。　中垒将军：

官名。负责指挥京城驻军中的中垒营。　司马炎(公元236—290)：字安世，司马昭的嫡长子。西晋的开国皇帝。公元266—290年在位。公元265年继司马昭为相国、晋王，不久代魏称帝。公元280年灭吴，统一全国。事详《晋书》卷三。　璜：即曹璜(公元245—302)。事详本卷下文。〔2〕辛卯：旧历初九日。〔3〕令：当时诸侯王、太子、皇后和皇太后下达的文书称为令书，简称令。〔4〕诏制：诏书和制书。汉魏皇帝下达的文书，有策书、制书、诏书、诫敕四种。策书用于封诸侯王、立皇后等；制书用于公布制度；诏书用于一般性文告；诫敕用于向地方长官下达命令。称诏制的意思，不仅是在发布文告时将名称从令书变为诏书、制书，而且是要郭太后临朝主政，这是司马昭拉拢郭太后的一种手法，实际权力仍全部在司马昭手中。〔5〕癸卯：旧历二十一日。〔6〕谦光：谦退的美德。〔7〕戊申：旧历二十六日。〔8〕率将：带领。〔9〕太子舍人：官名。是太子宫中卫队的长官。〔10〕逃难：逃避危难。〔11〕发机：引发弩箭的发动机关。形容危险猝然出现。〔12〕本谋：指曹髦本来的打算。说曹髦要谋害郭太后，是司马昭强加的罪名。〔13〕义：义务，责任。〔14〕伊、周：即伊尹、周公。　权：权变。伊尹曾经流放商王太甲，周公曾经代替周成王主持国政。〔15〕骆驿：不断。〔16〕致大变：造成大变故。指杀死皇帝。〔17〕五内：五脏。〔18〕妻子：妻室儿女。　同产：同胞兄弟姐妹。父母、妻子、同产即所谓的三族。〔19〕结正：结案判决。〔20〕五刑：五种刑罚。曹魏修改汉代刑法，依照《尚书·尧典》有五刑的古义，制定了死刑、髡刑、完刑、作刑和赎刑五大类共二十四种刑罚。见《晋书》卷三十《刑法志》。〔21〕夫：发语词。　人：指普通人。〔22〕告治：告到官府请求惩治。〔23〕此儿：指曹髦。

【裴注】

〔一〕《魏氏春秋》曰："成济兄弟不即伏罪，袒而升屋，丑言悖慢。自下射之，乃殪。"

〔二〕《世语》曰："初，青龙中，石苞鬻铁于长安。得见司马宣王，宣王知焉。后擢为尚书郎，历青州刺史、镇东将军。甘露中入朝，当还，辞高贵乡公，留中尽日。文王遣人邀，令过。文王问苞：'何淹留也?'苞曰：'非常人也!'明日发至荥阳，数日而难作。"

六月，癸丑[1]，诏曰："古者人君之为名字，难犯而易讳。今常道乡公讳字甚难避[2]；其朝臣博议改易，列奏。"

【注释】

〔1〕癸丑：旧历初一日。下面这道诏书，是皇太后郭氏颁发的。〔2〕讳字：指"璜"字。经朝臣讨论，曹璜改名曹奂。

陈留王讳奂，字景明。武帝孙，燕王宇子也。甘露三年，封安次县常道乡公[1]。

高贵乡公卒，公卿议迎立公。六月，甲寅[2]，入于洛阳，见皇太后。是日，即皇帝位于太极前殿。大赦，改年，赐民爵及谷帛各有差。

景元元年夏六月，丙辰[3]，进大将军司马文王位为相国；封晋公，增封二郡[4]，并前满十；加九锡之礼，一如前(奏)〔诏〕；诸群从子弟[5]，其未有侯者，皆封亭侯；赐钱千万，帛万匹。文王固让，乃止。

己未[6]，故汉献帝夫人节，薨；帝临于华林园[7]。使使持节，追谥夫人为献穆皇后。及葬，车服制度皆如汉氏故事。癸亥[8]，以尚书右仆射王观为司空[9]。

冬十月，观薨。

【注释】

〔1〕安次：县名。县治在今北京市大兴区东南。〔2〕甲寅：旧历初二日。〔3〕丙辰：旧历初四日。〔4〕增封二郡：指司州的弘农、雍州的冯翊。见《晋书》卷二《文帝纪》。〔5〕群从子弟：指同祖父的堂兄弟和他们的儿子。〔6〕己未：旧历初七日。〔7〕临(lìn)：哭吊

死者。　华林园：曹魏皇宫的御花园。在北宫内。汉献帝死后，曹节作为皇族公主，即住在魏宫之中。〔8〕癸亥：旧历十一日。〔9〕王观（？—公元260）：传见本书卷二十四。

十一月，燕王上表贺冬至[1]，称“臣”。诏曰：“古之王者，或有所不臣[2]；王将宜依此义。表不称‘臣’乎，又当为报[3]。夫后大宗者，降其私亲[4]，况所继者重邪[5]！若便同之臣妾[6]，亦情所未安。其皆依礼典处，当务尽其宜。”

有司奏以为：“礼莫崇于尊祖，制莫大于正典。陛下稽德期运[7]，抚临万国；绍大宗之重[8]，隆三祖之基。伏惟燕王体尊戚属[9]，正位藩服[10]；躬秉虔肃，率蹈恭德以先万国[11]：其于正典，阐济大顺[12]，所不得制[13]。圣朝诚宜崇以非常之制，奉以不臣之礼。臣等平议以为[14]：燕王章表，可听如旧式[15]。中诏所施，或存好问[16]，准之义类，则宴觐之族也[17]；可少顺圣敬[18]，加崇仪称[19]，示不敢斥[20]，宜曰‘皇帝敬问大王侍御’。至于制书，国之正典，朝廷所以辨章公制[21]，宜昭轨仪于天下者也[22]；宜循法，故曰‘制诏燕王’。凡诏命、制书、奏事、上书诸称‘燕王’者，可皆上平[23]。其非宗庙助祭之事，皆不得称王名；奏事、上书、文书及吏民，皆不得触王讳：以彰殊礼加于群后[24]。上遵王典尊祖之制，俯顺圣敬烝烝之心[25]；二者不愆[26]，礼实宜之。可普告施行。”

十二月，甲申[27]，黄龙现华阴县井中[28]。甲午[29]，以司隶校尉王祥为司空。

【注释】

〔1〕燕王：即曹宇。新皇帝曹奂是他的儿子。 贺冬至：冬至是古代的大节气。这一天白昼最短，并从此开始变长。所以古人认为“冬至阳气起，君道长”，诸侯群臣应当向君主上表祝贺。见《续汉礼仪志》中注引蔡邕《独断》。〔2〕有所不臣：不把有的人视为臣僚。〔3〕为报：送文书作回答。这句意思是给燕王写回答文书时不好称呼。〔4〕降其私亲：要把生身父母放到次要位置。〔5〕所继者重：所承继的是最重要的皇室大宗。意思是与一般的大宗还不同。〔6〕同之臣妾：把燕王与臣属同等对待。〔7〕稽德：具备君主的德性。 期运：应运而登帝位。〔8〕绍：继承。〔9〕体尊戚属：就亲缘关系而言是皇帝的尊长。〔10〕正位藩服：就身份而言是正式受封的藩王。〔11〕率蹈：遵守履行。 先万国：给诸侯国做表率。〔12〕阐济：开创。 大顺：按照礼教准则建立起来的安定秩序。〔13〕不得制：不能制止。指燕王上表称臣一事。〔14〕平议：斟酌商议。〔15〕如旧式：即上表时称臣。〔16〕好问：亲切的问候。〔17〕宴觌(dí)：家族成员内部的饮宴聚会。在这时可以按年龄辈分排座次而不看政治地位的高低。见《礼记·文王世子》。〔18〕少顺：稍微表示。 圣敬：皇帝的敬意。〔19〕仪称：礼仪性的称呼。〔20〕斥：直接称呼。〔21〕辨章公制：辨明国家的制度。〔22〕宣昭：宣布昭示。 轨仪：标准法则。〔23〕上平：遇到“燕王”二字要提到下一行的顶端。〔24〕群后：指曹氏宗族王公。〔25〕烝烝：孝心深厚的样子。〔26〕不愆：不矛盾。〔27〕甲申：旧历十三日。〔28〕华阴：县名。县治在今陕西华阴市东。〔29〕甲午：旧历二十三日。2006 年 5 月，陕西西安市长安区发现曹魏双人合葬墓，出土铜境、陶瓶等文物多件。其中陶瓶上朱红色文字，明确记载为“景元元年十二月丙申。”丙申为甲午之后的旧历二十五日。这是迄今罕见带有明确年、月、日记时文字的曹魏墓葬。

二年夏五月〔丁未〕朔[1]，日有食之。

秋七月，乐浪外夷韩、涉貊[2]，各率其属来朝贡。八月，戊寅[3]，赵王幹薨[4]。〔九月〕，甲寅[5]，复命大将军进爵晋公，加位相国，备礼崇锡[6]，一如前诏。又固辞，乃止。

三年春二月[7]，青龙现于轵县井中。

夏四月，辽东郡言：肃慎国遣使重译入贡，献其国弓三十张，长三尺五寸；楛矢，长一尺八寸；石弩三百枚；皮骨铁杂铠二十领[8]；貂皮四百枚[9]。

冬十月，蜀大将姜维寇洮阳[10]。（镇）〔征〕西将军邓艾拒之，破维于侯和[11]；维遁走。

是岁，诏祀故军祭酒郭嘉于太祖庙庭[12]。

【注释】

〔1〕二年：景元二年（公元261）。〔2〕韩：东北方古国的总名。在今朝鲜半岛南部，分为辰韩、弁韩、马韩三部，下面又有五十多个小国。总称为韩。事见本书卷三十《东夷韩传》。〔3〕戊寅：旧历初三日。〔4〕幹：即曹幹（？—公元261）。传见本书卷二十《武文世王公传》。〔5〕甲寅：旧历初十日。〔6〕崇锡：提高赏赐的等级。〔7〕三年：景元三年（公元262）。〔8〕皮骨铁杂铠：用皮骨铁等材料合制的铠甲。〔9〕枚：张。〔10〕洮阳：地名。在今甘肃临潭县。〔11〕侯和：地名。在今甘肃卓尼县东北。〔12〕军祭酒：官名。曹操任司空时置。为司空府下属，是主要军事参谋人员。

四年春二月[1]，复命大将军进位、爵赐，一如前诏。又固辞，乃止。

夏五月，诏曰：“蜀，蕞尔小国[2]，土狭民寡。而姜维虐用其众，曾无废志[3]。往岁破败之后，犹复耕种沓中[4]，刻剥众羌，劳役无已，民不堪命。夫‘兼弱攻昧[5]，武之善经’；‘致人而不致于人[6]’，兵家之上略。蜀所恃赖，唯维而已；因其远离巢窟[7]，用力为易。今使征西将军邓艾督帅诸军，趋甘松、沓中以罗取维[8]；雍州刺史诸葛绪督诸军，趋(武都、高楼)〔武街、桥头〕[9]：首尾蹴讨。若擒维，便当东西并进，扫灭巴蜀也。”又命镇西将军钟会由骆谷伐蜀[10]。

秋九月，太尉高柔薨。

冬十月，甲寅[11]，复命大将军进位、爵赐，一如前诏。癸卯[12]，立皇后卞氏[13]，十一月，大赦。

自邓艾、钟会率众伐蜀，所至辄克。是月，蜀主刘禅诣艾降[14]，巴蜀皆平。

十二月，庚戌[15]，以司徒郑冲为太保。壬子[16]，分益州为梁州[17]。癸丑[18]，特赦益州士民，复除租赋之半，五年。乙卯[19]，以征西将军邓艾为太尉，镇西将军钟会为司徒。皇太后崩。

【注释】

〔1〕四年：景元四年(公元263)。〔2〕蕞(zuì)尔：很小的样子。〔3〕废志：停止的打算。〔4〕沓中：地名。在今甘肃迭部县东南。当时蜀汉内部出现权力争夺，姜维在沓中屯田是为了避祸保位。见本书卷四十四《姜维传》。〔5〕兼弱攻昧：兼并弱者，进攻政治昏乱者。这两句出自《左传》宣公十二年。〔6〕致人而不致于人：调动敌人而不被敌人调动。这是《孙子·虚实》中的话。〔7〕巢窟：指蜀汉首都成都(今四川成都市)。〔8〕甘松：地名。在今甘肃迭部县东南。在沓中西面约50公里。〔9〕武街：地名。在今甘肃成县西北。 桥头：地名。在今甘肃文县东南。是从陇右进入四川盆地的军事要隘。由武街南下直趋桥头，目的是要截断姜维的退路。姜维及时从沓中经桥头退守剑阁，但邓艾却乘虚从剑阁西面的阴平南下直取成都。〔10〕骆谷：山谷名。在今陕西周至县西南。谷长200多公里，是从关中穿越秦岭进入汉中盆地的四条主要道路之一。其他三条是在骆谷道以东的子午道、以西的褒

斜道和陈仓道。〔11〕甲寅：旧历二十二日。〔12〕癸卯：旧历十一日。癸卯应当排在甲寅之前，此处史文疑有误。〔13〕卞氏：事附本书卷五《后妃武宣卞皇后传》。〔14〕刘禅(公元207—271)：传见本书卷三十三。〔15〕庚戌：旧历十九日。〔16〕壬子：旧历二十一日。〔17〕梁州：州名。辖境相当今陕西秦岭以南，子午河、任河以西，四川青川、江油、中江、遂宁等县以东，大溪、分水河以西和贵州桐梓、正安等地。治所在沔阳(今陕西勉县东)，晋太康中移治南郑(今陕西汉中市)。〔18〕癸丑：旧历二十二日。〔19〕乙卯：旧历二十四日。

咸熙元年春正月，壬戌〔1〕，槛车征邓艾〔2〕。甲子〔3〕，行幸长安。壬申〔4〕，使使者以璧币祀华山〔5〕。是月，钟会反于蜀，为众所讨。邓艾亦见杀。二月，辛卯〔6〕，特赦诸在益土者。庚申〔7〕，葬明元郭后。

三月，丁丑〔8〕，以司空王祥为太尉，征北将军何曾为司徒，尚书左仆射荀𫖮为司空〔9〕。己卯〔10〕，进晋公爵为王〔11〕；〔增〕封十郡，并前二十。〔一〕丁亥〔12〕，封刘禅为安乐公〔13〕。

夏五月，庚申〔14〕，相国晋王奏复五等爵〔15〕。甲戌〔16〕，改年。癸未〔17〕，追命舞阳宣文侯为晋宣王〔18〕，舞阳忠武侯为晋景王〔19〕。六月，镇西将军卫瓘，上雍州兵于成都县获璧、玉印各一〔20〕；印文似“成信”字。依周成王归禾之义〔21〕，宣示百官，藏于相国府。〔二〕

【注释】

〔1〕壬戌：旧历初一日。〔2〕槛(jiàn)车：运载囚犯或猛兽的车子。〔3〕甲子：旧历初三日。〔4〕壬申：旧历十一日。〔5〕璧币：玉璧和绢帛。古代常以玉器和丝织品做祭祀礼品，见《墨子·尚同》中。华(huà)山：山名。五岳之一。在今陕西华阴市南。〔6〕辛卯：

旧历初一日。〔7〕庚申：旧历三十日。〔8〕丁丑：旧历十七日。〔9〕荀颉(？—公元274)：字景倩，颍川郡颍阴(今河南许昌市)人。荀彧的第六子。仕魏至司空，是司马氏集团成员之一。西晋建立，升任太尉，封临淮郡公。精通礼仪制度，曾参与制定《晋礼》。传见《晋书》卷三十九。〔10〕己卯：旧历十九日。〔11〕晋公：指司马昭。他在上年十月接受了晋公封爵和相国官职。〔12〕丁亥：旧历二十七日。〔13〕安乐：县名。在今北京市顺义区西北。〔14〕庚申：旧历初一日。〔15〕五等爵：指公、侯、伯、子、男五等封爵。详见《晋书》卷十四《地理志》上、《太平御览》卷一百九十九引《魏志》。以往曹魏异姓功臣最高只能封列侯(司马昭除外)，现在可以封公爵；虽然只是虚封而没有实际的统治地盘，但荣誉上却高出一等。这是司马昭对支持者进行笼络从而准备取代曹魏建立新王朝的手段。〔16〕甲戌：旧历十五日。〔17〕癸未：旧历二十四日。〔18〕舞阳宣文侯：即司马懿。宣文是谥号。〔19〕舞阳忠武侯：即司马师。忠武也是谥号。〔20〕卫瓘(guàn)(公元220—291)：字伯玉，河东郡安邑(今山西夏县北)人。曹魏时官至廷尉卿。邓艾、钟会伐蜀，他任监军。钟会在蜀反叛，他召集诸将平定，并杀邓艾。西晋时官至太保，封菑阳公，与汝南王司马望辅佐朝政。不久被贾皇后杀死。他擅长书法，在中国书法史上有重要地位。传见《晋书》卷三十六。 雍州：州名。治所在今陕西西安市西北。成都：县名。县治在今四川成都市。 璧：一种平圆而中央有同心圆孔的玉器。常用作朝聘、祭祀、丧葬的礼器。〔21〕归禾：周公辅佐周成王，诸侯服从。这时成王的弟弟唐叔，发现了两株禾穗连成一体的禾(粟)，认为是祥瑞献给成王，成王命唐叔转送给周公。事见《史记》卷三十三《鲁周公世家》。

【裴注】

〔一〕《汉晋春秋》曰："晋公既进爵为王，太尉王祥、司从何曾、司空荀颉并诣王。颉曰：'相王尊重，何侯与一朝之臣皆已尽敬。今日便当相率而拜，无所疑也。'祥曰：'相国位势，诚为尊贵，然要是魏之宰相；吾等，魏之三公。公、王相去，一阶而已，班列大同。安有天子三公，可辄拜人者！损魏朝之望，亏晋王之德；君子爱人以礼，吾不为也！'及入，颉遂拜，而祥独长揖。王谓祥曰：'今日然后知君见顾之重！'"

〔二〕孙盛曰："昔公孙述自以起成都，号曰'成'。二玉之文，殆述所作也。”

初，自平蜀之后，吴寇屯逼永安[1]；遣荆、豫诸军，掎角赴救[2]。七月，贼皆遁退。

八月，庚寅[3]，命中抚军司马炎[4]，副贰相国事，以同鲁公拜后之义[5]。

癸巳[6]，诏曰：“前逆臣钟会，构造反乱，聚集征行将士，劫以兵威；始吐奸谋，发言桀逆[7]；逼胁众人，皆使下议[8]。仓猝之际，莫不惊慑。相国左司马夏侯和、骑士曹属朱抚，时使在成都[9]；中领军司马贾辅、郎中羊琇，各参会军事[10]。和、琇、抚，皆抗节不挠，拒会凶言；临危不顾，词旨正烈。辅语散将王起[11]，说‘会奸逆凶暴，欲尽杀将士’，又云‘相国已率三十万众西行讨会’；欲以称张形势[12]，感激众心[13]。起出，以辅言宣语诸军，遂使将士益怀奋励。宜加显宠，以彰忠义。其进和、辅爵为乡侯；琇、抚爵关内侯；起宣传辅言，告令将士，所宜赏异[14]，其以起为部曲将。”

癸卯[15]，以卫将军司马望为骠骑将军[16]。

九月，戊午[17]，以中抚军司马炎为抚军大将军。

辛未[18]，诏曰：“吴贼政刑暴虐，赋敛无极。孙休遣使邓句[19]，敕交阯太守锁送其民[20]，发以为兵。吴将吕兴，因民心愤怒，又承王师平定巴蜀；即纠合豪杰，诛除句等，驱逐太守长吏[21]；抚和吏民，以待国命[22]。九真、日南郡闻兴去逆即顺[23]，亦齐心响应，与兴协同。兴移书日南州郡[24]，开示大计[25]；兵临合浦[26]，告以祸福；遣都尉唐谱等诣进乘县[27]，因南中都督护军霍弋[28]，上表自陈。又交阯将吏各上表，言：'兴创造事业[29]，大小承命[30]。郡有山寇，入连诸郡。惧其计异[31]，各有携贰。权时之宜，以兴为督交阯诸军事、上大将军、定安县侯[32]。乞赐褒奖，以慰边荒。'乃心款诚，形于辞旨[33]。昔仪父朝鲁[34]，《春秋》所美；窦融归汉[35]，待以殊礼。今国威远震，抚怀六合；方包举殊裔[36]，混一四表[37]。兴，首向王化，举众稽服；万里驰义[38]，请吏率职。宜加宠遇，崇其爵位；既使兴等怀忠感悦，远人闻之，必皆竞劝[39]。其以兴为使持节，都督交州诸军事，南中大将军[40]，封定安县侯；得以便宜从事[41]，先行后上[42]。"

策命未至，兴为下人所杀。

【注释】

〔1〕永安：县名。县治在今重庆市原奉节县东郊白帝城。下临三峡峡口，自古是四川盆地通往长江中下游的东大门，兵家必争之地。现已被三峡库水淹没。〔2〕掎角：从侧面作协同性进攻。〔3〕庚寅：旧历初三日。〔4〕中抚军：官名。司马懿成为曹魏重臣和进入军界分享兵权，都是从当抚军大将军开始。因此，自从司马氏控制曹魏政权后，这一职务先后由司马师、司马炎担任，不再授给异姓人士。由于司马炎资历较浅，所以先称中抚军，然后转抚军大将军。但是二者的实际职权并无差别。〔5〕鲁公：即周公的儿子伯禽，封于鲁，为鲁国开国君主。拜后：在周公之后受封拜。周公先已有采邑在周（今陕西岐山县北），后来又封他的儿子伯禽于鲁。这是因为周公功劳大。见《公羊传》文公十三年。〔6〕癸巳：旧历初六日。〔7〕桀逆：非常反动。〔8〕下议：表示意见。〔9〕相国左司马：官名。司马昭相国府中的僚属。主管军务。　骑士曹：司马昭相国府内，按公务的专业性质分设若干办事机构，

称之为曹。骑士曹为其中之一，主管马匹及其他牲畜的饲养调配。 属：官名。相国府各曹的主办官员称为掾，副主办官员称为属。 使：受命出使。 成都：县名。县治在今四川成都市。〔10〕中领军司马：官名。中领军的下属，主管军务。 郎中：官名。与中郎一样，原来是皇帝的侍卫，曹魏时成为闲职，偶尔承担临时任务。 羊琇：字稚舒，泰山郡南城（今山东枣庄市东北）人。是司马师嫡妻羊氏的堂弟。西晋时任中护军，封甘露亭侯。传见《晋书》卷九十三《外戚传》。〔11〕散将：没有配备下属军队的闲散将领。〔12〕称张：扩张。〔13〕感激：打动。〔14〕赏异：给以特殊奖赏。〔15〕癸卯：旧历十六日。〔16〕司马望（公元205—271）：字子初，司马昭的堂弟。西晋时官至大司马，封义阳王。传附《晋书》卷三十七《宗室安平献王孚传》。〔17〕戊午：旧历初一日。〔18〕辛未：旧历十四日。〔19〕孙休（公元235—264）：孙吴皇帝。传见本书卷四十八《三嗣主传》。〔20〕交阯：郡名。治所在今越南河内市东北。〔21〕长吏：县长和县令的别称。〔22〕国命：指魏朝的命令。〔23〕九真：郡名。治所在今越南清化市西北。 日南：郡名。治所在今越南洞海市南。〔24〕移：公文名。用于不相统辖的机构之间。〔25〕开示：表明。〔26〕合浦：郡名。治所在今广西合浦县东北。〔27〕进乘：县名。县治在今云南屏边县东南。〔28〕南中：地区名。相当于今四川省大渡河以南部分和云南、贵州两省。因在蜀汉根据地巴、蜀以南，故名。 都督护军：官名。曹魏在某一战区的若干支并列军队之上，派遣一位协调并监督各军的官员，称为都督护军或护军。 霍弋：传附本书卷四十一《霍峻传》。〔29〕创造：首先发动。 事业：起事。〔30〕大小：上下人员。〔31〕计异：打算不同。〔32〕上大将军：官名。孙吴设立，地位、职责与大将军相同。〔33〕形：表现。〔34〕仪父：名克，字仪父，春秋时邾国的国君。邾国是鲁国的附庸国。前722年，仪父朝见鲁隐公于眛（今山东泗水县东），被认为对大国有礼，所以《春秋》记载这件事时特别称呼他的字而不称名，以示褒美。事见《公羊传》隐公元年。〔35〕窦融（前16—公元62）：字周公，右扶风平陵（今陕西咸阳市西北）人。世代在河西走廊地区任地方官吏。新莽末年，他割据河西五郡，称行河西五郡大将军事。公元32年，他配合刘秀大军击破隗嚣，投归东汉王朝。后升任大司空，封安丰侯。传见《后汉书》卷二十三。〔36〕殊裔：边远地区。〔37〕四表：四方。〔38〕驰义：跑来投诚。〔39〕竞劝：相互勉励争先。〔40〕南中大将军：官名。这是专为吕兴临时设置的官职。〔41〕以便宜从事：可以根据情况需要自行决定公务的处理。〔42〕上：上报。

冬十月，丁亥[1]，诏曰："昔圣帝明王，静乱济世，'保大定功'[2]；文武殊途，勋烈同归[3]。是故或舞干戚以训不庭[4]；或陈师旅以威暴慢[5]。至于爱民全国[6]，康惠庶类[7]；必先修文教，示之轨仪；不得已然后用兵：此盛德之所同也。往者季汉分崩[8]，九土颠覆[9]；刘备、孙权，乘间作祸。三祖绥宁中夏[10]，日不暇给；遂使遗寇，僭逆历世[11]。幸赖宗庙威灵，宰辅忠武；爰发四方，拓定庸、蜀[12]；役不浃时[13]，一征而克。自顷江表衰弊，政刑荒暗；巴、汉平定[14]，孤危无援；交、荆、扬、越[15]，靡然向风。今交阯伪将吕兴，已帅三郡，万里归命；武陵邑侯相严等纠合五县[16]，请为臣妾；豫章、庐陵山民举众叛吴[17]，以'助北将军'为号；又孙休病死，主帅改易[18]，国内乖违，人各有心；伪将施绩[19]，贼之名臣，怀疑自猜，深见忌恶：众叛亲离，莫有固志。自古及今，未有亡征若此之甚。若六军震曜，南临江、汉，吴、会之域必扶老携幼以迎王师[20]，必然之理也。然兴动大众，犹有劳费；宜告喻威德，开示仁信，使知顺附和同之利。相国参军事徐绍、水曹掾孙彧[21]，昔在寿春，并见虏获。绍本伪南陵督[22]，才质开壮[23]；彧，孙权支属，忠良见事[24]。其遣绍南还，以彧为副；宣扬国命，告喻吴人。诸所示语，皆以事实。若其觉悟，不损征伐之计；盖庙胜长算[25]，自古之道也。其以绍兼散骑常侍，加奉车都尉，封都亭侯；彧兼给事黄门侍郎，赐爵关内侯。绍等所赐妾及男女家人在此者，悉听自随，以明国恩；不必使还，以开广大信。”

丙午〔26〕，命抚军大将军、新昌乡侯炎，为晋世子〔27〕。

是岁，罢屯田官以均政役〔28〕：诸典农皆为太守〔29〕；都尉皆为令、长〔30〕。劝募蜀人能内移者，给廪二年〔31〕，复除二十岁。安弥、福禄县各言嘉禾生〔32〕。

【注释】

〔1〕丁亥：旧历初一日。〔2〕保大：保有天下。 定功：建立功业。句出《左传》宣公十二年。〔3〕勋烈：勋业。〔4〕干戚：盾牌和长斧。这句指虞舜的事。传说在虞舜时，有苗族不服从，舜致力于搞好内部政治，没有派兵攻打有苗族，只是在殿堂上象征性舞动了干和戚，有苗族就来归顺了。见《淮南子·齐俗训》。 训不庭：警告不来王庭朝拜者。〔5〕威：威慑。〔6〕全：保全。〔7〕庶类：庶民百姓。〔8〕季汉：汉代的末期。〔9〕九土：九州。传说上古时期中原分为九州。九州的州名说法不一。这里指代全国。〔10〕中夏：中原。〔11〕僭逆：指蜀、吴称帝。 历世：传代。〔12〕庸：先秦国名。春秋时，是巴、秦、楚三国辖地之间的较大国家。建都上庸（今湖北竹山县西南）。前611年被楚国消灭。 蜀：先秦国名。在现今四川的西部，上古时代即有古蜀族繁衍生息。商朝时，他们已和中原王朝发生关系。周武王伐商纣，蜀人也派军队参加。大约从战国初年起，蜀国即定都在成都（今四川成都市），统治境内的多种民族。前316年被秦国消灭，见《史记》卷五《秦本纪》。这里庸、蜀指代蜀汉的辖地。〔13〕浃时：满三个月。曹魏进攻蜀汉，正式出兵在八月，蜀汉投降在十一月。〔14〕巴：先秦国名。在今重庆市和湖北西部，先秦时代即有巴族繁衍生息。周武王灭商，封巴为子国，称巴子国。春秋时与楚、邓等国交往频繁。前316年，与蜀国一起被秦国消灭。 汉：这里指汉水上游的汉中盆地。巴、汉也指代蜀汉的辖地。〔15〕荆：州名。指孙吴的荆州。治所在今湖北荆州市荆州区。 扬：州名。指孙吴的扬州。治所在今江苏南京市。 越：这里指先秦两汉越族人居住的浙江、福建沿海地区。上述地区本来就属孙吴扬州管辖，此处重复提出，是想把来归顺的地方说多一点，同时也凑成四字句。〔16〕侯相：官名。当时某一县如成为侯

爵的封地，则改称某侯国，县长或县令也改称为侯相。〔17〕豫章：郡名。治所在今江西南昌市。 庐陵：郡名。治所在今江西吉安市。〔18〕主帅：指孙吴君主。孙休死，由孙皓继位。〔19〕施绩(？—公元270)：传附本书卷五十六《朱然传》。〔20〕吴：郡名。治所在今江苏苏州市。 会(kuài)：指会稽，郡名。治所在今浙江绍兴市。吴郡和会稽是孙吴的重要根据地。〔21〕相国参军事：官名。司马昭就任相国后设立相国府，参军事是府中幕僚之一，负责军事参谋。 水曹掾：官名。相国府中水曹的主办官员，负责与用水有关的事务。〔22〕南陵：地名。在今安徽贵池区西北的长江边。 督：官名。孙吴在沿长江的江防要地设督，负责领兵镇守。〔23〕才质开壮：才能显露，气宇轩昂。〔24〕见事：能认清事理。〔25〕庙胜：出征之前在朝廷商议好克敌制胜的谋略。〔26〕丙午：旧历二十日。〔27〕世子：当时称诸侯王的嫡长子为世子。〔28〕以均政役：使行政和赋役制度完全统一而没有差别。曹操创立的民户屯田制度，对曹魏统一北方起了很大的作用。但是，自曹丕称帝之后，屯田制度就开始丧失生命力。一是因为与普通农民比较，屯田农民的经济负担过于沉重，原本并不承担的徭役也一再加在他们头上，导致屯田农民生产积极性衰落，大批逃亡。二是屯田官员利用军事编制的特点，强迫屯田农民为他们做工经商，以中饱私囊。三是权贵把屯田民侵占为自己的佃客。到魏朝末年，屯田制度已经失去存在意义，所以有这项命令的颁布。不过，命令并未认真执行。屯田制的彻底废止，是在司马炎建立西晋王朝后的泰始二年(公元267)十二月。见《晋书》卷三《武帝纪》。另外，民屯废除之后，军队屯田制度依然存在。〔29〕典农：即典农中郎将。〔30〕都尉：即典农都尉。是典农中郎将之下的屯田官。〔31〕给廪：政府发给粮食。〔32〕安弥：县名。县治在今甘肃酒泉市东南。 福禄：县名。县治在今甘肃酒泉市。

二年春二月，甲辰〔1〕，朐䏰县获灵龟以献〔2〕，归之于相国府。庚戌〔3〕，以虎贲张修，昔于成都驰马至诸营，言钟会反逆，以至没身；赐修弟倚，爵关内侯。

夏四月，南深泽县言甘露降〔4〕。吴遣使纪陟、弘璆请和〔5〕。

五月，诏曰：“相国晋王诞敷神虑〔6〕，光被四海：

震耀武功，则威盖殊荒；流风迈化，则旁洽无外[7]；愍恤江表，务存济育；戢武崇仁[8]，示以威德；文告所加，承风向慕；遣使纳献，以明委顺；方宝纤珍[9]，欢以效意[10]。而王谦让之至，一皆簿送[11]，非所以慰副初附[12]，从其款愿也[13]。孙皓诸所献致[14]，其皆还送，归之于王，以协古义。”王固辞乃止。

又命晋王：冕十有二旒，建天子旌旗，出警入跸，乘金根车、六马，备五时副车，置旄头云罕[15]，乐舞八佾，设钟虡宫悬；进王妃为王后；世子为太子；王子、王女、王孙，爵命之号如旧仪。

癸未[16]，大赦。

秋八月，辛卯[17]，相国晋王薨。壬辰[18]，晋太子炎，绍封袭位，总摄百揆[19]。备物典册[20]，一皆如前。

是月，襄武县言有大人现[21]。〔长〕三丈余，迹长三尺二寸[22]；白发，著黄单衣，黄巾，柱杖；呼民王始语云：“今当太平。”

九月，乙未[23]，大赦。戊午[24]，司徒何曾为晋丞相。癸亥[25]，以骠骑将军司马望为司徒，征东大将军石苞为骠骑将军[26]，征南大将军陈骞为车骑将军。乙亥[27]，葬晋文王。闰月，庚辰[28]，康居、大宛献名马[29]；归于相国府，以显怀万国致远之勋。

十二月，壬戌[30]，天禄永终，历数在晋。诏群公、卿士，具仪设坛于南郊。使使者，奉皇帝玺、绶、册，禅位于晋嗣王，如汉魏故事[31]。甲子[32]，使使者，奉策[33]。遂改次于金墉城[34]，而终馆于邺[35]。时年二十。[一]

【注释】

〔1〕甲辰：旧历十九日。〔2〕朐䏰(qú rěn)：县名。县治在今重庆市云阳县西南。〔3〕庚戌：旧历二十五日。〔4〕南深泽：县名。县治在今河北深泽县东南。〔5〕纪陟：传见本书卷四十八《三嗣主孙皓传》裴注引《吴录》、《晋纪》。 弘璆：传见本书卷四十八《三嗣主孙皓传》裴注引《吴录》。〔6〕诞敷神虑：充分发挥超人的智慧。〔7〕旁洽无外：全部受到润泽而没有例外。〔8〕戢(jí)：收藏。〔9〕方宝：地方特产的宝物。 纤珍：精细的丝织品。〔10〕效意：表达心意。〔11〕簿送：登记造册后呈送皇帝。〔12〕初附：初次前来投诚的人。〔13〕款愿：心意，心愿。〔14〕孙皓(公元242—283)：孙权的孙子，孙吴末代皇帝。传见本书卷四十八《三嗣主传》。〔15〕云罕：一种下端缀有九条飘带的网状旗帜，是皇帝仪仗队中的仪仗之一。〔16〕癸未：旧历三十日。〔17〕辛卯：旧历初九日。〔18〕壬辰：旧历初十日。〔19〕百揆：百官。〔20〕备物：司马炎继承王位时的各种赏赐物品。 典册：继位典礼和皇帝为此下达的文书。〔21〕襄武：县名。县治在今甘肃陇西县东南。〔22〕迹：脚印。〔23〕乙未：据陈垣《二十史朔闰表》，九月壬子朔，无乙未。在戊午之前只有乙卯，即旧历初四日。此处史文疑有误。〔24〕戊午：旧历初七日。〔25〕癸亥：旧历十二日。〔26〕石苞(？—公元272)：字仲容，勃海郡南皮县(今河北省南皮县东北)人。出身于卑微的屯田农民家庭。司马懿准备消灭曹爽，密令司马师暗中网罗人才培植个人势力。石苞被司马师相中，并以忠诚精干迅速晋升为司马师的军事助理。后升任骠骑将军，封东光侯。在逼迫魏帝曹奂禅位的过程中，他是关键性人物。西晋建立，升任大司马，封乐陵郡公。死后列为西晋开国功臣之一。传见《晋书》卷三十三。〔27〕乙亥：旧历二十四日。〔28〕闰月庚辰：据陈垣《二十史朔闰表》，当年闰十一月，不闰九月，而且闰十一月辛巳朔，无庚辰。即使在九月置闰，当月也不可能有庚辰。此处史文疑有误。〔29〕康居：西域古国名。约在今巴尔喀什湖和咸海之间。都城在卑阗城。 大宛(yuān)：西域古国名。在今塔吉克国境内费尔干纳盆地。都城在贵山城(今塔吉克国卡散赛)。〔30〕壬戌：旧历十三日。〔31〕汉魏：汉禅位与魏。〔32〕甲子：旧历十五日。〔33〕奉策：向司马炎奉送禅让帝位的策书。当时奉策的使者是大臣郑冲。〔34〕改次：改变住处。禅位策书发出之后，当天曹奂就搬出皇宫，把皇宫让给新皇帝。 金墉城：城名。在当时洛阳城西北角。曹魏时筑。城小而坚固。魏晋时被废黜的帝后，常安置在这里，以便看管。现今称其故址为

阿斗城。据《晋书》卷三《武帝纪》，司马炎正式登坛受禅，是在十二月丙寅，即旧历十七日。据陈垣《二十史朔闰表》，这一天相当于公元266年的2月8日。因此，曹魏的灭亡和西晋的建立，准确记载应当是公元266年。但是，现今各种历史著作和年表，都记为公元265年。〔35〕终馆于邺：自司马懿杀死企图拥立楚王曹彪为皇帝的王凌之后，为了防止类似事件发生，司马懿把曹魏王公全部从封国集中到邺城隔离软禁，派亲信严加看管，不准他们来往。现在对废黜的曹奂也同样对待。押送曹奂到邺城去的人，是"竹林七贤"之一的山涛，因为他在邺城监管过曹魏王公，很是尽职。分见《晋书》卷一《宣帝纪》、卷四十三《山涛传》。

【裴注】

〔一〕《魏世谱》曰："封帝为陈留王。年五十八，太安元年崩。谥曰元皇帝。"

评曰：古者以天下为公〔1〕，唯贤是与〔2〕。后代世位〔3〕，立子以嫡；若嫡嗣不继，则宜取旁亲明德〔4〕，若汉之文、宣者：斯不易之常准也。明帝既不能然〔5〕，情系私爱；抚养婴孩，传以大器〔6〕。托付不专，必参支族〔7〕；终于曹爽诛夷，齐王替位。高贵公，才慧夙成，好问尚辞〔8〕，盖亦文帝之风流也〔9〕；然轻躁忿肆，自蹈大祸。陈留王，恭己南面〔10〕，宰辅统政；仰遵前式，揖让而禅；遂飨封大国，作宾于晋〔11〕：比之山阳〔12〕，班宠有加焉〔13〕。

【注释】

〔1〕天下为公：统治天下的君主位置不是哪一家所私有。这是《礼记·礼运》中的话。〔2〕与：推举，提拔。〔3〕世位：本家族世代传位。〔4〕旁亲：非嫡系的亲属。明德：具有高尚道德的人。

〔5〕然：这样做。〔6〕大器：指帝位。〔7〕必：执意要。〔8〕尚辞：喜好文辞。〔9〕文帝之风流：有文帝曹丕那样的风度气质。〔10〕恭己：以恭敬严肃的态度约束自己。指完全顺从司马昭。　南面：当皇帝。皇帝的宝座是坐北面南，所以把南面作为当皇帝的代称。〔11〕作宾：充当宾客。意思是不把曹奂当臣下对待，与晋朝是平等的主客关系。〔12〕山阳：即山阳公刘协，被曹丕取代的汉献帝。〔13〕有加：有优待。刘协被取代后封山阳县公，曹奂被取代后封陈留县王。王比公的爵位要高一等，所以陈寿这样说。

【译文】

齐王名芳，字兰卿。明帝没有儿子，收养了齐王曹芳和秦王曹询。宫廷中事情秘密，没有人知道他俩的来历。

青龙三年（公元235），曹芳被立为齐王。景初三年（公元239）正月初一丁亥，明帝病危，便宣布立曹芳为太子。当天，他继位为皇帝。宣布大赦天下。尊称皇后郭氏为皇太后。由大将军曹爽、太尉司马懿共同辅佐政事。皇帝下诏说："朕以微小的自身继承宏大的基业，孤孤单单独自承受丧事的悲痛，没有地方可以倾诉心中的一切。大将军和太尉敬奉先帝的遗命，在左右辅佐朕处理国政；协助的还有司徒、司空。以上四位执政长官和首要辅政大臣要统率起朝廷百官，努力安定天下；你们应当与九卿等官员相互勉励，使朕感到称心如意。"正在兴建的各项宫殿工程，都按明帝的遗诏宣布停工；官府中六十岁以上的奴婢，都放免为享有人身自由的平民。

二月，西域的少数族通过中间语言转译，前来进贡用火焚烧后会变得清洁的火浣布；皇帝下诏要大将军、太尉当场试验，让朝廷官员参观。二月二十一日丁丑，皇帝下诏说："太尉司马懿履行正直之道，在朝已尽忠三代；南面擒杀了孟达，西面击溃了蜀军，东面又消灭了公孙渊：丰功伟绩海内无人可比。从前周成王设置了太保、太傅的官职，近代的汉明帝也任命大功臣邓禹为太傅以示优宠；可见优待贤明的人，必定要有尊崇的表示。现在升任太尉司马懿为太傅，依旧持有节杖，统领兵马，指挥各路军队。"三月，任命征东将军满宠为太尉。

夏六月，由于辽东郡东沓县的官员百姓向南渡海来到齐郡地界，朝廷在过去的纵城县设立新沓县，以安置这批移民。

秋七月，皇上开始临朝，听取三公九卿上奏政事。八月，宣布大赦天下。

冬十月，以镇南将军黄权为车骑将军。

十二月，皇帝下诏说："烈祖明皇帝在一年开始的正月初一日离开我们，我们做臣子的永远不能忘却他忌日的哀痛，所以现在决定恢复使用夏历。虽然这违背了先帝认为大魏属于地统应当使用殷历的意见，这也是由于礼制的原因需要作出改变啊。另外，夏历一年四季的划分，与实际的气候变化最能吻合；所以现在决定以夏历的正月作为正始元年的正月，而下一个月叫做后十二月。"

正始元年(公元240)春二月初五日乙酉，加授侍中、中书监刘放以左光禄大夫的官职，加授侍中、中书令孙资以右光禄大夫的官职。这月初六日丙戌，因为辽东郡又有汶县、北丰县的百姓向南渡海迁移，朝廷在齐郡的西安、临菑、昌国三县划出地界设立新汶、南丰二县，以安置移民。

从去年冬天十二月直到今年三月都没有下雨。三月十七日丙寅，皇帝下诏："让司法官员赶紧清查冤案，释放轻微犯罪的案犯；公卿百官进献正直言论和有益建议，各自充分抒发意见。"

夏四月，车骑将军黄权去世。

秋七月，皇帝下诏说："《周易》中说是'要减少上面的利益而增加下面的利益'，又说应当'用制度来节制，使国家财力不受亏损，老百姓不受伤害'。现今人民生活困难，而皇家的府署中却大量制作金银器物，拿这些东西来干什么？现在调出御用的金银器物一百五十种，总重量一千八百多斤，全部回炉熔化用来供给军事费用。"八月，皇帝在洛阳地界视察秋天的庄稼，一路上赏赐老年人和努力耕田的农民，各有差别。

正始二年(公元241)春二月，皇帝开始通读《论语》。让太常卿以牛、羊、猪作为祭品，在辟雍祭祀孔子，以颜渊配祭。

夏五月，吴国大将朱然等包围襄阳的樊城，由太傅司马懿领兵迎击。六月二十九日辛丑，吴军撤退。这一月初七日己卯，以征东将军王凌为车骑将军。

冬十二月，南安郡发生地震。

正始三年(公元242)春正月，东平王曹徽去世。三月，太尉满宠去世。

秋七月十三日甲申，南安郡发生地震。十四日乙酉，以领军将军蒋济为太尉。

冬十二月，魏郡地震。

正始四年(公元243)春正月，皇帝正式戴上皇冠。赏赐群臣各有差别。

夏四月二十日乙卯，立皇后甄氏。宣布大赦。五月初一日壬戌，发生日全食。

秋七月，下诏在太祖武皇帝的神庙中，配祭已故的大司马曹真、大司马曹休、征南大将军夏侯尚、太常桓阶、司空陈群、太傅钟繇、车骑将军张郃、右将军徐晃、前将军张辽、右将军乐进、太尉华歆、司徒王朗、骠骑将军曹洪、征西将军夏侯渊、后将军朱灵、后将军文聘、执金吾臧霸、破虏将军李典、立义将军庞德、武猛校尉典韦。

冬十二月，倭国女王卑弥呼派遣使臣前来进贡。

正始五年(公元244)春二月，下诏命令大将军曹爽带领大军征伐蜀国。

夏四月初一日，发生日食。

五月初八日癸巳，皇帝开始能够讲通《尚书》的文义。让太常卿以牛、羊、猪为祭品，在辟雍祭祀孔子，以颜渊配祭；又赏赐太傅司马懿、大将军曹爽和陪奉皇帝讲书的官员，各有差别。这月二十一日丙午，大将军曹爽率军回到京城。

秋八月，秦王曹询去世。九月，鲜卑族进入塞内归附朝廷，设置辽东属国，治所在昌黎县，用以安置鲜卑人。

冬十一月二十一日癸卯，下诏在太祖武皇帝的神庙中再配祭已故尚书令荀攸。二十七日己酉，恢复秦国为京兆郡。十二月，司空崔林去世。

正始六年(公元245)春二月十七日丁卯，南安郡发生地震。二十六日丙子，以骠骑将军赵俨为司空。

夏六月，司空赵俨去世。八月十九日丁卯，以太常卿高柔为司空。九月十六日癸巳，以左光禄大夫刘放为骠骑将军，右光禄大夫孙资为卫将军。

冬十一月，在太祖武皇帝的神庙中集中摆放祖先的神主牌位举行大合祭，并开始配祭此前评定的佐命功臣从曹真到荀攸共二十一人。十二月初五日辛亥，下诏把已故司徒王朗所著的《易传》列为正式教材，学生可以在学习后参加官方的考试。这月二十九日乙亥，皇帝下诏说："明天在朝廷会见公卿百官，请让太傅坐在小车上由卫士抬上殿堂。"

正始七年(公元246)春二月，幽州刺史毌丘俭出兵讨伐高句丽。

夏五月，毌丘俭又讨伐涉貊，都取得胜利。韩国的那奚等数十个小国各自带领本部落的人民投降魏朝。

秋八月初六日戊申，皇帝下诏说："近日在市场上看见被卖出去的官府奴隶，年龄都满了七十岁，有的还有残疾；都是所谓的老百姓中处境最困穷的人。再说官府因为其年老力衰而出卖他们，卖得掉或卖不掉都不妥当。现在把他们全部放免为具有人身自由的平民；如果有不能养活自己的，由郡县政府发粮救济。"

这月初七日己酉，皇帝下诏说："朕应当在十九日亲自到宗庙祭祖，而昨天出宫，看到已经开始在维修道路。如果下了雨又要重新维修，徒然浪费人力。每当想到老百姓力量单薄而徭役繁多，心中就日夜不安。道路只要达到通畅就行了，听说有关官员却鞭打老少民工，一心把道路工程弄得精细美观；承担徭役的百姓疲乏不堪，以至于唉声叹气。朕怎么能安心从这条道路上经过，去宗庙向祖先进献谷物等祭品呢？从今以后，要明确申明并发出指令不准这样做。"

冬十二月，皇帝能够讲通《礼记》的文义。让太常卿以牛、羊、猪为祭品在辟雍祭祀孔子，以颜渊配祭。

正始八年(公元247)二月初一日，发生日食。

夏五月，把河东郡汾水以北的十县划出来，成立平阳郡。

秋七月，尚书何晏上奏说："善于治国者，必须先治自身；治自身，则应当慎重选择所亲近熟悉的一切人员。所亲近熟悉的一切人员是正派的那么自身也就正派；自身正派了不发号施令下面也会听从你。所亲近熟悉的一切人员是不正派的那么自己也就不正派；自身不正派即使发号施令下面也不会听从你。所以当君主的，对陪伴自己的侍臣一定要挑选正人君子，观看的东西一定要挑选纯正健康的内容。要按照《论语》中所说的，抛开靡靡之音不听，疏远谄媚的人不接近，这样才能不生邪心而弘扬正道。末代的昏君们，不知利害；疏远排斥君子，招引亲近小人。忠良靠边受冷落，却与逢迎谄媚的家伙打得火热。结果祸乱就从亲近的人中间发生，古人把这比喻为土神祭坛上的老鼠。考察他们何以昏庸而不觉悟，可以看出是坏影响长期在身边积累而造成这样的恶果；所以古代圣贤把这看成最大的忧虑而发出谆谆教导。例如虞舜告诫夏禹‘正直的大臣才能亲近，亲近的只能是正直的大臣’，这是说要慎重挑选亲近的人；周公告诫成王‘要和你忠诚的大臣在一起’，这是说要慎重挑选交往的人。《尚书·吕刑》中说：‘君主一个人向善，天下的亿万百姓就有了指望。’建议从今以后，陛下驾临式乾殿和游览后花园时，都由大臣做侍从；借空闲、游乐、饮宴的机会，和陛下一起批阅文件、商议政事、讲论儒经：为千秋万代树立一个好榜样。”

冬十二月，散骑常侍兼谏议大夫孔乂上奏说：“按照古代礼制，天子的宫殿，修建得很朴素，而没有朱红色之类的装饰。应当遵循恢复古代的礼制。现今天下已经太平，君臣的名分也很清楚。陛下只需要在君主的位置上不懈怠，以公正的心，运用赏罚手段驱使群臣就行了。不必在后花园练习骑马驰骋，出外一定要乘车：这是天下人民的幸福，也是当臣子的最大心愿。”何晏、孔乂都能针对皇帝的缺失进行规谏。

正始九年(公元248)春二月，卫将军兼中书令孙资被免职；这月三十日癸巳，骠骑将军兼中书监刘放被免职。三月初一日甲午，司徒卫臻被免职。以上三人都以列侯身份回家，又都被赐给特进的荣誉性官号。

四月，以司空高柔为司徒；又以光禄大夫徐邈为司空，徐邈坚决推辞不接受。

九月，以车骑将军王凌为司空。

冬十月，大风掀翻屋顶吹断树木。

嘉平元年(公元249)春正月初六日甲午，皇帝到京城南郊祭扫明帝的高平陵。在京城中的太傅司马懿向皇太后上奏，免除大将军曹爽、曹爽的弟弟中领军曹羲、武卫将军曹训、散骑常侍曹彦四人的一切官职，以列侯身份回家。这月初十日戊戌，有关官员上奏逮捕宦官张当，关进廷尉府的监狱；经拷问后查实供辞，证明曹爽与他共同图谋不轨。另外，尚书丁谧、尚书邓飏、尚书何晏、司隶校尉毕轨、荆州刺史李胜、大司农桓范都参与了曹爽造反的奸谋，与曹爽一起被处死，并诛灭了他们的三族。事情经过记载在本书《曹爽传》中。这月十八日丙午，宣布大赦。十九日丁未，以太傅司马懿为丞相，司马懿坚决推让，才撤销这一任命。

夏四月初八日乙丑，更改年号。这月十九日丙子，太尉蒋济去世。

冬十二月初九日辛卯，以司空王凌为太尉。这月十八日庚子，以司隶校尉孙礼为司空。

嘉平二年(公元250)夏五月，以征西将军郭淮为车骑将军。

冬十月，以特进孙资为骠骑将军。十一月，司空孙礼去世。十二月二十七日甲辰，东海王曹霖去世。这月十八日乙未，征南将军王昶渡过长江，突然进攻孙吴，击破敌军防线。

嘉平三年(公元251)春正月，荆州刺史王基、新城郡太守州泰出兵进攻孙吴，击败敌军，缴械投降者有几千人。二月，在荆州境内虚置南郡的夷陵县，以安置前来归降的吴国人。三月，以尚书令司马孚为司空。

四月初九日甲申，以征南将军王昶为征南大将军。这月十七日壬辰，宣布大赦天下。五月初二日丙午，听说太尉王凌密谋废黜皇帝曹芳，改立楚王曹彪；太傅司马懿率领大军前往淮南讨伐王凌。这月初十日甲寅，王凌自杀。六月，朝廷赐曹彪自杀。

秋七月十九日壬戌，皇后甄氏去世。这月二十八日辛未，以司空司马孚为太尉。八月初五日戊寅，太傅司马懿去世，以卫将军司马师为抚军大将军，总管尚书台公务。这月二十二日乙未，安葬甄皇后在太清陵。二十七日庚子，骠骑将军孙资去世。

十一月，有关官员上奏建议：在太祖武皇帝神庙中安排配祭功臣的神主牌位时，重新以官位的高低为顺序；太傅司马懿的功高爵尊，排在最前面。十二月，以光禄勋郑冲为司空。

嘉平四年(公元252)春正月癸卯，任命抚军大将军司马师为大将军。二月，立皇后张氏，宣布大赦天下。

夏五月，有两条鱼，出现在中央武器库的房顶上。

冬十一月，下诏命令征南大将军王昶、征东将军胡遵、镇南将军毌丘俭等人，出兵征伐吴国。十二月，吴国大将军诸葛恪领兵迎战，在东关大败魏军。魏军失利撤退。

嘉平五年(公元253)夏四月，宣布大赦天下。五月，吴国太傅诸葛恪进军围攻合肥新城；下诏让太尉司马孚前往抵御。

秋七月，诸葛恪撤军退回。

八月，皇帝下诏说："已故的中郎西平郡人郭修，砥砺节操培养品行，忠于朝廷永不背叛。从前蜀将姜维攻掠郭修的家乡西平郡，郭修被敌军抓走。去年蜀伪大将军费祎驱赶部众，暗中打算侵犯我国边境；途中经过汉寿县，宴请各位宾客。郭修在大庭广众之下亲手刺死费祎，他的勇敢超过了聂政，功劳大于傅介子。可以称得上是杀身成仁、舍生取义的人了。追加褒奖和优待，是用来表扬忠义；让其后代享受福分，是为了勉励将来的人。现在追封郭修为长乐乡侯，封邑一千户，谥为威侯；他的儿子继承其爵位，并加授奉车都尉的职务；另外赏赐白银一千饼，绢一千匹。使得死者及其家属享有光荣和优待，永远给后世树立榜样。"

自从皇帝曹芳即位到这一年，各地的郡、国、县、道，新设置和撤销的很多，不久又恢复原状。这种情况难以一一记载。

嘉平六年(公元254)春二月初一日己丑，镇东将军毌丘俭上奏说："去年吴将诸葛恪包围合肥新城，城中派士兵刘整突围出城传递消息，被敌人抓住。拷打审问他究竟要传递什么消息出去，并且告诉他：'诸葛公会饶恕你，只要你彻底坦白。'刘整痛骂说：'你这条死狗，说的什么混账话！我此番必死无疑，死也要做魏国的鬼！决不苟且求生跟着你们走。要杀我，就快点动手！'始终没有求饶的话。城中又派了另外一名叫做郑像的士兵出城传递消息。有人报告了诸葛恪，诸葛恪派出骑兵沿着包围圈仔细观察脚迹，终于把郑像搜出逮捕。四五个敌兵用绳套住郑像的脑袋，反绑起他的双手，牵着他环绕城墙外围走动。还命令他，让他高声向城中喊话，说：‘前来援救的大军已经撤回洛阳，不如早点投降吴国！’郑像不听他们的命令，反而向城中高呼道：‘援救大军已经到达包围圈外，壮士们要努力作战啊！’敌人立即用刀猛击他的嘴，使他不能说话。他依然大声叫喊，让城里的人听见。刘整、郑像作为普通士兵，能够坚持忠义表现节操，其子弟应当给以不同的对待。”

皇帝下诏答复说：“显耀的爵位用来褒奖大功，厚重的赏赐用来优待烈士。刘整、郑像响应招募冒险出城完成使命，越过重重包围，不怕敌人的刀剑，忘却自己坚守信用；不幸被俘之后，表现节操更加坚定；传扬我军的威势，安定城中的军心；临危不顾，完成自己传达命令的心愿。从前解扬被楚军俘获，宁死也不生二心；齐国的路中大夫，也用生命来完成使命：他们与刘整、郑像比起来，也并不能超过。现在追赐刘整、郑像以关中侯的爵位；除掉他们世代相传的士兵身份，让他们的儿子继承其爵位：这一切按照领兵将官阵亡以后的待遇规定办理。”

这月二十二日庚戌，中书令李丰与皇后的父亲光禄大夫张缉等人密谋，准备废黜执政大臣司马师，以太常夏侯玄为大将军执政。事情被发觉，李、张二人和所有受牵连的同谋者都被处死。二十三日辛亥，宣布大赦天下。三月，废黜皇后张氏。

夏四月，立皇后王氏。宣布大赦天下。五月，封皇后的父亲奉车都尉王夔为广明乡侯，加授光禄大夫、特进的官号；其妻子田氏封宣阳乡君。

秋九月，大将军司马师准备废黜皇帝，把事情向皇太后报告。

这月十九日甲戌，皇太后下达指令说：“皇帝曹芳年龄已经长大，不理政事；宠爱后宫妃嫔，沉溺在女色之中；每天召来奏乐、跳舞和说笑话的艺人，为他作丑陋不堪的表演；又迎接后妃的家属到宫内居住，破坏人与人之间应当遵守的准则，玷污男女的节操；恭敬和孝顺一天比一天减弱，忤逆和违拗一天比一天严重：已经完全不能担任皇帝，不能承当宗庙的祭祀。现在派遣兼任太尉高柔带上我发布的文告，用一头肥壮的牛祭告宗庙：让曹芳回到自己的封地齐国，以避开皇帝的位置。”

同一天，曹芳就迁出皇宫住到其他地方，时年二十三岁。使者持有节杖护送他出宫，在河内郡的重门为他修建齐王宫，一切制度都按藩国的礼仪对待。

这月二十二日丁丑，皇太后下达指令说："东海王曹霖，是高祖文皇帝的儿子；曹霖的儿子，自然是国家的至亲。其中的高贵乡公曹髦，能够成为大器，现在决定由他充当明皇帝的后嗣。"

高贵乡公名髦，字彦士。是文帝的孙儿，东海定王曹霖的儿子。正始五年(公元244)，被封为郯县高贵乡公。他从小就好学，并且表现出成人的智慧。齐王曹芳被废黜，公卿商议迎立高贵乡公。

十月初四日己丑，高贵乡公到达京城北郊的玄武馆，群臣请他在馆内的前殿住宿；他认为前殿是先皇帝过去住过的地方，所以避开到西厢房住下。群臣又请他乘皇帝的礼仪专车进城，他也不听从。这月初五日庚寅，高贵乡公进入洛阳城。群臣在皇宫南大门的西边门南面跪拜迎接；高贵乡公要下车跪拜向群臣回礼，司仪的官员止住他说："按照礼仪不必回拜。"他说："我也是魏朝的臣僚啊。"坚持以跪拜回礼。到了皇宫正门内的止车门后，他要求下车步行。左右的官员说："按照以往的制度皇帝不必下车。"他说："我现在受皇太后的征召，还不知道要我干什么呢?"于是步行到太极殿的东厅，拜见太后。当天就在太极殿的前厅即位为皇帝，参加即位仪式的朝廷百官无不欢欣鼓舞。

新皇帝立即下诏说："从前太祖武皇帝、高祖文皇帝、烈祖明皇帝具有非凡的军事才能和圣明的德泽，顺应天意承受帝位。齐王曹芳继位之后，任意胡作非为，败坏自己的道德。皇太后深深考虑到天下的重要，采取执政大臣的建议，取消了曹芳的皇帝身份，把重大的使命交给我一个人承当。我以微小的自身，居于王公之上，日夜敬畏；生怕不能恪守祖宗伟大的遗训，恢复中兴的宏伟事业；战战兢兢，就像面临深谷一般。现今在朝廷辅佐的公卿大臣，在四方效力的领兵重将，都是积累了道德和功勋，忠于皇朝的优秀人物。殷切希望先祖先父留下的有德大臣，好生辅佐扶助我，以保护安定大魏皇室；使我这个蒙昧无知的人，能够垂衣拱手不必操心就治理好天下。我听说当君主的方法，应当具有天地一般深厚的德泽，让四海的人民都要受到恩惠；首先表示慈爱，显示出什么是好什么是坏；然后在上面推行教育和感化，亿万人民就会在下面听从。朕虽然没有德泽，也想和天下人民一同走这样的道路。《尚书·皋陶谟》中不是说过吗，‘使百姓安定就是给他们的恩惠，这样黎民百姓就会拥护你’。”

于是宣布大赦天下。改换年号。又下诏减少车辆、服饰和后宫人员的费用，停止生产各种华丽精巧而没有用处的御用工艺品。

正元元年(公元 254)冬十月初七日壬辰，皇帝派侍中为使者，持有节杖，分别到四方的郡县：观察风俗，慰劳军民，访查受冤枉的百姓和失职的官员。这月初八日癸巳，授给大将军司马师黄钺，特许他进殿堂朝见皇帝时不必小步快走，向皇帝上奏公事时不报名字，进入殿堂朝见皇帝时可以带剑穿鞋。十三日戊戌，黄龙出现在郏城的井中。十九日甲辰，皇帝命令有关部门评定在废黜曹芳另立新君过程中朝臣们参与决策的功劳，封爵位，增封邑，升官位，受赏赐，各有差别。

正元二年(公元 255)春正月十二日乙丑，镇东将军毌丘俭、扬州刺史文钦造反。这月二十五日戊寅，大将军司马师率领大军前往平叛。三十日癸未，车骑将军郭淮去世。闰正月十六日己亥，大军在乐嘉击溃文钦军；文钦逃走，前去投奔孙吴。这月二十一日甲辰，安风津的都尉斩杀毌丘俭，把头颅用驿车送往京都。二十九日壬子，对淮南军民中受毌丘俭、文钦蒙骗而上当者宣布特赦。以镇南将军诸葛诞为镇东大将军，镇守淮南。司马师在许昌去世。二月初五日丁巳，以卫将军司马昭为大将军，总管尚书台政务。

这月十二日甲子，孙吴的大将孙峻等人出动十万大军，进攻淮南战区的大本营寿春；诸葛诞率军迎战将其击破，临阵斩杀吴左将军留赞，把头颅送往京城报捷。三月，立皇后卞氏，宣布大赦天下。

夏四月初三日甲寅，封皇后的父亲卞隆为列侯。这月二十三日甲戌，以征南大将军王昶为骠骑将军。

秋七月，以征东大将军胡遵为卫将军，镇东大将军诸葛诞为征东大将军。

八月初二日辛亥，蜀国卫将军姜维出兵侵犯狄道县。雍州刺史王经与敌军在洮河西岸展开激战，王经大败，退守狄道城。这月二十二日辛未，以长水校尉邓艾代理安西将军，与征西将军陈泰合力抵抗姜维。这月十九日戊辰，又派太尉司马孚率领大军作为邓、陈二将的后援。

九月二十一日庚子，为皇帝讲授《尚书》结束；赏赐手持儒经亲自为皇帝讲授的司空郑冲、侍中郑小同等人各有差别。这月二十五日甲辰，姜维率军撤退。

冬十月，皇帝下诏说："朕因为缺少德泽，不能抑制敌寇入侵，使得蜀贼在边境逞凶。洮河西岸之战，招致失败。将士阵亡者，数以千计。有的死在战场，冤魂不能回返故土；有的被敌人俘虏，从此漂泊到异乡。朕深为悲痛，替他们伤心！现在命令这些阵亡和被俘将士家乡所在的郡太守、典农官员以及安夷护军、抚夷护军：要各自派遣重要下属官员去抚恤他们的家庭，免除他们一年的租赋和徭役；凡是努力作战而阵亡者，都按照从前的规定进行奖励抚恤，不能有所遗漏。"

十一月十六日甲午，因为陇右的广魏、天水、南安、陇西四郡和金城郡，连年遭受敌人的侵扰，有的人因此叛逃投敌；他们留在当地的亲戚一直恐惧不安，朝廷特别下诏赦免他们的罪过。十二月初五日癸丑，皇帝下诏说："此前的洮西之战，将士官民有的临阵战死，有的被洮河淹没。尸骨无人收埋，抛弃在荒野上。朕经常感到痛心。现在告知征西将军陈泰、安西将军邓艾：各自派遣本部的人在战场和水边寻找打捞遗体，收敛安埋，以安慰生者和死者。"

甘露元年(公元256)春正月二十四日辛丑，青龙出现在轵县的井中。这月二十八日乙巳，沛王曹林去世。

夏四月初四日庚戌，赐给大将军司马昭王公的礼服礼帽，再配上红色的鞋子。

这月初十日丙辰，皇帝驾临太学。他问各位儒学官员说："圣人伏羲氏暗中得到神的帮助，仰观上天下察大地，开始制作八卦，后来的圣人神农氏又演变为六十四卦，使用爻来演示全部数的变化；凡是这方面的重大内容，无不完全包括。但是后来夏朝有《连山》，殷朝有《归藏》，到周代又叫《周易》；关于《易》的书为什么会有这么多的文本呢？”

讲授《周易》的博士淳于俊回答说：“伏羲氏根据燧人氏所画的一种神秘图形而创制八卦，神农氏又演变为六十四卦，轩辕黄帝、唐尧、虞舜都通晓其变化。到了夏、商、周三代，质朴无华或者具有文采各自随当时的情况而定，所以《易》也出现了不同的文本。《易》的名称，是变易的意思；之所以又叫《连山》，是比喻其内容就像高山发出和吸入的云气，能够连接天地；至于又取名《归藏》的原因，是说世间悠悠万事，莫不归聚隐藏在这本书中了。”

皇帝又问道：“如果是伏羲氏根据燧人氏的图形而创制了《易》的八卦，那么孔子在《周易·系辞》中为什么不说‘燧人氏死后由伏羲氏创制’呢？”淳于俊对此答不出来。

皇帝又问：“孔子写了《周易》的《彖辞》和《象辞》，郑玄又为《周易》作注释；虽然孔子是前代的圣人而郑玄是后代的贤人，二者不一样，但是他们对《周易》的文义进行解释应当是一样的情形。现今的《彖辞》、《象辞》，与《周易》的正文是分开的，可是郑玄作注释时却把《彖辞》、《象辞》的文句打散，然后附在被解释的正文下面，他为什么要这样做？”

淳于俊回答说：“郑玄这样做，是想让学习的人在查阅时简单方便一目了然。”

皇帝接着问：“郑玄这样做，确实给学习的人带来方便；那么孔子为什么又不这样做，以便利人们学习呢？”

淳于俊回答说：“孔子是怕自己的注释与周文王写的正文相混淆，所以没有这样做；这是圣人孔子谦虚的表示。”

皇帝马上又问：“如果圣人孔子认为不这样做是谦虚，那么郑玄怎么独独不谦虚呢？”

淳于俊只好回答说：“古书的知识广博，陛下的问题深奥，不是为臣所能完全回答得了的。”

皇帝又问道：“《周易·系辞》中说‘黄帝、唐尧、虞舜穿上衣裳而天下得到治理’，这说明在黄帝之前的伏羲氏、神农氏时代人们还没有穿衣裳。圣人领导社会移风易俗，怎么有的要人们穿衣裳有的又没有这样做，相差这样大呢？”

淳于俊回答说：“燧人氏、伏羲氏、神农氏这三皇所在的时代，人少而禽兽多，所以用禽兽的羽毛皮革披在身上也足以满足人们的御寒需要了。到了轩辕黄帝的时候，人多而禽兽少了，所以才开始织布做衣裳以适应时代的变化啊。”

皇帝又问：“《周易》中的《说卦》是孔子所作，其中说乾卦是天的象征，又说乾卦象征金属、象征玉石、象征老马，怎么会把天和细小的东西相提并论呢？”

淳于俊回答说：“圣人选取作比喻的事物形象时，有时选取远的，有时选取近的；近的就是细小的东西如像金属、玉石、老马之类，远的就是天了。”

讲完《周易》，又开始讲《尚书》。皇帝问：“郑玄说‘稽古一词的含义就是等同于上天’，按照他的解释，《尚书》第一句‘曰若稽古帝尧’的意思，是唐尧的功业能够与上天相媲美。但是王肃在解释这一句时，却说是指‘唐尧能够考察古代的正道’：这二者说法不同，哪一种正确？”

讲授《尚书》的博士庾峻回答说：“前辈儒家学者所持的看法，各有分歧和不同，为臣才疏学浅不足以评定其是非。但是《尚书·洪范》说是‘三个人占卜，应当相信其中两个人作出的相同判断’。贾逵、马融和王肃都认为‘稽古’一词是指考察顺从古代的正道，按《洪范》所说的原则而论，应该是王肃的解释更为准确。”

皇帝又问：“《论语·泰伯》记载孔子的话，说是‘唯有上天最伟大，而能够效法上天行事的只有唐尧’。可见唐尧的伟大美好，在于能够效法上天；至于考察顺从古代的正道，并不是他最伟大的地方。而《尚书》全书开宗明义第一句记述唐尧圣明的品德；不说他最伟大的地方，而说他次要的优点，这难道是作者的本意吗？”

庾峻只好回答说：“为臣遵照老师的说法，未能阐述清楚书中深刻的含义；至于选取正确的解释，请陛下自作裁断。”

其次又讨论《尚书·尧典》中四方部落首领举荐鲧去治水的

问题。皇帝又发问说："像唐尧那样伟大的人物，具有天地一般深广的德泽，日月一般明亮的光辉；思考没有不周密的地方。观察没有看不到的地方，而王肃对这个问题的解释却说'尧的意思是不太了解鲧的能力，所以只同意试用他一下'。像这样说来，圣人唐尧的观察力也还有看不到的地方么？"

庾峻回答说："即使像圣人那样伟大，也还是有力不能及之处。所以《尚书·皋陶谟》中记载夏禹的话，说是'知人善任，才算最有智慧的人，而要做到这一点连唐尧也觉得困难'。不过唐尧最终能够传位给虞舜，使各项事业得到振兴，也算得上是圣人了。"

皇帝反驳说："要有始有终，才算得上是圣人；如果没有好的开始，怎么算是圣人呢？夏禹说'要做到这一点连唐尧也觉得困难'，但是唐尧最终能够传位给虞舜；可见对于知人善任这一点，圣人只是感到做起来有些困难而已，并不像你所说他们是力不能及啊。《尚书·皋陶谟》中说：'知人善任，才算最有智慧的人，他们能够选出合格的人才授给官职。'如果唐尧怀疑鲧的能力，试用他长达九年之久；这完全是在选任人才上出现失误了，还怎么能算是圣人和最有智慧的人呢？"

庾峻回答说："为臣私下阅读儒家经典，发现圣人做事也不是毫无失误；所以唐尧在位时未能清除四个凶恶的人，周公执政时也没有看清管叔、蔡叔的心思，孔子起先也不知宰予的懒惰和不仁爱。"

皇帝又对他说："唐尧任用鲧去治水，九年都没有治好，扰乱了上帝创造的五行规律，老百姓被滔滔洪水所吞没；至于孔子批评宰予，只是说他言行不一致：与唐尧误用鲧所造成的后果相比轻重大不相同。至于周公、管叔、蔡叔的事情，《尚书》中也有记载，这些都是博士应当通晓的啊。"

庾峻回答说："这些都是前贤曾经有疑问的地方，但不是浅陋的为臣所能透彻说明的。"

接下来又对《尚书·尧典》中"民间有个单身男子叫做虞舜"一句进行讨论。皇帝问道："当唐尧在位时期，洪水为害百姓，朝中又有四个凶恶人，正是应当赶快提拔贤人圣人以拯救百姓的时候。虞舜这时已年满三十岁，圣明的德泽散发着光辉；然而他却很久没有得到任用，这是什么原因？”

庾峻回答说：“唐尧一直感叹着寻求贤才，准备让位；四方部落首领都说‘我们的德行鄙陋，不配继承您的帝位’。尧又让他们选拔举荐埋没在社会下层的人才，这才把虞舜推荐了出来。推荐虞舜的本意，其实出自唐尧；这大概是他要让大家都在这件事上尽心尽力才这样做的。”

皇帝反驳说：“唐尧听说虞舜这个人而不提拔任用，当时的忠臣们也不推举；要让四方部落到民间访求之后才推荐虞舜出来，这不是急于任用圣人和关心百姓的做法啊。”

庾峻只好回答说：“对此愚臣我圆满解释不了。”

接下来又讲《礼记》。皇帝问：“《礼记·曲礼》中说：‘三皇五帝的上古时代，全社会注重道德，乐于奉献而不求报答；此后的夏、商、周朝，人们讲求施与但也注重回报。’实施政治为什么会造成社会的道德风尚不一样？应当采取什么政治措施，才能使全社会注重道德，只讲施与而不求回报呢？”

讲授《礼记》的博士马照回答说：“上古时代全社会注重道德，是因为三皇五帝用道德来教育感化百姓；以后的人们讲求施与也注重回报，是因为夏、商、周三代的君主用礼仪来治理社会，讲究有往有来。”

皇帝又问：“这两者所形成道德风尚，有淡薄和淳厚的不同，究竟是君主有优劣呢？还是时代发展造成这样呢？”

马照回答说：“确实由于时代发展有朴素和修饰的不同，所以道德风尚就有淡薄和淳厚的差别。”

五月，邺县和上洛县报告有甘露降下。六月初一日丙午，改年号为甘露。这月二十日乙丑，青龙出现在元城县境内的井中。

秋七月初五日己卯，卫将军胡遵去世。

这月初九日癸未，安西将军邓艾在上邽把蜀军大将姜维打得大败。皇帝下诏说：“我军还没有充分发挥威力，敌军就被打得狼狈而逃。杀死和俘虏的敌人，数量动辄以万计算。近来战场上的胜利，还没有哪一次像这般辉煌。现在朕派遣使者前往犒赏参战将士，举行盛大宴会慰劳。大家要开怀畅饮一整天，让朕感到称心如意。”

八月二十六日庚午，给大将军司马昭加上“大都督”的官号，特许他向皇帝上奏公事时不报名字，还授予他黄钺。这月二十九日癸酉，以太尉司马孚为太傅。九月，以司徒高柔为太尉。

冬十月，以司空郑冲为司徒，尚书左仆射卢毓为司空。

甘露二年(公元257)春二月，青龙出现在温县井中。三月，司空卢毓去世。

夏四月初三日癸卯，皇帝下诏说：“玄菟郡高显县的官员和百姓造反，县长郑熙被叛贼杀害。一个叫做王简的平民亲自护送郑熙的遗体，昼夜行进，送到远方的幽州政府。忠诚的节操值得嘉奖，现在特别任命王简为忠义都尉，以表彰他的不寻常品行。”这月二十四日甲子，以征东将军诸葛诞为司空。

五月初一日辛未，皇帝驾临辟雍。命群臣聚会，赋诗作纪念。侍中和逌、尚书陈骞等人没有在限定时间内写出诗篇，有关官员上奏请求免除他们的官职。皇帝下诏说：“朕生性愚昧，却爱好文雅。广泛请大家写诗作赋，是为了了解政治的得失。不料却引起这样的风波，实在叫朕心情不安。现在原谅和逌等人，主管官员应当传达我的指示：从今以后，朝廷群臣要认真熟读古代文献，弄懂儒家经典，使朕感到称心如意。”

这月初五日乙亥，诸葛诞拒绝进京担任司空，起兵造反，杀死扬州刺史乐綝。

初六日丙子，朝廷宣布赦免淮南将士官兵中受诸葛诞蒙骗而上当者。

初七日丁丑，皇帝下诏说：“诸葛诞行凶作乱，颠覆扬州。从前黥布叛变，汉高祖出兵亲征；隗嚣负隅顽抗，光武帝也亲自讨伐；我朝的烈祖明皇帝，也曾亲自征讨吴、蜀二国：都是要表现帝王的震怒、显示王朝的威武啊。现今应当由皇太后与朕暂时亲临前线作战，以便尽快诛灭叛贼，及时安定东方。”

初九日己卯，皇帝又下诏说：“诸葛诞制造叛乱，威胁和强迫忠义的将士支持自己。然而平寇将军、临渭亭侯庞会，以及骑兵分队长、偏将军路蕃，却带领左右侍从，砍开城门冲了出来。忠勇壮烈，应当受到嘉奖和特殊优待。现在晋升庞会的爵位为乡侯，封路蕃为亭侯。”

六月初六日乙巳，皇帝下诏说：“吴国的镇军将军、沙羡侯孙壹，持有节杖，指挥夏口战区的各路军队，是敌人头目的宗族成员、敌军的高级将领；因为畏惧并看清天命，深刻认识到祸福利害；所以断然带领部下，远来投奔大魏。即使是微子离开殷朝，乐毅逃出燕国，也不能比过他。现在任命孙壹为侍中、车骑将军、交州牧，封为吴侯，授予节杖；在设置独自的官府、自行任命府内的下属，以及仪仗队的规格等方面，都享受和三公一样的待遇；同时还依照古代授给诸侯高级官阶时的礼仪，赐给他公爵的礼服礼帽和红色鞋子：一切赏赐都按优厚的标准给予。”

这月二十五日甲子，皇帝下诏说：“现今皇太后与朕暂驻在项县。大将军司马昭要恭敬地执行上天的诛罚，所以继续统领大军向前推进到淮河之滨。从前相国司马懿、大司马司马师出兵讨伐淮南的叛贼时，都与尚书行台同行。现今也应当照旧办理。”于是命令尚书行台官员，以及参与评议尚书行台上奏公事的散骑侍郎裴秀、给事黄门侍郎钟会，都随大将军前进。

秋八月，皇帝下诏说：“从前燕剌王刘旦谋反，韩谊等人因劝阻他而被杀害，汉朝提拔韩谊的儿子当官以示褒扬。诸葛诞制造叛乱，他的主簿宣隆、军队小分队队长秦洁坚持忠义，一再劝阻，被诸葛诞杀害；他们和诸葛诞之间，并没有像比干与殷纣王那样的亲属关系，但是结果却与比干一样惨遭杀戮。现在任命宣隆、秦洁的儿子为骑都尉，并给予其他赏赐；以向远近百姓显示光荣，表彰忠义的行为。”

九月，宣布大赦天下。

冬十二月，吴国大将全端、全怿带领部下前来投降。

甘露三年(公元 258)春二月，大将军司马昭攻克寿春城，斩杀诸葛诞。三月，皇帝下诏说：“古代攻克敌人，要收集敌人的尸体修筑成高土堆，这是用来警告叛逆而显耀赫赫战功。汉武帝元鼎年间，改桐乡县为闻喜县、新乡县为获嘉县，以显示灭掉南越时的喜悦。大将军此番亲自统领朝廷大军，立营据守在丘头；对内诛灭叛贼，对外打垮吴寇；功勋足以拯救千万百姓，声威能够震动五湖四海。战胜敌人的地方，应当有一个好名字，现在改丘头为武丘。表示以武力平定叛乱，后代永远不忘；也相当于收集敌人的尸体修筑成高土堆，以及汉武帝修改两县名称那样的用意了。”

夏五月，任命大将军司马昭为相国，封晋公，封地有八个郡，并且加赐九种特殊赏赐物品；司马昭前后推让了九次，这一任命才搁置下来。

六月十三日丙子，皇帝下诏说：“此前南阳郡山区的叛匪制造动乱，想劫持过去的太守东里衮作为人质。郡政府的功曹应余，独自一人奋起保护东里衮，使之免遭劫持。而应余后来颠沛流离而死，终于以生命拯救了上司。现在向司徒府下达指示：任命应余的孙子应伦为司徒府的吏员，使坚持节操而死的人得到报答。”

这月二十八日辛卯，大规模评定讨伐淮南的战功，封爵、行赏各有差别。

秋八月十二日甲戌，以骠骑将军王昶为司空。这月初四日丙寅，皇帝下诏说：“供养老人振兴教化，这是夏、商、周三代能够建立社会好风尚从而永垂不朽的原因。必须设立三老、五更以表示对老年人的无比尊敬，向他们请教治国安邦的道理，接受他们的教诲，把他们的言行记录下来供后人学习仿效；然后天下人民才会接受影响，向上面看齐而受到感化。现在应当用高标准挑选有德行的老年人，以充当三老、五更的人选。关内侯王祥，为人遵循仁义，志向忠厚坚定。关内侯郑小同，温和恭敬，孝顺父母，爱护兄弟，遵奉礼教，从无错误。现在确定王祥为三老，郑小同为五更。”于是皇帝亲自带领朝廷官员，按照古代的礼仪，向三老、五更请教治国安邦的道理，接受他们的教诲。

这一年，青龙、黄龙多次出现在顿丘、冠军、阳夏三个县境内的井中。

甘露四年(公元259)春正月，有两条黄龙，出现在宁陵县境内的井中。

夏六月，司空王昶去世。

秋七月，陈留王曹峻去世。

冬十月初十日丙寅，分出新城郡的一部分，重新设置上庸郡。十一月十八日癸卯，车骑将军孙壹被他的婢女杀死。

甘露五年(公元260)春正月初一日，发生日食。

夏四月，皇帝下诏要求有关官员执行此前的命令，再次晋升大将军司马昭为相国，封晋公，赏赐九种特殊的物品。

五月初七日己丑，高贵乡公曹髦去世。时年二十岁。

皇太后为此下令说："我本人没有德泽，又碰上家门不幸。此前选立东海王曹霖的儿子曹髦，作为明帝的后嗣。看到他喜欢读书写文章，以为他能够成器；不料他性情暴躁乖戾，一天比一天厉害。我多次责备他，他反而怀恨在心。捏造许多丑恶而大逆不道的谎言来诽谤我，并且隔断我住的西宫与皇帝宫之间的来往。他所说的诽谤言语，耳朵都听不下去，天地也不能容忍。我当即秘密下令告诉大将军司马昭：'曹髦不能承担宗庙的祭祀！恐怕会颠覆天下，让我死了以后也没有脸面去见先帝。'大将军看到他年纪还轻，认为他会改过向善，恳切请求我不要废黜曹髦。不料这个小子愤恨乖戾，更加胡作非为。竟然举起弓弩远远指向我住的西宫，暗中祷告一箭射中我的脖子；结果射来的箭就落在我的面前。我告诉大将军，不能不废黜这个小子，前后说了不止几十次。这个小子得知这一切后，自己知道罪孽深重，就打算杀死我；他收买我左右的侍从，叫他们借给我服药的机会，暗中下毒害死我，为此一再进行策划。不料事情败露，又想直接找机会举兵冲进西宫杀死我，然后再出宫攻取大将军。这个小子召来侍中王沈、散骑常侍王业、尚书王经，在怀中取出自己在黄色细绢上写的诏书，展示给这三个人看，说是'今日就要行动'。这时我处境的危险，比起摞高的鸡蛋还要严重！我一个老寡妇，未必还吝惜自己残余的生命吗？只是悲伤先帝的遗愿不能实现，为天下将要颠覆而痛心罢了！幸好祖宗的神灵保佑，王沈、王业当即跑去向大将军报告，使之得以预先武装军队做好防备。而这个小子竟然带领左右冲出皇宫东面的云龙门，擂响战鼓，亲自拔出佩剑，与左右各种卫士冲进军队的阵势当中，结果被前锋分队杀死。这个小子的行为既忤逆不孝，而又自陷大祸，使我加倍伤心而说不出话来。从前汉朝的昌邑王有罪，也从皇帝废黜为平民。这个小子也应当按平民的礼仪安葬，以便让宫廷内外的人都知道他的所作所为。另外，尚书王经，其凶恶反逆的罪行难以形容；现在下令逮捕王经及其家属，都关进廷尉府的监狱进行审问。”

这月初八日庚寅，太傅司马孚、大将军司马昭、太尉高柔、司徒郑冲叩头上奏皇太后说：“臣等拜读殿下您的令书，说已故的高贵乡公忤逆不孝，自陷大祸；您指示依照汉朝昌邑王因罪被废黜的事例，以平民的礼仪安葬他。臣等占据大臣的位置，不能消除祸乱，制止反逆；所以接到令书之后大为震惊，肝脏和心脏都在战栗。按照《春秋》阐明的道理，天子离开京城不能称为出外，但是在该书中却有‘周襄王出外居住在郑国’的记载；为什么呢？就是因为周襄王不能侍奉母亲，所以不把他当做天子来对待。现今高贵乡公行为放肆而不轨，几乎要危及天下；他自取灭亡，被人民和神灵抛弃：用平民的礼仪安葬他，确实合乎过去的典章。不过臣等回想殿下您非常仁慈，虽然在这件事上大义灭亲，对高贵乡公依然给予怜悯；臣等也实在不忍心以平民的礼仪安葬他，我们请求殿下您施恩，改而以宗室亲王的礼仪安葬高贵乡公。”

太后听从了他们的建议。

朝廷派遣中垒将军司马炎代理中护军职务，持有节杖，充当特使到北面去迎接常道乡公曹璜，来做明帝的后嗣。

这月初九日辛卯，三公和三公以上的官员上奏皇太后说：“殿下圣明的德泽光辉兴隆，安定并拯救天下；而下达指示时还称为令书，与宗室的亲王等同。请求从今以后殿下发布令书时，都称为诏书或制书，就像前代的事例一样。”

这月二十一日癸卯，大将军司马昭坚决推辞不受相国、晋公和九种特殊赏赐品等奖励优待；皇太后下诏说：“有功劳不隐瞒，这是《周易》阐明的大道理；而成人之美，则是古代贤人推崇的事。现在让大将军坚持自己的意见，但是要把他推让的表章向外公布展示。以表彰他的谦退美德。”

二十六日戊申，大将军司马昭上奏说：“高贵乡公带领随从人员和卫士，拔剑擂鼓，向为臣的住地冲来。为臣害怕兵器伤人，当即指示部下将士：不准伤害对方，违令者以军法处置。不料骑兵分队长成倅的弟弟太子舍人成济，无端冲进军阵中间杀伤高贵乡公，致使对方死亡；为臣立即自行决定逮捕成济，以军法处以死刑。为臣听说当臣下的节操，即使面临死亡也没有二心；侍奉君主的原则，是不能逃避危难。此前这场变故突然来到，祸难就像机柄发动一样猛然出现；当时为臣确实想抛弃生命坐等死亡，让命运来裁断一切。但是想到高贵乡公的本来打算是要伤害皇太后、颠覆宗庙；而为臣忝任执政大臣，按照道理应当安定国家；如果坐等死亡，罪责只会更加严重。所以决定仿照伊尹、周公那样使用权变，以平定朝廷的祸难。于是马上不断派人发出指令：不准将士靠近高贵乡公的座车；然而成济却突然冲进军阵，造成重大的变故。为臣悲痛悔恨，五脏似乎都要破裂，不知道在哪里能找到一条地面的裂缝掉下去摔死算了！按照法律条文，大逆无道的罪行，罪犯的三族，也就是父母、妻子儿女、同胞兄弟姐妹，都要斩首示众。成济凶恶暴戾，反叛背逆，干扰国法，败坏纪律，罪不容诛！为臣自行决定指示侍御史：逮捕成济的家属，交送到廷尉府的监狱，结案判决。”

皇太后下诏说：“五大类刑罚所惩处的罪行中，最严重的就是不孝。普通人的儿子不孝顺，也会告到官府请求惩治他，何况高贵乡公身为人民的君主呢？我是妇道人家，不懂得大道理，但是我认为不能就给成济加上大逆不道的罪名。不过，大将军司马昭的请求情意恳切，言辞悲痛，所以我听从他的上奏。应当把他写的奏章下发给远近地区，使大家知道事情的经过。”

六月初一日癸丑，皇太后正式下达诏书说：“古代的君主起名字，要选那些不容易碰到而容易避讳的字。现今常道乡公的‘璜’字，很难避讳；朝廷大臣要广泛讨论他名字的改换问题，把意见上奏。”

陈留王名奂，字景明。是武帝曹操的孙儿，燕王曹宇的儿子。甘露三年(公元258)，封为安次县常道乡公。

高贵乡公曹髦去世，公卿商议迎立他为皇帝。六月初二日甲寅，曹奂到达洛阳，拜见皇太后。同一天，在太极殿前厅即皇帝位。宣布大赦天下。改变年号。赏赐百姓的爵位和粮食、布帛各有差别。

景元元年(公元260)夏六月初四日丙辰，提升大将军司马昭为相国；封晋公，增加两郡的封地，加上以前的封地共为十郡；奖给九种特殊赏赐物品，内容与此前的诏书完全一样；他的堂兄弟和他们的儿子，凡是没有封侯的都封为亭侯；另外，又赏赐钱一千万，布帛一万匹。司马昭坚决推让，事情又搁置下来。

这月初七日己未，已故汉献帝的夫人曹节去世；皇帝在华林园哭悼死者。派使者持有节杖，去追谥曹节为献穆皇后。下葬时的车辆服饰制度，都按汉朝过去的事例办理。十一日癸亥，以尚书右仆射王观为司空。

冬十月，王观去世。

十一月，皇帝的生父燕王曹宇上表向皇帝祝贺冬至节，在表章当中称臣。皇帝下诏说："古代的君主，不把有的人视为臣僚；燕王也应当依照这种情况办。现今燕王在上表中称臣，那么朕写回答文书时就不好称呼了。充当了嫡系的后嗣，自然应当把生身父母放到次要的位置，何况所承继的还是最重要的皇室嫡系呢！不过，径直把自己的生父视同臣僚对待，我的心情也觉得不安。有关官员要按照礼仪商定一个处理办法，务必要考虑妥善。"

有关官员上奏说："礼仪当中最高的是尊敬祖先，制度当中最大的是正式典章。陛下具备君主的德性，顺应天运而登上帝位，君临万国；继承皇室嫡系，振兴太祖武皇帝、高祖文皇帝、烈祖明皇帝的基业。我们考虑之后认为：燕王就亲缘关系而言是皇帝的尊长，就身份而言是正式受封的藩王；他亲自表现出虔敬与严肃，遵守和履行恭顺的礼节，率先为诸侯和百官作出榜样：从正式的典章来说，这样有助于创立合乎礼教准则的安定秩序，不能去制止他。但是另一方面皇上确实又应当有特别的办法来表示自己对燕王的尊崇，用不是针对臣僚的礼仪来对待他。臣等斟酌商量之后建议：燕王今后向朝廷上奏章，可以让他按过去的格式书写。而皇上给他写手诏，表示亲切的问候，用同类的事例来比较，这就相当于家族成员内部饮宴聚会时的礼节了；不妨稍微显示一下皇上的敬意，在称呼的规格上适当提高，表明不敢直接称呼燕王，最好写成'皇帝敬问大王侍御'。至于向燕王颁布的制书，这是国家的正式典章，朝廷要用这来辨明国家的制度，向天下宣布昭示标准和法则；这时仍然应当按照规定来办，使用'制诏燕王’的字样。凡是皇帝下达的诏命、制书，以及臣下的奏章、上书，如果提到‘燕王’二字，都要提到下一行的顶端。除非是宗庙祭祀，否则不能直呼燕王的大名；官员百姓的奏章、上书、公务文件，以及交谈之中，都不能触犯燕王的名讳：以便用特别的礼节，显示燕王与其他宗室王公不同的地位。这样对上既遵守了王朝的正式典章和尊敬祖先的礼仪，对下又满足了皇上深厚的孝心；二者完全不矛盾，在礼节上确实妥当。可以普告天下然后实行。”

十二月十三日甲申，黄龙出现在华阴县的井中。这月二十三日甲午，以司隶校尉王祥为司空。

景元二年(公元261)夏五月初一日丁未，发生了日食。

秋七月，乐浪郡边境之外的韩、涉貊二国，各自派遣下属进京朝见并进贡。八月初三日戊寅，赵王曹幹去世。九月初十日甲寅，皇帝再次下诏：大将军司马昭晋爵为晋公，升任相国，备办礼品提高赏赐的等级，与从前下达过的诏书内容完全一样。司马昭又坚决推让，事情又暂告搁置。

景元三年(公元262)春二月，青龙出现在轵县的井中。

夏四月，辽东郡报告说：肃慎国派遣使者通过中间语言转译前来进贡，进献当地所产的良弓三十张，每张长三尺五寸；楛木制成的利箭若干，箭长一尺八寸；另外石制的弩机三百件，皮、骨、铁制成的铠甲二十件，貂皮四百张。

冬十月，蜀军大将姜维侵犯洮阳。征西将军邓艾前往迎战，在侯和击破敌军，姜维率军逃走。

这一年，皇帝下诏在太祖的神庙中配祭已故的军祭酒郭嘉。

景元四年(公元263)春二月，皇帝再次下诏给大将军司马昭加官晋爵颁发赏赐，与此前的诏书内容完全一样。司马昭又坚决推辞不受。

夏五月，皇帝下诏说：“蜀，不过是一个弹丸小国，土地狭窄人口很少。而姜维残酷驱使百姓进行征战，完全没有停止的打算。往年被打得大败之后，还在沓中屯田，压迫剥削羌族人，让他们承担无休止的劳役，老百姓已经到了不能忍受的地步。兼并弱者而进攻政治昏乱者，是使用武力方面的最好原则；调动敌人而不被敌人调动，是兵家的上等策略。蜀军所依靠的人，只有姜维而已；如果乘他远离老巢成都的机会消灭他，容易取得成功。现在命令征西将军邓艾统领所属各军，直奔甘松、沓中以包围姜维；雍州刺史诸葛绪统领所属各军，直奔武街、桥头：与邓艾实施首尾夹击。如果擒获姜维，就要东西并进，扫灭巴蜀。”同时又命令镇西将军钟会由骆谷征伐蜀国。

秋九月，太尉高柔去世。

冬十月二十二日甲寅，皇帝又下诏给大将军司马昭加官晋爵颁发赏赐，与此前的诏书内容完全一样。这一次司马昭终于接受了。这月十一日癸卯，立皇后卞氏，十一月，宣布大赦天下。

自从邓艾、钟会率军伐蜀，所到之处势如破竹。十一月，蜀主刘禅投降邓艾，巴蜀完全平定。

十二月十九日庚戌，以司徒郑冲为太保。这月二十一日壬子，分出益州的一部分土地设立梁州。二十二日癸丑，对益州的百姓宣布特赦，免除他们的一半租税，为期五年。这月二十四日乙卯，以征西将军邓艾为太尉，镇西将军钟会为司徒。皇太后去世。

咸熙元年(公元 264)春正月初一日壬戌，用囚车押送邓艾回京城。这月初三日甲子，皇帝驾临长安。十一日壬申，皇帝派使者以玉璧和绢帛为祭品祭祀华山。这一月，钟会在蜀地造反，被部下讨伐处死。不久邓艾也在途中被杀。二月初一日辛卯，特赦在益州的人。这月三十日庚申，安葬明元郭太后。

三月十七日丁丑，以司空王祥为太尉，征北将军何曾为司徒，尚书左仆射荀顗为司空。这月十九日己卯，晋升晋公司马昭的爵位为王；增加封地十郡，连同以前的一共二十郡。二十七日丁亥，封刘禅为安乐县公爵。

夏五月初一日庚申，相国、晋王司马昭上奏请求恢复公、侯、伯、子、男五等爵制。这月十五日甲戌，改换年号。二十四日癸未，追授舞阳宣文侯司马懿为晋宣王，舞阳忠武侯司马师为晋景王。六月，镇西将军卫瓘，献上雍州士兵在成都县得到的玉璧、玉印各一；印上的文字好像“成信”二字。按照周成王把预示祥瑞的禾穗转送给周公的事例，皇帝把玉璧、玉印展示给百官看后，转送到司马昭的相国府收藏。

起初，在平定了西蜀之后，吴军出动进逼永安县；朝廷派荆州、豫州的各路军队从侧面作牵制性进攻来进行援救。七月，吴军全部撤退。

八月初三日庚寅，皇帝命中抚军司马炎辅佐相国处理公务，以仿照周朝封周公的儿子伯禽为鲁公的事例。

这月初六日癸巳，皇帝下诏说："此前逆臣钟会制造叛乱，召集出征将士，用武力相威胁；开始吐露奸谋，出言非常反动；逼迫在座众人，一一表示意见。事出突然，人们无不震惊。相国府的左司马夏侯和，骑士曹的副主任官员朱抚，当时出使在成都；而中领军的司马贾辅、郎中羊琇，都担任钟会的军事参谋；夏侯和、羊琇、朱抚都表现出坚贞的节操不屈不挠，拒绝钟会的恶毒阴谋；临危不顾，话语堂堂正正，气势慷慨激昂。贾辅告知将领王起，说'钟会奸恶凶暴，要杀害所有将士'，又说'相国已经带领三十万大军向西进发讨伐钟会'；想以此扩大声势，打动大家的心。王起出外，又把贾辅的话传告各营军队，使得将士们更受鼓舞。他们的行为都应当受到奖励，以表彰忠义行为。现在晋升夏侯和、贾辅的爵位为乡侯；羊琇、朱抚的爵位为关内侯；王起传播贾辅的话，鼓舞将士，也应给予特殊奖赏，现在把王起由闲散将领提升为配有下属军队的正式领兵将领。"

这月十六日癸卯，以卫将军司马望为骠骑将军。

九月初一日戊午，以中抚军司马炎为抚军大将军。

这月十四日辛未，皇帝下诏说："吴贼的政治刑罚残酷暴虐，向老百姓无限制地征收赋税。伪主孙休派遣使者邓句，去交阯郡向太守发出指令，要他用锁链拴起老百姓，征调到前线充当士兵。当地的吴将吕兴，趁民心愤怒的机会，又借助我军平定西蜀的声威；迅速联合豪杰，起兵诛杀邓句等人，驱逐太守和县令、县长；安抚官员百姓，以等待大魏朝廷的命令。邻近的九真、日南二郡听说交阯的吕兴弃暗投明，也齐心响应，与吕兴联合。吕兴向日南郡发布公文，向他们表明前途；又出兵到合浦郡，用利害关系进行劝告；又派遣都尉唐谱等人到进乘县，通过南中地区的都督护军霍弋，向朝廷上书表露忠心。同时，交阯郡的将领官员又各自向朝廷上表，说：'吕兴策划大事，上上下下都接受他的命令。

而本郡山区有匪徒，与各郡勾结，怕他们有不同的打算，使大家产生二心。根据形势的需要，权且推举吕兴为上大将军，封定安县侯，指挥交阯各路军队。请求朝廷批准，以安慰边远的人心。'他们心中的忠诚，在言辞中充分表现出来。从前仪父朝见鲁国君主，受到《春秋》的赞美；而窦融归顺汉朝，也受到特殊的礼遇。现今国家声威远震，安抚天下；正想要把远方地区纳入版图，以统一四方。吕兴首先向往朝廷的教化，带领部下叩头归降；不远万里跑来投诚，请求作为朝廷的下属并愿承担各种义务。应当给以特殊优待，提高他的爵位；既使吕兴等怀着忠心的人感激喜悦，又使边远的人听说后，都会相互勉励争先。现在以吕兴为南中大将军，封定安县侯，持有节杖，指挥交州各路军队；可以根据情况需要自行决定公务的处理，先处理后报告。"

封爵拜官的文书还没有送到，吕兴已经被手下的人杀死了。

冬十月初一日丁亥，皇帝下诏说："过去的圣明帝王，平定祸乱拯救社会，保有天下建立功绩；虽然使用的手段有文武的不同，然而所建立的勋业却都是一样。所以有的只在殿堂上象征性地舞动盾牌和长斧，以警告不来王宫朝拜的人；有的则出动军队，以威慑凶暴而傲慢的反叛者。但是说到爱护人民保全国家，向庶民百姓施加恩德；又都是先提倡文化教育，向人民宣布规矩制度；实在不得已然后才使用武力：这是具有伟大品德的君主们共同的做法。此前汉朝末期天下分崩，全国颠覆；刘备和孙权乘机制造祸乱。太祖武皇帝、高祖文皇帝、烈祖明皇帝平定中原，每天都忙得不可开交；所以让蜀、吴留下来的贼寇得以一代又一代地冒充皇帝。幸好祖宗显示威灵，执政大臣忠诚而具有军事天才；征调四方精兵，一举平定西蜀，整个战役还不到三个月，只打了一仗就大获全胜。最近以来东吴日益衰弱，政治刑罚荒废黑暗；西蜀被消灭之后，形势孤单无援；东吴所占据的交州、荆州、扬州等地，人民都一致向往魏朝。现今交阯郡的吴将吕兴，已经带领三个郡，不远万里前来归顺；荆州武陵郡一个县的行政长官，联合了五个县，请求成为魏朝的臣属；扬州的豫章、庐陵两郡山区的民众也起兵背叛东吴，其首领自称为助北将军；加之东吴伪君主孙休已死，吴军主帅另外换人，国内人心背离，各自有自己的打算；吴将施绩，本是贼寇的著名大臣，现今却受到猜疑，成为新伪君主孙皓最忌恨厌恶的人：东吴众叛亲离，人心涣散，从古到今，还没有灭亡征兆如此明显的事例。如果我们出动大军，南下长江、汉水，那么吴郡和会稽郡这一片东吴的根据地，其老百姓必定扶老携幼前来迎接王朝大军，这是肯定无疑的事。不过，出动大军，会需要劳工和费用；所以应当先向他们宣传我朝的威势与德泽，显示仁慈和信用，使他们知道归顺附从的好处。相国府的军事参谋徐绍、水曹掾孙彧，原来都是东吴的将官，在寿春城被我军俘获。徐绍曾任伪军的南陵战区指挥官，才能显露，气宇轩昂；孙彧是孙权的宗族成员，禀性忠良，能认清事理。现在派徐绍为使臣南回东吴，以孙彧为副使；前去宣布国家的命令，劝说吴人。所说的话，都以事实为根据。如果他们幡然觉悟，也不会损害我们讨伐他们的计划；因为出征之前就在朝廷商议好克敌制胜的谋略，是自古以来用兵之道。现在任命徐绍兼任散骑常侍，加授奉车都尉官衔，封都亭侯；任命孙彧兼任给事黄门侍郎，赐给关内侯爵位。至于赐给徐、孙二人的小妾，以及他们在魏国的男女家属，都任随他们带走，以表明国家的恩典；他们也不一定再返回，以显示朝廷的信用。”

这月二十日丙午，正式宣布以抚军大将军、新昌乡侯司马炎为晋王司马昭的世子。

这一年，撤销国内各地的屯田官员，以使行政和赋役制度全国统一而没有差别：各典农中郎将都改为郡太守；各典农都尉都改为县令、县长。又鼓励和招募蜀地人民愿意内迁中原的，政府发给两年粮食，免除他们的租税徭役二十年。安弥县、福禄县报告有特别茁壮的禾穗长出。

咸熙二年(公元 265) 春二月十九日甲辰，朐䏰县献上捕获的灵龟，转送到司马昭的相国府饲养。这月二十五日庚戌，因为皇宫卫队的武士张修，当初曾在成都驰马到各个军营宣告钟会谋反，被杀死，所以赐给张修弟弟张倚关内侯的爵位。

夏四月，南深泽县报告天降甘露。孙吴派使者纪陟、弘璆前来讲和。

五月，皇帝下诏说：“相国、晋王司马昭，充分发挥超人的智慧，光辉照耀四海：显示武功，则威震边远地区；传播良好风尚和教化，全国都受到润泽而没有例外；他怜悯东吴的百姓，一心想拯救养育他们，所以才收起武力崇尚仁慈，只派使者去宣示威势和德泽；文告一旦公布，东吴人民无不向往倾慕；伪君主孙皓也派来使者进贡，表明归顺的考虑；地方特产的宝物、精细的丝织品，都欢欢喜喜送来显示心意。然而晋王却极为谦让，把东吴的贡品全部登记造册后送到朕的宫中，这不是安慰和满足初来归附者心意，顺从他们诚挚愿望的做法。孙皓所献的一切贡品，现在都原物送回，转送到晋王府，以符合古代的事例。”晋王坚决推辞，事情才搁置下来。

接着皇帝又下诏让晋王戴上系有十二根珠串的礼帽，悬挂天子的旌旗，出入时称为警跸，乘坐天子专用的金根车，用六匹马牵引，配上五辆副车，设置皇帝的仪仗如旄头、云罕等，演奏乐舞时使用纵横各八行的乐队，又设置悬挂乐钟的大木架，演奏音乐时按天子的规格四面悬挂乐器；又要晋王的王妃称王后；世子称太子；王子、王女、王孙的爵号称呼都按过去的礼仪办理。

这月三十日癸未，宣布大赦天下。

秋八月初九日辛卯，相国、晋王司马昭去世。这月初十日壬辰，晋王太子司马炎继承父亲的官职爵位，总领百官。各种赏赐物品和有关文件，都按从前的规格颁发宣布。

这一月，襄武县报告当地出现了巨人。高三丈有余，脚印长三尺二寸；白头发，穿黄色单衣，包黄头巾，持拐杖；他对一个叫做王始的老百姓说：“现在要太平了！”

九月初四日乙卯，宣布大赦天下。这月初七日戊午，任命司徒何曾为晋王国的丞相。十二日癸亥，以骠骑将军司马望为司徒，征东大将军石苞为骠骑将军，征南大将军陈骞为车骑将军。二十四日乙亥，安葬晋文王司马昭。

闰九月，康居、大宛这两个西域国家前来贡献骏马；皇帝下令送到相国府，以表彰相国使各国人民归服因而从远方前来朝拜的功勋。

十二月十三日壬戌，上天赐给魏朝的福分永远终结了，按照上天安排好的王朝传承次序，轮到晋朝统治天下。皇帝曹奂下诏，要公卿百官准备禅让帝位的仪式程序，又在京城的南郊修建受禅的土坛和广场。同时派使者带上皇帝的玉玺、绶带和退位诏书，前去通知晋王司马炎，说自己准备仿照过去汉、魏之间禅让帝位的事例，把帝位让给晋王。

这一月十五日甲子，皇帝曹奂正式派使者向晋王司马炎送去禅让帝位的文书。紧接着曹奂搬出皇宫，暂时改住在金墉城，后来一直在邺县居住。退位这一年，曹奂二十岁。

评论说：古代统治天下的君主位置不是由哪一家所私有，只要是贤才就可能提拔到这个位置上。到了后来由本家族世代传位，立嫡长子为继承人；如果嫡系一支断绝，就要在旁系亲属中选择具有高尚道德的人，就像汉朝的文帝、宣帝那样：这是不能更改的固定准则。魏明帝既不能这样做，又从自私的感情出发，抚养了一个婴儿，来传给皇帝的权位。还在托付后事时不专一，执意要加进曹氏宗族的成员；终于造成曹爽被诛杀、齐王曹芳被废黜的恶果。高贵乡公曹髦的才能智慧很早就显露，喜好学问和文辞，算是具有魏文帝那样的风度和气质；可惜他轻躁而容易愤怒，随意行动，自己陷入杀身的大祸。陈留王曹奂在位时以恭敬严肃的态度约束自己，由执政大臣全权处理国事；并且遵照从前的榜样，拱手禅让帝位；终于能得到地域广大的封国陈留县，从此充当晋朝的宾客：比起当初汉献帝让位给曹魏之后只封山阳小县的公爵来，又算是受到优待了。

【三国志译注卷五】　魏志五

后妃传第五

《易》称："男正位乎外[1]，女正位乎内。男女正，天地之大义也。"古先哲王，莫不明后妃之制，顺天地之德。故二妃嫔妫[2]，虞道克隆；任、姒配姬[3]，周室用熙[4]。废兴存亡，恒此之由。《春秋》说云天子十二女[5]，诸侯九女；考之情理，不易之典也。

而末世奢纵，肆其侈欲；至使男女怨旷[6]，感动和气[7]；惟色是崇，不本淑懿[8]。故风教陵迟而大纲毁泯[9]。岂不惜哉！呜呼，有国有家者，其可以永鉴矣！

汉制：帝祖母曰"太皇太后"，帝母曰"皇太后"，帝妃曰"皇后"，其余内官十有四等[10]。

魏因汉法，母后之号，皆如旧制；自"夫人"以下，世有增损。太祖建国，始命王后[11]；其下五等：有夫人，有昭仪，有倢伃，有容华，有美人。文帝增贵嫔、淑媛、修容、顺成、良人。明帝增淑妃、昭华、修仪；除"顺成"官。太和中始复命"夫人"登其位于"淑妃"之上。自"夫人"以下爵凡十二等[12]：贵嫔、夫人，位次皇后，爵无所视[13]；淑妃位视相国，爵比诸侯王；淑媛位视御史大夫，爵比县公；昭仪比县侯；昭华比乡侯；

修容比亭侯；修仪比关内侯；倢伃视中二千石〔14〕；容华视真二千石〔15〕；美人视比二千石；良人视千石。

【注释】

〔1〕男正位乎外：男性要在家庭外部事务中居于正确的位置。这四句话出自《周易》中《家人》一卦的彖辞。但值得注意的是，原文中“女正位乎内”在“男正位乎外”的前面，这里引用却放到后面去了。〔2〕二妃：尧的两个女儿。《尚书·尧典》记载，尧任用舜之后，把自己两个女儿嫁给舜。 嫔：出嫁。 妫（guī）：河流名，在今山西永济市南。相传舜在这里娶尧的两个女儿。〔3〕任：周文王的母亲。 姒（sì）：周文王的妻子。 姬：姬姓男子。〔4〕用熙：因此而兴盛。〔5〕《春秋》说：这里指纬书关于《春秋》的解说。汉代出现了一批附会儒家经典并且含有大量迷信和传说成分的书籍，叫做纬书。由于附会的儒家经典有《周易》、《尚书》、《诗经》、《礼》、《乐经》、《孝经》和《春秋》七种，所以又称七纬。其中，关于《春秋》的纬书又有《保乾图》、《演孔图》等十余种。分见《后汉书》卷八十二上《方术樊英传》李贤注、《隋书》卷三十二《经籍志》一。 十二女：十二个妻妾。《公羊传》成公十年何休注有“唯天子娶十二女”的话，就是引纬书《保乾图》的说法。〔6〕男女怨旷：选入皇宫的女子，很多人终身难见君王一面，成为怨女；而大量年轻女子被选入皇宫，又使民间的男子不好找对象，成为旷夫。〔7〕和气：阴阳调和的气氛。〔8〕淑懿：心地善良，道德高尚。〔9〕风教：社会的风尚和文明。 大纲：指维系社会的基本准则。〔10〕内官：皇宫中的女官。实际上就是皇帝的小妾。十四等：依次为婕妤、娙娥、容华、充衣、昭仪、美人、良人、七子、八子、长使、少使、五官、顺常，以及合为一等的无涓、共和、娱灵、保林、良使和夜者。〔11〕命：设立。〔12〕爵：这里指宫廷女官相当于朝廷的哪一级爵位和官阶。下文列举的曹魏宫庭女官，自贵嫔以下到良人，共有十二等。而史文说是“自夫人以下爵凡十二等”，疑“夫人”为“贵嫔”之误。〔13〕视：相当。以下各句的“视”和“比”，都是相当于的意思，但是提到官阶时用“视”，提到爵位时用“比”，以示区别。〔14〕中二千石：官阶名。东汉官员的官阶，在大将军、三公之下，分为中二千石、二千石、比二千石、千石、六百石、比六百石、四百石、比四百石、三百石、比三百石、二百石、比二百石、一百石、斗食、佐史共十五等。曹魏一方面沿袭汉制，同时开始试行划分官阶为

九等的九品制。当时属于中二千石这一等的官员有九卿等。〔15〕真二千石：官阶名。即二千石。属于这一等的官员有郡国守相等。

武宣卞皇后〔1〕，琅邪开阳人〔2〕。文帝母也。本倡家〔3〕。〔一〕年二十，太祖于谯纳后为妾，后随太祖至洛。及董卓为乱，太祖微服东出避难〔4〕。袁术传太祖凶问〔5〕，时太祖左右至洛者，皆欲归。后止之曰："曹君吉凶未可知！今日还家，明日若在，何面目复相见也？正使祸至〔6〕，共死何苦〔7〕？"遂从后言。太祖闻而善之。

建安初，丁夫人废，遂以后为继室；诸子无母者，太祖皆令后养之。〔二〕文帝为太子，左右长御贺后曰〔8〕："将军拜太子〔9〕，天下莫不欢喜。后当倾府藏赏赐〔10〕。"后曰："王自以丕年大，故用为嗣；我但当以免无教导之过为幸耳，亦何为当重赐遗乎？"长御还，具以语太祖。太祖悦曰："怒不变容，喜不失节；故是最为难〔11〕。"

【注释】

〔1〕武宣：武是曹操的谥号。宣是卞后的谥号。把夫妻的谥号加在姓氏之前，是对死去后妃的正式称呼。本卷以下各名后妃的正式称呼与此相同。〔2〕开阳：县名。县治在今山东临沂市东北。〔3〕倡家：表演性艺人的家庭。〔4〕微服：为了隐藏身份而改穿平民服装。东出：指曹操逃回家乡准备起兵反对董卓事。〔5〕凶问：坏消息。指曹操在中牟县被捕。〔6〕正使：就算真的是。〔7〕何苦：有什么了不起。〔8〕长御：帝后身边的服侍人员。〔9〕将军：指曹丕。他当时任五官中郎将，可以称将军。〔10〕府藏（zàng）：库房。〔11〕故是：依然如平常这样。

【裴注】

〔一〕《魏书》曰:“后以汉延熹三年十二月己巳,生齐郡白亭,有黄气满室,移日。父敬侯怪之,以问卜者王旦。旦曰:‘此吉祥也!’”

〔二〕《魏略》曰:“太祖始有丁夫人,又刘夫人生子修及清河长公主。刘早终,丁养子修。子修亡于穰,丁常言:‘将我儿杀之,都不复念!’遂哭泣无节。太祖忿之,遣归家,欲其意折。后太祖就见之,夫人方织。外人传云‘公至’,夫人踞机如故。太祖到,抚其背曰:‘顾我共载归乎?’夫人不顾,又不应。太祖却行,立于户外。复云:‘得无尚可邪?’遂不应。太祖曰:‘真诀矣!’遂与绝。欲其家嫁之,其家不敢。初,丁夫人既为嫡,加有子修,丁视后母子,不足。后为继室,不念旧恶。因太祖出行,常四时使人馈遗。又私迎之,延以正坐而己下之。迎来送去,有如昔日。丁谢曰:‘废放之人,夫人何能常尔邪!’其后丁亡,后请太祖殡葬;许之,乃葬许城南。后太祖病困,自虑不起,叹曰:‘我前后行意,于心未曾有所负也。假令死而有灵,子修若问“我母所在”?我将何辞以答!’”

《魏书》曰:“后性约俭,不尚华丽;无文绣珠玉,器皆黑漆。太祖常得名珰数具,命后自选一具。后取其中者,太祖问其故。对曰:‘取其上者为贪,取其下者为伪:故取其中者。’”

二十四年〔1〕,拜为王后。策曰:“夫人卞氏,抚养诸子,有母仪之德〔2〕,今进位王后。太子、诸侯陪位〔3〕,群卿上寿〔4〕;减国内死罪一等〔5〕。”

二十五年,太祖崩。文帝即王位,尊后曰王太后;及践阼〔6〕,尊后曰皇太后,称“永寿宫”〔7〕。〔一〕

明帝即位,尊太后曰太皇太后。

黄初中,文帝欲追封太后父母。尚书陈群奏曰:“陛下以圣德应运受命,创业革制,当永为后式。案典籍之文,无妇人分土命爵之制。在礼典:妇因夫爵〔8〕。秦违古法〔9〕,汉氏因之〔10〕;非先王之令典也。”

帝曰:“此议是也,其勿施行。以作著诏下藏之台阁[11]，永为后式。”

至太和四年春，明帝乃追谥太后祖父广曰开阳恭侯[12]，父远曰敬侯[13]，祖母周封阳都君，及（恭）〔敬〕侯夫人，皆赠印绶[14]。

其年（五）〔六〕月，后崩。七月，合葬高陵。

初，太后弟秉，以功封都乡侯。黄初七年，进封开阳侯，邑千二百户，为昭烈将军[15]。〔二〕秉薨，子兰嗣。少有才学，〔三〕为奉车都尉，游击将军[16]，加散骑常侍。兰薨，子晖嗣。〔四〕又分秉爵，封兰弟琳为列侯，官至步兵校尉。

兰子隆女，高贵乡公皇后。隆以后父，为光禄大夫，位特进，封睢阳乡侯；妻王为显阳乡君。追封隆前妻刘，为顺阳乡君，后亲母故也[17]。

琳女，又为陈留王皇后。时琳已没，封琳妻刘，为广阳乡君。

【注释】

〔1〕二十四年：建安二十四年（公元219）。〔2〕母仪：当母亲者的典范。常用来形容皇后和太后。〔3〕陪位：指在受拜仪式上做卞后的陪同者。〔4〕上寿：到场祝贺。〔5〕国内：魏国的封地之内。这道策命是曹操发出的，因为在“夫人”、“太子”之前没有加“魏王”字样，《后汉书》卷九《献帝纪》也没有记载汉献帝发过这道策书。《资治通鉴》卷六十误记为汉献帝所发。〔6〕践阼：阼是皇宫宫殿的台阶。践阼是踏上宫殿台阶，意思是登上帝位。〔7〕永寿宫：曹魏皇太后的代称。汉代制度，皇帝祖母、母亲和嫡妻都另有代称，依次为长信宫、长乐宫和长秋宫。曹魏袭用汉制，为皇太后取代称，但不像汉代固定叫长乐宫，而是各人的代称不同。卞太后叫永寿宫，曹丕的妻子郭太后叫永安宫，曹叡的妻子郭太后叫永宁宫。这种代称是一种官称，并不是她

们居住宫殿的名字。〔8〕妇因夫爵：妻子只能根据丈夫封爵的高低来确定自己的地位。《礼记·郊特牲》有“妇人无爵，从夫之爵”的话。〔9〕秦违古法：指秦昭王时，太子安国君的正夫人被封为华阳夫人，后世认为华阳是封邑的名称。见《史记》卷八十五《吕不韦列传》。〔10〕汉氏因之：两汉妇女受封爵者，如西汉武帝封外祖母臧儿为平原君，见《史记》卷四十九《外戚王太后世家》；东汉桓帝封大将军梁冀的妻子孙寿为襄城君，见《后汉书》卷三十四《梁统列传》。〔11〕台阁：这里指尚书台和秘书内阁。〔12〕开阳恭侯：这是卞广爵位的全称。前面的开阳(今山东临沂市东北)是封地名，后面的恭是死后的谥号。〔13〕敬侯：这是卞远爵位的简称。敬是谥号。他承袭父亲卞广的封爵，所以前面的开阳被省略。〔14〕君：异姓妇女受封的爵位名。〔15〕昭烈将军：官名。是授给外戚的荣誉性军职。〔16〕游击将军：官名。是京城驻军的将领之一，负责京城警卫和外出征伐。〔17〕亲母：生母。

【裴注】

〔一〕《魏书》曰：“后以国用不足，减损御食，诸金银器物皆去之。东阿王植，太后少子，最爱之。后植犯法，为有司所奏；文帝令太后弟子奉车都尉兰，持公卿议白太后。太后曰：‘不意此儿所作如是！汝还语帝：不可以我故坏国法。’及自见帝，不以为言。”臣松之按：文帝梦磨钱，欲使文灭而更愈明，以问周宣。宣答曰：“此陛下家事，虽意欲尔，而太后不听。”则太后用意，不得如此书所言也。

《魏书》又曰：“太后每随军征行，见高年白首，辄住车呼问，赐与绢帛。对之涕泣曰：‘恨父母不及我时也！’太后每见外亲，不假以颜色。常言：‘居处当务节俭，不当望赏赐，念自佚也。外舍当怪吾遇之太薄，吾自有常度故也。吾事武帝四五十年，行俭日久，不能自变为奢。有犯科禁者，吾且能加罪一等耳，莫望钱米恩贷也。’帝为太后弟秉，起第。第成，太后幸第，请诸家外亲，设下厨，无异膳。太后左右，菜食粟饭，无鱼肉。其俭如此。”

〔二〕《魏略》曰：“初，卞后弟秉，当建安时得为别部司马。后常对太祖怨言，太祖答言：‘但得与我作妇弟，不为多邪？’后又欲太祖给其钱帛，太祖又曰：‘但汝盗与，不为足邪？’故讫太祖世，秉官不移，财亦不益。”

〔三〕《魏略》曰：“兰献赋，赞述太子德美。太子报曰：‘赋者，言事类之所附也；颂者，美盛德之形容也。故作者不虚其辞，受者必当其实。兰此赋，岂吾实哉？昔吾丘寿王一陈宝鼎，何武等徒以歌颂，犹受金帛之赐；兰事虽不谅，义足嘉也。今赐牛一头。’由是遂见亲敬。”

〔四〕《魏略》曰：“明帝时，兰见外有二难，而帝留意于宫室。常因侍从，数切谏。帝虽不能从，犹纳其诚款。后兰苦酒消渴，时帝信巫女用水方，使人持水赐兰；兰不肯饮。诏问其意。兰言：‘治病自当以方药，何信于此？’帝为变色，而兰终不服。后渴稍甚，以至于亡。故时人见兰好直言，谓帝面折之而兰自杀。其实不然。”

文昭甄皇后，中山(无)〔毋〕极人[1]。明帝母，汉太保甄邯后也[2]。世吏二千石[3]。父逸，上蔡令[4]。

后三岁失父。〔一〕后天下兵乱，加以饥馑，百姓皆卖金银珠玉宝物。时，后家大有储谷，颇以买之。后年十余岁，白母曰：“今世乱而多买宝物，‘匹夫无罪，怀璧为罪’[5]，又左右皆饥乏；不如以谷赈给亲族邻里，广为恩惠也。”举家称善，即从后言。〔二〕建安中，袁绍为中子熙纳之。熙出为幽州[6]，后留养姑[7]。

及冀州平，文帝纳后于邺；有宠，生明帝及东乡公主。〔三〕

延康元年正月，文帝即王位。六月，南征，后留邺。黄初元年十月，帝践阼。践阼之后，山阳公奉二女以嫔于魏，郭后、李、阴贵人，并爱幸；后愈失意，有怨言，帝大怒。二年六月[8]，遣使赐死；葬于邺。〔四〕

【注释】

〔1〕毋极：县名。县治在今河北无极县西。 〔2〕甄邯：字子心。西汉末年支持王莽。王莽称帝，官至大司马，封承新公。事附《汉书》卷九十九《王莽传》上、中、下。 〔3〕世吏二千石：世代任郡国守相一

类的重要官职。〔4〕上蔡：县名。县治在今河南上蔡县西南。〔5〕匹夫无罪：这两句是《左传》桓公十年中的话，意思是携有玉璧的平民虽然本无罪过，但是人们贪图他的宝物，总会给他安上罪名以夺取玉璧的。〔6〕出为幽州：出任幽州刺史。〔7〕姑：此处指丈夫的母亲。〔8〕二年：黄初二年（公元221）。

【裴注】

〔一〕《魏书》曰："逸娶常山张氏，生三男五女：长男豫，早终；次俨，举孝廉，大将军掾，曲梁长；次尧，举孝廉；长女姜，次脱，次道，次荣，次即后。后以汉光和五年十二月丁酉生。每寝寐，家中仿佛见如有人持玉衣覆其上者，常共怪之。逸薨，加号慕，内外益奇之。后相者刘良，相后及诸子，良指后曰：'此女贵乃不可言！'后自少至长，不好戏弄。年八岁，外有立骑马戏者，家人诸姊皆上阁观之；后独不行。诸姊怪问之，后答言：'此岂女人之所观邪？'年九岁，喜书，视字辄识，数用诸兄笔砚。兄谓后言：'汝当习女工。用书为学，当作女博士邪？'后答言：'闻古者贤女，未有不学前世成败，以为己诫。不知书，何由见之？'"

〔二〕《魏略》曰："后年十四，丧中兄俨，悲哀过制。事寡嫂谦敬，事处其劳。拊养俨子，慈爱甚笃。后母性严，待诸妇有常。后数谏母曰：'兄不幸早终，嫂年少守节，顾留一子。以大义言之：待之当如妇，爱之宜如女。'母感后言，流涕，便令后与嫂共止。寝息坐起常相随，恩爱益密。"

〔三〕《魏略》曰："熙出在幽州，后留侍姑。及邺城破，绍妻及后共坐（皇堂）〔堂皇〕上。文帝入绍舍，见绍妻及后。后怖，以头伏姑膝上，绍妻两手自搏。文帝谓曰：'夫人云何如此！令新妇举头。'姑乃捧后令仰，文帝就视，见其颜色非凡，称叹之。太祖闻其意，遂为迎取。"《世语》曰："太祖下邺，文帝先入袁尚府。有妇人被发垢面，垂涕立绍妻刘后。文帝问之，刘答：'是熙妻。'顾揽发髻，以巾拭面，姿貌绝伦。既过，刘谓后'不忧死矣！'遂见纳，有宠。"

《魏书》曰："后宠愈隆而弥自挹损，后宫有宠者劝勉之，其无宠者慰诲之。每因闲宴，常劝帝，言：'昔黄帝子孙蕃育，盖由妾媵众多，乃获斯祚耳。所愿广求淑媛，以丰继嗣。'帝心嘉焉。其后帝欲遣任氏，后请于帝曰：'任既乡党名族，德、色，妾等不及也；如何遣之？'帝曰：'任性狷急，不婉顺，前后忿吾非一，是以遣之耳！'后流涕固请曰：‘妾受敬遇之恩，众人所知；必谓任之出，是妾之由；上惧有见私之讥，下受专宠之罪。愿重留意！’帝不听，遂出之。十六年七月，太祖征关中，武宣皇后从，留孟津；帝居守邺。时武宣皇后体，小不安，后不得定省，忧怖，昼夜泣涕；左右骤以差问告，后犹不信。曰：‘夫人在家，故疾每动，辄历时；今疾便差，何速也？此欲慰我意耳！’忧愈甚。后得武宣皇后还书，说疾已平复，后乃欢悦。十七年正月，大军还邺，后朝武宣皇后，望幄座悲喜，感动左右。武宣皇后见后如此，亦泣，且谓之曰：‘新妇谓吾前病如昔时困邪？吾时小小耳，十余日即差，不当视我颜色乎？’嗟叹曰：‘此真孝妇也！’二十一年，太祖东征，武宣皇后、文帝及明帝、东乡公主皆从，时后以病留邺。二十二年九月，大军还，武宣皇后左右侍御见后颜色丰盈，怪问之曰：‘后与二子别久，下流之情，不可为念；而后颜色更盛，何也？’后笑答之曰：‘讳等自随夫人，我当何忧！’后之贤明以礼自持，如此。”

〔四〕《魏书》曰：“有司奏建长秋宫，帝玺书迎后，诣行在所。后上表曰：‘妾闻先代之兴，所以飨国久长，垂祚后嗣，无不由后妃焉；故必审选其人，以兴内教。今践阼之初，诚宜登进贤淑，统理六宫。妾自省愚陋，不任粢盛之事；加以寝疾，敢守微志。’玺书三至，而后三让，言甚恳切。时盛暑，帝欲须秋凉，乃更迎后。会后疾遂笃，夏六月丁卯，崩于邺。帝哀痛咨嗟，策赠皇后玺绶。”

臣松之以为：《春秋》之义，“内：大恶讳，小恶(不)书”。文帝之不立甄氏，及加杀害，事有明审。魏史若以为大恶邪，则宜隐而不言；若谓为小恶邪，则不应假为之辞。而崇饰虚文乃至于是，异乎所闻于旧史。推此而言，其称卞、甄诸后言行之善，皆难以实论；陈氏删落，良有以也。

明帝即位，有司奏请追谥；使司空王朗，持节奉策，以太牢告祠于陵〔1〕，又别立寝庙。〔一〕

太和元年三月，以中山魏昌之安城乡户千〔2〕，追封逸，谥曰敬侯；嫡孙像，袭爵。

四月，初营宗庙，掘地得玉玺；方一寸九分〔3〕，其文曰“天子羡思慈亲”〔4〕。明帝为之改容〔5〕，以太牢告庙，又尝梦见后；于是差次舅氏亲疏高下〔6〕，叙用各有差[7]；赏赐累巨万；以像为虎贲中郎将[8]。是月，后母薨，帝制缌服临丧[9]，百僚陪位。

四年十一月[10]，以后旧陵庳下[11]，使像兼太尉，持节，诣邺，昭告后土。十二月，改葬朝阳陵。像还，迁散骑常侍。

青龙二年春，追谥后兄俨曰安城乡穆侯。夏，吴贼寇扬州，以像为伏波将军[12]，持节，监诸将东征[13]。还，复为射声校尉[14]。三年薨[15]，追赠卫将军，改封魏昌县，谥曰贞侯。子畅嗣。又封畅弟温、韡、艳，皆为列侯。四年[16]，改逸、俨本封，皆曰魏昌侯，谥因故[17]。封俨世妇刘为东乡君[18]，又追封逸世妇张为安喜君。

【注释】

〔1〕陵：指甄氏在邺城的陵墓。〔2〕魏昌：县名。县治在今河北定州市东南。〔3〕方：见方。〔4〕羡思：想念。〔5〕改容：改变面部表情。意思是神情一下变得悲伤。〔6〕差次：区分。〔7〕叙用：授以官职。〔8〕虎贲中郎将：官名。汉代是宫廷卫队的分队司令官之一。曹魏时成为闲职，为皇帝随从官员。〔9〕缌（sī）服：用细麻布做成的丧服。古代的丧服，按亲疏不同，有斩衰、齐衰、大功、小功、缌麻五种，区别主要在于麻布的粗细不同。缌服就是缌麻，外姓中岳父母、表兄弟死时使用。本来按礼制在外祖父母死时不必穿缌服，明帝是仿东汉安帝事例办理，见《通典》卷八十一、《礼》四十一。〔10〕四年：太和四年（公元230）。〔11〕庳（bēi）下：低下。甄皇后改葬后的朝阳陵墓葬，相传在今河南安阳市东北辛店乡三灵芝村。曾有遗迹留存。现仅有小型土冢一座。〔12〕伏波将军：官名。领兵征伐。东汉明帝的岳父马援，曾任伏波将军，为当时名将，所以曹叡授甄像这个职务。〔13〕监：监督。〔14〕射声校尉：官名。是京城特种兵北军五校尉之一，负责京城警卫。〔15〕三年：青龙三年（公元235）。〔16〕四年：

青龙四年(公元236)。〔17〕因故：照旧。〔18〕世妇：这里指列侯的嫡妻。

【裴注】

〔一〕《魏书》载："三公奏曰：'盖孝敬之道，笃乎其亲。乃四海所以承化，天地所以明察。是谓生则致其养，殁则光其灵；诵述以尽其美，宣扬以显其名者也。今陛下以圣懿之德，绍承洪业；至孝烝烝，通于神明；遭罹殷忧，每劳谦让。先帝迁神山陵，大礼既备；至于先后，未有显谥。伏惟先后恭让著于幽微，至行显于不言；化流邦国，德侔《二南》。故能膺神灵嘉祥，为大魏世妃。虽夙年登遐，万载之后，永播融烈，后妃之功莫得而尚也。按谥法："圣闻周达曰昭。德明有功曰昭。"昭者，光明之至，盛久而不昧者也。宜上尊谥曰"文昭皇后"。'是月，三公又奏曰：'自古周人始祖后稷，又特立庙以祀姜嫄。今文昭皇后之于(万嗣)〔后嗣〕，圣德至化，岂有量哉！夫以皇家世(祀)〔妃〕之尊，而克让允恭，固推盛位；神灵迁化，而无寝庙以承享(礼)〔祀〕：非所以报显德，昭孝敬也。稽之古制，宜依《周礼》，先妣别立寝庙。'并奏，可之。"

景初元年夏，有司议定七庙。

冬，又奏曰："盖帝王之兴，既有受命之君，又有圣妃协于神灵；然后克昌厥世，以成王业焉。昔高辛氏卜其四妃之子皆有天下〔1〕，而帝挚、陶唐、商、周代兴〔2〕。周人上推后稷，以配皇天；追述王初，本之姜嫄〔3〕，特立宫庙，世世享尝〔4〕。《周礼》所谓'奏夷则〔5〕，歌中吕〔6〕，舞大濩〔7〕，以享先妣'者也〔8〕。诗人颂之曰：'厥初生民〔9〕，时维姜嫄。'言王化之本，生民所由。又曰：'閟宫有侐〔10〕，实实枚枚〔11〕；赫赫姜嫄〔12〕，其德不回〔13〕。'《诗》、《礼》所称姬宗之盛，其美如此。大魏期运，继于有虞；然崇弘帝道，三世弥隆[14]；庙祧之数，实与周同。今武宣皇后、文德皇后，各配无穷之祚[15]。至于文昭皇后，膺天灵符[16]，诞育明圣[17]；功济生民，德盈宇宙；开诸后嗣，乃道化之所兴也。寝庙特祀，亦姜嫄之閟宫也；而未著不毁之制[18]。惧论功报德之义，万世或阙焉：非所以昭孝示后世也。文昭庙，宜世世享祀奏乐，与祖庙同；永著不毁之典，以播圣善之风。”

于是与七庙议并勒金策，藏之金匮[19]。

帝思念舅氏不已。畅尚幼，景初末，以畅为射声校尉，加散骑常侍。又特为起大第[20]，车驾亲自临之。又于其后园，为像母起观庙，名其里曰“渭阳里”[21]，以追思母氏也。

嘉平三年正月，畅薨，追赠车骑将军，谥曰恭侯。子绍嗣。

太和六年，明帝爱女淑薨，追封谥淑为平原懿公主，为之立庙。取后亡从孙黄与合葬[22]，追封黄列侯。以夫人郭氏从弟德，为之后[23]，承甄氏姓；封德为平原侯，袭公主爵。[一]

青龙中，又封后从兄子毅及像弟三人，皆为列侯。毅数上疏陈时政，官至越骑校尉[24]。嘉平中，复封畅子二人为列侯。后兄俨孙女，为齐王皇后；后父已没，封后母为广乐乡君。

【注释】

〔1〕高辛氏：名喾(kù)，号高辛氏。又名帝喾。传说是轩辕黄帝的

曾孙，古代部族首领。有四妻四子：姜嫄生弃（即后稷），是周族祖先；简狄生契，是商族祖先；庆都生唐尧；常宜生挚，为春秋时郯国的祖先。分见《史记》卷一《五帝本纪》、卷三《殷本纪》、卷四《周本纪》。〔2〕帝挚：帝喾的儿子。传说中古代部族首领。帝喾死，由他继位，没有突出政绩，后来让位给异母弟唐尧。见《史记》卷一《五帝本纪》。〔3〕姜嫄：又作姜原。有邰（tái）氏之女，后稷的母亲。事见《史记》卷四《周本纪》。〔4〕享尝：祭祀。〔5〕周礼：书名。儒家经典中关于礼的三部著作之一。又名《周官》或《周官经》。现今认为是战国时期形成的作品。全书一共分为六篇，是研究先秦政治、经济、文化典章方面的资料书。奏夷则：用乐器演奏以夷则定音的乐曲。中国古代的音乐，使用十二根长度不同的吹气发声竹管来定音，称为十二律。十二律各有固定的音高和名称，从低到高依次为：黄钟、大吕、太簇、夹钟、姑洗、中吕、蕤宾、林钟、夷则、南吕、无射、应钟。以上十二律又分为阴阳两类。奇数的六律为阳律，偶数的六律为阴律。在宗庙祭祀中，乐器演奏的乐曲用阳律来定音，而歌手演唱的歌曲则用阴律来定音。这样器乐与歌曲相配，就表示阴阳谐和。〔6〕歌中吕：歌唱以中吕定音的歌词。与演奏的乐曲相和。〔7〕舞大濩（huò）：表演名叫大濩的舞蹈。〔8〕享先妣：祭祀姜嫄。以上四句见《周礼·春官·大司乐》。〔9〕厥初生民：当初生育周族先民。这两句是《诗经·生民》的诗句。〔10〕閟（bì）宫：神庙。指姜嫄的神庙。侐（xù）：清静。〔11〕实实：建筑广大的样子。枚枚：建筑物上雕刻细密的样子。〔12〕赫赫：形容姜嫄形象的显耀。〔13〕不回：纯正。以上四句出自《诗经·閟宫》。〔14〕三世：指曹操、曹丕、曹叡三代。〔15〕无穷之祚（zuò）：指永不断绝的祭祀。景初元年五月，魏明帝作出“三祖之庙，万世不毁”的决定，卞后与太祖曹操配祀，郭后与高祖曹丕配祀，所以这样说。见本书卷三《明帝纪》。〔16〕膺（yīng）：接受。灵符：神圣的旨意。〔17〕明圣：指曹叡。〔18〕未著：没有明确宣布。〔19〕金匮：存放国家重要文件的金属箱子。〔20〕大第：宽大的住宅。〔21〕里：古代城市居民区的单位。若干家人组成一里，设有大门出入。渭阳：《诗经》有《渭阳》一篇，写对舅家亲戚的依恋感情，所以曹叡取这个名字。〔22〕从（zòng）孙：侄儿的儿子。〔23〕为之后：做甄黄、曹淑的继承人。其实曹淑死时刚满三个月，不足一岁，见《宋书》卷十七《礼志》四。〔24〕越骑校尉：官名。京城特种兵北军五校尉之一，负责京城守卫。

【裴注】

〔一〕孙盛曰："于礼：妇人既无封爵之典；况于孩末，而可建以大邑乎？德自异族，援继非类；匪功匪亲，而袭母爵：违情背典，于此为甚！陈群虽抗言，杨阜引事比并；然皆不能极陈先王之礼，明封建继嗣之义；忠至之辞，犹有阙乎！《诗》云：'赫赫师尹，民具尔瞻。'宰辅之职，其可略哉！"

《晋诸公赞》曰："德字彦孙。司马景王辅政，以女妻德；妻早亡，文王复以女继室，即京兆长公主：景、文二王欲自结于郭后，是以频繁为婚。德虽无才学，而恭谨谦顺。甄温字仲舒。与郭建及德等皆后族，以事宜见宠。咸熙初，封郭建为临渭县公，德广安县公，邑皆千八百户。温本国侯，进为辅国大将军，加侍中，领射声校尉；德镇军大将军。泰始元年，晋受禅，加建、德、温三人位特进。德为人贞素，加以世祖姊夫，是以遂贵当世。德暮年官更转为宗正，迁侍中。太康中，大司马齐王攸，当之藩；德与左卫将军王济共谏请，时人嘉之。世祖以此望德；由此出德为大鸿胪，加侍中、光禄大夫。寻疾薨，赠中军大将军，开府、侍中如故，谥恭公。子喜嗣。喜精粹有器美，历中书郎、右卫将军、侍中，位至辅国大将军，加散骑常侍。喜与国姻亲，而经赵王伦、齐王冏事故，能不豫际会；良由其才短，然亦以退静免之。"

文德郭皇后，安平广宗人也[1]。祖世长吏。〔一〕后少而父永奇之曰："此乃吾女中王也！。"遂以"女王"为字。早失二亲，丧乱流离，没在铜鞮侯家[2]。太祖为魏公时，得入东宫[3]。后有智数，时时有所献纳[4]；文帝定为嗣，后有谋焉。

太子即王位，后为夫人。及践阼，为贵嫔。甄后之死，由后之宠也。

黄初三年，将登后位，文帝欲立为后。中郎栈潜上疏曰[5]："在昔帝王之治天下，不惟外辅，亦有内助；治乱所由，盛衰从之。故西陵配黄[6]，英娥降妫[7]；并以贤明，流芳上世。桀奔南巢[8]，祸阶末喜[9]；纣以炮烙[10]，怡悦妲己[11]。是以圣哲慎立元妃[12]，必取先代世族之家[13]，择其令淑以统六宫；虔奉宗庙，阴教聿修[14]。《易》曰：'家道正而天下定[15]。'由内及外，先王之令典也。《春秋》书宗人衅夏云[16]：'无以妾为夫人礼。'齐桓誓命于葵丘[17]，亦曰：'无以妾为妻[18]。'"今后宫嬖宠，常亚乘舆。若因爱登后，使贱人暴贵；臣恐后世'下陵上替'[19]，开张非度[20]，乱自上起也。"

文帝不从，遂立为皇后。〔二〕

【注释】

〔1〕广宗：县名。县治在今河北威县东北。〔2〕没：丧失自由变成奴隶。〔3〕东宫：指太子曹丕的宫中。〔4〕献纳：献上主意并被曹丕采纳。〔5〕栈潜：传附本书卷二十五《高堂隆传》。〔6〕西陵配黄：传说黄帝娶西陵氏之女，名叫嫘(léi)祖，她是养蚕抽丝的发明者。〔7〕英娥：传说尧嫁给舜的两个女儿，一个叫娥皇，另一个叫女英。〔8〕桀：名履癸，夏王朝的末代国王。残暴荒淫。后被商汤击败，出奔南方而死。事见《史记》卷二《夏本纪》。南巢：地名。在今安徽巢湖市西南。传说商汤伐夏，桀逃往南巢，见《淮南子·修务训》。〔9〕末喜：即妹喜。有施氏的女儿。夏桀的宠妃。商汤灭夏，与桀同奔南方而死。〔10〕纣：名辛，商王朝的末代国王。残暴荒淫，后被周武王击败，自焚而死。事见《史记》卷三《殷本纪》。炮烙(páo luò)：相传是商纣王使用的一种酷刑。说法不一。《列女传》记载是以铜为柱，外面涂油脂，下面烧烈火，当犯人走过铜柱的上面时，必定滑下掉入火中。见《史记》卷三《殷本纪》裴骃《集解》引。〔11〕妲(dá)己：己姓，字妲，有苏氏的女儿。商纣王的宠妃。武王灭商时死。事见《史记》卷三《殷本纪》。〔12〕元妃：嫡妻。〔13〕世族：世代为官的高门名家。〔14〕阴教：女性的教育培养。聿(yù)修：振兴。〔15〕家道正：这句出自《周易·家人》的彖辞，但原文是"夫夫妇妇而家道正，正家而天下定"。〔16〕宗人：官名。负责宗庙祭祀的制度礼仪。衅夏：鲁哀公时的宗人。哀公要立爱妾为嫡室夫人，吩咐衅夏准备仪式，衅夏

答复说，我掌握的礼仪里没有立妾为夫人这一种。意思是反对哀公的做法。见《左传》哀公二十四年。〔17〕葵丘：地名。在今河南兰考、民权两县交界地。前651年，齐桓公以霸主身份召集鲁、宋、卫、郑、许、曹等国的君主，到葵丘结盟，定立誓约多条，史称葵丘之会。见《公羊传》僖公九年。〔18〕无以妾为妻：这是葵丘之会所定誓约中的一条。〔19〕陵：欺侮。替：衰弱不振。这句是《左传》昭公十八年中的话。〔20〕开张：指让小妾的势力扩张。

【裴注】

〔一〕《魏书》曰："父永，官至南郡太守，谥敬侯。母姓董氏，即堂阳君，生三男二女：长男浮，高唐令；次女昱；次即后；后弟都；弟成。后以汉中平元年三月乙卯生，生而有异常。"

〔二〕《魏书》曰："后上表谢曰：'妾无皇、英禧降之节，又非姜、任思齐之伦；诚不足以假充女君之盛位，处中馈之重任。'后自在东宫，及即尊位，虽有异宠，心愈恭肃；供养永寿宫，以孝闻。是时柴贵人亦有宠，后教训奖导之。后宫诸贵人时有过失，常弥覆之；有谴让，辄为帝言其本末；帝或大有所怒，至为之顿首请罪：是以六宫无怨。性俭约，不好音乐，常慕汉明德马后之为人。"

后早丧兄弟，以从兄表，继永后，拜奉车都尉。后外亲刘斐与他国为婚[1]。后闻之，敕曰："诸亲戚嫁娶，自当与乡里门户匹敌者，不得因势，强与他方人婚也。"后姊子孟武，还乡里，求小妻。后止之，遂敕诸家曰："今世妇女少，当配将士。不得因缘取以为妾也[2]。宜各自慎，无为罚首[3]！"〔一〕

五年[4]，帝东征，后留许昌永始台。时霖雨百余日，城楼多坏，有司奏请移止。后曰："昔楚昭王出游[5]，贞姜留渐台[6]；江水至，使者迎而无符[7]，不去，卒没。今帝在远，吾幸未有是患；而便移止，奈何[8]？”群臣莫敢复言。

六年[9]，帝东征吴，至广陵；后留谯宫。时表留宿卫[10]，欲遏水取鱼。后曰：“水当通运漕；又少材木，奴客不在目前[11]，当复私取官竹木作梁遏[12]。今奉车所不足者，岂鱼乎！”

【注释】

〔1〕外亲：娘家的亲戚。　他国：指孙吴。孙吴在公元217—222年的数年间，曾做曹魏名义上的臣属，保持来往。　〔2〕因缘：凭借关系。〔3〕罚首：首先受处罚的人。　〔4〕五年：黄初五年（公元224）。〔5〕楚昭王（？—前489）：名珍。春秋时楚国国君。前515—前489年在位。事见《史记》卷四十《楚世家》。　〔6〕贞姜：楚昭王的夫人。渐台：台名。在今湖北荆州市荆州区东南。贞姜留渐台的故事，见《列女传》卷四。　〔7〕符：古代国君用来传达命令或征调兵将时使用的凭证。用金、铜、玉、竹、木等材料制造，双方各保存一半。国君传令时把自己保存的一半送往受令者，受令者将之与自己保存的一半对合无误后，才执行传来的命令。现今已有多种符的实物出土。　〔8〕奈何：为什么。〔9〕六年：黄初六年（公元225）。　〔10〕表：即郭表。　〔11〕奴客：奴隶和荫客。魏晋时世家豪门可以占有一种依附性人口，称为荫户或客。客的户籍附在主人名下，但是与奴婢相比还有人身自由。客要向主人提供无偿劳动，承受沉重剥削。唯一的好处在于可以免除自由农民必须负担的徭役。　目前：跟前。郭后意思是郭表要捕鱼，应当差遣他自己的奴客，而郭表的奴客在洛阳而不在跟前，势必要动用朝廷的军队，这是不行的。　〔12〕官：公家。　梁遏：堵截水流的堤坝。这句指再要用公家材料更不行。

【裴注】

〔一〕《魏书》曰：“后常敕戒表、武等曰：‘汉氏椒房之家，少能自全者。皆由骄奢，可不慎乎！’”

明帝即位，尊后为皇太后，称“永安宫”。

太和四年，诏封表安阳亭侯。又进爵乡侯，增邑并前五百户，迁中垒将军。以表子详为骑都尉。其年，帝追谥太后父永，为安阳乡敬侯；母董，为都乡君。迁表昭德将军〔1〕，加金紫〔2〕，位特进；表第二子训，为骑都尉。及孟武母卒，欲厚葬，起祠堂。太后止之曰："自丧乱以来，坟墓无不发掘。皆由厚葬也，首阳陵可以为法。"

青龙三年春，后崩于许昌，以终制营陵。三月庚寅〔3〕，葬首阳陵西。〔一〕帝进表爵为观津侯，增邑五百，并前千户。迁详为驸马都尉〔4〕。四年〔5〕，追改封永为观津敬侯，世妇董为堂阳君；追封谥后兄浮为梁里亭戴侯，都为武城亭孝侯，成为新乐亭定侯：皆使使者奉策，祠以太牢。表薨，子详嗣；又分表爵，封详弟述为列侯。详薨，子钊嗣。

【注释】

〔1〕昭德将军：官名。是授给外戚的荣誉性军职。〔2〕金紫：金印紫绶。〔3〕庚寅：旧历十一日。〔4〕驸马都尉：官名。皇帝出行时管理车队马匹。〔5〕四年：青龙四年(公元236)。

【裴注】

〔一〕《魏略》曰："明帝既嗣立，追痛甄后之薨，故太后以忧暴崩。甄后临没，以帝属李夫人。及太后崩，夫人乃说甄后见谮之祸，不获大敛，被发覆面；帝哀恨流涕，命殡葬太后，皆如甄后故事。"《汉晋春秋》曰："初，甄后之诛，由郭后之宠；及殡，令被发覆面，以糠塞口；遂立郭后，使养明帝。帝知之，心常怀忿，数泣问甄后死状。郭后曰：'先帝自杀，何以责问我？且汝为人子，可追仇死父，为前母枉杀后母邪！'明帝怒，遂逼杀之；敕殡者，使如甄后故事。"

《魏书》载哀策曰："维青龙(二)〔三〕年(三)〔二〕月壬申，皇太后梓宫启殡，将葬于首阳之西陵。哀子皇帝叡，亲奉册祖载，遂亲遣奠，叩心擗踊，号咷仰诉。痛灵魂之迁幸，悲容车之向路。背三光以潜翳，就黄垆而安厝。呜呼哀哉！昔二女妃虞，帝道以彰。三母嫔周，圣善弥光。既多受祉，享国延长。哀哀慈妣，兴化闺房。龙飞紫极，作合圣皇。不虞中年，暴罹灾殃。愍予小子，茕茕摧伤。魂虽永逝，定省曷望？呜呼哀哉！'"

明悼毛皇后，河内人也。黄初中，以选入东宫。明帝时为平原王，进御有宠，出入与同舆辇。及即帝位，以为贵嫔。

大和元年，立为皇后。后父嘉，拜骑都尉；后弟曾，郎中。初，明帝为王，始纳河内虞氏为妃。帝即位，虞氏不得立为后，太皇卞太后慰勉焉。虞氏曰："曹氏自好立贱[1]，未有能以义举者也。然后职内事[2]，君听外政，其道相由而成；苟不能以善始，未有能令终者也。殆必由此亡国丧祀矣[3]！"虞氏遂黜还邺宫。

进嘉为奉车都尉，曾骑都尉，宠赐隆渥[4]。顷之，封嘉博平乡侯，迁光禄大夫；曾驸马都尉。嘉，本典虞车工[5]，猝暴富贵[6]。明帝令朝臣会其家饮宴，其容止举动甚蚩騃[7]；语辄自谓"侯身"[8]，时人以为笑。〔一〕后又加嘉位特进，曾迁散骑侍郎。

青龙三年，嘉薨。追赠光禄大夫，改封安国侯，增邑五百，并前千户，谥曰节侯。

四年[9]，追封后母夏，为野王君。

帝之幸郭元后也[10]，后爱宠日弛。景初元年，帝游后园，召才人以上，曲宴极乐[11]。元后曰："宜延皇后[12]。"帝弗许。乃禁左右，使不得宣[13]。后知之。明日，帝见后，后曰："昨日游宴北园，乐乎？"帝以左右泄之，所杀十余人。赐后死，然犹加谥，葬愍陵；迁曾散骑常侍，后徙为羽林、虎贲中郎将、原武典农[14]。

【注释】

〔1〕立贱：确立出身卑贱的妾做皇后。曹操的卞后出身倡家，曹丕的郭后当过女奴，而且她们最初都是小妾，所以虞氏这样说。但是这样也就当面得罪了卞太后。〔2〕职：管理。〔3〕丧祀：断绝宗庙祭祀。上述立贱和亡国丧祀的话都很重，因此虞氏立即被废黜。〔4〕隆渥：优厚。〔5〕典虞：官名。即典虞都尉。负责管理皇帝出外打猎所需的车马弓箭等物品。车工：制造车辆的工匠。〔6〕猝暴：突然。〔7〕蚩騃（chī ái）：呆傻可笑。〔8〕自谓"侯身"：侯身意为侯爷我。当时士大夫交谈时自称，或称名，或称"仆"。自称为侯身，既不合习惯，又显得太妄自尊大。〔9〕四年：青龙四年（公元236）。〔10〕幸：宠爱。〔11〕曲宴：皇帝在宫中的私人饮宴。〔12〕延：请。〔13〕宣：走漏消息。〔14〕羽林：即羽林中郎将。官名。汉代是宫廷卫队的分队司令官之一。曹魏时变成闲职，为皇帝随从官员。原武典农：典农校尉名。治所在今河南原阳县。

【裴注】

〔一〕孙盛曰："古之王者，必求令淑，以对扬至德；恢王化于《关雎》，致淳风于《麟趾》。及臻三季，并乱兹绪；义以情溺，位由宠昏；贵贱无章，下陵上替：兴衰隆废，皆是物也。魏自武王，暨于烈祖；三后之升，起自幽贱；本既卑矣，何以长世？《诗》云：'绨兮绤兮，凄其以风。'其此之谓乎？"

明元郭皇后，西平人也。世河右大族[1]。黄初中，本郡反叛，遂没入宫。明帝即位，甚见爱幸，拜为夫人；叔父立为骑都尉，从父芝为虎贲中郎将。

帝疾困，遂立为皇后。齐王即位，尊后为皇太后，称“永宁宫”。追封谥太后父满，为西都定侯，以立子建绍其爵。封太后母杜，为郃阳君。芝迁散骑常侍、长水校尉；〔一〕立，宣德将军[2]；皆封列侯。建兄德，出养甄氏。德及建，俱为镇护将军[3]，皆封列侯，并掌宿卫。

值三主幼弱，宰辅统政；与夺大事[4]，皆先咨启于太后，而后施行。毌丘俭、钟会等作乱，咸假其命而以为辞焉[5]。

景元四年十二月，崩。五年二月[6]，葬高平陵西。〔二〕

【注释】

〔1〕河右：地区名。即河西。当时指今河西走廊和湟水流域。〔2〕宣德将军：官名。是给予外戚的荣誉性军职。〔3〕镇护将军：官名。负责宫廷保卫。〔4〕与夺：对臣下在官职爵位上的给予和剥夺。〔5〕假：假借。〔6〕五年：景元五年（公元264）。

【裴注】

〔一〕《魏略》曰：“诸郭之中，芝最壮直。先时，自以他功封侯。”

〔二〕《晋诸公赞》曰：“建字叔始。有器局而强问。泰始中，疾薨。子嘏嗣，为给事中。”

评曰：魏后妃之家，虽云富贵，未有若衰汉乘非其据，宰割朝政者也；鉴往易轨[1]，于斯为美。追观陈群之议，栈潜之论，适足以为百王之规典，垂宪范乎后叶矣[2]！

【注释】

〔1〕鉴往：以过去的历史为鉴戒。西汉和东汉的后期，都出现过外戚控制朝政的事。 易轨：改变路线方针。〔2〕宪范：典范。

【译文】

《周易》上说："男性要在家庭的外部事务中居于正确的位置，女性要在家庭的内部事务中居于正确的位置。把男女的位置摆正确，是天地之间道义上的大事。"古代贤明的帝王，无不明确拟定有关后妃的制度，以顺应天地之间的道德伦理。唐尧把他的两个女儿嫁给虞舜，虞舜的事业才能够兴隆；太任、太姒先后嫁给姬姓男子，周王朝因此才变得昌盛。可见一个王朝的兴废存亡，总是和后妃制度有因果关系。关于《春秋》的纬书上曾说，天子可以娶十二个女子，诸侯可以娶九个女子；从情理上来考察，这是一个永远应当遵守而不能改变的制度。

可惜以后各个王朝的君主生活奢侈腐化，放纵情欲；以至于造成普通男女不能结婚成家的反常现象，破坏了阴阳调和的气氛；而且在选择后妃时只看重容貌，不管心地是否善良，道德是否高尚。所以造成整个社会的风尚和文明堕落，维系社会的基本准则败坏。岂不是令人极为痛惜的事吗！唉！拥有国家的人，应该永远以这种情况作为鉴戒啊！

汉代制度：皇帝的祖母称为太皇太后，皇帝的母亲称为皇太后，皇帝的正妻称为皇后，其余的妃嫔又分为十四个等级。

魏王朝承袭汉代制度，太皇太后、皇太后、皇后等称号，都依旧制不改；但是自夫人以下各种妃嫔的数量，各个时期却有所增减。太祖曹操建立魏王国时，开始设立王后；王后以下的妃嫔又分为夫人、昭仪、倢伃、容华、美人五等。魏文帝曹丕时增加了贵嫔、淑媛、修容、顺成、良人这五种妃嫔。魏明帝曹叡时除去妃嫔中顺成这一种；但又增加了淑妃、昭华和修仪这三种。太和年间明帝又恢复了一度被废除的夫人，把夫人列于淑妃之前。至此，魏王朝的妃嫔共有十二等，依次为贵嫔、夫人、淑妃、淑媛、昭仪、昭华、修容、修仪、倢伃、容华、美人、良人。贵嫔、夫人，地位仅次于皇后，没有与之相当的爵位；淑妃地位相当于相国，爵位和诸侯王一样；淑媛地位相当于御史大夫，爵位和县公相同；昭仪爵位和县侯相同；昭华爵位和乡侯相同；修容爵位和亭侯相同；修仪爵位和关内侯相同；倢伃的地位相当于中二千石一级的官员；容华的地位相当于真二千石一级的官员；美人的地位相当于比二千石一级的官员；良人的地位相当于千石一级的官员。

武宣卞皇后，琅邪郡开阳县人。是魏文帝曹丕的生身母亲。出身于卑贱的表演性艺人家庭。二十岁时，太祖曹操在谯郡娶她为妾，后来跟随太祖到达洛阳。董卓在洛阳作乱，太祖仓皇弃家穿起平民服装逃出洛阳东行避祸。不久袁术送来太祖已在中牟县被捕的坏消息，当时随从太祖到洛阳的侍从，都想返回老家去。卞后这时候出来制止说："曹君的吉凶现在还不知道确切消息呀！今天大家都跑回老家去，明天若是他返回来，我们还有什么脸面再见他呢？就算真的是大祸临头，我们大家和他一起死又有什么了不起的？"大家听从她的意见。太祖后来听说了这件事，心里非常赞赏她。

建安初年，太祖的正妻丁夫人被废黜，太祖就以卞后为继室；失去母亲的几个儿子，太祖都交给卞后抚养照顾。太祖立曹丕为太子时，王宫中的侍从人员纷纷向卞后表示祝贺说："将军被立为太子，天下的人没有不为之高兴的。王后您应当把库房中的财物全部拿出来赏赐大家啊！"卞后却回答说："魏王因为曹丕年长，才立他为继承人；我只要能免除教子无方的过错就是大幸了，为什么要大发赏赐呢？"侍从把这些话转告给太祖，太祖高兴地赞扬卞后说："发怒的时候神色不变，高兴的时候不失去节制；遇事依然如平常，这最难做到啊！"

建安二十四年(公元219)，太祖立卞后为王后，下达的文书说："夫人卞氏，抚养各位王子，有当母亲的道德典范，今特进位为王后。由太子和各位王子陪同王后接受封拜，魏王国的六卿到场祝贺；王国内的死刑犯改判比死刑轻一等的刑罚，以示庆贺。”

建安二十五年(公元220)，太祖逝世。太子曹丕即魏王位，尊称卞后为王太后。曹丕代汉称帝，尊称卞后为皇太后，代称是永寿宫。

明帝即位后，又尊称为太皇太后。

黄初年间，魏文帝曾打算追封太后的父母，尚书陈群上奏说：“陛下因具有圣明的品德，顺应时运承受天命，开创大业革新制度，应当永远被后代效法。考察历代典章文献，从来没有对妇女分封土地爵位的做法。在礼仪制度上规定，妻子只能根据丈夫封爵的高低来确定自己的地位。秦王朝在这方面曾违背古代的制度，汉王朝又照着秦王朝去做；但这并不是古代圣明帝王的好办法。”

文帝回答说：“您的意见很对，我前面的指示就不要执行了。同时把您的建议写成诏书，收藏在尚书台和秘书内阁，作为后世永久的规范。”

到太和四年(公元230)，明帝才追谥太皇太后的祖父卞广为开阳恭侯，父亲卞远为开阳敬侯，祖母周氏为阳都君，连同敬侯夫人一起，都赠与印章和绶带。

这年六月，太皇太后去世。七月，与太祖合葬于高陵。

当初，卞后的弟弟卞秉，因为有功封为都乡侯。文帝黄初七年(公元226)晋爵开阳侯，食邑一千二百户，官拜昭烈将军。卞秉死后，儿子卞兰继承了他的爵位。卞兰从小有才学，曾任奉车都尉、游击将军，加任散骑常侍。卞兰死后，其子卞晖继承爵位。又分出卞秉一部分食邑，封卞兰的弟弟卞琳为列侯，卞琳官至步兵校尉。

卞兰儿子卞隆的女儿，后来做了高贵乡公曹髦的皇后。卞隆以皇后父亲的身份任光禄大夫，赐特进官号，封睢阳乡侯；妻子王氏封显阳乡君。又追封卞隆前妻刘氏为顺阳乡君，因为刘氏是曹髦卞皇后的生母。

卞琳的女儿又做了陈留王曹奂的皇后。这时候卞琳已经去世，只封其妻刘氏为广阳乡君。

文昭甄皇后，中山国毋极县人。是明帝曹叡的生母，汉朝太保甄邯的后代。家中世代担任郡太守、国相一类的重要官职。父亲甄逸，曾任上蔡县令。

甄后三岁时就死了父亲。后来汉末天下大乱，加上饥荒，百姓们为了活命纷纷卖掉金银、珠宝、玉器等值钱东西来买粮食。当时甄家储有很多粮食，趁机收买了大量宝物。当时甄后才十几岁，看到这种情形就报告母亲说："如今世道大乱却多买宝物，古人曾说：一个携有玉璧的平民本来没有罪，但是人们贪图他的玉璧，总会给他安上罪名的。再说眼下左邻右舍都在饥饿之中；不如把我家的谷物用来赈济乡亲，广施恩惠。"全家人都认为她说得很对，于是便按照她的意见办理。建安年间，袁绍为他的次子袁熙聘娶了甄后。袁熙出任幽州刺史，甄后留在邺县侍奉公婆。

太祖曹操平定冀州，文帝曹丕在邺县把甄后作为自己的妻室；甄后一度很受文帝宠爱，为他生下明帝和东乡公主。

延康元年(公元220)正月，文帝继承魏王之位。六月，曹丕率军南征，甄后留在邺县。黄初元年(公元220)十月，汉献帝禅让帝位给文帝。文帝受禅之后，改封献帝为山阳公，而山阳公把两个女儿献给文帝做妃嫔，她们和郭皇后、李贵人、阴贵人都深受文帝宠幸，甄后更加失意，为此不免有怨言。文帝听到后大怒，黄初二年(公元221)六月，派使者到邺县逼她自杀；死后葬在邺县。

明帝即位后，有关官员奏请追谥甄后。于是明帝派司空王朗持有节杖，带上追谥的文书，用牛、羊、猪三牲做祭品，到甄后陵墓祭祀，又另外为她修建了供祭祀的神庙。

太和元年(公元227)三月，明帝以中山国魏昌县安城乡的一千户百姓，追封甄后的父亲甄逸，谥为敬侯；其嫡孙甄像继承了他的爵位。

同年四月，开始在洛阳营建宗庙，施工中从地下挖出一块玉玺；玉玺见方一寸九分，上面刻有"天子羡思慈亲"六个字。明帝见到后神情悲伤，用牛、羊、猪三牲做祭品到宗庙祭祀祷告，此后明帝又多次梦见母亲；于是区分舅舅家族成员的亲疏长幼，分别予以任用；赏赐的钱累计达到一万万之多；又任命甄像为虎责中郎将。这一月，甄后母亲去世，明帝穿起孝服亲自参加了葬礼，朝廷文武百官会同祭奠。

太和四年(公元230)十一月，明帝认为母亲甄后的陵墓地势过于低下，委派甄像兼任太尉，持有节杖，前往邺县，祭告土神后，在十二月改葬甄皇后于朝阳陵。甄像完成使命回来后，升任散骑常侍。

青龙二年(公元234)春天，明帝下诏追谥甄后的哥哥甄俨为安城乡穆侯。这年夏天，孙吴军队侵犯扬州，明帝任命甄像为伏波将军，持有节杖，监督众将出兵东征。回来后，又任命甄像为射声校尉。青龙三年(公元235)甄像去世，追赠卫将军，改封在魏昌县，谥为贞侯。儿子甄畅继承了他的爵位。又封甄畅的弟弟甄温、甄韡、甄艳为列侯。青龙四年(公元236)，明帝下诏把甄逸、甄俨原来的安城乡侯封爵，都改为魏昌县侯，两人的谥号敬侯、穆侯不变。加封甄俨的嫡妻刘氏为东乡君，又追封甄逸的嫡妻张氏为安喜君。

景初元年(公元237)夏天，有关官员商议皇族祖先七座神庙的建立问题。

冬天，他们又向明帝上奏说："一代帝王的兴起，既有承受天命的君主，又有圣明的后妃凭借神灵来配合；才能子孙昌盛，成就大业。古时候高辛氏预测他四个妻子所生的儿子都会拥有天下，果然后来帝挚、唐尧、商、周都一代一代兴起。周朝的人向上推举祖先后稷，让他配祭上天；又追溯王族的起始，把后稷的母亲姜嫄视为本源，特地为她建立神庙，世世代代进行祭祀。《周礼》中所说的'奏夷则，歌中吕，舞大濩，以祭祀先妣'，正是描绘周人祭祀姜嫄的情形。《诗经》当中也称颂说：'当初生育我们周族先民的，正是这位姜嫄啊！'这正表明了周朝基业的本源和民众的由来。《诗经》中还描写道：'姜嫄的神庙十分清静，建筑宏伟而装饰精美；形象无比光辉的姜嫄啊，您的美德是多么的纯正！'《周礼》和《诗经》中所描绘的周朝王族兴盛景象就像这样美好。如今我大魏王朝顺应时运，继承祖先虞舜而享有天下；在尊崇弘扬帝王的根本方面，太祖武皇帝、高祖文皇帝和陛下本人这三代，享有特别隆重的待遇；在庙祧的数目方面，实际上与周代的制度相同。现今武帝的武宣卞皇后，文帝的文德郭皇后，都分别在武帝、文帝的神庙中配祀，享受永不断绝的香火祭祀。而文昭甄皇后承受神灵的旨意，生养了圣明的陛下；具有救济天下民众的功劳，充满宇宙的德泽；使皇族从此繁衍，确实是道义和教化兴起的本源啊。现在陛下单独为她修建了神庙，这就相当于周人所建的姜嫄神庙；但是陛下却没有明确下诏宣布：文昭甄皇后的寝庙永远享受祭祀而不拆毁。这样一来，恐怕后世评论陛下报答母后的功德时，会认为做得还不够：不足以向后世显示陛下的孝心。臣等认为：文昭甄皇后的神庙应该世世代代享受祭祀，和祖庙享受同等的待遇；并由朝廷颁布永不拆毁的法令，以传扬圣上的好风范。”

明帝批准上奏，于是下达诏令，宣布文昭甄皇太后的神庙永远享受祭祀而不拆毁。又把这道诏书连同有关官员议定皇族七座祖庙的文件，一起铸在金属板上，存放到保管国家重要文件的金属箱子里。

明帝对他的舅舅家思念不已。甄畅年纪还小，景初末年，明帝就任命他为射声校尉，加授散骑常侍官职。还特别为他修了一座宽大的住宅，明帝经常亲自前往他家看望。又下令在他的宅院后园，为甄像的母亲建起一座亭庙，把这条里巷取名渭阳里，以表示自己对母亲的缅怀。

嘉平三年(公元251)正月，甄畅去世，被追赠为车骑将军，谥为恭侯。其子甄绍继承了他的爵位。太和六年(公元232)，明帝的爱女曹淑死去，被追封为平原懿公主，为她修了祭庙。并把她与甄后已死的侄孙甄黄合葬，追封甄黄为列侯。又让夫人郭氏的堂弟郭德，充当他们的继承人，郭德改姓甄；封为平原侯，继承死去公主的爵位。

青龙年间，明帝封甄后堂兄的儿子甄毅和甄像的三个弟弟为列侯。甄毅后来多次上疏陈述对政事的建议，官做到越骑校尉。嘉平年间，朝廷又封甄畅的两个儿子为列侯。甄后哥哥甄俨的孙女，被立为齐王曹芳的皇后。甄后的父亲已经死去，朝廷封她的母亲为广乐乡君。

文德郭皇后，安平郡广宗县人。祖先世代担任县级行政长官。

郭后年幼时，父亲郭永就很器重她，对家人说：“我这孩子是女中之王啊！”就以“女王”作她的名字。她很早就死去父母双亲，在社会动乱中漂泊流离，成为铜鞮侯家中的女奴。太祖曹操为魏公时，她被选入太子曹丕的宫中。因为有智谋心计，经常向曹丕提出一些好的建议；曹丕之所以能被太祖定为继承人，她在中间是出了主意的。

曹丕继承魏王位，封郭后为夫人。曹丕当了皇帝，又封她为贵嫔。甄皇后被文帝逼迫自杀，就是由于郭后得到文帝宠爱的缘故。

黄初三年(公元222)，确定皇后人选时，文帝想要立她为皇后。中郎栈潜上奏反对说：“过去的帝王治理天下，不仅需要外面公卿大臣的辅佐，也离不开内部后妃的帮助；后妃是否贤德，关系到政治是稳定还是动乱，直接影响国家的盛衰。所以远古时期西陵氏的女儿许配给轩辕黄帝，唐尧的两个女儿娥皇和女英下嫁给虞舜；她们都因贤明有德，在上古时期流传美名。夏桀亡国时狼狈逃往南巢，祸根就在于宠幸妹喜；商纣用炮烙的酷刑处死忠臣，目的也只是取得妲己的欢心。有鉴于此，所以圣明智慧的君主在选择嫡妻时都格外慎重，必定要在世代为官的高族名门中，选择善良贤淑的女子来充任嫡妻，以统领六宫妃嫔；恭敬地奉祀宗庙，加强宫廷女性的教育培养。《周易》中说：‘家道正而天下定。’表明了由内及外的道理，这正是古代圣明帝王的好办法啊！《春秋》中记载鲁国官员衅夏的话说：‘没有以小妾为夫人的礼仪制度。’齐桓公在葵丘会合诸侯立誓时，也说：‘不能让小妾成为嫡妻。’可如今后宫中有些受到宠爱的妃嫔，享受的礼仪规格仅次于天子。如果陛下再因为宠爱而确定她为皇后，使贱人骤然尊贵；那么为臣担心后世会出现下面欺侮上面而上面衰弱不振，小妾势力扩张而没有节制的局面，到时候乱子就要从上面引起了。”

文帝不理会栈潜的劝谏，照样立郭氏为皇后。

郭氏早就死了兄弟，于是文帝让她的堂兄郭表，充当她父亲郭永的继承人，又任命郭表为奉车都尉。郭后娘家的亲戚刘斐想与孙吴的人通婚，她听说后专门告诫说：“我的亲戚有婚嫁之事，都应该与同乡中门户相当的人家联姻，不得因为势力强盛而硬要别国人家与自己通婚。”她姐姐的儿子孟武，回到故乡后，请求娶小妾。她加以制止，又专门下达指示说：“现今妇女人数少，应当把她们配给前方将士为妻。你们不准凭借关系娶小妾。各家亲戚在这件事情上要小心谨慎，不要成为首先受惩罚的人！”

黄初五年(公元224)，文帝率军东征孙吴，郭后留在许昌的永始台。当时大雨一连下了百多天，城楼大多倒塌毁坏，有关的官员上奏请郭后移居别处。她拒绝说：“从前楚昭王出游，他的夫人贞姜留在渐台；长江洪水涌来的时候，使者来迎接她离开，但慌忙中忘了带上昭王的符信，贞姜就坚持不走，结果淹死在洪水中。现今皇上远征，而我也还没有到达贞姜那样的危急程度；却想迁移住处，为什么要这样呢?”左右的侍臣听了都不敢再说。

黄初六年(公元225)文帝再次率军东征孙吴，大军到达广陵；郭后留在谯县的行宫。郭表当时负责行宫的警卫工作，他想拦住河水捉鱼。郭后制止他说：“河水应当用来行船运送军粮；再说你筑坝截水又缺少木材，你自己的奴隶和荫客又不在跟前，要筑堤坝只好私自调用公家的军队和竹木。如今你这位奉车都尉所缺少的，难道就是鱼么!”

明帝即位后，尊郭后为皇太后，代称是永安宫。

太和四年(公元230)，明帝下诏封郭表为安阳亭侯。继而又晋爵为安阳乡侯，增加食邑连同以前的共五百户，又提升他为中垒将军。任命他的儿子郭详为骑都尉。同年，明帝追谥皇太后的父亲郭永为安阳乡敬侯，母亲董氏为都乡君。提升郭表为昭德将军，赐给金印紫绶，以及特进的官号；郭表的次子郭训也被任命为骑都尉。后来孟武的母亲也就是皇太后的姐姐去世，孟武想实行厚葬，并为她修建祠堂。皇太后制止他说：“自汉末天下大乱以来，陵墓都被人发掘。原因就在于厚葬，你要以文帝首阳陵的薄葬作为仿效的标准。”

青龙三年(公元235)春天，郭后在许昌去世，朝廷按文帝生前制定的办法为她营建陵墓。三月十一日庚寅，将她安葬在文帝首阳陵的西侧。明帝晋封郭表为观津侯，增加食邑五百户，连同以前所有共一千户。又提升郭详为驸马都尉。青龙四年(公元236)，明帝追封皇太后的父亲郭永为观津敬侯，母亲董氏为堂阳君；追封和追谥皇太后的哥哥郭浮为梁里亭戴侯、郭都为武城亭孝侯、郭成为新乐亭定侯：都派出使节捧着朝廷的追封和追谥文书，以牛、羊、猪三牲做祭品进行祭祀。郭表死后，儿子郭详继承了他的爵位；又分出郭表的一部分食邑，封郭详的弟弟郭述为列侯。郭详死后，儿子郭钊继承了他的爵位。

明悼毛皇后，河内郡人。文帝黄初年间，被选送进宫给曹叡当小妾。当时明帝曹叡还是平原王，见到她后非常宠爱，进出都要同乘一辆车。明帝即位做了皇帝后，封她为贵嫔。

太和元年(公元227)，明帝正式立她为皇后。她的父亲毛嘉，拜为骑都尉；弟弟毛曾，出任郎中。当初明帝还是平原王的时候，开始娶河内郡的虞氏为正妻。明帝即位，虞氏却没能立为皇后，太皇太后卞氏亲自安慰勉励她。虞氏对太皇太后抱怨说："曹氏皇族自来喜欢立出身卑贱的小妾为皇后，不能按道理来办事。然而皇后管理宫廷内事，皇帝执掌宫外大政，两人相辅相成；如果不能善始，就不会有善终。恐怕一定会因此而亡国断绝宗庙祭祀了！"结果虞氏被废黜送到邺城打入冷宫。

明帝提升毛嘉为奉车都尉，毛曾为骑都尉，宠爱赏赐无比优厚。不久，又晋封毛嘉为博平乡侯，升任光禄大夫；毛曾为驸马都尉。毛嘉本是为皇家制造车辆的工匠，突然富贵加身。明帝要公卿大臣到他家中去饮宴，他的外貌举止显得非常呆傻可笑；开口闭口自称"侯爷我"，一时间人们传为笑谈。后来明帝又加赐毛嘉特进的官号，提升毛曾为散骑常侍。

青龙三年(公元235)毛嘉去世。追赠光禄大夫，改封安国侯，增加食邑五百户，连同前面的共一千户，谥为节侯。

青龙四年(公元236)，明帝追封毛皇后的母亲夏氏为野王君。

明帝后来又喜欢郭夫人，毛皇后受到的恩宠日益淡薄。景初元年(公元237)，明帝到皇宫的后花园游玩，召集后宫才人以上的妃嫔参加，饮宴极为欢乐。郭夫人对明帝说："应该把皇后请来。"明帝不同意，并且向左右随从下令，不准他们走漏消息给毛皇后。宴会散后毛皇后终于得知此事。第二天，明帝和毛后见面时，毛后问："陛下昨天宴游后园，玩得开心吗？"明帝因左右侍从违令泄露消息，下令处死了十几名随身侍从。又赐毛皇后自杀，不过在她死后仍给她加了谥号，并安葬在愍陵；又提升毛曾为散骑常侍，后转任羽林中郎将、虎贲中郎将、原武典农校尉。

明元郭皇后，西平郡人。世代为河西地区的大族。黄初年间，她家乡所在的西平郡发生反叛，她因此被送进皇宫当女奴。明帝即位，对她非常宠爱，封她为夫人；任命她的叔父郭立为骑都尉，伯父郭芝为虎贲中郎将。

明帝病危，册立她为皇后。齐王曹芳继承帝位，尊她为皇太后，代称是永宁宫。又追谥她的父亲郭满为西都定侯，让郭立的儿子郭建继承郭满的爵位。封她的母亲杜氏为郃阳君。郭芝升任散骑常侍、长水校尉；郭立升任宣德将军；都封为列侯。郭建的哥哥郭德，受命当文昭甄皇后已死去侄孙甄黄的继承人。郭德与郭建兄弟二人都担任镇护将军，也都封为列侯，共同负责宫廷警卫。碰上明帝之后的三位皇帝都年幼，由辅政大臣执掌朝政；每当有对臣下进行赐予或剥夺的大事，都是先向郭太后请示报告，然后执行。毌丘俭、钟会等人先后起兵造反，都是以郭太后的旨意发布讨伐文告。

景元四年(公元263)十二月，郭太后去世。次年二月，安葬在明帝高平陵的西面。

评论说：魏朝的后妃家族，虽然也享有荣华富贵，却没有出现像两汉衰落时期那样，乘机据有非分的权位，从而垄断朝政的情形；以过去的历史为鉴戒，改变路线和方针，在这方面魏朝的做法是很好的。回过头来阅读文帝时期陈群的建议、栈潜的上奏，真是足以作为后代帝王遵循的准则，为后世留下典范了！

【三国志译注卷六】　　魏志六

董二袁刘传第六

董卓字仲颖，陇西临洮人也[1]。〔一〕少好侠，尝游羌中，尽与诸豪帅相结[2]。后归耕于野。而豪帅有来从之者；卓与俱还，杀耕牛与相宴乐。诸豪帅感其意，归相敛，得杂畜千余头以赠卓[3]。〔二〕

汉桓帝末，以六郡良家子为羽林郎[4]。卓有才武，膂力少比[5]；双带两鞬[6]，左右驰射。为军司马[7]，从中郎将张奂征并州有功[8]，拜郎中[9]。赐缣九千匹[10]，卓悉以分与吏士。迁广武令[11]，蜀郡北部都尉；西域戊己校尉，免。征拜并州刺史，河东太守。〔三〕迁中郎将，讨黄巾。军败，抵罪[12]。

韩遂等起凉州，复为中郎将，西拒遂。于望垣峡北[13]，为羌胡数万人所围，粮食乏绝。卓伪欲捕鱼，堰其还道当所渡水为池[14]；使水渟满数十里[15]，默从堰下过其军而决堰。比羌胡闻知追逐，水已深，不得渡。时六军上陇西，五军败绩；卓独全众而还。屯住扶风。拜前将军，封斄乡侯[16]。征为并州牧。〔四〕

【注释】

〔1〕陇西：郡名。郡治在今甘肃临洮县。　临洮：县名。县治在今甘肃岷县。〔2〕豪帅：首领。〔3〕杂畜：各种牲畜。〔4〕六郡：指东汉西北的汉阳、陇西、安定、北地(治所在今宁夏青铜峡市东南)、上郡、西河(治所在今山西吕梁市离石区)六郡。　良家：汉代以医、巫、商、手工为卑贱职业，不从事这些职业的人家叫做良家。　羽林郎：官名。汉代郎官的一种，是皇帝的侍卫。西北六郡的人擅长骑射，所以当时的羽林郎常选六郡良家的子弟充任。〔5〕膂力：力气。〔6〕鞬(jiān)：马上插弓的皮囊。〔7〕军司马：这里指中郎将张奂属下的司马。〔8〕中郎将：官名。汉代宫廷卫队长官有五官、左、右、羽林、虎贲五名中郎将。东汉末年政局动荡，朝廷派兵镇压各地武装反抗时，开始以中郎将作为统兵官，表示是宫廷卫队出征。出征的中郎将还可加东、北、镇贼之类的字样在官衔前面。张奂当时任护匈奴中郎将。张奂(公元104—181)：字然明，敦煌郡渊泉(今甘肃瓜州县东南)人。东汉末年长期任西北边境地区军政职务，后升任太常。因得罪宦官势力被免职，在家讲授《尚书》学，收学生千人。传见《后汉书》卷六十五。〔9〕郎中：官名。汉代郎官的一种。也是皇帝的侍卫。〔10〕缣(jiān)：用双股丝织成的细绢。〔11〕广武：县名。县治在今山西代县西南。〔12〕抵罪：指撤职。〔13〕望垣：县名。县治在今甘肃天水市西北。望垣峡就在其附近。〔14〕堰：筑堰。　还道当所：回撤路上的必经之处。〔15〕渟(tíng)：水停不流。〔16〕斄(tái)：亭名。属右扶风郿县。在今陕西眉县东。

【裴注】

〔一〕《英雄记》曰：“卓父君雅，由微官为颍川纶氏尉。有三子：长子擢，字孟高，早卒；次即卓；卓弟旻，字叔颖。”

〔二〕《吴书》曰：“郡召卓为吏，使监领盗贼。胡尝出抄，多虏民人。凉州刺史成就，辟卓为从事，使领兵骑讨捕。大破之，斩获千计。并州刺史段颎荐卓公府，司徒袁隗辟为掾。”

〔三〕《英雄记》曰：“卓数讨羌胡，前后百余战。”

〔四〕《灵帝纪》曰：“中平五年，征卓为少府，敕‘以营吏士属左将军皇甫嵩，诣行在所’。卓上言：‘凉州扰乱，鲸鲵未灭，此臣奋发效命之秋。吏士踊跃，恋恩念报，各遮臣车；辞声恳恻，未得即路也。辄且行前将军事，尽心慰恤，效力行阵。’六年。以卓为并州牧，又敕

‘以吏兵属皇甫嵩’。卓复上言：‘臣掌戎十年，士卒大小，相狎弥久；恋臣畜养之恩，乐为国家奋一旦之命；乞将之州，效力边陲。’卓再违诏敕，会为何进所召。”

灵帝崩，少帝即位。大将军何进与司隶校尉袁绍，谋诛诸阉官，太后不从。进乃召卓，使将兵诣京师；并密令上书曰：“中常侍张让等窃幸乘宠[1]，浊乱海内。昔赵鞅兴晋阳之甲[2]，以逐君侧之恶。臣辄鸣钟鼓如洛阳[3]，即讨让等。”欲以胁迫太后。

卓未至，进败。〔一〕中常侍段珪等，劫帝走小平津[4]；卓遂将其众迎帝于北芒[5]，还宫。〔二〕时进弟车骑将军苗，为进众所杀[6]。〔三〕进、苗部曲无所属[7]，皆诣卓；卓又使吕布杀执金吾丁原[8]，并其众：故京都兵权唯在卓。〔四〕

先是，进遣骑都尉泰山鲍信，所在募兵[9]。适至，信谓绍曰：“卓拥强兵，有异志；今不早图，将为所制。及其初至疲劳，袭之，可擒也！”绍畏卓，不敢发；信遂还乡里。

于是以久不雨，策免司空刘弘而卓代之[10]。俄迁太尉，假节钺、虎贲。遂废帝为弘农王；寻又杀王及何太后；立灵帝少子陈留王，是为献帝。〔五〕

卓迁相国，封郿侯；赞拜不名，剑履上殿。又封卓母为池阳君，置家令、丞[11]。卓既率精兵来，适值帝室大乱，得专废立；据有武库甲兵、国家珍宝，威震天下。

【注释】

〔1〕张让(？—公元189)：颍川郡人。东汉末年的掌权宦官，有十二名中常侍，号称“十常侍”。张让即是这帮人的首领。传见《后汉书》卷七十八《宦者列传》。〔2〕赵鞅：名志父。又称赵孟、赵简子。春秋末年晋国的卿。他击败晋国另外两位卿即范氏、中行氏的势力，奠定以后建立赵国的基础。事见《史记》卷四十三《赵世家》。晋阳：城名。在今山西太原市西南。甲：穿甲胄的兵士。前497年，赵鞅动用晋阳的驻军，驱逐晋臣荀寅、士吉射，说是要清除国君身边的恶人。见《公羊传》定公十三年。〔3〕鸣钟鼓：敲钟击鼓。指出兵讨伐罪人。如：前往。〔4〕小平津：黄河古津渡名。在今河南偃师市西北。〔5〕北芒：山名。在今河南偃师市西北，小平津的南面。〔6〕苗：即何苗(？—公元189)：何进的异母弟。东汉末以外戚任车骑将军，封济阳侯。事附《后汉书》卷六十九《何进传》。〔7〕部曲：列入编制的部队。〔8〕丁原(？—公元189)：事见本书卷七《吕布传》裴注引《英雄记》。〔9〕所在：到处。这里指鲍信家乡泰山郡的各地。见本书卷十二《鲍勋传》裴注引《魏书》。〔10〕刘弘：事附《后汉书》卷八《灵帝纪》。〔11〕家令：官名。汉代太子宫中有家令，管理粮谷储存和饮食供应。丞：官名。即家丞。诸侯、公主有家丞，主管家务。为董卓的母亲设家令、家丞，是特殊的优待。

【裴注】

〔一〕《续汉书》曰：“进字遂高，南阳人。太后异母兄也。进本屠家子，父曰真。真死后，进以妹倚黄门，得入掖庭，有宠。光和三年立为皇后，进由是贵幸。中平元年，黄巾起，拜进大将军。”

《典略》载卓表曰：“臣伏惟天下所以有逆不止者，各由黄门、常侍张让等侮慢天常，操擅王命。父子兄弟，并据州郡；一书出门，便获千金。京畿诸郡，数百万膏腴美田，皆属让等。至使怨气上蒸，妖贼蜂起。臣前奉诏讨于扶罗，将士饥乏，不肯渡河。皆言欲诣京师先诛阉竖，以除民害，从台阁求乞资直；臣随慰抚，以至新安。臣闻扬汤止沸，不如灭火去薪；溃痈虽痛，胜于养肉；及溺呼船，悔之无及！”

〔二〕张璠《汉纪》曰：“帝以八月庚午，为诸黄门所劫，步出榖门，走至河上。诸黄门既投河死，时帝年十(四)〔七〕，陈留王年九岁。兄弟独夜步行，欲还宫。暗暝，逐萤火而行。数里，得民家，以露车载送。辛未，公卿以下与卓，共迎帝于北芒坂下。”

《献帝春秋》曰："先是，童谣曰：'侯非侯，王非王；千乘万骑走北芒。'卓时适至，屯显阳苑。闻帝当还，率众迎帝。"

《典略》曰："帝望见卓兵，涕泣。群公谓卓曰：'有诏却兵！'卓曰：'公诸人为国大臣，不能匡正王室，至使国家播荡，何却兵之有！'遂俱入城。"

《献帝纪》曰："卓与帝语，语不可了。乃更与陈留王语，问祸乱由起。王答，自初至终，无所遗失。卓大喜，乃有废立意。"

《英雄记》曰："河南中部掾闵贡，扶帝及陈留王，上至雒舍止。帝独乘一马，陈留王与贡共乘一马，从雒舍南行。公卿百官奉迎于北芒坂下，故太尉崔烈在前导。卓将步骑数千来迎，烈呵使避。卓骂烈曰：'昼夜三百里来，何云避！我不能断卿头邪？'前见帝曰：'陛下令常侍、小黄门作乱乃尔，以取祸败。为负不小邪！'又趋陈留王，曰：'我董卓也，从我抱来！'乃于贡抱中取王。"

《英雄记》曰："一本云：王不就卓抱，卓与王并马而行也。"

〔三〕《英雄记》云："苗，太后之同母兄。先嫁朱氏之子。进部曲将吴匡，素怨苗不与进同心，又疑其与宦官通谋。乃令军中曰：'杀大将军者，车骑也！'遂引兵与卓弟旻，共攻杀苗于朱爵阙下。"

〔四〕《九州春秋》曰："卓初入洛阳，步骑不过三千。自嫌兵少，不为远近所服。率四五日，辄夜遣兵，出四城门，明日陈旌鼓而入。宣言云'西兵复入至洛中'。人不觉，谓卓兵不可胜数。"

〔五〕《献帝纪》曰："卓谋废帝，会群臣于朝堂，议曰：'大者天地，次者君臣，所以为治。今皇帝暗弱，不可以奉宗庙，为天下主。欲依伊尹、霍光故事，立陈留王，何如？'尚书卢植曰：'按《尚书》，太甲既立，不明；伊尹放之桐宫。昌邑王立二十七日，罪过千余；故霍光废之。今上富于春秋，行未有失，非前事之比也。'卓怒，罢坐，欲诛植。侍中蔡邕劝之，得免。九月，甲戌，卓复大会群臣曰：'太后逼迫永乐太后，令以忧死；逆妇姑之礼，无孝顺之节。天子幼质，软弱不君。昔伊尹放太甲，霍光废昌邑；著在典籍，佥以为善。今太后宜如太甲，皇帝宜如昌邑；陈留王仁孝，宜即尊皇祚。'"

《献帝起居注》载："策曰：'孝灵皇帝不究高宗眉寿之祚，早弃臣子。皇帝承绍，海内侧望。而帝天姿轻佻，威仪不恪；在丧慢惰，衰如故焉。凶德既彰，淫秽发闻；损辱神器，忝污宗庙。皇太后教无母仪，统政荒乱。永乐太后暴崩，众论惑焉。三纲之道，天地之纪，而乃有阙，罪之大者。陈留王协，圣德伟茂，规矩邈然；丰下兑上，有尧图之表。居丧哀戚，言不及邪；岐嶷之性，有周成之懿。休声美称，天下所闻。

宜承洪业，为万世统，可以承宗庙。废皇帝为弘农王。皇太后还政。’尚书读册毕，群臣莫有言。尚书丁宫曰：‘天祸汉室，丧乱弘多。昔祭仲废忽立突，《春秋》大其权。今大臣量宜为社稷计，诚合天人，请称“万岁”。’卓以太后见废，故公卿以下不布服；会葬，素衣而已。”

卓性残忍不仁，遂以严刑胁众，睚眦之隙必报〔1〕，人不自保。〔一〕尝遣军到阳城〔2〕。时适二月社〔3〕，民各在其社下。悉就断其男子头，驾其车牛，载其妇女财物；以所断头系车辕轴，连轸而还洛〔4〕；云攻贼大获，称“万岁”〔5〕。入开阳城门〔6〕，焚烧其头；以妇女与甲兵，为婢妾。至于奸乱宫人、公主〔7〕。其凶逆如此。

初，卓信任尚书周毖、城门校尉伍琼等。用其所举韩馥、刘岱、孔伷、张（资）〔咨〕、张邈等出宰州郡〔8〕；而馥等至官，皆合兵将以讨卓。卓闻之，以为毖、琼等通情卖己，皆斩之。〔二〕

【注释】

〔1〕睚眦（yá zì）：发怒时瞪眼睛。睚眦之隙指微小的怨忿。〔2〕阳城：县名。县治在今河南登封市东南。〔3〕社：祭祀土地神的民间集会。〔4〕轸（zhěn）：车后的横木。引申为车辆。连轸即车辆连接不断。〔5〕称“万岁”：高呼万岁。最初万岁是人们欢庆时的祝词，上下通用。东汉时已经被皇帝专用。这里董卓兵士高呼万岁是越轨举动。〔6〕开阳：城门名。当时京城洛阳有城门十二座，开阳是南面向东的第一座城门。〔7〕宫人：宫女。〔8〕张咨（？—公元190）：事附本书卷四十六《孙坚传》。

【裴注】

〔一〕《魏书》曰：“卓所愿无极，语宾客曰：‘我相贵，无上也！’”

《英雄记》曰：“卓欲震威。侍御史扰龙宗诣卓白事，不解剑；立挝杀之，京师震动。发何苗棺，出其尸，支解节，弃于道边。又收苗母舞阳君杀之，弃尸于苑枳落中，不复收敛。”

〔二〕《英雄记》曰：“毖字仲远，武威人。琼字德瑜，汝南人。”

谢承《后汉书》曰：“伍孚字德瑜。少有大节，为郡门下书佐。其本邑长有罪，太守使孚出教，敕曹下督邮，收之。孚不肯受教，伏地仰谏曰：‘君虽不君，臣不可不臣。明府奈何令孚受教，敕外收本邑长乎？更乞授他吏！’太守奇而听之。后大将军何进辟，为东曹属。稍迁侍中、河南尹、越骑校尉。董卓作乱，百僚震栗。孚著小铠，于朝服里挟佩刀见卓，欲伺便刺杀之；语阕辞去，卓送至阁中，孚因出刀刺之。卓多力，退却不中。即收孚，卓曰：‘卿欲反邪？’孚大言曰：‘汝非吾君，吾非汝臣，何反之有！汝乱国篡主，罪盈恶大，今是吾死日，故来诛奸贼耳。恨不车裂汝于市朝，以谢天下！’遂杀孚。”

谢承记孚字及本郡，则与琼同；而致死事乃与孚异也。不知孚为琼之别名？为别有伍孚也？盖未详之。

河内太守王匡，遣泰山兵屯河阳津[1]，将以图卓。卓遣疑兵，若将于平阴渡者[2]；潜遣锐众从小平北渡[3]，绕击其后。大破之津北，死者略尽。卓以山东豪杰并起，恐惧不宁。

初平元年二月，乃徙天子都长安。焚烧洛阳宫室，悉发掘陵墓，取宝物。〔一〕卓至西京，为太师，号曰“尚父”[4]；乘青盖金华(车爪)〔爪车[5]〕，画两轓[6]，时人号曰“竿摩车”。〔二〕卓弟旻为左将军，封鄠侯；兄子璜为侍中、中军校尉，典兵[7]；宗族内外，并列朝廷。〔三〕公卿见卓，谒拜车下，卓不为礼；召呼三台尚书以下，自诣卓府启事[8]。〔四〕筑郿坞[9]，高与长安城埒[10]，积谷为三十年储。〔五〕云：“事成，雄据天下；不成，守此足以毕老[11]。”尝至郿行坞[12]，公卿以下，祖道于横门外[13]。〔六〕卓预施帐幔饮，诱降北地反者数百人[14]：于坐中先断其舌，或斩手足，或凿眼，或镬煮之[15]；未死，偃转杯案间[16]。会者皆战栗，亡失匕箸[17]，而卓饮食自若。

太史望气[18]，言当有大臣戮死者。故太尉张温时为卫尉[19]，素不善卓。卓心怨之，因天有变[20]，欲以塞咎[21]。使人言温与袁术交关，遂笞杀之。〔七〕法令苛酷，爱憎淫刑[22]；更相被诬，冤死者千数。百姓嗷嗷[23]，道路以目[24]。〔八〕悉椎破铜人、钟虡[25]。及坏五铢钱，更铸为小钱；大五分，无文章[26]，肉好无轮廓[27]，不磨鑢[28]。于是货轻而物贵[29]，谷一斛至数十万。自是后钱货不行。

【注释】

〔1〕河阳津：黄河古津渡名。在今河南孟州市西。〔2〕平阴：县名。在今河南孟津县东北。〔3〕小平：即小平津。小平津在河阳津的东面约20公里，而平阴渡口在河阳津的西面约20公里。〔4〕尚父：西周初年的吕尚，被尊称为“师尚父”，并任太师。董卓自任太师又称尚父，是以东汉的元勋自居。〔5〕青盖金华（huā）爪车：汉代皇太子和封王的皇子所乘的礼仪专车。车顶装圆形青色车盖。车盖的骨架由二十八根相思树木条构成，其外端弯曲如禽兽脚爪，上面用金箔制成花朵形图案装饰，所以称为金华爪。爪下系车盖。见《续汉舆服志》上。〔6〕轓（fān）：车轮上部的挡泥板。当时青盖车轓上要画一种鹿头龙身的神兽，叫做飞虡（jù）。〔7〕中军校尉：官名。东汉灵帝设置的西园八校尉之一。统领京城中央驻军，保卫京城。〔8〕三台：指尚书台、御史台和符节台。尚书台负责行政，御史台负责监察，符节台管理皇帝玉玺、符、节，三者都是中央要害部门。启事：报告公事。本来三台的官员是在各自的官署办公，而且三者的官署都在皇宫之内。现在董卓要尚书以下品级的官员到自己的府署呈报公事，这是在侵犯皇权。〔9〕郿坞：城堡名。在今陕西眉县东北。〔10〕埒（liè）：相当。当时长安城墙高三丈五尺，约合今8.5米。〔11〕毕老：终老。〔12〕郿：县

名。县治在今陕西眉县东北。郿坞就修在这里。 行：视察。〔13〕祖道：在郊外举办酒宴送行。 横(guāng)门：洛阳城门名。是北面向西第一座城门。〔14〕北地：郡名。治所在今宁夏青铜峡市东南。〔15〕镬(huò)：大锅。〔16〕偃转：倒在地上痛苦地转动。〔17〕亡失匕箸：吓得连勺子和筷子都拿不住而掉下来。〔18〕望气：观察云气的变化以占卜吉凶。古代认为天上云气的变化是人事吉凶的预兆，所以有专门望气的人。〔19〕张温(？—公元191)：字伯慎，南阳郡穰县(今河南邓州市)人。官至太尉。曾密谋诛董卓，未及行动而被杀。事附《后汉书》卷七十二《董卓传》。〔20〕有变：云气有异常变化。〔21〕塞咎：抵塞上天的怪罪。〔22〕爱憎：仇人。这是当时的习语。董卓派专人清查不忠、不孝、不清、不顺的官员和百姓，这些人趁机诬陷与自己有仇怨者，把他们抓起来投入监狱，滥用酷刑拷问，受刑者只好乱咬他人。〔23〕嗷嗷：悲叹声。〔24〕道路以目：路上碰见熟人只能用目光示意而不敢招呼。〔25〕铜人：铜铸的巨型人像。前221年，秦始皇统一天下，收缴民间兵器，全部熔化铸成十二铜人，各重十二万公斤，放在首都咸阳。 钟虡：秦始皇在铸铜人时，又用铜铸造的大型钟架。〔26〕文章：文字和花纹。〔27〕肉：铜钱周围微微凸起的圆边。 好：铜钱中央的方孔。 无轮廓：外形不规则平整。〔28〕磨鑢(lǜ)：打磨光滑。〔29〕货：钱币。

【裴注】

〔一〕华峤《汉书》曰：“卓欲迁都长安，召公卿以下大议。司徒杨彪曰：‘昔盘庚五迁，殷民胥怨；故作三篇，以晓天下之民。今海内安稳，无故移都；恐百姓惊动，糜沸蚁聚为乱。’卓曰：‘关中肥饶，故秦得并吞六国。今徙西京，设令关东豪强敢有动者；以我强兵蹙之，可使诣沧海。’彪曰：‘海内动之甚易，安之甚难。又长安宫室坏败，不可猝复。’卓曰：‘武帝时居杜陵南山下，有成瓦窑数千处；引凉州材木东下，以作宫室，为功不难。’卓意不得，便作色曰：‘公欲沮我计邪？边章、韩约有书来，欲令朝廷必徙都！若大兵来下，我不能复相救！公便可与袁氏西行。’彪曰：‘西方，自彪道径也！顾未知天下何如耳！’议罢。卓敕司隶校尉宣播，以灾异劾奏，因策免彪。”

《续汉书》曰：“太尉黄琬、司徒杨彪、司空荀爽，俱诣卓。卓言：‘昔高祖都关中。十一世后中兴，更都洛阳。从光武至今复十一世，案《石苞室谶》，宜复还都长安。’坐中皆惊愕，无敢应者。彪曰：‘迁都改制，天下大事。皆当因民之心，随时之宜。昔盘庚五迁，殷民胥怨；故作三篇以晓之。往者王莽篡逆，变乱五常；更始赤眉之时，焚烧长安，残害百姓；民人流亡，百无一在。光武受命，更都洛邑，此其宜也。今方建立圣主，光隆汉祚；而无故捐宫庙，弃园陵；恐百姓惊愕，不解此意，必糜沸蚁聚，以致扰乱。《石苞室谶》，妖邪之书，岂可信用！'卓作色曰：'杨公欲沮国家计邪！关东方乱，所在贼起。崤函险固，国之重防；又陇右取材，功夫不难。杜陵南山下，有孝武故陶处，作砖瓦，一朝可办。宫室官府，盖何足言！百姓小民，何足与议！若有前却，我以大兵驱之，岂得自在！'百僚皆恐怖失色。琬谓卓曰：'此大事。杨公之语，得无重思？'卓罢坐，即日令司隶奏彪及琬，皆免官。大驾即西，卓部兵烧洛阳城外面百里。又自将兵烧南北宫及宗庙、府库、民家，城内扫地殄尽。又收诸富室，以罪恶没入其财物；无辜而死者，不可胜计。"

《献帝纪》曰："卓获山东兵，以猪膏涂布十余匹，用缠其身；然后烧之，先从足起。获袁绍豫州从事李延，煮杀之。卓所爱胡，恃宠放纵，为司隶校尉赵谦所杀。卓大怒曰：'我爱狗，尚不欲令人呵之，而况人乎！'乃召司隶都官，挝杀之。"

〔二〕《魏书》曰："言其逼天子也。"《献帝纪》曰："卓既为太师，复欲称'尚父'，以问蔡邕。邕曰：'昔武王受命，太公为师；辅佐周室，以伐无道。是以天下尊之，称为"尚父"。今公之功德诚为巍巍，宜须关东悉定，车驾东还，然后议之。'乃止。京师地震，卓又问邕。邕对曰：'地动阴盛，大臣逾制之所致也。公乘青盖车，远近以为非宜。'卓从之，更乘金华皂盖车也。"

〔三〕《英雄记》曰："卓侍妾怀抱中子，皆封侯，弄以金紫。孙女名白，时尚未笄，封为渭阳君。于郿城东起坛，从广二丈余，高五六尺。使白乘轩、金华青盖车；都尉、中郎将、刺史二千石在郿者，各令乘轩、簪笔，为白导从；之坛上，使兄子璜为使者，授印绶。"

〔四〕《山阳公载记》曰："初，卓为前将军，皇甫嵩为左将军，俱征韩遂，各不相下。后卓征为少府、并州牧，兵当属嵩，卓大怒。及为太师，嵩为御史中丞，拜于车下。卓问嵩：'义真，服未乎？'嵩曰：'安知明公，乃至于是！'卓曰：'鸿鹄固有远志，但燕雀自不知耳！'嵩曰：'昔与明公俱为鸿鹄；不意今日，变为凤凰耳。'卓笑曰：'卿早服，今日可不拜也。'"张璠《汉纪》曰："卓抵其手谓皇甫嵩曰：'义真，怖未乎？'嵩对曰：'明公以德辅朝廷，大庆方至，何怖之有！若淫刑以逞，将天下皆惧，岂独嵩乎？'卓默然，遂与嵩和解。"

〔五〕《英雄记》曰："郿去长安，二百六十里。"

〔六〕横，音光。

〔七〕《傅子》曰："灵帝时榜门卖官，于是太尉段颎、司徒崔烈、太尉樊陵、司空张温之徒，皆入钱，上千万，下五百万，以买三公。颎数征伐有大功，烈有北州重名，温有杰才，陵能偶时；皆一时显士，犹以货取位；而况于刘嚣、唐珍、张颢之党乎！"《风俗通》曰："司隶刘嚣，以党诸常侍，致位公辅。"《续汉书》曰："唐珍，中常侍唐衡弟。张颢，中常侍张奉弟。"

〔八〕《魏书》曰："卓使司隶校尉刘嚣，籍吏民有为子不孝，为臣不忠，为吏不清，为弟不顺；有应此者，皆身诛，财物没官。于是爱憎互起，民多冤死。"

三年四月〔1〕，司徒王允、尚书仆射士孙瑞、卓将吕布共谋诛卓〔2〕。

是时，天子有疾新愈，大会未央殿。布使同郡骑都尉李肃等，将亲兵十余人，伪著卫士服，守掖门。布怀诏书。卓至，肃等格卓；卓惊呼："布所在〔3〕？"布曰："有诏！"遂杀卓，夷三族。主簿田景前趋卓尸，布又杀之。凡所杀三人，余莫敢动。〔一〕

长安士庶，咸相庆贺；诸阿附卓者，皆下狱死。〔二〕

【注释】

〔1〕三年：初平三年（公元192）。〔2〕士孙瑞（？—公元195）：传见本卷后文裴注引《三辅决录注》。〔3〕所在：何在，在哪里。吕布以往一直充当董卓的贴身侍卫，所以董卓要呼唤他。

【裴注】

〔一〕《英雄记》曰："时有谣言曰：'千里草，何青青！十日卜，犹不生。'又作《董逃》之歌。又有道士，书布为'吕'字以示卓；卓不知其为吕布也。卓当入会，陈列步骑，自营至宫，朝服导引行其中。马踬不前，卓心怪欲止；布劝使行，乃衷甲而入。卓既死，当时日月清净，微风不起。旻、璜等及宗族老弱悉在郿，皆还，为其群下所斫射。卓母年九十，走至坞门曰：'乞脱我死！'即斩首。袁氏门生故吏，改殡诸袁死于郿者；敛聚董氏尸于其侧，而焚之。暴卓尸于市，卓素肥，膏流浸地，草为之丹。守尸吏瞑以为大炷，置卓脐中以为灯；光明达旦，如是积日。后卓故部曲，收所烧者灰，并以一棺棺之，葬于郿。卓坞中金有二三万斤，银八九万斤，珠玉、锦绮、奇玩、杂物，皆山崇阜积，不可知数。"

〔二〕谢承《后汉书》曰："蔡邕在王允坐，闻卓死，有叹惜之音。允责邕曰：'卓，国之大贼！杀主残臣，天地所不佑，人神所同疾。君为王臣，世受汉恩；国主危难，曾不倒戈；卓受天诛，而更嗟痛乎！'便使收付廷尉。邕谢允曰：'虽以不忠，犹识大义；古今安危，耳所厌闻，口所常玩；岂当背国而向卓也？狂瞽之词，谬出患入；愿黥首为刑，以继汉史！'公卿惜邕才，咸共谏允。允曰：'昔武帝不杀司马迁，使作谤书，流于后世。方今国祚中衰，戎马在郊；不可令佞臣执笔，在幼主左右，后令吾徒并受谤议！'遂杀邕。"臣松之以为：蔡邕虽为卓所亲任，情必不党。宁不知卓之奸凶，为天下所毒？闻其死亡，理无叹惜；纵复令然，不应反言于王允之坐：斯殆谢承之妄记也。史迁纪传，博有奇功于世；而云王允谓孝武应早杀迁，此非识者之言：但迁为不隐孝武之失，直书其事耳，何谤之有乎？王允之忠正，可谓内省不疚者矣；既无惧于谤，且欲杀邕，当论邕应死与不；岂可虑其谤己，而枉戮善人哉！此皆诬罔不通之甚者。

张璠《汉纪》曰："初，蔡邕以言事见徙，名闻天下，义动志士。及还，内宠恶之。邕恐，乃亡命海滨，往来依太山羊氏，积十年。卓为太尉，辟为掾。以高第，为侍御史治书，三日中遂至尚书。后迁巴东太守，卓上，留拜侍中。至长安，为左中郎将，卓重其才，厚遇之。每有朝廷事，常令邕具草。及允将杀邕，时名士多为之言；允悔欲止，而邕已死。"

初，卓女婿中郎将牛辅，典兵别屯陕[1]；分遣校尉李傕、郭汜、张济，略陈留、颍川诸县。卓死，吕布使李肃至陕，欲以诏命诛辅。辅等逆与肃战；肃败，走弘农，布诛肃。〔一〕其后辅营兵有夜叛出者，营中惊。辅以为皆叛，乃取金宝，独与素所厚(友)〔支〕胡赤儿等五六人相随〔2〕，逾城，北渡河。赤儿等利其金宝，斩首送长安。比傕等还，辅已败，众无所依。欲各散归，既无赦书，而闻长安中欲尽诛凉州人〔3〕，忧恐不知所为。用贾诩策，遂将其众而西；所在收兵，比至长安，众十余万。〔二〕与卓故部曲樊稠、李蒙、王方等，合围长安城。十日城陷，与布战城中，布败走。

傕等放兵，略长安老少，杀之悉尽，死者狼藉。诛杀卓者，尸王允于市〔4〕。〔三〕葬卓于郿。大风暴雨震卓墓；水流入藏〔5〕，漂其棺椁。傕为车骑将军，池阳侯，领司隶校尉，假节；汜为后将军，美阳侯；稠为右将军，万年侯。傕、汜、稠擅朝政。〔四〕济为骠骑将军，平阳侯，屯弘农。

【注释】

〔1〕陕：县名。县治在今河南三门峡市陕州区西北。〔2〕支胡：西北胡族的一支。即月支胡的简称，其祖先来自大月氏(支)。〔3〕凉州人：指董卓的部属。如李傕、郭汜等。董卓本人出自凉州，所以他多用凉州人为部属。而当时设计杀死董卓的王允、吕布、李肃又都是并州人，所以有这种传闻出现。〔4〕尸王允：展示王允的尸体。〔5〕藏(zàng)：墓穴。

【裴注】

〔一〕《魏书》曰：“辅恇怯失守，不能自安。常把辟兵符，以斧锧致其旁，欲以自强。见客，先使相者相之，知有反气与不；又筮知吉凶，然后乃见之。中郎将董越，来就辅；辅使筮之，得兑下离上。筮者曰：‘火胜金，外谋内之卦也。’即时杀越。”

《献帝纪》云：“筮人常为越所鞭，故因此以报之。”

〔二〕《九州春秋》曰："傕等在陕，皆恐怖，急拥兵自守。胡文才、杨整修，皆凉州大人，而司徒王允素所不善也。及李傕之叛，允乃呼文才、整修，使东，解释之，不假借以温颜，谓曰：'关东鼠子欲何为邪？卿往呼之！'于是二人往，实召兵而还。"

〔三〕张璠《汉纪》曰："布兵败，驻马青琐门外。谓允曰：'公可以去！'允曰：'安国家，吾之上愿也；若不获，则奉身以死！朝廷幼主，恃我而已；临难苟免，吾不为也。努力！谢关东诸公，以国家为念。'傕、汜入长安城，屯南宫掖门，杀太仆鲁(馗)〔旭〕、大鸿胪周奂、城门校尉崔烈、越骑校尉王颀。吏民死者不可胜数。司徒王允挟天子，上宣平城门避兵。傕等于城门下拜，伏地叩头。帝谓傕等曰：'卿无作威福！而乃放兵纵横，欲何为乎？'傕等曰：'董卓忠于陛下，而无故为吕布所杀。臣等为卓报仇，弗敢为逆也！请事竟，诣廷尉，受罪。'允穷逼，出见傕；傕诛允及妻子宗族十余人。长安城中男女大小莫不流涕。允字子师，太原祁人也。少有大节，郭泰见而奇之，曰：'王生一日千里，王佐之才也！'泰虽先达，遂与定交。三公并辟。历豫州刺史，辟荀爽、孔融为从事。迁河南尹，尚书令。及为司徒，其所以扶持王室，甚得大臣之节。自天子以下，皆倚赖焉。卓亦推信之，委以朝廷。"

华峤曰："夫士以正立，以谋济，以义成。若王允之推董卓而分其权，伺其间而弊其罪，当此之时，天下之难解矣。本之皆主于忠义也；故推卓不为失正，分权不为不义，伺间不为狙诈；是以谋济义成，而归于正也。"

〔四〕《英雄记》曰："傕，北地人。汜，张掖人，一名多。"

是岁，韩遂、马腾等降〔1〕，率众诣长安。以遂为镇西将军，遣还凉州；腾征西将军，屯郿。

侍中马宇，与谏议大夫种邵〔2〕、左中郎将刘范等谋：欲使腾袭长安，己为内应，以诛傕等。腾引兵至长平观〔3〕，宇等谋泄，出奔槐里〔4〕。稠击腾，腾败走，还凉州。又攻槐里，宇等皆死。

时三辅民尚数十万户。傕等放兵劫略，攻剽城邑，人民饥困。二年间，相啖食略尽。〔一〕

诸将争权，遂杀稠，并其众。〔二〕汜与傕转相疑，战斗长安中[5]。〔三〕傕质天子于营，烧宫殿城门；略官寺[6]，尽收乘舆服御物置其家[7]。〔四〕傕使公卿诣汜，请和；汜皆执之。〔五〕相攻击连月，死者万数。〔六〕

【注释】

〔1〕马腾：传见本书卷三十六《马超传》裴注引《典略》。〔2〕种(chóng)邵(？—公元192)：字申甫，河南尹洛阳(今河南洛阳市东北)人。官至侍中。传附《后汉书》卷五十六《种暠传》。〔3〕长平观：亭观名。又名长平馆。在今陕西泾阳县东南，南距当时的长安25公里。〔4〕槐里：县名。县治在今陕西兴平市东南。〔5〕中：城中。〔6〕官寺：官署。〔7〕服御物：御用的各种物品。

【裴注】

〔一〕《献帝纪》曰："是时新迁都，宫人多亡衣服，帝欲发御府缯以与之。李傕弗欲，曰：'宫中有衣，胡为复作邪？'诏卖厩马百余匹；御府大司农出杂缯二万匹，与所卖厩马直，赐公卿以下，及贫民不能自存者。李傕曰：'我邸阁储偫少！'乃悉载置其营。贾诩曰：'此上意，不可拒。'傕不从之。"

〔二〕《九州春秋》曰："马腾、韩遂之败，樊稠追至陈仓。遂语稠曰：'天地反覆，未可知也。本所争者，非私怨，王家事耳。与足下州里人，今虽小违，要当大同；欲相与善语，以别。邂逅万一不如意，后可复相见乎？'俱却骑，前接马，交臂相加，共语良久而别。傕兄子利，随稠，利还告傕：韩、樊交马语，不知所道，意爱甚密。傕以是疑稠与韩遂私和而有异意。稠欲将兵东出关，从傕索益兵。因请稠会议，便于坐杀稠。"

〔三〕《典略》曰："傕数设酒请汜，或留汜止宿。汜妻惧傕与汜婢妾，而夺己爱，思有以离间之。会傕送馈，妻乃以豉为药；汜将食，妻曰：'食从外来，倘或有故？'遂摘药示之，曰：'一栖不二雄，我固疑将军之信李公也！'他日傕复请汜，大醉。汜疑傕药之，绞粪汁饮之，乃解。于是遂生嫌隙，而治兵相攻。"

〔四〕《献帝起居注》曰："初，汜谋迎天子幸其营。夜有亡告傕者，傕使兄子暹，将数千兵围宫，以车三乘迎天子。杨彪曰：‘自古帝王，无在人臣家者。举事当合天下心；诸君作此，非是也。’暹曰：‘将军计定矣。’于是天子一乘，贵人伏氏一乘，贾诩、左灵一乘，其余皆步从。是日，傕复移乘舆幸北坞，使校尉监坞门，内外隔绝。诸侍臣皆有饥色，时盛暑热，人尽寒心。帝求米五斛、牛骨五具以赐左右。傕曰：‘朝脯上饭，何用米为？’乃与腐牛骨，皆臭不可食。帝大怒，欲诘责之。侍中杨琦上封事曰：‘傕，边鄙之人，习于夷风。今又自知所犯悖逆，常有快快之色；欲辅车驾，幸黄白城以纾其愤。臣愿陛下忍之，未可显其罪也。’帝纳之。初，傕屯黄白城，故谋欲徙之。傕以司徒赵温不与己同，乃内温坞中。温闻傕欲移乘舆，与傕书曰：‘公前托为董公报仇，然实屠陷王城，杀戮大臣；天下不可家见而户释也。今争睚眦之隙，以成千钧之仇。民在涂炭，各不聊生；曾不改悟，遂成祸乱。朝廷仍下明诏，欲令和解；诏命不行，恩泽日损：而复欲辅乘舆于黄白城，此诚老夫所不解也。于《易》：一过为过，再为涉；三而弗改，灭其顶，凶。不如早共和解，引兵还屯。上安万乘，下全生民，岂不幸甚！’傕大怒，欲遣人害温。其从弟应，温故掾也，谏之数日乃止。帝闻温与傕书，问侍中常洽曰：‘傕弗知臧否；温言太切，可为寒心！’对曰：‘李应已解之矣。’帝乃悦。”

〔五〕华峤《汉书》曰：“汜飨公卿，议欲攻傕。杨彪曰：‘群臣共斗：一人劫天子，一人质公卿。此可行乎？’汜怒，欲手刃之；中郎将杨密及左右多谏，汜乃归之。”

〔六〕《献帝起居注》曰：“傕性喜鬼怪左道之术，常有道人及女巫歌讴击鼓，下神；祠祭六丁，符劾厌胜之具，无所不为。又于朝廷省门外，为董卓作神坐，数以牛羊祠之。讫，过省閤，问起居，求入见。傕带三刀，手复与鞭合持一刃。侍中、侍郎见傕带仗，皆惶恐；亦带剑持刀，先入在帝侧。傕对帝，或言‘明陛下’，或言‘明帝’；为帝说郭汜无状，帝亦随其意答应之。傕喜，出言：‘明陛下，真贤圣主！’意遂自信，自谓良得天子欢心也。虽然，犹不欲令近臣带剑在帝边，谓人言：‘此曹子，将欲图我邪？而皆持刀也？’侍中李祯，傕州里，素与傕通；语傕：‘所以持刀者，军中不可不尔。此国家故事。’傕意乃解。天子以谒者仆射皇甫郦凉州旧姓，有专对之才，遣令和傕、汜。郦先诣汜，汜受诏命。诣傕，傕不肯，曰：‘我有吕布之功，辅政四年，三辅清静，天下所知也。郭多，盗马虏耳，何敢乃欲与吾等邪？必欲诛之！君为凉州人，观吾方略士众，足办多不？多又劫质公卿，所为如是；而君苟欲利郭多，李傕有胆自知之。’郦答曰：‘昔有穷后羿恃其善射，不思患难，以至于毙。近董公之强，明将军目所见：内有王公以为内主；外有董旻、承、璜以为鲠毒。吕布受恩而反图之，斯须之间，头悬竿端：此有勇而无谋也。今将军身为上将，把钺仗节；子孙握权，宗族荷宠，国家好爵而皆据之。今郭多劫质公卿，将军胁至尊，谁为轻重邪？张济与郭多、杨定有谋，又为冠带所附。杨奉，白波帅耳，犹知将军所为非是；将军虽拜宠之，犹不肯尽力也。’傕不纳郦言，而呵之令出。郦出，诣省门，白傕‘不肯从诏，辞语不顺’。侍中胡邈为傕所幸，呼传诏者，令饰其辞。又谓郦曰：‘李将军于卿不薄；又皇甫公为太尉，李将军力也。’郦答曰：‘胡敬才！卿为国家常伯，辅弼之臣也。语言如此，宁可用邪？’邈曰：‘念卿失李将军意，恐不易耳！我与卿何事者？’郦言：‘我累世受恩，身又常在帏幄；君辱臣死，当坐国家为李傕所杀，则天命也！’天子闻郦答语切，恐傕闻之，便敕遣郦。郦才出营门，傕遣虎贲王昌呼之。昌知郦忠直，纵令去；还答傕，言追之不及。天子使左中郎将李固，持节拜傕为大司马，在三公之右。傕自以为得鬼神之力，乃厚赐诸巫。”

傕将杨奉，与傕军吏宋果等谋杀傕。事泄，遂将兵叛傕。傕众叛，稍衰弱。张济自陕和解之；天子乃得出，至新丰、霸陵间[1]。〔一〕

郭汜复欲胁天子，还都郿。天子奔奉营，奉击汜，破之。汜走南山[2]。奉及将军董承，以天子还洛阳。傕、汜悔遣天子，复相与和，追及天子于弘农之曹阳。奉急招河东故白波帅韩暹、胡才、李乐等合[3]，与傕、汜大战。奉兵败，傕等纵兵杀公卿百官，略宫人入弘农。〔二〕天子走陕，北渡河。失辎重，步行；唯皇后、贵人从。至大阳[4]，止人家屋中[5]〔三〕。奉、暹等遂以天子都安邑，御乘牛车；太尉杨彪、太仆韩融近臣从者十余人[6]。以暹为征东，才为征西，乐征北将军，并与奉、承持政。遣融至弘农，与傕、汜等连和；还所略宫人、公卿百官，及乘舆车马数乘。是时蝗虫起，岁旱无谷；从官食枣菜。〔四〕诸将不能相率[7]，上下乱，粮食尽。奉、暹、承乃以天子还洛阳；出箕关[8]，下轵道[9]。张杨以食迎道路，拜大司马。语在《杨传》。

天子入洛阳，宫室烧尽，街陌荒芜；百官披荆棘，依丘墙间[10]。州郡各拥兵自卫，莫有至者。饥穷稍甚，尚书郎以下，自出樵采，或饥死墙壁间。

【注释】

〔1〕新丰：县名。县治在今陕西西安市临潼区东北。　霸陵：县名。县治在今陕西西安市东北。〔2〕南山：山名，即秦岭。〔3〕白波：东汉末年一支农民起义军的名称。公元188年，起事于西河郡的白波谷(在今山西侯马市北)，故名。曾一度发展到十多万人，并连败董卓军，从北面逼近洛阳，与关东的讨伐董卓联军形成夹攻态势。董卓迁都长安，就是为了摆脱这种局面。见《后汉书》卷七十二《董卓传》。〔4〕大阳：县名。县治在今山西平陆县西南。〔5〕人家：老百姓的家里。〔6〕杨彪(公元142—225)：字文先，弘农郡华阴(今陕西华阴市东北)人。出自东汉最著名的世家大族。曾祖杨震、祖父杨秉、父亲杨赐都是东汉三公，并且世代专精《尚书》学。他少传家学，历任司空、司徒、太尉。曹操取得河北之后，他见汉朝将亡，辞官不就，死于家。传附《后汉书》卷五十四《杨震传》。　韩融：字元长，颍川郡舞阳(今河南舞阳县西北)人。传附《后汉书》卷六十二《韩韶传》。〔7〕率：统率。〔8〕箕关：关隘名。在今河南济源市西北。〔9〕轵道：经过轵县的道路。在今河南济源市南。由箕关到轵县是一路下坡。〔10〕丘墙：废墟的残垣断壁。

【裴注】

〔一〕《献帝起居注》曰："初，天子出到宣平门，当渡桥。汜兵数百人遮桥问：'是天子邪？'车不得前。傕兵数百人，皆持大戟，在乘舆车左右。侍中刘艾大呼云：'是天子也！'使侍中杨琦，高举车帷。帝言诸兵：'汝不却，何敢迫近至尊邪！'汜等兵乃却。既渡桥，士众咸呼'万岁'。"

〔二〕《献帝纪》曰："时尚书令士孙瑞，为乱兵所害。"《三辅决录注》曰："瑞字君荣，扶风人。世为学门，瑞少传家业，博达无所不通。仕历显位。卓既诛，迁大司农，为国三老。每三公缺，瑞常在选中。太尉周忠、皇甫嵩，司徒淳于嘉、赵温，司空杨彪、张喜等，为公，皆辞拜，让瑞。天子都许，追论瑞功，封子萌澹津亭侯。萌字文始。亦有才学。与王粲善。临当就国，粲作诗以赠萌，萌有答，在《粲集》中。"

〔三〕《献帝纪》曰："初，议者欲令天子浮河东下，太尉杨彪曰：'臣弘农人，从此以东，有三十六滩；非万乘所当从也！'刘艾曰：'臣前为陕令，知其危险；有师犹有倾覆，况今无师？太尉谋是也。'乃止。及当北渡，使李乐具船。天子步行趋河岸，岸高不得下。董承等谋欲以马羁相续，以系帝腰。时中宫仆伏德，扶中宫，一手持十匹绢；乃取德绢，连续为辇。行军校尉尚弘多力，令弘居前负帝，乃得下登船。其余不得渡者甚众，复遣船收诸不得渡者。皆争攀船，船上人以刃栎断其指；舟中之指可掬。"

〔四〕《魏书》曰："乘舆时居棘篱中，门户无关闭。天子与群臣会，兵士伏篱上观，互相镇压以为笑。诸将专权，或擅笞杀尚书。司隶校尉出入，民、兵抵掷之。诸将或遣婢，诣省阁；或自赍酒啖，过天子饮。侍中不通，喧呼骂詈，遂不能止。又竞表拜诸营壁民为部曲，求其礼遗。医师、走卒，皆为校尉；御史刻印不供，乃以锥画，示有文字：或不时得也。"

太祖乃迎天子都许。暹、奉不能奉王法，各出奔，寇徐、扬间，为刘备所杀。〔一〕董承从太祖〔三〕岁余，诛。

建安(二)〔三〕年，遣谒者仆射裴茂率关西诸将诛傕[1]，夷三族。〔二〕汜为其将五习所袭，死于郿。济饥饿，至南阳寇略；为穰人所杀，从子绣，摄其众。才、乐留河东：才为怨家所杀，乐病死。遂、腾自还凉州，更相寇[2]。后腾入为卫尉，子超领其部曲。

十六年[3]，超与关中诸将及遂等反。太祖征破之。

语在《武纪》。遂奔金城，为其将所杀。超据汉阳。腾坐夷三族。赵衢等举义兵讨超，超走汉中从张鲁；后奔刘备，死于蜀。

【注释】

〔1〕谒者仆射(yè)：官名。是谒者台的长官。谒者台为光禄勋下属机构之一。皇帝出行时负责导引，朝会时司礼仪，中级官员死时代表皇帝吊唁。〔2〕相寇：相互攻杀。〔3〕十六年：建安十六年(公元211)。

【裴注】

〔一〕《英雄记》曰："备诱奉，与相见，因于坐上执之。暹失奉，势孤，时欲走还并州；为杼秋屯帅张宣所邀杀。"

〔二〕《典略》曰："傕头至，有诏高悬。"

袁绍字本初，汝南汝阳人也[1]。高祖父安[2]，为汉司徒。自安以下，四世居三公位，由是势倾天下。〔一〕

绍有姿貌威容，能折节下士[3]。士多附之，太祖少与交焉[4]。

以大将军掾为侍御史[5]。〔二〕稍迁中军校尉，至司隶[6]。灵帝崩，太后兄大将军何进，与绍谋诛诸阉官，〔三〕太后不从。乃召董卓，欲以胁太后。常侍、黄门闻之[7]，皆诣进谢，唯所措置[8]。时绍劝进便可于此决之，至于再三；而进不许，令绍使洛阳方略武吏[9]，检司诸宦者[10]；又令绍弟虎贲中郎将术，选温厚虎贲二百人，当入禁中，代持兵黄门陛守门户[11]。

中常侍段珪等，矫太后命，召进入议，遂杀之。宫中乱。〔四〕术将虎贲烧南宫嘉德殿青琐门[12]，欲以迫出珪等。珪等不出，劫帝及帝弟陈留王，走小平津。

绍既斩宦者所署司隶校尉〔樊陵、河南尹〕许相[13]；遂勒兵捕诸阉人，无少长皆杀之；或有无须而误死者；至自发露形体而后得免。宦者或有行善自守而犹见及[14]，其滥如此，死者二千余人。急追珪等，珪等悉赴河死。帝得还宫。

【注释】

〔1〕汝阳：县名。县治在今河南周口市西南。〔2〕安：即袁安（？—公元92）。字邵公。出自世代传习《周易》的儒学家族。以政绩优异，自县长逐渐迁升。东汉章帝时历任司空、司徒。自他之后，袁氏子孙连续三代出任三公，门生下属遍于天下，与弘农杨氏并列为东汉最著名的世家大族。传见《后汉书》卷四十五。〔3〕折节：降低自己而尊重别人。〔4〕太祖：即曹操。〔5〕侍御史：官名。御史台的办事官员。负责察举百官的违法乱纪行为。有重大的礼仪活动则监视弹劾失礼者。〔6〕司隶：即司隶校尉。〔7〕常侍：即中常侍。〔8〕措置：处置。〔9〕方略武吏：办事有谋略而且配备了武装人员的检察官。〔10〕检司：检察监视。〔11〕持兵黄门：手持兵器警卫皇宫内部殿堂大门的宦官。陛守：在殿堂台阶上站立把守。〔12〕南宫：东汉在洛阳的皇宫，分为南北两部分。两宫相距三公里半，有三条道路连通。当时皇帝与太后都住在南宫。〔13〕许相（？—公元189）：字公弼，汝南郡平舆（今河南平舆县西北）人，以谄媚宦官而得任司空、司徒。事附《后汉书》卷六十八《许劭传》。〔14〕见及：被杀。东汉宦官专权乱政，但是并非宦官都是坏人，也有忠良正直甚至对社会作出重大贡献者，例如发明以低廉原料造纸的蔡伦。见《后汉书》卷七十八《宦者列传》。

【裴注】

〔一〕华峤《汉书》曰："安字邵公。好学有威重。明帝时为楚郡太守，治楚王狱。所申理者四百余家，皆蒙全济，安遂为名臣。章帝时至司徒，生蜀郡太守京。京弟敞，为司空。京子汤，太尉。汤四子：长子平；平弟成，左中郎将：并早卒。成弟逢，逢弟隗：皆为公。”

《魏书》曰：“自安以下，皆博爱容众，无所拣择。宾客入其门，无贤愚皆得所欲，为天下所归。绍即逢之庶子，术异母兄也；出后成，为子。”

《英雄记》曰：“成字文开。壮健有部分。贵戚权豪，自大将军梁冀以下，皆与结好，言无不从。故京师为作谚曰：‘事不谐，问文开。’”

〔二〕《英雄记》曰：“绍生而父死，二公爱之。幼使为郎，弱冠除濮阳长，有清名。遭母丧；服竟，又追行父服：凡在冢庐六年。礼毕，隐居洛阳，不妄通宾客；非海内知名，不得相见。又好游侠，与张孟卓、何伯求、吴子卿、许子远、伍德瑜等，皆为奔走之友。不应辟命。中常侍赵忠谓诸黄门曰：‘袁本初坐作声价，不应呼召而养死士；不知此儿欲何所为乎！’绍叔父隗闻之，责数绍曰：‘汝且破我家！’绍于是乃起，应大将军之命。”

臣松之按：《魏书》云“绍，逢之庶子，出后伯父成”。如此《记》所言，则似实成所生。夫人追服所生，礼无其文；况于所后，而可以行之？二书未详孰是。

〔三〕《续汉书》曰：“绍使客张津说进曰：‘黄门、常侍，秉权日久，又永乐太后与诸常侍，专通财利；将军宜整顿天下，为海内除患。’进以为然，遂与绍结谋。”

〔四〕《九州春秋》曰：“初，绍说进曰：‘黄门、常侍，累世太盛，威服海内。前窦武欲诛之而反为所害，但坐言语漏泄，以五营士为兵故耳。五营士生长京师，服畏中人；而窦氏反用其锋，遂果叛走，归黄门，是以自取破灭。今将军以元舅之尊，二府并领劲兵；其部曲将吏，皆英雄名士，乐尽死力。事在掌握，天赞其时也。今为天下诛除贪秽，功勋显著，垂名后世；虽周之申伯，何足道哉？今大行在前殿，将军以诏书领兵卫守，可勿入宫。’进纳其言，后更狐疑。绍惧进之改变，胁进曰：‘今交构已成，形势已露；将军何为不早决之？事留变生，后机祸至！’进不从，遂败。”

董卓呼绍议，欲废帝，立陈留王。是时绍叔父隗为太傅[1]，绍伪许之，曰：“此大事，出当与太傅议。”

卓曰："刘氏种，不足复遗[2]！"绍不应，横刀长揖而去。[一]

绍既出，遂亡奔冀州。侍中周毖、城门校尉伍琼、议郎何颙等，皆名士也；卓信之。而阴为绍，乃说卓曰："夫废立大事，非常人所及。绍不达大体，恐惧，故出奔，非有他志也。今购之急[3]，势必为变。袁氏树恩四世，门生故吏遍于天下[4]；若收豪杰以聚徒众，英雄因之而起，则山东非公之有也。不如赦之，拜一郡守；则绍喜于免罪，必无患矣。"卓以为然，乃拜绍勃海太守，封邟乡侯。

绍遂以勃海起兵，将以诛卓。语在《武纪》。

【注释】

〔1〕隗（wěi）：即袁隗（？—公元190）。字次阳，由三公升任太傅。传附《后汉书》卷四十五《袁安传》。　〔2〕不足复遗：不值得再留下来。　〔3〕购：悬赏捉拿。　〔4〕门生：受到老师承认并把姓名记录在册的学生。东汉时称直接得到老师传授的人为弟子；弟子的弟子对初传老师则称门生，仍然算是初传老师的学生，这里的门生兼指二者。　故吏：过去的部下。

【裴注】

〔一〕《献帝春秋》曰："卓欲废帝，谓绍曰：'皇帝冲暗，非万乘之主。陈留王犹胜，今欲立之。人有少智，大或痴，亦知复何如？为当且尔。卿不见灵帝乎？念此令人愤毒！'绍曰：'汉家君天下，四百许年，恩泽深渥，兆民戴之来久。今帝虽幼冲，未有不善宣闻天下；公欲废嫡立庶，恐众不从公议也。'卓谓绍曰：'竖子！天下事岂不决我？我今为之，谁敢不从？尔谓董卓刀为不利乎！'绍曰：'天下健者，岂唯董公！'引佩刀横揖而出。"

臣松之以为：绍于时与卓未构嫌隙，故卓与之咨谋。若但以言议不同，便骂为“竖子”，而有推刃之心；及绍复答，屈强为甚：卓又安能容忍而不加害乎？且如绍此言，进非亮正，退违诡逊；而显其竞爽之旨，以触哮阚之锋；有志功业者，理岂然哉？此语，妄之甚矣！

绍自号车骑将军，主盟；与冀州牧韩馥，立幽州牧刘虞为帝。遣使奉章诣虞[1]，虞不敢受。后馥军安平，为公孙瓒所败。瓒遂引兵入冀州，以讨卓为名，内欲袭馥。馥怀不自安。[一]

会卓西入关[2]，绍还军延津。因馥惶遽，使陈留高幹、颍川荀谌等说馥曰：“公孙瓒乘胜来向南，而诸郡应之。袁车骑引军东向[3]，此其意不可知。窃为将军危之！”馥曰：“为之奈何？”谌曰：“公孙提燕、代之卒，其锋不可当。袁氏一时之杰，必不为将军下。夫冀州，天下之重资也[4]。若两雄并力，兵交于城下，危亡可立而待也！夫袁氏，将军之旧[5]，且同盟也。当今为将军计，莫若举冀州以让袁氏。袁氏得冀州，则瓒不能与之争，必厚德将军[6]。冀州入于亲交，是将军有让贤之名，而身安于泰山也。愿将军勿疑！”馥素恇怯[7]，因然其计。

馥长史耿武、别驾闵纯、治中李历谏馥曰[8]：“冀州虽鄙，带甲百万[9]，谷支十年。袁绍孤客穷军，仰我鼻息[10]。譬如婴儿，在股掌之上；绝其哺乳，立可饿杀！奈何乃欲以州与之？”馥曰：“吾，袁氏故吏，且才不如本初。度德而让，古人所贵；诸君独何病焉[11]？”从事赵浮、程奂请以兵拒之[12]，馥又不听。

乃让绍。〔二〕

【注释】

〔1〕奉章：奉送表章。当时向皇帝上书叫上章。这表示已经把刘虞当做皇帝。〔2〕关：这里指潼关。从洛阳向西一入潼关，就是长安所在的京兆尹辖地。〔3〕东向：当时袁绍屯兵河内，在韩馥所在的邺县西南，袁绍向东进军对邺县是威胁。〔4〕重资：重要的根据地。意思是人多地广物产丰富，起兵者都想得到它。〔5〕旧：故旧。韩馥曾经当过袁氏的部下。〔6〕厚德：非常感激。〔7〕恇(kuāng)怯：胆小。〔8〕治中：官名。即治中从事史。是州牧或州刺史的下属，负责州政府官员的选举任用和府内其他事务。〔9〕带甲：能够穿上甲胄作战的男性人丁。〔10〕仰我鼻息：依靠吸入我们鼻子呼出的那一点空气来生存。意思是袁绍完全靠我们资助才能立足。当时袁绍的军粮由韩馥拨给，而韩馥所给有限，袁绍军队饥饿，以致采食桑椹以度日。分见《后汉书》卷七十四上《袁绍传》上、本书卷一《武帝纪》裴注引《魏书》。〔11〕病：责怪。〔12〕从事：官名。东汉州牧或州刺史之下，设从事史若干人，协助主官处理各类公务，是州政府的主办官员。

【裴注】

〔一〕《英雄记》曰："逢纪说绍曰：'将军举大事，而仰人资给；不据一州，无以自全。'绍答云：'冀州兵强，吾士饥乏；设不能办，无所容立。'纪曰：'可与公孙瓒相闻，导使来南，击取冀州。公孙必至而馥惧矣；因使说利害，为陈祸福，馥必逊让。于此之际，可据其位。'绍从其言，而瓒果来。"

〔二〕《九州春秋》曰："馥遣都督从事赵浮、程奂，将强弩万张，屯河阳。浮等闻馥欲以冀州与绍，自孟津驰东下。时绍尚在朝歌清水口。浮等从后来，船数百艘，众万余人。整兵鼓，夜过绍营，绍甚恶之。浮等到，谓馥曰：'袁本初军无斗粮，各已离散；虽有张杨、于扶罗新附，未肯为用：不足敌也。小从事等请自以现兵拒之，旬日之间，必土崩瓦解。明将军但当开阁高枕，何忧何惧！'馥不从，乃避位，出居赵忠故舍。遣子赍冀州印绶，于黎阳与绍。"

绍遂领冀州牧。从事沮授说绍曰："将军弱冠登朝[1]，则播名海内；值废立之际，则忠义奋发；单骑出奔，则董卓怀怖；济河而北，则勃海稽首[2]。振一郡之卒[3]，撮冀州之众；威震河朔[4]，名重天下。虽黄巾猾乱[5]，黑山跋扈；举军东向，则青州可定；还讨黑山，则张燕可灭；回众北首[6]，则公孙必丧；震胁戎狄，则匈奴必从。横大河之北[7]，合四州之地[8]；收英雄之才，拥百万之众；迎大驾于西京[9]，复宗庙于洛邑[10]；号令天下，以讨未复[11]。以此争锋，谁能敌之！比及数年，此功不难。"绍喜曰："此吾心也！"即表授为监军、奋威将军[12]。〔一〕

卓遣执金吾胡母班、将作大匠吴修[13]赍诏书喻绍；绍使河内太守王匡，杀之。〔二〕卓闻绍得关东，乃悉诛绍宗族太傅隗等。当是时，豪侠多附绍，皆思为之报[14]。州郡蜂起，莫不假其名。

馥怀惧，从绍索去[15]，往依张邈。〔三〕后绍遣使诣邈，有所计议。与邈耳语，馥在坐上，谓见图构[16]。无何起，至溷自杀[17]。〔四〕

【注释】

〔1〕弱冠：二十岁左右。　登朝：到朝廷做官。袁绍二十岁左右被正式任命为濮阳县县长，见本卷上文裴注引《英雄记》。〔2〕稽(qǐ)首：叩头敬礼。这里指接受指挥。袁绍为勃海太守是董卓任命的，沮授是在替他粉饰。〔3〕振：发动。〔4〕河朔：地区名。指黄河中下游的北岸地区。〔5〕猾乱：作乱。〔6〕北首：向北。〔7〕横：横扫。〔8〕四州：指冀、青、幽、并四州。〔9〕大驾：指汉献帝。〔10〕复：修复。　洛邑：即洛阳。〔11〕未复：没有恢复朝廷治理的地区。〔12〕表：上表请求授给官职。当时汉献帝完全是傀儡，而且远在

长安，所以这只是一种掩饰自己越权的手法。　监军：官名。监督军队将领的行动。一般作为临时性的加衔。　奋威将军：官名。领兵征伐。属杂号将军。〔13〕将作大匠：官名。负责宗庙、宫殿、陵墓等皇家工程的修建，兼管道路植树绿化。〔14〕报：报仇。〔15〕索去：请求离开。〔16〕谓见图构：以为自己被谋算。〔17〕无何：不久。　溷(hùn)：厕所。

【裴注】

〔一〕沮，音菹。《献帝纪》曰："沮授，广平人。少有大志，多权略。仕州别驾，举茂才，历二县令；又为韩馥别驾，表拜骑都尉。袁绍得冀州，又辟焉。"《英雄记》曰："是时年号'初平'。绍字本初，自以为年与字合，必能克平祸乱。"

〔二〕《汉末名士录》曰："班字季皮，太山人。少与山阳度尚、东平张邈等八人，并轻财赴义，赈济人士，世谓之'八厨'。"

谢承《后汉书》曰："班，王匡之妹夫。董卓使班奉诏到河内，解释义兵。匡受袁绍旨，收班系狱，欲杀之以徇军。班与匡书云：'自古以来，未有下土诸侯举兵向京师者。《刘向传》曰"掷鼠忌器"，器犹忌之；况卓今处宫阙之内，以天子为藩屏，幼主在宫，如何可讨？仆与太傅马公、太仆赵岐、少府阴修，俱受诏命。关东诸郡，虽实嫉卓；犹以衔奉王命，不敢玷辱。而足下独囚仆于狱，欲以衅鼓；此悖暴无道之甚者也。仆与董卓有何亲戚，义岂同恶？而足下张虎狼之口，吐长蛇之毒，恚卓迁怒，何甚酷哉！死，人之所难，然耻为狂夫所害。若亡者有灵，当诉足下于皇天！夫婚姻者，祸福之机，今日著矣。曩为一体，今为血仇。亡人子二人，则君之甥；身没之后，慎勿令临仆尸骸也！'匡得书，抱班二子而泣。班遂死于狱。"

班尝见太山府君及河伯，事在《搜神记》，语多不载。

〔三〕《英雄记》曰："绍以河内朱汉为都官从事。汉，先时为馥所不礼，内怀怨恨；且欲邀迎绍意，擅发城郭兵，围守馥第，拔刃登屋。馥走上楼，收得馥大儿，槌折两脚。绍亦立收汉，杀之。馥犹忧怖，故报绍，索去。"

〔四〕《英雄记》曰："公孙瓒击青州黄巾贼，大破之。还屯广宗，改易守令，冀州长吏，无不望风响应，开门受之。绍自往征瓒，合战于界桥南二十里。瓒步兵三万余人，为方阵；骑为两翼，左右各五千余匹；白马义从为中坚，亦分作两校；左射右，右射左；旌旗铠甲，光照天地。

绍令麹义以八百兵为先登；强弩千张夹承之；绍自以步兵数万，结阵于后。义久在凉州，晓习羌斗，兵皆骁锐。瓒见其兵少，便放骑欲陵蹈之。义兵皆伏盾下不动，未至数十步，乃同时俱起；扬尘大叫，直前冲突；强弩雷发，所中必倒。临阵斩瓒所署冀州刺史严纲，甲首千余级。瓒军败绩，步骑奔走，不复还营。义追至界桥，瓒殿兵还战桥上，义复破之。遂到瓒营，拔其牙门；营中余众，皆复散走。绍在后，未到桥十数里，下马发鞍，见瓒已破，不为设备；惟帐下强弩数十张，大戟士百余人自随。瓒部迸骑二千余匹，猝至，便围绍数重，弓矢雨下。别驾从事田丰扶绍，欲却入空垣，绍以兜鍪扑地曰：'大丈夫当前斗死！而入墙间，岂可得活乎？'强弩乃乱发，多所杀伤。瓒骑不知是绍，亦稍引却。会麹义来迎，乃散去。瓒每与虏战，常乘白马，追不虚发，数获戎捷。虏相告云'当避白马'。因虏所忌，简其白马数千匹，选骑射之士，号为'白马义从'；一曰胡夷健者常乘白马，瓒有健骑数千，多乘白马，故以号焉。绍既破瓒，引军南到薄落津，方与宾客诸将共会。闻魏郡兵反，与黑山贼于毒共覆邺城，遂杀太守栗成；贼十余部，众数万人，聚会邺中。坐上诸客有家在邺者，皆忧怖失色，或起啼泣；绍容貌不变，自若也。贼陶升者，故内黄小吏也，有善心。独将部众逾西城入，闭守州门，不纳他贼；以车载绍家及诸衣冠在州内者，身自捍卫，送到斥丘，乃还。绍到，遂屯斥丘，以陶升为建义中郎将。乃引军入朝歌鹿场山、苍岩谷，讨于毒。围攻五日，破之，斩毒及长安所署冀州牧壶寿；遂寻山北行，薄击诸贼左(发)〔髭〕丈八等，皆斩之；又击刘石、青牛角、黄龙、左校、郭大贤、李大目、于氐根等，皆屠其屯壁，奔走得脱，斩首数万级。绍复还屯邺。初平四年，天子使太傅马日磾、太仆赵岐和解关东。岐别诣河北，绍出迎于百里上，拜奉帝命。岐住绍营，移书告瓒。瓒遣使具与绍书曰：'赵太仆以周召之德，衔命来征，宣扬朝恩，示以和睦；旷若开云见日，何喜如之？昔贾复、寇恂，亦争士卒，欲相危害；遇光武之宽，亲俱陛见，同舆共出，时人以为荣。自省边鄙，得与将军共同此福；此诚将军之眷，而瓒之幸也！'麹义，后恃功而骄恣，绍乃杀之。"

初，天子之立，非绍意；及在河东，绍遣颍川郭图使焉[1]。图还说绍迎天子都邺[2]，绍不从。〔一〕会太祖迎天子都许，收河南地，关中皆附。绍悔，欲令太祖徙天子都鄄城，以自密近[3]；太祖拒之。天子以绍为太尉，转为大将军，封邺侯，〔二〕绍让侯不受。

顷之，击破瓒于易京〔4〕，并其众。〔三〕出长子谭为青州，沮授谏绍："必为祸始。"绍不听，曰："孤欲令诸儿各据一州也。"〔四〕又以中子熙为幽州，甥高幹为并州，众数十万。以审配、逢纪统军事〔5〕；田丰、荀谌、许攸为谋主〔6〕；颜良、文丑为将率；简精卒十万〔7〕，骑万匹，将攻许。〔五〕

【注释】

〔1〕使：充当使者去河东朝见皇帝。〔2〕说（shuì）：劝说。〔3〕密近：邻近。〔4〕易京：城堡名。在今河北雄县西北。东汉末年公孙瓒割据幽州时所筑。有高楼营垒。见本书卷八《公孙瓒传》。〔5〕逢纪（？—公元202）：事见本卷后文裴注引《英雄记》。〔6〕田丰（？—公元200）：传见本卷后文裴注引《先贤行状》。〔7〕简：挑选。

【裴注】

〔一〕《献帝传》曰："沮授说绍云：'将军累叶辅弼，世济忠义。今朝廷播越，宗庙毁坏。观诸州郡，外托义兵，内图相灭，未有存主恤民者。且今州城粗定，宜迎大驾，安宫邺都；挟天子而令诸侯，畜士马以讨不庭：谁能御之！'绍悦，将从之。郭图、淳于琼曰：'汉室陵迟，为日久矣；今欲兴之，不亦难乎？且今英雄据有州郡，众动万计；所谓秦失其鹿，先得者王。若迎天子以自近，动辄表闻；从之则权轻，违之则拒命：非计之善者也。'授曰：'今迎朝廷，至义也；又于时宜，大计也。若不早图，必有先人者也。夫权不失机，功在速捷，将军其图之！'绍弗能用。"

按此书称郭图之计，则与本传违也。

〔二〕《献帝春秋》曰："绍耻班在太祖下，怒曰：'曹操，当死数矣，我辄救存之。今乃背恩，挟天子以令我乎！'太祖闻，而以大将军让于绍。"

〔三〕《典略》曰："自此绍贡御希慢，私使主簿耿苞密白曰：'赤德衰尽，袁为黄胤；宜顺天意。'绍以苞密白事，示军府将吏，议者咸以

‘苞为妖妄，宜诛’，绍乃杀苞以自解。”《九州春秋》曰：“绍延征北海郑玄，而不礼，赵融闻之曰：‘贤人者，君子之望也；不礼贤，是失君子之望也。夫有为之君，不敢失万民之欢心，况于君子乎？失君子之望，难乎以有为矣！’”

《英雄记》载太祖作《董卓歌》，辞云：“德行不亏缺，变故自难常。郑康成，行酒伏地气绝；郭景图，命尽于园桑。”如此之文，则玄无病而卒。余书不见，故载录之。

〔四〕《九州春秋》载：“授谏辞曰：‘世称一兔走衢，万人逐之；一人获之，贪者悉止：分定故也。且年均以贤，德均则卜，古之制也。愿上惟先代成败之戒，下思逐兔分定之义。’绍曰：‘孤欲令四儿各据一州，以观其能。’授出曰：‘祸其始此乎？’谭始至青州，为都督，未为刺史；后太祖拜为刺史。其土自河而西，盖不过平原而已。遂北排田楷，东攻孔融，曜兵海隅。是时百姓无主，欣戴之矣。然信用群小，好受近言；肆志奢淫，不知稼穑之艰难。华彦、孔顺，皆奸佞小人也，信以为腹心；王修等备官而已。然能接待宾客，慕名敬士。使妇弟领兵在内，至令草窃市井而外，虏掠田野。别使两将募兵下县，有赂者见免，无者见取；贫弱者多，乃至于窜伏丘野之中，放兵捕索，如猎鸟兽。邑有万户者，著籍不盈数百；收赋纳税，三分不入一。招命贤士，不就；不趋赴军期，安居族党，亦不能罪也。”

〔五〕《世语》曰：“绍步卒五万，骑八千。”孙盛评曰：“按魏武谓崔琰曰‘昨案贵州户籍，可得三十万众’。由此推之，但冀州胜兵已如此；况兼幽、并及青州乎？绍之大举，必悉师而起：十万近之矣。”

《献帝传》曰：“绍将南师，沮授、田丰谏曰：‘师出历年，百姓疲弊；仓庾无积，赋役方殷：此国之深忧也。宜先遣使献捷天子，务农逸民。若不得通，乃表曹氏隔我王路。然后进屯黎阳，渐营河南；益作舟船，缮治器械；分遣精骑，抄其边鄙；令彼不得安，我取其逸。三年之中，事可坐定也！’审配、郭图曰：‘兵书之法：十围，五攻，敌则能战。今以明公之神武，跨河朔之强众，以伐曹氏，譬若覆手；今不时取，后难图也！’授曰：‘盖救乱诛暴，谓之义兵；恃众凭强，谓之骄兵：兵义无敌，骄者先灭。曹氏迎天子安宫许都，今举兵南向，于义则违。且庙胜之策，不在强弱。曹氏法令既行，士卒精练，非公孙瓒坐受围者也。今弃万安之术，而兴无名之兵，窃为公惧之！’图等曰：‘武王伐纣，不曰不义；况兵加曹氏，而云无名！且公师武臣竭力，将士愤怒，人思自骋；而不及时早定大业，虑之失也。夫天与弗取，反受其咎；此越之所以霸，吴之所以亡也。监军之计，计在持牢，而非见时知机之变也！’

绍从之。图等因是谮授：‘监统内外，威震三军；若其浸盛，何以制之？夫臣与主不同者昌，主与臣同者亡，此《黄石》之所忌也。且御众于外，不宜知内。’绍疑焉，乃分监军为三都督，使授及郭图、淳于琼各典一军；遂合而南。”

先是，太祖遣刘备诣徐州，拒袁术。术死，备杀刺史车胄，引军屯沛。绍遣骑佐之。太祖遣刘岱、王忠击之，不克。

建安五年，太祖自东征备〔1〕。田丰说绍，袭太祖后〔2〕；绍辞以子疾，不许〔3〕。丰举杖击地曰：“夫遭难遇之机，而以婴儿之病失其会。惜哉！”

太祖至，击破备。备奔绍。〔一〕

【注释】

〔1〕自：亲自。〔2〕后：后方。〔3〕不许：事实上袁绍曾经派军队南下袭击曹操后方，见本书卷一《武帝纪》注释。

【裴注】

〔一〕《魏氏春秋》载绍檄州郡文曰：“盖闻明主图危以制变，忠臣虑难以立权。曩者，强秦弱主，赵高执柄；专制朝命，威福由己；终有望夷之祸，污辱至今。及臻吕后，禄、产专政；擅断万机，决事省禁；下陵上替，海内寒心。于是绛侯、朱虚，兴威奋怒，诛夷逆乱，尊立太宗；故能道化兴隆，光明显融，此则大臣立权之明表也。司空曹操：祖父腾，故中常侍，与左悺、徐璜并作妖孽，饕餮放横，伤化虐民；父嵩，乞匄携养，因赃假位，舆金辇璧，输货权门，窃盗鼎司，倾覆重器。操，赘阉遗丑，本无令德，僄狡锋侠，好乱乐祸。幕府昔统鹰扬，扫夷凶逆。续遇董卓侵官暴国，于是提剑挥鼓，发命东夏。方收罗英雄，弃瑕录用，故遂与操参咨策略，谓其鹰犬之才，爪牙可任。至乃愚佻短虑，轻进易退，伤夷折衄，数丧师徒。幕府辄复分兵命锐，修完补辑，表行东郡太守、兖州刺史；被以虎文，授以偏师，奖蹙威柄，冀获秦师一克之报。

而操遂乘资跋扈，肆行酷烈，割剥元元，残贤害善。故九江太守边让，英才俊逸，天下知名；以直言正色，论不阿谄；身〔首〕被枭悬之戮，妻孥受灰灭之咎。自是士林愤痛，民怨弥重；一夫奋臂，举州同声；故躬破于徐方，地夺于吕布；彷徨东裔，蹈据无所。幕府惟强干弱枝之义，且不登叛人之党，故复援旌擐甲，席卷赴征。金鼓响震，布众破沮，拯其死亡之患，复其方伯之任：是则幕府无德于兖土之民，而有大造于操也。后会銮驾东反，群虏乱政。时冀州方有北鄙之警，匪遑离局，故使从事中郎徐勋，就发遣操，使缮修郊庙，翼卫幼主。而便放志专行，胁迁省禁；卑侮王(官)〔室〕，败法乱纪；坐召三台，专制朝政；爵赏由心，刑戮在口；所爱光五宗，所恶灭三族；群谈者蒙显诛，腹议者蒙隐戮；道路以目，百僚钳口；尚书记朝会，公卿充员品而已。故太尉杨彪，历典三司，享国极位；操因睚眦，被以非罪，榜楚并兼，五毒俱至，触情放慝，不顾宪章。又议郎赵彦，忠谏直言，议有可纳，故圣朝含听，改容加锡；操欲迷夺时权，杜绝言路，擅收立杀，不俟报闻。又梁孝王，先帝母弟，坟陵尊显，松柏桑梓，犹宜恭肃；而操率将校吏士，亲临发掘，破棺裸尸，略取金宝，至令圣朝流涕，士民伤怀。又署发丘中郎将、摸金校尉，所过隳突，无骸不露。身处三公之官，而行桀虏之态；殄国虐民，毒流人鬼。加其细政苛惨，科防互设；缯缴充蹊，坑阱塞路；举手挂网罗，动足蹈机陷；是以兖、豫有无聊之民，帝都有吁嗟之怨。历观古今书籍，所载贪残虐烈无道之臣，于操为甚！幕府方诘外奸，未及整训；加意含覆，冀可弥缝。而操豺狼野心，潜苞祸谋；乃欲挠折栋梁，孤弱汉室；除灭中正，专为枭雄。往岁伐鼓北征，讨公孙瓒，强御桀逆，拒围一年。操因其未破，阴交书命，欲托助王师，以相掩袭；故引兵造河，方舟北济。会其行人发露，瓒亦枭夷；故使锋芒挫缩，厥图不果。屯据敖仓，阻河为固；乃欲以螳螂之斧，御隆车之隧。幕府奉汉威灵，折冲宇宙；长戟百万，胡骑千群；奋中黄、育、获之材，骋良弓劲弩之势；并州越太行，青州涉济、漯；大军泛黄河以角其前，荆州下宛、叶而掎其后；雷震虎步，并集虏庭；若举炎火以热飞蓬，覆沧海而沃熛炭：有何不消灭者哉！当今汉道陵迟，纲弛纪绝。操以精兵七百，围守宫阙；外称陪卫，内以拘执。惧其篡逆之祸，因斯而作：乃忠臣肝脑涂地之秋，烈士立功之会也。可不勖哉！”

此陈琳之辞。

绍进军黎阳，遣颜良攻刘延于白马。沮授又谏绍：

"良性促狭[1]，虽骁勇，不可独任！"绍不听。太祖救延，与良战，破斩良。〔一〕绍渡河，壁延津南[2]；使刘备、文丑挑战。太祖击破之，斩丑。再战，擒绍大将，绍军大震。〔二〕

太祖还官渡。沮授又曰："北兵数众而果劲不及南[3]，南谷虚少而货财不及北；南利在于急战，北利在于缓搏：宜徐持久，旷以日月[4]。"绍不从。

连营稍前，逼官渡。合战，太祖军不利，复壁。绍为高橹[5]，起土山，射营中；营中皆蒙盾，众大惧。太祖乃为发石车[6]，击绍楼，皆破，绍众号曰"霹雳车"。〔三〕绍为地道，欲袭太祖营；太祖辄于内为长堑，以拒之。又遣奇兵袭击绍运车，大破之，尽焚其谷。

太祖与绍相持日久，百姓疲乏，多叛应绍，军食乏。会绍遣淳于琼等，将兵万余人，北迎运车；沮授说绍："可遣将蒋奇，别为支军于表[7]，以断曹公之抄。"绍复不从。琼宿乌巢[8]，去绍军四十里。太祖乃留曹洪守，自将步骑五千，候夜潜往攻琼。绍遣骑救之，败走。破琼等，悉斩之。

太祖还，未至营；绍将高览、张郃等率其众降。绍众大溃。绍与谭，单骑退渡河。余众伪降，尽坑之。〔四〕沮授不及绍渡，为人所执；诣太祖，〔五〕太祖厚待之。后谋还袁氏，见杀。

初，绍之南也，田丰说绍曰："曹公善用兵，变化无方；众虽少，未可轻也！不如以久持之。将军据山河之固[9]，拥四州之众；外结英雄，内修农战；然后简其精锐，分为奇兵，乘虚迭出，以扰河南；救右则击其左，救左则击其右；使敌疲于奔命，民不得安业；我未劳，而彼已困：不及二年，可坐克也。今释庙胜之策，而决成败于一战；若不如志，悔无及也！”绍不从。丰恳谏，绍怒甚，以为沮众〔10〕，械系之〔11〕。

绍军既败，或谓丰曰：“君必见重。”丰曰：“若军有利，吾必全；今军败，吾其死矣！”绍还，谓左右曰：“吾不用田丰言，果为所笑！”遂杀之。〔六〕绍外宽雅，有局度〔12〕，忧喜不形于色；而内多忌害〔13〕，皆此类也。

冀州城邑多叛，绍复击定之。

自军败后发病；七年〔14〕，忧死。

【注释】

〔1〕性促狭：心胸狭窄而性情急躁。〔2〕壁：修造壁垒。〔3〕北兵：指袁绍军。　果劲：果敢坚强。〔4〕旷以日月：拖延时间。〔5〕高橹：古代用来侦察、防御和进攻敌人的木制高台。又称楼橹。〔6〕发石车：一种可以抛射石块以打击敌人的车辆。又称炮车。〔7〕支军：分支部队。　于表：在运粮车队的外围。〔8〕乌巢：地名。在今河南延津县东南。有大湖，名叫乌巢泽。〔9〕山河：指西山（今太行山）和黄河。袁绍的政治中心邺县，西枕西山，南依黄河，所以田丰这样说。〔10〕沮众：动摇人心。〔11〕械系：加上镣铐之类的刑具关押起来。〔12〕局度：气量，气度。〔13〕忌害：猜忌。是并列同义词。〔14〕七年：建安七年（公元202）。

【裴注】

〔一〕《献帝传》曰：“绍临发，沮授会其宗族，散资财以与之曰：‘夫势在则威无不加，势亡则不保一身。哀哉！’其弟宗曰：‘曹公士马不敌，君何惧焉？’授曰：‘以曹兖州之明略，又挟天子以为资；我虽克公孙，众实疲弊，而将骄主忲。军之破败，在此举也。扬雄有言，“六国蚩蚩，为嬴弱姬”，今之谓也！’”

〔二〕《献帝传》曰：“绍将济河，沮授谏曰：‘胜负变化，不可不详。今宜留屯延津，分兵官渡：若其克获，还迎不晚；设其有难，众弗可还。’绍弗从。授临济叹曰：‘上盈其志，下务其功；悠悠黄河，吾其不反乎！’遂以疾辞。绍恨之，乃省其所部兵，属郭图。”

〔三〕《魏氏春秋》曰：“以古有矢石，又《传》言：‘旝动而鼓’，《说〔文〕》曰‘旝，发石也’，于是造发石车。”

〔四〕张璠《汉纪云》：“杀绍卒，凡八万人。”

〔五〕《献帝传》云：“授大呼曰：‘授不降也，为军所执耳！’太祖与之有旧，逆谓授曰：‘分野殊异，遂用圮绝；不图今日，乃相擒也！’授对曰：‘冀州失策，以取奔北。授智力俱困，宜其见擒耳。’太祖曰：‘本初无谋，不用君计。今丧乱过纪，国家未定，当相与图之。’授曰：‘叔父、母、弟，悬命袁氏；若蒙公灵，速死为福。’太祖叹曰：‘孤早相得，天下不足虑！’”

〔六〕《先贤行状》曰：“丰字元皓，钜鹿人。或云勃海人。丰天姿瓌杰，权略多奇。少丧亲，居丧尽哀；日月虽过，笑不至矧。博览多识，名重州党。初辟太尉府，举茂才，迁侍御史。阉宦擅朝，英贤被害，丰乃弃官归家。袁绍起义，卑辞厚币以招致丰。丰以王室多难，志存匡救；乃应绍命，以为别驾。劝绍迎天子，绍不纳。绍后用丰谋，以平公孙瓒。逢纪惮丰亮直，数谗之于绍，绍遂忌丰。绍军之败也，土崩奔北，师徒略尽，军皆拊膺而泣曰：‘向令田丰在此，不至于是也！’绍谓逢纪曰：‘冀州人闻吾军败，皆当念吾；惟田别驾前谏止吾，与众不同，吾亦惭见之。’纪复曰：‘丰闻将军之退，拊手大笑，喜其言之中也。’绍于是有害丰之意。初，太祖闻丰不从戎，喜曰：‘必败矣！’及绍奔遁，复曰：‘向使绍用田别驾计，尚未可知也。’”

孙盛曰：“观田丰、沮授之谋，虽良、平何以过之！故君贵审才，臣尚量主。君用忠良，则伯王之业隆；臣奉暗后，则覆亡之祸至。存亡荣辱，常必由兹。丰知绍将败，败则己必死，甘冒虎口以尽忠规；烈士之于所事，虑不存己。夫诸侯之臣，义有去就，况丰与绍非纯臣乎？《诗》云‘逝将去汝，适彼乐土’，言去乱邦，就有道，可也。”

绍爱少子尚，貌美，欲以为后而未显[1]。〔一〕审配、逢纪与辛评、郭图争权：配、纪与尚比[2]；评、图与谭比。众以谭长，欲立之。配等恐谭立而评等为己害，缘绍素意[3]，乃奉尚代绍位；谭至[4]，不得立，自号“车骑将军”：由是谭、尚有隙。

太祖北征谭、尚。谭军黎阳，尚少与谭兵，而使逢纪从谭。谭求益兵，配等议不与；谭怒，杀纪。〔二〕太祖渡河攻谭，谭告急于尚。尚欲分兵益谭，恐谭遂夺其众；乃使审配守邺，尚自将兵助谭，与太祖相拒于黎阳。自（二）〔九〕月至（九）〔三〕月，大战城下，谭、尚败退，入城守。太祖将围之，乃夜遁。追至邺，收其麦，拔阴安[5]；引军还许。

太祖南征荆州。军至西平，谭、尚遂举兵相攻，谭败奔平原。尚攻之急，谭遣辛毗，诣太祖请救。太祖乃还救谭，十月至黎阳。〔三〕尚闻太祖北，释平原，还邺。其将吕旷、吕翔叛尚，归太祖；谭复阴刻将军印假旷、翔[6]。太祖知谭诈，与结婚以安之[7]；乃引军还。

尚使审配、苏由守邺，复攻谭平原。太祖进军将攻邺，到洹水，去邺五十里。由欲为内应，谋泄；与配战城中，败，出奔太祖。太祖遂进攻之，为地道；配亦于内作堑以当之[8]。配将冯礼开突门[9]，纳太祖兵三百余人；配觉之，从城上以大石击突中栅门，栅门闭，入者皆没。太祖遂围之，为堑，周四十里。初令浅，示若可越。配望而笑之，不出争利[10]。太祖一夜掘之，广深二丈；决漳水以灌之。自五月至八月，城中饿死者过半。

尚闻邺急，将兵万余人，还救之。依西山来，东至阳平亭〔11〕，去邺十七里，临滏水。举火以示城中，城中亦举火相应。配出兵城北，欲与尚对决围〔12〕。太祖逆击之，败还；尚亦破走，依曲漳为营〔13〕，太祖遂围之。未合，尚惧，遣阴夔、陈琳乞降；不听。尚还走滥口〔14〕，进复围之急。其将马延等临阵降，众大溃。尚奔中山，尽收其辎重，得尚印绶、节钺及衣物，以示其家，城中崩沮。

配兄子荣，守东门，夜开门纳太祖兵；与配战城中，生擒配。配声气壮烈，终无挠辞〔15〕，见者莫不叹息。遂斩之。〔四〕

【注释】

〔1〕未显：没有公开宣布。〔2〕比(bì)：结成一帮。〔3〕缘绍素意：根据袁绍平常的意向。〔4〕至：从青州回到邺县。当时袁谭在青州当刺史。〔5〕阴安：县名。县治在今河南清丰县西北。〔6〕阴刻：悄悄刻制。这句意思是暗中拉拢收买二将。〔7〕与结婚：指曹操为儿子曹整娶袁谭的女儿为妻。〔8〕堑：深而宽的壕沟。作堑的目的是想发现敌方挖进来的地道并攻击由地道冒头的敌人。〔9〕突门：在城墙大门外再修一个突出的部分，称为城突；城突的大门叫突门。突门可以加强内城门的保护，与内城门构成后世所称的瓮城。〔10〕争利：争夺有利形势。指未能及时破坏敌方计划。〔11〕阳平：亭名。在今河北临漳县西。〔12〕决：冲破。〔13〕曲漳：漳水的弯曲处。〔14〕滥口：地名。在邺城与中山之间。〔15〕挠辞：告饶的软话。

【裴注】

〔一〕《典论》曰："谭长而慧，尚少而美。绍妻刘氏爱尚，数称其才，绍亦奇其貌。欲以为后，未显而绍死。刘氏性酷妒；绍死，僵尸未殡；宠妾五人，刘尽杀之。以为死者有知，当复见绍于地下，乃髡头墨面，以毁其形。尚又为尽杀死者之家。"

〔二〕《英雄记》曰："纪字元图。初，绍去董卓，出奔，与许攸及纪俱诣冀州。绍以纪聪达有计策，甚亲信之，与共举事。后审配任用，与纪不睦。或有谗配于绍，绍问纪，纪称‘配天性烈直，古人之节，不宜疑之’。绍曰：‘君不恶之邪？’纪答曰：‘先日所争者，私情；今所陈者，国事。’绍善之，卒不废配。配由是更与纪为亲善。”

〔三〕《魏氏春秋》载：

“刘表遗谭书曰：‘天笃降害，祸难殷流；尊公殂殒，四海悼心。贤胤承统，遐迩属望；咸欲展布膂力，以投盟主：虽亡之日，犹存之愿也。何悟青蝇飞于干旍，无极游于二垒；使股肱分为二体，背膂绝为异身！昔三王五伯，下及战国，父子相残，盖有之矣。然或欲以成王业，或欲以定霸功，或欲以显宗主，或欲以固冢嗣；未有弃亲即异，抏其本根，而能崇业济功，垂祚后世者也。若齐襄复九世之仇，士匄卒荀偃之事；是故《春秋》美其义，君子称其信。夫伯游之恨于齐，未若(文)〔太〕公之忿曹；宣子之承业，未若仁君之继统也。且君子之违难，不适仇国；岂可忘先君之怨，弃至亲之好，为万世之戒，遗同盟之耻哉！冀州不弟之慠，既已然矣。仁君当降志辱身，以匡国为务。虽见憎于夫人，未若郑庄之于姜氏；兄弟之嫌，未若重华之于象傲也。然庄公有大隧之乐，象受有鼻之封。愿弃捐前忿，远思旧义，复为母子昆弟如初。’

又遗尚书曰：‘知变起辛、郭，祸结同生；追阏伯、实沈之踪，忘《常棣》死丧之义；亲寻干戈，僵尸流血；闻之哽咽，虽存若亡。昔轩辕有涿鹿之战，周(武)〔公〕有商、奄之师；皆所以翦除秽害而定王业，非强弱之(事)争，喜怒之忿也。故虽灭亲不为尤，诛兄不伤义。今二君初承洪业，纂继前轨；进有国家倾危之虑，退有先公遗恨之负；当唯义是务，唯国是康。何者？金木水火以刚柔相济，然后克得其和，能为民用。今青州天性峭急，迷于曲直；仁君度数弘广，绰然有余；当以大包小，以优容劣，先除曹操，以卒先公之恨。事定之后，乃议曲直之计，不亦善乎！若留神远图，克己复礼；当振旆长驱，共奖王室。若迷而不反，违而无改；则胡夷将有诮让之言，况我同盟，复能戮力为君之役哉？此韩卢、东郭自困于前而遗田父之获者也。愤踊鹤望，冀闻和同之声。若其泰也，则袁族其与汉升降乎！如其否也，则同盟永无望矣！’谭、尚尽不从。”

《汉晋春秋》载审配献书于谭曰：“《春秋》之义：国君死社稷，忠臣死王命。苟有图危宗庙，败乱国家，王纲典律，亲疏一也。是以周公垂泣而蔽管、蔡之狱，季友歔欷而行鍼叔之鸩。何则？义重人轻，事不得已也。昔卫灵公废蒯聩而立辄，蒯聩为不道，入戚以篡，卫师伐之。《春秋传》曰：‘以石曼姑之义，为可以拒之。’是以蒯聩终获叛逆之罪，而曼姑永享忠臣之名。父子犹然，岂况兄弟乎！昔先公废黜将军以续贤兄，立我将军以为嫡嗣；上告祖灵，下书谱牒；先公谓将军为兄子，将军谓先公为叔父；海内远近，谁不备闻？且先公即世之日，我将军斩衰居庐，而将军斋于垩室；出入之分，于斯益明。是时凶臣逢纪，妄画蛇足，曲辞谄媚，交乱懿亲。〔我〕将军奋赫然之怒，诛不旋时；将军亦奉命承旨，加以淫刑。自是之后，痈疽破溃，骨肉无丝发之嫌；自疑之臣，皆保生全之福。故悉遣强胡，简命名将；料整器械，选择战士；殚府库之财，竭食土之实：其所以供奉将军，何求而不备？君臣相率，共卫旌麾，战为雁行，赋为币主；虽倾仓覆库，翦剥民物，上下欣戴，莫敢告劳。何则？推恋恋忠赤之情，尽家家肝脑之计，唇齿辅车，不相为赐。谓为将军心合意同，混齐一体；必当并威偶势，御寇宁家。何图凶险谗慝之人，造饰无端，诱导奸利；至令将军幡然改图，忘孝友之仁，听豺狼之谋，诬先公废立之言，违近者在丧之位，悖纪纲之理，不顾逆顺之节。横易冀州之主，欲当先公之继；遂放兵抄拨，屠城杀吏，交尸盈原，裸民满野；或有髡剃发肤，割截支体，冤魂痛于幽冥，创痍号于草棘；又乃图获邺城，许赐秦胡财物、妇女，豫有分界。或闻告令吏士云：'孤虽有老母，辄使身体完具而已。'闻此言者，莫不惊愕失气，悼心挥涕。使太夫人忧哀愤懑于堂室，我州君臣士友假寐悲叹，无所措其手足。念欲静师拱默以听执事之图，则惧违《春秋》死命之节，贻太夫人不测之患，陨先公高世之业；且三军愤慨，人怀私怒；我将军辞不获已，以及馆陶之役。是时外为御难，内实乞罪；既不见赦，而徒属各二三其心，临阵叛戾。我将军进退无功，首尾受敌，引军奔避，不敢告辞。亦谓将军当少垂亲亲之仁，贶以缓追之惠；而乃寻踪蹑轨，无所逃命，困兽必斗，以干严行；而将军师旅土崩瓦解，此非人力，乃天意也。是后又望将军改往修来，克己复礼，追还孔怀如初之爱；而纵情肆怒，趣破家门，企踵鹤立，连结外仇，散锋放火，播增毒螫，烽烟相望，涉血千里。遗城厄民，引领悲怨；虽欲勿救，恶得已哉！故遂引军东辕，保正疆埸；虽近郊垒，未侵境域，然望旌麾，能不永叹？配等备先公家臣，奉废立之命。而图等干国乱家，礼有常刑。故奋敝州之赋，以除将军之疾。若乃天启于心，早行其诛，则我将军匍匐悲号于将军股掌之上，配等亦袒躬布体以待斧钺之刑。若必不悛，有以国毙；图头不悬，军不旋踵。愿将军详度事宜，锡以环玦！"《典略》曰："谭得书怅然，登城而泣。既劫于郭图，亦以兵锋累交，遂战不解。"

〔四〕《先贤行状》曰："配字正南，魏郡人。少忠烈慷慨，有不可犯之节。袁绍领冀州，委以腹心之任，以为治中、别驾，并总幕府。初，谭之去，皆呼辛毗、郭图家得出，而辛评家独被收。乃配兄子开城门纳兵，时配在城东南角楼上；望见太祖兵入，忿辛、郭坏败冀州；乃遣人驰诣邺狱，指杀仲治家。是时，辛毗在军，闻门开，驰走诣狱，欲解其兄家，兄家已死。是日生缚配，将诣帐下，辛毗等逆以马鞭击其头，骂之曰：'奴，汝今日真死矣！'配顾曰：'狗辈，正由汝曹破我冀州，恨不得杀汝也！且汝今日能杀生我邪？'有顷，公引见，谓配：'知谁开卿城门？'配曰：'不知也。'曰：'自卿(文)〔子〕荣耳。'配曰：'小儿不足用乃至此！'公复谓曰：'曩日孤之行围，何弩之多也？'配曰：'恨其少耳！'公曰：'卿忠于袁氏父子，亦自不得不尔也。'有意欲活之。配既无挠辞，而辛毗等号哭不已，乃杀之。初，冀州人张子谦，先降，素与配不善，笑谓配曰：'正南，卿竟何如我？'配厉声曰：'汝为降虏，审配为忠臣；虽死，岂若汝生邪！'临行刑，叱持兵者，令北向，曰：'我君在北！'"

乐资《山阳公载记》及袁暐《献帝春秋》并云："太祖兵入城，审配战于门中；既败，逃于井中，于井获之。"

臣松之以为：配，一代之烈士，袁氏之死臣；岂当数穷之日，方逃身于井！此之难信，诚为易了。不知资、暐之徒，竟为何人，未能识别然否，而轻弄翰墨，妄生异端，以行其书。如此之类，正足以诬罔视听，疑误后生矣。实史籍之罪人，达学之所不取者也。

高干以并州降，复以干为刺史。

太祖之围邺也，谭略取甘陵、安平、勃海、河间，攻尚于中山。尚走故安，从熙；谭悉收其众，太祖将讨之。谭乃拔平原，并南皮，自屯龙凑[1]。十二月，太祖军其门，谭不出。夜遁，奔南皮，临清河而屯[2]。十年正月，攻拔之，斩谭及图等。

熙、尚为其将焦触、张南所攻，奔辽西乌丸。触自号幽州刺史，驱率诸郡太守、令长，背袁向曹；陈兵数万，杀白马盟。令曰："违命者斩！"众莫敢语，各以次歃[3]。至别驾韩珩，曰："吾受袁公父子厚恩，今其破亡，智不能救，勇不能死，于义缺矣；若乃北面于曹氏[4]，所弗能为也！”一坐为珩失色。触曰：“夫兴大事，当立大义；事之济否，不待一人。可卒珩志[5]，以励事君[6]。”

高幹叛，执上党太守，举兵守壶口关。遣乐进、李典击之，未拔。十一年，太祖征幹。幹乃留其将夏昭、邓升守城，自诣匈奴单于求救，不得。独与数骑亡，欲南奔荆州，上洛都尉捕斩之。〔一〕

十二年，太祖至辽西，击乌丸。尚、熙与乌丸，逆军战，败走奔辽东。公孙康诱斩之，送其首。〔二〕

太祖高韩珩节，屡辟。不至，卒于家。〔三〕

【注释】

〔1〕龙凑：地名。在今山东平原县东南。〔2〕清河：河流名。由南皮西南流向东北，距城约十公里。〔3〕歃（shà）：古代会盟起誓时，要用嘴吮吸少许牲畜的血以表示诚意，称之为歃。〔4〕北面：称臣。古代君主接见群臣时面向南，臣僚面向北。〔5〕卒珩志：成全韩珩的志向。〔6〕励事君：激励所有服务于君主的人。

【裴注】

〔一〕《典论》曰：“上洛都尉王琰，获高幹，以功封侯。其妻哭于室，以为琰富贵将更娶妾媵而夺己爱故也。”

〔二〕《典略》曰：“尚为人有勇力，欲夺取康众。与熙谋曰：‘今到，康必相见；欲与兄手击之，有辽东，犹可以自广也。’康亦心计曰：‘今不取熙、尚，无以为说于国家。’乃先置其精勇于厩中，然后请熙、尚。熙、尚入，康伏兵出，皆缚之。坐于冻地，尚寒，求席。（熙）〔康〕曰：‘头颅方行万里，何席之为！’遂斩首。”

谭，字显思。熙，字显奕。尚，字显甫。《吴书》曰：“尚有弟名买，与尚俱走辽东。”《曹瞒传》云：“买，尚兄子。”未详。

〔三〕《先贤行状》曰："珩字子佩，代郡人。清粹有雅量。少丧父母，奉养兄姊，宗族称孝悌焉。"

袁术字公路。司空逢子〔1〕，绍之从弟也〔2〕。以侠气闻，举孝廉，除郎中。历职内外〔3〕。后为折冲校尉、虎贲中郎将〔4〕。

董卓之将废帝，以术为后将军。术亦畏卓之祸，出奔南阳。会长沙太守孙坚杀南阳太守张咨，术得据其郡〔5〕。南阳户口数百万，而术奢淫肆欲，征敛无度，百姓苦之。既与绍有隙，又与刘表不平，而北连公孙瓒；绍与瓒不和，而南连刘表：其兄弟携贰〔6〕，舍近交远如此。〔一〕

引军入陈留，太祖与绍合击，大破术军；术以余众奔九江，杀扬州刺史陈温，领其州，〔二〕以张勋、桥蕤等为大将(军)。

【注释】

〔1〕逢：即袁逢。字周阳。袁隗的哥哥。官至司空，谥宣文侯。传附《后汉书》卷四十五《袁安传》。 〔2〕从(zòng)弟：堂弟。据本卷《袁绍传》裴注引《魏书》、《后汉书》卷七十四上《袁绍传》李贤注引袁山松《后汉书》，都说袁绍是袁逢小妾所生的儿子，即袁术的同父异母哥哥。后来袁绍出继袁逢的大哥袁成，因此这里把袁术说成袁绍的堂弟。由于袁绍生母地位低下，所以嫡室所生的袁术不大看得起他，这是他们后来反目成仇的原因之一。见《后汉书》卷七十五《袁术传》。 〔3〕内外：皇宫内外。袁术先任郎中，这是在皇宫内任职。《后汉书》卷七十五《袁术传》说他后来出任河南尹，这是在皇宫外任职。 〔4〕折冲校尉：官名。领兵征伐。汉代的军职，在将军之下为中郎将，中郎将之下为校尉，校尉之下为都尉。 〔5〕得据其郡：孙坚是袁术的部将，所以孙坚杀张咨后，南阳就成了袁术的地盘。 〔6〕携贰：亲近的人分离对立。

【裴注】

〔一〕《吴书》曰："时议者以'灵帝失道，使天下叛乱；少帝幼弱，为贼臣所立，又不识母氏所出'，幽州牧刘虞宿有德望，绍等欲立之以安当时。使人报术。术观汉室衰陵，阴怀异志，故外托公义以拒绍。绍复与术书曰：'前与韩文节共建永世之道，欲海内见再兴之主。今西名有幼君，无血脉之属；公卿以下皆媚事卓，安可复信！但当使兵往屯关要，皆自蹙死于西。东立圣君，太平可冀，如何有疑！又室家见戮，不念子胥，可复北面乎？违天不祥，愿详思之！'术答曰：'圣主聪叡，有周成之质。贼卓因危乱之际，威服百僚，此乃汉家小厄之会。乱尚未厌，复欲兴之；乃云今主"无血脉之属"，岂不诬乎！先人以来，奕世相承，忠义为先。太傅公，仁慈恻隐，虽知贼卓必为祸害，以信徇义，不忍去也。门户灭绝，死亡流漫；幸蒙远近，来相赴助。不因此时上讨国贼，下刷家耻，而图于此，非所闻也。又曰"室家见戮，可复北面"，此卓所为，岂国家哉！君命，天也，天不可仇，况非君命乎！偻偻赤心，志在灭卓，不识其他！'"

〔二〕臣松之按《英雄记》："陈温字元悌，汝南人。先为扬州刺史，自病死。袁绍遣袁遗领州，败散，奔沛国，为兵所杀。袁术更用陈瑀为扬州。瑀字公玮，下邳人。瑀既领州，而术败于封丘，南向寿春；瑀拒术不纳，术退保阴陵。更合军攻瑀，瑀惧走归下邳。"如此，则温不为术所杀，与本传不同。

李傕入长安，欲结术为援；以术为左将军，封阳翟侯，假节；遣太傅马日磾因循行拜授〔1〕。术夺日磾节，拘留不遣。〔一〕

时沛相下邳陈珪〔2〕，故太尉球弟子也〔3〕。术与珪俱公族子孙〔4〕，少共交游。书与珪曰："昔秦失其政，天下群雄，争而取之，兼智勇者卒受其归〔5〕。今世事纷扰，复有瓦解之势矣；诚英乂有为之时也〔6〕。与足下旧交，岂肯左右之乎？若集大事，子实为吾心膂〔7〕。"珪中子应，时在下邳；术并胁质应，图必致珪。

珪答书曰："昔秦末世，肆暴恣情，虐流天下，毒被生民；下不堪命，故遂土崩。今虽季世[8]，未有亡秦苛暴之乱也。曹将军神武应期[9]，兴复典刑[10]；将拨平凶慝[11]，清定海内：信有征矣[12]。以为足下当戮力同心[13]，匡翼汉室；而阴谋不轨[14]，以身试祸：岂不痛哉！若迷而知反，尚可以免。吾备旧知[15]，故陈至情；虽逆于耳，骨肉之惠也[16]。欲吾营私阿附，有犯死不能也！"

【注释】

〔1〕马日(mì)磾(dī)：字翁叔。马融的族子。官至太傅。事附《后汉书》卷七十《孔融传》。 循行：视察。 拜授：给以官爵。当时马日磾受命视察关东，给各地割据者以官爵，让他们停止相互攻杀。〔2〕陈珪：字汉瑜。下邳国淮浦(今江苏涟水县西南)人。官至沛国相。事附《后汉书》卷五十六《陈球传》。 〔3〕球：即陈球(公元118—179)。字伯真。汉灵帝时任司空、太尉。因密谋诛杀宦官，被发觉，下狱处死。传见《后汉书》卷五十六。 〔4〕公族：三公之家。 〔5〕卒受其归：意思是最终将取得天下。 〔6〕英乂(yì)：英雄豪杰。 〔7〕心膂：得力的帮手。 〔8〕季世：衰落时期。 〔9〕曹将军：指曹操。 应期：正当大运。 〔10〕典刑：过去的法制规章。 〔11〕拨：清除。 凶慝(tè)：凶恶。 〔12〕信：确实。 〔13〕足下：称呼对方的敬辞。最初下对上或同辈相称时都能用，后来专用于同辈之间。 〔14〕阴谋：暗中谋划。当时的阴谋一词还不带贬义。 〔15〕备旧知：在您的老朋友中充个数。这是谦虚的说法。 〔16〕骨肉之惠：至亲的人才能给您的忠告。

【裴注】

〔一〕《三辅决录注》曰："日磾字翁叔，马融之族子。少传融业，以才学进。与杨彪、卢植、蔡邕等，典校中书。历位九卿，遂登台辅。"

《献帝春秋》曰："术从日磾借节观之，因夺，不还。(备)〔条〕军中(千)〔十〕余人，使促辟之。日磾谓术曰：'卿家先世诸公，辟士云何？而言促之，谓公府掾可劫得乎！’从术求去，而术留之不遣。‘既以失节屈辱，忧恚而死。”

兴平二年冬，天子败于曹阳〔1〕。术会群下，谓曰：“今刘氏微弱，海内鼎沸。吾家四世公辅，百姓所归；欲应天顺民〔2〕，于诸君意如何？”众莫敢对。主簿阎象进曰：“昔周自后稷至于文王，积德累功，三分天下有其二，犹服事殷〔3〕。明公虽奕世克昌〔4〕，未若有周之盛〔5〕；汉室虽微，未若殷纣之暴也。”

术默然不悦。用河内张炯之符命〔6〕，遂僭号〔7〕。〔一〕以九江太守为淮南尹〔8〕；置公卿，祠南、北郊〔9〕。荒侈滋甚，后宫数百皆服绮縠〔10〕，余粱肉〔11〕；〔二〕而士卒冻馁。江淮间空尽，人民相食。

术前为吕布所破，后为太祖所败。奔其部曲雷薄、陈兰于灊山〔12〕；复为所拒。忧惧不知所出，将归帝号于绍〔13〕。欲至青州从袁谭，发病，道死〔14〕。〔三〕

妻子依术故吏庐江太守刘勋。孙策破勋，复见收视〔15〕。术女入孙权宫，子燿拜郎中；燿女又配于权子奋。

【注释】

〔1〕败于曹阳：指汉献帝东归洛阳，在曹阳被李傕、郭汜追击事。〔2〕顺天应民：指当皇帝。〔3〕服事：服从尊奉。〔4〕奕世：一代接一代。〔5〕有周：周朝。“有”是词头，无实义。〔6〕符命：表示得到天命可以当皇帝的种种祥瑞征兆。这是古代的迷信。〔7〕僭号：即称帝。〔8〕尹：汉代制度，京城所在郡的郡太守特称为尹。西汉有京兆尹。东汉有河南尹。袁术这是仿汉制。〔9〕南、北郊：皇帝祭祀天

地的礼仪。东汉制度，皇帝在京城洛阳的南郊筑圆形祭坛祭天，在北郊筑方形祭坛祭地，合称南、北郊。〔10〕绮(qǐ)：有花纹的丝织品。縠(hú)：有绉纹的轻纱。〔11〕粱：优质粟米。粱肉泛指精美的膳食。〔12〕灊山：县名。县治在今安徽霍山县东北。〔13〕归帝号于绍：把皇帝称号转送给袁绍。〔14〕道死：死在途中。〔15〕收视：收容照看。

【裴注】

〔一〕《典略》曰："术以袁姓，出陈；陈，舜之后；以土承火，得应运之次。见谶文云：'代汉者，当涂高也。'自以名字当之，乃建号称'仲氏'。"

〔二〕《九州春秋》曰："司隶冯方女，国色也。避乱扬州，术登城，见而悦之。遂纳焉，甚爱幸。诸妇害其宠，(语)〔绐〕之曰：'将军贵人有志节，当时时涕泣忧愁，必长见敬重。'冯氏以为然，后见术辄垂涕。术以有心志，益哀之。诸妇人因共绞杀，悬之厕梁。术诚以为不得志而死，乃厚加殡敛。"

〔三〕《魏书》曰："术归帝号于绍曰：'汉之失天下久矣！天子提挈，政在家门；豪雄角逐，分裂疆宇：此与周之末年七国分势无异，卒强者兼之耳。加袁氏受命当王，符瑞炳然。今君拥有四州，民户百万：以强则无与比大，论德则无与比高。曹操欲扶衰拯弱，安能续绝命救已灭乎？'绍阴然之。"

《吴书》曰："术既为雷薄等所拒，留住三日，士众绝粮。乃还至江亭，去寿春八十里。问厨下，尚有麦屑三十斛。时盛暑，欲得蜜浆，又无蜜。坐棂床上，叹息良久，乃大咤曰：'袁术至于此乎！'因顿伏床下，呕血斗余而死。"

刘表字景升，山阳高平人也[1]。少知名，号"八俊"[2]。〔一〕长八尺余，姿貌甚伟。

以大将军掾为北军中候[3]。灵帝崩，代王叡为荆州刺史[4]。是时山东兵起，表亦合兵军襄阳[5]。〔二〕袁术之在南阳也，与孙坚合从，欲袭夺表州，使坚攻表。坚为流矢所中死，军败；术遂不能胜表。

李傕、郭汜入长安，欲连表为援；乃以表为镇南将军、荆州牧，封成武侯，假节。天子都许，表虽遣使贡献，然北与袁绍相结；治中邓羲谏表，表不听。〔三〕羲辞疾而退，终表之世。

张济引兵入荆州界，攻穰城，为流矢所中死，荆州官属皆贺。表曰："济以穷来[6]。主人无礼，至于交锋，此非牧意[7]；牧受吊[8]，不受贺也。"使人纳其众；众闻之喜，遂服从。长沙太守张羡叛表，〔四〕表围之连年不下。羡病死，长沙复立其子怿。

表遂攻并怿。南收零、桂[9]，北据汉川[10]，地方数千里，带甲十余万。〔五〕

太祖与袁绍方相持于官渡。绍遣人求助，表许之而不至，亦不佐太祖；欲保江、汉间，观天下变。

【注释】

〔1〕高平：县名。县治在今山东济宁市东南。 〔2〕八俊：东汉党锢名士彼此之间给予的一种美称，指八位才能杰出的名士。当时除了"八俊"之外，还有"三君"、"八顾"、"八及"、"八厨"等称号。见《后汉书》卷六十七《党锢列传序》。据这篇序文记载，刘表是列在"八及"之中，而不是"八俊"之一，与此处史文记载不同。"八俊"为李膺、荀翌、杜密、王畅、刘祐、魏朗、赵典、朱宇。刘表得以列为当时名士，与他伟岸的外貌有关系。他身高八尺有余，而当时一尺约合 24 厘米，八尺为1.92米。 〔3〕北军中候：官名。京城特种兵北军五营的总司令长官，下统五校尉。负责京城警卫。 〔4〕王叡(？—公元 190)：事附本书卷四十六《孙坚传》。 〔5〕军：驻军。 〔6〕以穷来：由于处境困难来到荆州。 〔7〕牧：刘表自称。 意：本意。 〔8〕受吊：接受对张济的吊唁。 〔9〕零：指零陵郡，治所在今湖南永州市零陵区。 桂：即桂阳郡，治所在今湖南郴(chēn)州市。以上长沙、零陵、桂阳都是荆州

的属郡。〔10〕汉川：汉水。这里指汉水下游地区，即荆州所属的江夏郡、南郡和南阳郡的南部。

【裴注】

〔一〕张璠《汉纪》曰："表与同郡人张隐、薛郁、王访、宣靖、公(褚)〔绪〕恭、刘祗、田林为'八交'，或谓之'八顾'。"

《汉末名士录》云："表与汝南陈翔字仲麟、范滂字孟博、鲁国孔昱字世元、勃海苑康字仲真、山阳檀敷字文友、张俭字元节、南阳岑晊字公孝为'八友'。"谢承《后汉书》曰："表受学于同郡王畅。畅为南阳太守，行过乎俭。表时年十七，进谏曰：'奢不僭上，俭不逼下，盖中庸之道；是故蘧伯玉耻独为君子。府君若不师孔圣之明训，而慕夷、齐之末操，无乃皎然自遗于世！'畅答曰：'以约失之者，鲜矣。且以矫俗也。'"

〔二〕司马彪《战略》曰："刘表之初为荆州也，江南宗贼盛。袁术屯鲁阳，尽有南阳之众。吴人苏代领长沙太守，贝羽为华容长，各阻兵作乱。表初到，单马入宜城，而延中庐人蒯良、蒯越，襄阳人蔡瑁，与谋。表曰：'宗贼甚盛，而众不附；袁术因之，祸今至矣！吾欲征兵，恐不集，其策安出？'良曰：'众不附者，仁不足也；附而不治者，义不足也；苟仁义之道行，百姓归之如水之趋下，何患所至之不从，而问兴兵与策乎？'表顾问越，越曰：'治平者先仁义，治乱者先权谋。兵不在多，在得人也。袁术勇而无断，苏代、贝羽皆武人，不足虑。宗贼帅多贪暴，为下所患；越有所素养者，使示之以利，必以众来。君诛其无道，抚而用之。一州之人，有乐存之心，闻君盛德，必襁负而至矣。兵集众附，南据江陵，北守襄阳，荆州八郡可传檄而定。术等虽至，无能为也。'表曰：'子柔之言，雍季之论也；异度之计，臼犯之谋也。'遂使越遣人诱宗贼，至者五十五人，皆斩之。袭取其众，或即授部曲。唯江夏贼张虎、陈生，拥众据襄阳；表乃使越与庞季，单骑往说降之，江南遂悉平。"

〔三〕《汉晋春秋》曰："表答羲曰：'内不失贡职，外不背盟主；此天下之达义也。治中独何怪乎？'"

〔四〕《英雄记》曰："羡，南阳人。先作零陵、桂阳(长)〔守〕，甚得江、湘间心；然性屈强，不顺。表薄其为人，不甚礼也。羡由是怀恨，遂叛表焉。"

〔五〕《英雄记》曰："州界群寇既尽，表乃开立学官，博求儒士，使綦毋闿、宋忠等撰《五经章句》，谓之《后定》。”

从事中郎韩嵩、别驾刘先说表曰[1]：“豪杰并争，两雄相持；天下之重，在于将军。将军若欲有为，起乘其弊可也；若不然，固将择所从。将军拥十万之众，安坐而观望。夫见贤而不能助[2]，请和而不得[3]；此两怨必集于将军，将军不得中立矣！夫以曹公之明哲，天下贤俊皆归之，其势必举袁绍[4]；然后称兵以向江、汉，恐将军不能御也。故为将军计者，不若举州以附曹公，曹公必重德将军。长享福祚，垂之后嗣：此万全之策也！”表大将蒯越亦劝表。表狐疑，乃遣嵩诣太祖，以观虚实。

嵩还，深陈太祖威德，说表遣子入质[5]。表疑嵩反为太祖说，大怒，欲杀嵩；考杀随嵩行者[6]，知嵩无他意，乃止。〔一〕表虽外貌儒雅，而心多疑忌，皆此类也。

【注释】

〔1〕从事中郎：官名。东汉高级将军的军府内设有从事中郎二人，负责军事参谋。刘表既是镇南将军，又兼荆州牧，所以他有军政两套官属。从事中郎是镇南将军府的官员。下文的别驾则是州牧府的官员。〔2〕贤：指曹操。　〔3〕请和：这里意思是请求帮助。指袁绍请和。〔4〕举：攻克。　〔5〕入质：入朝为人质。　〔6〕考：用刑。

【裴注】

〔一〕《傅子》曰：“初表谓嵩曰：‘今天下大乱，未知所定。曹公拥天子都许，君为我观其衅。’嵩对曰：‘圣达节，次守节。嵩，守节者也。夫事君为君，君臣名定，以死守之。今策名委质，唯将军所命；虽赴汤蹈火，死无辞也。以嵩观之，曹公至明，必济天下。将军能上顺天子，下归曹公，必享百世之利，楚国实受其佑，使嵩可也；设计未定，嵩使京师，天子假嵩一官，则天子之臣，而将军之故吏耳。在君为君，则嵩守天子之命，义不得复为将军死也。唯将军重思，无负嵩。'表遂使之，果如所言，天子拜嵩侍中，迁零陵太守；还，称朝廷、曹公之德也。表以为怀贰，大会僚属数百人，陈兵见嵩；盛怒，持节，将斩之，数曰：'韩嵩敢怀贰邪！'众皆恐，欲令嵩谢。嵩不动，谓表曰：'将军负嵩，嵩不负将军！'具陈前言。表怒不已，其妻蔡氏谏之曰：'韩嵩，楚国之望也；且其言直，诛之无辞。'表乃弗诛而囚之。"

刘备奔表，表厚待之，然不能用。〔一〕

建安十三年，太祖征表；未至，表病死。初，表及妻爱少子琮，欲以为后，而蔡瑁、张允为之支党[1]；乃出长子琦为江夏太守，众遂奉琮为嗣：琦与琮遂为仇隙。〔二〕越、嵩及东曹掾傅巽等说琮归太祖[2]。琮曰："今与诸君据全楚之地[3]，守先君之业；以观天下，何为不可乎?"巽对曰："逆顺有大体，强弱有定势。以人臣而拒人主，逆也；以新造之楚而御国家，其势弗当也；以刘备而敌曹公，又弗当也。三者皆短，欲以抗王兵之锋，必亡之道也！将军自料何与刘备[4]?"琮曰："吾不若也。"巽曰："诚以刘备不足御曹公乎[5]，则虽保楚之地，不足以自存也；诚以刘备足御曹公乎，则备不为将军下也[6]。愿将军勿疑！"

太祖军到襄阳，琮举州降；备走奔夏口。〔三〕

【注释】

〔1〕蔡瑁、张允：蔡瑁是刘表继室蔡氏的弟弟。张允是刘表的外甥。二人事附《后汉书》卷七十四下《刘表传》。 〔2〕东曹掾：官名。东汉太尉府的属官，有东、西曹掾。东曹掾负责郡国守相、县令长和军队

文职人员的选任升降。曹操任汉丞相后，太尉府的各曹全都转到丞相府。傅巽曾经当过东曹掾，当时客居荆州，不是刘琮的下属。〔3〕楚：先秦国名。芈(mǐ)姓。西周时立国于荆山一带，建都丹阳(今湖北秭归县东南)。以后疆土扩大到长江中游，并移都于郢(今湖北西北荆州市荆州区西北纪南城)。在前223年为秦所灭。〔4〕何与刘备：与刘备相比怎么样。〔5〕诚以：确实以为。 御曹公：当时刘备客居荆州，在襄阳北面的新野(今河南新野县)驻扎，说是为荆州抵御曹操，所以傅巽这样说。〔6〕为将军下：甘愿屈居刘琮之下。这句意思是总有一天刘备也会夺你的荆州。

【裴注】

〔一〕《汉晋春秋》曰："太祖之始征柳城，刘备说表，使袭许，表不从。及太祖还，谓备曰：'不用君言，故失此大会也！'备曰：'今天下分裂，日寻干戈，事会之来，岂有终极乎？若能应之于后者，则此未足为恨也。'"

〔二〕《典略》曰："表疾病，琦还省疾。琦性慈孝，瑁、允恐琦见表，父子相感，更有托后之意。谓曰：'将军命君，抚临江夏，为国东藩，其任至重。今释众而来，必见谴怒；伤亲之欢心以增其疾，非孝敬也。'遂遏于户外，使不得见。琦流涕而去。"

〔三〕《傅子》曰："巽字公悌。瓌伟博达，有知人鉴。辟公府，拜尚书郎。后客荆州，以说刘琮之功，赐爵关内侯。文帝时为侍中，太和中卒。巽在荆州，目庞统为'半英雄'，证裴潜终以清行显。统遂附刘备，见待次于诸葛亮；潜位至尚书令，并有名德。及在魏朝，魏讽以才智闻；巽谓之必反，卒如其言。"巽弟子嘏，别有传。

《汉晋春秋》曰："王威说刘琮曰：'曹操得将军既降，刘备已走，必解弛无备，轻行单进。若给威奇兵数千，徼之于险，操可获也。获操即威震天下，坐而虎步；中夏虽广，可传檄而定；非徒收一胜之功保守今日而已：此难遇之机，不可失也。'琮不纳。"《搜神记》曰："建安初，荆州童谣曰：'八九年间始欲衰，至十三年无孑遗。'言自中兴以来，荆州独全；及刘表为牧，民又丰乐；至建安八年九年，当始衰。'始衰'者，谓刘表妻死，诸将并零落也。'十三年无孑遗'者，表当又死，因以丧破也。是时，华容有女子忽啼呼云：'荆州将有大丧！'言语过差，县以为妖言，系狱月余。忽于狱中哭曰：'刘荆州今日死！'华容去州数百里，即遣马吏验视；而刘表果死，县乃出之。续又歌吟曰：

‘不意李立为贵人。’后无几，太祖平荆州，以涿郡李立字建贤，为荆州刺史。”

太祖以琮为青州刺史，封列侯；〔一〕蒯越等，侯者十五人。越，为光禄勋；〔二〕嵩，大鸿胪[1]；〔三〕羲，侍中；〔四〕先，尚书令；其余多至大官。〔五〕

【注释】

〔1〕大鸿胪：官名。九卿之一。负责接待进京的诸侯、郡国官员、归顺的边境少数族首领等官方人员。郊庙祭祀时任司仪官。主持封拜诸侯的仪式。宗室亲王死，代表皇帝前往吊唁。

【裴注】

〔一〕《魏武故事》载令曰：“楚有江、汉山川之险，后服先强，与秦争衡；荆州则其故地，刘镇南久用其民矣。身没之后，诸子鼎峙，虽终难全，犹可引日。青州刺史琮，心高志洁，智深虑广；轻荣重义，薄利厚德；蔑万里之业，忽三军之众；笃中正之体，敦令名之誉；上耀先君之遗尘，下图不朽之余祚。鲍永之弃并州，窦融之离五郡，未足以喻也。虽封列侯一州之位，犹恨此宠未副其人。而比有笺，求还州；监史虽尊，秩禄未优。今听所执，表琮为谏议大夫，参同军事。”

〔二〕《傅子》曰：“越，蒯通之后也。深中足智，魁杰有雄姿。大将军何进闻其名，辟为东曹掾。越劝进诛诸阉官，进犹豫不决。越知进必败，求出为汝阳令；佐刘表平定境内，表得以强大。诏书拜章陵太守，封樊亭侯。荆州平，太祖与荀彧书曰：‘不喜得荆州，喜得蒯异度耳。’建安十九年，卒。临终，与太祖书，托以门户。太祖报书曰：‘死者反生，生者不愧。孤少所举，行之多矣。魂而有灵，亦将闻孤此言也。’”

〔三〕《先贤行状》曰：“嵩字德高，义阳人。少好学，贫不改操。知世将乱，不应三公之命；与同好数人，隐居于郦西山中。黄巾起，嵩避难南方。刘表逼以为别驾，转从事中郎。表郊祀天地，嵩正谏不从，渐见违忤。”

奉使到许，事在前注。荆州平，嵩疾病，就在所拜授大鸿胪印绶。

〔四〕羲，章陵人。

〔五〕《零陵先贤传》曰："先字始宗。博学强记，尤好黄、老言，明习汉家典故。为刘表别驾，奉章诣许，见太祖。时宾客并会，太祖问先：'刘牧如何郊天也?'先对曰：'刘牧托汉室肺腑，处牧伯之位，而遭王道未平，群凶塞路；抱玉帛而无所聘俯，修章表而不获达御，是以郊天祀地，昭告赤诚。'太祖曰：'群凶为谁?'先曰：'举目皆是。'太祖曰：'今孤有熊罴之士，步骑十万，奉辞伐罪，谁敢不服?'先曰：'汉道陵迟，群生憔悴；既无忠义之士翼戴天子，绥宁海内，使万邦归德；而阻兵安忍，曰莫己若，即蚩尤、智伯复现于今也。'太祖默然。拜先武陵大守。荆州平，先始为汉尚书，后为魏国尚书令。"

先甥同郡周不疑，字元直，零陵人。《先贤传》称："不疑幼有异才，聪明敏达；太祖欲以女妻之，不疑不敢当。太祖爱子仓舒，夙有才智，谓可与不疑为俦。及仓舒卒，太祖心忌不疑，欲除之。文帝谏以为不可，太祖曰：'此人非汝所能驾御也。'乃遣刺客杀之。"挚虞《文章志》曰："不疑死时，年十七，著文、论四首。"

《世语》曰："表死后八十余年，至晋太康中，表冢见发。表及妻身形如生，芬香闻数里。"

评曰：董卓狼戾贼忍〔1〕，暴虐不仁；自书契以来〔2〕，殆未之有也。〔一〕袁术奢淫放肆；荣不终己〔3〕，自取之也。〔二〕袁绍、刘表，咸有威容、器观〔4〕，知名当世。表跨蹈汉南〔5〕，绍鹰扬河朔〔6〕；然皆外宽内忌，好谋无决；有才而不能用，闻善而不能纳；废嫡立庶，舍礼崇爱；至于后嗣颠蹙〔7〕，社稷倾覆：非不幸也〔8〕！昔项羽背范增之谋〔9〕，以丧其王业。绍之杀田丰，乃甚于羽远矣〔10〕！

【注释】

〔1〕狼戾：凶狠。　贼忍：残忍。〔2〕书契：文字。这里指文字记载。〔3〕荣不终己：兴旺景象还等不到他死就告结束。〔4〕器观：才能、风度。〔5〕跨蹈：占据。〔6〕鹰扬：鹰飞翔天空。比喻人大

逞威风。〔7〕颠蹷(cù)：跌倒而被踩踏。比喻自己内部不团结而招致他人的摧残。〔8〕不幸：意外的事故或灾祸。这句话的意思是袁、刘二人的事业同归灭亡，有其深刻的原因，并非偶然。〔9〕项羽(前232—前202)：名籍，字羽，泗水郡下相(今江苏宿迁市西南)人。楚国贵族后裔。秦末农民起义军的领袖。前209年，随从叔父项梁在吴县(今江苏苏州市)起义。后来在钜鹿之战中摧毁秦军主力，奠定了领袖地位。秦亡后，自立为西楚霸王，并大封诸侯王。前202年，被刘邦击败于垓下(今安徽灵璧县南)，突围到乌江(今安徽和县东北)，自杀。事分见《史记》卷七《项羽本纪》、《汉书》卷三十一《项籍传》。 范增(前277—前204)：九江郡居巢(今安徽桐城市南)人。项羽的主要谋臣，被尊称为亚父。他曾多次劝项羽杀刘邦以除后患，项羽不听。后来项羽中刘邦的反间计，削夺他的权力，他愤而离开项羽，途中病死。事附《史记》卷七《项羽本纪》、《汉书》卷三十一《项籍传》。〔10〕甚于羽：项羽虽然不听范增的忠告，但是并没有杀他，而且让他离开没有阻止，所以陈寿认为袁绍的过错超过了项羽。

【裴注】

〔一〕《英雄记》曰："昔大人见临洮而铜人铸；临洮生卓而铜人毁；世有卓而大乱作；大乱作而卓身灭：抑有以也。"

〔二〕臣松之以为：桀、纣无道，秦、莽纵虐，皆多历年所，然后众恶乃著。董卓自窃权柄，至于陨毙，计其日月，未盈三周，而祸崇山岳毒流四海。其残贼之性，实豺狼不若。"书契未有"，斯言为当。但评既曰"贼忍"，又云"不仁"；贼忍、不仁，于辞为重。袁术无毫芒之功，纤介之善，而猖狂于时，妄自尊立，固义夫之所扼腕，人鬼之所同疾。虽复恭俭节用，而犹必覆亡不暇；而评但云"奢淫不终"，未足见其大恶。

【译文】

董卓，字仲颖，陇西郡临洮县人。他从小就行侠尚武，曾到西北羌族居住的地方漫游，与羌族的首领们一一结识。后来他返回故乡耕田种地。有一天，他结识的羌族首领来看望他；董卓邀请他们到家中，把正用来耕地的牛宰杀了招待客人，大家开怀畅饮非常快乐。羌族首领们被董卓的行为感动，回去后大家凑合，得到各类牲畜一千多头，都牵来送给董卓。

东汉桓帝末年，朝廷在汉阳、陇西、安定、北地、上郡、西河这六个郡中，选拔良家子弟来充任侍卫皇帝的羽林郎。董卓因为有才能和武艺，力大无比；又能够带两只箭袋在急驰的马上左右开弓，故而被朝廷选中。接着他担任了军司马，跟随中郎将张奂攻打并州立下战功，被授予郎中官职，并得到九千匹细绢的重赏。董卓把得到的九千匹细绢全部分给手下的办事员和士兵。后来，他陆续担任过广武县令、蜀郡北部都尉；在他出任西域戊己校尉时，被免职。不久又应朝廷征召出任并州刺史、河东郡太守。升任中郎将，率部讨伐黄巾起义军。因在战斗中被击溃，他被撤职以抵偿罪责。

韩遂等人在凉州起兵反叛，朝廷才恢复董卓中郎将的职务，派他带兵到西部抵御韩遂。董卓的兵马在望垣峡的北面，被羌族的数万武装人员包围，粮食断绝。董卓假装要捕鱼充饥，在回撤路上的必经之处，筑堰截断河道；使数十里河道的水流储留起来，董卓带领军队从大堰下游悄悄渡过，然后把大堰挖开。等羌族军队得知对方突围而前来追击时，河水猛涨，无法渡过。当时朝廷共派出六支军队出兵陇西讨伐韩遂，其他五路都打了败仗损兵折将。只有董卓的军队完整无缺地撤退回来，驻扎在扶风郡。朝廷因此任命他为前将军，封斄乡侯。又调任并州牧。

汉灵帝刘宏去世，少帝刘辩即位。何太后的异母哥哥大将军何进，与司隶校尉袁绍密谋诛除朝中专权的宦官，何太后却不同意何进的计划。何进要董卓带领自己的兵马，赶来京城；并悄悄指示他给朝廷上书说："中常侍张让等人凭借太后和陛下的宠幸，扰乱天下。过去赵鞅曾率领晋阳的甲兵，清除了君主身旁的恶人。为臣现在自行敲钟击鼓领兵到洛阳，以讨伐张让这些乱臣贼子。"何进的目的是想恐吓逼迫太后同意诛杀宦官的计划。

董卓的军队还未到达洛阳，何进却先被宦官杀死。中常侍段珪等宦官劫持少帝，仓皇逃往京城北边的黄河渡口小平津；董卓率军到京城北郊的北邙山迎接少帝，护送少帝返回皇宫。这时，何进的异母弟弟车骑将军何苗，也在京城的动乱中被何进的部下杀掉。何进、何苗所统领的军队因失去主将而无所适从，就都归依了董卓；董卓又指使吕布杀死负责京城治安的执金吾丁原，把丁原所指挥的军队全部吞并：这样，京城的兵权就归董卓一人掌握。

在这之前，大将军何进曾派骑都尉鲍信，回家乡泰山郡各地招兵买马。鲍信这时正好返回洛阳，他对袁绍说："董卓掌握重兵，有政治野心；现今我们不趁早动手干掉他，日后必然要受他的钳制。趁他刚到京城，军队疲劳，发起突然袭击，一定可以擒杀他！"可是袁绍害怕董卓，不敢动手；鲍信随即离京回故乡去了。

这时，国内久旱不雨；董卓以此为借口，逼迫少帝下诏罢免司空刘弘，由自己取而代之。不久他又当了太尉，被授予节杖、黄钺和虎贲勇士。董卓控制朝廷军政大权后，把少帝刘辩废黜为弘农王；随即又杀死刘辩和他的生母何太后，然后立灵帝的小儿子陈留王刘协为皇帝，就是汉献帝。

董卓自任相国，封为郿侯；享有朝见天子时司礼官员只称官职而不直呼名字，以及可以带剑穿鞋进入皇宫殿堂的特殊待遇。他的母亲也被封为池阳君，并且为她设置了家令、丞等下属官员。董卓率领精锐的兵马来到京城，正好碰上朝廷大乱，所以能够专权废立皇帝；还控制了京城的中央武器库和卫戍军队，据有国家收藏的珍宝，威震天下。

董卓生性残忍凶暴，所以用酷刑来威慑众人，即便是曾经对他发怒瞪眼睛之类的微小怨忿，他也要无情报复，使得满朝文武人人害怕不能保全自己的生命。他曾经派遣部下到洛阳东南的阳城县巡查。当时正好是二月间祭祀土地神的日子，老百姓都各自集会进行祭祀活动。士兵们不问青红皂白，冲上去把男子统统杀死砍下脑袋；又抢走老百姓的车辆和牛，把妇女和财物都装上车；砍下的人头则系在车辕和车轴上，驱赶牛车，一辆接一辆地返回洛阳城；谎称进攻贼寇大获全胜，一路上士卒们不断高呼"万岁"庆贺胜利。进入洛阳南面的开阳门后，他们放火焚烧人头；把抢来的良家妇女分给官兵们当婢女和小妾。董卓还闯进皇宫随意奸淫宫女和公主。他的凶残反逆就达到如此地步。

开初，董卓曾经很信任尚书周毖、城门校尉伍琼等人。任用他们推荐的韩馥、刘岱、孔伷、张咨、张邈等人为州郡行政长官；不料韩馥等人到任后，都联合起兵讨伐董卓。董卓听到后，认为周毖、伍琼与韩馥等人串通而出卖自己，于是把周毖、伍琼斩首。

河内郡太守王匡，派遣从泰山郡招募来的军队到黄河渡口河阳津驻扎，准备进兵洛阳讨伐董卓。董卓先派一支疑兵，假装要从平阴县境内的黄河边上渡河；而暗中调集精锐主力悄悄从洛阳北面的小平津北渡黄河，绕到王匡军队背后出其不意地发起攻击。王匡的军队在河阳津北被打得大败，几乎全军覆没。董卓看到崤山以东地区的各地军政官员纷纷起兵对他进行讨伐，心中开始恐惧不安。

初平元年(公元 190)二月，董卓让皇帝和公卿百官离开洛阳迁都到西边的长安。皇帝出发后他又纵火焚烧洛阳的宫殿，把洛阳一带的陵墓全部发掘，以掠取陵墓中的殉葬宝物。不久董卓也到达长安，自任太师，号称“尚父”；他进出都乘坐皇太子和王子所乘的礼仪专车。这种车悬挂青色车盖，车盖的木制爪形骨架，用金箔制成的花朵形图案装饰，车轮上方的挡泥板画有鹿头龙身的神兽，当时人叫做“竿摩车”。董卓的弟弟董旻，被任命为左将军，封鄠侯；他哥哥的儿子董璜，兼任侍中、中军校尉两个职务，指挥京城驻军；董家的宗族和中表亲属，都在朝中任职。公卿大臣在路上遇到董卓，都要到他的座车前跪拜行礼，董卓则不予还礼；他还传令让尚书台、御史台、符节台等官署中尚书以下的官员到他家中报告公事。他在长安西面修筑大型城堡，叫做郿坞。郿坞的城墙修得跟长安城一样高，其中储藏的粮食足够吃上三十年。董卓夸口说：“大事成功，我就雄踞天下；即便不成功，我守在郿坞中也足以享受一辈子。”有一次他去郿坞视察，公卿百官在长安城北面的横门外为他设宴饯行。董卓命令部下事先搭起帐篷与群臣畅饮。席间，他突然命令侍从押上在北地郡诱降俘获的反叛士兵数百人：当着众人的面先割去俘虏的舌头，然后有的砍去手足，有的挖掉眼珠，有的放进大锅里烹煮；受刑后还没有断气的人，在宴席的几案下痛苦地转动。与会者无不被眼前的惨状吓得浑身发抖，手中的勺子和筷子都拿不住而掉下来，董卓却坐在那里又吃又喝若无其事。

太史官观察云气的变化，说有大臣将被处死。曾当过太尉而现任卫尉的张温，素来不喜欢董卓。董卓很恨他，想借云气有异常变化，用张温的生命来抵塞上天的怪罪。于是指使人诬告张温与袁术勾结谋反，用鞭杖把张温活活打死。董卓的法令严酷，纵容民间仇人诬告，彼此牵连，冤死的人数以千计。致使天下百姓悲叹不止，路上碰上熟人只能用目光示意而不敢打招呼。他还把长安城中秦始皇铸造的大铜人和钟架全部打坏。废除长期流通的五铢钱，另外铸造小钱；小钱外径长五分，上面没有文字花纹，周围的凸边和中央的方孔既不规则平整，也不打磨光滑。这样一来钱币贬值而物价飞涨，谷物一斛竟卖到数十万钱。从此以后货币不再流通。

献帝初平三年(公元192)四月，司徒王允、尚书仆射士孙瑞、董卓部将吕布共同商定诛杀董卓。

这时，碰巧献帝患病刚刚才好，朝臣在未央殿聚会庆贺。吕布布置同郡老乡骑都尉李肃等人，带上十几名亲兵，穿上宫廷卫士的服装把守在皇宫大门的边门。吕布怀中藏着诛杀董卓的诏书。董卓进宫门后，李肃挥兵杀向董卓；董卓惊呼："吕布在哪里?"吕布应声回答："皇帝有诏命令我诛杀你!"于是杀死董卓，灭绝他的三族。董卓手下的主簿田景扑向董卓的尸体，也被吕布处死。这样连杀董卓的亲信三人，其他人都害怕不敢轻举妄动。

长安城的士大夫和百姓听说董卓被除掉，都相互庆贺；那些投靠董卓的官吏都被抓往监狱处死。

起初，董卓的女婿牛辅任中郎将，率军驻扎在陕县一带；他又派出手下的校尉李傕、郭汜、张济等人，分别侵掠陈留、颍川三郡的属县。董卓死后，吕布让李肃到陕县，想以皇帝下达的诏命诛杀牛辅。不料牛辅等人迎上来与李肃交战；李肃在打败后逃往弘农郡，被吕布处死。

此后不久的一个晚上，牛辅军营中有些士兵逃亡，引起一阵骚动。牛辅以为部下全部起来反叛，急忙带上金银宝物，领着平常最为亲信的支胡族侍从赤儿等五六人，悄悄翻越城墙后，北渡黄河逃走。不料赤儿等人贪图牛辅的金银宝物，他们一起杀死牛辅，把金银宝物全部瓜分，然后把牛辅的脑袋送到长安请赏。等到李傕等人领兵赶回陕县时，牛辅已经逃亡被杀，众人无所依托。他们打算散伙各回家乡，但是回头一想，朝廷并没有下达赦免自己罪过的诏书，又听说长安城中要把董卓带来的凉州人全部杀光，大家都忧心忡忡不知所措。最后他们接受了贾诩的计策，带领部下向西杀向长安；沿途又收集了不少逃散的士兵，等到达长安城下时，已经有十多万人马。他们与董卓的老部下樊稠、李蒙、王方等联合起来围攻长安城。十天后长安城陷落，他们又和吕布在城中展开激烈的巷战，最后吕布战败逃走。

李傕等人纵兵抢掠长安城的老少居民，几乎把他们杀光，遍地尸体狼藉。同时捕杀参与诛除董卓的人，司徒王允被杀后尸体放在街市上示众。叛乱军队还收殓董卓的尸骨送到郡县安葬。埋葬时风雨交加，雷声震撼董卓墓地；雨水灌满墓穴，把董卓的棺材都冲了出来。占领长安后，李傕身任车骑将军，封池阳侯，兼任司隶校尉，持有节杖；郭汜任后将军，封美阳侯；樊稠任右将军，封万年侯。李傕、郭汜、樊稠三人共同控制朝政。张济当了骠骑将军，封平阳侯，领兵在外驻扎在弘农。

这一年，西北的韩遂、马腾二人向朝廷投降，率领部属来到长安。朝廷任命韩遂为镇西将军，派他回凉州驻守；任命马腾为征西将军，驻扎郿县。

这时侍中马宇和谏议大夫种邵、左中郎将刘范等人暗中谋划：准备让马腾率军突袭长安，他们在城中作内应，联合消灭李傕等叛军首领。不料在马腾进兵到长安北面五十里处的长平观时，马宇等人的计划泄露，他们只好仓皇出逃到槐里县。樊稠率兵迎击马腾，马腾败退，返回凉州。樊稠乘势向槐里进攻，马宇等人都被杀害。

当时长安周围的三辅地区还有数十万户百姓。李傕等人指挥军队大肆劫掠百姓，攻打城镇，人民饥饿困苦。两年之内，这里因人吃人而几乎断绝了人烟。

叛军将领之间开始争权夺利，先是李傕杀掉樊稠，把他的人马收归已有。继而郭汜与李傕又互相猜疑，并在长安城中相互攻杀。李傕把天子扣押在自己的军营做人质，放火烧毁宫殿和城门；又把官署抢掠一空，皇帝专用的车马服饰御用物品也被他统统搬到自己家中。接着他派公卿大臣，到郭汜那里去讲和；郭汜把前来讲和的公卿大臣都抓了起来。两人相互攻击达数月之久，死者数以万计。

李傕的部将杨奉，和军中的办事官员宋果，密谋杀掉李傕。事情败露后，杨奉带领自己的部属脱离李傕。李傕的部将相继背叛，实力逐渐衰弱。驻扎在弘农的张济这时来到长安从中调解；这样李傕才把汉献帝放了出来，献帝在新丰、霸陵两县地界暂时栖身。

郭汜又想把献帝挟持到郿县建都。献帝逃到杨奉军营中避难，杨奉出兵把郭汜打败。郭汜逃往长安以南的南山。杨奉和将军董承保护献帝回转洛阳。这时李傕、郭汜都后悔不该把献帝放走，两人又联合起来追赶，并在弘农郡的曹阳一带追上献帝一行。杨奉赶紧联合河东郡过去的白波农民起义军首领韩暹、胡才、李乐等人，与李傕、郭汜展开激战。结果杨奉失败退走，李傕等人纵兵杀戮公卿百官，然后抢走献帝的宫女进入弘农。献帝仓皇逃往陕县，向北渡过黄河。因车马丢失，堂堂天子也只得步行；身边也只有皇后与贵人相伴。一直走到了大阳县，才在一户老百姓的家里住了下来。杨奉、韩暹等人跟着找到汉献帝后，暂时以安邑县作为都城让他住下，他出入也只能乘牛车；一直跟随天子的朝臣仅有太尉杨彪、太仆韩融等十多人。献帝任命韩暹为征东将军，胡才为征西将军，李乐为征北将军，让他们与杨奉、董承共同主持朝政。又派遣太仆韩融前往弘农，与李傕、郭汜讲和；要回了被他们抓去的宫女和公卿百官，以及献帝礼仪车队的几辆车子。这时出现了蝗虫灾害，加上天旱无雨，庄稼减产而粮食极度匮乏；献帝的随从官员们没有饭吃，只好采青枣或野菜充饥。将领们控制不住军队，军营中出现骚乱，因为军队也断了粮饷。杨奉、韩暹、董承等人决定保护献帝回洛阳；献帝一行离开安邑，出箕关，路经轵县。幸好张杨携带粮食在路边迎接，献帝任命他为大司马。事情经过记载在本书《张杨传》中。

献帝到达洛阳，这里宫殿早已烧光，街道上长满了荒草；官员们只好披荆斩棘，在残垣断壁之间找一块栖身之地。这时各州郡的长官都拥兵自重，没有人来洛阳帮助献帝。饥饿和困窘日益严重，尚书郎以下的官员，只好自己到郊外寻些野果野菜来吃，有人就饿死在残垣断壁之间。

这时，太祖曹操亲自迎接献帝到临时都城许县。韩暹、杨奉不遵守朝廷法制，各自带兵出走，在徐州、扬州一带抢掠骚扰，后来被刘备杀死。董承随从太祖三年多后，也被诛杀。

建安三年(公元198)，朝廷派遣谒者仆射裴茂统领关西众将讨伐杀死李傕，并诛灭他的三族。郭汜遭到他的部将五习袭击，死于郿县。张济因军中缺粮，带兵到南阳郡抢掠；在穰县被民军击杀，他的侄子张绣继续统领他的残余部队。胡才、李乐二人留在河东郡：后来胡才被他的仇人杀死，李乐患病而亡。西北的马腾、韩遂二人自返回凉州后，反过来相互残杀。后来马腾入朝担任卫尉，其部属由他的儿子马超统领。

建安十六年(公元211)，马超联合关中诸将和韩遂共同反叛朝廷。太祖率兵征讨，击破叛军。事情经过记载在本书《武帝纪》中。韩遂逃往金城郡，被他的部将杀死。马超率残部退守汉阳郡。马腾因儿子的叛逆罪被处死，还诛灭了他的三族。赵衢等人举义兵讨伐马超，马超只得南奔汉中依附张鲁；后来又投奔刘备，最后死在西蜀。

袁绍，字本初，汝南郡汝阳县人。他的高祖袁安，曾担任汉朝的司徒。自袁安起，接连有四代人登上三公的高位，因此袁氏家族权势震动天下。

袁绍外貌英俊而威严，虽然出身豪门望族，却能降低自己而尊重别人。所以很多人都愿意附从他，太祖曹操从少年时就与他交往。

袁绍最初任大将军府的下属。后任侍御史，逐渐升到中军校尉，又出任司隶校尉。灵帝去世，何太后的异母哥哥大将军何进，和袁绍密谋诛杀宫中专权的宦官，何太后表示反对这样办。何进和袁绍便召并州牧董卓带兵入京，想以此来威胁何太后。这时，中常侍、黄门等宦官听到消息，纷纷向何进谢罪，表示任凭何进处置。袁绍再三劝何进，就在这时候下手解决宦官势力；何进却始终不同意，他只是命袁绍从洛阳县政府调派一些办事有谋略而且配备了武装人员的检察官，检察和监视宦官们的行动；同时指示袁绍的弟弟虎贲中郎将袁术，要他选拔二百名温良忠厚的宫廷卫士，进入宫中，取代原来那些持兵器把守殿门的宦官。

中常侍段珪等人，假传太后的命令，召何进入宫议事，趁机把何进杀死。一时间宫中大乱。袁术闻讯立即带领组建的宫廷卫队赶来，放火烧南宫嘉德殿的青琐门，想以此逼迫段珪等人出来投降。段珪等宦官拒不出降，反而劫持少帝刘辩和他的弟弟陈留王刘协，出宫逃向黄河的小平津渡口。

袁绍在城中先杀了宦官任命的司隶校尉樊陵、河南尹许相；然后指挥士兵搜捕宦官，不分年纪大小一律斩首；有的人本来并不是宦官，只是因为没长胡子，也被士兵们当成宦官杀掉了；以至于有的人为了证明自己不是宦官，只好脱下衣服露出下身让士兵们当场检查才得以幸免。宦官中有些行善守法的人也被杀害，这场屠杀的过分就达到如此程度，总计被杀者有两千多人。袁绍发现宦官们劫持皇帝逃走后又率兵急追，段珪等人被迫投黄河自杀。少帝刘辩得以返回城内的皇宫。

带兵进京的董卓叫来袁绍，和他商量废掉少帝刘辩，另立陈留王刘协为皇帝。这时袁绍的叔父袁隗在当太傅，袁绍假装答应，对董卓说："另立新君是国家大事，我应当回去找太傅再商量一下。"董卓说："我看刘氏皇族的种已经不值得保留了！"袁绍没有答话，横握佩刀拱手行了一礼然后离去。

他一出门，就离开洛阳逃奔冀州。侍中周毖、城门校尉伍琼、议郎何颙等人，都是当时的名士；董卓很信任他们。但这些人暗中都向着袁绍，所以劝董卓说："废立君主的大事，不是一般人敢于参与的。袁绍不识大体，对做这件大事感到害怕，所以逃出京城，并不是有其他的意图。如今您急着悬赏捉拿他，势必会逼他背叛您。袁氏家族向人施与恩德已经连续四代，门生部下遍布天下；若是袁绍收揽四方豪杰聚集兵马与您作对，各地英雄再趁机起事，那么崤山以东的大片土地就不会归您所有了。还不如宣布赦免袁绍，任命他为一郡的太守；这样袁绍就会为免受罪责而高兴，您也就不会有什么担心了。"董卓很以为然，于是任命袁绍为勃海郡太守，又封邟乡侯。

袁绍却趁机以勃海郡为根据地起兵，将要诛讨董卓。事情经过记载在本书《武帝纪》中。

袁绍自称车骑将军，充当讨伐董卓联军的盟主；并且与冀州牧韩馥一起拥立幽州牧刘虞为皇帝。还派使者向刘虞正式呈送表章，刘虞拒不接受袁绍等人的表章和皇帝位置。后来韩馥的军队驻扎在安平，被公孙瓒打败。公孙瓒引兵进入冀州，表面上说要讨伐董卓，实际是想袭击韩馥吞并冀州。韩馥心中惶惶不安。

碰上这时董卓也离开洛阳向西退到关中，袁绍便率军东归驻在延津。袁绍趁韩馥惶惶不安之际，派陈留郡的高幹和颍川郡的荀谌前去游说韩馥道："公孙瓒乘胜向南进入冀州，冀州的各郡纷纷响应他。而车骑将军袁绍现在又引军东进，其意图很难猜测。我们暗中为将军您危险的处境感到担忧啊！"韩馥说："那我该怎么办呢？"荀谌说："公孙瓒指挥燕、代的精兵，其锋芒不可阻挡。袁绍是一代豪杰，肯定也不愿居于将军您之下。而您所辖的冀州，恰好是天下的重要根据地。如果公孙瓒、袁绍两雄合力对付您，兵临城下，那危亡立刻就会来到了！不过袁将军这个人，是将军您的故旧，而且又是讨伐董卓的同盟者。现今为将军您考虑，我看不如把整个冀州让给袁绍。袁绍得到冀州，公孙瓒无法与他相抗，袁绍必然对将军您感激得很。而您把冀州交到亲密的朋友手中，既得到让贤的美名，自身又安于泰山了。希望将军您不要再迟疑。"韩馥素来胆小，所以听从了荀谌的建议。

韩馥手下的长史耿武、别驾闵纯、治中李历等官员都劝阻他说："我们冀州虽然不行，但是能够穿起铠甲打仗的男子不下百万，储存的粮食足以支持十年。袁绍带领一支处境困窘的军队客居在冀州，全靠我们的资助才能立足。打个比方，他就像一个抱在我们怀中的婴儿；断了他的奶水，马上可以把他饿死！怎么能把我们冀州拱手送给他袁绍呢？"韩馥说："我韩馥，过去是袁家的部属，况且我的才能也不如袁绍。衡量自己的德才而让位于贤者，这是古人都赞赏的事；诸君又何必责怪我呢？"从事赵浮、程奂等人请求韩馥让自己领兵去抵御袁绍，韩馥不同意。坚持要把冀州让给袁绍。

袁绍立即宣布自己以车骑将军兼任冀州牧。袁绍的从事沮授向他进言说："将军您在二十岁左右到朝廷做官，名声很快就传遍海内；碰上贼臣董卓擅自废立君主，您坚持忠义奋起反对；您单骑奔出洛阳，使得董卓心怀恐惧；您渡过黄河北上，勃海郡的官吏百姓都跪伏在地欢迎您的到来。如今您发动一个郡的兵马，轻而易举地收取了冀州的民众，威震河北；名扬天下。虽然现在黄巾还在作乱，黑山的叛军也很嚣张；但是只要您出兵东征，青州的黄巾反贼就会一举平定；回军扫荡黑山，叛军首领张燕等人必定灭亡；然后挥师北上，公孙瓒逃不脱失败的下场；以武力震慑北方的少数族，匈奴定会俯首称臣。横扫黄河以北，拥有四州之地；收罗天下英才，指挥百万雄兵；把天子从长安迎接回来，在洛阳恢复都城和宗庙；然后以天子的名义号令天下，讨伐那些没有恢复朝廷治理的地区：以这样的威势与对手一争高低，天下谁能敌得过您！等不上几年，这样的功业就能在您手中完成了！"袁绍听了高兴得很，对他说："这正是我心中的志向啊！"马上向皇帝上表请求提升沮授为监军、奋威将军。

董卓派执金吾胡母班、将作大匠吴修，带着皇帝的诏书去劝说袁绍支持自己；袁绍指使河内郡太守王匡，把这两个人抓住处死。董卓听说袁绍已经据有关东与他对抗，便把京城中袁氏家族包括任太傅的袁隗全部杀了。这时，天下的豪侠之士大多依附袁绍，都想替他报仇。于是州郡纷纷起兵，都借用的是袁绍的名义。

韩馥因处境不好心中害怕，向袁绍请求让自己离开冀州，前往依附陈留郡太守张邈。后来袁绍派使者去见张邈，商量一些重要事情。使者贴着张邈的耳朵低声说话，在座的韩馥看到这种情形，以为自己遭到谋算。他一会儿起身，到厕所里自杀了。

当初，废黜少帝刘辩改立陈留王刘协为皇帝，并不是袁绍的意愿。献帝离开长安在安邑暂住时，袁绍派颍川郡人郭图为使者前去朝见。郭图回来后劝说袁绍把献帝迎接到邺城来，袁绍没有同意。不久太祖曹操把献帝迎接到许县建都，借天子名义收复了黄河以南地区，关中的割据势力也都表示臣服。袁绍后悔不已，又想让太祖把献帝移到鄄城建都，以靠近自己；遭到太祖的拒绝。献帝任命袁绍为太尉，又转任大将军，封邺侯；袁绍推辞侯爵不接受。

不久，袁绍在易京消灭了公孙瓒，把公孙瓒的人马都收编过来。袁绍安排自己的长子袁谭出外到青州当刺史。沮授劝谏袁绍说："您这样做必然引发祸乱。"袁绍不听告诫，解释说："我是想让儿子们每人占据一个州啊！"于是又把次子袁熙派出去当幽州刺史，外甥高幹去当并州刺史，这时袁绍拥有几十万人马。他任命审配、逢纪统管军事；田丰、荀谌、许攸为主要谋士；颜良、文丑为领兵大将；又挑选精锐步兵十万，骑兵一万，准备大举进攻太祖所在的许县。

在这之前，太祖曾派刘备南下徐州，抵挡袁术北上。袁术病死，刘备杀死徐州刺史车胄，然后领兵驻扎在沛县反抗太祖。袁绍派了一支骑兵前去支援刘备。太祖派部将刘岱、王忠进攻刘备，未能取胜。

建安五年(公元200)，太祖亲自东征刘备。田丰力劝袁绍，趁机袭击太祖的后方；袁绍却以儿子有病为理由，加以拒绝。田丰用手杖连连敲击地面，叹惜说："遇到这样一个千载难逢的机会，却因婴儿小病而白白放过。真是可惜呀！"

太祖兵到，一举把刘备击溃；刘备仓皇逃去投奔袁绍。

袁绍率大军南进抵达黎阳，派大将颜良在白马县进攻太祖的东郡太守刘延。沮授又进谏说："颜良心胸狭窄而性情急躁，虽然作战骁勇，却不能让他独当一面！"袁绍不听。太祖亲自领兵救援刘延，与颜良激战，将其击败杀死。袁绍渡过黄河，在延津以南修筑壁垒；然后派刘备和文丑出阵挑战。太祖出兵应战，斩了文丑。太祖出战两次，每次都杀了对方的大将，使袁绍军队大受震动。

太祖引军退守官渡。沮授又劝袁绍说："我们的军队数量虽多，但是在果敢坚强上却不及对方。而对方粮食短缺，经济实力远不如我们。因此，对方希望速战速决，可对我方而言则利于打持久战：我们应当稳扎稳打，和对方拖延时间。"袁绍又不听从。

他随即传令全军连接营寨，形成整体逐渐向前推进，一直逼到官渡。两军交锋，太祖一方失利，退回壁垒坚守。袁绍挥兵实施包围，然后建造木制高台，垒起土山，从台上和山顶向对方营中发射弩箭；逼得对方的士兵行动时都要持盾牌遮挡身体，心中非常恐惧。太祖赶忙采取对策赶制出一种发石车，用它抛射石块打击对方的木制高台，高台全都被摧毁，袁军把这种发石车叫做“霹雳车”。袁绍又命令士兵们挖掘地道通到对方军营地下，准备突然冒出地面实施攻击；太祖则在军营内挖掘了又深又长的壕沟把袁军的地道截断。同时派出奇兵深入敌后袭击袁绍的运粮车队，把运送的全部军粮放火烧光。

太祖与袁绍两军长时间对峙，充当劳工的百姓们极度疲乏，不少人反叛而响应袁绍，太祖军中粮食日渐减少。碰上这时袁绍派将军淳于琼等人，带一万多兵马北上去迎接运粮车队；沮授进言说：“可以再派蒋奇将军，另带一支分队在运粮车队的外围护卫，以防备曹操的截击。”袁绍又是不予采纳。淳于琼接到运粮车队，驻扎在乌巢，离袁绍的大本营有四十里。太祖留下曹洪负责守卫大营；自己亲自带领精锐步兵和骑兵五千人，在夜色的掩蔽下悄悄前去偷袭淳于琼。袁绍闻讯后派出骑兵援救，反被对方击溃。太祖大破淳于琼军，把淳于琼等敌将全部斩杀。

太祖引军回还，尚未到达大营，已有袁绍手下的将军高览、张郃等人带着部下人马前来投降。至此，袁绍军队全线崩溃。袁绍与长子袁谭只身从乱军中溜出渡过黄河逃回冀州。其余的将士假装投降，被太祖下令全部活埋。沮授没能跟上袁绍渡过黄河，被人擒获，押解到太祖那里，太祖爱惜他的才能而给予优待。沮授后来打主意逃回袁绍那里，结果被发觉而处死。

起初，袁绍率大军南下，谋士田丰曾劝阻他说：“曹操善于用兵，变化多端；他的军队虽然不多，但是切不可轻视！不如和他打持久战。将军您占据了西山和黄河的险固地势，拥有冀、青、幽、并四个州的民众；如果对外结交天下英雄，对内发展农业生产和训练军队；然后挑选精锐部队，组成多支奇兵，瞄准对方的薄弱地带轮流出击，骚扰黄河以南地区；对方救援右边则击其左边，救援左边则又攻其右边；使之疲于奔命，百姓不能安居乐业，我们不费大力而对方已经疲惫不堪：用不了两年，可以坐着不动就把对方战胜了。而今将军您丢下事先在朝堂上就能制定出的克敌制胜策略不用，却要以冒险一战来决定成败存亡；万一这一仗打不赢，后悔也来不及了！”袁绍不听他的劝说。田丰恳切陈辞，袁绍勃然大怒，认为田丰是有意动摇军心，下令给田丰戴上镣铐囚禁起来。

袁绍军队溃败之后，有人对田丰说："这一下您必然会受到看重了！"田丰却说："如果大军打了胜仗，我倒一定能够活命；如今大军被击溃，我恐怕是活不成了。"袁绍回到邺城后，对左右的人说："我没有采纳田丰的计策，果然要被他耻笑了！"竟把田丰杀死。袁绍为人外表宽厚风雅，有度量，喜怒不露于形色；然而内心却多猜忌，就像这件事情上的表现一样。

冀州不少城邑起兵背叛袁绍，袁绍又一一进攻加以平定。

自从官渡大败之后袁绍就开始生病，建安七年（公元202），他在极度忧郁中死去。

袁绍生前宠爱他的小儿子袁尚。袁尚长得很英俊，他一直想立袁尚为继承人而没有公开宣布。审配、逢纪与辛评、郭图相互争权：审配、逢纪和袁尚结成一帮，辛评、郭图则和袁谭结成一帮。其他人大多认为袁谭是长子，应当立他为继承人。审配等人担心袁谭被立为继承人后辛评他们会陷害自己，便根据袁绍生前的意向，拥立袁尚接替袁绍的权位；袁谭从青州赶回大本营邺城，未能成为继承人，就自称车骑将军。从此兄弟二人产生矛盾。

官渡之战后太祖继续出兵北上进攻袁谭、袁尚。袁谭驻扎在黎阳阻击曹军，但袁尚只拨给他很少的军队，还派自己的亲信逢纪随同监视。袁谭请求多调拨一些兵马，审配等人向袁尚建议不给；袁谭大怒，杀死逢纪。太祖渡过黄河向黎阳进攻，袁谭向袁尚告急求援。袁尚想发兵救援，但又怕派去的军队被袁谭据为己有；于是留下审配镇守邺城，自己亲自带兵援救袁谭。自建安七年（公元202）九月到第二年的三月，双方大战于黎阳城外，最后袁军不支，只好退入城中据守。太祖部署军队包围黎阳城，袁军乘黑夜逃走。太祖跟踪追击到邺县，把成熟的小麦抢收一空，又攻克了阴安县城；然后才撤军返回许县。

此后太祖南下征讨荆州的刘表。大军到了西平，袁谭、袁尚两兄弟在邺城自相火并，袁谭被打败逃到平原县。袁尚包围了平原县城并发起猛攻，袁谭被迫派辛评的弟弟辛毗赶到太祖那里求救。太祖立即转头向北援救袁谭，十月间到达黎阳。袁尚得知消息，赶紧撤除包围退守邺县。袁尚的部将吕旷、吕翔投奔太祖；

袁谭私下刻了将军的印章授给吕旷和吕翔以拉拢他们。太祖知道袁谭狡诈，为自己的儿子聘娶袁谭的女儿，以此安抚和稳定袁谭；然后撤军回许县。

袁尚得知太祖退兵，留下审配和苏由镇守邺县，自己又率兵围攻驻在平原的袁谭。太祖抓住时机北上进攻袁尚的大本营邺县。队伍到达邺城附近的洹水，距邺城只有五十里。这时苏由想充当内应，帮助太祖攻下邺县；机密泄露，与审配在城中展开激战。苏由战败，逃出邺县投奔太祖。太祖立刻发起进攻，挖掘地道通往城中；审配也命令士兵在城中掘深沟阻截。审配的部将冯礼打开突门，放进太祖的士兵三百多人；审配发觉后，从城墙上推下大石块砸向突门中间的栅门，栅门落下关闭，进入城中的三百多士兵被全部歼灭。太祖指挥军队包围邺县，绕邺县挖掘了一条壕沟，长达四十里。开始时挖得很浅，表示随便都能越过去。审配在城墙上望见止不住发笑，也不派兵出城阻扰。不料到夜里太祖一声令下，一夜之间曹军就把壕沟的深度和宽度都加大到两丈；并且决开漳水堤岸，引水灌满了壕沟。从五月到八月，城中由于粮食短缺有一大半的人饿死。

袁尚得知邺县危急，赶忙带了一万多人马，回救邺县。他沿西山向东前进，到达邺县西边的阳平亭，距邺城还有十七里，面临滏水。命令士兵们燃起火炬向城中联络，城中的守军也举火响应。审配出兵到城北，打算与袁尚内外配合，冲破敌军的包围。太祖立即迎头痛击，守军败退回城；袁尚也被击溃，退到漳水的河湾上扎营。太祖乘胜对袁尚实施包围。袁尚在包围圈还未形成时，派出阴夔和陈琳向太祖请降。太祖拒不接受。袁尚急忙逃到滥口。太祖一路追击，再度包围了袁尚。袁尚部将马延临阵投降，全军崩溃。袁尚狼狈逃往北面的中山。太祖缴获了袁尚的全部军用物资，又得到袁尚的印绶、节钺和衣物。太祖让士兵拿起这些东西展示给邺县城中的袁尚家属看，城中的将士顿时意志崩溃精神沮丧。

审配的侄子审荣，带兵把守东门，夜间向太祖开门投降；太祖挥兵攻入邺县，与审配在城中展开激战，最后活捉了审配。审配被擒后声音高亢气势雄壮，始终没有一句告饶的软话，见到的人无不为之感叹。太祖下令把审配斩首。

袁绍的外甥高幹献出并州投降，太祖依然让他担任并州刺史。

太祖围攻邺县的时候，袁谭乘机攻占了甘陵、勃海、安平、河间等郡的不少地方，还带兵攻打逃跑到中山的袁尚。袁尚只身逃到固安县去投靠二哥袁熙；袁谭把他的残部都搜罗在自己麾下，太祖这时决定出兵讨伐袁谭。袁谭把军队从平原县撤出，又并合了南皮县的军队，驻扎在龙凑。十二月，太祖进逼到袁谭军营的大门口，袁谭闭营不出。后来袁谭又在夜间撤退到南皮，依傍清河立营驻扎。建安十年(公元205)正月，太祖攻占袁谭军营，袁谭和郭图等人都被斩首。

袁熙、袁尚两兄弟遭他们的部将焦触、张南袭击，逃去投奔辽西郡的乌丸族。焦触自称为幽州刺史，用武力迫使各郡的太守、县令、县长，背叛袁氏投向太祖；他排列出数万军队，然后杀白马取血共同起誓结盟。并下令说："违命不起誓者斩!"众人都不敢说话，依次吮吸马血起誓。轮到别驾韩珩时，他却说道："我韩珩受袁公父子厚恩。如今袁氏败亡，我论智谋不能为他们解救危难，论勇敢不能为他们战死沙场，这在道义上已经很欠缺了；如果再要我向曹氏称臣，这种事我决不能做!"满座的人听了都为他害怕。焦触说："要办大事，就要先立大义；这件事情的成功与否，不在乎他一个人参不参加。可以成全韩珩的志向，以激励所有服务于君主的人。"

并州刺史高幹反叛，抓了上党郡太守，出兵扼守壶口关。太祖派乐进、李典前去征讨，未能得手。建安十一年(公元206)，太祖亲自率军进攻高幹。高幹留下部将夏昭、邓升守城，自己跑去向匈奴族单于求救，未能成功。他只好带着几个侍从骑兵逃亡，企图南下荆州投靠刘表，途中被上洛都尉捉住斩首。

建安十二年(公元207)，太祖出兵辽西征伐乌丸。袁熙、袁尚兄弟与乌丸合力迎战，被打得大败，袁氏兄弟逃往辽东投奔公孙康。公孙康诱杀了二人，并派使者把他们的脑袋送给太祖。

太祖对韩珩忠诚的节操很是赞赏，多次任命韩珩为自己的下属。韩珩坚辞不就，最后死在自己家中。

袁术，字公路。是司空袁逢的儿子，袁绍的堂弟。年轻时以行侠仗义闻名。后来被举荐为孝廉，官拜郎中。先后担任过皇宫内外的职务。升到折冲校尉、虎贲中郎将。

董卓打算废黜少帝刘辩，让袁术担任后将军。袁术不愿追随董卓祸害自己，于是逃出京城跑到南阳郡。碰巧这时长沙郡太守孙坚杀了南阳郡太守张咨，袁术趁机占据了南阳。南阳郡人口有数百万，袁术割据后生活奢侈无度，大肆搜刮，老百姓苦不堪言。袁术与袁绍有矛盾，又因为与相邻的荆州牧刘表不和，所以同远在幽州的公孙瓒结成同盟；袁绍又和公孙瓒有矛盾，所以与刘表联合：兄弟二人分离对立，抛弃近邻却与远方人结交就到了如此程度。

袁术不久转移到陈留郡，太祖和袁绍联合攻击，袁术大败；他带领残部逃到九江郡，杀了扬州刺史陈温，自己兼任扬州刺史。他任用张勋、桥蕤为大将。

李傕等人攻入长安控制朝政后，想联络袁术作为外援；所以任命袁术为左将军，封阳翟侯，授予节杖；并派遣到各地视察的太傅马日磾为袁术举行封拜仪式。袁术却夺走了马日磾本人持有的节杖，然后把他扣留起来不放他回去。

当时的沛国国相下邳人陈珪，是过去太尉陈球的侄儿。袁术和陈珪都是三公的子孙，少年时代就在一起交往。袁术给陈珪写信说："过去秦朝政治失去秩序，群雄竞相争夺，只有智勇双全的人最终能得到天下。现如今政局混乱，社会又呈现出瓦解之势；确实是英雄豪杰有所作为的时候。我与足下是老朋友，难道您不肯辅助我吗？我要成就大事，您实在是我得力的帮手啊！"陈珪的二儿子陈应，当时在下邳；袁术威胁他并且把他扣做人质，打主意一定要把陈珪拉过来。

陈珪写信答复他说："从前秦朝末期，皇帝暴虐放纵，用严刑酷法统治天下，残害百姓；下面不堪忍受，所以才出现土崩瓦解的结局。现今虽然是衰落时期，却并没有秦朝灭亡前那种苛暴政治引起的动乱。曹将军具有非凡的军事才能而且正当大运，一心恢复过去的法制规章；必将会清除凶恶的叛贼，安定海内：这确实有征兆证明。我本以为足下会与他同心协力，匡扶汉朝；不料您竟图谋不轨，以身试祸：岂不令人痛心！如果您能迷途知返，还可以免除罪过。我在您的老朋友中充个数，所以才向您陈述心里的话；虽然听起来逆耳，但这确实是至亲的人才能给您的忠告。要我为了私利而附从您，我是宁死也不会这样做的!”

兴平二年(公元195)冬天，献帝一行离开长安后在曹阳遭到李傕、郭汜叛乱军队的追击。袁术听说后召集下属们开会说：“现在刘氏皇族衰微，海内动荡不安。我们袁家四代都是朝廷的三公，受到百姓的拥护；我想承受天意顺应民心称帝，不知诸君意下如何?”众人听了谁也不敢答话。只有主簿阎象上前说道：“从前周国的人从始祖后稷到文王，长时间积德立功，占有了天下的三分之二地区，可他们还是在服从尊奉殷王朝。明公您虽然一代接一代高官厚禄，却还比不上周国那样昌盛；汉朝现在虽然衰微，也不像殷纣王那样暴虐吧!”

袁术听了阎象这番话默不作声，心里却非常恼怒。这时河内郡人张炯讨好他，报告了种种他得到天命可以当皇帝的祥瑞征兆。袁术就以此为理由，正式称帝。袁术称帝后，把九江郡太守改称为淮南尹；设置公卿朝臣，还在城南城北筑起皇帝祭祀天地所用的祭坛。他的生活更加奢侈荒淫，后宫妻妾数百人都穿着精美的丝绸衣裙，米饭肉食吃不完就倒掉；而他军中的士兵却吃不饱穿不暖，饥寒交迫。他所统治的江淮一带田地荒芜而人烟断绝，甚至出现人吃人的现象。

不久，袁术被吕布击溃，接着又被太祖军队打垮。他仓皇逃到灊山去投奔部下雷薄和陈兰；又遭到雷、陈二人的拒绝。他忧惧交加不知所措，后来他想把自己的皇帝称号转送给袁绍。他北上青州投靠侄子袁谭，结果在路途上发病而死。

袁术死后，他的妻子儿女依附他的老部下庐江郡太守刘勋。孙策打败刘勋，他们又受到孙策的收容照看。袁术的女儿被选入孙权后宫，儿子袁燿在孙吴任郎中；袁燿的女儿又嫁给孙权的儿子孙奋。

刘表，字景升，山阳郡高平县人。少年时就很有名，是汉末名士中“八俊”之一。他身高八尺多，身材外貌很雄伟。

他出仕之后先当大将军府下属，后任北军中候。灵帝驾崩，他接替王叡做了荆州刺史。当时关东各州郡纷纷起兵讨伐董卓，刘表也参加联军驻扎在襄阳。袁术在南阳时，与长沙郡太守孙坚联合，企图夺取刘表的荆州，让孙坚进攻刘表。交战中孙坚被流矢射中身亡，军队溃败，袁术因此不能战胜刘表。

李傕、郭汜等人占据长安控制朝政后，想拉拢刘表作为外援；于是宣布提升刘表为镇南将军、荆州牧，封成武侯，并授予节杖。太祖曹操迎接献帝到许县，刘表虽然也派出使节前去朝见进贡，但是暗中却与北面的袁绍联络；治中邓羲为此劝阻他，刘表不听。邓羲便辞官离去，刘表在世时他一直没有再出来做官。

张济领兵进入荆州地界，攻打穰县，被流箭射死，荆州的官员们得知消息都来向刘表祝贺。刘表却说："张济将军因为处境困难才来到荆州。我作为主人未能以礼相待，以至于在战场上交锋，这不是我这个荆州牧的本意；如今我只接受对张将军的吊唁，不能接受祝贺。"于是派人去收编张济的部队；张济的将士们得知刘表对张济的死亡的态度后都很高兴，一起归附了刘表。长沙郡太守张羡背叛刘表，刘表带兵围城连年而不能攻克。后来张羡病死，他的部属又拥立他的儿子张怿为长沙太守。

刘表趁机进攻吞并了张怿。乘胜南下攻占了零陵、桂阳二郡，同时又控制了北面的汉水下游地区，拥有的地盘方圆数千里，精兵十多万。

太祖与袁绍在官渡相持。袁绍派人请刘表出兵帮助自己，刘表答应袁绍的请求却不发兵，同时也不帮助太祖；他想据守江汉地区，坐观天下局势的变化。

从事中郎韩嵩、别驾刘先劝刘表说："如今豪杰群起争夺，曹、袁两雄相持；对天下大局具有举足轻重影响的人物，就是将军您了。将军要是想有所作为，可以乘他们这时力量疲惫起兵争夺天下；如果不想这样做，就应该在两雄中选择一个来依附。您拥有十万精兵强将，竟然想安坐江汉观望形势。看到贤者的力量较弱而不肯救助，别人请求支援又不愿帮忙；曹、袁两方面的怨恨必定要集中到您一人身上，到时候将军您还能保持中立吗！曹将军英明聪慧，天下的优秀人才都归附他，他势必能攻克袁绍；他打败袁绍之后出兵江汉，恐怕将军您是抵挡不住啊。因此我们为将军考虑，不如以整个荆州归附曹公，曹公他必定非常感谢您。这样不仅您自己能长久享受幸福，子孙后代也会受益无穷，实在是万全之策啊!”刘表的大将蒯越也这样劝说他。刘表拿不定主意，便派韩嵩到太祖那里去观察一下虚实。

韩嵩返回荆州后，极力陈述太祖的威望德泽，劝刘表把儿子送到许都去充当人质以示诚意。刘表怀疑韩嵩是在为太祖游说，勃然大怒，要把韩嵩推出去砍头；又用严刑拷打韩嵩的随行人员，直到把人打死，也没有得到韩嵩出卖自己的证据，这才没有处死韩嵩。刘表虽然外貌儒雅，内心却容易产生疑忌，就像这件事情一样。

刘备被太祖打败后投奔刘表，刘表给他优厚待遇，却并不信任和重用他。

建安十三年(公元208)，太祖率大军南征刘表；还未到荆州，刘表就病死了。当初，刘表夫妇都喜爱他们的小儿子刘琮，想立他为继承人，刘表的部将蔡瑁、张允也是刘琮的支持者；于是刘表把长子刘琦派出去任江夏郡太守。刘表死后，部下拥立刘琮继承了刘表的权位，刘琦和刘琮兄弟间就结下了仇怨。蒯越、韩嵩和东曹掾傅巽等人劝说刘琮归附太祖，刘琮说：“如今我与诸君拥有从前楚国的全部土地，守着先父传下来的基业；以此观望天下形势的变化，为什么不可以呢?”傅巽回答刘琮说：“谁是叛逆谁是正义是由君臣间的基本关系决定，而力量的强弱要受一定的因素制约。如今我们以臣下的身份抗拒天子，这是叛逆；以刚占据不久的荆州抵御国家，势必抵挡不住；靠刘备对付曹公，也不可能成功。以上三者我们都处于劣势，还想和朝廷的大军交锋，岂不是自取灭亡吗！将军您自己估计与刘备相比怎么样?”刘琮回答说：“我不如刘备。”傅巽又说：“如果确实认为刘备也不能抗御曹公，那么即使您固守荆州，也不能保全自己；反过来说如果刘备确实对付得了曹公，那么他能甘愿屈居您之下吗? 希望将军不要再迟疑不决了!”

太祖的大军开到襄阳，刘琮便献出整个荆州投降；刘备匆忙逃奔夏口。

太祖任命刘琮为青州刺史，封列侯；蒯越等十五名荆州官员都封侯。又提升蒯越为光禄勋；韩嵩为大鸿胪；邓羲为侍中；刘先为尚书令；其他的人大多也当了大官。

评论说：董卓凶狠残忍，暴虐不仁；自有文字记载以来，还从未有过这样的坏蛋。袁术奢侈荒淫放纵；兴旺景象还等不到他死就告结束，这是咎由自取。袁绍和刘表，都长得相貌堂堂，风度翩翩，在社会上有很大的名气。刘表雄踞在汉水以南，袁绍逞威于黄河以北；然而两人都外表宽厚而内心忌刻，喜好谋略而缺乏决断；拥有人才而不能任用，听到好计策而不愿采纳；而且都废黜了嫡长子改立庶子为继承人，不顾礼法只知道满足自己的情爱；结果造成后代不团结而招致他人的摧残，建立的统治也被推翻：这并非意外的不幸或灾祸，而是事出有因啊！从前项羽不听范增的劝告，因此丧失了称王的基业，但是他并没有杀害范增。对比之下袁绍处死田丰，其过错就比项羽要严重得多了。

【三国志译注卷七】　　魏志七

吕布张邈臧洪传第七

吕布字奉先，五原郡九原人也[1]。以骁武给并州[2]，刺史丁原为骑都尉，屯河内；以布为主簿，大见亲待。

灵帝崩，原将兵诣洛阳。〔一〕与何进谋诛诸黄门，拜执金吾。进败，董卓入京都；将为乱，欲杀原，并其兵众。卓以布见信于原，诱布令杀原；布斩原首，诣卓。

【注释】

〔1〕九原：县名。县治在今内蒙古自治区包头市西北。〔2〕给并州：效力于并州州政府。五原是并州辖郡。

【裴注】

〔一〕《英雄记》曰："原字建阳。本出自寒家，为人粗略，有武勇，善骑射。为南县吏，受使不辞难。有警急，追寇虏，辄在其前。才知书，少有吏用。"

卓以布为骑都尉，甚爱信之，誓为父子。布便弓马[1]，膂力过人，号为"飞将"。稍迁至中郎将，封都亭侯[2]。卓自以遇人无礼[3]，恐人谋己，行止常以布自卫。然卓性刚而褊[4]，忿不思难[5]。尝小失意[6]，拔手戟掷布[7]；布拳捷[8]，[一]避之。为卓顾谢[9]，卓意亦解：由是阴怨卓。

卓常使布守中閤[10]，布与卓侍婢私通；恐事发觉，心不自安。

【注释】

〔1〕便：娴熟擅长。 〔2〕都亭侯：爵位名。在县城边上的亭叫都亭，在县城近郊的乡叫都乡。都亭侯或都乡侯比一般的亭侯或乡侯要优厚一些。 〔3〕自以：自认为。 遇人：对待人。 〔4〕刚而褊(biǎn)：倔强而狭隘。 〔5〕忿不思难：发起怒来不考虑后果。 〔6〕失意：不满意。 〔7〕手戟：一种防身的短兵器。 〔8〕拳捷：有力而敏捷。〔9〕为卓顾谢：向董卓道歉。 〔10〕中閤(gé)：内室的小门。

【裴注】

〔一〕《诗》曰：“‘无拳无勇，职为乱阶。’注：‘拳，力也。’”

先是，司徒王允以布州里壮健[1]，厚接纳之。后布诣允，陈卓几见杀状。时允与仆射士孙瑞密谋诛卓[2]，是以告布使为内应。布曰：“奈如父子何[3]？”允曰：“君自姓吕，本非骨肉；今忧死不暇[4]，何谓父子！”

布遂许之，手刃刺卓。语在《卓传》。

允以布为奋(威)〔武〕将军，假节，仪比三司，进封温侯；共秉朝政。布自杀卓后，畏恶凉州人。凉州人皆怨，由是李傕等遂相结，还攻长安城。〔一〕布不能拒，傕等遂入长安。卓死后六旬，布亦败。〔二〕

【注释】

〔1〕州里：同州的老乡。王允是并州太原郡祁县人。〔2〕仆射：指尚书仆射。〔3〕奈如父子何：怎奈我们就像父子一样呀。〔4〕忧死不暇：担心被杀死还来不及。

【裴注】

〔一〕《英雄记》曰："郭汜在城北。布开城门，将兵就汜，言：'且却兵，但身决胜负！'汜、布乃独共对战，布以矛刺中汜。汜后骑遂前，救汜，汜、布遂各两罢。"

〔二〕臣松之按：《英雄记》诸书曰：布以四月二十三日杀卓，六月一日败走。时又无闰，不及六旬。

将数百骑出武关，欲诣袁术；布自以杀卓为术报仇〔1〕，欲以德之〔2〕。术恶其反覆，拒而不受。北诣袁绍，绍与布击张燕于常山。燕精兵万余，骑数千。布有良马曰"赤兔"，〔一〕常与其亲近成廉、魏越等陷锋突阵，遂破燕军。而求益兵众，将士抄掠；绍患忌之。布觉其意，从绍求去；绍恐还为己害，遣壮士夜掩杀布。不获，事露，布走河内，〔二〕与张杨合。绍令众追之，皆畏布，莫敢逼近者。〔三〕

【注释】

〔1〕为术报仇：董卓曾杀袁氏家族二十余人，见《后汉书》卷四十五《袁安传附袁隗传》。〔2〕欲以德之：想让袁术感激自己。《后汉书》卷七十五《吕布传》说吕布投奔袁术时，曾随身带去董卓的头颅。

【裴注】

〔一〕《曹瞒传》曰："时人语曰：'人中有吕布，马中有赤兔。'"

〔二〕《英雄记》曰："布自以有功于袁氏，轻傲绍下诸将；以为擅相署置，不足贵也。布求还洛，绍假布领司隶校尉：外言当遣，内欲杀布。明日当发，绍遣甲士三十人，辞以送布。布使止于帐侧，伪使人于帐中鼓筝。绍兵卧，布无何出帐去，而兵不觉。夜半兵起，乱斫布床被，谓为已死。明日，绍讯问，知布尚在，乃闭城门。布遂引去。”

〔三〕《英雄记》曰：“杨及部曲诸将，皆受傕、汜购募，共图布。布闻之，谓杨曰：‘布，卿州里也。卿杀布，于卿弱；不如卖布，可极得汜、傕爵宠。’杨于是外许汜、傕，内实保护布。汜、傕患之，更下大封诏书，以布为颍川太守。”

张邈字孟卓，东平寿张人也。少以侠闻，赈穷救急，倾家无爱[1]。士多归之，太祖、袁绍皆与邈友。辟公府[2]，以高第拜骑都尉[3]。迁陈留太守。

董卓之乱，太祖与邈首举义兵。汴水之战，邈遣卫兹将兵随太祖。袁绍既为盟主，有骄矜色，邈正议责绍[4]。绍使太祖杀邈；太祖不听，责绍曰：“孟卓，亲友也！是非当容之。今天下未定，不宜自相危也。”邈知之，益德太祖。太祖之征陶谦，敕家曰：“我若不还，往依孟卓。”后还，见邈，垂泣相对。其亲如此。吕布之舍袁绍从张杨也，过邈，临别把手共誓。绍闻之，大恨。邈畏太祖终为绍击己也[5]，心不自安。

兴平元年，太祖复征谦。邈弟超，与太祖将陈宫，从事中郎许汜、王楷，共谋叛太祖。宫说邈曰：“今雄杰并起，天下分崩；君以千里之众[6]，当四战之地[7]，抚剑顾眄[8]，亦足以为人豪；而反制于人，不以鄙乎？今州军东征[9]，其处空虚；吕布壮士，善战无前；若权迎之，共牧兖州；观天下形势，俟时事之变通[10]：此亦纵横之一时也！”邈从之。太祖初使宫将兵留屯东郡，遂以其众，东迎布为兖州牧，据濮阳，郡县皆应。唯鄄城、东阿、范，为太祖守。

太祖引军还，与布战于濮阳。太祖军不利，相持百余日。是时岁旱、虫蝗，少谷，百姓相食，布东屯山阳。二年间〔11〕，太祖乃尽复收诸城。击破布于钜野，布东奔刘备。〔一〕

邈从布，留超将家属屯雍丘。太祖攻围数月，屠之，斩超及其家〔12〕。邈诣袁术请救；未至，自为其兵所杀。〔二〕

【注释】

〔1〕无爱：无所吝惜。〔2〕辟公府：三公府辟为下属。〔3〕高第：政事考核中的优等。东汉常从三公府下属中选择优秀者担任朝廷正式任命的官员。〔4〕正议：严正的言辞。〔5〕终：终究会。〔6〕千里：方圆千里。指一郡所辖的地域。〔7〕四战之地：四面都适合于大兵团运动作战的军事要地。〔8〕顾眄（miǎn）：环顾四周。这是得意自豪的动作。〔9〕州军：指曹操率领的兖州军。当时曹操兼任兖州牧。〔10〕俟（sì）：等待。变通：变化发展。〔11〕二年：兴平二年（公元195）。〔12〕斩超：本书卷一《武帝纪》说张超是自杀，与这里记载不同。

【裴注】

〔一〕《英雄记》曰："布见备，甚敬之。谓备曰：'我与卿，同边地人也。布见关东起兵，欲诛董卓。布杀卓东出，关东诸将无安布者，皆欲杀布耳。'请备于帐中，坐妇床上；令妇向拜，酌酒饮食，名备为'弟'。备见布语言无常，外然之而内不悦。"

〔二〕《献帝春秋》曰："袁术议称尊号，邈谓术曰：'汉据火德，绝而复扬；德泽丰流，诞生明公。公居轴处中，入则享于上席，出则为众目之所属；华、霍不能增其高，渊泉不能同其量；可谓巍巍荡荡，无与为贰。何为舍此而欲称制？恐福不盈眦，祸将溢世。庄周之称郊祭牺牛，养饲经年，衣以文绣；宰执鸾刀，以入庙门，当此之时，求为孤犊不可得也！’”按《本传》“邈诣术，未至而死”。而此云谏称尊号，未详孰是。

备东击术，布袭取下邳。备还归布，布遣备屯小沛〔1〕，布自称徐州刺史。〔一〕

术遣将纪灵等步骑三万，攻备，备求救于布。布诸将谓布曰：“将军常欲杀备，今可假手于术。”布曰：“不然！术若破备，则北连泰山诸将〔2〕，吾为在术围中〔3〕；不得不救也。”便严步兵千、骑二百，驰往赴备。灵等闻布至，皆敛兵不敢复攻。

布于沛西南一里安屯，遣铃下请灵等〔4〕。灵等亦请布共饮食，布谓灵等曰：“玄德，布弟也；弟为诸君所困，故来救之。布性不喜合斗〔5〕，但喜解斗耳。”布令门候于营门中举一只戟〔6〕。布言：“诸君观布射戟小支〔7〕：一发中者，诸君当解去；不中，可留决斗。”布举弓射戟，正中小支。诸将皆惊，言：“将军天威也！”明日复欢会，然后各罢。

【注释】

〔1〕小沛：即沛县，县治在今江苏沛县。因沛县属于沛国，县比国小，所以称为小沛以示区别。〔2〕泰山诸将：指出生在泰山郡的臧霸、孙观等人，他们当时屯踞在徐州的开阳县(今山东临沂市东北)一带。见本书卷十八《臧霸传》。〔3〕在术围中：当时袁术的大本营寿春，在吕布驻屯的下邳西南，小沛在下邳的西北，开阳在下邳的东北，形成三面包围下邳的形势。所以吕布这样说。〔4〕铃下：传达命令的随从。〔5〕合斗：撮合别人相互攻斗。〔6〕门候：官名。军营大门的警卫队长，负责军营出入的检查警戒。戟：古代常用兵器的一种。合并矛、

戈为一体，既可直刺，又可横击。柄长者为大戟，用于野战。柄短者为手戟，用于防身或近战。现今有大量实物出土。〔7〕小支：戟的击刺部分为不对称的十字形。用来横击的横出一端刃部尖而长，为主刃；另一端钝而短，为小支。现今江苏沛县城中的文化馆内，尚有相传是吕布射戟处所的射戟台遗址留存。

【裴注】

〔一〕《英雄记》曰："布初入徐州，书与袁术。术报书曰：'昔董卓作乱，破坏王室，祸害术门户。术举兵关东，未能屠裂卓。将军诛卓，送其头首；为术扫灭仇耻，使术明目于当世，死生不愧。其功一也。昔将金元休向兖州，甫诣封(部)〔丘〕，为曹操逆所拒破，流离迸走，几至灭亡。将军破兖州，术复明目于遐迩。其功二也。术生年以来，不闻天下有刘备，备乃举兵与术对战；术凭将军威灵，得以破备。其功三也。将军有三大功在术：术虽不敏，奉以生死！将军连年攻战，军粮苦少；今送米二十万斛，迎逢道路，非直此止，当络绎复致。若兵器战具，它所乏少，大小唯命。'布得书大喜，遂造下邳。"《典略》曰："元休名尚，京兆人也。尚与同郡韦休甫、第五文休俱著名，号为'三休'。尚，献帝初为兖州刺史，东之郡。而太祖已临兖州，尚南依袁术。术僭号，欲以尚为太尉；不敢显言，私使人讽之。尚无屈意，术亦不敢强也。建安初，尚逃还，为术所害。其后尚丧与太傅马日磾丧，俱至京师；天子嘉尚忠烈，为之咨嗟。诏百官吊祭，拜子玮郎中，而日磾不与焉。"

《英雄记》曰："布水陆东下，军到下邳西四十里。备中郎将丹杨许耽，夜遣司马章诳来诣布，言：'张益德与下邳相曹豹共争，益德杀豹；城中大乱，不相信。丹杨兵有千人屯西白门城内，闻将军来东，大小踊跃，如复更生。将军兵向城西门，丹杨军便开门纳将军矣。'布遂夜进，晨到城下。天明，丹杨兵悉开门，纳布兵。布于门上坐，步骑放火，大破益德兵，获备妻子军资及部曲将吏士家口。建安元年六月夜半时，布将河内郝萌反。将兵入布所治下邳府，诣厅事阁外，同声大呼，攻阁；阁坚，不得入。布不知反者为谁，直牵妇，科头袒衣，相将从溷上，排壁出。诣都督高顺营，直排顺门入。顺问：'将军有所隐不？'布言：'河内儿声。'顺言：'此郝萌也。'顺即严兵入府，弓弩并射萌众。萌众乱走，天明还故营。萌将曹性，反萌，与对战；萌刺伤性，性斫萌一臂。顺斫萌首，床舆性，送诣布。布问性，言'萌受袁术谋'。'谋者悉谁？'性言：'陈宫同谋。'时宫在坐上，面赤，旁人悉觉之。布以宫大将，不问也。性言：‘萌尝以此问，性言吕将军大将有神，不可击也。不意萌狂惑不止。’布谓性曰：‘卿，健儿也！’善养视之。创愈，使安抚萌故营，领其众。”

术欲结布为援，乃为子索布女；布许之。术遣使韩胤，以僭号议告布，并求迎妇。沛相陈珪恐术、布成婚，则徐、扬合从〔1〕，将为国难〔2〕。于是往说布曰：“曹公奉迎天子，辅赞国政；威灵命世，将征四海；将军宜与协同策谋，图泰山之安。今与术结婚，受天下不义之名，必有累卵之危！”布亦怨术初不己受也〔3〕，女已在途，追还绝婚；械送韩胤〔4〕，枭首许市。

珪欲使子登诣太祖，布不肯遣。会使者至〔5〕，拜布左将军；布大喜，即听登往，并令奉章谢恩。〔一〕

登见太祖，因陈布勇而无计，轻于去就，宜早图之。太祖曰：“布，狼子野心，诚难久养；非卿莫能究其情也。”即增珪秩中二千石〔6〕，拜登广陵太守。临别，太祖执登手曰：“东方之事，便以相付！”令登阴合部众，以为内应。

始，布因登求徐州牧〔7〕；登还，布怒，拔戟斫几曰：“卿父劝吾协同曹公，绝婚公路〔8〕；今吾所求无一获，而卿父子并显重：为卿所卖耳！卿为吾言，其说云何〔9〕？”登不为动容〔10〕，徐喻之曰〔11〕：“登见曹公言：‘待将军譬如养虎：当饱其肉；不饱，则将噬人。’公曰：‘不如卿言也。譬如养鹰：饥则为用，饱则扬去。’其言如此。”布意乃解。

【注释】

〔1〕合从(zòng)：联合。战国时弱国联合对付强国称合纵，又地理位置呈南北分布的国家进行联合也称合纵。这里徐州的吕布与扬州的袁术对于曹操而言都是弱者，徐、扬二州又正好一北一南，所以用合从来形容。〔2〕国难：国家的危害。这是站在曹操一边考虑。〔3〕初不己受：当初不接受自己去投靠。〔4〕械送：用囚车送往(许都)。〔5〕使者：汉献帝的使者。吕布告发袁术要想称帝，所以汉朝派使者去封赏他。〔6〕增珪秩：增加陈珪的俸禄等级。当时陈珪任沛国相，郡国守相俸禄都是二千石，每月领粮食一百二十斛。现在提高一等，为中二千石，每月领粮食一百八十斛。〔7〕求徐州牧：吕布的徐州刺史是自封的，而且州刺史的地位要比州牧差一等，所以向朝廷提出这样的要求，但未获批准。〔8〕公路：袁术字公路。〔9〕其说云何：这究竟怎么解释。〔10〕动容：改变神色。〔11〕喻：解释。

【裴注】

〔一〕《英雄记》曰："初，天子在河东，有手笔版书，召布来迎。布军无蓄积，不能自致，遣使上书。朝廷以布为平东将军，封平陶侯。使人于山阳界亡失文字，太祖又手书厚加慰劳布；说起迎天子当平定天下意；并诏书购捕公孙瓒、袁术、韩暹、杨奉等。布大喜，复遣使上书于天子曰：'臣本当迎大驾，知曹操忠孝，奉迎都许。臣前与操交兵，今操保傅陛下，臣为外将，欲以兵自随；恐有嫌疑，是以待罪徐州，进退未敢自宁。'答太祖曰：'布获罪之人，分为诛首；手命慰劳，厚见褒奖。重见购捕袁术等诏书，布当以命为效。'太祖更遣奉车都尉王则为使者，赍诏书，又封平东将军印绶，来拜布。太祖又手书与布曰：'山阳屯送将军所失大封；国家无好金，孤自取家好金，更相为作印；国家无紫绶，自取所带紫绶以籍心。将军所使不良：袁术称天子，将军止之，而使不通章。朝廷信将军，使复重上，以相明忠诚。'布乃遣登奉章谢恩，并以一好绶答太祖。"

术怒，与韩暹、杨奉等连势，遣大将张勋，攻布。布谓珪曰："今致术军，卿之由也。为之奈何？"珪曰："暹、奉与术，猝合之军耳！策谋不素定，不能相维持。

子登策之，比之连鸡[1]：势不俱栖，可解离也。”布用珪策，遣人说暹、奉，使与己并力共击术军；军资所有，悉许暹、奉。于是暹、奉从之，勋大破败。〔一〕

建安三年，布复叛为术；遣高顺攻刘备于沛，破之。太祖遣夏侯惇救备，为顺所败。

太祖自征布。至其城下，遗布书，为陈祸福[2]。布欲降，陈宫等自以负罪深，沮其计。〔二〕布遣人求救于（术术）〔袁术〕；自将千余骑出战，败。走还保城，不敢出。〔三〕术亦不能救。布虽骁猛，然无谋而多猜忌，不能制御其党；但信诸将，诸将各异意自疑：故每战多败。

太祖堑围之三月[3]，上下离心。其将侯成、宋宪、魏续，缚陈宫，将其众降。〔四〕布与其麾下登白门楼[4]，兵围急，乃下降，遂生缚布。布曰：“缚太急[5]！小缓之[6]。”太祖曰：“缚虎，不得不急也。”布请曰：“明公所患，不过于布；今已服矣，天下不足忧。明公将步[7]，令布将骑，则天下不足定也？”太祖有疑色。

刘备进曰：“明公不见布之事丁建阳及董太师乎[8]！”太祖颔之[9]。布因指备曰：“是儿最叵信者[10]！”〔五〕于是缢杀布[11]。布与宫、顺等皆枭首送许，然后葬之。〔六〕

太祖之擒宫也，问宫：“欲活老母及女不？”宫对曰：“宫闻孝治天下者不绝人之亲[12]，仁施四海者不乏人之祀[13]；老母在公[14]，不在宫也。”太祖召养其母，终其身；嫁其女。〔七〕

【注释】

〔1〕连鸡：并排站在一起的鸡。〔2〕陈祸福：说明利害。意思是劝其投降。〔3〕三月：据本书卷一《武帝纪》记载，曹操十月开始攻城，十一月城破，前后历时一个多月，与这里记载不同。〔4〕白门楼：白门的城楼。白门是下邳的西门，见本卷上文裴注引《英雄记》。白色与西方相应。《水经注·泗水》说是下邳南门，疑不确。现今江苏睢宁县西北的古邳镇，曾有白门楼的遗址留存。〔5〕急：紧。〔6〕小缓：稍微松一点。〔7〕将步：统领步兵。〔8〕丁建阳：丁原字建阳。董太师：指董卓。两人都被吕布杀死。〔9〕颔(hàn)之：微微点头表示赞同。〔10〕是儿：这个家伙。叵(pǒ)：不可。〔11〕缢(yì)：用绳索勒颈部。〔12〕孝治天下：以孝道治理天下。亲：父母。〔13〕乏人之祀：断绝别人的祭祀。也就是断子绝孙。〔14〕老母在公：老母能不能活决定权在您。言外之意是就看您愿不愿意施行仁孝了。陈宫不愿母亲和女儿与自己同死，又不肯直接乞求曹操，所以用间接的话来打动对方。

【裴注】

〔一〕《九州春秋》载："布与暹、奉书曰：'二将军拔大驾来东，有元功于国；当书勋竹帛，万世不朽。今袁术造逆，当共诛讨，奈何与贼臣还共伐布？布有杀董卓之功，与二将军俱为功臣；可因今共击破术，建功于天下，此时不可失也！'暹、奉得书，即回计从布。布进军，去勋等营百步，暹、奉兵同时并发。斩十将首，杀伤堕水死者不可胜数。"

《英雄记》曰："布后又与暹、奉二军向寿春，水陆并进，所过虏略。到钟离，大获而还。既渡淮北，留书与术曰：'足下恃军强盛，常言"猛将武士，欲相吞灭，每抑止之耳"。布虽无勇，虎步淮南；一时之间，足下鼠窜寿春，无出头者。猛将武士，为悉何在？足下喜为大言以诬天下，天下之人安可尽诬？古者兵交，使在其间，造策者非布先倡也。相去不远，可复相闻。'布渡毕，术自将步骑五千扬兵淮上；布骑皆于水北大咍笑之而还。时有东海萧建为琅邪相，治莒。保城自守，不与布通。布与建书曰：'天下举兵，本以诛董卓耳。布杀卓，来诣关东。欲求兵西迎大驾，光复洛京；诸将自还相攻，莫肯念国。布，五原人也，去徐州五千余里，乃在天西北角，今不来共争天东南之地。莒与下邳，相去不远，宜当共通。君如自遂以为郡郡作帝，县县自王也。昔乐毅攻齐，呼吸下齐七十余城，唯莒、即墨二城不下；所以然者，中有田单故也。布虽非乐毅，君亦非田单。可取布书与智者详共议之。’建得书，即遣主簿，赍笺上礼，贡良马五匹。建寻为臧霸所袭破，得建资实。布闻之，自将步骑向莒。高顺谏曰：‘将军躬杀董卓，威震夷狄；端坐顾盼，远近自然畏服，不宜轻自出军。如或不捷，损名非小！’布不从。霸畏布引还抄暴，果登城拒守。布不能拔，引还下邳。霸后复与布和。”

〔二〕《献帝春秋》曰：“太祖军至彭城。陈宫谓布：‘宜逆击之，以逸击劳，无不克也。’布曰：‘不如待其来攻，蹙著泗水中。’及太祖军攻之急，布于白门楼上谓军士曰：‘卿曹无相困，我(自首当)〔当自首〕明公。’陈宫曰：‘逆贼曹操，何等‘明公’！今日降之，若卵投石，岂可得全也！’”

〔三〕《英雄记》曰：“布遣许汜、王楷，告急于术。术曰：‘布不与我女，理自当败，何为复来相闻邪！’汜、楷曰：‘明上今不救布，为自败耳：布破，明上亦破也。’术时僭号，故呼为‘明上’。术乃严兵为布作声援。布恐术为女不至，故不遣兵救也；以绵缠女身，缚著马上，夜自送女出与术。与太祖守兵相触，格射不得过，复还城。布欲令陈宫、高顺守城，自将骑断太祖粮道；布妻谓曰：‘将军自出断曹公粮道，是也。宫、顺素不和，将军一出，宫、顺必不同心共城守也。如有蹉跌，将军当于何自立乎？愿将军谛计之，无为宫等所误也！妾昔在长安，已为将军所弃，赖得庞舒私藏妾身耳。今不须顾妾也。’布得妻言，愁闷不能自决。”

《魏氏春秋》曰：“陈宫谓布曰：‘曹公远来，势不能久。若将军以步骑出屯，为势于外，宫将余众闭守于内：若向将军，宫引兵而攻其背；若来攻城，将军为救于外。不过旬日，军食必尽，击之可破。’布然之。布妻曰：‘昔曹氏待公台如赤子，犹舍而来。今将军厚公台不过于曹公，而欲委全城，捐妻子，孤军远出；若一旦有变，妾岂得为将军妻哉！’布乃止。”

〔四〕《九州春秋》曰：“初，布骑将侯成遣客牧马十五匹；客悉驱马去，向沛城，欲归刘备。成自将骑逐之，悉得马还。诸将合礼贺成，成酿五六斛酒，猎得十余头猪；未饮食，先持半猪、五斗酒自入诣布前，跪言：‘间蒙将军恩，逐得所失马，诸将来相贺；自酿少酒，猎得猪，未敢饮食，先奉上微意。’布大怒曰：‘布禁酒，卿酿酒；诸将共饮食作兄弟，共谋杀布邪！’成大惧而去，弃所酿酒，还诸将礼。由是自疑，会太祖围下邳，成遂领众降。”

〔五〕《英雄记》曰：“布谓太祖曰：‘布待诸将厚也，诸将临急皆叛布耳。’太祖曰：‘卿背妻，爱诸将妇，何以为厚？’布默然。”

《献帝春秋》曰："布问太祖：'明公何瘦？'太祖曰：'君何以识孤？'布曰：'昔在洛，会温氏园。'太祖曰：'然。孤忘之矣！所以瘦，恨不早相得故也。'布曰：'齐桓舍射钩，使管仲相。今使布竭股肱之力，为公前驱，可乎？'布缚急，谓刘备曰：'玄德！卿为坐客，我为执虏，不能一言以相宽乎？'太祖笑曰：'何不相语，而诉明使君乎？'意欲活之，命使宽缚。主簿王必趋进曰：'布，勍虏也。其众近在外，不可宽也！'太祖曰：'本欲相缓，主簿复不听，如之何？'"

〔六〕《英雄记》曰："顺为人，清白有威严，不饮酒，不受馈遗。所将七百余兵，号为千人，铠甲斗具皆精练齐整。每所攻击，无不破者，名为'陷阵营'。顺每谏布，言：'凡破家亡国，非无忠臣明智者也，但患不见用耳。将军举动，不肯详思，辄喜言误，误不可数也。'布知其忠，然不能用；布从郝萌反后，更疏顺。以魏续有外内之亲，悉夺顺所将兵以与续。及当攻战，故令顺将续所领兵，顺亦终无恨意。"

〔七〕鱼氏《典略》曰："陈宫字公台，东郡人也。刚直烈壮，少与海内知名之士，皆相连结。及天下乱，始随太祖，后自疑，乃从吕布。为布画策，布每不从其计。下邳败，军士执布及宫，太祖皆见之，与语平生，故布有求活之言。大祖谓宫曰：'公台，卿平常自谓智计有余，今竟何如？'宫顾指布曰：'但坐此人不从宫言，以至于此。若其见从，亦未必为擒也。'太祖笑曰：'今日之事，当云何？'宫曰：'为臣不忠，为子不孝；死，自分也！'太祖曰：'卿如是，奈卿老母何？'宫曰：'宫闻将以孝治天下者，不害人之亲；老母之存否，在明公也。'太祖曰：'若卿妻子何？'宫曰：'宫闻将施仁政于天下者，不绝人之祀；妻子之存否，亦在明公也。'太祖未复言。宫曰：'请出就戮，以明军法！'遂趋出，不可止。太祖泣而送之，宫不还顾。宫死后，太祖待其家皆厚如初。"

陈登者，字元龙。在广陵有威名。又掎角吕布有功[1]，加伏波将军。年三十九卒。

后许汜与刘备，并在荆州牧刘表坐，表与备共论天下人[2]。汜曰："陈元龙，（湖）〔淮〕海之士[3]，豪气不除[4]。"备谓表曰："许君论是非[5]？"表曰："欲言非，此君为善士[6]，不宜虚言；欲言是，元龙名重天下。”

备问汜：“君言豪，宁有事邪[7]？”汜曰：“昔遭乱过下邳，见元龙。元龙无客主之意[8]，久不相与语；自上大床卧[9]，使客卧下床[10]。”备曰：“君有国士之名[11]，今天下大乱，帝主失所[12]，望君忧国忘家，有救世之意；而君求田问舍[13]，言无可采，是元龙所讳也。何缘当与君语[14]？如小人[15]，欲卧百尺楼上，卧君于地；何但上下床之间邪！”表大笑。

备因言曰：“若元龙文武胆志，当求之于古耳[16]！造次难得比也[17]。”〔一〕

【注释】

〔1〕掎角：出兵合击。〔2〕论：评论。东汉后期评论人物是流行的风气。〔3〕淮海之士：出自淮河下游靠海地区的人物。陈登为下邳国淮浦县（今江苏涟水县西南）人。淮浦在淮河下游入海处。汉代的著名人物多出在北方黄河流域，出自边远沿海地区者还不多。许汜的话含有轻视边远人士的意味。〔4〕豪气：这里指傲慢无礼的作风。与后世的含义不同。陈登素来对贪鄙平庸的人不屑一顾，所以曾引起一些人的不满，参见本书卷二十二《陈矫传》。〔5〕是非：对不对。〔6〕此君：指许汜。刘表处事爱采取骑墙态度，两不得罪，从他的答话可以看出。〔7〕宁有事：是否有事实证明。〔8〕客主之意：主人款待客人的情意。〔9〕床：古代用来坐和卧的生活用具。1957至1958年，河南信阳市第一号楚墓，曾出土了两千多年前战国时期的实物床。〔10〕下床：较为矮小的床。〔11〕国士：一国的杰出人物。〔12〕失所：指汉献帝被移到许县而未能住在京城洛阳。〔13〕求田问舍：买田地，置房产。〔14〕何缘：为什么。〔15〕小人：表示谦虚的自称。〔16〕求之于古：要在古代的杰出人物身上才寻找得到。〔17〕造次难得比：（就当今人物而论）猛然间很难想得起谁能与他相比美。意思是能与他比美的人很少。

【裴注】

〔一〕《先贤行状》曰："登，忠亮高爽，沈深有大略。少有扶世济民之志。博览载籍，雅有文艺，旧典文章，莫不贯综。年二十五，举孝廉。除东阳长，养耆育孤，视民如伤。是时，世荒民饥，州牧陶谦，表登为典农校尉。乃巡土田之宜，尽凿溉之利，秔稻丰积。奉使到许，太祖以登为广陵太守，令阴合众以图吕布。登在广陵，明审赏罚，威信宣布。海贼薛州之群万有余户，束手归命。未及期年，功化以就，百姓畏而爱之。登曰：'此可用矣。'太祖到下邳，登率郡兵为军先驱。时登诸弟，在下邳城中。布乃质执登三弟，欲求和同。登执意不挠，进围日急。布刺奸张弘，惧于后累，夜将登三弟出就登。布既伏诛，登以功加拜伏波将军。甚得江、淮间欢心，于是有吞灭江南之志。（孙策）〔孙权〕遣军攻登于匡琦城。贼初到，旌甲覆水；群下咸以'今贼众十倍于郡兵，恐不能抗，可引军避之，与其空城；水人居陆，不能久处，必寻引去'。登厉声曰：'吾受国命，来镇此土。昔马文渊之在斯位，能南平百越，北灭群狄；吾既不能遏除凶慝，何逃寇之为邪！吾其出命以报国，仗义以整乱，天道与顺，克之必矣！'乃闭门自守，示弱不与战；将士衔声，寂若无人。登乘城望形势，知其可击。乃申令将士，宿整兵器；昧爽，开南门，引军诣贼营，步骑抄其后。贼周章，方结阵，不得还船。登手执军鼓，纵兵乘之；贼遂大破，皆弃船进走。登乘胜追奔，斩虏以万数。贼忿丧军，寻复大兴兵向登。登以兵不敌，使功曹陈矫，求救于太祖。登密去城十里，治军营处所：令多取柴薪，两束一聚，相去十步，纵横成行；令夜俱起火，火然其聚；城上称庆，若大军到。贼望火惊溃，登勒兵追奔，斩首万级。迁登为东城太守。广陵吏民佩其恩德，共拔郡随登，老弱襁负而追之。登晓语令还，曰：'太守在卿郡，频致吴寇，幸而克济。诸卿何患无令君乎？'孙权遂跨有江外。太祖每临大江而叹："恨不早用陈元龙计，而令封豕养其爪牙！'文帝追美登功，拜登息肃为郎中。"

臧洪字子源，广陵射阳人也[1]。父旻，历匈奴中郎将，中山、太原太守[2]，所在有名。〔一〕

洪体貌魁梧，有异于人。举孝廉，为郎。时选三署郎，以补县长[3]：琅邪赵昱为莒长[4]，东莱刘繇下邑长[5]，东海王朗菑丘长[6]，洪即丘长[7]。

【注释】

〔1〕射阳：县名。县治在今江苏宝应县东北。〔2〕匈奴中郎将：即护匈奴中郎将。太原：郡名。治所在今山西太原市西南。〔3〕三署：五官中郎将署、左中郎将署、右中郎将署合称三署，分别统领郎官，充任宫廷侍卫。〔4〕赵昱：传见本书卷八《陶谦传》裴注引《后汉书》。莒(jǔ)：县名。县治在今山东莒县。〔5〕刘繇：传见本书卷四十九。下邑：县名。县治在今安徽砀山县。〔6〕菑丘：县名。县治在今安徽淮北市东南。〔7〕即丘：县名。县治在今山东临沂市东南。

【裴注】

〔一〕谢承《后汉书》曰："旻，有干事才，达于从政，为汉良吏。初从徐州从事辟司徒府，除卢奴令；冀州举尤异，迁扬州刺史、丹杨太守。是时，边方有警，羌胡出寇；三府举能，迁旻匈奴中郎将。讨贼有功，征拜议郎。还京师，见太尉袁逢。逢问其西域诸国土地、风俗、人物、种数。旻具答言：西域本三十六国，后分为五十五，稍散至百余国。其国大小，道里近远，人数多少，风俗燥湿，山川、草木、鸟兽、异物名种，不与中国同者，悉口陈其状，手画地形。逢奇其才，叹息言：'虽班固作《西域传》，何以加此？'旻转拜长水校尉，终太原太守。"

灵帝末，弃官还家。太守张超请洪为功曹。董卓杀帝，图危社稷。洪说超曰："明府历世受恩[1]，兄弟并据大郡[2]。今王室将危，贼臣未枭，此诚天下义烈报恩效命之秋也[3]。今郡境尚全，吏民殷富；若动桴鼓[4]，可得二万人：以此诛除国贼，为天下倡先，义之大者也！"

超然其言，与洪西至陈留，见兄邈计事。邈亦素有心，会于酸枣。

邈谓超曰：“闻弟为郡守，政教威恩[5]，不由己出，动任臧洪[6]。洪者何人?”超曰：“洪才略智数优超[7]，超甚爱之，海内奇士也!”邈即引见洪，与语，大异之。致之于刘兖州公山、孔豫州公绪[8]，皆与洪亲善。

乃设坛场，方共盟誓；诸州郡更相让，莫敢当[9]，咸共推洪。洪乃升坛，操盘歃血而盟曰[10]：“汉室不幸，皇纲失统；贼臣董卓乘衅纵害，祸加至尊[11]，虐流百姓；大惧沦丧社稷，翦覆四海[12]。兖州刺史岱、豫州刺史伷、陈留太守邈、东郡太守瑁、广陵太守超等，纠合义兵，并赴国难。凡我同盟，齐心戮力，以致臣节；殒首丧元[13]，必无二志！有渝此盟，俾坠其命[14]，无克遗育[15]！皇天后土，祖宗明灵：实皆鉴之[16]!”洪辞气慷慨，涕泣横下。闻其言者，虽卒伍厮养[17]，莫不激扬，人思致节。[一]

顷之，诸军莫适先进[18]，而食尽众散。超遣洪诣大司马刘虞谋。值公孙瓒之难，至河间，遇幽、冀二州交兵，使命不达。

而袁绍见洪，又奇重之，与结分合好[19]。会青州刺史焦和卒，绍使洪领青州，以抚其众。[二]洪在州二年，群盗奔走。绍叹其能，徙为东郡太守，治东武阳。

【注释】

[1] 明府：对郡太守的尊称。因为当时习称郡太守为府君，明府即贤明的府君。 [2] 大郡：汉代称户数达到十二万的郡为大郡。 [3] 秋：代指时候。 [4] 动桴(fú)鼓：敲起军鼓。桴是鼓槌。古代军队以鼓声作为前进的信号，所以动桴鼓指集合军队出征。 [5] 威恩：惩罚与奖

赏。〔6〕动：动辄。〔7〕智数：智谋心计。〔8〕公山：刘岱的字，他当时任兖州刺史。这种先列官爵再加字的称呼，是比较正式的尊称。公绪：孔伷(zhòu)的字，他当时任豫州刺史。〔9〕当：担任主持人。〔10〕操盘(pán)：端起盛有牲畜血液的容器。古代结盟立誓时，要用嘴吸取少许牲畜的血以示诚心，称为歃血。盘就是盛血的容器，由主持人端着。 盟：正式列名参加关东联军声讨董卓的军政官员，有袁绍、袁术、韩馥、孔伷、刘岱、王匡、张邈、张超、桥瑁、袁遗、鲍信、曹操共十二人。虽然史书上说他们是同时起兵公推袁绍为盟主，但是实际上在起事时他们并未全部会齐在一起订立盟誓。最先立誓起事只有刘岱、孔伷、张邈、张超、桥瑁五人，即此处所记。起事之后，其余的人才紧接着加入进来，并公推袁绍为盟主。〔11〕至尊：指被董卓废黜并杀死的少帝刘辩。〔12〕翦覆：侵夺颠覆。〔13〕丧元：丢掉脑袋。与殒首同义。〔14〕俾坠其命：使他丧失性命。〔15〕无克遗育：让他断子绝孙。〔16〕鉴：审察。〔17〕卒伍：普通士兵。 斯养：从事养马、打柴、煮饭等低贱杂役的人。〔18〕莫适先进：没有人愿意打头阵。〔19〕结分(fèn)：结下友谊。

【裴注】

〔一〕臣松之按：于时此盟，止有刘岱等五人而已。《魏氏春秋》横纳刘表等数人，皆非事实：表保据江、汉，身未尝出境，何由得与洪同坛而盟乎？

〔二〕《九州春秋》曰："初平中，焦和为青州刺史。是时，英雄并起，黄巾寇暴；和务及同盟，俱入京畿，不暇为民保障，引军逾河而西。未久，而袁、曹二公与卓将战于荥阳，败绩。黄巾遂广，屠裂城邑。和不能御，然军器尚利，战士尚众；而耳目侦逻不设，恐动之言妄至；望寇奔走，未尝接风尘交旗鼓也。欲作陷冰丸沉河，令贼不得渡；祷祈群神，求用兵必利；蓍筮常陈于前，巫祝不去于侧；入见其清谈干云，出则浑乱，命不可知：州遂萧条，悉为丘墟也。"

太祖围张超于雍丘。超言："唯恃臧洪，当来救吾。"众人以为袁、曹方睦；而洪为绍所表用，必不败好招祸，远来赴此。超曰："子源，天下义士，终不背本者；但恐见禁制[1]，不相及逮耳[2]。”

洪闻之，果徒跣号泣[3]，并勒所领兵[4]；又从绍请兵马，求欲救超。而绍终不听许，超遂族灭。

洪由是怨绍，绝不与通[5]。绍兴兵围之，历年不下。绍令洪邑人陈琳书与洪[6]，喻以祸福，责以恩义[7]。洪答曰：

隔阔相思[8]，发于寤寐[9]，幸相去步武之间耳[10]。而以趋舍异规[11]，不得相见，其为怆悢[12]，可为心哉[13]！前日不遗[14]，比辱雅贶[15]；述叙祸福，公私切至[16]。所以不即奉答者，既学薄才钝，不足塞诘[17]；亦以吾子携负侧室[18]，息肩主人[19]，家在东州[20]，仆为仇敌[21]，以是事人[22]，虽披中情[23]，堕肝胆[24]，犹身疏有罪[25]，言甘见怪[26]，方首尾不救[27]，何能恤人[28]？且以子之才，穷该典籍；岂将暗于大道，不达余趣哉[29]？然犹复云云者[30]，仆以是知足下之言，信不由衷，将以救祸也[31]。必欲算计长短，辩咨是非；是非之论，言满天下；陈之更不明[32]，不言无所损。又言伤告绝之义[33]，非吾所忍行也。是以捐弃纸笔[34]，一无所答。亦冀遥忖其心[35]，知其计定，不复渝变也。

重获来命[36]，援引古今，纷纭六纸[37]；虽欲不言，焉得已哉！仆小人也[38]，本因行役[39]，寇窃大州[40]。恩深分厚，宁乐今日自还接刃[41]？每登城勒兵，望主人之旗鼓[42]，感故友之周旋[43]，抚弦搦矢[44]，不觉流涕之覆面也！何者？自以辅佐主人，无以为悔[45]；主人相接，过绝等伦[46]。当受任之初，自谓究竟大事[47]，共尊王室。岂悟天子不悦，本州见侵[48]；郡将遘牖里之厄[49]，陈留克创兵之谋[50]。谋计栖迟[51]，丧忠孝之名[52]；杖策携背[53]，亏交友之分。揆此二者[54]，与其不得已，丧忠孝之名与亏交友之道，轻重殊途[55]，亲疏异画[56]，故便收泪告绝。

若使主人少垂故人[57]，住者侧席[58]，去者克己[59]，不汲汲于离友，信刑戮以自辅[60]；则仆抗季札之志[61]，不为今日之战矣。

何以效之[62]？昔张景明亲登坛歃血[63]，奉辞奔走[64]；卒使韩牧让印[65]，主人得地[66]。然后但以拜章朝主赐爵获传之故[67]，旋时之间，不蒙观过之贷[68]，而受夷灭之祸。〔一〕吕奉先讨卓来奔[69]，请兵不获[70]，告去何罪？复见斫刺，滨于死亡[71]。刘子璜奉使逾时[72]，辞不获命[73]，畏(威)〔君〕怀亲，以诈求归[74]；可谓有志忠孝，无损霸道者也[75]。然辄僵毙麾下[76]，不蒙亏除[77]。〔二〕仆虽不敏[78]，又素不能原始见终[79]，睹微知著[80]；窃度主人之心，岂谓三子宜死[81]，罚当刑中哉[82]！实且欲一统山东，增兵讨仇；惧战士狐疑，无以沮劝[83]；故抑废王命以崇承制[84]，慕义者蒙荣[85]，待放者被戮[86]：此乃主人之利，非游士之愿也[87]。故仆鉴戒前人，困穷死战；仆虽下愚，亦尝闻君子之言矣。此实非吾心也，乃主人招焉。凡吾所以背弃国民，用命此城者[88]，正以君子之违不适敌国故也[89]。是以获罪主人，见攻逾时；而足下更引此义以为吾规[90]，无乃辞同趋异[91]，非君子所为休戚者哉[92]！

吾闻之也：义不背亲，忠不违君；故东宗本州以为亲援，中扶郡将以安社稷。一举二得，以徼忠孝，何以为非？而足下欲使吾轻本破家[93]，均君主人[94]。主人之于我也，年为吾兄，分为笃友；道乖告去[95]，以安君亲，可谓顺矣。若子之言，则包胥宜致命于伍员[96]，不当号哭于秦庭矣。苟区区于攘患[97]，不知言乖乎道理矣。足下或者见城围不解，救兵未至，感婚姻之义[98]，惟平生之好，以屈节而苟生，胜守义而倾覆也[99]。

昔晏婴不降志于白刃[100]，南史不曲笔以求生[101]；故身著图像[102]，名垂后世。况仆据金城之固[103]，驱士民之力；散三年之蓄[104]，以为一年之资[105]；匡困补乏[106]，以悦天下[107]？何图筑室反耕哉[108]！但惧秋风扬尘，伯珪马首南向[109]；张杨、飞燕[110]，膂力作难；北鄙将告倒悬之急[111]，股肱奏乞归之诚耳[112]。

主人当鉴我曹辈[113]，反旌退师[114]，治兵邺垣；何宜久辱盛怒，暴威于吾城下哉[115]！足下讥吾恃黑山以为救，独不念黄巾之合从邪！加飞燕之属，悉以受王命矣[116]。昔高祖取彭越于钜野[117]，光武创基兆于绿林[118]，卒能龙飞中兴[119]，以成帝业；苟可辅主兴化，夫何嫌哉[120]？况仆亲奉玺书与之从事[121]。行矣孔璋[122]：足下徼利于境外[123]，臧洪授命于君亲[124]；吾子托身于盟主[125]，臧洪策名于长安[126]；子谓余身死而名灭，仆亦笑子生死而无闻焉。

悲哉！本同而末离。努力努力！夫复何言[127]！

【注释】

〔1〕见禁制：受袁绍禁止牵制。〔2〕及逮：到达这里。〔3〕徒跣(xiǎn)：赤脚步行。形容一听到消息急得连鞋都顾不得穿。〔4〕勒：召集。〔5〕绝：断绝关系。〔6〕邑人：同县的老乡。〔7〕责以恩义：责备臧洪对袁绍忘恩负义。以下臧洪的回信在内容上有四个层次。第一是解释一直未回信的原因；第二是说明自己与袁绍关系恶化的责任完全在对方；第三是反驳陈琳来信所说的道理；第四是表示自己抵抗到底的决心。〔8〕隔阔：分离。〔9〕寤寐：醒了与睡着。意思是日夜思念。〔10〕步武：脚印。步武之间即一两步远，形容距离很近。〔11〕趋舍异规：志趣不同。〔12〕怆恨(chuàng liàng)：悲伤。〔13〕可为心哉：难道能够忍受吗？〔14〕不遗：没有遗弃我。这是谦辞。〔15〕比：一再。雅贶(kuàng)：风雅的赠与。指陈琳的来信。〔16〕公私：从公私两方面讲道理。〔17〕塞诘：圆满对答您的问题。〔18〕吾子：指陈琳。〔19〕息肩：卸下肩上的负担休息。这里指停留。主人：东道主。指袁绍。陈琳最初在京城任大将军何进的幕僚，何进被杀董卓执政后，他逃出洛阳到冀州投奔袁绍。这句话就指他到冀州。〔20〕东州：指陈琳家乡所在的徐州。徐州在洛阳的东面。这句话意思是说陈琳以一个边远地区的人士中途投靠袁绍，难以得到信任。〔21〕仆：谦虚的自称。〔22〕是：这些不利因素。人：指袁绍。〔23〕披中情：表露内心的真实感情。〔24〕堕肝胆：取出肝胆。意指竭诚效忠。〔25〕身疏有罪：对袁绍不巴结奉承将会得罪他。〔26〕言甘见怪：对袁绍说好听的话又可能引起反感。〔27〕首尾不救：意思是您自己都进退两难。〔28〕恤人：照顾他人。这里人指臧洪。〔29〕余趣：我的

志趣。〔30〕云云：这样说那样说。指陈琳一再来信。〔31〕救祸：消除灾祸。意思是陈琳不写这些信就难逃袁绍的毒手。〔32〕陈之更不明：说也不可能说得更明白。臧洪认为自己与袁绍之间的是非清清楚楚，无须再加申说世人也很明白。〔33〕告绝：告知断绝友情。〔34〕捐弃：丢开。〔35〕忖其心：了解我的内心。〔36〕重：再一次。来命：来信。〔37〕纷纭六纸：洋洋洒洒写了六篇纸。〔38〕小人：卑微的人。〔39〕行役：出公差。指受张超之命到幽州见刘虞事。〔40〕寇窃：偷抢。是担任官职的谦虚说法。大州：指青州。臧洪受袁绍指派代理了两年青州刺史。〔41〕宁乐：怎么会乐意。自还接刃：自相攻杀。〔42〕旗鼓：指袁绍围城的军队。〔43〕周旋：亲密来往。这是当时习语。〔44〕弦：弓弦。搦(nuò)：拿住。〔45〕悔：后悔。指对不住袁绍的地方。〔46〕过绝等伦：超过于同等的其他人。〔47〕究竟：彻底完成。〔48〕本州见侵：指曹操两次进攻徐州牧陶谦以报父仇事。〔49〕郡将：郡太守的另一称呼。这里指张超。遘(gòu)：遭遇到。牖(yǒu)里：地名。又作羑里。在今河南汤阴县北。周文王曾被商纣囚禁在这里。厄：灾难。〔50〕陈留：指任陈留太守的张邈。克：受制约。这句是说张邈首创义兵使曹、袁成了气候，到头来反被二人逼死。〔51〕栖迟：废弃。这句指自己营救张超的计划落空。〔52〕忠：对张超而言。孝：对家乡徐州的父老、家族长辈而言。〔53〕杖策：拄拐杖。比喻上了年纪。携背：指与朋友翻脸。在这篇书信中，臧洪始终认为自己的君乃是张超，而袁绍只是自己的朋友。因为他是受命到幽州中途被战乱阻挡而客居冀州的，所以他一再称袁绍为“主人”，即冀州的东道主。既是主客关系，袁绍就只能是朋友。〔54〕揆(kuí)：估量。〔55〕殊途：不一样。〔56〕异画：不相同。〔57〕少垂故人：略微宽容一点过去的朋友。〔58〕住者：愿意留住在冀州为袁绍出力者。侧席：不正坐。君主企盼和尊重人才的表示。这句是说袁绍对愿意为自己服务的朋友要尊重。〔59〕去者：希望离开冀州另谋出路者。克己：约束自己。意思是袁绍对希望离开的朋友要理解，不要伤害他们。〔60〕汲汲：心中急于想报复泄愤的样子。离友：要想离开的朋友。即上文所说的“去者”。自辅：帮助自己树立威风。〔61〕抗：表现出。季札：春秋时吴国国君诸樊的弟弟。又称公子札。他曾多次推让君位，是古代谦让的典型。事见《史记》卷三十一《吴太伯世家》。这句意思是让出东郡给袁绍。〔62〕效之：证明袁绍并未能这样做。〔63〕张景明：名导。河内郡修武(今河南获嘉县)人。曾任钜鹿郡太守。事见《水经注·浊漳水》。〔64〕奉辞：奉命。

〔65〕韩牧：指冀州牧韩馥。〔66〕地：指冀州。〔67〕拜章朝主：呈送表章朝见皇帝。 传(zhuàn)：朝廷发给官员的身份证件。获传即受官。〔68〕观过：仔细考察所犯过失的性质。孔子认为，仔细考察一个人所犯过失的性质，就可以知道他是什么样的人，所以他说："观过，斯知仁(人)矣。"见《论语·里仁》。 贷：宽大。〔69〕奉先：吕布的字。〔70〕不获：未得同意。〔71〕滨于：差一点。〔72〕奉使：奉命出使。〔73〕辞：推辞。 获命：得到批准。〔74〕以诈求归：要了一点虚假手法以求能回家乡。〔75〕霸道：这里指诸侯中霸主的统治。袁绍是关东诸军公推的盟主，相当于春秋时的霸主。〔76〕僵毙：处死。〔77〕亏除：饶恕过失。〔78〕不敏：不聪明。这是自谦的话。〔79〕原始见终：一寻到开头就看到了结果。〔80〕睹微知著：刚看到隐微的变化就知道它后来显著的情形。〔81〕宜死：确实应该处死。〔82〕刑中：量刑准确无误。〔83〕沮劝：阻止和勉励。〔84〕抑废王命：压制不理皇帝的任命。指不准在冀州的人士接受汉献帝任命的官职，以免他们离开。 承制：秉承皇帝旨意而自行任命官员。这里指袁绍对下属的任命权力。〔85〕慕义者：指愿意为袁绍效力的人。〔86〕待放者：指准备离开袁绍的人。〔87〕游士：周游天下选择合乎自己理想的统治者而为之效力的人士。〔88〕用命：出全力(坚守)。〔89〕违：逃亡出本国。古人认为君子因故从本国逃亡，也不应当逃到本国的仇国去，叫做"君子违不适仇国"。见《左传》哀公八年。臧洪认为袁绍坐视自己的府君张超被袁绍的同党曹操杀死之后，袁绍的冀州就成为自己的仇国。〔90〕此义：这样的道理。指不应当忘恩负义。 规：规劝。〔91〕无乃：恐怕是。〔92〕所为休戚：所认为的福与祸。〔93〕轻本：轻视根本。 破家：与徐州的臧氏家族破除关系。〔94〕均君主人：把袁绍视为与张超同等的君主来尊重。汉代各郡的太守可以自行任用下属，所以他们与其下属形成君臣关系。其下属可以称他们为"君"或"府君"，其官署也称为"府朝"或"郡朝"。〔95〕道乖：走的路不相同。〔96〕包胥：即申包胥。春秋时楚国国君的后代。前506年，吴国攻破楚国，他到秦国求救，在宫廷痛哭七天七夜，终于使秦国发兵救楚。事见《左传》定公四年。 伍员(？—前484)：字子胥。春秋时吴国大夫。其父伍奢本为楚国大夫，因事被杀。他辗转逃到吴国，帮助阖闾夺取王位，励精图治，使吴国成为强国。前506年，他定计攻楚为父报仇。传见《史记》卷六十六。〔97〕苟区区：苟且追求区区小利。 攘患：消灾免祸。这在臧洪看来是区区小利。〔98〕婚姻：臧洪与陈琳两家有婚姻关系。〔99〕守义：恪守道义。〔100〕晏婴(？—前

500)：字平仲。夷维（今山东高密市）人。春秋时齐国的大夫。现今尚存的《晏子春秋》，是战国人搜集他的言行编辑而成。传见《史记》卷六十二。 降志：屈从。前548年，齐国的权臣崔杼杀国君齐庄公，立景公，并强迫齐国官员参与盟会起誓支持自己。在利剑当胸的情况下，晏婴仍然坚持不从。事见《晏子春秋》。〔101〕南史：春秋时齐国的史官。崔杼杀庄公，任太史的哥哥记载说："崔杼弑其君。"崔杼杀死他。他的两个弟弟依然这样写，又被杀死一人。南史听到太史尽死的传闻，拿起简就前去，准备冒死直书。途中知道史官最终记下了这件事，这才作罢。事见《左传》襄公二十五年。〔102〕著图像：被绘成图画。〔103〕金城：金属铸就的城墙。比喻城墙的坚不可摧。〔104〕蓄：积蓄的物品。〔105〕资：供应。〔106〕匡：救。救困与补乏都指弘扬社会所缺乏的道义。〔107〕悦天下：让天下人高兴。〔108〕何图：（你们又）何必打算。 筑室反耕：就地修房耕田。比喻围攻城市的军队打定主意不撤退。前594年，楚国军队围攻宋，曾"筑室反耕"，见《左传》宣公十五年。这里臧洪的意思是不怕对方长期围攻。〔109〕伯珪：公孙瓒的字。当时公孙瓒据有幽州，与袁绍相抗。〔110〕飞燕：即张燕。传见本书卷八。〔111〕北鄙：冀州的北部边境。 倒悬：把人倒吊起来。形容形势危急无比。〔112〕股肱：指袁绍的下属。 乞归：请求撤军回救冀州。〔113〕鉴：了解。〔114〕反旌：掉转旗帜。〔115〕暴（pù）威：显示威风。〔116〕受王命：接受朝廷的招安和官职。张燕原来是黑山农民起义军的首领。〔117〕彭越（？—前196）：字仲。山阳郡昌邑（今山东金乡县西北）人。秦末聚众起兵，率兵三万投奔刘邦，帮助击破项羽，被封为梁王。后以谋反罪名被刘邦杀死。传见《史记》卷九十、《汉书》卷三十四。〔118〕创基兆：开创事业的基础。 绿林：西汉末年农民起义军的名称。刘秀最初是其中的成员。〔119〕龙飞：当上皇帝。指刘邦。 中兴：指刘秀。〔120〕何嫌：有什么妨碍。〔121〕奉玺书：接到皇帝的指示。 从事：合作。〔122〕行矣：走吧。告别用语。 孔璋：陈琳的字。〔123〕徼（jiǎo）利：求取私利。 境外：指两人的家乡广陵郡辖境之外。这句暗中讽刺陈琳才有点忘恩负义。〔124〕授命：奉献生命。〔125〕盟主：指袁绍。〔126〕策名：把名字记在官员的名册上。指出仕效力。 长安：当时汉献帝在长安，所以长安代指汉朝。〔127〕夫复何言：还有什么话可说呵。表示与陈琳一刀两断。

【裴注】

〔一〕臣松之按《英雄记》云:“袁绍使张景明、郭公则、高元才等,说韩馥,使让冀州。”然馥之让位,景明亦有其功;其余之事未详。

〔二〕臣松之按公孙瓒表列绍罪过云:“绍与故虎牙将军刘勋,首共造兵,勋仍有效,而以小忿枉害于勋。绍罪七也。”疑此是子璜也。

绍见洪书,知无降意,增兵急攻。城中粮谷已尽,外无强救;洪自度必不免,呼吏士谓曰:“袁氏无道,所图不轨,且不救洪郡将。洪于大义,不得不死;念诸君无事空与此祸〔1〕,可先城未败,将妻子出!”将吏士民皆垂泣曰:“明府与袁氏,本无怨隙。今为本朝郡将之故,自致残困;吏民何忍当舍明府去也!”

初尚掘鼠,煮筋角〔2〕,后无可复食者。主簿启内厨米三斗,请中分,稍以为糜粥。洪叹曰:“独食此何为!”使作薄粥,众分啜之〔3〕;杀其爱妾以食将士。将士咸流涕,无能仰视者。男女七八千人相枕而死,莫有离叛。城陷,绍生执洪。

绍素亲洪,盛施帏幔,大会诸将,见洪。谓曰:“臧洪,何相负若此!今日服未?”洪据地嗔目曰:“诸袁事汉,四世五公,可谓受恩。今王室衰弱,无扶翼之意;欲因际会,希冀非望〔4〕;多杀忠良,以立奸威。洪亲见呼张陈留为‘兄’〔5〕,则洪府君亦宜为‘弟’〔6〕;同共戮力,为国除害:何为拥众观人屠灭?惜洪力劣,不能推刃为天下报仇,何谓服乎!”绍本爱洪,意欲令屈服,原之;见洪辞切,知终不为己用,乃杀之。〔一〕

洪邑人陈容,少为书生,亲慕洪,随洪为东郡丞[7]。城未败，洪遣出。绍令在坐，见洪当死，起谓绍曰："将军举大事，欲为天下除暴；而专先诛忠义，岂合天意！臧洪发举为郡将[8]，奈何杀之？"绍惭，左右使人牵出，谓曰："汝非臧洪俦[9]，空复尔为[10]？"容顾曰："夫仁义岂有常！蹈之则君子，背之则小人。今日宁与臧洪同日而死，不与将军同日而生！"复见杀。

在绍坐者，无不叹息，窃相谓曰："如何一日杀二烈士！"先是，洪遣司马二人出，求救于吕布；比还，城已陷，皆赴敌死。

【注释】

〔1〕无事：不必。 与（yù）：遭受。 〔2〕筋角：弓弩上的筋弦和牲畜头角。 〔3〕啜（chuò）：喝。 〔4〕非望：非分的希望。指夺取帝位。 〔5〕张陈留：即张邈。 〔6〕洪府君：我臧洪的府君。指张超。〔7〕丞：官名。东汉每一郡置丞一人，是郡政府的副长官。太守有病，则由丞代理郡务。 〔8〕发举：发动反抗。 〔9〕俦：这里指同谋，同党。 〔10〕空复尔为：空自这样送死干什么。

【裴注】

〔一〕徐众《三国评》曰："洪，敦天下名义，救旧君之危；其恩足以感人情，义足以励薄俗。然袁亦知己亲友，致位州郡；虽非君臣，且实盟主；既受其命，义不应贰。袁、曹方睦，夹辅王室；吕布反覆无义，志在逆乱；而邈、超擅立布为州牧：其于王法，乃一罪人也。曹公讨之，袁氏弗救，未为非理也。洪本不当就袁请兵，又不当还为怨仇。为洪计者，苟力所不足，可奔他国以求赴救；若谋力未展以待事机，则宜徐更观衅，效死于超。何必誓守穷城而无变通？身死殄民，功名不立：良可哀也！"

评曰：吕布有虓虎之勇[1]，而无英奇之略；轻狡反覆，唯利是视[2]：自古及今，未有若此不夷灭也。昔汉光武谬于庞萌[3]，近魏太祖亦蔽于张邈[4]。“知人则哲”，“唯帝难之”，信矣！陈登、臧洪，并有雄气壮节：登降年夙陨[5]，功业未遂；洪以兵弱敌强，烈志不立。惜哉！

【注释】

〔1〕虓(xiāo)：猛虎咆哮。〔2〕是视：是图。〔3〕庞萌(？—公元30)：山阳郡(治所在今山东金乡县西北)人。东汉初任侍中，很受光武帝刘秀的信任。后为平狄将军，举兵反汉，兵败被杀。传附《后汉书》卷十二《刘永传》。〔4〕蔽：受蒙蔽。〔5〕降年：上天赐给的寿命。　夙陨：早死。陈登死时仅三十九岁。

【译文】

吕布，字奉先，五原郡九原县人。早年因骁勇有武艺而效力于并州州政府，刺史丁原改任骑都尉，驻扎在河内郡；任命吕布为主簿，很受丁原的信任和厚待。

汉灵帝驾崩，丁原带领部队前往洛阳。他与大将军何进密谋诛杀宦官，被任命为执金吾。何进遭宦官刺杀后，董卓进入京城；他将要制造祸乱，想杀掉丁原，吞并丁原的人马。因为吕布受到丁原的信任，董卓引诱他去杀丁原。吕布砍下了丁原的头颅献给董卓。

于是董卓任命吕布为骑都尉，非常宠爱信任他，发誓要像父亲对待儿子那样对待吕布。吕布擅长骑射，力气过人，被称为“飞将”。他逐渐升为中郎将，封都亭侯。董卓自知对人无礼，害怕别人谋害自己，外出和在家都让吕布跟随保卫。但是董卓生性倔强且气量狭隘，发起怒来不考虑后果。曾经因一件小事不满意，就拔出手戟投向吕布；吕布力大而身手敏捷，立即避开了。他马上向董卓道歉，董卓的怒气随之平息：然而从此吕布对董卓暗中怀恨。

董卓经常派吕布守卫他的内室小门，吕布借机与董卓的侍婢私通；由于害怕董卓发觉，所以他心中一直惴惴不安。

在这以前，司徒王允因为吕布是同州的老乡而且雄壮勇武，故而以优厚的礼遇接待他。后来吕布去见王允，述说了董卓几乎要杀自己的情况。这时王允正与尚书仆射士孙瑞密谋诛杀董卓，因此劝说吕布充当内应。吕布说："怎奈我们就像父子一样亲密呀?"王允说："您自己姓吕，本来就不是他的亲骨肉；现今您担心自己被杀死还来不及，还说什么亲如父子啊!"

吕布终于同意，并亲手杀死了董卓。事情经过记载在本书《董卓传》中。

王允任命吕布为奋武将军，授予节杖，仪仗队的规格与三公相同，晋爵为温侯；与他一起执掌朝政。吕布自从杀死董卓后，对董卓家乡凉州的人又害怕又厌恶。凉州人也都怨恨他，于是李傕等人纠集在一起，回过头来攻打长安城。吕布抵挡不住，李傕等攻进长安。董卓去世后两个月，吕布也告失败。

吕布带着数百名骑兵逃出武关，想去投奔袁术；他以为自己杀了董卓算是替袁术一家报了仇，想让袁术感激自己。不料袁术讨厌吕布的反复无常，拒绝接纳他。吕布只得掉头北上去投袁绍，袁绍与他一起去常山攻打张燕。张燕有精锐步兵一万多人，骑兵数千。吕布骑一匹名叫赤兔的骏马，常和他亲信的部将成廉、魏越等一起冲锋陷阵，终于击溃张燕的军队。吕布立功以后请求袁绍给自己增加兵力，而他手下的将士又常常出外抢掠；袁绍开始产生担心并有所戒备。吕布也感觉到了袁绍态度有变，于是向袁绍请求离开；袁绍害怕他反过来祸害自己，派遣壮士在夜里悄悄去刺杀吕布。但是没有成功，事情走漏后，吕布急忙逃往河内，与张杨的部队会合。袁绍派兵追赶，将士都害怕吕布，追上之后竟然没有一个人敢逼近他。

张邈字孟卓，东平国寿张县人。少年时以豪侠闻名，赈济贫穷，援救危急，倾家荡产也毫不吝惜。有很多人士依附他，太祖曹操、袁绍都与张邈结为朋友。开始是三公府任命他为下属，接着他因政事考核列入优等而被任命为骑都尉。升任陈留郡太守。

董卓作乱，太祖与张邈首先发动义军讨伐董卓。汴水之战，张邈派遣部将卫兹率部跟随太祖作战。袁绍成为讨伐董卓联军的盟主后，表现得高傲矜持，张邈经常以严正的言辞责备他。袁绍要太祖杀死张邈；太祖不从，而且责备袁绍说："孟卓，是我们亲密的朋友呀！若有不是应当宽容他。如今天下未定，不宜自相残杀啊！"张邈听说后，更加感激太祖。太祖在出兵征讨徐州的陶谦之前，指示家人说："我如果回不来，你们就去投靠孟卓。"太祖回来后，见到张邈，两人相对而泣。他们的关系就是如此的亲密。吕布离开袁绍去投奔张杨时，途中曾拜访张邈，临别时两人手拉手立下了誓言。袁绍听说此事，大为愤恨。张邈担心太祖终究会替袁绍攻击自己，心中一直不安。

兴平元年(公元 194)，太祖再次征讨陶谦。张邈的弟弟张超，与太祖的部将陈宫，从事中郎许汜、王楷，共同商议背叛太祖。陈宫劝张邈说："当今英雄豪杰纷纷起兵，天下分崩；您拥有陈留郡方圆千里的土地和民众，处于四面平坦开阔适宜于大兵团作战的军事要地，抚剑环顾四方，也足以称得上是人中豪杰；却反而受制于人，难道不觉得太低下了吗？如今曹操带领兖州的军队东征，后方空虚；吕布是位壮士，善于打仗，所向无敌，如果暂且把他迎来，与您共同统治兖州；静观天下形势，等待时局变化：这样也能称雄一时啊。"张邈听从了他的话。太祖东征陶谦前派陈宫率领兵马驻守东郡，这时陈宫就带着部下，向东迎接吕布来做兖州牧，驻扎在濮阳县，兖州的郡县纷纷响应吕布。只有鄄城、东阿、范县，坚持拥护太祖。

太祖从徐州撤军回来，与吕布在濮阳展开激战。大祖失利，仍然坚持了一百多天。这时出现大旱，又有蝗虫灾害，庄稼歉收，出现了人吃人的惨象，于是吕布领兵向东转移到山阳。兴平二年(公元 195)，太祖把兖州的失地全部收复。并在钜野击溃吕布，吕布向东逃去投靠了刘备。

张邈跟随吕布逃走，留下弟弟张超带着家眷驻扎在雍丘。太祖围攻雍丘几个月，攻破城池后大肆屠杀，把张超及其家属全部斩首。张邈跑到袁术那里搬救兵；在路途当中，被部下的士兵杀死。

刘备出兵攻击东面的袁术，吕布趁机袭取了刘备的根据地下邳。刘备返回后只好依附于吕布，吕布派刘备驻扎在沛县，自称为徐州刺史。

袁术命大将纪灵带领步、骑兵三万人，进攻刘备，刘备向吕布求救。吕布手下的将领对他说："将军您总是想杀刘备，现在就可以借袁术的手干掉他。"吕布说："不行！袁术如果击溃刘备，就将联合北面的泰山郡武装势力首领，我们就会陷入袁术的包围；所以我不能不去救刘备。"于是出动步兵一千、骑兵二百，飞速赶往沛县援救刘备。纪灵等人听说吕布来了，都赶忙收兵不敢再进攻。

吕布在沛县西南一里处安营，然后派传命的随从去请纪灵等人见面。纪灵等人也请吕布在一起饮酒吃饭，吕布对纪灵等人说："玄德，是我吕布的弟弟；弟弟被诸君围困，所以我赶来救他。我吕布生性不喜欢撮合别人相互攻斗，只喜欢排解别人的纷争。"说罢命令军营大门的警卫队长在营门中竖起一支长戟。说："诸君请看我射戟上的小支：如果一箭射中，诸君应当撤军离去；如果不中，你们就留下来与刘备决一死战。"于是他举弓向戟射出一箭，不偏不倚正中戟上的小支。诸将大为震惊，都说："将军真是有天神一般的威力啊！"第二天大家又在一起宴饮欢会，然后各自撤兵。

袁术想联合吕布为外援，所以为自己的儿子聘娶吕布的女儿；吕布同意了。袁术派使者韩胤，告诉吕布自己有称帝的打算，同时请求迎接吕布的女儿回去完婚。沛国的国相陈珪害怕袁术、吕布成了亲家，则徐州、扬州两股割据势力联合，将会成为国家的危害。于是前往游说吕布："曹公奉迎天子，辅佐国家政务；神威著称于世间，即将征讨四方的叛贼；将军您最好与他同心协力，以谋求泰山一般的安稳。而今您与想当皇帝的袁术通婚，将会担上不义的罪名，必定会危如累卵！"吕布心里也怨恨袁术当初不接受自己去投靠，所以尽管这时女儿已经随着韩胤上路，仍然派人前去追回，宣布与袁术断绝婚姻关系；并且把韩胤用囚车送到许都，最后在许都的街市上砍头示众。

陈珪想让儿子陈登去拜见太祖，吕布不同意派出。碰巧这时朝廷的使者来到，任命吕布为左将军；吕布大喜，于是同意陈登前往，还要陈登带上自己的奏章向天子谢恩。

陈登见了太祖，陈述吕布有勇无谋，对人不能忠贞专一，向太祖建议及早除掉他。太祖说："吕布这个家伙，就像野性难驯的狼崽子，确实难以长久养着他！除了您再没有人能透彻了解他的情况了。"当即把陈珪的俸禄提高到中二千石这一级，又任命陈登为广陵郡太守。临分别时，太祖拉着陈登的手说："东方的事，就托付给你了！"命令陈登暗中聚集力量，做自己的内应。

起初，吕布想通过陈登向朝廷求得徐州牧的职位；陈登回来后，吕布得知自己愿望落空，不禁大怒，拔出手戟砍几案说："你父亲劝我与曹公合作，我才拒绝了袁术的求婚；现在我一无所获，你们父子倒又晋级又升官：我被你出卖了！你倒是向我说说看，这一切究竟怎么解释?"陈登面不改色，慢慢地向吕布解释说："我见到曹公时就说：'对待吕将军就像养着一只猛虎：应当让他吃饱肉；如果吃不饱，他会咬人的。'曹公却说：'不像你所说的那样。应该像是养鹰：让他饿着才会为我效力；一旦吃饱了他就会飞走了。'他就是这样说的。"吕布的气愤才缓解下来。

袁术这一头得知吕布的举动后勃然大怒，与韩暹、杨奉等联合，派大将张勋，前去进攻吕布。吕布对陈珪说："现今招来袁术的大军，原因都在你身上。你看怎么办?"陈珪说："韩暹、杨奉与袁术，不过是仓促联合起来的军队嘛！策略也不是早就制定好的，肯定不能好好合作。我的儿子陈登预料他们时，把他们比作并排站在一起的鸡：势必不会在一块儿安静地栖息着，可以把他们分开。"吕布采用了陈珪的计策，派人去游说韩暹、杨奉，让他们与自己合力反转去打袁术；打了胜仗缴获的军用物资，全部都归韩暹、杨奉。于是韩暹、杨奉改而追随吕布，张勋被打得大败而逃。

建安三年(公元 198)，吕布又脱离韩暹支持袁术；并派高顺去进攻沛县的刘备，大获全胜。太祖派遣夏侯惇去援救，也被高顺打败。

于是太祖亲自征讨吕布。兵临下邳城下，送给吕布一封信，为他分析了祸福成败。吕布想要投降，陈宫等人感到自己罪过深重，便阻止他的打算。吕布只得派人向袁术求救；自己带着一千多名骑兵出城应战，结果被打败。慌忙退回城中固守，再也不敢出来。袁术也不来救他。吕布虽然骁悍勇猛，但是没有计谋而且爱猜忌人，不能控制部下；对手下将领只是言听计从，而他的将领又是三心二意相互猜疑：所以每逢打仗，多以失败告终。

太祖在下邳城外挖掘壕沟包围了三个月，吕布的军队上下离心。部将侯成、宋宪、魏续，捆了陈宫，率领本部人马向太祖投降。吕布与他的部下登上了白门城楼，太祖的人马把城楼团团包围并发起猛攻，吕布只得下城投降，太祖生擒了吕布。吕布说："绳索绑得太紧了！稍微松一点儿吧。"太祖说："捆绑老虎，不得不捆紧一点。"吕布求饶说："明公所担心的，不就是我吕布吗？今天我已经服从，天下再没有值得您忧虑的事了。明公您率领步兵，让我率领骑兵，那天下就不难平定了！"太祖脸上出现犹豫的神色。

在旁边的刘备进言说："明公难道没有看见吕布是如何对持丁建阳和董太师的吗？"太祖微微点头表示赞同。吕布转而斥责刘备说："这个家伙是最不可相信的人！"于是太祖下令把吕布用绳索勒死。吕布、陈宫、高顺的头颅都被砍下送往许都，然后把他们的尸身埋葬。

太祖活捉陈宫后，问他：'想不想让老母和女儿活命？'陈宫回答说："我陈宫听说以孝道治理天下的人不会杀死别人的父母，把仁爱施加到四海的人不会灭绝别人的后代；老母能否活命决定权在你，而不在我陈宫。"结果太祖接来陈宫的母亲，供养到老；并将陈宫的女儿许配了人家。

陈登，字元龙。在广陵郡任职时很有威望。因为在消灭吕布时出兵协助有功，加授伏波将军的军职。三十九岁时去世。

后来有一次许汜和刘备，同在荆州牧刘表的府上做客，刘表和刘备一起评论天下的人物。许汜说："陈元龙，是出自淮河下游靠海地区的人士，难怪他傲慢无礼的作风改不掉。"刘备问刘表说："许君的说法对不对？"刘表说："如果说不对，许君是位好人，不会说假话；如果说对呢，元龙确实又名重天下。"

刘备又问许汜说："你说他傲慢无礼，是否有事实证明呢？"

许汜说："从前我在战乱时经过下邳，去见元龙。元龙没有主人款待客人的情意，久久不和我说一句话；而且径自上大床睡觉，让客人睡在低矮的小床上。"刘备说："你享有一国杰出人物的美名，现今天下大乱，天子流离失所，这种时候，对你的希望是为国担忧忘掉家庭，有拯救社会的志向；然而你却忙着买田地置房产，言谈也毫无可取之处，这是元龙最讨厌的。他为什么还要与你交谈呢？如果是我，将会独自高卧在百尺高楼上，让你睡在地下；岂止是上下床的距离啊！"刘表听了哈哈大笑。

刘备因此叹息说："像元龙所具有的文韬武略胆量志向，要在古代的杰出人物身上才寻找得到。就当今的人而论，猛然间很难想得起谁能与他媲美了！"

臧洪，字子源，广陵郡射阳县人。其父臧旻，历任护匈奴中郎将，中山、太原二郡太守，所到之处都留下了好名声。

臧洪长得体格魁梧，不同于一般的人。被本郡太守举荐为孝廉后，担任郎官。当时要从三个署的郎官中选择优秀者补充县长的空缺：于是琅邪郡的赵昱做了莒县县长，东莱郡的刘繇做了下邑县的县长，东海郡的王朗做了菑丘县的县长，臧洪也出任即丘县的县长。

灵帝末年，他弃官回家。本郡太守张超任命他为郡政府的功曹。董卓杀死少帝刘辩，打算危害国家。臧洪劝张超说："明府您历代承受朝廷的恩惠，兄弟两位都是大郡的行政长官。现今王室面临危险，贼臣未被斩首示众，这确实是天下义士报恩效命的时候。现今您治理的广陵郡还未受到战争的破坏，官员百姓人数多而生活富足；如果您敲起军鼓，可以召集到两万战士：用这支军队去诛除国贼，为天下倡先，这是道义上的最好表现啊！"

张超听从了他的话，与臧洪一起向西赶到陈留郡去见哥哥张邈，商议这件事。张邈也早有此心，于是两人召集军队在酸枣县会合。

张邈对张超说："听说弟弟您做郡太守，行政、教导、赏罚等公务，都不是自己做主，动辄就交给臧洪去办。这臧洪是什么人啊？"张超说："臧洪的才干和谋略都超过我，我很看重他，是海内的奇士呀!”张邈立即会见臧洪,与他交谈,大为惊奇。于是又把他介绍给兖州刺史刘岱、豫州刺史孔伷,他们同臧洪都成了好朋友。

于是修筑土坛和广场,大家一同结盟起誓;这时各州郡的长官互相推让,谁也不肯担任主持人,他们一致推举了臧洪。臧洪登上了土坛,端起盛有牲畜血液的盘子,用嘴吮吸少许血液后起誓说:“汉室不幸,王朝秩序失去控制;贼臣董卓乘机大肆作乱,害死天子,折磨百姓;我们非常担心他会灭亡国家,颠覆天下。兖州刺史刘岱、豫州刺史孔伷、陈留太守张邈、东郡太守桥瑁、广陵太守张超等人,聚合义军,同赴国难。凡是参加今天结盟的人,都应该齐心协力,表现出臣下的节操;即使抛头颅洒热血,也绝不会有二心!如果谁违背了盟约,不但让他丧失性命,还让他断子绝孙!皇天后土,祖宗神灵,都请加以审察!”臧洪言辞气势激扬慷慨,泪流满面。在场听到他起誓的人,即使是士兵和仆役,也都激动万分,人人愿意献出自己的一份力量。

可是没过多久,各路军队中就没有人愿意打头阵,粮食又吃光了,于是大家作鸟兽散。张超派遣臧洪到大司马刘虞处商议对策。碰上公孙瓒已杀了刘虞,臧洪到了河间郡,又遇上幽、冀二州交战,所以没能到达幽州完成使命。

而袁绍见到臧洪,也非常器重他,与他结下友谊成为好友。这时青州刺史焦和去世,袁绍让臧洪去兼任青州刺史,以安抚那里的民众。臧洪在青州任职二年,境内的盗贼纷纷逃走。袁绍赞叹他的才能,调他做东郡太守,治所设在东武阳县。

太祖在雍丘围攻张超。张超说:“我所能依靠的只有臧洪了,他会来救我。”众人都认为袁绍与太祖正打得火热;而臧洪受到袁绍的重用,必定不会断绝交谊自惹灾祸,从远道赶来援救。张超却说:“子源,是天下有名的义士,始终不会背叛根本;怕只怕他被袁绍禁止牵制,来不及赶到这里啊。”

臧洪听说张超危急,果然连鞋都来不及穿,赤着脚边跑边哭,立即召集了手下的军队;又请求袁绍再拨给他一些兵马,让自己去救张超。袁绍始终不同意他的请求。结果张超及其家族都被诛灭。

臧洪从此怨恨袁绍，与袁绍断绝了一切往来。袁绍出兵围攻他，超过一年都没能够攻克。袁绍命令臧洪的同县老乡陈琳给他写信，以事情的利害祸福劝告他，又责备臧洪对袁绍忘恩负义。臧洪写信答复陈琳说：

> 分别后的思念，无论是醒了还是睡着，都难以忘怀，幸好我们相距很近。但是由于我们的志趣不同，因而不能相见，心中的悲伤，难道能够忍受吗！前些日子承蒙你没有遗弃我，一再送来书信；分析利害祸福，从公私两面讲述了透彻的道理。我之所以没有立刻答复，不仅因为我学问浅薄才能低下，不足以圆满回答你的问题；而且也因为你带着小妾，在袁绍那里停留，家在东边的徐州，我又是袁绍的仇敌，带着这些不利因素为袁绍做事，即使是表露内心的真实感情，竭诚效忠，也还是会不巴结奉承时要得罪袁绍，对他说好听的话时又可能引起反感，你自己都像这样进退两难，又怎么能照顾我呢？何况以你的才学，又读完了各种书籍文献，难道还会对大道理糊里糊涂，不懂得我的志趣么？然而你却还是要一再写信来这样说那样说，我由此得知你的话确实言不由衷，不过是想避免袁绍责备，消除灾祸罢了。一定要计较长短，辩论是非；那么关于谁是谁非的问题，天下的人已有定论；我说也不可能说得再明白，不说也不会有什么损害。再者，我真要说话就不免要宣告断绝友情，有损道义，这不是我所忍心做的事。我因此才丢开纸笔，完全不作答复。也希望你能远远地了解我的内心，知道我的主意已定，是不会再改变的了。
>
> 不料又再次收到你的来信，援引古今，洋洋洒洒地写满六篇纸；尽管我原来打算不回答，到这时又怎么能作罢呢！我本是一个卑微的人，因为到幽州出差，才得以占据青州刺史的职位。袁绍对我恩深情厚，我怎么会乐意在今天与他自相攻杀呢？每次登城指挥军队，遥望城下袁军的旗鼓，感念从前与老朋友的亲密来往，抚着弓弦拿着羽箭，不由得泪流满面！为什么呢？我自认为辅佐袁绍非常尽心，没有什么后悔的；而袁绍对我的接待，超过了与我同等的其他人。在刚

接受青州刺史职务的时候，我以为会彻底完成大业，共同扶助王室。没想到后来天子不高兴，我的家乡徐州受到曹操进攻；上司张超遭遇到像周文王被囚在羑里那样的灾难，陈留太守张邈又受制于当初一同起兵的同盟者。我的营救计划落了空，丧失了忠孝两方面的名誉；上了年纪和老朋友翻脸，又损伤了朋友的情分。面对这两者，如果万不得已，要在丧失忠孝名誉和损伤朋友情分之间作选择的话，由于轻重不一样，亲疏不相同，所以只能擦干眼泪向朋友宣告绝交。

假如袁绍稍微宽容故旧友人，对愿意为自己服务的朋友非常尊重，对希望离开的朋友能够理解，不急着向他们报复泄愤，使用刑罚杀戮来加强地位；那么我就会表现出季札一样的谦让交出东郡，今天也不会与他交战了。

有什么事实证明袁绍并没有能这样做呢？过去，张景明亲自登坛参加歃血起誓拥护袁绍，后来又奉袁绍之命奔走游说；终于使冀州牧韩馥让出印信，袁绍得到了冀州的地盘。然而后来仅仅因为奉命到许都呈送表章朝见皇帝时，被朝廷赐予爵位授给官职的缘故，张景明回来后，不仅得不到理解和宽大，反而很快就遭受了诛灭的灾祸。吕奉先因讨伐董卓失败前来投奔，请求袁绍增加兵马没有得到同意，因而告辞离去，这有什么罪过？竟然遭到偷袭刺杀，差一点丧命。刘子璜因为有一次到外面出使的时间将会超过三个月，推辞不愿接受使命而没有得到批准，在畏惧袁绍而又怀念父母的情况下，便耍了一点虚假手段以求能回家乡；这可以称得上是有志于忠孝，并未损害袁绍的霸主地位。然而袁绍却擅自下令把他处死在军营之中，一点也不饶恕过失。我虽然不聪明，又素来不能够一寻到开头就知道结果，刚看到隐微的变化就知道后来显著的情形；但是我暗自揣测袁绍的心，他难道真的认为这三个人该处死，对他们的惩罚准确无误吗！其实他只是因为想统一崤山以东地区，扩充兵力讨伐董卓；担忧战士们怀有二心，没有办法阻止和勉励；所以才不准手下的人接受朝廷的任命而只能为自己服务，愿意为他服务的人蒙受光荣，打算离开他的人则遭到杀戮：这种做法对袁绍有利，却不合我们这种游宦之士的心愿啊。所以我以前人的遭遇作为鉴戒，今天在这里困守死战；我虽然很愚蠢，也曾经听到过君子的言论。这样做实在不是我的本心，而是袁绍自己招致的结果。我之所以不顾本郡百姓，出全力死守这座城池，正是考虑到君子即使逃亡出本国，也不应当逃到本国的敌国去这条古训。我正是因此才得罪了袁绍，被围攻超过了三个月；而你现在又援引这同样的道理来规劝我，恐怕是言辞相同而旨趣正好相反，不是君子所认为的福与祸吧！

我听说过：讲义不能背叛父母，讲忠不能违逆上司；所以我尊崇东面故乡徐州的乡亲，把他们当做外援；同时又在这里援助张超，以安定地方。一举两得既尽忠又尽孝，有什么不对呢？而你却要我轻视根本而与故乡的亲人断绝关系，把袁绍视为与张超同等的上司来尊重。袁绍对于我，论年纪只能算是我的兄长，论情分只是我的好友；因走的道路不同离他而去，从而使上司与亲人都得到安宁，可以说是名正言顺。如果照你的话去办，那申包胥就应该为敌国的伍员卖命，而不应当为救楚国而在秦国宫廷中号哭了。你只想苟且追求消灾免祸的小利，却不知道自己的话违背了大道理啊。你可能是看到这座城池的围困不能打破，救兵又没有赶到，想到我们两家有婚姻关系，顾念我们往常的友谊，所以才劝我放弃节操而偷生，认为这胜过坚持道义而灭亡吧。

从前，晏婴面对崔杼的利剑而不屈服，南史宁死也不愿歪曲历史记载；因此被绘成图画赞颂，名垂后世。何况我据有铜墙铁壁一般牢固的防御，调动了官吏百姓的力量；发放整整积蓄了三年的物品，作为一年的军事供应；弘扬社会所缺乏的道义，让天下人高兴？你们又何必打算在这里长期围攻下去拒不撤退呢！只怕不久之后秋风吹起尘土，幽州的公孙瓒会指挥骑兵南下；张杨、张燕也将合力制造麻烦：到时候袁绍的北部边境告急，他的心腹下属都会请求撤军回救冀州了。

袁绍应该了解我们这些人的意志，掉转旗帜撤退兵马，回到邺县去整顿军队；怎么能长时间发怒不止，一直在我的城下显示威风呢！你嘲笑我仗恃黑山农民军的救援，就不想想袁绍也曾与黄巾农民军联合过呀！再说张燕等黑山军首领，已经全都接受了朝廷的招安和官职。过去，高祖在钜野接受了农民军首领彭越的投降，光武皇帝创立基业也从绿林农民军开始，最终却能开国称帝，中兴汉室；只要能够辅佐君主振兴政治，联合黑山军又有什么妨碍呢？何况我还亲自接到皇帝下达的指示，要我与他们合作。别了，孔璋：你在异乡谋取私人利益，臧洪我却要为君主亲人奉献生命；你把自己托付给袁绍，臧洪我却要为长安的朝廷效力；你说我身死而名灭，我也笑你无论生死都默默无闻。

可悲呀！你我同根生出而枝梢分离。你自己保重保重！还有什么话可说啊！

袁绍看了臧洪的复信，知道他没有投降的意思，便增添兵力加强进攻。城中粮食吃光，外边又没有强大的救援；臧洪自己估计失败难免，便召来手下的官兵对他们说："袁氏无道，图谋不轨，而且不救臧洪的上司。臧洪从大义上说，是不得不死；可诸君不必要白白陷入这场灾祸。你们可以在城池被攻破之前，带着妻子儿女逃出去！"官兵以及百姓都感动得流下了眼泪，说："明府您与袁氏，本来没有仇怨。现今为着本郡太守的缘故，自己招致摧残和围困；我们怎么忍心丢下您各自去逃命啊！"

开始时，官兵和百姓还能挖洞掏老鼠，烹煮弓弩上的弓弦和牲畜头角充饥，到后来一点可吃的东西都没有了。郡政府的主簿向臧洪报告，说是府内的厨房中只剩下三斗米了，请求分为若干份，慢慢熬粥给臧洪喝。臧洪叹息说："我独自喝粥干什么呢！"下令把三斗米全部熬成稀粥，大家分着喝了；臧洪还杀了他的爱妾让将士们分吃人肉。将士们都泪流满面，没有人能抬起头来。城中的男女七八千人相互枕着死去，没有一个逃离背叛。城被攻破后，袁绍生擒了臧洪。

袁绍素来与臧洪亲善，用帏幔搭起大帐篷，召集手下的将领都来会见，对他说："臧洪，你怎么这样对不起我呢！今天你服不服？"臧洪双手撑在地上，抬头瞪大双眼回答说："袁氏家族服务于汉朝，四代人中有五人位至三公，可以说是受恩深重。现今王室衰弱，你没有扶助的意思；反而想趁着机会，实现非分的野心；杀死了许多忠良，以树立自己邪恶的威风。我亲眼看到你称张邈为兄，那么我的上司张超就是你的弟弟；本应该同心合力，为国除害：为什么你拥有强大的兵力而眼看着别人被屠杀灭绝？可惜臧洪力量不够，不能把刀刃推进你的胸膛而为天下的人报仇，怎么会来服从你！”袁绍本来爱惜臧洪，心想先让他表示屈服，然后再原谅他；看见臧洪言辞如此激烈，知道他终究不会为自己效力，于是下令把他处死。

臧洪同县的老乡陈容，年轻时是个书生，他倾慕臧洪，随臧洪到东郡担任郡丞。城未攻破时，臧洪把他派出城外。袁绍见臧洪时也让他在座，他看臧洪要被推出处死，站起身对袁绍说：“将军为成就大事而发动义军，想替天下除去暴虐的董卓；却擅自先诛杀忠义之士，这怎么符合天意！臧洪发动反抗是为了保护他的上司张超，你为什么要杀他？”袁绍面有愧色，让手下人把陈容拉出去，并对他说：“你又不是臧洪的同党，空自这样送死干什么？”陈容转过头回答说：“仁义的实现哪里有什么常规！遵循它的就是君子，违背它的则是小人。今天我宁愿与臧洪同日死，也不愿与将军同日生！”于是他也被杀害。

在座的人无不叹息，悄悄互相议论说：“怎么能在一天之中杀死两位刚烈的义士呢！”此前，臧洪曾派两名司马出城，去向吕布求救；等到他们返回时，城池已经陷落，两位司马一齐冲入敌阵奋战而死。

评论说：吕布像咆哮的猛虎一样勇猛，而没有杰出奇妙的谋略；轻率狡猾，反复无常，唯利是图：从古到今，像这样的人没有不被诛灭的。过去汉光武帝没有认准庞萌，近代的魏太祖也受张邈的蒙蔽。“能够充分了解人，这才算得上是智者”，“这一点连古代的唐尧也感到困难”，《尚书》中的这些话确实有道理啊！陈登、臧洪都有英雄的气概和高尚的节操：陈登不幸英年早逝，功业未遂；臧洪因为兵弱敌强，壮志未酬。多可惜啊！

【三国志译注卷八】 魏志八

二公孙陶四张传第八

公孙瓒字伯珪，辽西令支人也[1]。〔一〕为郡门下书佐[2]，有姿仪，大音声[3]。侯太守器之[4]，以女妻焉。〔二〕遣诣涿郡卢植读经[5]，后复为郡吏。

刘太守坐事征诣廷尉[6]，瓒为御车，身执徒养[7]。及刘徙日南[8]，瓒具米肉，于北芒上祭先人[9]。举觞祝曰[10]：“昔为人子；今为人臣，当诣日南。日南瘴气[11]，或恐不还，与先人辞于此！”再拜，慷慨而起，时见者莫不歔欷。刘道得赦还[12]。瓒以孝廉为郎。除辽东属国长史[13]。

尝从数十骑出行塞[14]，见鲜卑数百骑。瓒乃退入空亭中，约其从骑曰：“今不冲之，则死尽矣！”瓒乃自持矛，两头施刃，驰出刺胡[15]。杀伤数十人，亦亡其从骑半，遂得免。鲜卑惩艾[16]，后不敢复入塞。迁为涿令。

（光和）〔中平〕中[17]，凉州贼起[18]。发幽州突骑三千人[19]，假瓒都督行事传[20]，使将之。军到蓟中[21]，渔阳张纯，诱辽西乌丸丘力居等叛[22]，劫略蓟中；自号将军，〔三〕略吏民，攻右北平、辽西、属国诸城[23]，所至残破。瓒将所领，追讨纯等，有功，迁骑都尉。属国乌丸贪至王率种人诣瓒降[24]。迁中郎将，封都亭侯；进屯属国，与胡相攻击五六年。

【注释】

〔1〕令支：县名。县治在今河北迁安市西。〔2〕门下书佐：官名。是郡太守府的低级办事员，为郡太守本人抄写文书。〔3〕大音声：声音洪亮。〔4〕侯太守：一位姓侯的太守。〔5〕涿郡：郡名。治所在今河北涿州市。 卢植(？—公元192)：字子幹。涿郡涿县(今河北涿州市)人。东汉灵帝时任北中郎将，镇压黄巾军。后任尚书，因得罪董卓被免职，死于家。他是东汉著名的经学家，与郑玄一起师从马融，著有《尚书章句》、《三礼解诂》等。传见《后汉书》卷六十四。〔6〕刘太守：另一位姓刘的太守。 征诣廷尉：召他到廷尉官署受审。〔7〕执徒养：从事做饭之类的杂役。〔8〕徙：流放。 日南：郡名。治所在今越南广治市西北。〔9〕北芒上：北芒山上。〔10〕觞(shāng)：古代用的鸟形酒杯。 祝：祷告鬼神。〔11〕瘴气：南方湿热地区的一种容易使人感染疾病的空气。〔12〕道：中途。〔13〕除：朝廷在官职上的正式任命当时称为除。 长史：官名。东汉时边境上的郡，其副长官不叫丞而叫长史，协助太守处理公务。太守有病，则代行太守职权。辽东属国在边境，所以置长史。〔14〕行塞：巡视边塞。〔15〕胡：古代对北方少数族的泛称。〔16〕惩艾(yì)：受到惩戒。〔17〕中平：东汉灵帝的年号。〔18〕凉州贼：指金城郡的边章、韩遂等。见本书卷一《武帝纪》。〔19〕突骑：骑兵冲锋队。〔20〕假：暂时授给。 传：(zhuàn)：官员的身份证件。〔21〕蓟(jì)中：蓟县境内。蓟县县治在今北京市。〔22〕丘力居：乌丸族首领名。〔23〕属国：即辽东属国。因上文已提到辽东属国，这里就略去“辽东”二字。此处右北平郡、辽西郡、辽东属国三处的乌丸族，当时合称为“三郡乌丸”。〔24〕贪至王：乌丸族首领名。

【裴注】

〔一〕令，音郎定反。支，音其儿反。

〔二〕《典略》曰：“瓒性辩慧。每白事，不肯稍入，常总说数曹事，无有忘误，太守奇其才。”

〔三〕《九州春秋》曰："纯自号'弥天将军、安定王'。"

丘力居等抄略青、徐、幽、冀，四州被其害，瓒不能御。朝议以'宗正东海刘伯安既有德义[1]；昔为幽州刺史，恩信流著，戎狄附之；若使镇抚，可不劳众而定'。乃以刘虞为幽州牧。〔一〕虞到，遣使至胡中，告以利害，责使送纯首。丘力居等闻虞至，喜，各遣译自归[2]。

瓒害虞有功[3]，乃阴使人邀杀胡使[4]。胡知其情，间行诣虞。虞上罢诸屯兵[5]，但留瓒将步骑万人，屯右北平。纯乃弃妻子，逃入鲜卑。为其客王政所杀，送首诣虞。封政为列侯，虞以功即拜太尉，封襄贲侯。〔二〕

【注释】

〔1〕宗正：官名，九卿之一。处理皇族内部事务，由皇族成员担任。伯安：刘虞的字。〔2〕遣译自归：派遣翻译向汉朝投诚。〔3〕害：嫉妒。〔4〕邀杀：半路截杀。〔5〕上罢诸屯兵：上奏要求撤走幽州边境各处驻扎的军队。

【裴注】

〔一〕《吴书》曰："虞，东海恭王之后也。遭世衰乱，又与时主疏远，仕县，为户曹吏。以能治身奉职，召为郡吏；以孝廉为郎，累迁至幽州刺史，转甘陵相，甚得东土戎狄之心。后以疾归家，常降身隐约，与邑党州闾同乐共恤，等齐有无；不以名位自殊，乡曲咸共宗之。时乡曲有所诉讼，不以诣吏，自投虞，平之。虞以情理为之论判，皆大小敬从，不以为恨。尝有失牛者，骨体毛色，与虞牛相似；因以为是，虞便推与之。后主自得本牛，乃还谢罪。会甘陵复乱，吏民思虞治行，复以为甘陵相，甘陵大治。征拜尚书令、光禄勋；以公族有礼，更为宗正。"

《英雄记》曰："虞为博平令，治正推平，高尚纯朴，境内无盗贼，灾害不生。时邻县接壤，蝗虫为害，至博平界，飞过不入。”

《魏书》曰：“虞在幽州，清静俭约，以礼义化民。灵帝时，南宫灾；吏迁补州郡者，皆责助治宫钱；或一千万，或二千万；富者以私财办，或发民钱以备之；贫而清慎者，无以充调，或至自杀。灵帝以虞清贫，特不使出钱。”

〔二〕《英雄记》曰：“虞让太尉，因荐卫尉赵谟、益州牧刘焉、豫州牧黄琬、南阳太守羊续，并任为公。”

会董卓至洛阳，迁虞大司马；瓒奋武将军，封蓟侯。关东义兵起，卓遂劫帝西迁，征虞为太傅；道路隔塞，信命不得至〔1〕。袁绍、韩馥议，以为：“少帝制于奸臣，天下无所归心。虞，宗室知名，民之望也〔2〕。”遂推虞为帝，遣使诣虞；虞终不肯受。绍等复劝虞领尚书事，承制封拜；虞又不听，然犹与绍等连和。〔一〕

虞子和，为侍中，在长安。天子思东归，使和伪逃卓〔3〕，潜出武关，诣虞，令将兵来迎。和道经袁术，为说天子意。术利虞为援，留和不遣；许兵至俱西〔4〕，令和为书与虞。虞得和书，乃遣数千骑诣和。

瓒知术有异志，不欲遣兵，止虞；虞不可。瓒惧术闻而怨之，亦遣其从弟越，将千骑诣术以自结〔5〕；而阴教术执和〔6〕，夺其兵。由是虞、瓒益有隙。和逃术来北，复为绍所留。

是时，术遣孙坚屯阳城拒卓，绍使周昂夺其处。术遣越与坚攻昂，不胜；越为流矢所中死。瓒怒曰：“余弟死，祸起于绍！”遂出军屯磐河〔7〕，将以报绍〔8〕。绍惧，以所佩勃海太守印绶，授瓒从弟范；遣之郡，欲以结援。范遂以勃海兵，助瓒破青、徐黄巾；兵益盛，进军界桥[9]。〔二〕以严纲为冀州[10]，田楷为青州，单经为兖州，置诸郡县[11]。绍军广（川）〔宗〕[12]，令将麹义先登与瓒战[13]，生擒纲。

瓒军败走勃海，与范俱还蓟。于大城东南，筑小城。与虞相近，稍相恨望[14]。

【注释】

〔1〕信命：使者和诏命。〔2〕望：民众所景仰的人。〔3〕伪逃卓：迷惑董卓后出逃。〔4〕兵至：刘虞的兵马来到时。〔5〕自结：主动结好。〔6〕阴教：暗中教唆。〔7〕磐河：河流名。又作般（pán）河。起于今山东平原县境，东北流至今山东无棣县境入海。〔8〕报：报复。〔9〕界桥：地名。在今河北威县东北。因位于当时冀州清河、安平二郡的交界线上，故名。〔10〕为冀州：为冀州刺史的省略说法。〔11〕郡县：指郡县官员。〔12〕广宗：县名。县治在今河北威县东北。〔13〕先登：充当先锋。〔14〕恨望：怨恨。

【裴注】

〔一〕《九州春秋》曰：“绍、馥使故乐浪太守甘陵张岐，赍议诣虞，使即尊号。虞厉声呵岐曰：‘卿敢出此言乎！忠孝之道，既不能济；孤受国恩，天下扰乱，未能竭命以除国耻；望诸州郡烈义之士，戮力西面，援迎幼主。而乃妄造逆谋，欲涂污忠臣邪！’”

《吴书》曰：“馥以书与袁术，云‘帝非孝灵子，欲依绛、灌诛废少主，迎立代王故事’；称虞功德治行，华夏少二，当今公室枝属，皆莫能及。又云：‘昔光武去定王五世，以大司马领河北，耿弇、冯异劝即尊号，卒代更始。今刘公自恭王枝别，其数亦五；以大司马领幽州牧，此其与光武同。’是时有四星会于箕尾，馥称《谶》云：‘神人将在燕分。’又言济阴男子王定得玉印，文曰‘虞为天子’。又见两日出于代郡，谓虞当代立。绍又别书报术。是时术阴有不臣之心，不利国家有长主，外托公义以答拒之。绍亦使人私报虞。虞以国有正统，非人臣所宜言，固辞不许；乃欲图奔匈奴以自绝，绍等乃止。虞于是奉职修贡，愈益恭肃；诸外国羌胡有所贡献，道路不通，皆为传送，致之京师。”

〔二〕《典略》载：“瓒表绍罪状曰：‘臣闻皇、羲以来，始有君臣上下之事；张化以导民，刑罚以禁暴。今行车骑将军袁绍，托其先轨，寇窃人爵，既性暴乱，厥行淫秽。昔为司隶校尉，会值国家丧祸之际，太后承摄，何氏辅政。绍专为邪媚，不能举直；至令丁原焚烧孟津，招来董卓，造为乱根。绍罪一也。卓既入洛而主见质。绍不能权谲，以济君父；而弃置节传，迸窜逃亡，忝辱爵命，背上不忠。绍罪二也。绍为勃海太守，默选戎马，当攻董卓；不告父兄，至使太傅门户，太仆母子，一旦而毙：不仁不孝。绍罪三也。绍既兴兵，涉历二年，不恤国难，广自封殖；乃多以资粮专为不急，割剥富室，收考责钱，百姓吁嗟，莫不痛怨。绍罪四也。韩馥之迫，窃其虚位；矫命诏恩，刻金印玉玺，每下文书，皂囊施检，文曰'诏书一封，邟乡侯印'。邟，口浪反。昔新室之乱，渐以即真；今绍所施，拟而方之。绍罪五也。绍令崔巨业候视星日，财货赂遗，与共饮食；克期会合，攻抄郡县。此岂大臣所当宜为？绍罪六也。绍与故虎牙都尉刘勋，首共造兵，勋仍有效，又降伏张杨；而以小忿枉害于勋，信用谗慝，杀害有功。绍罪七也。绍又上故上谷太守高焉、故甘陵相姚贡，横责其钱；钱不备毕，二人并命。绍罪八也。《春秋》之义，子以母贵。绍母亲为婢使，绍实微贱，不可以为人后。以义不宜，乃据丰隆之重任，忝污王爵，损辱袁宗。绍罪九也。又长沙太守孙坚，前领豫州刺史，驱走董卓，扫除陵庙，其功莫大；绍令周昂盗居其位，断绝坚粮，令不得入，使卓不被诛。绍罪十也。臣又每得后将军袁术书，云"绍非术类"也。绍之罪戾，虽南山之竹不能载。昔姬周政弱，王道陵迟，天子迁都，诸侯背叛；于是齐桓立柯亭之盟，晋文为践土之会，伐荆楚以致菁茅，诛曹、卫以彰无礼。臣虽阘茸，名非先贤；蒙被朝恩，当此重任；职在𫓧钺，奉辞伐罪；辄与诸将州郡兵，讨绍等。若事克捷，罪人斯得，庶续桓、文忠诚之效。攻战形状，前后续上。'遂举兵与绍对战，绍不胜。"

虞惧瓒为变，遂举兵袭瓒；虞为瓒所败，出奔居庸[1]。瓒攻拔居庸，生获虞，执虞还蓟。会卓死，天子遣使者段训增虞邑，督六州[2]；瓒迁前将军，封易侯。瓒诬虞欲称尊号，胁训斩虞；〔一〕瓒上训，为幽州刺史。

瓒遂骄矜，记过忘善，多所贼害[3]。〔二〕虞从事渔阳鲜于辅、齐周，骑都尉鲜于银等，率州兵欲报瓒；以燕国阎柔素有恩信[4]，共推柔为乌丸司马[5]。柔招诱乌丸、鲜卑，得胡、汉数万人。与瓒所置渔阳太守邹丹，战于潞北。大破之，斩丹。袁绍又遣麹义及虞子和，将兵与辅合击瓒。

瓒军数败，乃走还易京，固守：〔三〕为围堑十重，于堑里筑京[6]，皆高五六丈，为楼其上；中堑为京，特高十丈，自居焉；积谷三百万斛。〔四〕瓒曰："昔谓天下事可指麾而定[7]。今日视之，非我所决；不如休兵，力田蓄谷。兵法：百楼不攻；今吾楼橹千重。食尽此谷，足知天下之事矣。"欲以此弊绍[8]。

绍遣将攻之，连年不能拔。〔五〕建安四年，绍悉军围之[9]。瓒遣子求救于黑山贼；复欲自将突骑直出，傍西(南)山[10]，拥黑山之众，陆梁冀州[11]，横断绍后。长史关靖说瓒曰："今将军将士，皆已土崩瓦解；其所以能相守持者，顾恋其居处老小[12]，以将军为主耳。将军坚守旷日，袁绍要当自退[13]；自退之后，四方之众，必复可合也。若将军今舍之而去，军无镇重[14]；易京之危，可立待也！将军失本，孤在草野，何所成邪？"瓒遂止不出。〔六〕救至，欲内外击绍；遣人与子书，刻期兵至[15]，举火为应。〔七〕绍候者得其书[16]，如期举火；瓒以为救兵至，遂出欲战。绍设伏击，大破之。复还守。绍为地道，突坏其楼[17]，稍至中京。〔八〕瓒自知必败，尽杀其妻子，乃自杀。〔九〕

【注释】

〔1〕居庸：县名。县治在今北京市延庆区。〔2〕六州：当指北方的

幽、冀、青、并、兖、豫六州。〔3〕贼害：残杀。〔4〕燕：王国名。治所在今北京市。东汉时称为广阳郡。西汉初和魏晋时才称燕国。这里陈寿没有用当时的名称。　阎柔：事附本书卷三十《乌丸传》。〔5〕乌丸司马：官名。即护乌丸校尉的司马。东汉设护乌丸校尉一人，负责监视管理乌丸族人。其下有司马，为军事助手。当时阎柔杀死护乌丸校尉邢举而代之，见本书卷三十《乌丸传》。〔6〕京：高台。〔7〕指麾而定：用手指划几下就可解决。形容很容易。〔8〕弊：拖垮。〔9〕悉军：出动全军。〔10〕西山：山名。即今太行山脉。〔11〕陆梁：侵扰。〔12〕居处：住宅。〔13〕要当：一定要。〔14〕镇重：镇得住的重心。〔15〕刻期：约定时间。〔16〕候者：巡逻兵。〔17〕突：由地下冲出地面。

【裴注】

〔一〕《魏氏春秋》曰："初，刘虞和辑戎狄。瓒以'胡夷难御，当因不宾而讨之；今加财赏，必益轻汉；效一时之名，非久长深虑'。故虞所赏赐，瓒辄抄夺。虞数请会，称疾不往。至是战败，虞欲讨之，告东曹掾右北平人魏攸。攸曰：'今天下引领，以公为归；谋臣爪牙，不可无也。瓒文武才力足恃，虽有小恶，固宜容忍。'乃止。后一年，攸病死。虞又与官属议，密令众袭瓒。瓒部曲放散在外，自惧败，掘东城门欲走。虞兵无部伍，不习战；又爱民屋，敕令勿烧。故瓒得放火，因以精锐冲突。虞众大溃，奔居庸城。瓒攻及家属以还，杀害州府衣冠，善士殆尽。"《典略》曰："瓒曝虞于市而祝曰：'若应为天子者，天当降雨救之。'时盛暑，竟日不雨，遂杀虞。"

《英雄记》曰："虞之见杀，故常山相孙瑾，掾张逸、张瓒等，忠义愤发，相与就虞；骂瓒极口，然后同死。"

〔二〕《英雄记》曰："瓒统内外，衣冠子弟有材秀者，必抑使困在穷苦之地。问或其故，答曰：'今取衣冠家子弟及善士，富贵之；皆自以为职当得之，不谢人善也。'所宠遇骄恣者，类多庸儿。若故卜数师刘纬台、贩缯李移子、贾人乐何当等三人，与之定兄弟之誓。自号为伯，谓三人者为仲、叔、季；富皆巨亿，或取其女以配己子；常称古者曲周、灌婴之属以譬也。"

〔三〕《英雄记》曰："先是有童谣曰：'燕南垂，赵北际，中央不合大如砺；惟有此中可避世。'瓒以易当之，乃筑京固守。瓒别将有为敌所围，义不救也。其言曰：'救一人，使后将恃救不力战；今不救此，后将当念在自勉。’是以袁绍始北击之时，瓒南界上别营，自度守则不能自固，又知必不见救；是以或自杀其将帅，或为绍兵所破：遂令绍军径至其门。”

臣松之以为：童谣之言，无不皆验；至如此记，似若无征。谣言之作，盖令瓒终始保易，无事远略。而瓒因破黄巾之威，意志张远；遂置三州刺史，图灭袁氏：所以致败也。

〔四〕《英雄记》曰：“瓒诸将家家各作高楼，楼以千计。瓒作铁门，居楼上；屏去左右，婢妾侍侧，汲上文书。”

〔五〕《汉晋春秋》曰：“袁绍与瓒书曰：‘孤与足下，既有前盟旧要，申之以讨乱之誓；爱过夷、叔，分著丹青。谓为膂力同仇，足踵齐、晋；故解印释绂，以北带南，分割膏腴，以奉执事：此非孤赤情之明验邪？岂悟足下弃烈士之高义，寻祸亡之险踪；辍而改虑，以好易怨；盗遣士马，犯暴豫州。始闻甲卒在南，亲临战阵；惧于飞矢迸流，狂刃横集，以重足下之祸，徒增孤子之咎衅也；故为荐书恳恻，冀可改悔。而足下超然自逸，矜其威诈；谓天网可吞，豪雄可灭，果令贵弟殒于锋刃之端。斯言犹在于耳，而足下曾不寻讨祸源，克心罪己；苟欲逞其无疆之怒，不顾逆顺之津，匿怨害民，骋于余躬；遂跃马控弦，处我疆上；毒遍生民，辜延白骨。孤辞不获已，以登界桥之役。是时足下兵气霆震，骏马电发；仆师徒肇合，机械不严；强弱殊科，众寡异论。假天之助，小战大克；遂陵蹑奔背，因垒馆谷。此非天威棐谌，福丰有礼之符表乎？足下志犹未厌，乃复纠合余烬，率我蛑贼，以焚爇勃海。孤又不获宁，用及龙河之师。羸兵前诱，大军未济；而足下胆破众散，不鼓而败，兵众扰乱，君臣并奔。此又足下之为，非孤之咎也。自此以后，祸隙弥深；孤之师旅，不胜其忿，遂至积尸为京，头颅满野；愍彼无辜，未尝不慨然失涕也。后比得足下书，辞意婉约，有改往修来之言。仆既欣于旧好克复，且愍兆民之不宁，每辄引师南驾，以顺简书。弗盈一时，而北边羽檄之文，未尝不至；孤是用痛心疾首，靡所措情。夫处三军之帅，当列将之任；宜令怒如严霜，喜如时雨；臧否好恶，坦然可观。而足下二三其德，强弱易谋；急则曲躬，缓则放逸；行无定端，言无质要：为壮士者固若此乎？既乃残杀老弱，幽土愤怨，众叛亲离，孑然无党。又乌丸、涉貊，皆足下同州，仆与之殊俗；各奋迅激怒，争为锋锐；又东西鲜卑，举踵来附：此非孤德所能招，乃足下驱而致之也。夫当荒危之世，处干戈之险；内违同盟之誓，外失戎狄之心；兵兴州壤，祸发萧墙：将以定霸，不亦难乎！前以西山陆梁，出兵平讨。会麴义余残，畏诛逃命，故遂住大军，分兵扑荡；此兵，孤之前行，乃界桥搴旗拔垒，先登制敌者也。始闻足下镌金纡紫，命以元帅；谓当因兹奋发，以报孟明之耻；是故战夫引领，竦望旌旆；怪遂含光匿影，寂尔无闻，卒臻屠灭，相为惜之！夫有平天下之怒，希长世之功，权御师徒，带养戎马，叛者无讨，服者不收，威怀并丧，何以立名？今旧京克复，天网云补；罪人斯亡，忠干翼化。华夏俨然，望于穆之作；将戢干戈，放散牛马。足下独何守区区之土，保军内之广，甘恶名以速朽，亡令德之久长？壮而筹之，非良策也。宜释憾除嫌，敦我旧好。若斯言之玷，皇天是闻！'瓒不答，而增修戎备。谓关靖曰：'今四方虎争，无有能坐吾城下相守经年者，明矣。袁本初其若我何！'"

〔六〕《英雄记》曰："关靖字士起，太原人。本酷吏也。谄而无大谋，特为瓒所信幸。"

〔七〕《典略》曰："瓒遣行人文则，赍书告子续曰：'袁氏之攻，似若神鬼；鼓角鸣于地中，梯冲舞吾楼上。日穷月蹴，无所聊赖。汝当碎首于张燕，速致轻骑；到者当起烽火于北，吾当从内出。不然，吾亡之后，天下虽广，汝欲求安足之地，其可得乎！'"《献帝春秋》曰："瓒梦蓟城崩，知必败，乃遣间使与续书。绍候者得之，使陈琳更其书曰：'盖闻在昔衰周之世，僵尸流血，以为不然。岂意今日，身当其冲！'"其余语与《典略》所载同。

〔八〕《英雄记》曰："袁绍分部攻者，掘地为道，穿穴其楼下；稍稍施木柱之，度足达半，便烧所施之柱：楼辄倾倒。"

〔九〕《汉晋春秋》曰："关靖曰：'吾闻君子陷人于危，必同其难：岂可独生乎！'乃策马赴绍军而死。绍悉送其首于许。"

鲜于辅将其众奉王命〔1〕，以辅为建忠将军〔2〕，督幽州六郡〔3〕。太祖与袁绍相拒于官渡，阎柔遣使诣太祖，受事〔4〕，迁护乌丸校尉〔5〕；而辅身诣太祖〔6〕，拜左度辽将军〔7〕，封亭侯，遣还镇抚本州。〔一〕

太祖破南皮〔8〕，柔将部曲及鲜卑，献名马以奉军。从征三郡乌丸，以功封关内侯；〔二〕辅亦率其众从。

文帝践阼，拜辅虎牙将军〔9〕，柔度辽将军〔10〕；皆进封县侯，位特进。

【注释】

〔1〕奉王命：接受汉朝的命令。即不向袁绍投靠。〔2〕建忠将军：官名。属杂号将军。领兵征伐。〔3〕六郡：指幽州州治蓟县附近的广阳、渔阳、右北平、涿、代、上谷六郡。这六郡都在卢龙塞内。〔4〕受事：接受指挥。〔5〕护乌丸校尉：官名。负责监视管理乌丸族人。东汉治所在广宁（今河北张家口市）。〔6〕身：亲自。〔7〕左度辽将军：官名。负责领兵镇守北方边境。〔8〕破南皮：指围攻袁谭事。〔9〕虎牙将军：官名。领兵征伐。〔10〕度辽将军：官名。负责领兵镇守北方边境。

【裴注】

〔一〕《魏略》曰："辅，从太祖于官渡。袁绍破走，太祖喜，顾谓辅曰：'如前岁本初送公孙瓒头来，孤自视忽然耳。而今克之，此既天意，亦二三子之力。'"

〔二〕《魏略》曰："太祖甚爱阎柔，每谓之曰：'我视卿如子，亦欲卿视我如父也。'柔由此自托于五官将，如兄弟。"

陶谦字恭祖，丹杨人〔1〕。〔一〕少好学，为诸生〔2〕。仕州郡，举茂才〔3〕，除卢令〔4〕。〔二〕迁幽州刺史。征拜议郎，参车骑将军张温军事，西讨韩遂。〔三〕会徐州黄巾起，以谦为徐州刺史。击黄巾，破走之。董卓之乱，州郡起兵。天子都长安，四方断绝；谦遣使间行，致贡献。迁安东将军、徐州牧〔5〕，封溧阳侯。

是时，徐州百姓殷盛，谷米丰赡，流民多归之，而谦背道任情。广陵太守琅邪赵昱，徐方名士也〔6〕，以忠直见疏；〔四〕曹宏等，谗慝小人也，谦亲任之：刑政失和，良善多被其害，由是渐乱。

下邳阙宣自称天子；谦初与合从寇抄。后遂杀宣，并其众。

初平四年，太祖征谦。攻拔十余城，至彭城，大战。谦兵败走，死者万数，泗水为之不流〔7〕。谦退守郯，太祖以粮少，引军还。〔五〕

兴平元年，复东征，略定琅邪、东海诸县；谦恐，欲走归丹杨。会张邈叛迎吕布，太祖还击布。是岁，谦病死。〔六〕

【注释】

〔1〕丹杨：郡名。治所在今安徽宣城市宣州区。 〔2〕诸生：在校的儒生。 〔3〕茂才：汉代选拔人才的科目之一。西汉时称秀才。东汉避光武帝刘秀的名讳改称茂才。茂才和孝廉都是东汉人才选拔的常设科目，但是二者有不同。茂才着重在才能，是由州刺史或州牧提名；孝廉着重在品德，是由郡国守相提名。 〔4〕卢：县名。县治在今山东济南市长清区东南。 〔5〕安东将军：官名。领兵征伐。安东、安南、安西、安北将军合称“四安”，地位在“四征”、“四镇”之下。 〔6〕方：古代又称州为方。徐方即徐州。 〔7〕不流：指尸体堵塞河道。

【裴注】

〔一〕《吴书》曰：“谦父，故余姚长。谦少孤，始以不羁闻于县中。年十四，犹缀帛为幡，乘竹马而戏，邑中儿童皆随之。故苍梧太守同县甘公，出遇之途，见其容貌，异而呼之；住车与语，甚悦，因许妻以女。甘公夫人闻之，怒曰：‘妾闻陶家儿敖戏无度，如何以女许之？’公曰：‘彼有奇表，长必大成。’遂妻之。”

〔二〕《吴书》曰：“谦性刚直，有大节。少察孝廉，拜尚书郎。除舒令。郡守张磐，同郡先辈，与谦父友，意殊亲之；而谦耻为之屈。与众还城，因以公事进见；坐罢，磐常私还入，与谦饮宴，或拒不为留。尝以舞属谦，谦不为起；固强之，（及）〔乃〕舞，又不转。磐曰：‘不当转邪？’曰：‘不可转，转则胜人！’由是不乐，卒以构隙。谦在官清白，无以纠举。祠灵星，有赢钱五百，欲以臧之；谦委官而去。”

〔三〕《吴书》曰：“会西羌寇边，皇甫嵩为征西将军，表请武将。召拜谦扬武都尉，与嵩征羌，大破之。后边章、韩遂为乱，司空张温衔命征讨，又请谦为参军事，接遇甚厚。而谦轻其行事，心怀不服。及军罢还，百僚高会。温属谦行酒，谦众辱温。温怒，徙谦于边。或说温曰：‘陶恭祖本以材略见重于公，一朝以醉饮过失，不蒙容贷，远弃不毛；厚德不终，四方人士安所归望？不如释憾除恨，克复初分，于以远闻德美。’温然其言，乃追还谦。谦至，或又谓谦曰：‘足下轻辱三公，罪自己作；今蒙释宥，德莫厚矣！宜降志卑辞以谢之。’谦曰：‘诺！’又谓温曰：‘陶恭祖今深自罪责，思在变革。谢天子礼毕，必诣公门。公宜见之，以慰其意。’时温于宫门见谦，谦仰曰：‘谦自谢朝廷，岂为公邪？’温曰：‘恭祖，痴病尚未除邪？’遂为之置酒，待之如初。”

〔四〕谢承《后汉书》曰：“昱年十三，母尝病，经涉三月。昱惨戚消瘠，至目不交睫，握粟出卜，祈祷泣血，乡党称其孝。就处士东莞綦毋君，受《公羊传》，兼该群业。至历年，潜志不窥园圃，亲疏希见其面；时入定省父母，须臾即还。高洁廉正，抱礼而立；清英俨恪，莫干其志；旌善以兴化，殚邪以矫俗。州郡请召，常称病不应。国相檀谟、陈遵共召，不起；或兴盛怒，终不回意。举孝廉，除莒长；宣扬五教，政为国表。会黄巾作乱，陆梁五郡；郡县发兵，以为先办。徐州刺史巴祗表功第一，当受迁赏；昱深以为耻，委官还家。徐州牧陶谦初辟别驾从事，辞疾逊遁。谦重令扬州从事会稽吴范宣旨，昱守意不移；欲威以刑罚，然后乃起。举茂才。迁广陵大守。贼笮融从临淮见讨，进入郡界。昱将兵拒战，败绩，见害。”

〔五〕《吴书》曰：“曹公父，于泰山被杀，归咎于谦。欲伐谦而畏其强，乃表令州郡一时罢兵。诏曰：‘今海内扰攘，州郡起兵；征夫劳瘁，寇难未弭。或将吏不良，因缘讨捕；侵侮黎民，罹害者众。风声流闻，震荡城邑；丘墙惧于横暴，贞良化为群恶。此何异乎抱薪救焚，扇火止沸哉！今四民流移，托身他方；携白首于山野，弃稚子于沟壑；顾故乡而哀叹，向阡陌而流涕：饥厄困苦，亦已甚矣！虽悔往者之迷谬，思奉教于今日；然兵连众结，锋镝布野，恐一朝解散，夕见系虏；是以阻兵屯据，欲止而不敢散也。诏书到，其各罢遣甲士，还亲农桑；惟留常员吏以供官署。慰示远近，咸使闻知。’谦被诏，乃上书曰：‘臣闻怀远柔服，非德不集；克难平乱，非兵不济。是以涿鹿、坂泉、三苗之野，有五帝之师；有扈、鬼方、商、奄四国，有王者之伐。自古在昔，未有不扬威以弭乱，震武以止暴者也。臣前初以黄巾乱治，受策长驱，匪遑启处。虽宪章敕戒，奉宣威灵，敬行天诛，每伐辄克；然妖寇类众，殊不畏死，父兄歼殪，子弟群起，治屯连兵，至今为患。若承命解甲，弱国自虚；释武备以资乱，损官威以益寇；今日兵罢，明日难必至；上忝朝廷宠授之本，下令群凶日月滋蔓：非所以强干弱枝遏恶止乱之务也。臣虽愚蔽，忠恕不昭，抱恩念报，所不忍行。辄勒部曲，申令警备。出芟强寇，惟力是视；入宣德泽，躬奉职事：冀效微劳，以赎罪负。’又曰：‘华夏沸扰，于今未弭；包茅不入，职贡多阙；寤寐忧叹，无日敢宁。诚思贡献必至，荐羞获通，然后销锋解甲，臣之愿也。臣前调谷百万斛，已在水次，辄敕兵卫送。’曹公得谦上事，知不罢兵。乃进攻彭城，多杀人民。谦引兵击之，青州刺史田楷亦以兵救谦。公引兵还。”

臣松之按：此时天子在长安，曹公尚未秉政。罢兵之诏，不得由曹氏出。

〔六〕《吴书》曰：“谦死时，年六十三。张昭等为之哀辞曰：‘猗欤使君，君侯将军。膺秉懿德，允武允文。体足刚直，守以温仁。令舒及卢，遗爱于民。牧幽暨徐，甘棠是均。憬憬夷、貊，赖侯以清。蠢蠢妖寇，匪侯不宁。唯帝念绩，爵命以彰。既牧且侯，启土溧阳。遂升上将，受号安东。将平世难，社稷是崇。降年不永，奄忽殂薨。丧覆失恃，民知困穷。曾不旬日，五郡溃崩。哀我人斯，将谁仰凭？追思靡及，仰叫皇穹。呜呼哀哉！’谦二子：商、应，皆不仕。”

张杨字稚叔，云中人也。以武勇给并州，为武猛从事〔1〕。

灵帝末，天下乱，帝以所宠小黄门蹇硕为西园上军校尉〔2〕，军京都，欲以御四方。征天下豪杰，以为偏裨〔3〕；太祖及袁绍等皆为校尉，属之。〔一〕并州刺史丁原，遣杨将兵诣硕，为假司马〔4〕。灵帝崩，硕为何进所杀。杨复为进所遣，归本州募兵，得千余人。因留上党，击山贼。进败，董卓作乱。杨遂以所将，攻上党太守于壶关，不下；略诸县，众至数千人。

山东兵起，欲诛卓。袁绍至河内，杨与绍合，复与匈奴单于于夫罗屯漳水。单于欲叛绍，杨不从。单于执杨，与俱去；绍使将麴义追击于邺南，破之。单于

(执)〔与〕杨至黎阳，攻破度辽将军耿祉军，众复振。卓以杨为建义将军、河内太守[5]。天子之在河东，杨将兵至安邑，拜安国将军[6]，封晋阳侯。杨欲迎天子还洛，诸将不听，杨还野王[7]。

建安元年，杨奉、董承、韩暹挟天子还旧京。粮乏，杨以粮迎道路，遂至洛阳。谓诸将曰："天子，当与天下共之。幸有公卿大臣；杨当捍外难[8]，何事京都[9]？"遂还野王。即拜为大司马。〔二〕杨素与吕布善，太祖之围布，杨欲救之；不能，乃出兵东市[10]，遥为之势。

其将杨丑，杀杨以应太祖。杨将眭固杀丑，将其众，欲北合袁绍。太祖遣史涣邀击，破之于犬城，斩固，尽收其众也。〔三〕

【注释】

〔1〕武猛从事：官名。这是东汉末年动乱时期临时设置的官职。负责地方治安。　〔2〕小黄门：年轻的宦官。　蹇硕(？—公元189)：东汉灵帝最为宠信的宦官之一。中平五年(公元188)，灵帝置西园八校尉，分领京城中央驻军，以蹇硕为上军校尉，统率指挥其余七校尉和大将军等，成为全国军队的统帅。次年灵帝死，蹇硕被何进诛杀。事附《后汉书》卷六十九《何进传》。　西园：东汉皇家园林名。东汉仿西汉，在京城洛阳西面建立上林苑，又名西园。在今河南洛阳市东。　上军校尉：官名。西园八校尉之首。统领指挥全国军队。蹇硕死后不再设置。〔3〕偏裨(pí)：偏将军和裨将军。这两者是最低等的将军。负责领兵征伐。　〔4〕假司马：官名。司马的副手。或以为是代理司马，不确。见《续汉百官志》一"将军"条。　〔5〕建义将军：官名。属杂号将军。领兵征伐。　〔6〕安国将军：官名。也属杂号将军。领兵征伐。　〔7〕野王：县名。县治在今河南沁阳市。　〔8〕捍外难：抵御外来的侵犯。　〔9〕何事京都：何必留在京城里面。　〔10〕东市：野王县东面的集市。

【裴注】

〔一〕《灵帝纪》曰："以虎贲中郎将袁绍为中军校尉，屯骑校尉鲍鸿为下军校尉，议郎曹操为典军校尉，赵融、冯芳为助军校尉，夏牟、淳于琼为左、右校尉。"

〔二〕《英雄记》曰："杨，性仁和，无威刑。下人谋反，发觉，对之涕泣，辄原不问。"

〔三〕《典略》曰："固，字白兔。既杀杨丑，军屯射犬。时有巫，诫固曰：'将军字"兔"而此邑名"犬"，兔见犬，其势必惊，宜急移去！'固不从，遂战死。"

公孙度字升济，本辽东襄平人也。度父延，避吏居玄菟[1]，任度为郡吏。时玄菟太守公孙琙，子豹，年十八岁早死。度少时名"豹"，又与琙子同年；琙见而亲爱之，遣就师学，为取妻。后举有道[2]，除尚书郎[3]。稍迁冀州刺史，以谣言免[4]。

同郡徐荣为董卓中郎将，荐度为辽东太守。度起玄菟小吏，为辽东郡所轻。先时，属国公孙昭守襄平令[5]，召度子康为伍长[6]。度到官，收昭，笞杀于襄平市[7]。郡中名豪大姓田韶等宿遇无恩[8]，皆以法诛。所夷灭百余家，郡中震栗。东伐高句骊，西击乌丸，威行海外。

初平元年，度知中国扰攘[9]，语所亲吏柳毅、阳仪等曰："汉祚将绝，当与诸卿图王耳！"[10]〔一〕时襄平延里社生大石[11]，长丈余，下有三小石为之足。或谓度曰："此汉宣帝冠石之祥[12]。而里名，与先君同。社主土地，明当有土地；而三公为辅也。"度益喜。故河内太守李敏，郡中知名。恶度所为，恐为所害，乃将家属入

于海。度大怒，掘其父冢，剖棺焚尸，诛其宗族。〔二〕

分辽东郡为辽西、中辽郡，置太守。越海收东莱诸县〔13〕，置营州刺史。自立为辽东侯、平州牧；追封父延为建义侯。立汉二祖庙〔14〕；承制设坛墠于襄平城南〔15〕，郊祀天地；籍田，治兵；乘鸾路〔16〕，九旒，旄头羽骑〔17〕。太祖表度为武威将军〔18〕，封永宁乡侯。度曰："我王辽东〔19〕，何永宁也！"藏印绶武库〔20〕。

【注释】

〔1〕避吏：逃避做小吏。汉魏的小吏地位低，俸禄少，而且常常要做贱役，所以有的人不愿为吏。〔2〕有道：汉代人才选拔的科目之一。不是常设科目。中央的公卿和地方的郡国守相都可以提名。〔3〕尚书郎：官名。东汉尚书台中各曹都有郎六人，负责起草本曹文书。初到职时称守尚书郎，一年后称尚书郎，三年后称尚书侍郎。〔4〕谣言：民间流传的评论时政的歌谣或谚语。东汉灵帝光和五年（公元182），曾下令要公卿根据谣言举报不法的刺史、太守，公孙度可能在这次举报中免职。见《后汉书》卷五十七《刘陶传》。〔5〕属国：指辽东属国。守：以品级较低的官员代理较高的官职叫守。〔6〕伍长：东汉的基层居民组织，以五家为一伍，十家为一什，百家为一里；伍设伍长一人，是小吏中的低等。公孙康被任命为伍长，使他的父亲公孙度感到屈辱，所以后来有报复举动。〔7〕市：集市。〔8〕宿遇无恩：以往对待公孙度不好。〔9〕扰攘：动乱不宁。〔10〕图王：谋求称王。〔11〕延里：里名。〔12〕冠石：山名。在今山东蒙阴县西。祥：吉凶的预兆。西汉昭帝元凤三年（前78）正月，位于泰山以南的冠石山有大石自然立起，下面有三块小石为脚，同时发出类似人呐喊的声音。占卜者说是预兆有平民为天子。三年后，长在民间的刘询继位为宣帝，人们认为这是大石自立的征兆应验了。见《汉书》卷二十七《五行志》中之上。〔13〕东莱：郡名。治所在今山东龙口市东。〔14〕二祖：指西汉高祖刘邦和东汉世祖刘秀。立二祖庙的意思是表示承继两汉为王。〔15〕墠（shàn）：经过平整清扫的祭祀广场。〔16〕鸾路：皇帝乘坐的礼仪专车。〔17〕羽骑：羽林骑兵的省略说法。是皇帝的仪仗队。

〔18〕武威将军：官名。属杂号将军，领兵征伐。〔19〕王(wàng)辽东：当辽东的王。〔20〕武库：武器库。

【裴注】

〔一〕《魏书》曰："度语毅、仪：'谶书云"孙登当为天子"。太守姓公孙；字升济，升即登也。'"

〔二〕《晋阳秋》曰："敏子追求敏，出塞，越二十余年不娶。州里徐邈责之曰：'不孝莫大于无后，何可终身不娶乎？'乃娶妻，生子胤而遣妻，常如居丧之礼。不胜忧，数年而卒。胤生，不识父母；及有识，蔬食哀戚亦如三年之丧。以祖父不知存亡，设主奉之。由是知名，仕至司徒。"臣松之按：《本传》云敏"将家入海"，而复与子相失，未详其故。

度死，子康嗣位，以永宁乡侯封弟恭。是岁，建安九年也。十二年〔1〕，太祖征三郡乌丸，屠柳城。袁尚等奔辽东，康斩送尚首。语在《武纪》。封康襄平侯，拜左将军。

康死，子晃、渊等皆小，众立恭为辽东太守。文帝践阼，遣使即拜恭为车骑将军，假节，封平郭侯；追赠康大司马。

初，恭病阴消为阉人〔2〕，劣弱不能治国。太和二年，渊胁夺恭位。明帝即(位)拜渊扬烈将军、辽东太守〔3〕。

渊遣使南通孙权，往来赂遗〔4〕。〔一〕权遣使张弥、许晏等，赍金玉珍宝，立渊为燕王。渊亦恐权远不可恃，且贪货物〔5〕；诱致其使，悉斩送弥、晏等首。〔二〕明帝于是拜渊大司马，封乐浪公，持节、领郡如故〔6〕。〔三〕

使者至，渊设甲兵为军阵，出见使者；又数对国中宾客出恶言。〔四〕

景初元年，乃遣幽州刺史毌丘俭等赍玺书征渊〔7〕。渊遂发兵，逆于辽隧〔8〕，与俭等战；俭等不利而还。渊遂自立为燕王，置百官有司。遣使者持节，假鲜卑单于玺；封拜边民，诱呼鲜卑，侵扰北方。〔五〕

二年春〔9〕，遣太尉司马宣王征渊。六月，军至辽东。〔六〕渊遣将军卑衍、杨祚等步骑数万，屯辽隧，围堑二十余里。宣王军至，令衍逆战；宣王遣将军胡遵等击破之。宣王令军穿围〔10〕，引兵东南向；而急东北〔11〕，即趋襄平。衍等恐襄平无守，夜走。诸军进至首山〔12〕，渊复遣衍等迎军殊死战。复击，大破之。遂进军造城下〔13〕，为围堑。会霖雨三十余日，辽水暴长，运船自辽口径至城下〔14〕。雨霁，起土山、修橹，为发石、连弩射城中〔15〕。渊窘急，粮尽，人相食，死者甚多。将军杨祚等降。

八月，丙寅夜〔16〕，大流星长数十丈，从首山东北坠襄平城东南。壬午〔17〕，渊众溃，与其子修，将数百骑突围东南走。大兵急击之，当流星所坠处，斩渊父子。城破，斩相国以下首级以千数，传渊首洛阳〔18〕。辽东、带方、乐浪、玄菟，悉平。

【注释】

〔1〕十二年：建安十二年（公元207）。　〔2〕阴消：生殖器萎缩。〔3〕扬烈将军：官名。属杂号将军。　〔4〕赂遗（wèi）：赠送礼物。〔5〕货物：财物。　〔6〕领郡：兼任辽东郡的太守。　〔7〕征渊：征召公

孙渊到洛阳。目的是要他脱离辽东根据地。〔8〕辽隧：县名。县治在今辽宁海城市西北。〔9〕二年：景初二年(公元238)。〔10〕穿：突破。〔11〕急：急转然后指向。当时公孙渊的大本营在襄平，襄平的屏障是西面的辽水，所以他命令卑衍、杨祚二将沿辽水的南北流向布防。现在司马懿先向东南再转向东北，是要从对方防线的南端绕过去，直扑襄平。〔12〕首山：山名。在今辽宁辽阳县西北。〔13〕造：抵达。〔14〕辽口：当时辽水的入海口。在今辽宁营口市东北。〔15〕发石：即发石车。　连弩：一种能同时发射若干支箭的强弩。〔16〕丙寅：旧历初七日。〔17〕壬午：旧历二十三日。〔18〕传渊首：用驿车运送公孙渊的头颅。

【裴注】

〔一〕《吴书》载渊表权曰："臣伏惟遭天地反易，遇无妄之运，王路未夷，倾侧扰攘。自先人以来，历事汉、魏；阶缘际会，为国效节；继世享任，得守藩表；犹知符命，未有攸归。每感厚恩，频辱显使；退念人臣交不越境；是以固守所执，拒违前使。虽义无二信，敢忘大恩！陛下镇抚，长存小国；前后裴校尉、葛都尉等到，奉被敕诫；圣旨弥密，重纨累素；幽明备著，所以申示之事，言提其耳。臣昼则讴吟，宵则发梦；终身诵之，志不知足。季末凶荒，乾坤否塞，兵革未戢，人民荡析。仰此天命将有眷顾，私从一隅永瞻云日。今魏家不能采录忠善，褒功臣之后；乃令谗讹得行其志，听幽州刺史、东莱太守诳误之言，猥兴州兵，图害臣郡。臣不负魏，而魏绝之。盖闻人臣，有去就之分。田饶适齐，乐毅走赵，以不得事主，故保有道之君；陈平、耿况，亦睹时变，卒归于汉，勒名帝籍。伏惟陛下德不再出，时不世遇；是以偻偻怀慕自纳，望远视险，有如近易。诚愿神谟，早定洪业，奋六师之势，收河、洛之地，为圣代宗。天下幸甚！"

《魏略》曰："国家知渊两端，而恐辽东吏民为渊所误。故公文下辽东，因赦之曰：'告辽东、玄菟将校吏民：逆贼孙权，遭遇乱阶，因其先人，劫略州郡；遂成群凶，自擅江表。含垢藏疾，冀其可化；故割地王权，使南面称孤；位以上将，礼以九命。权亲叉手，北向稽颡；假人臣之宠，受人臣之荣，未有如权者也。狼子野心，告令难移；卒归反覆，背恩叛主；滔天逆神，乃敢僭号。恃江湖之险阻，王诛未加。比年以来，复远遣船，越渡大海，多持货物，诳诱边民。边民无知，与之交关；长吏以下，莫肯禁止。至使周贺，浮舟百艘，沉滞津岸，贸迁有无。既不疑拒，赍以名马；又使宿舒，随贺通好。十室之邑，犹有忠信；陷君于恶，《春秋》所书也。今辽东、玄菟，奉事国朝，纡青拖紫，以千百为数；戴缅垂缨，咸佩印绶，曾无匡正纳善之言。“龟玉毁于椟，虎兕出于匣，是谁之过欤？”国朝为子大夫羞之！昔狐突有言：“父教子贰，何以事君？策名委质，贰乃辟也。”今乃阿顺邪谋，胁从奸惑，岂独父兄之教不详，子弟之举习非而已哉！若苗秽害田，随风烈火；芝艾俱焚，安能白别乎？且又此事固然易见，不及鉴古成败，书传所载也。江南、海北有万里之限，辽东君臣无怵惕之患，利则义所不利，贵则义所不贵；此为厌安乐之居，求危亡之祸，贱忠贞之节，重背叛之名。蛮、貊之长，犹知爱礼；以此事人，亦难为颜。且又宿舒无罪，挤使入吴，奉不义之使；始与家诀，涕泣而行；及至贺死之日，覆众成山；舒虽脱死，魂魄离身：何所逼迫，乃至于此！今忠臣烈将，咸忿辽东反复携贰，皆欲乘桴浮海，期于肆意。朕为天下父母；加念天下新定，既不欲劳动干戈，远涉大川，费役如彼；又悼边陲遗余黎民，迷误如此；故遣郎中卫慎、邵琄等，且先奉诏示意。若股肱忠良，能效节立信以辅时君，反邪就正以建大功，福莫大焉！傥恐自嫌已为恶逆所见染污，不敢倡言，永怀伊戚，其诸与贼使交通，皆赦除之，与之更始。’”

〔二〕《魏略》载渊表曰：“臣前遣校尉宿舒、郎中令孙综，甘言厚礼，以诱吴贼。幸赖天道福助大魏，使此贼虏暗然迷惑；违戾群下，不从众谏；承信臣言，远遣船使；多将士卒，来致封拜。臣之所执，得如本志；虽忧罪衅，私怀幸甚。贼众本号‘万人’，舒、综伺察，可七八千人。到沓津，伪使者张弥、许晏，与中郎将万泰、校尉裴潜，将吏兵四百余人，赍文书、命服、什物，下到臣郡。泰、潜别赍致遣货物，欲因市马。军将贺达、虞咨，领余众在船所。臣本欲须凉节乃取弥等；而弥等人兵众多，见臣不便承受吴命，意有猜疑；惧其先作，变态妄生：即进兵围取，斩弥、晏、泰、潜等首级。其吏从兵众，皆士伍小人，给使东西，不得自由；面缚乞降，不忍诛杀，辄听纳受，徙充边城。别遣将韩起等，率将三军，驰行至沓。使领长史柳远，设宾主礼诱请达、咨，三军潜伏以待其下；又驱群马货物，欲与交市。达、咨怀疑，不下，使诸市买者五六百人下，欲交市。起等金鼓始震，锋矢乱发，斩首三百余级，被创赴水没溺者可二百余人；其散走山谷，来归降及藏窜饥饿死者，不在数中。得银印、铜印、兵器、资货，不可胜数。谨遣西曹掾公孙珩，奉送贼权所假臣节、印绶、符策、九锡、什物，及弥等伪节、印绶、首级。”

又曰：“宿舒、孙综前到吴，贼权问臣家内小大。舒、综对：臣有三息；修，别属亡弟。权敢奸巧，便擅拜命。谨封送印绶、符策；臣虽无昔人洗耳之风，惭为贼权污损所加；既行天诛，犹有余忿。”

又曰：“臣父康，昔杀权使，结为仇隙。今乃谲欺，遣使诱致；令权倾心，虚国竭禄，远命上卿，宠授极位，震动南土，备尽礼数。又权待舒、综，契阔委曲；君臣上下，毕欢竭情。而令四使见杀，枭示万里；士众流离，屠戮津渚；惭耻远布，痛辱弥天；权之怨疾，将刻肌骨。若天衰其业，使至丧陨，权将内伤愤激而死。若期运未讫，将播毒螫，必恐长蛇来为寇害。徐州诸屯及城阳诸郡，与相接近。如有船众，后年向海门，得其消息，乞速告臣，使得备预。”

又曰：“臣门户受恩，实深实重。自臣承摄即事以来，连被荣宠，殊特无量；分当陨越，竭力致死。而臣狂愚，意计迷暗，不即擒贼，以至见疑。前章表所陈情趣事势，实但欲疲弊此贼，使困自绝；诚不敢背累世之恩，附僭盗之虏也。而后爱憎之人，缘事加诬，伪生节目；卒令明听，疑于市虎，移恩改爱，兴动威怒，几至沉没，长为负忝。幸赖慈恩，犹垂三宥；使得补过，解除愆责。如天威远加，不见假借，早当糜碎，辱先废祀；何缘自明，建此微功？臣既喜于事捷，得自申展，悲于畴昔；至此变故，余怖踊跃，未敢便宁。唯陛下既崇春日生全之仁，除忿塞隙，抑弭纤介，擢今亮往，察臣本心；长令抱戴，衔分三泉。”

又曰：“臣被服光荣，恩情未报；而以罪衅，自招谴怒，分当即戮，为众社戒。所以越典诡常，伪通于吴；诚自念穷迫，报效未立，而为天威督罚所加，长恐奄忽，不得自洗；故敢自阙替废于一年，遣使诱吴：知其必来。权之求郡，积有年岁，初无倡答一言之应；今权得使，来必不疑，至此一举，果如所规。上卿大众，翕赫丰盛，财货赂遗，倾国极位；到见擒取，流离死亡，千有余人，灭绝不反。此诚暴猾贼之锋，摧矜夸之巧，昭示天下，破损其业，足以惭之矣。臣之楼楼，念效于国，虽有非常之过，亦有非常之功；愿陛下原其逾阙之愆，采其毫毛之善，使得国恩，保全终始矣。”

〔三〕《魏名臣奏》载中领军夏侯献表曰：“公孙渊，昔年敢违王命，废绝计贡者，实挟两端：既恃阻险，又怙孙权；故敢跋扈，恣睢海外。宿舒亲见贼权军众府库，知其弱少不足凭恃，是以决计斩贼之使。又高句丽、涉貊与渊为仇，并为寇抄。今外失吴援，内有胡寇；心知国家能从陆道，势不得不怀惶惧之心。因斯之时，宜遣使示以祸福。奉车都尉鄺弘，武皇帝时始奉使命，开通道路；文皇帝即位，欲通使命，遣弘将妻子还归乡里，赐其车、牛，绢百匹。弘以受恩，归死国期，无有还意；乞留妻子，身奉使命。公孙康遂称臣妾，以弘奉使称意，赐爵关内侯。

弘性果烈，乃心于国，夙夜拳拳，念自竭效；冠族子孙，少好学问，博通书记，多所关涉，口论速捷，辩而不俗，附依典诰，若出胸臆；加仕本郡，常在人右，彼方士人素所敬服。若当遣使，以为可使弘行。弘乃自旧土，习其国俗；为说利害，辩足以动其意，明足以见其事，才足以行之，辞足以见信。若其计从，虽郦生之降齐王，陆贾之说尉佗，亦无以远过也。欲进远路，不宜释骐骥；将已笃疾，不宜废扁鹊。愿察愚言也。”

〔四〕《吴书》曰：“魏遣使者傅容、聂夔，拜渊为乐浪公。渊计吏从洛阳还，语渊曰：‘使者左骏伯，使皆择勇力者，非凡人也！’渊由是疑怖。容、夔至，住学馆中。渊先以步骑围之，乃入受拜。容、夔大怖，由是还洛言状。”

〔五〕《魏书》曰：“渊知此变非独出俭，遂为备。遣使谢吴，自称燕王，求为与国。然犹令官属上书自直于魏曰：‘大司马长史臣郭昕、参军臣柳浦等七百八十九人言：奉被今年七月己卯诏书，伏读恳切，精魄散越，不知身命所当投措！昕等伏自惟省，蝼蚁小丑，器非时用；遭值千载，被受公孙渊祖考以来光明之德，惠泽沾渥，滋润荣华；无寸尺之功，有负乘之累；遂蒙褒奖，登名天府；并以驽蹇，附龙托骥，纡青拖紫，飞腾云梯；感恩惟报，死不择地。臣等闻明君在上，听政采言；人臣在下，得无隐情：是以因缘诉讼，冒犯诉冤。郡在藩表，密迩不羁。平昔三州，转输费调，以供赏赐，岁用累亿，虚耗中国；然犹跋扈，虔刘边陲，烽火相望，羽檄相逮，城门昼闭，路无行人，州郡兵戈，奔散覆没。渊祖父度初来临郡，承受荒残；开日月之光，建神武之略；聚乌合之民，扫地为业；威震耀于殊俗，德泽被于群生。辽土之不坏，实度是赖。孔子曰：“微管仲，吾其被发左衽。”向不遭度，则郡早为丘墟，而民系于虏廷矣。遗风余爱，永存不朽。度既薨殂，吏民感慕；欣戴子康，尊而奉之。康践统洪绪，克壮徽猷；文昭武烈，迈德种仁；乃心京辇，翼翼虔恭；佐国平乱，效绩纷纭；功隆事大，勋藏王府。度、康当值武皇帝休明之会，合策名之计，夹辅汉室；降身委质，卑己事魏。匪处小厌大，畏而服焉；乃慕托高风，怀仰盛懿也。武皇帝亦虚心接纳，待以不次，功无巨细，每不见忘。又命之曰：“海北土地，割以付君；世世子孙，实得有之。”皇天后土，实闻德音。臣庶小大，豫在下风，奉以周旋，不敢失坠。渊生有兰石之姿，少含恺悌之训；允文允武，忠惠且直：生民钦仰，莫弗怀爱。渊纂戎祖考，君临万民；为国以礼，淑化流行；独见先睹，罗结遐方；勤王之义，视险如夷；世载忠亮，不陨厥名。孙权慕义，不远万里，连年遣使，欲自结援；虽见绝杀，不念旧怨，纤纤往来，求成恩好。渊执节弥固，不为利回，守志匪石，确乎弥坚。犹惧丹心未见保明，乃卑辞厚币，诱致权使，枭截献馘，以示无二。吴虽在远，水道通利，举帆便至，无所隔限；渊不顾敌仇之深，念存人臣之节，绝强吴之欢，昭事魏之心，灵祇明鉴，普天咸闻。陛下嘉美洪烈，懿兹武功；诞锡休命，宠亚齐、鲁；下及陪臣，普受介福。诚以天覆之恩，当卒终始，得竭股肱，永保禄位；不虞一旦，横被残酷。惟育养之厚，念积累之效，悲思不遂，痛切见弃，举国号咷，拊膺泣血。夫三军所伐，蛮夷戎狄，骄逸不虔，于是致武；不闻义国，反受诛讨。盖圣王之制，五服之域，有不供职，则修文德；而又不至，然后征伐。渊小心翼翼，恪恭于位，勤事奉上，可谓勉矣。尽忠竭节，还被患祸。《小弁》之作，《离骚》之兴，皆由此也。就或佞邪，盗言孔甘，犹当清览，憎而知善；谗巧似直，惑乱圣听，尚望文告，使知所由。若信有罪，当垂三宥；若不改寤，计功减降，当在八议。而潜军伺袭，大兵奄至，舞戈长驱，冲击辽土。犬马恶死，况于人类！吏民昧死，挫辱王师。渊虽冤枉，方临危殆；犹恃圣恩，怅然重奔；冀必奸臣矫制，妄肆威虐，乃谓臣等曰："汉安帝建光元年，辽东属国都尉庞奋，受三月乙未诏书曰：收幽州刺史冯焕、玄菟太守姚光。推案无乙未诏书，遣侍御史幽州，(牧)〔收〕奸臣矫制者。今刺史或傥谬承矫制乎?"臣等议以为："刺史兴兵，摇动天下；殆非矫制，必是诏命!"渊乃俯仰叹息，自伤无罪；深惟土地所以养人，窃慕古公杖策之岐；乃欲投冠释绂，逝归林麓。臣等维持，誓之以死；屯守府门，不听所执。而七营虎士，五部蛮夷，各怀素抱，不谋同心，奋臂大呼，排门遁出。近郊农民，释其耨镈，伐薪制梃，改案为橹；奔驰赴难，军旅行成，虽蹈汤火，死不顾生。渊虽见孤弃，怨而不怒，比遣敕军，勿得干犯；及手书告语，恳恻至诚。而吏士凶悍，不可解散，期于毕命，投死无悔。渊惧吏士不从教令，乃躬驰骛，自往化解，仅乃止之。一饭之惠，匹夫所死；况渊累叶信结百姓，恩著民心！自先帝初兴，爰暨陛下，荣渊累叶；丰功懿德，策名褒扬，辩著廊庙；胜衣举履，诵咏明文，以为口实。埋而掘之，古人所耻。小白、重耳，衰世诸侯，犹慕著信，以隆霸业。《诗》美文王作孚万邦，《论语》称仲尼去食存信；信之为德，固亦大矣！今吴、蜀共帝，鼎足而居，天下摇荡，无所统一；臣等每为陛下，惧此危心。渊据金城之固，仗和睦之民，国殷兵强，可以横行；策名委质，守死善道，忠至义尽，为九州表。方今二敌窥窬，未知孰定；是之不戒，而渊是害；茹柔吐刚，非王者之道也。臣等虽鄙，诚窃耻之！若无天乎，臣一郡吉凶，尚未可知；若云有天，亦何惧焉！臣等闻仕于家者，二世则主之，三世则君之。

臣等生于荒裔之土，出于圭窦之中，无大援于魏；世隶于公孙氏，报生与赐，在于死力。昔蒯通言直，汉祖赦其诛；郑詹辞顺，晋文原其死。臣等顽愚，不达大节；苟执一介，披露肝胆；言逆龙鳞，罪当万死。惟陛下恢崇抚育，亮其控告；使疏远之臣，永有保恃。'"

〔六〕《汉晋春秋》曰："公孙渊自立，称绍汉元年。闻魏人将讨，复称臣于吴，乞兵北伐以自救。吴人欲戮其使，羊衜曰：'不可！是肆匹夫之怒而捐霸王之计也。不如因而厚之，遣奇兵潜往以要其成。若魏伐渊不克，而我军远赴，是恩结遐夷，义盖万里；若兵连不解，首尾离隔，则我虏其傍郡，驱略而归，亦足以致天之罚，报雪曩事矣。'权曰：'善！'乃勒兵大出。谓渊使曰：'请俟后问，当从简书；必与弟同休戚，共存亡；虽陨于中原，吾所甘心也！'又曰：'司马懿所向无前，深为弟忧也！'"

初，渊家数有怪[1]：犬冠帻绛衣，上屋[2]；炊有小儿，蒸死甑中。襄平北市，生肉，长围各数尺；有头目口喙，无手足而动摇。占曰[3]："有形不成，有体无声，其国灭亡。"始，度以中平六年据辽东，至渊三世，凡五十年而灭。〔一〕

【注释】

〔1〕怪：怪异的事。〔2〕冠帻(zé)：包上头巾再戴起官帽。 绛衣：穿上有大红色领边和袖边的衣服。这种衣服是官员的内衣。〔3〕占：占卜者的结论。

【裴注】

〔一〕《魏略》曰："始，渊兄晃为恭任子，在洛。闻渊劫夺恭位，谓渊终不可保，数自表闻，欲令国家讨渊。帝以渊已秉权，故因而抚之。及渊叛，遂以国法系晃。晃虽有前言，冀不坐；然内以骨肉，知渊破则已从及。渊首到，晃自审必死，与其子相对啼哭。时上亦欲活之；而有司以为不可，遂杀之。"

张燕，常山真定人也[1]。本姓褚。黄巾起，燕合聚少年为群盗，在山泽间转攻；还真定，众万余人。博陵张牛角亦起众[2]，自号“将兵从事”，与燕合。燕推牛角为帅，俱攻廮陶。牛角为飞矢所中，被创且死[3]；令众奉燕，告曰：“必以燕为帅！”牛角死，众奉燕，故改姓张。燕剽悍捷速过人，故军中号曰“飞燕”。

其后人众寖广，常山、赵郡、中山、上党、河内诸山谷，皆相通；其小帅孙轻、王当等，各以部众从燕，众至百万：号曰“黑山”。灵帝不能征，河北诸郡被其害。燕遣人至京都乞降，拜燕平难中郎将[4]。〔一〕

是后，董卓迁天子于长安，天下兵数起。燕遂以其众与豪杰相结。袁绍与公孙瓒争冀州，燕遣将杜长等，助瓒。与绍战，为绍所败，人众稍散。太祖将定冀州，燕遣使求佐王师，拜平北将军[5]。率众诣邺，封安国亭侯，邑五百户。

燕薨，子方嗣。方薨，子融嗣。〔二〕

【注释】

〔1〕真定：县名。县治在今河北石家庄市东北。〔2〕博陵：郡名。治所在今河北蠡县东南。〔3〕被创：受伤。且死：将要死亡。〔4〕平难中郎将：官名。这是临时设置的职务。〔5〕平北将军：官名。领兵征伐。平东、平南、平西、平北将军合称“四平”，位在“四安”之下。

【裴注】

〔一〕《九州春秋》曰：“张角之反也，黑山、白波、黄龙、左校、牛角、五鹿、羝根、苦蝤、刘石、平汉、大洪、司隶、缘城、罗市、雷公、浮云、飞燕、白爵、杨凤、于毒等，各起兵，大者二三万，小者不减数千。灵帝不能讨，乃遣使拜杨凤为黑山校尉，领诸山贼，得举孝廉、计吏。后遂弥漫，不可复数。”

《典略》曰：“黑山、黄巾诸帅，本非冠盖；自相号字，谓骑白马者为‘张白骑’，谓轻捷者为‘张飞燕’，谓声大者为‘张雷公’，其饶须者则自称‘于羝根’，其眼大者自称‘李大目’。”

张璠《汉纪》云：“又有左校、郭大贤、左髭丈八三部也。”

〔二〕陆机《晋惠帝起居注》曰：“门下通事令史张林，飞燕之曾孙。林与赵王伦为乱，未及周年，位至尚书令、卫将军，封郡公。寻为伦所杀。”

张绣，武威祖厉人〔1〕。骠骑将军济族子也。边章、韩遂为乱凉州，金城麹胜袭杀祖厉长刘隽；绣为县吏，间伺杀胜〔2〕。郡内义之，遂招合少年，为邑中豪杰。董卓败，济与李傕等击吕布，为卓报仇。语在《卓传》。绣随济，以军功稍迁至建忠将军〔3〕，封宣威侯。

济屯弘农，士卒饥饿；南攻穰，为流矢所中死。

绣领其众，屯宛，与刘表合。太祖南征，军淯水〔4〕。绣等举众降，太祖纳济妻，绣恨之。太祖闻其不悦，密有杀绣之计。计漏，绣掩袭太祖；太祖军败，二子没〔5〕。绣还保穰，〔一〕太祖比年攻之，不克。

太祖拒袁绍于官渡，绣从贾诩计，复以众降。语在《诩传》。绣至，太祖执其手，与欢宴；为子均取绣女，拜扬武将军〔6〕。官渡之役，绣力战有功，迁破羌将军〔7〕。从破袁谭于南皮，复增邑凡二千户。是时天下户口减耗，十才一在，诸将封未有满千户者；而绣特多。

从征乌丸于柳城，未至，薨。谥曰定侯。〔二〕子泉嗣。坐与魏讽谋反，诛。国除〔8〕。

【注释】

〔1〕武威：郡名。治所在今甘肃武威市。　祖历：县名。县治在今甘肃会宁县西北。〔2〕间伺：暗地跟踪。〔3〕建忠将军：官名。属杂号将军。领兵征伐。〔4〕淯水：河流名。发源于今河南伏牛山东南麓，南流至今湖北襄阳市入汉水。〔5〕二子：指曹操的长子曹昂和侄儿曹安民。〔6〕扬武将军：官名。属杂号将军。领兵征伐。〔7〕破羌将军：官名。属杂号将军。领兵征伐。〔8〕国除：封地被撤销。

【裴注】

〔一〕《傅子》曰："绣有所亲胡车儿，勇冠其军。太祖爱其骁健，手以金与之。绣闻而疑太祖欲因左右刺之，遂反。"《吴书》曰："绣降，(凌统)用贾诩计，乞徙军就高道；道由太祖屯中。绣又曰：'车少而重，乞得使兵各被甲。'太祖信绣，皆听之。绣乃严兵，入屯，掩太祖。太祖不备，故败。"

〔二〕《魏略》曰："五官将数因请会，发怒曰：'君杀吾兄，何忍持面视人邪！'绣心不自安，乃自杀。"

张鲁字公祺，沛国丰人也。祖父陵〔1〕，客蜀；学道鹄鸣山中〔2〕，造作道书以惑百姓〔3〕；从受道者出五斗米，故世号"米贼"。陵死，子衡行其道。衡死，鲁复行之。

益州牧刘焉，以鲁为督义司马〔4〕；与别部司马张脩，将兵击汉中太守苏固〔5〕。鲁遂袭脩杀之，夺其众。焉死，子璋代立，以鲁不顺，尽杀鲁母、家室。

鲁遂据汉中，以鬼道教民：自号"师君"；其来学道者，初皆名"鬼卒"；受本道已信，号"祭酒"，各领部众；多者为治头大祭酒〔6〕；皆教以诚信不欺诈，有病自首其过，大都与黄巾相似；诸祭酒皆作义舍，如今之亭传〔7〕；又置义米肉，悬于义舍；行路者，量腹取足；若过多，鬼道辄病之〔8〕；犯法者，三原〔9〕，然后乃行刑；不置长吏，皆以祭酒为治。民夷便乐之〔10〕，雄据巴、汉垂三十年。〔一〕

【注释】

〔1〕陵：即张陵（公元34—?）。又称张道陵。一字辅汉。曾任江州（今重庆市）县令。后入鹄鸣山修道，作道书二十四篇，并创立教派，是道教定型化的起始。被教徒尊为“天师”，所以他所传的五斗米道，又称为天师道。后世的道教即由此发展变化而来。〔2〕鹄鸣山：山名。又名鹤鸣山。在今四川大邑县西北鹤鸣镇。〔3〕造作：自己创作。〔4〕督义司马：官名。这是临时设置的官职。〔5〕别部司马：官名。领兵将军的直属各营，设司马。单独率领一营军队，行动不与直属各营在一起的，称别部司马。〔6〕治：五斗米道的教区称为治。全教共有二十四治，而以阳平治（阳平关教区）为首。每一治设治头祭酒一人，为本教区的教长。如阳平治之类的大治，其教长则称治头大祭酒。〔7〕亭传（zhuàn）：驿站的旅馆。〔8〕病之：使他生病。〔9〕三原：原谅三次。〔10〕民夷：汉族人和少数民族人。张鲁割据汉中近三十年中，除开大力传播五斗米道以外，也着力加强军事设施。现今陕西勉县城西的走马岭，还有相传是他所筑的“张鲁城”遗迹留存。

【裴注】

〔一〕《典略》曰：“熹平中，妖贼大起，三辅有骆曜；光和中，东方有张角，汉中有张脩。骆曜教民缅匿法，角为太平道，脩为五斗米道。太平道者，师持九节杖为符祝，教病人叩头思过，因以符水饮之。得病或日浅而愈者，则云此人信道；其或不愈，则为不信道。脩法略与角同，加施静室，使病者处其中思过。又使人为奸令祭酒：祭酒主以《老子》五千文，使都习，号为奸令；为鬼吏，主为病者请祷。请祷之法，书病人姓名，说服罪之意。作三通，其一上之天，著山上；其一埋之地；其一沉之水：谓之“三官手书”。使病者家出米五斗，以为常，故号曰‘五斗米师’。实无益于治病，但为淫妄；然小人昏愚，竞共事之。后角被诛，脩亦亡。及鲁在汉中，因其民信行脩业，遂增饰之：教使作义舍，以米肉置其中，以止行人；又教使自隐，有小过者，当治道百步，则罪除；又依月令，春夏禁杀；又禁酒：流移寄在其地者，不敢不奉。"

臣松之谓：张脩应是张衡，非《典略》之失，则传写之误。

汉末，力不能征；遂就宠鲁为镇民中郎将[1]，领汉宁太守[2]：通贡献而已。民有地中得玉印者，群下欲尊鲁为汉宁王。鲁功曹巴西阎圃谏鲁曰："汉川之民，户出十万[3]；财富土沃，四面险固；上匡天子，则为桓、文[4]；次及窦融，不失富贵。今承制署置[5]，势足斩断[6]，不烦于王。愿且不称[7]，勿为祸先！"鲁从之。韩遂、马超之乱，关西民从子午谷奔之者数万家[8]。

建安二十年，太祖乃自散关出武都，征之，至阳平关[9]。鲁欲举汉中降；其弟卫不肯，率众数万人拒关坚守。太祖攻破之，遂入蜀。〔一〕鲁闻阳平已陷，将稽颡[10]。圃又曰："今以迫往[11]，功必轻；不如依杜(灌)〔濩〕赴朴胡相拒，然后委质[12]，功必多。"于是乃奔南山入巴中。左右欲悉烧宝货仓库，鲁曰："本欲归命国家[13]，而意未达。今之走，避锐锋，非有恶意。宝货仓库，国家之有。"遂封藏而去。

太祖入南郑，甚嘉之；又以鲁本有善意，遣人慰喻。鲁尽将家出。太祖逆拜鲁镇南将军[14]，待以客礼，封阆中侯，邑万户。封鲁五子及阎圃等，皆为列侯。〔二〕为子彭祖取鲁女[15]。

鲁薨，谥之曰原侯。子富嗣。〔三〕

【注释】

〔1〕镇民中郎将：官名。这是临时设置的官职。〔2〕汉宁：郡名。即汉中郡。治所在今陕西汉中市。〔3〕出：超出。〔4〕桓、文：即齐桓公、晋文公。〔5〕署置：任命和设置官员。〔6〕斩断：指发号施令。〔7〕不称：不称王。〔8〕子午谷：山谷名。是秦岭山脉中的南北谷道之一。子午道北口在今陕西西安市长安区西南，南口在今陕西安康市西北。〔9〕阳平关：关隘名。在今陕西勉县西南郊老城乡。〔10〕稽（qǐ）颡：跪拜礼。屈膝拜伏以额触地。也叫稽首。此处指投降。〔11〕以迫往：因为逼得无法才去投降。〔12〕委质：归顺。〔13〕国家：东汉时习称天子为国家。〔14〕逆：迎接。〔15〕彭祖：即曹宇。曹宇字彭祖。传见本书卷二十《武文世王公传》。

【裴注】

〔一〕《魏名臣奏》载董昭表曰："武皇帝，承凉州从事及武都降人之辞，说'张鲁易攻，阳平城下南北山相远，不可守也'，信以为然。及往临履，不如所闻，乃叹曰：'他人商度，少如人意！'攻阳平山上诸屯，既不时拔，士卒伤夷者多。武皇帝意沮，便欲拔军，截山而还。遣故大将军夏侯惇、将军许褚，呼山上兵还。会前军未还，夜迷惑；误入贼营，贼便退散。侍中辛毗、刘晔等在兵后，语惇、褚，言：'官兵已据得贼要屯，贼已散走。'犹不信之，惇前自见，乃还白武皇帝。进兵定之，幸而克获。此近事，吏士所知。"

又杨暨表曰："武皇帝始征张鲁，以十万之众，身亲临履，指授方略，因就民麦以为军粮。张卫之守，盖不足言，地险守易；虽有精兵虎将，势不能施。对兵三日，欲抽军还，言：'作军三十年，一朝持与人，如何？'此计已定，天祚大魏，鲁守自坏，因以定之。"

《世语》曰："遣五官掾降；弟卫，横山筑阳平城以拒，王师不得进。鲁走巴中。军粮尽，太祖将还。西曹掾东郡郭谌曰：'不可！鲁已降，留使既未反；卫虽不同，偏携可攻。悬军深入，以进必克，退必不免！'太祖疑之。夜有野麋数千突坏卫营，军大惊。夜，高祚等误与卫众遇，祚等多鸣鼓角会众。卫惧，以为大军见掩，遂降。"

〔二〕臣松之以为：张鲁虽有善心，要为败而后降；今乃宠以万户，五子皆封侯，过矣！

习凿齿曰："鲁欲称王，而阎圃谏止之，今封圃为列侯。夫赏罚者，所以惩恶劝善也；苟其可以明轨训于物，无远近幽深矣。今阎圃谏鲁勿王，而太祖追封之，将来之人，孰不思顺？塞其本源而末流自止，其此之谓与！若乃不明于此而重焦烂之功，丰爵厚赏止于死战之士；则民利于有乱，俗竞于杀伐，阻兵仗力，干戈不戢矣。太祖之此封，可谓知赏罚之本；虽汤武居之，无以加也。”

《魏略》曰：“黄初中，增圃爵邑；在礼请中。后十余岁，病死。”《晋书》云：“西戎司马阎缵，圃孙也。”

〔三〕《魏略》曰：“刘雄鸣者，蓝田人也。少以采药射猎为事，常居覆车山下。每晨夜，出行云雾中。以识道不迷，而时人因谓之能为云雾。郭、李之乱，人多就之。建安中，附属州郡；州郡表荐为小将。马超等反，不肯从，超破之。后诣太祖。太祖执其手谓之曰：‘孤方入关，梦得一神人，即卿邪？’乃厚礼之，表拜为将军，遣令迎其部党。部党不欲降，遂劫以反，诸亡命皆往依之。有众数千人，据武关道口。太祖遣夏侯渊讨破之，雄鸣南奔汉中。汉中破，穷无所之，乃复归降。太祖捉其须曰：‘老贼，真得汝矣！’复其官，徙勃海。时又有程银、侯选、李堪，皆河东人也；兴平之乱，各有众千余家。建安十六年，并与马超合。超破走，堪临阵死；银、选南入汉中，汉中破，诣太祖降，皆复官爵。”

评曰：公孙瓒保京[1]，坐待夷灭。度残暴而不节[2]，渊仍业以载凶[3]，只足覆其族也。陶谦昏乱而忧死，张杨授首于臣下；皆拥据州郡，曾匹夫之不若：固无可论者也。燕、绣、鲁，舍群盗，列功臣；去危亡，保宗祀：则于彼为愈焉[4]。

【注释】

〔1〕京：指易京。〔2〕不节：无节制。〔3〕仍业：继承基业。载凶：（与他的祖父）一样凶恶。〔4〕于彼为愈：比他们（指公孙度等）要好。

【译文】

公孙瓒，字伯珪，辽西郡令支县人。他曾任本郡太守府的门下书佐，很有仪表风度，声音洪亮。姓侯的太守器重他，把女儿嫁给他为妻。并派他到涿郡去向著名的学者卢植学习儒经，他以后又回来当郡太守的下属。

姓刘的太守因事被召到京城的廷尉官署受审，公孙瓒为他驾车，亲自从事做饭之类的杂役。等到刘太守被流放到南方边远的日南郡时，公孙瓒准备了米和肉，在京城洛阳北郊的北芒山上遥祭祖先。他高举着酒杯祷告说："过去我是家里的儿子；今天我是上司的下属，将要动身到日南郡去。日南郡多瘴气，或许会回不来，我在此与祖先们告别了！"又行了一个跪拜礼，然后慷慨激昂地站了起来，当时看见这一场面的人莫不感动得抽泣不止。刘太守行至中途得到赦免回来。公孙瓒因被举荐为孝廉而担任郎中。又被任命为辽东属国的长史。

他曾经带领几十名骑兵出去巡视边塞，碰见数百名鲜卑族的骑兵。公孙瓒退进一处空亭中，和骑兵们商议说："今天不冲出去，我们就要死光！"公孙瓒自己拿着长矛，两头都装上了尖刃，飞驰出去刺杀。前后杀伤鲜卑骑兵数十人，自己的部下也有一半人战死，才得以脱离危险。鲜卑人受到这次惩戒，以后再不敢闯入边塞。公孙瓒则升任涿县县令。

中平年间，凉州出现了叛乱。朝廷调发幽州的骑兵冲锋队三千人，暂时让公孙瓒行使都督的权力，使用相应的官员身份证件，带领三千骑兵前往凉州报到。部队开到蓟县境内时，渔阳郡的张纯，引诱辽西郡乌丸族的首领丘力居等反叛，攻掠蓟县地区；自称将军，又扶持当地的官员百姓去进攻右北平郡、辽西郡、辽东属国的各个城镇，所到之处破坏严重。公孙瓒带领部队，追击张纯等有功，升任骑都尉。辽东属国的乌丸族首领贪至王，率领他的部落向公孙瓒投降。公孙瓒又升任中郎将，封都亭侯；进军驻扎在辽东属国，与少数族人相互攻击五六年。

丘力居等人又攻掠青州、徐州、幽州、冀州，四州百姓深受其害，公孙瓒没有能够抵御住他。朝廷的议论认为，宗正卿东海郡人刘虞具有德行仁义；加之他过去当过幽州刺史，恩德信用在当地流播，少数族都归附他；如果派他去镇守安抚幽州，可以不兴师动众而得到平定。于是朝廷便任命刘虞为幽州牧。刘虞一上任，即派使者到少数族中，用利害关系进行劝告，要求他们送交张纯的脑袋。丘力居等人听说刘虞到来，非常高兴，各自派出翻译向汉朝投诚。

公孙瓒嫉妒刘虞立功，偷偷派人在半路上截杀了少数族的使者。少数族人得知情况，悄悄走小路去见刘虞。刘虞上奏朝廷后撤销幽州边境各处驻扎的军队，只留公孙瓒带领步、骑兵近万人驻扎在右北平郡。张纯丢下妻子儿女，逃到鲜卑族中，被他的门客王政杀死，把脑袋献给刘虞。朝廷封王政为列侯。刘虞因功而就地升任太尉，封襄贲侯。

碰上董卓进入洛阳，提升刘虞为大司马；公孙瓒为奋武将军，并封为蓟侯。关东义军起来讨伐董卓，董卓劫持献帝西迁长安，征召刘虞入朝任太傅；因道路被阻断，使者和诏命没能到达。袁绍与韩馥商议，认为："皇帝受制于奸臣，天下的人心没有归依。而刘虞，是出自皇族的知名人士，是民众景仰的人。"决定推举刘虞为皇帝，他们派使者去报告刘虞；刘虞始终不肯接受。袁绍等人又劝刘虞宣布自己总领尚书台事务，禀承皇帝旨意具有任命官员的权力；刘虞也不听从，但他仍然与袁绍等保持同盟关系。

刘虞的儿子刘和任侍中，住在长安。献帝想从长安东归洛阳，让刘和迷惑董卓后逃离长安，悄悄混出武关去找刘虞，让他带兵来长安迎接自己。刘和途经袁术的控制区，向他述说了天子的意思。袁术想利用刘虞作为外援，于是留下刘和不让他走；同时向刘和许愿，说只要刘虞的兵马来到，自己就将带兵一同往西面的长安迎接天子，让刘和写信把这件事告诉刘虞。刘虞得到刘和的书信后，派了数千名骑兵到刘和那里。

公孙瓒知道袁术有政治野心，不想派出军队，就阻止刘虞；刘虞没有听从。公孙瓒害怕袁术知道内情后怨恨自己，也派遣他的堂弟公孙越带领一千名骑兵去袁术那里，主动结为友好；暗中又教唆袁术把刘和抓起来，夺走他的骑兵。从此刘虞与公孙瓒的矛盾更深刻。刘和从袁术那里逃出来往北回幽州，路上又被袁绍扣留。

这时，袁术派孙坚驻扎在阳城以抵御董卓，袁绍命部将周昂去夺占阳城。袁术让公孙瓒与孙坚合力进攻周昂，未能取胜；公孙越反被流箭射中死亡。公孙瓒大怒说："我堂弟的死，灾祸起始于袁绍！”于是出兵进驻磐河，准备报复袁绍。袁绍心中害怕，便将自己所佩带的勃海郡太守印章、绶带，授给公孙瓒的另一个堂弟公孙范；派他到勃海郡任太守，想借此与公孙瓒结好。不料公孙范却带领勃海郡的兵马帮助公孙瓒，击破了青州、徐州的黄巾军；公孙瓒的势力更加强盛，又向前推进到了界桥。同时他任命严纲为冀州刺史、田楷为青州刺史、单经为兖州刺史；设置了这三个州下属郡县的行政长官，做好了南下攻占这三个州的准备。袁绍驻扎在广宗县，派部将麴义充当先锋与公孙瓒交战，生擒了严纲。

公孙瓒被打败后撤到勃海郡，又与公孙范一起回到蓟县。在蓟县大城的东南面另筑一座小城，做自己的驻地。这座小城与刘虞所在的大城离得很近，两人的怨恨逐渐加深。

刘虞担心公孙瓒发动事变，于是抢先下手举兵袭击公孙瓒；结果被打败，刘虞仓皇出逃到居庸县。公孙瓒攻克居庸，生擒刘虞，把他押回蓟县。这时董卓被杀，天子派使者段训来幽州宣布增加刘虞的封邑，让他指挥北方六个州的各路军队；同时宣布提升公孙瓒为前将军，封易侯。公孙瓒诬告刘虞想自称皇帝，胁迫段训斩了刘虞；公孙瓒则上奏朝廷，让段训做幽州刺史。

从此公孙瓒对人骄傲矜持，只记别人的过失而忘掉别人的好处，很多人被他残杀。刘虞的下属渔阳人鲜于辅、齐周，以及骑都尉鲜于银等人，率领幽州的军队想攻杀公孙瓒替刘虞报仇；因为燕国的阎柔素来有恩德威信，大家共同推举他担任护乌丸校尉的司马。阎柔在乌丸、鲜卑族人中招募引来士兵，得到少数族与汉族军队数万人。这支队伍与公孙瓒所设置的渔阳郡太守邹丹，在潞河北岸展开激战。大获全胜，斩了邹丹。这时袁绍又派遣麴义和刘虞的儿子刘和，带领军队与鲜于辅合力进攻公孙瓒。

公孙瓒的军队连战连败，只好逃回易京固守：他在易京外围挖了十道堑壕，在堑壕之内垒起一座座高台，都有五六丈高，然后在台上建高楼；在堑壕之内正中央所垒的土台特别高，足有十丈，留给自己住；还在这里储存了三百万斛的粮食。公孙瓒说：“过去我以为，天下事用手来指划几下就可以解决。今天看来，并非我能决定得了；不如休战，积蓄粮食。兵法上说：敌人占据一百座高楼时不能去进攻；今天我修了上千座高楼。吃完储存的这些粮食，就可以知道天下事情的结局了。”他想以此来拖垮袁绍。

袁绍派遣将领去进攻，几年都不能得手。建安四年（公元199），袁绍出动全军围攻易京。公孙瓒派儿子去向黑山农民军求救；后来又想自己带领骑兵冲锋队突围而出，然后依傍着西山，带领黑山农民军，侵扰冀州，截断袁绍的后路。长史关靖劝公孙瓒说：“现在将军您手下的将士，都已呈土崩瓦解之势；他们之所以还能各自坚持一阵子，是因为他们顾恋自己的住处和妻儿老小，把将军您当做主心骨啊。将军只要长期坚守下去，袁绍一定会自行撤退；他撤退之后，我们四面的兵将，必定能重新聚合起来。如果您现在舍弃他们而突围，军队失去镇得住的重心；易京的危亡，马上就会来到！将军失去根据地，孤独游动在荒野上，还能成就什么大事啊！”公孙瓒便打消了突围的念头。他的儿子把救兵请到后，他想内外夹攻袁绍；就派人给儿子带去一封信，约定时间同时出动，点火作为联络信号。不料袁绍的巡逻兵截获了这封信，如期点火；公孙瓒以为是救兵出动，于是出城准备实施夹击。袁绍设下了埋伏发起袭击，把公孙瓒打得落花流水。公孙瓒只得又退回易京防守。袁绍挖掘地道，由地下冲出易京内的地面，破坏了公孙瓒修建的一座座高楼，逐渐推进到达中央那座最高的楼。

公孙瓒自知必败，于是把妻子儿女全部杀死，然后自杀。

鲜于辅带领他的部下接受汉朝的命令，朝廷任命鲜于辅为建忠将军，指挥幽州六郡的军队。太祖曹操与袁绍在官渡相持，阎柔派使者，到太祖那里去接受指挥，太祖提升他为护乌丸校尉；鲜于辅亲自去拜见太祖，被任命为左度辽将军，封亭侯，太祖派他回去镇守安抚幽州。

太祖攻克袁谭据守的南皮县，阎柔带着部下和鲜卑族人，给太祖献上良马以供军用。他又跟随太祖征讨三郡的乌丸，因功封为关内侯；鲜于辅也率领部下随从太祖征讨。

魏文帝曹丕称帝，任命鲜于辅为虎牙将军，阎柔为度辽将军；都晋爵为县侯，赐给特进的官号。

陶谦，字恭祖，丹杨郡人。年轻时好学，是在校的儒生。起初当州、郡政府的官吏，被推举为茂才，出任卢县县令。升任幽州刺史。被征召入朝担任议郎，又作为车骑将军张温的军事参谋，随从西行讨伐韩遂。碰上徐州的黄巾农民军起事，朝廷让陶谦做了徐州刺史。他领兵进攻黄巾军，黄巾军大败逃走。董卓之乱，州郡纷纷起兵。天子在长安建都，与四方断绝了联系；陶谦派使者从小路去向天子进贡，被提升为安东将军、徐州牧，封溧阳侯。

这时，徐州人口众多，谷米储备充足，各地的流民都拥来归附，然而陶谦却违背正道任意行事。广陵郡太守琅邪人赵昱，是徐州的名士，因为忠诚正直而被他疏远；曹宏之流，是喜欢进谗言的奸恶小人，陶谦反倒亲近信任他们：于是刑法、政事出现问题，善良的好人多被他杀害，由此逐渐产生动乱。

下邳的阙宣称天子；陶谦最初与他联合起来抢掠民间。后来又杀死阙宣，并吞了他的部队。

初平四年(公元193)，太祖曹操领兵征讨陶谦。一连攻下了十多座城池，到了彭城，双方摆开阵势大战。陶谦兵败逃走，死了近万人，尸体使泗水阻塞而断流。陶谦退守郯县，太祖也因粮食不足而引军回还。

兴平元年(公元194)，太祖再次东征，攻占了琅邪、东海两郡的各县；陶谦心中害怕，想要南渡长江逃回家乡丹杨。恰好这时张邈背叛太祖而迎接吕布到兖州，太祖只好掉头回去攻击吕布。这一年，陶谦因病去世。

张杨，字稚叔，云中郡人。因为武艺超群作战勇敢而在并州州政府服务，任武猛从事。

东汉灵帝末年，天下动乱，灵帝任命他所宠爱的年轻宦官蹇硕为上军校尉，调集军队驻守京都，想以此控制四方。并征召天下的豪杰，充当蹇硕手下的领兵将领。太祖曹操和袁绍等人都出任校尉，属于蹇硕统辖。并州刺史丁原，派张杨带兵去蹇硕那里报到，并担任司马的副手。灵帝驾崩，蹇硕被何进杀死。张杨又受何进派遣，回并州招募军队，招到一千余人。他带着这支部队，驻扎在上党郡，打击山区的叛贼。何进失败，董卓作乱。张杨带着部队在壶关进攻上党太守，没有得手；改而攻掠附近各县，手下扩大到数千人马。

山东义兵起事，声讨董卓。袁绍进驻河内，张杨与袁绍会合，又与匈奴族首领于夫罗一起驻扎在漳水一带。于夫罗想要背叛袁绍，张杨不同意。于夫罗挟持张杨，与他一起离开。袁绍派部将麴义跟踪追赶到邺县的南面，把于夫罗打得大败。于夫罗与张杨转移到了黎阳，击溃度辽将军耿祉，队伍又重新振作起来。这时董卓任命张杨为建义将军、河内郡太守。献帝东回洛阳经过河东郡时，张杨带着队伍赶到安邑保护，被任命为安国将军，封晋阳侯。张杨想要迎接天子回洛阳，手下的将领却不同意，他只好带着队伍回到野王县驻扎。

建安元年(公元196)，杨奉、董承、韩暹带着天子回故都洛阳。路上粮食缺乏，张杨带着粮食在中途迎接。一起到达洛阳后，他对手下的将领说："天子么，应当受到天下人共同拥戴。朝廷中幸好已有公卿大臣；张杨我该抵御外来的侵犯，何必留在京城里面呢?"于是回到野王。天子派使者到野王任命他为大司马。张杨素来与吕布友善，太祖围攻吕布时，张杨想去援救；未能成行，他只得出兵到东市，遥遥对吕布作声援。

张杨的部将杨丑，杀死张杨响应太祖。张杨的另一个部将眭固又杀死了杨丑，带领张杨的部队，想往北与袁绍联合。太祖派史涣去截击，在犬城击溃眭固的军队，斩了睦固，把张杨的部队全部收编。

公孙度，字升济，本是辽东郡襄平县人。他的父亲公孙延，为了逃避在当地做小吏而移居玄菟郡，公孙度就当了玄菟郡政府的办事员。当时玄菟郡的太守是公孙域，他的儿子公孙豹，年方十八不幸夭亡。公孙度小时候的名字也叫豹，又与公孙域的儿子同岁；所以公孙域一见就非常喜欢他，让他随老师学习，又为他娶了妻。后来公孙度被举荐为有道，担任尚书郎。逐渐升到冀州刺史，因为民间对他评论不佳而被免职。

同郡的老乡徐荣是董卓手下的中郎将，他推荐公孙度做了辽东郡太守。公孙度从玄菟郡的小吏发迹，所以受到辽东郡人的轻视。在这之前，辽东属国的公孙昭代理襄平县县令，曾召来公孙度的儿子公孙康当低等小吏伍长。公孙度一上任，就把公孙昭抓了起来，在襄平的集市上用刑棍活活打死。辽东郡的豪强大族田韶等人，以往对待公孙度不好，都被他动用法律处死。他先后诛灭的家族有一百多家之多，郡中大为震恐。他向东讨伐高句骊，向西攻击乌丸，声威传到了海外。

初平元年(公元 190)，公孙度知道中原地区动乱不宁，便对亲信下属柳毅、阳仪等人说："汉朝的命运将会断绝，我要与诸君一起谋求称王!"当时襄平县延里的社坛旁生出了一块大石头，长一丈多，下面还有三块小石头做它的脚。有人对公孙度说："这块石头与汉宣帝当天子之前在冠石山出现的奇石一样。它所在的延里，其里名'延'又与您先父的大名相同。社是祭祀土地神的地方，表明您将会拥有天下的土地；而下面的三块小石头表明有三公作为辅佐啊。"公孙度益发喜欢。原河内郡太守李敏，是郡中的知名人士。他讨厌公孙度的所作所为，又怕遭到公孙度的伤害，于是带领全家迁居到一座海岛上。公孙度得知后勃然大怒，竟然派人挖开李敏亡父的坟墓，劈开棺材焚烧尸体，又诛灭了李氏宗族。

他分出辽东郡一部分土地设置了辽西郡、中辽郡，任命两郡的太守。又向南渡海攻占青州东莱郡的各县，在这里设置营州刺史。他自封为辽东侯、平州牧；追封其父公孙延为建义侯。又为汉朝的高祖刘邦、世祖刘秀建立神庙；自称承受天子之命，在襄平城南修建祭祀的土坛和广场来祭祀天地；此外他还亲耕籍田，检阅军队，乘坐皇帝的礼仪专车，冠帽上悬挂九根玉串，按皇帝仪仗队的规格配置自己的仪仗队。太祖曹操推荐公孙度做武威将军，封永宁乡侯。公孙度说："我要当辽东的王，拿永宁乡侯来干什么!"把朝廷授给的印章、绶带锁进武器库里。

公孙度死后，他的儿子公孙康继承父位，把永宁乡侯封给了弟弟公孙恭。这一年是建安九年(公元 204)。建安十二年(公元 207)，太祖带兵征讨三郡乌丸，在柳城杀得敌人尸横遍野。袁尚等人逃奔辽东，公孙康砍下袁尚的头颅献给太祖。事情经过记载在本书《武帝纪》中。太祖封公孙康为襄平侯，任左将军。

公孙康死的时候，他的儿子公孙晃、公孙渊等年纪还小，部下就拥戴他的弟弟公孙恭为辽东郡太守。魏文帝曹丕即位称帝，派使者到辽东任命公孙恭为车骑将军，持有节杖，封平郭侯；又追赠公孙康为大司马。

当初，公孙恭因为得了生殖器萎缩的病变成阉人，所以后来衰弱得不能治理辖境。太和二年(公元228)，公孙康的儿子公孙渊强夺了公孙恭的位置。魏明帝曹叡派使者到辽东任命公孙渊为扬烈将军、辽东郡太守。

公孙渊却派人到南方去联络孙权，彼此往来赠送礼物。孙权派出特使张弥、许晏等人，带着金玉珠宝，封公孙渊为燕王。公孙渊怕孙权离得太远到时候自己依靠不上，但又贪图孙吴特使带来的大批财物；于是引诱孙吴的使者上岸，把张弥、许晏等人都杀死，砍下头颅送给魏朝。明帝提升公孙渊为大司马，封乐浪公，依旧持有节杖，兼任辽东郡太守。

明帝的使者到达时，公孙渊指挥带甲士兵排好阵势，然后自己才出来会见使者；又多次对陪同使者的在座宾客口出恶言。

景初元年(公元237)，明帝派遣幽州刺史毌丘俭等带着自己下达的诏书去征召公孙渊入朝任职。公孙渊立即发兵抵抗，在辽隧县一带迎击，与毌丘俭激战；毌丘俭失利后撤退。于是公孙渊自立为燕王，设置了百官和有关机构。又派使者持有节杖，授给鲜卑族单于官印；还对魏朝边境的官民封官赐爵进行拉拢，引诱鲜卑族人去侵扰魏朝的北方地区。

景初二年(公元238)春天，明帝派遣太尉司马懿征讨公孙渊。六月，大军到达辽东。公孙渊派将军卑衍、杨祚等率领步、骑兵数万人，扼守在辽隧一线，在军营外围挖出二十多里长的堑壕。魏军到了辽隧，公孙渊命令卑衍迎战；司马懿派将军胡遵出击，把卑衍击退。司马懿命令军队突破对方的堑壕，先向东南推进；急转弯后再指向东北，直趋襄平。卑衍等将担心襄平没有坚固的防守，连夜赶回襄平救援。魏军到达首山，公孙渊又派卑衍等将迎上来作殊死决战。魏军出击，又把对方打得大败。并乘胜追击一直抵达公孙渊的大本营襄平城下，立即挖掘堑壕实施包围。碰巧当时连降三十多天大雨，辽河水暴涨，魏军的运输船可以从辽河口一直驶到襄平城下。雨一停，魏军立即在城周围垒起土山，建造高楼，使用抛石车和连弩不断向城中射击。公孙渊逼得无路可走，城中粮食吃光了，开始人吃人，死者多得不可胜数。杨祚等将出城投降。

八月，初七日丙寅的夜晚，一颗光芒长达数十丈的大流星，从首山的东北坠到襄平城的东南面。当月二十三日壬午，公孙渊全军溃败，他和儿子公孙修，带着数百名骑兵向东南方突围而逃。魏军的大部队在后面紧紧地追赶，就在流星坠地的地方，斩了公孙渊父子。襄平城被攻破，公孙渊自行任命的相国等数以千计的官员被砍头，公孙渊的头颅用公家的驿车传送到了洛阳。辽东、带方、乐浪、玄菟四郡，全部平定。

当初，公孙渊家中多次出现怪异的事：有一只狗包着头巾外戴官帽，还穿着官员的绛色内衣，出现在房顶上；做饭时又有一个小孩，被蒸死在饭甑中。襄平城北的集市上，出现一块肉，周长数尺，有头有眼有口，没有手脚却又能自己摆动。占卜者的结论说："有形状而不完全，有身体而不发声，这种怪东西出现的国家要灭亡。"最初，公孙度从中平六年(公元189)起占据辽东，到公孙渊时传了三代，历五十年而灭亡。

张燕，常山郡真定县人。原来姓褚。黄巾军起事时，张燕纠合了一帮少年为强盗，在山区水泽之间四处攻掠；回到真定时，手下已有一万多人马了。博陵郡的张牛角也聚众起事，自称将兵从事，与张燕联合。张燕推举张牛角为主帅，一起进攻瘿陶县。牛角被流箭射中，身受重伤濒临死亡；他命令部下拥护张燕，说："你们一定要以他为主帅！"牛角死后，大家遵命拥护张燕，从此张燕不再姓褚而改姓张。张燕勇猛敏捷非同寻常，所以军中人又称他为"飞燕"。

后来他的部队不断扩大，常山、赵郡、上党、河内等郡的山区，都相互通连，在其中活动的小股武装势力首领如孙轻、王当等人，都带着部队归附到张燕的麾下，在他名下的队伍发展到上百万人：总称为"黑山"。灵帝无法讨平他们，黄河以北各郡都深受其害。张燕派人到京城洛阳请求朝廷招安，灵帝便任命张燕为平难中郎将。

在这以后，董卓挟持献帝迁都长安，天下州郡纷纷起兵。张燕就率领部下与各路豪杰联络。袁绍与公孙瓒争夺冀州，张燕派部将杜长等人，支援公孙瓒。与袁绍交战，被袁绍击败，从此张燕手下的兵马逐渐散去。太祖曹操将平定冀州，张燕派使者去见太祖，请求让自己出兵帮助朝廷大军，太祖任命他为平北将军。他率领部下到达邺县，被封为安国亭侯，封邑五百户。

张燕死后，儿子张方继承了他的爵位。张方去世，由儿子张融继承爵位。

张绣，武威郡祖厉县人。是骠骑将军张济同族兄弟的儿子。边章、韩遂在凉州起兵作乱，金城郡的麴胜趁机袭击并杀死了祖厉县县长刘隽；张绣当时在县政府任办事员，他暗地跟踪杀了麴胜。郡内的人都认为他很仗义，从此张绣纠集了一批年轻人，成为祖厉县中的豪杰。董卓被杀，骠骑将军张济与李傕等人一齐攻打吕布，为董卓报仇。事情经过记载在本书《董卓传》中。张绣跟随张济，因为立有军功而逐渐升到建忠将军，封宣威侯。

张济驻扎在弘农，军中缺粮；只得带着部队向南进攻穰县，作战中被流箭射死。

张绣继续统领张济的部众，驻兵在宛县，与刘表联合。太祖曹操南征，进军到淯水。张绣等人率领全军投降，太祖把张济的遗孀占为己有，张绣暗中怀恨。太祖听说张绣对自己不满，秘密定下杀死张绣的计划。不料计划走漏，张绣抢先下手突然袭击太祖；太祖猝不及防被打得大败，两个孩子也丢了性命。张绣领兵退守穰县，太祖连年征讨，也未能攻克。

太祖与袁绍在官渡相持，张绣听从了谋士贾诩的计策，又带领部队向太祖投降。事情经过记载在本书《贾诩传》中。张绣到达的时候，太祖一把拉住他的手，领他入内室欢聚畅饮；替儿子曹均娶张绣的女儿为妻，又任命张绣为扬武将军。官渡之战，张绣奋力作战有功，升任破羌将军。他跟随太祖在南皮县进攻袁谭，因功又增加封邑，总数达到二千户之多。当时天下人口大幅度减少，只有原来的十分之一，其他将领的封邑没有满千户的；唯独张绣特别多。

后来张绣又随从太祖去柳城征讨乌丸，途中去世。谥为定侯。他的儿子张泉继承了爵位。张泉因受魏讽谋反一案的牵连而被处死，封地也被取消。

张鲁，字公祺，沛国丰县人。祖父张陵，客居蜀郡；在鹄鸣山中学道，自己创作道教书籍来迷惑百姓；随从他学道的人要出五斗米，所以当时人称之为“米贼”。张陵死后，他的儿子张衡继续传道。张衡死，儿子张鲁又继承衣钵。

益州牧刘焉，任命张鲁为督义司马；命他与别部司马张脩一起带兵去攻打汉中郡太守苏固。张鲁却动手杀死张脩，夺取了他的人马。刘焉死，他的儿子刘璋接替位置，因为张鲁不顺从他，故而把张鲁的母亲和家属都杀掉。

张鲁从此占据汉中，用鬼道来指教老百姓；自称为“师君”；那些来学道的人，开始都称为“鬼卒”；其中接受道教已经达到笃信程度的，则称为“祭酒”，祭酒各自带领有教民；带领教民多的称为“治头大祭酒”；对教民都教导他们要诚实守信不准欺诈，有病时要先自己忏悔过错，这些情况大体上与黄巾农民军相似；各个祭酒都要在自己的教区中修建义舍，义舍就像现今驿站的旅馆；还要准备义米、义肉，挂在义舍中；过往行人根据自己肚量的大小刚刚吃饱为止；如果吃得太多，神一定会让他生病；教民如果犯了法，可以原谅三次，再犯就要用刑罚惩治；教区之内不设置县令、县长，都由祭酒来治理。汉族人和少数族人都觉得很好，乐于接受。张鲁雄踞汉中近三十年。

汉朝末年，朝廷没有力量对他进行征讨；干脆派使者去汉中任命他为镇民中郎将，兼任由汉中郡改名的汉宁郡太守：而张鲁与朝廷的关系也只限于派使者呈送一点贡品而已。不久有一个老百姓从地里挖出一方玉印，下属们因此想尊称张鲁为汉宁王。张鲁的功曹巴西人阎圃劝张鲁说：“汉水流域的老百姓，超过了十万户；物产丰富而土地肥沃，四面又有险峻的高山做坚固屏障；对上匡扶天子，可以做齐桓公、晋文公一样的诸侯霸主；再次一等学习窦融归顺朝廷，也能享有富贵。现在您奉皇帝之命有权任命和设置官员，足以发号施令，根本用不着称王。希望您不要这样办，免得成为首先受祸的人！”张鲁听从了他的劝告。韩遂、马超作乱，关西百姓从子午谷逃来汉中投奔的达到了数万家。

建安二十年（公元215），太祖亲自带兵从散关出武都征讨张鲁，长驱直达阳平关。张鲁想要交出汉中投降；他的弟弟张卫不同意，率领数万人凭借阳平关拒守。太祖击破张卫的防线，张卫南逃到蜀中。张鲁听说阳平关已失陷，又想要屈膝投降。阎圃又献策说："而今您是被逼得无法才前去投降，肯定功劳小；不如随从杜濩退到朴胡那里去抵抗一阵，然后再向朝廷归顺，这样办功劳才大。"于是张鲁带着部队取道南山退到巴族居住区中。临行前左右的人想把宝物仓库放火烧光，张鲁却说："我本想归顺朝廷，但这一愿望还未实现。我今天离开，不过是躲避锐利的兵锋，并没有什么恶意。宝物仓库，应该归国家所有。"于是把仓库都妥善封存好才离去。

太祖进入张鲁的治所南郑县，对张鲁的行为很表赞许；又因为张鲁本来就已经有归顺的好意，所以派人前去慰问劝说。张鲁便带着全家出来投降太祖。太祖亲自到路上迎接并任命张鲁为镇南将军，用对客人的礼节招待他，封他为阆中侯，食邑一万户。又封张鲁的五个儿子和阎圃等人，都为列侯。还为自己的儿子曹宇娶张鲁的女儿为妻。

张鲁去世，谥为原侯。儿子张富继承了他的爵位。

评论说：公孙瓒据守易京，坐以待毙。公孙度残暴而没有节制，公孙渊继承基业后也是同样的凶恶，都只能使他们的宗族招致灭亡。陶谦做事昏乱忧郁而死，张杨被他的部属砍下头颅；他们都曾占据州郡，但是为人连平民都不如：实在不值得一评。张燕、张绣、张鲁三人，丢掉强盗行径，进入功臣行列；避开了危险和灭亡，保全了祖宗的祭祀：比起上述的公孙度等人要好得多了。

【三国志译注卷九】　魏志九

诸夏侯曹传第九

夏侯惇字元让，沛国谯人。夏侯婴之后也[1]。年十四，就师学。人有辱其师者，惇杀之。由是以烈气闻[2]。

太祖初起，惇常为裨将，从征伐。太祖行奋武将军，以惇为司马，别屯白马。迁折冲校尉，领东郡太守。太祖征陶谦，留惇守濮阳。张邈叛迎吕布，太祖家在鄄城。惇轻军往赴，适与布会，交战。

布退还，遂入濮阳，袭得惇军辎重。遣将伪降，共执持惇[3]；责以宝货，惇军中震恐。惇将韩浩，乃勒兵屯惇营门，召军吏诸将：皆案甲当部不得动[4]。诸营乃定。遂诣惇所，叱持质者曰："汝等凶逆，乃敢执劫大将(军)！复欲望生邪？且吾受命讨贼，宁能以一将军之故[5]，而纵汝乎！"因涕泣谓惇曰："当奈国法何[6]！"促召兵击持质者。持质者惶遽叩头，言："我但欲乞资用去耳[7]！"浩数责[8]，皆斩之。

惇既免，太祖闻之，谓浩曰："卿此，可为万世法。"乃著令："自今以后，有持质者；皆当并击，勿顾质。"由是劫质者遂绝。[一]

【注释】

〔1〕夏侯婴（？—前172）：泗水郡沛县（今江苏沛县）人。早年与刘邦有交谊。随刘邦起兵反秦。西汉建立，任太仆，封汝阴侯。传见《汉书》卷四十一。〔2〕闻：闻名。〔3〕执持：劫持为人质。〔4〕案甲当部：命令士兵停留在各自的营中不动。〔5〕宁能：岂能。〔6〕奈国法何：拿国法怎么办呢。意思是要按国法行事顾不得上司个人的安危。〔7〕乞资用：要点路费。〔8〕数责：数落痛骂。

【裴注】

〔一〕孙盛曰："按《光武纪》，建武九年，盗劫阴贵人母、弟。吏以不得拘质迫盗，盗遂杀之也；然则合击者，乃古制也。自安、顺以降，政教陵迟，劫质不避王公，而有司莫能遵奉国宪者；浩始复斩之，故魏武嘉焉。"

太祖自徐州还，惇从征吕布。为流矢所中，伤左目。〔一〕复领陈留、济阴太守；加建武将军[1]，封高安乡侯。时大旱，蝗虫起。惇乃断太寿水作陂[2]，身自负土；率将士劝种稻，民赖其利。转领河南尹[3]。太祖平河北，为大（将）军后拒。邺破，迁伏波将军，领尹如故；使得以便宜从事[4]，不拘科制[5]。

建安十二年，录惇前后功，增封邑千八百户，并前二千五百户。二十一年，从征孙权。还，使惇都督二十六军[6]，留居巢；赐伎乐、名倡，令曰："魏绛以和戎之功[7]，犹受金石之乐[8]，况将军乎！"二十四年，太祖军（击破吕布军）于摩陂，召惇常与同载；特见亲重，出入卧内[9]。诸将莫得比也。拜前将军，〔二〕督诸军还寿春，徙屯召陵。

文帝即王位，拜惇〔为〕大将军。数月薨。

惇虽在军旅，亲迎师受业[10]。性清俭，有余财，辄以分施；不足，资之于官[11]，不治产业。谥曰忠侯。

子充嗣。帝追思惇功，欲使子孙毕侯；分惇邑千户，赐惇七子二孙爵，皆关内侯。惇弟廉及子楙，素自封列侯。初，太祖以女妻楙，即清河公主也。楙历位侍中、尚书，安西、镇东将军，假节。〔三〕充薨，子廙嗣。廙薨，子劭嗣。〔四〕

韩浩者，河内人。及沛国史涣，与浩俱以忠勇显[12]。浩至中护军，涣至中领军；皆掌禁兵，封列侯。〔五〕

【注释】

〔1〕建武将军：官名。属杂号将军。领兵征伐。〔2〕太寿水：太寿附近的睢水。在今河南睢县东。〔3〕河南尹：官名。东汉时京城洛阳所在的河南郡太守，改称河南尹。河南郡也称河南尹。〔4〕以便宜从事：按照实际情况的需要自行决定公务的处理。〔5〕不拘科制：不必遵守条例所规定的上报和审批程序。〔6〕军：这里指各有将领统率彼此间是平行关系的军队。〔7〕魏绛：春秋时晋国的大夫。曾力主与各少数族和睦相处，受到晋悼公的采纳，晋国政局得以安定。晋悼公因此把郑国奉送的乐器给了一半与他。事见《左传》襄公十一年。〔8〕金石之乐：用金属、石料制作的乐器。晋悼公送给魏绛的乐器有金属做的钟和石料做的磬等。〔9〕卧内：卧室之内。〔10〕受业：接受儒学教育。〔11〕官：公家。这是当时习语。〔12〕显：升到显要的官位。

【裴注】

〔一〕《魏略》曰："时夏侯渊与惇，俱为将军，军中号惇为'盲夏侯'。惇恶之，每照镜恚怒，辄扑镜于地。"

〔二〕《魏书》曰："时诸将皆受魏官号，惇独汉官，乃上疏自陈不当不臣之礼。太祖曰：'吾闻太上师臣，其次友臣。夫臣者，贵德之人也；区区之魏，而臣足以屈君乎？'惇固请，乃拜为前将军。"

〔三〕《魏略》曰："楙字子林，惇中子也。文帝少与楙亲，及即位，以为安西将军、持节，承夏侯渊处都督关中。楙性无武略，而好治生。至太和二年，明帝西征，人有白楙者，遂召还为尚书。楙在西时，多蓄伎妾，公主由此与楙不和。其后群弟不遵礼度，楙数切责；弟惧见治，乃共构楙以诽谤，〔令〕公主奏之。有诏收楙，帝意欲杀之，以问长水校尉京兆段默。默以为：'〔诽谤之言不与实相应。〕此必清河公主与楙不睦，出于谮构，冀不推实耳。且伏波与先帝有定天下之功，宜加三思。'帝意解，曰：'吾亦以为然！'乃发诏推问为公主作表者，果其群弟子臧、子江所构也。"

〔四〕《晋阳秋》曰："泰始二年，高安乡侯夏侯佐卒；惇之孙也，嗣绝。诏曰：'惇，魏之元功，勋书竹帛。昔庭坚不祀，犹或悼之；况朕受禅于魏，而可以忘其功臣哉！宜择惇近属(劭)〔绍〕封之。'"

〔五〕《魏书》曰："韩浩字元嗣。汉末起兵，县近山薮，多寇；浩聚徒众，为县藩卫。太守王匡以为从事，将兵拒董卓于盟津。时浩舅杜阳，为河阴令，卓执之；使招浩，浩不从。袁术闻而壮之，以为骑都尉。夏侯惇闻其名，请与相见；大奇之，使领兵从征伐。时大议损益，浩以为当急田。太祖善之，迁护军。太祖欲讨柳城，领军史涣以为道远深入，非完计也，欲与浩共谏。浩曰：'今兵势强盛，威加四海，战胜攻取，无不如志；不以此时，遂除天下之患，将为后忧。且公神武，举无遗策；吾与君，为中军主，不宜沮众！'遂从破柳城。改其官为中护军，置长史、司马。从讨张鲁，鲁降。议者以浩智略足以绥边，欲留使都督诸军，镇汉中。太祖曰：'吾安可以无护军！'乃与俱还。其见亲任如此。及薨，太祖愍惜之。无子，以养子荣嗣。史涣字公刘。少任侠，有雄气。太祖初起，以客从，行中军校尉。从征伐，常监诸将；见亲信，转拜中领军。十四年薨。子静嗣。"

夏侯渊字妙才。惇族弟也。太祖居家，曾有县官事[1]；渊代引重罪[2]。太祖营救之，得免。〔一〕

太祖起兵，以别部司马、骑都尉从，迁陈留、颍川太守。及与袁绍战于官渡，行督军校尉[3]。绍破，使督兖、豫、徐州军粮。时军食少，渊传馈相继[4]，军以复振。昌豨反，遣于禁击之，未拔；复遣渊与禁并力。遂击豨，降其十余屯，豨诣禁降。渊还，拜典军校尉。〔二〕济南、乐安黄巾徐和、司马俱等攻城[5]，杀长吏。渊将泰山、齐、平原郡兵击[6]，大破之；斩和，平诸县，收其粮谷以给军士。

十四年[7]，以渊为行领军[8]。太祖征孙权还，使渊督诸将，击庐江叛者雷绪[9]。绪破，又行征西护军[10]，督徐晃击太原贼；攻下二十余屯，斩贼帅商曜，屠其城。从征韩遂等，战于渭南。又督朱灵平隃麋、汧氐[11]。

【注释】

〔1〕县官：汉代习称官府为县官。有县官事的意思是吃官司。〔2〕代引：代为承受。 〔3〕督军校尉：官名。代表主帅监督各军将领。〔4〕传(zhuàn)馈相继：运粮的驿车连续不断。 〔5〕乐安：王国名。治所在今山东高青县东南。 〔6〕平原：王国名。治所在今山东平原县南。〔7〕十四年：建安十四年(公元209)。 〔8〕领军：这里指中领军。〔9〕庐江：郡名。治所在今安徽庐江县西南。 〔10〕征西护军：官名。负责协调当时西部战区各军的行动。 〔11〕隃麋：县名。县治在今陕西千阳县东南。 汧(qiān)：县名。县治在今陕西陇县南。

【裴注】

〔一〕《魏略》曰："时兖、豫大乱。渊以饥乏，弃其幼子，而活亡弟孤女。"

〔二〕《魏书》曰："渊为将，赴急疾，常出敌之不意。故军中为之语曰：'典军校尉夏侯渊；三日五百，六日一千。'"

与太祖会安定，降杨秋。十七年[1]，太祖乃还邺，以渊行护军将军，督朱灵、路招等，屯长安。击破南山贼刘雄〔鸣〕，降其众。围遂、超余党梁兴于鄠[2]，拔之，斩兴，封博昌亭侯。马超围凉州刺史韦康于冀[3]，渊救康；未到，康败。去冀二百余里，超来逆战。军不利。汧氐反，渊引军还。

十九年[4]，赵衢、尹奉等谋讨超，姜叙起兵卤城以应之[5]。衢等谲说超[6]，使出击叙；于后尽杀超妻子。超奔汉中，还围祁山，叙等急求救。诸将议者，欲须太祖节度[7]。渊曰："公在邺，反复四千里；比报[8]，叙等必败，非救急也！"遂行。使张郃督步骑五千，在前从陈仓狭道入[9]；渊自督粮，在后。郃至渭水上，超将氐羌数千逆郃；未战，超走，郃进军收超军器械。渊到，诸县皆已降。韩遂在显亲[10]；渊欲袭取之，遂走。渊收遂军粮，追至略阳城，去遂二十余里。诸将欲攻之，或言当攻兴国氐。渊以为："遂兵精，兴国城固；攻不可猝拔。不如击长离诸羌[11]。长离诸羌，多在遂军；必归救其家。若〔舍〕羌独守则孤[12]，救长离则官兵得与野战，可必虏也。"渊乃留督将守辎重，轻兵步骑到长离。攻烧羌屯，斩获甚众。诸羌在遂军者，各还种落[13]。遂果救长离，与渊军对阵。诸将见遂众，恶之[14]，欲结营作堑乃与战。渊曰："我转斗千里，今复作营堑，则士众疲惫，不可久。贼虽众，易与耳[15]！"乃鼓之，大破遂军。得其旌麾，还略阳，进军围兴国。氐王千万，逃奔马超，余众降。转击高平屠各[16]，皆散走，收其粮谷牛马。乃假渊节。

初，枹罕宋建，因凉州乱，自号"河首平汉王"。

太祖使渊帅诸将讨建。渊至，围枹罕。月余拔之，斩建及所置丞相以下。渊别遣张郃等平河关[17]，渡河入小湟中[18]。河西诸羌尽降，陇右平。太祖下令曰："宋建造为乱逆，三十余年。渊一举灭之，虎步关右，所向无前。仲尼有言：'吾与尔不如也[19]！'"

【注释】

〔1〕十七年：建安十七年（公元212）。〔2〕鄠（hù）：县名。县治在今陕西西安市鄠邑区。〔3〕冀：县名。县治在今甘肃天水市西北。〔4〕十九年：建安十九年（公元214）。〔5〕卤城：地名。在今甘肃礼县东北。〔6〕谲（jué）说：设计劝说。〔7〕须：等待。 节度：下达指令。〔8〕比（bì）报：等到批复。〔9〕陈仓：县名。县治在今陕西宝鸡市东。〔10〕显亲：县名。县治在今甘肃秦安县西北。〔11〕长离：河流名。为渭水上游大支流。发源于今宁夏西吉县境，南流至今甘肃天水市北入渭水。〔12〕舍羌：让部下的长离羌族战士离开。〔13〕种落：部落。〔14〕恶之：对此感到害怕。〔15〕易与：容易对付。〔16〕高平：地名。在今宁夏固原市。 屠各：汉魏时西北方少数族名。〔17〕河关：县名。县治在今甘肃临夏县西北。〔18〕小湟中：地区名。即湟水流域。〔19〕吾与尔不如也：这是《论语·公冶长》中孔子对子贡说的话，意思是我和你都比不上颜回。曹操用这句话来称赞夏侯渊在平定宋建一事上比自己和众将强。

二十（一）年[1]，增封三百户，并前八百户。还击武都氐、羌下辩[2]，收氐谷十余万斛。太祖西征张鲁，渊等将凉州诸将、侯、王以下[3]，与太祖会休亭[4]。太祖每引见羌胡，以渊畏之。会鲁降，汉中平；以渊行都护将军[5]，督张郃、徐晃，等平巴郡[6]。太祖还邺，留渊守汉中，即拜渊征西将军。

二十三年[7]，刘备军阳平关；渊率诸将拒之，相守连年[8]。

二十四年正月[9]，备夜烧围鹿角[10]；渊使张郃护东围，自将轻兵护南围。备挑郃战，郃军不利。渊分所将兵半，助郃；为备所袭，渊遂战死。谥曰愍侯。初，渊虽数战胜，太祖常戒曰："为将当有怯弱时，不可但恃勇也[11]！将当以勇为本，行之以智计。但知任勇，一匹夫敌耳。"

渊妻，太祖内妹[12]。长子衡，尚太祖弟海阳哀侯女，恩宠特隆。衡袭爵，转封安宁亭侯。黄初中，赐中子霸；太和中，赐霸四弟爵：皆关内侯。霸，正始中为讨蜀护军、右将军[13]，进封博昌亭侯。素为曹爽所厚，闻爽诛，自疑，亡入蜀。以渊旧勋，赦霸子，徙乐浪郡。〔一〕霸弟威，官至兖州刺史。〔二〕威弟惠，乐安太守。〔三〕惠弟和，河南尹。〔四〕衡薨，子绩嗣，为虎贲中郎将。绩薨。子褒嗣。

【注释】

〔1〕二十年：建安二十年（公元215）。〔2〕下辩：武都郡的治所。〔3〕王：指少数族的首领。〔4〕休亭：地名。具体位置待考。〔5〕都护将军：官名。为全军的总协调人。〔6〕巴郡：郡名。治所在今重庆市。〔7〕二十三年：建安二十三年（公元218）。〔8〕相守：相互对峙。〔9〕二十四年：建安二十四年（公元219）。〔10〕围：军营外面的屏障。鹿角：军事上的防御物。用带枝杈的树木连成一排，枝杈的尖端朝向敌人来犯的方向，形状像鹿的头角，故名。〔11〕但：只是。夏侯渊战死的地方在定军山，位于陕西勉县城南约5公里，东西绵延数十公里，主峰约800米，是古代争夺汉中这一军事要地的著名古战场。后世曾有大量箭镞、铜铁蒺藜（俗称扎马钉）等古代兵器出土。〔12〕内妹：妻子的妹妹。〔13〕讨蜀护军：官名。进攻蜀汉时各军的协调人。

【裴注】

〔一〕《魏略》曰:“霸字仲权。渊为蜀所害,故霸常切齿,欲有报蜀意。黄初中,为偏将军。子午之役,霸召为前锋;进至兴势围,安营在曲谷中。蜀人望知其是霸也,指下兵攻之。霸手战鹿角间,赖救至,然后解。后为右将军,屯陇西。其养士、和戎,并得其欢心。至正始中,代夏侯儒为征蜀护军,统属征西:时征西将军夏侯玄,于霸为从子;而玄于曹爽为外弟。及司马宣王诛曹爽,遂召玄,玄来东。霸闻曹爽被诛而玄又征,以为祸必转相及,心既内恐;又霸先与雍州刺史郭淮不和,而淮代玄为征西;霸尤不安,故遂奔蜀。南趋阴平而失道,入穷谷中。粮尽,杀马步行。足破,卧岩石上;使人求道,未知何之。蜀闻之,乃使人迎霸。初,建安五年,时霸从妹,年十三四,在本郡。出行樵采,为张飞所得。飞知其良家女,遂以为妻;产息女,为刘禅皇后。故渊之初亡,飞妻请而葬之。及霸入蜀,禅与相见,释之曰:‘卿父自遇害于行间耳,非我先人之手刃也。’指其儿子以示之曰:‘此夏侯氏之甥也。’厚加爵宠。”

〔二〕《世语》曰:“威字季权。任侠,贵历荆、兖二州刺史。子骏,并州刺史。次庄,淮南太守。庄子湛,字孝若;以才博文章,至南阳相、散骑常侍。庄,晋景(阳)〔羊〕皇后姊夫也。由此一门侈盛于时。”

〔三〕《文章叙录》曰:“惠字稚权。幼以才学见称,善属奏议。历散骑、黄门侍郎。与钟毓数有辩驳,事多见从。迁燕相、乐安太守。年三十七卒。”

〔四〕《世语》曰:“和字义权。清辩有才论。历河南尹、太常。渊第三子称,第五子荣;从孙湛为其序曰:‘称字叔权。自孺子而好合聚童儿,为之渠帅。戏必为军旅战阵之事,有违者,辄严以鞭捶,众莫敢逆。渊阴奇之,使读《项羽传》及兵书,不肯,曰:“能则自为耳,安能学人!”年十六,渊与之田,见奔虎,称驱马逐之。禁之不可,一箭而倒,名闻太祖。太祖把其手喜曰:“我得汝矣!”与文帝为布衣之交。每宴会,气陵一坐,辩士不能屈。世之高名者,多从之游。年十八,卒。弟荣,字幼权。幼聪慧,七岁能属文,诵书日千言,经目辄识之。文帝闻而请焉。宾客百余人,人一奏刺;悉书其乡邑、名氏,世所谓爵里刺也。客示之,一寓目,使之遍谈,不谬一人。帝深奇之。汉中之败,荣年十三,左右提之走;不肯,曰:“君亲在难,焉所逃死!”乃奋剑而战,遂没阵。’”

曹仁字子孝。太祖从弟也。〔一〕少好弓马弋猎。后豪杰并起，仁亦阴结少年，得千余人。周旅淮、泗之间[1]，遂从太祖，为别部司马，行厉锋校尉[2]。太祖之破袁术，仁所斩获颇多。从征徐州，仁常督骑[3]，为军前锋；别攻陶谦将吕由，破之。还，与大军合彭城，大破谦军。从攻费、华、即墨、开阳[4]，谦遣别将救诸县，仁以骑击破之。太祖征吕布，仁别攻句阳[5]，拔之，生获布将刘何。太祖平黄巾，迎天子都许；仁数有功，拜广阳太守[6]。太祖器其勇略，不使之郡[7]，以议郎督骑。太祖征张绣，仁别徇旁县[8]，虏其男女三千余人。太祖军还，为绣所追；军不利，士卒丧气。仁率厉将士甚奋，太祖壮之，遂破绣。

【注释】

〔1〕周旅：周游。 〔2〕厉锋校尉：官名。领兵征伐。 〔3〕督骑：统率骑兵。骑兵是曹军的精锐主力，通常都以曹氏宗族的出色将领统领。〔4〕即墨：县名。县治在今山东平度市东南。 〔5〕句阳：县名。县治在今山东菏泽市西北。 〔6〕广阳：郡名。治所在今北京市。 〔7〕之郡：到广阳郡上任。广阳为幽州辖郡，当时幽州还是公孙瓒的势力范围，曹仁实际上也不可能去任职。 〔8〕徇：攻掠。

【裴注】

〔一〕《魏书》曰：“仁祖褒，颍川太守。父炽，侍中、长水校尉。”

太祖与袁绍，久相持于官渡。绍遣刘备徇漉强诸县[1]，多举众应之；自许以南，吏民不安。太祖以为忧。仁曰：“南方以大军方有目前急，其势不能相救；

刘备以强兵临之，其背叛，固宜也。备新将绍兵，未能得其用，击之可破也。”太祖善其言，遂使将骑击备；破走之，仁尽复收诸叛县而还。

绍遣别将韩荀，抄断西道；仁击荀于鸡洛山〔2〕，大破之。由是绍不敢复分兵出。复与史涣等抄绍运军，烧其粮谷。河北既定，从围壶关。太祖令曰：“城拔，皆坑之〔3〕！”连月不下。仁言于太祖曰：“围城，必示之活门〔4〕，所以开其生路也。今公告之必死，将人自为守；且城固而粮多，攻之则士卒伤，守之则引日久。今顿兵坚城之下，以攻必死之虏：非良计也！”太祖从之，城降；于是录仁前后功，封都亭侯。

从平荆州，以仁行征南将军；留屯江陵，拒吴将周瑜〔5〕。瑜将数万众来攻，前锋数千人始至，仁登城望之。乃募得三百人，遣部曲将牛金逆与挑战。贼多，金众少，遂为所围。

长史陈矫俱在城上，望见金等垂没〔6〕，左右皆失色。仁意气奋怒甚，谓左右：“取马来！”矫等共援持之〔7〕，谓仁曰：“贼众盛，不可当也！假使弃数百人何苦〔8〕？而将军以身赴之！”仁不应，遂被甲上马，将其麾下壮士数十骑出城。去贼百余步，迫沟〔9〕。矫等以为仁当住沟上，为金形势也〔10〕；仁径渡沟，直前，冲入贼围，金等乃得解；余众未尽出，仁复直还突之；拔出金兵，亡其数人，贼众乃退。矫等初见仁出，皆惧；及见仁还，乃叹曰：“将军真天人也！”三军服其勇。太祖益壮之，转封安平亭侯。

太祖讨马超，以仁行安西将军，督诸将拒潼关，破超渭南。苏伯、田银反，以仁行骁骑将军，都督七军，讨银等，破之。

【注释】

〔1〕濦(yǐn)强：县名。县治在今河南临颍县东南。北距当时汉献帝所在的许县只有30公里。袁绍这样做是想扰乱曹操的后方。〔2〕鸡洛山：山名。在今河南新密市东北。〔3〕坑：活埋。〔4〕示之活门：留一座城门不包围以便敌人逃生。〔5〕周瑜(公元175—210)：传见本书卷五十四。〔6〕垂没：将要被歼灭。〔7〕援持：拉住。〔8〕假使：就算是。何苦：有什么了不起。〔9〕迫沟：临近一条深沟。〔10〕为金形势：在远处做出要帮助牛金的样子。

复以仁行征南将军，假节，屯樊，镇荆州。侯音以宛叛，略傍县众数千人。仁率诸军攻破音，斩其首。还屯樊，即拜征南将军。关羽攻樊；时汉水暴溢，于禁等七军皆没，禁降羽。仁人马数千人守城，城不没者数板〔1〕。羽乘船临城，围数重；外内断绝，粮食欲尽，救兵不至。仁激励将士，示以必死，将士感之皆无二〔2〕。徐晃救至，水亦稍减；晃从外击羽，仁得溃围出。羽退走。

仁少时，不修行检〔3〕。及长为将，严整奉法令〔4〕。常置科于左右〔5〕，案以从事〔6〕。鄢陵侯彰北征乌丸〔7〕；文帝在东宫，为书戒彰曰："为将奉法，不当如征南邪〔8〕？"

及即王位，拜仁车骑将军，都督荆、扬、益州诸军事；进封陈侯，增邑二千，并前三千五百户；追赐仁父炽谥曰陈穆侯，置守冢十家。

后召还屯宛〔9〕。孙权遣将陈邵据襄阳，诏仁讨之。仁与徐晃攻破邵，遂入襄阳；使将军高迁等，徙汉南附化民于汉北〔10〕。文帝遣使，即拜仁大将军〔11〕。

又诏仁移屯临颍〔12〕，迁大司马。复督诸军据乌江〔13〕，还屯合肥。

黄初四年薨，谥曰忠侯。〔一〕子泰嗣，官至镇东将军，假节，转封宁陵侯。泰薨，子初嗣。又分封泰弟楷、范，皆为列侯。而牛金，官至后将军。

【注释】

〔1〕板：筑土墙时所用的夹墙木板。这里指墙的高度，一板为两尺左右。〔2〕无二：没有二心。〔3〕行检：品行。这是当时习语。〔4〕严整：严肃认真。〔5〕科：上级颁发的条例规章。〔6〕案：遵照。〔7〕彰：指曹操的儿子曹彰。〔8〕征南：指担任征南将军的曹仁。〔9〕召还屯宛：曹仁的驻地本来在襄阳，后来为了避开孙吴的进攻，就往北撤退到宛城。见《晋书》卷一《宣帝纪》。〔10〕汉南附化民：汉水以南愿意投向曹魏的居民。〔11〕即拜：到曹仁的驻地封拜。拜官仪式通常在朝廷举行。因特殊原因受官者不能到京城，朝廷派使者到其驻地授官职，叫做即拜。〔12〕临颍：县名。县治在今河南临颍县西北。〔13〕乌江：地名。在今安徽和县东北乌江镇。

【裴注】

〔一〕《魏书》曰：“仁，时年五十六。”

《傅子》曰：“曹大司马之勇，贲、育弗如也。张辽，其次焉。”

仁弟纯。〔一〕初以议郎参司空军事〔1〕。督虎、豹骑从围南皮〔2〕，袁谭出战；士卒多死，太祖欲缓之。纯曰：“今千里蹈敌，进不能克，退必丧威；且悬师深入[3]，难以持久。彼胜而骄，我败而惧；以惧敌骄，必可克也！”太祖善其言，遂急攻之；谭败，纯麾下骑斩谭首。及北征三郡，纯部骑获单于蹋顿。以前后功封高陵亭侯，邑三百户。从征荆州，追刘备于长坂[4]；获其二女、辎重，收其散卒。进降江陵，从还谯。

建安十五年薨。文帝即位，追谥曰威侯。〔二〕子演嗣，官至领军将军。正元中，进封平乐乡侯。演薨，子亮嗣。

【注释】

〔1〕司空：当时任司空的人是曹操。〔2〕虎、豹骑：即虎骑与豹骑。均为当时曹操精锐的骑兵分队名。意思是骑兵人人像虎豹一般勇猛。其队长由曹氏宗族成员担任。故宫博物院收藏有当时的“豹骑司马”官印，见《秦汉南北朝官印征存》。〔3〕悬师：远离自己根据地的孤军。〔4〕长坂：地名。在今湖北当阳市东北。

【裴注】

〔一〕《英雄记》曰：“纯字子和。年十四而丧父，与同产兄仁别居。承父业，富于财，僮仆人客以百数；纯纲纪督御，不失其理，乡里咸以为能。好学问，敬爱学士，学士多归焉。由是为远近所称。年十八，为黄门侍郎。二十，从太祖到襄邑募兵，遂常从征战。”

〔二〕《魏书》曰：“纯所督虎、豹骑，皆天下骁锐，或从百人将补之。太祖难其帅，纯以选为督，抚循甚得人心。及卒，有司白选代。太祖曰：‘纯之比，何可复得？吾独不中督邪！’遂不选。”

曹洪字子廉。太祖从弟也。〔一〕太祖起义兵讨董卓，至荥阳，为卓将徐荣所败。太祖失马，贼追甚急；洪下，以马授太祖；太祖辞让，洪曰：“天下可无洪，不可无君！”遂步从到汴水。水深不得渡，洪循水得船；与太祖俱济，还奔谯。扬州刺史陈温素与洪善，洪将家兵千余人，就温募兵；得庐江上甲二千人[1]，东到丹杨，复得数千人，与太祖会龙亢。

太祖征徐州，张邈举兖州叛迎吕布。时大饥荒，洪将兵在前，先据东平、范，聚粮谷以继军。太祖讨邈、布于濮阳，布破走，遂据东阿；转击济阴、山阳、中牟、阳武、京、密十余县[2]，皆拔之。以前后功，拜鹰扬校尉[3]。迁扬武中郎将[4]。

天子都许，拜洪谏议大夫。别征刘表[5]，破表别将于舞阳、〔舞〕阴、叶、堵阳、博望[6]，有功。迁厉锋将军[7]，封国明亭侯。累从征伐，拜都护将军。

文帝即位，为卫将军。迁骠骑将军；进封野王侯，益邑千户，并前二千一百户；位特进。后徙封都阳侯。始，洪家富而性吝啬；文帝少时假求不称[8]，常恨之。遂以舍客犯法[9]，下狱当死。群臣并救，莫能得。卞太后谓郭后曰：“令曹洪今日死，吾明日敕帝废后矣[10]！”于是泣涕屡请，乃得免官、削爵土。〔二〕洪先帝功臣，时人多为觖望[11]。

明帝即位，拜后将军；更封乐城侯，邑千户；位特进。复拜骠骑将军。

太和六年，薨。谥曰恭侯。子馥，嗣侯。初，太祖分洪户，封子震列侯。洪族父瑜，修慎笃敬[12]；官至卫将军，封列侯。

【注释】

〔1〕上甲：上等的甲兵。上等指强悍善战。〔2〕济阴：郡名。治所在今山东菏泽市定陶区西北。 京：县名。县治在今河南荥阳市东南。密：县名。县治在今河南新密市东南。〔3〕鹰扬校尉：官名。领兵征伐。〔4〕扬武中郎将：官名。领兵征伐。〔5〕别征：暂时离开主力大军单独领兵进攻别的地方。〔6〕舞阳：县名。县治在今河南舞阳县西北。 博望：县名。县治在今河南方城县西南博望镇。〔7〕厉锋将军：官名。领兵征伐。〔8〕假求不称：借取财物而得不到满足。〔9〕舍客：门客。〔10〕废后：废黜你。后指郭后。当时郭后很受文帝宠信，所以卞太后逼她救曹洪。〔11〕觖(jué)望：失望不满。〔12〕修慎笃敬：行事谨慎而为人恭敬。

【裴注】

〔一〕《魏书》曰："洪伯父鼎，为尚书令，任洪为蕲春长。"

〔二〕《魏略》曰："文帝收洪，时曹真在左右，请之曰：'今诛洪，洪必以真为谮也。'帝曰：'我自治之，卿何豫也！'会卞太后责怒帝，言：'梁、沛之间，非子廉无有今日！'诏乃释之，犹尚没入其财产。太后又以为言，后乃还之。初，太祖为司空时，以己率下；每岁发调，使本县平赀。于时，谯令平洪赀财，与公家等。太祖曰：'我家赀，那得如子廉耶！'文帝在东宫，尝从洪贷绢百匹，洪不称意。及洪犯法，自分必死；既得原，喜。上书谢曰：'臣少不由道，过在人伦；长窃非任，遂蒙含贷。性无检度知足之分，而有豺狼无厌之质；老昏倍贪，触突国网；罪迫三千，不在赦宥；当就辜诛，弃诸市朝；犹蒙天恩，骨肉更生。臣仰视天日，愧负灵神；俯惟愆阙，惭愧怖悸，不能雉经以自裁割。谨涂颜阙门，拜章陈情。'"

曹休字文烈。太祖族子也。天下乱，宗族各散，去乡里。休年十余岁，丧父，独与一客担丧假葬〔1〕；携将老母，渡江至吴。〔一〕以太祖举义兵，易姓名，转至荆州；间行北归，见太祖。太祖谓左右曰："此吾家千里驹也！"使与文帝同止〔2〕，见待如子。常从征伐，使领虎、豹骑，宿卫。

刘备遣将吴兰屯下辩，太祖遣曹洪征之；以休为骑都尉，参洪军事。太祖谓休曰：“汝虽参军，其实帅也。”洪闻此令，亦委事于休。备遣张飞屯固山[3]，欲断军后。众议狐疑，休曰：“贼实断道者[4]，当伏兵潜行；今乃先张声势，此其不能也。宜及其未集，促击兰；兰破，则飞自走矣。”洪从之，进兵击兰，大破之，飞果走。太祖拔汉中诸军还长安[5]，拜休中领军。

文帝即王位，为领军将军；录前后功，封东阳亭侯。夏侯惇薨，以休为镇南将军，假节，都督诸军事；车驾临送[6]，上乃下舆执手而别[7]。孙权遣将屯历阳[8]，休到，击破之。又别遣兵渡江，烧贼芜湖营数千家[9]。迁征东将军，领扬州刺史，进封安阳乡侯。〔二〕帝征孙权，以休为征东大将军，假黄钺，督张辽等及诸州郡二十余军，击权大将吕范等于洞浦[10]。破之，拜扬州牧。

明帝即位，进封长平侯。吴将审德屯皖，休击破之，斩德首；吴将韩综、翟丹等，前后率众诣休降。增邑四百，并前二千五百户；迁大司马[11]，都督扬州如故。

太和二年，帝为二道征吴，遣司马宣王从汉水下，(督休)〔休督〕诸军向寻阳。贼将伪降[12]，休深入；战不利，退还宿石亭。军夜惊，士卒乱，弃甲兵辎重甚多。休上书，谢罪；帝遣屯骑校尉杨暨慰谕，礼赐益隆。休因此痈发背薨[13]。谥曰壮侯。

子肇嗣。〔三〕肇有当世才度[14]，为散骑常侍、屯骑校尉。明帝寝疾，方与燕王宇等属以后事[15]。帝意寻变，诏肇以侯归第。正始中薨，追赠卫将军。子兴嗣。

初，文帝分休户三百，封肇弟纂为列侯；后为殄吴将军[16]。薨，追赠前将军。〔四〕

【注释】

〔1〕客：这里指当时一种依附于豪强大族的佃客。其身份仅比奴隶稍高。　假葬：暂时安葬。〔2〕同止：同住。〔3〕固山：地名。在今甘肃成县西北。〔4〕实：确实要。〔5〕拔汉中诸军：从汉中撤出全军。指建安二十四年(公元219)五月曹操放弃汉中事。见本书卷一《武帝纪》。〔6〕车驾：皇帝的车队。〔7〕上：皇上。指曹丕。　执手：握手。是当时尊者向卑者表示亲近的动作。〔8〕历阳：县名。县治在今安徽和县。〔9〕芜湖：县名。县治在今安徽芜湖市。〔10〕吕范(？—公元228)：传见本书卷五十六。　洞浦：地名。在今安徽和县东南。〔11〕迁大司马：这一次任命与当时曹魏上层集团的矛盾有关。魏文帝曹丕在世时，着意提拔曹真为全军主帅，临死前又以曹真为首席辅政大臣。由于曹真的资历与曹休相当，而且原本姓秦，是曹操的养子，因此他在京城执掌兵权出任首辅，引起曹休的强烈不满。为了安抚曹休以稳定政局，魏明帝曹叡在封曹真为大将军的同时，又封曹休为比大将军地位略高的大司马。不久，曹叡就把在京的辅政大臣曹真派到长安指挥西部战区，司马懿派到宛城指挥南方战区，只留一位文职的陈群在京，从而完全打破了当初曹丕临终前安排的四大臣辅政体制，把军政大权控制在自己手中。分见本书卷三《明帝纪》、卷十四《刘放传》裴注引《孙资别传》、《晋书》卷一《宣帝纪》。〔12〕贼将：指吴将周鲂。见本书卷六十《周鲂传》。〔13〕痈：一种致命的肿毒。〔14〕当世才度：从政的才能气度。〔15〕属以后事：魏明帝临终前，本来已决定由燕王曹宇和夏侯献、曹爽、曹肇、秦朗等人辅政，很快又改变主意。见本书卷三《明帝纪》裴注引《汉晋春秋》。〔16〕殄吴将军：官名。领兵与孙吴作战。

【裴注】

〔一〕《魏书》曰："休祖父，尝为吴郡太守。休于太守舍，见壁上祖父画像，下榻拜，涕泣。同坐者皆嘉叹焉。”

〔二〕《魏书》曰：“休丧母，至孝。帝使侍中夺丧服，使饮酒食肉。休受诏而形体益憔悴，乞归谯，葬母。帝复遣越骑校尉薛乔，奉诏节其忧哀，使归家治丧；一宿便葬，葬讫诣行在所。帝见，亲自宽慰之。其见爱重如此。”

〔三〕《世语》曰：“肇字长思。”

〔四〕张隐《文士传》曰：“肇孙摅，字颜远。少厉志操，博学有才藻。仕晋，辟公府；历洛阳令，有能名。大司马齐王冏辅政，摅与齐人左思，俱为记室督。从中郎出为襄阳太守，征南司马。值天下乱，摅讨贼向吴，战败，死。”

曹真字子丹。太祖族子也。太祖起兵，真父邵，募徒众[1]，为州郡所杀[2]。〔一〕太祖哀真少孤，收养与诸子同，使与文帝共止。

尝猎，为虎所逐；顾射虎，应声而倒。太祖壮其鸷勇[3]，使将虎、豹骑。讨灵丘贼[4]，拔之，封灵寿亭侯。以偏将军将兵，击刘备别将于下辩；破之，拜中坚将军[5]。从至长安，领中领军。是时，夏侯渊没于阳平，太祖忧之。以真为征蜀护军，督徐晃等，破刘备别将高详于阳平。太祖自至汉中，拔出诸军；使真至武都，迎曹洪等还屯陈仓。

文帝即王位，以真为镇西将军，假节，都督雍、凉州诸军事[6]。录前后功，进封东乡侯。张进等反于酒泉，真遣费曜讨破之，斩进等。

黄初三年，还京都。以真为上军大将军，都督中外诸军事[7]，假节、钺。与夏侯尚等征孙权，击牛渚屯[8]，破之。转拜中军大将军，加给事中[9]。七年[10]，文帝寝疾，真与陈群、司马宣王等，受遗诏辅政[11]。

明帝即位，进封邵陵侯，〔二〕迁大将军。诸葛亮围祁山，南安、天水、安定三郡反应亮。帝遣真督诸军，军郿；遣张郃击亮将马谡[12]，大破之。安定民杨条等，略吏民保月支城[13]，真进军围之。条谓其众曰："大将军自来，吾愿早降耳！"遂自缚出。三郡皆平。

真以亮惩于祁山[14]，后出必从陈仓；乃使将军郝昭、王生守陈仓[15]，治其城[16]。明年春，亮果围陈仓，已有备而不能克。增邑，并前二千九百户。

四年[17]，朝洛阳，迁大司马，赐剑履上殿，入朝不趋。真以"蜀连出侵边境，宜遂伐之；数道并入，可大克也"。帝从其计。真当发西讨，帝亲临送。真以八月发长安，从子午道南入；司马宣王溯汉水[18]，当会南郑；诸军或从斜谷道，或从武威入[19]。会大霖雨三十余日，或栈道断绝[20]，诏真还军。

真少与宗人曹遵、乡人朱赞并事太祖[21]。遵、赞早亡，真愍之；乞分所食邑，封遵、赞子。诏曰："大司马有叔向抚孤之仁[22]，笃晏平久要之分[23]。君子成人之美：听分真邑，赐遵、赞子爵关内侯，各百户。"真每征行，与将士同劳苦；军赏不足，辄以家财班赐，士卒皆愿为用。真病还洛阳，帝自幸其第省疾。真薨，谥曰元侯。

子爽嗣。帝追思真功，诏曰："大司马蹈履忠节，佐命二祖[24]；内不恃亲戚之宠，外不骄白屋之士[25]：可谓能持盈守位、劳谦其德者也[26]。其悉封真五子：

羲、训、则、彦、皑，皆为列侯。”

初，文帝分真邑二百户，封真弟彬，为列侯。

【注释】

〔1〕募徒众：招兵买马。 〔2〕州郡：这里指州郡官员。 〔3〕鸷勇：骁勇。 〔4〕灵丘：县名。在今山西灵丘县东南。 〔5〕中坚将军：官名。曹魏的禁卫队有中坚营，中坚将军是其司令官。 〔6〕雍：州名。治所在今陕西西安市西北。 〔7〕都督中外诸军事：表示军事指挥权力范围的称号。凡加上这一称号者，有权指挥京城内外的所有军队，也就是全国军队的总司令。 〔8〕牛渚：地名。在今安徽马鞍山市西南。〔9〕给事中：官名。给事是服务，中是皇宫之中，意为在皇宫内服务。常作为加官。凡加此官者，可以经常出入皇宫。 〔10〕七年：黄初七年(公元226)。 〔11〕受遗诏辅政：当时列名受遗诏辅政的还有曹休，但因他镇守淮南，未能离开前线回京，所以此处没有提他。 〔12〕马谡(公元190—228)：传附本书卷三十九《马良传》。 〔13〕月支城：地名。在今甘肃镇原县东北。 〔14〕惩：受到挫折。 〔15〕郝昭：传见本书卷三《明帝纪》裴注引《魏略》。 〔16〕治：整修加固。 〔17〕四年：太和四年(公元230)。 〔18〕司马宣王：即司马懿。 〔19〕武威：武威郡在凉州，与蜀汉并未相接，进入汉中不会经过武威，此处史文疑有误。〔20〕或：有的地段。 栈道：古代修建的一种特殊道路。在山间或河谷的崖壁上凿孔以固定木柱，然后在柱上搭架铺板，连成通道。西南的山区使用最多。早在先秦时期起，栈道就成为穿越秦岭而连接关中和成都两大经济发达区域的西部国道，为国家的统一和发展产生了重要作用。在今四川广元市朝天区一带的嘉陵江河谷，以及陕西汉中市北面的褒水河谷，还可见到古栈道的遗迹。成为当地独特的旅游景观。又称阁道或栈阁。〔21〕宗人：同宗。 乡人：同乡。 〔22〕叔向：春秋时晋国大夫。羊舌氏，名肸(xī)。晋平公时任太傅。 抚：抚摸。 孤：指司马侯的儿子。叔向受司马侯的推荐进入政界，两人合作得很好。司马侯死后，有一次叔向见到他的儿子，叔向一边抚摸对方，一边流泪回忆与司马侯愉快合作的情景。见《国语》卷十三《晋语》七、卷十四《晋语》八。 〔23〕晏平：即晏婴。 久要：长久的穷困日子。《论语·宪问》记载，孔子认为一个人如果经过了长久的穷困日子还依然不忘过去对朋友的承诺，即“久要不忘平生之言”，那就算得上是完人了。同书《公冶长》篇又载孔子赞美晏婴善于和别人交朋友，时间越久，他越发尊重朋友。 〔24〕二

祖：指太祖曹操、高祖曹丕。〔25〕白屋：茅草房。白屋之士指地位卑下的人。〔26〕持盈：保持盛满。　劳谦：有功劳仍然很谦虚。语出《周易·谦卦》。

【裴注】

〔一〕《魏略》曰："真本姓秦，养曹氏。或云其父伯南，夙与太祖善。兴平末，袁术部党与太祖攻劫，太祖出。为寇所追，走入秦氏，伯南开门受之。寇问太祖所在，答云：'我是也。'遂害之。由此太祖思其功，故变其姓。"《魏书》曰："邵以忠笃有才智，为太祖所亲信。初平中，太祖兴义兵。邵募徒众，从太祖周旋。时豫州刺史黄琬，欲害太祖；太祖避之而邵独遇害。"

〔二〕臣松之按：真父名邵，封邵陵侯；若非书误，则事不可论。

爽字昭伯。少以宗室谨重[1]，明帝在东宫，甚亲爱之。及即位，为散骑侍郎。累迁城门校尉[2]，加散骑常侍；转武卫将军，宠待有殊。帝寝疾，乃引爽入卧内，拜大将军[3]，假节、钺，都督中外诸军事，录尚书事；与太尉司马宣王，并受遗诏辅少主。

明帝崩，齐王即位，加爽侍中，改封武安侯，邑万二千户；赐剑履上殿，入朝不趋，赞拜不名。丁谧画策[4]，使爽白天子发诏，转宣王为太傅[5]；外以名号尊之，内欲令尚书奏事，先来由己，得制其轻重也。〔一〕爽弟羲为中领军，训武卫将军，彦散骑常侍、侍讲[6]；其余诸弟，皆以列侯侍从，出入禁闼[7]：贵宠莫盛焉。

南阳何晏、邓飏、李胜，沛国丁谧，东平毕轨，咸有声名，进趋于时[8]；明帝以其浮华，皆抑黜之[9]。及爽秉政，乃复进叙[10]，任为腹心。飏等欲令爽立威名于天下，劝使伐蜀；爽从其言，宣王止之不能禁。

正始五年，爽乃西至长安，大发卒六七万人，从骆谷入。是时，关中及氐、羌转输不能供[11]，牛马骡驴多死，民夷号泣道路。入谷行数百里，贼因山为固，兵不得进。爽参军杨伟为爽陈形势："宜急还[12]，不然将败。"〔二〕飏与伟争于爽前，伟曰："飏、胜将败国家事[13]，可斩也！"爽不悦，乃引军还。〔三〕

【注释】

〔1〕谨重：谨慎稳重。〔2〕城门校尉：官名。负责京城洛阳十二座城门的警卫和过往行人盘查。〔3〕拜大将军：明帝将提拔曹爽为大将军，担任首辅大臣，是要利用曹氏宗族力量，与代表异姓元勋重臣势力的司马懿，进行力量平衡，从而保证皇权安定稳固。〔4〕画策：在曹爽的支持者中，最有智谋的是丁谧，出了不少主意，所以司马懿特别恨他。〔5〕转宣王为太傅：这是曹爽集团削夺司马懿权力的重要步骤。魏明帝死，曹爽和司马懿都享有都督中外诸军事、录尚书事两种名号，共同掌握朝廷的军、政大权。曹爽第一步是要去掉司马懿的录尚书事名号，让对方不能染指行政权力。为了掩盖真正的动机，曹爽先上了一道奏章，要求授予司马懿为比自己大将军地位更高的大司马，然后又借天子的嘴说大司马的名称与司马懿的姓相同，此前的曹仁、曹休、曹真一当上大司马不久就都病死，所以只好改授司马懿为太傅。太傅是皇帝的辅导老师，地位尊崇。但是在下达新任命书时，司马懿的录尚书事名号没有了，只余下都督中外诸军事的领兵权。后来在正始二年和四年，年过六十的司马懿还坚持要亲自领兵抗击孙吴在荆、扬二州的进攻，目的就是想保住至关重要的领兵权。分见本书卷四《三少帝纪》、《晋书》卷一《宣帝纪》。〔6〕侍讲：官名。陪皇帝读书，解答问题。〔7〕禁闼：宫门。〔8〕进趋：指热衷仕进。〔9〕抑黜：抑制废黜。当时参与"浮华"的有不少权贵子弟，包括司马懿的长子司马师。但是受到魏明帝点名罢官的，只有诸葛诞、邓飏、李胜等缺乏政治背景的人。分见本卷后文裴注引《魏略》、《魏氏春秋》，本书卷十四《董昭传》、卷二十八《诸葛诞传》。〔10〕进叙：任用。〔11〕转输：转运军用物资。

〔12〕参军：官名。负责军事参谋。当时高级将领都有参军。正式的说法是参某某将军军事。〔13〕飏、胜：邓飏、李胜。他们是曹爽伐蜀的主要策划者。

【裴注】

〔一〕《魏书》曰："爽使弟羲为表曰：'臣亡父真，奉事三朝；入备冢宰，出为上将。先帝以臣肺腑遗绪，奖饬拔擢，典兵禁省；进无忠恪积累之行，退无羔羊自公之节。先帝圣体不豫，臣虽奔走，侍疾尝药，曾无精诚翼日之应；猥与太尉懿俱受遗诏，且惭且惧，靡所底告。臣闻虞舜序贤，以稷、契为先；成汤褒功，以伊、吕为首；审选博举，优劣得所；斯诚辅世长民之大经，录勋报功之令典；自古以来，未之或阙。今臣虚暗，位冠朝首，顾惟越次，中心愧惕；敢竭愚情，陈写至实。夫天下之达道者三，谓德、爵、齿也。懿本以高明中正，处上司之位，名足镇众，义足率下。一也。包怀大略，允文允武，仍立征伐之勋，遐迩归功。二也。万里旋旆，亲受遗诏，翼亮皇家，内外所向。三也。加之耆艾，纪纲邦国，体练朝政；论德则过于吉甫、樊仲；课功则逾于方叔、召虎：凡此数者，懿实兼之。臣抱空名而处其右，天下之人将谓臣以宗室见私，知进而不知退。陛下岐嶷，克明克类，如有以察臣之言；臣以为宜以懿为太傅、大司马；上昭陛下进贤之明，中显懿身文武之实，下使愚臣免于谤诮。'于是帝使中书监刘放、令孙资，为诏曰：'昔吴汉佐光武，有征定四方之功，为大司马，名称于今。太尉体履正直，功盖海内；先帝本以前后欲更其位者辄不弥久，是以迟迟不施行耳。今大将军荐太尉宜为大司马，既合先帝本旨；又彷推让，进德尚勋；乃欲明贤良，辩等列，顺长少也。虽旦、奭之属，宗师吕望，念在引领以处其下，何以过哉？朕甚嘉焉。朕惟先帝固知君子乐天知命，纤芥细疑，不足为忌；当顾柏人、彭亡之文，故用低徊，有意未遂耳！斯亦先帝敬重大臣，恩爱深厚之至也。昔成王建保傅之官，近汉显宗以邓禹为太傅；皆所以优崇俊乂，必有尊也。其以太尉为太傅。'"

〔二〕《世语》曰："伟字世英，冯翊人。明帝治宫室，伟谏曰：'今作宫室，斩伐生民墓上松柏，毁坏碑兽石柱；辜及亡人，伤孝子心，不可以为后世之法则。'"

〔三〕《汉晋春秋》曰："司马宣王谓夏侯玄曰：'《春秋》责大德重；昔武皇帝再入汉中，几至大败，君所知也。今兴(平)〔势〕路势至险，蜀已先据；若进不获战，退见邀绝，覆军必矣！将何以任其责？'

玄惧，言于爽。引军退。费祎进兵，据三岭以截爽；爽争险苦战，仅乃得过。所发牛马运转者，死失略尽。羌胡怨叹，而关右悉虚耗矣。”

初，爽以宣王年德并高，恒父事之〔1〕，不敢专行。及晏等进用，咸共推戴，说爽以“权重，不宜委之于人”。乃以晏、飏、谧为尚书，晏典选举；轨司隶校尉，胜河南尹：诸事希复由宣王。

宣王遂称疾，避爽。〔一〕晏等专政，共分割洛阳、野王典农部桑田数百顷〔2〕，及坏汤沐地以为产业〔3〕；承势窃取官物，因缘求欲州郡〔4〕。有司望风〔5〕，莫敢忤旨。晏等与廷尉卢毓素有不平〔6〕，因毓吏微过，深文致毓法〔7〕；使主者先收毓印绶〔8〕，然后奏闻：其作威如此。爽饮食车服，拟于乘舆；尚方珍玩〔9〕，充牣其家〔10〕；妻妾盈后庭，又私取先帝才人七八人〔11〕；及将吏、师工、鼓吹、良家子女三十三人〔12〕，皆以为伎乐〔13〕；诈作诏书，发才人五十七人送邺台〔14〕，使先帝倢伃教习为伎〔15〕；擅取太乐乐器〔16〕，武库禁兵〔17〕；作窟室〔18〕，绮疏四周〔19〕，数与晏等会其中，饮酒作乐。

羲深以为大忧，数谏止之。又著书三篇，陈骄淫盈溢之致祸败，辞旨甚切〔20〕；不敢斥爽〔21〕，托戒诸弟以示爽。爽知其为己发也，甚不悦。羲或时以谏喻不纳，涕泣而起。

宣王密为之备。九年冬〔22〕，李胜出为荆州刺史，往诣宣王。宣王称疾，困笃〔23〕，示以羸形〔24〕；胜不能觉，谓之信然〔25〕。〔二〕

【注释】

〔1〕父事之：当成父辈对待。〔2〕典农部：这里指典农中郎将所管辖的地区。洛阳典农中郎将的治所在今河南洛宁县东北。野王典农中郎将的治所在今河南沁阳市。〔3〕汤沐地：即汤沐邑。封给皇族公主的县。供其收取租税作为卫生美容费用。〔4〕因缘：凭借(权位)。〔5〕望风：指完全顺从，就像野草望风而倒一样。〔6〕不平：矛盾。〔7〕深文：苛细严厉地援用法律条文。指故意给人定重罪。〔8〕主者：主办官员。 先收毓印绶：按照正常程序，官员被定罪之后才能收缴其印绶。〔9〕尚方：官署名。专门为皇帝制造御用刀剑等工艺品。〔10〕充牣(rèn)：充满。〔11〕才人：宫女。〔12〕师工：工匠师傅。鼓吹：打鼓吹奏的乐师。〔13〕伎乐：音乐艺人。〔14〕邺台：邺城过去的魏王宫。〔15〕倢伃：曹魏宫廷女官名。实际是皇帝的小妾。〔16〕太乐：官署名。负责管理训练宫廷乐队和舞蹈队。〔17〕禁兵：专门配给宫廷禁卫军队使用的武器。〔18〕窟室：地下室。作窟室是取其冬暖夏凉。〔19〕绮疏：用精美的织锦装饰。〔20〕切：恳切。〔21〕斥：直接说。〔22〕九年：正始九年(公元248)。〔23〕困笃：危急沉重。〔24〕羸(léi)形：衰弱不堪的模样。〔25〕谓之信然：以为司马懿确实是这样。

【裴注】

〔一〕初，宣王以爽魏之肺腑，每推先之；爽以宣王名重，亦引身卑下：当时称焉。丁谧、毕轨等既进用，数言于爽曰："宣王有大志而甚得民心，不可以推诚委之。"由是爽恒猜防焉。礼貌虽存；而诸所兴造，皆不复由宣王。宣王力不能争，且惧其祸，故避之。

〔二〕《魏末传》曰："爽等令胜辞宣王，并伺察焉。宣王见胜，胜自陈：'无他功劳，横蒙特恩，当为本州；诣阁拜辞，不悟加恩，得蒙引见。'宣王令两婢侍边，持衣，衣落；复上指口，言渴求饮；婢进粥，宣王持杯饮粥，粥皆流出沾胸。胜愍然，为之涕泣，谓宣王曰：'今主上尚幼，天下恃赖明公。然众情谓明公方旧风疾发；何意尊体乃尔！'宣王徐更宽言，才令气息相属，说：'年老沉疾，死在旦夕。君当屈并州，并州近胡，好善为之；恐不复相见，如何！'胜曰：'当还忝本州，非并州也！'宣王乃复佯为昏谬，曰：'君方到并州，努力自爱！'错乱其辞，状如荒语。胜复曰：'当忝荆州，非并州也！'宣王乃若微悟者，谓胜曰：'懿年老，意荒忽，不解君言。今还为本州刺史，盛德壮烈，好建功勋。今当与君别，自顾气力转微，后必不更会；因欲自力，设薄主人；生死共别，令师、昭兄弟，结君为友；不可相舍去，副懿区区之心。’因流涕哽咽。胜亦长叹，答曰：‘辄当承教，须待敕命！’胜辞出，与爽等相见，说：‘太傅语言错误，口不摄杯，指南为北。又云吾“当作并州”，吾答言“当还为荆州，非并州也”。徐徐与语，有识人时，乃知当还为荆州耳。又欲设主人，祖送；不可舍去，宜须待之。’更向爽等垂泪云：‘太傅患不可复济，令人怆然！’”

十年正月[1]，车驾朝高平陵[2]。爽兄弟皆从。[一]

宣王部勒兵马，先据武库。遂出屯洛水浮桥[3]，奏爽曰[4]：“臣昔从辽东还，先帝诏陛下、秦王及臣升御床，把臣臂，深以后事为念。臣言：‘二祖亦属臣，以后事为念，此自陛下所见；无所忧苦[5]，万一有不如意，臣当以死奉明诏！’黄门令董箕等，才人侍疾者[6]，皆所闻知。今大将军爽，背弃顾命[7]，败乱国典；内则僭拟[8]，外专威权；破坏诸营[9]，尽据禁兵；群官要职，皆置所亲；殿中宿卫，历世旧人皆复斥出，欲置新人以树私计；根据盘互[10]，纵恣日甚。外既如此，又以黄门张当为都监[11]，专共交关[12]；看察至尊，候伺神器[13]；离间二宫[14]，伤害骨肉。天下汹汹[15]，人怀危惧；陛下但为寄坐[16]，岂得久安？此非先帝诏陛下及臣升御床之本意也！臣虽朽迈，敢忘往言？昔赵高极意[17]，秦氏以灭；吕、霍早断[18]，汉祚永世。此乃陛下之大鉴，臣受命之时也！太尉臣济、尚书令臣孚等[19]，皆以‘爽为有无君之心，兄弟不宜典兵宿卫’，奏永宁宫[20]。皇太后令敕臣：‘如奏施行。’臣辄敕主者及黄门令：‘罢爽、羲、训吏兵[21]，以侯就第；

不得逗留，以稽车驾[22]；敢有稽留，便以军法从事！’臣辄力疾将兵，屯洛水浮桥[23]，伺察非常[24]。”〔二〕

爽得宣王奏事，不通[25]；迫窘不知所为。〔三〕

【注释】

〔1〕十年：正始十年(公元249)。〔2〕高平陵：魏明帝曹叡的陵墓。在当时洛阳南郊四十五公里。〔3〕洛水浮桥：在当时洛阳南郊二公里处的洛水上。是去高平陵的必经之地。〔4〕奏：向到高平陵去的皇帝上奏。当时郭太后留在皇宫，司马懿先以皇太后的名义罢免曹爽兄弟的官职，然后再向皇帝上报。〔5〕忧苦：担忧难过。〔6〕侍疾：侍候病人。〔7〕顾命：君主临终的遗命。〔8〕僭拟：臣下非分地比拟皇帝。〔9〕破坏诸营：指正始六年(公元245)八月曹爽下令撤销禁卫军的中垒营、中坚营，把两营的兵马合并到中领军营一事，见《晋书》卷一《宣帝纪》。这是曹爽扩大自己军事实力的重要措施。当时，曹爽的弟弟曹羲任中领军统率中领军营，曹训任武卫将军统率武卫营，司马懿的长子司马师任中护军统领中护军营。京城禁卫军六大营中，曹爽直接控制两营，司马懿直接控制一营，还余下中垒、中坚、五校三营相对独立。五校营实力较弱，不关重要。现在曹爽撤销中垒、中坚营，把其全部兵马并入曹羲的中领军营，这实际上就直接控制了四大营，实力增强了一倍。所以司马懿对此恼恨不已，说曹爽是“尽据禁兵”。〔10〕盘互：盘结交错。〔11〕都监：官名。宦官头目。〔12〕交关：串通勾结。〔13〕神器：皇位。〔14〕二宫：指郭太后和皇帝曹芳。曹爽听从丁谧的主意，让郭太后与曹芳分开居住，以便控制皇帝。〔15〕汹汹：人心浮动的样子。〔16〕寄坐：借别人的位置暂坐。〔17〕赵高(？—前207)：赵国人。进入秦朝的宫廷为宦官，有意亲近秦始皇的儿子胡亥。前210年秦始皇死，他与李斯伪造遗诏，逼使秦始皇的长子扶苏自杀，立胡亥为二世皇帝。他任郎中令，控制朝廷大权。后来杀李斯，任中丞相。接着又杀胡亥，立胡亥的侄儿子婴为帝。不久被子婴杀死。事见《史记》卷六《秦本纪》、卷八十七《李斯列传》。极意：野心极度扩张。〔18〕吕：指汉高祖刘邦妻子吕后的家族。刘邦死，吕后临朝听政，使用吕氏家族成员控制权力，并封侄儿吕产、吕禄等为王。吕后临死前，以吕产为相国，又命吕产与吕禄统领京城驻军，继续控制朝政。太尉周勃、丞相陈平和朱虚侯刘章合力，尽杀吕氏家族，

改立刘邦次子刘恒，即汉文帝。事见《史记》卷九《吕本后本纪》、《汉书》卷三《高后纪》。 霍：指西汉的外戚霍氏家族。汉武帝死时，以霍光为大司马、大将军，辅佐昭帝。昭帝死，霍光先立昌邑王刘贺，不久又废黜刘贺迎立宣帝。前后执政达二十余年，子弟姻亲形成权势集团。霍光死后，宣帝清除霍氏势力，诛灭数千家。事见《汉书》卷六十八《霍光传》。〔19〕济：即蒋济（？—249）。传见本书卷十四。 孚：即司马孚（公元180—272）。司马懿的弟弟。后任司空、太尉、太傅。西晋建立，任太宰，封安平王。传见《晋书》卷三十七《宗室传》。〔20〕永宁宫：郭太后的代称。〔21〕辄：自作主张。这是谦辞。 罢吏兵：即撤职。〔22〕稽：延误时间。〔23〕力疾：勉力支撑病体。〔24〕伺察非常：监视有无意外情况发生。意思是要对付曹爽的武装反抗。〔25〕不通：不向皇帝呈奏。

【裴注】

〔一〕《世语》曰："爽兄弟，先是数俱出游；桓范谓曰：'总万机，典禁兵，不宜并出；若有闭城门，谁复纳入者？'爽曰：'谁敢尔邪！'由此不复并行。至是，乃尽出也。"

〔二〕《世语》曰："初，宣王勒兵从阙下趋武库；当爽门，人逼车住。爽妻刘，怖，出至厅事，谓帐下守督曰：'公在外。今兵起，如何？'督曰：'夫人勿忧！'乃上门楼，引弩注箭，欲发。将孙谦在后，牵止之曰：'天下事未可知！'如此者三，宣王遂得过，去。"

〔三〕干宝《晋纪》曰："爽留车驾宿伊水南。伐木为鹿角，发屯甲兵数千人以为卫。"《魏末传》曰："宣王语弟孚：'陛下在外，不可露宿；促送帐幔、太官食具，诣行在所。'"

大司农沛国桓范闻兵起，不应太后召〔1〕；矫诏开平昌门〔2〕；拔取剑戟，略将门候〔3〕；南奔爽。宣王知，曰："范画策，爽必不能用范计。"范说爽，使车驾幸许昌，招外兵。爽兄弟犹豫未决，范重谓羲曰："当今日〔4〕，卿门户求贫贱，复可得乎〔5〕！且匹夫持质一人，尚欲望活；今卿与天子相随，令于天下，谁敢不应者？"

羲犹不能纳。

侍中许允、尚书陈泰说爽，使早自归罪。爽于是遣允、泰诣宣王，归罪请死；乃通宣王奏事。〔一〕遂免爽兄弟，以侯还第。〔二〕

【注释】

〔1〕不应太后召：这是掩饰的话，实际上是不支持司马懿。〔2〕矫诏：假造皇帝的诏命。 平昌门：洛阳城门名。是南面向东第二座城门。 〔3〕略将：胁迫。 〔4〕当今日：时至今日。 〔5〕求贫贱：指放弃权位回家平平安安过普通人的日子。

【裴注】

〔一〕干宝《晋书》曰："桓范出赴爽，宣王谓蒋济曰：'智囊往矣！'济曰：'范则智矣；驽马恋栈豆，爽必不能用也。'"《世语》曰："宣王使许允、陈泰解语爽，蒋济亦与书达宣王之旨；又使爽所信殿中校尉尹大目谓爽'唯免官而已'，以洛水为誓。爽信之，罢兵。"《魏氏春秋》曰："爽既罢兵，曰：'我不失作富家翁。'范哭曰：'曹子丹，佳人；生汝兄弟，犊耳！何图今日，坐汝等族灭矣！'"

〔二〕《魏末传》曰："爽兄弟归家。敕洛阳县：发民八百人，使尉部围爽第四角；角作高楼，令人在上望视爽兄弟举动。爽计穷愁闷，持弹到后园中，楼上人便唱言：'故大将军东南行！'爽还厅事上，与兄弟共议，未知宣王意深浅。作书与宣王曰：'贱子爽哀惶恐怖，无状招祸，分受屠灭。前遣家人迎粮，于今未反；数日乏匮，当烦见饷，以继旦夕。'宣王得书大惊，即答书曰：'初不知乏粮，甚怀踧踖。令致米一百斛，并肉脯、盐豉、大豆。'寻送。爽兄弟不达变数，即便喜欢，自谓不死。"

初，张当私以所择才人张、何等，与爽。疑其有奸，收当治罪。当陈："爽与晏等阴谋反逆[1]，并先习兵，须三月中欲发。"于是收晏等下狱，会公卿朝臣，廷议[2]，以为：“《春秋》之义，‘君亲无将，将而必诛’[3]。爽以支属[4]，世蒙殊宠，亲受先帝握手遗诏，托以天下；而包藏祸心，蔑弃顾命[5]，乃与晏、飏及当等谋图神器；范党同罪人：皆为大逆不道[6]。”于是收爽、羲、训、晏、飏、谧、轨、胜、范、当等，皆伏诛，夷三族。〔一〕

嘉平中[7]，绍功臣世[8]，封真族孙熙，为新昌亭侯，邑三百户，以奉真后[9]。〔二〕

【注释】

〔1〕陈：招认。〔2〕廷议：朝廷遇到重大问题，召集公卿大臣举行会议商讨处理办法，叫做廷议。廷议的会场通常在皇宫中的尚书台，见《续汉百官志》四李贤注引蔡质《汉仪》。〔3〕君亲无将：对君主或父母不能起歹心。这两句话出自《公羊传》昭公元年。〔4〕支属：皇族的分支。〔5〕蔑弃：背弃。〔6〕大逆不道：汉魏法律所列的罪名之一。谋反，谋害君主等，都将定以这一罪名。被定为大逆不道的罪犯将被诛灭三族，即父母、妻室儿女、同胞兄弟姐妹。〔7〕嘉平：废帝曹芳的年号。〔8〕绍功臣世：给断绝后代的功臣安排继承人。〔9〕奉真后：作为曹真的后嗣。

【裴注】

〔一〕《魏略》曰：

“邓飏字玄茂。邓禹后也。少得士名于京师。明帝时为尚书郎，除洛阳令。坐事免，拜中郎，又入兼中书郎。初，飏与李胜等为浮华友。及在中书，浮华事发，被斥出，遂不复用。正始初，乃出为颍川太守。转大将军长史，迁侍中、尚书。飏为人好货，前在内职，许臧艾授以显官，艾以父妾与飏。故京师为之语曰：‘以官易妇邓玄茂。’每所荐达，多如此比。故何晏选举不得人，颇由飏之不公忠；遂同其罪，盖由交友非其才。”

“丁谧，字彦靖。父斐，字文侯。初，斐随太祖，太祖以斐乡里，特饶爱之。斐性好货，数请求，犯法，辄得原宥。为典军校尉，总摄内外；每所陈说，多见从之。建安末，从太祖征吴。斐随行，自以家牛羸困，乃私易官牛；为人所白，被收送狱，夺官。其后太祖问斐曰：‘文侯，印绶所在？’斐亦知见戏，对曰：‘以易饼耳！’太祖笑，顾谓左右曰：‘东曹毛掾，数白此家，欲令我重治；我非不知此人不清，良有以也。我之有斐，譬如人家有盗狗而善捕鼠；盗虽有小损，而完我囊贮。’遂复斐官，听用如初。后数岁，病亡。谧少不肯交游，但博观书传。为人沉毅，颇有才略。太和中，常住邺，借人空屋，居其中。而诸王亦欲借之，不知谧已得，直开门入。谧望见王，交脚卧而不起，而呼其奴客曰：‘此何等人？促呵使去！’王怒其无礼，还具上言。明帝收谧，系邺狱；以其功臣子，原出。后帝闻其有父风，召拜度支郎中。曹爽宿与相亲，时爽为武卫将军，数为帝称其可大用。会帝崩，爽辅政，乃拔谧为散骑常侍，遂转尚书。谧为人外似疏略，而内多忌。其在台阁，数有所弹驳；台中患之，事不得行。又其意轻贵，多所忽略；虽与何晏、邓飏等同位，而皆少之，唯以势屈于爽。爽亦敬之，言无不从。故于时谤书，谓‘台中有三狗：二狗崖柴不可当，一狗凭默作疽囊。’三狗，谓何、邓、丁也；默者，爽小字也。其意言三狗皆欲啮人，而谧尤甚也。奏使郭太后出居别宫，及遣乐安王使北诣邺，又遣文钦令还淮南，皆谧之计。司马宣王由是特深恨之。”

“毕轨，字昭先。父字子礼，建安中为典农校尉。轨以才能，少有名声。明帝在东宫时，轨在文学中。黄初末，出为长(史)〔吏〕。明帝即位，入为黄门郎；子尚公主，居处殷富。迁并州刺史。其在并州，名为骄豪。时杂虏数为暴，害吏民；轨辄出军，击鲜卑轲比能，失利。中护军蒋济表曰：‘毕轨前失，既往不咎；但恐是后，难可以再。凡人材有长短，不可强成。轨文雅志意，自为美器。今失并州，换置他州；若入居显职，不毁其德，于国事实善。此安危之要，唯圣恩察之。’至正始中，入为中护军。转侍中、尚书，迁司隶校尉。素与曹爽善，每言于爽，多见从之。”

“李胜字公昭。父休字子朗，有智略。张鲁前为镇北将军，休为司马，家南郑。时汉中有甘露降，子朗见张鲁精兵数万人，有四塞之固；遂建言赤气久衰，黄家当兴，欲鲁举号；鲁不听。会鲁破，太祖以其劝鲁内附，赐爵关内侯，署散官骑从，诣邺。至黄初中，仕历上党、钜鹿二郡太守。后以年老还，拜议郎。胜少游京师，雅有才智，与曹爽善。明帝禁浮华，而人白胜堂有‘四(窗)〔聪〕’、‘八达’，各有主名，用是被收。以其所连引者多，故得原，禁锢数岁。帝崩，曹爽辅政，胜为洛阳令。夏侯玄为征西将军，以胜为长史；玄亦宿与胜厚。骆谷之役，议从胜出，由是司马宣王不悦于胜。累迁荥阳太守、河南尹。胜前后所宰守，未尝不称职。为尹岁余，厅事前屠苏坏，令人更治之；小材一枚，激堕，正挝受符吏石虎头，断之。后旬日，迁为荆州刺史，未及之官而败也。”

“桓范字元则。世为冠族。建安末，入丞相府。延康中，为羽林左监。以有文学，与王象等典集《皇览》。明帝时为中领军、尚书。迁征虏将军、东中郎将，使持节，都督青、徐诸军事，治下邳。与徐州刺史郑岐，争屋，引节，欲斩岐，为岐所奏；不直，坐免还。复为兖州刺史，怏怏不得意。又闻当转为冀州牧。是时冀州统属镇北，而镇北将军吕昭才实、仕进，本在范后。范谓其妻仲长曰：‘我宁作诸卿，向三公长跪耳；不能为吕子展屈也！’其妻曰：‘君前在东，坐欲擅斩徐州刺史，众人谓君难为作下；今复羞为吕屈，是复难为作上也。’范忿其言触实，乃以刀环撞其腹；妻时怀孕，遂堕胎，死。范亦竟称疾，不赴冀州。正始中拜大司农。范前在台阁，号为晓事；及为司农，又以清省称。范尝抄撮《汉书》中诸杂事，自以意斟酌之，名曰《世要论》。蒋济为太尉，尝与范会社下，群卿列坐有数人；范怀其所撰，欲以示济；谓济当虚心观之。范出其书以示左右，左右传之示济；济不肯视，范心恨之。因论他事，乃发怒谓济曰：‘我祖薄德，公辈何似邪！’济性虽强毅，亦知范刚毅，睨而不应；各罢。范于沛郡，仕次在曹真后。于时曹爽辅政，以范乡里老宿，于九卿中特敬之；然不甚亲也。及宣王起兵，闭城门；以范为晓事，乃指召之，欲使领中领军。范欲应召，而其子谏之；以为车驾在外，不如南出。范疑有顷，儿又促之。范欲去，而司农丞吏，皆止范。范不从，乃突出至平昌城门，城门已闭。门候司蕃，故范举吏也；范呼之，举手中版以示之，矫曰：‘有诏召我，卿促开门！’蕃欲求见诏书，范呵之，言：‘卿非我故吏邪，何以敢尔？’乃开之。范出城，顾谓蕃曰：‘太傅图逆，卿从我去！’蕃徒行不能及，遂避侧。范南见爽，劝爽兄弟以天子诣许昌，征四方以自辅。爽疑，羲又无言。范自谓羲曰：‘事昭然，卿用读书何为邪！于今日，卿等门户倒矣！’俱不言。范又谓羲曰：‘卿别营近在阙南，洛阳典农治在城外，呼召如意。今诣许昌，不过中宿；许昌别库，足相被假。所忧当在谷食，而大司农印章在我身。’羲兄弟默然不从。中夜至五鼓，爽乃投刀于地，谓诸从驾群臣曰：‘我度太傅意，亦不过欲令我兄弟向己也。我独有以不合于远近耳！’遂进谓帝曰：‘陛下作诏免臣官，报皇太后令。’范知爽首免而己必坐倡义也，范乃曰：‘老子今兹坐卿兄弟族矣！’爽等既免，帝还宫，遂令范随从。到洛水浮桥北，望见宣王，下车叩头而无言。宣王呼范姓曰：'桓大夫，何为尔邪?'车驾入宫，有诏范还复位。范诣阙拜章谢，待报。会司蕃诣鸿胪自首，具说范前临出所道。宣王乃忿然曰：'诬人以反，于法何应?'主者曰：'科律：反受其罪。'乃收范于阙下。时人持范甚急，范谓部官曰：'徐之，我亦义士耳。'遂送廷尉。"

《世语》曰："初，爽梦二虎衔雷公，雷公若二升碗，放著庭中。爽恶之，以问占者，灵台丞马训曰：'忧兵。'训退，告其妻曰：'爽将以兵亡，不出旬日。'"

《汉晋春秋》曰："安定皇甫谧，以九年冬梦至洛阳，自庙出，见车骑甚众，以物呈庙云：'诛大将军曹爽。'寤而以告其邑人，邑人曰：'君欲作曹人之梦乎？朝无公孙强，如何？且爽兄弟典重兵，又权尚书事，谁敢谋之！'谧曰：'爽无叔振铎之请，苟失天机，则离矣，何恃于强？昔汉之阎显，倚母后之尊，权国威命，可谓至重矣；阉人十九人，一旦尸之，况爽兄弟乎？'"

《世语》曰："初，爽出，司马鲁芝留在府。闻有事，将营骑斫津门，出赴爽。爽诛，擢为御史中丞。及爽解印绶，将出，主簿杨综止之曰：'公挟主握权，舍此以至东市乎?'爽不从。有司奏综导爽反，宣王曰：'各为其主也。'宥之，以为尚书郎。芝字世英，扶风人也。以后仕进至特进、光禄大夫。综字初伯。后为安东将军司马文王长史。"臣松之按：夏侯湛为《芝铭》及干宝《晋纪》并云，爽既诛，宣王即擢芝为并州刺史，以综为安东参军。与《世语》不同。

〔二〕干宝《晋纪》曰："蒋济以'曹真之勋力，不宜绝祀'，故以熙为后。济又病其言之失信于爽，发病卒。"

晏，何进孙也。母尹氏，为太祖夫人；晏长于宫省〔1〕，又尚公主〔2〕。少以才秀知名，好《老》、《庄》言〔3〕。作《道德论》及诸文、赋著述，凡数十篇。〔一〕

【注释】

〔1〕宫省：宫廷。〔2〕尚：与公主结婚叫做尚。〔3〕老：指《老子》。又名《道德经》、《道德真经》。分上下篇，有五千字。作者相传是春秋末年的李耳，即老聃或老子。1973年长沙马王堆汉墓曾出土了西汉初抄写的帛书《老子》。庄：指《庄子》。又名《南华经》、《南华真

经》。《汉书·艺文志》说全书有五十二篇，今本《庄子》为三十三篇。相传其中的内篇七篇为战国的庄周所撰，外篇十五篇和杂篇十一篇为庄周的弟子和后学所撰。《老子》和《庄子》是先秦道家学派的代表著作。何晏融合道家与儒家，提出以“无名”、“无为”为核心的贵无理论，从而成为魏晋玄学的开创者之一。

【裴注】

〔一〕晏字平叔。《魏略》曰：“太祖为司空时，纳晏母，并收养晏；其时秦宜禄儿阿苏，亦随母在公家，并见宠如公子；苏即朗也。苏性谨慎。而晏无所顾惮，服饰拟于太子；故文帝特憎之，每不呼其姓字，常谓之为‘假子’。晏尚主，又好色，故黄初时无所事任。及明帝立，颇为冗官。至正始初，曲合于曹爽，亦以才能，故爽用为散骑侍郎，迁侍中、尚书。晏前以尚主，得赐爵为列侯。又其母在内，晏性自喜，动静粉白不去手，行步顾影。晏为尚书，主选举；其宿与之有旧者，多被拔擢。”

《魏末传》曰：“晏妇金乡公主，即晏同母妹。公主贤，谓其母沛王太妃曰：‘晏为恶日甚，将何保身?’母笑曰：‘汝得无妒晏邪?’俄而晏死。有一男，年五六岁，宣王遣人录之。晏(母)〔妇〕归藏其子王宫中，向使者搏颊，乞白活之。使者具以白宣王。宣王亦闻晏妇有先见之言，心常嘉之；且为沛王故，特原不杀。”臣松之按：《魏末传》云晏取其同母妹为妻，此搢绅所不忍言；虽楚王之妻(嫂)〔媦〕，不是甚也已。设令此言出于旧史，犹将莫之或信，况底下之书乎?按《诸王公传》，沛王出自杜夫人所生。晏母姓尹，公主若与沛王同生，焉得言与晏同母?

《魏氏春秋》曰：“初，夏侯玄、何晏等，名盛于时，司马景王亦预焉。晏尝曰：“唯深也，故能通天下之志，夏侯泰初是也；唯机也，故能成天下之务，司马子元是也；惟神也，不疾而速，不行而至，吾闻其语，未见其人。”盖欲以“神”况诸己也。初，宣王使晏与治爽等狱。晏穷治党与，冀以获宥。宣王曰：‘凡有八族。’晏疏丁、邓等七姓。宣王曰：‘未也!’晏穷急，乃曰：‘岂谓晏乎?’宣王曰：‘是也。’乃收晏。”

皇甫谧《列女传》曰：“爽从弟文叔，妻谯郡夏侯文宁之女，名‘令女’。文叔早死，服阕；自以年少无子，恐家必嫁己，乃断发以为信。其后，家果欲嫁之，令女闻，即复以刀截两耳，居止常依爽。及爽被诛，曹氏尽死。令女叔父上书与曹氏绝婚，强迎令女归。时文宁为梁相，怜其少，执义；又曹氏无遗类，冀其意沮，乃微使人讽之。令女叹且泣曰：'吾亦惟之，许之是也。'家以为信，防之少懈。令女于是窃入寝室，以刀断鼻，蒙被而卧。其母呼与语，不应；发被视之，血流满床席。举家惊惶，奔往视之，莫不酸鼻。或谓之曰：'人生世间，如轻尘栖弱草耳，何至辛苦乃尔！且夫家夷灭已尽，守此欲谁为哉？'令女曰：'闻仁者不以盛衰改节，义者不以存亡易心；曹氏前盛之时，尚欲保终；况今衰亡，何忍弃之？禽兽之行，吾岂为乎！'司马宣王闻而嘉之，听使乞子字养，为曹氏后；名显于世。"

夏侯尚字伯仁。渊从子也。文帝与之亲友。〔一〕太祖定冀州，尚为军司马，将骑从征伐。后为五官将文学[1]。魏国初建[2]，迁黄门侍郎。代郡胡叛，遣鄢陵侯彰征讨之，以尚参彰军事，定代地。还，太祖崩于洛阳，尚持节，奉梓宫还邺[3]。并录前功，封平陵亭侯，拜散骑常侍。迁中领军。

文帝践阼，更封平陵乡侯，迁征南将军，领荆州刺史，假节，都督南方诸军事。尚奏："刘备别军在上庸，山道险难，彼不我虞[4]；若以奇兵潜行，出其不意，则独克之势也！"遂勒诸军击破上庸，平三郡九县，迁征南大将军。孙权虽称藩，尚益修攻讨之备，权后果有贰心。

黄初三年，车驾幸宛，使尚率诸军，与曹真共围江陵。权将诸葛瑾与尚军对江。瑾渡，入江中渚，而分水军于江中。尚夜多持油船，将步骑万余人，于下流潜渡，攻瑾诸军。夹江烧其舟船，水陆并攻。破之，城未拔；会大疫，诏敕尚引诸军还。益封六百户，并前千九百户；假钺，进为牧。荆州残荒，外接蛮夷；而与吴阻汉水为境，旧民多居江南。尚自上庸通道，西行七百余里，山民蛮夷多服从者；五六年间，降附数千家。五年[5]，徙封昌陵乡侯。

尚有爱妾，嬖幸[6]，宠夺嫡室；嫡室，曹氏女也；故文帝遣人绞杀之。尚悲感，发病恍惚；既葬埋妾，不胜思见[7]，复出视之[8]。文帝闻而恚之曰[9]："杜袭之轻薄尚[10]，良有以也[11]！"然以旧臣，恩宠不衰。

六年，尚疾笃，还京都。帝数临幸，执手涕泣。尚薨。谥曰悼侯。[二]

子玄嗣。又分尚户三百，赐尚弟子奉，爵关内侯。

玄字太初。少知名，弱冠为散骑、黄门侍郎[12]。尝进见，与皇后弟毛曾并坐。玄耻之[13]，不悦形之于色。明帝恨之，左迁为羽林监[14]。正始初，曹爽辅政。玄，爽之姑子也。累迁散骑常侍，中护军。[三]

【注释】

〔1〕五官将文学：官名。建安十六年（公元211）曹丕任五官中郎将，被特许设置下属官员。当时设有文学掾、门下贼曹、长史、功曹、司马等。文学掾简称文学，任务是陪同曹丕研究学术撰写诗文，任此职的有徐幹、应玚、刘桢等著名文士。〔2〕初建：指曹操受封为魏公开始建立魏国封地的建安十八年（公元213）。〔3〕梓宫：帝、后的棺椁。常用梓木制成，故名。〔4〕不我虞：不防备我。〔5〕五年：黄初五年（公元224）。〔6〕嬖幸：受到宠爱。〔7〕不胜思见：忍不住要想再看一看。〔8〕出：从墓中挖出来。〔9〕恚（huì）：愤怒。〔10〕杜袭：传见本书卷二十三。杜袭瞧不起夏侯尚，曾劝曹丕不要太优待他。轻薄：轻视。〔11〕良有以：确实有道理。〔12〕散骑：即散骑侍郎。〔13〕耻之：毛氏出身于卑贱的工匠家庭，缺乏文化教养，而夏侯玄是贵族名士，所以他感到耻辱。〔14〕左迁：降职。羽林监：官名。是羽林骑兵的分队长。羽林监虽然在品级上与黄门侍郎相同，为六百石、第

五品，但黄门侍郎随身侍从皇帝，负责皇帝与外界的联系，还参与处理尚书台呈奏的公事，远比羽林监作用重要，所以当时称为“左迁”。

【裴注】

〔一〕《魏书》曰：“尚有筹画智略。文帝器之，与为布衣之交。”

〔二〕《魏书》载诏曰：“尚自少侍从，尽诚竭节；虽云异姓，其犹骨肉。是以入为腹心，出当爪牙；智略深敏，谋谟过人。不幸早殒，命也奈何！赠征南大将军、昌陵〔乡〕侯印绶。”

〔三〕《世语》曰：“玄，世名知人。为中护军，拔用武官；参戟牙门，无非俊杰，多牧州典郡；立法垂教，于今皆为后式。”

太傅司马宣王问以时事[1]，玄议以为：

夫官才用人，国之柄也[2]。故铨衡专于台阁[3]，上之分也[4]；孝行存乎闾巷[5]，优劣任之乡人[6]，下之叙也[7]。夫欲清教审选[8]，在明其分叙[9]，不使相涉而已[10]。何者？上过其分则恐所由之不本[11]，而干势驰骛之路开[12]；下逾其叙则恐天爵之外通[13]，而机权之门多矣。夫天爵下通，是庶人议柄也[14]；机权多门，是纷乱之原也。

自州郡中正品度官才之来[15]，有年载矣。缅缅纷纷[16]，未闻整齐[17]。岂非分叙参错，各失其要之所由哉？若令中正但考行伦辈[18]；（伦）辈当行均[19]，斯可官矣。何者？夫孝行著于家门，岂不忠恪于在官乎？仁恕称于九族，岂不达于为政乎？义断行于乡党[20]，岂不堪于事任乎？三者之类[21]，取于中正；虽不处其官名[22]，斯任官可知矣。行有大小，比有高下，则所任之流[23]，亦涣然明别矣[24]。奚必使中正干铨衡之机于下[25]，而执机柄者有所委仗于上[26]；上下交侵，以生纷错哉！

且台阁临下，考功校否[27]；众职之属，各有官长。旦夕相考，莫究于此[28]。闾阎之议[29]，以意裁处[30]；而使匠宰失位[31]，众人驱骇[32]：欲风俗清静，其可得乎？天台悬远[33]，众所绝意[34]。所得至者[35]，更在侧近；孰不修饰以要所求[36]？所求有路，则修己家门者[37]，已不如自达于乡党矣[38]；自达乡党者，已不如自求之于州邦矣[39]。苟开之有路[40]，而患其饰真离本[41]；虽复严责中正，督以刑罚，犹无益也。

岂若使各率其分[42]：官长则各以其属能否献之台阁[43]；台阁则据官长能否之第[44]，参以乡闾德行之次[45]，拟其伦比[46]，勿使偏颇；中正则唯考其行迹，别其高下，审定辈类，勿使升降[47]。台阁总之[48]：如其所简或有参错[49]，则其责负自在有司[50]。官长所第，中正〔所〕辈，拟比随次，率而用之；如其不称[51]，责负在外[52]。然则内外相参，得失有所[53]；互相形检[54]，孰能相饰[55]？斯则人心定而事理得，庶可以静风俗而审官才矣！

【注释】

〔1〕时事：当时的政事。　〔2〕柄：权柄。　〔3〕铨衡：对人才的选择衡量。这是授给官职之前的必要程序。　台阁：这里指尚书台。曹魏的官员选任，是由尚书台的吏部尚书负责。　〔4〕上之分(fèn)：中央才

应当具有的职分。〔5〕闾巷：指居民区。〔6〕任之乡人：由同乡的人来负责评判。〔7〕下之叙：地方所应当遵守的次序。〔8〕清教：使教化清明。这针对地方而言。 审选：使选举周密。这针对中央而言。〔9〕明其分叙：把中央的职分和地方的次序分清楚。〔10〕相涉：相互干扰。〔11〕上过其分：指中央铨衡人才时忽视了地方所提供的品行考察。 所由之不本：进入仕途时不通过品行培养的根本途径。〔12〕干势驰骛：为巴结权势而奔走。〔13〕下逾其叙：指地方侵犯了中央选任人才的权力。 天爵：皇朝的官职。 外通：与地方发生关联。〔14〕庶人议柄：平民百姓议论国家的权柄。〔15〕中正：官名。负责品评人才。曹魏实行九品中正制，是古代人才选拔制度上的一个大变化。两汉的人才选拔，是以地方上的品行考察为基础，人们要在家乡作出较长时间的品行表现，才能得到地方上如孝廉之类的提名，然后送到中央考核而授官。东汉末年天下大乱，人口变动剧烈，迁徙频繁，地方上作出长期考察已不可能。于是，曹魏开始实行新法，即九品中正制。在每州设大中正一人，每郡设中正一人，均由本州郡人士在中央任官者兼任。中正负责评定本州郡人才，主要根据家庭先世的贵贱和本人德才的优劣，综合评定一个等级。等级有九，称为九品，第九品最低而第一品最高。中正每三年定品一次。名单呈送中央后，由吏部尚书根据定品的高低授官，低品授低官，高品授高官。由于中正所定的品级决定了所授官位的高低，所以代表地方进行品行才能考察的中正，实际上已经把中央的官职选任权力侵犯了。正因为如此，夏侯玄才批评九品中正制是“分叙参错，各失其要”。〔16〕缅缅纷纷：纷乱的样子。〔17〕整齐：指人才选拔上标准统一，衡量公平。〔18〕考行：考察品行。 伦辈：分类。〔19〕辈当：分类恰当。 行均：品行考察公正。〔20〕义断：义气和决断。 乡党：家乡。据说周代以五百家为一党，一万二千五百家为一乡。〔21〕类：分类。〔22〕处：标明。〔23〕流：流品。即等级。〔24〕涣然：冰雪融化。比喻困难很快消失。〔25〕奚必：何必。〔26〕委仗：委托依仗。〔27〕考功：考核官员的功劳。 校否：比较官员的过失。〔28〕莫究于此：对此都还不能彻底弄清楚。〔29〕闾阎之议：这里指中正对人才优劣的评价。〔30〕以意裁处：以自己个人的意见来作结论。〔31〕匠宰：指在中央掌握铨选机柄的大臣。 失位：意思是权力被下面的中正侵犯。〔32〕驱骇：奔忙慌乱。〔33〕天台：指中央负责铨选授官的尚书台。〔34〕众所绝意：众人难以与它拉关系。〔35〕所得：所能够。〔36〕修饰：指耍手段。 要所求：谋取所希求的东西。〔37〕修己家门：在家庭中修养品行。〔38〕自达：自己直接走后门。〔39〕州邦：指州郡的中正。〔40〕苟：假如。开：开后门。〔41〕饰真：掩饰真实。离本：离开根本。〔42〕岂若：还不如。各率其分：各自遵守本分。〔43〕属：下属。能否：才能的优劣长短。〔44〕第：等第。〔45〕次：高下。〔46〕拟：拟定。伦比：相应的类别。〔47〕升降：过高过低。〔48〕总之：汇总所有的人事档案加以处理。〔49〕简：选择任用。〔50〕责负：责任过失。有司：指尚书台。〔51〕不称：不称职。〔52〕外：指前面所说的官长、中正。〔53〕有所：有地方追究。〔54〕形检：对比检查。这针对被拟定为同一类的人才而言。〔55〕饰：即上文所说的掩饰真实，弄虚作假。

又以为：

古之建官，所以济育群生，统理民物也〔1〕；故为之君长以司牧之〔2〕。司牧之主，欲一而专〔3〕：一，则官任定而上下安；专，则职业修而事不烦。夫事简业修，上下相安而不治者，未之有也。先王建万国〔4〕，虽其详未可得而究；然分疆画界，各守土境，则非重累羁绊之体也。下考殷、周五等之叙〔5〕，徒有小大贵贱之差〔6〕，亦无君官臣民而有二统互相牵制者也〔7〕。夫官统不一，则职业不修；职业不修，则事何得而简？事之不简，则民何得而静？民之不静，则邪恶并兴，而奸伪滋长矣！先王达其如此，故专其职司而一其统业。

始自秦世，不师圣道；私以御职〔8〕，奸以待下〔9〕。惧宰官不之修〔10〕，立监牧以董之〔11〕；畏督监之容曲〔12〕，设司察以纠之；宰牧相累，监察相司；人怀异心，上下殊务〔13〕。汉承其绪，莫能匡改。

魏室之隆，日不暇及[14]。五等之典，虽难猝复[15]；可粗立仪准，以一治制[16]。今之长吏，皆君吏民；横重以郡守[17]，累以刺史。若郡所摄[18]，唯在大较[19]；则与州同，无为再重[20]。

宜省郡守，但任刺史。刺史职存，则监察不废；郡吏万数，还亲农业，以省烦费[21]，丰财殖谷。一也。大县之才[22]，皆堪郡守：是非之讼，每生意异[23]；顺从则安，直己则争[24]。夫和羹之美[25]，在于合异[26]；上下之益，在能相济；顺从乃安，此琴瑟一声也[27]。荡而除之，则官省事简。二也。又干郡之吏，职监诸县[28]，营护党亲、乡邑、旧故；如有不副[29]，而因公掣顿[30]：民之困弊，咎生于此。若皆并合，则乱原自塞。三也。今承衰弊，民人凋落[31]。贤才鲜少，任事者寡。郡县良吏，往往非一[32]。郡受县成[33]，其剧在下[34]；而吏之上选[35]，郡当先足[36]。此为亲民之吏[37]，专得底下[38]；吏者民命，而常顽鄙。今如并之，吏多选清良者造职[39]，大化宣流[40]，民物获宁。四也。制使万户之县，名之郡守；五千以上，名之都尉；千户以下，令长如故；自长以上，考课迁用[41]；转以能升[42]，所牧亦增[43]：此进才效功之叙也。若经制一定[44]，则官才有次，治功齐明[45]。五也。

若省郡守，县皆径达，事不壅隔，官无留滞；三代之风[46]，虽未可必[47]，简一之化，庶几可致。便民省费〔48〕，在于此矣！

【注释】

〔1〕民物：民众。〔2〕司牧：治理。〔3〕欲：应当。 一：统一。〔4〕先王：指殷周以前的君主。〔5〕五等：即公、侯、伯、子、男五等封国制度。〔6〕徒有：虽然有。〔7〕统：行政系统。〔8〕私以御职：从私利出发驾御臣僚。〔9〕奸：使用奸诈手段。〔10〕宰官：直接治理百姓的地方行政官员。 不之修：为官不认真不廉洁。〔11〕董：监督。〔12〕容曲：纵容和不正直。〔13〕殊务：做事不一致。〔14〕日不暇及：时间紧事情多而顾不上。〔15〕猝复：一下子恢复。〔16〕一治制：统一行政体制。〔17〕横重：无缘无故又重复设置。〔18〕摄：管理。〔19〕大较：大略。〔20〕无为：无须。〔21〕烦费：繁杂的费用。〔22〕大县：指任大县县令的人。〔23〕意异：意见不同。指大县县令与上一级的郡太守之间。〔24〕直己：不屈从自己。〔25〕和羹：加有各种佐料的肉汤。〔26〕合异：融合不同的调味品。〔27〕琴：古代一种拨弦乐器。七弦。平放弹奏。瑟：古代一种拨弦乐器。通常有二十五弦。平放弹奏。长沙马王堆一号汉墓曾出土了瑟的实物。 一声：声调一致。〔28〕干郡：在郡政府效力。 监：监督。郡政府有专门监督属县的官员，如像五部督邮之类。〔29〕不副：不满意。〔30〕因公掣顿：借公事而牵制作梗。〔31〕凋落：减少。〔32〕非一：在选拔任用上不能一视同仁。〔33〕郡受县成：郡太守只是接受县令、县长办好的公事。〔34〕剧：繁重的工作。〔35〕上选：上等人才。〔36〕足：满足。〔37〕亲民：直接治理人民。〔38〕专得底下：只能得到下等人才。〔39〕造职：到职任官。〔40〕大化：清明政治对民众产生的巨大感化。〔41〕考课：对官员工作的考核检查。〔42〕转：迁转。任命新的官职。〔43〕所牧亦增：所治理的人民数量也随之增加。〔44〕经制：行政制度。〔45〕治功：政治的成效。〔46〕三代：指夏、商、周。古代认为这三个朝代政治最清明。〔47〕未可必：未必能达到。〔48〕省费：节省费用。

又以为：

文质之更用〔1〕，犹四时之迭兴也〔2〕。王者体天理物[3]，必因弊而济通之：时弥质则文之以礼[4]，时太侈则救之以质。今承百王之末，秦汉余流；世俗弥文，宜大改之以易民望[5]。今科制：自公、列侯以下，位从大将军以上[6]，皆得服绫锦、罗绮、纨素、金银饰镂之物[7]；自是以下，杂采之服[8]，通于贱人。虽上下等级，各示有差；然朝臣之制，已得侔至尊矣[9]；玄黄之采[10]，已得通于下矣。欲使市不鬻华丽之色[11]，商不通难得之货[12]，工不作雕刻之物，不可得也！

是故宜大理其本，准度古法文质之宜，取其中则以为礼度[13]。车舆服章[14]，皆从质朴，禁除末俗华丽之事[15]。使干朝之家[16]，有位之室[17]，不复有锦绮之饰，无兼采之服、纤巧之物[18]。自上以下，至于朴素之差，示有等级而已，勿使过一二之觉[19]。若夫功德之赐，上恩所特加；皆表之有司，然后服用之。

夫上之化下，犹风之靡草；朴素之教兴于本朝，则弥侈之心自消于下矣。

宣王报书曰："审官择人，除重官[20]，改服制，皆大善。礼：乡闾本行[21]，朝廷考事[22]。大指如所示[23]。而中间一相承习[24]，卒不能改。秦时无刺史，但有郡守、长吏。汉家虽有刺史，奉六条而已[25]。故刺史称'传车'，其吏言'从事'；居无常治[26]，吏不成臣[27]。其后转更为官司耳[28]。昔贾谊亦患服制[29]；汉文虽身服弋绨[30]，犹不能使上下如意[31]。恐此三事，当待贤能然后了耳〔32〕。”

玄又书曰：“汉文虽身衣弋绨，而不革正法度；内外有僭拟之服〔33〕，宠臣受无限之赐。由是观之，似指立在身之名〔34〕，非笃齐治制之意也〔35〕。今公侯命世作宰〔36〕，追踪上古，将隆至治〔37〕，抑末正本；若制定于上，则化行于众矣。夫当宜改之时，留殷勤之心〔38〕；令发之日，下之应也，犹响寻声耳〔39〕。犹垂谦谦〔40〕，曰‘待贤能’；此伊、周不正殷、姬之典也〔41〕，窃未喻焉〔42〕。”

【注释】

〔1〕更用：交替运用。〔2〕四时：四季。　迭兴：轮番出现。〔3〕王者：君主。　体天理物：效法上天的规律治理百姓。这里的物是当时习语，指人。〔4〕弥质：过于质朴。〔5〕易民望：改变民众的喜好。〔6〕从(zòng)大将军：指大将军以外其他加了“大”字的将军，如征东大将军之类。其品级要比大将军低。〔7〕饰镂：雕刻装饰。〔8〕杂采：不是单一的颜色。这里杂采之服指杂裳，是一种前面为玄色而后面为黄色的衣服，先秦时是低层贵族即下士的礼服。卑贱的平民不能穿用。〔9〕侔至尊：与皇帝相比拟。〔10〕玄：带红的黑色。〔11〕鬻(yù)：卖。〔12〕货：宝物。〔13〕中则：适中的程度。〔14〕服章：官服上表示品级高低的花纹图案。〔15〕末俗：衰落时代所形成的不良风俗。〔16〕干朝：效力于朝廷。指官员。〔17〕有位：有爵位。指诸侯。〔18〕纤巧：纤细精巧。〔19〕过一二之觉：超过一分、两分的差别。〔20〕重官：重复的官职。〔21〕本行：即观察品行。〔22〕考事：考核办事能力。〔23〕大指：大体情况。〔24〕中间：后来。这是当时习语。〔25〕六条：指六条诏书。汉代的州，最初只是监察区而不是行政区，州刺史也只是监察官员而不是行政官员。刺史是皇帝的特派使者，按照皇帝下达的六条监察内容，巡视一州。六条的内容扼要说来是：一查豪强大族恃强凌弱，二查郡太守贪污受贿，三查郡太守滥用刑罚，四查郡太守选用人才不公，五查郡太守子弟仗势欺人，六查郡太守袒护豪强。见《汉书》卷十九上《百官公卿

表》上颜注引《汉官典职仪》。〔26〕常治：固定的治所。〔27〕吏不成臣：属下的吏员不是刺史的臣僚。这针对上文说刺史属吏称为“从事”而言，从事的本义是在一起办事，有平级的意味。〔28〕官司：正式的行政机构。〔29〕贾谊（前200—前168）：洛阳人。西汉政论家和文学家。文帝时任太中大夫，受功臣周勃、灌婴的排挤，贬为长沙王太傅，后又转梁王太傅。他曾多次上疏批评时政，建议削弱诸侯王的势力，巩固中央集权，又主张重农抑商，抗击匈奴，表现出政治上的远见卓识。著作有《新书》、《陈政事疏》、《过秦论》等。今人辑有《贾谊集》。传见《史记》卷八十四、《汉书》卷四十八。　患服制：为民间有钱人衣服过于华丽奢侈而忧虑。见《汉书》卷四十八载贾谊《陈政事疏》。〔30〕弋绨（tí）：一种黑色而质地较粗厚的丝织品。汉文帝生性俭朴，不讲求穿着。〔31〕上下如意：官民随之仿效。〔32〕了：办理好。〔33〕内外：宫廷内外。〔34〕似指：似乎他的意思只是想。　在身：自身。〔35〕笃齐：认真整顿。〔36〕公侯：对身任三公而又封侯者的尊称。这时司马懿任太傅，太傅是上公，比三公地位还高，又封舞阳侯，所以称他公侯。　作宰：当执政大臣。〔37〕至治：最理想的政治状况。〔38〕殷勤：热情而专注。〔39〕响寻声：回响跟随发声。〔40〕垂谦谦：表现出非常谦虚。〔41〕伊、周：伊尹、周公。　殷、姬：商朝、周朝。周天子是姬姓，所以用姬代周，以免与上文的周字重复。〔42〕未喻：对此不理解。夏侯玄所提的三项建议，如果要认真实行，将会损害一大批官僚家族的既得利益。司马懿当时正要争取官僚家族的支持，以便与曹爽一派的势力相抗衡，所以他拒绝实施改革。

顷之，为征西将军，假节，都督雍、凉州诸军事。〔一〕与曹爽共兴骆谷之役〔1〕，时人讥之。爽诛，征玄为大鸿胪。数年徙太常。玄以爽抑黜，内不得意〔2〕。

中书令李丰，虽宿为大将军司马景王所亲待〔3〕，然私心在玄〔4〕。遂结皇后父光禄大夫张缉，谋欲以玄辅政。丰既内握权柄，子尚公主；又与缉俱冯翊人，故缉信之。丰阴令弟兖州刺史翼，求入朝；欲使将兵入，并力起。会翼求朝，不听。

嘉平六年二月，当拜贵人[5]。丰等欲因御临轩[6]，诸门有陛兵[7]，诛大将军；以玄代之，以缉为骠骑将军。丰密语黄门监苏铄、永宁署令乐敦、冗从仆射刘贤等曰[8]：“卿诸人居内，多有不法；大将军严毅，累以为言。张当可以为诫[9]！”铄等皆许以从命。〔二〕

大将军微闻其谋[10]，请丰相见；丰不知而往，即杀之。〔三〕事下有司，收玄、缉、铄、敦、贤等送廷尉。〔四〕廷尉钟毓奏：“丰等谋迫胁至尊，擅诛冢宰[11]，大逆无道。请论如法[12]。”

于是会公卿朝臣，廷议，咸以为：“丰等各受殊宠，典综机密；缉承外戚椒房之尊[13]；玄备世臣[14]。并居列位[15]，而包藏祸心，搆图凶逆；交关阉竖，授以奸计；畏惮天威，不敢显谋，乃欲要君胁上[16]，肆其诈虐；谋诛良辅，擅相建立[17]；将以倾覆京室[18]，颠危社稷。毓所正皆如科律[19]，报毓施行。”

诏书：“齐长公主先帝遗爱[20]，原其三子死命。”于是丰、玄、缉、〔铄〕、敦、贤等，皆夷三族；〔五〕其余，亲属徙乐浪郡。玄格量弘济[21]，临斩东市[22]，颜色不变，举动自若。时年四十六。〔六〕

正元中[23]，绍功臣世；封尚从孙本，为昌陵亭侯，邑三百户，以奉尚后。

【注释】

〔1〕骆谷之役：指从骆谷伐蜀事。〔2〕不得意：不满意。〔3〕宿：以往。〔4〕私心：内心。〔5〕贵人：宫廷女官名。实际是皇帝的小妾。〔6〕御：皇帝。临轩：皇帝在正殿前面的平台上举行仪

式。〔7〕陛兵：在殿堂台阶上守卫的士兵。〔8〕黄门监：官名。宦官首领。 永宁署令：官名。负责皇太后宫中事务。 冗从仆射：官名。随从侍卫皇帝。〔9〕为诫：作为鉴戒。〔10〕微闻：暗中得知。〔11〕冢宰：执政大臣。此处指司马师。〔12〕论：判决。〔13〕椒房：后妃所住的房屋。这里指皇后的亲属。椒房内壁以椒和泥涂抹，取其温暖、芳香、多子，故名。〔14〕世臣：世代为同一王朝效力的臣僚，叫做这个王朝的世臣。〔15〕列位：朝廷设置的官位。〔16〕要（yāo）：要挟。〔17〕建立：指另立辅政大臣。〔18〕京室：皇室。〔19〕所正：所定的罪名。当时判定罪名叫做正。〔20〕齐长（zhǎng）公主：指李丰的儿媳。齐是封地名，长是排行。〔21〕格量：风度气量。 弘济：博大通达。〔22〕东市：即洛阳城东建春门外的马市。是当时的刑场。后来嵇康也被司马昭处死在这里。嵇康和夏侯玄一样，既是曹魏的姻亲，又是玄学名士，临刑前的表现也同样从容。见《晋书》卷四十九《嵇康传》。〔23〕正元：少帝曹髦的年号。

【裴注】

〔一〕《魏略》曰："玄既迁，司马景王代为护军。护军，总统诸将，任主武官选举；前后当此官者，不能止货赂。故蒋济为护军时，有谣言：'欲求牙门，当得千匹；百人督，五百匹。'宣王与济善，间以问济。济无以解之，因戏曰：'洛中市买，一钱不足则不行。'遂相对欢笑。玄代济，故不能止绝人事。及景王之代玄，整顿法令：人莫犯者。"

〔二〕《魏书》曰："玄素贵，以爽故，废黜，居常怏怏不得意。中书令李丰，与玄及后父光禄大夫张缉，阴谋为乱；缉与丰同郡，倾巧人也；以东莞太守召，为后家，亦不得意。故皆同谋。初，丰自以身处机密，息韬，又以列侯给事中，尚齐长公主；有内外之重，心不自安。密谓韬曰：'玄既为海内重人，加以当大任，年时方壮而永见废；又亲曹爽外弟，于大将军有嫌。吾得玄书，深以为忧。缉有才用，弃兵马大郡，还坐家巷。各不得志，欲使汝以密计告之。'缉尝病创，卧，丰遣韬省病。韬屏人语缉曰：'韬尚公主，父子在机近；大将军秉事，常恐不见明信；太常亦怀深忧。君侯虽有后父之尊，安危未可知；皆与韬家同虑者也，韬父欲与君侯谋之。'缉默然良久曰：'同舟之难，吾焉所逃？此大事，不捷即祸及宗族！'韬于是往报丰，密语黄门监苏铄等。苏铄等答丰：'惟君侯计。'丰言曰：'今拜贵人，诸营兵皆屯门。陛下临轩，因此便共迫胁，将群僚人兵，就诛大将军。卿等当共密白此意。'铄等曰：‘陛下傥不从人，奈何？’丰等曰：‘事有权宜！临时若不信听，便当劫将去耳。那得不从！’铄等许诺。丰曰：‘此族灭事，卿等密之！事成，卿等皆当封侯、常侍也。’丰复密以告玄、缉。缉遣子邈与丰相结，同谋起事。”《世语》曰：“丰遣子韬，以谋报玄，玄曰‘宜详之耳’，而不以告也。”

〔三〕《世语》曰：“大将军闻丰谋，舍人王(羕)〔羡〕请以命请丰：‘丰若无备，情屈势迫，必来；若不来，(羕)〔羡〕一人足以制之。若知谋泄，以众挟轮，长戟自卫，径入云龙门；挟天子登凌云台，台上有三千人仗，鸣鼓会众。如此，(羕)〔羡〕所不及也。’大将军乃遣(羕)〔羡〕以车迎之。丰见劫迫，随(羕)〔羡〕而至。”《魏氏春秋》曰：“大将军责丰；丰知祸及，遂正色曰：‘卿父子怀奸，将倾社稷。惜吾力劣，不能相擒灭耳！’大将军怒，使勇士以刀环筑丰腰，杀之。”

《魏略》曰：“丰字安国。故卫尉李义子也。黄初中，以父任，召随军。始为白衣时，年十七八，在邺下。名为清白，识别人物，海内翕然，莫不注意。后随军在许昌，声称日隆。其父不愿其然，遂令闭门，敕使断客。初，明帝在东宫，丰在文学中。及即尊位，得吴降人，问：‘江东闻中国名士为谁？’降人云：‘闻有李安国者是。’时丰为黄门郎。明帝问左右‘安国’所在，左右以丰对。帝曰：‘丰名乃被于吴越邪？’后转骑都尉，给事中。帝崩后，为永宁太仆；以名过其实，能用少也。正始中，迁侍中，尚书仆射。丰在台省，常多托疾。时台制：疾满百日，当解禄。丰疾未满数十日，辄暂起；已，复卧。如是数岁。初，丰子韬，以选尚公主；丰虽外辞之，内不甚惮也。丰弟翼及伟，仕数岁间，并历郡守。丰尝于人中显诫二弟，言：‘当用荣位为！’及司马宣王久病，伟为二千石；荒于酒，乱新平、扶风二郡；而丰不召，众人以为恃宠。曹爽专政，丰依违二公间，无有适莫，故于时有谤书曰：‘曹爽之势热如汤，太傅父子冷如浆；李丰兄弟如游光。’其意以为丰虽外示清净，而内图事，有似于‘游光’也。及宣王奏诛爽，住车阙下，与丰相闻；丰怖遽气索，足委地不能起。至嘉平四年，宣王终后，中书令缺。大将军咨问朝臣：‘谁可补者？’或指向丰。丰虽知此非显选，而自以连婚国家，思附至尊；因伏不辞，遂奏用之。丰为中书二岁，帝比每独召与语，不知所说。景王知其议己，请丰；丰不以实告，乃杀之。其事秘。丰前后仕历二朝，不以家计为意，仰俸廪而已。韬虽尚公主，丰常约敕：不得有所侵取；时得赐钱帛，辄以外施亲族。及得赐宫人，多与子弟；而丰皆以与诸外甥。及死后，有司籍其家，家无余积。”

《魏氏春秋》曰：“夜送丰尸，付廷尉，廷尉钟毓不受，曰：‘非法官所治也。’以其状告，且敕之，乃受。帝怒，将问丰死意；太后惧，呼帝入，乃止。遣使收翼。”

《世语》曰：“翼后妻，散骑常侍荀廙姊，谓翼曰：‘中书事发，可及书未至，赴吴。何为坐取死亡！左右可共同赴水火者谁？’翼思，未答，妻曰：‘君在大州，不知可与同死生者；去，亦不免。’翼曰：‘二儿小，吾不去。今但从坐，身死，二儿必免。’果如翼言。”

翼子斌，杨骏外甥也。晋惠帝初，为河南尹，与骏俱死，见《晋书》。

〔四〕《世语》曰：“至廷尉，不肯下辞。廷尉钟毓自临治玄。玄正色责毓曰：‘吾当何辞？卿为令史责人也！卿便为吾作。’毓以其名士，节高不可屈，而狱当竟；夜为作辞，令与事相附，流涕以示玄。玄视，颔之而已。毓弟会，年少于玄，玄不与交；是日于毓坐狎玄，玄不受。”孙盛《杂语》曰：“玄在囹圄，会因欲狎而友玄。玄正色曰：‘钟君，何相逼如此也！’”

〔五〕《魏书》曰：“丰子韬，以尚主，赐死狱中。”

〔六〕《魏略》曰：“玄自从西还，不交人事，不蓄华妍。”

《魏氏春秋》曰：“初，夏侯霸将奔蜀，呼玄欲与之俱。玄曰：‘吾岂苟存自客于寇虏乎？’遂还京师。太傅薨，许允谓玄曰：‘无复忧矣！’玄叹曰：‘士宗！卿何不见事乎？此人犹能以通家年少遇我；子元、子上，不吾容也！’玄尝著《乐毅》、《张良》及《本无肉刑论》，辞旨通远，咸传于世。玄之执也，（卫将军）〔安东将军〕司马文王流涕请之。大将军曰：‘卿忘会赵司空葬乎？’先是，司空赵俨薨，大将军兄弟会葬，宾客以百数；玄时后至，众宾客咸越席而迎，大将军由是恶之。”

臣松之按：曹爽以正始五年伐蜀，时玄已为关中都督；至十年，爽诛灭后，方还洛耳。按《少帝纪》，司空赵俨以六年亡，玄则无由得会俨葬；若云玄入朝，纪、传又无其事：斯近妄，不实。

初，中领军高阳许允，与丰、玄亲善。先是，有诈作尺一诏书[1]：以玄为大将军，允为太尉；共录尚书事。有何人天未明乘马，以诏板付允门吏[2]，曰：“有诏！”因便驰走。允即投书烧之，不以(开)〔关〕呈司马景王[3]。

后丰等事觉，徙允为镇北将军，假节，督河北诸军事。未发[4]，以放散官物[5]，收付廷尉；徙乐浪，道死。〔一〕

清河王经，亦与允俱称冀州名士。甘露中为尚书[6]，坐高贵乡公事诛。始，经为郡守，经母谓经曰："汝田家子，今仕至二千石。物太过不祥[7]，可以止矣！"经不能从。历二州刺史，司隶校尉，终以致败。〔二〕允友人同郡崔赞，亦尝以处世太盛戒允云。〔三〕

【注释】

〔1〕有：有人。　尺一诏书：皇帝下达的诏书之一种，用来封拜官员。因其文字写在长一尺一寸的诏板上，故名。简称尺一。〔2〕何人：一个人。当时的习语。指某个不明身份姓名的人。〔3〕关呈：报送。〔4〕发：出发。〔5〕放散官物：乱发公家财物。〔6〕甘露：少帝曹髦的年号。〔7〕物太过不祥：事情太过分了不好。

【裴注】

〔一〕《魏略》曰："允字士宗。世冠族。父据，仕历典农校尉、郡守。允少与同郡崔赞，俱发名于冀州，召入军。明帝时，为尚书选曹郎，与陈国袁侃对；同坐职事，皆收送狱。诏旨严切，当有死者；正直者为重。允谓侃曰：'卿，功臣之子，法应八议，不忧死也。'侃知其指，乃为受重。允刑竟，复吏，出为郡守。稍迁为侍中，尚书，中领军。允闻李丰等被收，欲往见大将军。已出门，回遑不定；中道还取裤，丰等已收讫。大将军闻允前遽，怪之曰：'我自收丰等，不知士大夫何为匆匆乎！'是时朝臣遽者多耳，而众人咸以为意在允也。会镇北将军刘静卒，朝廷以允代静。已受节传，出止外舍。大将军与允书曰：'镇北虽少事，而都典一方。念足下震华鼓，建朱节，历本州；此所谓著绣昼行也！'允心甚悦，与台中相闻，欲易其鼓吹、旌旗。其兄子素，颇闻众人说允前见嫌意，戒允：'但当趋耳！用是为邪？'允曰：'卿俗士不解。我以荣国耳，故求之。'帝以允当出，乃诏会群臣。群臣皆集，帝特引允以自近。允前为侍中，顾当与帝别，涕泣歔欷。会讫，罢出，诏促允，令去。会有司奏允，前擅以厨钱谷乞诸俳及其官属，故遂收送廷尉；考问竟，(故)减死，徙边。允以嘉平六年秋徙，妻子不得自随；行道未到，以其年冬死。”

《魏氏春秋》曰：“允为吏部郎，选郡守。明帝疑其所用非次，召入，将加罪。允妻阮氏跣出，谓曰：‘明主可以理夺，难以情求！’允颔之而入。帝怒诘之，允对曰：‘某郡太守虽限满文书先至，年限在后；〔某守虽后，年〕限在前。’帝前，取事视之，乃释遣出。望其衣败，曰：‘清吏也。’赐之。允之出为镇北也，喜谓其妻曰：‘吾知免矣！’妻曰：‘祸见于此，何免之有！’允善相印；将拜，以印不善，使更刻之；如此者三。允曰：‘印虽始成，而已被辱。’问送印者，果怀之而坠于厕。《相印书》曰：‘相印法本出陈长文，长文以语韦仲将。印工杨利，从仲将受法，以语许士宗。利以法术占吉凶，十可中八九。仲将问长文：“从谁得法？”长文曰：“本出汉世，有《相印》、《相笏经》，又有《鹰经》、《牛经》、《马经》。印工宗养，以法语程申伯，是故有一十二家相法传于世。”’允妻阮氏，贤明而丑，允始见愕然；交礼毕，无复入意。妻遣婢觇之，云：‘有客姓桓。’妻曰：‘是必桓范，将劝使入也。’既而范果劝之。允入，须臾便起，妻捉裾留之。允顾谓妇曰：‘妇有四德，卿有其几？’妇曰：‘新妇所乏唯容。士有百行，君有其几？’(许)〔允〕曰：‘皆备！’妇曰：‘士有百行，以德为首。君好色不好德，何谓皆备？’允有惭色，知其非凡，遂雅相亲重。生二子：奇、猛，少有令闻。允后为景王所诛，门生走入告其妇。妇正在机，神色不变，曰：‘早知尔耳。’门生欲藏其子，女曰：‘无预诸儿事。’后移居墓所，景王遣钟会看之；若才艺德能及父，当收。儿以语母，母答：‘汝等虽佳，才具不多。率胸怀与会语，便自无忧；不须极哀，会止便止。又可多少问朝事。’儿从之。会反命，具以状对；卒免其祸，皆母之教也。虽会之识鉴，而输贤妇之智也。果庆及后嗣，追封子孙而已。”

《世语》曰：“允二子：奇字子泰，猛字子豹；并有治理才学。晋元康中，奇为司隶校尉，猛幽州刺史。”

傅畅《晋诸公赞》曰：“猛，礼乐儒雅，当时最优。奇子遐，字思祖。以清尚称，位至侍中。猛子式，字仪祖。有才干，至濮阳内史、平原太守。”

〔二〕《世语》曰：“经字彦(伟)〔纬〕。初为江夏大守。大将军曹爽附绢(二十)〔二千〕匹令交市于吴；经不发书，弃官归。母问归状，经以实对。母以经典兵马而擅去，对送吏杖经五十；爽闻，不复罪。经为司隶校尉，辟河内向雄为都官从事。王业之出，不申经(竟)〔意〕以及难。经刑于东市，雄哭之，感动一市。刑及经母。雍州故吏皇甫晏，以家财收葬焉。”

《汉晋春秋》曰：“经被收，辞母。母颜色不变，笑而应曰：‘人谁不死？往所以(不)止汝者，恐不得其所也。以此并命，何恨之有哉！’晋武帝太始元年诏曰：‘故尚书王经，虽身陷法辟，然守志可嘉。门户堙没，意常愍之。其赐经孙郎中。’”

〔三〕荀绰《冀州记》曰：“赞子洪，字良伯。清恪有匪躬之志，为晋吏部尚书、大司农。”

评曰：夏侯、曹氏，世为婚姻。故惇、渊、仁、洪、休、尚、真等，并以亲旧肺腑[1]，贵重于时；左右勋业[2]，咸有效劳[3]。爽德薄位尊，沉溺盈溢[4]；此固大《易》所著[5]，道家所忌也[6]。玄以规格局度[7]，世称其名；然与曹爽中外缱绻[8]，荣位如斯；曾未闻匡弼其非，援致良才。举兹以论，焉能免之乎[9]？

【注释】

〔1〕肺腑：比喻关系十分亲密的人。〔2〕左右：辅佐保护。〔3〕效劳：成绩功劳。〔4〕沉溺：沉溺于享乐。盈溢：骄傲自满。〔5〕大《易》：对《周易》的美称。《周易》第十五卦《谦》专讲君子应当谦虚，这一卦的彖辞又一再强调盈溢必败，所以陈寿这么说。〔6〕道家所忌：道家代表著作《老子》多处谈到为人切忌盈溢骄傲，如第九章的“持而盈之，不若其以”，“富贵而骄，自遗其咎”，“功成名遂身退，天之道”，第十五章的“保此道者不欲盈”，“夫唯不盈，能弊复成”，等等。〔7〕规格局度：风度和气量。〔8〕中外：这里指中表兄弟。夏侯玄是曹爽姑姑的儿子，玄是爽的外兄弟，爽是玄的内兄弟。当时习称中表亲为中外。缱绻(qiǎn quǎn)：情意深厚难分的样子。〔9〕免之：免祸。这段评语只批评曹爽沉溺享乐骄傲自满、夏侯玄不能及时劝导曹爽，对两人所受的“大逆不道”罪名指控没有任何评论，由此可以窥见陈寿内心的真实倾向。

【译文】

夏侯惇，字元让，沛国谯县人。是西汉功臣夏侯婴的后代。十四岁时，跟着老师学习。有一个人污辱了他的老师，夏侯惇就把那人杀了，从此以刚烈的气概闻名。

自太祖曹操举兵起事开始，夏侯惇就经常充当副将，随从太祖南征北战。太祖代理奋武将军时，以夏侯惇为司马，让他单独率一支军队驻扎在白马县。后来他升任折冲校尉，兼任东郡太守。太祖进攻陶谦，留下夏侯惇守卫濮阳县。张邈背叛太祖迎接吕布，当时太祖的家属在鄄城。夏侯惇轻装赶去援救，刚好在途中与吕布遭遇，双方一阵激战。

吕布往后撤退，突然攻入濮阳，袭取了夏侯惇的军用物资。又派部将假装投降；找机会把夏侯惇劫持为人质，要挟他交出贵重物品。军中将士都大为震惊。夏侯惇的部将韩浩，指挥兵马守住军营的大门，然后召集军中文武官员：让他们命令士兵留在各自的营中不准乱动。各营的军队才安定下来。韩浩再赶到夏侯惇那里，呵斥劫持夏侯惇的人说："你们这些凶恶的叛逆者，居然敢劫持领兵的大将！你们还想活么？而且我受命惩治叛贼，岂能因为一个将军，就放纵你们不管吗？"又流着泪对夏侯惇说："应当拿国法怎么办呢！"说完立即指挥士兵杀向劫持者。劫持者吓得赶忙跪地叩头，说："我们只想要一点路费就走的！"韩浩数落痛骂一番，把劫持者全都杀了。

夏侯惇免除危险后，太祖听说了这件事，对韩浩说："您对这件事的处理，可以作为千秋万代的榜样！"于是发布命令："从今以后如有劫持人质的，都应当全力攻击，不要顾及人质的安全。"从此，劫持人质的事就绝迹了。

太祖从徐州回来，夏侯惇跟随太祖去征讨吕布。作战时不幸被流箭射中，伤了左眼。此后他又兼任陈留郡、济阴郡太守的职务；加授建武将军的军职，封高安乡侯。当时出现大旱，蝗虫大量繁殖。夏侯惇组织人力截断太寿附近的河水修成一个池堰，他亲自担土；率领将士鼓励农民引水种稻，老百姓因此才免遭饥荒。不久夏侯惇转任河南尹；太祖平定河北，夏侯惇担任大军的后卫。攻克邺县后，他升任伏波将军，依然兼任河南尹，太祖特别允许他按照实际情况的需要自行决定公务的处理，不必按规定报告等待批准。

建安十二年(公元207)，太祖依据夏侯惇前后的功勋，给他增加封邑一千八百户，加上以前的共有二千五百户。建安二十一年(公元216)，夏侯惇随太祖征讨孙权。太祖回来时，让他指挥二十六支军队，驻守在居巢；又赐给他音乐演奏者和有名的说唱艺人，下达指令说："魏绛主张与少数族和睦相处有功，尚能得到用金属、石料制造的乐器，何况将军您呢！"建安二十四年(公元219)，太祖在摩陂驻军时，常招呼夏侯惇与他同乘一辆车；特别受到亲近信任，夏侯惇还可以出入太祖的卧室。其他的将领没有人能比得上他。他后来任前将军，指挥各路军队回到寿春县，又转移到召陵县驻扎。

魏文帝曹丕即位，任命夏侯惇为大将军。数月后他即去世。

夏侯惇虽然长期在军队，却亲自迎接老师教自己学习。他生性清廉节俭，有多余的财产总是分给众人；用费不足时依靠公家解决，私人不置备产业。死后谥为忠侯。

儿子夏侯充，继承了他的爵位。文帝缅怀夏侯惇的功绩，想让他的子孙都封侯；于是分出夏侯惇的封邑一千户，用来封他的七个儿子、两个孙子为关内侯。夏侯惇的弟弟夏侯廉以及夏侯廉的儿子夏侯楙，此前早已封了列侯。起初，太祖把女儿嫁给夏侯楙，也就是清河公主。夏侯楙历任侍中、尚书，安西将军、镇东将军，持有节杖。夏侯充死，儿子夏侯廙继承了爵位。夏侯廙死，儿子夏侯邵又继承了爵位。

韩浩，是河内郡人。沛国的史涣，和韩浩都以忠诚勇敢升任显要官职。韩浩位至中护军，史涣位至中领军；都掌管京城禁卫军，封为列侯。

夏侯渊，字妙才。是夏侯惇的同族兄弟。太祖曹操未出仕时，曾经吃官司；夏侯渊代替他承受了重罪。太祖又设法营救了他，使他免遭惩处。

太祖起兵，夏侯渊担任别部司马、骑都尉，随从征战，升任陈留、颍川二郡太守。太祖与袁绍在官渡交战，他代理督军校尉。袁绍被击溃，太祖又派他督运兖州、豫州、徐州的军粮。当时军粮缺乏，夏侯渊接受任务后运粮的驿车就连续不断到达，军队得以重新恢复了战斗力。昌豨反叛，太祖派于禁去讨伐，未能取胜；于是又派夏侯渊与于禁协同作战，才击败昌豨叛军，一连攻下了十多个营地，昌豨只好向于禁投降。夏侯渊得胜凯旋，被任命为典军校尉。济南、乐安的黄巾军首领徐和、司马俱等人，攻打城池，杀害县令县长。夏侯渊带领着泰山、齐、平原三郡的军队出击，大破黄巾军；杀死徐和，平定了各县，接收了对方的粮食分给部下。

建安十四年(公元 209)，任命夏侯渊为代理中领军。太祖征讨孙权回来，派夏侯渊指挥诸将，去平定庐江郡叛乱首领雷绪；雷绪被击溃后，又代理征西护军，指挥徐晃攻击太原郡的叛贼；一口气攻下对方二十多个营地，杀死对方的主将商曜，夷平了他占据的城池。他又随从太祖征讨韩遂等人，在渭水南岸激战。又指挥朱灵，平定隃麋县、汧县叛乱的氐族人。

最后他与太祖在安定郡会合，然后进攻杨秋迫使他投降。建安十七年(公元 212)，太祖回到邺县，任命夏侯渊代理护军将军职务，指挥朱灵、路招等人，在长安驻扎。他击溃南山的叛贼刘雄鸣，收降他的部下。又在鄠县围攻韩遂、马超的余党梁兴，攻下县城，斩了梁兴，因功封博昌亭侯。马超把凉州刺史韦康包围在冀县，夏侯渊赶去援救；尚未到达，韦康已经兵败被杀。在距离冀县二百多里处，马超前来迎战夏侯渊。夏侯渊失利。这时汧县的氐族人再度反叛，夏侯渊只好撤军返回。

建安十九年(公元 214)，赵衢、尹奉等人密谋讨伐马超，姜叙也在卤城起兵响应。赵衢等人设计劝说马超，让他出冀县城去进攻姜叙；而他们在马超离去后，把马超的妻子儿女全部杀死。马超走投无路往南奔向汉中，然后纠合力量回来进攻祁山，姜叙等人见形势危急，赶忙向夏侯渊求救。众将议论纷纷，认为应当等候太祖下达指令。夏侯渊说："曹公远在邺县，来回足有四千里路；等到批复到来，姜叙等人必定已被打败，这不是救急的办法！"于是自行决定出发，派张郃指挥五千名步、骑兵为前锋，从陈仓的小路沿渭水直趋冀县；自己押运粮草，紧随其后。张郃到达渭水一线，马超带领数千名氐族和羌族士兵前来阻挡；还没有开战，马超就望风而逃，张郃进军收取了马超的军用器械。夏侯渊来到后，附近各县都已经投降。韩遂驻扎在显亲县；夏侯渊想要袭击他，韩遂赶紧撤走。夏侯渊得到韩遂的军粮，跟踪追击到略阳县，距韩遂军营还有二十多里地。他手下的将领大多想攻打韩遂，也有人认为应该先攻打兴国一带的氐族叛乱力量。夏侯渊认为："韩遂拥有精兵，而兴国的城池坚固；进攻这两处都不可能马上得手。不如先去攻打长离河一带的羌族部落，那里的羌人有很多在韩遂的军中，攻打长离，他们必定回去援救家属；韩遂如果让部下的长离羌族战士离开而独自坚守，力量就单薄了，如果他亲自去救长离，那么我军就可以在野外与他作战，无论他如何应对，我们必定可以把他俘获。"于是他留下兵马看守军用物资，轻装前进赶到长离。进攻并焚烧羌人的村落，杀死俘虏了许多羌人。那些在韩遂军中的羌人，各自赶回自己的部落。韩遂果然亲自去救长离，与夏侯渊的军队对阵。诸将见韩遂人多势众，不免感到害怕，都想先扎下营寨、挖好战壕之后再交战。夏侯渊说："我军转战千里，如果再扎营寨、挖战壕，士兵过度疲劳，绝对不能持久战斗。敌兵人数虽多，却容易对付！"于是擂起战鼓发动进攻，果然大破韩遂；还缴获了韩遂的指挥旗帜。回到略阳，再进兵围攻兴国的氐族人。氐族首领千万，逃去投奔马超，其余的人全部投降。夏侯渊乘胜转而进攻高平一带的屠各族人，屠各族人纷纷逃走，夏侯渊趁势收取粮食牛马。朝廷授予夏侯渊节杖以示嘉奖。

当初，枹罕县的宋建，借凉州动乱的机会拥兵割据，自称"河首平汉王"。太祖派夏侯渊带领众将前去讨伐。夏侯渊到后，挥兵包围枹罕，一个多月后攻克城池，斩了宋建以及他所任命的丞相等官员。夏侯渊另外派遣张郃等人去平定河关县，张郃诸军渡过黄河进入小湟中。黄河以西各羌族部落相继投降，陇西完全平定。太祖下指令嘉奖说："宋建作乱造反已三十多年。夏侯渊一举消灭他，就像猛虎一般威震关右，所向无敌。借用孔子赞美颜回的一句话来形容：'我与你都比不上他啊！'"

建安二十年(公元215)，增加夏侯渊的封邑三百户，加上以前的总共八百户。夏侯渊回军后又到下辩县攻打武都郡的氐人和羌人，缴获氐人的粮食十多万斛。太祖西征张鲁，夏侯渊等人带领凉州的将领和少数族的侯、王，与太祖在休亭会合。太祖每次接见羌人，都要用夏侯渊来震慑他们。碰上张鲁投降，汉中平定；太祖任命夏侯渊为代理都护将军，指挥张郃、徐晃等人平定巴郡。太祖回邺县，留夏侯渊镇守汉中，升任征西将军。

建安二十三年(公元 218)，刘备进军阳平关；夏侯渊率领诸将抵御，两军相持超过一年。

建安二十四年(公元 219)正月，刘备半夜出兵放火焚烧对方军营外围的防御屏障；夏侯渊派张郃保护大营东面，自己带一支轻装军队保护南面。刘备向东面发起猛攻，张郃抵抗不住。夏侯渊分出一半兵力，去援助张郃；自已却遭到对方的突袭，临阵战死。谥为愍侯。当初，夏侯渊虽然多次用兵取胜，但是太祖经常告诫他说："统兵为将也应该有怯弱的时候，不能够只是晓得仗恃自己的勇敢！为将应当以勇敢为根本，具体用兵时要有智慧计谋。光知道仗恃勇敢，只能充当一个匹夫的对手而已。"

夏侯渊的妻子，是太祖的妻妹。夏侯渊的长子夏侯衡，娶了太祖弟弟海阳哀侯的女儿，受到的恩宠非同一般。夏侯衡继承了父亲的爵位，不久转封为安宁亭侯。黄初年间，文帝封夏侯渊的次子夏侯霸为关内侯；太和年间，明帝又封夏侯霸的四个弟弟为关内侯。夏侯霸在正始年间任讨蜀护军、右将军，晋封博昌亭侯。他素来受曹爽的厚待，他听说曹爽被杀，心中不安，逃亡到蜀国。因为夏侯渊过去立有大功，朝廷赦免了夏侯霸儿子的死刑，只把他们流放到乐浪郡。夏侯霸的弟弟夏侯威，官至兖州刺史。夏侯威的弟弟夏侯惠，曾任乐安郡太守。夏侯惠的弟弟夏侯和，曾任河南尹。夏侯衡死后，他的儿子夏侯绩继承了爵位，任虎贲中郎将。夏侯绩死，儿子夏侯褒继承了爵位。

曹仁，字子孝。是太祖曹操的堂弟。年轻时就喜欢骑马射猎。汉朝末年各路豪杰并起，曹仁也暗中联合年轻人，共有一千多人。最初在淮水、泗水之间周游活动，后来他转而追随太祖，任别部司马，代理厉锋校尉的职务。太祖击溃袁术之战，曹仁杀死和俘获的敌兵最多。随从太祖征讨徐州，曹仁经常指挥骑兵，充当全军的前锋；单独领兵去攻打陶谦的部将吕由，大胜。回头与大军在彭城会合，击溃陶谦军队的主力。随从太祖进攻费、华、即墨、开阳等县，陶谦派将领出兵援救，曹仁率领骑兵打垮了这些援兵。太祖进攻吕布，曹仁单独带领军队去打句阳县，攻下城池，生擒了吕布的部将刘何。太祖平定黄巾军，迎接天子在许县建都；其间曹仁多次立下功劳，被任命为广阳郡太守。太祖器重他的勇敢和谋略，不要他到广阳郡上任，而让他以议郎身份统率骑兵。太祖征讨张绣，曹仁独自领兵攻掠附近各县，俘虏男女三千多人。太祖撤军途中，被张绣追击；形势极为不利，军队士气低落。曹仁率领并鼓励将士奋勇作战，太祖觉得他的气概真是雄壮，结果击败了张绣。

太祖与袁绍，在官渡长久相持。袁绍派刘备攻掠太祖后方的濦强等县，各县纷纷举兵响应袁绍；自许县以南，官员百姓人心惶惶，太祖深感忧虑。曹仁说："许都以南因为我军眼前形势紧急，势必不能出兵援救；加上刘备强兵压境，他们出现背叛是可以理解的。但是，刘备才刚刚开始指挥袁绍配备给他的部队，未必能使他们充分发挥战斗力，出兵攻击可以把他击破。"太祖认为他说得很对，派他带领骑兵出击；果然把刘备打得大败而逃，曹仁把全部叛变的县都收复后凯旋而归。

袁绍另外派韩荀，领兵截断对方西侧的通路；曹仁在鸡洛山迎击韩荀，大败韩荀军。从此袁绍再不敢分兵出战。曹仁又与史涣等人截击袁绍的运输队，把袁绍的军粮全部烧光。黄河以北地区平定之后，曹仁又随从太祖围攻壶关城。太祖下达指令说："攻下城池后，城里的人要全部活埋！"结果围攻一个多月也没能攻下。曹仁对太祖说："围攻城池，必须留一座城门不包围以便让敌人逃生。现今您下达指令要把城里的人尽数活埋，他们人人都会全力以赴顽强抵抗；壶关的城池坚固而储粮充足，强攻的伤亡肯定惨重，实施围困又旷日持久。把军队部署在坚固的城池之下，以攻击拼死顽抗的敌人，这不是个好计策啊！"太祖听从他的劝告撤销了指令，壶关的守敌立即投降；依据曹仁前后的功劳，朝廷封他为都亭侯。

接着随从太祖南下征讨荆州，太祖任命曹仁为代理征南将军；驻守江陵县，以抵御吴将周瑜。周瑜带领着数万兵马来攻城，当前锋数千人到达城下时，曹仁先登上城楼观察一番。然后招募了三百名勇士，派部将牛金带领前去迎战。敌军人多，牛金人少，三百人一下子陷入包围。

长史陈矫等人都在城楼上观战，看见牛金等将要被歼，左右的人都惊慌失色。曹仁怒气冲天，向手下人高叫道："带我的马来!"陈矫等人都来拉住他，说："敌军人数众多，势不可当！就算是牺牲了几百人又有什么了不起？将军您何必亲自赶去援救呀!"曹仁毫不理睬，披甲上马，带领手下数十名骑兵勇士冲出城门。离开敌兵百余步时，临近一条河沟。陈矫等人都以为曹仁会在沟边停住，远远做出声援牛金的样子；不料曹仁径直越沟向前，冲入敌人的包围圈，把牛金等一部分人解救了出来；还有一些士兵未能突围，曹仁竟然又一次冲破敌阵；救出余下的士兵，还杀死几个敌人，敌人才撤军后退。陈矫等人起初看到曹仁冲出，都恐惧万分；等到曹仁安然归来，他们才赞叹说："将军您真是神人啊!"三军将士都佩服他的勇敢。太祖更觉得他气概雄壮无比，转封他为安平亭侯。

太祖征讨马超，让曹仁代理安西将军，指挥众将扼守潼关，又在渭南击退马超。苏伯、田银反叛，太祖让曹仁代理骁骑将军的职务，指挥七支军队，讨伐田银等人，大获全胜。

又让曹仁代理征南将军的职务，授与节杖，驻扎在樊城，镇守荆州。侯音占据宛县发动叛乱，抓走附近各县的百姓数千人。曹仁攻破叛军，砍了侯音的头颅。然后回到了樊城，于是被正式任命为征南将军。关羽大举进攻樊城；当时汉水暴涨，于禁等七支军队被淹没，于禁也投降关羽。曹仁率领数千人马坚守樊城，洪水只差几尺就淹过城墙。关羽乘船攻城，重重包围；城内与外界断绝，粮食所剩无几，而援军却还未赶到。曹仁激励部下的勇气，表示自己誓死守城的决心，将士们深受感动都没有二心。不久徐晃的援军赶到，洪水也逐渐减退；徐晃从外面向关羽发起进攻，曹仁得以突围出城，关羽撤兵退走。

曹仁年轻时，不注意修养品行。长大当了将领，做事严肃认真而且遵守法令。经常把条例规章放在身边，遵照行事。鄢陵侯曹彰北征乌丸；他的哥哥曹丕当时还是太子，写信告诫他说："为将奉公守法，难道不应该像征南将军那样吗?"

曹丕继位为魏王，任命曹仁为车骑将军，指挥荆州、扬州、益州的各路军队；晋封为陈侯，增加封邑二千户，加上以前的共有三千五百户；追谥曹仁父亲曹炽为陈穆侯，专门设置十户人家为曹炽看守墓地。

后来又召曹仁退回来驻扎在宛县。孙权派将军陈邵占据襄阳，文帝命令曹仁去讨伐。曹仁与徐晃一起击溃陈邵，进入襄阳；曹仁派将军高迁等人把汉水南岸愿意投向曹魏的居民迁移到汉水以北。文帝派使者就地任命曹仁为大将军。

后来又下诏让曹仁转移到临颍驻扎，提升他为大司马。接着曹仁指挥各路军队占领乌江渡口，回来后在合肥驻扎。

他在黄初四年(公元223)去世，谥为忠侯。儿子曹泰继承了他的爵位，官至镇东将军，授予节杖，转封为宁陵侯。曹泰死，儿子曹初继承了他的爵位。又分封曹泰的弟弟曹楷、曹范，都为列侯。牛金后来官至后将军。

曹仁的弟弟是曹纯。起初以议郎的身份充当太祖曹操司空府的军事参谋。指挥虎、豹骑兵队跟随太祖围攻南皮，袁谭出战；太祖的军队伤亡惨重，太祖想暂时撤退。曹纯说："而今我们不远千里来攻击敌人，前进不能取胜，后退必定丧失威风；而且孤军深入，难以持久。袁谭得胜之后必定骄傲，我们失败之后已有戒惧；以戒惧对抗骄傲，必定能战胜！"太祖很赞赏他的意见，重新组织力量向袁谭发起猛烈的进攻；袁谭彻底失败，曹纯手下的骑兵砍下袁谭的头颅。北征三郡乌丸族时，曹纯的骑兵又生擒了乌丸的单于蹋顿。根据曹纯前后的功劳，他被封为高陵亭侯，封邑三百户。随从太祖南征荆州，他追击刘备一直到长坂；截获刘备的两个女儿和全部军用物资，收容了对方的散兵。他继续向南推进，迫使江陵投降，然后随太祖返回谯县。

建安十五年(公元210)曹纯去世。文帝继位，追谥他为威侯。儿子曹演继承了他的爵位，官至领军将军。正元年间，晋封平乐乡侯。曹演死，儿子曹亮继承了他的爵位。

曹洪，字子廉。是太祖曹操的堂弟。太祖起义兵讨伐董卓，到了荥阳，被董卓的将领徐荣击败。太祖的坐骑严重受伤不能跑动，而后面又有敌兵紧紧追赶；这时曹洪跳下马来，把自己的坐骑让给太祖；太祖推辞不肯接受，曹洪说："天下可以没有我曹洪，但是不可以没有您啊!”于是跑步跟随太祖逃往汴水岸边。水深不能涉水过河,曹洪循着河岸找到一条船;和太祖一同渡河,返回了谯县。扬州刺史陈温素来与曹洪友善,曹洪率领家兵一千多人到陈温那里去招募兵马;招募到庐江郡强悍善战的披甲战士二千人,东到丹杨郡,又招募到数千人,他带着这支队伍,与太祖在龙亢会合。

太祖征讨徐州,张邈在后方兖州发动叛变迎接吕布。当时正碰上大饥荒,曹洪带兵在前面开路,抢先占据了东平县、范县,收集粮食以接济后面的部队。太祖在濮阳进攻张邈、吕布,吕布失败后逃走,太祖占领东阿县;转而进攻济阴、山阳二郡,以及中牟、阳武、京、密等县,一连攻克十多座县城。因前后作战有功,曹洪被任命为鹰扬校尉。升任扬武中郎将。

天子建都许县,任命曹洪为谏议大夫。又单独率领一支军队征讨刘表,在舞阳、舞阴、叶、堵阳、博望等县,接连打败敌军有功。升任厉锋将军,封国明亭侯。又因一直追随太祖征伐,被任命为都护将军。

文帝即位,提拔他为卫将军。升任骠骑将军,晋封野王侯,增加食邑一千户,加上以前的共有二千一百户;赐给特进官号,后又转封为都阳侯。起初,曹洪家境富裕而生性吝啬;文帝年轻时曾向他借取财物而得不到满足,经常怀恨在心。文帝当了皇帝,就借曹洪门客犯法的机会,把曹洪抓进监狱准备处死。群臣都去说情,而没能成功。卞太后这时出面对文帝宠爱的郭皇后说:“假如曹洪今天处死,我明天就命令皇帝废黜你!”郭皇后痛哭着向文帝一再求情,曹洪才免于一死,但官职被罢免,爵位和封邑都被削减。曹洪是先帝的功臣,当时的人大多对此失望不满。

明帝即位,重新任命曹洪为后将军;改封乐城侯,食邑千户;赐给特进官号。不久又被任命为骠骑将军。

太和六年(公元232),曹洪去世,谥为恭侯。儿子曹馥继承了他的爵位。当初,太祖分出曹洪的一部分封邑,封他的儿子曹震为列侯。曹洪的族父曹瑜,行事谨慎而为人恭敬;官至卫将军,封列侯。

曹休,字文烈。是太祖曹操同族兄弟的儿子。汉末天下大乱,宗族成员各自逃离故乡。这时曹休才十多岁，又死了父亲，他独自带了一个佃客抬着父亲的遗体把他暂时安葬了；然后带着老母亲，渡过长江到吴郡避乱。因为听到太祖发动义军讨伐董卓，他改名换姓辗转到了荆州；又悄悄走小路北上，见到太祖。太祖对左右的人介绍说："这是我们家族的千里马呀！"让他与儿子曹丕同住，待他如亲骨肉。曹休经常随从太祖征伐，太祖让他指挥虎、豹骑兵队，保卫自己。

刘备的部将吴兰驻扎在下辩，太祖派曹洪领兵去征讨；任命曹休为骑都尉，做曹洪的军事参谋。太祖对曹休说："你虽然名义上是军事参谋，其实就是统帅。"曹洪听到这道指令，也把军务交给曹休去处理。刘备派张飞驻扎在固山，想要截断曹洪军的后路。众人议论纷纷犹疑不定，曹休说："敌军如果确实要断我们的后路，应当隐蔽人马悄悄前往；而今他们尚未行动就先造声势，说明他们不可能这样做。应该趁他们兵力尚未集结之前，赶快攻打吴兰；吴兰被击溃，张飞就会不战而退。"曹洪听取了曹休的意见，进兵攻打吴兰，吴兰大败逃走，张飞果然撤退。太祖从汉中撤出全部守军回长安，曹休被任命为中领军。

文帝继承魏王位，任命他为领军将军；根据他前后的功劳，封为东阳亭侯。夏侯惇去世后，曹休出任镇南将军，持有节杖，指挥战区内各路军队；文帝亲自乘车送行，并下车握着他的手与他告别。孙权派部将驻扎在历阳，曹休到达后，击破孙权守军。又另外派一支军队渡过长江，烧毁了孙权军队在芜湖一带的军营多座，使对方数千士兵家庭受损。曹休因功升任征东将军，兼任扬州刺史，晋封安阳乡侯。文帝南下征讨孙权，任命曹休为征东大将军，授予黄钺，指挥张辽等中央军将领以及各州郡的地方军队总共二十多支军队，在洞浦迎击孙权的大将吕范等人。把他们击败后，曹休因此升任扬州牧。

明帝即位，他晋封长平侯。吴将审德驻扎在皖县，曹休攻破审德，砍下他的头颅；吴将韩综、翟丹等人先后率领部下向曹休投降。朝廷增加他的封邑四百户，加上以前的共有二千五百户；又升任大司马，依然指挥扬州各路军队。

太和二年(公元228)，明帝准备兵分二路进攻吴国，派司马懿从汉水顺流而下，曹休则指挥各军进攻寻阳。吴国的将领诈降，曹休深入敌境；作战失利，只得退守石亭。到半夜军营中又受到惊扰，秩序混乱，丢弃了很多铠甲、兵器和军事物资。曹休向朝廷上书请罪；明帝却派遣屯骑校尉杨暨去安慰劝解他，对他的礼遇赏赐更加优厚。不久曹休因愧悔交加导致后背长了一种致命的肿毒而死亡。谥为壮侯。

儿子曹肇继承了他的爵位。曹肇有从政的才能和气度，曾任散骑常侍、屯骑校尉。明帝卧病在床，正要对燕王曹宇等人嘱托后事。不久他又改变了主意，下诏让曹肇以列侯的身份回家不参与政事。正始年间曹肇去世，被追赠为卫将军。儿子曹兴继承了他的爵位。

当初，文帝从曹休的封邑中分出三百户，封曹肇的弟弟曹纂为列侯；曹纂后来任殄吴将军。去世后，被追赠为前将军。

曹真，字子丹。是太祖曹操同族兄弟的儿子。太祖起兵讨伐董卓时，曹真的父亲曹邵也招募人马，被本州郡的官员杀死。太祖怜悯他从小失去父亲，收养了他并视同自己的儿子一般，让他与文帝曹丕同住。

曹真有一次打猎，一条猛虎向他扑来；他回转身一箭射去，猛虎应声倒地。太祖看重他的骁勇，也让他率领虎、豹骑兵队。他带兵前往灵丘县讨伐叛军，大获全胜，被封为灵丘亭侯。又以偏将军的身份带兵去下辩攻打刘备的部将；击败对方，被任命为中坚将军。随从太祖到长安后，兼任中领军。这时，夏侯渊在阳平关阵亡，太祖很是忧虑。于是以曹真为征蜀护军，指挥徐晃等将在阳平关击败刘备的部将高详。太祖亲自到汉中，带领全军撤出；同时让曹真到武都郡去，迎接曹洪等将领退回陈仓驻守。

文帝继承魏王位，任命曹真为镇西将军，授予节杖，指挥雍州、凉州各路军队。根据前后的功劳，朝廷晋封他为东乡侯。张进等人在酒泉郡叛乱，曹真派费曜前去讨伐，斩了张进等叛乱首领。

黄初三年(公元 222)，曹真回京都。文帝任命曹真为上军大将军，指挥京城内外各路军队，授予节杖、斧钺。曹真与夏侯尚等一起征讨孙权，袭击牛渚的吴军营寨，获胜。转任中军大将军，加授给事中职务。黄初七年(公元226)，文帝卧病在床，曹真与陈群、司马懿等人，接受遗诏辅佐朝廷政事。

明帝即位，曹真晋封邵陵侯，升任大将军。诸葛亮围攻祁山，魏朝的南安、天水、安定三郡叛变而响应诸葛亮。明帝急派曹真指挥诸军，镇守郿县；又派张郃率军奔赴前线袭击诸葛亮的先锋马谡，大获全胜。定安郡的百姓杨条等人挟持了一些官吏、百姓造反，据守在月支城，曹真进军包围。杨条对部下说："曹大将军既然亲自前来，我当然愿意早点投降！"于是自己捆绑自己出城请罪，倒向诸葛亮的三郡全都平定。

曹真认为诸葛亮在祁山受到挫折，以后进攻必定要走陈仓；于是派将军郝昭、王生驻守陈仓，全力加固城池。第二年春天，诸葛亮果然出动大军围攻陈仓，因为守军早有充分的准备而未能攻克。朝廷给曹真增加封邑，加上以前的共有二千九百户。

太和四年(公元230)，他进京朝见，升任大司马，明帝给予他可以带剑穿鞋进入皇宫殿堂、进入皇宫殿堂朝见天子时不必小步快走的特殊礼遇。曹真认为："蜀军接连出动侵扰边境，应当给予讨伐；兵分几路一齐推进，可以大获全胜。"明帝听从了他的计策。曹真出发征讨蜀国时，明帝亲自前去送行。曹真在八月间从长安出发，由子午道向南进入蜀国辖境；司马懿沿汉水逆流而上，两支主力军团约定在汉中郡的首府南郑县会合；其他的几路军队，有的从斜谷道南进，有的从武威郡入蜀。碰上这时大雨连下了三十多天，入蜀的栈道有的地方被洪水冲断，明帝下诏让曹真等人率军退回。

曹真年轻时起就与本家曹遵、同乡朱赞一起侍奉太祖。曹遵、朱赞都早死，曹真怜悯他们；请求朝廷从他的封邑中分出一部分封给曹遵、朱赞的子孙。明帝下诏说："大司马具有叔向抚养已故朋友儿子那样的仁慈之心，笃守着晏婴经过长久的穷困日子也始终不忘记老朋友的交友准则。君子成人之美：准许分出他的封邑赐给曹遵、朱赞的儿子，封他们为关内侯，封邑各一百户。"曹真每次出发征战，总是与将士们同甘共苦；军队的赏赐不够，他就把家产拿出来补发，士卒都愿为他效劳。曹真因病回到洛阳，明帝亲自驾临他的住宅探望病情。曹真去世，谥为元侯。

儿子曹爽继承了他的爵位。明帝追念曹真的功绩，下诏说："大司马一生都表现出忠诚节操，尽心辅佐太祖武皇帝、高祖文皇帝；在朝廷内不以自己是受到尊宠的皇室宗亲而骄傲，在朝廷外也不轻视慢待那些地位卑下的平民：真可以说得上是善于保持盛满和高位，有功劳仍然具有谦虚的品德啊！现在封他的五个儿子：曹羲、曹训、曹则、曹彦、曹皑，都为列侯。"

在此以前，文帝已经分出曹真的封邑二百户，封曹真的弟弟曹彬，为列侯。

曹爽，字昭伯。他虽然是皇族成员，但年轻时为人就谨慎稳重，当时明帝曹叡还是皇太子，对他很是亲爱。明帝即位，曹爽为散骑侍郎。不断迁升，任城门校尉，加授散骑常侍职务；又转任武卫将军，明帝给他以特别的恩宠优待。明帝卧病不起时，把曹爽召到卧室内，任命他为大将军，授给节杖、斧钺，指挥京城内外的各路军队，总管尚书台政务；与太尉司马懿一起，接受遗诏辅佐小皇帝曹芳。

明帝死，齐王曹芳即位，加授曹爽侍中职务，改封武安侯，封邑一万二千户；给予他可以带剑穿鞋进入皇宫殿堂、进入皇宫殿堂朝见皇帝时不必小步快走、朝见皇帝时司礼官不直呼他的名字而只报官衔等特别礼遇。他的心腹丁谧出谋划策，让曹爽报告皇帝，下诏转任司马懿为太傅；表面上用这个官职来尊敬司马懿，实际上是想让尚书台上奏政事时，先要经过曹爽处理，这样朝廷政事的控制权就落入曹爽一人之手。接着曹爽的弟弟曹羲出任中领军，曹训出任武卫将军，曹彦出任散骑常侍兼侍讲；其余的几个弟弟都以列侯的身份侍从皇帝，出入皇宫禁地：曹爽一家地位之尊贵，荣宠之优厚，再没有人能比得过。

南阳郡的何晏、邓飏、李胜，沛国的丁谧，东平郡的毕轨，在过去都有名，而且热衷于做官；但明帝因为他们拉帮结派彼此吹捧，把他们全部废黜不予任用。到了曹爽执政，却把这一批人当做心腹，委以重任。邓飏等人想让曹爽在天下享有威望名声，劝他带兵去征伐蜀国；曹爽听信了他们的主意，司马懿想阻止这一行动而没能成功。

正始五年(公元 244)，曹爽西行到达长安，调发了六七万大军，从骆谷进入蜀国辖境。当时，关中地区和西面氐族、羌族居住区的军事物资转运都接不上，牛马驴骡饿死无数，沿路都是哀哭的百姓。进入骆谷走了几百里，蜀军依山设置坚固防线，部队无法前进。曹爽的军事参谋杨伟为曹爽分析形势，认为应该赶紧引军撤退，不然会大败。邓飏与杨伟在曹爽面前发生激烈的争执，杨伟说："邓飏、李胜将会败坏国家的大事，应该砍他们的头!"曹爽很不愉快，垂头丧气地撤回大军。

起初，曹爽因为司马懿的年纪、德行都高，总是像对待父亲那样敬重和请教他，不敢独断专行。到了何晏等人得到任用，他们都拥戴曹爽，劝说他"不能把重大权力交给别人"。于是曹爽任命何晏、邓飏、丁谧为尚书，何晏主管官员的选拔任用；毕轨为司隶校尉，李胜为河南尹：从此以后曹爽处理公务就很少再和司马懿商量了。

司马懿也声称有病，避开曹爽。何晏等人专权后，共同瓜分了洛阳典农中郎将、野王典农中郎将所管理的桑田数百顷，又霸占本来封给皇族公主的封地，作为私人产业；又凭借权势私自拿走公家财物，向各州郡的地方政府勒索。有关官员完全顺从，没有人敢于违抗他们的意愿。何晏等人与廷尉卢毓素来有矛盾，他们抓住了卢毓下属的一点小过错，苛刻严厉地引用法律条文把卢毓绳之以法；他们命令主办官员先收缴了卢毓的印绶，然后才上奏皇帝：他们作威作福就达到如此程度。曹爽的饮食、车马、服饰，都非分地向皇帝的规格看齐；皇宫内尚方署所制造的御用珍宝和玩赏品，在他的家里比比皆是；曹爽的妻妾成群，他又私自占有了先帝的七八个宫女；还夺走将吏、工匠、吹鼓手和良民百姓的子女三十三人，把他们编为自己私人的音乐舞蹈演出队；又伪造诏书，征调皇宫中五十七名宫女送往邺县过去的魏王宫，让先帝的女官把她们训练成音乐舞蹈的表演者；又擅自把宫廷御用乐器、中央武器库中宫廷禁卫军专用的兵器占为己有；他挖造地下室，用精美的织锦装饰四周，经常与何晏等人在里面聚会，饮酒作乐。

曹羲深感忧虑，多次劝阻曹爽。他又写了三篇文章，陈述骄淫自满将会招致祸患灭亡，辞意恳切；但不敢直接说曹爽，假托告诫各个弟弟而拿给曹爽看。曹爽知道他的文章是针对自己，很不高兴。曹羲有时因为劝谏不被采纳，竟至于哭着站起来离开。

与此同时司马懿却对曹爽等人暗加戒备。正始九年（公元248）冬，李胜出任荆州刺史，前去与司马懿话别。司马懿称自己病势沉重，并装出一副羸弱的样子；李胜没有察觉，以为真的是如此。

正始十年（公元249）正月，皇帝离开京城前往城南魏明帝的高平陵进行祭祀。曹爽兄弟都随从前往。

司马懿等他们出城远去后立即部署指挥兵马，首先占据了武器库。然后亲自带兵扼守城南郊的洛水浮桥，派人向皇帝呈上奏章，说："为臣当初从辽东回朝，先帝下诏要陛下、秦王和我登上御床，他拉住我的手臂，说是深为身后的大事感到担忧。为臣回答说：'太祖武皇帝和高祖文皇帝也曾托付我，说是把后事挂念在心，这是陛下亲自看到的；您用不着担忧难过，万一发生意外，为臣将不惜生命来忠实执行陛下的诏命！'黄门令董箕等人，以及侍候皇上养病的宫女，他们都听到了我这番话。而今大将军曹爽，背弃了先帝的临终遗命，败坏扰乱国家的制度；在内非分地比拟皇帝，在外专断威权；破坏京城禁卫军的军营编制，从而把禁卫军完全控制在自己手中；各官署的重要职务，都安插亲信担任；至于宫殿中的侍卫，历代的旧人都被排斥出去，想用新人来树立他的私党；他的势力盘结交错，放纵恣意一天比一天厉害。不仅对外是如此，而且在宫廷内又任用宦官张当为都监，与他串通勾结；专门监视陛下，企图篡夺皇位；还在皇太后与陛下之间挑拨离间，破坏母子之间的骨肉关系。天下骚动，人人自危；陛下成为借别人位置暂坐的傀儡，岂能得到长久的安全呢？这绝不是先帝下诏让陛下和为臣我登上御床的本意啊！为臣虽然老朽年迈，怎敢忘记那时说过的话？过去赵高野心极度扩张，秦朝因此而灭亡；吕氏、霍氏家族势力及早被铲除，汉朝的江山才得以长久。这是陛下最好的借鉴，也是我受命行动的时候啊！太尉蒋济、尚书令司马孚等人，都认为'曹爽有无视君主的野心，他们兄弟不应该统领军队守卫皇宫'，为此向皇太后呈上奏章。皇太后下令指示我：‘按照奏章上的请求行事。’为臣已命令主管官员和黄门令：‘解除曹爽、曹羲、曹训统领禁卫军的兵权，免去他们的一切官职而以侯爵的身份回家；不准他们违抗命令延误时间，使陛下在外久留；如果他们敢逗留抗命，立即以军法处置！’为臣我勉力支撑病体，领兵驻守在洛水浮桥，密切监视有无意外情况发生。”

曹爽接到司马懿的奏章，不向皇帝呈奏；窘迫得不知所措。

大司农沛国人桓范听说司马懿举兵，他不应太后的召唤；假造皇帝的诏命骗开了平昌门；拔取剑戟，胁迫守卫城门的门候；向南跑去见曹爽。司马懿听说后，说：“桓范去出谋划策，曹爽肯定不会听他的。”桓范劝说曹爽，把皇帝带到许昌，而后召集各地的军队进行对抗。曹爽兄弟犹豫不决，桓范又对曹羲说：“时至今日，你们一家子想安安全全过平民百姓的日子还有可能吗！再说平头百姓抓到一个人质，也还有希望活命；而今你们和天子在一起，借此号令天下，谁人敢不响应呢？”曹羲依然不采纳他的计策。

侍中许允、尚书陈泰劝说曹爽，要他早点从命认罪。于是曹爽派许允、陈泰去见司马懿，表示愿意认罪接受惩罚；又把司马懿的奏章呈送给皇帝。皇帝免去曹爽兄弟的职务，让他们以侯爵的身份回家。

当初，张当私自把选出的宫女张某、何某二人，送给曹爽。朝廷怀疑其中有阴谋，把张当抓起来治罪。张当供认：“曹爽、何晏等人密谋造反，先训练军队，等到三月间动手。”于是把何晏等人逮捕入狱。朝廷召集公卿大臣，举行会议，一致认为：“《春秋公羊传》上阐明的道理，说是‘对君主和父母不能起歹心，起歹心的必须诛灭’。曹爽作为皇族的分支，世代蒙受朝廷特殊的恩宠，亲自接受先帝拉着手下达的遗诏，嘱托他辅佐天下；而敢包藏祸心，背弃先帝的临终遗命，与何晏、邓飏以及张当等人阴谋篡夺帝位；桓范勾结支持罪恶的人：他们都犯了大逆不道的罪行。”于是把曹爽、曹羲、曹训、何晏、邓飏、丁谧、毕轨、李胜、桓范、张当等人全部逮捕，都处以死刑，并诛灭三族。

嘉平年间，给断绝后代的功臣安排继承人，才封曹真同族兄弟的孙子曹熙，为新昌亭侯，封邑三百户，直接作为曹真的继承人。

何晏，是大将军何进的孙子。母亲尹氏，后来成为太祖的夫人；何晏跟随母亲而生长在宫廷里，又娶公主为妻。他从小就以才华优秀著名，喜好《老子》、《庄子》的议论。写了《道德论》和各种文、赋、著述共数十篇。

夏侯尚，字伯仁。是夏侯渊的侄子。文帝曹丕在年轻时就与他亲热友好。太祖曹操平定冀州时，夏侯尚为军司马，率领骑兵跟随太祖征伐。后来当了曹丕五官中郎将府的文学掾。魏国刚建立，他升任黄门侍郎。代郡的乌丸族叛乱，太祖派鄢陵侯曹彰前去征讨，让夏侯尚充当军事参谋，结果平定了代郡。得胜回还，太祖在洛阳去世，夏侯尚手持节杖，护送太祖的灵柩回邺城。根据夏侯尚此前的功绩，朝廷封他为平陵亭侯，任散骑常侍。升任中领军。

文帝曹丕做了皇帝后，改封他为平陵乡侯，升任征南将军，兼荆州刺史，持有节杖，指挥南方各路军队。夏侯尚上奏说："刘备的一部分军队驻扎在上庸，那里山高路险，他们肯定不会防备我们；如果派奇兵悄悄前往，出其不意，必能大获全胜。"得到批准后他指挥各军一举攻破了上庸，总共平定了三郡九县，因功升为征南大将军。孙权虽然向魏朝称臣，但夏侯尚仍然加紧做好了攻伐他的准备，孙权后来果然有二心。

黄初三年(公元222)，文帝御驾亲征孙权到达宛县，派夏侯尚率领各军，与曹真一起围攻江陵。孙权部将诸葛瑾与夏侯尚隔着长江对峙。诸葛瑾率军渡江进驻江中的洲岛，而把水军部署在附近江面上游弋。夏侯尚在夜里抬着许多轻便小油船，带着一万多名步、骑兵，跑到下游悄悄地渡江，攻打诸葛瑾在洲岛上的驻军。然后夹江放火烧他水军的船只，水陆齐攻。击溃了诸葛瑾的军队，江陵城尚未攻下；碰上瘟疫蔓延，文帝下诏让夏侯尚带领各路兵马返回。给他增加封邑六百户，加上以前的共有一千九百户；又授以斧钺，晋升为州牧。荆州境内残破荒凉，外围与少数族接壤；南面又与吴国以汉水为界，以往那里的百姓大都迁居到长江南岸去了。夏侯尚从上庸开始打通道路，向西推进七百多里，山民和少数族纷纷从这条大道出来投奔他；五六年间，向他投降归附的有数千家。黄初五年(公元224)，改封夏侯尚为昌陵乡侯。

夏侯尚有一个爱妾，很受他的宠幸，几乎要夺去原配夫人的位置；而他的原配夫人，是曹氏皇族的女儿；所以文帝派人勒死了他这个爱妾。夏侯尚悲伤过度，生了大病而精神恍惚；爱妾已经下葬，他还忍不住要再看一看，又挖出尸体一睹遗容。文帝听说后很是恼怒，说："杜袭轻视夏侯尚，确实有道理啊！"然而因为夏侯尚是老部下，所以对他的恩宠如旧。

黄初六年(公元225)，夏侯尚病重，回到京都。文帝多次去看望他，拉着他的手悲哭。夏侯尚去世。谥为悼侯。

儿子夏侯玄继承了他的爵位。文帝又从夏侯尚的封邑中分出三百户，赐给夏侯尚弟弟的儿子夏侯奉，封他为关内侯。

夏侯玄，字太初。年轻时就已出名。二十岁左右当上了散骑侍郎、黄门侍郎。有一次他进宫见明帝，被安排在毛皇后弟弟毛曾的身旁就座。夏侯玄看不起出身卑贱的毛曾而很感耻辱，露出极不高兴的脸色。明帝大为愤恨，把他贬为羽林监。正始初年，曹爽辅政。夏侯玄是曹爽姑姑的儿子。所以他又不断迁升，出任散骑常侍、中护军。

太傅司马懿向他咨询当时的政事，夏侯玄的议论认为：

使用人才授给官职，这是国家的权柄。因此，官员的挑选衡量由尚书台专管，这是中央才应当具有的职分；人才的品行表现在居住的街巷中，其优劣高下由同乡的人来负责评判，这是地方应当遵守的秩序。要想使教化清明，使官员的选任周密，就要把中央应当具有的职分和地方应当遵守的秩序分清楚，不使它们相互干涉。为什么呢？因为中央如果忽视了地方所提供的品行考察，恐怕会使进入仕途的人不走品行培养的根本途径，那么巴结权势奔走钻营的门就打开了；而地方如果侵犯了中央选择衡量的权力，恐怕会使皇朝的官职与地方发生关连，那么机要权力就分散了。皇朝的官职与外面地方发生关连，平民百姓就会随便议论国家的权柄；而机要的权力出现分散，这就是政治纷乱的根源。

自从我朝设立州郡中正以品评人才并衡量人才所应得到

的官品以来，已经有不少年了。但实际情况却是相当纷乱，没有能在选任人才上做到标准统一、衡量公平。这难道不是中央应当具有的职分与地方应当遵守的秩序发生混淆交错，以致两方面都没有把自己的关键工作做好而造成的吗？如果让中正只负责人才的品行考察然后加以分类，人才分类恰当而且品行考察公正，这就可以作为授予官职的根据了。为什么？因为一个人如果在家庭中表现出孝顺的品德，他一旦当了官怎么会不忠诚恭顺呢？一个人如果在亲族当中对人仁慈宽恕，他一旦当了官怎么能不善于施政呢？一个人如果在乡邻中间表现出义气和决断，他一旦当了官怎么会不胜任称职呢？而上述三种人才的考察分类，都取决于中正；一旦作出了这样的考察和分类，虽然还不能标明授予人才具体官职的名称，但是这些人才能够任用这一点已是确定无疑的了。品行有优劣，比较的结果有高低，那么应当授予什么等级的官职，也就一下子区别得清清楚楚。既然如此，又何必让下面地方政府的中正侵犯中央选择衡量官员的权力，而让中央掌握国家权柄的尚书台完全委托依仗地方的中正来选任官员；从而使上下相互侵扰，生出无穷的纷乱来呢？

再说尚书台治理下面的各级政府和官署，考核官员的功劳，比较官员的过失；各种本职工作的督察方面，都各有长官负责执行。早晚不断努力，对此也还不能彻底弄清楚。何况下面中正对人才优劣的评价，还只是以个人的意见来作结论；却使得在中央掌握官员选择衡量权力的大臣丧失了这方面的权力，大家奔忙混乱：在这种情况下要想风气清正安静，能办到吗？中央的尚书台相距遥远，众人难以和它拉上关系。容易拉上关系的，就是近旁的中正；那么谁又不大耍手段以谋取自己所希求的东西呢？既然有这样一条门路，那么在家庭中认真培养自己品行的，已经比不上直接买通四邻乡亲走后门的了；而自己直接买通四邻乡亲走后门的，已经比不上径直去请托州郡中正的了。如果开后门有机会，而担忧他们弄虚作假脱离根本，即使是严格要求中正奉公守法，甚至用刑罚来作监督，也还是没有用处的。

所以说还不如使他们各自遵守本分为佳：各级政府和官署的长官，各自考核下属才能的优劣长短，把结果上报到尚书台；尚书台则根据这些考核的高下等级，再参考本人家乡乡亲评定的品行高下，拟定出相应的类别，不能偏颇；至于中正，则只负责考察人才的行为事迹，然后区别高下，审定等级，不能偏高偏低。尚书台汇总以上所有的人事档案加以处理，再选择任用：如果尚书台的选择任用出现问题，那么责任过失自然在尚书台。长官的考核，中正的审定，一一按照其高下顺序加以选择任用；如果被任用的人不称职，责任过失就在尚书台以外的长官和中正。内外配合，得失之处有地方追究；互相对比检查，谁能弄虚作假？能够这样办那么就会人心安定而事理分明，大概可以让风气清正安静，而在使用人才授给官职方面把工作做好了。

夏侯玄又认为：

古代开始设置官职，是用来拯救养育苍生，统率治理民众的；他们作为百姓的上司和长官去进行治理。上司和长官，应当是统一的和专职的：统一，官位才会确定而上下安然；专职，各自的公务才能很好完成而事情精简。事情精简了，公务能很好完成，上下又安然，像这样都还不能治理好天下的，还从来没有过。殷、周以前的君主在各地设立了很多小国，虽然其中详细情况难以弄明白；然而这些小国之间分划疆界，各守辖境，明显不是一种重复和错乱的政治体制。再往下考察殷、周两个王朝五等爵位的封建制度，也只有封国大小、贵贱的差别，并没有见到君臣、官民中间有两套行政系统相互牵制的现象。职官的系统不统一，公务就不会办好；公务办不好，事情又怎么能得到精简呢？事情得不到精简，那么老百姓又怎么能得到安宁呢？老百姓不安宁，那么邪恶就会一齐冒出来，各种作奸犯科、弄虚作假的事都会滋长了！古代的君主看清楚这一点，所以总要使官员专职而系统统一。

从秦朝开始，就不遵从圣明君主的模式；从私利出发驾御臣僚，使用奸诈的手段对待臣下。生害怕直接治理百姓的地方行政官员为官不认真不廉洁，就设立监督的官员监督他们；又害怕监督官员有所纵容和不正直，又设立纠察官员来纠察他们；行政官员和监督官员彼此重复，监督官员和纠察官员相互监视；人人怀有异心，上下做事不一致。汉朝承袭了秦朝的办法，没有纠正改变。

我大魏王朝兴起，时间紧事情多也顾不上解决这个问题。目前五等爵位的封建制度，虽然难以一下子恢复；然而还是可以大体建立一个标准，以统一行政体制。现今的县令、县长，都直接治理下属官员和百姓；却无缘无故又重复设置了郡太守一级，上面还有州刺史。如果郡一级的管理，只是在大政方针上；那就与州刺史完全相同，无须重复设置。

我认为应当省去郡太守，只保留州刺史。刺史职位存在，则监察事务不会荒废；而郡政府中数以万计的办事员，都回乡去务农，可以节省繁杂的行政费用，增加财富而多生产粮食。这是第一点好处。担任大县县令的人，实际上都胜任郡太守职务：所以在郡和县之间，关于诉讼案件的是非判断问题，常常出现意见不同的情况；对方同意自己的意见就安然无事，不屈从自己就争执不休。肉汤之所以鲜美，在于其中融合了不同的调味品；而上下级之间，要能够相辅相成才会有好处；相互顺从才会得到安定，就像琴和瑟合奏时声调要一致一样。把郡太守省去，则官员减少而事情简单。这是第二点好处。在郡政府效力的重要官员，有的职责是监督下属各县的，所以不断出现维护同乡、亲属和老朋友的现象；如有不满意，就借机在公事上牵制作梗；老百姓的困苦疲弊，原因就在于此。如果加以并省，祸乱的根源自然被堵塞。这是第三点好处。现今大魏王朝接在汉末衰败时代之后建立，民众人口锐减。贤能人才不多，能够胜任官职的更少。可是我们对于郡、县两级的官员，在选拔任用上却不能一视同仁。郡太守只是接受县令、县长办好的现成公事，繁重的工作显然在下面县里；可是官员中的上等人才，却优先满足郡政府的需要。这样一来直接治理百姓的官员，只能由下等人才充当；直接治理百姓的官员操纵着人民的生命，竟然多数是顽固鄙陋的角色。如果并省郡一级，就能大量挑选清廉优秀的人才去直接治理百姓，清明政治对民众产生的巨大感化遍布全国，民众得到安宁。这是第四点好处。可以立下制度，把一万户以上的大县，县令改称为郡太守；五千户以上一万户以下的中等县，县长改称为都尉；五千户以下的小县，依旧称为县令或县长；自县长以上，经过考核检查其工作之后提拔任用；根据才能任命新官职，同时所治理的人民数量也随之增加：这才是进用人才考察政绩的正确顺序。如果这样的行政制度一旦定出来，那么使用人才任命官职就秩序井然，政治的成效也会整齐显著。这是第五点好处。

如果省去郡太守，县级能够径直上达中央，那么公务不会受阻隔，官员办事不敢拖沓；夏、商、周三代的清明政治风气，虽然未必能达到，但是行政简明统一的局面，大概能够实现。有利于人民而节省国家费用的根本办法，就在于此了。

夏侯玄还认为：

文和质交替运用，就好像一年当中四季的轮番出现一样。君主效法上天的规律治理百姓，必须要根据当时的弊病加以补救和变通：时代的风俗过于质朴，就用礼仪来修饰；时代的风俗过于奢侈，就用质朴来补救。现今大魏王朝在从前百代帝王之后建立，秦、汉两朝的残余影响留下来；所以社会的风俗过于奢侈，应当大力改变民众的喜好。按照目前朝廷的规定：三公、列侯以下，从大将军以上的官员，都准许穿绫锦、罗绮、纨素衣服，佩戴金银的雕刻装饰品；而从大将军以下的官员，以至于贱民，都可以穿多种颜色的衣服。虽然上下等级，也有一定的小差别；然而朝廷大臣的衣服装饰，已经可以与皇帝相比拟；而玄黄两种颜色，下面的贱民也可以使用了。这样一来，要想让市场上不卖具有华丽色彩的奢侈商品，商人不经营难以得到的珍奇宝物，工匠不制造精细的雕刻工艺品，将是绝对不可能的！

因此，应当花大力气来治理根本，以古代的法则为标准，对文和质的调节，取一个适中的程度，作为礼仪的衡量。官员乘坐的车辆和官服上的花纹图案，都尽量简朴，禁止和去除衰落时代不良风俗所崇尚的华丽品。使效力于朝廷的家庭，享有爵位的门第，不再有绫锦、罗绮之类的衣饰，也没有多种颜色的服装以及纤细精巧的工艺品。从上到下以至于最朴素一等，其间的差别以能表示出地位的等级而已，不要超过一分、两分的程度。至于立功立德之后得到的赏赐，圣上特别恩赐的物品；都要向有关机构报告之后，然后再穿戴使用。

上面对下面的教育感化，就像大风吹倒小草一样容易；在朝廷上推行朴素的教育，下面的奢侈之心自然就会消除了。

司马懿写信回答他说："您说到的审慎任命官员选用人才、去除重复的官职、改变衣服制度这三方面意见，都非常之好。古代礼制规定：由故乡所在地观察人才的品行，由朝廷有关机构考核他的政绩。大体情况就像您所指出的那样。不过后来承袭并且习惯了现今这种制度，一下子还很难改变。至于去除重复的官职问题，秦代就没有州刺史，也只有郡太守和县级行政长官。汉朝虽有州刺史，也只是奉行诏书的六条规定监察本州官员和豪强大族的不法行为而已。所以刺史又称为传车，其下属也称为从事；办公没有固定的治所，属下的吏员也不是他的臣僚。以后才变成了正式的行政机构。关于衣服制度问题，从前贾谊也曾担忧这一点；汉文帝虽然亲自穿粗厚的弋绨衣服以提倡节俭，也还不能使上官下民随之仿效。恐怕这三件事，都只能等待今后贤能的人来办好它们了。"

夏侯玄又写信给他说："汉文帝虽然亲自穿弋绨衣服，却不从根本上变革纠正法规；官廷内外都穿戴可以比拟天子规格的衣饰，宠爱的臣子也受到没有限制的赏赐。由此看来，似乎他只是想为自己树立好名声，没有认真整顿政治制度的意思。现今公侯您承受天命荣任执政大臣，应当仿效古代，建立最理想的政治状况，抑制不良风俗以正根本；如果在上面定出制度，下面的大众一定会照着办。处于应当实施改革的时候，只要您对此热情而专注；政令颁发之日，下面将像回响跟随发声一样立即响应。可是您依然表现出非常之谦虚，说是要'等待贤能'；这就相当于伊尹、周公不纠正殷朝、周朝的典章，我对此是很不理解啊。"

不久，夏侯玄出任征西将军，持有节杖，指挥雍、凉二州的各路军队。他和曹爽共同发动征伐蜀国的骆谷战役，遭到当时人的讥评。曹爽被诛杀后，朝廷征召他入朝任大鸿胪。几年后转任太常。由于曹爽的缘故，夏侯玄受到压抑和贬黜，心里很不满意。

中书令李丰，尽管素来得到大将军司马师的亲近厚待，然而内心却偏向夏侯玄。于是，他联络皇后的父亲光禄大夫张缉，密谋让夏侯玄来执政。李丰在宫廷之内掌握机要权力，儿子又娶明帝的大女儿齐长公主为妻；又和张缉都是冯翊人，所以张缉听信他。李丰暗地要他的弟弟兖州刺史李翼，请求朝见天子，想让他乘机领兵进京，并力起事。但是李翼请求朝见时，却没有得到批准。

嘉平六年(公元254)二月，皇帝要在宫中封拜一个宫女为贵人。李丰等人打算在皇帝驾临正殿前面的露台参加封拜仪式时，在宫内设置伏兵，趁机诛杀入宫的大将军司马师；以夏侯玄代替他的职务、以张缉为骠骑将军。李丰秘密告诉黄门监苏铄、永宁署令乐敦、冗从仆射刘贤等人说："你们几个人在宫内，不法的事很多；大将军司马师为人严厉刚毅，多次提到要惩治你们。从前被太傅司马懿杀死的张当可以作为你们的鉴戒！"苏铄等人都答应听从他的命令。

大将军司马师暗中得知了他的计划，请李丰来相见；李丰毫无防备前往赴会，立即被杀。司马师把这一案件交给主管部门追查，逮捕夏侯玄、张缉、苏铄、乐敦、刘贤等人送到廷尉。廷尉钟毓审理之后上奏说："李丰等人阴谋胁迫天子，擅自诛杀执政大臣，属于大逆不道罪行。请依法处决。"

于是会集公卿大臣，在朝廷合议，一致认为："李丰等人各自受到朝廷的特殊恩宠，掌管机要；张缉是皇帝尊贵的姻亲；夏侯玄世代为朝廷大臣。他们都身居高位，却包藏祸心，密谋逞凶造反；勾结宦官，授以奸计；由于畏惧天子的威严，不敢公开谋划，竟然想要挟天子，肆意作乱；图谋诛杀优秀的辅政大臣，擅自互相委任；将要颠覆皇室，危害天下。钟毓所定的罪名完全符合刑法条文，特此批复钟毓执行。"

皇帝下诏说："齐长公主，是先帝遗留在人间的骨肉，宽恕她的三个儿子免处死刑。"于是，李丰、夏侯玄、张缉、苏铄、乐敦、刘贤等人都被处死，而且诛灭三族；其余的罪犯，其亲属全部流放到乐浪郡。夏侯玄风度气量博大通达，在洛阳的东市斩首时，神色不变，举止如常。时年四十六岁。

正元年间，朝廷为断绝了后代的功臣安排继承人；封夏侯尚侄儿的儿子夏侯本为昌陵亭侯，封邑三百户，作为夏侯尚的后嗣。

当初，中领军高阳郡人许允，和李丰、夏侯玄友善。李丰等人被处死之前，有人伪造皇帝的尺一诏书，上面写着“委任夏侯玄为大将军，许允为太尉；共同总管尚书台政事”。有一个身份不明的人趁天没亮，骑马来把伪造诏书交给许允府邸的守门人，说了一声：“有诏！”随即驰马而去。许允立刻把它丢到火中烧毁，没有报送给司马师。

后来李丰等人的密谋败露，司马师便调许允任镇北将军，授予节杖，指挥黄河以北的各路军队。他还没有从京城出发上任，就因为乱发公家财物的罪过，被逮捕送交廷尉审判；最后被流放乐浪郡，半路上死亡。

清河郡的王经，也和许允一样被称为冀州的名士。甘露年间任尚书，因在高贵乡公曹髦的事变里受牵连，被诛杀。起初，王经担任郡太守，他的母亲对他说：“你是农家儿子，今天做到了二千石一级的大官。事情太过分了不好，可以到此为止了！”王经不能听从，历任两州刺史、司隶校尉，最后招致大祸。

许允的同郡朋友崔赞，也曾经以处世太盛劝戒过许允。

评论说：夏侯氏、曹氏两家，世代通婚。夏侯惇、夏侯渊、曹仁、曹洪、曹休、夏侯尚、曹真等人，都因为是长期友好和关系密切的亲戚，故而能够显贵一时；他们辅佐魏朝，保护国家，都立下了汗马功劳。曹爽品德浅薄却地位尊贵，沉溺于享乐而又骄傲自满；这是《周易》上已经指明，而道家所忌讳的祸患。夏侯玄以其风度和气量，受到世人的称赞；然而他和曹爽是情意深厚的中表兄弟，又居于如此显赫的官位；却不曾听说他曾匡正曹爽的过失，为曹爽引荐优秀人才。就此而言，他怎么能够免遭灾祸呢？

【三国志译注卷十】　魏志十

荀彧荀攸贾诩传第十

荀彧字文若，颍川颍阴人也[1]。祖父淑，字季和，朗陵令[2]；当汉顺、桓之间[3]，知名当世。有子八人，号曰“八龙”。彧父绲，济南相；叔父爽，司空。〔一〕

彧年少时，南阳何颙异之，曰：“王佐才也！”[4]〔二〕永汉元年，举孝廉。拜守宫令[5]。

董卓之乱，求出补吏[6]，除亢父令。遂弃官归，谓父老曰：“颍川，四战之地也！天下有变，常为兵冲[7]；宜亟去之[8]，无久留！”乡人多怀土犹豫[9]。

会冀州牧同郡韩馥，遣骑迎之，莫有随者，彧独将宗族，至冀州。而袁绍已夺馥位，待彧以上宾之礼；彧弟谌及同郡辛评、郭图，皆为绍所任。

【注释】

〔1〕颍阴：县名。县治在今河南许昌市。〔2〕朗陵：县名。县治在今河南确山县西南。〔3〕顺、桓：即东汉顺帝刘保(公元114—144)、桓帝刘志(公元132—167)。〔4〕王佐才：能够担任帝王辅佐的人才。〔5〕守宫令：官名。负责供应御用的纸、笔、墨以及尚书台办公所需的文书用品。〔6〕补吏：补充地方行政官员特别是县令县长的空缺。〔7〕兵冲：兵家争夺的要冲。〔8〕亟(jí)：赶快。〔9〕怀土：依恋故土。

【裴注】

〔一〕《续汉书》曰："淑，有高才，王畅、李膺皆以为师。为朗陵侯相，号称'神君'。"

张璠《汉纪》曰："淑，博学有高行，与李固、李膺同志友善；拔李昭于小吏，友黄叔度于幼童。以贤良方正，征。对策讥切梁氏，出补朗陵侯相。卒官。八子：俭、绲、靖、焘、(诜)〔汪〕、爽、肃、旉。音敷。爽字慈明。幼好学，年十二，通《春秋》、《论语》。耽思经典，不应征命，积十数年。董卓秉政，复征爽；爽欲遁去，吏持之急。诏下郡，即拜平原相；行至苑陵，又追拜光禄勋；视事三日，策拜司空。爽起自布衣，九十五日而至三公。淑旧居西豪里，县令苑康曰'昔高阳氏有才子八人'，署其里为'高阳里'。靖字叔慈。亦有至德，名几亚爽，隐居终身。"

皇甫谧《逸士传》："或问许子将：'靖与爽，孰贤？'子将曰：'二人皆玉也；慈明外朗，叔慈内润。'"

〔二〕《典略》曰："中常侍唐衡，欲以女妻汝南傅公明；公明不娶，转以与彧。父绲慕衡势，为彧娶之。彧为论者所讥。"

臣松之按：《汉纪》云"唐衡以桓帝延熹七年死"，计彧于时年始二岁；则彧婚之日，衡之没久矣。慕势之言为不然也。

臣松之又以为：绲，"八龙"之一，必非苟得者也；将有逼而然，何云慕势哉？昔郑忽以违齐致讥，隽生以拒霍见美；致讥在于失援，见美嘉其虑远；并无交至之害，故得各全其志耳。至于阉竖用事，四海屏气；左悺、唐衡，杀生在口。故于时谚云"左回天，唐独坐"，言威权莫二也。顺之则六亲以安，忤违则大祸立至；斯诚以存易亡，蒙耻期全之日。昔蒋诩姻于王氏，无损清高之操；绲之此婚，庸何伤乎？

彧度绍，终不能成大事。时太祖为奋武将军，在东郡。初平二年，彧去绍从太祖。太祖大悦曰："吾之子房也〔1〕！"以为司马，时年二十九。

是时，董卓威陵天下，太祖以问彧。彧曰："卓暴虐已甚，必以乱终，无能为也〔2〕。"卓遣李傕等出关东，所过虏略；至颍川、陈留而还：乡人留者多见杀略。明年〔3〕，太祖领兖州牧，后为镇东将军；彧常以司马从。

兴平元年，太祖征陶谦，任彧留事[4]。会张邈、陈宫以兖州反，潜迎吕布。布既至，邈乃使刘翊告彧曰："吕将军来助曹使君击陶谦[5]。宜亟供其军食！"众疑惑。彧知邈为乱，即勒兵设备[6]；驰召东郡太守夏侯惇。而兖州诸城皆应布矣。时太祖悉军攻谦，留守兵少；而督将、大吏多与邈、宫通谋[7]。惇至，其夜诛谋叛者数十人，众乃定。

豫州刺史郭贡，帅众数万来至城下；或言与吕布同谋，众甚惧。贡求见彧，彧将往。惇等曰："君，一州镇也[8]；往必危，不可！"彧曰："贡与邈等，分非素结也[9]，今来速，计必未定。及其未定，说之，纵不为用，可使中立；若先疑之[10]，彼将怒而成计。"贡见彧无惧意，谓鄄城未易攻，遂引兵去。又与程昱计，使说范、东阿。卒全三城，以待太祖。太祖自徐州还，击布濮阳，布东走。

二年夏[11]，太祖军乘氏。大饥，人相食。

【注释】

〔1〕子房：即张良（？—前186）。字子房，相传为城父（今河南郏县东）人。先世是韩国的相。秦灭韩，他结交刺客，在博浪沙（今河南原阳县东南）刺杀秦始皇，未成功。秦末随刘邦起兵，成为刘邦手下最重要的谋臣。西汉建立，以功封留侯。常称病不掌握实权，所以得到善终。传见《史记》卷五十五、《汉书》卷四十。曹操得到荀彧大为喜悦的原因，除了荀彧本人的超凡才智之外，还因为荀彧出身于当时第一流的名门大族，社会影响大，人际关系广，对曹操创业大有帮助。〔2〕能为：能耐作为。〔3〕明年：次年。即初平三年（公元192）。〔4〕留事：留

守的事务。〔5〕曹使君：指曹操。汉代的州刺史最初是皇帝派遣出外监察地方的使者，所以后来习称刺史或州牧为使君。曹操当时任兖州牧，得称使君。〔6〕设备：作防备。〔7〕大吏：主要的文职官员。〔8〕镇：重心。〔9〕分（fèn）：交谊。〔10〕疑之：使他产生怀疑。〔11〕二年：兴平二年（公元195）。

陶谦死，太祖欲遂取徐州，还乃定布。或曰："昔高祖保关中，光武据河内，皆深根固本以制天下；进足以胜敌，退足以坚守。故虽有困败，而终济大业。将军本以兖州首事[1]，平山东之难，百姓无不归心悦服。且河、济[2]，天下之要地也；今虽残坏，犹易以自保；是亦将军之关中、河内也，不可以不先定。今已破李封、薛兰，若分兵东击陈宫，宫必不敢西顾；以其间勒兵收熟麦[3]，约食蓄谷[4]，一举而布可破也。破布，然后南结扬州；共讨袁术，以临淮、泗。若舍布而东，多留兵则不足用[5]，少留兵则民皆保城，不得樵采。布乘虚寇暴，民心益危；唯鄄城、范、卫可全，其余非己之有：是无兖州也。若徐州不定，将军当安所归乎？且陶谦虽死，徐州未易亡也。彼惩往年之败，将惧而结亲[6]，相为表里[7]。今东方皆已收麦，必坚壁清野，以待将军；将军攻之不拔，略之无获；不出十日，则十万之众，未战而自困耳。〔一〕前讨徐州，威罚实行[8]；〔二〕其子弟念父兄之耻，必人自为守，无降心；就能破之[9]，尚不可有也。夫事固有弃此取彼者[10]：以大易小，可也；以安易危，可也；权一时之势[11]，不患本之不固，可也[12]。今三者莫利，愿将军熟虑之！"

太祖乃止，大收麦，复与布战。分兵平诸县。布败走，兖州遂平。

【注释】

〔1〕首事：开创事业。在取得兖州之前，曹操还没有一块较大的根据地，所以荀彧这样说。〔2〕济：河流名。古代的四渎之一。包括黄河北岸的济水和南岸的济水两部分。这里指南岸部分。是从黄河分出来的一条支流。在今河南荥阳市北分黄河东北流，至今山东东营市附近入海。北岸部分发源于今河南济源市西王屋山。东南流至今温县东南入黄河。荀彧所说的河、济，指这两条河流经过的兖州。〔3〕熟麦：已成熟的麦。〔4〕约食：节约食粮。〔5〕不足用：前线的兵力不够用。〔6〕结亲：联合同盟者。〔7〕相为表里：相互支援。〔8〕威罚实行：指曹操在徐州大肆屠杀事。参见本书卷一《武帝纪》。〔9〕就：就算是。〔10〕固有：确实有。〔11〕一时：当时。〔12〕患：担心。

【裴注】

〔一〕臣松之以为：于时徐州未平，兖州又叛，而云“十万之众”，虽是抑抗之言，要非寡弱之称：益知官渡之役，不得云“兵不满万”也。

〔二〕《曹瞒传》云：“自京师遭董卓之乱，人民流移，东出，多依彭城间。遇太祖至，坑杀男女数万口于泗水，水为不流。陶谦帅其众，军武原，太祖不得进。引军从泗南，攻取虑、睢陵、夏丘诸县，皆屠之，鸡犬亦尽；墟邑无复行人。”

建安元年，太祖击破黄巾。汉献帝自河东，还洛阳。太祖议奉迎，都许，或以“山东未平，韩暹、杨奉新将天子到洛阳，北连张杨，未可猝制〔1〕”。彧劝太祖曰：“〔昔晋文纳周襄王而诸侯景从〕〔2〕，高祖东伐为义帝缟素而天下归心〔3〕。自天子播越〔4〕，将军首倡义兵，徒以山东扰乱〔5〕，未能远赴关右；然犹分遣将帅，蒙险通使〔6〕；虽御难于外〔7〕，乃心无不在王室〔8〕：是将军匡天下之素志也[9]。今车驾旋轸[10]，〔东京榛芜〕；义士有存本之思，百姓感旧而增哀。诚因此时，奉主上以从民望，大顺也；秉至公以服雄杰，大略也；扶弘义以致英俊[11]，大德也。天下虽有逆节[12]，必不能为累[13]，明矣。韩暹、杨奉其敢为害！若不时定[14]，四方生心；后虽虑之，无及！”

太祖遂至洛阳奉迎天子，都许。天子拜太祖大将军；进彧为(汉)侍中，守尚书令，常居中持重[15]。〔一〕太祖虽征伐在外，军国事皆与彧筹焉。〔二〕

太祖问彧："谁能代卿为我谋者?"言彧："荀攸、钟繇。"先是，彧言策谋士，进戏志才；志才卒，又进郭嘉：太祖以彧为知人。诸所进达，皆称职；唯严象为扬州，韦康为凉州，后败亡。〔三〕

【注释】

〔1〕猝制：一下子制服。〔2〕晋文纳周襄王：周襄王被继母惠后逼迫而出走，惠后立自己的儿子叔带为王。前635年，晋文公接纳襄王，并出兵杀死叔带，重新恢复襄王的地位，因此成为诸侯的霸主。事见《左传》僖公二十五年。 景(yǐng)从：紧跟。〔3〕东伐：指刘邦从关中向东进攻项羽。 义帝：即熊心(？—前205)。本楚怀王熊槐的孙子。秦末项羽起兵，立他为楚怀王以号召各军。前206年，被立为义帝。次年被项羽杀死。事见《史记》卷七《项羽本纪》。 缟素：白色的丧服。刘邦东伐项羽时，以项羽杀义帝为理由，出发前为义帝吊唁三天，全军穿上白色的丧服。事见《汉书》卷一上《高帝纪》上。〔4〕播越：流亡。〔5〕徒以：只不过因为。〔6〕蒙险：冒险。〔7〕御难：抵御祸难。这是为曹操割据兖州的行为作掩饰的话。〔8〕无不在：无时不在。〔9〕匡：拯救。〔10〕旋轸：回转车身。指汉献帝从长安转回洛阳。〔11〕致：招引。〔12〕逆节：不顺从的人。〔13〕为累：成为祸害。〔14〕时：及时。〔15〕持重：承当重任。

【裴注】

〔一〕《典略》曰：“彧，折节下士，坐不累席。其在台阁，不以私欲挠意。彧有群从一人，才行实薄。或谓彧：‘以君当事，不可不以某为议郎邪？’彧笑曰：‘官者，所以表才也。若如来言，众人其谓我何邪？’其持心平正，皆类此。”

〔二〕《典略》曰：“彧为人伟美。”

又《平原祢衡传》曰：“衡字正平。建安初，自荆州北游许都。恃才傲逸，臧否过差；见不如己者，不与语，人皆以是憎之。唯少府孔融，高贵其才，上书荐之曰：‘淑质贞亮，英才卓荦。初涉艺文，升堂睹奥。目所一见，辄诵于口；耳所暂闻，不忘于心。性与道合，思若有神。弘羊心计，安世默识；以衡准之，诚不足怪。’衡，时年二十四。是时许都虽新建，尚饶人士。衡尝书一刺怀之，字漫灭而无所适。或问之曰：‘何不从陈长文、司马伯达乎？’衡曰：‘卿欲使我从屠沽儿辈也！’又问曰：‘当今许中，谁最可者？’衡曰：‘大儿有孔文举，小儿有杨德祖。’又问：‘曹公、荀令君、赵荡寇，皆足盖世乎？’衡称曹公不甚多；又见荀有仪容，赵有腹尺，因答曰：‘文若可借面吊丧，稚长可使监厨请客。’其意以为荀但有貌，赵健啖肉也。于是众人皆切齿。衡知众不悦，将南还荆州；装束临发，众人为祖道。先设供帐于城南，自共相诫曰：‘衡数不逊，今因其后到，以不起，报之。’及衡至，众人皆坐不起。衡乃嚎啕大哭，众人问其故。衡曰：‘行尸柩之间，能不悲乎？’衡南见刘表，表甚礼之。将军黄祖屯夏口；祖子射，与衡善，随到夏口。祖嘉其才，每在坐，席有异宾，介使与衡谈。后衡骄蹇，答祖言‘俳优饶言’。祖以为骂己也，大怒；顾伍伯捉头出。左右遂扶以去，拉而杀之。”

臣松之以本传不称彧容貌，故载《典略》与《衡传》以见之。又潘勖为彧碑文，称彧“瓌姿奇表”。

张衡《文士传》曰：“孔融数荐衡于太祖，欲与相见；而衡疾恶之，意常愤懑。因狂疾，不肯往，而数有言论。太祖闻其名，图欲辱之，乃录为鼓吏。后至八月，朝，大宴，宾客并会。时鼓吏击鼓，过，皆当脱其故服，易着新衣。次衡，衡击为‘渔阳参挝’，容态不常，音节殊妙。坐上宾客听之，莫不慷慨。过，不易衣，吏呵之。衡乃当太祖前，以次脱衣，裸身而立；徐徐乃著裈、帽毕，复击鼓参挝，而颜色不怍。太祖大笑，告四坐曰：‘本欲辱衡，衡反辱孤！’至今有‘渔阳参挝’，自衡造也。融遂责数衡，并宣太祖意，欲令与太祖相见。衡许之，曰：‘当为卿往。’至十月，朝，融先见太祖，说‘衡欲求见’。至日晏，衡著布单衣，疏巾(履)，坐太祖营门外；以杖捶地，数骂太祖。太祖敕外厩：

急具精马三匹，并骑二人。谓融曰：‘祢衡竖子，乃敢尔！孤杀之无异于雀鼠！顾此人素有虚名，远近所闻；今日杀之，人将谓孤不能容。今送与刘表，视卒当何如?’乃令骑以衡置马上，两骑扶送至南阳。”

《傅子》曰：“衡辩于言，而克于论。见荆州牧刘表日，所以自结于表者甚至；表悦之，以为上宾。衡称表之美盈口，而论表左右不废绳墨。于是左右因形而谮之曰：‘衡称将军之仁，西伯不过也；唯以为不能断，终不济者，必由此也。’是言实指表智短，而非衡所言也。表不详察，遂疏衡而逐之。衡以交绝于刘表，智穷于黄祖，身死名灭，为天下笑者，谮之者有形也。”

〔三〕《三辅决录》曰：“象字文则，京兆人。少聪博，有胆智。以督军御史中丞，诣扬州，讨袁术；会术病卒，因以为扬州刺史。建安五年，为孙策庐江太守李术所杀。时年三十八。”象同郡赵岐，作《三辅决录》，恐时人不尽其意，故隐其书，唯以示象。

康字元将，亦京兆人。孔融与康父端书曰：“前日元将来。渊才亮茂，雅度弘毅，伟世之器也。昨日仲将又来。懿性贞实，文敏笃诚，保家之主也。不意双珠，近出老蚌。甚珍贵之!”端从凉州牧征为太仆，康代为凉州刺史，时人荣之。后为马超所围，坚守历时；救军不至，遂为超所杀。

仲将名诞。见《刘劭传》。

自太祖之迎天子也，袁绍内怀不服。绍既并河朔，天下畏其强。太祖方东忧吕布，南拒张绣。而绣败太祖军于宛，绍益骄，与太祖书，其辞悖慢〔1〕。太祖大怒，出入动静变于常，众皆谓以失利于张绣故也。钟繇以问彧，彧曰：“公之聪明，必不追咎往事；殆有他虑。”则见太祖问之。

太祖乃以绍书示彧，曰：“今将讨不义，而力不敌。何如?”〔2〕彧曰：“古之成败者，诚有其才虽弱必强〔3〕，苟非其人虽强易弱。刘、项之存亡，足以观矣〔4〕。今与公争天下者，唯袁绍尔。绍貌外宽而内忌，任人而疑其心；公明达不拘〔5〕，唯才所宜。此度胜也〔6〕。绍迟重少决，失在后机〔7〕；公能断大事，应变无方。此谋胜也。绍御军宽缓，法令不立，士卒虽众，其实难用；公法令既明，赏罚必行，士卒虽寡，皆争致死。此武胜也。绍凭世资〔8〕，从容饰智〔9〕，以收名誉，故士之寡能好问者多归之〔10〕；公以至仁待人，推诚心不为虚美〔11〕，行己谨俭〔12〕，而与有功者无所吝惜〔13〕，故天下忠正效实之士咸愿为用〔14〕。此德胜也。夫以四胜辅天子，扶义征伐，谁敢不从！绍之强，其何能为！”太祖悦。

或曰：“不先取吕布，河北亦未易图也。”太祖曰：“然！吾所惑者〔15〕：又恐绍侵扰关中，乱羌胡，南诱蜀、汉〔16〕；是我独以兖、豫，抗天下六分之五也。为将奈何？”彧曰：“关中将帅以十数〔17〕，莫能相一；唯韩遂、马超，最强。彼见山东方争，必各拥众自保。今若抚以恩德，遣使连和；相持虽不能久安〔18〕，比公安定山东，足以不动。钟繇可属以西事，则公无忧矣。”

【注释】

〔1〕悖慢：荒谬傲慢。〔2〕何如：怎么办。〔3〕诚有：确实具有。〔4〕刘、项：指刘邦、项羽。〔5〕不拘：在人才的使用上不拘一格。〔6〕度：气度。〔7〕后机：决断落后于时机。〔8〕世资：世代做高官的家庭出身。〔9〕饰智：装出一副很聪明的模样。〔10〕寡能好问：缺少实际才能而又热衷虚浮名誉。〔11〕不为虚美：不搞华而不实的东西。〔12〕行己：要求自己。〔13〕与：赏赐。〔14〕效实：务实。〔15〕惑：拿不定主意。〔16〕蜀、汉：蜀郡、汉中郡。这里以蜀、汉中二郡代替它们所属的益州。〔17〕以十数：数量以十来计算。〔18〕相持：相互间保持的关系。

三年[1]，太祖既破张绣，东擒吕布，定徐州；遂与袁绍相拒。孔融谓彧曰："绍，地广兵强；田丰、许攸，智计之士也，为之谋；审配、逢纪，尽忠之臣也，任其事；颜良、文丑，勇冠三军，统其兵：殆难克乎？"

彧曰："绍兵虽多，而法不整；田丰刚而犯上，许攸贪而不治；审配专而无谋，逢纪果而自用[2]，此二人留知后事，若攸家犯其法，必不能纵也，不纵，攸必为变；颜良、文丑，一夫之勇耳！可一战而擒也。"

五年[3]，与绍连战。太祖保官渡，绍围之；太祖军粮方尽，书与彧，议欲还许，以引绍[4]。

彧曰："今军食虽少，未若楚、汉在荥阳、成皋间也[5]。是时刘、项，莫肯先退；先退者，势屈也。公以十分居一之众，画地而守之，扼其喉而不得进，已半年矣。情见势竭，必将有变；此用奇之时，不可失也！"太祖乃住，遂以奇兵袭绍别屯[6]，斩其将淳于琼等，绍退走；审配以许攸家不法，收其妻子，攸怒叛绍；颜良、文丑，临阵授首；田丰，以谏见诛：皆如彧所策。

【注释】

〔1〕三年：建安三年（公元198）。〔2〕果：独断专行。〔3〕五年：建安五年（公元200）。〔4〕引绍：引诱袁绍深入。这是为自己撤退作掩饰的话。〔5〕楚、汉在荥阳、成皋间：指项羽、刘邦之间的大战，双方在荥阳、成皋一带相持，历时达三年之久。〔6〕别屯：别处的军营。指袁绍在乌巢的粮库。

六年[1]，太祖就谷东平之安民[2]；粮少，不足与河北相支。欲因绍新破，以其间击讨刘表。彧曰：“今绍败，其众离心；宜乘其困，遂定之。而背兖、豫，远师江、汉[3]；若绍收其余烬，承虚以出人后，则公事去矣。”

太祖复次于河上，绍病死。太祖渡河，击绍子谭、尚。而高幹、郭援侵略河东，关右震动。钟繇帅马腾等，击破之，语在《繇传》。八年[4]，太祖录彧前后功，表封彧为万岁亭侯。[一]

九年[5]，太祖拔邺，领冀州牧。或说太祖：“宜复古，置九州[6]；则冀州所制者广大[7]，天下服矣。”太祖将从之。

彧言曰：“若是，则冀州当得河东、冯翊、扶风、西河、幽、并之地[8]，所夺者众。前日公破袁尚[9]，擒审配，海内震骇；必人人自恐不得保其土地，守其兵众也。今使分属冀州，将皆动心[10]。且人多说关右诸将以闭关之计，今闻此，以为必以次见夺。一旦生变，虽有(善守)〔守善〕者，转相胁为非[11]；则袁尚得宽其死[12]，而袁谭怀贰，刘表遂保江、汉之间：天下未易图也。愿公急引兵，先定河北，然后修复旧京[13]，南临荆州，责贡之不入[14]；则天下咸知公意，人人自安；天下大定，乃议古制：此社稷长久之利也。”

太祖遂寝九州议[15]。

【注释】

〔1〕六年：建安六年(公元201)。　〔2〕安民：地名。在今山东梁山

县东北。〔3〕远师：派兵远征。〔4〕八年：建安八年(公元203)。〔5〕九年：建安九年(公元204)。〔6〕九州：传说认为的我国上古时期的行政区划。州名说法不一。按照《尚书·禹贡》，是冀、兖、青、徐、扬、荆、豫、梁、雍九州。〔7〕制：统治。〔8〕西河：郡名。治所在今山西吕梁市离石区。〔9〕前日：前不久。〔10〕动心：心中不安。〔11〕转：反而。〔12〕宽其死：延缓其死亡。〔13〕旧京：指洛阳。〔14〕责贡之不入：责问刘表为什么不向皇帝进贡。〔15〕寝：放下不提。

【裴注】

〔一〕《彧别传》载："太祖表曰：'臣闻虑为功首，谋为赏本；野绩不越庙堂，战多不逾国勋。是故曲阜之锡，不后营丘；萧何之土，先于平阳。珍策重计，古今所尚。侍中、守尚书令彧，积德累行，少长无悔；遭世纷扰，怀忠念治。臣自始举义兵，周游征伐；与彧戮力同心，左右王略；发言授策，无施不效。彧之功业，臣由以济；用披浮云，显光日月。陛下幸许，彧左右机近；忠恪祗顺，如履薄冰；研精极锐，以抚庶事。天下之定，彧之功也；宜享高爵，以彰元勋。'彧固辞无野战之劳，不通太祖表。太祖与彧书曰：'与君共事以来，立朝廷：君之相为匡弼，君之相为举人，君之相为建计，君之相为密谋，亦以多矣！夫功，未必皆野战也，愿君勿让。'彧乃受。"

是时，荀攸常为谋主〔1〕。彧兄衍，以监军校尉守邺〔2〕，都督河北事。太祖之征袁尚也，高幹密遣兵谋袭邺；衍逆觉〔3〕，尽诛之，以功封列侯。〔一〕太祖以女，妻彧长子恽，后称安阳公主。彧及攸并贵重，皆谦冲节俭；禄赐散之宗族、知旧〔4〕，家无余财。

十二年〔5〕，复增彧邑千户，合二千户。〔二〕太祖将伐刘表，问彧策安出。彧曰："今华夏已平〔6〕，南土知困矣〔7〕。可显出宛、叶，而间行轻进，以掩其不意。"太祖遂行。会表病死，太祖直趋宛、叶，如彧计。表子琮，以州逆降[8]。

【注释】

〔1〕谋主：首要参谋官员。谋主作为智囊团的首脑，不仅自己要积极出谋献策，而且对智囊团成员的策划，还要加以衡量，从中选择最优方案推荐上去。当时，除曹操之外，刘备有法正为谋主，袁绍以田丰等人为谋主。产生谋主是三国谋略文化的重要现象之一。〔2〕监军校尉：官名。监督黄河以北各军将领，并镇守邺城。〔3〕逆觉：在事前发觉。〔4〕知旧：知交故旧。〔5〕十二年：建安十二年(公元207)。〔6〕华夏：指中原地区。〔7〕南土：南方。指刘表占据的荆州。知困：知道自己陷于困境。〔8〕逆降：迎降。

【裴注】

〔一〕《荀氏家传》曰："衍，字休若。彧第三兄。"彧第四兄谌，字友若。事见《袁绍传》。陈群与孔融，论汝、颍人物，群曰："荀文若、公达、休若、友若、仲豫，当今并无对。"衍子绍，位至太仆。绍子融，字伯雅；与王弼、钟会俱知名；为洛阳令，参大将军军事；与弼、会论《易》、《老》义，传于世。谌子闳，字仲茂。为太子文学掾。时有甲、乙疑论，闳与钟繇、王朗、袁涣，议各不同。文帝与繇书曰："袁、王国士，更为唇齿；荀闳劲悍，往来锐师：真君侯之勍敌，左右之深忧也。"终黄门侍郎。闳从孙(恽)〔煇〕，字景文。太子中庶子，亦知名。与贾充共定(音)〔晋〕律，又作《易集解》。仲豫名悦，朗陵长俭之少子，彧从父兄也。

张璠《汉纪》称："悦清虚沉静，善于著述。建安初，为秘书监，侍中。被诏删《汉书》作《汉纪》三十篇，因事以明臧否，致有典要。其书大行于世。"

〔二〕《彧别传》曰："太祖又表曰：'昔袁绍侵入郊甸，战于官渡。时兵少粮尽，图欲还许；书与彧议，彧不听臣；建宜住之便，恢进讨之规；更起臣心，易其愚虑；遂摧大逆，覆取其众。此彧睹胜败之机，略不世出也。及绍破败，臣粮亦尽，以为河北未易图也，欲南讨刘表；彧复止臣，陈其得失；臣用反旆，遂吞凶族，克平四州。向使臣退于官渡，绍必鼓行而前；有倾覆之形，无克捷之势。后若南征，委弃兖、豫；利既难要，将失本据。彧之二策，以亡为存，以祸致福；谋殊功异，臣所不及也。是以先帝贵指纵之功，薄搏获之赏；古人尚帷幄之规，下攻拔之捷。前所赏录，未副彧巍巍之勋。乞重平议，畴其户邑。’彧深辞让。太祖报之曰：‘君之策谋，非但所表二事。前后谦冲，欲慕鲁连先生乎？此圣人达节者所不贵也。昔介子推有言：“窃人之财，犹谓之盗。”况君密谋安众，光显于孤者以百数乎？以二事相还而复辞之，何取谦亮之多邪！’太祖欲表彧为三公，彧使荀攸深让，至于十数；太祖乃止。”

十七年〔1〕，董昭等谓太祖“宜进爵国公，九锡备物，以彰殊勋”，密以咨彧〔2〕。彧以为太祖“本兴义兵，以匡朝宁国，秉忠贞之诚，守退让之实；君子爱人以德〔3〕，不宜如此”。太祖由是心不能平〔4〕。会征孙权，表请彧劳军于谯；因辄留彧〔5〕，以侍中、光禄大夫，持节，参丞相军事。太祖军至濡须，彧疾留寿春〔6〕；以忧薨〔7〕，时年五十。谥曰敬侯。

明年，太祖遂为魏公矣。〔一〕

【注释】

〔1〕十七年：建安十七年（公元212）。〔2〕咨彧：征求荀彧的意见。这实际上是曹操派董昭来探察荀彧的态度。荀彧出自东汉名门，官位高，名气大，很有影响力，他的态度如何对曹操至关重要。〔3〕君子爱人以德：君子爱一个人是从品德的培养上关心帮助他。这是《礼记·檀弓》记载曾子说的话。〔4〕不能平：不高兴。〔5〕辄：自己决定。曹操把荀彧从许都请来留在自己身边，是不让荀彧在朝廷百官中，对自己晋封公爵开创魏国产生阻碍作用。〔6〕疾：因病。〔7〕以忧薨：因为忧心而死。这是对曹操逼死荀彧的掩饰说法。

【裴注】

〔一〕《魏氏春秋》曰：“太祖馈彧食。发之，乃空器也，于是饮药而卒。咸熙二年，赠彧太尉。”《彧别传》曰：“彧自为尚书令，常以书陈事；临薨，皆焚毁之。故奇策密谋不得尽闻也。是时征役草创，制度多所兴复。彧尝言于太祖曰：'昔舜分命禹、稷、契、皋陶，以揆庶绩：教化征伐，并时而用。及高祖之初，金革方殷，犹举民能善教训者，叔孙通习礼仪于戎旅之间；世祖有投戈讲艺、息马论道之事：君子无终食之间违仁。今公外定武功，内兴文学，使干戈戢睦，大道流行，国难方弭，六礼俱治，此姬旦宰周之所以速平也。既立德立功，而又兼立言，诚仲尼述作之意。显制度于当时，扬名于后世，岂不盛哉！若须武事毕，而后制作，以稽治化，于事未敏。宜集天下大才通儒，考论六经，刊定传记，存古今之学；除其烦重，以一圣真，并隆礼学，渐敦教化：则王道两济。'彧从容与太祖论治道，如此之类甚众，太祖常嘉纳之。彧德行周备，非正道不用心；名重天下，莫不以为仪表，海内英俊咸宗焉。司马宣王常称：'书传远事。吾自耳目所从闻见，逮百数十年间，贤才未有及荀令君者也。'前后所举者，命世大才：邦邑则荀攸、钟繇、陈群；海内则司马宣王；及引致当世知名郗虑、华歆、王朗、荀悦、杜袭、辛毗、赵俨之俦；终为卿相，以十数人。取士不以一揆：戏志才、郭嘉等有负俗之讥，杜畿简傲少文；皆以智策举之，终各显名。荀攸后为魏尚书令，亦推贤进士。太祖曰：'二荀令之论人，久而益信。吾没世不忘。'钟繇以为：'颜子既没；能备九德，不贰其过，唯荀彧然。'或问繇曰：'君雅重荀君，比之颜子，自以不及；可得闻乎？'曰：'夫明君师臣，其次友之。以太祖之聪明，每有大事，常先咨之荀君，是则古师友之义也。吾等受命而行，犹或不尽，相去顾不远邪！'"

《献帝春秋》曰："董承之诛，伏后与父完书，言'司空杀董承，帝方为报怨'。完得书以示彧，彧恶之，久隐而不言。完以示妻弟樊普，普封以呈太祖；太祖阴为之备。彧后恐事觉，欲自发之；因求使至邺，劝太祖以女配帝。太祖曰：'今朝廷有伏后，吾女何得以配上；吾以微功见录，位为宰相，岂复赖女宠乎！'彧曰：'伏后无子，性又凶邪；往常与父书，言辞丑恶：可因此废也。'太祖曰：'卿昔何不道之？'彧佯惊曰：'昔已尝为公言也！'太祖曰：'此岂小事，而吾忘之！'彧又惊曰：'诚未语公邪？昔公在官渡与袁绍相持，恐增内顾之念，故不言尔。'太祖曰：'官渡事后何以不言？'彧无对，谢缺而已。太祖以此恨彧，而外含容之，故世莫得知。至董昭建立魏公之议，彧意不同，欲言之于太祖。及赍玺书犒军，饮飨礼毕；彧留，请闲。太祖知彧欲言封事，揖而遣之，彧遂不得言。彧卒于寿春。寿春亡者告孙权，言太祖'使彧杀伏后，彧不从，故自杀'。权以露布于蜀，刘备闻之，曰：'老贼不死，祸乱未已！'"

臣松之按：《献帝春秋》云彧欲发伏后事，而求使至邺，而方诬太祖云"昔已尝言"。言既无征，回托以官渡之虞；俯仰之间，辞情顿屈：虽在庸人，犹不至此，何以玷累贤哲哉！凡诸云云，皆出自鄙俚，可谓以吾侪之言而厚诬君子者矣！袁暐虚罔之类，此最为甚也！

子恽，嗣侯。官至虎贲中郎将。初，文帝与平原侯植并有拟论〔1〕；文帝曲礼事彧〔2〕。及彧卒，恽又与植善，而与夏侯尚不穆〔3〕；文帝深恨恽。

恽早卒。子甝、霬，〔一〕以外甥故犹宠待。恽弟俣，御史中丞〔4〕；俣弟诜，大将军从事中郎：皆知名，早卒。〔二〕诜弟𫖮，咸熙中为司空〔5〕。〔三〕

恽子甝，嗣为散骑常侍〔6〕，进爵广阳乡侯。年三十薨。子頵嗣。〔四〕霬官至中领军。薨，谥曰贞侯，追赠骠骑将军。子恺嗣。霬妻，司马景王、文王之妹也；二王皆与亲善。咸熙中，开建五等〔7〕。以霬著勋前朝，改封恺南顿子。〔五〕

【注释】

〔1〕拟论：被确定为继承人的考虑。指曹操在选择曹丕还是曹植为太子这件事情上曾长时间犹豫不决。〔2〕曲礼：在礼节上表现得非常谦恭。〔3〕不穆：不和。夏侯尚是曹丕的亲信。见本书卷九《夏侯尚传》。〔4〕御史中丞：官名。为御史台的长官。负责举报弹劾百官的违法行为。〔5〕咸熙：曹魏末代皇帝曹奂的年号。〔6〕嗣：指作为后嗣继承封爵。上文说到荀恽娶曹操的女儿为妻，所以他的儿子荀甝、荀霬，是魏文帝曹丕的外甥，受到优待。〔7〕开建五等：开始使用公、侯、伯、子、男五等爵位名号封赏异姓功臣。这是司马昭笼络曹魏官员以便建立新朝的措施。

【裴注】

〔一〕霬，音翼。

〔二〕《荀氏家传》曰："恽字长倩，俣字叔倩，诜字曼倩；俣子寓，字景伯。”《世语》曰：“寓少与裴楷、王戎、杜默，俱有名京邑。仕晋，位至尚书，名见显著。子羽嗣，位至尚书。”

〔三〕《晋阳秋》曰：“颢，字景倩。幼为姊夫陈群所异，博学洽闻，意思慎密。司马宣王见颢，奇之，曰：‘荀令君之子也。近见袁侃，亦曜卿之子也。’擢拜散骑侍郎。颢佐命晋室，位至太尉，封临淮康公。尝难钟会‘《易》无互体’，见称于世。颢弟粲，字奉倩。”

何劭为《粲传》曰：“粲字奉倩。粲诸兄并以儒术论议，而粲独好言道；常以为：‘子贡称夫子之言性与天道，不可得闻；然则六籍虽存，固圣人之糠秕。’粲兄俣难曰：‘《易》亦云圣人立象以尽意，系辞焉以尽言；则微言，胡为不可得而闻见哉？’粲答曰：‘盖理之微者，非物象之所举也。今称立象以尽意，此非通于意外者也；系辞焉以尽言，此非言乎系表者也；斯则象外之意，系表之言，固蕴而不出矣。’及当时能言者，不能屈也。又论父彧不如从兄攸：彧立德高整，轨仪以训物；而攸不治外形，慎密自居而已。粲以此言善攸，诸兄怒而不能回也。太和初，到京邑。与傅嘏谈，嘏善名理而粲尚玄远；宗致虽同，仓猝时或有格而不相得意。裴徽通彼我之怀，为二家骑驿。顷之，粲与嘏善，夏侯玄亦亲。常谓嘏、玄曰：‘子等在世途间，功名必胜我；但识劣我耳！’嘏难曰：‘能盛功名者，识也。天下孰有本不足而末有余者邪？’粲曰：‘功名者，志局之所奖也。然则志局，自一物耳；固非识之所独济也。我以能使子等为贵，然未必齐子等所为也。’粲常以妇人者，才智不足论，自宜以色为主。骠骑将军曹洪女，有美色，粲于是聘焉。容服帷帐甚丽，专房欢宴。历年后，妇病亡，未殡；傅嘏往唁粲，粲不哭而神伤。嘏问曰：‘妇人才色并茂为难。子之娶也，遗才而好色，此自易遇。今何哀之甚？’粲曰：‘佳人难再得！顾逝者不能有倾国之色，然未可谓之易遇。’痛悼不能已，岁余亦亡。时年二十九。粲简贵，不能与常人交接，所交皆一时俊杰。至葬夕，赴者才十余人，皆同时知名士也。哭之，感动路人。”

〔四〕《荀氏家传》曰：“颛，字温伯。为羽林右监。早卒。颛子崧，字景猷。”《晋阳秋》称：“崧少有志操，雅好文学，孝义和爱，在朝恪勤。位至左、右光禄大夫，开府仪同三司。崧子羡，字令则。清和有才。尚公主。少历显位，年二十八，为北中郎将，徐、兖二州刺史，假节，都督徐、兖、青三州诸军事。在任十年，遇疾解职。卒于家，追赠骠骑将军。羡孙伯子，今御史中丞也。”

〔五〕《荀氏家传》曰：“恺，晋武帝时为侍中。”

干宝《晋纪》曰：“武帝使侍中荀颢、和峤，俱至东宫，观察太子。

颉还，称太子‘德识进茂’，而峤云‘圣质如初’。”孙盛曰“遣荀勖”，其余语则同。

臣松之按：和峤为侍中，荀颉亡没久矣。荀勖位亚台司，不与峤同班，无缘方称“侍中”。二书所云，皆为非也。考其时位，恺实当之。恺位至征西大将军。恺兄憺，少府。弟悝，护军将军，追赠车骑大将军。

荀攸字公达。彧从子也。祖父昙，广陵太守。〔一〕攸少孤。及昙卒，故吏张权求守昙墓。攸年十三，疑之。谓叔父衢曰：“此吏有非常之色[1]，殆将有奸[2]。”衢悟，乃推问，果杀人亡命。由是异之。〔二〕

何进秉政，征海内名士攸等，二十余人；攸到，拜黄门侍郎。董卓之乱，关东兵起，卓徙都长安。攸与议郎郑泰、何颙，侍中种辑，越骑校尉伍琼等谋曰[3]：“董卓无道，甚于桀、纣，天下皆怨之；虽资强兵[4]，实一匹夫耳！今直刺杀之，以谢百姓；然后据殽、函[5]，辅王命，以号令天下。此桓、文之举也。”事垂就而觉，收颙、攸系狱；颙忧惧自杀，〔三〕攸言语饮食自若。会卓死，得免。〔四〕

弃官归。复辟公府。举高第，迁任城相，不行[6]。

【注释】

〔1〕色：神色。〔2〕有奸：有问题。〔3〕郑泰：字公业，河南尹开封县(今河南开封市西南)人。早年以轻财仗义名闻关东。后出任尚书侍郎、侍御史、议郎等职。参与刺杀董卓的密谋，未成功，逃奔袁术，不久死。传见《后汉书》卷七十。〔4〕资：凭借。〔5〕殽(xiáo)：山名。即崤山。在今河南渑池县西南。　函：即函谷关。在今河南新安县东。〔6〕不行：不上任就职。

【裴注】

〔一〕《荀氏家传》曰：“昙字元智。兄昱，字伯修。”张璠《汉纪》称：“昱、昙并杰俊有殊才。昱与李膺、王畅、杜密等号为‘八俊’，位至沛相。”攸父彝，州从事。彝与彧为从祖兄弟。

〔二〕《魏书》曰：“攸年七八岁，衢曾醉，误伤攸耳；而攸出入游戏，常避护，不欲令衢见。衢后闻之，乃惊其夙智如此。”

《荀氏家传》曰：“衢子祈，字伯旗。与族父愔俱著名；祈与孔融论肉刑，愔与孔融论圣人优劣，并在《融集》。祈位至济阴太守；愔后征有道，至丞相祭酒。”

〔三〕张璠《汉纪》曰：“颙，字伯求。少与郭泰、贾彪等游学洛阳，泰等与同风好。颙显名太学，于是中朝名臣太傅陈蕃、司隶李膺等，皆深接之。及党事起，颙亦名在其中；乃变名姓亡匿汝南间，所至皆交结其豪杰。颙既奇太祖而知荀彧；袁绍慕之，与为奔走之友。是时，天下士大夫多遇党难。颙常岁再三私入洛阳，从绍计议，为诸穷窘之士解释患祸。而袁术亦豪侠，与绍争名。颙未常造术，术深恨之。”《汉末名士录》曰：“术常于众坐数颙三罪，曰：‘王德弥，先觉俊老，名德高亮，而伯求疏之。是一罪也。许子远，凶淫之人，性行不纯，而伯求亲之。是二罪也。郭、贾寒窭，无他资业，而伯求肥马轻裘，光耀道路。是三罪也。’陶丘洪曰：‘王德弥，大贤而短于济时；许子远，虽不纯而赴难不惮濡足。伯求举善则以德弥为首，济难则以子远为宗。且伯求尝为虞伟高手刃复仇，义名奋发。其怨家积财巨万，文马百驷；而欲使伯求羸牛疲马，顿伏道路。此为披其胸而假仇敌之刃也。’术意犹不平。后与南阳宗承，会于阙下，术发怒曰：‘何伯求，凶德也。吾当杀之！’承曰：‘何生，英俊之士。足下善遇之，使延令名于天下。’术乃止。后党禁除解，辟司空府。每三府掾属会议，颙策谋有余，议者皆自以为不及。迁北军中候。董卓以为长史。后荀彧为尚书令，遣人迎叔父司空爽丧；使并置颙尸，而葬之于爽冢傍。”

〔四〕《魏书》云“攸使人说卓，得免”，与此不同。

攸以蜀、汉险固，人民殷盛，乃求为蜀郡太守。道绝，不得至，驻荆州。太祖迎天子都许，遗攸书曰：“方今天下大乱，智士劳心之时也；而顾观变蜀、汉[1]，不已久乎！”

于是征攸，为汝南太守。入为尚书。太祖素闻攸名，与语大悦。谓荀彧、钟繇曰："公达，非常人也。吾得与之计事，天下当何忧哉?"以为军师。

建安三年，从征张绣。攸言于太祖曰："绣与刘表，相恃为强〔2〕；然绣以游军仰食于表〔3〕，表不能供也：势必离。不如缓军以待之，可诱而致也；若急之，其势必相救。"太祖不从，遂进军之穰，与战。绣急，表果救之。军不利，太祖谓攸曰："不用君言，至是!"乃设奇兵，复战，大破之。

是岁，太祖自宛征吕布，〔一〕至下邳。布败退，固守，攻之不拔。连战，士卒疲，太祖欲还。

攸与郭嘉说曰："吕布勇而无谋，今三战皆北〔4〕，其锐气衰矣。三军以将为主，主衰则军无奋意；夫陈宫，有智而迟。今及布气之未复〔5〕，宫谋之未定；进，急攻之，布可拔也。"乃引沂、泗灌城，城溃，生擒布。

【注释】

〔1〕顾：却，反。　观变：观望时局的变化。〔2〕相恃：相互依靠。〔3〕游军：指没有固定根据地四处流动的军队。〔4〕北：败北。〔5〕及：趁。

【裴注】

〔一〕《魏书》曰："议者云：'表、绣在后而还袭吕布，其危必也。'攸以为：'表、绣新破，势不敢动。布骁猛，又恃袁术；若纵横淮、泗间，豪杰必应之。今乘其初叛，众心未一，往，可破也。'太祖曰：'善!'比行，布已败刘备，而臧霸等应之。"

后从救刘延于白马，攸画策斩颜良。语在《武纪》。太祖拔白马还，遣辎重循河而西。袁绍渡河追，猝与太祖遇。诸将皆恐，说太祖还保营。攸曰："此所以(擒)〔饵〕敌[1]，奈何去之？"太祖目攸而笑，遂以辎重饵贼；贼竞奔之，阵乱。乃纵步骑击，大破之，斩其骑将文丑。太祖遂与绍相拒于官渡。

军食方尽，攸言于太祖曰："绍运车旦暮至[2]；其将韩莫，锐而轻敌，击，可破也。"〔一〕太祖曰："谁可使？"攸曰："徐晃可！"乃遣晃及史涣邀击，破走之，烧其辎重。

会许攸来降，言："绍遣淳于琼等将万余兵迎运粮，将骄卒惰，可邀击也。"众皆疑，唯攸与贾诩劝太祖。太祖乃留攸及曹洪守，太祖自将攻破之，尽斩琼等。绍将张郃、高览，烧攻橹降，绍遂弃军走。

郃之来，洪疑不敢受。攸谓洪曰："郃计不用，怒而来；君何疑？"乃受之。

【注释】

〔1〕饵敌：引诱敌人。 〔2〕旦暮：早晚之间。形容时间不长。

【裴注】

〔一〕臣松之按：诸书，"韩莫"或作"韩猛"，或云"韩若"，未详孰是。

七年[1]，从讨袁谭、尚于黎阳。

明年，太祖方征刘表，谭、尚争冀州。谭遣辛毗乞降请救；太祖将许之，以问群下。群下多以为："表强，宜先平之；谭、尚，不足忧也。"攸曰："天下方有事，而刘表坐保江、汉之间，其无四方志可知矣[2]。袁氏据四州之地，带甲十万，绍以宽厚得众；借使二子和睦以守其成业[3]，则天下之难未息也。今兄弟遘恶[4]，此势不两全：若有所并，则力专；力专，则难图也。及其乱而取之，天下定矣。此时不可失也！"

太祖曰："善！"乃许谭和亲，遂还击破尚。其后谭叛，从斩谭于南皮，冀州平。太祖表封攸曰："军师荀攸，自初佐臣，无征不从；前后克敌，皆攸之谋也。"于是封陵树亭侯。

十二年[5]，下令大论功行封。太祖曰："忠正密谋，抚宁内外；文若是也，公达其次也。"增邑四百，并前七百户；〔一〕转为中军师。

【注释】

〔1〕七年：建安七年(公元202)。〔2〕四方志：征伐四方称霸天下的志向。〔3〕借使：假使。〔4〕遘(gòu)恶：造成仇恨。〔5〕十二年：建安十二年(公元207)。

【裴注】

〔一〕《魏书》曰："太祖自柳城还，过攸舍，称述攸前后谋谟劳勋，曰：'今天下事，略已定矣；孤愿与贤士大夫，共飨其劳。昔高祖使张子房自择邑三万户，今孤亦欲君自择所封焉。'"

魏国初建，为尚书令。攸深密有智防[1]。自从太祖征伐，常谋谟帷幄[2]；时人及子弟，莫知其所言。〔一〕

太祖每称曰："公达外愚内智，外怯内勇，外弱内强；'不伐善〔3〕，无施劳〔4〕'；'智可及〔5〕，愚不可及〔6〕'：虽颜子、宁武不能过也〔7〕！"

文帝在东宫〔8〕，太祖谓曰："荀公达，人之师表也。汝当尽礼敬之。"攸曾病，世子问病〔9〕，独拜床下。其见尊异如此。攸与钟繇善，繇言："我每有所行〔10〕，反复思惟，自谓无以易〔11〕；以咨公达，辄复过人意〔12〕。公达前后凡画奇策十二，唯繇知之。"繇撰集未就，会薨，故世不得尽闻也。〔二〕

攸从征孙权，道薨。太祖言则流涕。〔三〕

长子缉，有攸风；早没。次子适嗣。无子，绝〔13〕。黄初中，诏封攸孙彪，为陵树亭侯，邑三百户；后转封丘阳亭侯。正始中，追谥攸曰敬侯。

【注释】

〔1〕深密：深沉周密。　智防：预防祸患的智谋。　〔2〕谋谟帷幄：在主帅的军帐内出谋划策。　〔3〕不伐善：不夸耀自己的好处。〔4〕无施劳：不表白自己的功劳。这两句话是孔子问各个弟子的志向时，颜渊作出的回答。见《论语·公冶长》。　〔5〕智可及：表现出的聪明别人赶得上。　〔6〕愚不可及：装出来的愚笨别人就赶不上了。这两句话是孔子称赞宁武子时说的。见《论语·公冶长》。　〔7〕宁武：即宁武子，春秋时卫国的大夫。　〔8〕在东宫：指曹丕还在当太子的时候。〔9〕世子：指曹丕。古代天子、诸侯的嫡长子叫做世子。正式立为继承人后称太子。　〔10〕行：行事。　〔11〕无以易：没有什么可改动的了。〔12〕过人意：比我的想法更高明。　〔13〕绝：后嗣断绝。

【裴注】

〔一〕《魏书》曰："攸姑子辛韬，曾问攸，说太祖取冀州时事。攸曰：‘佐治为袁谭乞降，王师自往平之，吾何知焉？’自是韬及内外，莫敢复问军国事也。”

〔二〕臣松之按：攸亡后十六年，钟繇乃卒。撰攸奇策，亦有何难？而年造八十，犹云“未就”。遂使攸从征机策之谋，不传于世。惜哉！

〔三〕《魏书》曰：“时建安十九年，攸年五十八。”计其年，大彧六岁。

《魏书》载太祖令曰：“孤与荀公达，周游二十余年，无毫毛可非者。”又曰：“荀公达，真贤人也！所谓‘温良恭俭让以得之’；孔子称‘晏平仲善与人交，久而敬之’：公达即其人也。”

《傅子》曰：“或问近世大贤君子，答曰：‘荀令君之仁，荀军师之智，斯可谓近世大贤君子矣。荀令君仁以立德，明以举贤；行无谄黩，谋能应机。孟轲称“五百年而有王者兴，其间必有命世者”，其荀令君乎！太祖称“荀令君之进善，不进不休；荀军师之去恶，不去不止”也。’”

贾诩字文和，武威姑臧人也〔1〕。少时，人莫知；唯汉阳阎忠异之，谓诩有良、平之奇〔2〕。〔一〕

察孝廉，为郎，疾病去官。西还至汧，道遇叛氐，同行数十人皆为所执。诩曰：“我段公外孙也，汝别埋我〔3〕；我家必厚赎之！”时太尉段颎〔4〕，昔久为边将，威震西土〔5〕。故诩假以惧氐〔6〕，氐果不敢害；与盟而送之。其余悉死。诩实非段甥；权以济事，咸此类也。

【注释】

〔1〕姑臧：县名。县治在今甘肃武威市。〔2〕良、平：张良、陈平。二人是汉高祖刘邦的主要谋臣。〔3〕别埋我：在别的地方单独埋葬我。〔4〕段颎(jiǒng)：字纪明。东汉桓、灵帝时，长期领兵镇压西方羌族反抗，屡立战功，官至太尉，封新丰县侯。后以勾结宦官被杀。传见《后汉书》卷六十五。〔5〕西土：西方。〔6〕假：借段颎的威名。

【裴注】

〔一〕《九州春秋》曰："中平元年，车骑将军皇甫嵩，既破黄巾，威震天下。阎忠，时罢信都令，说嵩曰：'夫难得而易失者，时也；时至而不旋踵者，机也。故圣人常顺时而动，智者必因机以发。今将军遭难得之运，蹈易解之机；而践运不抚，临机不发：将何以享大名乎？'嵩曰：'何谓也？'忠曰：'天道无亲，百姓与能；故有高人之功者，不受庸主之赏。今将军授钺于初春，收功于末冬；兵动若神，谋不再计；旬月之间，神兵电扫；攻坚易于折枯，摧敌甚于汤雪；七州席卷，屠三十六(万)〔方〕；夷黄巾之师，除邪害之患；或封户刻石，南向以报德；威震本朝，风驰海外。是以群雄回首，百姓企踵；虽汤武之举，未有高于将军者。身建高人之功，北面以事庸主，将何以图安？'嵩曰：'心不忘忠，何为不安？'忠曰：'不然！昔韩信不忍一餐之遇，而弃三分之利；拒蒯通之忠，忽鼎峙之势；利剑已揣其喉，乃叹息而悔：所以见烹于儿女也。今主势弱于刘、项，将军权重于淮阴；指麾可以振风云，叱咤足以兴雷电；赫然奋发，因危抵颓；崇恩以绥前附，振武以临后服；征冀方之士，动七州之众；羽檄先驰于前，大军震响于后；蹈迹漳河，饮马孟津；举天网以网罗京都，诛阉宦之罪；除群怨之积忿，解久危之倒悬。如此，则攻守无坚城，不招必影从；虽儿童可使奋空拳以致力，女子可使其褰裳以用命；况厉智能之士，因迅风之势？则大功不足合，八方不足同也。功业已就，天下已顺；乃燎于上帝，告以天命；混齐六合，南面以制；移神器于己家，推亡汉以定祚：实神机之至决，风发之良时也。夫木朽不雕，世衰难佐；将军虽欲委忠难佐之朝，雕画朽败之木；犹逆坂而走丸，必不可也！方今权宦群居，同恶如市；主上不自由，诏命出左右。如有至聪不察，机事不先；必婴后悔，亦无及矣！'嵩不从，忠乃亡去。"《英雄记》曰："凉州贼王国等，起兵，共劫忠为主；统三十六部，号'车骑将军'。忠感慨，发病而死。"

董卓之入洛阳，诩以太尉掾为平津都尉[1]。迁讨虏校尉[2]。卓婿中郎将牛辅，屯陕，诩在辅军。卓败，辅又死，众恐惧；校尉李傕、郭汜、张济等欲解散，间行归乡里。诩曰："闻长安中议，欲尽诛凉州人。而诸君弃众单行，即一亭长能束君矣[3]。不如率众而西，所在收兵〔4〕；以攻长安，为董公报仇；幸而事济，奉国家以征天下〔5〕；若不济，走未后也〔6〕。”众以为然。傕乃西攻长安。语在《卓传》。〔一〕后诩为左冯翊〔7〕，傕等欲以功侯之〔8〕。诩曰：“此救命之计，何功之有！”固辞不受。又以为尚书仆射。诩曰：“尚书仆射，官之师长，天下所望；诩名不素重，非所以服人也。纵诩昧于荣利，奈国朝何？”乃更拜诩尚书，典选举；多所匡济，傕等亲而惮之。〔二〕

会母丧去官，拜光禄大夫。傕、汜等斗长安中，〔三〕傕复请诩，为宣义将军〔9〕。〔四〕傕等和，出天子，佑护大臣：诩有力焉。〔五〕天子既出，诩上还印绶。

是时将军段煨屯华阴，〔六〕与诩同郡，遂去傕托煨〔10〕。诩素知名，为煨军所望〔11〕。煨内恐其见夺，而外奉诩礼甚备。诩愈不自安。

【注释】

〔1〕太尉掾：官名。太尉府中的主办官员。　平津都尉：官名。负责守卫洛阳北面的小平津黄河渡口。〔2〕讨虏校尉：官名。领兵征伐。〔3〕束：捆绑。〔4〕所在：随处。〔5〕国家：指汉献帝。〔6〕未后：不晚。〔7〕左冯(píng)翊：官名。汉代的三辅之一。治所在今陕西西安市高陵区。〔8〕侯之：封贾诩为侯。〔9〕宣义将军：官名。领兵征伐。〔10〕托：依附。〔11〕望：敬服。

【裴注】

〔一〕臣松之以为：《传》称“仁人之言，其利溥哉！”然则不仁之言，理必反是。夫仁功难著，而乱源易成；是故有祸机一发，而殃流百世者矣。当是时，元恶既枭，天地始开；致使厉阶重结，大梗殷流；邦国遘殄悴之哀，黎民婴周余之酷：岂不由贾诩片言乎？诩之罪也，一何大哉！自古兆乱，未有如此之甚！

〔二〕《献帝纪》曰："郭汜、樊稠，与傕互相违戾，欲斗者数矣。诩辄以道理责之，颇受诩言。"《魏书》曰："诩典选举，多选旧名，以为令、仆。论者以此多诩。"

〔三〕《献帝纪》曰："傕等与诩议，迎天子置其营中。诩曰：'不可！胁天子，非义也。'傕不听。张绣谓诩曰：'此中不可久处，君胡不去？'诩曰：'吾受国恩，义不可背。卿自行，我不能也。'"

〔四〕《献帝纪》曰："傕时召羌胡数千人，先以御物缯采与之，又许以宫人妇女；欲令攻郭汜。羌胡数来窥省门，曰：'天子在中邪？李将军许我宫人美女，今皆安在？'帝患之，使诩为之方计。诩乃密呼羌胡大帅，饮食之，许以封爵、重宝。于是皆引去，傕由此衰弱。"

〔五〕《献帝纪》曰："天子既东，而李傕来追，王师败绩。司徒赵温、太常王伟、卫尉周忠、司隶荣邵，皆为傕所嫌；欲杀之，诩谓傕曰：'此皆天子大臣，卿奈何害之？'傕乃止。"

〔六〕《典略》称："煨在华阴时，修农事，不虏略。天子东还，煨迎道，贡遗周急。"《献帝纪》曰："后以煨为大鸿胪，光禄大夫。建安十四年，以寿终。"

张绣在南阳，诩阴结绣。绣遣人迎诩，诩将行。或谓诩曰："煨待君厚矣，君安去之？"诩曰："煨性多疑，有忌诩意；礼虽厚，不可恃：久将为所图。我去必喜，又望吾结大援于外，必厚吾妻子。绣无谋主，亦愿得诩；则家与身，必俱全矣。"诩遂往，绣执子孙礼〔1〕。煨果善视其家。

诩说绣，与刘表连和。〔一〕太祖比征之，一朝引军退〔2〕，绣自追之。诩谓绣曰："不可追也。追必败！"绣不从，进兵交战，大败而还。诩谓绣曰："促更追之〔3〕！更战必胜。"绣谢曰："不用公言，以至于此。今已败，奈何复追？"诩曰："兵势有变，亟往必利！"绣信之，遂收散卒，赴追，大战。果以胜还，问诩曰：

"绣以精兵追退军，而公曰'必败'；退以败卒击胜兵，而公曰'必克'；悉如公言，何其反而皆验也[4]？"诩曰："此易知耳！将军虽善用兵，非曹公敌也；军虽新退，曹公必自断后；追兵虽精，将既不敌，彼士亦锐：故知必败。曹公攻将军无失策，力未尽而退，必国内有故；已破将军，必轻军速进；纵留诸将断后，诸将虽勇，亦非将军敌：故虽用败兵，而战必胜也。"绣乃服。

是后，太祖拒袁绍于官渡。绍遣人招绣，并与诩书，结援。绣欲许之，诩显于绣坐上谓绍使曰[5]："归谢袁本初[6]：兄弟不能相容[7]，而能容天下国士乎？"绣惊惧曰："何至于此！"窃谓诩曰："若此，当何归？"诩曰："不如从曹公。"绣曰："袁强曹弱，又与曹为仇。从之如何？"诩曰："此乃所以宜从也！夫曹公奉天子以令天下。其宜从一也。绍强盛，我以少众从之[8]，必不以我为重。曹公众弱，其得我必喜。其宜从二也。夫有霸王之志者，固将释私怨，以明德于四海。其宜从三也。愿将军无疑！"绣从之，率众归太祖。

【注释】

〔1〕执子孙礼：以子孙对待父祖的礼节尊奉贾诩。〔2〕一朝(zhāo)：有一天。〔3〕促：赶快。〔4〕何其反：为什么情况相反。〔5〕显：公开。〔6〕归谢袁本初：回去向袁本初表示歉意。意思是拒绝接受对方的建议。〔7〕兄弟不能相容：指袁绍与袁术翻脸而相互攻杀。贾诩竭力阻止张绣支持袁绍，劝其再次归顺曹操，表面上是为张绣的前途考虑，实际上更多的是为自身谋划新的出路。〔8〕少众：少量军队。

【裴注】

〔一〕《傅子》曰："诩南见刘表，表以客礼待之。诩曰：'表，平世三公才也；不见事变，多疑无决：无能为也！'"

太祖见之，喜。执诩手曰："使我信重于天下者，子也！"表诩为执金吾，封都亭侯，迁冀州牧。冀州未平，留参司空军事。

袁绍围太祖于官渡。太祖粮方尽，问诩："计焉出？"诩曰："公明胜绍，勇胜绍，用人胜绍，决机胜绍；有此四胜而半年不定者，但顾万全故也〔1〕。必决其机〔2〕，须臾可定也！"太祖曰："善！"乃并兵出围〔3〕，击绍三十余里营，破之。绍军大溃，河北平。太祖领冀州牧，徙诩为太中大夫。

建安十三年，太祖破荆州，欲顺江东下。诩谏曰："明公昔破袁氏，今收汉南；威名远著，军势既大。若乘旧楚之饶，以飨吏士；抚安百姓，使安土乐业；则可不劳众而江东稽服矣〔4〕。"太祖不从，军遂无利。〔一〕

太祖后与韩遂、马超，战于渭南。超等索割地以和〔5〕，并求任子〔6〕。诩以为可伪许之。又问诩计策〔7〕，诩曰："离之而已〔8〕。"太祖曰："解〔9〕！"一承用诩谋〔10〕，语在《武纪》〔11〕。卒破遂、超，诩本谋也。

【注释】

〔1〕顾万全：在用兵策略上务求安全稳妥。指不敢出奇兵冒险。〔2〕必决其机：如果看准机会冒险出击。〔3〕并兵：并合各营精兵组成突击队。〔4〕稽(qǐ)服：叩头降服。〔5〕索：请求。〔6〕任子：作为人质的亲生儿子。这里意为交送任子。〔7〕计策：指如何对付韩

遂、马超的计策。〔8〕离之：离间他们。〔9〕解：懂了，明白了。〔10〕一：一概，完全。〔11〕《武纪》：即本书的《武帝纪》。

【裴注】

〔一〕臣松之以为：诩之此谋，未合当时之宜。于时韩、马之徒，尚狼顾关右；魏武不得安坐郢都以威怀吴、会，亦已明矣。彼荆州者，孙、刘之所必争也。荆人服刘主之雄姿，惮孙权之武略；为日既久，诚非曹氏诸将所能抗御。故曹仁守江陵，败不旋踵；何抚安之得行，稽服之可期？将此既新平江、汉，威慑扬、越；资刘表水战之具，藉荆楚楫棹之手；实震荡之良会，廓定之大机。不乘此取吴，将安俟哉！至于赤壁之败，盖有运数：实由疾疫大兴，以损凌厉之锋；凯风自南，用成焚如之势。天实为之，岂人事哉！然则魏武之东下，非失算也；诩之此规，为无当矣。魏武后克平张鲁，蜀中一日数十惊，刘备虽斩之而不能止；由不用刘晔之计，以失席卷之会；斤石既差，悔无所及：即亦此事之类也。世咸谓刘计为是，即愈见贾言之非也。

是时，文帝为五官将，而临菑侯植才名方盛；各有党与〔1〕，有夺宗之议〔2〕。文帝使人问诩自固之术。诩曰："愿将军恢崇德度，躬素士之业〔3〕；朝夕孜孜〔4〕，不违子道〔5〕：如此而已。"文帝从之，深自砥砺〔6〕。太祖又尝屏除左右问诩〔7〕，诩默然不对。太祖曰："与卿言而不答。何也？"诩曰："属适有所思〔8〕，故不即对耳〔9〕。"太祖曰："何思？"诩曰："思袁本初、刘景升父子也〔10〕。"太祖大笑，于是太子遂定。

诩自以非太祖旧臣，而策谋深长；惧见猜疑，阖门自守〔11〕，退无私交；男女嫁娶，不结高门。天下之论智计者归之。

文帝即位，以诩为太尉；〔一〕进爵魏寿乡侯，增邑三百，并前八百户。又分邑二百，封小子访，为列侯；以长子穆，为驸马都尉。

帝问诩曰："吾欲伐不从命，以一天下[12]：吴、蜀何先？"对曰："攻取者先兵权[13]，建本者尚德化。陛下应期受禅，抚临率土[14]；若绥之以文德而俟其变，则平之不难矣。吴、蜀虽蕞尔小国[15]，依阻山水；刘备有雄才，诸葛亮善治国；孙权识虚实，陆议见兵势；据险守要，泛舟江湖：皆难猝谋也[16]。用兵之道，先胜后战[17]，量敌论将，故举无遗策。臣窃料群臣，无备、权对[18]；虽以天威临之，未见万全之势也。昔舜舞干戚而有苗服[19]，臣以为：当今宜先文后武。"文帝不纳。后兴江陵之役[20]，士卒多死。

诩年七十七，薨。谥曰肃侯。子穆嗣。历位郡守。穆薨，子模嗣。〔二〕

【注释】

〔1〕党与：支持者。〔2〕夺宗：非嫡长子取代嫡长子成为继承人，叫做夺宗。〔3〕躬：亲自履行。　素士：出身于非皇族的知识分子。这是当时的习语。〔4〕孜孜：勤勉的样子。〔5〕子道：当儿子的应当遵循的准则。〔6〕砥砺：本意是磨刀石。这里指磨练自己。〔7〕屏(bǐng)除左右：支开左右的人。　问诩：向贾诩询问继承人选问题。〔8〕属：碰巧。〔9〕即对：立即回答。〔10〕袁本初、刘景升父子：即袁绍、刘表父子。袁、刘二人都是偏爱小儿子并且以小儿子代替嫡长子做继承人，由此引起内部争夺以致灭亡。贾诩是在以此警醒曹操。〔11〕阖：关。〔12〕一：统一。〔13〕先兵权：重视武力。〔14〕率土：指四海之内。《诗经·北山》有"率土之滨，莫非王臣"的句子，率土即"率土之滨"的省略。〔15〕蕞(zuì)尔：小的样子。〔16〕猝谋：一下子谋取。〔17〕先胜后战：先造成取胜的形势再作战。〔18〕对：对手。〔19〕干戚：盾牌和长斧。传说在虞舜时，有苗族不

服从，舜致力于搞好政治，没有攻打有苗族。只是在殿堂上拿起干和戚象征性舞动，有苗族就归顺了。见《淮南子·齐俗训》。〔20〕江陵之役：指黄初三年（公元222）派夏侯尚与曹真进攻江陵事，见本书卷九《夏侯尚传》。

【裴注】

〔一〕《魏略》曰："文帝德诩之对太祖，故即位，首登上司。"《荀勖别传》曰："晋司徒阙，武帝问其人于勖。答曰：'三公，具瞻所归，不可用非其人。昔魏文帝用贾诩为三公，孙权笑之。'"

〔二〕《世语》曰："模，晋惠帝时为散骑常侍，护军将军。模子胤，胤弟龛，从弟疋；皆至大官，并显于晋也。"

评曰：荀彧清秀通雅〔1〕，有王佐之风；然机鉴先识〔2〕，未能充其志也〔3〕。〔一〕荀攸、贾诩，庶乎算无遗策〔4〕，经达权变：其良、平之亚欤！〔二〕

【注释】

〔1〕通雅：通达文雅。〔2〕机鉴：对人和事情的洞察能力。先识：对人和事情的预见能力。〔3〕未能充其志：不能使他的志向得到充分的表现。意思是荀彧虽有振兴汉室的志向，可惜他对曹操未能预先认识清楚，结果反而造成汉室被曹氏取代的结果。〔4〕庶乎：算得上是。

【裴注】

〔一〕世之论者，多讥彧："协规魏氏，以倾汉祚；君臣易位，实彧之由；虽晚节立异，无救运移；功既违义，识亦疚焉。"陈氏此评，盖亦同乎世识。臣松之以为：斯言之作，诚未得其远大者也。彧岂不知魏武之志气，非衰汉之贞臣哉！良以于时王道既微，横流已极，雄豪虎视，人怀异心；不有拨乱之资，仗顺之略，则汉室之亡忽诸，黔首之类殄矣。夫欲翼赞时英，一匡屯运，非斯人之与而谁与哉？是故经纶急病，若救身首；用能动于崄中，至于大亨；苍生蒙舟航之接，刘宗延二纪之祚；

岂非荀生之本图，仁恕之远致乎？及至霸业既隆，翦汉迹著；然后亡身殉节，以申素情；全大正于当年，布诚心于百代：可谓任重道远，志行义立。谓之“未充”，其殆诬欤？

〔二〕臣松之以为：列传之体，以事类相从。张子房，青云之士，诚非陈平之伦；然汉之谋臣，良、平而已，若不共列，则余无所附：故前史合之，盖其宜也。魏氏如诩之俦，其比幸多。诩不编程、郭之篇，而与二荀并列，失其类矣。且攸、诩之为人，其犹夜光之与蒸烛乎！其照虽均，质则异焉。今荀、贾之评，共同一称，尤失区别之宜也。

【译文】

荀彧，字文若，颍川郡颍阴县人。他的祖父荀淑，字季和，曾任朗陵县令；在汉顺帝、桓帝期间，很有名气。荀淑有八个儿子，号称“八龙”。荀彧的父亲荀绲，曾任济南国相；叔父荀爽，曾任司空。

荀彧年少时，南阳人何颙特别看重他，说：“这是个可以辅佐帝王的人才！”献帝永汉元年(公元189)，荀彧被举荐为孝廉。担任守宫令。

董卓之乱时，他请求出任地方官，被任命为亢父县令。于是弃官回乡，对乡亲父老们说：“我们颍川，是四面受敌的争战之地！天下一有变故，常常成为兵家争夺的军事要冲；应当赶紧离开这里，不要久留！”乡里人有很多怀恋故土，犹豫不决。

碰上同郡人冀州牧韩馥，派遣骑兵来迎接，没有人跟随前往，只有荀彧带领宗族，迁到冀州。而这时袁绍夺了韩馥的官位，用对上宾的礼仪接待荀彧；荀彧的弟弟荀谌和同郡人辛评、郭图，都被袁绍任用。

荀彧估计袁绍，最终成不了大事。当时太祖曹操任奋武将军，驻在东郡。初平二年(公元191)，荀彧离开袁绍去随从太祖。太祖很高兴，说“你是我的张良啊！”委任他为司马，这时荀彧二十九岁。

当时，董卓的威权凌驾全国，太祖以此事询问荀彧。荀彧说：“董卓暴虐过分，必定要以乱亡告终，不会有什么能耐作为。”董卓派部将李傕等出关东，所过之处大肆掳掠；直到颍川、陈留二郡才返回：荀彧乡里人留下来的，果然大多都遭到杀害掳掠。第二年，太祖兼任兖州牧，后来做镇东将军；荀彧常常作为司马跟随。

兴平元年(公元 194)，太祖征讨陶谦，委任荀彧主持留守鄄县的事宜。碰上张邈、陈宫在兖州反叛，暗中迎接吕布。吕布到了以后，张邈就派刘翊告诉荀彧说："吕将军前来帮助曹使君打陶谦，应当赶快供给他军粮!"众人感到疑惑。荀彧知道张邈已经叛乱，当即指挥士兵，布置防备；飞马召东郡太守夏侯惇来援救。而兖州各城，都响应吕布了。当时太祖全军攻陶谦，留守的兵力很少；而督将大官大多与张邈、陈宫通谋。夏侯惇来到，当夜杀了谋反者几十人，人们才安定下来。

豫州刺史郭贡，带领几万人马来到了城墙下；有人说郭贡是吕布的同谋，使得大家很恐惧。这时郭贡提出要在城外面见荀彧，荀彧准备前往。夏侯惇等人说："您是一州的重心；前去必有危险，不能去!"荀彧说："郭贡与张邈等人交谊不是素来就有的，现在他来得很急，主意必然还没有打定。趁他主意未定去说服他，即使不能为我所用，也可以使他中立；如果先就使他产生怀疑，他将会恼怒而与张邈联合。"郭贡看到荀彧没有害怕的意思，认为鄄县不容易攻下，因此领兵离去。荀彧又与程昱计议，让他去说服范和东阿二县，终于保全了这三座城，等待太祖回来。太祖从徐州返回，在濮阳攻击吕布，吕布向东逃走。

兴平二年(公元 195)夏天，太祖驻军乘氏县，饥荒严重，竟有人吃人的事情发生。

这时陶谦已死，太祖想要趁机夺取徐州，回来再平定吕布。荀彧说："过去汉高祖确保关东，光武帝占据河内，都是先加深巩固自己的根本以控制天下；这样进足可以战胜敌人，退也可以坚守。所以虽有困难失败，却终于成功大业。将军本来是在兖州开创事业，平定山东的祸乱，百姓无不高兴归服。况且兖州依据黄河、济水，是天下要地；现在虽然残破，还是容易固守的；这里就是将军您的关中、河内，不可以不先稳定它。现在击破了李封、薛兰，如果分兵东击陈宫，陈宫必定不敢西顾；我们趁这个空隙指挥部队抢收成熟的麦子，节约口粮，储备谷物，然后一举就可以打垮吕布。打垮了吕布，接着向南联合扬州的刘繇；共同讨伐袁术，以逼近淮水、泗水一带。如果放下吕布不打而东攻徐州，多留守兵则前方的兵力不够用，少留守兵就只能动员百姓都来守城，不能打柴拾草。吕布乘虚侵掠，民心将更加危惧；只有鄄城县、范县、濮阳县三处可以保全，其余的地方都不归我们所有：这样实际上就丢掉了兖州。要是徐州再拿不下来，将军将回到哪里安身呢？况且陶谦虽然已死，徐州也并不容易攻克。他们那里鉴于往年的失败，将会因畏惧而寻找同盟者，内外相互配合。现今东方都已收麦，必定会坚壁清野，以防备将军；将军进攻攻不下，抢掠又没有收获；不出十天，十万人马尚未战斗自己先已陷入困境了。上次讨伐徐州，实行了严厉镇压；他们的子弟想到父兄被杀的耻辱，必定人人坚守，没有投降的念头；所以即使能够攻破徐州，还是不能安安稳稳占有它。如果事情确实出现了要弃此取彼的情形，以大换小，是可以的；以平安换危殆，是可以的；权衡当时的形势，不会伤害根本的稳固，也是可以的。现今这三者没有一条有利，希望将军对这种情况深思熟虑！”

太祖这才中止了攻徐州的打算，大量抢收麦子，再次与吕布作战。分兵平定各县。吕布败走，兖州因此完全平定。

建安元年(公元196)，太祖击破黄巾军。汉献帝从河东郡返回洛阳。太祖商议迎接献帝，迁都于许县，有人认为：“山东尚未平定，韩暹、杨奉新近送天子到洛阳，北边联合张杨，还不能一下子制服他们。”荀彧却鼓励太祖说：“从前晋文公接纳周襄王而诸侯紧紧跟从，高祖东征项羽时为义帝穿丧服而天下归心。自从天子流亡，将军您首先发动义兵，只是因为山东地区纷扰战乱，还不能远赴长安迎接天子；但还是分派将帅，冒着危险与朝廷通使节；虽然在外面抵御祸难，而您的心无时不思念王室：这是将军匡扶天下的一贯志向啊。现今天子大驾已返回洛阳，而洛阳草木丛生一片荒芜；义士有保护朝廷的想法，百姓感念旧主而更加悲伤。趁此时机，拥戴主上以顺从民众的愿望，这是大顺；怀着大公无私之心以使天下英雄豪杰归服，这是大略；扶持大义以招引英才俊杰，这是大德。这样，天下虽有不服从的人，必定不能成为我们的祸患，这是很清楚的了。韩暹、杨奉怎么敢为害您呢？如不及时决定迎接天子，四面的其他人万一生出迎接天子的打算；

以后即使再来谋划此事，也来不及了！”

太祖于是到了洛阳迎接天子，迁都到许县。天子任命太祖为大将军；提升荀彧为汉朝侍中，代理尚书令，经常居于朝中承担重任。太祖虽然征伐在外，军国大事都要与荀彧筹划。

太祖问荀彧：“还有谁能替代您为我出谋划策呢?”荀彧说：“荀攸、钟繇。”起初，荀彧谈到出谋划策之士，曾推荐了戏志才。志才死后，又推荐了郭嘉：太祖认为荀彧很能了解人。他所推荐的人都很称职；只有严象做扬州刺史，韦康做凉州刺史，后来是失败被杀死的。

自从太祖迎奉天子之后，袁绍内心不服。袁绍已经兼并了黄河以北地区，天下都畏惧他的强盛。这时太祖正在担忧东边的吕布，又抗御着南边的张绣。而张绣刚在宛县打败太祖军，袁绍更加骄傲，给太祖写信，言辞荒谬而傲慢。太祖大怒，出入举动一反常态，众人都以为这是因为败给了张绣的缘故。钟繇为这事问荀彧，荀彧说：“曹公是聪明人，必定不会追悔往事；恐怕有其他忧虑。”于是见太祖询问原因。

太祖便将袁绍的信给荀彧看，说：“我现在想要讨伐不义的袁绍，而力量敌不过他。怎么办?”荀彧说：“古来较量成败的，如果确实有才能，纵然弱小，也必将变得强盛；如果不是这种人，纵然强大，也容易变为弱小。刘邦、项羽的存亡，足以使人看到这一点。现今与您争夺天下的人，只有袁绍了。袁绍这个人貌似宽容而内心忌刻，任用人才却又怀疑他们；而您明智通达，使用人才时不拘一格，只要有才能特长就大胆使用。这是在度量上胜过袁绍。袁绍做事迟疑不决，失误总是在决断落后于时机上面；而您能决断大事，随机应变不守成规。这是在谋略上胜过袁绍。袁绍对军队的控制过于宽松，法令不能建立，士兵虽多，其实难以发挥作用；而您法令严明，赏罚必行，士兵虽少，都争着拼死作战。这是在用兵上胜过袁绍。袁绍凭借其世代做高官的家庭出身，装模作样显示聪明，以博取名誉，所以那些既缺乏才能而又喜好虚名的人很多去归附他；而您以仁爱之心待人，推诚相见没有华而不实的作风，要求自己谨慎节俭，而奖赏有功之人无所吝惜，因此天下忠诚正直、讲求实效的士人都愿为您尽力。这是在德行上胜过袁绍。凭借这四方面的优势辅佐天子，扶持正义，征伐叛逆，谁敢不服从！袁绍的强大，又有什么用处！”太祖很高兴。

荀彧又说：“不先攻取吕布，河北也还是不容易谋取。”太祖说：“你说得对！我所疑惑的：是恐怕袁绍乘机侵扰关中，引发羌族人作乱，向南勾结蜀、汉中二郡的刘璋；那样我将单独以兖、豫二州，抗衡全国的六分之五。那该怎么办呢？”

荀彧说：“关中将帅数以十计，没有人能统一起来；只有韩遂、马超，力量最强。他们看到山东地区正在争斗，必定各自拥兵自保。现在如果用恩德安抚他们，派遣使者与其连和；相互保持的关系虽然不能长久安定，但在您平定山东之前，足以不生变动。西边的这些大事情可以交托给钟繇处置。这样您就可以没有忧虑了。”

建安三年(公元198)，太祖已经攻破张绣，东面擒杀吕布，平定了徐州；进而与袁绍对抗。孔融对荀彧说：“袁绍，地广兵强；田丰、许攸是智谋之士，在替他谋划；审配、逢纪是尽忠之臣，在为他干事；颜良、文丑勇冠三军，在为他统率军队：恐怕很难战胜啊！”

荀彧说：“袁绍兵马虽多，而法令却不整肃；田丰刚愎而好冒犯上司，许攸贪婪而不检点；审配专权而没有谋略，逢纪独断专行而刚愎自用，这两个人留下主持后方事务，如果许攸家中有人犯了法，必定不能宽容，不能宽容，许攸必然叛变；至于颜良、文丑，不过匹夫之勇罢了，可以一战而擒之！”

建安五年(公元200)，与袁绍连续作战。太祖固守官渡，袁绍实施包围；太祖军粮将尽，写信给荀彧，商议撤退回许县，以引诱袁绍军队深入。

荀彧回信说：“眼下军粮虽少，总不像楚、汉在荥阳、成皋之间相持时那样困难。当时刘邦、项羽双方，都不肯先退；因为先退的一方必定处于被动地位。您以仅及敌方十分之一的兵力，划出地盘固守，扼住敌人咽喉使其不能前进，已经半年了。敌人的情况已经呈现出锐气枯竭的趋势，局面必将有所变化；这正是使用奇谋的时机，绝对不可失去啊！”

太祖于是留了下来，进而以奇兵袭击袁绍大本营以外的粮队驻地，斩杀了他的大将淳于琼等，袁绍退走；审配因为许攸家属有不法行为，逮捕其妻子儿女，许攸一怒之下背叛了袁绍；颜良、文丑在战场上被斩首；田丰由于劝谏袁绍而被杀：一切都正如荀彧事先所预料的那样。

建安六年(公元201)，太祖领兵到东平国的安民这个地方找粮食吃；粮食少，不足以与河北长期对抗。他想趁袁绍刚刚失败，利用这个空隙讨伐刘表。荀彧说："现在袁绍失败，部众离心；应当趁其困难之时，一举平定河北。您如果离开兖州、豫州，远征南面的长江、汉水流域；万一袁绍收集其残余部队，乘虚攻击我们的背后，您的大事就完了！"

太祖于是再次进军到黄河岸边，袁绍病死。太祖北渡黄河，攻击袁绍的儿子袁谭、袁尚。而高幹、郭援攻掠河东郡，关右震动。钟繇率马腾等打败了他们。事情经过记载于本书《钟繇传》。建安八年(公元203)，太祖根据荀彧前后的功绩，上表请求封荀彧为万岁亭侯。

建安九年(公元204)，太祖攻下邺城，兼任冀州牧。有人劝太祖说："应当恢复古代行政区划，设置九州；那么冀州所控制的地面更广大，天下就会服从您了。"太祖将要听从这个主意。

荀彧说："如果这样，冀州应当得到河东、冯翊、扶风、西河四郡以及幽州、并州的一部分地盘，所夺占的地方太多了。前不久您打败袁尚，擒杀审配，全国震动惊骇；必定人人害怕不能保持自己的土地，不能再拥有自己的军队。现在又要将大片土地划归冀州，更会造成人人心中不安。况且很多人正在劝说关右诸将闭关自守，他们现在听到这个消息，必然以为要挨个被攻夺。一旦关西发生变乱，即使是好人，在胁迫之下也会为非作歹。这样一来，袁尚就得以延缓死亡，袁谭也会怀有二心，刘表因此可以固守长江、汉水之间：天下就不那么容易平定了。希望您迅速领兵，先平定河北，修复过去的京城洛阳，然后再南征荆州，责问刘表为什么不向朝廷进贡；那么天下都了解您的用意是要兴复汉室，人人都会安心；天下完全平定以后，再来商议恢复古制：这才是国家长久的利益啊。"

太祖便搁置了恢复九州的打算。

这时，荀攸常常充当太祖主要的谋士。荀彧的哥哥荀衍任监军校尉驻守邺城，负责监督河北地区的军队。太祖征讨袁尚时，高幹秘密派遣军队图谋偷袭邺县；荀衍事先觉察，把偷袭者全部诛杀，因功被封为列侯。太祖把女儿，嫁给荀彧的长子荀恽，后来称为安阳公主。荀彧、荀攸地位都尊贵重要，但又都谦虚节俭；得到的俸禄、赏赐都分给宗族好友，自己家里没有多余的财产。

建安十二年(公元207)，又增加荀彧的封邑一千户，合计二千户。太祖将要讨伐刘表，问荀彧采用什么计策。荀彧说："现在中原地区已经平定，南方该知道其处境困难了。可以明里出兵宛、叶二县，而暗中由小路轻装行进，打他个出其不意。"太祖于是出军。碰巧这时刘表病死，太祖按照荀彧的计策直趋宛、叶二县。刘表的儿子刘琮，被迫宣布投降，献出荆州。

建安十七年(公元212)，董昭等人认为太祖"应该晋升爵位为公爵，得到九锡的最高赏赐，以表彰他特殊的功勋"。他们就此事秘密征询荀彧的意见。荀彧认为太祖"发起义兵的本意，是扶助朝廷和安定国家，怀着忠贞的诚心，保持谦让的品质；君子爱一个人是从品德的培养上关心他，所以不应该这样做"。太祖从此心中对他不满。

正好遇上征讨孙权，太祖上表请派荀彧到谯县慰劳军队；乘机擅自留下荀彧，让他以侍中、光禄大夫的职务，持有节杖，做自己的军事参谋。太祖军队到了濡须，荀彧生病留在寿春；因内心忧郁而死，终年五十岁。谥为敬侯。

第二年，太祖就当上魏公了。

荀彧的儿子荀恽，继承了父亲的侯爵爵位。官职做到虎贲中郎将。当初，魏文帝曹丕与平原侯曹植，都曾被曹操考虑为继承人选；文帝在礼节上特别尊敬荀彧。荀彧去世，荀恽却与曹植友善，反而和文帝亲信的夏侯尚不和睦；文帝因此深为怨恨荀恽。荀恽早死，有荀甝、荀霬两个儿子，因为是文帝外甥的缘故还能受到宠待。荀恽的弟弟荀俣，曾任御史中丞；荀俣的弟弟荀诜，曾任大将军从事中郎：两兄弟都有名望，又都死得早。荀诜的弟弟荀顗，咸熙年间任司空。

荀恽的儿子荀甝，继承他父亲的爵位，任散骑常侍，晋升爵位为广阳乡侯，三十岁时死去。荀甝的儿子荀頵继承了他的爵位。荀霬的官职做到中领军时死去，谥号是贞侯，追赠骠骑将军。荀霬的儿子荀恺继承了他的爵位。荀霬的妻子，是司马师、司马昭的妹妹，二人都与荀霬亲近友好。咸熙年间，开始设立五等爵位。因为荀霬在魏朝功勋卓著，改封荀恺为南顿县子爵。

荀攸，字公达。是荀彧的侄子。荀攸的祖父荀昙，曾任广陵郡太守。荀攸少年时死了父亲。到了荀昙死后，荀昙过去的下属张权请求为荀昙看守墓地。这年荀攸才十三岁，怀疑张权。对叔父荀衢说："这个人神色不正常，恐怕是有问题。"荀衢醒悟了，于是追查审问，张权果然是杀了人逃亡的罪犯。从此人们对荀攸另眼看待。

何进执掌朝政，征召国内知名人士荀攸等二十多人；荀攸到了京城以后，被任命为黄门侍郎。董卓制造动乱，关东起兵声讨，董卓把都城迁到长安。荀攸与议郎郑泰、何颙，侍中种辑，越骑校尉伍琼等人商议说："董卓不守正道，比夏桀、商纣还凶恶，天下人都怨恨他；他虽然有强大的兵力作依靠，实际上不过是一介匹夫而已。现在我们索性刺杀了他，向百姓表示歉意；然后占据崤山、函谷关，辅佐君主，向全国发号施令。这正是当年齐桓公、晋文公的举动啊。"事情将要成功时被董卓发觉，拘捕了何颙、荀攸关在狱中；何颙忧虑惧怕而自杀，荀攸却照样吃喝说话若无其事。不久董卓死了，荀攸马上得到赦免。

他放弃官位返回故乡，又被三公任命为下属。因政绩考核名列优等，晋升为任城国相，但他没有赴任。

荀攸认为蜀郡、汉中郡地势险阻坚固，人民生活殷实富裕，于是请求担任蜀郡太守。因道路断绝不能到达，停留在荆州。太祖曹操迎接献帝到许县建都，给荀攸写信说："现今天下大乱，正是智谋之士劳心费神的时代；而您却在等待蜀郡、汉中郡的时局变化，不是费时太久了吗！"

于是征召荀攸，出任汝南郡太守。又入朝任尚书。太祖素来听说荀攸的名声，与他一谈话，十分高兴。对荀彧、钟繇说："公达，可不是平常人啊。我能够与他谋划大事，平定天下还有什么可忧虑的呢?”让荀攸做了军师。

建安三年(公元198)，荀攸随从太祖征讨张绣。荀攸对太祖说:“张绣与刘表，要互相依赖力量才强大；但是张绣是流动部队，食物要仰仗刘表供给，刘表不会满足他：双方势必背离。我们不如暂停进军等待一下，这样可以诱使他们发生矛盾；如果急于进攻，他们反而会互相救援。”太祖没有听从这个意见，进军到穰县，与张绣作战。张绣危急，刘表果然来救援。太祖军队作战失利，这时太祖对荀攸说:“没有采纳您的建议才到了这一地步!”随即设置奇兵，再次作战，打得张绣大败。

这一年，太祖从宛县出发征讨吕布，到了下邳县城。败退的吕布，据城坚守，太祖进攻，没有得手。由于连续作战，士卒疲惫不堪，太祖想要返回。

荀攸和郭嘉劝说道:“吕布勇敢而没有谋略，现在三次作战都失败，他的锐气已经衰落了。军队以大将为主宰，主宰一泄气，部队就没有奋战的意志了；至于陈宫，虽有智谋却反应迟钝。现在趁着吕布锐气还没有恢复，陈宫计谋还没有确定；我们进兵急速攻城，吕布就可以被拿下了。”随即引来沂水、泗水淹城，守城军队迅速瓦解，活捉了吕布。

后来荀攸随从太祖在白马救援刘延，设计斩了颜良。事情经过记载在本书《武帝纪》中。太祖攻下白马城返回，命令运送军用物资的车辆沿黄河向西行进。袁绍渡过河去追赶，猛然与太祖相遇。曹军众将领都有些恐慌，劝说太祖退回军营固守。荀攸说:“这些军用物资是用来引诱敌人的，我们为什么要撤退呢?”太祖看着荀攸，发出会意的微笑，于是用军事物资引诱敌人；敌兵争着奔去抢夺，阵势大乱。太祖随即放开步兵和骑兵攻击，打得袁绍大败，斩杀了他的骑兵将领文丑。于是太祖和袁绍在官渡形成互相对峙的态势。

由于军粮将要用尽，荀攸对太祖进言说:“袁绍运粮的车队早晚之间就要到达；押车将领韩莫虽然勇猛然而轻敌，攻击他可以获胜。”太祖说:“谁可以差遣?”荀攸说:“徐晃就行!”太祖派徐晃和史涣到半路拦截，打败对方护送军队，烧了他们运粮车辆。

碰上许攸前来投降，说：“袁绍又派遣淳于琼等人率领一万多兵士去护送运粮车队，将领骄傲，士兵懈怠，可以中途截击。”众人都怀疑他的话，只有荀攸和贾诩鼓励太祖采纳。太祖于是留下荀攸和曹洪守营，亲自率兵进攻打败了袁军，全部斩杀了淳于琼等人。袁绍的大将张郃、高览，烧掉进攻用的器械前来投降，袁绍只得丢弃部队逃走。

张郃前来投降时，留守的曹洪怀疑他而不敢接受。荀攸对曹洪说：“张郃的计谋不被袁绍使用，一怒之下前来投降；您还怀疑什么呢?”曹洪这才接受了。

建安七年(公元202)，荀攸跟着太祖到黎阳讨伐袁谭、袁尚。

第二年，太祖正在征讨刘表时，袁谭、袁尚兄弟相互争夺冀州。袁谭派遣辛毗前来投降并请求救助；太祖将要许诺，就此事询问部下的意见。众人大多认为刘表强大，应该先平定他；袁谭、袁尚不值得担忧。荀攸说：“天下正是多事之秋，而刘表却坐守长江、汉水之间，可见他并没有征伐四方称霸天下的志向。袁氏占据四个州的地盘，率领甲兵十万，袁绍凭借宽厚得到人心；假使他的两个儿子和睦相处，保护他们现成的基业，那么天下的灾难就不会停息。现在袁氏兄弟相互仇恨，这种情势不会使双方都得到保全：一旦这一方吞并了那一方，力量就会集中；力量集中，就不容易对付了。趁他们内部正处于混乱及时谋取他们，天下就平定了。这个时机可不能失去啊!”

太祖说：“好!”立即答应与袁谭和好结亲，掉头出兵击败袁尚。以后袁谭反叛，荀攸又随从太祖在南皮斩杀袁谭，冀州完全平定。太祖上表为荀攸请求封爵说：“军师荀攸，自从当初辅佐为臣我，没有哪次出征没有跟从；前后多次战胜敌人，都是荀攸的谋划。”于是封荀攸为陵树亭侯。

建安十二年(公元207)，颁布命令大规模评定功绩，实行封赏。太祖说：“忠诚正直缜密谋划，抚慰安定朝廷内外；这首先是荀彧的功劳，其次就要数荀攸了。”给荀攸增加封邑四百户，连同以前的共七百户；转任中军师。

魏国刚建立时，荀攸出任尚书令。荀攸为人深沉周密而有预防祸患的智谋。自从跟随太祖四处征伐，常常运筹帷幄；但是当时的外人和他的自家子弟，都没有人知道他说了些什么。太祖每每称赞他说："公达外愚内智，外怯内勇，外弱内强；不夸耀自己的好处，不表白自己的功劳；他内心的聪明别人或许可以达到，他外表的愚笨别人却达不到：即使是颜回、宁武子也不能超过他啊！"

文帝曹丕在东宫做太子时，太祖对他说："荀公达，是众人之师表。你应当尽到礼节尊敬他。"荀攸曾经生病，太子前去慰问，单独在床下跪拜。他受到的特别尊敬就到了这样的程度。荀攸与钟繇友善，钟繇说："我每次要做事，都反复思考，自以为完善得没有什么可改动的了；但拿去一问公达，他的答复总是比我的想法更高明。公达前后共计为国家筹划奇策十二条，只有我钟繇知道。"钟繇决定把他这些奇策撰写出来编成一集，还没有完成，就去世了，所以世人不能全部知道它们的内容。

荀攸在随从太祖征讨孙权时，中途去世。太祖说起他来就流眼泪伤心。

荀攸的大儿子荀缉，有荀攸的风范；早就死了。由二儿子荀适继承爵位。荀适没有儿子，爵位的继承人断绝。黄初年间，下诏封荀攸的孙子荀彪，为陵树亭侯，封邑三百户；后又转封为丘阳亭侯。正始年间，追谥荀攸为敬侯。

贾诩，字文和，武威郡姑臧县人。少年时，没有人赏识他；只有汉阳人阎忠对他特别看重，说他有张良、陈平一样的奇才。

起初他被举荐为孝廉，到京城任郎官，因为得病辞去官职。向西返回家乡，到了汧县，中途遇上反叛的氐族人，同行的几十个人都被氐人逮住了。贾诩说："我是段公的外孙子，你们要单独埋葬我；我家一定会拿很多钱来赎我的尸体！"当时太尉段颎，早年做镇守边区的大将多年，威震西方边疆。所以贾诩借他的名字来恐吓氐人，氐人果然不敢害死他；与他起誓结盟放走了他。其余的人都被杀死。贾诩实际上并不是段颎的外孙；他善于使用权变做成事情，都和这件事类似。

董卓进入洛阳，贾诩以太尉掾的身份任平津都尉。升为讨虏校尉。董卓的女婿中郎将牛辅，驻扎在陕县，贾诩在牛辅的部队中任职。董卓失败，牛辅又死，众人恐慌惧怕；校尉李傕、郭汜、张济等人想要解散队伍，走小路返回故乡。贾诩说："听说长安城的人议论，要全部诛杀我们凉州人。而各位丢弃军队单独行动，即使是一个小小的亭长也能把你们逮住。不如率领军队向西走，沿途收集士兵，用来攻打长安，为董公报仇；万一事情成功，就侍奉天子以征讨全国；如果不成功，再逃走也不算晚。"众人认为他说得对，于是一起向西攻打长安。事情经过记载在本书《董卓传》中。后来贾诩任左冯翊，李傕等人想要报答他的功劳封他为侯。贾诩说："那不过是救命的办法，算什么功劳！"坚决推辞没有接受。又让他当尚书仆射。贾诩说："尚书仆射，是官员的师长，受天下人的仰望；我贾诩并非早就有名望的人，不能使众人信服。即使贾诩在荣誉利益面前昏了头，但是朝廷的声誉又怎么交代呢？"李傕等人只好改任贾诩为尚书，主管官员选拔任用事务；他做了很多扶持和救助人才的事情，李傕等人对他既亲近而又有些害怕。

碰上母亲去世，贾诩辞去尚书官职回家服丧，后被授为光禄大夫。李傕、郭汜等人在长安城里争斗，李傕又聘请贾诩，担任宣义将军。在使李傕等人休战，放出被扣留的天子，保护大臣等事情上，贾诩都出了力。天子放出之后，贾诩交还官印辞职。

这时将军段煨驻扎在华阴县，他与贾诩是同郡的老乡，贾诩于是就离开李傕去依附段煨。贾诩自来有名气，为段煨的将士所敬服。段煨内心生怕贾诩夺了他的兵权，但外表上对待贾诩却礼节周到。贾诩更加感到不安。

这时张绣在南阳，贾诩暗中和他联系。张绣就派人去迎接贾诩，贾诩将要出发。有人对他说："段煨对待您很优厚，您为什么离去呢？"贾诩回答说："段煨性情多疑，有猜忌我的意思；礼节虽然周到，却不可依靠：时间一长就将被他算计。我离开他一定喜欢，又希望我在外面为他联系到强有力的支援，必定会厚待我留下的妻子儿女。张绣没有主要的谋臣，也愿意得到我贾诩；这样我的家庭和自身都能保全了。"于是贾诩动身前往，张绣以子孙对待父祖的礼节尊奉他。段煨也果然好好照顾了他的家眷。

贾诩劝说张绣，与刘表联合。太祖接连进攻张绣，突然有一天带领军队退去，张绣亲自追击。贾诩对张绣说：“不能追。追一定会失败！”张绣没有听从，催兵向前，结果大败而回。贾诩又对张绣说：“赶快追他们！再战必胜。”张绣推辞说：“没听您的话，才到了这个地步。现在已经败了，为什么又要去追?”贾诩说：“现在军情已有变化，急速前往必定有利！”张绣信了，随即收拢散乱的士兵，赶紧追击，与曹军大战。果然获胜凯旋，他问贾诩说：“我用精兵追击撤退的敌军，而您说必定失败；退下来以后又用败兵追击打胜了的敌军，而您说必能打胜；结果都正像您说的一样，为什么两者结果完全相反却又都应验了呢?”贾诩说：“这个容易理解啊！将军您虽然善于用兵，却不是曹公的敌手；曹军虽然开始退却，曹公却必定亲自压阵断后；您的追兵虽然精锐，主将既然不是对方的敌手，对方的士兵又同样精锐：所以我知道追兵必败。曹公进攻将军您并没有失策的地方，力量没有用尽却撤退了，必定是他的内部发生了变故；打败了将军的追兵之后，他们必定轻装快速行进；即使留下将领断后，这些将领尽管勇猛，但不是将军您的对手：所以虽然您用败兵追击却必定能够取胜。”张绣这才信服。

后来，太祖在官渡抗拒袁绍。袁绍派人联络张绣，并给贾诩写信，要求结成盟友。张绣想要答应他，贾诩在张绣举行的聚会上公开对袁绍的使臣说道：“回去替我们向袁本初表示歉意：如果兄弟之间都不能互相容纳，他还能容纳天下的杰出人士吗?”张绣又惊又怕，说：“何至于说这样的话呢！”私下对贾诩说：“弄成这样，我们归附谁啊?”贾诩说：“不如归附曹公。”张绣问：“袁强曹弱，我们又与曹操是仇敌。为什么投靠他呢?”贾诩回答说：“这就正是应该归附曹公的原因啊！曹公尊奉天子以号令天下。这是应该归附他的第一个原因。袁绍强盛，我们以这么少的人去归附他，必然不会看重我们。曹公的队伍弱小，他得到我们必定高兴。这是第二个原因。凡是有志建立王霸大业的人，本来就会放弃私人恩怨，以向天下显示他的德泽。这是第三个原因。希望将军您不要疑虑了！”张绣听从了他，率领部下归附了太祖。

太祖见到他们，大为高兴，拉着贾诩的手说：“使我受到天下信任看重的人，就是您啊！”上表任命贾诩为执金吾，封为都亭侯，升任冀州牧。当时冀州还未平定，他就留在曹操的司空府参谋军事。

袁绍在官渡包围太祖。太祖粮食将要用尽，询问贾诩："有什么计策？"贾诩说："曹公您明智胜过袁绍，勇敢胜过袁绍，用人胜过袁绍，当机决断胜过袁绍；有这四个胜过而历经半年之久不能平定袁绍的原因，是在用兵策略上只考虑安全稳妥的缘故。如果看准机会果断冒险出击，那样立刻就可以将敌人平定！"太祖说："好！"随即并合各营精兵组织突击队冲开包围，袭击了袁绍三十多里以外运粮车队的营地，打垮了敌军。袁绍军队至此完全崩溃，黄河以北终于被平定了。太祖自己兼任冀州牧，调贾诩当太中大夫。

建安十三年(公元208)，太祖攻破荆州，想要顺着长江东下。贾诩劝告说："明公您当初攻破袁氏，现今又收复汉水以南地区；威名远扬，军事实力已经十分强大。如果利用荆州的富饶，赏赐官兵；安抚百姓，让他们安居乐业；那么就可以不用兴师动众而使江东地区的孙权叩头臣服了。"太祖没有听从，进军作战，终于在赤壁失利。

太祖后来在渭水以南，与韩遂、马超作战。马超等人请求割让自己的地盘换取和平，并且请求送上儿子作为人质。贾诩认为可以假装允诺他们。太祖又向贾诩询问计策，贾诩说："离间他们而已。"太祖说："懂了！"一概接受使用了贾诩的计谋，事情经过记载在本书《武帝纪》中。太祖终于打败了韩遂、马超，贾诩是最初的谋划者。

这时，文帝曹丕担任五官中郎将，而他的弟弟临菑侯曹植富有才华的名声正盛；两人各有自己的支持者，出现了让曹植取代曹丕当继承人的舆论。文帝让人询问贾诩巩固自己地位的办法。贾诩说："希望将军您培养品德扩大气度，亲自坚持普通士人的修养；从早到晚孜孜不倦，不违背当儿子的人应当遵循的准则：就是这些罢了。"文帝听从了他的劝告，努力磨炼自己。太祖又曾经支开左右的人专就此事询问贾诩，贾诩默然不答。太祖说："和您说话却不回答。为什么？"贾诩说："碰巧正在思考事情，所以没有立即回答您。"太祖问："思考什么呢？"贾诩说："思考在确定继承人选上都犯了大错误的袁本初父子、刘景升父子啊。”太祖大笑，就在这时由谁当太子的事就在太祖心中确定了下来。

贾诩自认为不是太祖的老部下，而又老谋深算；恐怕受到猜忌怀疑，于是闭门自守，在家里没有私人的社会交往；子女嫁娶，不与高门大族结亲。天下研究智谋计策的人都推崇他。

文帝即位，任命贾诩为太尉；晋升爵位为魏寿乡侯，增加封邑三百户，加上以前的共八百户。又分出他的封邑二百户，封给他的小儿子贾访为列侯；让他的大儿子贾穆任驸马都尉。

文帝向贾诩说："我想要讨伐不听从我命令的人，以统一天下：吴国、蜀国，先打哪一个呢?"贾诩回答说："致力于攻取敌国的人重视武装实力，致力于建设根本的人则崇尚道德教化。陛下顺应天命接受禅让，君临天下；如果用文教道德去安抚他们，等待他们的变故，那么平定他们是不难的。吴、蜀虽然都是小小的国家，但是后者有山脉作依靠，前者有江水作阻隔；刘备具有雄才，诸葛亮善于治国；孙权识得出政治虚实，陆逊看得清军事形势；他们或据守在险要山地，或行船在长江大湖：都不是一下子能谋取的。用兵的规律，是先造成取胜的形势然后再开战，估量敌人的情况再讨论调兵遣将，所以每有举动都不会失算。为臣我私自估量我方的领兵大将，没有人是刘备、孙权的对手；即使以天子的威势由陛下您亲自率领大军进逼敌方，也看不出有万无一失的把握。过去虞舜象征性舞动盾牌和长斧而有苗族臣服，我个人认为，现在应该先修文德后用武力。"文帝没有采纳这个建议。后来发起江陵战役，将士伤亡很多。

贾诩七十七岁时去世。谥号是肃侯。他的儿子贾穆继承了他的爵位。做过郡太守。贾穆死后，贾穆的儿子贾模继承爵位。

评论说：荀彧清高优秀，通达文雅，具有帝王辅佐的风范；然而他对人对事的洞察和预见能力都有所不足，使得他振兴汉室的志向未能充分实现。荀攸、贾诩，可以说是计谋没有失算的时候，能够通晓和运用权变：他俩大概是仅仅次于张良、陈平的人物吧！

【三国志译注卷十一】　　魏志十一

袁张凉国田王邴管传第十一

袁涣字曜卿，陈郡扶乐人也[1]。父滂，为汉司徒。〔一〕当时，诸公子多越法度；而涣清静，举动必以礼。郡命为功曹，郡中奸吏皆自引去[2]。后辟公府。举高第，迁侍御史。除谯令，不就。刘备之为豫州，举涣茂才。

后避地江、淮间[3]，为袁术所命。术每有所咨访，涣常正议。术不能抗[4]，然敬之，不敢不礼也。

顷之，吕布击术于阜陵[5]；涣往从之，遂复为布所拘留[6]。布初与刘备和亲[7]，后离隙。布欲使涣作书，詈辱备[8]，涣不可[9]；再三强之，不许。布大怒，以兵胁涣曰[10]：“为之则生，不为则死！”涣颜色不变，笑而应之曰：“涣闻唯德可以辱人[11]，不闻以骂。使彼固君子邪[12]，且不耻将军之言[13]。彼诚小人邪，将复将军之意[14]；则辱在此，不在于彼。且涣他日之事刘将军，犹今日之事将军也；如一旦去此，复骂将军，可乎？”布惭而止。

【注释】

〔1〕扶乐：县名。县治在今河南太康县西北。〔2〕自引去：自动离

职。〔3〕避地：为躲避灾祸或干扰而移居别的地方。〔4〕抗：辩驳。〔5〕阜陵：县名。在今安徽全椒县东南。〔6〕拘留：强迫留下。〔7〕和亲：这里指和好亲近。〔8〕詈（lì）：骂。〔9〕可：答应。〔10〕兵：兵器。指刀剑之类。〔11〕唯德可以辱人：只有在道德上优于别人才会使别人感到羞辱。〔12〕使：如果。〔13〕言：指骂刘备的话。〔14〕复将军之意：将就用您骂人的主意来对付您。

【裴注】

〔一〕袁宏《汉纪》曰："滂，字公熙。纯素寡欲，终不言人之短。当权宠之盛，或以同异致祸；滂独中立于朝，故爱憎不及焉。"

布诛，涣得归太祖。〔一〕涣言曰："夫兵者，凶器也；不得已而用之。鼓之以道德[1]；征之以仁义；兼抚其民而除其害。夫然[2]，故可与之死而可与之生[3]。自大乱以来，十数年矣。民之欲安，甚于倒悬[4]；然而暴乱未息者，何也？意者政失其道欤[5]？涣闻明君善于救世：故世乱，则齐之以义；时伪，则镇之以朴。世异事变，治国不同，不可不察也。夫制度损益[6]，此古今之不必同者也。若夫兼爱天下而反之于正，虽以武平乱而济之以德，诚百王不易之道也[7]。公明哲超世，古之所以得其民者，公既勤之矣[8]；今之所以失其民者，公既戒之矣；海内赖公，得免于危亡之祸；然而民未知义，其惟公所以训之[9]：则天下幸甚！"

太祖深纳焉。拜为沛南部都尉[10]。是时新募民开屯田。民不乐，多逃亡。涣白太祖曰："夫民安土重迁，不可卒变；易以顺行，难以逆动；宜顺其意，乐之者乃取，不欲者勿强。"太祖从之，百姓大悦。

迁为梁相。涣每敕诸县："务存鳏寡、高年[11]，表异孝子、贞妇[12]。"常谈曰："世治则礼详，世乱则礼简[13]。全在斟酌之间耳。方今虽扰攘[14]，难以礼化，然在吾所以为之。"为政崇教训[15]，恕思而后行[16]，外温柔而内能断。以病去官，百姓思之。

【注释】

〔1〕鼓：鸣鼓进军。鼓之以道德即使用道德来进攻。〔2〕夫然：能够这样。〔3〕可与之死而可与之生：人民就可以与你同生共死。〔4〕甚于倒悬：人民希望安定比一个被倒吊的人盼望解救还要迫切。〔5〕意者：想来是。〔6〕损益：兴革。〔7〕百王不易：经历一百个帝王也不会改变。百王形容其多，意思是永远。〔8〕勤之：尽力仿照实行。〔9〕惟：希望。所以训之：使用(义)来训导人民。〔10〕沛：指沛郡。〔11〕存：慰问。〔12〕表异：表彰。〔13〕礼简：精简礼仪。〔14〕扰攘：动荡混乱。〔15〕教训：教育训导。〔16〕恕思：以宽厚之心周密考虑。

【裴注】

〔一〕《袁氏世纪》曰："布之破也，陈群父子，时亦在布之军，见太祖皆拜；涣独高揖，不为礼，太祖甚严惮之。时太祖又给众官车，各数乘，使取布军中物，唯其所欲。众人皆重载；唯涣取书数百卷，资粮而已。众人闻之，大惭。涣谓所亲曰：'脱我以行阵，令军发足以为行粮而已，不以此为我有；由是厉名也，大悔恨之！'太祖益以此重焉。"

后征为谏议大夫，丞相军祭酒。前后得赐甚多，皆散尽之；家无所储，终不问产业[1]；乏则取之于人[2]，不为皦察之行[3]。然时人服其清。〔一〕

魏国初建，为郎中令[4]，行御史大夫事。涣言于太祖曰："今天下大难已除，文武并用，长久之道也。以为可大收篇籍〔5〕，明先圣之教，以易民视听〔6〕；使海内斐然向风〔7〕，则远人不服可以文德来之〔8〕。”太祖善其言。

时有传刘备死者，群臣皆贺；涣以尝为备举吏〔9〕，独不贺。

居官数年，卒。太祖为之流涕，赐谷二千斛：一教“以太仓谷千斛赐郎中令之家〔10〕”；一教“以垣下谷千斛与曜卿家〔11〕”。外不解其意。教曰：“以太仓谷者，官法也；以垣下谷者，亲旧也。”

又帝闻涣昔拒吕布之事，问涣从弟敏：“涣勇怯何如?”敏对曰：“涣貌似和柔；然其临大节，处危难，虽贲、育不过也〔12〕!”

涣子侃，亦清粹闲素〔13〕，有父风；历位郡守、尚书。〔二〕

【注释】

〔1〕不问：不关心。〔2〕乏：钱物缺乏。〔3〕皦(jiǎo)：洁白。察：即察察，也是洁白的样子。〔4〕郎中令：官名。即后来的光禄勋。〔5〕篇籍：书籍文献。〔6〕视听：指民众接受的教育和熏陶。〔7〕斐然：民众归心的样子。向风：归心。〔8〕以文德来之：建立德政使之前来归服。〔9〕为备举吏：指被刘备举为茂才事。〔10〕教：上级主官对所属官员下达的指示。是公文的一种。太仓：魏王国首都邺县的官仓。〔11〕垣下谷：曹操家中仓库贮存的粮食。〔12〕贲(bēn)、育：即孟贲、夏育。二人都是战国秦武王手下最勇猛的壮士。〔13〕清粹闲素：清廉、纯正、安详、淡泊。

【裴注】

〔一〕《魏书》曰：“毅熟长吕岐，善朱渊、爰津；遣使行学，还，召用之。与相见，出署渊师友祭酒，津决疑祭酒。渊等因各归家，不受署。岐大怒，将吏民收渊等，皆杖杀之。议者多非焉。涣教勿劾。主簿孙徽等以为：'渊等罪不足死，长吏无专杀之义。孔子称"唯器与名，不可以假人"；谓之"师友"而加大戮：刑名相伐，不可以训。'涣教曰：'主簿以不请为罪，此则然矣。谓渊等罪不足死，则非也。夫"师友"之名，古今有之；然有君之师友，有士大夫之师友。夫君置师友之官者，所以敬其臣也；有罪加于刑焉，国之法也。今不论其罪，而谓之戮师友，斯失之矣。主簿取弟子戮师之名，而加君诛臣之实，非其类也。夫圣哲之治，观时而动；故不必循常，将有权也。间者世乱，民陵其上；虽务尊君卑臣，犹或未也；而反长世之过，不亦谬乎！'遂不劾。"

〔二〕《袁氏世纪》曰："涣有四子：侃、寓、奥、准。侃字公然。论议清当，柔而不犯，善与人交。在废兴之间，人之所趋务者，常谦退不为也；时人以是称之。历位黄门、选部郎，号为清平。稍迁至尚书。早卒。寓字宣厚。精辩有机理，好道家之言。少被病，未官而卒。奥字公荣。行足以厉俗，言约而理当。终于光禄勋。准字孝尼。忠信公正，不耻下问，唯恐人之不胜己。以世事多险，故常恬退而不敢求进。著书十余万言：论治世之务，为《易》、《周官》、《诗》传，及论五经滞义，圣人之微言。以传于世。"此准之自序也。荀绰《(九)〔兖〕州记》称："准有俊才，泰始中为给事中。袁氏子孙，世有名位，贵达至今。"

初，涣从弟霸，公恪有功干〔1〕，魏初为大(司)农；及同郡何夔并知名于时〔2〕。而霸子亮，夔子曾，与侃复齐声友善〔3〕。亮，贞固有学行〔4〕；疾何晏、邓飏等，著论以讥切之〔5〕。位至河南尹，尚书。〔一〕霸弟徽，以儒素称〔6〕。遭天下乱，避难交州〔7〕；司徒辟，不至。〔二〕徽弟敏，有武艺，而好水功〔8〕。官至河堤谒者〔9〕。

【注释】

〔1〕公恪：为官尽职谨慎。　功干：办事的才干。〔2〕何夔：传见本书卷十二。〔3〕齐声：齐名。〔4〕贞固：正直坚定。〔5〕讥切：讽刺谴责。〔6〕称：受人称赞。〔7〕交州：州名。治所在今广西梧

州市。〔8〕水功：水利工程。〔9〕河堤谒者：官名。负责保护河渠堤坝，管理水利工程。

【裴注】

〔一〕《晋诸公赞》曰："亮子粲，字仪祖。文学博识，累为儒官，至尚书。"

〔二〕袁宏《汉纪》曰："初，天下将乱，涣慨然叹曰：'汉室陵迟，乱无日矣！苟天下扰攘，逃将安之？若天未丧道，民以义存；唯强而有礼，可以庇身乎！'徽曰：'古人有言，"知机其神乎"，"见机而作"，君子所以元吉也。天理盛衰，汉其亡矣！夫有大功必有大事，此又君子之所深识，退藏于密者也。且兵革既兴，外患必众；徽将远迹山海，以求免身。'及乱作，各行其志。"

张范字公仪，河内修武人也[1]。祖父歆，为汉司徒。父延，为太尉。太傅袁隗，欲以女妻范，范辞不受；性恬静乐道，忽于荣利，征命无所就。

弟承，字公先，亦知名。以方正征[2]，拜议郎，迁伊阙都尉[3]。董卓作乱，承欲合徒众，与天下共诛卓。承弟昭，时为议郎，适从长安来，谓承曰："今欲诛卓，众寡不敌；且起一朝之谋，战阡陌之民[4]；士不素抚，兵不练习：难以成功。卓阻兵而无义[5]，固不能久。不若择所归附，待时而动；然后可以如志。"承然之，乃解印绶间行归家[6]，与范避地扬州。

袁术备礼招请。范称疾不往，术不强屈也；遣承与相见，术问曰："昔周室陵迟，则有桓、文之霸。秦失其政，汉接而用之。今孤以土地之广，士民之众；欲徼福齐桓[7]，拟迹高祖[8]。何如？"承对曰："在德不在强！夫能用德以同天下之欲[9]，虽由匹夫之资，而兴霸王之功，不足为难。若苟僭拟，干时而动[10]；众之所弃，谁能兴之!”术不悦。是时，太祖将征冀州。术复问曰：“今曹公欲以弊兵数千，敌十万之众，可谓不量力矣！子以为何如?”承乃曰：“汉德虽衰[11]，天命未改；今曹公挟天子以令天下，虽敌百万之众，可也。”术作色不怿[12]。承去之。

太祖平冀州，遣使迎范。范以疾留彭城，遣承诣太祖。太祖表以为谏议大夫。

范子陵及承子戬，为山东贼所得；范直诣贼，请二子。贼以陵还范。范谢曰：“诸君相还儿，厚矣[13]！夫人情虽爱其子；然吾怜戬之小，请以陵易之[14]。”贼义其言，悉以还范。

太祖自荆州还，范得见于陈；以为议郎，参丞相军事，甚见敬重。太祖征伐，常令范及邴原留[15]，与世子居守[16]。太祖谓文帝：“举动必咨此二人[17]!”世子执子孙礼。救恤穷乏，家无所余，中外孤寡皆归焉[18]。赠遗无所逆[19]，亦终不用；及去，皆以还之。建安十七年，卒。

魏国初建，承以丞相参军祭酒，领赵郡太守[20]，政化大行[21]。太祖将西征[22]，征承参军事；至长安，病卒。[一]

【注释】

〔1〕修武：县名。县治在今河南获嘉县。〔2〕方正：东汉人才选拔的科目之一。全称是贤良方正。不定期举行。由公卿、列侯、郡国守相等推举。〔3〕伊阙都尉：官名。负责守卫京城洛阳南面的伊阙关。伊

阙是当时洛阳周围八关之一，在今河南洛阳市南郊。〔4〕战阡陌之民：使用临时从田野召集起来的农民去作战。〔5〕阻兵：仗恃军队。〔6〕解印绶：自动上交官印。即辞职。〔7〕徼(jiǎo)福齐桓：谋求像齐桓公称霸天下那样的福分。〔8〕拟迹高祖：仿照汉高祖统一天下称帝的事迹。〔9〕同天下之欲：使天下人的欲望相同。〔10〕干(gān)时：违背时势。〔11〕汉德：汉朝的国运。〔12〕作色：变了脸色。不怿(yì)：不高兴。〔13〕厚：对我很厚道。〔14〕易：交换。〔15〕邴原：传见本卷后文。〔16〕世子：指曹丕。〔17〕举动：一举一动。〔18〕中外：中表亲属。〔19〕逆：拒绝。〔20〕参军祭酒：官名。负责参谋军事。曹操的丞相府有参军多人，选其中一位资历深者为首席，称参军祭酒。〔21〕政化：政治教化。〔22〕西征：指建安二十年(公元215)进攻汉中张鲁事。

【裴注】

〔一〕《魏书》曰："文帝即位，以范子参为郎中。"承孙邵，晋中护军；与舅杨骏，俱被诛。事见《晋书》。

凉茂字伯方，山阳昌邑人也。少好学。论议常据经典，以处是非〔1〕。

太祖辟为司空掾。举高第，补侍御史。时泰山多盗贼，以茂为泰山太守；旬月之间，襁负而至者千余家〔2〕。〔一〕

转为乐浪太守。公孙度在辽东，擅留茂；不遣之官〔3〕，然茂终不为屈。度谓茂及诸将曰："闻曹公远征，邺无守备；今吾欲以步卒三万，骑万匹，直指邺。谁能御之！"诸将皆曰："然！"〔二〕又顾谓茂曰："于君意何如？"茂答曰："比者海内大乱〔4〕，社稷将倾；将军拥十万之众，安坐而观成败；夫为人臣者，固若是邪〔5〕！曹公忧国家之危败，愍百姓之苦毒；率义兵为天下诛残贼，功高而德广，可谓无二矣。以海内初定，民始安集，故未责将军之罪耳！而将军乃欲称兵西向，则存亡之效，不崇朝而决〔6〕。将军其勉之〔7〕！”诸将闻茂言，皆震动。良久，度曰：“凉君言是也！”

后征，迁为魏郡太守，甘陵相。所在有绩。文帝为五官将，茂以选为长史〔8〕。迁左军师〔9〕。魏国初建，迁尚书仆射。后为中尉、奉常〔10〕。文帝在东宫，茂复为太子太傅〔11〕；甚见敬礼〔12〕。卒官。〔三〕

【注释】

〔1〕处：判定。〔2〕襁（qiǎng）负：用布带把婴儿兜在背上。〔3〕之官：到任。乐浪郡在辽东郡的东南，到乐浪要经过辽东。〔4〕比者：近来。〔5〕固：难道。〔6〕不崇朝（zhāo）：不到一早晨。〔7〕勉之：这里意思是要好生考虑。〔8〕长史：官名。曹丕五宫中郎将府的主要下属，负责处理府内公务。〔9〕左军师：官名。是曹操丞相府中的主要军事参谋。〔10〕中尉：官名。即后来的执金吾。奉常：官名。即后来的太常。〔11〕太子太傅：官名。太子的首席辅导老师。〔12〕敬礼：尊敬优礼。

【裴注】

〔一〕《博物记》曰：“襁，织缕为之，广八寸，长尺二；以约小儿于背上，负之而行。”

〔二〕臣松之按：此传云公孙度“闻曹公远征，邺无守备”，则太祖定邺后也。按《度传》，度以建安九年卒，太祖亦以此年定邺；自后远征，唯有北征柳城耳：征柳城之年，度已不复在矣。

〔三〕《英雄记》曰：“茂，名在‘八友’中。”

国渊字子尼，乐安盖人也〔1〕。师事郑玄。〔一〕后与邴原、管宁等避乱辽东〔2〕。〔二〕既还旧土，太祖辟为司空掾属。每于公朝论议〔3〕，常直言正色；退无私焉〔4〕。

太祖欲广置屯田，使渊典其事。渊屡陈损益，相土处民〔5〕，计民置吏；明功课之法〔6〕。五年中，仓廪丰实，百姓竞劝乐业。

太祖征关中，以渊为居府长史〔7〕，统留事。田银、苏伯反河间；银等既破，后有余党，皆应伏法。渊以为非首恶，请不行刑，太祖从之。赖渊得生者，千余人。破贼文书，旧以一为十〔8〕；及渊上首级，如其实数。太祖问其故，渊曰："夫征讨外寇，多其斩获之数者，欲以大武功〔9〕，且示民听也〔10〕。河间，在封域之内〔11〕；银等叛逆，虽克捷有功，渊窃耻之！"太祖大悦。

【注释】

〔1〕盖：县名。县治在今山东沂源县东南。 〔2〕管宁(公元158—241)：传见本卷后文。 〔3〕公朝：指曹操当司空时的司空府。司空是三公之一，其府署对下属而言是朝廷，故名公朝。 〔4〕无私：没有私人交往。 〔5〕相土处民：测量土地之后安置屯田民。 〔6〕功课之法：公家向屯田农民征收谷物的办法。据《晋书》卷四十七《傅玄传》记载，当时政府向屯田农民征收谷物用分成来计算，如果屯田农民使用公家提供的耕牛，公家抽收获量的六成，自得四成；如果使用自己的耕牛，则公家、私人各得五成。 〔7〕居府长史：官名。丞相曹操外出后，负责处理丞相府的公务。 〔8〕以一为十：杀死一人上报时写成十人，即将实际的斩首数夸大十倍。 〔9〕大：扩大。 〔10〕示民听：有意说给老百姓听一听。 〔11〕封域：界域。这里指曹操的直接管辖治理的区域。当时曹操兼任冀州牧，而河间郡属冀州管辖。

【裴注】

〔一〕《玄别传》曰："渊，始未知名，玄称之曰：'国子尼，美才也。吾观其人，必为国器！'"

〔二〕《魏书》曰：“渊，笃学好古。在辽东，常讲学于山岩；士人多推慕之。由此知名。”

迁魏郡太守。时有投书诽谤者[1]，太祖疾之，欲必知其主。渊请留其本书，而不宣露。其书多引《二京赋》[2]。渊敕功曹曰：“此郡既大，今在都辇[3]，而少学问者[4]；其简开解年少[5]，欲遣就师[6]。”功曹差三人，临遣，引见。训以“所学未及[7]；《二京赋》，博物之书也[8]；世人忽略，少有其师，可求能读者从受之”。又密喻旨[9]。旬日得能读者，遂往受业。吏因请使作笺[10]；比方其书[11]，与投书人同手[12]。收摄案问[13]，具得情理[14]。

迁太仆[15]。居列卿位，布衣蔬食；禄赐散之旧故、宗族，以恭俭自守。卒官。〔一〕

【注释】

〔1〕投书：暗中投递匿名信。〔2〕《二京赋》：赋名。东汉著名作家张衡撰。是描绘西京长安、东京洛阳的作品，故名。全文载于《昭明文选》。〔3〕都辇：都城。魏国的都城邺县在魏郡，所以国渊这样说。〔4〕学问：学习和问难。这个词后来名词化，成为知识的代称。〔5〕开解年少：领悟能力强的年轻人。〔6〕就师：从师学习。〔7〕未及：不够。〔8〕博物：广泛认识事物。〔9〕喻旨：说明心意。〔10〕请使作笺：请授课老师对《二京赋》作一点笺注。〔11〕比方：对比。〔12〕同手：写出的笔迹相同。〔13〕收摄：逮捕。〔14〕情理：指作案经过。〔15〕太仆：官名。九卿之一。负责管理皇家车马。

【裴注】

〔一〕《魏书》曰：“太祖以其子泰，为郎。”

田畴字子泰，右北平无终人也[1]。好读书，善击剑。

初平元年，义兵起，董卓迁帝于长安。幽州牧刘虞叹曰："贼臣作乱，朝廷播荡[2]！四海俄然[3]，莫有固志。身备宗室遗老，不得自同于众[4]。今欲奉使，展效臣节，安得不辱命之士乎？"众议咸曰："田畴虽年少，多称其奇。"畴时年二十二矣。

虞乃备礼，请与相见；大悦之，遂署为从事。具其车骑[5]，将行，畴曰："今道路阻绝，寇虏纵横；称官奉使[6]，为众所指名；愿以私行[7]，期于得达而已。"虞从之。畴乃归，自选其家客与年少之勇壮慕从者，二十骑，俱往。虞自出，祖而遣之[8]。[一]既取道，畴乃更上西关[9]，出塞；傍北山[10]，直趋朔方；循间径去[11]，遂至长安致命[12]。诏拜骑都尉。畴以为天子方蒙尘未安[13]，不可以荷佩荣宠，固辞不受；朝廷高其义。三府并辟，皆不就。

得报[14]，驰还；未至，虞已为公孙瓒所害。畴至，谒祭虞墓；陈发章(表)〔报〕[15]，哭泣而去。瓒闻之大怒，购求，获畴[16]。谓曰："汝何自哭刘虞墓，而不送章报于我也？"畴答曰："汉室衰颓，人怀异心；唯刘公不失忠节[17]。章报所言，于将军未美[18]；恐非所乐闻，故不进也。且将军方举大事，以求所欲，既灭无罪之君，又仇守义之臣；诚行此事[19]，则燕、赵之士将皆蹈东海而死耳[20]：岂忍有从将军者乎！"

瓒壮其对，释不诛也；拘之军下[21]，禁其故人莫得与通。或说瓒曰："田畴义士，君弗能礼；而又囚之，恐失众心。"瓒乃纵遣畴。

【注释】

〔1〕右北平：郡名。治所在今河北唐山市丰润区东。〔2〕播荡：流亡。〔3〕俄然：动乱的样子。〔4〕自同于众：让自己和大家一样。〔5〕具：供给。〔6〕称官：称职。〔7〕以私行：带领私人武装同行。当时的地方豪强大族，都有私人武装力量。〔8〕祖：即祖道。在郊外饯别。〔9〕西关：关隘名。在今北京昌平区西北。即居庸关。〔10〕北山：山名。在今内蒙古包头市北。即阴山。〔11〕间：战乱地区之间的空隙。〔12〕致命：完成使命。〔13〕蒙尘：帝王逃难在外。〔14〕报：朝廷回复刘虞的公文。〔15〕陈发：打开摆放。章报：朝廷对刘虞上奏表章的回复公文。〔16〕购求：悬赏捉拿。〔17〕刘公：指刘虞。刘虞曾任太尉，后任大司马，前者是三公之一，后者是三公之上的上公，所以称他为刘公。〔18〕未美：有不好听的话。〔19〕诚：确实要。〔20〕赵：先秦国名。开国君主赵籍，是晋国大夫赵衰的后代，与韩、魏瓜分晋国，前403年被周天子承认为诸侯。前386年从晋阳(今山西太原市东南)移都邯郸(今河北邯郸市)。前222年被秦消灭。这里的燕、赵指其故地。即东汉的幽州、冀州。〔21〕军下：军营之内。

【裴注】

〔一〕《先贤行状》曰："畴将行，引虞，密与议。畴因说虞曰：'今帝主幼弱，奸臣擅命；表上，须报，惧失事机；且公孙瓒，阻兵安忍：不早图之，必有后悔！'虞不听。"

畴得北归，率举宗族、他附从数百人[1]，扫地而盟曰："君仇不报，吾不可以立于世！"遂入徐无山中[2]，营深险平敞地而居，躬耕以养父母。百姓归之，数年间至五千余家。

畴谓其父老曰："诸君不以畴不肖，远来相就，众成都邑[3]。而莫相统一，恐非久安之道；愿推择其贤长者，以为之主。”皆曰：“善！”同佥推畴。畴曰：“今来在此，非苟安而已；将图大事，复怨雪耻。窃恐未得其志，而轻薄之徒自相侵侮，偷快一时[4]，无深计远虑。畴有愚计，愿与诸君共施之，可乎？”皆曰：“可！”

畴乃为约束相杀伤、犯盗、诤讼之法；法重者，至死，其次抵罪[5]：二十余条。又制为婚姻嫁娶之礼，兴举学校讲授之业；班行其众，众皆便之，至道不拾遗。北边翕然服其威信[6]，乌丸、鲜卑，并各遣译使致贡遗；畴悉抚纳，令不为寇。

【注释】

〔1〕他：其他。〔2〕徐无：山名。在今河北玉田县东北。〔3〕众成都邑：人多就形成了城镇。〔4〕偷快：只求眼前畅快。〔5〕抵罪：指用财物、劳役等抵赎罪过。〔6〕北边：北部边境。翕（xī）然：人心一致的样子。

袁绍数遣使招命，又即授将军印，因安辑所统[1]；畴皆拒，不当。绍死，其子尚又辟焉，畴终不行。

畴常忿乌丸昔多贼杀其郡冠盖[2]，有欲讨之意而力未能。建安十二年，太祖北征乌丸；未至，先遣使辟畴，又命田豫喻旨。畴戒其门下：趣治严[3]；门人谓曰：“昔袁公慕君，礼命五至，君义不屈；今曹公使一来，而君若恐弗及者[4]：何也？”畴笑而应之曰：“此非君所识也！”遂随使者到军；署司空户曹掾[5]，引见咨议。明日出令曰：“田子泰，非吾所宜吏者[6]。”即举茂才，拜为蓨令[7]；不之官，随军次无终。

时方夏，水雨，而滨海洿下[8]，泞滞不通；虏亦遮守蹊要[9]，军不得进。太祖患之，以问畴。畴曰：“此道，秋夏每常有水；浅不通车马，深不载舟船，为难久矣！旧北平郡治在平冈[10]，道出卢龙，达于柳城；自建武以来[11]，陷坏断绝，垂二百载[12]，而尚有微径可从。今虏将以大军当由无终，不得进而退，懈弛无备。若默回军，从卢龙口越白檀之险[13]，出空虚之地，路近而便；掩其不备，蹋顿之首可不战而擒也[14]。”太祖曰：“善！”乃引军还，而署大木表于水侧路傍曰[15]：“方今暑(夏)〔雨〕，道路不通；且俟秋冬，乃复进军。”虏候骑见之[16]，诚以为大军去也。太祖令畴将其众为乡导，上徐无山，出卢龙，历平冈，登白狼堆。去柳城二百余里，虏乃惊觉。单于身自临阵，太祖与交战；遂大斩获，追奔逐北，至柳城。

【注释】

〔1〕因：以。　安辑：安抚。　〔2〕冠盖：官员和社会名流。〔3〕趣治严：赶快收拾行装。　〔4〕若恐弗及：好像生怕来不及。〔5〕户曹掾：官名。主管户口。　〔6〕非吾所宜吏者：不是应当做我司空府下属的人。意思是当司空府幕僚算是委屈了田畴。而应当让他担任天子名义之下汉朝系统的官职，所以下文曹操任命田畴为蓨县的县令。〔7〕蓨：县名。县治在今河北景县西南。　〔8〕洿(wū)下：地势低下。〔9〕蹊要：交通险要处。　〔10〕北平：即右北平。　〔11〕建武：东汉光武帝年号。　〔12〕垂：将近。　〔13〕卢龙口：地名。在今河北迁西县东北喜峰口附近。循濡水(今滦河)河谷出卢龙口，可至辽东。〔14〕蹋顿：乌丸族酋长名。当时对右北平郡、辽西郡、辽东属国三处的乌丸族，合称为“三郡乌丸”。而蹋顿则是三郡乌丸的总首领。

〔15〕表：树立。〔16〕候骑：侦察骑兵。

军还，入塞，论功行封。封畴亭侯，邑五百户。〔一〕畴自以始为(居)〔君〕难[1]，率众遁逃，志义不立；反以为利，非本意也，固让。太祖知其至心，许而不夺[2]。〔二〕

辽东斩送袁尚首，令三军："敢有哭之者，斩！"畴以尝为尚所辟，乃往吊祭。太祖亦不问。〔三〕畴尽将其家属及宗人三百余家，居邺。太祖赐畴车马谷帛，皆散之宗族、知旧。

从征荆州还。太祖追念畴功殊美，恨前听畴之让。曰："是成一人之志，而亏王法大制也！"于是乃复以前爵封畴。〔四〕畴上疏陈诚[3]，以死自誓。太祖不听，欲引拜之；至于数四，终不受。

有司劾畴："狷介违道[4]，苟立小节；宜免官，加刑。"太祖重其事[5]，依违者久之[6]，乃下世子及大臣博议[7]。世子以"畴同于子文辞禄[8]，申胥逃赏[9]；宜勿夺，以优其节"。尚书令荀彧、司隶校尉钟繇亦以为"可听"。〔五〕太祖犹欲侯之。畴素与夏侯惇善，太祖语惇曰："且往，以情喻之。自从君所言，无告吾意也！"

惇就畴宿，如太祖所戒[10]。畴揣知其指，不复发言。惇临去，乃拊畴背曰："田君！主意殷勤[11]，曾不能顾乎？"畴答曰："是何言之过也[12]！畴，负义逃窜之人耳；蒙恩全活，为幸多矣；岂可卖卢龙之塞，以易赏禄哉[13]！纵国私畴[14]，畴独不愧于心乎？将军雅知畴者[15]，犹复如此；若必不得已，请愿效死刎首于前[16]！”言未卒，涕泣横流。惇具答太祖。

太祖喟然知不可屈，乃拜为议郎。年四十六卒。子，又早死。

文帝践阼，高畴德义，赐畴从孙续，爵关内侯，以奉其嗣。

【注释】

〔1〕君难：指刘虞遭到的祸难。〔2〕夺：强迫改变。〔3〕陈诚：陈述内心的想法。〔4〕狷介：显得过分的洁身自好。〔5〕重：重视。〔6〕依违：犹豫不决。〔7〕博议：广泛征求意见。〔8〕子文：春秋时楚国大臣。前664—前637年任楚国令尹。辞禄：推辞不受俸禄。子文为令尹，为了减轻民众负担，坚持不受俸禄，多次逃避。见《国语》卷十八《楚语》下。〔9〕申胥：即申包胥。前506年，吴国军队攻入楚国首都郢，申包胥到秦国请来救兵。后来楚昭王回到郢都，要重赏申包胥，他逃跑不受。见《左传》定公五年。〔10〕戒：指示。〔11〕主意：主上的情意。〔12〕言之过：说得这样过分。〔13〕易：换取。〔14〕私：特别优待。〔15〕雅知：非常了解。〔16〕效死：以死来表明心迹。

【裴注】

〔一〕《先贤行状》载：“太祖表论畴功曰：‘文雅优备，忠武又著；和于抚下，慎于事上；量时度理，进退合义。幽州始扰，胡、汉交瘁；荡析离居，靡所依怀。畴率宗人，避难于无终山，北拒卢龙，南守要害；清静隐约，耕而后食；人民化从，咸共资奉。及袁绍父子威力加于朔野，远结乌丸，与为首尾；前后召畴，终不陷挠。后臣奉命，军次易县；畴长驱自到，陈讨胡之势：犹广武之建燕策，薛公之度淮南。又使部曲持臣露布，出诱胡众；汉民或因亡来，乌丸闻之震荡。王旅出塞，途由山中九百余里；畴帅兵五百，启导山谷：遂灭乌丸，荡平塞表。畴文武有效，节义可嘉；诚应宠赏，以旌其美。’”

〔二〕《魏书》载太祖令曰：“昔伯成弃国，夏后不夺；将欲使高尚之士，优贤之主，不止于一世也。其听畴所执。”

〔三〕臣松之以为：田畴不应袁绍父子之命，以其非正也。故尽规魏祖，建卢龙之策。致使袁尚奔迸，授首辽东，皆畴之由也。既已明其为贼，胡为复吊祭其首乎？若以尝被辟命，义在其中；则不应为人设谋，使其至此也。畴此举止，良为进退无当；与王修哭袁谭，貌同而心异也。

〔四〕《先贤行状》载太祖(命)〔令〕曰：“蓨令田畴，至节高尚。遭值州里，戎夏交乱；引身深山，研精味道；百姓从之，以成都邑。袁贼之盛，命召不屈；慷慨守志，以邀真主。及孤奉诏，征定河北，遂服幽都；将定胡寇，(时)〔特〕加礼命。畴即受署，陈建攻胡蹊路所由；率齐山民，一时向化；开塞导送，供承使役；路近而便，令虏不意；斩蹋顿于白狼，遂长驱于柳城：畴有力焉。及军入塞，将图其功，表封亭侯，食邑五百；而畴悬恻，前后辞赏。出入三载，历年未赐；此为成一人之高，甚违王典，失之多矣。宜从表封，无久留吾过。”

〔五〕《魏书》载世子议曰：“昔薳敖逃禄，传载其美；所以激浊世，励贪夫，贤于尸禄素餐之人也。故可得而小，不可得而毁；至于田畴，方斯近矣。免官加刑，于法为重。”

《魏略》载教曰：“昔夷、齐弃爵而讥武王，可谓愚暗，孔子犹以为‘求仁得仁’。畴之所守，虽不合道，但欲清高耳。使天下悉如畴志，即墨翟兼爱尚同之事，而老聃使民结绳之道也。外议虽善，为复使令、司隶以决之。”《魏书》载荀彧议，以为：“君子之道，或出或处，期于为善而已。故匹夫守志，圣人各因而成之。”钟繇以为：“原思辞粟，仲尼不与；子路拒牛，谓之止善；虽可以激清励浊，犹不足多也。畴虽不合大义，有益推让之风。宜如世子议。”

臣松之按《吕氏春秋》：“鲁国之法：鲁人有为臣妾于诸侯，有能赎之者，取其金于府。子贡赎人，而辞不取金。孔子曰：‘赐，失之矣！自今以来鲁人不赎矣。’子路拯溺者，其人拜之以牛，子路受之。孔子曰：‘鲁人必拯溺矣！’”按此语不与繇所引者相应，未详为繇之事误邪？而事将别有所出？

王修字叔治，北海营陵人也〔1〕。年七岁，丧母，母以社日亡〔2〕。来岁邻里社〔3〕，修感念母，哀甚；邻里闻之，为之罢社。年二十，游学南阳，止张奉舍。奉举家得疾病，无相视者〔4〕；修亲隐恤之〔5〕，病愈乃去。

初平中，北海孔融，召以为主簿，守高密令〔6〕。高密孙氏，素豪侠，人客数犯法。民有相劫者，贼入孙氏〔7〕；吏不能执，修将吏民围之。孙氏拒守，吏民畏惮，不敢近。修令吏民："敢有不攻者，与同罪！"孙氏惧，乃出贼。由是豪强慑服。举孝廉，修让邴原；融不听。〔一〕时天下乱，遂不行。顷之，郡中有反者。修闻融有难，夜往奔融。贼初发，融谓左右曰："能冒难来，唯王修耳！"言终，而修至。复署功曹。

时胶东多贼寇〔8〕，复令修守胶东令。胶东人公沙卢，宗强；自为营堑〔9〕，不肯应发调〔10〕。修独将数骑，径入其门，斩卢兄弟；公沙氏惊愕，莫敢动。修抚慰其余，由是寇少止。融每有难，修虽休归在家〔11〕，无不至。融常赖修以免。

【注释】

〔1〕营陵：县名。县治在今山东昌乐县东南。〔2〕社日：古代祭祀土地神的日子。春、秋季各一次，一般在立春、立秋之后第五个戊日。〔3〕邻里：相传周代五家为一邻，五邻为一里。这里邻里指邻居。社日由邻居共同举办，到时候在大树之下祭神，然后聚餐饮酒，尽欢而散。〔4〕视：照看。〔5〕隐恤：怜悯照顾。〔6〕高密：县名。县治在今山东高密市西南。〔7〕孙氏：指孙氏的家。〔8〕胶东：县名。县治在今山东平度市。〔9〕自为营堑：自己在宗族居住地修建营垒、堑壕。这种带有军事防御设施的居民点称为坞壁。当时的地方豪强大族往往聚合全族居住在坞壁之中。〔10〕应发调：承担政府的农副业产品征调。〔11〕休：休假。汉代官员一般工作五天休假一天。

【裴注】

〔一〕《融集》有融答修教曰："原之贤也，吾已知之矣。昔高阳氏有才子八人，尧不能用；舜实举之。原可谓不患无位之士；以遗后贤，不亦可乎?”修重辞，融答曰：“掾，清身洁己，历试诸难；谋而鲜过，惠训不倦。余嘉乃勋，应乃懿德，用升尔于王庭，其可辞乎!”

袁谭在青州，辟修为治中从事。别驾刘献，数毁短修〔1〕，后献以事当死；修理之〔2〕，得免。时人益以此多焉。袁绍又辟修，除即墨令。后复为谭别驾。绍死，谭、尚有隙。尚攻谭，谭军败，修率吏民往救谭。谭喜曰：“成吾军者，王别驾也!”谭之败，刘询起兵漯阴〔3〕，诸城皆应。谭叹息曰：“今举州背叛，岂孤之不德邪〔4〕?”修曰：“东莱太守管统虽在海表〔5〕，此人不反，必来!”后十余日，统果弃其妻子来赴谭，妻子为贼所杀；谭更以统为乐安太守。

谭复欲攻尚，修谏曰：“兄弟还相攻击〔6〕，是败亡之道也!”谭不悦，然知其志节。后又问修：“计安出?”修曰：“夫兄弟者，左右手也。譬人将斗而断其右手，而曰‘我必胜’，若是者可乎?夫弃兄弟而不亲，天下其谁亲之!属有谗人〔7〕，固将交斗其间〔8〕，以求一朝之利。愿明使君塞耳勿听也。若斩佞臣数人，复相亲睦；以御四方，可以横行天下!”谭不听，遂与尚相攻击，请救于太祖。太祖既破冀州，谭又叛。太祖遂引军攻谭于南皮。修时运粮在乐安，闻谭急；将所领兵及诸从事数十人，往赴谭。至高密，闻谭死，下马号哭曰：“无君焉归!”遂诣太祖，乞收葬谭尸。太祖欲观修意，默然不应。修复曰：“受袁氏厚恩。若得收敛谭尸，然后就戮[9]，无所恨！”

【注释】

〔1〕毁短：诋毁。〔2〕理之：为刘献申诉。〔3〕漯阴：县名。县治在今山东齐河县东北。〔4〕不德：无德。〔5〕东莱：郡名。治所在今山东龙口市东南。海表：滨海地区。〔6〕还：反而。〔7〕属：碰巧。谗人：专门挑拨是非的人。〔8〕交斗其间：在中间大肆挑拨。〔9〕就戮：接受死刑。

太祖嘉其义，听之。〔一〕以修为督军粮[1]，还乐安。谭之破，诸城皆服；唯管统以乐安不从命，太祖命修取统首。修以统亡国之忠臣，因解其缚；使诣太祖，太祖悦而赦之。

袁氏政宽，在职势者多蓄聚[2]；太祖破邺，籍没审配等家财物赀以万数[3]；及破南皮，阅修家：谷不满十斛，有书数百卷。太祖叹曰：“士不妄有名[4]！”乃礼辟为司空掾，行司金中郎将[5]。迁魏郡太守，为治抑强扶弱，明赏罚；百姓称之。〔二〕魏国既建，为大(司)农、郎中令。太祖议行肉刑[6]，修以为时未可行，太祖采其议。徙为奉常。其后严才反，与其徒属数十人攻掖门[7]。修闻变，召车马未至，便将官属，步至宫门。太祖在铜爵台望见之，曰：“彼来者，必王叔治也！”相国钟繇谓修：“旧[8]：京城有变，九卿各居其府[9]。”修曰：“食其禄，焉避其难？居府虽旧，非赴难之义！”

顷之，病，卒官。子忠，官至东莱太守，散骑常侍。初，修识高柔于弱冠[10]，异王基于童幼；终皆远

至〔11〕，世称其知人。〔三〕

【注释】

〔1〕督军粮：官名。负责监督军粮调运。 〔2〕蓄聚：聚敛钱财。〔3〕籍没：登记造册后加以没收。 赀：资产。 〔4〕不妄有名：不是胡乱混得好名声。意思是王修的名声与他的实际品行完全符合。 〔5〕司金中郎将：官名。负责矿石开采冶炼和制造金属用品。 〔6〕肉刑：汉代把刺面、割鼻和砍掉左脚或右脚三种破坏犯人肉体的刑罚叫肉刑。肉刑在汉文帝时废除。自曹操执政起至曹魏一朝，曾多次讨论是否应当恢复肉刑的问题，但始终无结果。分见本书卷十三《钟繇传》、卷二十二《陈群传》、《通典》卷一百六十八、《艺文类聚》卷五十四。 〔7〕掖门：宫门正门两旁的边门。 〔8〕旧：以往的规定。 〔9〕各居其府：各人留在自己的府署中不准外出。这是防止有人趁机捣乱而使突发事变扩大。 〔10〕高柔(公元174—263)：传见本书卷二十四。 〔11〕远至：成了大器。

【裴注】

〔一〕《傅子》曰："太祖既诛袁谭，枭其首，令曰：'敢哭之者，戮及妻子！'于是王叔治、田子泰相谓曰：'生受辟命，亡而不哭，非义也。畏死亡义，何以立世？'遂造其首而哭之，哀动三军。军正白行其戮，太祖曰：'义士也。'赦之。"臣松之按《田畴传》，畴为袁尚所辟，不被谭命。《傅子》合而言之，有违事实。

〔二〕《魏略》曰："〔河北始开冶，遂以〕修为司金中郎将。陈黄白异议，因奏记曰：'修闻枳棘之林，无梁柱之质；涓流之水，无洪波之势。是以在职七年，忠谠不昭于时，功业不见于事；欣于所受，俯惭不报；未尝不长夜起坐，中饭释餐。何者？力少任重，不堪而惧也。谨贡所议如左。'太祖甚然之，乃与修书曰：'君澡身浴德，流声本州；忠能成绩，为世美谈；名实相副，过人甚远。孤以心知君，至深至熟，非徒耳目而已也。察观先贤之论，多以盐铁之利，足赡军国之用。昔孤初立司金之官，念非屈君，余无可者。故与君教曰："昔遏父陶正，民赖其器用；及子妫满，建侯于陈。近桑弘羊，位至三公。此君元龟之兆先告者也。"是孤用君之本言也，或恐众人未晓此意。自是以来，在朝之士，每得一显选，常举君为首。及闻袁军师、众贤之议，以为不宜越君。然孤执心，将有所底：以军师之职，闲于司金；至于建功，重于军师。孤之精诚，足以达君；君之察孤，足以不疑。但恐傍人浅见，以蠡测海，为蛇画足；将言前后百选，辄不用之，而使此君沉滞冶官；张甲李乙，尚犹先之，此主人意待之不优之效也。孤惧有此空声冒实，淫蛙乱耳。假有斯事，亦庶钟期不失听也；若其无也，过备何害？昔宣帝察少府萧望之，才任宰相；故复出之，令为冯翊。从正卿往，似于左迁。上使侍中宣意曰：“君守平原日浅，故复试君三辅，非有所间也。”孤揆先主中宗之意，诚备此事。既君崇勋业，以副孤意。公叔文子与臣俱升，独何人哉！’后无几而迁魏郡太守。”

〔三〕王隐《晋书》曰：“修一子，名仪，字朱表。高亮雅直。司马文王为安东，仪为司马。东关之败，文王曰：‘近日之事，谁任其咎?’仪曰：‘责在军帅。’文王怒曰：‘司马欲委罪于孤邪?’遂杀之。子裒，字伟元。少立操尚，非礼不动。身长八尺四寸，容貌绝异。痛父不以命终，绝世不仕。立屋墓侧，以教授为务。旦夕常至墓前拜，辄悲号断绝。墓前有一柏树，裒常所攀援；涕泣所著，树色与凡树不同。读《诗》至‘哀哀父母，生我劳悴’，未尝不反复流涕，泣下沾襟。家贫躬耕，计口而田，度身而蚕。诸生有密为裒刈麦者，裒遂弃之；自是莫敢复佐刈者。裒门人，为本县所役，求裒为属；裒曰：‘卿学不足以庇身，吾德薄不足以荫卿：属之何益？且吾不捉笔，已四十年。’乃步担干饭，儿负盐豉，门徒从者千余人。安丘令以为见己，整衣出迎之于门。裒乃下道，至土牛，磬折而立。云：‘门生为县所役，故来送别。’执手涕泣而去。令即放遣诸生，一县以为耻。同县管彦，少有才力，未知名；裒独以为当自达，常友爱之；男女各始生，共许为婚。彦果为西夷校尉，〔卒而葬于洛阳。〕裒后更以女嫁人。彦弟馥，问裒，裒曰：‘吾薄志毕愿，山薮自处；姊妹皆远，吉凶断绝，以此自誓。贤兄子葬父于帝都，此则洛阳之人也；岂吾欲婚之本指邪?’馥曰：‘嫂，齐人也。当还临淄。’裒曰：‘安有葬父河南，〔而〕随(妻)〔母〕还齐?用意如此，何婚之有!’遂不婚。邴春者，根矩之后也。少立志操，寒苦自居；负笈游学，身不停家；乡邑翕然，以为能系其先也。裒以为，春性险狭，慕名意多，终必不成；及后，春果无学业，流离远外。有识以此归之。裒常以为，人所行，其当归于善道；不可以己所能，而责人所不能也。有致遗者，皆不受。及洛都倾覆，寇贼蜂起。裒宗亲悉欲移江东，裒恋坟垅。贼大盛，乃南达泰山郡；裒思土，不肯去，贼害之。”

《汉晋春秋》曰：“裒与济南刘兆字延世，俱以不仕显名。裒以父为文王所滥杀，终身不应征聘；未尝西向坐，以示不臣于晋也。”

《魏略纯固传》以脂习、王修、庞淯、文聘、成公英、郭宪、单固七人为一传。其修、淯、聘三人自各有传；成公英别见《张既传》，单固见《王凌传》。余习、宪二人，列于《修传》后也：

“脂习字元升，京兆人也。中平中仕郡。公府辟，举高第，除太医令。天子西迁及东诣许昌，习常随从。与少府孔融亲善。太祖为司空，威德日盛；而融故以旧意，书疏倨傲。习常责融，欲令改节；融不从。会融被诛，当时许中百官先与融亲善者，莫敢收恤；而习独往抚而哭之曰：‘文举！卿舍我死，我当复与谁语者？’哀叹无已。太祖闻之，收习，欲理之；寻以其事直，见原，徙许东土桥下。习后见太祖，陈谢前愆。太祖呼其字曰：‘元升，卿故慷慨！’因问其居处，以新移徙，赐谷百斛。至黄初，诏欲用之；以其年老，然嘉其敦旧，有栾布之节，赐拜中散大夫。还家，年八十余，卒。

郭宪字幼简，西平人。为其郡右姓。建安中为郡功曹。州辟不就，以仁笃为一郡所归。至十七年，韩约失众，从羌中还，依宪。众人多欲取约以徼功，而宪皆责怒之，言：‘人穷来归我，云何欲危之！’遂拥护厚遇之。其后约病死；而田乐、阳逵等就斩约头，当送之。逵等欲条疏宪名，宪不肯在名中，言：‘我尚不忍生图之，岂忍取死人以要功乎？’逵等乃止。时太祖方攻汉中，在武都，而逵等送约首到。太祖宿闻宪名，及视条疏，怪不在中；以问逵等，逵具以情对。太祖叹其志义，乃并表列与逵等，并赐爵关内侯。由是名震陇右。黄初元年，病亡。正始初，国家追嘉其事，复赐其子，爵关内侯。”

邴原字根矩，北海朱虚人也[1]。少与管宁俱以操尚称[2]；州、府辟命，皆不就。

黄巾起，原将家属入海，住郁洲山中[3]。时孔融为北海相，举原有道。原以黄巾方盛，遂至辽东；与同郡刘政俱有勇略雄气。辽东太守公孙度畏恶，欲杀之，尽收捕其家；政得脱。度告诸县：“敢有藏政者，与同罪！”政窘急，往投原，〔一〕原匿之月余。时东莱太史慈，当归[4]，原因以政付之。既而谓度曰：“将军前日欲杀刘政，以其为己害[5]。今政已去，君之害岂不除哉？”度曰：“然。”原曰：“君之畏政者，以其有智也。今政已免[6]，智将用矣，尚奚拘政之家？不若赦之，无重怨[7]。”度乃出之。原又资送政家，皆得归故郡。原在辽东，一年中往归原居者数百家。游学之士，教授之声，不绝。后得归。

太祖辟为司空掾。原女早亡；时太祖爱子仓舒亦没[8]，太祖欲求合葬。原辞曰：“合葬，非礼也！原之所以自容于明公，公之所以待原者，以能守训典而不易也[9]。若听明公之命，则是凡庸也；明公焉以为哉？”太祖乃止。

徙署丞相征事[10]，〔二〕崔琰为东曹掾，记让曰[11]：“征事邴原、议郎张范，皆秉德纯懿，志行忠方；清静足以厉俗[12]，贞固足以干事[13]；所谓龙翰凤翼[14]，国之重宝。举而用之，不仁者远[15]。”代凉茂为五官将长史[16]。闭门自守，非公事不出。

太祖征吴，原从行，卒。〔三〕

【注释】

〔1〕朱虚：县名。县治在今山东昌乐县西南。〔2〕操尚：操行、志趣。〔3〕郁洲：海岛名。在今江苏连云港市东面云台山一带。当时孤立在海中，周围有数百里。清代因海岸扩展，开始和大陆相连。又名田横岛。〔4〕太史慈（公元166—206）：传见本书卷四十九。〔5〕己害：自己的祸害。〔6〕免：意思是安然逃走。〔7〕重怨：加深仇怨。〔8〕仓舒：即曹冲（公元196—208）。传见本书卷二十。〔9〕训典：古代圣王留下来的典章。〔10〕丞相征事：官名。丞相处理公务的助手。〔11〕记：下属向主官呈送的报告叫做记。是公文的一种。让：把东曹掾的职务让给下文提到的邴原或张范。〔12〕厉俗：矫正风俗。〔13〕干事：成就大事。这一句是《周易·乾卦·文言》中的话。

〔14〕翰：硬而长的羽毛。龙翰凤翼形容极为珍稀的宝物，这里比喻优秀人才。〔15〕远：由于自惭形秽而远远躲开。这一句是《论语·颜渊》中的话。〔16〕五官将：五官中郎将的简称。这里指当时担任五官中郎将的曹丕。

【裴注】

〔一〕《魏氏春秋》曰："政，投原，曰：'穷鸟入怀！'原曰：'安知斯怀之可入邪?'"

〔二〕《献帝起居注》曰："建安十五年，初置征事二人；原与平原王烈，俱以选补。"

〔三〕《原别传》曰：

"原十一而丧父，家贫，早孤。邻有书舍，原过其旁而泣。师问曰：'童子何悲?'原曰：'孤者易伤，贫者易感。夫书者，必皆具有父兄者：一则羡其不孤，二则羡其得学，心中恻然而为涕零也。'师亦哀原之言而为之泣曰：'欲书可耳！'答曰：'无钱资。'师曰：'童子苟有志，我徒相教，不求资也。'于是遂就书。一冬之间，诵《孝经》、《论语》。自在童龀之中，嶷然有异。及长，金玉其行。欲远游学，诣安丘孙崧。崧辞曰：'君乡里郑君，君知之乎?'原答曰：'然。'崧曰：'郑君学览古今，博闻强识，钩深致远，诚学者之师模也。君乃舍之，蹑屣千里；所谓以郑为"东家丘"者也。君似不知，而曰"然者"，何?'原曰：'先生之说，诚可谓苦药良针矣；然犹未达仆之微趣也。人各有志，所规不同；故乃有登山而采玉者，有入海而采珠者；岂可谓登山者不知海之深，入海者不知山之高哉！君谓仆以郑为"东家丘"，君以仆为西家愚夫邪?'崧辞谢焉。又曰：'兖、豫之士，吾多所识，未有若君者；当以书相(分)〔介〕。'原重其意，难辞之，持书而别。原心以为：'求师启学，志高者通；非若交游，待(分)〔介〕而成也，书何为哉?'乃藏书于家而行。原旧能饮酒，自行之后，八九年间，酒不向口。单步负笈，苦身持力；至陈留则师韩子助，颍川则宗陈仲弓，汝南则交范孟博，涿郡则亲卢子幹。临别，师友以原不饮酒，会米肉，送原。原曰：'本能饮酒，但以荒思废业，故断之耳。今当远别，因见贶饯，可一饮宴。'于是共坐饮酒，终日不醉。归以书还孙崧，解不致书之意。

后为郡所召，署功曹，主簿。时鲁国孔融在郡，教：'选计当任公卿之才。'乃以郑玄为计掾，彭璆为计吏，原为计佐。融有所爱一人，常盛嗟叹之。后恚望，欲杀之。朝吏皆请，时其人亦在坐，叩头流血，而融意不解。原独不为请。融谓原曰：‘众皆请，而君何独不？’原对曰：‘明府于某，本不薄也；常言岁终当举之，此所谓“吾一子”也。如是，朝吏受恩未有在某前者矣；而今乃欲杀之。明府爱之，则引而方之于子；憎之，则推之欲危其身。原愚，不知明府以何爱之？以何恶之？’融曰：‘某生于微门，吾成就其兄弟，拔擢而用之；某今孤负恩施。夫善则进之，恶则诛之，固君道也。往者应仲远为泰山太守，举一孝廉，旬月之间而杀之。夫君人者，厚薄何常之有！’原对曰：‘仲远举孝廉，杀之，其义焉在？夫孝廉，国之俊选也。举之若是，则杀之非也；若杀之是，则举之非也。《诗》云：“彼己之子，不遂其媾。”盖讥之也。《语》云：“爱之欲其生，恶之欲其死。既欲其生，又欲其死，是惑也！”仲远之惑甚矣。明府奚取焉？’融乃大笑曰：‘吾直戏耳！’原又曰：‘君子于其言，出乎身，加乎民；言行，君子之枢机也。安有欲杀人而可以为戏者哉！’融无以答。

是时汉朝陵迟，政以贿成。原乃将家人入郁洲山中。郡举有道，融书喻原曰：‘修性保贞，清虚守高；危邦不入，久潜乐土。王室多难，西迁镐京；圣朝劳谦，畴咨俊乂。我徂求定，策命恳恻。国之将陨，嫠不恤纬；家之将亡，缇萦跋涉：彼匹妇也，犹执此义。实望根矩，仁为己任；授手援溺，赈民于难。乃或晏晏居息，莫我肯顾；谓之君子，固如此乎？根矩，根矩，可以来矣！’原遂到辽东。辽东多虎，原之邑落独无虎患。原尝行而得遗钱，拾以系树枝；此钱既不见取，而系钱者愈多。问其故，答者谓之神树。原恶其由己而成淫祀，乃辨之，于是里中遂敛其钱以为社供。后原欲归乡里，止于三山。孔融书曰：‘随会在秦，贾季在翟；咨仰靡所，叹息增怀。顷知来至，近在三山。《诗》不云乎，“来归自镐，我行永久”。今遣五官掾，奉问榜人舟楫之劳。祸福动静告慰。乱阶未已，阻兵之雄，若棋弈争枭。’原于是遂复返还。积十余年，后乃遁还。南行已数日，而度甫觉。度知原之不可复追也，因曰：‘邴君所谓云中白鹤，非鹑鷃之网所能罗矣！又吾自遣之，勿复求也。’遂免危难。自返国土，原于是讲述礼乐，吟咏诗书；门徒数百，服道数十。时郑玄，博学洽闻，注解典籍：故儒雅之士集焉。原亦自以高远清白，颐志澹泊；口无择言，身无择行：故英伟之士向焉。是时海内清议，云青州有邴、郑之学。

魏太祖为司空，辟原，署东阁祭酒。太祖北伐三郡单于，还住昌国，宴士大夫。酒酣，太祖曰：‘孤返，邺守诸君必将来迎；今日明旦，度皆至矣。其不来者，独有邴祭酒耳！’言讫未久，而原先至。门下通谒，太祖大惊喜；揽履而起，远出迎原曰：‘贤者诚难测度！孤谓君将不能来，而远自屈，诚副饥虚之心！’谒讫而出，军中士大夫诣原者数百人。太祖怪而问之，时荀文若在坐，对曰：‘独可省问邴原耳！’太祖曰：‘此君名重，乃亦倾士大夫心？’文若曰：‘此一世异人，士之精藻；公宜尽礼以待之。’太祖曰：‘固孤之宿心也！’自是之后，见敬益重。原虽在军历署，常以病疾，高枕里巷，终不当事，又希会见。河内张范，名公之子也；其志行有与原符，甚相亲敬。令曰：‘邴原名高德大，清规邈世；魁然而峙，不为孤用。闻张子颇欲学之，吾恐造之者富，随之者贫也。’魏太子为五官中郎将，天下向慕，宾客如云；而原独守道持常，自非公事不妄举动。太祖微使人从容问之，原曰：‘吾闻国危不事家宰；君老不奉世子：此典制也。’于是乃转五官长史，令曰：‘子弱不才，惧其难正；贪欲相屈，以匡励之。虽云利贤，能不恧恧！’太子宴会，众宾百数十人。太子建议曰：‘君、父各有笃疾：有药一丸，可救一人；当救君邪，父邪？’众人纷纭，或父或君。时原在坐，不与此论。太子咨之于原，原悖然对曰：‘父也！’太子亦不复难之。”

是后，大鸿胪钜鹿张泰、河南尹扶风庞迪，以清贤称；〔一〕永宁太仆东郡张阁，以简质闻。[1]〔二〕

【注释】

〔1〕永宁太仆：官名。是永宁宫郭太后的服务官员，负责太后车马管理。

【裴注】

〔一〕荀绰《冀州记》曰：“钜鹿张貔，字邵虎。祖父泰，字伯阳，有名于魏。父邈，字叔辽，辽东太守。著《自然好学论》，在《嵇康集》。为人弘深，有远识，恢恢然，使求之者莫之能测也。宦历二(官)〔宫〕，元康初为城阳太守，未行而卒。”

〔二〕杜恕著《家戒》称阁曰：“张子台，视之似鄙朴人；然其心中，不知天地间何者为美，何者为好，敦然似如与阴阳合德者。做人如此，自可不富贵：然而患祸，当何从而来？世有高亮如子台者，皆多力慕，体之不如也！”

管宁字幼安，北海朱虚人也。〔一〕年十六丧父，中表愍其孤贫，咸共赠赗[1]；悉辞不受，称财以送终[2]。长八尺，美须眉。与平原华歆、同县邴原相友；俱游学于异国[3]，并敬善陈仲弓[4]。

天下大乱，闻公孙度令行于海外，遂与原及平原王烈等，至于辽东。度虚馆以候之。既往见度，乃庐于山谷。时避难者，多居郡南；而宁居北，示无迁志[5]，后渐来从之。太祖为司空，辟宁；度子康绝命[6]，不宣。〔二〕

王烈者，字彦(方)〔考〕，于时名闻在原、宁之右[7]。辞公孙度长史，商贾自秽[8]。太祖命为丞相掾、征事；未至，卒于海表。〔三〕

【注释】

〔1〕赠赗(fèng)：向死者家属赠送举办丧事所需的财物。或单称赗。〔2〕称财：根据自家的经济能力。〔3〕异国：本郡国以外的地方。〔4〕陈仲弓：即陈寔(公元104—187)。字仲弓，颍川郡许县人。出身寒微。仕途不顺，只做到太丘县长。但是以道德高尚闻名天下，死时参加吊唁的四方来客达三万余人之多，共同赠以文范先生的称号。传见《后汉书》卷六十二。〔5〕迁志：迁回故乡的打算。〔6〕绝命：扣下曹操任命管宁的文书。〔7〕名闻：声誉。之右：之上。〔8〕自秽：自己贬低自己的身份。汉代的商人社会地位很低，一般不能做官。王烈这样做是表明自己决不从政。

【裴注】

〔一〕《傅子》曰："齐相管仲之后也。昔田氏有齐，而管氏去之：或适鲁，或适楚。汉兴，有管少卿为燕令，始家朱虚。世有名节，九世而生宁。"

〔二〕《傅子》曰："宁往见度，语惟经典，不及世事。还，乃因山为庐，凿坏为室。越海避难者，皆来就之而居，旬月而成邑。遂讲《诗》、《书》，陈俎豆，饰威仪，明礼让；非学者，无见也。由是度安其贤，民化其德。邴原性刚直，清议以格物；度以下，心不安之。宁谓原曰：'潜龙以不现成德；言非其时，皆招祸之道也。'密遣令西还。度庶子康，代居郡，外以将军、太守为号，而内实有王心；卑己崇礼，欲官宁以自镇辅；而终莫敢发言，其敬惮如此。"

皇甫谧《高士传》曰："宁所居屯落，会井汲者，或男女杂错，或争井斗阋。宁患之，乃多买器，分置井傍；汲以待之，又不使知。来者得而怪之，问知宁所为；乃各相责，不复斗讼。邻有牛暴宁田者，宁为牵牛着凉处；自为饮食，过于牛主。牛主得牛，大惭，若犯严刑。是以左右无斗讼之声，礼让移于海表。"

〔三〕《先贤行状》曰："烈，通识达道，秉义不回；以颍川陈太丘为师，二子为友。时颍川荀慈明、贾伟节、李元礼、韩元长，皆就陈君学；见烈器业过人，叹服所履，亦与相亲：由是英名著于海内。道成德立，还归旧庐；遂遭父丧，泣泪三年。遇岁饥馑，路有饿殍；烈乃分釜庾之储，以救邑里之命；是以宗族称孝，乡党归仁。以典籍娱心，育人为务；遂建学校，敦崇庠序。其诱人也，皆不因其性气，诲之以道；使之从善远恶，益者不自觉；而大化隆行，皆成宝器。门人出入，容止可观；时在市井，行步有异；人皆别之。州闾成风，咸竞为善。时国中有盗牛者，牛主得之。盗者曰：'我邂逅迷惑，从今以后将为改过。子既已赦宥，幸无使王烈闻之！'人有以告烈者，烈以布一端遗之。或问：'此人既为盗，畏君闻之；反与之布，何也?'烈曰：'昔秦穆公，人盗其骏马食之，乃赐之酒。盗者不爱其死，以救穆公之难。今此盗人能悔其过，惧吾闻之，是知耻恶；知耻恶，则善心将生，故与布劝为善也。'间年之中，行路老父担重，人代担行数十里；欲至家，置而去；问姓名，不以告。顷之，老父复行，失剑于路。有人行而遇之，欲置而去；惧后人得之，剑主于是永失；欲取而购募，或恐差错：遂守之。至暮，剑主还见之，前者代担人也。老父揽其袂，问曰：'子前者代吾担，不得姓名；今子复守吾剑于路，未有若子之仁；请子告吾姓名，吾将以告王烈。'乃语之而去。老父以告烈，烈曰：'世有仁人，吾未之见。'遂使人推之，乃昔时盗牛人也。烈叹曰：'《韶》乐九成，虞宾以和；人能有感，乃至于斯也！'遂使国人表其闾而异之。时人或讼曲直，将质于烈；或至途而返，或望庐而还；皆相推以直，不敢使烈闻之。时国主皆亲骖乘，适烈私馆，畴咨政令。察孝廉，三府并辟，皆不就。会董卓作乱，避地辽东；躬秉农器，编于四民；布衣蔬食，不改其乐。东域之人，奉之若君。时衰世弊，识真者少；朋党之人，互相谗谤。自避世在东国者，多为人所害；烈居之历年，未尝有患；使辽东强不凌弱，众不暴寡；商贾之人，市不二价。太祖累征召，辽东为解而不遣。以建安二十三年寝疾，年七十八而终。”

中国少安[1]，客人皆还[2]；唯宁晏然，若将终焉[3]。

黄初四年，诏公卿举独行君子[4]。司徒华歆荐宁，文帝即(位)征宁。遂将家属，浮海还郡[5]；公孙恭送之南郊[6]，加赠服物[7]。自宁之东也，度、康、恭前后所资遗，皆受而藏诸；既已西渡，尽封还之。〔一〕诏以宁为太中大夫，固辞不受。〔二〕

明帝即位，太尉华歆逊位让宁。〔三〕遂下诏曰："太中大夫管宁，耽怀道德，服膺六艺[8]；清虚足以侔古，廉白可以当世[9]。曩遭王道衰缺，浮海遁居；大魏受命，则襁负而至。斯盖应龙潜升之道[10]，圣贤用舍之义[11]。而黄初以来，征命屡下；每辄辞疾，拒违不至。岂朝廷之政与生殊趣[12]？将安乐山林往而不能反乎？夫以姬公之圣[13]，而耇德不降[14]，则鸣鸟弗闻[15]；〔四〕以秦穆之贤[16]，犹思询乎黄发[17]；况朕寡德，曷能不愿闻道于子大夫哉[18]？今以宁为光禄勋。礼有大伦，君臣之道，不可废也。望必速至，称朕意焉。"

又诏青州刺史曰："宁抱道怀贞，潜翳海隅[19]；比下征书，违命不至；盘桓利居[20]，高尚其事[21]。虽有素履幽人之贞[22]，而失考父兹恭之义[23]；使朕虚心引领历年[24]，其何谓邪！徒欲怀安，必肆其志[25]；不惟古人亦有翻然改节，以隆斯民乎？日逝月除，时方已过；澡身浴德[26]，将以曷为？仲尼有言：‘吾非斯人之徒与而谁与哉[27]！’其命别驾从事、郡丞掾：奉诏，以礼发遣宁诣行在所[28]；给安车、吏从、茵蓐、道上厨食[29]。上道，先奏。”

宁称草莽臣上疏曰[30]：“臣海滨孤微，疲农无伍[31]，禄运幸厚；横蒙陛下纂承洪绪[32]，德侔三皇，化溢有唐[33]。久荷渥泽，积祀一纪[34]，不能仰答陛下恩养之福；沈委笃痾[35]，寝疾弥留[36]，逋违臣隶颠倒之节[37]：夙宵战怖，无地自厝[38]！臣元年十一月被公车司马令所下州郡[39]，八月甲申诏书征臣[40]，更赐安车、衣被、茵蓐，以礼发遣；光宠并臻，优命屡至；怔营竦息[41]，悼心失图[42]。思自陈闻，申展愚情；而明诏抑割[43]，不令稍修章表[44]；是以郁滞[45]，讫于今日。诚谓乾覆[46]，恩有纪极[47]；不意灵润[48]，弥以隆赫。奉今年二月被州郡所下三年十二月辛酉诏书[49]，重赐安车、衣服，别驾从事与郡功曹以礼发遣；又特被玺书，以臣为光禄勋；躬秉劳谦[50]，引喻周、秦[51]，损上益下。受诏之日，精魄飞散，靡所投死[52]！臣重自省揆[53]：德非园、绮而蒙安车之荣[54]；功无窦融而蒙玺封之宠。槃桡驽下[55]，荷栋梁之任；垂没之命，获九棘之位[56]：惧有朱博鼓妖之眚[57]。又年疾日侵[58]，有加无损[59]，不任扶舆进路以塞元责[60]。望慕阊阖[61]，徘徊阙庭；谨拜章陈情，乞蒙哀省：抑恩听放[62]，无令骸骨填于衢路[63]。”

自黄初至于青龙，征命相仍[64]；常以八月赐牛酒。

诏书问青州刺史程喜："宁为守节高乎？审老疾尪顿邪[65]？"

喜上言："宁有族人管贡，为州吏，与宁邻比；臣常使经营消息[66]。贡说：'宁常著皂帽、布襦袴、布裙[67]，随时单复；出入闺庭[68]，能自任杖[69]，不须扶持。四时祠祭，辄自力强[70]；改加衣服，著絮巾、故在辽东所有白布单衣；亲荐馔馈[71]，跪拜成礼。宁少而丧母，不识形象；常特加觞[72]，泫然流涕。又居宅离水七八十步，夏时诣水中澡洒手足，窥于园圃。'臣揆宁前后辞让之意，独自以生长潜逸，耆艾智衰[73]；是以栖迟[74]，每执谦退。此宁志行所欲必全，不为守高。"[五]

【注释】

〔1〕中国：中原地区。　少安：稍微安定。〔2〕客人：客居辽东的中原人。〔3〕终：终老。〔4〕独行君子：当时选拔人才的科目之一。应选者要有特别突出的优良品行。〔5〕浮海：渡海。　郡：指管宁的家乡北海郡。〔6〕南郊：公孙恭所住的襄平城南郊。〔7〕服物：衣服杂物。〔8〕六艺：汉代称儒家的《诗》、《书》、《易》、《礼》、《乐》、《春秋》六经为六艺。这里代指儒学。〔9〕廉白：方正清白。当世：效力于当今社会。指从政。〔10〕潜升：潜藏和飞腾。古代常以龙在潜藏后的飞腾，来比喻人才在隐没之后的发展。〔11〕圣贤：指孔子、颜渊。　用舍：受到任用和不受任用。孔子曾对颜渊说："用之则行，舍之则藏，唯我与尔有是夫。"见《论语·述而》。〔12〕生：先生。汉代对人的尊称。这里指管宁。　殊趣：志趣不合。言外之意是您对朝政是否有所不满。〔13〕姬公：即周公。〔14〕耇(gǒu)德：年老而有德的人。　不降(jiàng)：不改变初衷屈就官职。〔15〕鸣鸟：指凤凰。古代认为年老而有德的人受到重用，就会听到凤凰的欢叫。以上两句是周公对召公说的话，见《尚书·君奭》。对这两句的含义，当时人

是按郑玄的注释来理解，但是现今学者的解释与此不同。〔16〕秦穆：即秦穆公(？—前621)。名任好。春秋时秦国国君。前659至前621年在位。任用百里奚、蹇叔、由余等人，进攻晋国，俘晋惠公。后在崤(今河南三门峡市东南)被晋军击败，转而向西发展，攻灭多国，称霸西戎。事见《史记》卷五《秦本纪》。〔17〕黄发：指头发已由白色变为黄色的高年老人。前621年，秦穆公不听老臣蹇叔、百里奚的劝告，出兵攻晋，在崤大败。三年后他再度出兵击败晋军，雪耻，同时在全军将士面前立誓，说自己如果过去听从“黄发皤皤”老臣的劝告，就不会有过失。见《史记》卷五《秦本纪》。〔18〕闻道：得知真理。〔19〕潜翳：隐居。〔20〕盘桓：徘徊不向前走。 利居：以居家不出为有利。语出《周易·随卦》。〔21〕高尚其事：以隐居的志向为高尚。这是《周易·蛊卦》中的话。〔22〕幽人：这里指隐士。《周易·履卦》有“履道坦坦，幽人贞，吉”的话。〔23〕考父：即正考父，孔子的祖先。他曾在宋国的戴公、武公、宣公三代君主手下做官，每次任命他都恭敬接受，而且越往后越恭敬。见《左传》昭公七年。 兹恭：越来越恭敬。〔24〕引领：伸颈盼望。〔25〕肆：满足。〔26〕澡身浴德：洁身自好而培养品德。〔27〕与：打交道。这句话出自《论语·微子》。〔28〕发遣：遣送。 行在所：皇帝所在的地方。简称行在。〔29〕安车：小型的坐车。古人乘车常站立，安车是供老年人坐乘的车辆。 茵蓐：坐垫。 上道：上路。〔30〕草莽：指荒野。与朝廷相对。草莽臣是平民对君主的自称。〔31〕疲农：衰弱的农夫。 无伍：没有做伴的邻居。〔32〕横蒙：碰巧遇上。〔33〕溢：超过。 有唐：指唐尧。〔34〕积祀：一年又一年相加。 纪：十二年。从黄初四年(公元223)初受魏文帝征召，到管宁上疏的青龙三年(公元235)，历时十二年。〔35〕笃疴(kē)：顽固性疾病。〔36〕弥留：这里指久病不愈。〔37〕逋违：违背。 臣隶：臣僚。 颠倒之节：指臣僚对君主召唤无条件服从的义务。《诗经·东方未明》有“东方未明，颠倒衣裳，颠之倒之，自公召之”的句子，郑玄认为是群臣急着响应君主的召唤，以致把上衣和下裳都穿错了，但是现代学者的解释与此不同。〔38〕自厝：自容。〔39〕元年：青龙元年(公元233)。 公车司马令：官名。负责守卫王宫的南大门，代收官民向皇帝的上书和地方进贡的礼品，办理征召像管宁一类人物进京的手续。〔40〕甲申：旧历二十六日。〔41〕怔营：惶恐不安的样子。〔42〕悼心：内心不安。 失图：不知道怎么办。〔43〕抑割：制止。〔44〕不令：不准。〔45〕郁滞：想说的话在心里闷着。〔46〕乾覆：上天的覆盖。《周易》的乾卦象征上天。这里乾覆指天子的恩泽。〔47〕纪极：极限。〔48〕灵润：也指天子的恩泽。〔49〕三年：青龙三年(公元235)。 辛酉：旧历十六日。〔50〕躬秉劳谦：皇帝亲自表现出勤劳谦虚。指下达诏书。〔51〕引喻周、秦：引用周公、秦穆公的事例作比喻。〔52〕靡所：没有地方。〔53〕省揆：自思自量。〔54〕园、绮：即东园公、绮里季。西汉初年有四位年高有德的隐士，合称“商山四皓”，东园公和绮里季是其中之二。事见《史记》卷五十五《留侯世家》、《汉书》卷四十《张良传》。〔55〕楶(jié)：柱头的斗拱。 棁(zhuō)：梁上的短柱。楶和棁都比喻凡劣的人才。〔56〕九棘：九卿。这句指被任命为光禄勋。〔57〕朱博(？—前5)：字子元，京兆尹杜陵(今陕西西安市东南)人。出身贫寒。从小吏逐渐迁升，西汉哀帝时任丞相，封阳乡侯。后以罪逮捕入狱，自杀。传见《汉书》卷八十三。 鼓妖：空中无缘无故发出钟鼓声音，古人认为是不祥之兆，叫做鼓妖。 眚(shěng)：灾异。朱博拜丞相时，空中就曾出现钟声，见《汉书》卷二十七中之下《五行志》中之下。〔58〕年疾：老年性疾病。〔59〕损：病情减轻。〔60〕不任：不能。 扶舆：乘车。〔61〕阊阖：宫门名。曹魏在洛阳的皇宫分为南、北两部分。南宫的南面正门叫阊阖门。这里代指皇宫。〔62〕听放：听任我的放纵。〔63〕骸骨：我这把老骨头。〔64〕相仍：相接不断。〔65〕审：确实是。 尪(wāng)顿：虚弱而行动困难。〔66〕经营：打听。〔67〕襦：短衣。 袴：套裤。 裙：裙在古时候是男女通用的下裳。〔68〕闺庭：内房和庭院。〔69〕任：依靠。〔70〕力强(qiǎng)：勉力参加。〔71〕亲荐：亲自奉献。〔72〕加觞：用酒祭奠。〔73〕耆艾：老年。〔74〕栖迟：停留。

【裴注】

〔一〕《傅子》曰：“是时，康又已死，嫡子不立而立弟恭；恭懦弱，而康孽子渊有俊才。宁曰：‘废嫡立庶，下有异心，乱之所由起也。’乃将家属乘海即受征。宁在辽东，积三十七年乃归。其后渊果袭夺恭位，叛国家而南连吴，僭号称王；明帝使相国、宣文侯征灭之，辽东之死者以万计：如宁所筹。宁之归也，海中遇暴风；船皆没，唯宁乘船自若。时夜风晦冥，船人尽惑，莫知所泊。望见有火光，辄趋之，得岛。岛无居人，又无火烬；行人咸异焉，以为神光之祐也。皇甫谧曰：‘积善之应也。’”

〔二〕《傅子》曰：“宁上书天子，且以疾辞，曰：‘臣闻傅说发梦，以感殷宗；吕尚启兆，以动周文。以通神之才悟于圣主，用能匡佐帝业，克成大勋。臣之器朽，实非其人。虽贪清时，释体蝉蜕；内省顽病，日薄西山。唯陛下听野人山薮之愿，使一老者得尽微命。'书奏，帝亲览焉。"

〔三〕《傅子》曰："司空陈群又荐宁曰：'臣闻王者显善以消恶，故汤举伊尹，不仁者远。伏见征士北海管宁，行为世表，学任人师；清俭足以激浊，贞正足以矫时。前虽征命，礼未优备。昔司空荀爽，家拜光禄；先儒郑玄，即授司农。若加备礼，庶必可致。至延西序，坐而论道；必能昭明古今，有益大化。'"

〔四〕《尚书·君奭》曰："耇造德不降，我则鸣鸟不闻，矧曰其有能格。"郑玄曰："耇，老也。造，成也。《诗》云：'小子有造。'老成德之人，不降志与我并在位，则鸣鸟之声不得闻，况乃曰有能德格于天者乎？言必无也。鸣鸟，谓凤也。"

〔五〕《高士传》曰："管宁自越海，及归，常坐一木榻；积五十余年，未尝箕股：其榻上当膝处，皆穿。"

正始二年，太仆陶丘一、永宁卫尉孟观、侍中孙邕、中书侍郎王基荐宁曰〔1〕：

臣闻龙凤隐耀〔2〕，应德而臻；明哲潜遁，俟时而动。是以鸑鷟鸣岐〔3〕，周道隆兴；四皓为佐，汉帝用康〔4〕。伏见太中大夫管宁，应二仪之中和〔5〕，总九德之纯懿〔6〕；含章素质〔7〕，冰洁渊清；玄虚澹泊，与道逍遥；娱心黄、老〔8〕，游志六艺；升堂入室，究其阃奥〔9〕；韬古今于胸怀，包道德之机要。中平之际，黄巾陆梁；华夏倾荡，王纲弛顿。遂避时难，乘桴越海；羁旅辽东，三十余年。在乾之姤〔10〕，匿景藏光；嘉遁养浩〔11〕，韬韫儒墨〔12〕；潜化傍流，畅于殊俗〔13〕。

黄初四年，高祖文皇帝畴咨群公〔14〕，思求俊义；故司徒华歆，举宁应选。公车特征，振翼遐裔[15]，翻然来翔[16]。行遇屯厄[17]，遭罹疾病，即拜太中大夫。烈祖明皇帝嘉美其德，登为光禄勋。宁疾弥留，未能进道。

今宁旧疾已瘳，行年八十，志无衰倦。环堵筚门[18]，偃息穷巷；饭粥糊口，并日而食[19]；吟咏《诗》、《书》，不改其乐。困而能通，遭难必济；经危蹈险，不易其节；金声玉色，久而弥彰。揆其终始[20]，殆天所祚[21]；当赞大魏，辅亮雍熙[22]。衮职有阙[23]，群下属望。昔高宗刻像[24]，营求贤哲；周文启龟[25]，以卜良佐。况宁前朝所表[26]，名德已著？而久栖迟，未时引致[27]；非所以奉遵明训，继成前志也。

陛下践阼，纂承洪绪；圣敬日跻[28]，超越周成。每发德音[29]，动咨师傅[30]。若继二祖招贤故典，宾礼俊迈[31]，以广缉熙[32]；济济之化，侔于前代。宁清高恬泊，拟迹前轨；德行卓绝，海内无偶。历观前世玉帛所命[33]，申公、枚乘、周党、樊英之俦[34]，测其渊源，览其清浊，未有厉俗独行若宁者也！诚宜束帛加璧，备礼征聘；仍授几杖[35]，延登东序[36]；敷陈坟素[37]，坐而论道；上正璇玑[38]，协和皇极[39]；下阜群生[40]，彝伦攸叙[41]：必有可观，光益大化。若宁固执匪石[42]，守志箕山[43]；追迹洪崖[44]，参踪巢、许[45]：斯亦圣朝同符唐、虞，“优贤扬历”，垂声千载。[一]虽出处殊途[46]，俯仰异体〔47〕，至于兴治美俗，其揆一也〔48〕。

【注释】

〔1〕永宁卫尉：官名。负责保卫永宁宫郭太后。　中书侍郎：官名。负责起草皇帝的诏命文书。〔2〕耀：光辉。〔3〕鹫鷟(yuè zhuó)：凤凰的别名。　岐：山名。在今陕西岐山县东北。周代先民曾聚居在岐山之下。据说周朝兴起之前，有鹫鷟鸣于岐山。见《国语》卷一《周语》上。〔4〕汉帝：指西汉惠帝刘盈(前211—前188)。刘邦的太子。前195至前188年在位。事见《汉书》卷二。　康：平安。刘邦在世时曾想废黜刘盈，张良请来东园公等四位年高有德的隐士，让他们侍从太子。刘邦看到后很感吃惊，打消了原来的念头。事见《史记》卷五十五《留侯世家》。〔5〕二仪：天地。〔6〕九德：九种品德。具体内容各书所载不同，按《逸周书·常训》所载，是忠、信、敬、刚、柔、和、固、贞、顺。〔7〕含章：具有文采。指外部表现。〔8〕黄、老：黄帝和老子。这里指属于先秦道家的黄老之学。〔9〕阃奥：内室。比喻幽深隐微的道理。〔10〕乾之姤(gòu)：《周易》的《姤》卦是由下面的巽卦和上面的乾卦组成。六爻中上面五爻都是阳爻，只有最下面一爻是阴爻，形成一阴对抗五阳，被认为是阴气太盛。这里比喻社会处于失去平衡的动荡阶段。〔11〕嘉遁：成功地实行退避。〔12〕韬韫：蓄藏。　墨：指由墨子开创的墨家学说。墨子是春秋、战国之际的思想家。名翟，宋国人。他的学说主张兼爱、尚贤、尚同、节俭等。现存《墨子》五十三篇。〔13〕殊俗：边远地区的特殊风俗。〔14〕畴咨：咨询。〔15〕遐裔：边远地区。〔16〕翻然：迅速回转飞翔的样子。〔17〕屯厄：艰难的厄运。《周易》中的《屯》卦，象征刚柔开始斗争时出现的艰难情况。〔18〕环堵：指狭隘的居室。　筚门：竹片或树枝编的门。环堵筚门是贫民住处。〔19〕并日而食：两天才吃一天的口粮。〔20〕揆(kuí)：衡量考察。〔21〕祚：赐福。〔22〕雍熙：和平欢乐的样子。比喻天下太平。〔23〕衮职：指三公的职位。〔24〕高宗：即商代国王武丁。相传他生长在民间，即位后重用傅说(yuè)等人，国势复兴，先后对四面的部族进攻。在位五十九年。事见《史记》卷三《殷本纪》。　刻像：画出人的形象。传说武丁在梦中遇到圣人，醒来后令人画出梦中人的形象四处寻找，最后找到了傅说。见《离骚》王逸注。〔25〕启龟：使用龟甲占卜。据说有一次周文王出猎，事前占卜，说是要猎获的不是野兽，而是优秀的辅佐大臣，结果在渭河北岸碰到了吕尚。

见《史记》卷三十二《齐太公世家》。〔26〕前朝：指汉朝。 表：指曹操为司空时曾辟管宁为下属。〔27〕未时：未能及时。〔28〕圣敬：指帝王的道德。 日跻：一天天增高。〔29〕每：常常。〔30〕动：动辄。 师傅：太师、太傅。实际上当时只设了太傅，由司马懿担任。〔31〕俊迈：优秀出众的人。〔32〕缉熙：光明的样子。〔33〕玉帛所命：指征求隐士。古代征求隐士出来做官，通常是用玉璧、束帛(捆好的帛)做聘礼。〔34〕申公：西汉初鲁县(今山东曲阜市)人。擅长讲授《诗经》，有弟子上千人，八十多岁时，汉武帝征召他入京，询问政事，他说："为治者不在多言，顾力行何如耳。"传见《汉书》卷八十八。枚乘：字叔，临淮郡淮阴(今江苏淮安市淮阴区)人。西汉著名文学家。擅长辞赋。老年时受汉武帝征召，途中病死。传见《汉书》卷五十一。周党：字伯况，太原郡广武(今山西代县西南)人。隐居不仕。东汉光武帝曾征召他入京，他坚决辞官不就，得到允许，回家隐居终老。传见《后汉书》卷八十三《逸民列传》。 樊英：字季齐，南阳郡鲁阳(今河南鲁山县)人。擅长经学和方术。东汉朝廷多次征召他，不应。后应征到洛阳，任五官中郎将，不久去职回家。传见《后汉书》卷八十二上《方术列传》上。〔35〕几(jī)：坐下时身体倚靠的小桌。1986年安徽马鞍山市在考古发掘中，从孙吴名将朱然墓内发现了三国时期几的实物，呈弧形。当时的老年人坐则凭几，行则拄杖。赐几杖是表示尊老。〔36〕东序：古代君主供养国内有德老年人的地方。〔37〕坟素：指古代文献。这是当时习语。坟是三皇的书，素是孔子著作。〔38〕璇玑：古代的天文仪器。全称是璇玑玉衡。汉代叫浑天仪。正璇玑即校正天文历法。〔39〕皇极：皇家至高无上的原则。〔40〕阜：使富足。〔41〕彝伦：伦常。人与人之间的道德关系。 叙：得到很好的安排。〔42〕匪石：指本心。《诗经·柏舟》有"我心匪石，不可转也"的句子，所以用匪石指代本心。〔43〕箕山：山名。在今河南登封市东南。〔44〕洪崖：传说中的仙人。从轩辕到唐尧，活了三千多岁。〔45〕参踪：追随。 巢、许：巢父、许由。是唐尧时的两位隐士。传说曾在箕山隐居。〔46〕出处：出仕和隐居。〔47〕俯：指俯首为臣僚。 仰：指仰头不受拘束当隐士。〔48〕揆：道理。

【裴注】

〔一〕《今文尚书》曰"优贤扬历"，谓扬其所历试。左思《魏都赋》曰"优贤著于扬历"也。

于是特具安车蒲轮[1]，束帛加璧，聘焉。会宁卒，时年八十四。拜子邈郎中。后为博士。

初，宁妻先卒，知故劝更娶。宁曰："每省曾子、王骏之言[2]，意常嘉之。岂自遭之而违本心哉！"〔一〕

时钜鹿张臶，字子明；颍川胡昭，字孔明：亦养志不仕。

【注释】

〔1〕蒲轮：用蒲草包裹的车轮。使用蒲轮是为了减轻路上的颠簸。征召贤士的安车上就常常要安装蒲轮。　〔2〕曾子(前505—前436)：名参，字子舆。鲁国南武城(今山东费县)人。孔子的学生。以孝行著称，提出"吾日三省吾身"的修养方法。传见《史记》卷六十七《仲尼弟子列传》。他的妻子死后，不肯再娶。　王骏：琅邪郡皋虞(今山东即墨市东北)人。西汉成帝时官至御史大夫。他的妻子死后，也不再娶。传附《汉书》卷七十二《王吉传》。

【裴注】

〔一〕《傅子》曰："宁以衰乱之时，世多妄变氏族者；违圣人之制，非礼命姓之意；故著《氏姓论》以原本世系。文多不载。每所居姻亲、知旧、邻里，有困穷者，家储虽不盈担石，必分以赡救之。与人子言，教以孝；与人弟言，训以悌；言及人臣，诲以忠：貌甚恭，言甚顺。观其行，邈然若不可及；即之熙熙然，甚柔而温，因其事而导之于善。是以渐之者，无不化焉。宁之亡，天下知与不知，闻之无不嗟叹。醇德之所感若此，不亦至乎！"

臶，少游太学[1]，学兼内外[2]，后归乡里。袁绍前后辟命，不应；移居上党。并州牧高幹表除乐平令[3]，不就。徙遁常山，门徒且数百人[4]。迁居任县。太祖为丞相，辟；不诣。太和中，诏求隐学之士能消灾复异者[5]，郡累上鍮；发遣，老病不行。广平太守卢毓，到官三日，纲纪白：承前致版谒鍮[6]。毓教曰："张先生，所谓上不事天子，下不友诸侯者也。此岂版谒所可光饰哉！"但遣主簿奉书，致羊酒之礼。

青龙(四)〔三〕年辛亥诏书[7]："张掖郡玄川溢涌[8]，激波奋荡；宝石负图[9]，状像灵龟；宅于川西[10]，嶷然磐峙[11]；苍质素章[12]，麟凤龙马，焕炳成形；文字告命，粲然著明。"太史令高堂隆上言："古皇圣帝所未尝蒙[13]，实有魏之祯命[14]，东序之世宝[15]。"〔一〕事颁天下。任令于绰，连赍以问鍮[16]。鍮密谓绰曰："夫神以知来，不追已往；祯祥先现，而后废兴从之。汉已久亡，魏已得之，何所追兴征祥乎[17]？此石，当今之变异，而将来之祯瑞也！"

正始元年，戴鵀之鸟[18]，巢鍮门阴[19]。鍮告门人曰："夫戴鵀阳鸟，而巢门阴，此凶祥也。"乃援琴歌咏，作诗二篇；旬日而卒，时年一百五岁。

是岁，广平太守王肃至官。教下县曰[20]："前在京都，闻张子明；来至问之，会其已亡，至痛惜之！此君笃学隐居，不与时竞[21]，以道乐身。昔绛县老人屈在泥涂[22]，赵孟升之[23]，诸侯用睦。愍其耄勤好道，而不蒙荣宠；书到，遣吏劳问其家；显题门户，务加殊异[24]：以慰既往[25]，以劝将来！"

【注释】

〔1〕太学：古代的国立大学。为全国最高学府。东汉的太学特别兴

盛，地点在京城洛阳南郊，有房室两千多间。学生多时达三万余人，对当时的政治也有相当的影响。〔2〕内外：内学与外学。汉代称谶(chèn)纬为内学，这是一种附会儒家经典以预卜吉凶的迷信。与内学相对，研究儒家经典本身的学问为外学。〔3〕乐平：县名。县治在今山东聊城市西北。〔4〕且：将近。〔5〕复：免除。〔6〕纲纪：主簿的别名。主簿总管一府的公事，所以又称为纲纪。　承前：遵照前任本守的做法。版：名片。〔7〕辛亥：这里记日的干支前面无月份，疑有脱文。本书卷三《明帝纪》青龙三年十一月之下，裴注对张掖郡岩石上出现图形文字一事，引录了详细史料，所以此事当发生在十一月或十一月之后。据陈垣《二十史朔闰表》，当年十一月无辛亥，辛亥是十二月初六日。〔8〕玄川：地层深处的暗河。〔9〕负图：带有图形。〔10〕宅：停留。〔11〕嶷然：高耸突出的样子。〔12〕苍质素章：青蓝色的石头上出现白色花纹。〔13〕蒙：碰到。〔14〕祯命：吉祥的征兆。〔15〕世宝：一代瑰宝。〔16〕连赍：把皇帝下达的诏书连同下发的石上图形文字一起带着。〔17〕追兴：事后再显示。〔18〕戴鵀(rén)：古书记载的一种鸟。外形像雀，有冠，羽毛五色。又名戴胜。〔19〕门阴：门檐里面。〔20〕县：指张臶居住的任县。〔21〕不与时竞：指不追逐名利。〔22〕绛：邑名。治所在今山西侯马市东北。　屈在泥涂：指做挖土修城的苦力。〔23〕赵孟(？—前541)：春秋时晋国的大夫，主持国政。前543年，他在一批修城的劳工中见到一位来自绛邑的老人，立即向老人表示歉意，并任命老人为官。事见《左传》襄公三十年。〔24〕加殊异：加以特殊优厚的待遇。〔25〕既往：指死去的张臶。

【裴注】

〔一〕《尚书·顾命篇》曰："大玉、夷玉、天球、《河图》，在东序。"注曰："《河图》，图出于河，帝王圣者之所受。"

胡昭，始避地冀州，亦辞袁绍之命，遁还乡里。太祖为司空、丞相，频加礼辟，昭往应命；既至，自陈一介野生，无军国之用，归诚求去[1]。太祖曰："人各有志，出处异趣；勉卒雅尚[2]，义不相屈。"昭乃转居陆浑

山中[3]。躬耕乐道，以经籍自娱。闾里敬而爱之。〔一〕

建安二十三年，陆浑长张固，被书调丁夫[4]，当给汉中[5]。百姓恶惮远役，并怀扰扰[6]。民孙狼等，因兴兵杀县主簿，作为叛乱[7]，县邑残破。固率将十余吏卒，依昭住止；招集遗民，安复社稷[8]。狼等遂南附关羽，羽授印给兵，还为寇贼；到陆浑南长乐亭，自相约誓，言："胡居士，贤者也[9]。一不得犯其部落[10]！"一川赖昭，咸无怵惕[11]。天下安辑[12]，徙宅宜阳[13]。〔二〕

正始中，骠骑将军赵俨，尚书黄休、郭彝，散骑常侍荀觊、钟毓[14]，太仆庾嶷，〔三〕弘农太守何桢等，〔四〕递荐昭曰："天真高洁[15]，老而弥笃；玄虚静素，有夷、皓之节[16]。宜蒙征命，以励风俗。"〔五〕

至嘉平二年，公车特征[17]；会卒，年八十九。拜子纂郎中。初，昭善史书[18]，与钟繇、邯郸淳、卫觊、韦诞并有名[19]；尺牍之迹[20]，动见模楷焉[21]。〔六〕

【注释】

〔1〕归诚：陈述内心愿望。〔2〕勉卒雅尚：好自坚持您高雅的志向。〔3〕陆浑：县名。县治在今河南嵩县东北。〔4〕被书：接到上级下达的文书。〔5〕给：服役。〔6〕扰扰：纷乱的样子。〔7〕作为：制造。〔8〕社稷：这里指一县的辖境。〔9〕居士：隐士。〔10〕一：一律。 部落：居民聚居区。〔11〕怵惕：惊扰。〔12〕安辑：安定。〔13〕宜阳：县名。县治在今河南宜阳县西北。〔14〕钟毓(？—公元263)：传附本书卷十三《钟繇传》。〔15〕天真：天生的真诚。〔16〕夷：伯夷。商末孤竹君的长子。周武王灭商之后，他和弟弟叔齐逃到首阳山，不食周粟而死。传见《史记》卷六十一。 皓：即商山四皓。〔17〕公车：公车司马令。征召隐士由公车司马令负责办理。〔18〕史书：汉代称隶书为史书。因为隶书是抄写公文的令史经常

使用的。〔19〕邯郸淳：传见本书卷二十一《王粲传》裴注引《魏略》。　卫觊：传见本书卷二十一。　韦诞：传见本书卷二十一《王粲传》裴注引《文章叙录》。〔20〕尺牍：书写用的木简。长为一尺，故名。常用来写书信。〔21〕模楷：作为临摹的范本。

【裴注】

〔一〕《高士传》曰："初，晋宣帝为布衣时，与昭有旧。同郡周生等，谋害帝。昭闻而步陟险，邀生于崤、渑之间；止生，生不肯。昭泣与结诚，生感其义，乃止。昭因与斫枣树，共盟而别。昭虽有阴德于帝，口终不言，人莫知之。信行著于乡党。建安十六年，百姓闻马超叛，避兵入山者千余家；饥乏，渐相劫略。昭常逊辞以解之，是以寇难消息，众咸宗焉。故其所居部落中，三百里无相侵暴者。"

〔二〕《高士传》曰："幽州刺史杜恕，尝过昭所居草庐之中，言事论理，辞意谦敬，恕甚重焉。太尉蒋济辟，不就。"

〔三〕按《庾氏谱》："嶷，字劭然，颍川人。子巂，字玄默，晋尚书，阳翟子。嶷弟遁，字德先，太中大夫。遁胤嗣克昌，为世盛门。侍中峻、河南尹纯，皆遁之子。豫州牧长史(觊)〔敳〕，遁之孙。太尉、文康公亮，司空冰，皆遁之曾孙；贵达至今。"

〔四〕《文士传》曰："桢字元幹，庐江人。有文学器干，容貌甚伟。历幽州刺史、廷尉；入晋为尚书、光禄大夫。桢子龛，后将军；勖，车骑将军；恽，豫州刺史；其余多至大官。自后累世昌阜，司空、文穆公充，恽之孙也，贵达至今。"

〔五〕《高士传》曰："朝廷以戎车未息，征命之事，且须后之；昭以故不即征。后觊、休复与庾嶷荐昭，有诏访于本州评议。侍中韦诞驳曰：'礼贤征士，王政之所重也。古者考行于乡；今觊等位皆常伯、纳言，嶷为卿佐，足以取信。附下罔上，忠臣之所不行也。昭宿德耆艾，遗逸山林，诚宜嘉异。'乃从诞议也。"

〔六〕《傅子》曰："胡征君，怡怡无不爱也，虽仆隶，必加礼焉。外同乎俗，内秉纯洁；心非其好，王公不能屈。年八十而不倦于书籍者，吾于胡征君见之矣。"

时有隐者焦先，河东人也。

《魏略》曰："先字孝然。中平末，白波贼起。时先年二十余，与同郡侯武阳相随。武阳年小，有母；先与相扶接，避白波，东客扬州，取妇。建安初，来西还，武阳诣大阳占户，先留陕界。至十六年，关中乱。

先失家属，独窜于河渚间；食草饮水，无衣履。时大阳长朱南，望见之，谓为亡士，欲遣船捕取。武阳语县：'此狂痴人耳！'遂注其籍，给廪，日五升。后有疫病，人多死者；县常使埋藏，童儿竖子皆轻易之。然其行不践邪径，必循阡陌；及其捃拾，不取大穗；饥不苟食，寒不苟衣；结草以为裳，科头徒跣。每出，见妇人则隐翳，须去，乃出。自作一瓜牛庐，净扫其中。营木为床，布草蓐其上。至天寒时，构火以自炙，呻吟独语。饥则出，为人客作，饱食而已，不取其直。又出于道中，邂逅与人相遇，辄下道藏匿。或问其故，常言'草茅之人，与狐兔同群'。不肯妄语。太和、青龙中，常持一杖，南渡浅河水，辄独云'未可也'，由是人颇疑其不狂。至嘉平中，太守贾穆，初之官，故过其庐。先见穆，再拜。穆与语，不应；与食，不食。穆谓之曰：'国家使我来为卿作君；我食卿，卿不肯食；我与卿语，卿不应我。如是，我不中为卿作君，当去耳！'先乃曰：'宁有是邪！'遂不复语。其明年，大发卒，将伐吴。有窃问先：'今讨吴何如?'先不肯应，而谬歌曰：'祝衄祝衄，非鱼非肉，更相追逐。本心为当杀牂羊，更杀其羖䍽邪！'郡人不知其谓。会诸军败，好事者乃推其意，疑'牂羊'谓吴，'羖䍽'谓魏，于是后人佥谓之隐者也。议郎河东董经，特嘉异节；与先非故人，密往观之。经到，乃奋其白须，为如与之有旧者，谓曰：'阿先，阔乎！念共避白波时不?'先熟视而不言。经素知其昔受武阳恩，因复曰：'念武阳不邪?'先乃曰：'已报之矣。'经又复挑欲与语，遂不肯复应。后岁余，病亡，时年八十九矣。"

《高士传》曰："世莫知先所出。或言生乎汉末，自陕居大阳，无父母兄弟女子，见汉室衰，乃自绝不言。及魏受禅，常结草为庐于河之湄，独止其中。冬夏恒不着衣，卧不设席，又无草蓐，以身亲土；其体垢污皆如泥漆，五形尽露，不行人间。或数日一食，欲食则为人赁作；人以衣衣之，乃使限功受直；足得一食，辄去，人欲多与，终不肯取。亦有数日不食时。行不由邪径，目不与女子逆视。口未尝言，虽有惊急，不与人语。遗以食物，皆不受。河东太守杜恕，尝以衣服迎见，而不与语。司马景王闻，而使安定太守董经因事过视，又不肯语，经以为大贤。其后野火烧其庐，先因露寝。遭冬雪大至，先袒卧不移。人以为死，就视如故，不以为病，人莫能审其意。度年可百岁余，乃卒。或问皇甫谧曰：'焦先何人?'曰：'吾不足以知之也。考之于表，可略而言矣。夫世之所常趋者，荣味也；形之所不可释者，衣裳也；身之所不可离者，室宅也；口之所不能已者，言语也；心之不可绝者，亲戚也。今焦先弃荣味，释衣服，离室宅，绝亲戚，闭口不言；旷然以天地为栋宇，暗然合至道之前；出群形之表，入玄寂之幽；一世之人不足以挂其意，四海之广不能以回其顾。妙乎与夫三皇之先者，同矣。结绳以来，未及其至也；岂群言之所能仿佛，常心之所得测量哉！彼行人所不能行，堪人所不能堪；犯寒暑不以伤其性，居旷野不以恐其形；遭惊急不以迫其虑；离荣爱不以累其心，损视听不以污其耳目；舍足于不损之地，居身于独立之处；延年历百，寿越期颐：虽上识不能尚也。自羲皇以来，一人而已矣！'"《魏氏春秋》曰："故梁州刺史耿黼以先为'仙人也'，北地傅玄谓之'性同禽兽'；并为之传，而莫能测之。"

《魏略》又载扈累及寒贫者："累字伯重，京兆人也。初平中，山东人有青牛先生者，字正方，客三辅。晓知星历、风角、鸟情。常食青葙芫华。年似如五六十者，人或亲识之，谓其已百余岁矣。初，累年四十余，随正方游学，人谓之得其术。有妇，无子。建安十六年，三辅乱，又随正方，南入汉中。汉中坏，正方入蜀；累与相失，随徙民诣邺，遭疾疫丧其妇。至黄初元年，又徙诣洛阳，遂不复娶妇。独居道侧，以甂砖为障，施一厨床，食宿其中。昼日潜思，夜则仰视星宿，吟咏内书。人或问之，闭口不肯言。至嘉平中，年八九十，才若四五十者。县官以其孤老，给廪，日五升。五升不足食，颇行佣作以裨粮；粮尽复出，人与，不取。食不求美，衣弊缊。后一二年，病亡。寒贫者，本姓石，字德林，安定人也。建安初，客三辅。是时长安有宿儒栾文博者，门徒数千；德林亦就学，始精《诗》、《书》。后好内事，于众辈中最玄默。至十六年，关中乱，南入汉中。初不治产业，不蓄妻孥，常读《老子》五千文及诸内书，昼夜吟咏。到二十五年，汉中破；随众还长安，遂痴愚不复识人。食不求味，冬夏常衣弊布连结衣。体如无所胜，目如无所见。独居穷巷小屋，无亲里。人与之衣食，不肯取。郡县以其鳏穷，给廪，日五升。食不足，颇行乞，乞不取多。人问其姓字，又不肯言，故因号之曰'寒贫'也。或素有与相知者，往存恤之；辄拜跪，由是人谓其不痴。车骑将军郭淮，以意气呼之，问其所欲，亦不肯言。淮因与脯糒及衣；不取其衣，取其脯一朐、糒一升而止。"

臣松之按《魏略》云：焦先及杨沛，并作瓜牛庐，止其中。以为"瓜"当做"蜗"；蜗牛，螺虫之有角者也，俗或呼为黄犊。先等作圜舍，形如蜗牛蔽，故谓之蜗牛庐。《庄子》曰："有国于蜗之左角者曰触氏，有国于右角者曰蛮氏：时相与争地而战，伏尸数万，逐北，旬有五日而后反。"谓此物也。

评曰：袁涣、邴原、张范，躬履清蹈，进退以道；〔一〕盖是贡禹、两龚之匹〔1〕。凉茂、国渊，亦其次也。张承名行亚范〔2〕，可谓能弟矣〔3〕。田畴抗节〔4〕，王修忠贞，足以矫俗；管宁，渊雅高尚，确然不拔〔5〕；张荐、胡昭，阖门守静，不营当世〔6〕：故并录焉。

【注释】

〔1〕贡禹（前124—前44）：字少翁。琅邪郡（治所在今山东诸城市）人。西汉元帝时官至御史大夫，多次上书议论政事，提出不少有益意见。传见《汉书》卷七十二。　两龚：指龚胜（前67—公元12）和龚舍。胜字君宾，舍字君倩，均为楚国（治所在今江苏徐州市）人。龚胜在西汉末任谏官，多次上书议论政事，与当局不合，辞官归家。后又坚决拒绝王莽的征召，死。龚舍在西汉末任职，很快辞职，回家讲学终老。二人传见《汉书》卷七十二。　〔2〕名行：名声、品行。　〔3〕能弟：不愧为张范的弟弟。　〔4〕抗节：表现出节操。　〔5〕确然：坚决的样子。〔6〕不营当世：不求仕进。

【裴注】

〔一〕臣松之以为：蹈，犹履也；“躬履清蹈”，近非言乎！

【译文】

袁涣，字曜卿，陈郡扶乐县人。袁涣的父亲袁滂，做过汉朝的司徒。当时，三公的儿子大多不遵守法制；而袁涣清雅宁静，一举一动必定符合礼节。陈郡太守任命袁涣为功曹，郡政府里的奸猾官吏都自动离职躲避。后袁涣被三公任命为下属.政绩考核名列优等，升迁为侍御史。又被任命为谯县县令，他没有到任。刘备任豫州牧时，举荐袁涣为茂才。

后来袁涣迁移到江、淮之间避难，被袁术任用；而袁术每次有所咨询，袁涣往往发表严正的议论。袁术不能辩驳，然而也不敢不很有礼貌地尊敬他。

不久，吕布在阜陵攻击袁术；袁涣前往阜陵，于是又被吕布强迫留下。吕布当初与刘备和好亲善，后来有了矛盾。吕布想要让袁涣写信，辱骂刘备，袁涣没有答应。再三强迫他，仍然不同意。吕布大怒，用兵器威胁袁涣说："你写才能活，不写就得死！"袁涣脸色不变，笑着回答说："我袁涣听说只有在道德上优于别人才会使别人感到耻辱，没有说过用辱骂可以使别人感到耻辱的。假使他本来就是个君子，他将不以将军的话为耻辱。假使他本来是个小人，那他将用将军骂人的主意来对付您；那样耻辱将在您这一方，而不在他那一方。袁涣我异日如果改而侍奉刘将军，像现在侍奉将军您一样；那时我又回过头来骂您，可以吗？"吕布感到羞惭就不再逼他。

吕布被诛杀后，袁涣得以归附太祖曹操。袁涣进言说："军队，属于凶器；要到不得已的时候才使用它。用道德去进攻，用仁义去征伐，加上安抚民众而为他们除害。像这样做了，才可以与他们同生共死。自从天下大乱以来，已有十几年了.民众渴望安定，比被倒吊的人渴望解救还迫切；然而暴乱并未止息，其原因是什么呢？想来是政治没走上正道吧？袁涣听说明智的君主善于拯救人世：所以世道纷乱就用道义来统一，世道虚伪就用质朴来克制。世道不同，事势变易，治国的手段就应有所不同，这一点不可以不明白。制度的兴革，这方面古代和今天不必相同。出于对天下广施仁爱之心而拨乱反正，虽然以武力平定动乱但又用道德来帮助，这却是永不改变的原则。曹公您明哲超出世人，古时候那些用来获得民心的措施，您已经尽力仿照实行了；今天那些会失掉民心的事情，您已经戒除了；海内依仗您，得以免除了危亡的灾祸；然而民众还不知道道义，还希望您用道义来教诲他们：这样就是天下的大幸了！"

太祖完全接受了他的建议，任命袁涣为沛郡南部都尉。这时太祖刚刚招募民众推行屯田。百姓不乐意，有很多人逃亡。袁涣报告太祖说："民众安于故土，把迁移看做重大事情，不可能猛然改变他们的习惯；顺着他们心愿行事容易，违逆他们心愿作动员就困难；应该顺从他们的心意，高兴参加屯田的就接收，不愿意参加屯田的就不要勉强。"太祖听从了他的意见，老百姓十分高兴。

袁涣升任梁国相。他每每指示下属各县："务必要慰问鳏夫、寡妇、高龄老人，表彰孝顺的儿子和贞节的妇女。"他经常说："世道安定礼仪就周详，世道动乱礼仪就简略。这个分寸全在于自己斟酌。现今虽然动荡混乱，难以用礼仪感化，但是我将尽力而为。"袁涣的施政特点是崇尚教育训导，凡事以宽厚之心周密考虑以后才行动，外表温和柔顺而内心能够决断。袁涣因病离职，当地百姓非常想念他。

后来他被征召任命为谏议大夫，丞相军祭酒。先后得到的赏赐很多，都被他分送给别人；家里没有什么积蓄，他也始终不关心家中产业；钱物缺乏就到别人那里去借取，不故意表现出高洁的品行。然而当时的人都佩服他的清廉。

魏国刚刚建立时，袁涣任郎中令，代行御史大夫的职权。袁涣对太祖说："现今天下大难已除，文武并用，才是长治久安的途径。我认为可以广泛地收集书籍文献，弘扬先代圣人的教诲，使民众接受教育和熏陶；从而使万众归心，这样一来偏远地区不服从的人，也可以用文明的道德使他们前来归附了。"太祖认为他的话很对。

当时有人传说刘备已死，众大臣都表示庆贺，袁涣因为曾经被刘备举荐为茂才，独独不去庆贺。

袁涣担任郎中令几年以后去世，太祖为他的死而伤心流泪，赏赐谷物两千斛，写了两张手令：一张是"用国家仓库中的谷物一千斛赐给郎中令家"，另一张是"用我家中仓库的谷物一千斛送给曜卿家"。下属不明白他的意思。太祖又下指示说："用国家仓库中的谷物，依据的是官方规定；用我家中仓库中的谷物，因为他是我亲密的老朋友啊。"

魏文帝听说袁涣过去拒绝为吕布写辱骂信的事情，就问袁涣的堂弟袁敏："袁涣究竟是勇敢还是怯懦呢？"袁敏回答说："袁涣外貌似乎温和柔顺；但他在大节面前，在危难当中，即使是古代勇敢的孟贲、夏育也比不过他。"

袁涣的儿子袁侃，为人也是清廉、纯正、安详、淡泊，有父亲的风范；历任郡太守、尚书。

起初，袁涣的堂弟袁霸，尽职谨慎，有办事的才干，魏国初年任大农；与同郡人何夔一样在当时很有名。而袁霸的儿子袁亮，何夔的儿子何曾，与袁侃又很友善，也同样很有名气。袁亮正直坚定，学问品行优秀；厌恶何晏、邓飏等人，曾撰写论文加以讥刺谴责；官做到河南尹、尚书。袁霸的弟弟袁徽，以儒雅清白著称。遇上天下大乱，到交州避难；司徒任命他为下属，他推辞不去。袁徽的弟弟袁敏，有武艺，喜欢设计水利工程。官做到河堤谒者。

张范，字公仪，河内郡修武县人。张范的祖父张歆，是汉朝的司徒。他的父亲张延，曾任太尉。太傅袁隗，想要把女儿嫁给张范做妻子，他推辞没有接受；张范性情恬淡平静，崇尚道义，轻视名利，凡有征召任命都不接受。

张范的弟弟张承，字公先，也有名气。被举荐为贤良方正而受到朝廷征召，进京后任议郎，又升任伊阙关的都尉。董卓作乱时，张承想要聚合力量，与天下豪杰一起诛灭董卓。张承的弟弟张昭当时任议郎，正好从长安来，对张承说：“现在想要诛灭董卓，力量悬殊，我们敌不过他；况且临时制定计划仓促采取行动，使用刚刚从田间召集来的农民作战；士兵不是素来得到安抚的老部下，又没有受到长期训练：很难取得成功。董卓仗恃军队，而不守正义，本来就不能持久。我们不如选择一个可以栖身的地方，等待时机成熟再行动；这样才可以实现我们的愿望。”张承同意了，于是上交官印辞职，从小路回到家里，与张范迁移到扬州避乱。

扬州的袁术备好礼物前去招请。张范自称有病没有前往，袁术也不勉强他；张范派遣张承与袁术相见，袁术问道：“过去周王室衰颓，就有齐桓公、晋文公那样的霸主。秦朝政治失败，就有汉朝来接替利用。现在我凭借土地广阔、军民众多的优势；想要谋求齐桓公称霸天下那样的福分，追随汉高祖开国称帝的足迹，怎么样？”张承回答说：“这种事成功的关键在于德泽而不在于强大！能够推行德政，使天下人的希望一致，即使只是平民出身，要建立霸主帝王的功业，也是不难的。假若有超越本分的追求，违背时势而轻举妄动；那就成了众人所抛弃的对象，谁还能使他兴旺呢!”袁术很不高兴。这时,太祖曹操将要征讨冀州的袁绍,袁术又问道:“现在曹公想要以几千人的疲惫士兵,抵敌别人的十万大军,可以说是不自量力了!你认为怎么样?”张承回答说:“汉朝的国运虽然衰颓了,但它禀承的天命还没改换;现在曹公携带天子以号令天下,即使面对百万兵马,也是能够抗击的。”袁术脸色一变,很不高兴。张承也就离去了。

太祖平定了冀州,派遣使者迎接张范。张范因为生病留在彭城,派遣弟弟张承去拜见太祖。太祖上表举荐张承为谏议大夫。

张范的儿子张陵和张承的儿子张戬,被山东的叛乱者抓走;张范径直去到叛乱者那里,请他们放了两个孩子。贼人把张陵还给了张范,张范道谢说:“诸位把我自己孩子还给我,非常感谢你们的厚意!虽然人人都爱自己亲生的孩子;但是我怜惜张戬年龄更小,请允许我用张陵换他。”叛乱者认为他的话很有情义,竟把两个孩子一齐还给了他。

太祖从荆州返回,张范得以在陈郡与他见面;太祖任命他为议郎,在丞相府参谋军事,很受敬重。太祖出兵征讨时,常常让张范与邴原留下,和世子曹丕一同留守后方;太祖嘱咐曹丕说:“你一举一动必须向这两个人咨询!”世子对张范非常尊重,使用子孙对父祖那样的礼节对待他。张范热心救济抚恤贫穷困乏的人,以至于自己家里没什么多余财产,他中表亲属中的孤儿寡妇都来依附他。对于当地人们送来的馈赠,他既不退回去,但也始终不使用;到了离开这一地方的时候,就都拿来退还别人。建安十七年(公元212)张范去世。

魏国刚建立时,张承以丞相参军祭酒的身份,兼任赵郡太守,那里的政治教化搞得很不错。太祖将要西征时,征召张承参谋军事;张承到了长安后,因病去世。

凉茂,字伯方,山阳郡昌邑县人。从小好学,议论事情常常引经据典,用以判定是非。

太祖曹操任命凉茂为自己司空府下属。政绩考核时名列优等,补缺为侍御史。当时泰山郡盗贼很多,朝廷让凉茂担任泰山郡太守;一个月之内,用襁褓背负婴儿前来归附的就有一千多家。

凉茂转任乐浪郡太守。公孙度在辽东郡，擅自留下路过这里的凉茂；不让他去赴任，然而凉茂始终没有屈从而为他效命。公孙度对凉茂及将领们说：“听说曹公领兵远征，邺县没有防守的准备；现在我想用三万步兵、一万骑兵，直攻邺县。谁能抵御我呢！”将领们都说：“正是这样！”公孙度又看着凉茂说：“您认为这主意还行吧？”凉茂回答说：“近来海内大乱，国家将要倾覆；将军您拥有十万人之多的兵力，安坐辽东观看各方的成功与失败；作为君主的臣下，难道就像这样吗！曹公忧虑国家面临的危险失败，怜悯百姓遭受的痛苦摧残；率领正义之师为天下诛杀凶残的民贼，其功劳之高德泽之广，可以说是独一无二的了。只是因为国内刚刚平定，百姓初步安顿下来，所以没有责问将军您的罪过罢了！而您却想要举兵向西进攻，那么生存与灭亡的效果，不到一个早晨就可以决定。将军您好自为之吧！”将领们听到凉茂的话，都大为震惊。过了好一会，公孙度才说：“凉君的话是对的啊！”

凉茂后来被召回，升任魏郡太守、甘陵国相。在他任职的地方都有政绩。文帝曹丕任五官中郎将时，凉茂被选中担任五官中郎将府中的长史。升任左军师。魏国建立初期，凉茂升任尚书仆射。后来任中尉、奉常。文帝在东宫做太子时，凉茂又当太子太傅；很受文帝的尊敬和礼遇，后来死在官任上。

国渊，字子尼，乐安国盖县人。曾经师从名儒郑玄学习儒经。后来与邴原、管宁等人到辽东郡躲避战乱。返回故乡以后，被太祖曹操任命为自己司空府下属。每次在司空府上议论政事，常常正色直言；回到家里之后没有私人交往。

太祖想要广泛推行屯田，让国渊主管这项事务。国渊屡次陈述应当削减和增加的事项，测量土地，安置屯田民众，计算百姓数量，设置屯田官吏；明确官方与屯田民之间的收入分成办法。五年之间，仓库中就存满粮食，百姓相互勉励乐于从事屯田事业。

太祖征讨关中，让国渊担任居府长史，主管留守事宜。田银、苏伯在河间国谋反；田银等人被打败后，俘获的许多余党，按照法律都应该处死。国渊认为这些人不是首恶分子，请求不对他们执行死刑，太祖听从了他的意见。依赖国渊这个建议得到活命的，多达一千多人。以往写报捷的文书，照例要夸大战果，杀死一人上报时写成十人；到了国渊上报斩杀首级数量的时候，实际上有多少就报多少。太祖询问他这样做的原因，国渊说："在征讨境外敌寇时，多报斩首数目，是想要扩大战功，并且有意说给老百姓听听。但是河间国，在您所治理的冀州范围内；田银等人叛逆，虽然战胜他们立下功劳，但是我私下里仍为这事感到耻辱，所以如实报告。"太祖听了非常喜悦。

太祖提升国渊为魏郡太守。当时有人写匿名信诽谤太祖，太祖非常愤恨，一定要知道写信人是谁。国渊请示把原信留下，而不把它宣扬泄露出去。这封信有很多地方引用了张衡《二京赋》的文句。国渊嘱咐魏郡功曹说："这个郡很大，现在虽是魏国首都所在，却少有喜好学问的人；您要挑选一批领悟力强的年轻人，我想派他们去拜师学习。"功曹挑选了三个人，国渊在派遣他们出发前，召见了他们。训示说："你们所学习的东西还不够；《二京赋》，是帮助你们广泛认识事物的书籍；世人忽略了它，很少有能讲解它的老师，你们可以去找寻能读懂它的人，向他请教。"又再次向三人亲切表示心意。这三人只几天就找到了一位能读《二京赋》的人，前去拜师受教。办案官员借机请那人写了一点《二京赋》的注解；与那封匿名信一比较，看出与写信人的笔迹完全相同。随即把那人拘捕审问，得到了全部作案经过。

太祖提升国渊为太仆。国渊虽然居于九卿的官位，却仍旧穿布衣吃素食；把俸禄赏赐都分给朋友亲戚，自己始终保持着谦恭节俭。最后死在官任上。

田畴，字子泰，右北平郡无终县人。喜好读书，善于击剑。

初平元年(公元190)，关东发起义兵讨伐董卓，董卓把汉献帝迁到长安。幽州牧刘虞叹息说："贼臣制造祸乱，皇帝流亡失所！四海混乱，谁也没有坚定的信心。我身为皇族的遗老，自然不能与众人相同。现在我想要派使者前往朝廷，表达我的忠诚，怎样才能得到不辜负使命的人士呢?"众人议论之后都说："田畴虽然年轻，但很多人称赞他是个奇才。"田畴这时才二十二岁。

刘虞随即备办礼物，请来田畴相见；对他十分满意，立即任命为从事史。为他备办好车马，将要出发时，田畴说："现在道路阻塞断绝，贼寇任意劫掠；我受众人指名推荐，说是能够称职地完成使命；我请求带领私家的武装前往，时间上也希望不受限制，只要能到达就可以了。"刘虞听从了他。于是田畴回到家里，自己挑选了私家武装人员和慕名而来愿做随从的勇壮少年，共计二十人，骑马一同前往。刘虞亲自设宴送行。上路以后，田畴就西上居庸关，越过边塞；靠近阴山，直奔朔方郡；顺着小路走去，终于到达长安完成了使命。朝廷下诏任命田畴为骑都尉。田畴觉得天子流亡在外尚未安定，自己不可以承受这样的尊荣宠幸，坚决辞让不受；朝廷认为他的节操很高尚。三公府同时聘任田畴，田畴都没有接受。

得到朝廷回复的公文后，田畴又驰马返回复命；还没到达，刘虞已被公孙瓒害死。田畴回来后，到刘虞坟墓前拜谒祭扫；又打开朝廷回复的文书，痛哭之后才离开。公孙瓒知道了大怒，悬重赏通缉，捕获了田畴，对他说："你为什么自己到刘虞的墓前去哭祭，而不把朝廷回复文书送给我?"田畴回答说："汉朝衰落颓败，人人怀有异心；只有刘公没有失掉忠诚的节操。朝廷回复文书中的言辞，关于将军您没有什么好话；恐怕不是您所乐意知道的，所以没有送上。再说将军您正在兴办大事，以求取自己想要的东西，既已经杀死了我没有罪的上司，又要加害于坚守忠义的下级；果真做了这件事，那么燕、赵地区的人士都将会投东海而死：哪还有人忍心跟从将军您呢!"

公孙瓒认为田畴的回答理直气壮，给他松绑没有杀他；公孙瓒把田畴拘留在军营中，禁止他的朋友前来探望。有人劝说公孙瓒说："田畴是个义士，您不能有礼貌地对待他；反而把他关了起来，恐怕会失去众人的心啊。"公孙瓒这才释放了回畴。

田畴得以北归故乡，率领所有宗族成员和其他前来依附的共几百人，清扫地面后订立盟誓说："刘公的仇不报，我就不可以立于人世间!"随即进入徐无山中，在一块地处深险山中又很平敞的空地营造房屋居住，亲自耕种粮食用来供养父母。百姓都来归附他，他几年间达到五千多户。

田畴对父老乡亲们说："诸位不认为我田畴不贤，从远处前来会合，人多形成了城镇。却又还没有首领，恐怕不是长久安定的办法；希望推举选择贤能而年长的人，来做大家的首领。"大家都说："很好！"并一致推举了田畴。田畴说："现在我们来到这里，不是只图眼前的安定而已；而是打主意做大事，为刘公报仇雪恨。我私下担心还没有实现我们的志愿，而那些轻佻浅薄的人先就自相侵扰欺侮，只求眼前畅快一时，完全没有深谋远虑。田畴我有一条不成熟的计划，希望和诸位一同施行，可以吗？"众人都说："可以！"

田畴就为大家制订了有关制止杀伤、盗窃、诉讼的处理办法；规定犯法重的人，可以治死罪，其次的也要抵罪：一共有二十多条。又制订了婚丧嫁娶的礼仪，兴办学校讲授知识的规划；向众人颁布，众人都感到便利，当地的社会秩序到了路不拾遗的程度。北方边境地区的人都一致服从他的威信，乌丸、鲜卑族，也都各自派遣使者来赠送礼物；田畴对他们一律安抚接纳，要他们不再进行侵掠骚扰。

袁绍多次派遣使者前来招请，又送来将军印章，以便田畴安抚部下；田畴都拒绝不予承受。袁绍死后，他的儿子袁尚又送来任命书，田畴始终没有去。

田畴时常为乌丸族过去杀害了很多本郡的士大夫而愤恨，有讨伐他们的心思而实力不够。建安十二年(公元207)，太祖曹操北上征讨乌丸；还没到达，先派遣使者任命田畴为下属，又命田豫前去传达自己的心意。田畴指示手下人：赶快整理行装。手下人对他说："过去袁公倾慕您，礼物和任命书送来了五次，您一直不顺从；现在曹公使者第一次来，您就好像生怕来不及一样：这是为什么？"田畴笑着回答说："这就不是您所能明白的了！"随即跟从使者到了太祖军中；被任命为太祖司空府的户曹掾，太祖同他见面会谈。第二天太祖下达指令说："田子泰不是我所应该任命为下属的人。"立即举荐田畴为茂才，由朝廷任命他为蓨县县令。田畴没去上任，随着军队暂驻无终县。

当时正当夏天降雨季节，海滨的低洼地区，道路泥泞不能通行；敌人又把守险要路段，大军不能前进。太祖很忧虑，询问田畴怎么办。田畴说："这条道路，秋夏季节常常积水；浅处不能通行车马，深处又不能通行船只，形成这种困难已经很久了！原先右北平郡的治所在平冈县，从那里出卢龙塞，可以直通柳城；从汉光武帝建武年间以来，这条路破败断绝接近二百年了，但还有小路可以走。现在敌人以为我们大军将取道无终，不能前进而只好后退，必定松懈没有防备。如果我们悄悄让军队掉头，从卢龙口越过白檀的险关，从空旷地区走出，路又近又好走；乘他们没有准备而发起猛攻，乌丸族单于蹋顿的头颅就可以不用战斗而砍下来。"太祖说："好极了！"就带领军队回头，而在水边路旁竖起大木牌，写上："现在正是暑热雨季，道路不通；姑且等到秋冬再次进军。"敌军的侦察骑兵看到了，真的以为对方大军已经走了。太祖命令田畴带领他的部下做向导，爬上徐无山，过了卢龙口，经过平冈县，登上白狼堆。离柳城还有二百多里时，敌军这才发觉震惊。乌丸族单于亲自领兵上阵，太祖挥兵出战；大获全胜，追赶败逃的敌兵到了柳城。

大军返回，进入塞内，论功行赏。封田畴为亭侯，封邑五百户。田畴认为自己当初是想为死难的上司复仇，才率领众人逃入深山，报仇的志向还没有实现；反而靠它获取利禄，这不是自己本来的意思，坚决推辞不受。太祖知道他心意至诚，允许而没有勉强他。

辽东公孙康斩了袁尚的首级送来，太祖下令三军："将士有谁敢为袁尚哀哭的一律斩首！"田畴因为曾被袁尚所任命，就前往吊唁祭奠。太祖也不追究。田畴率领他的下属及族人三百多户，全部迁到邺县居住。太祖赐给他车马、粮谷、丝帛，他又都分送了族人和旧友。

田畴随从太祖征讨荆州回来。太祖追念他的功劳很大，后悔上次听从了田畴的辞让，说："这是成全了一个人的志向，而损害了朝廷的法令制度啊。"于是就又以上次的爵位封给田畴。田畴上奏陈述自己内心的想法，以死来发誓不愿接受。太祖没有听从，一心想把他请出来授给官职；再三再四，田畴始终不从命。

有关官员上奏弹劾田畴："过分洁身自好，违背正道，只知固守小节，应该罢免他的官职处以刑罚。"太祖重视这件事的处理，犹豫不决了好长时间，后来把此事交给世子曹丕及大臣们广泛讨论。世子曹丕认为："田畴的做法和过去楚国的子文推让俸禄，楚国的申包胥逃避封赏相同；应该不去勉强他，以成全他的忠节。"尚书令荀彧、司隶校尉钟繇也认为可以听从他自己的意愿。太祖还想要给田畴封侯。因为田畴平素与夏侯惇友善，太祖对夏侯惇说："您到他那里去，试着用你们的情谊劝说他。您想怎么说就怎么说，只是不要告诉他是我的意思啊！"

夏侯惇到田畴那里住宿，就像太祖所指示的那样去做。田畴揣测到了他的意图，不肯再说话。夏侯惇临离去时抚摸着田畴的后背说："田君！主上的情意这么诚恳周到，您就不能考虑一下吗！"田畴回答说："这话说得太过分了！田畴，不过是个背负信义逃跑避难的人；蒙受恩惠得以活下来，已经很幸运了；怎么可以用出卖卢龙要塞，来换取赏赐利禄呢！就算是国家特别优待我田畴，田畴难道就不问心有愧吗？将军您素来是了解田畴的，还要这样说；必不得已的话，我希望当您的面自刎，以死表白我的心意！"话没说完，就痛哭流涕。夏侯惇把情形详细报告了太祖。

太祖喟然感叹，知道不可以勉强了，这才给田畴一个荣誉性的议郎官衔。田畴在四十六岁的时候死去。儿子也死得早。

魏文帝即位之后，敬重田畴的德行信义，赐给田畴的侄孙田续关内侯的爵位，让他充当田畴的继承人。

王修，字叔治，北海国营陵县人。七岁时丧母，他的母亲是在祭祀土地神那天死的。第二年乡亲们在社日祭祀土神，王修思念母亲，极为哀痛；乡亲们知道了，为此停止了社日活动。他二十岁时，外出到南阳郡游学，住在张奉的家里。张奉全家人突然得了疾病，没有照顾的人；王修亲自安慰照顾他们，直到全家病好了才离去。

初平年间，北海国相孔融，召王修为主簿，代理高密县令。高密人孙氏，素来是当地的豪强，家人门客屡次触犯法律。民间有人抢劫，罪犯逃进孙氏家中；追捕的官吏没法捕捉，王修率领官员百姓包围了孙氏住宅。孙氏抗拒坚守，官员百姓畏惧孙家，不敢靠近。王修下命令："有谁敢不向前进攻，与孙氏一同治罪！”孙氏害怕了，终于交出罪犯。从此，当地豪强们都受到震慑而畏服。孔融举荐王修为孝廉时，他推让给邴原；孔融不听从他。当时天下大乱，王修被举荐后也没有按规定前往京城。不久，郡中有人反叛。王修听说孔融碰到危难，连夜赶往孔融那里。反叛者刚开始起事时，孔融就对左右人说：“能冒着危难来的，只有王修而已！”话刚说完，王修就赶到了。后来王修又出任孔融的功曹。

当时胶东县有很多贼寇，又命令王修代理胶东县令。胶东人公沙卢，宗族强盛，自己建立营寨壕堑，不肯承担官府的农副产品征调。王修独自带领几个人，骑马径直闯进公沙卢家门，斩杀了公沙卢兄弟；公沙氏的族人震动惊愕，没有人敢轻举妄动。王修对其余的人进行了安抚，从此贼寇逐渐止息。孔融每次有了危难，王修即使是在家里休假，没有不马上赶到的。孔融常常依仗王修摆脱祸患。

袁谭在青州时，任命王修为治中从事史。而别驾从事史刘献几次诽谤诬陷王修。后来刘献因为某件事情应当判死罪；王修为他申诉，刘献得以免于一死，当时人因此更加称赞王修。袁绍也任命王修为自己的下属，又出任即墨县令。后来王修又做了袁谭手下的别驾从事史。袁绍死后，袁谭、袁尚之间有矛盾。袁尚攻打袁谭，袁谭失败，王修率领官员百姓前往援救袁谭。袁谭高兴地说：“保全我军队的人，就是王别驾啊！”袁谭失败时，刘询在漯阴县起兵，各个城池都起来响应。袁谭叹息说：“现在全州都背叛了我，难道是因为我没有德泽吗？”王修说：“东莱郡太守管统虽然远在海边，但是这人不会反叛，他一定会来！”十几天后，管统果然抛弃了妻子儿女赶到袁谭这里，结果他的妻子儿女被叛贼杀害；袁谭让管统改任乐安郡太守。

袁谭又想要进攻袁尚，王修劝阻他说：“兄弟之间反而相互攻击，这是走向失败灭亡的道路啊！”袁谭不高兴，但理解他的志向节操。过后袁谭又就这个问题问王修：“有什么计策？”王修说：“兄弟之间就像一个人的左右手。比如一个人将要与别人角斗，却先砍断了自己的右手，反而说‘我一定能胜’，像这样行吗？抛弃亲兄弟不亲近，天下人还有谁可以亲近呢！碰上专门挑拨是非的人，就要在你们兄弟之间大肆挑拨，以追求自身短暂的利益。我希望您，堵上耳朵不要听他们的话。如能斩杀几个奸邪谄媚的下属，兄弟重新亲近和睦；以抗御四方的敌人，完全可以横行天下！”袁谭没有听从，随即与袁尚互相攻杀，并向太祖曹操请求援助。太祖攻破了冀州以后，袁谭再次背叛。太祖带领军队在南皮县进攻袁谭。王修这时正在乐安运送粮食，听说袁谭危急；立即率领他带去的士兵和属下的几个从事一共几十人，赶往袁谭那里。到了高密县时，听到袁谭被杀的消息，王修下马放声大哭，说：“没有上司我回到哪里去啊！”于是去见太祖，请求让他收葬袁谭的尸体。太祖想要观察王修的诚意，沉默着一声不吭。王修又说：“我曾受到袁氏的厚恩。如果能允准我收敛袁谭尸体，然后让我承受死刑，我也不会有憾恨！”

太祖嘉许他的义气，听从了他。太祖让王修担任督运军粮的官员，返回乐安。袁谭被击破后，全州各个城池都归服太祖；唯独管统据守乐安，不愿归顺。太祖命令王修去取管统头颅。王修因为管统是被灭亡一方的忠臣，反而松开他的捆绑；让他去见太祖，太祖喜欢他并且赦免了他。

袁氏家族的政令宽松，在职掌权的人很多都收刮财物；太祖攻破邺县，登记没收审配等人的家产财物数以万计；待到攻破南皮县，察看王修家：粮谷不满十斛，另有书籍几百卷而已。太祖感叹说：“王修真不是胡乱混得好名声啊！”于是礼聘王修为自己司空府下属，代理司金中郎将。升任魏郡太守，他强化政治，抑制豪强、扶助弱小，赏罚分明，很受老百姓称赞。魏国建立，王修先后任大农、郎中令。太祖与人商议施行肉刑，王修认为时机还不成熟，太祖采纳了他的建议。调王修任奉常。后来严才反叛，与他的手下几十人攻打邺县魏宫正门两旁的边门。王修听说发生事变，不等车马来到，立即率领下属官吏，跑步赶到宫门救援。太祖在铜爵台上望见，说：“那赶来的人，一定是王叔治！”相国钟繇对王修说：“过去，京城发生变乱时，九卿照例是守在各自官府不出来的。”王修说：“吃国家的薪俸，怎么能躲避国家的危难呢？守在各自的官府虽是旧制，但不符合奔赴危难的大义！”

不久，王修病死在官任上。他的儿子王忠，官做到东莱郡太守、散骑常侍。当初，高柔在二十岁时受到王修的赏识，王基还是少年时就受到王修的看重；这两人最终成了大器，世人因此称赞王修慧眼识人才。

邴原，字根矩，北海国朱虚县人。年轻时与管宁一同以节操志趣高尚著称；州政府和郡政府送来的任命，他都没有接受。

黄巾军起事后，他带领家人入海，住在郁洲岛的山中。当时孔融为北海国相，举荐邴原为有道。邴原认为黄巾军势力正盛，于是到了辽东郡避难；与在那里的同郡人刘政都有谋略和英雄气概。辽东郡太守公孙度畏惧厌恶刘政，要想杀他，把他全家拘捕；刘政侥幸逃脱。公孙度通告各县："敢有窝藏刘政的人，与刘政同样治罪！"刘政窘迫危急，前去投奔邴原，邴原把他藏了一个多月。这时东莱郡太史慈正要返回故乡，邴原就把刘政托付给太史慈。然后对公孙度说："将军您前些日子要杀刘政，把他当做自己的祸害。现在刘政已经离去，您的祸害难道不是已经除去了吗？"公孙度说："是这样。"邴原又说："您之所以害怕刘政，是因为他有智谋。现在刘政已经脱身，他的智谋将有使用的机会了，为什么还关押他的家属呢？不如赦免了他们，免得又结下一重仇怨。"公孙度很快放出了刘政家属。邴原又资助送走他们，使他们都得以返回故乡北海郡。邴原在辽东郡，一年之内前往依附他居住的人有几百家。游学士人的讲学授课声音，琅琅不绝。后来邴原得以从辽东返回家乡。

太祖曹操任命他为司空府下属。邴原的女儿早已死去，这时太祖心爱的儿子仓舒死亡，太祖想要把这两个孩子合葬。邴原推辞说："合葬，是不符合礼仪的！您之所以接纳邴原，又给邴原以厚待，就是因为我能遵守古代圣王留下来的典章而决不改变的缘故。如果我这次听从了您的命令，那就只是一个凡夫俗子；我对您还有什么用处呢？"太祖这才打消了念头。

太祖调邴原担任丞相征事。当时崔琰是丞相东曹掾，向太祖写报告，辞让职务给邴原，他的报告说："征事邴原、议郎张范，都具有纯正美好的德行，志向行为忠正端方；清廉安静足可以激励凡俗，忠贞坚定足以成就大事；正是人们形容的龙凤羽翼和国家珍宝。推举任用他们，将使不讲仁德的人自惭形秽而远远躲开。”后来邴原代替凉茂为五官中郎将府的长史，闭门自守，不是公家事务不出门参预。

太祖征讨孙权时，邴原随从出发，不幸去世。

这以后，大鸿胪钜鹿郡人张泰、河南尹扶风郡人庞迪，都以清廉贤明著称；永宁太仆东郡人张阁，以简洁质朴闻名。

管宁，字幼安，北海国朱虚县人。十六岁时死了父亲，中表亲属们怜悯他孤独贫困，都送给他治丧的财物；管宁全都推辞没有接受，根据自家的经济状况为父亲办了丧事。他身高八尺，胡须眉毛长得很美。与平原郡人华歆、同县人邴原结为朋友；一同外出到其他郡国求学，都敬重亲近陈仲弓。

天下大乱以后，管宁听说公孙度在海外的辽东郡发布政令，就与邴原和平原郡人王烈等到了辽东郡避乱。公孙度空出馆舍等候他们。拜见了公孙度之后，管宁却在山谷中自己建造房屋居住。当时向北渡海避难的人，大多住在郡的南部；而管宁却住在郡的北部，表示没有迁回故乡的意思，后来人们渐渐都来跟从他。太祖曹操任司空，任命管宁为下属；公孙度的儿子公孙康扣下了这道任命文书，不对管宁宣布。

王烈字彦考，在当时他的知名程度还在邴原、管宁之上。他辞掉了公孙度委任的长史职务，从事商业以自轻自贱。后来太祖任命他为丞相掾、征事；任命的文书还未到达，就死在海外的辽东郡。

中原地区稍稍安定后，逃到辽东客居的人都返归了故乡；只有管宁安然不动，就像要在那里终老一样。

黄初四年(公元223)，魏文帝下诏让公卿大臣举荐具有突出品行的君子。司徒华歆举荐了管宁，文帝立即征召管宁。管宁带着家属，渡海回家乡；公孙恭在城南郊为他送行，赠给他衣服杂物。自从管宁渡海到了辽东，公孙度、公孙康、公孙恭前后送给他的资助馈赠，他都接受收藏起来；动身回故乡时，他把这些财物全都封好退还。文帝下诏任命管宁为太中大夫，管宁坚决辞让没有接受。

魏明帝即位，太尉华歆要让位给管宁。明帝于是下诏书说："太中大夫管宁，讲究道德，熟习六经；他的清静虚心足以比美古人，他的方正清白足以从事政治。过去碰上王朝政治衰乱，他渡海隐居；大魏受禅代汉之后，他携带子女来到这里。这就是神龙潜伏飞腾的途径，圣贤隐居出仕的道理。但是黄初年间以来，征召任命多次下达；他每次都称病推辞，拒不应召。难道是朝廷的政事，与他的志趣不同？还是他将要在山林中安逸享乐，一去不返吗？以周公的圣明，当有德的老人不出来做官时，也无法听到凤凰欢鸣的声音；以秦穆公的贤德，还想着向黄发老人咨询；何况像我这样缺乏德行的人，怎么能不向士大夫们求教真理呢？现在任命管宁为光禄勋。礼仪有至高无上的秩序，君臣的关系不可废弃。希望他迅速前来，以满足我的意愿。"

明帝又下诏给青州刺史说："管宁坚守道德节操，隐居海边；接连颁布征召文书，他也不从命；坚持当隐士，视之为高尚的事情。虽然这有隐士高人的气度，但是不合乎考父恭敬接受君主任命的风范；使我虚心等待已有多年，这怎样解释呢？他只是想自己心里安然，一定要满足自己的志向；不想想古代也有幡然改变节操、以求为民造福的人吗？日月流逝，时间过去；洁身自好而培养品德，将用来干什么呢？孔子说过：'我不跟这些人打交道又跟谁打交道啊！'我命令青州的别驾从事史，北海郡的郡丞、郡掾：接到诏书后，马上按礼节遣送管宁来我住的地方；供给他安车、随从、褥垫、路上吃的食物。上路之前先行向我报告。"

管宁自称草莽臣，上疏说："为臣我不过是海边孤单卑微的人，一个衰弱的农夫，却有幸被赐予丰厚的俸禄；遇到陛下继承大业，德行可比三皇，教化超过唐尧。长久以来承受深恩厚泽，已有十二年了，不能报答陛下的养育之恩；身患重病，久治不愈，延误违背了臣下服从君主召唤的义务：昼夜惊恐，无地自容。为臣我于青龙元年(公元233)十一月，接到公车司马令下达给州郡政府的文书，说陛下的八月二十六日甲申诏书征召为臣，赐予安车、衣被、褥垫，要求当地按礼节遣送；光荣宠幸一起来到，优厚的任命屡屡下达；使我恐惧震惊，不知所措。想要自己陈述表白我的心情，但诏书明令禁止，不准再上表章推辞；想说的话在心里闷着，直到今天。本来以为陛下的恩泽，已经到了极点；不想却更加隆重荣耀。接到今年二月由州郡政府转发的青龙三年(公元235)十二月十六日辛酉诏书，陛下重新赐予安车、衣服，要求别驾从事史与郡功曹按礼节遣送；又特别下达玺书，以为臣为光禄勋；有劳陛下亲自谦虚劝喻，援引周公、秦穆公的事例，克制自己优待臣下。受诏之日，为臣我震惊得魂飞魄散，只恨无处自杀！为臣一再反思：论德行比不上东园公、绮里季，却得到安车的赏赐荣耀；论功劳比不上窦融，却蒙受下达玺书封官的宠幸。本是凡劣的人才，却肩负栋梁的重任；垂死之人，却获取了九卿的高位：恐怕会有朱博碰到过的灾祸临头。并且我老年性疾病日益严重，有增无减，不能乘车上路前来朝见。心里仰慕皇宫，人却徘徊在家中的院子里；谨此跪拜呈上章奏陈述下情，请求陛下哀怜：收回洪恩，听任为臣流放在外，不要让我的骨头埋葬在进京的路上。”

从文帝黄初年间直到明帝青龙年间，征召管宁的命令接连不断；常常在八月时赐他牛、酒。明帝又下诏书询问青州刺史程喜：“管宁究竟是坚守节操以显示自己清高呢？还是确实老病虚弱而行动困难呢？”

程喜报告说：“管宁有一个族人叫做管贡，现为青州政府的官吏，与管宁是邻居；为臣一直让他探听消息。管贡说：‘管宁常常戴黑色帽子，穿着布衣布裙，随季节不同或单衣或夹衣；出入于内房外院，能自己凭借手杖走路，不须别人扶持。一年四季的祭祀，总是亲自勉力参加；并换上衣服，头包粗丝织巾，穿着过去在辽东时所做的白布单衣；亲自献上食物供品，跪拜行礼。管宁小时就失去了母亲，不记得母亲的模样；常常特意加设酒杯祭祀母亲，泪流满面。另外他的住宅离水池有七八十步远，夏天常到水中洗手洗脚，在园圃中散步。’为臣揣测他前后辞让的用意，大概自认为一直生长在民间，年纪老迈而智力衰退；因此停留在家不出门，每次都谦让。这只是管宁想要保全自己的志向天性，并不是故意显示自己的高尚。”

正始二年(公元241)，太仆陶丘一、永宁卫尉孟观、侍中孙邕、中书侍郎王基共同举荐管宁说：

为臣等听说龙凤隐藏它们的光彩，顺应天道时才会显现；明哲的人避世隐居，时机成熟时才会有所行动。因此凤凰在岐山上鸣叫，周朝的国运就兴隆；四皓作为辅佐，汉惠帝的地位因此得到安定。我们看到太中大夫管宁，应合天地中和之气，包含了各种德行的纯美；外面焕发文采而内在品质纯正，冰清玉洁；玄虚淡泊，履行正道而逍遥自在；爱好黄、老之学，熟习儒家六经；都能精通它们幽深隐微的道理；胸怀古今，包蕴道德。中平年间，黄巾作乱；中原动荡，秩序废弛。于是他躲避祸难，乘船渡海，留居辽东三十多年。在社会动荡时收敛自己的光辉，在避地隐居时颐养浩然之气；兼通儒、墨之学，潜在的感化造成广泛的影响，改变了边远地区的风俗。

黄初四年(公元 223)，高祖文皇帝向群臣咨询，征求贤才；当时的司徒华歆推举管宁应选。公车特别征召，他在边远之地动身前来。途中碰上厄运，不幸病了，于是朝廷派使者前去他的住地任命他为太中大夫。烈祖明皇帝赞美他的德行，提升他为光禄勋。由于病重不愈，未能成行。

现在管宁旧病治好，年将八十，志气并不衰落倦怠。住在陋室柴门之中，以粥饭糊口，一天的口粮要分两天吃；却仍然吟咏《诗经》、《尚书》，快乐如常。困厄时能够通达，危难时能够度过；经历艰险，不改节操；就像金属乐器的声音和玉制礼器的颜色，时间久了更加明亮清晰。考察他的始末，像是上天赐福；让他来辅助大魏，达到天下太平。现今三公的职位空缺，众人无不关心。过去殷高宗画出人的形状，以寻求贤哲；周文王用龟甲占卜，以选择良臣。何况管宁在前朝就受表彰，名声德行著称于世？而长久停留，没有及时请来；这算不上遵奉先帝的明训，完成他们的心愿啊。

陛下即位，承继宏大的基业；圣明的德泽日益增进，将要超过周成王。常常发布施加德泽的文告，动辄都要向太师、太傅咨询。如能继承太祖武皇帝、高祖文皇帝招贤的旧例，礼敬优秀杰出人才，以光大事业，那么兴盛的教化，将超越前代。管宁清高淡泊，可以比美前贤；德行卓绝，海内无双。观察前朝所礼聘的隐士，如申公、枚乘、周党、樊英之类，观测他们学问的深浅，考察他们品德的清浊，没有谁能像管宁这样激励世俗节操高尚的啊！实在应该以丝帛、玉璧，礼请征聘；到京城后再赐给他凭几、拐杖尊为国老，由他在东序宣讲典籍，坐而论道；上则校正天文历法，以建立皇家至高无上的准则；下则使百姓富足，以整顿人与人之间的道德关系：必定有可观的表现，使国家教化发扬光大。如果管宁固守本心，一心隐居；效法洪崖、巢父、许由等人：那也是圣朝优待贤才，与唐尧、虞舜相比美的证明，将会扬名千载。虽然出仕与隐居二者途径不同，表现不一样，但要说到振兴国家改良风俗，作用则是一样的啊。

于是朝廷特地备好安车，用蒲草裹上车轮，以丝帛和玉璧为礼物，前往礼聘管宁。碰上管宁去世，终年八十四岁。朝廷只好任命他的儿子管邈为郎中，后来又任博士。

当初，管宁的妻子先死，知交老友劝他再娶。管宁说："每次阅读曾子、王骏不肯续弦的话，心里常常表示赞许。哪里能自己遇到了这种事而违反当初的本心呀！"

当时，钜鹿郡人张臶，字子明；颍州郡人胡昭，字孔明：也都在家养志不愿做官。

张臶少年时去到太学学习，学问兼通经学和图谶，后来返回故乡。袁绍前后几次下达任命，张臶都不接受；并移居上党郡。并州牧高幹又上表请求任命张臶为乐平县令，他也没有到任，又迁移到常山郡去躲避，门徒将近有几百人。之后又迁居任县。太祖任丞相后，聘请他为下属，他也不去。太和年间，明帝下诏征求隐居有学问而且能够消除灾难和异常现象的人，郡里屡次向上推荐张臶；遣送他去京城时，却因年老有病不能成行。广平郡太守卢毓上任三天，主簿报告说：可沿袭以前的惯例送名片去向张臶致意。卢毓下达指示说："张先生，是所谓的上不为天子服务，下不和诸侯交朋友的人。对这样的人难道用名片致意就可以为他增光了吗！"于是派了主簿带着书信送去羊酒礼品。

明帝青龙三年(公元235)下诏说："张掖郡有地下的暗河涌出

地面，波涛激荡；其中出现了带有图形的神石，它的形状像一只灵龟；岿然屹立于河川西边，青蓝色的质地，白色的花纹；上面现出麟凤龙马，光亮鲜明；还有显示天命的文字，字迹含义清清楚楚。太史令高堂隆上书说：‘这种宝物是古代圣明皇帝都没有碰到过的，实在是大魏的吉祥征兆，皇家宫廷珍藏的一代瑰宝。’”诏书公布天下之后，任县县令于绰，把诏书与石头上的文字一起带给张臶看，并问他的看法。张臶秘密地对于绰说：“神明只显示未来，不追溯以往；吉凶的征兆先行显现，然后兴废的实际才随之而来。汉朝灭亡很久了，大魏早已得到了天下，哪还用得着事后再来显示征兆呢？这块石头是应了当前发生的变异和预示未来的征兆啊！”

正始元年(公元240)，有戴胜鸟在张臶家门檐里面筑巢。张臶告诉门人说：“戴胜属于阳鸟，却在背阴的地方做巢，这是凶兆啊。”于是拿过琴来歌唱吟咏，作诗两篇；十多天后去世了，终年一百零五岁。

这一年，广平郡太守王肃到任。对张臶所居住的任县下达指示说：“先前我在京都，听说过张子明这个人；来到这里一问，碰上他已经亡故，实在是感到痛惜！这位先生专心学问，隐居不出，不追逐名利，用道义使自身快乐。从前绛县老人被迫做挖土修城的苦工，赵孟破例让他做官，诸侯因此而和睦。我怜惜张子明年老而勤勉，履行道义，却未能受到荣誉宠幸；这封文书到达后，立即派官员慰劳他的家属；在门口题字表彰，务必给以特殊照顾：借以安慰他的亡灵，也劝勉将来的人。”

胡昭起初外出到冀州避乱，也辞谢了袁绍的任命，逃回故乡隐居。太祖任司空、丞相后，频频以礼征召；胡昭只好前往，到达以后，他陈述自己本是一个田野书生，没有治军从政的才能，表白内心愿望请求离去。大祖说：“人各有志向，出仕隐居，志趣不同；努力完成您高雅的志向吧，我不能勉强您。”胡昭于是移居陆浑山中。亲自耕种，倾心道义，以研读经籍自娱。邻里人尊敬并且喜爱他。

建安二十三年(公元218)，陆浑县长张固，接到公文要求调集壮丁，将到汉中服役。百姓不愿到远方服役，民心纷乱不安。

平民孙狼等人，趁这个机会起兵杀了县主簿，发动叛乱，县城被攻破。张固率领十几个吏役士兵，靠近胡昭住所；招集留下的百姓，安定当地局面。孙狼等人向南归附了关羽，关羽授给他们官印拨给士兵，他们回头又到陆浑县境作乱；到了陆浑县南面的长乐亭，他们自动相互发誓约定，说："胡居士，是个贤者，一律不得侵犯他所住的区域！"整个地方依赖胡昭，都没有受到惊扰。天下安定后，胡昭迁居到了宜阳县。

正始年间，骠骑将军赵俨，尚书黄休、郭彝，散骑常侍荀颉、钟毓，太仆庾嶷，弘农太守何桢等人，相继举荐胡昭说："胡昭天生真诚，行为高洁，越老越是坚定；深沉虚心，静穆朴素，有伯夷、四皓的节操。应该得到征召任命，以勉励世间风俗。"

到了嘉平二年(公元250)，公车特别征召；碰上胡昭去世，终年八十九岁。朝廷任命他的儿子胡纂为郎中。当初，胡昭擅长隶书，与钟繇、邯郸淳、卫觊、韦诞等书法家齐名；他的书信墨迹，往往成为人们临摹的范本。

评论说：袁涣、邴原、张范，行为清高，进退遵循道义；与汉代的贡禹、龚胜、龚舍不相上下。凉茂、国渊，也仅次于他们。张承的名声行为几乎比得上张范，可以说是不愧为张范的弟弟了。田畴表现出高尚的节操，王修忠诚坚贞，都可以矫正世俗；管宁深沉文雅高尚，坚定不移；张琎、胡昭，闭门保持宁静，不求仕进：所以一并记载在这一卷中。

【三国志译注卷十二】　魏志十二

崔毛徐何邢鲍司马传第十二

崔琰字季珪，清河东武城人也[1]。少朴讷[2]；好击剑，尚武事。年二十三，乡移为正[3]；始感激[4]，读《论语》、《韩诗》[5]。至年二十九，乃结公孙方等，就郑玄受学。学未期[6]，徐州黄巾贼攻破北海；玄与门人到不其山避难[7]，时谷籴悬乏[8]，玄罢谢诸生。琰既受遣，而寇盗充斥，西道不通[9]。于是周旋青、徐、兖、豫之郊，东下寿春，南望江、湖。自去家，四年乃归，以琴书自娱。大将军袁绍闻而辟之。

时士卒横暴，掘发丘陇[10]。琰谏曰："昔孙卿有言[11]：'士不素教[12]，甲兵不利，虽汤、武，不能以战胜。'今道路暴骨，民未见德；宜敕郡县，掩骼埋胔[13]，示惨怛之爱[14]，追文王之仁[15]。"绍以为骑都尉。后绍治兵黎阳，次于延津。琰复谏曰："天子在许，民望助顺；不如守境述职，以宁区宇[16]。"绍不听，遂败于官渡。

及绍卒，二子交争，争欲得琰。琰称疾固辞，由是获罪，幽于囹圄[17]；赖阴夔、陈琳营救，得免。太祖破袁氏，领冀州牧，辟琰为别驾从事。谓琰曰："昨案户籍[18]，可得三十万众，故为大州也[19]！”琰对曰：“今天下分崩，九州幅裂；二袁兄弟亲寻干戈，冀方蒸庶暴骨原野[20]。未闻王师仁声先路[21]，存问风俗，救其涂炭；而校计甲兵，唯此为先。斯岂鄙州士女所望于明公哉[22]？”太祖改容谢之。于时宾客皆伏，失色。

【注释】

〔1〕清河：郡名。治所在今山东临清市东北。 东武城：县名。县治在今山东武城县西北。〔2〕朴讷（nè）：质朴而言语迟钝。〔3〕乡移：乡政府发出的公文。 正：汉代男子年满二十三岁开始承当义务兵役，称之为正。到五十六岁才免除。〔4〕感激：受到刺激。当时在地方学校正式注册的儒生，一般可以免除服役。崔琰被列入义务兵名单后受到刺激，开始发奋读书。〔5〕《韩诗》：西汉人韩婴对《诗经》诗歌的解说。西汉时对《诗经》的解说有齐、鲁、韩、毛四家，《韩诗》为其一。《毛诗》由毛公作传，经东汉郑玄笺注后大行于世，其余三家渐渐衰落不传。今存韩婴所著《韩诗外传》十卷，是引《诗经》诗歌说明先秦史事，与引用史事解释诗句意义的注释性著作不同。〔6〕未期（jī）：不到一年。〔7〕不其（jī）：山名。在今山东即墨市西南。〔8〕悬乏：缺乏。〔9〕西道：向西回东武城的路。〔10〕丘陇：指坟墓。〔11〕孙卿：即荀子（约前313—约前230）。名况。战国时思想家。当时人尊称为荀卿。汉代人避西汉宣帝刘询讳，改称孙卿。他本是赵国人，游学列国，后来在楚国居住，著书终老。他主张“制天命而用之”，又提出与孟子人“性善”相反的“性恶”说。今存其著作《荀子》三十二篇。传见《史记》卷七十四。〔12〕素教：训练有素。《荀子·议兵》中有和这三句内容类似的话，但是文句与此不太相同。〔13〕掩骼埋胔（zì）：掩埋尸骨。〔14〕惨怛（dá）：悲痛。〔15〕文王之仁：周文王兴修楼台和池沼时，曾挖到地下的无名死者尸骨，当即吩咐在别的地方妥为埋葬。见《吕氏春秋·异用》。〔16〕区宇：疆域。〔17〕囹圄（líng yǔ）：监牢。〔18〕案：查核。〔19〕故为：依然算是。〔20〕蒸庶：老百姓。〔21〕仁声先路：以仁政为先。〔22〕鄙州：指冀州。崔琰是冀州人。

太祖征并州，留琰傅文帝于邺[1]。世子仍出田猎[2]，变易服乘[3]，志在驱逐[4]。琰书谏曰："盖闻盘于游田[5]，《书》之所戒；鲁隐观鱼[6]，《春秋》讥之：此周、孔之格言[7]，二经之明义。殷鉴夏后[8]，《诗》称不远；子卯不乐[9]，《礼》以为忌：此又近者之得失，不可不深察也。袁族富强，公子宽放[10]，盘游滋侈，义声不闻。哲人君子，俄有色斯之志[11]；熊罴壮士，堕于吞噬之用[12]。固所以拥徒百万，跨有河朔，无所容足也。今邦国殄瘁[13]，惠康未洽；士女企踵[14]，所思者德。况公亲御戎马[15]，上下劳惨[16]。世子宜遵大路[17]，慎以行正，思经国之高略；内鉴近戒，外扬远节，深惟储副以身为宝[18]。而猥袭虞旅之贱服[19]，忽驰骛而陵险；志雉兔之小娱，忘社稷之为重：斯诚有识所以恻心也[20]。唯世子燔翳捐褶[21]，以塞众望[22]。不令老臣，获罪于天。"

世子报曰："昨奉嘉命，惠示雅(数)〔疏〕，欲使燔翳捐褶。翳已坏矣，褶亦去焉。后有此比[23]，蒙复诲诸。"

太祖为丞相，琰复为东、西曹掾属，征事。初授东曹时，教曰："君有伯夷之风，史鱼之直[24]；贪夫慕名而清，壮士尚称而厉[25]：斯可以率时者已[26]。故授东曹，往践厥职。"

魏国初建，拜尚书。时未立太子，临淄侯植有才而爱。太祖狐疑，以函令密访于外[27]。唯琰露板答曰[28]："盖闻《春秋》之义，立子以长；加五官将仁

孝聪明[29]，宜承正统：琰以死守之[30]！”植，琰之兄女婿也。太祖贵其公亮[31]，喟然叹息。[一]

【注释】

〔1〕傅：辅佐。〔2〕仍：一再。〔3〕变易服乘：指脱下正式的礼服改穿猎装，不坐礼仪专车而改骑马。〔4〕驱逐：骑马驰骋追逐鸟兽。〔5〕盘于游田：沉溺于打猎的快乐中。《尚书·无逸》说周文王“不敢盘于游田”。〔6〕鲁隐：即鲁隐公(？—前712)。名息。春秋初年鲁国的君主。前722至前712年在位。事见《史记》卷三十三《鲁周公世家》。观鱼：前718年，鲁隐公坚持要到棠(今山东金乡县东南)这个地方去看打鱼，受到《春秋》的讥评。见《春秋》隐公五年。〔7〕周、孔：周公、孔子。《尚书·无逸》的内容是记载周公教育周成王的话，《春秋》相传是由孔子整理编定，所以崔琰说是周、孔的格言。〔8〕夏后：夏朝。《诗经·荡》有“殷鉴不远，在夏后之世”的句子。〔9〕子卯不乐：在地支上属于子、卯的日子不举行娱乐活动。据郑玄解释，是因为商纣在子日死，夏桀在卯日死，后代帝王为了提醒自己不走桀、纣的老路，所以子、卯不举行娱乐活动。见《礼记·檀弓》下。〔10〕宽放：散漫放纵。〔11〕色斯之志：比喻像飞鸟一样高飞远走。《论语·乡党》有“色斯举矣”的句子，是说孔子在山中看到一种叫做色斯的野鸟飞起来。〔12〕堕：降低。吞噬：指打猎以饱口腹。〔13〕殄瘁：困苦。〔14〕企踵：踮起脚跟。形容希望迫切。〔15〕公：指曹操。〔16〕劳惨：辛劳忧心。〔17〕大路：正道。〔18〕储副：接班人。〔19〕袭：在衣服外面再穿上。虞旅：即虞师。先秦时负责管理山林湖泊并控制猎捕禽兽鱼鳖的低级官吏。〔20〕有识：有见识的人。恻心：痛心。〔21〕燔翳：烧掉射猎飞禽时所用的伪装小棚。翳是用茅草之类材料扎成的小棚，人可隐藏在内，等飞禽靠近时从内射箭。褶(xí)：即袴褶。作战或打猎时穿的衣服，便于驰骋射箭。〔22〕塞：满足。〔23〕此比：类似情况。〔24〕史鱼：春秋时卫国的大夫，以敢于直言进谏闻名。又叫史鳅。〔25〕尚称：重视声誉。〔26〕率时：带动时代的风气。〔27〕函令：密封的指示。〔28〕露板：敞开不密封的文书木简。〔29〕加：再说。五官将：即曹丕。〔30〕守之：坚持这种看法。〔31〕公亮：公正坦荡。

【裴注】

〔一〕《世语》曰：“植妻，衣绣；太祖登台见之，以违制命，还家赐死。”

迁中尉。琰声姿高畅，眉目疏朗，须长四尺，甚有威重[1]；朝士瞻望，而太祖亦敬惮焉。〔一〕

琰尝荐钜鹿杨训：“虽才好不足，而清贞守道。”太祖即礼辟之。

后太祖为魏王，训发表称赞功伐[2]，褒述盛德。时人或笑训希世浮伪[3]，谓琰为失所举。琰从训取表草，视之，与训书曰：“省表，事佳耳！时乎时乎，会当有变时[4]。”琰本意，讥论者好谴呵而不寻情理也[5]。有白琰此书傲世怨谤者，太祖怒曰：“谚言‘生女耳’，‘耳’非佳语！‘会当有变时’，意指不逊[6]。”于是罚琰为徒隶[7]。使人视之，辞色不挠。

太祖令曰：“琰虽见刑，而通宾客，门若市人；对宾客虬须直视[8]，若有所瞋[9]。”遂赐琰死。〔二〕

始，琰与司马朗善[10]。晋宣王方壮，琰谓朗曰：“子之弟，聪哲明允[11]，刚断英跱[12]，殆非子之所及也！”〔三〕朗以为不然，而琰每秉此论。琰从弟林，少无名望；虽姻族，犹多轻之。而琰常曰：“此所谓大器晚成者也，终必远至[13]。”涿郡孙礼、卢毓始入军府[14]，琰又名之曰：“孙，疏亮亢烈，刚简能断；卢，清警明理，百炼不消[15]：皆公才也[16]。”后林、礼、毓，咸至鼎辅[17]。及琰友人公孙方、宋阶，早卒；琰抚其遗孤，

恩若己子。其鉴识笃义，类皆如此。〔四〕

初，太祖性忌，有所不堪者；鲁国孔融，〔五〕南阳许攸、〔六〕娄圭，皆以恃旧不虔见诛[18]。〔七〕而琰，最为世所痛惜，至今冤之。〔八〕

【注释】

〔1〕威重：威严。崔琰的胡须长达四尺，当时一尺约合今 24 厘米，四尺约 96 厘米。〔2〕发表：上表。功伐：功劳。〔3〕希世：阿谀逢迎当权者。〔4〕会当：该当。〔5〕讥论者：讥笑那些议论杨训的人。〔6〕意指：含义。不逊：不恭敬。指对曹操当魏王不以为然。〔7〕徒隶：被判处徒刑做苦工的犯人。〔8〕虬(qiú)须：用手卷自己的长胡子。〔9〕瞋(chēn)：瞪眼。表示愤怒。〔10〕司马朗(公元171—217)：是下句所说晋宣王(即司马懿)的大哥。传见本书卷十五。〔11〕明允：明智诚实。〔12〕英跱：俊秀杰出。〔13〕远至：成大器。〔14〕军府：将军的办公官署。这里指曹操的办公官署。〔15〕百炼不消：经过上百次冶炼的铁异常坚韧，比喻人意志坚强。〔16〕公才：当三公的人才。〔17〕鼎辅：指三公。〔18〕恃旧：仗恃有老交情。不虔：不恭敬。

【裴注】

〔一〕《先贤行状》曰："琰，清忠高亮，雅识经远；推方直道，正色于朝。魏氏初载，委授铨衡；总齐清议，十有余年；文武群才，多所明拔：朝廷归高，天下称平。"

〔二〕《魏略》曰："人得琰书，以裹帻笼，行都道中。时有与琰宿不平者，遥见琰名著帻笼，从而视之，遂白之。太祖以为琰腹诽心谤，乃收付狱，髡刑，输徒。前所白琰者，又复白之云：'琰为徒，虬须直视，心似不平。'时太祖亦以为然，遂欲杀之。乃使清公大吏，往经营琰，敕吏曰：'三日期消息！'琰不悟。后数日，吏故白琰平安。公忿然曰：'崔琰必欲使孤行刀锯乎！'吏以是教，告琰。琰谢吏曰：'我殊不宜，不知公意至此也！'遂自杀。"

〔三〕臣松之按："跱"或作"特"，窃谓"英特"为是也。

〔四〕《魏略》曰："明帝时，崔林尝与司空陈群，共论冀州人士，称琰为首。群以‘智不存身’贬之。林曰：‘大丈夫为有邂逅耳！即如卿诸人，良足贵乎？’”

〔五〕融字文举。《续汉书》曰：“融，孔子二十世孙也。高祖父尚，钜鹿太守；父宙，太山都尉。融幼有异才。时河南尹李膺，有重名，敕门下：简通宾客，非当世英贤及通家子孙，弗见也。融年十余岁，欲观其为人；遂造膺门，语门者曰：‘我，李君通家子孙也！’膺见融，问曰：‘高明父祖，尝与仆周旋乎？’融曰：‘然！先君孔子，与君先人李老君，同德比义而相师友；则融与君，累世通家也。’众坐奇之，佥曰：‘异童子也！’太中大夫陈炜后至。同坐以告炜，炜曰：‘人小时了了者，大亦未必奇也。’融答曰：‘即如所言，君之幼时，岂实慧乎？’膺大笑，顾谓曰：‘高明长大，必为伟器。’山阳张俭，以中正，为中常侍侯览所忿疾，览为刊章下州郡：捕俭。俭与融兄褒，有旧，亡投褒，遇褒出。时融年十(六)〔七〕，俭以其少，不告也。融知俭长者，有窘迫色，谓曰：‘吾独不能为君主邪！’因留舍，藏之。后事泄，国相以下，密就掩捕；俭得脱走，登时收融及褒，送狱。融曰：‘保纳藏舍者，融也；融当坐之。’褒曰：‘彼来求我，罪我之由，非弟之过；我当坐之。’兄弟争死，郡县疑不能决；乃上谳，诏书令褒坐焉。融由是名震远近，与平原陶丘洪、陈留边让，并以俊秀，为后进冠盖。融持论经理不及让等，而逸才宏博过之。司徒、大将军辟，举高第。累迁北军中候，虎贲中郎将，北海相，时年三十八。承黄巾残破之后，修复城邑；崇学校，设庠序；举贤才，显儒士。以彭璆为方正，邴原为有道，王修为孝廉。告高密县：为郑玄特立一乡，名为‘郑公乡’。又国人无后，及四方游士有死亡者，皆为棺木而殡葬之。郡人甄子然，孝行知名，早卒；融恨不及之，乃令配食县社。其礼贤如此。在郡六年，刘备表融领青州刺史。建安元年，征还，为将作大匠。迁少府。每朝会访对，辄为议主；诸卿大夫，寄名而已。”

司马彪《九州春秋》曰：“融在北海，自以智能优赡，溢才命世，当时豪俊皆不能及；亦自许大志，且欲举军曜甲，与群贤要功；自于海岱，结殖根本；不肯碌碌如平居郡守，事方伯、赴期会而已。然其所任用，好奇取异，皆轻剽之才。至于稽古之士，谬为恭敬，礼之虽备，不与论国事也。高密郑玄，称之‘郑公’，执子孙礼。及高谈教令，盈溢官曹；辞气温雅，可玩而诵；论事考实，难可悉行；但能张磔网罗，其自理甚疏。租赋少稽，一朝杀五部督邮。奸民污吏，猾乱朝市，亦不能治。幽州精兵乱，至徐州，猝到城下，举国皆恐。融直出说之，令无异志。遂与别校谋夜覆幽州，幽州军败，悉有其众；无几时，还复叛亡。

黄巾将至，融大饮醇酒，躬自上马，御之涞水之上。寇令上部与融相拒，两翼径涉水，直到所治城；城溃，融不得入；转至南县，左右稍叛。连年倾覆，事无所济；遂不能保障四境，弃郡而去。后徙徐州。以北海相自还领青州刺史，治郡北陲。欲附山东，外接辽东，得戎马之利，建树根本，孤立一隅，不与共也。于时曹、袁、公孙，共相首尾，战士不满数百，谷不至万斛。王子法、刘孔慈，凶辩小才，信为腹心。左丞祖、刘义逊，清俊之士，备在坐席而已，言‘此民望，不可失也’。丞祖劝融自托强国，融不听而杀之。义逊弃去。遂为袁谭所攻，自春至夏，城小寇众，流矢雨集。然融凭几安坐，读书论议自若。城坏众亡，身奔山东；室家为谭所虏。”

张璠《汉纪》曰：“融在郡八年，仅以身免。帝初都许，融以为宜略依旧制，定王畿，正司隶所部为千里之封。乃引公卿，上书言其义。是时天下草创，曹、袁之权未分；融所建明，不识时务。又天性气爽，颇推平生之意，狎侮太祖。太祖制酒禁，而融书嘲之曰：‘天有酒旗之星，地列酒泉之郡，人有旨酒之德；故尧不饮千钟，无以成其圣；且桀、纣以色亡国，今令不禁婚姻也？’太祖外虽宽容，而内不能平。御史大夫郗虑知旨，以法免融官。岁余，拜太中大夫。虽居家失势，而宾客日满其门。爱才乐酒，常叹曰：‘坐上客常满，樽中酒不空。吾无忧矣！’虎贲士有貌似蔡邕者，融每酒酣，辄引与同坐。曰：‘虽无老成人，尚有典型。’其好士如此。”

《续汉书》曰：“太尉杨彪与袁术婚姻。术僭号，太祖与彪有隙；因是执彪，将杀焉。融闻之，不及朝服，往见太祖曰：‘杨公累世清德，四叶重光；《周书》“父子兄弟，罪不相及”，况以袁氏之罪乎？《易》称“积善余庆”，但欺人耳！”太祖曰：‘国家之意也。’融曰：‘假使成王欲杀召公，则周公可得言不知邪！今天下缨緌搢绅之士，所以瞻仰明公者，以明公聪明仁智，辅相汉朝，举直措枉，致之雍熙耳。今横杀无辜，则海内观听，谁不解体？孔融，鲁国男子，明日便当褰衣而去，不复朝矣！’太祖意解，遂理出彪。”

《魏氏春秋》曰：“袁绍之败也，融与太祖书曰：‘武王伐纣，以妲己赐周公。’太祖以融学博，谓书传所纪。后见，问之。对曰：‘以今度之，想其当然耳！’十三年，融对孙权使，有讪谤之言，坐弃市。二子年八岁，时方弈棋；融被收，端坐不起。左右曰：‘而父见执，不起，何也？’二子曰：‘安有巢毁而卵不破者乎！’遂俱见杀。融有高名清才，世多哀之。太祖惧远近之议也，乃令曰：‘太中大夫孔融，既伏其罪矣，然世人多采其虚名，少于核实；见融浮艳，好作变异，眩其诳诈，不复察其乱俗也。此州人说平原祢衡，受传融论，以为父母，与人无亲，譬若缶器，寄盛其中；又言若遭饥馑，而父不肖，宁赡活余人。融违天反道，败伦乱理；虽肆市朝，犹恨其晚。更以此事列上，宣示诸军；将校掾属，皆使闻见。”

《世语》曰：“融二子，皆龆龀。融见收，顾谓二子曰：‘何以不辞？’二子俱曰：‘父尚如此，复何所辞！’以为必俱死也。”

臣松之以为：《世语》云融二子不辞，知必俱死，犹差可安；如孙盛之言，诚所未譬。八岁小儿，能玄了祸福，聪明特达，卓然既远；则其忧乐之情，宜其有过成人。安有见父收执而曾无变容，弈棋不起，若在暇豫者乎？昔申生就命，言不忘父，不以己身将死，而废念父之情也；父安，犹尚若兹，而况于颠沛哉！盛以此为美谈，无乃贼夫人之子与！盖由好奇情多，而不知言之伤理。

〔六〕《魏略》曰：“攸，字子远，少与袁绍及太祖善。初平中，随绍在冀州，常在坐席言议。官渡之役，谏绍勿与太祖相攻。语在《绍传》。绍自以强盛，必欲极其兵势；攸知不可为谋，乃亡诣太祖。绍破走，及后得冀州，攸有功焉。攸自恃勋劳，时与太祖相戏；每在席，不自限齐；至呼太祖小字，曰：‘某甲，卿不得我，不得冀州也！’太祖笑曰：‘汝言是也。’然内嫌之。其后从行出邺东门，顾谓左右曰：‘此家非得我，则不得出入此门也。’人有白者，遂见收之。”

〔七〕《魏略》曰：“娄圭字子伯，少与太祖有旧。初平中，在荆州北界合众，后诣太祖。太祖以为大将；不使典兵，常在坐席言议。及河北平定，随在冀州。其后太祖从诸子出游，子伯时亦随从。子伯顾谓左右曰：‘此家父子，如今日，为乐也。’人有白者，太祖以为有腹诽意，遂收治之。”《吴书》曰：“子伯少有猛志，尝叹息曰：‘男儿居世，会当得数万兵、千匹骑，著后耳！’侪辈笑之。后坐藏亡命，被系当死；得逾狱出，捕者追之急；子伯乃变衣服，如助捕者；吏不能觉，遂以得免。会天下义兵起，子伯亦合众，与刘表相依。后归曹公，遂为所用，军国大计常与焉。刘表亡，曹公向荆州。表子琮降，以节迎曹公；诸将皆疑诈，曹公以问子伯。子伯曰：‘天下扰攘，各贪王命以自重；今以节来，是必至诚。’曹公曰：‘大善！’遂进兵。宠秩子伯，家累千金，曰：‘娄子伯，富乐于孤，但势不如孤耳！’从破马超等，子伯功为多。曹公常叹曰：‘子伯之计，孤不及也！’后与南郡习授同载，见曹公出，授曰：‘父子如此，何其快耶！’子伯曰：‘居世间，当自为之！而但观他人乎？’授用白之，遂见诛。”

鱼豢曰：“古人有言曰：‘得鸟者，罗之一目也；然张一目之罗，终不得鸟矣。鸟能远飞，远飞者，六翮之力也；然无众毛之助，则飞不远矣。’以此推之：大魏之作，虽有功臣，亦未必非兹辈胥附之由也。”

〔八〕《世语》曰：“琰兄孙谅，字士文。以简素称。仕晋，为尚书、大鸿胪。”荀绰《冀州记》云“谅，即琰之孙也”。

毛玠字孝先，陈留平丘人也〔1〕。少为县吏，以清公称。将避乱荆州，未至；闻刘表政令不明，遂住鲁阳〔2〕。

太祖临兖州〔3〕，辟为治中从事。玠语太祖曰：“今天下分崩，国主迁移；生民废业，饥馑流亡；公家无经岁之储〔4〕，百姓无安固之志：难以持久。今袁绍、刘表，虽士民众强，皆无经远之虑，未有树基建本者也。夫兵义者胜〔5〕，守位以财；宜奉天子以令不臣，修耕植，蓄军资；如此，则霸王之业可成也。”太祖敬纳其言，转幕府功曹〔6〕。太祖为司空、丞相，玠尝为东曹掾，与崔琰并典选举〔7〕。其所举用，皆清正之士；虽于时有盛名，而行不由本者，终莫得进。务以俭率人〔8〕，由是天下之士，莫不以廉节自励；虽贵宠之臣，舆服不敢过度。太祖叹曰：“用人如此，使天下人自治，吾复何为哉〔9〕！”

文帝为五官将，亲自诣玠，属所亲眷〔10〕。玠答曰：“老臣以能守职，幸得免戾；今所说人，非迁次〔11〕，是以不敢奉命。”

大军还邺，议所并省。玠请谒不行〔12〕；时人惮之，咸欲省东曹。用共白曰：“旧，西曹为上，东曹为次；宜省东曹。”太祖知其情，令曰：“日出于东，月盛于东；凡人言方〔13〕，亦复先东：何以省东曹？”遂省西曹。

初，太祖平柳城，班所获器物〔14〕；特以素屏风、素凭几赐玠，曰：“君有古人之风，故赐君古人之服〔15〕。”玠居显位，常布衣蔬食，抚育孤兄子甚笃；赏赐以赈施贫族，家无所余。迁右军师〔16〕。魏国初建，为尚书仆射，复典选举。〔一〕

时太子未定，而临淄侯植有宠。玠密谏曰：“近者袁绍以嫡庶不分，覆宗灭国。废立大事，非所宜闻。”后群僚会，玠起更衣〔17〕。太祖目指曰：“此古所谓国之司直〔18〕，我之周昌也〔19〕！”

【注释】

〔1〕平丘：县名。县治在今河南封丘县东南。〔2〕鲁阳：县名。县治在今河南鲁山县。〔3〕临：担任行政长官的形象说法。〔4〕经岁：过一年。〔5〕兵义：出兵有正当名义。〔6〕幕府：将军的办公官署。即军府。 功曹：官名。负责人事。〔7〕选举：官员的选拔任用。〔8〕率人：带动人。〔9〕吾复何为：我又有什么事情可干。这是赞美毛玠的话。〔10〕属：请求照顾。〔11〕非迁次：不在升迁之列。〔12〕玠请谒不行：在毛玠这里走后门走不通。〔13〕言方：说方向。〔14〕班：赏赐。〔15〕服：这里指生活用品。〔16〕右军师：官名。曹操丞相府的主要下属，负责军事参谋。〔17〕更衣：上厕所。〔18〕司直：这里指主持正直之道的人。《诗经·羔裘》有“邦之司直”的句子。〔19〕周昌：沛县(今江苏沛县)人。秦末随刘邦起兵，西汉王朝建立，任御史大夫，封汾阴侯。为人倔强，敢于直言进谏。传见《史记》卷九十六、《汉书》卷四十二。

【裴注】

〔一〕《先贤行状》曰：“玠，雅亮公正，在官清恪。其典选举：拔贞实，斥华伪，进逊行，抑阿党；诸宰官治民功绩不著，而私财丰足者，皆免黜停废，久不选用。于时四海翕然，莫不励行。至乃长吏还者，垢面羸衣，常乘柴车；军吏入府，朝服徒行。人拟壶飧之洁，家象濯缨之操；贵者无秽欲之累，贱者绝奸货之求；吏洁于上，俗移乎下：民到于今称之。”

崔琰既死，玠内不悦。后有白玠者：“出见黥面反者[1]，其妻子没为官奴婢，玠言曰：‘使天不雨者，盖此也。’”太祖大怒，收玠付狱。

大理钟繇诘玠曰：“自古圣帝明王，罪及妻子。《书》云：‘左不共左[2]，右不共右[3]，予则孥戮汝[4]！’司寇之职[5]，‘男子入于罪隶[6]，女子入于舂槁[7]’。汉律：罪人妻子没为奴婢，黥面。汉法所行黥墨之刑，存于古典。今真奴婢祖先有罪[8]，虽历百世，犹有黥面供官[9]；一以宽良民之命，二以宥并罪之辜[10]。此何以负于神明之意，而当致旱？案典谋[11]：‘急恒寒若[12]，舒恒燠若[13]。’宽则亢阳，所以为旱。玠之吐言，以为宽邪？以为急也？急当阴霖，何以反旱？成汤圣世[14]，野无生草[15]；周宣令主[16]，旱魃为虐[17]。亢旱以来，积三十年；归咎黥面，为相值不[18]？卫人伐邢[19]，师兴而雨；罪恶无征，何以应天？玠讥谤之言，流于下民；不悦之声，上闻圣听。玠之吐言，势不独语；时见黥面，凡为几人？黥面奴婢，所识知邪[20]？何缘得见，对之叹言？时以语谁？见答云何[21]？以何日月[22]？于何处所？事已发露，不得隐欺，具以状对！”

玠曰："臣闻萧生缢死〔23〕，困于石显〔24〕；贾子放外〔25〕，谗在绛、灌〔26〕；白起赐剑于杜邮〔27〕；晁错致诛于东市〔28〕；伍员绝命于吴都〔29〕：斯数子者，或妒其前，或害其后。臣垂髫执简〔30〕，累勤取官〔31〕；职在机近，人事所窜〔32〕。属臣以私，无势不绝〔33〕；语臣以冤，无细不理。人情淫利〔34〕，为法所禁；法禁于利，势能害之。青蝇横生〔35〕，为臣作谤；谤臣之人，势不在他。昔王叔陈生争（正）〔政〕王廷〔36〕，宣子平理〔37〕，命举其契〔38〕；是非有宜，曲直有所：《春秋》嘉焉，是以书之。臣不言此〔39〕，无有时、人。说臣此言，必有征要〔40〕。乞蒙宣子之辨〔41〕，而求王叔之对。若臣以曲闻〔42〕，即刑之日，方之安驷之赠〔43〕；赐剑之来〔44〕，比之重赏之惠。谨以状对。"

时桓阶、和洽进言救玠〔45〕，玠遂免黜。卒于家〔46〕。〔一〕太祖赐棺器、钱帛，拜子机郎中。

【注释】

〔1〕黥面：肉刑的一种。用刀刺刻面部，然后涂以墨色。〔2〕左不共左：战车上左边负责用弓箭的战士如果不善于射杀敌人。〔3〕右不共右：战车上右边负责用戈矛的战士如果不善于刺杀敌人。古代的一辆战车上面有战士三名。中间的驾车，左边的射箭，右边的用戈矛刺杀。〔4〕孥戮汝：把你们变为奴隶或杀死。以上语句出自《尚书·甘誓》。〔5〕司寇：古代官名。负责司法。〔6〕入：失去自由而打入罪犯行列。〔7〕舂稿：给官府舂米煮饭。这两句见于《周礼·秋官司寇》中的"司厉"条。〔8〕真奴婢：因父母是奴婢而成为奴婢的人。与原本是自由民因犯罪而被打成奴隶的人不同。〔9〕供官：供给官府使役。〔10〕并罪：因祖先有罪而受牵连。〔11〕典谋：即典谟。指《尚书》，因为《尚书》前两篇是《尧典》和《皋陶谟》。〔12〕急恒寒若：统治

者使用刑罚过严，就会造成持续的严寒。〔13〕舒恒燠若：统治者使用刑罚过宽，就会造成持续的炎热。这两句出自《尚书·洪范》。〔14〕成汤：即商汤。〔15〕野无生草：指大旱造成野草枯萎。〔16〕周宣：即周宣王（？—前782）。名靖。西周君主。前828至前782年在位。事见《史记》卷四《周本纪》。令主：好的君主。〔17〕旱魃（bá）：神话中的旱神。〔18〕相值：恰当。〔19〕卫：先秦国名。始封君主是周武王的弟弟康叔，建都朝歌（今河南淇县）。前660年被翟击败，迁到楚丘（今河南滑县），沦为小国。前209年为秦所灭。邢：先秦国名。始封君主是周公的一个儿子，领地在今河北邢台市一带。前635年为卫所灭。〔20〕识知：认得。〔21〕见答云何：回答你时说了些什么。〔22〕以：在。钟繇是曹魏最为擅长法律的大臣。以上他对毛玠的审问，对于案件的具体情节特别注意，这是确定是否诬告的关键，实际上有利于毛玠。〔23〕萧生：指萧望之（？—前47）。字长倩，东海郡兰陵（今山东兰陵县西南）人。西汉宣帝时官至太子太傅。在前51年主持石渠阁会议，研讨儒家《五经》的异同。西汉元帝继位后，为四位辅政大臣之一，尽心政事。后遭宦官弘恭、石显的排挤，被迫服毒自杀。传见《汉书》卷七十八。缢死：上吊自杀。但据《汉书》本传，萧是服毒，这里毛玠记错了。〔24〕石显：字君房，济南郡人。西汉宦官。元帝时为中书令，专权宫廷，排挤中伤正直大臣。元帝死后，被撤职，病死。传见《汉书》卷九十三。〔25〕贾子：即贾谊。〔26〕绛：指周勃（？—前169）。沛县人。秦末随刘邦起兵，以功封绛侯，吕后时任太尉。吕后死，他与丞相陈平定计清除吕氏势力，迎立汉文帝。传见《史记》卷五十七、《汉书》卷四十。灌：指灌婴（？—前176）。睢阳县（今河南商丘市东南）人。秦末随刘邦起兵，以功任车骑将军，封颍阴侯。与周勃、陈平一起消灭吕氏势力。传见《史记》卷九十五、《汉书》卷四十一。周勃、灌婴是西汉功臣集团成员，对于汉文帝有意重用新起的贾谊不满，加之贾谊的一些政治建议伤害了功臣元老的利益，所以他们排斥贾谊，结果汉文帝把贾谊派到遥远的长沙去任职。事见《汉书》卷四十八《贾谊传》。〔27〕杜邮：地名。在今陕西咸阳市东北。白起是战国时秦国的名将，因受执政官范雎的排挤，被迫在这里自杀。〔28〕晁错（前200—前154）：颍川郡人。西汉景帝时任御史大夫。为人足智多谋，主张逐步削夺诸侯王的封地，加强中央集权，得到景帝采纳。不久，吴、楚等七个诸侯王国发动武装叛乱，指名要诛杀晁错。在袁盎等人的中伤下，他被处死于长安的东市。传见《史记》卷一百一、《汉书》卷四十九。〔29〕绝命于吴都：伍员帮助吴国攻破楚国后，不断受到太宰嚭的诋毁，吴王夫差赐他自杀。事见《史记》卷六十六《伍子胥列传》。〔30〕垂髫(tiáo)：古代未成年的男子不加冠，头发下垂，所以用垂髫表示少年或童年。　执简：指抄写公文。上文说毛玠在少年时即充当县吏。〔31〕累勤：长期工作勤奋。〔32〕窜：意思是暗中交织。〔33〕无势不绝：没有哪位有权势者能行得通。〔34〕淫利：贪图利益。〔35〕青蝇：比喻专门爱对人诽谤的小人。《诗经·青蝇》有“营营青蝇，止于樊，岂弟君子，无信谗言”的句子。〔36〕王叔陈生：周灵王的大臣。王叔是他的氏。　争政：争夺执政权。当时与王叔陈生争夺的是另一个周朝大臣伯舆。事见《左传》襄公十年。〔37〕宣子：即范宣子。春秋时晋国大臣。王叔陈生和伯舆争夺执政权，周天子调解不下来，晋悼公就派范宣子去主持评理。〔38〕命举其契：命令争执的双方各自列举事实和理由。〔39〕不言此：从未说过“使天不雨者盖此也”这句话。〔40〕征要：证据事实。〔41〕乞蒙：请求给予。〔42〕以曲闻：以谎言报告。〔43〕方之：把这当做。　安驷：用四匹马拉的安车。安车和驷马是皇帝给臣下的赏赐物。〔44〕赐剑：上级送来让人自杀的宝剑。〔45〕和洽：传见本书卷二十三。〔46〕卒于家：毛玠死后的墓冢，相传在今河南许昌市东郊五女店乡毛王村。尚有遗迹留存。

【裴注】

〔一〕孙盛曰：“魏武于是失政刑矣！《易》称‘明折庶狱’，《传》有‘举直措枉’。庶狱明则国无怨民，枉直当则民无不服；未有征青蝇之浮声，信浸润之谮诉，可以允厘四海，惟清缉熙者也。昔者汉高狱萧何，出复相之；玠之一责，永见摈放：二主度量，岂不殊哉！”

徐奕字季才，东莞人也[1]。避难江东，孙策礼命之。奕改姓名，微服还本郡。

太祖为司空，辟为掾属，从西征马超。超破，军还。时关中新服，未甚安。留奕为丞相长史，镇抚西京；西京称其威信。转为雍州刺史。复还为东曹属。丁仪等见宠于时，并害之，而奕终不为动。〔一〕出为魏郡太守。太祖征孙权，徙为留府长史，谓奕曰：“君之忠亮，古人不过也！然微太严。昔西门豹佩韦以自缓〔2〕；夫能以柔弱制刚强者，望之于君也。今使君统留事，孤无复还顾之忧也！”

魏国既建，为尚书，复典选举。迁尚书令。太祖征汉中，魏讽等谋反，中尉杨俊左迁〔3〕。太祖叹曰：“讽所以敢生乱心，以吾爪牙之臣无遏奸防谋者故也。安得如诸葛丰者〔4〕，使代俊乎？”桓阶曰：“徐奕其人也。”

太祖乃以奕为中尉，手令曰：“昔楚有子玉〔5〕，文公为之侧席而坐〔6〕；汲黯在朝〔7〕，淮南为之折谋〔8〕。《诗》称‘邦之司直’，君之谓与！”在职数月，疾笃，乞退，拜谏议大夫，卒。〔二〕

【注释】

〔1〕东莞：县名。县治在今山东沂水县。〔2〕佩韦：身上带着软皮带。据说西门豹这个人性子急，故而经常带着软皮带，用其柔韧性警醒自己。〔3〕杨俊（？—公元222）：传见本书卷二十三。左迁：降职。〔4〕诸葛丰：字少季，琅邪郡（治所在今山东诸城市）人。西汉元帝时任司隶校尉，举报不法官员时敢于针对权贵。传见《汉书》卷七十七。〔5〕子玉：春秋时楚国的大臣。〔6〕文公：指晋文公。侧席：侧身。是表示心中担忧的动作。前632年，晋军在城濮（今山东鄄城县西南）大破楚军，晋文公依然担忧长叹。臣下问他原因，他说因为子玉还在。事见《史记》卷三十九《晋世家》。〔7〕汲黯（？—前112）：字长孺，东郡濮阳（今河南濮阳市西南）人。西汉武帝时任主爵都尉，以直言敢谏而得到“社稷之臣”的美誉。淮南王刘安企图谋反，也担心汲黯会造成障碍。传见《史记》卷一百二十、《汉书》卷五十。〔8〕折谋：打消主意。

【裴注】

〔一〕《魏书》曰：“或谓奕曰：‘夫以史鱼之直，孰与蘧伯玉之智？

丁仪方贵重，宜思所以下之。’奕曰：‘以公明圣，仪岂得久行其伪乎！且奸以事君者，吾所能御也。子宁以他规我。’”

《傅子》曰：“武皇帝，至明也。崔琰、徐奕，一时清贤，皆以忠信显于魏朝。丁仪间之，徐奕失位，而崔琰被诛。”

〔二〕《魏书》曰：“文帝每与朝臣会同，未尝不嗟叹，思奕之为人。奕无子，诏以其族子统，为郎，以奉奕后。”

何夔字叔龙，陈郡阳夏人也。曾祖父熙[1]，汉安帝时官至车骑将军。〔一〕夔幼丧父，与母兄居，以孝友称。长八尺三寸，容貌矜严。〔二〕避乱淮南。

后袁术至寿春，辟之；夔不应，然遂为术所留。久之，术与桥蕤俱攻围蕲阳，蕲阳为太祖固守。术以夔彼郡人，欲胁令说蕲阳。夔谓术谋臣李业曰：“昔柳下惠闻伐国之谋而有忧色[2]，曰：‘吾闻伐国不问仁人，斯言何为至于我哉！’”遂遁匿潜山。术知夔终不为己用，乃止。术从兄山阳太守遗母[3]，夔从姑也；是以虽恨夔，而不加害。

建安二年，夔将还乡里；度术必急追，乃间行得免。明年到本郡。

【注释】

〔1〕熙：即何熙。字孟孙。陈国人。传见《后汉书》卷四十七。何氏家族有身材高大的基因。何熙身高八尺五寸，约合今 2.04 米。何夔身高八尺三寸，约合今 1.99 米。〔2〕柳下惠：即展禽。春秋时鲁国大夫。展氏，名获，字禽。其食邑在柳下，谥号为惠。以讲求礼仪著名。下面他所说的话，见《春秋繁露》卷九。〔3〕遗：即袁遗。事见本书卷一《武帝纪》裴注。

【裴注】

〔一〕华峤《汉书》曰："熙字孟孙。少有大志，不拘小节。身长八尺五寸，体貌魁梧，善为容仪。举孝廉，为谒者；赞拜殿中，音动左右，和帝(佳)〔伟〕之。历位司隶校尉、大司农。永初三年，南单于与乌丸俱反，以熙行车骑将军，征之，累有功。乌丸请降，单于复称臣如旧。会熙暴疾，卒。"

〔二〕《魏书》曰："汉末，阉宦用事。夔从父衡，为尚书，有直言，由是在党中，诸父兄皆禁锢。夔叹曰：'天地闭，贤人隐。'故不应宰司之命。"

顷之，太祖辟为司空掾属。时有传袁术军乱者，太祖问夔曰："君以为信不?"夔对曰："天之所助者顺，人之所助者信。术无信顺之实，而望天人之助，此不可以得志于天下。夫失道之主，亲戚叛之，而况于左右乎？以夔观之，其乱必矣！"太祖曰："为国失贤则亡，君不为术所用；乱，不亦宜乎！"太祖性严，掾属公事，往往加杖。夔常蓄毒药，誓死无辱，是以终不见及。〔一〕

出为城父令[1]。〔二〕迁长广太守[2]。郡滨山海，黄巾未平；豪杰多背叛，袁谭就加以官位。长广县人管承，徒众三千余家，为寇害。议者欲举兵攻之。夔曰："承等非生而乐乱也：习于乱，不能自还[3]；未被德教，故不知反善[4]。今兵迫之急，彼恐夷灭，必并力战；攻之既未易拔，虽胜必伤吏民。不如徐喻以恩德，使容自悔，可不烦兵而定。"乃遣郡丞黄珍往，为陈成败；承等皆请服。夔遣吏成弘领校尉、长广县丞等郊迎[5]，奉牛酒，诣郡。牟平贼从钱，众亦数千；夔率郡兵与张辽共讨定之。东牟人王营，众三千余家，胁昌阳县为乱[6]；夔遣吏王钦等，授以计略，使离散之：旬月皆平定。

【注释】

〔1〕城父：县名。县治在今安徽省亳（bó）州市东南。〔2〕长广：郡名。治所在今山东莱阳市东南。〔3〕自还：自拔。〔4〕反善：改恶从善。〔5〕郊迎：出城迎接。〔6〕昌阳：县名。县治在今山东威海市文登区西南。

【裴注】

〔一〕孙盛曰："夫君使臣以礼，臣事君以忠；是以上下休嘉，道光化洽。公府掾属，古之造士也；必擢时俊，搜扬英逸；得其人则论道之任隆，非其才则覆悚之患至。苟有疵衅，刑黜可也。加其捶扑之罚，肃以小惩之戒，岂'导之以德，齐之以礼'之谓与？然士之出处，宜度德投趾；可否之节，必审于所蹈。故高尚之徒，抗心于青云之表；岂王侯之所能臣，名器之所羁绁哉！自非此族，委身世途，否泰荣辱，制之由时。故箕子，安于孥戮；柳下，夷于三黜；萧何、周勃，亦在缧绁：夫岂不辱，君命故也。夔知时制，而甘其宠；挟药要君，以避微耻。《诗》云'唯此褊心'，何夔其有焉。放之，可也；宥之，非也。"

〔二〕《魏书》曰："自刘备叛后，东南多变。太祖以陈群为酂令，夔为城父令，诸县皆用名士以镇抚之。其后吏民稍定。"

是时太祖始制新科[1]，下州郡，又收租税绵绢。夔以郡初立，近以师旅之后[2]，不可猝绳以法[3]。乃上言曰："自丧乱以来，民人失所；今虽小安，然服教日浅。所下新科，皆以明罚敕法，齐一大化也。所领六县，疆域初定，加以饥馑；若一切齐以科禁[4]，恐或有不从教者。有不从教者不得不诛，则非观民设教随时之意也。先王辨九服之赋以殊远近[5]，制三典之刑以平治乱[6]；愚以为此郡宜依远域新邦之典。其民间小事，使长吏临时随宜；上不背正法，下以顺百姓之心。比及三年，民安其业；然后齐之以法，则无所不至矣。”太祖从其言。

征还，参丞相军事。海贼郭祖寇暴乐安、济南界，州郡苦之。太祖以夔前在长广有威信，拜乐安太守。到官数月，诸城悉平。入为丞相东曹掾。夔言于太祖曰："自军兴以来，制度草创，用人未详其本；是以各引其类，时忘道德。夔闻以贤制爵[7]，则民慎德；以庸制禄[8]，则民兴功。以为自今所用，必先核之乡闾，使长幼顺叙，无相逾越。显忠直之赏，明公实之报[9]，则贤、不肖之分，居然别矣[10]。又可修保举故不以实之令[11]，使有司别受其负[12]。在朝之臣，时受教与曹并选者[13]，各任其责。上以观朝臣之节，下以塞争竞之源；以督群下，以率万民。如是则天下幸甚！"太祖称善。魏国既建，拜尚书仆射。[一]

文帝为太子，以凉茂为太傅，夔为少傅[14]。特命二傅与尚书、东曹，并选太子、诸侯官属。茂卒，以夔代茂。每月朔，太傅入见太子，太子正法服而礼焉[15]；他日无会仪。夔迁太仆，太子欲与辞，宿戒供[16]；夔无往意，乃与书请之；夔以国有常制，遂不往：其履正如此。然于节俭之世，最为豪汰[17]。

文帝践阼，封成阳亭侯，邑三百户。疾病，屡乞逊位。诏报曰："盖礼贤亲旧[18]，帝王之常务也。以亲则君有辅弼之勋焉，以贤则君有醇固之茂焉[19]。夫有阴德者必有阳报[20]，今君疾虽未瘳，神明听之矣[21]。君其即安，以顺朕意。”薨，谥曰靖侯。

子曾嗣。咸熙中为司徒[22]。[二]

【注释】

〔1〕新科：新法律。〔2〕师旅之后：战乱之后。〔3〕猝：猛然。〔4〕一切：一下子。这是当时习语。〔5〕辨九服之赋：区别九种远近不同地区的贡赋等级。《周礼·职方氏》记载古代地区分划情况，京都所在的中心区域叫做王畿。王畿之外由近到远分为九等，即侯服、甸服、男服、采服、卫服、蛮服、夷服、镇服和藩服。〔6〕三典：即轻典、中典和重典。《周礼·大司寇》说：“刑新国用轻典，刑平国用中典，刑乱国用重典。”〔7〕以贤制爵：按照贤德的高低授予官爵。〔8〕以庸制禄：按照功劳的大小发给俸禄。〔9〕公实：奉公踏实。〔10〕居然：自然而然。这是当时习语。〔11〕修：制定。故不以实：有意弄虚作假。〔12〕负：失职的责任。〔13〕受教：受到曹操的指示。与曹并选：与主管人事的丞相府东曹共同选择任命某些官员。当时负责选任官员的机构有二：一是尚书台下面的吏曹，二是丞相府下面的东曹，而以后者为主。对于某些官员的选任，有时还请有关的上级主官参加。〔14〕少傅：即太子少傅。辅导太子的副导师。〔15〕正法服：整整齐齐穿上正式的礼服。〔16〕宿戒供：头天晚上就开始吩咐准备酒菜。〔17〕豪汰：生活豪华奢侈。〔18〕亲旧：亲近老部下。〔19〕醇固：纯洁坚定。〔20〕阴德：暗中积累的德行。阳报：公开的回报。〔21〕神明听之：神已经听到我的祝福。意思是将会保佑您康复。〔22〕咸熙：魏废帝曹奂的年号。

【裴注】

〔一〕《魏书》曰：“时丁仪兄弟方进宠，仪与夔不合。尚书傅巽谓夔曰：‘仪不相好已甚。子友毛玠，玠等，仪已害之矣。子宜少下之！’夔曰：‘为不义，适足害其身，焉能害人？且怀奸佞之心，立于明朝，其得久乎！’夔终不屈志，仪后果以凶伪，败。”

〔二〕干宝《晋纪》曰：“曾，字颖考。正元中，为司隶校尉。时毌丘俭孙女，适刘氏，以孕系廷尉。女母荀，为武卫将军荀顗所表，活；既免，辞诣廷尉，乞为官婢以赎女命。曾使主簿程咸为议，议曰：‘大魏承秦、汉之弊，未及革制。所以追戮已出之女，诚欲殄丑类之族也。若已产育，则成他家之母；于防则不足惩奸乱之源，于情则伤孝子之思。男不御罪于他族，而女独婴戮于二门；非所以哀矜女弱，均法制之大分也。臣以为：在室之女，可从父母之刑；既醮之妇，使从夫家之戮。’朝廷从之，乃定律令。”

《晋诸公赞》曰：“曾以高雅称，加性纯孝，位至太宰，封朗陵县公。年八十余薨，谥曰元公。子邵嗣。邵字敬祖，才识深博，有经国体仪，位亦至太宰，谥康公。子蕤嗣。邵庶兄遵，字思祖，有干能；少经清职，终于太仆。遵子绥，字伯蔚，亦以干事称；永嘉中，为尚书，为司马越所杀。”

《傅子》称曾及荀顗曰：“以文王之道事其亲者，其颍昌何侯乎？其荀侯乎？古称曾、闵，今日荀、何。内尽其心以事其亲，外崇礼让以接天下。孝子，百世之宗；仁人，天下之令也。有能行仁孝之道者，君子之仪表矣。”

邢颙，字子昂，河间鄚人也[1]。举孝廉，司徒辟，皆不就。易姓字，适右北平，从田畴游。积五年，而太祖定冀州；颙谓畴曰：“黄巾起来二十余年[2]，海内鼎沸，百姓流离。今闻曹公法令严；民厌乱矣，乱极则平：请以身先。”遂装还乡里[3]。田畴曰：“邢颙，民之先觉也。”乃见太祖，求为乡导，以克柳城。

太祖辟颙为冀州从事，时人称之曰：“德行堂堂邢子昂。”除广宗长。以故将丧弃官[4]，有司举正[5]。太祖曰：“颙笃于旧君，有一致之节[6]。勿问也。”更辟司空掾。除行唐令[7]，劝民农桑，风化大行。入为丞相门下督[8]。迁左冯翊。病，去官。

是时，太祖诸子，高选官属，令曰：“侯家吏[9]，宜得渊深法度如邢颙辈[10]。”遂以为平原侯植家丞。颙防闲以礼[11]，无所屈挠，由是不合。庶子刘桢书谏植曰[12]：“家丞邢颙，北土之彦；少秉高节，玄静澹泊，言少理多：真雅士也。桢诚不足同贯斯人[13]，并列左右。而桢礼遇殊特，颙反疏简。私惧观者将谓君侯习近不肖[14]，礼贤不足；采庶子之春华[15]，忘家丞之秋实[16]。为上招谤，其罪不小，以此反侧[17]。”后参丞相军事。转东曹掾。

初，太子未定；而临淄侯植有宠，丁仪等并赞翼其美。太祖问颙，颙对曰：“以庶代宗，先世之戒也。愿殿下深重察之！”太祖识其意，后遂以为太子少傅。迁太傅。

文帝践阼，为侍中、尚书仆射，赐爵关内侯。出为司隶校尉。徙太常。

黄初四年薨。子友嗣。[一]

【注释】

〔1〕鄚(mò)：县名。县治在今河北雄县东南。〔2〕起来：起事以来。〔3〕装：收拾行装。〔4〕故将：指过去举邢颙为孝廉的河间郡太守。当时的郡太守往往兼任军职，又被称为郡将。孝廉与举主之间有君臣之义，所以邢颙要为故去的郡将服丧。〔5〕举正：举报弹劾。〔6〕一致：忠诚始终如一。〔7〕行唐：县名。县治在今河北行唐县东北。全名是南行唐。〔8〕门下督：官名。曹操丞相府的下属。负责丞相府警卫。〔9〕侯家吏：诸侯的家臣。〔10〕渊深法度：指为人见识深广而遵守法度。〔11〕防闲：警醒约束(曹植)。〔12〕庶子：官名。是曹植的文学侍从。刘桢(？—公元217)：传附本书卷二十一《王粲传》。〔13〕同贯：处于同等地位。〔14〕观者：旁观者。习近：亲近。〔15〕春华：春天的花朵。比喻刘桢外露的文才。〔16〕秋实：

比喻邢颙内在的品德。〔17〕反侧：在床上翻来翻去睡不着。形容内心不安。

【裴注】

〔一〕《晋诸公赞》曰："颙曾孙乔，字曾伯。有体量局干，美于当世。历清职。元康中，与刘涣俱为尚书吏部郎；稍迁至司隶校尉。"

鲍勋字叔业，泰山〔东〕平阳人也[1]。汉司隶校尉鲍宣九世孙[2]；宣后嗣有从上党徙泰山者，遂家焉。勋父信，灵帝时为骑都尉，大将军何进遣东募兵；后为济北相，协规太祖，身以遇害。语在《董卓传》、《武帝纪》。〔一〕

建安十七年，太祖追录信功，表封勋兄邵，新都亭侯；〔二〕辟勋，丞相掾。〔三〕二十二年[3]，立太子，以勋为中庶子[4]。徙黄门侍郎。出为魏郡西部都尉。太子郭夫人弟，为曲周县吏，断盗官布，法应弃市[5]。太祖时在谯；太子留邺，数手书为之请罪。勋不敢擅纵，具列上[6]。勋前在东宫，守正不挠，太子固不能悦；及重此事，恚望滋甚。会郡界休兵有失期者[7]，密敕中尉奏免勋官。久之，拜侍御史。

【注释】

〔1〕东平阳：县名。是西汉时泰山郡的下属县。县治在今山东新泰市。〔2〕鲍宣(？—公元3)：字子都，勃海郡高城(今河北盐山县东南)人。西汉哀帝时任谏大夫，上书批评时政。后任司隶校尉。王莽执政时，被迫自杀。传见《汉书》卷七十二。〔3〕二十二年：建安二十二年(公元217)。〔4〕中庶子：官名。太子的侍从官员。〔5〕弃市：在市场上被杀死。当时的死刑有三种。最重是砍头示众，称枭首；其次

是腰斩；最下是弃市。〔6〕上：上报。〔7〕休兵：从戍守地轮换回家休整的兵士。　失期：超过规定的休整期限。

【裴注】

〔一〕《魏书》曰："信父丹，官至少府、侍中，世以儒雅显。〔信〕少有大节，宽厚爱人，沉毅有谋。大将军何进辟。拜骑都尉。遣归募兵，得千余人。还到成皋，而进已遇害。信至京师，董卓亦始到。信知卓必为乱，劝袁绍袭卓，绍畏卓不敢发。语在《绍传》。信乃引军还乡里，收徒众二万，骑七百，辎重五千余乘。是岁，太祖始起兵于己吾；信与弟韬，以兵应太祖。太祖与袁绍，表信行破虏将军，韬裨将军。时绍众最盛，豪杰多向之。信独谓太祖曰：'夫略不世出，能总英雄以拨乱反正者，君也。苟非其人，虽强必毙。君殆天之所启！'遂深自结纳，太祖亦亲异焉。汴水之败，信被创，韬在阵战亡。绍劫夺韩馥位，遂据冀州。信言于太祖曰：'奸臣乘衅，荡覆王室；英雄奋节，天下响应者，义也。今绍为盟主，因权专利，将自生乱，是复有一卓也。若抑之，则力不能制，只以遘难，又何能济？且可规大河之南，以待其变。'太祖善之。太祖为东郡太守，表信为济北相。会黄巾大众入州界，刘岱欲与战，信止之；岱不从，遂败。语在《武纪》。太祖以贼恃胜而骄，欲设奇兵，挑击之于寿张。先与信出行战地，后步军未至，而猝与贼遇，遂接战。信殊死战，以救太祖；太祖仅得溃围出，信遂没。时年四十一。虽遭乱起兵，家本修儒，治身至俭；而厚养将士，居无余财，士以此归之。"

〔二〕《魏书》曰："邵，有父风，太祖嘉之；加拜骑都尉，使持节。邵薨，子融嗣。"

〔三〕《魏书》曰："勋，清白有高节，知名于世。"

延康元年，太祖崩；太子即王位，勋以驸马都尉兼侍中。文帝受禅，勋每陈"今之所急，唯在军、农，宽惠百姓。台榭苑囿，宜以为后"。

文帝将出游猎，勋停车上疏曰："臣闻五帝三王，靡不明本立教，以孝治天下。陛下仁圣恻隐，有同古烈[1]。臣冀当继踪前代，令万世可则也。如何在谅闇之中[2]，修驰骋之事乎？臣冒死以闻，唯陛下察焉。”帝手毁其表而竟行猎[3]。中道顿息[4]，问侍臣曰：“猎之为乐[5]，何如八音也[6]？”侍中刘晔对曰[7]：“猎胜于乐[8]。”勋抗辞曰：“夫乐，上通神明，下和人理，隆治致化，万邦咸乂[9]。故移风易俗，莫善于乐；况猎暴华盖于原野[10]，伤生育之至理，栉风沐雨不以时隙哉！昔鲁隐观渔于棠，《春秋》讥之。虽陛下以为务，愚臣所不愿也。”因奏：“刘晔佞谀不忠，阿顺陛下过戏之言[11]。昔梁丘据取媚于遄台[12]，晔之谓也。请有司议罪，以清皇朝。”帝怒作色。罢还，即出勋为右中郎将。

黄初四年，尚书令陈群、仆射司马宣王，并举勋为宫正；宫正即御史中丞也。帝不得已而用之，百僚严惮，罔不肃然。

六年秋[13]，帝欲征吴，群臣大议。勋面谏曰：“王师屡征而未有所克者，盖以吴、蜀唇齿相依，凭阻山水，有难拔之势故也。往年龙舟飘荡[14]，隔在南岸；圣躬蹈危，臣下破胆。此时宗庙几至倾覆，为百世之戒。今又劳兵袭远，日费千金；中国虚耗，令黠虏玩威[15]。臣窃以为不可。”帝益忿之，左迁勋为治书执法[16]。

帝从寿春还，屯陈留郡界。太守孙邕见，出过勋。时营垒未成，但立标埒[17]。邕邪行，不从正道，军营令史刘曜欲推之[18]；勋以堑垒未成，解止不举。大军还洛阳，曜有罪，勋奏黜遣。而曜密表勋私解邕事，诏曰："勋指鹿作马，收付廷尉！"

廷尉法议[19]："正刑五岁[20]。"三官驳[21]："依律，罚金二斤。"帝大怒曰："勋无活分，而汝等敢纵之！收三官以下付刺奸[22]，当令十鼠同穴！"[23]太尉钟繇、司徒华歆、镇军大将军陈群、侍中辛毗、尚书卫臻、守廷尉高柔等[24]，并表"勋父信有功于太祖"，求请勋罪。帝不许，遂诛勋。

勋内行既修，廉而能施；死之日，家无余财。后二旬，文帝亦崩，莫不为勋叹恨。

【注释】

〔1〕古烈：古代的明君。〔2〕谅闇（liáng ān）：指帝王居丧。又作谅阴、亮阴、梁闇。〔3〕竟行猎：竟自出猎而不顾。〔4〕顿息：停下休息。〔5〕乐：快乐。〔6〕八音：指音乐。中国古代的乐器分为金、石、土、革、丝、木、匏、竹八类。金有钟等，石有磬等，土有埙（xūn）等，革有鼓等，丝有琴等，木有柷（zhù）等，匏有笙等，竹有管等。〔7〕刘晔：传见本书卷十四。〔8〕乐：音乐。下面鲍勋话中的两个"乐"字也指音乐。〔9〕乂（yì）：安定。〔10〕华盖：皇帝所乘车上的车盖。〔11〕过戏之言：过分的玩笑话。〔12〕梁丘据：春秋时齐国的臣僚。善于逢迎齐景公的旨意。　遄（chuán）台：楼台名。在齐国都城临淄附近。齐景公与晏婴到遄台游玩，梁丘据得知消息赶忙跑来拜见。齐景公称赞梁丘据和自己一条心，当即受到晏婴的反驳。事见《左传》昭公二十年。〔13〕六年：黄初六年（公元225）。〔14〕往年：上年。黄初五年（公元224）九月，曹丕率军进攻孙吴，至长江遇暴风，所乘船只几乎沉没。〔15〕玩威：逞弄威风。〔16〕治书执法：官名。负责举劾官员的不法行为。〔17〕标埒：标志和界限。〔18〕军营令史：官名。负责建立军营，维持营内秩序。〔19〕法议：依据法律下结论。〔20〕正：判处。　刑五岁：刑罚的一种。即髡刑。服刑者颈套铁环，从事筑城、扫街等劳役，期限五年。〔21〕三官：指廷尉正、廷尉监、廷尉平。三官负责对廷尉的判决进行审议。〔22〕刺奸：官名。专门打听和揭发在职官员的不法行为。〔23〕十鼠同穴：意

思是一同处死。〔24〕高柔(公元174—263)：传见卷二十四。

司马芝字子华，河内温人也。少为书生，避乱荆州。于鲁阳山遇贼，同行者皆弃老弱走，芝独坐守老母。贼至，以刃临芝；芝叩头曰："母老，唯在诸君!"贼曰："此孝子也！杀之不义。"遂得免害。以鹿车推载母，居南方十余年，躬耕守节。

太祖平荆州，以芝为菅长〔1〕。时天下草创，多不奉法。郡主簿刘节，旧族豪侠，宾客千余家；出为盗贼，入乱吏治。顷之，芝差节客王同等为兵〔2〕。掾史据白〔3〕："节家前后未尝给徭〔4〕，若至时藏匿，必为留负〔5〕。"芝不听，与节书曰："君为大宗〔6〕，加股肱郡〔7〕，而宾客每不与役；既众庶怨望，或流声上闻。今条同等为兵，幸时发遣。"兵已集郡，而节藏同等，因令督邮以军兴诡责县〔8〕。县掾史穷困〔9〕，乞代同行。芝乃驰檄济南〔10〕，具陈节罪。太守郝光素敬信芝，即以节代同行，青州号芝"以郡主簿为兵"。

迁广平令。征虏将军刘勋，贵宠骄豪，又芝故郡将；宾客子弟在界，数犯法。勋与芝书，不著姓名，而多所属托；芝不报其书，一皆如法。后勋以不轨诛，交关者皆获罪，而芝以见称。〔一〕

迁大理正〔11〕。有盗官练置都厕上者〔12〕，吏疑女工，收以付狱。芝曰："夫刑罪之失，失在苛暴。今赃物先得而后讯其辞，若不胜掠〔13〕，或至诬服；诬服之情，不可以折狱〔14〕。且简而易从，大人之化也〔15〕；不失有罪[16]，庸世之治耳[17]。今宥所疑，以隆‘易从’之义，不亦可乎!”太祖从其议。

历甘陵、沛、阳平太守，所在有绩。

【注释】

〔1〕菅(jiān)：县名。县治在今山东济南市章丘区西北。〔2〕客：指当时豪强大族占有的私家人口。〔3〕掾史：县政府的办事员。据白：根据情况禀报。〔4〕给徭：承担徭役。这里指服兵役。〔5〕留负：由于服兵役者滞留而造成的罪责。〔6〕大宗：大族。〔7〕股肱郡：在郡中担任辅佐官员。〔8〕督邮：官名。全名是五部督邮。负责监察郡所辖各县。军兴：因战争需要而调集军队。责县：要求各县(召集服兵役者出发)。〔9〕穷困：逼得没有办法。〔10〕驰檄：派人骑马送公文。济南：郡名。治所在今山东济南市章丘区西。司马芝任职的菅县，属济南郡，所以他要派人向济南郡太守报告。〔11〕大理正：官名。即廷尉正。〔12〕官练：公家的绢。都厕：城中的公共厕所。〔13〕不胜掠：经不起拷打。〔14〕折狱：判决案件。〔15〕大人：这里指圣明的君主。〔16〕不失有罪：不让有罪者漏网。〔17〕庸世：政治状况中等的世道。

【裴注】

〔一〕《魏略》曰：“勋字子台，琅邪人。中平末，为沛国建平长，与太祖有旧。后为庐江太守，为孙策所破，自归太祖；封列侯，遂从在散伍议中。勋兄为豫州刺史，病亡。兄子威，又代从政。勋自恃与太祖有宿，日骄慢，数犯法，又诽谤。为李申成所白，收治；并免威官。”

黄初中，入为河南尹；抑强扶弱，私请不行。会内官欲以事托芝[1]，不敢发言，因芝妻伯父董昭[2]；昭犹惮芝，不为通。

芝为教与群下曰：“盖君能设教[3]，不能使吏必不犯也；吏能犯教，而不能使君必不闻也。夫设教而犯，君之劣也；犯教而闻，吏之祸也。君劣于上，吏祸于下；此政事所以不理也。可不各勉之哉？”于是下吏莫不自励。

门下循行尝疑门幹盗簪[4]，幹辞不符，曹执为狱[5]。芝教曰：“凡物有相似而难分者，自非离娄[6]，鲜能不惑。就其实然，循行何忍重惜一簪，轻伤同类乎？其寝勿问！”

明帝即位，赐爵关内侯。顷之，特进曹洪乳母当，与临汾公主侍者，共事无涧神[7]，[一]系狱。卞太后遣黄门，诣府传令，芝不通；辄敕洛阳狱，考竟[8]，而上疏曰：“诸应死罪者，皆当先表，须报[9]。前制书禁绝淫祀以正风俗[10]。今当等所犯妖刑，辞语始定[11]；黄门吴达诣臣，传太皇太后令。臣不敢通，惧有救护速闻圣听；若不得已以垂宿留[12]，由事不早竟，是臣之罪。是以冒犯常科，辄敕县考竟。擅行刑戮，伏须诛罚。”帝手报曰：“省表，明卿至心。欲奉诏书，以权行事[13]，是也。此乃卿奉诏之意，何谢之有[14]？后黄门复往，慎勿通也！”芝居官十一年，数议科条所不便者。其在公卿间，直道而行。会诸王来朝，与京都人交通[15]，坐免。

【注释】

〔1〕内官：皇宫内的妃嫔。〔2〕因：通过某人为中介。〔3〕君：汉魏的地方行政长官，有权自行任命下属，所以和下属具有类似君臣的关系。司马芝比处即以君来指代自己。〔4〕门下循行：官名。负责本郡辖境内的巡查。 门幹：官名。郡太守府办事员。〔5〕曹：指郡太

守府内负责处理盗窃案的分支机构。〔6〕离娄：古代一个具有超常视力的人。传说他在一百步开外能看清楚兽毛的尖端。又叫离朱。〔7〕事：祭祀。　无涧神：佛教的地狱神。梵文为 Avici，音译为“阿鼻”，意译为“无间”或“泰山”。“无涧”即“无间”。〔8〕考竟：审判处决。〔9〕须报：等待批复。〔10〕淫祀：祭祀对象未经官方正式批准的祭祀。由于对东汉末年黄巾军利用太平道发动武装反抗的记忆犹新，所以曹魏建立后严厉禁止淫祀，违者要处以死刑。参见本书卷二《文帝纪》黄初五年十二月诏书。〔11〕辞语：供词。〔12〕垂宿留：下诏指示暂缓处决。〔13〕权：权宜。〔14〕谢：道歉请罪。〔15〕交通：来往。

【裴注】

〔一〕臣松之按：无涧，山名。在洛阳东北。

后为大司农。先是，诸典农各部吏民[1]，末作治生[2]，以要利入[3]。芝奏曰：“王者之治，崇本抑末，务农重谷。《王制》[4]：‘无三年之储，国非其国也。’《管子·区言》以积谷为急[5]。方今二虏未灭[6]，师旅不息；国家之要，惟在谷帛。武皇帝特开屯田之官，专以农桑为业；建安中，天下仓廪充实，百姓殷足。自黄初以来，听诸典农治生，各为部下之计；诚非国家大体所宜也。夫王者以海内为家，故传曰：‘百姓不足，君谁与足[7]？’富足之由，在于不失天时而尽地力。今商旅所求，虽有加倍之显利；然于一统之计，已有不赀之损[8]，不如垦田益一亩之收也。夫农民之事田，自正月耕种，耘锄条桑[9]，耕熯种麦[10]，获刈筑场，十月乃毕；治廪系桥[11]，运输租赋，除道理梁[12]，墐涂室屋[13]，以是终岁：无日不为农事也。今诸典农，各言：

‘留者为行者宗田计课[14]，其力势不得不尔。不有所废，则当素有余力。’臣愚以为：不宜复以商事杂乱，专以农桑为务，于国计为便。”明帝从之。

每上官有所召问，常先见掾史；为断其意故[15]，教其所以答塞之状[16]，皆如所度。

芝性亮直，不矜廉隅[17]。与宾客谈论，有不可意，便面折其短，退无异言。

卒于官，家无余财。自魏迄今，为河南尹者莫及芝。

【注释】

〔1〕各部：各自安排指挥。〔2〕末作：商业。　先秦时的思想家荀子、商鞅等，都把农业（包括家庭纺织）视为立国的根本，把商业和生产奢侈消费品的手工业视为末业。此后就把本末用来指代农业、商业。　治生：从事经济活动。着重指经商、购置田产等。〔3〕要（yāo）利入：谋取利润收入。〔4〕《王制》：《礼记》中的一篇。〔5〕《管子》：书名。二十四卷。旧题管仲撰。现今学者认为是经过长期积累而成，作者并非管子。书中记载了不少管仲的政治措施，但是更多的内容是阐述先秦齐国稷下学派的学说思想，少数篇章则晚到汉代才写定。〔6〕二虏：指蜀、吴。〔7〕谁与足：又怎么会够。这两句出自《论语·颜渊》。〔8〕不赀：难以计算。〔9〕条桑：采摘桑叶。〔10〕熯（hàn）：火烧。当时的耕作有用火耕的办法，即先放火烧田中野草，使地表干酥，同时也增加了灰肥，然后放水泡软土地，便可播种。〔11〕治廪：修补仓库。〔12〕除道：修路。　理梁：修桥梁。〔13〕墐涂：用泥堵塞涂抹。〔14〕留者：指没有到外边经商的屯田农民。　行者：指到外边经商的屯田农民。　宗田计课：代为耕田并承担上缴政府的谷物税。〔15〕断其意故：推测上级官员的意图。〔16〕答塞：答复解释。〔17〕不矜廉隅：不故意显示自己的品行端方。

芝亡，子岐嗣。从河南丞转廷尉正[1]。迁陈留相。

梁郡有系囚，多所连及，数岁不决。诏书徙狱于岐属县〔2〕，县请预治牢具〔3〕。岐曰："今囚有数十，既巧诈难符，且已倦楚毒〔4〕；其情易见，岂当复久处囹圄邪！"及囚至，诘之，皆莫敢匿诈；一朝决竟〔5〕，遂超为廷尉。

是时大将军爽专权，尚书何晏、邓飏等为之辅翼。南阳圭泰尝以言迕指，考系廷尉。飏讯狱，将致泰重刑。岐数飏曰〔6〕："夫枢机大臣，王室之佐；既不能辅化成德，齐美古人；而乃肆其私忿，枉论无辜〔7〕。使百姓危心，非此焉在！"飏于是惭怒而退。岐终恐久获罪，以疾去官。

居家未期而卒〔8〕，年三十五。子肇嗣。〔一〕

【注释】

〔1〕河南丞：官名。是河南尹的副手，协助主官处理京城所在郡的行政事务。〔2〕徙狱：转移罪犯。〔3〕牢具：监牢中囚禁犯人的用具。〔4〕已倦楚毒：已经被拷打够了。〔5〕一朝决竟：一下子判决完毕。〔6〕数：列举罪过进行指责。〔7〕论(lùn)：处决。〔8〕未期(jī)：不到一年。

【裴注】

〔一〕肇，晋太康中为冀州刺史、尚书，见(百官志)〔《百官名》〕。

评曰：徐奕、何夔、邢颙，贵尚峻厉〔1〕，为世名人。毛玠清公素履，司马芝忠亮不倾，庶乎不吐刚茹柔〔2〕。崔琰高格最优，鲍勋秉正无亏；而皆不免其身，惜哉！《大雅》贵"既明且哲"〔3〕，《虞书》尚"直而能温”〔4〕；自非兼才〔5〕，畴克备诸〔6〕？

【注释】

〔1〕峻厉：严厉。〔2〕吐刚茹柔：怕硬欺软。〔3〕既明且哲：既能明白事理，又能适应形势。这是《诗经·烝民》中的话。〔4〕直而能温：刚直而又能温和。这是《尚书·尧典》中的话。〔5〕兼才：兼有各种优良品质的人才。〔6〕畴克备诸：谁能具备所有这些品质呢。

【译文】

崔琰，字季珪，清河郡东武城县人。年少时为人质朴而言语迟钝；喜好击剑，崇尚武功。二十三岁时，乡里按照规定将他转为正式民兵承担兵役，他开始受到刺激而发奋，苦读《论语》、《韩诗》。到了二十九岁时，与公孙方等人一起到郑玄门下受学。学了不满一年，徐州的黄巾军攻破了郑玄所在的北海国；郑玄与其弟子到不其山避难，那时粮食十分缺乏，郑玄只好停止授学，遣散学生。崔琰离开后，由于到处都是盗贼，西回故乡的道路不通。从此漂泊于青、徐、兖、豫四州，东下寿春，南望长江。从离开家乡算起，四年后才返回，在家中以弹琴读书自娱。大将军袁绍听说后任命崔琰为下属。

当时袁绍的士兵专横暴虐，挖掘坟墓寻找财物。崔琰规劝袁绍说：“过去荀子说过这样的话：‘士兵不是训练有素，铠甲兵器不是坚固锋利，即使是商汤、周武王那样的人，也不能凭借这样的军队取得胜利。’现今道路上死尸暴露，百姓没有见到您的德政；应该命令各个郡县掩埋尸骨，以显示您为死者伤痛的爱心，效法周文王的仁慈之举。”袁绍让崔琰做了骑都尉。后来袁绍在黎阳县训练军队，驻扎在黄河延津渡口准备向南攻打曹操。崔琰又进谏说：“天子现今在许县，百姓希望支持顺从朝廷的一方；我们不如坚守辖境，向天子进贡述职，以便安定所辖地区。”袁绍却不听从，结果在官渡大败。

待到袁绍死后，他的两个儿子互相争斗，都想要得到崔琰。崔琰说自己有病，坚决推辞，因此获罪，被关进了监狱；依靠阴夔、陈琳营救，才免于一死。太祖曹操打败袁氏后，兼任冀州牧，任命崔琰为州政府的别驾从事史，对崔琰说：“昨天查核冀州户籍，人口达到三十万之多，依然称得上是大州啊！”崔琰回答说：“现在天下崩溃国家分裂；袁尚、袁谭兄弟二人大动干戈，冀州地区的百姓尸骨遍野。没有听到您带领的军队首先实施仁政，访问民风民俗，救民于水火之中；反而计算甲兵多少，把它当成头等大事。这难道是我们这个州男女百姓对您的期望吗？”太祖的脸色变得严肃并向他表示歉意。当时在座的宾客，都吓得脸色发白拜伏在地。

太祖征讨并州，留下崔琰在邺县辅助世子曹丕。世子一再出外打猎，改穿猎装骑上快马，兴趣全放在追逐猎物上面。崔琰上书规劝说：“我曾听说周文王不敢以打猎为乐，《尚书》记载此事作为后世的鉴戒；鲁隐公外出看捕鱼，《春秋》因此讽刺他：这是周公、孔子留下的格言，两部经典所阐明的大义。夏桀无道，成为商朝的一面镜子，《诗经》说是‘殷鉴不远’；子日和卯日不举行娱乐活动，《礼记》作为忌讳加以记载：这又是比较切近的得失成败的事例，不可以不深思明察啊。袁氏家族富强，而其子弟行为放纵，作乐游玩滋长奢侈，没有人作正直的劝诫。明哲君子，看到这种情形就离开远走；勇武壮士，却被用来猎取鸟兽以饱上司的口腹。因此，袁氏虽然拥有百万民众，地盘跨越整个河北，结果落得没有立足之地的下场。现今国民困苦，恩惠的施与不多；男女百姓踮起足跟，盼望实施德政。况且您父亲正亲自带领人马在外征讨，上上下下之事都要他操劳忧心。世子您原本应当遵行正道，谨慎地端正行为，思虑治国的妙策；内心记取眼前的鉴戒，对外发扬高远的节操，深思您作为继承人的责任，爱惜您的身体。而您却降低身份穿起卑贱的山林管理者才穿的打猎服装，驰马越过险路；志向只限于猎获野鸡兔子这类小小的娱乐，忘了国家社稷的重要：这实在使有识者痛心啊！希望世子您烧毁射猎用具，抛弃打猎衣服，以满足众人的愿望，不要让老臣承受天降的罪过。”

世子答复说：“昨天奉悉您高雅的规劝，要我烧毁射猎用具，抛弃打猎服装。现在用具都已焚毁，猎装也已脱去了。以后再有类似的错误，还望您再次给我教诲。”

太祖出任丞相，崔琰先后当过东、西曹掾属和征事。最初任命他东曹的职务时，太祖下达指令说："您具有伯夷的风范，史鱼的耿直；贪夫因敬仰您的大名而变得清廉，壮士因崇尚您的声誉而勉励自己：完全可以作为时代的表率。所以授予您东曹之职，前去上任吧。"

魏国刚刚建立，任命崔琰为尚书。这时尚未确立谁是太子，临淄侯曹植有才华而且受到太祖的宠爱。太祖犹豫不决，用密封的指示征求外面官员们的意见。臣僚中只有崔琰用不封口的文书公开答复说："我听说《春秋》上的原则，确立继承人要选儿子中年长的；再说五官中郎将仁孝聪明，应当继承正统为太子：崔琰将用死来坚守这个原则。"曹植，本是崔琰哥哥的女婿。太祖十分赞赏崔琰的公正坦荡，喟然叹息。

崔琰晋升为中尉。他的声音洪亮，身材高大，眉清目秀，胡须长达四尺，外表很是威严；朝廷官员都敬仰他，而太祖对他也有几分敬畏。

崔琰曾经推荐过钜鹿人杨训。说他"虽然才能不足，却清廉耿直遵守正道"。太祖于是任用了杨训。

后来太祖封魏王，杨训上表称赞太祖功绩，褒扬太祖的盛德。当时有人讥笑杨训虚伪地迎合权势，认为崔琰荐人不当。崔琰从杨训那里取来表文的草稿看后，给杨训写信说："读了您的表文，事情好啊！时势啊时势，该当有变化的时候。"崔琰的本意，是讽刺那些批评者喜欢挑剔指责而不合情理。有人却报告说崔琰这封信是傲世不满怨恨诽谤，太祖发怒说："谚语说'生了个女儿啊'，'啊'（原文为"耳"）不是个好词语！'该当有变化的时候'，含意也很不恭敬。"于是把崔琰处罚为做苦工的囚徒。派人去看他，崔琰言谈表情一点也没有屈服的意思。

太祖下达指令说："崔琰虽然在服刑，却与宾客来往，门庭若市；接待宾客时用手卷胡须，双目直视，好像有所愤恨。"于是赐崔琰自杀。

起初，崔琰与司马朗友善。那时晋宣王司马懿正年轻，崔琰对司马朗说："您的二弟，聪敏明哲诚实，刚强果断杰出，恐怕不是您能比得上的呀！"司马朗不以为然，而崔琰总是坚持这个看法。崔琰的堂弟崔林，年少时没有名望；即使是亲戚也大多都轻视他。崔琰却常说："这就是所谓大器晚成的人，最终将大有作为。"涿郡的孙礼、卢毓刚刚进入太祖的军府，崔琰又评论说："孙礼，坦荡刚烈、坚毅果断；卢毓，清醒机警、深明事理、百折不挠：都是可以做三公的人才。"后来崔林、孙礼、卢毓三人，果然都官至三公。崔琰的朋友公孙方、宋阶死得早，崔琰抚养他们留下的孤儿，那份恩爱就像对待自己的孩子一样。他的明鉴卓识，笃于情义，大都像这个样子。

起初，太祖天性忌刻，往往有他所不能容忍的人；如鲁国的孔融、南阳郡的许攸、娄圭，都因为仗恃自己是太祖的老朋友而言语不恭，惨遭诛杀。而崔琰最受世人痛惜，至今还为他感到冤屈。

毛玠，字孝先，陈留郡平丘县人。年轻时是县政府办事官员，以清廉公正著称。他本想到荆州躲避战乱，尚未到达，听说刘表政令不严明，于是停留在鲁阳县。

太祖曹操在兖州主持州政，征召他为治中从事史。毛玠对太祖说："现今天下分崩，君主流亡；民众失业，饥饿漂泊；公家没有能维持一年的储备，百姓没有安定的心思：这种状况是难以持久的。现今袁绍、刘表，虽然兵民众多力量强盛，却都缺乏长远的考虑，没有一个是树立基础建设根本的人。用兵要有正当名义才能取胜，保守权位则需要财力做后盾；因此，应当拥戴天子以命令那些不肯臣服的人，大力发展农业，积蓄军用物资；这样，扶助天子安定天下的霸主大业就可以成功了。"太祖恭恭敬敬采纳了他的意见，改任他为自己将军府中的功曹。太祖任司空、丞相，毛玠曾做过府署中的东曹掾，与崔琰一起主持选举。他所推荐任用的都是清廉正直的人士；虽然当时有盛名，而行为虚浮不务根本的人，始终得不到引荐任用。他力求以俭朴作风为人表率，因此全国士人，无不以廉洁的操守自我勉励；即使是地位尊贵、受到宠信的大臣，车马服饰也不敢超越制度。太祖感叹说："用人能做到这样，使天下人自己治理自己，我又有什么事情可干呢！"

魏文帝曹丕做五官中郎将时，亲自去见毛玠，托他照顾自己的亲属。毛玠答复说:"老臣我因为能够恪守职责,才幸而得以不犯罪过;现在您所提到的人,都不够升迁的资格,因此我不敢奉行您的命令。"

大军返回邺县,商议省并官职。由于毛玠对人情请托一概拒绝,当时一些人很害怕他,都想要撤除毛玠所主持的东曹。于是他们一起禀告说:"按照旧制,西曹为上,东曹为次;应该撤销东曹。"太祖知道其中实情,下指令说:"太阳出于东方,月亮明于东方;凡人说到方位,也是先说东方:为什么要废撤东曹?"随即撤销了西曹。

起初,太祖平定柳城的乌丸族,分赏所缴获的器物;特意把素色屏风、素色凭几赐给毛玠,说:"您有古人的风范,所以赐给您古人的用具。"毛玠居于显要职位,却常常穿布衣吃素菜,抚育已死哥哥的儿子尽心尽意;所得的赏赐都用来救济贫苦的同族人,自己家里没有多余的财物。毛玠后来升任右军师。魏国刚刚建立时,毛玠做尚书仆射,又主持选举。

当时太子还没有确定,而临淄侯曹植受到恩宠。毛玠秘密地劝告太祖说:"最近袁绍因为嫡子庶子不分,导致家破国亡。废立太子是件大事,不是我所愿意听到的消息。"后来群臣聚会,毛玠起身去厕所。太祖用眼睛看着他说:"这位正是古人所说的国中主持正道的人,是我的周昌啊!"

崔琰被迫自杀之后,毛玠心中不痛快。后来有人揭发毛玠说:"他出门看见脸上刺刻涂墨的造反犯人,他们的妻子儿女变成了官府的奴婢,竟然说:'使老天爷不下雨的原因,大概就是这吧。'"太祖大怒,逮捕毛玠下狱。

大理钟繇审问毛玠说:"自古圣明帝王惩治犯罪,都要牵连妻子儿女。《尚书》说:'作战时战车左边的人不尽车左的职责,右边的人不尽车右的职责,我就要杀死你们,或者把你们变为奴隶!'《周礼》所记司寇的职分,就有把犯罪的男人没入官府为奴隶,女人没入官府做舂米做饭的苦役。汉朝法律:罪人的妻子儿女没入官府做奴婢,本人脸上刺刻涂上墨色后在官府服劳役。可见汉朝的这种刺面刑罚,在古代的刑法法典中就存在。现今的奴隶如果祖先有罪,即使下传到一百代子孙,也还有刺面之后做苦工的情形；这样做一则可以拯救无辜良民的性命，二则怜悯他们受到祖上牵连。这怎么会违背神明的意志而导致旱灾？按照《尚书》的说法：法令峻急，则天气寒冷；法令宽松，则天气炎热。法令宽松使得阳气过盛，所以造成旱灾。毛玠你说这样的话，是认为魏王的法令过宽了呢？还是过严了呢？如果是过严了，应当导致阴雨连绵，怎么反而出现天旱？商汤时代可称圣世，但田野曾经旱得不生青草；周宣王也是好君主，但当时也曾大旱成灾。眼下的大旱从发生以来，已有三十年之久；只归罪于给犯人脸上刺刻涂墨，这恰当吗？春秋时卫人征伐邢国，刚出兵天就下雨；邢国并无任何罪恶，怎么会感应上天？你毛玠讥刺诽谤的言论，已经流传到百姓当中；心怀不满的声音，魏王已有所闻。毛玠你说出这样的话，肯定不是一个人自言自语；当时你看见的脸上刺刻涂墨者，总共有几个人？这些脸上刺刻涂墨的人，你认识吗？你怎么会见到这些人，对他们发出感慨？当时你这些话是对谁说的？他是怎样回答的？是在几月几日？是在什么地方？事情已经暴露，不得隐瞒欺骗，要把一切情况交代出来！”

毛玠回答说：“我听说萧望之自杀，是因为石显的陷害；贾谊被贬到外地，是因为周勃、灌婴的谗言中伤；白起被迫自刎于杜邮；晁错被斩首于东市；伍员命断于吴都：这几位人士的遭遇，或者是有人妒忌，或者是有人暗害。我在少年时就做县政府的办事官员，长期勤勉工作而取得官职。我的职务处在中枢机要部门，牵涉到复杂的人事关系。如果有人以私情请托，他再有权势我也要加以拒绝；如果有人将冤屈告诉我，再细微的事件我也要申诉。人们贪图私利，受到法律禁止；谁要按照法律禁止谋取私利，有权势的人就可能陷害他。进谗言的小人就像苍蝇一样无端生事，对我进行诽谤；而诽谤我的，肯定不是其他人。过去王叔陈生与伯舆在朝廷上争辩曲直，范宣子进行评断，他叫双方举出证据；这样使是非曲直，表露得清清楚楚。《春秋》称赞此事，所以加以记载。我并没有说过这种诽谤朝廷的话，更谈不上什么时间、对象。说我说过，必定有证据事实。我请求得到范宣子那样的辨别，像王叔陈生那样与诬陷者对质。如果我以谎言报告，那么接受死刑的时候，我会把这当做送给我的安车、驷马；送来让我自杀的宝剑，我会把它视为重赏的恩惠。谨此对答如上。”

当时桓阶、和洽都进言营救毛玠，结果毛玠被免职废黜。后来他死在家中。太祖赐给棺木、钱和绢帛，授给他儿子毛机以郎中的官职。

徐奕，字季才，东莞县人。曾经到江东避难，孙策礼聘他为下属。他改名换姓，身着平民服装逃回原郡。

太祖曹操任司空，任命徐奕为下属，跟随西征马超。马超被打败，太祖军回返。当时关中刚刚被征服，还不十分安定。太祖留下徐奕任丞相长史，镇守安抚长安；长安人称颂他的威信。后转任雍州刺史。又回中央任丞相东曹掾。丁仪等人在当时很受宠信，都忌恨徐奕，而徐奕始终不向他们低头。后来徐奕又出任魏郡太守。太祖征讨孙权，调徐奕为留府长史，太祖对他说：“您的忠诚坦荡，即使古人也超不过您啊！但稍微有些过于严厉了。过去西门豹佩戴软皮带以警醒自己不要性急；能够以柔弱克制刚强，是我对您的期望。现在让您统管留守大事，我就不再有后顾之忧了！”

魏国建立之后，徐奕任尚书，又主持官员选任。升任尚书令。太祖征讨汉中时，魏讽等人图谋反叛，中尉杨俊因此被降职。太祖叹息说：“魏讽之所以敢于萌生叛乱的心思，是因为充当我爪牙的大臣们没有能遏制奸恶防备阴谋的人。怎样可以得到像从前诸葛丰那样的人，让他替代杨俊呢?”桓阶说：“徐奕就是个这样的人。”

太祖于是任命徐奕为中尉，下达手令说：“过去楚国有子玉在，晋文公因此担忧得不能正坐；汉朝有汲黯在，淮南王因此不敢谋反。《诗经》所说的‘国家主持正道的人’，说的就是您吧!”徐奕在中尉职位干了几个月，因病重请求退职，被授为谏议大夫，不久去世。

何夔，字叔龙，陈郡阳夏县人。他的曾祖父何熙，在汉安帝时官做到车骑将军。何夔幼年失去父亲，与母亲、哥哥一起生活，以孝顺友爱著称。他身高八尺三寸，容貌庄重严肃。曾经到淮南避乱。

后来袁术到了寿春，任命他为下属；何夔没有接受，却因此被袁术强迫留下。过了很久，袁术与桥蕤都去攻围蕲阳，蕲阳守军拥护太祖曹操而坚守城池。袁术因为何夔家乡与蕲阳县同郡，想胁迫他去游说蕲阳守军。何夔对袁术的谋臣李业说："过去柳下惠听说攻伐别国的计谋而产生忧虑，说：'我听说攻伐别国的事不会向仁者询问，这种话为什么要和我说呢！'"随即悄悄逃走，躲藏在潜山。袁术知道何夔终究不会为自己效力，这才不再追逼。袁术堂兄山阳太守袁遗的母亲，是何夔的堂姑妈，所以袁术虽然不满意何夔，却没有加害于他。

建安二年(公元197)，何夔计划回故乡；他估计袁术必定会急追，于是走小路才得脱身。第二年回到陈郡。

不久，大祖征召他任司空府的下属。这时有人传言说袁术军队发生动乱，太祖问何夔说："您认为这消息可信吗?"何夔回答说："上天所帮助的是那些顺从天意的人，人民所帮助的是那些能守信义的人。袁术没有守信义顺天意的实际行动，而盼望得到天、人二者的帮助，这就决定了他不可能得志于天下。丧失道义的上司，连亲戚都会背叛他，何况他手下的人呢？在我看来，袁术军中发生动乱是必然的！"太祖说："治理国家如果失去贤才只有灭亡。您得不到袁术的重用；他的内部发生动乱，不是很自然的吗！"太祖性情严厉，对于掾属所办的公事若不如意，往往用杖责打。何夔常常身藏毒药，誓死不受杖打的屈辱，因此始终没有挨打。

后来他外出担任城父县令。又调任长广郡太守。长广郡背山临海，黄巾军尚未平定；当地豪强大多举兵反叛，袁谭派人前去授给他们官位进行拉拢。长广县人管承，手下支持者有三千多家，为害一方。议论此事的人建议派军队去镇压他们。何夔说："管承等人并不是生来就喜欢作乱的：只是因为他们习惯了作乱，不能自拔；又没能受到道德教育，所以不知改恶从善。现在如果军队逼迫得很急，他害怕被朝廷消灭，必定全力死战；攻打既不容易拔除，即使胜了，也一定会造成官吏平民伤亡。不如慢慢地施加恩德而劝导他们，使他们有机会自己悔改，那样可以不劳动兵马而平定叛乱。”随即派遣郡丞黄珍前去，对他们讲述成败利害；管承等人都请求降服。何夔派遣下属成弘兼任校尉，会同长广县丞等到郊外迎接管承，送牛酒慰劳，一同到达郡太守府。牟平县叛乱者从钱，兵众也有几千，何夔率领郡兵与张辽一起讨伐平定了他们。东牟县人王营，兵众有三千多家，胁迫昌阳县一同作乱；何夔派遣下属王钦等，教授给他们计谋策略，让他们使对方离心分散：只用了个把月时间，这几起叛乱都被平定了。

这时太祖开始制订新的法规，颁发到各州、郡，并且下令征收租税绵绢。何夔认为长广郡刚刚建立，近来正处在战乱之后，不宜猛然间用严厉法规来要求。于是向朝廷上奏说：“长广郡自从董卓之乱以来，百姓流离失所；现在虽然稍微安定，但他们接受教化的日子太短。这次所颁布的新法规，都是用来申明惩罚强化法制，使政治整齐划一的。长广所管辖的六县，疆域刚刚划定，又加上饥荒；如果一下子都用法规禁令统一治理，恐怕会有些人不服从指令。不服从指令则不得不予以诛杀，那样就不是观民风而设教化，随时制宜的意思了。先代圣王对远近不同的九等地区，分别征收多少不等的赋税；制订轻中重不同的三种刑典，分别治理新国、平国和乱国；我认为长广这个郡属于较远的地域和新国，应该用轻的刑典来对待。那里民间发生的小纠纷，就让县级行政长官临时依据不同情况处理好了；这样做对上不违背正式的法典，对下又顺从了百姓的心意。待到三年左右，民众安居乐业；然后再施行统一的法律，就没有行不通的了。”太祖听从了何夔的意见。

后来他被召回中央，在丞相府参谋军事。海贼郭祖侵扰乐安、济南二郡地界，邻近地区深受其害。大祖因为何夔上次在长广郡很有威信，任命他为乐安郡太守。何夔到任几个月后，被郭祖侵占的城池全部平定。何夔奉调回到丞相府任东曹掾。他对太祖进言说：“自从您起兵以来，各种制度都处于草创阶段，用人时未能详细考察他们的本质；因此各人引荐他们的同党，有时忘记了应该以道德为先。我听说按贤德的高低授予官爵，百姓就重视道德；依功劳大小来制定俸禄，百姓就乐于立功。我认为从现在起在用人时，必须首先在其家乡进行考核，使得长幼顺着一定的次序，不能乱越位置。要对忠诚正直者公开奖赏，对奉公踏实者给以酬报，这样贤者与不肖之徒的区分，就自然清楚了。另外，可以制订惩治官员保举人才时故意弄虚作假的法令，主管官员同时也要承担失职的责任。在朝的大臣，临时接到您的指令有权与丞相府东曹共同选任官员者，必须各负其责。这样，上可以观察朝臣的节操，下可以堵塞追逐名利的本源；借以监督下级，统率民众。如能这样去做，那么天下人就幸运极了！”太祖认为这个建议很好。魏国建立后，何夔被任命为尚书仆射。

文帝曹丕为太子时，太祖让凉茂做太子的太傅，何夔做少傅；特别任命二傅和尚书台吏部曹、丞相府东曹一起，选任太子和诸侯的官属。凉茂去世，让何夔代替凉茂任太子太傅。每月初一日，太傅进宫见太子，太子端端正正穿好礼服向太傅敬礼；其他日子就没有会见的礼仪。何夔升任太仆，太子想要和他辞别，前一天晚上就下令准备酒菜；何夔没有前往赴会的意思，太子于是写信请他；何夔认为国家有一贯的制度，终究没有前往：他行为之端正就像这样。但是在当时节约俭省的风气中，何夔的生活却最为豪华奢侈。

文帝即帝位，封何夔为成阳亭侯，封邑三百户。后来何夔患病，屡次请求辞职。文帝下诏答复说：“礼敬贤者亲近老部下，是帝王经常要做的事。说到亲近，我在当太子时您有辅导的功勋；说到贤明，您又有纯洁坚定的美德。暗中积累德行的人一定会得到公开的酬报，现在您的病虽然没有痊愈，神明已经听到我的祝福将会保佑您。请您安心养病，以顺遂我的心意。”何夔去世，谥为靖侯。

何夔的儿子何曾继承爵位。他在咸熙年间任司徒。

邢颙，字子昂，河间国鄚县人。曾被本郡太守举荐为孝廉，又被司徒任命为下属，他都没有接受。他干脆改变姓名，到了右北平郡，与田畴交往。五年以后，太祖曹操平定了冀州；邢颙对田畴说：“黄巾军起事二十多年来，海内动乱不安，百姓流离失所。现在听说曹公法令严明；民众已经厌恶了动乱，动乱到了极点就要平定了。请让我先走一步。”随即收拾行装返回故乡。田畴说:“邢颙,是众人当中首先觉悟的人。”于是也来拜见太祖,请求做向导,从而攻克柳城。

太祖征召邢颙为冀州从事史,当时人称赞他说:“德行堂堂邢子昂。”朝廷任命他为广宗县长。因为原先举荐他为孝廉的郡太守死去,他弃官为其服丧,有关官员举报弹劾这件事。太祖说:“邢颙忠诚于过去的上司,有前后一致的节操。不必追究了。”后来他被太祖任命为司空府下属。又任行唐县令,他勉励百姓从事农桑,社会风气非常良好。邢颙入京,做丞相府的门下督。升任左冯翊,因患病而离职。

这时,太祖为各个封侯的儿子,高标准挑选侍从官属,下令说:“侯爵的下属,应该像邢颙那样见识深广而遵守法制的人。”于是任命邢颙为平原侯曹植的家丞。邢颙用礼节来警醒约束曹植,毫不放弃原则,因此二人关系不很融洽。平原侯的庶子刘桢写信劝告曹植说:“家丞邢颙,是北方的英才;少年时即秉持高尚的节操,性情安静淡泊,言少理多:真是一位雅士。刘桢实在不配当他的同僚,并列在您的左右。现今刘桢受到的礼遇很是优厚,邢颙反而被疏远怠慢。私下里恐怕旁观的人将会说您习惯于接近不肖之人,而对贤者礼遇不够;只喜欢刘桢我像春天花朵一般的外露文才,却忽略了邢颙如秋天果实一般的内在品德。为上司招来闲话,罪过不小,因此辗转反侧不能自安。”邢颙后来在丞相府参谋军事,转任丞相东曹掾。

当初,太子尚未确定;而临淄侯曹植受到宠幸,丁仪等人一同赞美曹植。太祖就此事询问邢颙,邢颙回答说:“以庶子代替嫡子,是前代的禁忌。希望殿下深思熟虑啊!”太祖懂了他的心思,后来就让邢颙做了太子少傅。又升为太子太傅。

文帝即位后,邢颙任侍中、尚书仆射,赐给关内侯爵位。又出任司隶校尉,转任太常。

邢颙在黄初四年(公元223)去世。他的爵位由儿子邢友继承。

鲍勋,字叔业,泰山郡东平阳县人。是汉朝司隶校尉鲍宣的第九代孙;鲍宣的后代有人从上党郡迁移到泰山郡,于是就在那里安了家。鲍勋的父亲鲍信,汉灵帝时任骑都尉,大将军何进曾派遣他到东方去招募士兵；后来鲍信任济北国相，协助太祖曹操，受伤阵亡。事情经过记载在本书《董卓传》、《武帝纪》中。

建安十七年(公元212)，太祖追记鲍信的功绩，上表请求封鲍勋的哥哥鲍邵为新都亭侯；任命鲍勋任丞相府下属。建安二十二年(公元217)，立曹丕为太子，太祖让鲍勋任太子的中庶子。调任黄门侍郎，出任魏郡西部都尉。太子郭夫人的弟弟，是曲周县吏，被查实认定偷盗了官府布匹，按法律应在闹市处死。太祖当时在谯县；太子留在邺县，几次亲自写信给处理此事的鲍勋，为妻弟求情。鲍勋不敢擅自释放，如实上报太祖。鲍勋先前在东宫任太子下属时，刚正不阿，太子本来就不喜欢他；加上现在这件事，对他的恼怒怨恨就更加厉害。碰上魏郡军队中回家休整的士兵有人过期不回，太子就秘密示意中尉上奏罢免鲍勋的官职。很长时间以后，鲍勋又任侍御史。

延康元年(公元220)，太祖去世；太子曹丕登上魏王位，鲍勋以驸马都尉的本职兼任侍中。文帝承受禅让登上帝位之后，鲍勋常常陈述说："当今的急务，就在于搞好军事、农业，优待百姓。修建皇家的楼台亭榭园林苑囿，应该放在以后再说。"

文帝将要出宫打猎，鲍勋拦住车子上奏说："为臣听说五帝三皇，无不明确根本树立教化，以孝道治理天下。陛下仁慈圣明具有恻隐之心，有如古代的明君。为臣希望您能效法前代的圣王，给万世留下可以效法的楷模。怎么能在居丧的期间，迷恋打猎的快乐呢？臣冒着死罪向您进言，希望陛下深思。"文帝亲手撕毁了鲍勋的奏章，竟自出猎而不顾。中途停下休息时，问身边侍臣说："打猎的快乐，比起听音乐怎么样？"侍中刘晔马上回答说："打猎比听音乐快乐。"鲍勋驳斥说："音乐，上能通达神明，下可调和人际关系，使政治兴隆达到天下太平，万邦安定。所以移风易俗，没有比音乐更好的了；何况打猎的事，要在原野中暴露帝王尊贵的身体，要损害生命繁衍的天理，迎风冒雨，不管时间是不是有空闲啊！过去鲁隐公到棠地去观看捕鱼，《春秋》讽刺了他。即使陛下把打猎当做急事，愚臣却不希望您这样做啊。"接着又上奏说："刘晔谄媚不忠，阿谀顺从陛下过分的玩笑话。过去梁丘据在遄台向齐侯献媚，刘晔就是这样的人。请主管官员议定他的罪名，以清理皇朝的官员队伍。”文帝恼怒得变了脸色，停止打猎返回，随即让鲍勋出宫任右中郎将。

黄初四年(公元223)，尚书令陈群、仆射司马宣王，一同举荐鲍勋为宫正；宫正就是御史中丞的别名。文帝不得已而任用了他，百官敬畏，无不规规矩矩。

黄初六年(公元225)秋天，文帝想要征讨孙吴，召集大臣开会讨论。鲍勋当面规劝说：“朝廷大军屡次出征而没能取胜的原因，是因为吴国、蜀国唇齿相依，凭借高山长江的阻隔，有难以攻拔的态势的缘故。往年陛下亲征时龙舟漂荡，被隔断在长江南岸；圣体遭遇危险，臣下心惊胆破。那时宗庙几乎倾覆，成为百代的鉴戒。现在又劳动大军袭击遥远的目标，每天耗费千金；朝廷财力空虚，使得狡黠的敌人得以逞弄威风。臣下认为不可。”文帝更加恼怒鲍勋，把他降职为治书执法。

文帝从寿春回还，驻军在陈留郡境内。郡太守孙邕看到大军到达，就出门去拜访鲍勋。当时大军的营垒还未建成，只划出标志和界限。孙邕斜着穿行营地，而没走正路，军营令史刘曜想要追究他的罪责；鲍勋认为营垒还没建成，让他不要举报。大军返回洛阳，刘曜犯了罪，鲍勋上奏要求将他废黜遣送回家。刘曜心中愤恨，秘密上表揭发鲍勋私下为孙邕开脱一事。文帝立即下诏：“鲍勋指鹿为马，马上逮捕交给廷尉！”

廷尉依法议决：“判处服劳役五年。”负责复议的廷尉三官驳回说：“依照律令，只应判处罚交金子二斤。”文帝大怒说：“鲍勋没有活命的可能，你们竟敢宽纵他！逮捕三官以下人员交付刺奸处治，要把你们一起处死！”太尉钟繇、司徒华歆、镇军大将军陈群、侍中辛毗、尚书卫臻、代理廷尉高柔等人，都上表说“鲍勋的父亲鲍信对太祖有功劳”，请求赦免鲍勋的死罪。文帝不许可，终于杀了鲍勋。

鲍勋内在的品行很好，廉洁而能慷慨施舍；死的时候，家里没有多余的财物。他被处死之后才二十天，文帝也去世了，没有人不为鲍勋叹息遗憾。

司马芝，字子华，河内郡温县人。少年时是个书生，到荆州躲避战乱。在鲁阳山遇到贼寇，一起赶路的人都丢弃老弱逃走，司马芝独自坐在那里守着老母亲。贼人来到后，用刀对着他；司马芝磕头说："我母亲年老，就拜托诸位了！"贼人说："这是个孝子啊！杀了他不义。"竟然得以免遭杀害。他用车推着母亲南下，在南方住了十多年，亲自耕种，坚守节操。

太祖曹操平定荆州后，让司马芝担任菅县县长。那时处在草创时期，人们多数都不遵守法纪。菅县境内的济南郡主簿刘节，是个出身于当地土著大族的豪强，有私家门客一千多家；在社会上抢掠百姓，在郡政府内扰乱吏治。不久，司马芝差遣刘节的门客王同等人服兵役。掾史依据过去的情况报告说："刘节家前后从未承担过兵役，如果到期王同等人藏匿起来，必定会给我们造成兵员滞留的罪责。"司马芝不听这一套，写信给刘节说："您是大族人家，加之在郡政府内任要职，但您的门客每次都不参加服兵役；不仅使众百姓怨恨失望，有时也会传给上面知道。现在我列名王同等人从军，希望按时派遣他们。"新兵已在郡里集中，而刘节果然藏起了王同等人，反倒还让督邮用战时的法令催促县府派兵上路。县掾史没有办法，只得请求让自己代替王同当兵。司马芝立即派人飞马向济南郡的上级政府呈报公文，详细报告了刘节的罪行。太守郝光素来敬重信任他，立即下令让刘节代替王同服役，青州人称司马芝竟能"以郡主簿当兵"。

后来司马芝升任广平县令。征虏将军刘勋，依仗地位尊贵受到太祖信任而骄横霸道，又曾经当过司马芝故乡河内郡的太守；他的宾客子弟在广平县境内多次犯法。刘勋给司马芝寄信，不署姓名，却常有人情请托；司马芝不予回信，把刘勋的犯法宾客子弟一律按刑律治罪。后来刘勋以图谋不轨的罪名被诛杀，与他有交往的人都连带治罪，而司马芝则以有远见而受到称赞。

司马芝后来升任大理正。有人偷盗了官府的丝绢藏在城中的公共厕所里面，官吏怀疑是一名女工干的，把她逮捕关了起来。司马芝说："惩治犯罪而产生的失误，在于苛刻暴虐。现在赃物先已获得而后审讯取口供，如果犯人经不住拷打，有可能导致无辜者屈打成招；这种情况下得到的口供，是不能用来判决案件的。况且法律简明而易于遵守，是圣明君主的教化原则；不放过有罪的人，只是政治状况中等的世道所采用的治理方法而已。现在饶恕被怀疑的人，以便建立简明而易遵守的原则，不也是可以的吗！”太祖听从了他的建议。

司马芝又历任甘陵、沛、阳平等郡的太守，在任职的地方都有政绩。

黄初年间，他入京任河南尹；抑制豪强扶助弱小，对私下请托不予理睬。碰上皇宫中的妃子想要请托司马芝办事，不敢直接向他开口，于是托司马芝妻子的伯父董昭说情；董昭也畏惧司马芝，不敢捎话。

司马芝曾给下属作指示说：“我作为主官能设立规矩，却不能做到使下属必定不去违犯；下属能够违犯规矩，却不能够使主官一定不知道。设下规矩而有人违犯，是主官无能；违犯规矩而让人知道，是下属的大灾祸。上面的主管无能，下面的下属有灾祸，这就是政事所以不能治理的原因。难道各位不应该好生自勉吗？”于是下属莫不自我勉励。

司马芝府中的门下循行曾经怀疑门幹偷盗自己的头簪，门幹不承认，有关官员将他拘捕下狱。司马芝说：“凡是事物互相类似而难于分别者，如果不是离娄那样眼光透彻的人，很少有不迷惑的。就这件事的实际情况而言，循行怎么忍心为了一支小小簪子，就轻易伤害您的同僚呢？还是压下这事别再追究了！”

明帝即位后，赐给司马芝关内侯的爵位。不久，特进曹洪一个名叫当的奶妈，与临汾公主的侍女，共同祭祀无涧神被拘捕入狱。卞太后派遣宦官，到司马芝府中传令要他放人，司马芝不向上报告；自行命令洛阳县监狱的官员，将犯人审讯处决，然后上疏说：“各种判处死罪的案件，本来都应当先上报，等待批复后再行刑。但是先前陛下曾下诏禁绝各种不合礼制的祭祀以纠正风俗。现在当等触犯了有关妖邪罪行的刑法，供词刚刚确定；黄门吴达就来到为臣这里，传达太皇太后的命令。臣下不敢上报，因为怕有人救护她们，急速向陛下求情；陛下如果不得已，只好下诏指示暂缓处决人犯，造成这样的后果就在于没有早点处决，是为臣的罪过。因此我才违犯常规制度，自行命令县吏审判后先行处决。由于擅自施行死刑，我静候陛下的诛杀惩罚。”明帝写手诏答复说:“看了上奏，明白了爱卿的一片至诚心意。您想要奉行诏书，所以使用权宜的办法，非常正确。这是您遵奉诏书的表现，哪里用得着道歉?以后黄门再去你处，也千万照此办理!”

司马芝任大理正十一年，多次对法律条文中不便使用的内容提出意见。他在公卿之间，坚持原则行事。碰上各亲王来京朝见，与京都人交往，司马芝因此获罪被免职。

后来他任大司农。在这以前，屯田官员各自安排指挥下属和屯田农民，纷纷从事商业和经济活动，获取利润。司马芝上奏说:“圣明君主治理天下，重视根本，抑制枝末，以农业为急务，视谷物为重要。《礼记》的《王制》说:‘没有三年的粮食储备，国家就不成其为国家。’《管子·区言》以积存谷物为急务。现今吴、蜀两个敌国尚未剿灭，军队没有休息;国家的首要大事，在于积存粮谷布帛。武皇帝特意设立屯田官员，专门从事农桑;建安年间，全国仓库充实，百姓富足。从黄初年间以来，听任各处的典农官员从事经济活动，各自为部下打算;实在不是国家大局所应当容许的。君主以天下为家，所以《论语·颜渊》上说:‘百姓不富足，君王又怎么能富足?’富足的由来，在于不错过天时而尽量利用地力。现在各屯田区经商所得，虽有加倍的明显利润;但是对于国家统一的大计，已有不可计算的损失，比不上多开垦一亩地所得到的收成。农民耕种田地，从正月里开始耕地播种，然后锄苗采桑，烧草种麦，收割打场，到了十月里才结束;又得修仓库架桥梁，运送租赋，清扫道路，整修住房:一年到头，无时不在为农事忙碌。现在各位屯田官员，各自说:‘留下的人代替出外经商的人耕田并缴纳租谷，是情势逼得不得不这样做。既然没有荒废农业，就说明确实一直就有余力。’愚臣认为不应该再让商业搞乱屯田区的秩序，屯田区应专门从事农桑，为国家更有利。”明帝听从了这个意见。

每当有上司召见司马芝的下属问话时，他常常先召集下属;帮助推断上司的意图，教给他们怎样答复解释的办法，事情的进行都像他估计的那样。

司马芝性情坦荡正直，不故意显示自己的品行端方。与宾客谈论时，凡有不满意的地方，就当面批评那人的短处，背后却不说别人的坏话。

司马芝死在官任上，家里没有多余的钱财。从魏朝到现在，做河南尹的人没有人能比得上司马芝。

司马芝死后，他的儿子司马岐继承了他的爵位。从河南丞转任廷尉正，升任陈留国相。关在梁郡狱中的囚犯，牵连面广，几年不能结案。皇帝下诏要求把这些案件转到司马岐下属的县里办理，县里请求预先制造监牢中用的囚禁用具。司马岐说："现在囚犯有几十人之多，供词难以串通作假，加之已经被拷打够了；案情的真实情况容易发现，怎么能够再把他们长久关在监狱中呢！"囚犯到了之后，司马岐一一审问，没有人敢于隐瞒欺诈；一下子就判决结案，司马岐因此被提拔为廷尉。

这时大将军曹爽专权，尚书何晏、邓飏等人做他的辅佐党羽。南阳郡人圭泰曾因言论违反了他们的意旨，被廷尉拘捕审问。邓飏亲自参加审讯，将要判圭泰重刑。司马岐几次对邓飏说："中枢机要大臣，是王室的辅佐；你们既不能辅助教化培养道德，与古人比美；却竟然发泄私忿，枉杀无辜。使百姓心中恐惧的，不是你们这种做法又是什么呢！"邓飏羞惭恼怒而离去。司马岐怕时间久了终究会被邓飏等人陷害，托病离职。

他在家里住了不到一年就死了，终年仅三十五岁。他的儿子司马肇继承了他的爵位。

评论说：徐奕、何夔、邢颙，高尚严厉，是当时的名流。毛玠素来清白公正，司马芝忠贞坦荡不偏不倚，都算得上是不欺软不怕硬的人。崔琰高尚的品格最为优秀，鲍勋秉持正义没有过错；但都不免于杀身之祸，可惜啊！《诗经·烝民》的诗句以"既能明白事理，又能适应形势"为贵，《尚书·尧典》推崇"刚直而又能够温和"；如果不是兼有各种优良品质的人才，又有谁能完全具备这些优点呢？

【三国志译注卷十三】　　魏志十三

钟繇华歆王朗传第十三

钟繇字元常[1]，颍川长社人也[2]。〔一〕尝与族父瑜俱至洛阳，道遇相者[3]，曰："此童有贵相，然当厄于水。努力慎之!"行未十里，度桥；马惊，坠水几死。瑜以相者言中，益贵繇；而供给资费，使得专学。举孝廉，〔二〕除尚书郎；阳陵令[4]，以疾去。辟三府[5]。为廷尉正、黄门侍郎。

是时，汉帝在西京，李傕、郭汜等乱长安中，与关东断绝。太祖领兖州牧，始遣使上书。〔三〕傕、汜等以为："关东欲自立天子，今曹操虽有使命，非其至实[6]。"议留太祖使，拒绝其意。繇说傕、汜等曰："方今英雄并起，各矫命专制，唯曹兖州乃心王室；而逆其忠款[7]，非所以副将来之望也[8]。"傕、汜等用繇言，厚加答报；由是太祖使命遂得通。

太祖既数听荀彧之称繇，又闻其说傕、汜，益虚心[9]。后傕胁天子，繇与尚书郎韩斌同策谋。天子得出长安，繇有力焉。

【注释】

〔1〕繇：音 yóu。〔2〕长社：县名。县治在今河南长葛市东北。〔3〕相者：看相的人。〔4〕阳陵：县名。县治在今陕西泾阳县东南。〔5〕三府：三公府。〔6〕至实：真实心意。〔7〕逆：拒绝。〔8〕将来：将要来归顺的人。〔9〕虚心：心里留下钟繇的位置。指印象深刻而有心招纳。

【裴注】

〔一〕《先贤行状》曰："钟皓字季明。温良笃慎，博学诗律，教授门生千有余人。为郡功曹，时太丘长陈寔，为西门亭长，皓深独敬异。寔少皓十七岁，常礼待与同分义。会辟公府，临辞，太守问：'谁可代君？'皓曰：'明府欲必得其人，西门亭长可用。'寔曰：'钟君似不察人为意，不知何独识我？'皓为司徒掾，公出，道路泥泞；导从恶其相洒，去公车绝远。公椎轼言：'司徒今日为独行耳！'还府向阁，铃下不扶；令揖掾属，公奋手不顾。时举府掾属，皆投劾出；皓为西曹掾，即开府门，分布晓语已出者，曰：'臣下不能得自直于君。若司隶举绳墨，以公失宰相之礼，又不胜任，诸君终身何所任邪？'掾属以故皆止。都官果移西曹掾，问空府去意；皓召都官吏，以现掾属名，示之，乃止。前后九辟三府。迁南乡、林虑长，不之官。时郡中先辈为海内所归者，苍梧太守定陵陈稚叔，故黎阳令颍阴荀淑及皓。少府李膺，常宗此三人，曰：'荀君清识难尚，陈、钟至德可师。'膺之姑为皓兄之妻，生子觐，与膺年齐，并有令名。觐又好学慕古，有退让之行。为童幼时，膺祖太尉修，言：'觐似我家性：国有道不废，国无道免于刑戮者也。'复以膺妹妻之。觐辟州宰，未尝屈就。膺谓觐曰：'孟轲以为人无好恶是非之心，非人也。弟于人，何太无皂白邪！'觐尝以膺之言白皓，皓曰：'元礼，祖公在位，诸父并盛，韩公之甥，故得然耳。国武子好招人过，以为怨本；今岂其时！保身全家，汝道是也。'觐早亡。膺虽荷功名，位至卿佐，而卒陨身世祸。皓年六十九，终于家。皓二子：迪、敷，并以党锢不仕。"繇，则迪之(孙)〔子〕。

〔二〕谢承《后汉书》曰："南阳阴修，为颍川太守，以旌贤擢俊为务。举五官掾张仲方正；察功曹钟繇、主簿荀彧、主记掾张礼、贼曹掾杜祐、孝廉荀攸、计吏郭图，为吏：以光国朝。"

〔三〕《世语》曰："太祖遣使从事王必，致命天子。"

拜御史中丞。迁侍中、尚书仆射；并录前功，封东武亭侯。

时关中诸将马腾、韩遂等，各拥强兵相与争。太祖方有事山东[1]，以关右为忧。乃表繇以侍中守司隶校尉，持节，督关中诸军，委之以后事；特使不拘科制[2]。

繇至长安，移书腾、遂等，为陈祸福；腾、遂各遣子入侍。太祖在官渡，与袁绍相持，繇送马二千余匹给军。太祖与繇书曰："得所送马，甚应其急。关右平定，朝廷无西顾之忧，足下之勋也。昔萧何镇守关中，足食成军，亦适当尔[3]。"

其后，匈奴单于作乱平阳，繇帅诸军围之，未拔。而袁尚所置河东太守郭援到河东，众甚盛，诸将议欲释之去。繇曰："袁氏方强，援之来，关中阴与之通；所以未悉叛者，顾吾威名故耳。若弃而去，示之以弱；所在之民，谁非寇仇？纵吾欲归，其得至乎？此为未战先自败也！且援刚愎好胜，必易吾军[4]；若渡汾为营，及其未济击之，可大克也。"张既说马腾会击援[5]，腾遣子超，将精兵逆之。援至，果轻渡汾[6]；众止之，不从。济水未半，击，大破之。[一]斩援，降单于[7]。语在《既传》。其后河东卫固作乱，与张晟、张琰及高幹等并为寇；繇又率诸将讨破之。[二]

自天子西迁，洛阳人民殚尽[8]；繇徙关中民，又招纳亡叛以充之，数年间民户稍实。太祖征关中，得以为资，表繇为前军师[9]。

魏国初建，为大理。迁相国。文帝在东宫，赐繇五熟釜[10]，为之铭曰[11]："于赫有魏，作汉藩辅。厥相惟钟[12]，实干心膂[13]。靖恭夙夜[14]，匪遑安处[15]。百僚师师[16]，楷兹度矩[17]。"〔三〕数年，坐西曹掾魏讽谋反[18]，策罢就第[19]。〔四〕

【注释】

〔1〕有事山东：忙于处理中原地区的事务。指消灭袁绍等割据势力。当时称崤山或华山以东的中原地区为山东。〔2〕不拘科制：不必拘泥于条例制度的限制。主要指处理公务时的上报审批程序。〔3〕亦适当尔：也正像这样。〔4〕易：轻视。〔5〕张既(？—公元223)：传见本书卷十五。〔6〕轻：轻率。〔7〕降单于：使单于投降。〔8〕殚尽：死亡流散光了。〔9〕前军师：官名。曹操的主要军事参谋。〔10〕五熟釜：内部分隔为五格因而可以同时煮熟五种食品的大锅。〔11〕铭：铸在铜器上面的铭文。通常是句式整齐而押韵的短文。〔12〕相：相国。钟：指钟繇。〔13〕实干心膂：确实算得上是心腹大臣。〔14〕靖恭：谦恭。〔15〕匪遑：没有空闲。〔16〕师师：效法。〔17〕楷：以之为楷模。〔18〕魏讽谋反：事见本书卷一《武帝纪》。〔19〕策罢：皇帝下达策书罢官。就第：回家。

【裴注】

〔一〕司马彪《战略》曰："袁尚遣高幹、郭援，将兵数万人，与匈奴单于寇河东。遣使与马腾、韩遂等连和，腾等阴许之。傅幹说腾曰：'古人有言："顺道者昌，逆德者亡。"曹公奉天子诛暴乱；法明国治，上下用命；有义必赏，无义必罚：可谓顺道矣。袁氏背王命；驱胡虏以陵中国，宽而多忌，仁而无断；兵虽强，实失天下心：可谓逆德矣。今将军既事有道，不尽其力，阴怀两端，欲以坐观成败；吾恐成败既定，奉辞责罪，将军先为诛首矣。'于是腾惧。幹曰：'智者转祸为福。今曹公与袁氏相持，而高幹、郭援独制河东；曹公虽有万全之计，不能禁河东之不危也。将军诚能引兵讨援，内外击之，其势必举。是将军一举，断袁氏之臂，解一方之急：曹公必重德将军。将军功名，竹帛不能尽载也。唯将军审所择！'腾曰：'敬从教！'于是遣子超，将精兵万余人，并将遂等兵，与繇会击援等，大破之。”

〔二〕《魏略》曰：“诏征河东太守王邑。邑以天下未定，心不愿征；而吏民亦恋邑，郡掾卫固及中郎将范先等，各诣繇求乞邑。而诏已拜杜畿为太守，畿已入界。繇不听先等，促邑交符。邑佩印绶，径从河北诣，自归。繇时治在洛阳，自以威禁失督司之法，乃上书自劾曰：‘臣前上言：故镇北将军领河东太守、安阳亭侯王邑，巧辟治官，犯突科条，事当推劾，检实奸诈。被诏书，当如所纠。以其归罪，故加宽赦。又臣上言：“吏民大小，各怀顾望，谓邑当还，拒太守杜畿；今皆反悔，其迎畿之官。”谨案文书：臣以空虚，被蒙拔擢，入充近侍，兼典机衡，忝膺重任，总统偏方。既无德政以惠民物，又无威刑以检不恪；至使邑违犯诏书，郡掾卫固诳迫吏民；讼诉之言，交驿道路；渐失其礼，不虔王命。今虽反悔，丑声流闻。咎皆由繇，威刑不摄。臣又疾病，前后历年，气力日微；尸素重禄，旷废职任，罪明法正。谨按侍中、守司隶校尉、东武亭侯钟繇，幸得蒙恩，以斗筲之才，仍见拔擢，显从近密，衔命督使。明知诏书深疾长吏政教宽弱，检下无刑；久病淹滞，众职荒顿，法令失张。邑虽违科，当必绳正法；既举文书，操弹失理；至乃使邑远诣阙廷，隳忝使命，挫伤爪牙。而固诳迫吏民，拒畿连月；今虽反悔，犯顺失正。海内凶赫，罪一由繇威刑暗弱；又繇久病，不任所职，非繇大臣当所宜为。繇轻慢宪度，不畏诏令，不与国同心；为臣不忠，无所畏忌，大为不敬；又不承用诏书，奉诏不谨；又聪明蔽塞，为下所欺，弱不胜任。数罪谨以劾，臣请法车征诣廷尉，治繇罪；大鸿胪削爵土。臣久婴笃疾，涉夏盛剧，命悬呼吸，不任部官。辄以文书付功曹从事马适议，免冠徒跣，伏须罪诛。’诏不听。”

〔三〕《魏略》曰：“繇为相国，以五熟釜鼎范，因太子铸之。釜成，太子与繇书曰：‘昔有黄三鼎，周之九宝；咸以一体使调一味，岂若斯釜五味时芳？盖鼎之烹饪，以飨上帝，以养圣贤；昭德祈福，莫斯之美。故非大人，莫之能造；故非斯器，莫宜盛德。今之嘉釜，有逾兹美。夫周之尸臣，宋之考父，卫之孔悝，晋之魏颗；彼四臣者，并以功德勒名钟鼎。今执事寅亮大魏，以隆圣化；堂堂之德，于斯为盛。诚太常之所宜铭，彝器之所宜勒。故作斯铭，勒之釜口。庶可赞扬洪美，垂之不朽。’”

臣松之按《汉书·郊祀志》：孝宣时，美阳得鼎，京兆尹张敞上议曰：“按鼎有刻书曰：‘王命尸臣，官此栒邑。（尸主事之臣栒音荀豳地）赐尔鸾旂，黼黻琱戈。尸臣拜手稽首曰：敢对扬天子丕显休命！’此殆周之所以褒赐大臣，（子孙）大臣子孙刻铭其先功，藏之于宫庙也。”考父铭见《左氏传》，孔悝铭在《礼记》，事显故不载。《国语》曰："昔克潞之役，秦来图败晋功，魏颗以其身(追)〔却退〕秦师于辅氏，亲止杜回；其勋铭于景钟，至于今不遗类，其子孙不可不兴也。"太子所称四铭者也。

《魏略》曰："后太祖征汉中，太子在孟津，闻繇有玉玦；欲得之而难公言，密使临淄侯，转因人说之。繇即送之。太子与繇书曰：'夫玉以比德君子，见美诗人。晋之垂棘，鲁之玙璠，宋之结绿，楚之和璞；价越万金，贵重都城；有称畴昔，流声将来。是以垂棘出晋，虞、虢双擒；和璧入秦，相如抗节。窃见玉书，称美玉"白若截肪，黑譬纯漆，赤拟鸡冠，黄侔蒸栗"。侧闻斯语，未睹厥状。虽德非君子，义无诗人；高山景行，私所慕仰。然四宝邈焉已远，秦、汉未闻有良匹。是以求之旷年，未遇厥真；私愿不果，饥渴未副。近见南阳宗惠叔称君侯昔有美玦，闻之惊喜，笑与抃俱。当自白书，恐传言未审；是以令舍弟子建，因荀仲茂转言鄙旨。乃不忽遗，厚见周称。邺骑既到，宝玦初至；捧跪发匣，烂然满目。猥以矇鄙之姿，得观希世之宝；不烦一介之使，不损连城之价；既有秦昭章台之观，而无蔺生诡夺之诳。嘉贶益腆，敢不钦承！'繇报书曰：'昔忝近任，并得赐玦。尚方耆老，颇识旧物；名其符采，必得处所。以为执事有珍此者，是以鄙之，用未奉贡；幸而纡意，实以悦怿。在昔和氏，殷勤忠笃；而繇待命，是怀愧耻。'"

〔四〕《魏略》曰："孙权称臣，斩送关羽。太子书报繇，繇答书曰：'臣同郡故司空荀爽言："人当道情。爱我者，一何可爱！憎我者，一何可憎！"顾念孙权，了更妩媚。'太子又书曰：'得报，知喜南方。至于荀公之清谈，孙权之妩媚；执书嗢噱，不能离手。若权复黠，当折以汝南许劭月旦之评。权优游二国，俯仰荀、许，亦已足矣。'"

文帝即王位，复为大理。及践阼，改为廷尉，进封崇高乡侯。迁太尉，转封平阳乡侯。时司徒华歆、司空王朗，并先世名臣。文帝罢朝，谓左右曰："此三公者，乃一代之伟人也；后世殆难继矣！"〔一〕

明帝即位，进封定陵侯；增邑五百，并前千八百户。迁太傅。繇有膝疾，拜起不便；时华歆亦以高年疾病，朝见，皆使载舆车[1]，虎贲舁上殿就坐[2]。是后三公有疾，遂以为故事〔3〕。

【注释】

〔1〕舆车：一种轻便的小车。〔2〕舁(yú)：抬。〔3〕故事：过去的事例。

【裴注】

〔一〕陆氏《异林》曰："繇尝数月不朝会，意性异常。或问其故，云：'常有好妇来，美丽非凡。'问者曰：'必是鬼物，可杀之！'妇人后往，不即前，止户外。繇问何以，曰：'公有相杀意。'繇曰：'无此。'乃勤勤呼之，乃入。繇意恨，有不忍之心，然犹斫之，伤髀。妇人即出，以新绵拭血竟路。明日使人寻迹之，至一大冢：木中有好妇人，形体如生人；著白练衫，丹绣裲裆；伤左髀，以裲裆中绵拭血。叔父清河太守说如此。"清河，陆云也。

初，太祖下令，使平议死刑可宫割者〔1〕。繇以为："古之肉刑，更历圣人〔2〕；宜复施行，以代死刑。"议者以为非悦民之道〔3〕，遂寝〔4〕。及文帝临飨群臣，诏谓："大理欲复肉刑〔5〕，此诚圣王之法。公卿当善共议。"议未定，会有军事，复寝。

太和中，繇上疏曰："大魏受命，继踪虞、夏。孝文革法〔6〕，不合古道。先帝圣德，固天所纵〔7〕，坟典之业〔8〕，一以贯之。是以继世，仍发明诏〔9〕；思复古刑，为一代法。连有军事，遂未施行。陛下远追二祖遗意〔10〕，惜斩趾可以禁恶〔11〕，恨入死之无辜〔12〕；使明习律令，与群臣共议；出本当右趾而入大辟者〔13〕，复行此刑。《书》云：'皇帝清问下民〔14〕，鳏寡有辞于苗〔15〕。'此言尧当除蚩尤、有苗之刑〔16〕，先审问于下民之有辞者也[17]。若今蔽狱之时[18]，讯问三槐、九棘、群吏、万民[19]。使如孝景之令[20]，其当弃市欲斩右趾者许之[21]。其黥、劓、左趾、宫刑者，自如孝文，易以髡、笞[22]。能有奸者，率年二十至四五十；虽斩其足，犹任生育[23]。今天下人少于孝文之世，下计所全[24]，岁三千人。张苍除肉刑[25]，所杀岁以万计；臣欲复肉刑，岁生三千人。子贡问能济民可谓仁乎[26]？子曰：'何事于仁[27]，必也圣乎[28]！尧、舜其犹病诸[29]！'又曰：'仁远乎哉[30]？我欲仁[31]，斯仁至矣[32]。'若诚行之，斯民永济。"

书奏，诏曰："太傅学优才高，留心政事；又于刑理深远。此大事，公卿群僚，善共平议。"

司徒王朗议，以为："繇欲轻减大辟之条，以增益刖刑之数[33]；此即起偃为竖[34]，化尸为人矣。然臣之愚，犹有未合微异之意。夫五刑之属[35]，著在科律；自有减死一等之法[36]，不死即为减。施行已久，不待远假斧凿于彼肉刑[37]，然后有罪次也[38]。前世仁者，不忍肉刑之惨酷，是以废而不用；不用以来，历年数百。今复行之，恐所减之文未彰于万民之目，而肉刑之问已宣于寇仇之耳[39]：非所以来远人也[40]。今可按繇所欲轻之死罪，使减死之髡(刖)〔刑〕[41]；嫌其轻者，可倍其居作之岁数[42]。内有以生易死不赀之恩[43]，外无以刖易钛骇耳之声[44]。"

议者百余人，与朗同者多。帝以吴、蜀未平，且寝。〔一〕

太和四年，繇薨。帝素服临吊[45]，谥曰成侯。〔二〕子毓嗣。初，文帝分毓户邑，封繇弟演及子劭、孙豫，列侯。

【注释】

〔1〕宫割：即宫刑。受此刑者男性割去生殖器，女性关在皇宫中做工而不准结婚。这里所说的“死刑可宫割者”，指死刑犯中情节较轻而可以用宫刑代替的情况。〔2〕更历圣人：历代的圣明君主也都实行过。〔3〕悦民：让人民高兴。当时的肉刑是黥面、割鼻、砍掉左脚或右脚，见到肉刑犯后会使人心中不愉快。〔4〕寝：搁置下来。〔5〕大理：指任大理的钟繇。〔6〕孝文革法：西汉孝文帝宣布废除肉刑，改用其他刑罚代替。详见《汉书》卷二十三《刑法志》。〔7〕纵：赐予。〔8〕坟典：指古代的文献。坟是三坟，传说为伏羲、神农、轩辕三皇时代的典籍。典是五典，传说为少昊、颛顼、高辛、唐尧、虞舜五帝时代的典籍。坟典之业即文化事业。〔9〕仍：频频。〔10〕二祖：指太祖曹操、高祖曹丕。〔11〕斩趾：砍脚。〔12〕恨：对事情感到遗憾。入死之无辜：指死刑犯中其实可以判处稍轻刑罚从而保住性命的那些人。〔13〕本当右趾：本来可以判处砍掉右脚的刑罚。大辟：死刑。〔14〕清问：详细询问。这两句出自《尚书·吕刑》。〔15〕有辞于苗：对有苗氏的刑罚有不满的话。〔16〕蚩尤：传说中古代东方九黎族的首领。有兄弟八十一人。后被轩辕黄帝击败杀死，见《史记》卷一《五帝本纪》。有苗：古代南方江淮流域的部族名。又叫三苗。简称苗。〔17〕审问：详细询问。〔18〕蔽狱：断案。〔19〕三槐：三公。九棘：九卿。〔20〕孝景：即刘启(前188—前141)。西汉皇帝。前157至前141年在位。他继续奉行汉文帝时的政治方针，平定吴、楚七国之乱，巩固中央集权，又改田赋十五税一为三十税一，减轻人民负担。以往把他和文帝时的统治并称为“文景之治”。事详《史记》卷十一、《汉书》卷五。〔21〕当弃市欲斩右趾者：被判处死刑中弃市这一等的犯人有愿意用砍右脚代替死刑的。〔22〕易以髡、笞：用髡刑和笞刑来代替。汉文帝废除肉刑，并规定：该判肉刑中黥面者，改为做苦工五年；该判肉刑中割鼻者，改为笞打三百下；该判肉刑中砍左脚者，改为笞打五百下。又曾宣布去除宫刑。分见《汉书》卷二十三《刑法志》、同书卷四十九《晁错传》。〔23〕任：能够。〔24〕下计：对自己所作建议的谦虚说

法。　全：全活性命。〔25〕张苍（？—前152）：河南郡阳武（今河南原阳县东南）人。秦时任御史。西汉初，由地方行政官员升到中央，在汉文帝时任丞相十五年。擅长天文历算，一百多岁时死。传见《史记》卷九十六、《汉书》卷四十二。　除肉刑：汉文帝废除肉刑，曾经由张苍与御史大夫冯敬联名提出以笞刑来替代的具体办法，所以钟繇这样说。汉代用来执行笞刑的刑具长五尺，宽一寸，厚半寸。犯人受刑三百次后，往往被打死，笞刑等于是死刑。汉文帝废除肉刑代之以笞刑的本意是想表示仁慈，结果反而造成犯人大量死亡，以致达到每年上万人之多。详见《汉书》卷二十三《刑法志》。〔26〕子贡（前520—？）：姓端木，名赐，字子贡。卫国人。孔子的学生。善于言辞，又有经商才能。传见《史记》卷六十七《仲尼弟子列传》。以下他与孔子的问答见于《论语·雍也》。〔27〕何事于仁：哪里只能算是仁道。〔28〕必也圣乎：一定属于最高的德泽。〔29〕其犹病诸：或许也难以做到。〔30〕仁远乎哉：仁难道离我们很远吗。〔31〕我欲仁：我要仁。〔32〕斯仁至矣：仁就来了。这三句出自《论语·述而》。孔子的言外之意，是说能不能做到仁完全看你本人愿不愿意去做。〔33〕刖（yuè）刑：砍脚的刑罚。〔34〕起僵为竖：让平卧的死人变成直立的活人。即起死回生之意。〔35〕五刑：曹魏制定的五大类刑罚。有死刑、髡刑、完刑、作刑、赎刑。每一类中又分若干种。见《晋书》卷三十《刑罚志》。〔36〕减死一等：比死刑低一等。指髡刑中的罚做苦工五年。〔37〕假：借助。〔38〕罪次：刑罚的档次。〔39〕问：消息。　寇仇：指吴、蜀二敌国。〔40〕来远人：让远方的人民前来归顺。〔41〕使减死之髡刑：让他们免于处死，改而承受髡刑中囚禁做苦工五年的刑罚。〔42〕居作：指被囚禁做苦工。〔43〕不赀（zī）：不可估量。〔44〕钛（dì）：古代的刑具，即足镣。这里指代髡刑。　骇耳：听起来令人吃惊。〔45〕素服：白色的丧服。

【裴注】

〔一〕袁宏曰："夫民心乐全而不能常全，盖利用之物悬于外，而嗜欲之情动于内也。于是有进取贪竞之行，希求放肆之事。进取不已，不能充其嗜欲，则苟且侥幸之所生也；希求无厌，无以惬其欲，则奸伪忿怒之所兴也。先王知其如此，而欲救其弊，或先德化以陶其心；其心不化，然后加以刑辟。《书》曰：'百姓不亲，五品不逊。汝作司徒，而敬敷五教。蛮夷猾夏，寇贼奸宄。汝作士，五刑有服。'然则德、刑之设，参而用之者也。三代相因，其义详焉。《周礼》：‘使墨者守门，劓者守关，宫者守内，刖者守囿。’此肉刑之制可得而论者也。荀卿亦云：‘杀人者死，伤人者刑，百王之所同，未有知其所由来者也。’夫杀人者死，而相杀者不已；是大辟可以惩未杀，不能使天下无杀也。伤人者刑，而害物者不息；是黥、劓可以惧未刑，不能使天下无刑也。故将欲止之，莫若先以德化；夫罪过彰著，然后入于刑辟；是将杀人者不必死，欲伤人者不必刑。纵而弗化，则陷于刑辟。故刑之所制，在于不可移之地。礼教则不然，明其善恶，所以潜劝其情，消之于未杀也；示之耻辱，所以内愧其心，治之于未伤也；故过微而不至于著，罪薄而不及于刑。终入罪辟者，非教化之所得也。故虽残一物之生，刑一人之体，是除天下之害，夫何伤哉？率斯道也，风化可以渐淳，刑罚可以渐少，其理然也。苟不能化其心，而专任刑罚；民失义方，动罹刑网；求世休和，焉可得哉？周之成、康，岂按三千之文而致刑措之美乎？盖德化渐渍，致斯有由也。汉初惩酷刑之弊，务宽厚之论；公卿大夫，相与耻言人过。文帝登朝，加以玄默。张武受赂，赐金以愧其心；吴王不朝，崇礼以训其失。是以吏民乐业，风流笃厚，断狱四百，几致刑措。岂非德刑兼用已然之效哉！世之欲言刑罚之用，不先德教之益，失之远矣！今大辟之罪，与古同制。免死以下，不过五岁；既释钳锁，复得齿于人伦。是以民无耻恶，数为奸盗，故刑徒多而乱不治也。苟教之所去，罚当其罪；一罹刀锯，没身不齿；邻里且犹耻之，而况于乡党乎？而况朝廷乎？如此，则夙沙、赵高之俦，无施其恶矣。古者察其言，观其行，而善恶彰焉。然则君子之去刑辟，固已远矣。过误不幸，则八议之所宥也。若夫卞和、史迁之冤，淫刑之所及也。苟失其道，或不免于大辟，而况肉刑哉！《汉书》：‘斩右趾，及杀人先自言告，吏坐受赇，守官物而即盗之，皆弃市。’此班固所谓当生而令死者也。今不忍刻截之惨，而安剿绝之悲；此最治体之所先，有国所宜改者也。”

〔二〕《魏书》曰：“有司议谥，以为：‘繇昔为廷尉，辨理刑狱，决嫌明疑，民无怨者，犹于、张之在汉也。’诏曰：‘太傅功高德茂，位为师保；论行赐谥，当先依此。兼叙廷尉于、张之德耳。’乃策谥曰‘成侯’。”

毓字稚叔。年十四，为散骑侍郎，机捷谈笑，有父风。

太和初，蜀相诸葛亮围祁山。明帝欲〔亲〕西征，毓上疏曰："夫策贵庙胜，功尚帷幄；不下殿堂之上，而决胜千里之外。车驾宜镇守中土，以为四方威势之援。今大军西征，虽有百倍之威；于关中之费，所损非一。且盛暑行师，诗人所重[1]。实非至尊动轫之时也[2]。"迁黄门侍郎。

时大兴洛阳宫室，车驾便幸许昌，天下当朝正许昌[3]。许昌逼狭，于城南以毡为殿，备设鱼龙曼延[4]，民疲劳役。毓谏，以为："水旱不时[5]，帑藏空虚[6]，凡此之类，可须丰年。"又上"宜复关内开荒地，使民肆力于农"。事遂施行。

正始中，为散骑(侍郎)〔常侍〕。大将军曹爽，盛夏兴军伐蜀；蜀拒守，军不得进。爽方欲增兵，毓与书曰："窃以为庙胜之策，不临矢石[7]；王者之兵，有征无战。诚以干戚可以服有苗[8]，退舍足以纳原寇[9]；不必纵吴汉于江关[10]，骋韩信于井陉也[11]。见可而进，知难而退，盖自古之政。惟公侯详之。"爽无功而还。后以失爽意，徙侍中。出为魏郡太守。爽既诛，入为御史中丞、侍中、廷尉。听君父已没[12]，臣子得为理谤[13]；及士为侯[14]，其妻不复配嫁[15]：毓所创也。

正元中，毌丘俭、文钦反[16]。毓持节，至扬、豫州班行赦令[17]，告谕士民。还为尚书。

诸葛诞反，大将军司马文王议自诣寿春讨诞[18]。会吴大将孙壹率众降，或以为："吴新有衅[19]，必不能复出军[20]。东兵已多[21]，可须后问[22]。"毓以为："夫论事料敌，当以己度人。今诞举淮南之地，以与吴国；孙壹所率，口不至千，兵不过三百：吴之所失，盖为无几。若寿春之围未解，而吴国之内转安，未可必其不出也〔23〕。”大将军曰：“善！”遂将毓行。〔一〕

淮南既平，为青州刺史，加后将军；迁都督徐州诸军事，假节；又转都督荆州。景元四年薨。追赠车骑将军，谥曰惠侯。子骏嗣。

毓弟会，自有传。

【注释】

〔1〕诗人：这里指《诗经》诗歌的作者。《诗经·六月》写了周王朝军队六月盛夏出征，每天只能行军三十里等情况。〔2〕轫：停车时塞在车轮下严防止车辆滑动的木头。动轫指出动。〔3〕朝正(zhēng)：正月初一日中央与地方官员朝见皇帝的仪式。〔4〕鱼龙曼延：古代一种杂技性质的大型表演。〔5〕不时：没有规律。意思是气候反常。〔6〕帑(tǎng)藏：国库。〔7〕不临矢石：指不需要动手作战。〔8〕干戚：盾牌和长斧。传说在虞舜时，有苗族不服从，舜没有派兵进攻，而是致力搞好内政，只在殿堂上象征性舞动了一下盾牌和长斧，有苗族就来归顺了。见《淮南子·齐俗训》。〔9〕舍：三十里的行军路程。原：先秦国名。在今河南济源市西北。前635年，晋文公出兵围攻原国，下令三天后晋军仍然攻不下原国城池，就解围撤退。三天后他果然履行诺言，原国敬佩晋文公讲信义，在晋军后撤三十里时主动投降。事见《左传》僖公二十五年。〔10〕吴汉(？—公元44)：字子颜。南阳郡宛县人。早年以贩马为业，新莽末年追随刘秀起兵，屡建战功。刘秀即位后，任大司马，封广平侯。率军进入益州消灭公孙述割据势力，名列东汉二十八名开国元勋之一。传见《后汉书》卷十八。江关：关隘名。在今重庆市原奉节县东长江北岸的赤甲山上，扼三峡西口。公元35年，吴汉率数万精兵由江关进入益州，攻灭公孙述。〔11〕井陉(xíng)：关隘名。在今河北井陉县北井陉山上。前204年，汉将韩信在此以兵数万，击破号称二十万众的赵国军队，俘赵王歇。事见《史记》卷九十二《淮阴侯列传》。〔12〕没：死亡。〔13〕理谤：申冤。〔14〕士：这里指专门承担兵役的士家。〔15〕配嫁：官方代为选配对

象让寡妇再嫁。当时社会中男多女少，为了促进人口增长，官方采取强制寡妇再嫁的措施。选配的对象中，军队将士又是重点，这样既能保证将来的兵源，又可稳定军心。〔16〕文钦(？—公元258)：事附本书卷二十八《毌丘俭传》和《诸葛诞传》。〔17〕豫州：州名。治所在今河南正阳县东北。〔18〕司马文王：指司马昭。〔19〕有衅：内部出问题。指孙壹从孙吴前来投奔曹魏。〔20〕出军：指出兵援救诸葛诞。〔21〕东兵：指曹魏在淮南一带的驻军。〔22〕须后问：等待稍后的消息。〔23〕必：肯定。

【裴注】

〔一〕臣松之以为：诸葛诞举淮南以与吴，孙壹率三百人以归魏。谓吴“有衅”，本非有理之言；毓之此议，盖何足称耳！

华歆字子鱼，平原高唐人也。高唐为齐名都[1]，衣冠无不游行市里[2]。歆为吏，休沐出府[3]，则归家阖门。议论持平，终不毁伤人。〔一〕同郡陶丘洪亦知名，自以明见过歆[4]。时王芬与豪杰谋废灵帝。语在《武纪》。〔二〕芬阴呼歆、洪共定计，洪欲行，歆止之曰：“夫废立大事，伊、霍之所难[5]。芬性疏而不武[6]，此必无成，而祸将及族。子其无往！”洪从歆言而止。后芬果败，洪乃服。

举孝廉，除郎中。病，去官。灵帝崩，何进辅政，征河南郑泰、颍川荀攸及歆等。歆到，为尚书郎。董卓迁天子长安，歆求出为下邽令[7]；病不行，遂从蓝田至南阳。〔三〕

时袁术在穰，留歆。歆说术，使进军讨卓，术不能用。歆欲弃去，会天子使太傅马日磾安集关东，日磾辟歆为掾。东至徐州，诏即拜歆豫章太守；以为政清静不

烦[8]，吏民感而爱之。〔四〕

孙策略地江东，歆知策善用兵，乃幅巾奉迎[9]。策以其长者，待以上宾之礼。〔五〕

后策死。太祖在官渡，表天子征歆。孙权欲不遣，歆谓权曰："将军奉王命，始交好曹公，分义未固[10]。使仆得为将军效心[11]，岂不有益乎？今空留仆，是为养无用之物：非将军之良计也。"权悦，乃遣歆。宾客旧人送之者千余人，赠遗数百金。歆皆无所拒，密各题识[12]；至临去，悉聚诸物，谓诸宾客曰："本无拒诸君之心，而所受遂多。念单车远行，将以怀璧为罪[13]。愿宾客为之计[14]。"众乃各留所赠，而服其德。

歆至，拜议郎，参司空军事。入为尚书。转侍中，代荀彧为尚书令。太祖征孙权，表歆为军师。魏国既建，为御史大夫。

【注释】

〔1〕名都：名城。〔2〕衣冠：指官员和社会名流。　游行：游逛。〔3〕休沐：休息和沐浴。当时官员每隔一定时间要放假回家休息沐浴，叫休沐或休。〔4〕明见：对事物的洞察和判断。〔5〕伊：指伊尹。伊尹曾放逐商王太甲。　霍：指霍光（？—前68），字子孟。河东郡平阳（今山西临汾市西南）人。西汉昭帝时任大司马、大将军，封博陆侯，执掌朝政。昭帝死，他先迎立昌邑王刘贺为帝，不久废刘贺，改立宣帝。前后执政二十年，减轻民众负担，有利生产发展。传见《汉书》卷六十八。〔6〕疏：粗疏。　不武：没有军事才能。〔7〕下邽：县名。县治在今陕西渭南市东北。〔8〕以：由于。〔9〕幅巾：包头的头巾。东汉末年以来，士大夫在平时喜欢以幅巾包头而不戴冠帽，认为这是风雅的装束。〔10〕分义：情分和关系。〔11〕效心：表达心意。〔12〕题识：写上标记。〔13〕怀璧为罪：《左传》桓公十年记载谚语："匹夫无罪，怀璧其罪。"意思是平民百姓携带一块珍贵的玉璧，即使他

没有任何罪过，那些贪图他玉璧的人，也会给他硬栽上罪过。〔14〕为之计：为这想想办法。

【裴注】

〔一〕《魏略》曰："歆与北海邴原、管宁，俱游学。三人相善，时人号三人为'一龙'：歆为龙头，原为龙腹，宁为龙尾。"臣松之以为：邴根矩之徽猷懿望，不必有愧华公；管幼安含德高蹈，又恐弗当为尾。《魏略》此言，未可以定其先后也。

〔二〕《魏书》称芬"有大名于天下"。

〔三〕华峤《谱叙》曰："歆，少以高行显名。避西京之乱，与同志郑泰等六七人，间步出武关。道遇一丈夫独行，愿得俱，皆哀欲许之。歆独曰：'不可。今已在危险之中，祸福患害，义犹一也。无故受人，不知其义。既已受之，若有进退，可中弃乎！'众不忍，卒与俱行。此丈夫中道堕井，皆欲弃之。歆曰：'已与俱矣，弃之不义。'相率共还，出之，而后别去。众乃大义之。"

〔四〕《魏略》曰："扬州刺史刘繇死，其众愿奉歆为主。歆以为因时擅命，非人臣之宜；众守之连月，卒谢遣之，不从。"

〔五〕胡冲《吴历》曰："孙策击豫章，先遣虞翻说歆。歆答曰：'歆久在江表，常欲北归；孙会稽来，吾便去也。'翻还报策，策乃进军。歆葛巾迎策，策谓歆曰：'府君年德名望，远近所归；策年幼稚，宜修子弟之礼。'便向歆拜。"华峤《谱叙》曰："孙策略有扬州，盛兵徇豫章，一郡大恐。官属请出郊迎，教曰：'无然。'策稍进，复白发兵，又不听。及策至，一府皆造阁，请出避之。乃笑曰：'今将自来，何遽避之？'有顷，门下白曰：'孙将军至！'请见，乃前，与歆共坐，谈议良久，夜乃别去。义士闻之，皆长叹息而心自服也。策遂亲执子弟之礼，礼为上宾。是时四方贤士大夫避地江南者，甚众，皆出其下，人人望风。每策大会，坐上莫敢先发言；歆时起更衣，则论议喧哗。歆能剧饮，至石余不乱。众人微察，常以其整衣冠为异。江南号之曰'华独坐'。"虞溥《江表传》曰："孙策在椒丘，遣虞翻说歆。翻既去，歆请功曹刘壹入议。壹劝歆住城，遣檄迎军。歆曰：'吾虽刘刺史所置；上用，犹是剖符吏也。今从卿计，恐死有余责矣。'壹曰：'王景兴既汉朝所用，且尔时会稽人众盛强，犹见原恕；明府何虑？'于是夜逆作檄，明旦出城，遣吏赍迎。策便进军，与歆相见。待以上宾，接以朋友之礼。"

孙盛曰："夫大雅之处世也，必先审隐显之期，以定出处之分；否则括囊以保其身，泰则行义以达其道。歆既无夷、皓韬邈之风，又失王臣匪躬之操；故挠心于邪儒之说，交臂于陵肆之徒；位夺于一竖，节堕于当时。昔许、蔡失位，不得列于诸侯；州公实来，鲁人以为贱耻：方之于歆，咎孰大焉！"

文帝即王位，拜相国，封安乐乡侯。及践阼，改为司徒。〔一〕歆素清贫，禄赐以赈施亲戚故人，家无担石之储[1]。公卿尝并赐没入生口[2]，唯歆出而嫁之。帝叹息，〔二〕下诏曰："司徒，国之俊老，所与和阴阳、理庶事也。今太官重膳[3]，而司徒蔬食，甚无谓也。[4]"特赐御衣，及为其妻子男女皆作衣服。〔三〕

三府议："举孝廉，本以德行，不复限以试经[5]。"歆以为："丧乱以来，六籍堕废[6]；当务存立[7]，以崇王道。夫制法者，所以经盛衰[8]。今听孝廉不以经试，恐学业遂从此而废。若有秀异，可特征用。患于无其人，何患不得哉！"帝从其言。

黄初中，诏公卿举独行君子；歆举管宁，帝以安东征之。

【注释】

〔1〕担石：形容粮食不多。十斗为一石，两石为一担。担又作儋。〔2〕没入生口：变成官府奴隶的男女人口。〔3〕太官：负责皇帝膳食的机构。这里指皇帝的膳食。　重膳：多种菜肴。〔4〕无谓：不合适。〔5〕试经：测试儒家经典的知识水平。郡国所举的孝廉到京后要试经，始于东汉，当时称为"诸生试家法"。家法是老师传习下来的儒经学问，带有门派性质。〔6〕六籍：即六经。〔7〕务存立：致力于儒学的保存和振兴。〔8〕所以：用以。

【裴注】

〔一〕《魏书》曰："文帝受禅，歆登坛，相仪，奉皇帝玺绶，以成受命之礼。"华峤《谱叙》曰："文帝受禅，朝臣三公以下，并受爵位。歆以形色忤时，徙为司徒，而不进爵。魏文帝久不怿，以问尚书令陈群曰：'我应天受禅，百辟群后，莫不人人悦喜，形于声色；而相国及公独有不怡者，何也？'群起，离席长跪，曰：'臣与相国，曾臣汉朝，心虽悦喜，义形其色；亦惧陛下实应且憎。'帝大悦，遂重异之。"

〔二〕孙盛曰："盛闻庆赏威刑，必宗于主；权宜宥恕，出自人君。子路私馈，仲尼毁其食器；田氏盗施，《春秋》著以为讥。斯褒贬之成言，已然之显义也。孥戮之家，国刑所肃；受赐之室，乾施所加；若在哀矜，理无偏宥。歆居股肱之任，同元首之重，则当公言皇朝，以彰天泽；而默受嘉赐，独为君子；既犯作福之嫌，又违必去之义。可谓匹夫之仁，蹈道则未也。"

《魏书》曰："歆性周密，举动详慎。常以为人臣陈事，务以讽谏合道为贵；就有所言，不敢显露：故其事多不见载。"华峤《谱叙》曰："歆淡于财欲，前后宠赐，诸公莫及，然终不殖产业。陈群常叹曰：'若华公，可谓通而不泰，清而不介者矣。'"《傅子》曰："敢问今之君子？曰：'袁郎中积德行俭，华太尉积德居顺；其智可及也，其清不可及也。事上以忠，济下以仁；晏婴、行父，何以加诸？'"

〔三〕《魏书》曰："又赐奴婢五十人。"

明帝即位，进封博平侯；增邑五百户，并前千三百户。转拜太尉，〔一〕歆称病乞退，让位于宁。帝不许。临当大会，乃遣散骑常侍缪袭[1]，奉诏喻指曰[2]："朕新莅庶事，一日万机。惧听断之不明，赖有德之臣，左右朕躬；而君屡以疾辞位。夫量主择君，不居其朝；委荣弃禄，不究其位[3]；古人固有之矣，顾以为周公、伊尹则不然[4]。洁身徇节[5]，常人为之，不望之于君。君其力疾就会，以惠予一人。将立席几筵，命百官总己[6]；以须君到，朕然后御坐。"又诏袭："须歆必起，乃还。”歆不得已，乃起。

【注释】

〔1〕缪袭(公元186—245)：传附本书卷二十一《刘劭传》。〔2〕喻指：表达意思。〔3〕究：终。〔4〕顾：不过。〔5〕徇节：追求节操的高尚。〔6〕总己：这里指约束自己，恭敬等待。

【裴注】

〔一〕《列异传》曰：“歆为诸生时，尝宿人门外。主人妇，夜产。有顷，两吏诣门，便辟易却，相谓曰：‘公在此。’踌躇良久，一吏曰：‘籍当定，奈何得住？’乃前向歆拜，相将入。出，并行，共语曰：‘当与几岁？’一人曰：‘当三岁。’天明，歆去。后欲验其事，至三岁，故往问儿消息，果已死。歆乃自知当为公。”

臣松之按《晋阳秋》，说魏舒少时寄宿事，亦如之；以为理无二人俱有此事，将由传者不同。今宁信《列异》。

太和中，遣曹真从子午道伐蜀，车驾东幸许昌。歆上疏曰：“兵乱以来，过逾二纪[1]。大魏承天受命，陛下以圣德当成、康之隆[2]；宜弘一代之治，绍三王之迹[3]。虽有二贼负险延命，苟圣化日跻，远人怀德，将襁负而至。夫兵，不得已而用之，故戢而时动[4]。臣诚愿陛下先留心于治道，以征伐为后事。且千里运粮，非用兵之利；越险深入，无独克之功[5]。如闻今年征役[6]，颇失农桑之业[7]。为国者以民为基，民以衣食为本。使中国无饥寒之患[8]，百姓无离土之心，则天下幸甚；二贼之衅，可坐而待也。臣备位宰相[9]，老病日笃，犬马之命将尽；恐不复奉望銮盖[10]，不敢不竭臣子之怀：唯陛下裁察。”

帝报曰："君深虑国计，朕甚嘉之。贼凭恃山川，二祖劳于前世，犹不克平；朕岂敢自多[11]，谓必灭之哉！诸将以为，不一探取[12]，无由自弊；是以观兵，以窥其衅。若天时未至，周武还师[13]，乃前事之鉴。朕敬不忘所戒。"时秋大雨，诏真引军还。

太和五年，歆薨。谥曰敬侯。〔一〕子表嗣。初，文帝分歆户邑，封歆弟缉列侯。表，咸熙中为尚书。〔二〕

【注释】

〔1〕纪：十二年为一纪。〔2〕成：指周成王。　康：指周康王。名钊。成王的儿子。在位时继续奉行成王的政策，形成"成康之治"。事见《史记》卷四《周本纪》。〔3〕三王：指夏禹、商汤和周武王。〔4〕时动：要到适当时候才动用。〔5〕独克：全胜。〔6〕如闻：听说。〔7〕失：耽误。〔8〕中国：这里指曹魏统治的中原地区。〔9〕宰相：辅政大臣。〔10〕銮盖：皇帝礼仪专车的车盖。奉望銮盖指侍奉皇帝。〔11〕自多：自以为了不起。〔12〕一探取：尝试进攻一下。〔13〕周武还师：周武王第一次进攻殷纣王，出函谷关到达孟津，前来会合的有八百位诸侯。武王认为天时未到，撤军回国。事见《史记》卷四《周本纪》。

【裴注】

〔一〕《魏书》云："歆，时年七十五。"

〔二〕华峤《谱叙》曰："歆有三子：表，字伟容。年二十余，为散骑侍郎。时同僚诸郎，共平尚书事，年少，并兼厉锋气，要(君)名誉。尚书事至，或有不便，故遗漏不视；及传书者去，即入深文论驳。惟表不然，事来有不便，辄与尚书共论尽其意；主者固执，不得已，然后共奏议。司空陈泰等，以此称之。仕晋，历太子少傅、太常。称疾致仕，拜光禄大夫。性清淡，常虑天下退理。司徒李胤、司隶王(密)〔弘〕等常称曰：'若此人者，不可得而贵，不可得而贱，〔不可得而亲〕，不可得而疏。'中子博，历三县，内史，治有名迹。少子周，黄门侍郎、常山太守。博学有文思。中年遇疾，终于家。表有三子：长子廙，字长骏。

《晋诸公赞》曰：‘廙有文翰。’历位尚书令、太子少傅；追赠光禄大夫、开府。峤字叔骏。有才学，撰《后汉书》，世称为良史。为秘书监、尚书。澹字玄骏。最知名，为河南尹。廙三子：昆字敬伦，清粹有检，为尚书；荟字敬叔，《世语》称荟贵正；恒字敬则，以通理称。昆，尚书；荟，河南尹；恒，左光禄大夫、开府。澹子轶，字彦夏。有当世才志，为江州刺史。”

王朗字景兴，东海（郡）〔郯〕人也。以通经[1]，拜郎中。除菑丘长。师太尉杨赐[2]；赐薨，弃官行服[3]。举孝廉，辟公府，不应。徐州刺史陶谦，察朗茂才。

时汉帝在长安，关东兵起。朗为谦治中，与别驾赵昱等说谦曰：“《春秋》之义，求诸侯莫如勤王[4]。今天子越在西京[5]，宜遣使奉承王命。”谦乃遣昱，奉章至长安。天子嘉其意，拜谦安东将军；以昱为广陵太守，朗会稽太守。〔一〕

孙策渡江略地。朗功曹虞翻以为力不能拒[6]，不如避之。朗自以身为汉吏，宜保城邑，遂举兵与策战；败绩，浮海至东冶[7]。策又追击，大破之，朗乃诣策。策以〔其〕儒雅，诘让而不害[8]。〔二〕虽流移穷困，朝不谋夕，而收恤亲旧，分多割少，行义甚著。

太祖表征之。朗自曲阿辗转江海[9]，积年乃至；〔三〕拜谏议大夫，参司空军事。〔四〕魏国初建，以军祭酒领魏郡太守。迁少府、奉常、大理。务在宽恕，罪疑从轻[10]；钟繇，明察当法：俱以治狱见称[11]。〔五〕

【注释】

〔1〕通经：通晓儒经。东汉选拔人才有“明经”一科，应选者必须通晓儒经，但不是定期进行。〔2〕杨赐(？—公元185)：字伯献。弘农郡华阴(今陕西华阴市东北)人。出自东汉的儒学名家。祖父杨震、父亲杨秉都曾任三公，以刚直清廉闻名。杨赐少传家学，当过东汉灵帝的儒学导师，先后五次出任三公职务，为官也有祖、父的风格。传附《后汉书》卷五十四《杨震传》。〔3〕行服：穿孝服居丧。〔4〕勤王：起兵救援天子。这句话出自《左传》僖公二十五年。〔5〕越：流亡。〔6〕虞翻：传见本书卷五十七。〔7〕东冶：县名。县治在今福建福州市。〔8〕诘让：质问责备。〔9〕曲阿：县名。县治在今江苏丹阳市。〔10〕罪疑：犯罪情节有疑问的。〔11〕治狱：审判案件。

【裴注】

〔一〕《朗家传》曰：“会稽旧祀秦始皇；刻木为像，与夏禹同庙。朗到官，以为无德之君，不应见祀，于是除之。居郡四年，惠爱在民。”

〔二〕《献帝春秋》曰：“孙策率军如闽、越，讨朗。朗泛舟浮海，欲走交州；为兵所逼，遂诣军降。策令使者诘朗曰：‘问逆贼故会稽太守王朗：朗受国恩当官，云何不惟报德，而阻兵安忍？大军征讨，幸免枭夷；不自扫屏，复聚党众，屯住郡境。远劳王诛，卒不悟顺。捕得云降，庶以欺诈；用全首领，得尔与不？具以状对。’朗称‘禽虏’，对使者曰：‘朗以琐才，误窃朝私；受爵不让，以遘罪网。前见征讨，畏死苟免；因治人物，寄命须臾。又迫大兵，惶怖北引。从者疾患，死亡略尽；独与老母，共乘一櫂。流矢始交，便弃櫂就俘，稽颡自首于征役之中。朗惶惑不达，自称降虏。缘前迷谬，被诘惭惧。朗愚浅驽怯，畏威自惊；又无良介，不早自归。于破亡之中，然后委命下隶。身轻罪重，死有余辜。申脰就鞅，蹴足入绊，叱咤听声，东西惟命。’”

〔三〕朗被征，未至；孔融与朗书曰：“世路隔塞，情问断绝，感怀增思。前见章表，知寻汤、武罪己之迹，自投东裔同鲧之罚；览省未周，涕陨潸然！主上宽仁，贵德宥过；曹公辅政，思贤并立。策书屡下，殷勤款至。知棹舟浮海，息驾广陵，不意黄熊，突出羽渊也。谈笑有期，勉行自爱！”《汉晋春秋》曰：“孙策之始得朗也，谴让之。使张昭私问朗，朗誓不屈。策忿而不敢害也，留置曲阿。建安三年，太祖表征朗，策遣之。太祖问曰：‘孙策，何以得至此邪？’朗曰：‘策，勇冠一世，有俊才大志。张子布，民之望也，北面而相之；周公瑾，江淮之杰，攘臂而为其将。谋而有成，所规不细：终为天下大贼，非徒狗盗而已。’”

〔四〕《朗家传》曰：“朗，少与沛国名士刘阳交友。阳为莒令，年三十而卒，故后世鲜闻。初，阳以汉室渐衰，知太祖有雄才，恐为汉累，意欲除之而事不会。及太祖贵，求其嗣子，甚急。其子惶窘，走伏无所。阳亲旧虽多，莫敢藏者。朗乃纳受，积年；及从会稽还，又数开解。太祖久乃赦之，阳门户由是得全。”

〔五〕《魏略》曰：“太祖请同会，啁朗曰：‘不能效君昔在会稽折秔米饭也！’朗仰而叹曰：‘宜适难值！’太祖问：‘云何？’朗曰：‘如朗昔者，未可折而折；如明公今日，可折而不折也。’太祖以孙权称臣遣贡，咨朗。朗答曰：‘孙权前笺，自诡躬讨虏以补前愆；后疏称臣，以明无二。牙兽屈膝，言鸟告欢；明珠、南金，远珍必至。情见乎辞，效著乎功。三江五湖，为沼于魏；西吴东越，化为国民。鄢、郢既拔，荆门自开；席卷巴、蜀，形势已成。重休累庆，杂沓相随。承旨之日，抚掌击节：情之蓄者，辞不能宣！’”

文帝即王位。迁御史大夫，封安陵亭侯。上疏劝育民省刑曰：“兵起以来，三十余年；四海荡覆，万国殄瘁。赖先王芟除寇贼，扶育孤弱；遂令华夏，复有纲纪〔1〕。鸠集兆民〔2〕，于兹魏土；使封鄙之内〔3〕，鸡鸣狗吠，达于四境；蒸庶欣欣，喜遇升平。今远方之寇未宾〔4〕，兵戎之役未息；诚令复除足以怀远人〔5〕，良宰足以宣德泽〔6〕；阡陌咸修〔7〕，四民殷炽〔8〕；必复过于曩时而富于平日矣。《易》称‘敕法〔9〕’，《书》著‘祥刑〔10〕’；‘一人有庆〔11〕，兆民赖之’：慎法狱之谓也。昔曹相国以狱市为寄〔12〕，路温舒疾治狱之吏〔13〕。夫治狱者得其情，则无冤死之囚；丁壮者得尽地力，则无饥馑之民；穷老者得仰食仓廪〔14〕，则无馁饿之殍〔15〕；嫁娶以时，则男女无怨旷之恨；胎养必全，则孕者无自伤之哀；新生必复〔16〕，则孩者无不育之累；

壮而后役，则幼者无离家之思；二毛不戎[17]，则老者无顿伏之患[18]。医药以疗其疾，宽繇以乐其业，威罚以抑其强，恩仁以济其弱，赈贷以赡其乏：十年之后，既笄者必盈巷[19]；二十年之后，胜兵者必满野矣。”

及文帝践阼，改为司空，进封乐平乡侯。〔一〕时帝颇出游猎，或昏夜还宫。朗上疏曰：“夫帝王之居，外则饰周卫[20]，内则重禁门[21]；将行则设兵而后出幄，称警而后践墀[22]；张弧而后登舆[23]，清道而后奉引[24]；遮列而后转毂[25]，静室而后息驾[26]：皆所以显至尊，务戒慎，垂法教也。近日车驾出临捕虎，日昃而行[27]，及昏而反；违警跸之常法，非万乘之至慎也。”

帝报曰：“览表。虽魏绛称虞箴以讽晋悼[28]，相如陈猛兽以戒汉武[29]，未足以喻。方今二寇未殄，将帅远征，故时入原野以习戎备。至于夜还之戒，已诏有司施行。”〔二〕

初，建安末，孙权始遣使称藩，而与刘备交兵。诏议“当兴师与吴并取蜀不?”朗议曰：“天子之军，重于华、岱[30]；诚宜坐曜天威，不动若山。假使权亲与蜀贼相持，搏战旷日，智均力敌，兵不速决，当须军兴以成其势者；然后宜选持重之将，承寇贼之要，相时而后动[31]，择地而后行，一举更无余事。今权之师未动，则助吴之军无为先征[32]；且雨水方盛，非行军动众之时。”帝纳其计。

【注释】

〔1〕纲纪：秩序。〔2〕鸠集：召集。〔3〕封鄙：疆界。〔4〕宾：归服。〔5〕复除：对租赋徭役的免除。　怀远人：让远方的人归心。〔6〕良宰：好的地方治民官员。〔7〕阡陌：指农田。〔8〕四民：指士、农、工、商。　殷炽：众多。〔9〕敕法：整理法律条文。语出《周易·噬嗑卦》的彖辞。〔10〕祥刑：善于用刑。语出《尚书·吕刑》。〔11〕一人：指在位的帝王。　有庆：做了善事。指在使用刑罚时慎重而公平。这两句也出自《尚书·吕刑》。〔12〕曹相国：即曹参。曹魏皇室自称是曹参的后人，所以王朗不敢直称其名。　以狱市为寄：以司法问题拜托。曹参在齐王国任国相，奉调到长安当汉朝丞相接替萧何。临走前，他向继任的齐国国相交代公务，以司法问题拜托，要后者千万不要滥用刑罚。事见《史记》卷五十四《曹相国世家》。〔13〕路温舒：字长君。钜鹿郡钜鹿(今河北平乡县西南)人。出身贫贱。从狱吏迁升临淮郡太守。他曾上书西汉宣帝，请求放宽刑法，并认为当时的司法官员为了立功，一心置犯人于死地。传见《汉书》卷五十一。〔14〕仰食仓廪：依靠官府发粮食生活。〔15〕殍(piǎo)：饿死的人。〔16〕新生必复：对刚生了孩子的夫妇一定给予减免租赋徭役的优待。〔17〕二毛：黑白二色头发。指头发斑白的老人。　不戎：不服兵役。〔18〕顿伏：行军时在路上跌倒。〔19〕既笄(jī)：古代女子满十五岁，则盘上头发插簪子，表示成人，称为既笄。〔20〕周卫：周围的警卫。〔21〕重：重重设置。〔22〕警：皇帝离宫外出时的武装戒备叫做警，入宫时则叫做跸。　践墀(chí)：走下宫殿台阶。〔23〕张弧：弯弓。形容高度戒备。〔24〕奉引：在皇帝的座车前面做先导。〔25〕遮列：在皇帝的座车两旁安排掩护。〔26〕静室：检查皇帝将要停留的房间。〔27〕日昃：太阳开始偏西。〔28〕虞箴：虞人的告诫。虞人是管理山林并安排君主打猎场所的官员。春秋时晋悼公喜欢打猎，大臣魏绛就引用虞人的告诫来劝告他。事见《左传》襄公四年。　晋悼：即晋悼公(前585—前558)。名周。前572至前558年在位。事见《史记》卷三十九《晋世家》。〔29〕相如：即司马相如(前179—前117)。字长卿。蜀郡成都(今四川成都市)人。西汉著名文学家。景帝和武帝时曾任低等的侍从官职。他擅长辞赋，作品大多描写帝王苑囿、田猎，富于文采，极尽铺张，在篇末寄寓讽谏。原有文集已散佚，有后人所辑的《司马文园集》。传见《史记》卷一百一十七、《汉书》卷五十七。　陈猛兽：指司马相如曾为汉武帝写作“天子游猎之赋”，借此进行讽谏。事见《史记》、《汉书》本传。〔30〕华(huà)：山名。在

今陕西华阴市南。　岱：泰山的别名。〔31〕相时：选择适当的时候。〔32〕无为：无须。

【裴注】

〔一〕《魏名臣奏》载朗节省奏曰："诏问所宜损益，必谓东京之事也。若夫西京云阳、汾阴之大祭，千有五百之群；祀通天之台，入阿房之宫；斋必百日，养牺五载；牛则三千其重，玉则七千其器；文绮以饰重席，童女以蹈舞缀；酿酎必贯三时而后成，乐人必三千四百而后备；内宫美人数至近千，学官博士七千余人；中厩则骓騄駙马六万余匹，外牧则扈养二万而马十之；执金吾从骑六百，走卒倍焉；太常行陵赤车千乘；太官赐官奴婢六千；长安城内治民为政者三千；中二千石蔽罪断刑者二十有五狱。政充事猥，威仪繁富；隆于三代，近过礼中。夫所以极奢者，大抵多受之于秦余。既违茧栗悫诚之本，扫地简易之指；又失替质而损文、避泰而从约之趣。岂夫当今隆兴盛明之时，祖述尧、舜之际；割奢务俭之政，除繁崇省之令，详刑慎罚之教，所宜希慕哉？及夫寝庙日一太牢之祀，郡国并立宗庙之法，丞相、御史大夫官属吏从之数；若此之辈，既已屡改于哀、平之前，不行光武之后矣。谨按图牒所改奏，在天地及五帝、六宗、宗庙、社稷，既已因前代之兆域矣。夫天地则扫地而祭，其余则皆坛而埒之矣。明堂所以祀上帝，灵台所以观天文，辟雍所以修礼乐，太学所以集儒林，高禖所以祈休祥，又所以察时务，扬教化。稽古先民，开诞庆祚，旧时皆在国之阳；并高栋厦屋，足以肆飨射，望云物。七郊虽尊祀尚质，犹皆有门宇便坐，足以避风雨；可须军罢年丰，以渐修治。旧时虎贲、羽林、五营兵及卫士，并合虽且万人；或商贾惰游子弟，或农野谨钝之人。虽有乘(制)〔之〕之处，不讲戎阵，既不简练；又希更寇，(虽)名实不副，难以备急。有警而后募兵，军行而后运粮；或乃兵既久屯，而不务营佃，不修器械，无有贮聚；一隅驰羽檄，则三面并荒扰：此亦汉氏近世之失，而不可式者也。当今诸夏已安，而巴蜀在画外。虽未得偃武而弢甲，放马而戢兵；宜因年之大丰，遂寄军政于农事。吏士小大，并勤稼穑；止则成井里于广野，动则成校队于六军；省其暴繇，赡其衣食。《易》称'悦以使民，民忘其劳；悦以犯难，民忘其死'，今之谓矣。粮蓄于食，勇蓄于势，虽坐曜烈威而众未动，画外之蛮，必复稽颡以求改往而效用矣。若畏威效用，不战而定，则贤于交兵而后威立，接刃而后功成远矣。若奸凶不革，遂迷不反，犹欲以其所虐用之民，待大魏投命报养之士；然后徐以前歌后舞乐征之众，临彼倒戟折矢乐服之群：伐腐摧枯，未足以为喻。”

〔二〕《王朗集》载：“朗为大理时，上：‘主簿赵郡张登，昔为本县主簿。值黑山贼围郡，登与县长王隽，帅吏兵七十二人直往赴救，与贼交战，吏兵散走。隽殆见害，登手格一贼，以全隽命。又守长夏逸，为督邮所枉；登身受考掠，理逸之罪。义济二君，宜加显异。’太祖以所急者多，未遑擢叙。至黄初初，朗又与太尉钟繇连名表闻，兼称登在职勤劳。诏曰：‘登，忠义彰著，在职功勤；名位虽卑，直亮宜显。饔膳近任，当得此吏。今以登为太官令。’”

黄初中，鹈鹕集灵芝池，诏公卿举独行君子。朗荐光禄大夫杨彪；且称疾，让位于彪。帝乃为彪置吏卒，位次三公。诏曰：“朕求贤于君而未得，君乃翻然称疾〔1〕；非徒不得贤，更开失贤之路，增玉铉之倾〔2〕。无乃居其室出其言不善，见违于君子乎〔3〕？君其勿有后辞。”朗乃起。

孙权欲遣子登入侍〔4〕，不至。是时车驾徙许昌，大兴屯田，欲举军东征。朗上疏曰：“昔南越守善〔5〕，婴齐入侍〔6〕；遂为冢嗣〔7〕，还君其国。康居骄黠〔8〕，情不副辞；都护奏议以为宜遣侍子〔9〕，以黜无礼〔10〕。且吴濞之祸〔11〕，萌于子入〔12〕；隗嚣之叛，亦不顾子〔13〕。往者闻权有遣子之言而未至，今六军戒严；臣恐舆人未畅圣旨〔14〕，当谓国家愠于登之逋留〔15〕，是以为之兴师。设师行而登乃至，则为所动者至大，所致者至细，犹未足以为庆；设其傲狠〔16〕，殊无入志，惧彼舆论之未畅者〔17〕，并怀伊邑〔18〕。臣愚以为宜敕别征诸将：各明奉禁令，以慎守所部。外曜烈威，内广耕稼；使泊然若山〔19〕，澹然若渊〔20〕，势不可动，计不可测。”

是时，帝以成军[21]，遂行。权子不至，车驾临江而还。[一]

【注释】

〔1〕翻然：反而。〔2〕铉：抬鼎时用来钩住鼎耳的铜钩。玉铉是用玉做装饰的铉，这里指代大鼎。鼎有三足，象征三公，所以玉铉之倾意指三公缺人。〔3〕见违：受到躲避。〔4〕登：即孙登（公元209—241）。传见本书卷五十九。〔5〕南越：秦汉时南方少数族政权名。在今广东、广西和贵州省东部，先秦时是南越人活动地区。秦末，龙川县（今广东龙川县西南）县令赵佗在这里建立南越国，传五代九十三年。前111年，被汉武帝攻灭。〔6〕婴齐：赵佗的曾孙，南越国第三代国王。他在当太子时，曾作为人质到西汉朝廷居留十多年。后被放回国继王位。事见《史记》卷一百一十三《南越列传》。〔7〕冢嗣：指太子。〔8〕康居：西域古国名。约在今巴尔喀什湖和咸海之间，都城在卑阗。〔9〕都护：官名。全称为西域都护。是代表汉朝统辖西域的长官。西汉时治所在乌垒城（今新疆轮台县东北）。　宜遣侍子：最好把康居国送到长安做人质的王子遣送回国。这个建议是当时的西域都护郭舜提出的，见《汉书》卷九十六上《西域康居国传》。〔10〕黜无礼：排除无礼之国。意思是断绝来往，免得惹麻烦。〔11〕吴濞：即吴王刘濞（前215—前154）。刘邦的侄儿，封吴王。他在王国内积极扩张势力，并在景帝时发动其余六个诸侯国反抗中央。事败，被杀。传见《史记》卷一百六、《汉书》卷三十五。〔12〕萌于子入：汉文帝时，刘濞的儿子刘贤入京侍奉皇太子刘启。因游戏发生争执，刘启动手打死刘贤，引起刘濞不满。后来刘启继位为景帝。刘濞发动叛乱，这是直接的原因。〔13〕不顾子：不顾在洛阳做人质的儿子。〔14〕舆人：众人。　未畅：不完全了解。〔15〕逋留：逗留。〔16〕傲狠：傲慢违抗。〔17〕彼：那些。〔18〕伊邑：愁怨。指不愿为攻打孙吴出力。〔19〕泊然：安定不动的样子。〔20〕澹然：深沉难测的样子。〔21〕成军：大军已经调集编成。

【裴注】

〔一〕《魏书》曰："车驾既还，诏三公曰：'三世为将，道家所忌；穷兵黩武，古有成戒。况连年水旱，士民损耗；而功作倍于前，劳役兼于昔？进不灭贼，退不和民。夫屋漏在上，知之在下。然迷而知反，失道不远；过而能改，谓之不过。今将休息，栖备高山，沉权九渊；割除摈弃，投之画外。车驾当以今月中旬到谯，淮、汉众军，亦各还返，不腊西归矣。’”

明帝即位，进封兰陵侯；增邑五百，并前千二百户。使至邺，省文昭皇后陵〔1〕，见百姓或有不足〔2〕，是时方营修宫室。朗上疏曰：“陛下即位以来，恩诏屡布；百姓万民，莫不欣欣。臣顷奉使北行，往返道路。闻众徭役，其可得蠲除省减者甚多。愿陛下重留日昃之听〔3〕，以计制寇。昔大禹将欲拯天下之大患，故乃先卑其宫室〔4〕，俭其衣食；用能尽有九州，弼成五服〔5〕。勾践欲广其御儿之疆〔6〕，〔一〕馘夫差于姑苏〔7〕，故亦约其身以及家〔8〕，俭其家以施国；用能囊括五湖〔9〕，席卷三江〔10〕，取威中国，定霸华夏。汉之文、景，亦欲恢弘祖业，增崇洪绪，故能割意于百金之台〔11〕，昭俭于弋绨之服〔12〕，内减太官而不受贡献，外省徭赋而务农桑；用能号称升平，几致刑措〔13〕。孝武之所以能奋其军势，拓其外境；诚因祖考蓄积素足〔14〕，故能遂成大功。霍去病中才之将〔15〕，犹以匈奴未灭，不治第宅。明恤远者略近〔16〕，事外者简内。自汉之初，及其中兴〔17〕，皆于金革略寝之后〔18〕，然后凤阙猥闶〔19〕，德阳并起〔20〕。今当建始之前〔21〕，足用列朝会；崇华之后〔22〕，足用序内官；华林、天渊，足用展游宴〔23〕。若且先成阊阖之象魏〔24〕，使足用列远人之朝贡者；修城池〔25〕，使足用绝逾越，成国险。其余一切，且须丰年。

一以勤耕农为务，习戎备为事；则国无怨旷，户口滋息，民充兵强：而寇戎不宾，缉熙不足，未之有也。”

【注释】

〔1〕省(xǐng)：察看。　文昭皇后：指魏明帝的生母甄氏。〔2〕不足：生活穷困。〔3〕日昃之听：听取臣下的意见直到日头西斜还不停止。〔4〕卑其宫室：把自住的房屋修得很简陋。〔5〕弼成：辅佐形成。　五服：五类地区。古代在京都所在的王畿地区的外围，由近到远有甸服、侯服、绥服、要服、荒服之分。合称五服。〔6〕勾践(？—前465)：春秋末年越国君主。前497至前465年在位。曾被吴国击败，屈服称臣。后卧薪尝胆，发愤图强，终于灭吴雪耻，并在徐州大会诸侯，成为霸主。传见《史记》卷四十一。　御儿：地名。在今浙江桐乡市西南。〔7〕馘(guó)：割取所杀敌人的左耳。　夫差(？—前473)：春秋末年吴国君主。前495至前473年在位。曾攻破越国，又大败齐军，与晋国争霸。后被越国击败，自杀。事见《史记》卷三十一《吴太伯世家》。　姑苏：山名。在今江苏苏州市西南。吴王夫差曾在山上兴建春宵宫，日夜酣饮。〔8〕约：约束。〔9〕五湖：古代对太湖流域湖泊的泛称。〔10〕三江：古代对长江下游地区河流的泛称。〔11〕割意：打消念头。汉文帝生活节俭，曾想修高台，听工匠说要耗费一百金，就放弃不修了。〔12〕昭俭：公开提倡节俭。〔13〕刑措：刑罚搁置不用。形容人们很少犯法。〔14〕祖：指汉文帝。　考：父亲。指汉景帝。〔15〕霍去病(前140—前117)：河东郡平阳(今山西临汾市西南)人。西汉武帝时任骠骑将军，封冠军侯。多次击败匈奴军队，控制了河西地区，打开通向西域的道路。汉武帝要为他建造豪华住宅，他拒绝说：“匈奴未灭，无以家为！”传见《史记》卷一百一十一、《汉书》卷五十五。〔16〕明：证明。　恤远：顾念远方百姓。〔17〕中兴：指东汉建立。〔18〕金革：兵器和铠甲。指代战争。〔19〕凤阙：汉代宫阙名。有凤凰图形装饰，故名。这里指同类型的建筑。　猥闶(kāng)：多而高大。〔20〕德阳：汉代殿堂名。这里指同类型建筑。〔21〕建始：曹魏皇宫大殿名。〔22〕崇华：曹魏皇宫殿堂名。〔23〕华林：曹魏皇宫园林名。　天渊：华林园内有天渊池。〔24〕阊阖：曹魏皇宫南大门名。　象魏：宫门外的阙门。〔25〕城池：这里指魏国皇宫的城墙和护城河。

【裴注】

〔一〕御儿，吴界边戍之地名。

转为司徒。时屡失皇子[1]，而后宫就馆者少[2]。朗上疏曰："昔周文十五而有武王，遂享十子之祚，以广诸姬之胤[3]。武王既老而生成王，成王是以鲜于兄弟[4]。此二王者，各树圣德，无以相过；比其子孙之祚，则不相如[5]。盖生育有早晚，所产有众寡也。陛下既德祚兼彼二圣，春秋高于姬文育武之时矣；而子发未举于椒兰之奥房[6]，藩王未繁于掖庭之众室[7]。以成王为喻，虽未为晚；取譬伯邑[8]，则不为夙[9]。《周礼》，六宫内官百二十人；而诸经常说，咸以十二为限。至于秦、汉之末，或以千百为数矣。然虽弥猥[10]，而就时于吉馆者或甚鲜[11]。明'百斯男'之本[12]，诚在于一意[13]，不但在于务广也[14]。老臣偻偻[15]，愿国家同祚于轩辕之五五[16]；而未及周文之二五[17]，用为伊邑[18]。且少小常苦被褥太温，太温则不能便柔肤弱体[19]；是以难可防护，而易用感慨[20]。若常令少小之缊袍[21]，不至于甚厚；则必咸保金石之性，而比寿于南山矣。"

帝报曰："夫忠至者辞笃[22]，爱重者言深。君既劳思虑，又手笔将顺，三复德音，欣然无量。朕继嗣未立，以为君忧，钦纳至言，思闻良规。"

朗著《易》、《春秋》、《孝经》、《周官》传[23]，奏议论记，咸传于世。〔一〕太和二年薨。谥曰成侯。

子肃嗣。初，文帝分朗户邑，封一子列侯；朗乞封兄子详。

【注释】

〔1〕失：死亡。〔2〕就馆：指到产房生孩子。〔3〕姬：周王族的姓。〔4〕鲜(xiǎn)于兄弟：兄弟很少。〔5〕相如：相似。〔6〕发：周武王的名字。 椒兰：古代后妃的居室用椒泥涂壁，取其温暖芳香而多子。又常以兰花装点居室。 奥：深幽。〔7〕掖庭：宫廷。〔8〕伯邑：周武王大哥的名字。周武王是文王的次子，出生时文王十五岁，所以生伯邑时文王还不到十五岁。〔9〕夙：早。〔10〕弥猥：更多。〔11〕吉馆：宫廷中后妃生孩子的产房。〔12〕百斯男：一百个男孩。据说周文王的妻妾为他生了一百个男孩。其中嫡妻太姒所生的有十个。〔13〕一意：情意专注。〔14〕务广：务求妻妾人多。〔15〕偻偻(lóu lóu)：忠心的样子。〔16〕国家：指皇帝。 五五：二十五。据说轩辕黄帝有二十五个儿子。〔17〕二五：十。〔18〕伊邑：担忧。〔19〕便：有利于。〔20〕感慨：受到外感。这里指外感风寒。〔21〕缊(yùn)：新绵与旧絮的混合物。〔22〕忠至：忠诚到极点。〔23〕《孝经》：书名。宣扬封建孝道与孝治思想的儒家经典。分古文和今文两种。古文本二十二章，孔安国注，南朝萧梁时散亡，隋刘炫伪造孔注传世。今文本十八章，郑玄注。唐玄宗召集诸儒重注，下令颁行，成为通行至今的本子，收入《十三经注疏》。 《周官》：书名。即《周礼》。原称《周官经》或《周官》。 传(zhuàn)：儒家经典的注释，王朗长于经学，所以为《周易》、《春秋》、《孝经》、《周官》作注释。

【裴注】

〔一〕《魏略》曰："朗，本名严，后改为朗。"《魏书》曰："朗高才博雅，而性严整慷慨，多威仪。恭俭节约，自婚姻中表，礼贽无所受。常讥世俗有好施之名，而不恤穷贱，故用财以周急为先。"

肃字子雍。年十八，从宋忠读《太玄》[1]，而更为之解。〔一〕黄初中，为散骑、黄门侍郎。

太和三年，拜散骑常侍。四年[2]，大司马曹真征蜀。肃上疏曰："前志有之：'千里馈粮，士有饥色；樵苏后爨[3]，师不宿饱[4]。'此谓平途之行军者也。又况于深入阻险，凿路而前？则其为劳，必相百也[5]。今又加之以霖雨，山坂峻滑；众逼而不展，粮悬而难继：实行军者之大忌也！闻曹真发已逾月而行才半谷[6]，治道功夫[7]，战士悉作。是贼偏得以逸而待劳，乃兵家之所惮也。言之前代，则武王伐纣，出关而复还；论之近事，则武、文征权[8]，临江而不济。岂非所谓顺天知时，通于权变者哉？兆民知圣上以水雨艰剧之故，休而息之；后日有衅，乘而用之：则所谓'悦以犯难[9]，民忘其死'者矣。"于是遂罢。

又上疏："宜遵旧礼，为大臣发哀，荐果宗庙[10]。"事皆施行。

又上疏陈政本曰："除无事之位，损不急之禄，止浮食之费，并从容之官[11]；使官必有职，职任其事，事必受禄，禄代其耕[12]：乃往古之常式，当今之所宜也。官寡而禄厚，则公家之费鲜，进仕之志劝[13]；各展才力，莫相倚仗[14]。敷奏以言[15]，明试以功[16]'；能之与否，简在帝心[17]。是以唐、虞之设官分职，申命公卿，各以其事；然后惟龙为纳言[18]，犹今尚书也，以出纳帝命而已。夏、殷，不可得而详。《甘誓》曰'六事之人'[19]，明六卿亦典事者也。《周官》则备矣：五日视朝[20]，公卿大夫并进，而司士辨其位焉[21]。其《记》曰[22]：'坐而论道，谓之王公；作而行之，谓之士大夫。'及汉之初，依拟前代，公卿皆亲以事升朝[23]。故高祖躬追反走之周昌[24]，武帝遥可奉奏之汲黯[25]，宣帝使公卿五日一朝。成帝始置尚书五人[26]，自是陵迟，朝礼遂阙[27]。可复五日视朝之仪，使公卿、尚书，各以事进。废礼复兴，光宣圣绪，诚所谓名美而实厚者也。"

【注释】

〔1〕宋忠：南阳郡人。擅长儒学，是当时荆州学派的领头人之一。《太玄》：书名。西汉扬雄撰。全书十卷。扬雄早年喜作诗赋，晚年潜心哲学，作《太玄》，以"玄"解释天地万物。〔2〕四年：太和四年(公元230)。〔3〕樵苏后爨(cuàn)：先砍柴割草做燃料，然后烧火煮饭。〔4〕宿饱：头晚吃了饭第二天还觉得饱，即隔夜饱。形容饭食供应充足。以上四句话见于《史记》卷九十二《淮阴侯列传》。〔5〕百：一百倍。〔6〕谷：指子午谷。〔7〕功夫：工程。〔8〕武、文：指曹操、曹丕。权：即孙权。〔9〕悦以犯难：高高兴兴去克服困难。这两句是《周易·兑卦》彖辞中的话。〔10〕荐果：进献新成熟的水果。〔11〕从容之官：闲职。〔12〕禄代其耕：以挣取俸禄代替农耕为生。〔13〕劝：勉励。〔14〕倚仗：倚靠。〔15〕敷奏：向皇帝陈述。〔16〕功：当官的成效。〔17〕简：评选。〔18〕龙：虞舜时一个部落首领的名字。虞舜叫他当纳言，负责向舜报告下面的意见，传达舜的命令。〔19〕《甘誓》：《尚书》中的一篇。〔20〕五日视朝：每五天天子上朝听政一次。〔21〕司士：官名。负责朝廷礼仪，安排朝会官员位置。〔22〕《记》：指《考工记》。是《周礼》中的一篇。〔23〕以事升朝：带着公务文书上朝。当时习称公务文书为事。〔24〕躬追：亲自追赶。周昌任御史大夫，有公事入宫报告。汉高祖刘邦正在拥抱爱姬戚氏，周昌转身就跑，刘邦马上追赶。事见《史记》卷九十六《张丞相列传》。〔25〕遥可：隔着一定的距离下指示批准。一次汲黯进宫奏事，汉武帝没有戴礼帽，怕他批评，就躲进帐子里面，叫人传令同意汲黯的意见。事见《史记》卷一百二十《汲黯列传》。〔26〕成帝：即刘骜(前52—前7)。西汉皇帝。前32至前7年在位。事见《汉书》卷十。〔27〕朝礼：天子临朝直接听取公卿大臣上奏政事的礼仪。

【裴注】

〔一〕肃父朗与许靖书云：“肃，生于会稽。”

青龙中，山阳公薨[1]，汉主也。肃上疏曰：“昔唐禅虞，虞禅夏；皆终三年之丧，然后践天子之尊。是以帝号无亏，君礼犹存。今山阳公承顺天命，允答民望；进禅大魏，退处宾位。公之奉魏，不敢不尽节；魏之待公，优崇而不臣[2]。既至其薨，榇敛之制[3]，舆徒之饰[4]，皆同之于王者；是故远近归仁，以为盛美。且汉总帝皇之号，号曰‘皇帝’。有别称‘帝’[5]，无别称‘皇’，则‘皇’是其差轻者也[6]。故当高祖之时，土无二王[7]；其父见在而使称‘皇’[8]，明非二王之嫌也。况今以赠终，可使称‘皇’，以配其谥。”

明帝不从使称“皇”，乃追谥曰“汉孝献皇帝”。〔一〕

【注释】

〔1〕山阳公：即被废黜的汉献帝。〔2〕不臣：不把山阳公当做臣僚对待。〔3〕榇（chèn）：棺材。〔4〕舆徒：指治丧时的仪仗队伍。〔5〕别：特殊的区别。〔6〕差：稍微。〔7〕王：指统治天下的君主。〔8〕使称皇：刘邦称帝后，尊称其父为太上皇。

【裴注】

〔一〕孙盛曰：“化合神者曰皇，德合天者曰帝。是故三皇创号，五帝次之。然则皇之为称，妙于帝矣。肃谓为轻，不亦谬乎！”臣松之以为：上古谓皇皇后帝，次言三、五；先皇后帝，诚如盛言。然汉氏诸帝，虽尊父为皇；其实则贵而无位，高而无民：比之于帝，得不谓之轻乎？魏因汉礼，名号无改；孝献之崩，岂得远考古义？肃之所云，盖就汉制而为言耳。谓之为谬，乃是讥汉，非难肃也。

后肃以常侍领秘书监[1]，兼崇文观祭酒[2]。

景初间，宫室盛兴，民失农业，期信不敦[3]，刑杀仓猝。肃上疏曰："大魏承百王之极[4]，生民无几，干戈未戢，诚宜息民而惠之，以安静遐迩之时也。夫务蓄积而息疲民，在于省徭役而勤稼穑。今宫室未就，功业未讫[5]；运漕调发，转相供奉[6]。是以丁夫疲于力作，农者离其南亩[7]；种谷者寡，食谷者众；旧谷既没，新谷莫继。斯则有国之大患，而非备豫之长策也[8]。今现作者三四万人[9]。九龙可以安圣体[10]，其内足以列六宫[11]；显阳之殿[12]，又向将毕；惟太极以前[13]，功夫尚大。方向盛寒，疾疢或作[14]。诚愿陛下发德音，下明诏，深愍役夫之疲劳，厚矜兆民之不赡；取常食廪之士[15]，非急要者之用。选其丁壮，择留万人；使一期而更之[16]。咸知息代有日[17]，则莫不悦以即事[18]，劳而不怨矣。计一岁有三百六十万夫[19]，亦不为少。当一岁成者，听且三年。分遣其余，使皆即农，无穷之计也。仓有溢粟，民有余力：以此兴功，何功不立？以此行化，何化不成？夫信之于民，国家大宝也。仲尼曰：'自古皆有死[20]，民非信不立。'夫区区之晋国[21]，微微之重耳[22]；欲用其民，先示以信；是故原虽将降，顾信而归：用能一战而霸，于今见称。前车驾当幸洛阳，发民为营，有司命以营成而罢。既成，又利其功力，不以时遣[23]。有司徒营其目前之利，不顾经国之体。臣愚以为：自今以后，傥复使民，宜明其令，使必如期；若有事以次[24]，宁复更发，无或失信。凡陛下临时之所行刑，皆有罪之吏，宜死之人也。然众庶不知，谓为仓猝；故愿陛下下之于吏而暴其罪[25]。钧其死也[26]，无使污于宫掖而为远近所疑[27]。且人命至重，难生易杀，气绝而不续者也，是以圣贤重之。孟轲称杀一无辜以取天下[28]，仁者不为也。汉时有犯跸惊乘舆马者[29]，廷尉张释之奏使罚金[30]；文帝怪其轻，而释之曰：'方其时，上使诛之则已[31]。今下廷尉，廷尉，天下之平也。一倾之[32]，天下用法皆为轻重[33]，民安所措其手足?'臣以为大失其义，非忠臣所宜陈也。廷尉者，天子之吏也；犹不可以失平，而天子之身，反可以惑谬乎[34]！斯重于为己，而轻于为君，不忠之甚也！周公曰[35]：'天子无戏言；言则史书之，工诵之，士称之。'言犹不戏，而况行之乎？故释之之言不可不察，周公之戒不可不法也。"

又陈："诸鸟兽无用之物[36]，而有刍谷人徒之费，皆可蠲除。"

【注释】

〔1〕秘书监：官名。负责管理国家图书文献档案。〔2〕崇文观祭酒：官名。公元236年，魏明帝设立崇文观，聚集一批善于写诗文的作家，其负责官员即是崇文观祭酒。〔3〕期信不敦：官方征调人民服劳役时，许定的期限到时候不兑现。〔4〕百王：以往朝代帝王的总称。极：社会衰落的极点。〔5〕功业：宫殿的建筑工程。〔6〕供奉：供应。〔7〕南亩：指农田。〔8〕长策：长远之计。〔9〕作者：建筑宫殿的劳作者。〔10〕九龙：曹魏宫殿名。原名崇华殿。〔11〕六宫：皇帝后妃的住处。〔12〕显阳：曹魏宫殿名。〔13〕太极：魏明帝新修的皇宫正殿名。〔14〕疢疢(chèn)：疾病。〔15〕食廪之士：吃皇粮的兵士。〔16〕一期：一年。〔17〕息代：休息替代。〔18〕即

事：做工。〔19〕夫：一个人工，一个劳动日。〔20〕自古皆有死：这两句出自《论语·颜渊》。〔21〕晋：先秦古国名。开国君主是周成王的弟弟叔虞，建都于唐（今山西翼城县西）。其后多次迁都，疆域也逐渐扩展。前四世纪中期，被赵、韩、魏三家强臣瓜分。〔22〕重耳：晋文公的名字。〔23〕以时：准时。〔24〕以次：接着要做。〔25〕吏：指司法官员。暴：公开。〔26〕钧其死：衡量某人确实该处死。〔27〕污于宫掖：指在宫廷内下令处死人。〔28〕孟轲（？—前289）：即孟子。邹（今山东邹城市东南）人。战国时的思想家。曾在孔子弟子原宪的门人手下求学。游历各国后，因主张不被采用，退而著书立说，提出“民贵君轻”、人“性善”等观点，对后来的儒学发展有很大影响。被视为孔子学说的继承者，有“亚圣”的称号。著作现存《孟子》。传见《史记》卷七十四。下面两句出自《孟子·公孙丑》。〔29〕犯跸：冒犯皇帝的车驾。〔30〕张释之：字季。南阳郡堵阳（今河南方城县东）人。西汉文帝时任廷尉，坚持依法判刑。传见《史记》卷一百二、《汉书》卷五十。〔31〕上：皇上。〔32〕一倾之：一旦使它倾斜。〔33〕皆为轻重：都可以随心所欲判轻判重。〔34〕惑谬：指胡乱杀人。〔35〕周公曰：以下四句出自《吕氏春秋·重言》。但《史记》卷三十九《晋世家》则记为周臣史佚说的话。〔36〕鸟兽：指皇家园林中饲养的动物。

帝尝问曰：“汉桓帝时，白马令李云〔1〕，上书言：‘帝者，谛也〔2〕……是帝欲不谛。’当何得不死〔3〕？”

肃对曰：“但为言失逆顺之节；原其本意，皆欲尽心，念存补国。且帝者之威，过于雷霆；杀一匹夫，无异蝼蚁。宽而宥之，可以示容受切言〔4〕，广德宇于天下。故臣以为杀之未必为是也。”

帝又问：“司马迁以受刑之故〔5〕，内怀隐切〔6〕；著《史记》，非贬孝武〔7〕：令人切齿。”

对曰：“司马迁记事，不虚美〔8〕，不隐恶。刘向、扬雄服其善叙事〔9〕，有良史之才，谓之实录。汉武帝闻其述《史记》，取孝景及己本纪览之，于是大怒，削而投之[10]。于今此两纪，有录无书[11]。后遭李陵事[12]，遂下迁蚕室[13]。此为隐切在孝武，而不在于史迁也[14]。”

【注释】

〔1〕李云：字行祖。清河郡甘陵（今山东临清市东北）人。东汉桓帝时任白马县令。因对宦官专权不满，公开向皇帝上书批评时政，被逮捕，处死在监狱中。传见《后汉书》卷五十七。〔2〕谛：指对政事的审察。当时李云的上疏较长，此处的史文只引录了开头和结尾的文句，中间一大段则省略之。〔3〕不死：据《后汉书》，李云当时就被处死。这里的说法疑有误。〔4〕切言：恳切的话。〔5〕司马迁：字子长。左冯翊夏阳（今陕西韩城市西南）人。西汉史学家、文学家和思想家。早年漫游天下。武帝时任太史令。因替投降匈奴的李陵辩解，得罪下狱，受宫刑。出狱后任中书令。发愤继续撰写史籍。人称其书为《太史公书》，后称《史记》。传见《史记》卷一百三十、《汉书》卷六十二。〔6〕隐切：不满。〔7〕《史记》：书名。全书一百三十篇，是我国第一部纪传体通史。记事起于传说中的黄帝，止于西汉武帝，首尾三千年。其中的本纪、世家、列传属于传记，八书论述制度沿革，十表贯通史事脉络，成为后世纪传体史书沿用的体裁。语言生动，形象鲜明，在文学史上也有很高的地位。鲁迅先生评为“史家之绝唱，无韵之离骚”。〔8〕虚美：乱说好话。〔9〕刘向（？—前6）：字子政。西汉宗室。汉元帝时曾任宗正，受宠臣弘恭等排挤，废黜十余年。成帝即位后再度任用，为光禄大夫。多次上书议论政事，成帝表示赞赏而不能用。擅长经学，曾受命主持校理皇家藏书。并撰成我国最早的目录学著作《别录》。传附《汉书》卷三十六《楚元王传》。　扬雄（前53—公元18）：字子云。蜀郡成都人。西汉文学家、哲学家、语言学家。成帝时任给事黄门郎，王莽时任大夫，均为不重要的官职。仕途不顺，使他把精力用在撰写著作上。早年创作了大量辞赋。后来转向哲学，著《法言》、《太玄》。又著《方言》，记录当时各地方言。传见《汉书》卷八十七。〔10〕削：当时书写文字用简，如要删除，则用刀削去文字，重新书写。〔11〕有录无书：有目录无文字。现今流传的《史记》有《孝景本纪》、《孝武本纪》。后者是抄录《史记》卷二十八《封禅书》以充数，证据确凿。前者究竟是作者原

文还是后人补充，至今学术界还有争论。曹魏距西汉不远，作为学者和臣僚，王肃也不会对魏帝说假话。何况持同样说法的还有当时另一位学者张晏，《汉书》卷六十二《司马迁传》颜师古注引张晏的话，说《孝景帝纪》在司马迁死后亡佚。据此，现存的《孝景本纪》应当是后人补充的。〔12〕李陵(？—前74)：字少卿。陇西郡成纪(今甘肃秦安县)人。西汉名将李广的孙子。武帝时率军出击匈奴，战败投降，病死。传附《汉书》卷五十四《李广传》。〔13〕蚕室：养蚕的蚕房。蚕房温暖不透风，受宫刑的人怕外感风寒，要在蚕房养伤，所以下蚕室意指受宫刑。〔14〕史迁：即司马迁。

正始元年，出为广平太守。公事征还，拜议郎。顷之，为侍中。迁太常。时大将军曹爽专权，任用何晏、邓飏等。肃与太尉蒋济、司农桓范论及时政，肃正色曰："此辈即弘恭、石显之属〔1〕，复称说邪！"爽闻之，戒何晏等曰："当共慎之！公卿已比诸君前世恶人矣。"坐宗庙事免。

后为光禄勋。时有二鱼，长尺，集于武库之屋。有司以为吉祥。肃曰："鱼生于渊而亢于屋〔2〕，介鳞之物失其所也〔3〕。边将其殆有弃甲之变乎？"其后果有东关之败〔4〕。徙为河南尹。

嘉平六年，持节，兼太常，奉法驾〔5〕，迎高贵乡公于元城。是岁，白气经天。大将军司马景王，问肃其故，肃答曰："此蚩尤之旗也〔6〕。东南其有乱乎？君若修己以安百姓，则天下乐安者归德，倡乱者先亡矣。"

明年春，镇东将军毌丘俭、扬州刺史文钦反。景王谓肃曰："霍光感夏侯胜之言〔7〕，始重儒学之士，良有以也〔8〕！安国宁主，其术焉在？"肃曰："昔关羽率荆州之众，降于禁于汉滨[9]，遂有北向争天下之志；后孙权袭取其将士家属，羽士众一旦瓦解[10]。今淮南将士，父母妻子皆在内州；但急往御卫，使不得前，必有关羽土崩之势矣。”景王从之，遂破俭、钦。后迁中领军，加散骑常侍；增邑三百，并前二千二百户。

甘露元年薨。门生缞绖者以百数[11]。追赠卫将军，谥曰景侯。

子恽嗣。恽薨，无子，国绝。景元四年，封肃子恂，为兰陵侯。咸熙中，开建五等；以肃著勋前朝，改封恂为丞子[12]。〔一〕

【注释】

〔1〕弘恭：沛郡沛县(今江苏沛县)人。西汉宣、元帝时的宦官。事附《汉书》卷九十三《石显传》。〔2〕亢：高高显露。〔3〕介鳞之物：具有介壳、鳞甲的水族动物。〔4〕东关：地名。在今安徽巢湖市东南。〔5〕法驾：皇帝的礼仪车队。〔6〕蚩尤之旗：古代对一种彗星的命名。光芒偏向一侧并有弯曲，呈飘扬的旗帜形状。人们认为这种彗星出现预示有战争。〔7〕夏侯胜：字长公。鲁国鲁县(今山东曲阜市)人。西汉宣帝时官至太子太傅。擅长经学。昭帝死，昌邑王继位，多次出宫游玩。夏侯胜劝阻，说是最近一直天阴而又不下雨，可能有大臣想谋算皇帝。当时正好大将军霍光有心废黜昌邑王，听了非常吃惊，问他怎么知道，夏侯胜回答《洪范五行传》中有类似记载。霍光从此重视儒学之士。传见《汉书》卷七十五。〔8〕良有以：确有道理。〔9〕降于禁：使于禁投降。〔10〕一旦：一下子。〔11〕缞绖(cuī dié)：粗麻制的丧服和腰带。〔12〕丞(zhèng)：县名。县治在今山东枣庄市东南。

【裴注】

〔一〕《世语》曰：“恂，字(子良大)〔良夫〕。有通识，在朝忠正。历河南尹、侍中，所居有称。乃心存公，有匪躬之节。鬲令袁毅，馈以骏马；知其贪财，不受：毅竟以黩货而败。建立二学，崇明五经，皆恂所建。卒时年四十余，赠车骑将军。肃女，适司马文王，即文明皇后；生晋武帝、齐献王攸。”《晋诸公赞》曰：“恂兄弟八人。其达者：虔字恭祖，以功干见称，位至尚书；弟恺，字君夫，少有才力而无行检，与卫尉石崇友善，俱以豪侈竞于世，终于后将军。虔子康、隆，仕亦宦达，为后世所重。”

初，肃善贾、马之学[1]，而不好郑氏[2]。采会同异，为《尚书》、《诗》、《论语》、《三礼》、《左氏》解[3]；及撰定父朗所作《易传》：皆列于学官[4]。其所论驳朝廷典制郊祀、宗庙、丧纪轻重[5]，凡百余篇。

时乐安孙叔然[6]，〔一〕受学郑玄之门，人称东州大儒。征为秘书监，不就。肃集《圣证论》以讥短玄，叔然驳而释之。及作《周易》、《春秋》例，《毛诗》、《礼记》、《春秋》三传、《国语》、《尔雅》诸注[7]，又注书十余篇。

自魏初征士敦煌周生烈[8]，〔二〕明帝时大司农弘农董遇等，亦历注经传，颇传于世。〔三〕

【注释】

〔1〕贾：指贾逵。　马：指马融。　〔2〕郑氏：指郑玄。　〔3〕三礼：儒家经典中关于礼的三部著作，即《周礼》、《仪礼》、《礼记》。　左氏：即《左传》。　〔4〕学官：官办学校。列于学官意为列入正式教材。　〔5〕郊祀：祭祀天地。　宗庙：指皇帝祭祀祖宗。　丧纪：丧事。《礼记·文王世子》中有“丧纪以服之轻重为序”的话，所以这里的丧纪轻重指的是丧服，即在丧礼中死者亲属所穿的衣服。王肃曾专门为《仪礼·丧服》作注解，见《隋书》卷二十七《经籍志》一。　〔6〕孙叔然：名炎。经学家兼语言学家。著述很多。其中的《尔雅音义》，使用反切法注音，从此反切开始盛行。　〔7〕《国语》：书名。又名《春秋外

传》。相传为左丘明撰，实际成书在战国时期。分为周、鲁、齐、晋、郑、楚、吴、越八国语，着重记述各国人物言论，创分国记事体例。内容可作《左传》的补充和参证。　《尔雅》：书名。我国最早解释词义的专著。由汉初学者递相增补而成。今存十九篇。分类解释词语。唐宋时列入儒家十三经之一。〔8〕征士：对曾受朝廷征召而不去当官者的敬称。又称征君。　敦煌：郡名。治所在今甘肃敦煌市西南。

【裴注】

〔一〕臣松之按：叔然，与晋武帝同名，故称其字。

〔二〕臣松之按：此人姓周生，名烈。何晏《论语集解》有烈《义例》；余所著述，见晋武帝《中经簿》。

〔三〕《魏略》曰："遇字季直。性质讷而好学。兴平中，关中扰乱，与兄季中，依将军段煨。采稆负贩，而常挟持经书，投闲习读。其兄笑之，而遇不改。及建安初，王纲小设；郡举孝廉，稍迁黄门侍郎。是时，汉帝委政太祖，遇旦夕侍讲，为天子所爱信。至二十二年，许中百官，矫制。遇虽不与谋，犹被录诣邺；转为冗散。常从太祖西征，道由孟津，过弘农王冢。太祖疑欲谒，顾问左右，左右莫对。遇乃越第进曰：'《春秋》之义，国君即位未逾年而卒，未成为君。弘农王即阼既浅；又为暴臣所制，降在藩国：不应谒。'太祖乃过。黄初中，出为郡守。明帝时，入为侍中、大司农。数年，病亡。初，遇善治《老子》，为《老子》作训注。又善《左氏传》，更为作朱墨别异。人有从学者，遇不肯教，而云：'必当先读百遍。'言'读书百遍而义自见'。从学者云'苦渴无日'。遇言：'当以三余。'或问'三余'之意，遇言：'冬者岁之余，夜者日之余，阴雨者时之余也。'由是诸生少从遇学，无传其朱墨者。"《世语》曰："遇子绥，位至秘书监，亦有才学。齐王冏功臣董艾，即绥之子也。"

《魏略》以遇及贾洪、邯郸淳、薛夏、隗禧、苏林、乐详等七人为儒宗，其序曰："从初平之元，至建安之末；天下分崩，人怀苟且；纲纪既衰，儒道尤甚。至黄初元年之后，新主乃复始扫除太学之灰炭，补旧石碑之缺坏，备博士之员录，依汉甲乙以考课。申告州郡：有欲学者，皆遣诣太学。太学始开，有弟子数百人。至太和、青龙中，中外多事，人怀避就；虽性非解学，多求诣太学。太学诸生有千数，而诸博士率皆粗疏，无以教弟子。弟子本亦避役，竟无能习学；冬来春去，岁岁如是。又虽有精者，而台阁举格太高；加不念统其大义，而问字指墨法点注之间：百人同试，度者未十。是以志学之士，遂复陵迟；而末求浮虚者，各竞逐也。正始中，有诏议圜丘，普延学士。是时郎官及司徒领吏，二万余人。虽复分布，见在京师者尚且万人；而应书与议者，略无几人。又是时朝堂公卿以下四百余人；其能操笔者，未有十人，多皆相从饱食而退。嗟夫！学业沉陨，乃至于此。是以私心常区区贵乎数公者，各处荒乱之际，而能守志弥敦者也。"

"贾洪字叔业，京兆新丰人也。好学有才，而特精于《春秋左传》。建安初，仕郡，举计掾。应州辟，时州中自参军事以下百余人，唯洪与冯翊严苞(交)〔文〕通才学最高。洪历守三县令，所在辄开除厩舍，亲授诸生。后马超反，超劫洪，将诣华阴，使作露布；洪不获已，为作之。司徒钟繇在东，识其文，曰：'此贾洪作也！'及超破走，太祖召洪署军谋掾。犹以其前为超作露布文，故不即叙。晚乃出为阴泉长。延康中，转为白马王相，善能谈戏。王彪，亦雅好文学，常师宗之，过于三卿。数岁，病亡，亡时年五十余。时人为之恨仕不至二千石。而严苞亦历守二县。黄初中，以高才入为秘书丞。数奏文赋，文帝异之。出为西平太守，卒官。"

"薛夏字宣声，天水人也。博学有才。天水旧有姜、阎、任、赵四姓，常推于郡中；而夏为单家，不为降屈。四姓欲共治之，夏乃游逸，东诣京师。太祖宿闻其名，甚礼遇之。后四姓又使囚遥引夏，关移颍川，收捕系狱。时太祖已在冀州，闻夏为本郡所质，抚掌曰：'夏无罪也。汉阳儿辈直欲杀之耳！'乃告颍川，使理出之，召署军谋掾。文帝又嘉其才，黄初中为秘书丞。帝每与夏推论书传，未尝不终日也。每呼之不名，而谓之'薛君'。夏居甚贫，帝又顾其衣薄，解所御服袍赐之。其后征东将军曹休来朝。时帝方与夏有所咨论，而外启休到。帝引入，坐定，帝顾夏言之于休曰：'此君，秘书丞天水薛宣声也。宜共谈。'其见遇如此。寻欲用之，会文帝崩。至太和中，尝以公事移兰台。兰台自以台也，而秘书，署耳；谓夏为不'移'也，推使当有坐者。夏报之曰：'兰台为外台，秘书为内阁。台、阁，一也，何不相移之有？'兰台屈，无以折。自是之后，遂以为常。后数岁，病亡，敕其子：无还天水。"

"隗禧字子牙，京兆人也。世单家。少好学。初平中，三辅乱，禧南客荆州。不以荒扰，担负经书；每以采稆余日，则诵习之。太祖定荆州，召署军谋掾。黄初中，为谯王郎中。王宿闻其儒者，常虚心从学。禧亦敬恭以授王，由是大得赐遗。以病还，拜郎中。年八十余，以老处家，就之学者，甚多。禧既明经，又善星官。常仰瞻天文，叹息谓鱼豢曰：'天下兵戈，尚犹未息，如之何？'豢又常从问《左氏传》，禧答曰：

‘欲知幽微，莫若《易》；人伦之纪，莫若《礼》；多识山川草木之名，莫若《诗》。《左氏》，直相斫书耳，不足精意也。’豢因从问《诗》，禧说齐、韩、鲁、毛四家义；不复执文，有如讽诵。又撰作诸经解数十万言，未及缮写而得聋〔疾〕，后数岁病亡也。”

其邯郸淳事，在《王粲传》；苏林事，在《刘劭》、《高堂隆传》；乐详事，在《杜畿传》。

鱼豢曰：“学之资于人也，其犹蓝之染于素乎？故虽仲尼，犹曰：‘吾非生而知之者。’况凡品哉！且世人所以不贵学者，必见夫有‘诵诗三百而不能专对于四方’故也。余以为，是则下科耳。不当顾中庸以上，材质适等，而加之以文乎！今此数贤者，略余之所识也。检其事能，诚不多也。但以守学不辍，乃上为帝王所嘉，下为国家名儒，非由学乎？由是观之，学其胡可以已哉！”

评曰：钟繇开达理干〔1〕，华歆清纯德素，王朗文博富赡〔2〕：诚皆一时之俊伟也。魏氏初祚，肇登三司〔3〕，盛矣夫！王肃亮直多闻，能析薪哉〔4〕！〔一〕

【注释】

〔1〕开达：通达事理。 理干：具有行政上的能力和才干。 〔2〕文博：文化修养和博物知识。 〔3〕肇：开始。 〔4〕析薪：指能继承父辈的事业。语出《左传》昭公七年。本卷对华歆、王肃的生平记述和评价，都是正面的肯定和赞颂。其实这两人还有另外的一面。华歆对汉献帝的伏皇后凶恶残暴，见本书卷1《武帝纪》注引《曹瞒传》；王肃贪图富贵吝惜钱财，见下文裴注。

【裴注】

〔一〕刘寔以为：“肃方于事上而好下佞己，此一反也；性嗜荣贵而不求苟合，此二反也；吝惜财物而治身不秽，此三反也。”

【译文】

钟繇，字元常，颍川郡长社县人。钟繇小时候曾经与同族的一位父辈钟瑜一同去洛阳，路上遇到一个相面的人，那人说："这个孩子有贵人的相貌，但注定要在水上遭到厄运。要尽力小心避免啊！"钟繇走了没有十里，过桥时马惊了，掉下河去几乎淹死。钟瑜因为相面的人说得准，更加看重钟繇；就供给他资金费用，使他能够专心学习。钟繇后来被举荐为孝廉，任尚书郎；又担任阳陵县令，因为得病离职。此后被三公府任命为下属。改任廷尉正、黄门侍郎。

这时，汉献帝在长安，李傕、郭汜等人在长安城中作乱，与关东地区断绝联系。太祖曹操兼任兖州牧之后，才开始派遣使者进贡上书。李傕、郭汜等人认为："关东地区早想要自行拥立天子，现在曹操虽然派来使者，却不是他的真心。"商议扣留太祖使者，拒绝他的上贡。钟繇劝说李傕、郭汜等人说："现今英雄并起，各人都假借天子的命令独断专行，只有曹兖州心系王室；如果拒绝他的忠心诚意，不符合那些正准备前来向天子致意的人的希望。"李傕、郭汜等人采用了钟繇的建议，对太祖予以优厚的回报；从此太祖得以与朝廷通使。

太祖已经好几次听到荀彧称赞钟繇，得知他对李傕、郭汜的劝说，印象更加深刻。后来李傕胁迫献帝，钟繇和尚书郎韩斌一同策划计谋对付。献帝得以离开长安，钟繇也是出了力的。

后来他被任命为御史中丞。升任侍中、尚书仆射，还根据他建立的功劳封为东武亭侯。

这时关中的将领马腾、韩遂等人，各自拥有强兵相互争战。太祖正忙于处理中原地区的事务，对关中的事态深感忧虑。于是上表派遣钟繇以侍中的身份代理司隶校尉，持有节杖，督察关中各路军队，把后方事务委托给他；特别授予他处理公务时不必等候批示的权力。

钟繇到达长安后，送信给马腾、韩遂等人，为他们陈述利害祸福；马腾、韩遂就各派一个儿子入京作为人质以表诚意。太祖在官渡，与袁绍相持，钟繇送去两千匹马供给军用。太祖给他回信说："得到送来的马匹，很适应部队的急需。关中地区平定，朝廷没有后顾之忧，都是足下的功勋。从前萧何镇守关中，供给充足的食粮，保证了前方军队的需要，也就正像这样啊。"

以后，匈奴族单于在平阳郡作乱，钟繇率领各路军队包围他们，未能攻下；而袁尚所委派的河东郡太守郭援又到了河东，兵马强盛，将领们商议想要撤军离去。钟繇说："袁氏正处在强盛的时候，郭援现在到来，关中众将暗中与他来往；他们之所以还没有全部反叛的原因，不过是顾忌我的威名罢了。如果我们撤军离去，向他们示弱；这里所有的居民，谁不是我们的仇敌？即使我想要回去，难道能走得到家吗？这是尚未开战就先自行败退啊！再说那郭援刚愎自用争强好胜，必定轻视我军；如果他们渡汾河扎营，我们趁他们正在渡河时打击他们，可以大获全胜。"这时张既劝说马腾来合击郭援，马腾派他的儿子马超，率领精锐部队迎面攻来。郭援到了以后，果然轻率挥兵渡过汾河；众人劝止，他不听从。渡过河的人还不到一半，钟繇发动攻击，打得对方大败。斩杀了郭援，降服了单于。事情经过记载在本书《张既传》中。以后河东郡人卫固制造叛乱，与张晟、张琰及高幹等人一同与朝廷为敌；钟繇又率众将打败了他们。

自从天子向西迁徙，洛阳百姓几乎死亡流散光了；钟繇把关中民众迁徙过来，又招纳逃亡人口来充实，几年之内洛阳地区百姓户口逐渐增多。太祖征讨关中时，得以利用这里的人力资源，因此上表委任钟繇为前军师。

魏国建立，钟繇任大理。升任相国。文帝曹丕在东宫做太子时，赏赐给钟繇一只同时可以煮熟五种食品的"五熟釜"，在釜上铭刻的文字说："现今堂堂魏国，充当汉室屏障。这位相国钟繇，真是王国栋梁。日夜谦恭工作，没有时间静养。百官纷纷学习，把他当做榜样。"几年后，因为他的下属西曹掾魏讽谋反，他被魏王下达策书免职。

文帝继魏王位后，钟繇又任大理。到了文帝登上帝位，改任廷尉，晋升爵位为崇高乡侯。不久升任太尉，转封为平阳乡侯。当时司徒华歆、司空王朗，同是上一朝代的著名大臣。文帝退朝后对身边人说："这三公，都是一代的伟人；将来大概难有后继之人了！"

明帝即位，晋升钟繇爵位为定陵侯；增加封邑五百户，连同以前共一千八百户。又升任太傅。钟繇膝部有病，下拜起身不方便；当时华歆也因为年老患病，上朝晋见时都让他们二人带着轻便小车，由卫士抬上殿就座。这以后三公有病，就把这种做法视为惯例。

当初，太祖下令，让臣僚评论死刑是否可以改行宫刑来代替的问题。钟繇认为："古代的肉刑，历代圣明君主都实行过；现在应该恢复，以代替死刑。"参加讨论的人认为这是民众不喜欢的做法，于是停止讨论这件事。到了文帝时设宴招待群臣，下诏说："大理钟繇提出恢复肉刑，这确实是圣王的法律。各位公卿应当好好共同商议这件事。"议论还没确定下来，碰上有军事行动，再次停止了讨论。

太和年间，钟繇上疏说："大魏承受天命，效法虞舜、夏禹。汉文帝改革刑法废除肉刑，不合于古道。先帝的圣德，是上天所赐予的，他对古代的文献，都非常了解。因此他继位之后，接连颁发英明的诏令；打算恢复古代的肉刑，作为一代的法典。因为接连有军事行动，结果没有施行。陛下继承太祖武皇帝和高祖文皇帝的遗志，认为砍脚的刑罚可以禁止罪恶却被废止很是可惜，为无辜判死刑的人感到遗憾，让了解和熟悉刑律法令的人，与众大臣共同商议；挑出本当斩去右脚而划入死刑的，恢复执行砍脚的刑罚。《尚书·吕刑》上说：'皇帝详细询问下民，得知鳏夫寡妇对有苗氏的刑罚不满意。'这是说尧将要废除蚩尤、有苗的酷刑时，先详细询问百姓中那些有怨恨之辞的人。就像现在断案时，询问三公、九卿、百官、万民百姓一样。我以为应当像汉景帝那样发布法令，对那些处以弃市死刑的犯人，他们自己如果想要改为砍右脚的肉刑，就听从他们。对那些本应当处以刺面、割鼻、砍左脚、割生殖器等肉刑的人，仍然依照汉文帝的办法，改为剃光头发做苦工或鞭打等刑罚。犯通奸罪的男女犯人，大多数年纪在二十到四五十岁之间；即使砍了他们的脚，依然还能够生育。现今全国人口少于汉文帝的时代，我的建议如果实行，每年约能保全三千人的生命。过去张苍废除肉刑，所杀的人每年反而数以万计。为臣想要恢复肉刑，每年却可以使三千人生存下来。当年子贡问能够拯救百姓就可以称为仁吗？孔子说：'哪里仅仅是仁，那一定算是最高的德泽了！尧、舜大概也难以做到呢！'又说：

‘仁难道离我们很远吗？我想要它，它就来了。’如果确实能实行肉刑，百姓将能永久得到好处。”

上奏以后，明帝下诏说：“太傅学问优秀才华出众，留心政事；又深通刑法理论。这是件大事，公卿众大臣们要一起好好评议。”

司徒王朗的评议认为：“钟繇想要减轻死刑的律条，增加砍脚的刑罚；这就好比是把躺下的死人变成竖立的活人，当然是好事情。但是为臣愚蠢，仍然有稍稍不同的意见。本朝制定的五大类刑罚，都明确记载在法律条文之中；本来就有比死刑轻一等的刑罚，不处死刑，自然就可以判比死刑轻一等的刑罚了。这个规定施行已经很久了，不必借助斧凿施行肉刑，再来拉开刑罚的档次。前世的仁慈君主，不忍心于肉刑的惨虐残酷，因此才废弃不用；从不用肉刑以来，已经过了几百年。现在突然恢复实行，恐怕减轻死刑的文书还没显现在万民眼前，而有关我们滥施肉刑的消息已经宣扬到敌国耳中了：这可不是用来使边远人民归附的做法。现在可以按照钟繇所想要减轻的那些死罪种类，把死刑改判为剃光头发做苦役的刑罚；如此惩处还嫌太轻的那些罪行，可以把犯人做苦役的年限成倍加长。这样做，可以说对内有起死回生不可估量的恩德，对外又没有用砍脚代替做苦役那样骇人听闻的名声。”

参加这次讨论的有一百多人，意见与王朗相同的人居多。明帝因为吴、蜀尚未平定，暂且停止了这次讨论。

太和四年(公元230)，钟繇去世。明帝身穿丧服前往吊唁，谥他为成侯。钟繇的儿子钟毓继承了他的爵位。当初，文帝曾把钟毓的封邑分出一部分，封钟繇的弟弟钟演和钟演的儿子钟劭、孙子钟豫为列侯。

钟毓，字稚叔。十四岁时做了散骑侍郎，机智敏捷善于谈笑，有他父亲钟繇的风度。

太和初年，蜀国丞相诸葛亮包围了祁山。明帝想要亲自西征，钟毓上疏说：“计谋以在朝廷策划时就稳操胜算为贵，战功以运筹帷幄为上；不用走下殿堂，而决定胜负于千里之外。君王的车驾应该镇守在国土中心，以作为四方军事威势的后援。现在大军西征，虽然威风百倍；而在关中的巨额花费，要付出的就不是一点点了。况且在盛暑时节出动军队，曾被《诗经》作者描绘得很困难。当前实在不是陛下车驾出动的时机。”后来钟毓升任黄门侍郎。

当时正在大兴土木修造洛阳皇宫，明帝暂时迁到许昌住，正月初一日，全国官员都应当到许昌来朝见。许昌地方狭窄，于是在城南用毛毡搭成临时宫殿，演出杂技等娱乐节目，百姓疲于劳役。钟毓上言劝谏，认为：“现在水旱灾害无常，国库空虚，这一类事情，应该等待丰收年份再去进行。”又建议说：“应该恢复在关内地区开垦荒地，使百姓把力气用到农业上。”他的建议得到施行。

正始年间，钟毓任散骑常侍。大将军曹爽，在盛夏时节发动军队攻伐蜀国；蜀国拒守，大军不能推进。曹爽正想要增加兵力，钟毓给他写信说：“我认为在朝廷上谋划时就稳操胜算的好计谋，不会让将士去冒飞箭滚石的危险；王者之兵，虽然出动而用不着血战疆场。虞舜象征性舞动盾牌和长斧，就使有苗氏前来归服；晋文公守信用按时撤军，就使原国的敌军举手投降；因此不必像吴汉那样长驱直入江关，像韩信那样驰骋在井陉。见可而进，知难而退，是自古用兵之道。希望公侯您仔细考虑啊！”曹爽最后果然无功而返。后来钟毓因为不合曹爽的心意，调任侍中。出任魏郡太守。曹爽被诛杀后，钟毓又入京，先后任御史中丞、侍中和廷尉。关于上司、父亲已死，下属、儿子可以代为申诉冤屈；以及士兵封侯以后，他们一旦死去，妻子不再由官府强迫嫁给他人等项规定，都是钟毓所创设的。

正元年间，毌丘俭、文钦反叛。钟毓手持节杖，来到扬州、豫州颁布施行朝廷的大赦令，通告将士百姓。回来后当了尚书。

诸葛诞反叛，大将军司马昭打算亲自到寿春县讨伐诸葛诞。碰上吴国大将孙壹率领兵众来投降，有人认为：“吴国刚刚有这场变故，必定不能再次出兵。我们在东线的兵力已很多，可以等待下一步的消息。”钟毓认为：“评论事势估量敌情，应当以己之心，度人之腹。现在诸葛诞把整个淮南土地，全都送给吴国；而孙壹率领来的，人口不到一千，士兵不过三百。吴国的损失，几平没有什么。如果寿春的包围没有解除，而吴国国内转趋安定，未必可以肯定他们不出兵。”大将军说：“对！”随即带着钟毓出发。

淮南平定以后，钟毓任青州刺史，加任后将军；又升为徐州各军总指挥，持有节杖；又转任荆州各军总指挥。景元四年(公元263)，钟毓去世。追赠为车骑将军，谥为惠侯。钟毓的儿子钟骏继承了他的爵位。

钟毓的弟弟钟会，本书另有传记进行记叙。

华歆，字子鱼，平原郡高唐县人。高唐是齐国故地有名的城市，当地的社会名流无不在市内游玩。华歆在县府当吏员时，假日离开官府，就回家关门不出。他议论公正，始终不毁谤伤人。同郡人陶丘洪也是知名人士，自认为见解超过华歆。当时王芬与一些豪杰人物计划废掉汉灵帝。事情经过记载在本书《武帝纪》中。王芬暗中召集华歆、陶丘洪共同确定计策，陶丘洪想要前去参与，华歆劝住他说：“废立皇帝是一件大事，连伊尹、霍光都感到难办。王芬性情粗疏又没有军事才能，这事必定不能成功，一旦失败灾祸将要殃及族人。你还是不要去！”陶丘洪听从了华歆的话没有去。后来王芬果然失败，陶丘洪这才服气。

华歆被举荐为孝廉，朝廷任命他为郎中。因病，辞去官职。汉灵帝去世后，何进辅政，征召河南郡人郑泰、颍川郡人荀攸及华歆等人。华歆到达后，任尚书郎。董卓把天子迁到长安，华歆请求出京任下邽县令；因病未能赴任，于是从蓝田县到了南阳郡。

这时袁术在穰县，留下了华歆。华歆劝说袁术进军讨伐董卓，袁术没有采用他的建议。华歆想要离开，碰上天子派太傅马日磾安抚关东，马日磾就任命华歆为下属。华歆东到徐州，朝廷下诏任命他为豫章郡太守；由于在处理政事上清静而不烦扰，受到当地官吏民众的感激爱戴。

孙策在江东夺取地盘，华歆知道孙策善于用兵，就包着头巾前去迎接。孙策因为华歆是长辈，所以待他为上宾。

后来孙策死了。太祖曹操正在官渡，上表给天子，征召华歆。孙权不想让他走，华歆对孙权说：“将军您奉天子之命，刚开始与曹公结下友谊，情分关系尚未巩固。让我得以为将军在曹公那里尽力，岂不是有益吗？现在空留下我，犹如养了个没用的东西：这不是好主意。”孙权很高兴，这才放走了华歆。宾客旧友为华歆送行的有一千多人，赠送黄金数百斤。华歆都不拒绝，暗中写好标记；到了临走时，把各种礼物都聚在一起，对大家说：“我本来不想拒绝各位的心意，但所接受的太多。想我单车远行，将因财物太多而遭遇危险。希望各位宾客替我考虑。”众人于是各自收回了自己的赠品，对华歆的德行深为佩服。

华歆到了太祖那里，受任为议郎，在司空府参谋军事。又任尚书。转任侍中，代替荀彧任尚书令。太祖出征孙权，上表任华歆为军师。魏国建立后，华歆为御史大夫。

文帝曹丕即魏王位，拜华歆为相国，封为安乐乡侯。到了文帝当皇帝后，又改任司徒。华歆素来清贫，俸禄赏赐用来救济亲戚故旧，家里没有一担米的储藏。朝廷曾赐给公卿以女奴，只有华歆把她们放出去嫁人。文帝感叹下诏说：“华司徒，是国家的优秀老臣，协助我调和阴阳管理众事。现在我享用着丰盛的膳食，而司徒却吃蔬菜，这是很不合适的。”特别赐给华歆御衣，又为他的妻子儿女都制作了衣服。

三公府建议：“举荐孝廉，本来是以德行为标准，请不再用经学考试来选择。”华歆认为：“天下动乱以来，六经传习荒废；应当致力于儒学的保存和振兴，以发扬王道。制订法规，是用来防止衰落保持兴盛的。现在如果听任举荐孝廉不用经过经学考试，恐怕经学从此就要荒废了。如果有优异人才，可以特别征召使用。我们担忧的是没有人才，哪里担忧有人才而不能得到呢！”文帝听从了他的意见。

黄初年间，朝廷下诏要公卿举荐有独特品行的君子；华歆举荐了管宁，文帝用安车征召。

明帝即位后，晋升华歆爵位，封为博平侯；增加封邑五百户，连同以前的共一千三百户，转任为太尉。华歆自称有病请求退职，把官位让给管宁。明帝没有允许。临近朝廷聚会时，明帝派遣散骑常侍缪袭，去向华歆传达自己的旨意说：“朕新近治理政事，日理万机。唯恐见闻判断不明智，正要依赖有德行的大臣，在左右帮助我；而您却多次称病辞让职位。选择君主，不在朝廷占据位置；抛弃名利，不愿终身做官；这类事例古代确实有过，不过周公、伊尹就不是这样。洁身自好，追求节操的高尚，平常人可以那样做，却不希望您那样。您还是勉力来参加朝会吧，这样对朕有帮助。朕将在餐桌前站立，也让百官都约束自己；等您到来后，朕才会入席就座。”明帝又命令缪袭：“等到华歆答应起身前来了，你再回来。”华歆不得已，只好留任原职。

太和年间，明帝派遣曹真从子午谷道讨伐蜀国，自己向东到了许昌。华歆上疏说：“自从军事动乱发生以来，已超过了二十四年。大魏承受天命，陛下凭借圣德建设周成王、周康王那样兴隆的事业；应该弘扬一个时代的政治，追随夏禹、商汤、周武王的足迹。虽然还有吴、蜀两个敌国依凭险阻苟延残喘，如果圣朝教化日益发展，偏远地方的人民向往德政，也将背负幼儿前来投奔。兵这种东西，要到不得已的时候才用，所以平时要收回军队等待合适的使用时机。为臣确实希望陛下先留心于治理国家的方法，把出兵征伐作为以后的事情。再说从千里之外运送军粮，不是用兵的有利条件；越过险阻深入敌国，不会有大获全胜的功效。听说今年征调兵役，很影响农业生产。治国的君主以民为基础，而民以穿衣吃饭为根本。假使我国境内没有饥饿寒冷的忧虑，百姓没有离开故土的心思，那样就是国家最大的幸运；两个敌国之中将会发生的灾祸，可以坐等其到来。为臣身在宰相之位，年老疾病日益加深，微贱的生命将要走到尽头；恐怕不能再侍奉陛下了，所以不敢不竭尽臣子的忠诚，希望陛下裁决考察！”

明帝答复说：“您深入考虑国家大计，我很是赞赏。敌国凭借仗恃山川险要，太祖武皇帝、高祖文皇帝从前率兵讨伐，尚且不能攻克平定；我岂敢自以为了不起，说必定能消灭他们呢！只不过众将认为，如果不试探进攻一下，敌方就不会疲劳；因此才出兵显示武力，以寻找他们的破绽。如果天时还没到来，周武王军队半途返回，已有前代事例作为榜样。朕将不会忘记您的告诫。”当时正有秋季大雨，明帝下诏令曹真带领军队返回。

太和五年(公元231)，华歆去世。谥号是敬侯。由他的儿子华表继承爵位。当初，文帝曾分出华歆一部分封邑，封华歆的弟弟华缉为列侯。华表，在咸熙年间曾经当过尚书。

王朗，字景兴，东海郡郯县人。因为通晓经学，被授官为郎中。又出任菑丘县长。他的老师是太尉杨赐；杨赐去世，他放弃官职穿孝服居丧。后来被举荐为孝廉，三公府任命他为下属，他都没有接受。徐州刺史陶谦，又举荐王朗为茂才。

当时汉献帝在长安，关东义兵纷纷起事。王朗在陶谦手下当治中，他和别驾赵昱等人规劝陶谦说："《春秋》上说，'请求诸侯信服自己，不如起兵救援天子用行动做表率'。现在天子流亡在西京，应该派遣使者去承受天子的命令。"陶谦于是派赵昱带着奏章到长安。天子嘉许他的心意，任命陶谦为安东将军；又让赵昱任广陵郡太守，王朗任会稽郡太守。

孙策东渡长江抢占土地。王朗的功曹虞翻认为本郡兵力难以抗御孙军，不如躲避他。王朗自认为身是汉朝官吏，应该保守城池，于是发动部队与孙策作战；失利，渡海逃到了东冶县。孙策又来追击，打得他大败，王朗这才去拜见孙策。孙策因为王朗是一个文雅的儒生，只质问责备了一番而没有杀害他。虽然王朗流亡窘困，朝不保夕，但是他仍然收容和抚恤亲戚故旧，把自己富裕的东西分送给匮乏的人，道义上的表现十分突出。

太祖曹操上表征召王朗。王朗从曲阿县出发，经长江、东海，辗转跋涉了一年才到达；到后被任命为谏议大夫，在司空府参谋军事。魏国刚建立时，王朗以军祭酒的身份兼任魏郡太守。又升迁为少府、奉常、大理。在任大理时他处理案件务求宽恕，对犯罪情节有疑问的总是从轻判处；钟繇则对刑法有透彻研究：两人都以擅长断案著称于世。

文帝即魏王位。王朗升任御史大夫，封为安陵亭侯。他上疏劝谏文帝抚育民众减省刑罚，说："大兵兴起以来，长达三十多年；四海动荡倾覆，人民死亡痛苦。依赖先王清除寇贼，扶助抚育孤弱百姓；才使中原重新恢复秩序。把百万人民聚集在魏国土地上；从此疆域内鸡鸣狗叫的声音，传到四面八方；百姓人人高兴，庆幸碰上天下太平。现今远方的敌国还没顺从，军事行动还没停止；如果确实能免除租赋徭役使远方民众归附，优秀地方行政官员能认真布施德行恩泽；那么，农田的广泛耕种，各类民众的繁衍昌盛；必定又会超过从前，比现时还要富足。《周易》称颂整理法律条文，《尚书》赞美善于用刑；说是‘天子一人做善事，百万人民依赖他’：就是指要慎重实施法律刑罚。过去曹参相国把司法问题拜托给后人，路温舒痛恨严酷的狱吏。审理案件的人善于获得真情，那么就没有冤死的囚犯；壮年男子能充分利用土地，那么就没有遭受饥饿的百姓；穷困年老的人能得到国家救济，那么就不会出现饿死的尸体；到了合适年龄的人都能及时出嫁或迎娶，那么男人女人就没有无妻无夫的怨恨；对胎儿的供养充分，那么怀孕的妇女就没有丧失后代的哀痛；对刚生了孩子的夫妇免除赋税，那么孩童就没有得不到养育的不幸；到了壮年以后才服徭役，那么幼小的人就没有离开家庭的忧愁；头发白了的人不再当兵，那么老年人就没有跌倒在行军路上的担心。有医有药治疗人民的疾病，宽减徭役使之安居乐业，使用威力刑罚抑制豪强，施舍恩仁帮助弱者，发放救济赡养穷人：能够这样，十年以后，成年女子必定充满街巷；二十年以后，能够当兵的人必定到处都是了。”

到了文帝当皇帝时，王朗改任司空，晋爵为乐平乡侯。这时文帝常常外出打猎，有时到黄昏深夜才回宫。王朗上疏说：“帝王的住处，外面设有周密的警卫，里面有重重禁门；将要出行则布置了卫队以后才走出内室，发出做好警卫的口令后才走下台阶；弓弦拉开以后才登上座车，清除道路以后才出动车队；掩护两侧以后才回转车驾，检查房屋以后才在门前停车：这都是用来突出至高无上的地位，务求保持警戒慎重，留下法规榜样的。近日陛下车驾出外捕虎，午后出发，到了黄昏才返回；违背了帝王出行警戒清道的常设法规，也不是君王极端慎重的做法啊。”

文帝答复说：“看了你的上表。即使是魏绛引用虞人的箴言以劝谏晋悼公，司马相如描绘射猎猛兽的情形以告诫汉武帝，也不足以比喻它。现在吴、蜀二敌还没消灭，将帅都在远方征战，所以我要不时去到原野驰骋以练习军事防备。至于不应该夜里返回的告诫，已经下诏要主管官员执行了。”

当初，在建安末年，孙权开始派遣使者请求充当属国，而与刘备交战。文帝下诏要大臣讨论："应不应当出兵和吴国一起攻取蜀国?"王朗议论说："天子统率的军队，比华山、泰山还要稳重；实在应该安坐显示威风，像山一样岿然屹立。假使孙权亲自与蜀国贼寇相对峙，双方搏战旷日持久，势均力敌，不能迅速决定胜负，要等我们出兵决定胜败的话；那时应该选用持重的将领，寻找蜀国的弱点，看准时机然后行动，选好地点然后出兵，只消作战一次就彻底解决问题。现在孙权的部队尚未行动，那么我们的援军就用不着先行出征；并且现在雨水正盛，不是兴师动众的有利时机。"文帝采纳了他的建议。

黄初年间，有鹈鹕鸟聚集在皇宫中的灵芝池上，文帝下诏要公卿举荐有独特品行的君子。王朗推荐了光禄大夫杨彪；并且自称有病，把自己的职位让给杨彪。文帝于是为杨彪设置吏役士兵，地位仅次于三公。文帝下诏说："我向您求取贤才还没有得到，您却反而自称有病辞职；使我不只是得不到贤才，还开启了丧失贤才的门路，使三公的职位出现空缺。莫非是住在皇宫中的我说话不好，使得您要躲避我吗？您还是别再推辞了。"王朗这才复职。

孙权说是要派遣他的儿子孙登入朝做人质，却又没有来。这时文帝到了许昌，正大兴屯田，想要大举出兵东征孙权。王朗上疏说："过去南越遵守规矩，派遣太子婴齐到汉朝做人质；后来婴齐才能成为继承人，回国继承王位。康居骄傲狡猾，说话与真情不符；汉朝的西域都护郭舜上奏建议把该国在京城做人质的儿子遣送回去，以示贬斥其无礼。再说当初吴王刘濞造成的祸乱，就萌发于他的儿子到汉朝做人质；而隗嚣反叛，也不顾他在朝廷做人质的儿子生命安危如何。以前听说孙权有过送儿子来的话，但却没有兑现，现在大军已做好行动准备；为臣恐怕民众不完全明白您心思，会说皇上怨恨孙登拖延入朝，所以为此兴师动众。假如部队刚出发而孙登却来了，那么就是出动的力量最大，而所得到的收获却最小，根本不值得为之庆贺；假如他傲慢违抗，一点也没有送孙登来的意思，恐怕那些未能完全明白您心思的人，将一同产生埋怨而不愿为攻打孙吴出力。愚见认为应该命令各路出征的将领：各自明确奉行禁令，谨慎管住所率领的部队。我们要对外炫耀烈烈声威，对内推广将士屯田；使军队像大山一样安定，像深渊一样沉静，威势不可动摇，计谋不可预料。”

这时，文帝已调集齐部队，还是出征了。结果孙权的儿子没有来，文帝车驾到了长江边之后无功返回。

明帝即位，王朗晋爵为兰陵侯；增加封邑五百户，连同以前的共一千二百户。明帝派他到邺县，察看生母文昭皇后甄氏的陵墓，他看到百姓中有的生活很穷困。这时明帝正在大修宫殿，王朗上疏说：“陛下即位以来，屡次发布施恩的诏书；百姓万民，无不欢欣。为臣刚刚奉命出使到北方，在往返路途中，听说各种徭役中可以免除减轻的有很多。希望陛下重新保持耐心认真听取大臣意见的习惯，用计谋制御敌寇。过去大禹将要拯救天下的大灾难，首先就把自己的住房修得很简陋，又节省衣服食物；因此能够全部占有九州之地，统治远近地区。越王勾践想要扩大御儿一带的边界，在姑苏杀死吴王夫差，也严格约束他自己和家属，节省家庭开支以供给国用；因此能够囊括五湖，席卷三江，威震中原，确定他的霸主地位。汉朝的文帝、景帝，也想要弘扬祖先的功业，增加和提高王朝的威望，所以能打消念头，停止修建要耗费百金的露台，公开提倡节俭，只穿黑色粗厚的丝织衣服，在内减少御用膳食的数量，不接受贡品，在外省减徭役赋税而加强农业生产；因此能够达到天下太平，几乎无人犯法而造成刑具搁置不用。汉武帝之所以能发挥他的军事势力，开拓境外疆土；实在是因为祖父、父亲两代蓄积的实力素来充足，所以才能成就伟大的功业。霍去病，不过是个中等才器的将领，还因为匈奴没有消灭，不去兴修自己的住宅。这些事例证明：顾念远方百姓的人，对近旁的事务应当忽略；从事对外开拓的人，对内部的事应当精简。从汉朝初建，到它的中兴，都是在战争大致停息以后，才开始建造高大众多的皇家宫殿。现今皇宫的建始殿前面，足够用来举行朝廷大会；崇华殿后面，足够用来依次安置妃嫔；华林园、天渊池，足够用来游览设宴。不如暂且先把皇宫南面阊阖门的阙门修好，使它足以用来排列那些从远方前来朝贡的臣民；再维修皇宫的城墙和护城河，使之足以阻隔企图逾越进入的人，成为皇宫的险要保护。至于其余的一切建筑，暂且等到丰收年份再去考虑。一心一意以抓紧农耕为急务，训练军队为大事；国内不会有大男大女不能成家的怨恨，人口增长，百姓富足，兵士强壮：到了这时，贼寇不来归顺而光明不能散发的情况，是不会有的。”

后来王朗转任司徒。当时明帝的儿子不断死去，但后宫中生小孩的妃嫔却不多。王朗上疏说：“过去周文王十五岁时妻子生下周武王，所以享有十个儿子的福分，扩大了姬姓的后代。周武王老了以后妻子才生了周成王，因此成王的兄弟很少。这两位周王，各人都树立了圣德，没有人能比得过；但说到享有子孙的福分，则大不相同。都是因为他们生育有早有晚，所生下的孩子有多有少的缘故。陛下的德行福分兼有两位圣王之美，年龄则比文王生育武王时的年龄大；而您的像周武王那样的儿子却还没有在后宫中出生，其他的皇子数量也不多。拿周成王出生时周武王的年龄来作比较，虽然还不算晚；但如果拿周武王的哥哥伯邑出生时周文王的年龄来作比较，就不算早了。《周礼》规定天子六宫的妃嫔人数为一百二十人；而各种经典的通常说法，都以十二人为限度。至于秦朝、汉朝末年，有时就数以千百计了。虽然妃嫔更多，而及时生育的有时却极少。可见要想实现所谓的‘儿子上百个’，根本办法就在于情意专注，而不在于妃子多多益善。老臣我忠心耿耿，希望陛下有轩辕黄帝生育二十五个儿子那样的福分；而现今还不如生育十个儿子的周文王，因此很是担忧。另外幼儿的养育常常苦于被褥太暖和，太暖和了对柔弱的体肤不利；难以防病护理，而容易产生感冒。如果常常让幼儿的丝绵袍，不至于太厚；就都能保有金石般坚强的体质，而能寿比南山。”

明帝答复说：“忠诚到极点的人言辞恳切，爱心深厚的人言辞深刻。您既劳心思虑，又亲手写奏疏，几次三番阐述有德之言，使我无比欣喜。我的帝位继承人尚未确立，成为您的忧虑；我恭敬采纳您至诚的言论，很想再听到您好心的规劝。”

王朗著有《周易》、《春秋》、《孝经》、《周礼》的注释，还有奏议论记各类著述，都流传于世。他在太和二年(公元228)去世。谥为成侯。

他的儿子王肃继承了爵位。当初，文帝分出王朗的一部分封邑，准备封他的一个儿子为列侯；王朗请求改封给他哥哥的儿子王详。

王肃，字子雍。十八岁时，师从当时的著名学者宋忠研读《太玄》，就能重新为此书作了注解。黄初年间，他任散骑侍郎、黄门侍郎。

太和三年(公元229)，任散骑常侍。太和四年(公元230)大司马曹真征讨蜀国，王肃上疏说："以前书里有过这样的话：'从千里以外转运粮食，士兵就会面有饥色；靠砍柴打草以后烧火做饭，部队就难以吃饱。'这还说的是在平坦道路上行军的情况。又何况是深入险阻地区，要靠凿山修路艰难前进呢？这样行军的劳苦程度，更要超出百倍。现在又加上雨水连绵，山坡又高又滑；大军受狭窄地形的限制而难以展开，粮食在遥远的后方而难以为继：这实在是行军的大忌啊！听说曹真出发已经超过了一个月，而子午谷的道路才走了一半，战士们的精力，都用在开拓道路上了。这使敌人一方偏偏能以逸待劳，是兵家相当忌讳的事。拿以前的事例来说，周武王讨伐商纣王，出了关又回去；拿较近的事例来说，武皇帝、文皇帝先后征讨孙权，到了长江边而不渡过。这难道不是所谓的顺应天意、知道时机、通达权变的举动吗？百万人民如果知道圣上是因为雨水连绵、路途艰险的缘故，就停止出征让他们休息；那么以后的日子里要是有了袭击敌人的机会，朝廷决定加以利用：那么他们就会高高兴兴去克服困难，把生死置之度外了。"于是明帝停止了这次出征。

王肃又上疏说："陛下应该遵行旧时礼仪，为去世的大臣吊唁哀哭，在宗庙向祖先进献新成熟的水果。"上述建议都得到实行。

王肃又上疏陈述处理政事的根本原则说："废除无事可做的职位，减少并不急需的俸禄，停发供养冗员的经费，裁并无所事事的官员；使当官者必有职责，有职责必须做事，做了事必定发给俸禄，发给的俸禄要能保障官员的生活：这是自古以来的常规，当今所适宜的原则。官员不多而每人的俸禄丰厚，则公家的花费少，入仕升官的愿望强烈；每个人各自施展自己的才能力量，没有人依靠人情关系往上爬。发表见解，就向皇帝呈递奏章；检查成绩，要通过公开的考核；官员有能力还是没有能力，评选情况全在帝王心里。因此唐尧、虞舜设置官员，分派职责，命令公卿，各有任务；然后只让龙一个人担任纳言，就像今天的尚书，由他向帝王报告下情，向下面宣布帝王的命令而已。夏朝、商朝是什么情况不得详知。但是《尚书》中的《甘誓》提到‘六事之人’，说明了当时六卿也是主管公事的人。《周官》就记载得详备了：天子每五天一次到朝廷处理公务，公卿大夫一同进见，而由司士来安排他们的位置。《周礼·冬官·考工记》说‘坐而论道的，称之为王公；起来做事的，称之为士大夫’。到了汉朝初年，依照以前朝代的情况，公卿都各自带着公务文书上朝。所以汉高祖亲自追赶前来报告公务却返身逃避的周昌，汉武帝躲在帐子里隔着距离下指示批准汲黯奏事，汉宣帝让公卿每隔五天上一次朝。到了汉成帝时，开始设置尚书五人，从此之后上述做法开始废弛了，朝廷的礼仪于是就有欠缺了。为臣以为可以恢复每隔五天上一次朝的礼仪，让公卿、尚书们，各自就自己主管的事情上奏。把废弛的礼仪复兴起来，光大弘扬圣王的传统，这才真是所谓的名声好听而又实效显著的大事啊。”

青龙年间，山阳公去世，山阳公就是原先的汉献帝。王肃上疏说：“过去唐尧禅让给虞舜，虞舜禅让给夏禹；虞舜、夏禹都是在为退位君主服丧三年之后，才登上天子的尊位的。因此皇帝的称号既没有亏损，君臣的礼仪也仍然存在。现今山阳公承受并顺应天命，同意满足民众的愿望；把帝位禅让给大魏，自己退处宾客的位置。山阳公奉事魏朝，不敢不尽礼节；魏朝对待山阳公，优厚尊崇不把他当做臣僚。到了山阳公去世，棺木和衣物的规格，仪仗队伍的装饰，都与天子相同；因此远近肯定魏朝的仁慈，认为是伟大美好的安排。再说汉朝把帝和皇两个称号结合起来，称为皇帝。有特殊区别时称为帝，没有特殊区别时称为皇，可见皇这一称号是分量较轻的了。所以在汉高祖的时候，从道理上说国土上不能有两个君主；而他的父亲又还健在，于是就称他的父亲为皇，以表明不是有两个君主并存。何况现在是用来赠送给已死的人，可以称山阳公为皇，以和他的谥号相配。”

明帝没有听从称山阳公为皇的建议，追谥山阳公为汉孝献皇帝。

后来王肃以散骑常侍的身份兼任秘书监，又兼任崇文观祭酒。

景初年间，大规模修建皇宫，民众无法从事农业生产，官方征调人民服劳役时，许定的期限到了却不兑现，死刑判决仓促草率。王肃上疏说："大魏承继前代帝王极度衰落的基础，人民所剩无几，战火蔓延未熄，实在是应该使人民休息，让他们都得到恩惠，从而安定远近四方的时候。要想蓄积财物而使疲倦的百姓得以休息，在于省减徭役而努力耕种。现今宫殿没有修好，工程没有完成；由水路调运粮物，需要层层辗转运输供应。因此，服劳役的壮丁辛苦劳作，疲惫不堪，农民离开了他们的田地；种粮的人很少，吃粮的人很多；旧粮已经没有了，新粮却无法接续。这是一个国家的最大忧患，而不是防备意外的好办法。修建皇宫的现有劳工已有三四万人。已完工的九龙殿可以安顿陛下圣体，它的里面足以排列六宫后妃；显阳殿也将要完工；只有太极殿以前的工程还很浩大。现今天气即将转入酷寒，疾病时有发生。确实希望陛下发出仁德的声音，颁布英明的诏令，深深怜悯劳工们的疲惫辛劳，多多同情百万民众的困乏不足；最好在那些一直吃皇粮而又没有紧急任务的士兵当中，选择壮年男丁，留下一万人来使用；使他们服劳役满一年就得到替换。这样，都知道休息替代有固定的日期，就没有人不高兴地做工，虽劳累而不怨恨了。合计一年有三百六十万个工作日，也不算少了。按原计划应当一年完成的工程，且让它三年完成。其余的劳力一律遣返，让他们都从事农业生产，这是使国家不会穷困的计划。仓库有满溢出来的粮食，民众有多余的劳力：用这些来建立功业，有什么功业不能建立呢？用这些来推行教化，有什么教化不能成功呢？取信于民，是一个国家最宝贵的东西。孔子说：'自古以来人都要死掉，民众如果不信任，国家是立不起来的。'小小的晋国，小小的晋国公子重耳；想要使用他的人民，就先让大家看到他的信用；虽然原国军队将要投降，但是重耳顾守信用仍然撤军退回：所以他能只打一仗就开始称霸，至今还被人称道。前次陛下车驾要到洛阳，征调民工建立大营，官府许诺说大营建成就放他们回家。但是大营建成以后，又贪图使用这些民工，没有按时遣返。有关官员只知谋取眼前的利益，而不顾治理国家的规则。为臣认为，从今以后，如果再使用民间劳工，应该明确宣布命令，一定遵守规定期限；

如果接着还有别的事情需要劳力，那就宁可再次征调，而不要丧失信用。另外，凡属陛下临时下令处以死刑的，都是些有罪的官员，应该处死的人。但是民众百姓不知道这种情况，认为过于仓促草率；所以希望陛下干脆把这种人交给司法官员审判而公开他们的罪行。衡量某人确实该处以死刑，也不要让他们死在宫廷里面而让远近的人们产生疑惑。而且人命最重要，生养人困难而杀死人容易，断了气就无法接续了，因此圣贤把这事看得很重。孟轲宣称：即使杀一个无辜的人能够获取天下，仁者也不愿做这样的事情。汉朝时有人冒犯皇帝车驾，使御马受惊，廷尉张释之上奏请求判处这人交纳罚金；汉文帝奇怪为什么罚得这么轻，而张释之却说：'要是在事情发生的当时，圣上一怒之下把他杀了也就罢了。现在交给廷尉审判，廷尉是国家的天平啊！一旦倾斜，天下施用法律的人都可以随心所欲判轻判重，民众不就会手足无措了吗？'为臣认为他的话很没有道理，不是忠臣所应该说的话。廷尉，只是天子的吏员；如果他尚且不能丧失公平，难道以天子的身份，反而可以胡乱杀人吗？这种话只为自己着想，却很少为君主着想，是一种最不忠诚的行为！周公说：'天子没有玩笑话；他的话，史官要记录，官吏要诵读，士人要提说。'说话尚且不能开玩笑，何况是行动呢？所以对张释之的话不可不明察，对周公的告诫不可不遵循啊。"

王肃又陈述："皇家园林中各种鸟兽都是没有用的东西，饲养它们却有草料、粮食和人工等花费，为臣认为都可以去除。"

明帝曾经询问说："汉桓帝时候，白马县令李云上书说：'帝的意思就是谛(对政事的审察)。现在的情况却是皇帝想要不谛(对政事不审察)。'李云说了这样无礼的话怎么没有被处死？"

王肃回答说："李云只不过是说话忘了态度应当恭顺；推究他本意，都是想要尽自己的忠心，念念不忘弥补国事的缺失。并且帝王的威势，比雷霆还要厉害；杀死一介匹夫，跟杀死一只蚂蚁没什么两样。宽容并且赦免李云这样的人，可以表明自己能够容纳接受恳切的言论，向天下人显示广大的德泽风度。所以臣下认为处死李云未必是正确的。"

明帝又询问说："司马迁因为受了宫刑的缘故，内心怀有不满；写作《史记》时非议贬低汉武帝，令人切齿痛恨。”

王肃回答说：“司马迁记叙史事，不乱说好话，也不隐瞒过错。刘向、扬雄都佩服他善于叙事，具有优秀史官的才能，说他的《史记》是实事求是的记录。汉武帝听说他在写作《史记》，索取汉景帝和他自己的本纪阅览，看了大怒，把这些文字从木简上删削掉后又扔掉木简。到了今天这两篇本纪，也只有目录，而没有文字。司马迁后来遭遇李陵事件，被汉武帝下令关进蚕室处以宫刑。这样看来，不满是在汉武帝心中，而不在作《史记》的司马迁心中啊。”

正始元年(公元240)，王肃出京任广平郡太守。后因公务需要被征召回京，授官议郎。不久，任侍中。升为太常。当时大将军曹爽专权，任用何晏、邓飏等人。王肃与太尉蒋济、司农桓范谈论到时政，王肃严肃地说：“何、邓这类人也就是弘恭、石显之流，还提他们干什么！”曹爽知道了这话，告诫何晏等人说：“大家得小心！公卿们已把诸位比做前朝的恶人了。”王肃因宗庙祭祀上出现过错被免职。

后来他又出任光禄勋。当时有两条一尺长的鱼，出现在武器库房的屋顶上。有关官员认为是吉祥的事。王肃说：“鱼是生活在深渊里的，现在却高高显露在屋顶上，长有的鳞甲的动物丧失了居住的地方。边境上的将领难道将要有弃甲败逃的变故吗?”以后果然出现了东关战役的大败。王肃被调任河南尹。

嘉平六年(公元254)，王肃手持节杖，兼任太常，带领皇帝的礼仪车队，在元城迎接高贵乡公曹髦进京当皇帝。这一年，有白气一直贯通天空。大将军司马师，询问王肃是什么缘故，王肃回答说：“这叫做蚩尤的旗帜。东南方面难道将有动乱吗?您如果能修身以安定百姓，那么天下喜欢安定的人就会归附您，发动变乱的人先就会灭亡了。”

第二年春天，果然发生了镇东将军毌丘俭、扬州刺史文钦的反叛。司马师对王肃说：“霍光有感于夏侯胜的准确预言，开始重视儒学人士，实在是有原因的啊！请问您现今稳定国家，使君主得到安宁的办法在哪里呢?”王肃说：“当年关羽率领荆州的大军，在汉水边上降服了于禁，随即萌发了向北发展争夺天下的志向；后来孙权发动偷袭俘获了他将领士兵的家属，关羽的部队一下子就瓦解了。现在淮南将领士兵的父母妻儿，都在内地州郡居住；只要急速赶往淮南进行防御，不让叛军前进，那就一定会出现当年关羽那样土崩瓦解的局势了。”司马师听从了他的计策，果然打败了毌丘俭、文钦。后来王肃升为中领军，并兼任散骑常侍；增加封邑三百户，连同以前的共有二千二百户。

王肃在甘露元年(公元256)去世。门生穿起丧服服丧的数以百计。朝廷追赠他为卫将军，谥为景侯。

他的儿子王恽继承爵位。王恽死，没有儿子，爵位的继承断绝。景元四年(公元263)，又封王肃另一个儿子王恂为兰陵侯。咸熙年间，开始设置五等爵位；因为王肃在前朝立有功勋，改封王恂为丞县子爵。

当初，王肃精通东汉大儒贾逵、马融的学问，而不喜好郑玄之说。他采集儒家各个学派的不同说法，为《尚书》、《诗经》、《论语》、《三礼》、《春秋左氏传》作了注解；他又编定父亲王朗所作的《易传》：这些著作都列为官办学校的参考书。他所论述、辩驳有关朝廷典章制度当中的祭祀天地、祭祀皇族祖先、丧服区别等问题的文章，共有一百多篇。

当时乐安国人孙叔然，在郑玄门下学习过，人称他是东州大儒。朝廷征召他担任秘书监，没有上任。王肃编辑《圣证论》来讥刺贬低郑玄，孙叔然进行了反驳和解释。他后来作了《周易》、《春秋》二书的例证，《毛诗》、《礼记》、《春秋》三传、《国语》、《尔雅》等各种经书的注解，又注书十多篇。

另外，魏国初年受到朝廷征召而不愿当官的敦煌郡人周生烈，明帝时担任大司农的弘农郡人董遇等人，也陆续对儒家经传作了注解，在当时广为流传。

评论说：钟繇通达事理，具有行政能力和才干；华歆清廉纯洁，德行素朴；王朗文化修养深厚，知识非常丰富：确实都是一个时期的英才伟人。魏国初建帝业，他们开始登上太尉、司徒、司空三公的高位，真是当时的盛事呀！王肃坦荡正直，见闻广博，堪称能够继承父亲的事业啊！

【三国志译注卷十四】　魏志十四

程郭董刘蒋刘传第十四

程昱字仲德，东郡东阿人也。长八尺三寸，美须髯。黄巾起，县丞王度反，应之，烧仓库；县令逾城走，吏民负老幼东奔渠丘山。昱使人侦视度：度等得空城不能守，出城西五六里止屯。

昱谓县中大姓薛房等曰："今度等得城郭，不能居，其势可知。此不过欲虏掠财物，非有坚甲利兵攻守之志也。今何不相率还城而守之？且城高厚，多谷米；今若还求令[1]，共坚守；度必不能久，攻可破也。"房等以为然。吏民不肯从，曰："贼在西，但有东耳[2]！"昱谓房等："愚民不可计事。"乃密遣数骑举幡于东山上，令房等望见，大呼言："贼已至！"便下山趋城，吏民奔走随之；求得县令，遂共城守。度等来攻城，不能下，欲去。昱率吏民开城门，急击之，度等破走。东阿由此得全。

初平中[3]，兖州刺史刘岱辟昱[4]，昱不应。是时，岱与袁绍、公孙瓒和亲；绍令妻子居岱所，瓒亦遣从事范方将骑助岱。后绍与瓒有隙。瓒击破绍军，乃遣使语岱，令遣绍妻子，使与绍绝；别敕范方："若岱不遣绍家，将骑还。吾定绍，将加兵于岱！”岱议，连日不决。别驾王彧白岱：“程昱有谋，能断大事。”

岱乃召见昱，问计。昱曰：“若弃绍近援而求瓒远助，此假人于越以救溺子之说也〔5〕。夫公孙瓒，非袁绍之敌也；今虽坏绍军，然终为绍所擒。夫趋一朝之权而不虑远计〔6〕，将军终败。”岱从之。

范方将其骑归，未至，瓒大为绍所破。岱表昱为骑都尉，昱辞以疾。

【注释】

〔1〕求令：找到县令。〔2〕但有东：只能向东走。〔3〕初平：东汉献帝的年号。〔4〕辟（bì）：当时的三公、州牧或州刺史、郡国守相都有权自行任命府内的下属，不必经过朝廷的选官机构，这种任命叫做辟。〔5〕假人于越以救溺子：儿子掉在水里时，准备跑到南方的越国去请善于游水的人来营救。即远水救不了近火的意思。〔6〕一朝之权：眼前的权宜之计。

刘岱为黄巾所杀；太祖临兖州，辟昱。昱将行，其乡人谓曰：“何前后之相背也！”昱笑而不应。太祖与语，悦之，以昱守寿张令。太祖征徐州，使昱与荀彧留守鄄城。张邈等叛迎吕布，郡县响应，唯鄄城、范、东阿不动。布军降者，言：“陈宫欲自将兵取东阿，又使氾嶷取范。”吏民皆恐。

彧谓昱曰：“今兖州反，唯有此三城。宫等以重兵临之，非有以深结其心〔1〕，三城必动。君，民之望也，归而说之〔2〕，殆可！”昱乃归，过范，说其令靳允曰：“闻吕布执君母、弟、妻、子，孝子诚不可为心〔3〕！今天下大乱，英雄并起，必有命世能息天下之乱者[4]。此智者所详择也。得主者昌，失主者亡。陈宫叛迎吕布而百城皆应，似能有为；然以君观之，布何如人哉？夫布，粗中少亲[5]，刚而无礼，匹夫之雄耳！宫等以势假合，不能相君也[6]。兵虽众，终必无成。曹使君，智略不世出[7]，殆天所授。君必固范[8]，我守东阿，则田单之功可立也[9]。孰与违忠从恶，而母子俱亡乎？唯君详虑之！”允流涕曰：“不敢有二心！”时，氾嶷已在县。允乃见嶷，伏兵刺杀之，归，勒兵守。〔一〕昱又遣别骑绝仓亭津。陈宫至，不得渡。昱至东阿，东阿令枣祗已率厉吏民，拒城坚守。又兖州从事薛悌，与昱协谋，卒完三城，以待太祖。

太祖还，执昱手曰：“微子之力[10]，吾无所归矣！”乃表昱为东平相，屯范。〔二〕

【注释】

〔1〕有以：有某种办法。〔2〕归：回家乡。程昱是东阿县人，所以荀彧这么说。〔3〕不可为心：心里忍受不了。〔4〕命世：指命世之才。即安邦定国的杰出人才。〔5〕粗中：内心粗疏。〔6〕相(xiāng)君：把吕布视为君。〔7〕不世出：不是从人世间产生。形容极为罕见。〔8〕必固：一定要坚守。〔9〕田单：临淄(今山东淄博市东北)人。战国时齐国大将。燕国名将乐毅率大军进攻齐国，连连获胜，而田单坚守即墨城(今山东平度市东南)。后又用火牛阵击破敌军，一举收复七十余城。以功任相国，封安平君。传见《史记》卷八十二。〔10〕微子之力：没有您的出力。

【裴注】

〔一〕徐众《评》曰：“允于曹公，未成君臣；母，至亲也，于义应去。昔王陵母为项羽所拘，母以高祖必得天下，因自杀，以固陵志。明心无所系，然后可得成事人尽死之节。卫公子开方，仕齐，积年不归。管仲以为不怀其亲，安能爱君，不可以为相。是以求忠臣必于孝子之门。允宜先救至亲。徐庶母为曹公所得，刘备乃遣庶归：欲为天下者，恕人子之情也。曹公亦宜遣允。”

〔二〕《魏书》曰：“昱少时尝梦上泰山，两手捧日。昱私异之，以语荀彧。及兖州反，赖昱得完三城。于是彧以昱梦，白太祖。太祖曰：‘卿当终为吾腹心！’昱本名‘立’，太祖乃加其上‘日’，更名‘昱’也。”

太祖与吕布战于濮阳，数不利。蝗虫起，乃各引去。于是袁绍使人说太祖连和，欲使太祖迁家居邺。太祖新失兖州，军食尽，将许之。

时昱使，适还，引见。因言曰：“窃闻将军欲遣家，与袁绍连和。诚有之乎？”太祖曰：“然。”昱曰：“意者将军殆临事而惧〔1〕，不然何虑之不深也！夫袁绍据燕、赵之地，有并天下之心，而智不能济也。将军自度能为之下乎？将军以龙虎之威，可为韩、彭之事邪〔2〕？今兖州虽残，尚有三城；能战之士，不下万人。以将军之神武，与文若、昱等〔3〕，收而用之，霸王之业可成也！愿将军更虑之。”太祖乃止。〔一〕

天子都许，以昱为尚书。兖州尚未安集，复以昱为东中郎将，领济阴太守，都督兖州事。

刘备失徐州，来归太祖。昱说太祖杀备，太祖不听。语在《武纪》。后又遣备至徐州，要击袁术，昱与郭嘉说太祖曰：“公前日不图备，昱等诚不及也〔4〕。今借之以兵，必有异心！”太祖悔，追之，不及。会术病死，备至徐州，遂杀车胄，举兵背太祖。

顷之，昱迁振威将军[5]。袁绍在黎阳，将南渡。时昱有七百兵守鄄城。太祖闻之，使人告昱，欲益二千兵。昱不肯，曰："袁绍拥十万众，自以所向无前。今见昱兵少，必轻易不来攻。若益昱兵，过则不可不攻；攻之必克，徒两损其势[6]。愿公无疑！"太祖从之。绍闻昱兵少，果不往。太祖谓贾诩曰："程昱之胆，过于贲、育！"昱收山泽亡命[7]，得精兵数千人。乃引军与太祖会黎阳，讨袁谭、袁尚。谭、尚破走，拜昱奋武将军，封安国亭侯。

太祖征荆州，刘备奔吴。论者以为孙权必杀备。昱料之曰："孙权新在位，未为海内所惮。曹公无敌于天下，初举荆州，威震江表；权虽有谋，不能独当也。备有英名；关羽、张飞，皆万人敌也：权必资之以御我。难解势分[8]，备资以成，又不可得而杀也。"权果多与备兵，以御太祖。

是后中夏渐平，太祖拊昱背曰："兖州之败，不用君言，吾何以至此！"宗人奉牛酒大会，昱曰："知足不辱，吾可以退矣。"乃自表归兵[9]，阖门不出。〔二〕。昱性刚戾[10]，与人多忤。人有告昱谋反，太祖赐待益厚。魏国既建，为卫尉。与中尉邢贞争威仪[11]，免。

【注释】

〔1〕意者：私意以为。 〔2〕韩：指韩信。 彭：指彭越（？—前196）。字仲。山阳郡昌邑（今山东金乡县西北）人。秦末聚众起兵。楚、汉相争时，率兵三万投奔刘邦，并在击败项羽的过程屡立战功，封梁王。

西汉建立后，以谋反罪被刘邦诛杀。传见《史记》卷九十、《汉书》卷三十四。以上韩、彭二人都为刘邦出过大力，后来又都被他处死。〔3〕文若：荀彧的字。〔4〕不及：在这件事的深远考虑上不及您。〔5〕振威将军：官名。领兵征伐。〔6〕两损其势：分兵与程昱，削弱了曹操的兵力，又使程昱必然受攻，所以是两损。〔7〕亡命：弃家逃亡在外的人。〔8〕难解势分：当孙、刘两家面临的危难解除、双方势力分开而不再合一的时候。〔9〕归兵：把自己统率的军队上交曹操。这是免除曹操猜忌的做法。〔10〕刚戾：刚直暴躁。〔11〕争威仪：在路上相遇时双方的仪仗队互不让路。当时中央官员的仪仗队，以中尉的最为壮观，人数多，服饰好，出行时"光满道路，群僚之中，斯最壮矣"（《续汉百官志》四李贤注引《汉官》）。程昱比邢贞资历老，功劳大，看到对方的仪仗队比自己的好；心里有气，所以故意不让路。

【裴注】

〔一〕《魏略》载："昱说太祖曰：'昔田横，齐之世族，兄弟三人更王。据千里之地，拥百万之众，与诸侯并南面称孤。既而高祖得天下，而横，顾为降虏。当此之时，横岂可为心哉！'太祖曰：'然。此诚丈夫之至辱也。'昱曰：'昱愚，不识大旨；以为将军之志，不如田横。田横，齐一壮士耳，犹羞为高祖臣。今闻将军欲遣家往邺，将北面而事袁绍。夫以将军之聪明神武，而反不羞为袁绍之下。窃为将军耻之！'"其后语与本传略同。

〔二〕《魏书》曰："太祖征马超，文帝留守，使昱参军事。田银、苏伯等反河间，遣将军贾信讨之。贼有千余人请降，议者皆以为，宜如旧法。昱曰：'诛降者，谓在扰攘之时，天下云起。故围而后降者，不赦，以示威天下；开其利路，使不至于围也。今天下略定，且在邦域之中，此必降之贼；杀之无所威惧，非前日诛降之意，臣以为不可诛也。纵诛之，宜先启闻。'众议者曰：'军事有专，无请。'昱不答。文帝起入，特引见昱曰：'君有所不尽邪？'昱曰：'凡专命者，谓有临时之急，呼吸之间者耳。今此贼，制在贾信之手，无朝夕之变。故老臣不愿将军行之也。'文帝曰：'君虑之善！'即白太祖，太祖果不诛。太祖还，闻之甚说，谓昱曰：'君非徒明于军计，又善处人父子之间。'"

文帝践阼，复为卫尉，进封安乡侯；增邑三百户，

并前八百户。分封少子延及孙晓，列侯。方欲以为公，会薨。帝为流涕，追赠车骑将军，谥曰肃侯。〔一〕

子武嗣。武薨，子克嗣。克薨，子良嗣。

晓，嘉平中为黄门侍郎。〔二〕时校事放横[1]，晓上疏曰："《周礼》云：'设官分职，以为民极[2]。'《春秋传》曰[3]：'天有十日，人有十等。'愚不得临贤[4]，贱不得临贵。于是并建圣哲，树之风声[5]。明试以功，九载考绩[6]；各修厥业[7]，思不出位[8]。故栾书欲拯晋侯[9]，其子不听；死人横于街路，邴吉不问[10]。上不责非职之功[11]，下不务分外之赏；吏无兼统之势，民无二事之役：斯诚为国要道，治乱所由也！远览典志，近观秦、汉，虽官名改易，职司不同；至于崇上抑下，显分明例[12]，其致一也[13]：初无校事之官，干与庶政者也。昔武皇帝大业草创，众官未备；而军旅勤苦，民心不安；乃有小罪不可不察，故置校事，取其一切耳[14]。然检御有方[15]，不至纵恣也。此霸世之权宜[16]，非帝王之正典。其后渐蒙见任，复为疾病[17]；转相因仍，莫正其本。遂令上察宫庙，下摄众司；官无局业[18]，职无分限；随意任情，唯心所适。法造于笔端，不依科诏[19]；狱成于门下[20]，不顾复讯[21]。其选官属，以谨慎为粗疏，以谄词为贤能[22]；其治事，以刻暴为公严[23]，以循理为怯弱。外，则托天威以为声势[24]；内，则聚群奸以为腹心。大臣耻与分势，含忍而不言；小人畏其锋芒，郁结而无告：至使尹模公于目下肆其奸慝[25]。罪恶之著，行路皆知；纤恶之过[26]，积年不闻[27]。既非《周礼》设官之意，又非《春秋》十等之义也。今外有公卿、将校，总统诸署；内有侍中、尚书，综理万机；司隶校尉督察京辇[28]；御史中丞董摄宫殿[29]：皆高选贤才以充其职，申明科诏以督其违。若此诸贤犹不足任，校事小吏，益不可信；若此诸贤各思尽忠，校事区区，亦复无益；若更高选国士以为校事，则是中丞、司隶，重增一官耳；若如旧选[30]，尹模之奸今复发矣[31]：进退推算，无所用之。昔桑弘羊为汉求利[32]，卜式以为独烹弘羊[33]，天乃可雨。若使政治得失必感天地，臣恐水旱之灾，未必非校事之由也。曹恭公远君子，近小人，《国风》托以为刺；卫献公舍大臣[34]，与小臣谋，定姜谓之有罪[35]。纵令校事有益于国，以礼义言之，尚伤大臣之心；况奸回暴露[36]，而复不罢，是衮阙不补[37]，迷而不返也。”于是遂罢校事官。

晓迁汝南太守。年四十余，薨。[三]

【注释】

[1] 校事：官名。受君主的直接委派，刺探、举报并处置官员的不忠诚言行。与后世的特务类似。　放横：放肆横蛮。 [2] 民极：人民能够遵循的一种适中的原则。这两句话出自《周礼·天官·冢宰》。[3] 春秋传：指《左传》。下面两句话出自《左传》昭公七年。[4] 临：治理。 [5] 风声：好的风尚。 [6] 考绩：考核官员的工作成绩。 [7] 厥业：他们自己的本职工作。 [8] 出位：超出自己职位的范围。 [9] 栾书：春秋时晋国大臣。前 575 年，晋国与楚国交战，栾书任中军指挥官。交战中，晋厉公的车陷入泥潭，栾书要去援救。为晋厉公驾车的是栾书的儿子栾鍼，他阻止父亲擅离指挥岗位，自己救晋厉公出险境。事见《左传》成公十六年。 [10] 邴吉(？—前 55)：字少

卿，鲁国鲁县(今山东曲阜市)人。西汉宣帝时任丞相，封博阳侯。一次他外出，在路上碰到有人打架，造成伤亡，他毫不过问。有人问他为什么，他说治安问题该地方官管，不是宰相的职责范围。传见《汉书》卷七十四。〔11〕责：要求。　非职：非本职范围。〔12〕显分(fèn)：标明本分。〔13〕其致一：其目的是一样的。〔14〕一切：一刀切下。指临时性的断然处置。这是当时习语。〔15〕检御：约束驾御。〔16〕霸世：指君主初创业时必须使用威势、权术、刑法来平定动荡局面的时代。〔17〕复为疾病：又成为政治中的毛病。〔18〕局业：限定的本职工作。〔19〕科诏：条例规章和皇帝诏命。〔20〕狱：指案件的审理。〔21〕复讯：复审。〔22〕谘调(còng tóng)：办事匆忙急躁。〔23〕刻暴：刻毒暴虐。　公严：公正严厉。〔24〕天威：天子的威势。〔25〕尹模：当时一个校事的姓名。　目下：皇帝眼皮底下。〔26〕纤：细小。〔27〕不闻：皇帝听不到。〔28〕京辇：京城地区。〔29〕董摄：统管。〔30〕如旧选：像过去那样选人充当校事。〔31〕尹模之奸：类似尹模那样的违法事例。〔32〕桑弘羊(前152—前80)：洛阳人。西汉武帝时任治粟都尉，兼任大司农。制定并推行盐、铁、酒类商品的官营专卖政策，增加国家收入，打击富商势力。还组织六十万人屯垦，以抗御匈奴入侵。昭帝时任御史大夫辅政，继续坚持专卖政策，不久以谋反罪被杀。〔33〕卜式：河南郡人。大畜牧主。多次以家财捐助政府，被汉武帝任命为中郎。后升任御史大夫，封关内侯。是盐铁专卖政策的反对者。传见《汉书》卷五十八。〔34〕卫献公(？—前559)：名衎(kàn)。春秋时卫国国君。前576至前559年在位。事见《史记》卷三十七《卫康叔世家》。〔35〕定姜：卫献公的嫡母。〔36〕奸回：奸邪。〔37〕衮阙：指君主的过失。《诗经·烝民》有“衮职有阙，维仲山甫补之”的句子。

【裴注】

〔一〕《魏书》曰：“昱，时年八十。”

《世语》曰：“初，太祖乏食；昱略其本县，供三日粮，颇杂以人脯。由是失朝望，故位不至公。”

〔二〕《世语》曰：“晓，字季明。有通识。”

〔三〕《晓别传》曰：“晓大著文章，多亡失；今之存者，不能十分之一。”

郭嘉字奉孝，颍川阳翟人也[1]。〔一〕初，北见袁绍。谓绍谋臣辛评、郭图曰："夫智者审于量主[2]，故百举百全，而功名可立也。袁公徒欲效周公之下士，而未知用人之机；多端寡要，好谋无决。欲与共济天下大难，定霸王之业，难矣！"于是遂去之。

先是时，颍川戏志才，筹画士也[3]；太祖甚器之，早卒。太祖与荀彧书曰："自志才亡后，莫可与计事者。汝、颍固多奇士[4]，谁可以继之？"彧荐嘉。召见，论天下事。太祖曰："使孤成大业者，必此人也！"嘉出，亦喜曰："真吾主也！"表为司空军祭酒。〔二〕

【注释】

〔1〕阳翟：县名。县治在今河南禹州市。郭嘉的故里，相传在禹州市东郊的郭连乡。曾有"郭嘉故里"石碑留存。〔2〕量主：衡量主上值不值得辅佐。〔3〕筹画士：谋士。〔4〕汝、颍：汝南郡和颍川郡。奇士：这里指具有出色政治才干的名士。汝、颍多奇士是东汉以来引人注目的政治现象，它的出现和这两郡的传统风尚，和宦官势力的扩张有密切关系。东汉后期党锢名士集团的领袖人物，多出自汝南和颍川。

【裴注】

〔一〕《傅子》曰："嘉，少有远量。汉末天下将乱，自弱冠匿名迹，密交结英俊，不与俗接。故时人多莫知，惟识达者奇之。年二十七，辟司徒府。"

〔二〕《傅子》曰："太祖谓嘉曰：'本初，拥冀州之众，青、并从之，地广兵强。而数为不逊，吾欲讨之。力不敌，如何？'对曰：'刘、项之不敌，公所知也。汉祖唯智胜；项羽虽强，终为所擒。嘉窃料之：绍有十败，公有十胜；虽兵强，无能为也。绍繁礼多仪，公体任自然。此道胜。一也。绍以逆动，公奉顺以率天下。此义胜。二也。汉末政失于宽，绍以宽济宽，故不摄；公纠之以猛，而上下知制。此治胜。三也。绍外宽内忌，用人而疑之，所任唯亲戚子弟；公外易简而内机明，用人无疑，唯才所宜，不间远近。此度胜。四也。绍多谋少决，失在后事；公策得辄行，应变无穷。此谋胜。五也。绍因累世之资，高议揖让以收名誉，士之好言饰外者，多归之；公以至心待人，推诚而行，不为虚美，以俭率下，与有功者无所吝，士之忠正远见而有实者，皆愿为用。此德胜。六也。绍见人饥寒，恤念之形于颜色，其所不见，虑或不及也，所谓妇人之仁耳；公于目前小事，时有所忽，至于大事，与四海接，恩之所加，皆过其望，虽所不见，虑之所周，无不济也。此仁胜。七也。绍大臣争权，谗言惑乱；公御下以道，浸润不行。此明胜。八也。绍是非不可知；公所是进之以礼，所不是正之以法。此文胜。九也。绍好为虚势，不知兵要；公以少克众，用兵如神，军人恃之，敌人畏之。此武胜。十也。’太祖笑曰：‘如卿所言，孤何德以堪之也！’嘉又曰：‘绍方北击公孙瓒。可因其远征，东取吕布。不先取布；若绍为寇，布为之援：此深害也。’太祖曰：‘然！’”

征吕布，三战，破之；布退，固守。时士卒疲倦，太祖欲引军还；嘉说太祖急攻之，遂擒布。语在《荀攸传》。〔一〕

孙策转斗千里，尽有江东。闻太祖与袁绍相持于官渡，将渡江，北袭许。众闻皆惧，嘉料之曰：“策新并江东，所诛皆英豪雄杰，能得人死力者也。然策，轻而无备；虽有百万之众，无异于独行中原也[1]。若刺客伏起，一人之敌耳。以吾观之，必死于匹夫之手。”策临江，未济，果为许贡客所杀[2]。〔二〕

【注释】

〔1〕中原：原野之中。〔2〕许贡：事见本书卷四十六《孙讨逆传》。

【裴注】

〔一〕《傅子》曰：“太祖欲引军还，嘉曰：‘昔项籍七十余战，未尝败北；一朝失势而身死国亡者，恃勇无谋故也。今布每战辄败，气衰力尽，内外失守。布之威力不及项籍，而困败过之。若乘胜攻之，此成擒也。’太祖曰：‘善！’”

《魏书》曰：“刘备来奔，以为豫州牧。或谓太祖曰：‘备有英雄志，今不早图，后必为患。’太祖以问嘉，嘉曰：‘有是。然公提剑起义兵，为百姓除暴。推诚仗信，以招俊杰，犹惧其未也。今备有英雄名，以穷归己而害之，是以害贤为名；则志士将自疑，回心择主，公谁与定天下？夫除一人之患，以沮四海之望；安危之机，不可不察！’太祖笑曰：‘君得之矣！’”《傅子》曰：“初，刘备来降，太祖以客礼待之，使为豫州牧。嘉言于太祖曰：‘备有雄才，而甚得众心。张飞、关羽者，皆万人之敌也，为之死用。嘉观之，备终不为人下，其谋未可测也。古人有言："一日纵敌，数世之患。"宜早为之所。’是时，太祖奉天子以号令天下，方招怀英雄以明大信，未得从嘉谋。会太祖使备要击袁术，嘉与程昱俱驾而谏太祖曰：‘放备，变作矣！’时备已去，遂举兵以叛。太祖恨不用嘉之言。”按《魏书》所云，与《傅子》正反也。

〔二〕《傅子》曰：“太祖欲速征刘备。议者惧军出，袁绍击其后，进不得战而退失所据。语在《武纪》。太祖疑，以问嘉。嘉劝太祖曰：‘绍性迟而多疑，来必不速；备新起，众心未附，急击之必败：此存亡之机，不可失也。’太祖曰：‘善。’遂东征备。备败奔绍，绍果不出。”臣松之按《武纪》，决计征备，量绍不出，皆出自太祖。此云用嘉计，则为不同。又本传称自嘉料孙策轻佻，“必死于匹夫之手”，诚为明于见事。然自非上智，无以知其死在何年也。今正以袭许年死，此盖事之偶合。

从破袁绍。绍死，又从讨谭、尚于黎阳，连战数克。诸将欲乘胜遂攻之，嘉曰：“袁绍爱此二子，莫适立也〔1〕。有郭图、逢纪为之谋臣〔2〕，必交斗其间，还相离也。急之则相持，缓之而后争心生。不如南向荆州，若征刘表者，以待其变；变成而后击之，可一举而定也。”太祖曰：“善！”乃南征。

军至西平，谭、尚果争冀州。谭为尚军所败，走保

平原，遣辛毗乞降。太祖还救之，遂从定邺。又从攻谭于南皮，冀州平。封嘉洧阳亭侯。〔一〕

太祖将征袁尚及三郡乌丸，诸下多惧刘表使刘备袭许[3]，以讨太祖。嘉曰："公虽威震天下，胡恃其远[4]，必不设备。因其无备，猝然击之，可破灭也。且袁绍有恩于民夷[5]，而尚兄弟生存。今四州之民[6]，徒以威附[7]，德施未加；舍而南征，尚因乌丸之资，招其死主之臣[8]；胡人一动，民夷俱应；以生蹋顿之心[9]，成觊觎之计：恐青、冀非己之有也。表，坐谈客耳。自知才不足以御备：重任之则恐不能制，轻任之则备不为用。虽虚国远征，公无忧矣！"太祖遂行。至易[10]，嘉言曰："兵贵神速。今千里袭人，辎重多，难以趋利；且彼闻之，必为备。不如留辎重，轻兵兼道以出，掩其不意。"太祖乃密出卢龙塞，直指单于庭。虏猝闻太祖至，惶怖合战。大破之，斩蹋顿及名王以下[11]。尚及兄熙走辽东。

【注释】

〔1〕莫适立：不愿意尽早从两人中确立继承者。〔2〕逢纪：据本书卷六《袁绍传》，在曹操进攻袁谭于黎阳之前，逢纪已被袁谭杀死，这一重要情况曹操方面不可能不知道。此处史文疑不当。〔3〕诸下：各位下属。〔4〕胡：指辽西、右北平和辽东属国这三处的乌丸族。〔5〕民夷：指袁绍统治区域内的汉族和少数族居民。〔6〕四州：冀、青、幽、并四州。〔7〕徒以威附：仅仅因为畏惧您的声威而附从。〔8〕死主之臣：能够以死报主的臣僚。〔9〕蹋顿：辽西郡乌丸族的首领。也是三郡乌丸族的领袖。〔10〕易：县名。县治在今河北雄县西北。〔11〕名王：乌丸族中有名的酋长。

【裴注】

〔一〕《傅子》曰："河北既平，太祖多辟召青、冀、幽、并知名之士，渐臣使之，以为省事掾、属：皆嘉之谋也。"

嘉深通有算略，达于事情。太祖曰："唯奉孝为能知孤意。"

年三十八，自柳城还，疾笃。太祖问疾者交错；及薨，临其丧，哀甚。谓荀攸等曰："诸君年，皆孤辈也，唯奉孝最少。天下事竟，欲以后事属之；而中年夭折，命也夫！"乃表曰："军祭酒郭嘉，自从征伐，十有一年。每有大议，临敌制变；臣策未决，嘉辄成之：平定天下，谋功为高。不幸短命，事业未终。追思嘉勋，实不可忘。可增邑八百户，并前千户。"〔一〕谥曰贞侯。子奕嗣。〔二〕

后太祖征荆州还，于巴丘遇疾疫，烧船[1]。叹曰："郭奉孝在，不使孤至此！"〔三〕

初，陈群非嘉不治行检[2]，数廷诉嘉[3]；嘉意自若。太祖愈益重之；然以群能持正，亦悦焉。〔四〕

奕，为太子文学[4]，早薨。子深嗣。深薨，子猎嗣。〔五〕

【注释】

〔1〕烧船：指赤壁之战大败事。 〔2〕不治：不注意。 行检：品行修养和自我约束。 〔3〕廷诉：在朝堂上公开批评。郭嘉的坟墓，相传在今河南许昌市西的论城。现今尚有遗迹留存。 〔4〕太子文学：官名。太子宫属之一，是太子曹丕的文学侍从。

【裴注】

〔一〕《魏书》载太祖表曰："臣闻褒忠宠贤，未必当身；念功惟绩，恩隆后嗣。是以楚宗孙叔，显封厥子；岑彭既没，爵及支庶。故军祭酒郭嘉，忠良渊淑，体通性达。每有大议，发言盈庭；执中处理，动无遗策。自在军旅，十有余年；行同骑乘，坐共幄席；东擒吕布，西取眭固；斩袁谭之首，平朔土之众；逾越险塞，荡定乌丸；震威辽东，以枭袁尚。虽假天威，易为指麾；至于临敌，发扬誓命，凶逆克殄，勋实由嘉。方将表显，短命早终。上为朝廷，悼惜良臣；下自毒恨，丧失奇佐。宜追增嘉封，并前千户。褒亡为存，厚往劝来也。"

〔二〕《魏书》称"奕，通达见理"。奕字伯益，见王昶《家诫》。

〔三〕《傅子》曰："太祖又云：'哀哉奉孝！痛哉奉孝！惜哉奉孝！'"

〔四〕《傅子》曰："太祖与荀彧书，追伤嘉曰：'郭奉孝，年不满四十，相与周旋十一年。阻险艰难，皆共罹之。又以其通达，见世事无所凝滞，欲以后事属之；何意猝尔失之，悲痛伤心！今表增其子满千户，然何益亡者？追念之感深！且奉孝乃知孤者也；天下人相知者少，又以此痛惜。奈何奈何！'又与彧书曰：'追惜奉孝，不能去心。其人见时事兵事，过绝于人。又人多畏病，南方有疫，常言"吾往南方，则不生还"。然与共论计，云当先定荆。此为不但见计之忠厚，必欲立功，分弃命定。事人心乃尔，何得使人忘之！'"

〔五〕《世语》曰："嘉孙敞，字泰中。有才识，位散骑常侍。"

董昭字公仁，济阴定陶人也。举孝廉，除廮陶长，柏人令〔1〕。袁绍以为参军事，绍逆公孙瓒于界桥。钜鹿太守李邵及郡冠盖〔2〕，以瓒兵强，皆欲属瓒。绍闻之，使昭领钜鹿，问："御以何术？"对曰："一人之微，不能消众谋；欲诱致其心，倡与同议；及得其情，乃当权以制之耳。计在临时，未可得言。"

时郡右姓孙伉等数十人专为谋主〔3〕，惊动吏民。昭至郡，伪作绍檄，告郡云："得贼罗候安平张吉辞〔4〕，当攻钜鹿；贼故孝廉孙伉等为应。檄到，收行军法；恶止其身，妻子勿坐[5]。”昭案檄告令，皆即斩之。一郡惶恐，乃以次安慰，遂皆平集。事讫白绍，绍称善。会魏郡太守栗攀，为兵所害，绍以昭领魏郡太守。时郡界大乱，贼以万数，遣使往来，交易市买。昭厚待之，因用为间[6]；乘虚掩讨，辄大克破。二日之中，羽檄三至[7]。

昭弟访，在张邈军中。邈与绍有隙，绍受谗，将致罪于昭。昭欲诣汉献帝，至河内，为张杨所留；因杨上还印绶[8]。拜骑都尉。时太祖领兖州，遣使诣杨；欲令假途西至长安[9]，杨不听。昭说杨曰："袁、曹虽为一家，势不久群[10]。曹今虽弱，然实天下之英雄也。当故结之，况今有缘？宜通其上事[11]，并表荐之；若事有成，永为深分[12]。"杨于是通太祖上事，表荐太祖。昭为太祖作书与长安诸将李傕、郭汜等，各随轻重致殷勤。杨亦遣使诣太祖。太祖遗杨犬马金帛，遂与西方往来。天子在安邑，昭从河内往，诏拜议郎。

建安元年，太祖定黄巾于许。遣使诣河东，会天子还洛阳，韩暹、杨奉、董承及杨，各违戾不和。昭以奉兵马最强而少党援，作太祖书与奉曰："吾与将军闻名慕义，便推赤心。今将军拔万乘之艰难[13]，反之旧都；翼佐之功，超世无畴[14]：何其休哉[15]！方今群凶猾夏[16]，四海未宁；神器至重[17]，事在维辅；必须众贤，以清王轨[18]；诚非一人，所能独建。心腹四支，实相恃赖；一物不备，则有阙焉。将军当为内主，吾为外援。今吾有粮，将军有兵；有无相通，足以相济；死生契阔[19]，相与共之！”奉得书喜悦，语诸将军曰：“兖州诸军，近在许耳，有兵有粮，国家所当依仰也。”遂共表太祖为镇东将军，袭父爵费亭侯。昭迁符节令[20]。

【注释】

〔1〕柏(bó)人：县名。县治在今河北隆尧县西。〔2〕冠盖：冠服和车盖。这里代指有条件享用它们的官绅名流。〔3〕右姓：具有地方势力基础的大姓豪族。〔4〕罗候：侦探。〔5〕坐：连带治罪。〔6〕间：离间。〔7〕羽檄：插有鸟羽的紧急文书。这里指董昭向袁绍传送的捷报。〔8〕上还印绶：上交袁绍发给的印绶。意思是与袁绍断绝关系。〔9〕假途：借路。〔10〕群：合作。〔11〕上事：上呈朝廷的公文。〔12〕深分(fèn)：深交。〔13〕万乘：指汉献帝。〔14〕无畴：无比。〔15〕休：美。〔16〕猾夏：扰乱中国。〔17〕神器：皇权。〔18〕王轨：王朝的统治秩序。〔19〕契阔：劳苦。〔20〕符节令：官名。负责管理兵符、官符、节等各类表示官方威权的凭证物。

太祖朝天子于洛阳，引昭并坐。问曰：“今孤来此，当施何计？”昭曰：“将军兴义兵以诛暴乱，入朝天子，辅翼王室，此五伯之功也[1]。此下诸将[2]，人殊意异，未必服从；今留匡弼，事势不便，惟有移驾幸许耳。然朝廷播越[3]，新还旧京；远近跂望[4]，冀一朝获安：今复徙驾，不厌众心[5]。夫行非常之事，乃有非常之功，愿将军算其多者。”太祖曰：“此孤本志也。杨奉近在梁耳，闻其兵精，得无为孤累乎？”昭曰：“奉少党援，将独委质。镇东、费亭之事[6]，皆奉所定；又闻书命申束[7]，足以见信。宜时遣使，厚遗答谢[8]，以安其意，说：‘京都无粮，欲车驾暂幸鲁阳；鲁阳近许，转运稍易，可无悬乏之忧[9]。’奉为人勇而寡虑，必不见疑；比使往来[10]，足以定计：奉何能为累！”太祖曰：“善！”即遣使诣奉，徙大驾至许。奉由是失望，与韩暹等到定陵抄暴[11]。太祖不应，密往攻其梁营，降诛即定。奉、暹失众，东降袁术。

三年[12]，昭迁河南尹。时张杨为其将杨丑所杀，杨长史薛洪、河内太守缪尚，城守，待绍救。太祖令昭单身入城，告喻洪、尚等，即日举众降。

以昭为冀州牧。太祖令刘备拒袁术，昭曰：“备勇而志大；关羽、张飞，为之羽翼：恐备之心未可得论也[13]。”太祖曰：“吾已许之矣。”备到下邳，杀徐州刺史车胄，反。太祖自征备，徙昭为徐州牧。袁绍遣将颜良攻东郡，又徙昭为魏郡太守，从讨良。良死后，进围邺城。

袁绍同族春卿，为魏郡太守，在城中；其父元长，在扬州，太祖遣人迎之。昭书与春卿曰：“盖闻孝者不背亲以要利，仁者不忘君以徇私；志士不探乱以侥幸[14]；智者不诡道以自危[15]。足下大君[16]，昔避内难，南游百越[17]；非疏骨肉[18]，乐彼吴会[19]；智者深识[20]，独或宜然。曹公愍其守志清恪[21]，离群寡俦；故特遣使江东，或迎或送，今将至矣。就令足下处偏于之地，依德义之主；居有泰山之固，身为乔、松之偶[22]：以义言之，犹宜背彼向此，舍民趋父也。且郑仪父始与隐公盟[23]，鲁人嘉之，而不书爵；然则王所未命，爵尊不成，《春秋》之义也。况足下今日之所托者乃危乱之国，所受者乃矫诬之命乎[24]？苟不逞之与群[25]，而厥父之不恤，不可以言孝；忘祖宗所居之本朝[26]，安非正之奸职，难可以言忠；忠孝并替[27]，难以言智。又足下昔日为曹公所礼辟；夫戚族人而疏所生[28]，内所寓而外王室[29]，怀邪禄而叛知己[30]，远福祚而近危亡，弃明义而收大耻，不亦可惜邪！若能翻然易节，奉帝养父，委身曹公；忠孝不坠，荣名彰矣。宜深留计，早决良图。”邺既定，以昭为谏议大夫。

后袁尚依乌丸蹋顿，太祖将征之。患军粮难致，凿平虏、泉州二渠入海通运：昭所建也，太祖表封千秋亭侯。转拜司空军祭酒。

【注释】

〔1〕五伯(bà)：即五霸。〔2〕此下：这里。〔3〕播越：流亡。〔4〕跂(qì)望：踮起足尖向前望。形容心情迫切。〔5〕不厌众心：不符合众人心意。〔6〕镇东、费亭之事：指建安元年(公元196)六月，朝廷提升曹操为镇东将军，并封他为费亭侯事。此事出自杨奉等人的推举，见上文与本书卷一《武帝纪》。〔7〕申束：申明约定。〔8〕时：及时。〔9〕悬乏：缺乏。〔10〕比使往来：等到使者去了回来。〔11〕定陵：县名。县治在今河南舞阳县东北。〔12〕三年：建安三年(公元198)。〔13〕未可得论：未可预料。〔14〕探乱：尝试参与动乱。〔15〕诡道：违背正道。〔16〕大君：对对方父亲的尊称。〔17〕百越：本为古代南方少数族名。这里指袁春卿父亲暂住的扬州。〔18〕非疏：不是愿意离开。　骨肉：儿女。这里指袁春卿。〔19〕吴、会：扬州的吴、会稽二郡。〔20〕深识：深远的见识。〔21〕清恪：清高谨慎。〔22〕乔、松：王乔、赤松子。都是古代传说中的仙人，寿命长久。〔23〕邾：先秦国名。传说是颛顼后裔挟所建立。曹姓。建都于邾(今山东曲阜市东南)，后迁都到绎(今山东邹城市东南)。战国时灭于

楚。　仪父（？一前678）：名克，字仪父。邾国国君。前722年，仪父与鲁隐公盟会。由于邾国当时还没有得到周天子的封爵，所以《左传》隐公元年记为“邾仪父”而不说他是国君。〔24〕矫诬：假托和虚妄。〔25〕不逞：指为非作歹的人。〔26〕本朝：指汉朝。〔27〕替：废。〔28〕戚：亲近。　族人：指袁绍。　所生：生身父亲。〔29〕内：亲近。　所寓：所暂住的地方。指魏郡。〔30〕知己：指曹操。

后昭建议：“宜修古，建封五等〔1〕。”太祖曰：“建设五等者〔2〕，圣人也；又非人臣所制，吾何以堪之？”昭曰：“自古以来，人臣匡世，未有今日之功；有今日之功，未有久处人臣之势者也。今明公耻有惭德而未尽善〔3〕，乐保名节而无大责〔4〕，德美过于伊、周，此至德之所极也。然太甲、成王，未必可遭〔5〕；今民难化，甚于殷、周。处大臣之势，使人以大事疑己，诚不可不重虑也。明公虽迈威德〔6〕，明法术，而不定其基，为万世计，犹未至也。定基之本，在地与人；宜稍建立〔7〕，以自藩卫。明公忠节颖露，天威在颜〔8〕；耿弇床下之言〔9〕，朱英无妄之论〔10〕，不得过耳。昭受恩非凡，不敢不陈。”〔一〕后太祖遂受魏公、魏王之号，皆昭所创。

及关羽围曹仁于樊，孙权遣使，辞以“遣兵西上，欲掩取羽。江陵、公安累重〔11〕，羽失二城，必自奔走；樊军之围，不救自解。乞密不漏，令羽有备”。太祖诘群臣，群臣咸言宜当密之。昭曰：“军事尚权〔12〕，期于合宜。宜应权以密，而内露之：羽闻权上，若还自护，围则速解，便获其利；可使两贼相对衔持，坐待其弊。秘而不露，使权得志，非计之上。又围中将吏不知有救，计粮怖惧[13]；傥有他意[14]，为难不小。露之为便[15]。且羽，为人强梁[16]，自恃二城守固，必不速退。”太祖曰：“善！”即敕救将徐晃：以权书射著围里及羽屯中。围里闻之，志气百倍；羽果犹豫。权军至，得其二城，羽乃破败。

【注释】

〔1〕修古：继承古法。　五等：公、侯、伯、子、男五等爵位。按照当时的东汉制度，异姓的封爵只能到列侯为止。董昭建议异姓应设五等爵号，其真实意图是在于增添公爵，以便为曹操晋升魏公乃至魏王铺平道路。〔2〕建设：建立。〔3〕耻有惭德：不愿意在这件事情上感到惭愧不安。〔4〕无大责：不承担更大责任。指当君王。〔5〕太甲：商汤的嫡长孙。商代国王。传说他即位后，破坏商汤制定的法度，不理国政，被伊尹放逐。三年后悔过自新，又被接回复位。事见《史记》卷三《殷本纪》。　遭：遇到。这句话意思是汉帝对自己的傀儡地位未必会满意。〔6〕迈：实施。〔7〕稍：逐渐。〔8〕天威在颜：指诸侯对天子的忠贞。语本《左传》僖公九年。〔9〕耿弇（yǎn，公元3—58）：字伯昭，右扶风茂陵（今陕西兴平市东北）人。早年率领属下军队投奔刘秀，屡建战功。刘秀即位后，他任建威大将军，封好畤侯。他曾经径直来到刘秀卧床之下，劝刘秀扩张势力，夺取皇帝位置。传见《后汉书》卷十九。〔10〕朱英：战国时观津（今河北武邑县东南）人。在楚国的国相春申君门下当食客。他曾劝春申君乘机夺取君主位置，说这是一种未曾希望而突然来到的福分，即“无妄之福”。事见《史记》卷七十八《春申君列传》。〔11〕公安：城名。在今湖北公安县西北。〔12〕尚权：重视权变。〔13〕计粮：计算粮食将尽。〔14〕他意：指投降。〔15〕便：有利。〔16〕强梁：横蛮霸道。

【裴注】

〔一〕《献帝春秋》曰：“昭与列侯、诸将议，以‘丞相宜进爵国公，九锡备物，以彰殊勋’。书与荀彧曰：‘昔周旦、吕望，当姬氏之盛，因二圣之业，辅翼成王之幼；功勋若彼，犹受上爵，锡土开宇。末世田单，驱强齐之众，报弱燕之怨，收城七十，迎复襄王；襄王加赏于单，使东有掖邑之封，西有蓄上之虞。前世录功，浓厚如此。今曹公遭海内倾覆，宗庙焚灭；躬擐甲胄，周旋征伐；栉风沐雨，且三十年；芟夷群凶，为百姓除害；使汉室复存，刘氏奉祀。方之曩者数公，若泰山之与丘垤，岂同日而论乎？今徒与列将功臣，并侯一县。此岂天下所望哉！'”

文帝即王位，拜昭将作大匠。及践阼，迁大鸿胪，进封右乡侯。二年[1]，分邑百户，赐昭弟访，爵关内侯；徙昭为侍中。

三年[2]，征东大将军曹休，临江在洞浦口，自表："愿将锐卒虎步江南[3]，因敌取资[4]，事必克捷；若其无臣[5]，不须为念！"帝恐休便渡江，驿马诏止。时昭侍侧，因曰："窃见陛下有忧色，独以休济江故乎？今者渡江，人情所难。就休有此志，势不独行，当须诸将。臧霸等既富且贵，无复他望；但欲终其天年，保守禄祚而已：何肯乘危自投死地，以求侥幸？苟霸等不进，休意自沮[6]。臣恐陛下虽有敕渡之诏，犹必沉吟[7]，未便从命也。"是后无几，暴风吹贼船，悉诣休等营下；斩首获生，贼遂迸散。诏敕诸军"促渡"，军未时进，贼救船遂至。

大驾幸宛，征南大将军夏侯尚等攻江陵。未拔，时江水浅狭，尚欲乘船将步骑，入渚中安屯[8]；作浮桥，南北往来。议者多以为"城必可拔"。昭上疏曰："武皇帝智勇过人，而用兵畏敌，不敢轻之若此也。夫兵，好进恶退，常然之数。平地无险，犹尚艰难；就当深入，还道宜利[9]。兵有进退，不可如意[10]。今屯渚中，至深也；浮桥而济，至危也；一道而行，至狭也：三者兵家所忌，而今行之。贼频攻桥，误有漏失[11]，渚中精锐，非魏之有，将转化为吴矣。臣私戚之，忘寝与食；而议者怡然不以为忧，岂不惑哉？加江水向长，一旦暴增，何以防御？就不破贼，尚当自完；奈何乘危，不以为惧？事将危矣，惟陛下察之！”

帝悟昭言，即诏尚等“促出”。贼两头并前，官兵一道引去，不时得泄。将军石建、高迁，仅得自免。军出旬日，江水暴长。帝曰：“君论此事，何其审也！正使张、陈当之[12]，何以复加？”

五年[13]，徙封(成)都乡侯，拜太常。其年，徙光禄大夫、给事中。从大驾东征。七年还[14]，拜太仆。

明帝即位，进爵乐平侯，邑千户。转卫尉。分邑百户，赐一子爵关内侯。太和四年，行司徒事。六年拜真[15]。

昭上疏陈末流之弊曰[16]：“凡有天下者，莫不贵尚敦朴忠信之士，深疾虚伪不真之人者，以其毁教乱治，败俗伤化也。近魏讽则伏诛建安之末，曹伟则斩戮黄初之始[17]。伏惟前后圣诏，深疾浮伪；欲以破散邪党，常用切齿。而执法之吏，皆畏其权势，莫能纠擿[18]；毁坏风俗，侵欲滋甚。窃见当今年少，不复以学问为本，专更以交游为业；国士不以孝悌清修为首，乃以趋势游利为先。合党连群，互相褒叹；以毁訾为罚戮[19]，用党誉为爵赏；附己者则叹之盈言，不附者则为作瑕衅[20]。至乃相谓：‘今世何忧不度邪？但求人道不勤[21]，罗之不博耳[22]；又何患其不(知己)〔己知〕矣？但当吞之以药而柔调耳[23]。’又闻或有使奴客名作在职家人[24]，冒之出入，往来禁奥，交通书疏，有所探问。凡此诸事，皆法之所不取，刑之所不赦；虽讽、伟之罪，无以加也！”帝于是发切诏[25]，斥免诸葛诞、邓飏等。昭年八十一，薨。谥曰定侯。

子胄嗣。胄历位郡守、九卿。

【注释】

〔1〕二年：黄初二年(公元221)。〔2〕三年：黄初三年(公元222)。〔3〕虎步：比喻横行无敌。〔4〕取资：夺取军用的粮草物资。〔5〕无臣：指战死捐躯。〔6〕沮：打消。〔7〕沉吟：犹豫拖延。〔8〕渚：江中的沙洲。当时江陵南面长江中有一大片沙洲，叫做江陵中洲。〔9〕利：通畅。〔10〕不可：不一定。〔11〕误：偶然间。〔12〕张、陈：张良、陈平。〔13〕五年：黄初五年(公元224)。〔14〕七年：黄初七年(公元226)。〔15〕拜真：正式任命。〔16〕上疏：据本书卷三《明帝纪》，魏明帝下诏禁绝浮华朋党，事在太和四年二月，董昭上疏应当在这时。此处记在太和六年之下，疑有误。〔17〕曹伟：事附本书卷二十七《王昶传》。〔18〕纠擿(tì)：纠举揭发。〔19〕毁訾：眡毁。〔20〕为作瑕衅：故意找岔子挑过错。〔21〕人道不勤：人情交际是不是频繁。〔22〕罗之不博：网罗朋友是不是广泛。〔23〕吞之以药而柔调：指用笼络手段搞好关系。〔24〕在职家人：在官府内列入名册的大官僚私人跟班随从。他们可以跟随官员出入官府。〔25〕切诏：措辞严厉的诏书。

刘晔字子扬，淮南成德人[1]。汉光武子阜陵王延后也[2]，父普。母修，产涣及晔。涣九岁，晔七岁，而母病困。临终，戒涣、晔，以普之侍人，“有谄害之性，身死之后，惧必乱家。汝长大能除之，则吾无恨矣”。晔年十三，谓兄涣曰：“亡母之言，可以行矣！”涣曰：“那可尔！”晔即入室，杀侍者，径出拜墓。舍内大惊，白普。普怒，遣人追晔。晔还，拜谢曰："亡母顾命之言，敢受不请擅行之罚。"普心异之，遂不责也。

汝南许劭，名知人，避地扬州，称晔"有佐世之才"。扬士多轻侠狡桀，有郑宝、张多、许乾之属，各拥部曲〔3〕。宝最骁果〔4〕，才力过人，一方所惮；欲驱略百姓，越赴江表〔5〕。以晔高族名人，欲强逼晔，使倡导此谋。晔时年二十余，心内忧之，而未有缘。

会太祖遣使诣州，有所案问。晔往见，为论事势；要将与归，驻止数日。宝果从数百人，赍牛酒来候使；晔令家僮将其众坐中门外，为设酒饭。与宝于内，宴饮。密勒健儿，令因行觞而斫宝〔6〕。宝性不甘酒〔7〕，视候甚明〔8〕，觞者不敢发。晔因自引取佩刀，斫杀宝，斩其首以令其军。云："曹公有令。敢有动者，与宝同罪！"众皆惊怖，走还营。营有督将、精兵数千。惧其为乱，晔即乘宝马〔9〕，将家僮数人，诣宝营门。呼其渠帅〔10〕，喻以祸福，皆叩头开门，纳晔。晔抚慰安怀，咸悉悦服，推晔为主。

晔睹汉室渐微，已为支属，不欲拥兵；遂委其部曲与庐江太守刘勋。勋怪其故，晔曰："宝无法制，其众素以抄略为利。仆宿无资〔11〕，而整齐之〔12〕，必怀怨难久，故相与耳。"

时勋兵，强于江、淮之间。孙策恶之。遣使卑辞厚币，以书说勋曰："上缭宗民〔13〕，数欺下国〔14〕，忿之有年矣。击之，路不便；愿因大国，伐之〔15〕。上缭甚实，得之可以富国。请出兵为外援。"勋信之，又得策珠宝、葛越[16]，喜悦。外内尽贺，而晔独否，勋问其故。对曰："上缭虽小，城坚池深，攻难守易，不可旬日而举[17]；则兵疲于外，而国内虚。策乘虚而袭我，则后不能独守。是将军进屈于敌，退无所归。若军必出[18]，祸今至矣!"勋不从，兴兵伐上缭。策果袭其后；勋穷蹙[19]，遂奔太祖。

【注释】

〔1〕成德：县名。县治在今安徽寿县东南。〔2〕延：即刘延(？—公元89)。东汉光武帝刘秀的儿子。传见《后汉书》卷四十二。〔3〕部曲：豪强大族的私家武装。〔4〕骁果：骁勇果敢。〔5〕越赴江表：越过长江到江南。〔6〕行觞：依次斟酒劝饮。〔7〕甘酒：喜欢喝酒。〔8〕视候：观察。〔9〕宝马：郑宝的马。〔10〕渠帅：首领。〔11〕宿无资：向来没有号召民众的资本。〔12〕整齐：整顿约束。〔13〕上缭：地名。在今江西永修县。宗民：在宗族纽带维系之下聚居在一起的武装民众。东汉末年战乱，在南方山区多有这种宗民出现。又称宗部。〔14〕下国：指孙策当时统治的吴、会稽、丹杨、豫章、庐陵五郡。〔15〕因：借助。〔16〕葛越：用葛做成的一种细布。是古代南方的特产。〔17〕举：攻克。〔18〕必：一定要。〔19〕穷蹙(cù)：困窘不安。

太祖至寿春。时庐江界有山贼陈策[1]，众数万人，临险而守。先时遣偏将致诛[2]，莫能擒克。太祖问群下："可伐与不?"咸云："山峻高而溪谷深隘，守易攻难；又无之不足为损，得之不足为益。"

晔曰："策等小竖[3]，因乱赴险，遂相依为强耳；非有爵命威信相伏也。往者偏将资轻，而中国未夷[4]，故策敢据险以守；今天下略定，后伏先诛[5]。夫畏死趋赏，愚智所同。故广武君为韩信画策[6]，谓其威名足以先声后实而服邻国也[7]。岂况明公之德，东征西怨[8]？先开赏募，大兵临之；令宣之日，军门启而虏自溃矣。”

太祖笑曰：“卿言近之！”遂遣猛将在前，大军在后。至则克策，如晔所度。太祖还，辟晔为司空仓曹掾[9]。〔一〕

太祖征张鲁，转晔为主簿。既至汉中，山峻难登，军食颇乏。太祖曰：“此妖妄之国耳，[10]何能为有无[11]？吾军少食，不如速还。”便自引归。令晔督后诸军，使以次出。晔策鲁可克；加粮道不继，虽出，军犹不能皆全。驰白太祖：“不如致攻。”遂进兵，多出弩以射其营。鲁奔走，汉中遂平。

晔进曰：“明公以步卒五千，将诛董卓，北破袁绍，南征刘表；九州百郡[12]，十并其八：威震天下，势慑海外。今举汉中，蜀人望风[13]，破胆失守；推此而前，蜀可传檄而定[14]。刘备，人杰也，有度而迟[15]；得蜀日浅，蜀人未恃也。今破汉中，蜀人震恐，其势自倾。以公之神明，因其倾而压之，无不克也。若小缓之，诸葛亮明于治而为相，关羽、张飞勇冠三军而为将；蜀民既定，据险守要，则不可犯矣。今不取，必为后忧！”太祖不从，〔二〕大军遂还。晔自汉中还，为行军长史[16]，兼领军。

【注释】

〔1〕山贼：当时官方对南方山区中武装居民的称呼。这种武装居民

往往反抗政府的租税徭役负担。他们当中不少就是前面所说的宗民或宗部。〔2〕致诛：进行讨伐。〔3〕小竖：小子。对人的蔑称。〔4〕夷：平定。〔5〕后伏先诛：拖到后面投降的要先杀。〔6〕广武君：姓李，名左车。西汉初赵国的名将。韩信破赵，投降韩信。他为韩信出谋划策事，见《史记》卷九十二《淮阴侯列传》。〔7〕先声后实：先显示声威，后使用实力。〔8〕东征西怨：到东面出征时，西面的民众抱怨曹操不先到自己这方来。形容民众盼望曹操来解救。〔9〕仓曹掾：曹操司空府下属。主管仓库修建及粮食贮存。〔10〕妖妄之国：张鲁在汉中以五斗米道组织民众，当时称为“鬼道”，所以曹操这样说。〔11〕何能为有无：哪里能对有无产生作用。意思是有它不多，无它不少，无关紧要。〔12〕九州：《尚书·禹贡》分全国为九州。这里泛指全国。百郡：《续汉郡国志》记东汉有一百零五郡。〔13〕望风：得知消息。〔14〕传檄而定：送去一封檄文就可平定。形容非常容易。〔15〕度(duó)：算度。〔16〕行军长史：官名。负责处理行军中各项事务。

【裴注】

〔一〕《傅子》曰：“太祖征晔及蒋济、胡质等五人，皆扬州名士。每舍亭传，未曾不讲，所以见重：内论国邑先贤、御贼固守、行军进退之宜；外料敌之变化、彼我虚实、战争之术。夙夜不解，而晔独卧车中，终不一言。济怪而问之，晔答曰：‘对明主，非精神不接，精神可学而得乎？’及见太祖，太祖果问扬州先贤，贼之形势。四人争对，待次而言；再见如此。太祖每和悦，而晔终不一言。四人笑之。后一见太祖止，无所复问，晔乃设远言，以动太祖。太祖适知便止，若是者三。其旨趣以为：远言宜征精神，独见以尽其机，不宜于猥坐说也。太祖已探见其心矣，坐罢，寻以四人为令，而授晔以心腹之任。每有疑事，辄以函问晔，至一夜数十至耳。”

〔二〕《傅子》曰：“居七日，蜀降者说：‘蜀中一日数十惊，备虽斩之而不能安也。’太祖延问晔曰：‘今尚可击不？’晔曰：‘今已小定，未可击也。’”

延康元年，蜀将孟达率众降。达有容止才观[1]，文帝甚器爱之。使达为新城太守，加散骑常侍。晔以为：“达有苟得之心[2]，而恃才好术[3]，必不能感恩怀义。

新城与吴、蜀接连，若有变态，为国生患。”文帝竟不易，后达终于叛败。〔一〕

黄初元年，以晔为侍中，赐爵关内侯。诏问群臣，令料“刘备当为关羽出报吴不”。众议咸云：“蜀，小国耳，名将唯羽。羽死军破，国内忧惧，无缘复出[4]。”晔独曰：“蜀虽狭弱，而备之谋，欲以威武自强，势必用众以示其有余。且关羽与备，义为君臣，恩犹父子；羽死，不能为兴军报敌，于终始之分不足。”后备果出兵击吴。

吴悉国应之，而遣使称藩。朝臣皆贺，独晔曰：“吴绝在江、汉之表，无内臣之心久矣[5]。陛下虽齐德有虞[6]，然丑虏之性，未有所感；因难求臣[7]，必难信也。彼必外迫内困，然后发此使耳；可因其穷，袭而取之。夫一日纵敌，数世之患，不可不察也。”

备军败退，吴礼敬转废。帝欲兴众伐之，晔以为：“彼新得志，上下齐心，而阻带江湖，必难仓猝[8]。”帝不听。〔二〕

五年[9]，幸广陵泗口[10]，命荆、扬州诸军并进。会群臣，问：“权当自来不?”咸曰：“陛下亲征，权恐怖，必举国而应。又不敢以大众委之臣下[11]，必自将而来。”晔曰：“彼谓陛下欲以万乘之重牵己[12]，而超越江湖者在于别将；必勒兵待事[13]，未有进退也。”大驾停住积日，权果不至。帝乃旋师，云：“卿策之是也。当念为吾灭二贼，不可但知其情而已。”

【注释】

〔1〕容止：容貌举止。 才观：才能风度。〔2〕苟得：用非正当手段取得。〔3〕好术：喜欢要手段。〔4〕无缘：没有理由。〔5〕内臣：指向魏国朝廷臣服。〔6〕有虞：虞舜。〔7〕因难求臣：在遇到困难时请求臣服。〔8〕仓猝：指一下子取胜。〔9〕五年：黄初五年(公元224)。〔10〕泗口：地名。泗水汇入淮河处。在今江苏淮安市西南。〔11〕大众：大军。〔12〕牵己：牵制自己。〔13〕待事：等待战事的发展。

【裴注】

〔一〕《傅子》曰："初，太祖时，魏讽有重名，自卿相以下，皆倾心交之。其后孟达，去刘备归文帝，论者多称有乐毅之量。晔一见讽、达，而皆云必反，卒如其言。"

〔二〕《傅子》曰："孙权遣使求降，帝以问晔。晔对曰：'权无故求降，必内有急。权前袭杀关羽，取荆州四郡；备怒，必大兴师伐之。外有强寇，众心不安，又恐中国承其衅而伐之，故委地求降：一以却中国之兵，二则假中国之援，以强其众而疑敌人。权善用兵，见策知变，其计必出于此。今天下三分，中国十有其八。吴、蜀各保一州，阻山依水；有急相救，此小国之利也。今还自相攻，天亡之也。宜大兴师，径渡江袭其内。蜀攻其外，我袭其内，吴之亡不出旬月矣。吴亡则蜀孤。若割吴半，蜀固不能久存；况蜀得其外，我得其内乎？'帝曰：'人称臣降而伐之，疑天下欲来者心，必以为惧，其殆不可！孤何不且受吴降，而袭蜀之后乎？'对曰：'蜀远吴近，又闻中国伐之，便还军，不能止也。今备已怒，故兴兵击吴；闻我伐吴，知吴必亡，必喜而进与我争割吴地，必不改计抑怒救吴，必然之势也。'帝不听，遂受吴降，即拜权为吴王。晔又进曰：'不可！先帝征伐，天下〔十〕兼其八，威震海内；陛下受禅即真，德合天地，声暨四远：此实然之势，非卑臣颂言也。权虽有雄才，故汉骠骑将军、南昌侯耳。官轻势卑，士民有畏中国心，不可强迫与成所谋也。不得已受其降，可进其将军号，封十万户侯，不可即以为王也。夫王位，去天子一阶耳！其礼秩服御相乱也。彼直为侯，江南士民未有君臣之义也；我信其伪降，就封殖之，崇其位号，定其君臣，是为虎傅翼也。权既受王位，却蜀兵之后，外尽礼事中国，使其国内皆闻之；内为无礼，以怒陛下。陛下赫然发怒，兴兵讨之。乃徐告其民曰："我委身事中国，不爱珍货重宝，随时贡献，不敢失臣礼也。无故伐我，必欲残我国家，俘我民人子女，以为僮隶仆妾。”吴民无缘不信其言也。信其言而感怒，上下同心，战加十倍矣。’又不从，遂即拜权为吴王。权将陆议大败刘备，杀其兵八万余人；备仅以身免。权外礼愈卑，而内行不顺：果如晔言。”

明帝即位，进爵东亭侯，邑三百户。诏曰：“尊严祖考〔1〕，所以崇孝表行也；追本敬始，所以笃教流化也。是以成汤、文、武，实造商、周。《诗》、《书》、之义，追尊稷、契〔2〕，歌颂有娀、姜嫄之事〔3〕：明盛德之源流，受命所由兴也。自我魏室之承天序〔4〕，既发迹于高皇、太皇帝〔5〕，而功隆于武皇、文皇帝。至于高皇之父处士君〔6〕，潜修德让，行动神明〔7〕；斯乃乾坤所福飨，光灵所从来也。而精神幽远，号称罔记：非所谓崇孝重本也。其令公卿以下，会议号谥。”

晔议曰：“圣帝孝孙之欲褒崇先祖，诚无量已。然亲疏之数，远近之降，盖有礼纪；所以割断私情，克成公法，为万世式也。周王所以上祖后稷者，以其佐唐有功〔8〕，名在祀典故也。至于汉氏之初，追谥之义，不过其父〔9〕。上比周室，则大魏发迹自高皇始；下论汉氏，则追谥之礼不及其祖：此诚往代之成法，当今之明义也。陛下孝思中发，诚无已已；然君举必书〔10〕，所以慎于礼制也。以为追尊之义，宜齐高皇而已。”尚书卫臻，与晔议同〔11〕，事遂施行。

辽东太守公孙渊，夺叔父位，擅自立，遣使表状。晔以为：“公孙氏，汉时所用，遂世官相承。水则由海，陆则阻山。（故）〔外连〕胡夷，绝远难制，而世权日久。今若不诛，后必生患。若怀贰阻兵，然后致诛，于事为难；不如因其新立，有党有仇，先其不意，以兵临之，开设赏募，可不劳师而定也。”后渊竟反。

晔在朝，略不交接时人〔12〕。或问其故，晔答曰：“魏室即阼尚新〔13〕，智者知命，俗或未咸〔14〕。仆在汉为支叶〔15〕，于魏备腹心。寡偶少徒，于宜未失也。”

太和六年，以疾，拜太中大夫。有间〔16〕，为大鸿胪。在位二年逊位，复为太中大夫。薨。谥曰景侯。

子寓嗣。〔一〕少子陶，亦高才而薄行。官至平原太守。〔二〕

【注释】

〔1〕尊严：尊崇。〔2〕稷：即后稷。 契：传说中商王朝的始祖，曾帮助禹治水，有功，被虞舜任命为司徒。事见《史记》卷三《殷本纪》。〔3〕有娀：指契的母亲。名简狄，是有娀氏的女儿。 姜嫄：后稷的母亲。是有邰氏的女儿。〔4〕承天序：指建立皇朝。〔5〕高皇：指魏明帝曹叡的高祖父曹腾。 太皇：指曹腾的养子曹嵩。〔6〕处士君：指曹腾的父亲曹节。曹节没有做过官，所以称之为处士。〔7〕动：感动。〔8〕唐：唐尧。〔9〕不过其父：不超过他的父亲那一辈。指刘邦尊称其父为太上皇事。〔10〕君举：君主的举动。〔11〕卫臻：传见本书卷二十二。〔12〕略：基本上，一般。〔13〕尚新：时间还不久。〔14〕未咸：未能达到智者那样的认识。〔15〕支叶：指宗室分支。〔16〕有间：隔一段时间。

【裴注】

〔一〕《傅子》曰：“晔事明皇帝，又大见亲重。帝将伐蜀，朝臣内外皆曰‘不可’。晔入与帝议，因曰‘可伐’；出与朝臣言，因曰‘不可伐’。晔有胆智，言之皆有形。中领军杨暨，帝之亲臣，又重晔，持不可伐蜀之议最坚。每从内出，辄过晔，晔讲不可之意。后暨从驾行天渊池，帝论伐蜀事，暨切谏。帝曰：‘卿书生，焉知兵事！’暨谦谢曰：

‘臣出自儒生之末，陛下过听，拔臣群萃之中，立之六军之上。臣有微心，不敢不尽言。臣言诚不足采，侍中刘晔，先帝谋臣，常曰蜀不可伐。’帝曰：‘晔与吾言蜀可伐。’暨曰：‘晔可召质也。’诏召晔至，帝问晔，终不言。后独见，晔责帝曰：‘伐国，大谋也。臣得与闻大谋，常恐眯梦漏泄以益臣罪，焉敢向人言之？夫兵，诡道也。军事未发，不厌其密也。陛下显然露之，臣恐敌国已闻之矣。’于是帝谢之。晔见出，责暨曰：‘夫钓者，中大鱼，则纵而随之，须可制而后牵，则无不得也。人主之威，岂徒大鱼而已。子诚直臣，然计不足采，不可不精思也！’暨亦谢之。晔能应变持两端如此。或恶晔于帝曰：‘晔不尽忠，善伺上意所趋而合之。陛下试与晔言，皆反意而问之：若皆与所问反者，是晔常与圣意合也；复每问皆同者，晔之情，必无所逃矣。’帝如言以验之，果得其情，从此疏焉。晔遂发狂，出为大鸿胪，以忧死。谚曰‘巧诈不如拙诚’，信矣！以晔之明智权计，若居之以德义，行之以忠信，古之上贤，何以加诸？独任才智，不与世士相经纬；内不推心事上，外困于俗，卒不能自安于天下。岂不惜哉！”

〔二〕《王弼传》曰：“淮南人刘陶，善论纵横，为当时所推。”《傅子》曰：“陶字季治。善名称，有大辩。曹爽时为选部郎，邓飏之徒称之以为伊、吕。当此之时，其人意陵青云，谓玄曰：‘仲尼不圣。何以知其然？智者图国；天下群愚，如弄一丸于掌中，而不能得天下。’玄以其言大惑，不复详难也。谓之曰：‘天下之质变，无常也。今见卿穷！’爽之败，退居里舍，乃谢其言之过。”干宝《晋纪》曰：“毌丘俭之起也，大将军以问陶。陶答，依违，大将军怒曰：‘卿平生与吾论天下事，至于今日而更不尽乎！’乃出为平原太守，又追杀之。”

蒋济字子通，楚国平阿人也[1]。仕郡计吏，州别驾。

建安十三年，孙权率众围合肥。时大军征荆州，遇疾疫。唯遣将军张喜，单将千骑，过领汝南兵，以解围，颇复疾疫。济乃密白刺史，伪得喜书，云“步骑四万已到雩娄[2]”，遣主簿迎喜；三部使赍书，语城中守将[3]。一部得入城，二部为贼所得。权信之，遽烧围走，城用得全。

明年，使于谯，太祖问济曰："昔孤与袁本初对官渡[4]，徙燕、白马民[5]。民不得走[6]，贼亦不敢抄。今欲徙淮南民，何如？"济对曰："是时兵弱贼强，不徙必失之。自破袁绍，北拔柳城；南向江、汉，荆州交臂[7]：威震天下，民无他志。然百姓怀土，实不乐徙，惧必不安。"太祖不从。而江、淮间十余万众，皆惊走吴。后济使诣邺，太祖迎见大笑曰："本但欲使避贼，乃更驱尽之！"拜济丹阳太守。

大军南征还，以温恢为扬州刺史[8]；济为别驾，令曰："季子为臣[9]，吴宜有君。今君还州，吾无忧矣。"民有诬告济为谋叛主率者，太祖闻之，指前令与左将军于禁、沛相封仁等曰："蒋济宁有此事！有此事，吾为不知人也。此必愚民乐乱，妄引之耳。促理出之[10]！"

辟为丞相主簿，西曹属。令曰："舜举皋陶[11]，不仁者远。臧否得中[12]，望于贤属矣[13]。"关羽围樊、襄阳。太祖以汉帝在许，近贼，欲徙都。司马宣王及济说太祖曰："于禁等为水所没，非战攻之失；于国家大计，未足有损。刘备、孙权，外亲内疏；关羽得志，权必不愿也。可遣人劝蹑其后[14]，许割江南以封权，则樊围自解。"太祖如其言。权闻之，即引兵西袭公安、江陵。羽遂见擒。

【注释】

〔1〕平阿：县名。县治在今安徽怀远县西南。〔2〕雩(yú)娄：县

名。县治在今河南固始县东南。〔3〕三部：分为三路。〔4〕对：对战。〔5〕燕：县名。县治在今河南滑县西南。〔6〕走：逃跑。〔7〕交臂：指投降。〔8〕温恢：传见本书卷十五。〔9〕季子：即季札。《春秋》襄公二十九年记载："吴子使札来聘。"当时吴国的国君自称为王，这一称号未得到周天子的承认，所以被认为是无君之国。但是文中为什么又称之为"吴子"呢？《公羊传》解释说，这是尊重贤德的季札，季札既然充当吴国使臣，吴国君主就应享有正式的爵号。〔10〕理出：平反放出。〔11〕皋陶（yáo）：传说中东夷族的首领。曾被舜任命为司法官。后被禹选为继承人，因早死未继位。事见《史记》卷一《五帝本纪》。〔12〕臧否（pǐ）：褒贬。丞相西曹负责官员选任，要对人才作评价，所以曹操这样说。〔13〕贤属：贤德的西曹属。指接受西曹属职务的蒋济。当时曹操的丞相府中，分曹处理公务。每曹的主官称掾，副主官称属。〔14〕蹑其后：偷袭关羽的后方。

文帝即王位，转为相国长史〔1〕。及践阼，出为东中郎将。济请留，诏曰："高祖歌曰'安得猛士守四方'。天下未宁，要须良臣以镇边境。如其无事，乃还鸣玉〔2〕，未为后也。"

济上《万机论》，帝善之。入为散骑常侍。时有诏，诏征南将军夏侯尚曰："卿腹心重将，特当任使。恩施足死，惠爱可怀。作威作福，杀人活人。"尚以示济。济既至，帝问曰："卿所闻见天下风教何如〔3〕？"济对曰："未有他善，但见亡国之语耳！"帝忿然作色，而问其故。济具以答，因曰："夫'作威作福'，《书》之明诫〔4〕；'天子无戏言'，古人所慎。惟陛下察之。"于是帝意解，遣追取前诏。

黄初三年，与大司马曹仁征吴。济别袭羡溪〔5〕，仁欲攻濡须洲中。济曰："贼据西岸，列船上流；而兵入洲中，是为自内地狱[6]：危亡之道也。”仁不从，果败。仁薨，复以济为东中郎将，代领其兵。诏曰：“卿兼资文武，志节慷慨。常有超越江湖吞吴、会之志，故复授将率之任。”

顷之，征为尚书。车驾幸广陵。济表水道难通，又上《三州论》以讽帝，帝不从。于是战船数千，皆滞不得行。议者欲就留兵屯田，济以为：“东近湖，北临淮；若水盛时，贼易为寇，不可安屯[7]。”帝从之，车驾即发。还到精湖[8]，水稍尽，尽留船付济。船本历适数百里中[9]，济更凿地作四五道[10]，蹴船令聚[11]。豫作土豚遏断湖水[12]，皆引后船；一时开遏[13]，入淮中。帝还洛阳，谓济曰：“事不可不晓。吾前决谓‘分半烧船于山阳池中[14]’；卿于后致之，略与吾俱至谯。又每得所陈，实入吾意。自今讨贼计画，善思论之。”

【注释】

〔1〕相国长史：官名。相国府的主要下属，负责处理各分支机构呈送的公事。〔2〕鸣玉：身上的玉佩相互撞击发出响声。古时候朝廷君臣都要戴玉佩。这里鸣玉指回朝廷做京官。〔3〕风教：风俗教化。〔4〕明诫：《尚书·洪范》说：“臣无有作福作威玉食。臣之有作福作威玉食，其害于而家，凶于而国。”〔5〕羡溪：地名。在今安徽和县西南。〔6〕内：进入。〔7〕安屯：安营。〔8〕精湖：湖名。在今江苏高邮市西北。〔9〕历适：疏密分布的样子。〔10〕道：水沟。〔11〕蹴(cù)：推。〔12〕土豚：盛有泥土的草袋。〔13〕一时：一下子。〔14〕山阳池：湖名。在江苏高邮市西北。

明帝即位，赐爵关内侯。大司马曹休帅军向皖，济表以为："深入虏地，与权精兵对；而朱然等在上流，乘休后，臣未见其利也。"军至皖，吴出兵安陆[1]。济又上疏曰："今贼示形于西[2]，必欲并兵图东；宜急诏诸军，往救之！"会休军已败，尽弃器仗辎重，退还。吴欲塞夹石[3]，遇救兵至，是以官军得不没。迁为中护军。

时中书监、令，号为专任[4]，济上疏曰："大臣太重者国危[5]，左右太亲者身蔽：古之至戒也。往者大臣秉事，外内扇动[6]；陛下卓然自览万机，莫不祗肃[7]。夫大臣非不忠也；然威权在下，则众心慢上：势之常也。陛下既已察之于大臣，愿无忘于左右。左右忠正远虑，未必贤于大臣；至于便辟取合[8]，或能工之。今外所言，辄云中书。虽使恭慎，不敢外交[9]；但有此名，犹惑世俗；况实握事要，日在目前？傥因疲倦之间，有所割制[10]，众臣见其能推移于事[11]，即亦因时而向之。一有此端，因当内设自完，以此众语，私招所交，为之内援。若此，臧否毁誉，必有所兴；功负赏罚[12]，必有所易；直道而上者或壅[13]，曲附左右者反达。因微而入，缘形而出；意所狎信，不复猜觉。此宜圣智所当早闻，外以经意，则形际自见[14]。或恐朝臣畏言不合而受左右之怨，莫适以闻。臣窃亮陛下潜神默思[15]，公听并观。若事有未尽于理而物有未周于用，将改曲易调。远与黄、唐角功[16]，近昭武、文之(迹)〔绩〕。岂〔牵〕近习而已哉[17]！然人君犹不可悉天下事以适己明，当有所付。若委之一臣，非周公旦之忠，又非管夷吾之公，则有弄机败官之弊[18]。当今柱石之士虽少[19]，至于行称一州，智效一官，忠信竭命，各奉其职；可并驱策[20]，不使圣明之朝，有专吏之名也[21]。”

诏曰：“夫骨鲠之臣[22]，人主之所仗也。济才兼文武，服勤尽节。每军国大事，辄有奏议；忠诚奋发，吾甚壮之。”就迁为护军将军，加散骑常侍。[一]

【注释】

〔1〕安陆：县名。县治在今湖北云梦县。〔2〕示形：表现出进攻的态势。〔3〕塞：阻断。　夹石：地名。在今安徽舒城县南。〔4〕专任：专权的职位。〔5〕太重：权力太重。〔6〕外内扇动：朝廷内外的辅政大臣发生矛盾。指在淮南的前线主将曹休与在京城执政的大臣曹真不和一事。见本卷《刘放传》裴注引《孙资别传》。〔7〕祇肃：恭敬。〔8〕便辟取合：谄媚迎合。〔9〕外交：在宫廷之外拉关系。中书监、令在皇宫内办事，所以蒋济这样说。〔10〕割制：对皇帝权力的侵占和牵制。〔11〕推移于事：对政事处理能够发挥影响和作用。〔12〕负：过失。〔13〕壅：受到阻碍。〔14〕形际：形迹。〔15〕亮：观察。〔16〕黄、唐：黄帝、唐尧。　角功：比较功绩。〔17〕近习：身边的宠臣。〔18〕弄机败官：玩弄机权而败坏国事。〔19〕柱石之士：可以充当朝廷栋梁的人才。〔20〕驱策：任用。〔21〕专吏：专权的官吏。〔22〕骨鲠之臣：忠良刚直的臣僚。

【裴注】

〔一〕司马彪《战略》曰：“太和六年，明帝遣平州刺史田豫，乘海渡；幽州刺史王雄，陆道：并攻辽东。蒋济谏曰：‘凡非相吞之国，不侵叛之臣，不宜轻伐。伐之而不制，是驱使为贼。故曰：“虎狼当路，不治狐狸。先除大害，小害自已。”今海表之地，累世委质；岁选计(考)〔孝〕，不乏职贡。议者先之，正使一举便克，得其民不足益国，得其财不足为富；傥不如意，是为结怨失信也。’帝不听，豫行，竟无成而还。”

景初中，外勤征役，内务宫室〔1〕。怨旷者多，而年谷饥俭〔2〕。济上疏曰："陛下方当恢崇前绪，光济遗业，诚未得高枕而治也。今虽有十二州〔3〕，至于民数，不过汉时一大郡〔4〕。二贼未诛，宿兵边陲；且耕且战，怨旷积年。宗庙宫室，百事草创；农桑者少，衣食者多。今其所急，唯当息耗百姓〔5〕，不至甚弊。弊攰之民〔6〕，傥有水旱，百万之众，不为国用。凡使民，必须农隙，不夺其时。夫欲大兴功之君，先料其民力而燠休之〔7〕。句践养胎以待用〔8〕，昭王恤病以雪仇〔9〕；故能以弱燕服强齐，羸越灭劲吴。今二敌不攻不灭，不事即侵；当身不除，百世之责也。以陛下圣明神武之略，舍其缓者，专心讨贼，臣以为无难矣。又欢娱之耽〔10〕，害于精爽〔11〕；神太用则竭，形太劳则弊。愿大简贤妙，足以充'百斯男'者〔12〕；其冗散未齿〔13〕，且悉分出，务在清静。"

诏曰："微护军〔14〕，吾弗闻斯言也。"〔一〕

【注释】

〔1〕务宫室：大力兴建宫殿。〔2〕饥俭：减产歉收。〔3〕十二州：当时曹魏辖境划分为司、凉、雍、荆、幽、并、冀、青、兖、豫、徐、扬十二州。〔4〕汉时一大郡：曹魏后期，全国民户有六十六万户左右。东汉户口繁盛时，南阳郡有五十二万户，汝南郡有四十万户，所以蒋济这样说。〔5〕息耗：休整。〔6〕弊攰（guì）：极度疲劳。〔7〕燠休（yù xǔ）：发出怜悯安慰的声音。〔8〕养胎：指采取保护和鼓励的措施发展人口。〔9〕昭王：指燕昭王。恤病：慰问病人。〔10〕欢娱：指男女性交。耽：沉溺，迷恋。〔11〕精爽：精气神智。〔12〕贤妙：贤惠而美丽的女子。〔13〕未齿：未能选上登入名册者。〔14〕微：如果没有。

【裴注】

〔一〕《汉晋春秋》曰："公孙渊闻魏将来讨，复称臣于孙权，乞兵自救。帝问济：'孙权其救辽东乎？'济曰：'彼知官备已固，利不可得；深入则非力所能，浅入则劳而无获。权虽子弟在危，犹将不动；况异域之人，兼以往者之辱乎？今所以外扬此声者，谲其行人疑之于我，我之不克，冀(折后事已)〔其折节事己〕耳。然沓渚之间，去渊尚远。若大军相持，事不速决；则权之浅规，或能轻兵掩袭，未可测也。'"

齐王即位，徙为领军将军，进爵昌陵亭侯。〔一〕迁太尉。

初，侍中高堂隆论郊祀事，以魏为舜后，推舜配天[1]。济以为"舜本姓妫，其苗曰田[2]，非曹之先"，著文以追诘隆。〔二〕是时，曹爽专政，丁谧、邓飏等，轻改法度。会有日食变，诏群臣问其得失。济上疏曰："昔大舜佐治，戒在比周[3]；周公辅政，慎于其朋[4]；齐侯问灾[5]，晏婴对以布惠[6]；鲁君问异[7]，臧孙答以缓役[8]：应天塞变[9]，乃实人事。今二贼未灭，将士暴露已数十年；男女怨旷，百姓贫苦。夫为国法度，惟命世大才，乃能张其纲维以垂于后，岂中下之吏所宜改易哉！终无益于治，适足伤民。望宜使文武之臣，各守其职，率以清平；则和气祥瑞，可感而致也。"

以随太傅司马宣王屯洛水浮桥，诛曹爽等，进封都乡侯，邑七百户。济上疏曰："臣忝宠上司[10]，而爽敢苞藏祸心，此臣之无任也[11]。太傅奋独断之策，陛下明其忠节；罪人伏诛，社稷之福也。夫封宠庆赏，必加有功。今论谋则臣不先知，语战则非臣所率；而上失其制，下受其弊。臣备宰司，民所具瞻[12]。诚恐冒赏之

渐自此而兴，推让之风由此而废。”固辞，不许。〔三〕

是岁，薨，谥曰景侯。〔四〕子秀嗣。秀薨，子凯嗣。咸熙中，开建五等；以济著勋前朝，改封凯为下蔡子。

【注释】

〔1〕配天：祭祀天神时陪同受祭。〔2〕苗：后裔。〔3〕比周：拉帮结派。〔4〕其朋：《尚书·洛诰》记周公告诫周成王说：“孺子其朋！”汉儒认为这是警告成王不要乱交朋友。但现代学者有的解释与此不同。〔5〕齐侯：指齐景公（？—前490）。名杵臼。前547至前490年在位。事见《史记》卷三十二《齐太公世家》。〔6〕布惠：向百姓布施恩惠。〔7〕鲁君：指鲁僖公（？—前627）。名子申。前659至前627年在位。事见《史记》卷三十三《鲁周公世家》。异：灾异。〔8〕臧孙（？—前617）：名辰，臧孙氏。春秋时鲁国执政大臣。历仁庄、闵、僖、文公四君。〔9〕塞变：出现灾异时采取措施弥补过失。〔10〕上司：太尉为三公之首，三公又称三司，所以这里上司指蒋济自己所担任的太尉。〔11〕无任：不能胜任。〔12〕具瞻：受众人注视。

【裴注】

〔一〕《列异传》曰：“济为领军，其妇梦见亡儿涕泣曰：‘死生异路：我生时为卿相子孙，今在地下为泰山伍伯。憔悴困辱，不可复言。今太庙西讴士孙阿，今见召为泰山令。愿母为白侯，属阿，令转我得乐处。’言讫，母忽然惊寤。明日以白济。济曰：‘梦为尔耳，不足怪也。’明日暮，复梦曰：‘我来迎新君，止在庙下。未发之顷，暂得来归。新君明日日中当发，临发多事，不复得归，永辞于此。侯气强，难感悟，故自诉于母。愿重启侯，何惜不一试验之？’遂道阿之形状，言甚备悉。天明，母重启（侯）〔济曰〕：‘虽云梦不足怪，此何太适适！亦何惜不一验之？’济乃遣人诣太庙下，推问孙阿。果得之，形状证验，悉如儿言。济涕泣曰：‘几负吾儿！’于是乃见孙阿，具语其事。阿不惧当死，而喜得为泰山令，惟恐济言不信也。曰：‘若如节下言，阿之愿也。不知贤子欲得何职？’济曰：‘随地下乐者，与之。’阿曰：‘辄当奉教！’乃厚赏之，言讫遣还。济欲速知其验，从领军门至庙下，十步安一人，以传阿消息。辰时传阿心痛，巳时传阿剧，日中传阿亡。济泣曰：‘虽哀吾儿之不幸，且喜亡者有知！’后月余，儿复来语母曰：‘已得转为录事矣。’”

〔二〕臣松之按：蒋济《立郊议》称《曹腾碑文》云“曹氏族出自邾”。《魏书》述曹氏胤绪，亦如之。魏武作《家传》，自云“曹叔振铎之后”。故陈思王作《武帝诔》曰：“于穆武皇，胄稷胤周。”此其不同者也。及至景初，明帝从高堂隆议，谓魏为舜后；后魏为《禅晋文》，称“昔我皇祖有虞”，则其异弥甚。寻济难隆，及与尚书缪袭往反，并有理据，文多不载。济亦未能定氏族所出，但谓“魏非舜后，而横祀非族，降黜太祖，不配正天，皆为缪妄”；然于时竟莫能正。济又难郑玄注《祭法》云“有虞以上尚德，禘郊祖宗，配用有德；自夏以下，稍用其姓氏”。济曰：“夫虬龙神于獭，獭自祭其先，不祭虬龙也。骐驎、白虎仁于豺，豺自祭其先，不祭骐、虎也。如玄之说，有虞以上，豺、獭之不若邪？”臣以为《祭法》所云，见疑学者久矣。郑玄不考正其违，而就通其义。济豺、獭之譬，虽似俳谐；然其义旨，有可求焉。

〔三〕孙盛曰：“蒋济之辞邑，可谓不负心矣。语曰‘不为利回，不为义疚’，蒋济其有焉。”

〔四〕《世语》曰：“初，济随司马宣王屯洛水浮桥；济书与曹爽，言宣王旨‘惟免官而已’。爽遂诛灭，济病其言之失信，发病卒。”

刘放字子弃，涿郡人。汉广阳(顺)〔顷〕王子西乡(侯宏)〔顷侯容〕后也。历郡纲纪[1]，举孝廉。遭世大乱，时渔阳王松据其土，放往依之。

太祖克冀州，放说松曰：“往者董卓作逆，英雄并起；阻兵擅命，人自封殖[2]。惟曹公能拔拯危乱，翼戴天子；奉辞伐罪，所向必克。以二袁之强[3]，守则淮南冰消，战则官渡大败。乘胜席卷，将清河朔[4]；威刑既合，大势已现。速至者渐福，后服者先亡，此乃不俟终日、驰骛之时也[5]。昔黥布弃南面之尊[6]，仗剑归汉，诚识废兴之理，审去就之分也；将军宜投身委命，厚自结纳。”松然之。会太祖讨袁谭于南皮，以书招松。松举雍奴、泉州、安次以附之[7]。放为松答太祖书，其文甚丽；太祖既善之，又闻其说，由是遂辟放。

建安十年，与松俱至。太祖大悦，谓放曰："昔班彪依窦融而有河西之功[8]，今一何相似也！"乃以放参司空军事。历主簿、记室[9]。出为郃阳、祋祤、赞令[10]。

魏国既建，与太原孙资，俱为秘书郎[11]。先是，资亦历县令，参丞相军事。〔一〕

【注释】

〔1〕纲纪：主簿的别名。主簿一职，总揽府内众事，提纲挈领，故名。〔2〕封殖：指培植私人势力。〔3〕二袁：袁绍、袁术。前者割据河北，后者割据淮南。〔4〕河朔：地区名。泛指黄河中下游北岸地区。〔5〕不俟终日：不等当天结束就采取行动。《周易·系辞》下有"君子见机而作，不俟终日"的说法。　驰骛：奔走附从。〔6〕南面：指君主。古代君主接见群臣时面向南面。〔7〕雍奴：县名。县治在今天津市武清区西北。　泉州：县名。县治在今天津市武清区西南。　安次：县名。县治在今河北廊坊市西北。〔8〕班彪（公元3—54）：字叔皮，右扶风安陵（今陕西咸阳市东北）人。曾为窦融下属，力劝其归顺东汉光武帝刘秀。后专力从事史学，继《史记》作《后传》六十余篇。其子班固继续撰写，最后修成《汉书》。传见《后汉书》卷四十上。〔9〕记室：官名。负责起草文书。〔10〕郃阳：县名。县治在今陕西合阳县东南。　祋祤（duó xǔ）：县名，县治在今陕西铜川市耀州区。　赞：（cuó）县名。县治在今河南永城市西北。〔11〕秘书郎：官名。负责管理中央所藏图书文献档册。

【裴注】

〔一〕祋，音都活反。祤，音诩。

文帝即位，放、资转为左、右丞[1]。数月，放徙为令[2]。黄初初，改秘书为中书，以放为监，资为令，各加给事中[3]；放赐爵关内侯，资为关中侯[4]：遂掌机密。三年[5]，进爵魏寿亭侯，资关内侯。

【注释】

〔1〕左、右丞：官名。即秘书左丞、秘书右丞，是秘书令的助手。〔2〕令：即秘书令。官名。负责处理尚书台上奏的公事，兼管中央图书文献档册，相当于皇帝的秘书长兼皇家图书档案馆馆长。魏文帝称帝后，把这两种职务分开，从秘书分设中书。秘书令只管中央图书文献档册。中书专管机要事务处理，包括审核尚书台公事，起草皇帝诏命，向地方军政长官下达皇帝秘密指令等。这样，东汉以来执掌机要的尚书台，其决策作用就被中书省取代，逐渐变成执行指令的单纯行政机构。这是当时政治制度上的一大变化。这一变化现象的本质，是皇帝加强对军国机要大事决策权的控制，属于君权强化的结果。但是其负面作用，则是中书省的长官中书监、中书令，将有可能趁机操控至为重要的决策权，下文对此有所记录，本卷的蒋济对此也有专门的奏疏加以评论。〔3〕加：加官。当时凡加了给事中官衔的官员，可以自由出入皇宫。〔4〕关中侯：爵位名。是曹操所定六等爵制的第四等，不食租。〔5〕三年：黄初三年(公元222)。

明帝即位，尤见宠任：同加散骑常侍；进放爵西乡侯，资乐阳亭侯。〔一〕太和末，吴遣将周贺，浮海诣辽东，招诱公孙渊。帝欲邀讨之，朝议多以为不可；惟资决行策，果大破之，进爵左乡侯。〔二〕

放善为书檄。三祖诏命，有所招喻，多放所为。青龙初，孙权与诸葛亮连和，欲俱出为寇。边候得权书[1]，放乃改易其辞：往往换其本文，而傅合之[2]；与征东将军满宠，若欲归化。封以示亮，亮腾与吴大将步骘等[3]，骘等以见权。权惧亮自疑，深自解说。是岁，

俱加侍中、光禄大夫。〔三〕

景初二年，辽东平定。以参谋之功，各进爵封本县[4]：放方城侯，资中都侯〔四〕。

【注释】

〔1〕边候：边境巡逻兵。〔2〕傅合：把捏造的意思同原文进行不露痕迹的糅合。〔3〕腾：转送。〔4〕封本县：以家乡所在的县为封地。这是对受封者的一种优厚待遇，使之可以在乡亲面前展示荣耀。刘、孙二人受到如此的恩宠，在于他们为魏明帝通过中书省，亲自发号施令从而实现皇权独揽立下功劳。自明帝强化君主集权之后，曹魏的政治进入一个新的时期，但是最终又在政治上产生了严重的后果。

【裴注】

〔一〕《资别传》曰："资字彦龙。幼而岐嶷。三岁，丧二亲，长于兄嫂。讲业太学，博览传记。同郡王允，一见而奇之。太祖为司空，又辟资。会兄为乡人所害，资手刃报仇；乃将家属避地河东，故遂不应命。寻复为本郡所命，以疾辞。友人河东贾逵，谓资曰：'足下抱逸群之才，值旧邦倾覆。主将殷勤，千里延颈；宜崇古贤桑梓之义。而久盘桓，拒违君命；斯犹曜和璧于秦王之庭，而塞以连城之价耳：窃为足下不取也！'资感其言，遂往应之。到，署功曹。举计吏，尚书令荀彧见资，叹曰：'北州承丧乱已久，谓其贤智零落，今日乃复见孙计君乎！'表留，以为尚书郎。辞以家难，得还河东。"

〔二〕《资别传》曰："诸葛亮出在南郑，时议者以为'可因大发兵，就讨之'，帝意亦然。以问资，资曰：'昔武皇帝征南郑，取张鲁；阳平之役，危而后济。又自往，拔出夏侯渊军，数言"南郑直为天狱中，斜谷道为五百里石穴耳"，言其深险，喜出渊军之辞也。又武皇帝圣于用兵，察蜀贼栖于山岩，视吴虏窜于江湖，皆挠而避之。不责将士之力，不争一朝之忿；诚所谓见胜而战，知难而退也。今若进军就南郑，讨亮，道既险阻；计用精兵，又转运、镇守南方四州遏御水贼，凡用十五六万人，必当复更有所发兴。天下骚动，费力广大，此诚陛下所宜深虑。夫守战之力，力役参倍。但以今日现兵，分命大将，据诸要险；威足以震摄强寇，镇静疆埸，将士虎睡，百姓无事。数年之间，中国日盛，吴蜀二虏，必自疲弊。'帝由是止。时吴人彭绮又举义江南，议者以为'因此伐之，必有所克’。帝问资，资曰：‘鄱阳宗人，前后数有举义者，众弱谋浅，旋辄乖散。昔文皇帝尝密论贼形势，言：“洞浦杀万人，得船千万，数日间船人复会；江陵被围历月，权才以千数百兵住东门，而其土地无崩解者：是有法禁，上下相奉持之明验也。”以此推绮，惧未能为权腹心大疾也。’绮果寻败亡。”

〔三〕《魏氏春秋》曰：“乌丸校尉田豫，帅西部鲜卑、泄归尼等出塞，讨轲比能、智郁筑鞬，破之。还至马邑故城，比能帅三万骑围豫。帝闻之，计未有所出，如中书省以问监、令。令孙资对曰：‘上谷太守阎志，柔弟也。为比能素所归信，令驰诏使说比能，可不劳师而自解矣。’帝从之，比能果释豫而还。”

〔四〕《资别传》曰：“是时，孙权、诸葛亮号称‘剧贼’，无岁不有军征。而帝总摄群下，内图御寇之计，外规庙胜之画，资皆管之。然自以受腹心，常让事于帝曰：‘动大众，举大事，宜与群下共之；既以示明，且于探求为广。’既朝臣会议，资奏当其是非，择其善者推成之，终不显己之德也。若众人有谴过及爱憎之说，辄复为请解，以塞谮润之端。如征东将军满宠、凉州刺史徐邈，并有谮毁之者；资皆盛陈其素行，使卒无纤介。宠、邈得保其功名者，资之力也。初，资在邦邑，名出同类之右。乡人司空掾田豫、梁相宗艳，皆妒害之；而杨丰党附豫等，专为资构造谤端，怨隙甚重。资既不以为言，而终无恨意。豫等惭服，求释宿憾，结为婚姻。资谓之曰：‘吾无憾心，不知所释。此为卿自薄之，卿自厚之耳！’乃为长子宏娶其女。及当显位，而田豫老疾在家。资遇之甚厚；又致其子于本郡，以为孝廉。而杨丰子，后为尚方吏；帝以职事谴怒，欲致之法，资请活之。其不念旧恶如此。”

其年，帝寝疾，欲以燕王宇为大将军，及领军将军夏侯献、武卫将军曹爽、屯骑校尉曹肇、骁骑将军秦朗共辅政〔1〕。宇性恭良，陈诚固辞〔2〕。

帝引见放、资，入卧内。问曰：“燕王正尔为〔3〕？”放、资对曰：“燕王实自知不堪大任故耳。”帝曰：“曹爽可代宇不？”放、资因赞成之；又深陈宜速召太尉司马宣王，以纲维皇室。帝纳其言，即以黄纸授放作诏[4]。放、资既出，帝意复变，诏止宣王勿使来。寻更见放、资，曰："我自召太尉，而曹肇等反使吾止之。几败吾事！"命更为诏。帝独召爽与放、资，俱受诏命；遂免宇、献、肇、朗官。太尉亦至，登床受诏，然后帝崩。〔一〕

齐王即位，以放、资决定大谋，增邑三百。放并前千一百，资千户；封爱子一人亭侯，次子骑都尉，余子皆郎中。正始元年，更加放左光禄大夫，资右光禄大夫；金印紫绶，仪同三司。六年[5]，放转骠骑[6]，资卫将军；领监、令如故。(七)〔九〕年[7]，复封子一人亭侯，各年老逊位；以列侯朝朔望[8]，位特进。〔二〕曹爽诛后，复以资为侍中，领中书令。

嘉平二年，放薨。谥曰敬侯。子正嗣。〔三〕资复逊位，归第，就拜骠骑将军。转侍中，特进如故。三年薨[9]。谥曰贞侯。子宏嗣。

放，才计优资[10]，而自修不如也[11]。放、资，既善承顺主上，又未尝显言得失，抑辛毗而助王思[12]，以是获讥于世；然时因群臣谏诤，扶赞其义，并时[13]密陈损益[14]，不专导谀言云。

及咸熙中，开建五等；以放、资著勋前朝，改封正，方城子，宏，离石子。〔四〕

【注释】

〔1〕秦朗：传见本书卷三《明帝纪》裴注引《魏氏春秋》。〔2〕陈诚：陈述内心想法。　固辞：据本书卷三《明帝纪》裴注引《汉晋春秋》和《魏略》，曹宇受任后一直积极办事，而且出谋不让司马懿

回京城，要他直接从辽东回长安，并没有辞职的迹象。由于刘放、孙资一手策划了让司马懿回朝辅政，导致此后司马氏代魏，所以陈寿在这里不能不为刘放、孙资回护，把曹宇丢失辅政大臣权位说成是他自己辞职的结果。〔3〕正尔为：一定要这样做吗？指辞职一事。〔4〕黄纸：当时皇帝的手诏，用黄纸或黄绢书写。〔5〕六年：正始六年（公元245）。〔6〕骠骑：即骠骑将军。〔7〕九年：正始九年（公元248）。〔8〕朝朔望：在每月的朔日（初一日）、望日（小月在十五日、大月在十六日）朝见皇帝。〔9〕三年：嘉平三年（公元251）。〔10〕才计：才干谋略。〔11〕自修：品德的自我修养。〔12〕抑辛毗而助王思：事见本书卷二十五《辛毗传》。〔13〕时：时常。〔14〕损益：指政治改革的建议。

【裴注】

〔一〕《世语》曰："放、资久典机任，献、肇心内不平。殿中有鸡栖树，二人相谓：'此亦久矣！其能复几？'指谓放、资。放、资惧，乃劝帝召宣王。帝作手诏，令给使辟邪，至以授宣王。宣王在汲，献等先诏，令于轵关西还长安；辟邪又至，宣王疑有变。呼辟邪具问，乃乘追锋车驰至京师。帝问放、资：'谁可与太尉对者？'放曰：'曹爽。'帝曰：'堪其事不？'爽在左右，流汗不能对。放蹑其足，耳之曰：'臣以死奉社稷！'曹肇弟纂为大将军司马。燕王颇失指，肇出，纂见，惊曰：'上不安，云何悉共出？宜还！'已暮，放、资宣诏宫门："不得复纳肇等，罢燕王。"肇明日至门，不得入；惧，诣廷尉，以处事失宜免。帝谓献曰：'吾已差，便出。'献流涕而出，亦免。"按《世语》所云树置先后，与本传不同。

《资别传》曰："诏资曰：'吾年稍长，又历观书传，中皆叹息，无所不念。图万年后计，莫过使亲人广据职势，兵任又重。今射声校尉缺，久欲得亲人，谁可用者？'资曰：'陛下思深虑远，诚非愚臣所及！书传所载，皆圣听所究。向使汉高不知平、勃能安刘氏，孝武不识金、霍付属以事，殆不可言！文皇帝始召曹真还时，亲诏臣以重虑；及至晏驾，陛下即阼，犹有曹休外内之望。赖遭日月，御勒不倾；使各守分职，纤介不间。以此推之，亲臣贵戚，虽当据势握兵，宜使轻重素定。若诸侯典兵，力均衡平，宠齐爱等，则不相为服；不相为服，则意有异同。今五营所领现兵，岁不过数百；选授校尉，如其辈类，为有畴匹。至于重大之任，能有所维纲者，宜以圣恩简择；如平、勃、金、霍、刘章等一二人，渐殊其威重，使相镇固：于事为善。’帝曰：‘然！如卿言，当为吾远虑所图。今日可参平、勃，侔金、霍，双刘章者，其谁哉？’资曰：‘臣闻“知人则哲，惟帝难之”。唐、虞之圣，凡所进用，明试以功。陈平初事汉祖，绛、灌等谤平有受金、盗嫂之罪；周勃以吹箫引强，始事高祖，亦未知名也：高祖察其行迹，然后知可付以大事。霍光给事中，二十余年，小心谨慎，乃见亲信。日磾夷狄，以至孝质直，特见擢用；左右尚曰“妄得一胡儿而重贵之”。平、勃虽安汉嗣，其终，勃被反名，平劣自免于吕须之谗。上官桀、桑弘羊，与霍光争权，几成祸乱。此诚知人之不易，为臣之难也。又所简择，当得陛下所亲，当得陛下所信，诚非愚臣之所能识别。’”

臣松之以为：孙、刘于时，号为专任，制断机密，政事无不综。资、放被托付之问，当安危所断，而更依违其对，无有适莫。受人亲任，理岂得然！按本传及诸书，并云放、资称赞曹爽，劝召宣王；魏室之亡，祸基于此。资之“别传”，出自其家，欲以是言掩其大失。然恐负国之玷，终莫能磨也。

〔二〕《资别传》曰：“大将军爽，专事，多变易旧章。资叹曰：‘吾累世蒙宠，加以预闻属托，今纵不能匡弼时事，可以坐受素餐之禄邪！’遂固称疾。九年二月，乃赐诏曰：‘君掌机密，三十余年；经营庶事，勋著前朝。暨朕统位，动赖良谋。是以曩者增崇宠章，同之三事；外帅群官，内望谠言。属以年耆疾笃，上还印绶；前后郑重，辞旨恳切。天地以大顺成德，君子以善恕成仁。重以职事违夺君志，今听所执。赐钱百万；使兼光禄勋、少府亲策诏：君养疾于第，君其勉进医药，颐神和气，以永无疆之祚；置舍人官骑，加以日秩肴酒之膳焉。’”

〔三〕臣松之按《头责子羽》曰：“士卿刘许，字文生，正之弟也。与张华六人，并称文辞可观，意思详序。晋惠帝世，许为越骑校尉。”

〔四〕按《孙氏谱》：“宏，为南阳太守。宏子楚，字子荆。”《晋阳秋》曰：“楚乡人王济，豪俊公子也，为本州大中正。访问关求楚品状，济曰：‘此人非卿所能名。’自状之曰：‘天才英博，亮拔不群。’楚位至讨虏护军、冯翊太守。楚子洵，颍川太守。洵子盛，字安国；给事中，秘书监。盛从父弟绰，字兴公；廷尉正。”楚及盛、绰，并有文藻；盛又善言名理，诸所论著，并传于世。

评曰：程昱、郭嘉、董昭、刘晔、蒋济，才策谋略，世之奇士；虽清治德业〔1〕，殊于荀攸〔2〕；而筹画所料，是其伦也。刘放文翰，孙资勤慎，并管喉舌；权闻当时，雅亮非体〔3〕；是故讥谀之声〔4〕，每过其实矣。

【注释】

〔1〕清治：清正的从政风范。〔2〕殊于：不如。〔3〕雅亮非体：在立身处事上未能作到高尚诚实。〔4〕讥谀：讥讽他们的谄媚。

【译文】

程昱，字仲德，东郡东阿县人。他身高八尺三寸，胡须长得很美。黄巾军起事时，东阿县的县丞王度反叛响应，烧了仓库。县令翻越城墙逃走，官吏百姓纷纷扶老携幼向东逃奔到渠丘山。程昱派人侦察王度的动静，发现王度等人得到一座空城，不能据守，却出城在城西四五里的地方驻扎。

程昱对县中大族薛房等人说："现在王度等人得到县城而不能据守，其成败大势就可以知道了。他们不过想要抢掠财物，并非有装备人马训练军队长期攻守的志向。现在我们为什么不一齐返回城中坚守呢？况且城墙又高又厚，城中积存的谷米很多；现在如果回去找到县令，一同坚守；王度一定不能持久，那时便一攻可破。"薛房等人认为他说得对。但吏役百姓不肯听从，说："贼寇在西边，我们只能向东去啊！"程昱对薛房说："不能和愚民百姓商议大事。"于是秘密派遣几人骑马到东山上举起旗帜，让薛房等人望到之后，就大喊："贼寇来了！"随即下山直奔城内，吏役百姓纷纷奔走跟随；找到县令，共同防守。王度等人来攻城，攻不下，想要离去。程昱率领吏役百姓打开城门紧紧追击，王度等被打得大败而逃。东阿县城因此得以保全。

初平年间，兖州刺史刘岱任命程昱为下属，他没有答应。当时，刘岱与袁绍、公孙瓒和好亲善；袁绍让他的妻子儿女住在刘岱处，公孙瓒也派遣从事范方带领骑兵去援助刘岱。后来袁绍与公孙瓒发生仇隙。公孙瓒打败袁绍军队，接着派使臣告诉刘岱，让他遣返袁绍的妻子儿女，与袁绍绝交；另外密令将领范方："如果刘岱不遣返袁绍家眷，你就带领骑兵返回。等我消灭了袁绍，就要向刘岱开刀!”刘岱连日商议对策,不能决断。别驾王彧告诉刘岱:“程昱很有计谋,能决断大事。”

刘岱于是召见程昱,请问他有何计策。程昱说:“如果放弃袁绍就近的援助而寻求公孙瓒遥远的援助,这正是所谓的远到南方去请会游泳的人来拯救已经溺水的儿童。那个公孙瓒,并不是袁绍的敌手;现今虽然挫败了袁军,但是最终要被袁绍擒杀。如果只顾一时的权变而不考虑远大的计划,将军您终有一天会失败的。”刘岱听从了他。

范方带领部下的骑兵返回,还没到达,公孙瓒已被袁绍打得大败。刘岱上表举荐程昱为骑都尉,程昱以有病为由推辞了。

刘岱后来被黄巾军杀死;太祖曹操接替他出任兖州牧,任命程昱为下属。程昱将要上路,家乡的人对他说:“怎么前后对刘岱和曹操的任命态度这么不一样啊!”程昱笑而不答。太祖与他交谈,对他很满意,让他代理寿张县令。太祖征讨徐州,令程昱与荀彧留守鄄城。张邈等人反叛迎接吕布,各郡县纷纷响应,只有程昱所在的鄄城、范、东阿三县没有动摇。吕布军中来投降的人,说:“陈宫正要亲自带兵攻取东阿,又让氾嶷攻取范县。”官吏百姓都非常恐慌。

荀彧对程昱说:“现在兖州大都反叛,只有我们坚守的这三个城池了。陈宫等人以重兵逼临城下,如果没有办法好好收取人心,这三个城池也必生变动。您是民众最信服的人,如能回故乡东阿城县劝说他们,大概是可以成功的!”程昱于是回东阿,路过范县,劝说县令靳允说:“听说吕布拘捕了您的母亲、弟弟、妻子、儿女,这是孝子心里确实忍受不了的事!现今天下大乱,英雄并起,必定会有安邦定国有能力平息天下动乱的杰出人才出现。这就需要智者审慎地加以抉择。遇到明主的一定昌盛,错过明主的一定败亡。陈宫叛变迎接吕布而众城都去响应,好像他们会有所作为似的;然而在您看来,吕布是个什么样的人啊?那家伙,粗疏而六亲不认,刚愎而蛮横无礼,不过是个匹夫当中的英雄罢了!陈宫等人因形势逼迫暂时进行合作,并不真的把吕布视为领导人。他们兵士虽多,最终必定不会成功。曹使君的智慧韬略世间罕见,可说是上天所授。您一定要固守范城,我将守住东阿,这样,像田单那样收复失地的功劳就可以建立了。这与违背忠义顺从恶人而导致母子双亡的结果相比怎么样？希望您好生考虑这件事！”靳允流着眼泪说：“我不敢对曹使君有二心！”这时氾嶷已经在县里。靳允于是召见氾嶷，埋伏兵士刺杀了他，回去指挥兵士守城。程昱又另派骑兵堵住仓亭渡口。陈宫来到后，无法由此渡过黄河。程昱到了东阿，东阿县令枣祗已经率领鼓励官吏民众，据城坚守。兖州从事薛悌，也与程昱协力谋划，终于保全了这三座县城，等待太祖。

太祖回来后，握着程昱的手说：“如果没有你的力量，我就无处可归了！”于是上表朝廷举荐程昱为东平国相，驻扎在范县。

太祖与吕布在濮阳县作战，多次失利。由于发生了蝗虫灾害，于是双方带兵退去。这时袁绍派人来劝说太祖与他联合，想要让太祖把家属送到袁绍的首府邺县居住。太祖刚刚失掉兖州，军粮用尽，打算同意照办。

程昱正好出使回来，太祖与他相见。程昱说：“听说将军想要送走家属，与袁绍联合，确实有这件事吗？”太祖说：“是的。”程昱说：“我私意以为将军大概是事到临头而产生了恐惧，要不然怎么考虑得这样不深呢！那袁绍占据燕、赵故地，有吞并天下的心愿，但他的智谋却不能助他成事。将军您自己揣测能安然居于袁绍之下吗？以您龙虎一样的威势，可以像韩信、彭越效力高祖刘邦那样为他人效犬马之劳吗？现在兖州虽然残破，但还有三个县城在我们手中；能够作战的士兵，不下万人。凭将军的神武，与荀文若和我程昱等，收拾余部，使用他们的力量，霸主的事业是可以成功的！希望将军再好好考虑。”太祖于是停止了与袁绍联合的打算。

汉献帝迁都到许县后，任命程昱为尚书。兖州尚未安定，又任命程昱为东中郎将，兼任济阴郡太守，指挥兖州军务。

刘备失掉徐州，前来归附太祖。程昱劝说太祖杀了刘备，太祖不听。他们的谈话记载在本书《武帝纪》中。后来太祖又派遣刘备到徐州，以便半路截击袁术，程昱与郭嘉劝说太祖：“您前些时候没有杀刘备，我等确实不如您看得深远。但是现在借给刘备兵力，他一定会生异心！”太祖后悔了，立即派兵追赶刘备，却没有追上。恰逢袁术病死，刘备到了徐州，随即杀了刺史车胄，举兵背叛太祖。

不久，程昱升任振威将军。袁绍驻在黎阳，正要南渡。这时程昱只有七百名士兵守卫鄄城。太祖知道这个消息，派人通知程昱，要给他增兵两千。程昱不肯接受，说："袁绍拥有的士兵有十万之多，自以为所向无敌。现在见我兵少，一定很轻视而不来进攻。如果增加我的兵力，袁绍由此路过时就不可能不来进攻；进攻一定会攻下，徒然使我们两处损失力量。希望您不要疑惑！"太祖听从了这个建议。袁绍听说程昱兵少，果然不去攻城。太祖对贾诩说："程昱的胆量，简直比得过古代的勇士孟贲和夏育啊！"程昱收罗藏在山泽中的逃亡者，得到精兵数千人。随即率领军队与太祖在黎阳会合，讨伐袁谭、袁尚。袁谭、袁尚被打败逃走后，任命程昱为奋武将军，封安国亭侯。

太祖征讨荆州，刘备投奔孙权。议论的人认为孙权一定要杀刘备，程昱预料说："孙权刚刚继承哥哥孙策的位置，尚未被国内所惧怕。曹公无敌于天下，新近攻下荆州，声威震动江南；孙权虽然有谋略，却不能独立对抗曹公。刘备有英名，关羽、张飞都是能抵挡万人的勇将：孙权定要借助他们以与我们对抗。当孙、刘两家的共同危难得到解除彼此势力分开的时候，刘备已经依靠孙权发展成了气候，孙权再要杀刘备就是不可能的了。"孙权果然多给刘备兵马，以抗御太祖。

此后中原地区逐渐平定，太祖抚摸着程昱后背说："兖州那一场失败之后，如果不采用您的意见拒绝联合袁绍，我怎能取得今天这种成功！"本宗族的人献上牛、酒，举行宴会慰劳程昱，程昱说："知道满足就不会招致侮辱，我可以告退了。"于是自行上表要求将手下士兵归还太祖，关门隐居不出。程昱的性情刚直暴躁，与人多有抵触。有人告发程昱阴谋反叛，太祖对他的赏赐和待遇却更加丰厚。魏国建立以后，程昱出任卫尉。与中尉邢贞在路上相遇时，仪仗队伍互不让路，因此被免职。

魏文帝称帝后，程昱复官为卫尉，晋爵为安乡侯；增加封邑三百户，连同以前的共八百户。又分封程昱的小儿子程延及孙子程晓为列侯。正要任命程昱为三公时，他恰在这个时候去世了。

文帝为他的死而流泪，追赠他车骑将军的官衔，谥为肃侯。

程昱的儿子程武继承了他的爵位。程武去世，程武的儿子程克继承爵位。程克去世，爵位由程克的儿子程良继承。

程晓，嘉平年间任黄门侍郎。当时校事官放肆横蛮，程晓为此上疏说："《周礼》上说：'设置官位分派职责，以此作为民众遵循的原则。'《左传》上说：'天有十个太阳，人有十个等级。'愚人不得统治贤人，贱人不得统治贵人。所以圣人哲人一齐出任君主的臣僚，树立起美好风尚。对官员的成绩进行认真考察，每九年根据考察成绩升降职位；这样官员各自专心于自己的职责，心思不会超出自己的职位范围。所以栾书想要拯救晋厉公，他的儿子栾鍼却不听从；死尸横陈在街道上，邴吉却不予过问。上司不要求得到不属于自己职责的功绩，下属不希望得到本分以外的奖赏；官吏没有兼管并统的权势，百姓没有两种以上的劳役：这些实在是治理国家的重要原则，影响到国家安定或动乱的原因啊！往远处说，阅览古代的典章记载，往近处说，观察秦、汉两朝，虽然官位的名称有所改变，职责有所不同；但说到尊崇君上，抑制臣下，标明本分，划清等级，其目的完全是一样的：根本就没有校事官干预各种政务的情况。过去太祖武皇帝考虑到宏大的事业处在草创时期，各种官职还不完备；而且军队辛勤劳苦，民众尚未安定；以致对小罪行也不能不查办，所以才设置了校事一职，这只不过是一种临时性措施而已。然而因为约束控制有方，所以并没有形成校事官放肆恣意的局面。这是创业时期的权宜之计，而不是帝王统治天下的正当制度。后来校事官渐渐受到信任，又成为政治上的一种弊病；辗转因袭，没有人能正本清源。以至于校事官向上可以监察宫廷宗庙，向下可以督领各个官署；他们的职责没有一定的范围，权力没有一定的限制；随意任情，全凭他们主观意志行事。法令就在他们笔下形成，根本不依据诏书的规定；官司就在他们门下结案，从来不考虑核实复审。他们选用下属官员，把谨慎视为粗疏，把浮夸视为贤能；他们处理事情，将刻毒暴戾视为公正严明，将遵循法理视为怯懦软弱。对外，他们盗用天子的威望为自己壮大声势；对内，他们又聚集一批奸诈小人作为心腹。大臣们耻于和他们争夺权势，含愤忍怒而一言不发；

小民们畏惧他们的锋芒，怨恨委屈郁结在心中而无从申诉：以至于发生校事官尹模公然敢在天子的眼皮底下肆无忌惮地行奸作恶的情况。其罪恶昭彰，路人皆知；却连纤细微小的过错，君主多年也没有发现过。这种情况，既不是《周礼》设置官职的本意，也不符《春秋》中人有十等的大义。现今外有公卿将校，总管各个部门；内有侍中、尚书，综合处理各项机要事务；又有司隶校尉督察京城，御史中丞统管宫殿：都有严格选举的贤能人才充任这些职务，又申明诏书的规定以监督他们是否违法。如果说这些贤才还不能信任，那么校事小吏，就更加不能信任；如果这些贤才各自尽忠竭力，那么区区校事，又没有任何用处了；如果重新严格选举一国的杰出人士来充当校事，那又不过是在御史中丞、司隶校尉以外，重复增设一个监察官而已；而如果仍然依照旧例选任校事，那么像尹模那样的奸人今天又将重新出现：为臣反复考虑，觉得设置校事实在是没有什么好处。过去桑弘羊为汉朝谋求利益，而卜式认为只要杀了桑弘羊一人，干旱的天就可以下雨。假使政治上的得失真的能感应天地，在我看来，恐怕近年的水旱灾害，未必不是校事引起的。过去曹恭公疏远君子，亲近小人，《诗经·候人》一诗借物发出讽刺；卫献公舍弃大臣，而与小臣商议政事，定姜认为他有罪。即便是校事对国家有益，但从礼义的角度说，还是伤害了大臣们的感情；何况校事的奸邪行为早已暴露于世，而仍然不撤销这一官职，这就是君主有过失而不愿弥补，陷于迷途而不知回返啊。”结果朝廷废除了校事官职。

程晓后来升任汝南郡太守。四十多岁时去世。

郭嘉，字奉孝，颍川郡阳翟县人。当初，郭嘉曾北上去见袁绍。对袁绍的谋臣辛评、郭图说：“明智的人能审慎地衡量他的主上值不值得辅佐，所以凡有举动都不会失败，从而可以立功扬名。袁公只想仿效周公的礼贤下士，却不知道使用人才的关键；思虑多端而缺乏重点，喜欢谋划而没有决断。要想和他共同拯救国家的危难，建立起霸主的功业，实在困难得很啊！”于是离开了袁绍。

在这之前，颍川郡人戏志才，是个善于筹划的谋士，太祖曹操很器重他；可惜戏志才死得早。太祖给荀彧写信说：“自从志才去世后，我就没有可以与之计议大事的人了。汝川、颍川二郡本来多有政治才干出色的名士，有谁可以继承志才呢？”荀彧就推荐了郭嘉。太祖召见郭嘉，议论天下大事。太祖说：“能使我成就大事业的人，必定就是这个人了！”郭嘉出来后，也高兴地说：“这才是我的真正主人啊！”太祖上表让郭嘉做了自己司空府的军祭酒。

太祖征讨吕布，经过三次战斗，打败了对方；吕布后退坚守。这时因士兵疲倦，太祖想要率领军队撤回；郭嘉劝说太祖赶紧猛攻，结果把吕布捉住。事情经过记载在本书《荀攸传》中。

孙策转战千里，全部占据了江东地区。他听说太祖与袁绍在官渡相持不下，于是想要渡过长江，向北袭击许县。众人听到这个消息都有些害怕。郭嘉估计说：“孙策刚刚吞并了江东，他诛杀的都是些当地的英雄豪杰，都是些能让部下为他们拼死效力的人。可是孙策这个人，轻率而没有防备；即使他的部队有百万人之多，却和他一个人独自在原野当中行走没什么两样。如果有刺客伏击，只消一个人就能与他对敌。在我看来，孙策必定要死在一个平常人手中。”孙策到了长江边，尚未渡江，果然被许贡的门客刺杀。

后来郭嘉随从太祖打败袁绍。袁绍死，又随从太祖到黎阳讨伐袁谭、袁尚，连战连胜。众将想要乘胜攻击，郭嘉说：“袁绍爱他这两个儿子，一直不愿意尽早从两人中确定继承者。有郭图、逢纪分别充当他们的谋臣，一定会在两个人中间挑起争斗，使他们相互背离。我们攻得太急，他们就会互相扶持；我们攻势一缓和，他们互相争斗的心思就产生了。我们不如向南面的荆州做出要征讨刘表的样子，以等待二袁之间的变化；变化形成，而后再向他们攻击，就可以一举成功了。”太祖说：“好！”于是向南面进军。

军队开到西平县，袁谭、袁尚果然开始争夺冀州。袁谭被袁尚军队打败，逃往平原县据守，派遣辛毗请求投降太祖。太祖回兵救助袁谭，随即顺势攻下了邺县。郭嘉后来又随从太祖在南皮县攻打袁谭，完全平定了冀州。朝廷封郭嘉为洧阳亭侯。

太祖将要征讨袁尚和辽西郡、右北平郡、辽东属国这三郡的乌丸族，下属大多顾虑刘表会支使刘备袭击许县以讨伐太祖。郭嘉说："曹公虽然威震天下，但是乌丸人仗恃他们地处偏远，必定不会设置防备。乘他们没有防备，突然实行攻击，就可以攻破消灭他们。况且当初袁绍对汉人、少数族人有恩德，而袁尚兄弟还在。现在河北冀、青、幽、并四州的百姓，只是出于畏惧我们的威势而归附，还没有来得及施与他们恩德；如果我们舍弃进攻袁尚和乌丸转而南征刘表，袁尚就会凭借乌丸的援助，招募能为他尽死力的下属；乌丸人一有动作，当地的汉人、少数族人都会响应；这样就将助长乌丸族首领蹋顿的野心，促成他非分侵吞中原的计划：那时恐怕青、冀二州就不在我们手里了。刘表，不过是一个坐着空谈的人罢了。自己知道才能不足以抗御刘备：重用刘备么怕不能控制他，不给重用么刘备又不会为其效力。所以我们即使调集国内全部兵力远征，曹公您也用不着忧虑啊！"

太祖这才出发。走到易县时，郭嘉建议说："兵贵神速。现在我们奔波千里偷袭敌人，军用物资太多，难以取得优势；并且对方要是知道了，一定会作防备。不如留下军用物资，让轻装的士兵加倍赶路，出其不意地发起攻击。"太祖于是秘密从卢龙塞出兵，直接攻向乌丸单于居住的柳城。乌丸人猛然听到太祖军队到了，惊惶之中合兵作战。太祖军大败乌丸军，斩杀了乌丸的单于蹋顿和各个有名的首领等。袁尚和他的哥哥袁熙逃往辽东郡。

郭嘉深沉通达，很有算计和韬略，通晓事物情理。太祖说："只有郭奉孝最能知道我的心思。"

三十八岁时，郭嘉从柳城回来，病得很重。太祖派去探问病情的人一个接一个；郭嘉去世以后，太祖亲自前去吊丧，非常悲痛。对荀攸等人说："你们诸位的年纪和我是同辈，只有郭奉孝年纪最轻。天下战事完毕，我还要把身后的事务托付给他；而他却中年夭折，真是天命啊！"随即上表说："军祭酒郭嘉，自从随臣征伐各地，已有十一年。每每作出重大的建议，善于在大敌当前的时候随机应变；为臣的决策还未作出，郭嘉往往已经谋划成熟：在平定天下的过程中，郭嘉贡献谋略的功劳很高。不幸的是他短命夭折，远大的事业未能完成。现在追思郭嘉的功勋，实在是不能忘却。可以增加他的封邑八百户，连同以前所有，共一千户。"

给郭嘉的谥号是贞侯。由他的儿子郭奕继承爵位。

后来太祖进攻荆州返回时，在巴丘遇上流行性传染病，只好烧掉船只撤退。太祖叹息说："郭奉孝如果还在，不会使我落到这个地步啊!"

当初，陈群曾非议郭嘉不注意品行修养和自我约束，几次在朝堂上公开批评郭嘉；郭嘉神情自若不当回事。太祖更加器重郭嘉，但同时因为陈群能坚持正道，对他也很欣赏。

郭奕后来任太子文学，去世较早。他的儿子郭深继承爵位。郭深去世，爵位又由郭深的儿子郭猎继承。

董昭，字公仁，济阴郡定陶县人。他被举荐为孝廉，先后出任廮陶县长、柏人县令。袁绍又让他做军事参谋。袁绍在界桥迎战公孙瓒。钜鹿郡太守李邵和郡中官绅名流，认为公孙瓒兵力强盛，都想要归顺他。袁绍听说了，让董昭去兼任钜鹿郡太守。袁绍问："对付他们你想用什么办法?"董昭回答说："凭我一个人的微力，不能消除众人的预谋；我想假装迎合他们的心意，先与他们同谋；引诱他们说出实情，然后再运用权变来制服他们。具体计策只能临时想出，现在没法预先谈论。"

当时钜鹿郡里的大姓豪族孙伉等几十人是主要的策划者，鼓动官吏和百姓。董昭到了郡里，伪造了一份袁绍的檄文，通告全郡说："得到敌人的侦探安平、张吉二人的口供，他们会来进攻钜鹿；投靠敌方的原孝廉孙伉等人充当内应。此檄文到郡，立即将孙伉等逮捕以军法处置；只处死他们本人，妻子儿女不受连累。"董昭宣读檄文下达命令后，即将孙伉等人全部斩首。全郡人惊惶失措，董昭挨个予以安慰，于是全都安定下来。事情结束后董昭报告袁绍，袁绍认为他的处置很好。恰好魏郡太守栗攀，被乱兵杀害，袁绍就让董昭兼任魏郡太守。当时郡内秩序大乱，贼寇数以万计，他们派使者相互往来，进行买卖贸易。董昭对他们厚加对待，找机会在他们中间进行离间；乘他们力量虚弱时发兵征讨，总是打得敌方大败。两天之中，带羽毛的紧急报捷文书就送了三次。

董昭的弟弟董访，在张邈的军中任职。张邈与袁绍有仇隙，袁绍接受谗言，将要找机会把董昭治罪。董昭只好到汉献帝那里去投奔，途经河内郡时，被张杨留下；他托张杨把袁绍授给自己的官印上交朝廷。被朝廷授官为骑都尉。这时太祖曹操兼任兖州牧，派使臣来见张杨；想要向他借路，让曹操的使者向西前往长安，张杨不同意。董昭劝告张杨说："袁、曹现在虽然是一家，但是势必不会长久联合。曹操现在势力较弱，然而实在是天下的一位英雄。您应当有意地和他结交，况且现在正有机缘？最好帮助他与朝廷联系，并且上表章举荐他；如果这件事能够成功，就将永远结下深厚的交谊。"张杨这才向朝廷转呈太祖送上的文书，并上表举荐太祖。董昭又替太祖写信给长安的各个将领如李傕、郭汜等人，根据他们的地位轻重不同分别致意。张杨也派遣使臣去见太祖。太祖赠给张杨犬马金帛，从此与西部地区的政治人物有了往来。汉献帝这时在安邑，董昭从河内前去朝廷，献帝下诏任命他为议郎。

建安元年(公元 196)，太祖在许县平定了黄巾军。派遣使臣到河东郡去朝见献帝，碰上这时献帝回到洛阳，韩暹、杨奉、董承及张杨，各自对立不和。董昭因为杨奉兵马最强而缺乏同盟者，就以太祖的名义写信给杨奉说："我早已听说将军的大名，倾慕您的信义，所以推心置腹，向您致意。现在将军您把天子从艰难中解救出来，归还旧都；扶助辅佐天子的功劳，当代没有人能和您相比：是多么的美好啊！而今群凶扰乱全国，四海不得安定；皇权最为重要，需要维护和辅佐；必须等到众位贤士，来重建王朝秩序；这委实不是一个人，能够独力建立的。心腹与四肢，完全是相互依赖的关系；缺少一种，就会有问题。将军您应当作为京城内的主要领导人，我则充当您外部的援军。现在我有粮食，您有军队；我们互通有无，足以互相接济；生死劳苦，我们共同来承受吧！"杨奉接到信后十分喜悦，对各位将军说："曹兖州的军队驻扎许县，近在眼前，他们有兵有粮，天子应当依靠仰仗他。"于是与众人一同上表举荐太祖为镇东将军，继承他父亲的爵位为费亭侯。董昭则升任符节令。

太祖到洛阳朝见天子，请董昭与自己同坐。太祖问："现在我来这里，应当施行什么计策？"董昭说："将军发起义兵诛讨暴乱，入京朝拜天子，辅佐扶助王室，这就是春秋时五霸的功业啊。但是这里的各个将领，人心各异，未必肯于服从您；现今您留在这里匡扶辅弼天子，情势对您不利，只有转移圣驾到许县去。然而天子流亡之后，刚刚回到旧时京城；远近人民都在企盼，希图一下子得到安定：如果现在又迁移圣驾，不符合众人的心愿。做不同寻常的大事，才能建立不同寻常的大功，希望将军好生计算怎样做利多弊少。”太祖说：“这正是我的本心。但杨奉近在梁县，听说他的队伍精锐，是不是会成为我的隐患呢?”董昭说：“杨奉缺少同盟者，将会独自归顺您。任命您为镇东将军、封您为费亭侯的事情，都是杨奉当初定下的；又听说他要写信向您申明约定友谊，足可以信任他。应该及时派遣使者送上丰厚的馈赠，答谢他的好意，以便安定他的心，然后再对他说：‘京城缺乏粮食，想要将圣驾暂时移至鲁阳；鲁阳离许县较近，转运粮食较为容易，可以消除粮食缺乏的忧虑。’杨奉为人勇敢却缺少思虑，一定不会怀疑您；等到使者去了后回来，这段时间里足以实施行动了。杨奉哪里能成为隐患!”太祖说：“好!”立即派遣使者到了杨奉那里。然后把天子迁移到许县。杨奉对太祖欺骗自己而感到不满，与韩暹等到定陵劫掠骚扰。太祖不予应战，暗中派兵前去攻击杨奉的梁县军营，降的降，杀的杀，很快平定。杨奉、韩暹失去兵众，向东投降袁术去了。

建安三年(公元198)，董昭调任河南尹。这时张杨被其部将杨丑所杀，张杨的长史薛洪、河内郡太守缪尚，守住城池，等待袁绍来援救。太祖令董昭单身入城，劝告薛洪、缪尚等人，当天这些人就投降了。

太祖让董昭做了冀州牧。太祖令刘备领兵去抗拒袁术，董昭说：“刘备英勇而志向远大；关羽、张飞做他的辅佐：恐怕刘备的心思还未可预料啊!”太祖说：“我已经答应他了。”刘备到了下邳，果然杀了徐州刺史车胄，举兵反叛。太祖亲自征讨刘备，调董昭任徐州牧。袁绍派遣大将颜良进攻东郡，太祖又调董昭任魏郡太守，随从太祖讨伐颜良。颜良死后，太祖进兵围困邺县。

袁绍的同族袁春卿，是袁绍任命的魏郡太守，正在邺县城里；他的父亲袁元长，住在扬州，太祖派人把袁元长接了来。然后董昭写信给袁春卿说："听说孝敬父母的人不会背离双亲去谋利，仁慈的人不会忘记主人去徇私；有志之士不会介入动乱去孤注一掷，明智的人不会违背正道来危害自己。您的父亲过去因逃避内地动乱，向南到了扬州；他并不是愿意离开骨肉至亲，在扬州乐而不返：而是非常明智，有深远见识，认为这样做非常恰当。曹公哀怜他坚守自己的志向，清高谨慎，离群索居而没有伴侣；所以特意派遣使者前往江东，有的迎接有的护送，现在马上就要到了。即使您现在处在偏远平安的地方，依从的是有德重义的主人；地方像泰山一样坚固，寿命像仙人一样长久：再从道义上说，都还应该舍弃袁绍奔向曹公，舍弃外人奔向父亲。过去邾仪父与鲁隐公盟誓，鲁国人赞美这事，却没有记载他的爵位；可见王室如果没有任命，爵位之尊就不能实现，这是《春秋》表明的原则。何况您今天所依托的是一个危险动乱的地方，所接受的是假托天子名义的虚妄任命呢？如果您与那些为非作歹的人为伍，而对父亲却不加体恤，那就谈不上孝；忘记了祖宗曾经效忠的汉朝，安于不是正统的奸伪职位，那就谈不上忠：忠与孝都被废弃，更谈不上明智。再说您过去曾受曹公的尊敬任命；现在却亲近族人而疏远生父，亲近寄托之处而疏远王室，留恋不正当的利禄而背叛知己，躲开福分而走近危亡，放弃光明大义而接受奇耻大辱，不是很可惜吗！如果能够幡然悔悟，改变立场，奉戴天子，侍养老父，委身于曹公；这样就能忠孝双全，荣耀的名声显扬天下了。您应该留心考虑，尽早做好打算。"邺县平定之后，太祖任命董昭为谏议大夫。

后来袁尚依附于乌丸族单于蹋顿，太祖准备征讨。由于担心军粮难以运到，于是开凿平虏、泉州两条河渠，引水入海构成运粮通道：这个主意就是董昭提出的。太祖因此上表请求封董昭为千秋亭侯，又转任司空军祭酒。

后来董昭提出建议："应该继承古代的办法，建立公、侯、伯、子、男五等封爵制度。"太祖说："建立五等爵制的是圣人；而且不是做大臣的人所能制定的，我怎么能担当得起呢？"董昭说："自古以来，大臣辅佐扶助天下的，谁也没有建立过您今天这样的功绩；即使有您今天这样功绩的，也没有长久居于臣子地位的。现今明公您不愿意在这件事情上感到惭愧不安，所以放弃追求功业上的尽善尽美，乐于保守名誉节操，因而不愿意承担更大的责任，德行的美好超过了伊尹、周公，达到了至高无上的顶点。然而像太甲、周成王那样听凭辅政大臣掌握权力的君主，不一定能够再次遇到；而今天百姓的难于教化，更甚于殷代、周代。处在大臣的地位上，让别人在大事情上时时怀疑自己，确实是不能不好生考虑的事情啊。明公您虽然具有威信德泽，又懂得法制策略，如果不能在此时奠定根基，为子孙万代考虑，还是没有把事情做到家啊。奠定基础的根本，在于土地和人民；应该在这两方面逐渐有所建立，以便护卫自己。明公您忠诚的节操充分显露，就像当初齐桓公对周天子那么忠心；所以当年耿弇跪在床下劝光武帝进取皇帝位置，朱英劝春申君乘机取代楚国的国君那样未曾希冀过的言论，不会有人在您耳边说。但是董昭我得到您非同寻常的恩惠，所以不敢不说心里话。”后来太祖接受了魏公、魏王的称号，这都出自董昭的这个创议。

关羽把曹仁包围在樊城时，孙权派遣使者来，禀告太祖说：“我想要派兵西上，攻取关羽。江陵、公安两县十分重要，关羽失掉了这两座城池，一定会自动奔逃；对樊城的包围，自然就解除了。请对这个计划保密不要泄漏，以免使关羽有所防备。”太祖询问大臣们该怎样对待孙权的要求，大家都说应当替他保密。董昭却说：“军事上的事情注重权变，要求处置得当。因此，应该表面上答应孙权为他保密，而实际上却把它泄漏出去：关羽听说孙权出兵西上，如果退兵保护自己，樊城的包围就会很快解除，我们立即就得到好处；还可以使孙权、关羽互相对峙攻击，我们可以坐等他们筋疲力尽之后收取渔人之利。如果我们保密而不使它泄漏，让孙权的计划得以实现，那不是上策。另外，被围的樊城中将士，如果不知道外面有救兵，算计城中的粮食越来越少，会产生恐惧情绪；倘若有了其他的想法，造成的危害定然不小。所以还是透露出这个消息对我们有利。并且关羽为人，横蛮凶暴，仗恃自己江陵、公安二城防守坚固，必定不会迅速退兵。”太祖说：“很好！”随即命令前去救助曹仁的大将徐晃：把孙权的来信用箭射到被围的樊城里和围城的关羽军营中。城里的军队知道了这个消息，果然士气倍增；而关羽则犹豫不决。孙权军队赶到江陵、公安，夺得这两座城池，关羽惨遭失败。

魏文帝曹丕继承王位后，任董昭为将作大匠。到了文帝登上帝位，董昭升任大鸿胪，晋爵为右乡侯。黄初二年(公元221)，分出一百户封邑，封他的弟弟董访为关内侯；又调他担任侍中。

黄初三年(公元222)，征东大将军曹休，挥兵南下到了长江北岸，驻军在洞浦口，上表说："为臣愿率精锐部队像猛虎一样扑向江南的孙吴，夺取敌人的军事物资供给自己部队，事情必定能成功；如果为臣不幸战死，陛下不必顾念我！"文帝恐怕曹休随即渡江，派驿马紧急传送诏书命令他停止行动。这时董昭正在旁边侍奉，进言说："我私下里瞧见陛下脸上有忧虑的神色，难道就是因为曹休将要渡江的缘故吗？现在渡江，人人都认为很难。即使曹休有这个志向，从形势上看他也不能独自行动，还要等待其他将领协同。但臧霸等将领既有财富又享受着尊贵，不再有其他愿望；只想平安到老，保守利禄福分不丢掉而已：怎么肯冒着危险跑到随时都可能死亡的地方去，以求侥幸成功呢？假如臧霸等将领不肯向前推进，曹休的念头自然打消。为臣恐怕陛下即使有命令他渡江的诏书，他也许还要犹豫，未必就立即执行命令呢。"这以后没有多久，暴风把孙吴水军的船只，吹到了曹休等人的军营附近；船上的敌人被杀被俘，其余四散奔逃。文帝下诏命令各路军队赶快渡江。部队还没及时进军，孙吴救助的船队就赶到了。

文帝大驾到达宛城，征南大将军夏侯尚等人攻打孙吴的江陵。攻城未能得手，而当时长江水浅江面狭窄，夏侯尚乘船率领步兵骑兵，进入江中的沙洲上扎营；制作浮桥，通向南北两岸。讨论夏侯尚军情报告的人多半认为这样就一定能攻克江陵城。董昭却上疏说："武皇帝的智慧和勇敢都超过常人，而他用兵时却十分谨慎，不敢像这样轻敌啊。士兵，总是愿意前进，不喜欢后退，这是常情。平坦的陆地上没有险阻，进攻起来也很艰难；即使应当深入进攻，也一定要保证退回的道路通畅。用兵有时要前进，有时要被迫后退，不一定时时都如意。现今军队驻扎在沙洲中，是深入到了极点；通过浮桥渡江，是危险到了极点；只有一条道路通行，是狭窄到了极点：这三种情况都属于兵家的大忌，而现在竟然都占全了。如果敌军反复攻击浮桥，我们只要有偶然的失误，那么，沙洲中的精锐力量，就将不再属于魏国所有，而会转化为吴国的了。为臣私下为这种情势忧愁，废寝忘食；而那些讨论这件事的人却怡然自得不以为忧虑，不是太糊涂了吗？加上江水将要上涨，一旦江水暴涨，用什么来防御？就算破不了贼兵，也要保全自己；为什么面临危险，却一点不害怕呢？事情将会有极大危险了，希望陛下明察！”

文帝明白了董昭的话，立即传令夏侯尚等人：急速撤出。这时敌兵分两路向前挺进，魏军只有浮桥这一条通路可供退却，不能及时撤出。将军石建、高迁仅仅自己逃出，部下都没能撤出来。魏军退出后十来天，江水暴涨。文帝说：“您论断这件事情，是多么的周密啊！就算是让张良、陈平来论断，也不可能超过啊！”

黄初五年(公元224)，董昭被转封为都乡侯，任太常。当年，又调任光禄大夫、给事中。随从文帝大驾东征。黄初七年(公元226)返回，任太仆。

魏明帝即位后，他晋爵为乐平侯，封邑一千户。转任卫尉。又从封邑中分出一百户，封他的一个儿子为关内侯。太和四年(公元230)，他代理司徒的职务。太和六年(公元232)，正式担任司徒。

董昭上疏陈述不良风气的弊病说：“凡是统治天下的人，没有人不尊重敦厚朴实忠诚守信的人士，而对那些虚伪不真诚的人深恶痛绝，因为他们败坏礼教，扰乱国家政治，伤风败俗。近年就有魏讽在建安末年被诛杀，曹伟在黄初初年被斩首。我认真回想圣上前后所颁布的诏令，对拉帮结派的虚伪风气表示深深的厌恶；想要击破解散不正当的朋党，常常对此切齿痛恨。然而执法的官吏，都畏惧那些人的权势，没有人敢对他们进行揭发纠举；这样就使风俗的败坏，越来越加严重。我私下看到当今的年轻人不再以学问为根本，转而把四处交游作为他们的本业；国中的人士，首先考虑的不再是孝顺、友爱、清廉、修养，竟然把追逐权势、谋取私利当做第一位的事情。他们拉帮结派，互相吹捧；把诋毁视为刑罚和杀戮，把吹捧视为封爵和赏赐；依附他们就对你赞叹不已，不依附他们就对你故意找岔子挑过错。甚至相互说什么

‘这一辈子何必担忧日子不好过呢？就看你人情交际是不是频繁，网罗朋友是不是广泛了；又何必怕别人不知道自己呢？只要用笼络手段搞好关系就行了’。又听说还有人让家奴门客冒充自己的跟班，出入往来官府禁地，传书带信，探查消息。所有这些事情，都是国法所不允许，刑罚所不能赦免的；即使是魏讽、曹伟的罪行，也不会超过这些了。”明帝于是发出严厉的诏令，斥退罢免了诸葛诞、邓飏等人。董昭在八十一岁时去世，谥为定侯。

由他的儿子董胄继承爵位。董胄先后担任过郡太守、九卿。

刘晔，字子扬，淮南郡成德县人。是汉光武帝的儿子阜陵王刘延的后代。刘晔的父亲叫刘普，母亲名修，生了刘涣和刘晔两个孩子。刘涣九岁、刘晔七岁时，母亲病危，临终时告诫兄弟俩，说是刘普的侍婢“有谄媚害人的品性，我死了以后，恐怕她一定会搞乱我们这个家。你们长大了能除掉她，我就没有遗憾了”。刘晔到了十三岁时，对哥哥刘涣说：“亡母的话，今天可以实行了！”刘涣说：“哪能这样做呢！”刘晔随即进屋，杀了父亲的侍婢，直奔母亲的墓前跪拜报告。家里人大吃一惊，告诉了刘普。刘普大怒，派人追赶刘晔。刘晔回家拜见父亲，道歉说：“我遵行亡母临终的嘱咐，甘愿受不请示而擅自行事的惩罚。”刘普大为惊异，也就不再责备他。

汝南郡人许劭，以善于评论人物闻名，当时正在扬州避难，也称赞刘晔是辅佐天下的人才。扬州人大多举止轻率，喜欢结成帮派，狡诈而且强悍。如郑宝、张多、许乾等人，各自拥有私人武装。其中郑宝最为骁勇果敢，才能体力超过常人，当地人都惧怕他；郑宝想要驱赶掳掠百姓，渡过长江到江南去。由于刘晔出身贵族，又是名人，所以想强迫刘晔带头提出这个主意。刘晔当时二十多岁，心里很为这件事忧虑，但又找不到合适的机会解决。

恰好太祖曹操派遣使者来到扬州，查问公事。刘晔去见使者，为他介绍当地情况；又邀请使者一起回家，住了好几天。郑宝果然带了几百人，携带牛酒前来问候使者；刘晔命令家里的奴仆安排郑宝的随从坐在中门外面，为他们设置酒饭。自己则与郑宝在内室里，设宴饮酒。同时，他秘密布置勇健的侍从，命令他们借依次斟酒的机会砍杀郑宝。哪知道郑宝生来不喜欢饮酒，把周围的情况看得十分清楚，所以敬酒的人不敢动手。于是刘晔自己拔出佩刀，亲自杀了郑宝，砍下头颅后出外向郑宝的随从下令说：“曹公有命令处死郑宝。敢有反抗的人，与郑宝一样处死刑！”众人都惊惶不已，逃回自己的军营。军营中还有将领精兵几千人。刘晔怕他们发动暴乱，随即骑着郑宝的马，只带几个家奴，径直来到军营门前。招呼他们的首领，向他们讲明祸福利害，首领们都叩头，开门让刘晔进去。刘晔一一进行安抚慰劳，大家都心悦诚服，拥戴刘晔为新首领。

刘晔眼见汉朝皇室渐渐衰微，自己作为皇族的支系，不想拥有军队；于是把郑宝的这部分私人武装交给庐江郡太守刘勋。刘勋不明白他为什么这样做，刘晔说：“郑宝没有法制，他的部下平素只知道抢劫谋利。我素来没有号召民众的资本，由我来整顿约束他们，他们必定心怀不满，难以长久，所以我才送给您。”

这时长江、淮河一带地区的割据者中，以刘勋的兵力最为强盛。孙策心中提防他。就派遣使者携带厚礼，言辞恭敬，送书信劝刘勋说：“上缭的宗族武装，多次欺负我方，我为此忿恨已有年头了。我想去袭击他们，但是路途不方便；希望借助您来讨伐他们。上缭人口财物都多，得到它可以使您富足。请让我出兵作为您的外援。”刘勋信了他的话，又得到他送来的珠宝、葛布，很是高兴。内外官员都来庆贺，而刘晔独独不以为然。刘勋询问他什么缘故。刘晔回答说：“上缭虽然不大，但城池坚固，进攻难而防守易，不可能在十天半月之内攻下；士兵疲惫，而后方空虚。假如这时孙策乘虚袭击，我们的后方不能独自坚守。将军想向前进攻不能取胜，想后退又没有归路。您一定要出兵的话，灾祸现在就会到来！”刘勋不听从刘晔的劝阻，发兵攻打上缭。孙策果然袭击刘勋的后方。刘勋困窘无法；便带着刘晔一起投奔太祖曹操。

太祖到达寿春县。这时庐江郡的山区武装力量首领陈策，有几万兵众，凭借险要地势据守。以前曾派遣次要将领前去进攻，没有人能够攻克。太祖询问各位部下：“是否可以出兵讨伐？”部下都说：“那里山峰高峻而山谷深窄，防守容易而攻打困难；再说没有它不足以对我们造成损失，得到它也不能给我们什么益处。”

刘晔说："陈策这帮家伙，趁着动乱跑到险峻的山区，互相依赖而形成势力；并不是那种使用爵位、任命、威信等来指挥部下的正规敌人。过去派去的将领资历威望不够，而中原地区又尚未平定，所以陈策敢于凭借险要坚守；现在天下大体平定，拖到最后投降的反叛者将最先被处死。畏惧死亡而喜欢赏赐，不论愚民智者都是这样。因此广武君为韩信筹划计策时，说是韩信的威名，足以先显示声威然后再用实力而使邻国服从。更何况明公具有如此的仁德，民众切盼您去解救他们呢？如果先悬赏招募勇士组成敢死队在前面冲锋，然后派大队兵马进逼；那么进攻命令宣布的时候，陈策军营就会大门打开而士兵自行溃散了。"

太祖笑着说："您说的话差不多是对的啊！"随即派遣猛将在前先行，大军在后声援。果然一到达就打垮了陈策，就像刘晔预测的那样。太祖回去以后，下令以刘晔为自己司空府的仓曹掾。

太祖征讨张鲁，调刘晔任自己府中的主簿。大军到了汉中郡，山势险峻难于攀登，军粮非常缺乏。太祖说："这是个妖邪宗教盛行的地方，有它不多，无它不少！我军缺少食物，不如迅速回兵。"决定自己先动身返回。命令刘晔督领后面的各路军马，让它们依次撤出。刘晔算计能够攻克张鲁；加上运粮的山路不通畅，虽然撤退，还是不能保证军队完好无损。于是飞马报告太祖："不如全力进攻。"随即进兵，多用弓弩射击张鲁军营。张鲁败逃，汉中郡终于平定。

刘晔又进言说："明公当初带领五千步兵，诛讨董卓，北破袁绍，南征刘表；占有九个州上百个郡，全国土地已得到十分之八：威震天下，连海外也惧怕您的声势。现在又攻下汉中，蜀人得知消息，无不胆战心惊，不敢据守城池；如果乘胜向前推进，只消发布一篇通告就可以平定蜀地。刘备，是人中的豪杰，虽有计谋但是反应迟缓；占领蜀地的日子很短，蜀地人民还没有真心归从他。现今我们攻破汉中，蜀人震动惊恐，他们的势力将会自行出现分崩离析。依仗您的英明，趁着他们势力分崩离析而施加压力，没有不能攻克的。如果暂时放过他们，由于诸葛亮善于治国而做丞相，关羽、张飞勇冠三军而做大将；蜀地民众既已安定，他们占据险要之地固守，就不能消灭了。现在不攻取他们，必定成为日后的隐患！”太祖没有听从刘晔的建议，全军返回。从汉中返回后，刘晔任行军长史，兼任领军。

延康元年(公元220)，蜀将孟达率领兵众投降。孟达的仪容举止才能风度都很出众，文帝十分器重喜欢他，让他做新城郡太守，又加任散骑常侍。刘晔认为：“孟达有用不正当手段谋取私利的心思，又仗恃才能好耍手段，必定不能感恩图报心怀忠义。新城郡与吴、蜀接连，如果那里有什么变故，将给国家造成祸害。”文帝终究没有调换孟达的职务，后来孟达果然因叛乱败亡。

黄初元年(公元220)，文帝任命刘晔为侍中，赐关内侯的爵位。文帝下诏询问大臣，让他们预测“刘备是否会出兵进攻吴国为关羽报仇”。众人的议论都说：“蜀不过是个小国，有名的将领只有关羽一人。关羽已死而军队被击破，国内人民担忧恐惧，没有理由再次出兵。”刘晔却说：“蜀国虽然又小又弱，但刘备的策略，是想要依仗威武来加强自己的地位，势必要兴师动众以显示他力量有余。再说关羽和刘备的关系，名义上是君臣，但从感情上说却如同父子；关羽被杀死，而刘备却不能为他起兵报仇，这在情分的有始有终上是说不过去的。”后来刘备果然出兵攻击吴国。

于是孙吴动员全国应战，而派遣使者到魏国称臣。朝中大臣都表示祝贺，只有刘晔说：“吴国处在长江、汉水之南，他们早就已经没有前来臣服的心思了。陛下您的仁德虽然能与虞舜比美，但是对于愚顽的敌人来说，却不能使他们受到感化；因为碰上灾难而来臣服的人，必定不能信任。他们一定是在外有蜀军压境，内部又有困难的情况下，才派来使者称臣的；我们可以趁其困难的机会，袭击消灭他们。放纵敌人一天，就是几代人的后患，不可不加以考察啊。”

后来刘备军队失败退走，吴国对朝廷的尊敬随之转变。文帝想要发动大军讨伐，刘晔认为：“他们新近得志，上下齐心，又被长江和湖泊阻隔围绕，我军难以一下子取胜。”文帝不听从劝告。

黄初五年(公元224)，文帝亲自率军到达广陵郡的泗口，命令荆州、扬州各路军马一同向南推进。又召见众大臣，问道：“孙权自己会不会来？”大家都说：“陛下亲征，孙权恐怖，一定会倾全国之力应战。又不敢把大军的指挥权委托给大臣，所以他一定会自己率领大军前来。”刘晔却说：“孙权会认为陛下是以皇帝的贵重身份牵制自己，而领兵渡江作战的将会是别的将领；所以一定会部署军队等待战事的发展，不会亲自到前线迎战。”文帝车驾停留多日，孙权果然不来。文帝于是带军队返回，说：“您的估计是正确的。今后要好好为我考虑消灭孙、刘二贼的方略，不能只限于弄清楚他们的情形而已。”

魏明帝即位后，刘晔晋爵为东亭侯，封邑三百户。明帝下诏说：“尊崇祖先，是为了表彰孝顺的品行；追怀根本敬重初始，是为了推广教育感化。商汤、周文王、周武王，缔造了商朝、周朝。而《诗经》、《尚书》当中，却要追溯尊崇稷、契，歌颂有娀、姜嫄的事迹：这是为了阐明先世的源流和禀承天命担任君主的由来。我大魏上承天定的次序建立皇朝，发迹于高皇帝、太皇帝，兴隆于武皇帝、文皇帝。至于高皇帝的父亲处士君，暗自培养谦退的美德，品行感动了神灵；这是天地赐给福分的开始，光辉神灵的起源。然而他的精神已经远去，至今却没有尊崇的称号：这不符合所谓推崇孝道重视本源的原则。现在我下令，公卿大臣会同议定他的头衔、谥号。”

刘晔表示意见说：“圣上作为孝顺的孙辈想要褒奖崇敬祖先，确实是无法形容的好事。然而家族关系中亲疏的计算，远近的区别，都有礼教的制度作为标准；这是为了割断私情，形成公法，留下万世遵循的榜样。周王所以推尊后稷，是因为他辅佐唐尧有功，姓名列入了祭祀典章的缘故。至于汉朝在开始时，高祖追谥祖先，也只涉及他的父亲。往上比拟周朝，那么大魏的发迹是从高皇帝开始的；往下比拟汉朝，那么追谥的礼仪也不应当涉及祖父：这实在是前代固定的法制，当今明确的事例啊。陛下发自内心的孝顺思念，真是没有止境；但是君主的一举一动史官都要记下来，目的是要提醒他们在礼制问题上慎重行事。为臣认为追谥尊崇祖先，应该以高皇帝那一代为限。”尚书卫臻，与刘晔的意见相同，于是追谥一事按照他们的建议施行。

辽东郡太守公孙渊，夺取了他叔父公孙恭的位置，擅自行使职权，派遣使者上表陈述情况。刘晔认为：“公孙氏是汉朝时所任用的，世袭辽东太守官位。由水路去要渡海，由陆路去要翻山。对外联络少数族人，地处偏远难以制服，所以世袭权位的日子能够延续很久。现在如果不把公孙渊诛杀，以后必定造成祸患。如果到了他们怀有二心举兵抗拒时，那时再想实行诛杀，事情就难办了；不如趁他刚刚上台，既有自己的支持者，也有自己的反对者，出其不意，兵临城下，悬赏招募敢死勇士进攻，可以不劳动大军而平定辽东。”后来公孙渊果然反叛。

刘晔在朝廷上，一般不和当时人士交往。有人问他原因，刘晔回答说：“魏朝建立皇帝基业的时间不长，明智的人知道这是天命，而世俗的人有的还不理解。我在汉朝属于皇族分支，在魏国又是心腹大臣。少一些朋友同伴，比较适当一些。”

太和六年(公元232)，刘晔因病，改当太中大夫。病稍好，任大鸿胪。在任两年后辞职，仍做太中大夫。不久去世。谥为景侯。

刘晔的儿子刘寓继承爵位。刘晔的小儿子刘陶，也和他一样是才分很高而品行不厚道的人。官做到平原郡太守。

蒋济，字子通，楚国平阿县人。曾任本郡计吏，扬州别驾。

建安十三年(公元208)，孙权率领大军包围合肥。当时太祖曹操正亲自征讨荆州，遇上流行性传染病。只派了将军张喜带领一千骑兵，以及汝南郡地方军队去解围，结果也染上了疾病。蒋济于是秘密向刺史建议，要他假装得到了张喜的信，说“已经带领步兵骑兵四万人到达雩娄”，并派遣主簿去迎接；州刺史又派出三路使者携带信件，进城告知众将领。结果一路得以入城，其余两路使者连同信件被敌军俘获。孙权看了信件后信以为真，匆匆烧了围城工事退走，合肥城因此得以保全。

第二年，蒋济出使到了谯县，太祖问他说：“过去我与袁本初在官渡对峙，迁徙燕、白马两县民众。百姓不能逃跑，敌人也不敢抢掠。我现在想要迁徙淮南民众到内地，怎么样?”蒋济回答说：“那个时候我军力弱而敌兵强盛，不迁徙百姓我们一定会失去他们。自从我们打败袁绍，向北在柳城击破乌丸；向南打到长江、汉水，荆州拱手投降：威震天下，百姓没有异心。百姓都怀恋故土，实在不愿意迁徙，恐怕他们一定会为此恐慌不安。”太祖没有听从。而长江、淮河一带十几万民众得知消息，都惊慌逃向江南。后来蒋济作为使者到邺县去，太祖迎见他，大笑着说：“本来我是想使他们躲避敌兵的，没想到反而却把他们赶到敌人那里去了！”任命蒋济为丹阳郡太守。

大军南征回还后，让温恢做扬州刺史；蒋济做扬州刺史府中的别驾，太祖向蒋济下达指令说：“从前吴国有贤明的季子做大臣，《春秋》就承认吴国有君主。现在您回扬州任职，我也就没有忧虑了。”不久有人诬告蒋济是阴谋叛乱的主要策划人，太祖知道了，指着先前下达的指令对左将军于禁、沛国相封仁等人说：“蒋济怎么会干这种事！真有这件事，我也就太不了解人了！这一定是愚民幸灾乐祸，胡乱举报。赶快把蒋济的案子平反并释放他！”

接着任命蒋济为丞相府主簿，又任西曹属。下达指令说：“过去舜举荐了皋陶，使不仁慈的人远远躲开。褒贬人才是否公正，就寄希望于您这位贤西曹属了。”关羽包围樊城和襄阳，太祖因为献帝在许县，离敌军太近，想要迁都。司马懿和蒋济劝阻太祖说：“于禁等人被水淹没，不属于攻战的失败；对国家大局没有构成什么大损害。刘备、孙权外表亲密，实际疏远；关羽得志，孙权必定不情愿。可以派人劝说孙权去偷袭关羽的后方，许愿把江南赏给孙权做封地，这样樊城的包围就会自动解除。”太祖依计而行。孙权得知消息，立即带兵向西攻袭公安、江陵两县。关羽终于被擒杀。

魏文帝继魏王位，蒋济转任相国府长史。到了文帝当皇帝时，又出任东中郎将。蒋济请求留在京城，文帝下诏说：“汉高祖当年高歌‘怎么能得到猛士守卫四方’。现在天下尚未安定，一定要选择良臣来镇守边境。如果以后天下安宁无事，那时您再回朝任官，也不算晚啊。”

蒋济曾献上自己写的《万机论》，文帝认为写得不错。后来他入朝任散骑常侍。这时文帝有一封诏书，对征南将军夏侯尚说：“您是我的心腹大将，特地让您担当重任。施加恩惠时要足以使人为您献上生命，给予爱护时要足以使人对您怀念。您可以作威作福，可以杀人也可以让人活命。”夏侯尚把这个诏书给蒋济看了。蒋济见到文帝，文帝问他说：“您所听到看到的各地风俗教化怎么样呢?”蒋济回答说：“没什么好的见闻，只听见亡国的话而已!”文帝一听马上变了脸色，问他为什么这样说。蒋济告知事情原委，接着说：“那‘作威作福’的话，是《尚书》中明明白白的告诫；‘天子无戏言’，是古人慎重提出的准则。希望陛下好好想一想。”这时文帝的心里猛然醒悟，赶忙派人去追回原先那封诏书。

黄初三年(公元222)，蒋济与大司马曹仁征讨吴国。由蒋济领兵另外袭击羡溪，而曹仁自己想要攻进濡须洲中。蒋济说：“敌兵占据西岸，将船排列在长江上游；如果我方进入洲中，就是自投地狱：是一条危险死亡的道路啊。”曹仁没有听从，结果大败。曹仁去世后，又由蒋济出任东中郎将，代替曹仁率领他的部队。诏书说：“您具备文武全才，志向气节慷慨豪迈。常常有跨越江湖吞并孙吴的大志，因此再度授予您统领军队的重任。”

不久，蒋济被征召入朝任尚书。文帝大驾到了广陵，蒋济上表陈述河道水浅难于通行，又献上《三州论》用来劝告文帝。文帝都没有听从，结果几千条战船，都停滞在浅水中不能行进。有人建议就在当地留下军队进行屯田，蒋济认为：“这里东边靠近大湖，北边面对淮河；到了水涨时，敌军容易前来骚扰侵犯，不可在这里安营屯田。”文帝听从了他的意见，立即出发。回到精湖时，湖水逐渐退尽，文帝把船都留给蒋济处置。那些船只本来分布在几百里长的水道中，蒋济下令在河床上开挖四五条水沟，通过水沟把船推在一起。接着用预先制作的盛土草袋把湖水阻断，待湖水上涨到合适的程度时，一下子打开堤坝，船就被积水推进到淮河里。文帝回到洛阳，对蒋济说：“人确实不能不通晓事理。我原先决意在山阳池中烧掉一半船只；而您后来着手处置船只，不仅完好无损，结果还大致与我一同到达谯县。此外，每次得到您的建议，实在符合我的心思。从今以后有关讨伐敌人的计划，请您好好为我考虑和评论。”

魏明帝即位，赐蒋济爵位为关内侯。大司马曹休率领军队向皖城进军，蒋济上表认为：“曹休深入敌人的地盘，与孙权的精锐部队相对峙；而敌将朱然等人正在上游，准备偷袭曹休的后背，为臣看不出这样做有什么好处。”曹休军队到皖城以后，孙吴出兵到安陆。蒋济又上疏说：“现在敌人在西边的安陆虚张声势，一定是想要集中兵力向东实施攻击；应该迅速下诏命令各路军队，前往救援曹休！”碰上曹休军队已经失败，丢弃了全部兵器辎重撤退返回。吴军正想在夹石堵截败退的曹军，幸好救援的军队赶到，因此曹休大军才不致全军覆没。蒋济随即升任中护军。

当时中书监、中书令这两个官职被称为专权的职位，蒋济上疏说：“大臣权力太重，国家就会有危难；侍臣过于亲密，君主就会被蒙蔽：这是古代最受重视的鉴戒。前不久由曹真主持政事，曾引起朝廷内外辅政大臣的不和；陛下高瞻远瞩，断然开始亲自处理万机，没有人不恭敬服从。大臣们不是不忠诚；然而威权如果落在下面，就会使众人的心里轻视上面：这是事势的必然。陛下既已对辅政大臣有所明察，还希望您不要忘了左右的中书侍臣。左右侍臣在忠诚正直和宏图大略两方面，未必比辅政大臣贤能；至于谄媚迎合，也许要比辅政大臣更精通。现在外面说话，动不动就说中书如何如何。虽然您让他们谦恭谨慎，不敢交结宫廷外面的人事关系；但是一有了这个名声，还是能够蛊惑世俗的；何况这些人握有重要的实际权力，每天在您的眼前活动；假如他们趁陛下疲倦的时候，对您的权力有所侵占和牵制，群臣看到他们对政事的处理能够发挥影响和作用，也就会借机趋向他们。一旦有了这个开头，他们当然就要加强自己的内部，利用这种舆论，私自招引他们所交往的人，充当他们的内援。这样一来，褒贬毁誉，必定要发生；功过赏罚，必定要变动；正直的人向上面反映情况也许会被阻塞，附从他们的人反而能畅通无阻。他们找到微小缝隙钻进去，借着机会跳出来；由于他们受到宠信，这一切都没有人怀疑和察觉。上述情况，明智的圣上应当早就了解，并且留意观察，这样他们的形迹自然会显露无遗。已经有人担心朝廷大臣害怕自己与侍臣言语不合而受到怨恨，所以没有人愿意把这种情况反映上来让您知道。为臣我私下观察陛下能沉思默想，公开听取各方面的不同意见。如果发现事情不完全符合道理，事物没完全发挥作用的情况，都能立即改正。往远处说，这可以与黄帝、唐尧的功绩媲美；往近处说，可以光大武皇帝、文皇帝的业绩。难道这还需要左右侍臣来帮忙吗？当然君主还不可能以自己的明智洞悉全天下的事情，应当有所托付。但是如果把公务处理权力只托付给一个人，这个人除非像周公旦那么忠诚，像管夷吾那么公正，否则就会有玩弄机权败坏官风的弊病。当今可以充当朝廷栋梁的人才虽然不多，但说到品行著称于一州，智能足可以胜任一个官职，忠诚守信，竭尽全力，忠于职守的人，还是有很多；可以供朝廷一齐使用，他们将不会使圣明的朝廷，背上官吏专权的坏名声。”

明帝的诏书回答说：“忠良刚直的大臣，是君主所倚仗的人。蒋济文武全才，服务勤勉而竭尽忠心。每逢军国大事，总有奏议呈上；忠诚奋发，我觉得他的气概真是雄壮。”下诏升任蒋济为护军将军，加任散骑常侍。

景初年间，魏国朝廷对外频繁出征，兵役繁重，内部大修宫殿。已成年的男女不能婚嫁的人很多，又赶上粮谷歉收。蒋济上疏说：“陛下正在沿着前辈开创的道路，光大宏伟的基业，实在不是舒舒服服靠在高枕头上治理天下的时候。现在虽然有十二个州的地盘，然而说到人口数量，却比不上汉代时一个大郡的人数。孙权、刘禅二贼还没有被诛杀，而士兵驻守边陲；又耕种又作战，男女已成年而不能婚嫁的怨恨情绪积蓄了多年。宗庙宫廷，各种事务都还在草创时期；从事农业的人少，而要穿衣吃饭的人却很多。当今紧急的任务，就是让百姓得到休整，使他们不至于太疲劳。过度疲劳的人民，如果赶上水旱灾害，将有数以百万计的人，不能为国家效力。凡要役使百姓，必须趁农闲的机会，不能耽误农时。想要建立大功业的君王，先要估计他的民力，然后安慰他们的病痛疾苦。过去勾践鼓励百姓怀胎生养等待以后使用，燕昭王慰问病人以备将来报仇雪耻；所以他们能够以弱小的燕国征服强大的齐国，以残破的越国消灭了劲悍的吴国。现在吴、蜀这两个敌国，不去攻伐它们不会自行消灭，不服从时它们就会来侵犯；您在世的时候没有铲除他们，不是把责任推给后代子孙吗？凭借陛下圣明神武的韬略，如果舍弃那些不急之事，专心于讨伐敌人，为臣认为消灭他们是没有什么困难的。另外，过分沉溺于男女性关系的欢乐，将有害于精气神智；精神使用过分就会衰竭，身体过分劳累就会疲惫。希望您认真选择贤惠美丽，而且能多生儿子的妃子留在后宫；其他未能选上登入名册的多余宫女，暂且都全部送出宫去，务必保持精气神智的清静。”

明帝下诏说：“如果没有您护军将军，我哪里听得到这样恳切的话啊！”

齐王曹芳即帝位后，蒋济调任领军将军，晋封昌陵亭侯。又升为太尉。

当初，侍中高堂隆议论祭祀天地的制度，认为魏是虞舜的后裔，把虞舜作为祭天时的陪同受祭者。蒋济认为“舜出自妫姓，他的后代为田氏，并不是曹氏的祖先”，于是写文章驳斥高堂隆。这时，曹爽专擅政事，丁谧、邓飏等人，随便改动法律制度。恰好发生了日食，皇帝曹芳下诏询问众大臣政事的得失。蒋济上疏说：“过去虞舜帮助唐尧治国，以拉帮结派为鉴戒；周公辅佐成王执政，提醒成王不要乱交朋友；齐景公询问怎样消除灾情，晏子回答应当布施恩惠；鲁僖公询问怎样避免异常的自然现象发生，臧孙回答必须缓减劳役：顺应天意，在灾异出现时采取措施弥补过失，实际上全在于人事。现今孙权、刘禅二贼尚未剿灭，将士们在野外的营帐中露宿已有几十年；男男女女怀抱不能及时成家和团聚的怨恨，百姓贫苦得很。制定一国的法律制度，只有安邦定国的杰出人才，才能纲举目张做好这项工作并留传后世，哪里是中下等才能的官吏所能随便改动的呢！这样做终究对治国毫无益处，却正好使民众受到伤害。希望您能让文武大臣，各自忠于职守，遵循清静平和的原则；那么阴阳调和的气氛和吉祥的征兆，就会因此而来到了。”

后来蒋济因为随司马懿在洛水浮桥驻军，诛杀曹爽等，被晋爵为都乡侯，封邑七百户。蒋济上疏说：“为臣很惭愧出任太尉的上等职务，而曹爽竟敢包藏祸心，这是为臣不称职的结果。太傅司马懿独自决断计谋，陛下了解他的忠诚节操；使罪人遭到惩罚，这是国家的福分。朝廷的封赏，必须施加给有功的人。现在论谋划，为臣事先并不知道；论作战，为臣又没有领兵；如果要晋升为臣的爵位，对上就破坏了朝廷的制度，对下则开了无功受赏的弊端。我作为辅政大臣，一言一行都为民众所注视。实在担心冒领封赏的欺诈行为从我这里产生，推辞谦让的风气从我这里废弃。”蒋济坚决辞让，而朝廷不准许。

当年他就去世，谥为景侯。蒋济的儿子蒋秀继承了他的爵位。蒋秀死后，蒋秀的儿子蒋凯又继承爵位。咸熙年间，设立五等爵位制度；因为蒋济在前朝功勋卓著，改封蒋凯为下蔡县子爵。

刘放，字子弃，涿郡人。他是汉代广阳顷王儿子顷侯刘容的后代。曾任涿郡主簿，被举荐为孝廉。遇到汉末天下大乱，那时渔阳郡人王松占据了本郡的地盘，刘放前去投靠他。

太祖曹操攻克冀州，刘放劝说王松说：“过去董卓作乱，英雄同时起事；拥兵割据，发号施令，人人都在培植自己的势力。只有曹公能够拯救危乱的局面，辅佐拥戴天子；奉朝廷的命令讨伐罪逆，所向披靡。哪怕袁绍、袁术那么强大：说守，袁术守不住淮南；说战，袁绍在官渡大败而逃。现今曹公乘胜前进，席卷北方，将要扫清河北地区；他结合使用威权与刑罚，事情的大势已经非常明显。先去归顺的将会得福，拖到后面的先就要灭亡，这是立即采取行动前去归顺的时候啊。过去黥布放弃当王的尊贵地位，持剑归依汉朝，确实是看清了兴盛和衰败的规律，明白了归依和背离的本分啊；将军您应该赶快仿效前人去投奔曹公，用丰厚的礼物去与他建立关系。”王松很以为然。碰上太祖在南皮县讨伐袁谭，写信召唤王松。王松献出雍奴、泉州、安次三县，归附了太祖。刘放替王松草拟答复太祖的信，文辞很是华丽；太祖既很赞赏刘放的文章，又知道了他劝说王松的那番议论，因此任命他为下属。

建安十年（公元 205），刘放与王松一同到了太祖那里。太祖非常高兴，对刘放说：“过去班彪依附窦融，才使窦融建立归顺汉朝的大功，现今的事和这多么相似啊！”随即让刘放在自己的司空府参谋军事。后来历任主簿、记室，郃阳、祋祤、赞三县县令。

魏国建立之后，刘放与太原人孙资，都做了秘书郎。先前，孙资也历任过县令，在丞相府参谋军事。

魏文帝即位后，刘放、孙资转任秘书左、右丞。几个月后，刘放升任为秘书令。黄初初年，朝廷改秘书为中书，让刘放做中书监，孙资做中书令，每人都加给事中官衔；刘放被赏赐爵位为关内侯，孙资为关中侯：两人开始掌管机密。黄初三年(公元222)，刘放晋爵为魏寿亭侯，孙资为关内侯。

魏明帝即位后，两人特别受到宠信重用：都加授散骑常侍官职；晋升刘放的爵位为西乡侯，孙资为乐阳亭侯。太和末年，吴国派遣将领周贺，从海路到达辽东郡，招引公孙渊投降。明帝想要从半路截击周贺，在朝廷中议论时大多数人都认为不行；只有孙资赞成实行这一计划，果然大破周贺的水军，孙资因此晋爵为左乡侯。

刘放善于起草公务文书。武帝、文帝、明帝三朝的诏书，凡是用来招引劝告敌国官民归顺的，多数都出自刘放笔下。青龙初年，孙权与诸葛亮联合，准备一起出兵侵犯魏国。边境上的巡逻兵截获了孙权的信，刘放就动笔修改其中的词句：在各处抽掉原来的文字，再把假造的内容不露痕迹地糅合进去；又把这封信改为写给魏国的征东将军满宠，好像孙权想要向魏国归顺一样。然后把这封信封好送给诸葛亮，诸葛亮立即把信转送给吴国大将步骘等人，步骘等人拿着信去见孙权。孙权担心诸葛亮怀疑自己，竭力为自己辩解。这一年，刘放、孙资都加官为侍中、光禄大夫。

景初二年(公元238)，辽东郡平定后，因为参与谋划的功劳，两人各自晋升爵位，都以籍贯所在的本县为封地：刘放为方城侯，孙资为中都侯。

这一年，明帝病重，想要任命燕王曹宇为大将军，加上领军将军夏侯献、武卫将军曹爽、屯骑校尉曹肇、骁骑将军秦朗，共同辅佐朝政。曹宇性情谦恭善良，陈述诚意坚决辞让。

明帝召见刘放、孙资，进入卧室里面。明帝问道："燕王一定要辞职吗?"刘放、孙资回答说："燕王确实知道自己不能担当这么大的责任，所以要这样做。"明帝说："曹爽可以代替曹宇吗?"刘放、孙资随即表示赞成；又竭力陈述应该迅速从辽东召回太尉司马懿，以维护皇室。明帝接受了他们的意见，随即给刘放黄色专用纸让他书写诏书。刘放、孙资出去后，明帝的主意又有变化，下诏书制止司马懿不要他前来。过一会儿又召见刘放、孙资说："我自己要召回太尉，而曹肇等人反让我止住他。几乎败坏了我的大事！”命令他们再次书写诏书。明帝只召见曹爽和刘放、孙资，一同接受诏命；罢免了曹宇、夏侯献、曹肇、秦朗等人的官职。这时太尉司马懿也赶到了，登上明帝的卧床接受遗诏后，明帝气绝而死。

齐王曹芳即位，因为刘放、孙资决定了上述重大决策，给他们增加封邑三百户。刘放连同以前的封邑达到一千一百户，孙资达到一千户；又各封两人的一个儿子为亭侯，次子任骑都尉，其余各个儿子都任郎中。正始元年，再为两人加官，刘放为左光禄大夫，孙资为右光禄大夫；授予金印、紫绶，仪仗队的规格与太尉、司徒、司空三公相同。正始六年(公元245)，刘放转任骠骑将军，孙资转任卫将军；两人依旧兼任中书监、中书令。正始九年(公元248)，又加封两人的一个儿子为亭侯，两人都因年老离职；以列侯的身份在月初和月中参加朝见，享有特进的荣誉性官号。曹爽被诛杀后，又让孙资担任侍中，兼任中书令。

嘉平二年(公元250)，刘放去世，谥为敬侯。刘放的儿子刘正继承了他的爵位。孙资离职回家，朝廷派使者到家中授给他骠骑将军官衔。又转任侍中，照旧为特进。嘉平三年(公元251)，孙资去世，谥为贞侯。孙资的儿子孙宏继承了他的爵位。

刘放的才干谋略优于孙资，而自我修养则不如。两人既善于秉承顺从主上的意旨，又从来不公开议论朝政的得失，由于压制辛毗而帮助王思，因此受到世人的讥评；然而他们还是能够在朝廷大臣进谏时，赞同促成他们的建议，并且时常悄悄向天子陈述朝政应当改革的地方，而不是一味对君主说阿谀奉承的话。

到了咸熙年间，设置五等爵位；因为刘放、孙资在从前功勋显著，改封刘正为方城县子爵，孙宠为离石县子爵。

评论说：程昱、郭嘉、董昭、刘晔、蒋济等人，具有才智谋略，是当时的奇特人士；虽然清正的从政风范和个人的品德修养，比不上荀攸；但他们的策划预料能力，却与荀攸不相上下。刘放文笔华丽，孙资勤勉谨慎，一同负责朝廷的政令发布；权倾一时，但是在立身处世上却未能做到高尚诚实；因此讥讽他们阿谀的舆论很强烈，以至于常常言过其实了。

【三国志译注卷十五】　魏志十五

刘司马梁张温贾传第十五

刘馥字元颖，沛国相人也。避乱扬州。建安初，说袁术将戚寄、秦翊，使率众与俱诣太祖，太祖悦之。司徒辟为掾。

后孙策所置庐江太守李(述)〔术〕，攻杀扬州刺史严象[1]；庐江梅乾、雷绪、陈兰等，聚众数万在江、淮间，郡县残破。太祖方有袁绍之难，谓馥可任以东南之事，遂表为扬州刺史。馥既受命，单马造合肥空城，建立州治。南怀绪等，皆安集之，贡献相继。数年中，恩化大行；百姓乐其政，流民越江山而归者以万数。于是聚诸生，立学校；广屯田，兴治芍陂及(茹)〔茄〕陂、七门、吴塘诸堨以溉稻田[2]，官民有蓄。又高为城垒，多积木石，编作草苫数千万枚[3]，益贮鱼膏数千斛，为战守备。

建安十三年，卒。

孙权率十万众，攻围合肥城百余日。时天连雨，城欲崩，于是以苫蓑覆之。夜燃脂，照城外，视贼所作而为备。贼以破走。扬州士民益追思之，以为虽董安于之守晋阳[4]，不能过也。及陂塘之利，至今为用。

馥子靖。黄初中，从黄门侍郎迁庐江太守，诏曰：“卿父昔为彼州；今卿复据此郡，可谓克负荷者也[5]。”

转在河内。迁尚书，赐爵关内侯。出为河南尹。散骑常侍应璩书与靖曰[6]：“入作纳言[7]，出临京任[8]。富民之术，日引月长：藩落高峻[9]，绝穿窬之心；五种别出[10]，远水火之灾；农器必具，无失时之阙[11]；蚕麦有苫备之用，无雨湿之虞；封符指期[12]，无流连之吏；鳏寡孤独，蒙廪赈之实。加之以明擿幽微，重之以秉宪不挠[13]；有司供承王命，百里垂拱仰办[14]：虽昔赵、张、三王之治[15]，未足以方也!”靖为政类如此。初虽如碎密[16]，终于百姓便之，有馥遗风。

母丧去官。后为大司农、卫尉；进封广陆亭侯，邑三百户。上疏陈儒训之本曰：“夫学者，治乱之轨仪[17]，圣人之大教也。自黄初以来，崇立太学二十余年，而寡有成者；盖由博士选轻[18]，诸生避役[19]，高门子弟，耻非其伦，故无学者。虽有其名而无其(人)〔实〕，虽设其教而无其功。宜高选博士：取行为人表，经任人师者[20]，掌教国子[21]。依遵古法，使二千石以上子孙，年从十五，皆入太学。明制黜陟荣辱之路[22]：其经明行修者，则进之以崇德[23]；荒教废业者，则退之以惩恶。举善而教不能，则劝[24]。浮华交游，不禁自息矣。阐弘大化，以绥未宾[25]；六合承风[26]，远人来格[27]：此圣人之教，致治之本也。”

后迁镇北将军，假节，都督河北诸军事。靖以为：“经常之大法，莫善于守防，使民夷有别。”遂开拓边守，屯据险要。又修广戾(渠陵)〔陵渠〕大堨[28]，水溉灌蓟南北，三更种稻[29]，边民利之。

嘉平六年，薨。追赠征北将军；进封建成乡侯，谥曰景侯。子熙嗣。〔一〕

【注释】

〔1〕李术(？—公元201)：事见本书卷四十七《吴主传》裴注引《江表传》。 严象(公元163—200)：传见本书卷十《荀彧传》裴注引《三辅决录》。〔2〕茄陂：陂塘名。在今河南固始县东南。 七门：堰名。在今安徽舒城县西南。 吴塘：陂塘名。在今安徽潜山市西北。〔3〕草苫(shān)：草席。〔4〕董安于：春秋时晋国执政大臣赵鞅的家臣。前497年，赵鞅的政敌范氏、中行氏联合进攻赵鞅，围晋阳，董安于力战有功。事见《左传》定公十三年。〔5〕克负荷：指能够继承先辈事业。〔6〕应璩(公元190—252)：传见本书卷二十一《王粲传》裴注引《文章叙录》。〔7〕纳言：指尚书。尚书的职责相当于上古的纳言。〔8〕京任：指河南尹。河南尹是京城所在郡的行政长官。〔9〕藩落：竹木构成的防御屏障。〔10〕五种：即黍、稷、菽、麦、稻五种谷物。它们可以在不同的季节、不同的水土条件下生长，所以《汉书》卷二十四上《食货志》上说“种谷必杂五种，以备灾害”。〔11〕失时：指错过了农时。〔12〕封符指期：在公函中封入上级威权的凭证，并指定公务必须完成的期限。〔13〕秉宪：执法。〔14〕百里：指下属各县的县长、县令。 垂拱：垂衣拱手。形容在百姓的支持下完成上司指派的任务毫不费力。〔15〕赵：指赵广汉(？—前65)。字子都，涿郡蠡吾(今河北博野县西南)人。传见《汉书》卷七十六。张：指张敞。字子高，河东郡平阳(今山西临汾市西南)人。传见《汉书》卷七十六。 三王：指王尊、王章、王骏。王尊字子赣，涿郡高阳(今河北高阳县东)人。王章字仲卿，泰山郡钜平(今山东泰安市南)人。两人传见《汉书》卷七十六。王骏，琅邪郡皋虞(今山东青岛市即墨区东北)人。传附《汉书》卷七十二《王吉传》。以上五人，先后担任过西汉的京兆尹，都有突出政绩，当时京城有民谣说：“前有赵、张，后有三王。”东汉的河南尹，和西汉的京兆尹一样是京城所在郡的行政长官，所以应璩这样比方。〔16〕虽如碎密：虽然好像有些琐碎繁密。〔17〕轨仪：法则。〔18〕博士：官名。儒学的教官。 选轻：在人员的

选择上标准低下。〔19〕诸生避役：前来就读的学生主要目的是逃避徭役。当时正式在学校列名就读的学生可以免役。〔20〕经：指在经学上的知识水平。〔21〕国子：贵族官僚的子弟。〔22〕明制：明确制定。黜陟：降升。〔23〕进：进用。〔24〕劝：勉励。〔25〕绥未宾：安抚争取没有归服的人。〔26〕六合：指天下。〔27〕格：来到。〔28〕戾陵渠：渠名。 堨(è)：堤堰。戾陵渠的大堨在今北京市西郊。〔29〕三更：耕种收获三茬。

【裴注】

〔一〕《晋阳秋》曰："刘弘，字叔和，熙之弟也。弘与晋世祖同年，居同里，以旧恩屡登显位。自靖至弘，世不旷名，而有政事才。晋西朝之末，弘为车骑(大)将军，开府，荆州刺史，假节，都督荆、交、广州诸军事，封(新城郡)〔宣城〕公。其在江、汉，值王室多难，得专命一方，尽其器能。推诚群下，厉以公义；简刑狱，务农桑。每有兴发，手书郡国，丁宁款密。故莫不感悦，颠倒奔赴，咸曰：'得刘公一纸书，贤于十部从事也。'时帝在长安，命弘得选用宰、守。征士武陵伍朝，高尚其事；牙门将皮初，有勋江汉。弘上朝为零陵太守，初为襄阳太守。诏书以襄阳显郡，初资名轻浅，以弘婿夏侯陟，为襄阳。弘曰：'夫统天下者当与天下同心，治一国者当与一国推实。吾统荆州十郡，安得十女婿，然后为治哉！'乃表：'陟姻亲，旧制不得相监临事；初勋，宜见酬。'报听之。众益服其公当。广汉太守辛冉以天子蒙尘，四方云扰，进从横计于弘。弘怒，斩之，时人莫不称善。"

《晋诸公赞》曰："于时天下虽乱，荆州安全。弘有刘景升保有江、汉之志，不附大傅司马越。越甚衔之，会弘病卒。子璠，北中郎将。"

司马朗字伯达，河内温人也。〔一〕九岁，人有道其父字者。朗曰："慢人亲者，不敬其亲者也。"客谢之。

十二，试经，为童子郎〔1〕。监试者以其身体壮大，疑朗匿年〔2〕；劾问，朗曰："朗之内外〔3〕，累世长大〔4〕。朗虽稚弱，无仰高之风；损年以求早成，非志所为也。"监试者异之。

后关东兵起，故冀州刺史李邵，家居野王，近山险，欲徙居温。朗谓邵曰："唇齿之喻，岂唯虞、虢[5]？温与野王即是也。今去彼而居此，是为避朝亡之期耳[6]。且君，国人之望也。今寇未至而先徙，带山之县必骇。是摇动民之心而开奸宄之原也！窃为郡内忧之。"邵不从。边山之民果乱，内徙，或为寇抄。

【注释】

〔1〕童子郎：荣誉性官名。汉代的孝廉进京经过经学考试后，一般都授给郎的官衔，成为皇帝宫廷侍卫队的队员。对于聪明好学的达官子孙，虽未成年，经过经学考试后也授给郎的官衔，叫做童子郎。1965 年山西大同市出土的司马金龙墓志铭记载，司马朗、司马懿兄弟的故乡，是"河内郡温县肥乡孝敬里"，详见《文物》1972 年第 3 期《山西大同石家寨北魏司马金龙墓》。现今河南温县城西约 25 公里的招贤镇，相传就是司马氏的故里所在。尚有遗迹留存。〔2〕匿年：隐瞒年龄。〔3〕内外：中表亲戚。〔4〕长(cháng)大：身材高大。〔5〕虞、虢(guó)：均为先秦国名。虞国在今山西平陆县北。虢有东虢、西虢，北虢之分，这里指北虢，在今河南三门峡市陕州区一带。两国相邻，当时被喻为唇齿相依。前 655 年，晋国先向虞国借路灭掉虢国，然后又灭虞。事见《左传》僖公五年。〔6〕避朝亡之期：只避过了早晨灭亡的期限。意思是躲得过早晨躲不过晚上。

【裴注】

〔一〕司马彪《序传》曰："朗祖父儁，字元异。博学好古，倜傥有大度。长八尺三寸，腰带十围，仪状魁岸，与众有异。乡党宗族，咸影附焉。位至颍川太守。父防，字建公。性质直公方，虽闲居宴处，威仪不忒。雅好《汉书》名臣列传，所讽诵者数十万言。少仕州郡，历官洛阳令、京兆尹。以年老，转拜骑都尉。养志闾巷，阖门自守。诸子虽冠，成人，不命曰'进'，不敢进；不命曰'坐'，不敢坐；不指有所问，不敢言。父子之间，肃如也。年七十一，建安二十四年终。有子八人，朗最长，次即晋宣皇帝也。"

是时，董卓迁天子都长安，卓因留洛阳。朗父防，为治书御史，当徙西。以四方云扰[1]，乃遣朗将家属还本县。

或有告朗欲逃亡者，执以诣卓。卓谓朗曰："卿与吾亡儿同岁，几大相负[2]！"朗因曰："明公以高世之德，遭阳九之会[3]；清除群秽，广举贤士：此诚虚心垂虑，将兴至治也。威德已隆，功业已著；而兵难日起，州郡鼎沸；郊境之内，民不安业；捐弃居产，流亡藏窜；虽四关设禁[4]，重加刑戮，犹不绝息：此朗之所以於邑也[5]。愿明公监观往事，少加三思。即荣名并于日月，伊、周不足侔也[6]。"卓曰："吾亦悟之，卿言有意。"[一]

朗知卓必亡，恐见留；即散财物以赂遗卓用事者[7]，求归乡里。到，谓父老曰："董卓悖逆，为天下所仇，此忠臣义士奋发之时也。郡与京都，境壤相接；洛东有成皋，北界大河；天下兴义兵者若未得进，其势必停于此。此乃四分五裂战争之地，难以自安。不如及道路尚通，举宗东到黎阳。黎阳有营兵[8]，赵威孙，乡里旧婚，为监营谒者[9]，统兵马，足以为主。若后有变，徐复观望，未晚也。"

父老恋旧，莫有从者；惟同县赵咨，将家属俱与朗往焉。后数月，关东诸州郡起兵，众数十万，皆集荥阳及河内。诸将不能相一[10]，纵兵抄掠，民人死者且半。

久之，关东兵散，太祖与吕布相持于濮阳。朗乃将家还温。时岁大饥，人相食。朗收恤宗族，教训诸弟，不为衰世解业[11]。

【注释】

〔1〕云扰：像乱云一样纷扰不宁。〔2〕大相负：大大对不起。指处死。〔3〕阳九之会：指厄运灾难降临的时候。古代的术数家以四千六百一十七岁为一元。开始的一百零六岁中，旱灾之年有九年，叫做阳九；接下来的三百七十四岁中，水灾之年有九年，叫做阴九；再下来四百八十岁中，旱灾之年又有九年，也叫做阳九。详见《汉书》卷二十一上《律历志》上。〔4〕四关：洛阳四周的关隘。当时洛阳周围有八关。〔5〕於（wū）邑：忧闷不舒心。〔6〕伊、周不足侔：比上伊尹、周公也不难。〔7〕用事者：掌握事权的人。〔8〕黎阳有营兵：东汉光武帝刘秀统一天下，主力骑兵多来自幽、并二州。为了保证骑兵兵源，东汉政府特在黎阳设立骑兵训练营地，训练从这两州抽调来的骑兵。常年保持一千人的规模，受训者给予免除租税等优厚待遇。见《续汉百官志》一李贤注引应劭《汉官仪》。〔9〕监营谒者：官名。黎阳营兵的司令官。〔10〕相一：相统一。〔11〕解业：抛弃学业。

【裴注】

〔一〕臣松之按：朗此对，但为称述卓功德，末相箴诲而已，了不自申释；而卓便云"吾亦悟之，卿言有意"：客主之辞，如为不相酬塞也。

年二十二[1]，太祖辟为司空掾属。除成皋令，以病去。复为堂阳长[2]。其治务宽惠，不行鞭杖，而民不犯禁。先时，民有徙充都内者。后县调当作船[3]，徙民恐其不办，乃相率私还助之。其见爱如此。迁元城令。

入为丞相主簿。朗以为："天下土崩之势，由秦灭五等之制，而郡国无蒐狩习战之备故也[4]。今虽五等未可复行，可令州郡并置兵：外备四夷，内威不轨，于策为长。"又以为："宜复井田[5]。往者以民各有累世之业〔6〕，难中夺之，是以至今。今承大乱之后，民人分散；土业无主，皆为公田：宜及此时复之。”议虽未施行〔7〕，然州郡领兵，朗本意也。

迁兖州刺史，政化大行，百姓称之。虽在军旅，常粗衣恶食〔8〕，俭以率下。雅好人伦典籍〔9〕；乡人李觌等盛得名誉，朗常显贬下之。后觌等败，时人服焉。钟繇、王粲著论云：“非圣人不能致太平。”朗以为：“伊、颜之徒虽非圣人〔10〕，使得数世相承，太平可致。”〔一〕

建安二十二年，与夏侯惇、臧霸等征吴，到居巢。军士大疫，朗躬巡视，致医药。遇疾卒，时年四十七。遗命“布衣幅巾，敛以时服”。州人追思之。〔二〕

明帝即位，封朗子遗，昌武亭侯，邑百户。朗弟孚，又以子望，继朗后。遗薨，望子洪嗣。〔三〕

初朗所与俱徙赵咨，官至太常，为世好士。〔四〕

【注释】

〔1〕年二十二：据本传后文，司马朗死于建安二十二年(公元217)，终年四十七岁。又据本书卷一《武帝纪》，曹操开始任司空，时在建安元年(公元196)。因此，司马朗出任司空掾属，最少也有二十六岁了。此处史文疑有误。〔2〕堂阳：县名。县治在今河北新河县西北。〔3〕调：受到朝廷的征调。〔4〕蒐(sōu)狩：本指打猎，春天出猎叫蒐，冬天出猎叫狩。这里指军队的演习训练。西汉时各郡国都设有地方军队，由都尉统领，负责维持地方治安。东汉建立，光武帝裁撤除边境地区以外的各郡都尉及地方军队，以加强中央集权。现在司马朗鉴于动荡的社会局面，建议重新设置地方军队。〔5〕井田：传说殷周时实行的一种土地制度。把土地分为井字形的方块，四边的八块为私田，中间一块为公田，先耕种公田后耕种私田。〔6〕累世之业：世代相传的田

产。〔7〕议：指恢复井田的建议。〔8〕恶食：不精美的饮食。〔9〕人伦：指对人物优劣的评价。〔10〕伊、颜：伊尹、颜渊。按照儒家标准，尧、舜、禹、汤、周文王、周武王、周公、孔子等，才能算是圣人。伊尹、颜渊，只能算是次一等的仁人。参见《汉书》卷二十《古今人表》。

【裴注】

〔一〕《魏书》曰："文帝善朗论，命秘书录其文。"

孙盛曰："繇既失之，朗亦未为得也。昔'汤举伊尹，而不仁者远矣'。《易》称'颜氏之子，其殆庶几乎？有不善未尝不知，知之未尝复行'。由此而言，圣人之与大贤，行藏道一，舒卷斯同；御世垂风，理无降异：升泰之美，岂俟积世哉！'善人为邦百年，亦可以胜残去杀'。又曰'不践迹，亦不入于室'。数世之论，其在斯乎？方之大贤，固有间矣。"

〔二〕《魏书》曰："朗临卒，谓将士曰：'刺史蒙国厚恩，督司万里。微功未效，而遭此疫疠。既不能自救，辜负国恩。身没之后，其布衣幅巾，敛以时服。勿违吾志也！'"

〔三〕《晋诸公赞》曰："望字子初，孚之长子。有才识，早知名。咸熙中，位至司徒。入晋，封义阳王；迁太尉、大司马。时孚为太宰，父子居上公位，自中代以来未之有也。洪字孔业，封河间王。"

〔四〕咨字君初。子鄄，字〔仲〕子，晋骠骑将军，封东平陵公。并见《百官名》（志）。

梁习字子虞，陈郡柘人也〔1〕。为郡纲纪。太祖为司空，辟召为（漳）〔章〕长〔2〕。累转乘氏、海西、下邳令〔3〕，所在有治名。还为西曹令史〔4〕，迁为属。

并土新附，习以别部司马领并州刺史。时承高幹荒乱之余，胡狄在界（张雄）〔雄张〕跋扈；吏民亡叛，入其部落。兵家拥众〔5〕，作为寇害；更相扇动，往往棋峙〔6〕。习到官，诱喻招纳，皆礼召其豪右〔7〕，稍稍荐举〔8〕，使诣幕府〔9〕。豪右已尽，乃次发诸丁强以为义从〔10〕；又因大军出征，分请以为勇力〔11〕。吏兵已去之后，稍移其家；前后送邺，凡数万口。其不从命者，兴兵致讨；斩首千数，降附者万计。单于恭顺，名王稽颡；部曲服事供职〔12〕，同于编户〔13〕。边境肃清，百姓布野；勤劝农桑，令行禁止。贡达名士，咸显于世，语在《常林传》。太祖嘉之，赐爵关内侯，更拜为真〔14〕。长老称咏〔15〕，以为自所闻识〔16〕，刺史未有及习者。

建安十八年，州并属冀州；更拜议郎、西部都督从事〔17〕，统属冀州，总故部曲。又使于上党取大材，供邺宫室。习表置屯田都尉二人〔18〕，领客六百夫〔19〕；于道次耕种菽粟，以给人牛之费。后单于入侍，西北无虞，习之绩也。〔一〕

【注释】

〔1〕柘：县名。县治在今河南柘城县西北。〔2〕章：县名。县治在今山东汶上县东北。〔3〕乘氏：县名。县治在今山东巨野县西南。海西：县名。县治在今江苏灌南县东南。〔4〕令史：官名。当时曹操司空府中的西曹负责人事，主官是掾，副主官是属，以下是令史。〔5〕兵家：拥兵割据的豪强大族。〔6〕往往：处处，到处。棋峙：像棋子一样密密麻麻盘踞着。〔7〕豪右：豪强大族。〔8〕稍稍：逐渐。〔9〕幕府：曹操的军府。〔10〕丁强：壮丁。义从：当时对应征入伍者的一种称呼。意思是出于义务感而自愿从军。〔11〕勇力：指充当战士和运输苦力。〔12〕部曲：指少数族首领统率的本族武装居民。供职：承担政府分配的各类任务。〔13〕编户：编入户籍名册接受政府统治并承担赋税徭役的合法居民。〔14〕拜为真：指正式出任并州刺史。〔15〕长老：当地父老。〔16〕自所闻识：自懂事以来。〔17〕西部：指冀州西部。即并合前的并州。都督从事：官名。负责治理冀州西部。〔18〕屯田都尉：官名。负责管理屯田民户。〔19〕客：指屯田民。

【裴注】

〔一〕《魏略》曰："鲜卑大人育延，常为州所畏。而一旦将其部落五千余骑，诣习，求互市。习念：不听则恐其怨；若听到州下，又恐为所略。于是乃许之往与会空城中，交市。遂敕郡县，自将治中以下军，往就之。市易未毕，市吏收缚一胡。延骑皆惊，上马弯弓围习数重；吏民惶怖不知所施。习乃徐呼市吏，问缚胡意。而胡实侵犯人。习乃使译呼延，延到，习责延曰：'汝胡自犯法，吏不侵汝，汝何为使诸骑惊骇邪！'遂斩之，余胡破胆不敢动。是后无寇虏。至二十(二)〔四〕年，太祖拔汉中诸军，还到长安；因留骑督太原乌丸王鲁昔，使屯池阳，以备卢水。昔有爱妻，住在晋阳。昔既思之，又恐遂不得归，乃以其部五百骑，叛还并州；留其余骑置山谷间，而单骑独入晋阳，盗取其妻。已出城，州郡乃觉。吏民又畏昔善射，不敢追。习乃令从事张景募鲜卑，使逐昔。昔马负其妻，重骑行迟；未及与其众合，而为鲜卑所射死。始，太祖闻昔叛，恐其为乱于北边；会闻已杀之，大喜。以习前后有策略，封为关内侯。"

文帝践阼，复置并州，复为刺史；进封申门亭侯，邑百户。政治常为天下最〔1〕。

太和二年，征拜大司农。习在州二十余年，而居处贫穷，无方面珍物〔2〕。明帝异之，礼赐甚厚。四年薨〔3〕，子施嗣。

初，济阴王思与习，俱为西曹令史。思因直日白事〔4〕，失太祖指〔5〕；太祖大怒，教召主者，将加重辟〔6〕。时思近出，习代往对，已被收执矣；思乃驰还，自陈已罪，罪应受死。太祖叹习之不言，思之识分。曰："何意吾军中有二义士乎！"〔一〕后同时擢为刺史，思领豫州。思亦能吏〔7〕，然苛碎无大体；官至九卿，封列侯。〔二〕

【注释】

〔1〕最：第一等。〔2〕方面珍物：地方特产的珍稀物品。〔3〕四年：太和四年(公元230)。〔4〕直日：当班的日子。　白事：呈报公务文书。〔5〕失太祖指：违背了曹操的心意。〔6〕重辟：指死刑。〔7〕能吏：能干的官吏。

【裴注】

〔一〕臣松之以为：习与王思，同僚而已；亲非骨肉，义非刎颈；而以身代思，受不测之祸。以之为义，无乃乖先哲之雅旨乎？史迁云："死有重于泰山，有轻于鸿毛。"故君子不为苟存，不为苟亡。若使思不引分，主不加恕，则所谓自经于沟渎而莫之知也。习之死义者，岂其然哉！

〔二〕《魏略·苛吏传》曰："思与薛悌、郤嘉，俱从微起，官位略等。三人中，悌差挟儒术，所在名为闲省。嘉与思，事行相似。文帝诏曰：'薛悌驳吏，王思、郤嘉纯吏也；各赐关内侯，以报其勤。'思为人虽烦碎，而晓练文书，敬贤礼士，倾意形势，亦以是显名。正始中，为大司农。年老目瞑，嗔怒无度；下吏嗷然，不知何据。性少信，时有吏父病笃，近在外舍，自白求假。思疑其不实，发怒曰：'世有思妇病母者，岂此谓乎！'遂不与假。吏父明日死，思无恨意。其为刻薄，类如此。思又性急，尝执笔作书，蝇集笔端；驱去复来，如是再三。思恚怒，自起逐蝇，不能得；还取笔掷地，踏坏之。时有丹阳施畏、鲁郡倪顗、南阳胡业，亦为刺史、郡守，时人谓之苛暴。又有高阳刘类，历位宰守，苛慝尤甚；以善修人事，不废于世。嘉平中，为弘农太守。吏二百余人，不与休假，专使为不急。过无轻重，辄捽其头；又乱杖挝之，牵出复入，如是数四。乃使人掘地求钱，所在市里，皆有孔穴。又外托简省，每出行，阳敕督邮：不得使官属曲修礼敬；而阴识不来者，辄发怒中伤之。性又少信，每遣大吏出，辄使小吏随覆察之。白日常自于墙壁间窥闪，夜使干，廉察诸曹；复以干不足信，又遣铃下及奴婢使转相检验。尝案行，宿止民家。民家二狗逐猪，猪惊走，头插栅间，号呼良久；类以为外之吏，擅共饮食，不复征察，便使伍百曳五官掾孙弼入，顿头责之。弼以实对，类自愧不详，因托问以他事。民尹昌，年垂百岁。闻类出行，当经过，谓其儿曰：'扶我迎府君，我欲陈恩。'儿扶昌，在道左；类望见，呵其儿曰：'用是死人，使来见我！'其视人无礼，皆此类也。旧俗，民谤官长者，有'三不肯'谓迁、免与死也。类在弘农，吏民患之，乃题其门曰：‘刘府君有三不肯。’类虽闻之，犹不能自改。其后安东将军司马文王西征，路经弘农。弘农人告类荒耄，不任宰郡；乃召入为五官中郎将。”

张既字德容，冯翊高陵人也[1]。年十六，为郡小吏，[一]后历右职[2]。举孝廉，不行。太祖为司空，辟，未至；举茂才，除新丰令。治为三辅第一。

袁尚拒太祖于黎阳，遣所置河东太守郭援，并州刺史高幹及匈奴单于，取平阳；发使，西与关中诸将合从[3]。司隶校尉钟繇遣既，说将军马腾等。既为言利害，腾等从之。腾遣子超将兵万余人，与繇会击幹、援；大破之，斩援首，幹及单于皆降。其后幹复举并州反。河内张晟众万余人，无所属，寇崤、渑间[4]。河东卫固、弘农张琰，各起兵以应之。太祖以既为议郎，参繇军事，使西征诸将马腾等，皆引兵会击晟等，破之。斩琰、固首，幹奔荆州。封既武始亭侯。

太祖将征荆州，而腾等分据关中。太祖复遣既，喻腾等，令释部曲求还。腾已许之，而更犹豫；既恐为变，乃移诸县促储偫[5]，二千石郊迎[6]。腾不得已，发东[7]。太祖表腾为卫尉；子超为将军，统其众。后超反，既从太祖破超于华阴。西定关右，以既为京兆尹；招怀流民，兴复县邑，百姓怀之。

魏国既建，为尚书。出为雍州刺史。太祖谓既曰：“还君本州，可谓衣绣昼行矣！”[8]从征张鲁，别从散关入讨叛氐，收其麦以给军食。鲁降，既说太祖拔汉中民数万户，以实长安及三辅[9]。其后与曹洪破吴兰于下辩。又与夏侯渊〔讨〕宋建；别攻临洮、狄道，平之。是时，太祖徙民以充河北，陇西、天水、南安民相恐动，扰扰不安。既假三郡人为将吏者休课[10]，使治屋宅，作水碓[11]，民心遂安。

太祖将拔汉中守，恐刘备北取武都氐，以逼关中。问既，既曰："可劝使北出就谷，以避贼，前至者厚其宠赏；则先者知利，后必慕之。"太祖从其策，乃自到汉中引出诸军。令既之武都，徙氐五万余落，出居扶风、天水界。〔二〕

是时，武威颜俊、张掖和鸾、酒泉黄华、西平麹演等，并举郡反。自号"将军"，更相攻击。俊遣使送母及子，诣太祖为质，求助。太祖问既，既曰："俊等外假国威，内生傲悖；计定势足，后即反耳。今方事定蜀，且宜两存而斗之；犹卞庄子之刺虎[12]，坐收其毙也。"太祖曰："善！"岁余，鸾遂杀俊，武威王秘又杀鸾。是时，不置凉州，自三辅拒西域[13]，皆属雍州。

【注释】

〔1〕高陵：县名。县治在今陕西西安市高陵区。〔2〕右职：比较重要的职务。〔3〕合从(zòng)：联合。〔4〕崤：山名。在今河南渑池县西南。渑：县名。县治在今河南渑池县西。〔5〕移：不相统属的官员之间所发送的公文。偫(zhì)：储备。这里储偫指为马腾一行准备犒送物资。〔6〕二千石：指沿途的郡太守。〔7〕发东：向东出发。指由关中前往许都。〔8〕衣绣昼行：即衣锦还乡。汉武帝曾说："富贵不归故乡，如衣绣夜行。"见《汉书》卷六十四上《朱买臣传》。张既是雍州人，所以曹操这样说。〔9〕实：充实。〔10〕假：给予假期。

休课：休息。〔11〕水碓：利用水力来加工粮食的装置。〔12〕卞庄子：古代的勇士。他准备刺杀两只正在争吃牛肉的老虎，有人告诉他说，让老虎争吃而相斗，相斗则大虎受伤小虎死亡，然后刺杀受伤的大虎，可以一举得两虎。他听从劝告，果然得两虎。事见《史记》卷七十《张仪列传》。〔13〕拒：到。

【裴注】

〔一〕《魏略》曰："既，世单家，〔而家〕富。为人有容仪。少小工书疏，为郡门下小吏。自惟门寒，念无以自达；乃常蓄好刀笔及版奏，伺诸大吏有乏者，辄给与：以是见识焉。"

〔二〕《三辅决录注》曰："既为儿童，为郡功曹游殷察异之。引既过家，既敬诺。殷先归，敕家具设宾馔。及既至，殷妻笑曰：'君其悖乎？张德容，童昏小儿，何异客哉！'殷曰：'卿勿怪，乃方伯之器也。'殷遂与既论霸王之略。飨讫，以子楚，托之；既谦不受，殷固托之。既以殷邦之宿望，难违其旨，乃许之。殷先与司录校尉胡轸有隙，轸诬构，杀殷。殷死月余，轸得疾患；自说，但言'伏罪，伏罪，游功曹将鬼来'。于是遂死。于时关中称曰：'生有知人之明，死有贵神之灵。'子楚字仲允，为蒲坂令。太祖定关中时，汉兴郡缺，太祖以问既。既称楚才兼文武，遂以为汉兴太守。后转陇西。"

《魏略》曰："楚，为人慷慨，历位宰、守，所在以恩德为治，不好刑杀。太和中，诸葛亮出陇右，吏民骚动。天水、南安太守各弃郡东下。楚独据陇西，召会吏民，谓之曰：'太守无恩德。今蜀兵至，诸郡吏民皆已应之，此亦诸卿富贵之秋也。太守本为国家守郡，义在必死；卿诸人便可取太守头，持往。'吏民皆涕泪，言'死生当与明府同，无有二心'。楚复言：'卿曹若不愿，我为卿画一计：今东二郡已去，必将寇来，但可共坚守；若国家救到，寇必去，是为一郡守义，人人获爵宠也；若官救不到，蜀攻日急，尔乃取太守以降，未为晚也。'吏民遂城守。而南安果将蜀兵，就攻陇西。楚闻贼到，乃遣长史马颙，出门设阵，而自于城上，晓谓蜀帅，言：'卿能断陇，使东兵不上，一月之中，则陇西吏人不攻自服；卿若不能，虚自疲弊耳。'使颙鸣鼓击之，蜀人乃去。后十余日，诸军上陇，诸葛亮破走。南安、天水，皆坐应亮，破灭，两郡守，各获重刑；而楚以功封列侯，长史掾属皆赐拜。帝嘉其治，诏特听朝，引上殿。楚为人，短小而大声，自为吏，初不朝觐。被诏登阶，不知仪式。帝令侍中赞引，呼'陇西太守前'；楚当言'唯'，而大应称

‘诺’。帝顾之而笑，遂劳勉之。罢会，自表，乞留宿卫。拜驸马都尉。楚不学问，而性好游遨音乐。乃蓄歌者，琵琶、筝、箫，每行来，将以自随。所在樗蒲、投壶，欢欣自娱。数岁，复出为北地太守，年七十余卒。”

文帝即王位，初置凉州，以安定太守邹岐为刺史。张掖张进执郡守，举兵拒岐；黄华、麹演各逐故太守，举兵以应之。既进兵，为护羌校尉苏则声势[1]，故则得以有功。既进爵都乡侯。

凉州卢水胡伊健妓妾、治元多等反[2]，河西大扰。帝忧之，曰："非既莫能安凉州。"乃召邹岐，以既代之。诏曰："昔贾复请击郾贼[3]，光武笑曰：‘执金吾击郾，吾复何忧?’卿谋略过人，今则其时。以便宜从事，勿复先请[4]。"遣护军夏侯儒、将军费曜等，继其后。

既至金城，欲渡河，诸将、守以为："兵少道险，未可深入。"既曰："道虽险，非井陉之隘；夷狄乌合，无左车之计[5]。今武威危急，赴之宜速!"遂渡河，贼七千余骑。逆拒军于鹯阴口[6]。既扬声军由鹯阴[7]，乃潜由（且）〔揟〕次出至武威[8]。胡以为神，引还显美[9]。

既已据武威，曜乃至，儒等犹未达。既劳赐将士，欲进军击胡。诸将皆曰："士卒疲倦，虏众气锐，难与争锋。"既曰："今军无现粮，当因敌为资。若虏见兵合，退依深山；追之则道险穷饿，兵还则出候寇抄。如此，兵不得解，所谓‘一日纵敌，患在数世’也。"遂前，军显美。胡骑数千，因大风欲放火烧营，将士皆恐。既夜藏精卒三千人为伏，使参军成公英，督千余骑挑战，敕使佯退。胡果争奔之，因发伏，截其后；首尾进击，大破之，斩首获生以万数。〔一〕

帝甚悦，诏曰："卿逾河历险，以劳击逸，以寡胜众；功过南仲〔10〕，勤逾吉甫〔11〕。此勋非但破胡，乃永宁河右：使吾长无西顾之念矣！"徙封西乡侯，增邑二百；并前四百户。

【注释】

〔1〕护羌校尉：官名。负责监督管理西部的羌族。治所在凉州武威郡武威县（今甘肃民勤县东北）。　苏则（？—公元223）：传见本书卷十六。　〔2〕卢水胡：古代西北方少数族名。活动于东汉、魏、晋、北魏时期。最初在湟水流域（今青海西宁市一带），后散居凉州、关中等地。〔3〕贾复（？—公元55）：字君文，南阳郡冠军（今河南邓州市西北）人。西汉末年起兵，后归刘秀，屡建战功。刘秀即位，任执金吾，封冠军侯。公元26年，刘秀准备出兵清除在郾县（今河南漯河市郾城区西南）、宛县（今河南南阳市）的敌对势力，贾复自告奋勇愿领兵进攻敌军实力最强的郾县。传见《后汉书》卷十七。　〔4〕请：请示批准。　〔5〕左车：指李左车。　〔6〕鹯（zhān）阴口：地名。在今甘肃靖远县。　〔7〕鹯阴：县名。县治在今甘肃靖远县西北。　〔8〕揟次（xū zī）：县名。县治在今甘肃武威市东南。　〔9〕显美：县名。县治在今甘肃永昌县东南。〔10〕南仲：周宣王时大臣，曾率兵征伐少数族玁狁（xiǎn yǔn），取得胜利。一说为周文王的武将。　〔11〕吉甫：即尹吉甫。周宣王时大臣，曾率军击破玁狁的进逼，取得大胜。遗物现有青铜器"兮甲盘"。

【裴注】

〔一〕《魏略》曰："成公英，金城人也。中平末，随韩约为腹心。建安中，约从华阴破走，还湟中。部党散去，唯英独从。"《典略》曰："韩遂在湟中，其婿阎行，欲杀遂以降，夜攻遂，不下。遂叹息曰：'丈夫困厄，祸起婚姻乎!’谓英曰：‘今亲戚离叛，人众转少；当从羌中，西南诣蜀耳。’英曰：‘兴军数十年，今虽疲败，何有弃其门而依于人乎?’遂曰：‘吾年老矣，子欲何施?’英曰：‘曹公不能远来，独夏侯尔。夏侯之众，不足以追我；又不能久留，且息肩于羌中，以须其去。招呼故人，绥会羌胡，犹可以有为也。’遂从其计，时随从者，男女尚数千人。遂宿有恩于羌，羌卫护之。及夏侯渊还，使阎行留后。乃合羌胡数万，将攻行，行欲走。会遂死，英降太祖。太祖见英甚喜，以为军师，封列侯。从行出猎，有三鹿走过前。公命英射之，三发三中，皆应弦而倒。公抵掌谓之曰：‘但韩文约可为尽节，而孤独不可乎?’英乃下马而跪曰：‘不欺明公。假使英本主人在，实不来此也。’遂流涕哽咽。公嘉其敦旧，遂亲敬之。延康、黄初之际，河西有逆谋。诏遣英，佐凉州平陇右，病卒。”

《魏略》曰：“阎行，金城人也。后名艳，字彦明。少有健名，始为小将，随韩约。建安初，约与马腾相攻击。腾子超，亦号为健。行尝刺超，矛折，因以折矛挝超项，几杀之。至十四年，为约所使诣太祖。太祖厚遇之，表拜犍为太守。行因请令其父，入宿卫；西还见约，宣太祖教云：‘谢文约：卿始起兵时，自有所逼，我所具明也。当早来，共匡辅国朝。’行因谓约曰：‘行亦为将军兴军以来，三十余年，民兵疲瘁，所处又狭，宜早自附。是以前在邺，自启当令老父诣京师；诚谓将军，亦宜遣一子，以示丹赤。’约曰：‘且可复观望数岁中。’后遂遣其子，与行父母俱东。会约西讨张猛，留行守旧营；而马超等结反谋，举约为都督。及约还，超谓约曰：‘前钟司隶任超使取将军，关东人不可复信也。今超弃父，以将军为父；将军亦当弃子，以超为子。’行谏约，不欲令与超合。约谓行曰：‘今诸将不谋而同，似有天数。’乃东诣华阴。及太祖与约交马语，行在其后；太祖望谓行曰：‘当念作孝子!’及超等破走，行随约还金城。太祖闻行前意，故但诛约子孙在京师者。乃手书与行曰：‘观文约所为，使人笑来。吾前后与之书，无所不说；如此，何可复忍！卿父谏议，自平安也。虽然，牢狱之中，非养亲之处；且又官家亦不能久为人养老也。’约闻行父独在，欲使并遇害，以一其心；乃强以少女妻行，行不获已。太祖果疑行。会约使行，别领西平郡。遂勒其部曲，与约相攻击；行不胜，乃将家人东诣太祖。太祖表拜列侯。”

酒泉苏衡反，与羌豪邻戴及丁令胡万余骑，攻边县[1]。既与夏侯儒击破之，衡及邻戴等皆降。遂上疏，请与儒治左城[2]，筑障塞，置烽候、邸阁以备胡[3]。〔一〕西羌恐，率众二万余落降。

其后西平麹光等杀其郡守，诸将欲击之。既曰："唯光等造反，郡人未必悉同；若便以军临之，吏民、羌胡必谓国家不别是非，更使皆相持著[4]：此为虎傅翼也[5]。光等欲以羌胡为援。今先使羌胡抄击，重其赏募，所虏获者皆以畀之[6]；外沮其势，内离其交：必不战而定。"乃檄告喻诸羌：为光等所诖误者原之[7]；能斩贼帅送首者，当加封赏。于是光部党斩送光首，其余咸安堵如故[8]。

既临二州十余年，政惠著闻。其所礼辟：扶风庞延、天水杨阜、安定胡遵、酒泉庞淯，敦煌张恭、周生烈等，终皆有名位。〔二〕

黄初四年，薨。诏曰："昔荀桓子立勋狄土[9]，晋侯赏以千室之邑；冯异输力汉朝[10]，光武封其二子。故凉州刺史张既，能容民蓄众，使群羌归土：可谓国之良臣。不幸薨陨，朕甚愍之！其赐小子翁归，爵关内侯。"

明帝即位，追谥曰肃侯。

子缉嗣。缉以中书郎稍迁东莞太守[11]。嘉平中，女为皇后，征拜光禄大夫，位特进；封妻向为安城乡君。缉与中书令李丰同谋，诛。语在《夏侯玄传》。〔三〕

【注释】

〔1〕羌豪：羌族首领。 丁令：古代北方少数族名。〔2〕左城：城

堡名。在今甘肃酒泉市南。〔3〕烽候：用烽火发送信号的瞭望侦察点。邸阁：粮食和军用物资的贮存仓库。〔4〕持著：牵连不分开。〔5〕傅翼：添上翅膀。〔6〕畀(bì)：给予。〔7〕诖(guà)误：连累，牵连。〔8〕安堵：安居不动。〔9〕荀桓子：即荀林父，字伯。春秋时晋国的执政大臣。前594年，他率军击败赤狄，灭潞氏(今山西长治市潞州区东北)，晋景公因此赏给他被俘获的敌方百姓一千户。见《左传》宣公十五年。〔10〕冯异(？—公元34)：字公孙，颍川郡父城(今河南宝丰县东)人。随刘秀起兵夺取天下，屡有战功。刘秀即位，被任命为征西大将军，封阳夏侯。从征诸将并坐论功，他常退避到树下，军中称为"大树将军"。传见《后汉书》卷十七。〔11〕中书郎：官名。全称是中书侍郎。中书监、令的下属，负责起草诏令。东莞：郡名。治所在今山东沂水县东北。

【裴注】

〔一〕《魏略》曰："儒字俊林，夏侯尚从弟。初为鄢陵侯彰骁骑司马。(宣王)为征南将军，都督荆、豫州。正始二年，朱然围樊城，城中守将乙修等，求救甚急。儒进屯邓塞，以兵少不敢进；但作鼓吹，设导从，去然六七里，翱翔而还：使修等遥见之，数数如是。月余，及太傅到，乃俱进。然等走。时谓儒为怯，或以为晓以少疑众，得声救之宜。儒犹以此召还，为太仆。"

〔二〕《魏略》曰："初，既为郡小吏。功曹徐英，尝自鞭既三十。英字伯济，冯翊著姓。建安初为蒲坂令。英性刚爽，自见族氏胜既，于乡里名行在前，加以前辱既；虽知既贵显，终不肯求于既。既虽得志，亦不顾计本原，犹欲与英和。尝因醉，欲亲狎英；英故抗意，不纳。英由此遂不复进用。故时人善既不挟旧怨，而壮英之不挠。"

〔三〕《魏略》曰："缉字敬仲。太和中为温令，名有治能。会诸葛亮出，缉上便宜；诏以问中书令孙资。资以为有筹略，遂召拜骑都尉，遣参征蜀军。军罢，入为尚书郎。以称职为明帝所识。帝以为缉之才能，多所堪任，试呼相者相之。相者云：'不过二千石。'帝曰：'何才如是而位(正)〔止〕二千石乎？'及在东莞，领兵数千人。缉性吝于财而矜于势。一旦以女征，去郡，还坐里舍，悒悒躁扰；数为国家，陈击吴、蜀形势。又尝对司马大将军料'诸葛恪虽得胜所边土，见诛不久'。大将军问其故，缉云：'威震其主，功盖一国，欲不死，可得乎？'及恪从合肥还，吴果杀之。大将军闻恪死，谓众人曰：'诸葛恪，多辈耳。近张敬仲悬论恪，以为必见杀，今果然如此。敬仲之智，为胜恪也。’缉与李丰通家，又居相侧近。丰时取急，出，子藐往见之，有所咨道。丰被收，事与缉连，遂收送廷尉；赐死狱中，其诸子皆并诛。”

缉孙殷，晋永兴中，为梁州刺史，见《晋书》。

温恢字曼基，太原祁人也[1]。父恕，为涿郡太守，卒。恢年十五，送丧还归乡里。内足于财，恢曰：“世方乱，安以富为?”一朝尽散，赈施宗族；州里高之，比之郇越[2]。

举孝廉，为廪丘长[3]。鄢陵、广川令[4]，彭城、鲁相：所在见称。入为丞相主簿。

出为扬州刺史。太祖曰：“甚欲使卿在亲近；顾以为，不如此州事大。故《书》云：‘股肱良哉！庶事康哉[5]！’得无当得蒋济为治中邪?”时济现为丹杨太守，乃遣济还州[6]。又语张辽、乐进等曰：“扬州刺史，晓达军事；动静与共咨议。”建安二十四年，孙权攻合肥。是时，诸州皆屯戍。恢谓兖州刺史裴潜曰[7]：“此间虽有贼，不足忧；而畏征南方有变[8]。今水生而子孝悬军[9]，无有远备；关羽骁锐，乘利而进，必将为患。”于是有樊城之事[10]。诏书召潜及豫州刺史吕贡等。潜等缓之，恢密语潜曰：“此必襄阳之急欲赴之也。所以不为急会者[11]，不欲惊动远众；一二日，必有密书促卿进道。张辽等又将被召，辽等素知王意。后召前至，卿受其责矣！”潜受其言，置辎重，更为轻装速发，果被促令[12]。辽等寻各见召，如恢所策。

文帝践阼，以恢为侍中。出为魏郡太守。

数年，迁凉州刺史，持节，领护羌校尉，道病卒。时年四十五。

诏曰："恢有柱石之质，服事先帝，功勤明著。及为朕执事〔13〕，忠于王室；故授之以万里之任〔14〕，任之以一方之事。如何不遂，吾甚愍之！赐恢子生爵，关内侯。"生早卒，爵绝。

恢卒后，汝南孟建为凉州刺史，有治名。官至征东将军。〔一〕

【注释】

〔1〕祁：县名。县治在今山西祁县东南。〔2〕郇越：字臣仲，西汉太原郡（治所在今山西太原市西南）人。志节高尚，曾把家产一千余万钱全部分给父老乡亲。传附《汉书》卷七十二《鲍宣传》。他是温恢的同乡先贤。〔3〕廪丘：县名。县治在今山东郓城县西北。〔4〕鄢陵：县名。县治在今河南鄢陵县西北。广川：县名。县治在今河北枣强县东北。〔5〕庶事康哉：众事都得到妥善办理。这两句出自《尚书·皋陶谟》。〔6〕还州：回到州政府任职。据本书卷十四《蒋济传》，蒋济回州政府后任别驾，不是任治中，此处官名与本传不合。〔7〕裴潜（？—公元244）：传见本书卷二十三。〔8〕征南：指当时的征南将军曹仁。〔9〕子孝：曹仁的字。曹仁当时驻守汉水之滨的樊城。〔10〕樊城之事：指关羽围攻樊城生俘曹魏大将于禁事。〔11〕急会：紧急会合。这里指下达紧急调军命令。〔12〕被促令：接到曹操催促紧急进军命令。〔13〕执事：承担服务。指温恢任侍中。〔14〕万里之任：指州刺史或州牧的职务。当时常以万里指一州之地，千里指一郡之地，百里指一县之地。

【裴注】

〔一〕《魏略》曰："建字公威。少与诸葛亮俱游学。亮后出祁山，答司马宣王书，使杜子绪宣意于公威也。"

贾逵字梁道，河东襄陵人也。自为儿童，戏弄常设部伍[1]。祖父习，异之，曰："汝大必为将率。"口授兵法数万言。〔一〕

初为郡吏，守绛邑长[2]。郭援之攻河东，所经城邑皆下，逵坚守。援攻之，不拔；乃召单于，并军急攻之，城将溃。绛父老与援要[3]，不害逵。绛人既溃，援闻逵名，欲使为将；以兵劫之[4]，逵不动。左右引逵，使叩头，逵叱之曰："安有国家长吏为贼叩头[5]！"援怒，将斩之。绛吏民闻将杀逵，皆乘城呼曰："负要杀我贤君[6]，宁俱死耳！"左右义逵，多为请，遂得免。〔二〕初，逵过皮氏，曰："争地先据者胜[7]。"及围急，知不免；乃使人间行，送印绶归郡，且曰"急据皮氏"。援既并绛众，将进兵。逵恐其先得皮氏，乃以他计，疑援谋人祝奥，援由是留七日。郡从逵言，故得无败。〔三〕

后举茂才，除渑池令。高幹之反，张琰将举兵以应之。逵不知其谋，往见琰。闻变起，欲还。恐见执，乃为琰画计，如与同谋者；琰信之。时县寄治蠡城[8]，城堑不固；逵从琰求兵修城。诸欲为乱者皆不隐其谋，故逵得尽诛之。遂修城拒琰。琰败，逵以丧祖父，去官。司徒辟为掾，以议郎参司隶军事[9]。

【注释】

〔1〕戏弄：做游戏。　设部伍：模仿大人布置军队。〔2〕绛邑：县名。县治在今山西侯马市东北。〔3〕要（yāo）：约定。〔4〕兵：兵器。　劫：威胁。〔5〕长吏：县长、县令的别名。〔6〕负要：背弃约

定。〔7〕争地：兵家必争之地。〔8〕蠡城：地名。在今河南洛宁县西北。〔9〕司隶：即司隶校尉。当时钟繇以侍中兼司隶校尉，督领关中诸军。

【裴注】

〔一〕《魏略》曰："逵，世为著姓。少孤，家贫，冬常无袴。过其妻兄柳孚宿，其明无何，著孚袴去。故时人谓之通健。"

〔二〕《魏略》曰："援捕得逵。逵不肯拜，谓援曰：'王府君临郡积年，不知足下曷为者也？'援怒曰：'促斩之！'诸将覆护，乃囚于壶关；闭著土窖中，以车轮盖上，使人固守，方将杀之。逵从窖中谓守者曰：'此间无健儿邪？而当使义士死此中乎！'时有祝公道者，与逵非故人，而适闻其言；怜其守正危厄，乃夜盗往引出，折械遣去，不语其姓名。"

〔三〕《孙资别传》曰："资举河东计吏，到许，荐于相府曰：'逵在绛邑，帅厉吏民，与贼郭援交战，力尽而败，为贼所俘；挺然直志，颜辞不屈，忠言闻于大众，烈节显于当时：虽古之直发据鼎，罔以加也。其才兼文武，诚时之利用。'"

《魏略》曰："郭援破后，逵乃知前出己者为祝公道。公道，河南人也。后坐他事，当伏法；逵救之，力不能解，为之改服焉。"

太祖征马超，至弘农。曰："此，西道之要。"以逵领弘农太守。召见计事，大悦之。谓左右曰："使天下二千石悉如贾逵，吾何忧！"其后发兵，逵疑屯田都尉藏亡民〔1〕；都尉自以不属郡，言语不顺。逵怒，收之；数以罪，挝折脚。坐免。然太祖心善逵，以为丞相主簿。〔一〕

太祖征刘备，先遣逵至斜谷观形势。道逢水衡〔2〕，载囚人数十车。逵以军事急，辄竟重者一人〔3〕，皆放其余。太祖善之，拜谏议大夫；与夏侯尚并掌军计。

太祖崩洛阳，逵典丧事。〔二〕时鄢陵侯彰行越骑将军〔4〕，从长安来赴，问逵："先王玺绶所在？"逵正色曰："太子在邺，国有储副。先王玺绶，非君侯所宜问也！"遂奉梓宫还邺。

【注释】

〔1〕亡民：逃亡的百姓。〔2〕水衡：即水衡都尉。官名。负责制造水军的舟船器械。〔3〕竟：处决。〔4〕彰：即曹彰。越骑将军：官名。领兵征伐。

【裴注】

〔一〕《魏略》曰："太祖欲征吴而大霖雨，三军多不愿行。太祖知其然，恐外有谏者，教曰：'今孤戒严，未知所之。有谏者，死！'逵受教，谓其同僚三主簿曰：'今实不可出，而教如此；不可不谏也。'乃建谏草，以示三人；三人不获已，皆署名。入白事，太祖怒，收逵等。当送狱，取造意者，逵即言'我造意'，遂走诣狱。狱吏以逵主簿也，不即著械。谓狱吏曰：'促械我！尊者且疑我在近职，求缓于卿，今将遣人来察我。'逵著械适讫，而太祖果遣家中人，就狱视逵。既而教曰：'逵无恶意，原复其职。'始，逵为诸生，略览大义，取其可用。最好《春秋左传》，及为牧守，常自课读之，月常一遍。逵前在弘农，与典农校尉争公事，不得理；乃发愤生瘿，后所病稍大，自启愿欲令医割之。太祖惜逵忠，恐其不活，教：'谢主簿：吾闻，十人割瘿九人死。'逵犹行其意，而瘿愈大。逵本名衢，后改为逵。"

〔二〕《魏略》曰："时太子在邺，鄢陵侯未到。士民颇苦劳役，又有疾疠，于是军中骚动。群僚恐天下有变，欲不发丧。逵建议为不可秘；乃发哀，令内外皆入临；临讫，各安叙不得动。而青州军，擅击鼓相引去。众人以为宜禁止之，不从者讨之。逵以为：'方大丧在殡，嗣王未立，宜因而抚之。'乃为作长檄，告所在，给其廪食。"

文帝即王位。以邺县户数万，在都下〔1〕，多不法，乃以逵为邺令。月余，迁魏郡太守。〔一〕大军出征，复为丞相主簿祭酒〔2〕。逵尝坐人为罪〔3〕，王曰："叔向犹

十世宥之[4]，况逵功德亲在其身乎?”从至黎阳，津渡者乱行；逵斩之，乃整。至谯，以逵为豫州刺史。〔二〕

是时天下初复，州郡多不摄[5]。逵曰：“州本以御史出监诸郡，以六条诏书察长吏、二千石以下；故其状皆言严能鹰扬，有督察之才[6]；不言安静宽仁，有恺悌之德也[7]。今长吏慢法[8]，盗贼公行；州知而不纠，天下复何取正乎?”兵曹从事受前刺史假[9]，逵到官数月，乃还；考竟[10]。其二千石以下，阿纵不如法者[11]，皆举奏免之。帝曰：“逵真刺史矣!”布告天下，当以豫州为法。赐爵关内侯。

州南与吴接。逵明斥候[12]，缮甲兵，为守战之备；贼不敢犯。外修军旅，内治民事。遏鄢、汝[13]，造新陂；又断山溜长溪水[14]，造小弋阳陂；又通运渠二百余里，所谓贾侯渠者也。

黄初中，与诸将并征吴，破吕范于洞浦。进封阳里亭侯，加建威将军[15]。

【注释】

〔1〕都下：都城地区内。当时邺县为魏王国都城。〔2〕主簿祭酒：官名。曹操的丞相府有主簿四人，其中资历久者任主簿祭酒，总管府内事务。〔3〕坐人为罪：受别人牵连而有罪。〔4〕十世宥之：十代人犯了法都应得到赦免。这是《左传》襄公二十一年载祁奚营救叔向时说的话。〔5〕不摄：管不住下属。〔6〕状：推荐人对被推荐人优点的具体叙述。这是汉魏时期选任官员时应有的文字材料之一。 鹰扬：威风凛凛的样子。〔7〕恺悌(tì)：平易近人。〔8〕慢法：轻视法规。〔9〕兵曹从事：官名。州刺史下属之一。负责辖境内军事行动。〔10〕考竟：审问处决。〔11〕阿纵：偏袒纵容。 不如法：不守法。〔12〕斥候：侦察兵。〔13〕鄢：河流名。〔14〕山溜：山涧。

〔15〕建威将军：官名。领兵征伐。

【裴注】

〔一〕《魏略》曰："初，魏郡官属颇以公事期会，有所急切；会闻逵当为郡，举府皆诣县门外。及迁书到，逵出门；而郡官属悉当门，谒逵于车下。逵抵掌曰：'诣治所，何宜如是！'"

〔二〕《魏略》曰："逵为豫州。逵进曰：'臣守天门，出入六年；天门始开，而臣在外。唯殿下为兆民计，无违天人之望。"

明帝即位，增邑二百户，并前四百户。时孙权在东关，当豫州南，去江四百余里；每出兵为寇，辄西从江夏，东从庐江。国家征伐，亦由淮、沔。是时，州军在项；汝南、弋阳诸郡〔1〕，守境而已。权无北方之虞，东西有急，并军相救，故常少败。逵以为："宜开直道临江：若权自守，则二方无救；若二方无救，则东关可取。"乃移屯潦口，陈攻取之计，帝善之。

吴将张婴、王崇，率众降。太和二年，帝使逵督前将军满宠、东莞太守胡质等四军，从西阳直向东关〔2〕；曹休从皖；司马宣王从江陵。逵至五将山，休更表贼有请降者，求深入应之。诏宣王驻军；逵东，与休合进。

逵度贼无东关之备，必并军于皖；休深入与贼战，必败。乃部署诸将，水陆并进。行二百里，得生贼〔3〕，言"休战败，权遣兵断夹石"。诸将不知所出，或欲待后军。逵曰："休兵败于外，路绝于内；进不能战，退不得还：安危之机，不及终日！贼以军无后继，故至此。今疾进，出其不意，此所谓先人以夺其心也，贼见吾兵必走。若待后军，贼已断险，兵虽多，何益！”乃兼道进军，多设旗鼓为疑兵。贼见逵军，遂退。逵据夹石，以兵粮给休，休军乃振。初，逵与休不善。黄初中，文帝欲假逵节，休曰：“逵性刚，素侮易诸将〔4〕，不可为督。”帝乃止。及夹石之败，微逵〔5〕，休军几无救也。〔一〕

会病笃，谓左右曰：“受国厚恩，恨不斩孙权以下见先帝！丧事，一不得有所修作〔6〕。”薨，谥曰肃侯。〔二〕子充嗣。

豫州吏民追思之，为刻石立祠。青龙中，帝东征，乘辇入逵祠。诏曰：“昨过项〔7〕，见贾逵碑像，念之怆然。古人有言，患名之不立，不患年之不长。逵存有忠勋，没而见思，可谓死而不朽者矣！其布告天下，以劝将来。”〔三〕

充，咸熙中为中护军。〔四〕

【注释】

〔1〕弋阳：郡名。治所在河南潢川县西。〔2〕西阳：县名。县治在今河南光山县西南。〔3〕生贼：活的俘虏。〔4〕侮易：欺侮轻视。〔5〕微逵：没有贾逵（的援助）。〔6〕一：一概。〔7〕项：县名。县治在今河南沈丘县。当时是曹魏豫州的治所。

【裴注】

〔一〕《魏略》曰：“休，怨逵进迟，乃呵责逵；遂使主者敕‘豫州刺史往拾弃杖’。逵恃心直，谓休曰：‘本为国家做豫州刺史，不来相为拾弃杖也。’乃引军还。遂与休更相表奏。朝廷虽知逵直，犹以休为宗室，任重，两无所非也。”

《魏书》云：“休犹挟前意，欲以后期，罪逵；逵终无言，时人益以此多逵。”

习凿齿曰：“夫贤人者，外身虚己，内以下物；嫌忌之名，何由而生乎？有嫌忌之名者，必与物为对，存胜负于己身者也。若以其私憾败国殄民，彼虽倾覆，于我何利？我苟无利，乘之何为？以是称说，臧获之心耳。今忍其私忿而急彼之忧，冒难犯危而免之于害；使功显于明君，惠施于百姓；身登于君子之途，义愧于敌人之心：虽豺虎犹将不觉所复，而况于曹休乎？然则济彼之危，所以成我之胜；不计宿憾，所以服彼之心：公义既成，私利亦弘，可谓善争矣。在于未能忘胜之流，不由于此而能济胜者，未之有也。”

〔二〕《魏书》曰：“逵，时年五十五。”

〔三〕《魏略》曰：“甘露二年，车驾东征，屯项；复入逵祠下，诏曰：‘逵没有遗爱，历世见祠；追闻风烈，朕甚嘉之。昔先帝东征，亦幸于此；亲发德音，褒扬逵美。徘徊之心，益有慨然！夫礼贤之义，或扫其坟墓，或修其门闾，所以崇敬也。其扫除祠堂，有穿漏者，补治之。’”

〔四〕《晋诸公赞》曰：“充字公闾。甘露中为大将军长史。高贵乡公之难，司马文王赖充以免。为晋室元功之臣，位至太宰，封鲁公。谥曰武公。”

《魏略列传》以逵及李孚、杨沛三人为一卷；今列孚、沛二人，继逵后耳。

“孚字子宪，钜鹿人也。兴平中，本郡人民饥困。孚为诸生，当种薤，欲以成计。有从索者，亦不与一茎，亦不自食，故时人谓能行意。后为吏。建安中，袁尚领冀州，以孚为主簿。后尚与其兄谭争斗，尚出军诣平原；留别驾审配守邺城，孚随尚行。会太祖围邺，尚还欲救邺；行未到，尚疑邺中守备少，复欲令配知外动止，与孚议所遣。孚答尚言：‘今使小人往，恐不足以知外内；且恐不能自达。孚请自往！’尚问孚：‘当何所得？’孚曰：‘闻邺围甚坚，多人则觉。以为直当将三骑，足矣。’尚从其计。孚自选温信者三人，不语所之。皆敕使具脯粮，不得持兵杖，各给快马。遂辞尚来南，所在止亭传。及到梁淇，使从者斫问事杖三十枚，系著马边；自著平上帻，将三骑，投暮诣邺下。是时，大将军虽有禁令，而刍牧者多，故孚因此夜到。以鼓一中，自称‘都督’；历北围，循表而东；从东围表，又循围而南；步步呵责守围将士，随轻重行其罚。遂历太祖营前，径南过；从南围角西折，当章门；复责怒守围者，收缚之。因开其围，驰到城下，呼城上人；城上人以绳引，孚得入。配等见孚，悲喜，鼓噪称‘万岁’。守围者以状闻，太祖笑曰：‘此非徒得入也，方且复得出。’孚事讫，欲得还，而顾外围必急，不可复冒。谓己使命当速反，乃阴心计，请配曰：‘今城中谷少，无用老弱为也；不如驱出之以省谷也。’配从其计，乃复夜简别得数千人，皆使持白幡，从三门并出降。又使人人持火，孚乃无何将本所从，作降人服，随辈夜出。时守围将士，闻城中悉降，火光照曜。但共观火，不复视围。孚出北门，遂从西北角突围得去。其明，太祖闻孚已得出，抵掌笑曰：‘果如吾言也！’孚比见尚，尚甚欢喜。会尚不能救邺，破走至中山，而袁谭又追击尚。尚走，孚与尚相失，遂诣谭；复为谭主簿，东还平原。太祖进攻谭，谭战死。孚还城，城中虽必降，尚扰乱未安。孚权宜欲得见太祖，乃骑诣牙门，称：‘冀州主簿李孚欲口白密事。’太祖见之，孚叩头谢。太祖问其所白，孚言：‘今城中强弱相陵，心皆不定；以为宜令新降为内所识信者，宣传明教。’公谓孚曰：‘卿便还宣之。’孚跪请教，公曰：‘便以卿意宣也。’孚还入城，宣教‘各安故业，不得相侵陵’。城中以安，乃还报命。公以孚为良足用也，会为所间，才署冗散。出守解长，名为严能。稍迁至司隶校尉，时年七十余矣。其于精断无衰，而术略不损于故。终于阳平太守。孚本姓冯，后改为李。

“杨沛字孔渠，冯翊万年人也。初平中，为公府令史。以牒除为新郑长。兴平末，人多饥穷。沛课民益蓄干椹，收莹豆，阅其有余以补不足；如此积得千余斛，藏在小仓。会太祖为兖州刺史，西迎天子，所将千余人皆无粮。过新郑，沛谒见，乃皆进干椹。太祖甚喜。及太祖辅政，迁沛为长社令。时曹洪宾客在县界，征调不肯如法；沛先挝折其脚，遂杀之。由此太祖以为能。累迁九江、东平、乐安太守，并有治迹。坐与督军争斗，髡刑五岁。输作未竟，会太祖出征，在谯；闻邺下颇不奉科禁，乃发教选邺令：‘当得严能如杨沛比。’故沛从徒中起为邺令。已拜，太祖见之，问曰：‘以何治邺？’沛曰：‘竭尽心力，奉宣科法。’太祖曰：‘善！’顾谓坐席曰：‘诸君，此可畏也！’赐其生口十人，绢百匹，既欲以励之，且以报干椹也。沛辞去，未到邺；而军中豪右曹洪、刘勋等畏沛名，遣家驰骑告子弟，使各自检敕。沛为令数年，以功能转为护羌都尉。十六年，马超反，大军西讨；沛随军，都督孟津渡事。太祖已南过，其余未毕。而中黄门前渡，忘持行轩，私北还取之；从吏求小船，欲独先渡。吏呵不肯，黄门与吏争言。沛问黄门：‘有疏邪？’黄门云：‘无疏。’沛怒曰：‘何知汝不欲逃邪？’遂使人捽其头，与杖欲捶之；而逸得去，衣帻皆裂坏，自诉于太祖。太祖曰：‘汝不死为幸矣！’由是声名益振。及关中破，代张既领京兆尹。黄初中，儒雅并进；而沛本以事能见用，遂以议郎冗散里巷。沛前后宰历城守，不以私计介意，又不肯以事贵人；故身退之后，家无余积。治疾于家，借舍从儿，无他奴婢。后占河南夕阳亭部，荒田二顷；起瓜牛庐，居止其中，其妻子冻饿。沛病亡，乡人亲友及故吏民，为殡葬也。”

评曰：自汉季以来〔1〕，刺史总统诸郡，赋政于外〔2〕；非若曩时司察之而已〔3〕。太祖创基，迄终魏业，此皆其流称誉有名实者也〔4〕。咸精达事机，威恩兼著；故能肃齐万里〔5〕，见述于后也。

【注释】

〔1〕汉季：汉代末期。〔2〕赋政：行政。〔3〕曩时：过去。　司察：负责监察。东汉末以前，刺史作为皇帝的特派使者监察一州。东汉末开始成为一州的行政长官。〔4〕此：指本卷记述的人物。〔5〕肃齐：整治。　万里：指一州。

【译文】

刘馥，字元颖，沛郡相县人。他避乱到扬州。建安初年(公元196)，他前去游说袁术的部将戚寄、秦翊，使他们率领部众和自己一同投奔太祖曹操，太祖很高兴。司徒任命他为下属。

后来孙策任命的庐江郡太守李术，引兵攻打扬州，杀死扬州刺史严象。庐江一带的梅乾、雷绪、陈兰等，趁势在江淮地区聚集起几万人马，攻掠郡县，残害人民。当时太祖正和袁绍对抗，他认为可以把平定东南地区的任务委托给刘馥，于是便上表朝廷任命刘馥为扬州刺史。刘馥一接受任命，就单人匹马奔赴合肥空城，建立起行政机构。对合肥南部的雷绪、梅乾等势力，采取招安的策略，让他们都来归附，雷绪等人也不断奉献物品。几年中，这种施恩感化的政策收到了很大的效果；百姓拥护他的治理，流亡逃难的人成千上万地跋山涉水返回故乡。这时候，刘馥开始召集儒生，建立学校；推广屯田，兴修芍陂、茹陂、七门堰、吴塘等处的堤堰，用来灌溉稻田，使得官府和百姓都有了粮食储备。

又加高合肥城的城墙堡垒，大量贮存滚木和礌石，编织了几千万张草席，并增加了几千斛鱼脂油的储存，作为战斗防御的准备。

建安十三年(公元208)，刘馥去世。

孙权趁机率领十万军队攻打合肥，包围城池达一百多天。正赶上连日下雨，城墙几乎要被雨水浸润坍塌了，守城的军民便用此前贮备的草席覆盖住城墙。夜间点燃鱼脂，照亮城外，观察敌方的动向而采取相应的防御措施。敌方损失惨重被迫撤退。扬州地区的官吏百姓因此对刘馥更加怀念，认为刘馥比春秋时期坚守晋阳城的董安于还要出色。至于他所兴修的水利设施，到今天还在发挥作用。

刘馥的儿子是刘靖。黄初年间，由黄门侍郎升任庐江郡太守，魏文帝下诏说："您父亲过去在那里任州刺史；现在您又要去管辖扬州所属的这个郡，真可以说是能继承先辈的事业了。"

后来刘靖又被调到河内郡任太守。升为尚书，朝廷赐予他关内侯的爵位。又出任河南尹。散骑常侍应璩给刘靖写信说："您入朝则担任尚书，出外则担任京城地区的行政长官河南尹。使百姓富足的办法，您每日每月都在不断施行：防御屏障修得又高又陡，使盗贼放弃了偷盗的念头；黍、稷、菽、麦、稻五类谷物配搭着种植，避免了水旱的灾害；农具准备充足，从未耽误农时；养蚕、种麦有编好的草席，保证不受雨水冲淋；下达公务指令，没有官员敢拖延不办；鳏寡孤独的人，都享受到官仓的赈济。再加上明察秋毫，秉公执法；有关官吏一旦接到朝廷下达的任务，下属各县都能顺利完成：这样的成绩即使是前朝治理京兆尹的能臣赵广汉、张敞、王尊、王章、王骏，也不能同您相比啊！"刘靖的政绩大体上就像这样。他的措施起初让人觉得琐碎繁复，但最终还是对百姓有利，有他父亲的遗风。

因为母亲去世，刘靖离职奔丧。后来又担任大司农、卫尉；晋爵为广陆亭侯，食邑三百户。他曾上疏陈述儒家教育的根本道理，说："学习这件事，是影响治乱的规范，是圣人最重要的训诲。自从文帝黄初年间提倡建立太学以来，到现在已经二十多年了，但是至今没有培养出什么有成就的人才；原因大概在于博士教官的选择上标准低下，儒生又是为了逃避兵役而来入学，高门贵族的子弟，觉得和这样的人一起学习是耻辱，所以不愿到学校来读书。整个教育状况可以说是有名而无实，有教育而无成效。为臣认为应该用高标准来选拔博士：选拔那些品行能够为人师表，经学能够胜任教学的人来负责教导贵族官员的子弟。遵照古代的制度，让品级在两千石以上官员的子孙，从十五岁开始，都进入太学学习。明确制定出升降奖惩的办法：对那些通晓经术而又认真修养品德的，要提升他们以示尊崇道德；对那些荒废课程和学习的，则要开除他们以示惩罚恶习。表扬选拔优秀的学生而加强教育后进的学生，那么大家都会努力学习。那种拉帮结派联络人事关系的不正之风，就会自行消灭了。阐发弘扬儒家的教化，使那些还没有归顺的人民得到安抚；普天下都承受儒家思想的教育，边远地方的百姓就会自动前来归附：这就是圣人的教诲，达到政治清明的根本。”

刘靖后来升任镇北将军，持有节杖，指挥河北地区的军队。他认为：“使王朝长久存在的重大措施中，最好的是坚守边防，让汉族人与少数族人完全分开。”他开拓了边疆的防线，在险要的地方屯兵据守。又维修拓宽了戾陵渠的大堰，引水灌溉蓟县南北的大片农田，使田地能够种三茬谷物，边疆的人民都得到利益。

嘉平六年(公元254)，刘靖去世。朝廷追赠他为征北将军；晋封为建成乡侯，并谥为景侯。他的儿子刘熙继承他的爵位。

司马朗，字伯达，河内郡温县人。九岁的时候，有人当着他的面提到他父亲的表字。司马朗马上说：“不尊重别人的父母，也就等于不尊重自己的父母。”那个人赶忙对他表示歉意。

十二岁的时候，他参加选拔童子郎的经学考试。因为他长得又高又壮，监考的官员怀疑他隐瞒了年龄；便进行盘问，司马朗说：“我的中表亲戚，历来身材都长得高大。我虽然幼稚弱小，还没有向圣贤看齐的雄心大志；但是隐瞒年龄来假装早慧以求速成，这不符合我的志向。”监考官对他的回答感到很惊异。

后来关东州郡起兵讨伐董卓，原来的冀州刺史李邵，家住在野王县临近险要的山区，打算迁徙到温县居住。司马朗劝说李邵道：“唇亡齿寒的比喻，难道只限于春秋时的虞国和虢国吗？温县和野王县也是这样啊。现在您离开野王而迁居温县，只不过是躲过了早晨的死亡期限，却躲不过晚上的死亡期限啊。再说您是本地人民的希望。现在贼寇还没到您就要先离开，沿山各县的人民必然惊惶失措。这等于是动摇民心为那些强盗坏人打开大门啊！我私下里真为全郡人民担忧。”李邵不听劝告。靠近山区各县的百姓果然发生混乱，纷纷往内地迁徙，很多人遭到贼寇的洗劫。

这时，董卓强迫献帝迁都长安，他自己暂时留在洛阳。司马朗的父亲司马防，当时在朝任治书御史，照例应当随皇帝同往长安。由于全国到处都不太平，他就让司马朗带着家眷回故乡温县。

不料有人诬告司马朗要逃跑，把他抓去见董卓。董卓对他说：“您与我死去的儿子同岁，我差一点要大大对不起您了！”司马朗回答说：“明公您凭着崇高的德行，遭遇厄运灾难降临的时候；能够为国家清除乱臣贼子，举用大量的贤才：确实可以说是精心考虑，想使国家达到大治。您的威望德泽已经树立，功勋业绩已经显露；但是现在战争的灾难却一天比一天严重，各州郡人心惶惶；京城附近的百姓，不能安居乐业；纷纷抛弃居室产业，四处流亡躲藏；尽管京城四周都设置了关卡，用重刑杀戮来惩罚逃亡的人，仍然禁止不住这股逃亡的势头：这就是我感到忧心的原因。希望明公您能洞察借鉴过去的史事，稍稍多加考虑一下；那么您的光荣和声名就将与日月同辉，比上伊尹、周公也并不困难。”董卓说：“我也明白这一点，您的话很有意义。”

司马朗断定董卓必然灭亡。担心被他留下来；就用家中财物贿赂他手下管事的官吏，请求放自己回故乡。司马朗一到家乡，就对乡亲父老说：“董卓大逆不道，普天下的人都把他看做仇敌，这正是忠臣义士奋起建立功业的时刻。我们这个郡与京城接壤；洛阳的东边有成皋县，这个县北临黄河；讨伐董卓的各路大军倘若进展不利，必然要在此地停留。我们家乡这地方实在是兵家必争的危险区域，难以保障安全。不如趁现在道路还通畅，带着整个家族往东到黎阳县。黎阳驻有骑兵队，司令官赵威孙，是咱们同乡，又与我家有姻亲关系，他担任监营谒者统领兵马，足以成为我们的依靠。今后如果形势有什么变化，在那里慢慢观望也不晚。”

然而父老乡亲都怀恋故土，没有人肯随从司马朗走；只有同县的赵咨，带着家属和司马朗一起去了黎阳。过了几个月，关东地方的州郡纷纷起兵，聚集了几十万兵马，都驻扎在荥阳和河内郡。各路领兵的将军互相不能统率，果然放纵士兵烧杀抢掠，百姓死了将近一半。

过了很久，关东的军队纷纷瓦解，太祖和吕布在濮阳对峙。司马朗才携带家眷回到温县。正赶上大饥荒，严重到人吃人的程度。司马朗收养抚恤自己宗族的人，教育自己的弟弟，并未因为世道衰败便抛弃了学业。

司马朗二十二岁时，太祖曹操任命他为自己司空府下属。后来任成皋县令，因病离职。又复职任堂阳县长。他治理地方的政策宽厚仁慈，不用鞭、杖等刑罚，百姓也不犯法。此前，县里有些老百姓迁徙到京城地区居住。后来朝廷向堂阳县下达制造船只的任务，迁走的县民担心司马朗不能如期完成，就互相联络，悄悄回来帮助造船。司马朗得到百姓的爱戴就到了这样的程度。后来他升任元城县令。

又入朝担任丞相府的主簿。司马朗认为："天下之所以出现土崩瓦解局面，是因为从秦朝开始废除了五等爵位的分封制度，而郡国也没有进行军事训练做好战争准备的缘故。现在虽然已经不可能恢复实行五等爵制，却可以下令让州、郡都设置地方军队：对外防备异族侵略，对内威慑那些图谋不轨的人，这才是最好的策略。"他还认为："应当恢复古代的井田制。过去由于考虑到百姓的土地都传承了许多代，很难在中途收归国有，所以一直维持现状到今天。现在正赶上大乱之后，百姓分散在各处；土地没有主人，都成了公田：应该趁这个时机恢复井田制。"关于恢复井田制的建议虽然没有实施，但是后来在州、郡设置军队，就是司马朗原来主张。

他升任兖州刺史，政策和教化得到全面推行，受到百姓的称赞。即使在行军打仗的时候，司马朗也总是穿粗布衣服，吃劣等饭食，用俭朴的生活给部下作出表率。他非常喜爱有关评价人物优劣的典籍；他的同乡李觌等人名气很大，可是司马朗却常常公开批评这些人。后来李觌等人果然身败名裂，人们都佩服司马朗有远见。钟繇、王粲曾发表议论说："不是圣人就不能把天下治理成太平盛世。"司马朗却认为："伊尹、颜渊一类人虽然不是圣人，但让这样的人连续几代治理以后，也可以达到太平盛世。"

建安二十二年(公元217)，司马朗与夏侯惇、臧霸等人征伐吴国，行军到居巢。这时部队中发生了流行性传染病，司马朗亲自巡视军营，为生病的士卒请医配药。结果自己也染上了疾病去世，终年四十七岁。他临死前吩咐家人："给遗体穿布衣戴头巾，入殓的时候只穿与季节相应的平常的服装。"兖州人民对他十分怀念。

魏明帝即位，封司马朗的儿子司马遗为昌武亭侯，食邑一百户。司马朗的弟弟司马孚，又把自己的儿子司马望过继给司马朗。司马遗死后，司马望的儿子司马洪继承了爵位。

当初同司马朗一起迁徙到黎阳的赵咨，官做到太常，是当时的优秀人才。

梁习，字子虞，陈郡柘县人。他起初担任陈郡的主簿。太祖曹操做司空时，征召他任章县县长。后来他任乘氏、海西、下邳三县的县令，在任职的地方都有善于治理的名声。此后他入朝担任司空府的西曹令史，升为西曹属。

建安十一年(公元206)，并州刚刚来归附，梁习以别部司马的官职代理并州刺史。当时正是高幹作乱之后，南匈奴等少数族就在并州界内，嚣张跋扈，并州的官吏百姓纷纷反叛逃亡，加入到少数族的部落中。州中的豪强大族招兵买马，也不时骚扰危害人民；各种势力互相煽动，就像棋子一样到处密密麻麻地盘踞着。梁习到任以后，采用劝诱招抚的办法，很有礼貌地召请那些豪强大族，分批加以推荐，让他们到太祖的军府中去任职。豪强大户都得到安置以后，紧接着征调壮丁前去参军；又借着大军出征的机会，让他们充当战士和运输队员。当官的和当兵的离去以后，又开始迁移他们的家属；前后送往邺县的共有好几万人。对那些不执行命令的，梁习就派兵前去讨伐；杀死了一千多人后，上万人前来投降归顺。南匈奴的单于恭恭敬敬地服从管理，各部落著名的酋长也叩头听命；少数族人民都听从梁习的调遣，承担政府分配的各类任务，同编入户口名册的汉族百姓一样。边境从此得到安定，百姓在田地里安心耕作；梁习鼓励农民发展生产，其指示得到认真的贯彻。州里的名士经过梁习的推荐，都得到朝廷的任用，事情的经过记载在本书《常林传》中。太祖对梁习非常赞赏，赐给他关内侯的爵位，并正式任命他为并州刺史。州中的父老称颂梁习的事迹，认为自从他们懂事以来，没有任何一个刺史能够赶得上梁习。

建安十八年(公元213)，并州并入冀州；任命梁习为议郎、冀州西部都督从事，属于冀州统辖，并指挥原来的部队。又受命到上党郡督运大木材，以供修建邺城宫殿的需要。梁习上表请求设置两名屯田都尉，带领六百个屯田民夫；在大道旁边耕种粮食，供给运输木材的人畜食用。后来南匈奴的单于入朝称臣，西北边境没有了忧患，这都是梁习的功绩。

魏文帝曹丕即帝位，重新设置并州，梁习再次担任刺史；晋爵为申门亭侯，食邑一百户。他的行政成绩常常是全国最优等。

太和二年(公元228)，朝廷征召他担任大司农。梁习在并州任职二十多年，他的住处非常简陋，家里也没有地方特产的珍贵物品。魏明帝感到很惊异，给予他优厚的赏赐。太和四年(公元230)，梁习去世，他的儿子梁施继承了他的爵位。

当初，济阴郡的王思与梁习，都担任司空府的西曹令史。有一天轮到王思当班，向太祖报告公文，不合太祖心意；惹得太祖大发雷霆，下达指令传唤写文件的官吏，准备处死他。指令下达时正赶上王思不在，梁习便替他去见曹操，一到就被关押起来；王思听说后急忙赶回来，主动承认自己的罪责，说应当处死的人不是梁习而是自己。太祖对梁习默默地代人受过十分感动，也很赞赏王思能勇于承担罪责。他说："想不到我的军队中竟然有两名义士！"后来两个人同时被提升为刺史，王思兼管豫州。王思也是个能干的官员，只是实施行政时苛刻琐碎，不识大体。他后来官至九卿，封为列侯。

张既，字德容，冯翊郡高陵县人。十六岁的时候，在郡政府中担任小吏，后来担任比较重要的职务。被举荐为孝廉，他没有应召到京城去求官。太祖曹操做司空的时候，任命他为下属，他也没有去；后来他被举荐为茂才，担任新丰县令。他治理新丰县的政绩，在长安附近的京兆尹、冯翊郡、扶风郡中名列第一。

袁尚在黎阳同太祖的兵马对抗，派他所设置的河东郡太守郭援、并州刺吏高幹以及南匈奴的单于，一起攻取平阳；又派遣使者到西边去联合关中的各路位将领抵抗太祖。太祖部下的司隶校尉钟繇也派张既，去游说马腾等关中将领。张既给马腾等人分析利害关系，马腾等人被说服归顺了太祖。马腾还派儿子马超带领一万多人马，会同钟繇攻击高幹、郭援；把对方打得溃不成军，郭援被斩首，高幹和南匈奴的单于都被迫投降。后来高幹在并州再次反叛。河内郡的张晟独自拥有一万多人马，在崤山、渑县一带抢掠。河东郡的卫固、弘农郡的张琰，都起兵响应张晟。太祖任命张既为议郎，在钟繇的部队中参谋军事，让他到西边的关中召来马腾等将领，联合攻击张晟等武装势力，结果大败敌人。杀死了张琰、卫固，高幹逃奔荆州。太祖封张既为武始亭侯。

太祖将要讨伐荆州的刘表，却对分别据守着关中的马腾等人不放心。就又派张既去劝说马腾等人，让他们放弃部下军队回朝廷任职。马腾已经答应，而又有些后悔；张既恐怕发生变故，就赶忙向沿途各县发公文，要他们为马腾等人准备犒劳和赠送的物品，又让沿途的郡太守出城迎接。马腾不得已，只好启程向东回朝。太祖上表请求任命马腾为卫尉；封他的儿子马超为将军，统领原来的部属。后来马超反叛，张既随同太祖在华阴县大败马超。平定了关中一带之后，太祖任命张既为京兆尹；他招纳流离失散的人民，修复原来的县城，百姓都十分拥戴他。

魏国建立以后，张既担任尚书。又离京去做雍州刺史。太祖对他说："让您回去治理自己家乡所在的雍州，可以说是衣锦还乡了啊！"后来张既跟随太祖去征讨汉中的张鲁，他单独带领一支人马从散关进入，讨伐叛变的氐族人，收割氐族人的麦子来供给军粮。张鲁投降以后，张既劝说太祖把汉中的几万户人家迁移到人口欠缺的长安及附近地区。以后，张既同曹洪在下辩攻破了刘备的部将吴兰。又同夏侯渊讨伐宋建；单独领兵攻打临洮、狄道两县，平定了那一带地方。这时候，太祖正准备移民以充实河北地区，陇西、天水、南安各郡的人民恐惧骚动，惶惶不安。张既特地给予这三郡人中当将领、官员的人一段假期，让他们回家盖房修屋，制作水碓，以显示出不会离开家乡。于是民心得到安定。

太祖将要撤出汉中的守军，又担心刘备向北征服武都郡的氐族后威胁关中。便向张既询问办法，张既说："可以劝说氐族人前往北方产粮的地方躲避敌寇，先去的给予重赏；这样，先去的就会知道有利可得，后面的人一定会仿效他们。"曹操听从了张既的计策，亲自到汉中撤出各路军队。又命令张既到武都郡，用上述办法把五万多户氐族人，迁移到扶风、天水二郡的境内。

这时候，武威郡的颜俊、张掖郡的和鸾、酒泉郡的黄华、西平郡的麹演等，在他们各自的郡一同举兵反叛。都自称将军，还互相攻击。颜俊派人把自己的母亲、儿子，送到太祖那儿做人质，请求援助。太祖问张既怎么办，张既说："颜俊等人对外想借助国家的威势，内心里却是不服从朝廷的；等到计策制定妥了，势力足够强大了，必然又会造反的。现在您刚刚在筹划平定蜀地的大计，应该让颜俊等势力并存而且互相争斗；就像春秋时鲁国的卞庄子刺虎一样，坐等他们两败俱伤。"曹操说："好！"过了一年多，和鸾果然杀了颜俊，武威郡的王秘又杀了和鸾。那时候，没有设置凉州，从关中直到西域，都属于雍州。

曹丕即魏王位，才开始设立凉州，任命安定郡太守邹岐为凉州刺史。张掖郡的张进抓了郡太守，率兵抗拒邹岐；黄华、麹演等人也赶走了原来的太守，举兵响应张进。张既领兵西进，为护羌校尉苏则的部队壮大声势，所以苏则能够击破张进等人建立大功。张既也晋爵为都乡侯。

凉州的卢水胡族首领伊健妓妾、治元多等人反叛，河西地区遭到严重骚扰。文帝曹丕十分担忧，说："除了张既，没有人能安定凉州。"于是便召回邹岐，让张既代替他任凉州刺史。并下诏给张既说："从前贾复请求领兵去攻打郾县的贼寇，光武帝笑着说：'您去攻打郾县，我还有什么担忧呢？'您的谋略胜过别人，现在正是您施展谋略的时机。我允许您根据情况的需要自行决定军务的处理，不用按惯例先向我请示批准。"又派护军夏侯儒、将军费曜等人，领兵在他后面接应。

张既率军到达金城，准备渡过黄河，部下的将领、郡太守都认为："兵少路险，不可深入敌方腹地。"张既说："道路虽然险峻，却不像井陉关那样狭窄；少数族武装都是乌合之众，不会有李左车那样的计谋。现在武威郡很危急，应该迅速赶到那里！"于是断然下令渡河。对方有七千多骑兵，在鹯阴口狙击张既的部队。张既放出风声要由鹯阴县渡河，却悄悄地经过揟次县赶到了武威。卢水胡人都以为遇到了神兵，赶忙退却到显美县。

张既已经占领了武威，费曜的接应部队才赶到，而夏侯儒的部队还没到达。张既犒劳赏赐部下，打算进军攻击卢水胡。将领们都说："我方士兵很疲劳，敌人却锐气正盛，很难同他们争个高下。"张既说："现在军中没有现成的粮草，必须从敌人那里夺取。如果敌人发现我方兵力聚集，就要退进深山。那时候再追击他们，道路既险峻难走，士兵又饥饿劳累；如果我们撤退，又会遭受敌人的追击。这样的话，战事就无法得到迅速解决，正如前人所说的'一旦放跑了敌人，危害会延续好几代'啊。"于是便领兵挺进到显美县。敌人的几千骑兵，想借助大风放火烧毁魏军的营盘，张既部下的将士都很恐惧。他在夜间埋伏下三千精兵，然后让参军成公英，率领一千多骑兵前去挑战，命令他们佯装败退。敌人果然争先恐后地来追赶，于是伏兵杀出，截断了敌人的后路；魏军首尾夹击，结果大获全胜，斩首俘虏上万人。

文帝非常高兴，下诏说："您渡过黄河，深入险境，用疲劳的军队攻击休息充分的敌人，以少胜多；功勋超过了南仲，勤劳超过了尹吉甫。这一功绩不仅仅是打败了卢水胡人，而且使河西一带永远宁静：让我再也不用顾虑西边的局势了！"文帝转封张既为西乡侯，给他增加了二百户封邑；连同以前的封邑，一共四百户。

酒泉郡的苏衡造反，会同羌族的首领邻戴以及丁令族共计一万多骑兵，攻打边境各县。张既同夏侯儒前往迎击，大败敌人，苏衡、邻戴等投降。于是张既上书，请求与夏侯儒共同修复左城要塞，筑起防御工事，设置烽火台和储备军粮的仓库，防御少数族的侵袭。西部的羌族人害怕了，有两万多户人家来投降。

后来西平郡的麹光等人杀死郡太守造反，张既部下的将领要去镇压。张既说："造反的只有麹光等人，郡中的百姓不一定都愿意跟随他们；如果因为这就兴兵讨伐，当地的官吏百姓和羌族人就会说朝廷不辨是非，迫使他们联合起来反对政府：这等于是为猛虎添上翅膀啊。麹光等人想利用羌族人的力量。现在我们先让羌族人去袭击他们，凡是在袭击中出力的都给重赏，并且把俘虏也都送给羌族人；这样，从外面遏制他们的势力，从内部离间他们的盟友，就一定会不战而平定西平郡。”于是发布檄文通告各部落的羌人：凡是受麹光等人诱骗而加入叛军的一律原谅，能够杀死敌人首领送来脑袋的给以封赏。结果，麹光的部下杀死他并送上了他的脑袋，其余的人都像过去一样安居不动。

张既治理雍、凉两州长达十多年，政绩为人称颂。扶风郡的庞延，天水郡的杨阜，安定郡的胡遵，酒泉郡的庞淯，敦煌郡的张恭、周生烈等人，他都曾备礼任命为下属，这些人后来都做了高官而且很有名。

黄初四年(公元223)，张既去世。文帝下达的诏书说：“过去荀林父击败狄族人有功，晋景公赏给他俘获的敌方百姓一千家；冯异为汉朝贡献自己的力量，光武帝为此赐爵位给他的两个儿子。已故的凉州刺史张既，能够收容安抚民众，使各部落的羌族人归顺朝廷：可以称为国家的良臣。他不幸去世，朕非常痛惜！现在赐给他小儿子张翁归关内侯的爵位。”

魏明帝即位以后，追谥张既为肃侯。由他的儿子张缉继承爵位。张缉从中书郎逐步升迁到东莞郡太守。嘉平年间，他的女儿做了皇后，他也因此被任命为光禄大夫，赐给特进的官号；他的妻子名叫向，被封为安城乡君。后来张缉与中书令李丰一同谋反，被处死。事情经过记载在本书《夏侯玄传》中。

温恢，字曼基，太原郡祁县人。他的父亲温恕，曾任涿郡太守；去世的时候，温恢才十五岁，送丧回到家乡。当时温恢的家里十分富有，他说：“社会正开始大乱，要这么多钱干什么呢？”一下子把家财全部都用来送给自己宗族中的穷人；同州的老乡都认为他的做法高尚，把他比做本州的先贤郇越。

后来温恢被举荐为孝廉，做过廪丘县长，鄢陵、广川县的县令，彭城、鲁国的国相。在这些地方他都受到好评。又入朝做丞相府的主簿，出任扬州刺史。

太祖曹操对他说："我非常愿意让您在我身边做事；但又认为扬州的事情更为重要。《尚书》上说：'辅政大臣好，那么诸事都会得到妥善的办理。'是不是需要让蒋济来担任治中辅助您呢?"当时蒋济任丹杨郡太守，于是便下令让他回到扬州的州政府任职。太祖又对驻扎在扬州的将军张辽、乐进等人下达指示说："扬州刺史温恢，通晓军事；凡事要和他共同商量。"建安二十四年(公元219)，孙权出动大军攻打合肥。那时候各州都有屯兵防卫。温恢对兖州刺史裴潜说："我们这里虽然有敌人，但还构不成威胁；所害怕的是敌人进攻驻守在樊城的曹仁。现在河水已经上涨，而曹仁的孤军却没有长期作战的准备；关羽骁勇善战，率领精锐部队借着地利进攻，一定会造成祸害。"后来果然发生了关羽包围和水淹樊城的事。这时朝廷下诏征召裴潜以及豫州刺史吕贡等人出兵。裴潜等人行动迟缓，温恢悄悄对裴潜说："这一定是襄阳危急要让你们赶去支援。之所以朝廷没有下达紧急行动的命令，是不愿意惊动远方的百姓；一两天内，一定会有秘密文书催促你们上路。张辽等人也会被召去援救，张辽他们一向知道魏王的心思，定然会飞快赶到。如果他们后接到命令却比您先到达，您可就要受责备了!"裴潜听从了温恢的话，放弃了辎重，让部下轻装迅速出发，果然很快就接到了朝廷催促进军的紧急命令。张辽等人接着也分别被征召，一切都不出温恢所料。

魏文帝曹丕即帝位，温恢为侍中。又出京担任魏郡太守。过了几年，他升任凉州刺史，持有节杖，兼任护羌校尉。在上任的途中病死，终年四十五岁。

文帝下诏说："温恢具有朝廷栋梁的素质，侍奉先帝，功劳卓著。在朕身边服务，能够忠于朝廷；所以把凉州刺史的重任授给他，让他处理一个方面的公事。他为什么就这样死了，使我非常之悲痛!现在赐温恢的儿子温生以关内侯的爵位。"温生死得早，爵位的传承至此断绝。

温恢去世以后，汝南郡的孟建担任凉州刺史，也有善于治理的名声。官做到征东将军。

贾逵，字梁道，河东郡襄陵县人。幼年时和儿童们一起做游戏，就常常模仿大人布置军队打仗。他的祖父贾习，感到很惊异，说：“你长大一定会当将军。”口授他兵法好几万字。

贾逵起初在郡政府中做一名办事员，后来代理绛邑县长。郭援攻打河东郡的时候，所经过的县城都被攻破了，只有贾逵据城坚守。郭援久攻不下，召来南匈奴的单于，一同猛攻，眼看绛邑城就要被攻破。城中的乡亲父老同郭援说定：不许杀害贾逵。绛邑被攻下以后，郭援久闻贾逵的大名，想用他为将军；用兵器对着他逼他答应，贾逵却不为所动。郭援的部下抓着贾逵，让他叩头，贾逵怒斥他们说：“岂有国家的县长对强盗叩头的道理！”郭援发怒了，要将他推出斩首。绛邑的官吏百姓听说要杀贾逵，都登上城墙大声呼喊：“谁要背弃约定杀死我们的好县长，我们就和他以死相拼！”郭援左右的人认为贾逵为人忠义，纷纷替他求情，才使贾逵幸免于死。起初，贾逵访问皮氏县，曾说：“这是兵家必争之地，谁先占领谁就胜利。”到了郭援包围绛邑形势危急的时候，贾逵知道绛邑免不了要被攻破；就派人从小路把自己的官印和绶带送回河东郡，并让他通知郡太守：“赶快占领皮氏！”郭援打败绛邑的守军以后，将要继续进军。贾逵怕他先占领皮氏，就用计策使郭援的谋士祝奥产生疑虑，造成郭援的人马滞留了七天。河东郡太守听从了贾逵的劝告先占领了皮氏，所以没有打败仗。

后来贾逵被举荐为茂才，出任渑池县令。高幹谋反以后，弘农郡的张琰要举兵响应。贾逵不知道张琰的阴谋，去见他。到了以后听说叛乱已经发生，想逃回去。又怕被张琰逮捕，就替张琰出谋划策，好像要与他一起造反；张琰相信了他。当时渑池县的治所暂时设在蠡城，城墙和壕沟都不坚固；贾逵请求张琰让自己带兵去修蠡城的城池。在蠡城的造反者都不隐讳他们的阴谋，所以贾逵带兵到了蠡城，就把他们一网打尽杀死。于是贾逵修筑城池抵抗张琰。张琰败亡以后，贾逵因为祖父去世离职。服丧期刚满，司徒任命他为下属，又以议郎的身份在司隶校尉手下参谋军事。

太祖征伐马超，到达弘农郡。说：“这个地方，乃是西边道路的要地啊。”便任命贾逵兼任弘农郡太守。召见他商议公事，太祖对他十分满意，对左右的人说：“假使天下的郡太守、国相都能像贾逵这样，我还有什么可担忧的呢！”后来征调兵丁，贾逵怀疑屯田都尉藏匿了逃跑的百姓；屯田都尉认为自己不归郡太守管辖，出言不逊。贾逵大怒，把他扣押起来；数落罪过不说，还把他的脚打断。结果贾逵因此被免官。但太祖心里还是喜欢他，又任命他为丞相府主簿。

太祖征讨刘备，先派贾逵去斜谷观察地形。路上遇到水衡都尉押解几十车犯人。贾逵认为军情紧急，正是需要人力的时候，就自行决定，只把一名犯重罪的处死，其余的全都释放。太祖知道后认为贾逵处置得当，任命他为谏议大夫；与夏侯尚共同掌管军事筹划。

太祖在洛阳逝世，贾逵主办丧事。这时鄢陵侯曹彰代理越骑将军职务，从长安赶来奔丧，问贾逵说："先王的玉印和绶带放在什么地方？"贾逵正颜厉色地说："太子在邺县，国家早有继承人。先王的玉印和绶带，不是君侯您所应当问的！"接着，护送装遗体的棺材回到邺县。

文帝曹丕即魏王位。考虑到邺县有几万户人家，都聚集在魏国的都城地区居住，很多人违法乱纪，文帝便任命贾逵做邺县令。一个多月以后，又升任魏郡太守。后来大军出征，贾逵再次担任丞相主簿祭酒。贾逵曾经受别人牵连而被处罚。文帝知道后说："春秋时晋国的祁奚说过：'对叔向那样的忠直大臣，即使他的十代子孙犯了法都应当得到赦免。'何况贾逵本人就具有功绩德泽呢？"贾逵跟随文帝到黎阳，看到黄河渡口秩序混乱；贾逵杀了那些不守秩序的士兵，秩序才好转。到达谯县，文帝任命他为豫州刺史。

这时天下刚开始安定，州长官大多管不住下属的郡县。贾逵说："州长官本来是作为御史出去监督各郡，以诏书规定的六条内容监察郡、县的行政长官；所以推荐人选时都注重严厉能干有威风的人才；而不提安静、宽厚、仁爱，以及平易近人之类的品德。现在各县的长官轻视法律，境内盗贼公然出入；州里知道了却不纠正，那么，国家又用什么来树立正直的榜样呢？"豫州的兵曹从事经前任刺史准假暂时离职，贾逵到任几个月后，这位兵曹从事才回来；贾逵将其拷问处死。对郡太守以下的官员中凡是偏袒纵容坏人不守法的，都向朝廷上奏检举免去了他们的职务。文帝说：“贾逵真正是刺史啊！”把他的事迹通告全国，要各州都以豫州为榜样。赐给贾逵关内侯的爵位。

豫州的南边与孙吴接壤。贾逵明确指定了放哨侦察的人，精心制造军事器械，为防御和进攻做好充分的准备；敌人不敢前来侵犯。贾逵对外训练军队，对内治理民事。阻截鄢水和汝水，修建新水库；又拦断山间的涧水，修造了小弋阳陂；还修通了二百多里长的运河，也就是后人所说的贾侯渠。

黄初年间，贾逵同各位将领一同征伐孙吴，在洞浦大破敌将吕范。晋爵为阳里亭侯，加任建威将军。

魏明帝即位，增加贾逵的食邑二百户，连同以前的一共四百户。当时孙权在东关，位于豫州的南面，距长江四百多里；每次出兵进攻魏国，西边来就从江夏郡，东边来就从庐江郡。而魏国去征伐孙吴，也是从淮河或沔水两个方向进军。那时候，豫州的军队驻扎在项县；汝南、弋阳各郡，任务只是守住辖境而已。孙权不用顾虑正北方的敌人，所以东边或西边一旦危急，可以并合全部力量去援救，结果很少打败仗。贾逵认为：“应该开通一条路直达长江边以威胁对方：如果孙权坐守东关，那么东西两边就得不到救援；如果东西两边不能赶来援救，又可以夺取东关。”于是把豫州的军队移到潦口驻扎，又向明帝陈述攻取孙吴的计策，明帝认为他的建议非常好。

吴国的将军张婴、王崇，率领部下来投降。太和二年（公元228），魏明帝命贾逵督领前将军满宠、东莞郡太守胡质等四路军队，从西阳县直向东关挺进；另外曹休从皖县，司马懿从江陵县：共同征伐吴国。贾逵到达五将山，曹休上表说敌人有来投降的，要求让他深入敌境去接应投降者。明帝立即下诏，命令司马懿暂停前进；要贾逵转向东去，和曹休会合一齐南下。

贾逵预料敌人既然在东关方向没有防备，一定会在皖县集中兵力；曹休如果深入敌境作战，必然失败。便指挥各将，水陆并进，走了二百里，捉到一名俘虏，说“曹休已经打了败仗，孙权正派兵去截断夹石一带的退路”。将领们一听大为震惊，不知道怎么办才好，有人想停下来等待后面的援军。贾逵说：“曹休兵败，退路被截断；进不能战，退又退不回来：面临这种国家安危的关键，马上就要采取行动！敌人认为曹休的部队没有后援，所以敢于抄他的后路。现在我们迅速前进，出其不意，这就是人们常说的先声夺人，敌人发现我军一定会逃跑。如果等待后面的援军，到了险要地形已经被敌人完全控制时，兵再多，又有什么用啊！”于是下令日夜兼程前进，又多设置旗帜战鼓虚张声势。敌人发现贾逵的部队后，果然撤退。贾逵占据了夹石口，把军粮供应给曹休的部队，曹休的部队才起死回生。起初，贾逵与曹休不和。黄初年间，文帝打算让贾逵持有节杖担任独当一面的总指挥官，曹休说：“贾逵性情刚直，一向欺侮轻视众将，不可让他当总指挥官。”文帝便打消了原来的想法。但夹石口一战，要不是贾逵，曹休的部队几乎就要全军覆没了。

贾逵病重，对左右的人说：“我受国家的厚恩，遗憾的是没有能斩了孙权去九泉之下见先帝啊！我死以后，丧事的办理一律不许铺张。”他去世后，被谥为肃侯。他的儿子贾充继承了他的爵位。

豫州的官吏百姓都怀念他，为他树碑建立祠堂。青龙年间，魏明帝东征，乘车进入项县的贾逵祠堂。下诏说：“昨天经过项县，看到贾逵的碑文石像，感到非常悲痛。古人说过：忧虑的是不能树立名声，而不是寿命不长。贾逵立下了忠于国家的功勋，死了以后受到人们的思念，可以说是死而不朽的人了！要把他的事迹通告天下，用来勉励后人。”

他的儿子贾充，咸熙年间曾担任中护军的官职。

评论说：自从汉朝末年以来，刺史总管统领下属各郡，在地方上治理政事；不再像过去只是负责监察地方官员了。太祖创立基业，直到魏国的统治结束，这一卷中的几位刺史个个都声誉流传而且确实作出了突出成绩。他们都能洞察事情的关键，善于恩威并用；所以能够整治好一州的辖境，为后世的人所称道啊。

【三国志译注卷十六】　　魏志十六

任苏杜郑仓传第十六

任峻字伯(达)〔远〕，河南中牟人也。汉末扰乱，关东皆震；中牟令杨原愁恐，欲弃官走。峻说原曰：“董卓首乱，天下莫不侧目，然而未有先发者；非无其心也，势未敢耳。明府若能倡之，必有和者。”原曰：“为之奈何[1]？”峻曰：“今关东有十余县，能胜兵者不减万人[2]。若权行河南尹事，总而用之，无不济矣。”原从其计，以峻为主簿。峻乃为原表行尹事，使诸县坚守，遂发兵。

会太祖起关东，入中牟界；众不知所从。峻独与同郡张奋议，举郡以归太祖。峻又别收宗族及宾客家兵数百人，愿从太祖。太祖大悦，表峻为骑都尉；妻以从妹[3]，甚见亲信。太祖每征伐，峻常居守，以给军。

是时岁饥旱，军食不足；羽林监颍川枣祗，建置屯田[4]。太祖以峻为典农中郎将，〔募百姓屯田于许下[5]，得谷百万斛；郡国列置田官。〕数年中，所在积粟，仓廪皆满。官渡之战，太祖使峻典军器粮运。贼数寇抄，绝粮道；乃使千乘为一部[6]，十道方行[7]；为复阵以营卫之[8]，贼不敢近。军国之饶，起于枣祗而成于

峻。〔一〕

太祖以峻功高，乃表封为都亭侯，邑三百户，迁长水校尉。峻宽厚有度，而见事理；每有所陈，太祖多善之。于饥荒之际，收恤朋友孤遗[9]，中外贫宗，周急继乏，信义见称。

建安九年，薨。太祖流涕者久之。子先嗣。先薨，无子，国除。文帝追录功臣，谥峻曰成侯；复以峻中子览，为关内侯。

【注释】

〔1〕为之奈何：要做这件事该怎么办。〔2〕胜兵：能够使用武器。〔3〕从(zòng)妹：堂妹。〔4〕建：建议。〔5〕许下：许县一带。任峻在许县的屯田处所，相传在今河南许昌市西与襄城县交界的论城附近。枣祗在许县屯田的处所，相传在今河南许昌市东南蒋官池乡的辛渠沟。现今均尚有遗迹留存。〔6〕千乘：一千辆运粮车。〔7〕十道方行：十路并行。这是为了收缩运粮队伍的距离，以便护卫。〔8〕复阵：层次重复的阵形。〔9〕孤遗：死去朋友留下的儿女亲人。

【裴注】

〔一〕《魏武故事》载令曰："故陈留太守枣祗，天性忠能。始共举义兵，周旋征讨。后袁绍在冀州，亦贪祗，欲得之。祗深附托于孤，使领东阿令。吕布之乱，兖州皆叛；惟范、东阿完在：由祗以兵据城之力也。后大军粮乏，得东阿以继，祗之功也。及破黄巾，定许，得贼资业，当兴立屯田。时议者皆言当'计牛输谷'，佃科以定。施行后，祗白以为：'僦牛输谷，大收不增谷，有水旱灾除，大不便。'反覆来说，孤犹以为当如故，大收，不可复改易。祗犹执之；孤不知所从，使与荀令君议之。时故军祭酒侯声云：'科取官牛，为官田计，如祗议：于官便，于客不便。'声怀此云云，以疑令君；祗犹自信，据计画还白，执分田之术。孤乃然之，使为屯田都尉，施设田业。其时，岁则大收，后遂因此大田，丰足军用；摧灭群逆，克定天下，以隆王室。祗兴其功，不幸早没；追赠以郡，犹未副之。今重思之，袛宜受封；稽留至今，孤之过也。袛子处中，宜加封爵，以祀袛为不朽之事。"《文士传》曰："袛本姓棘，先人避难，易为枣。孙据，字道彦，晋冀州刺史；据子嵩，字台产，散骑常侍：并有才名，多所著述。嵩兄腆，字玄方，襄阳太守，亦有文采。"

苏则字文师，扶风武功人也[1]。少以学行闻。举孝廉、茂才，辟公府；皆不就。

起家为酒泉太守[2]。转安定、武都，〔一〕所在有威名。太祖征张鲁，过其郡；见则悦之，使为军导[3]。鲁破，则绥定下辩诸氐[4]，通河西道。徙为金城太守。

是时，丧乱之后，吏民流散饥穷，户口损耗。则抚循之，甚谨；外招怀羌胡，得其牛羊，以养贫老；与民分粮而食：旬月之间，流民皆归，得数千家。乃明为禁令，有干犯者辄戮，其从教者必赏。亲自教民耕种，其岁大丰收。由是归附者日多。李越以陇西反，则率羌胡围越，越即请服。

【注释】

〔1〕武功：县名。县治在今陕西武功县西。 〔2〕起家：初次出外做官。 〔3〕军导：大军的前导。 〔4〕绥定：安抚。

【裴注】

〔一〕《魏书》曰："则，刚直疾恶，常慕汲黯之为人。"

《魏略》曰："则，世为著姓。兴平中，三辅乱，饥穷，避难北地，客安定。依富室师亮，亮待遇不足。则慨然叹曰：'天下会安，当不久尔；必还为此郡守，折庸辈士也！'后与冯翊吉茂等，隐于郡南太白山中，以书籍自娱。及为安定太守，而师亮等皆欲逃走。则闻之，预使人解语，以礼报之。"

太祖崩，西平麹演叛，称护羌校尉。则勒兵讨之；演恐，乞降。文帝以其功，加则护羌校尉，赐爵关内侯。〔一〕

后演复结旁郡为乱。张掖张进执太守杜通，酒泉黄华不受太守辛机[1]；进、华皆自称太守，以应之。又武威三种胡，并寇抄，道路断绝。武威太守毌丘兴，告急于则。时雍、凉诸豪，皆驱略羌胡以从进等；郡人咸以为进不可当。又将军郝昭、魏平[2]，先是各屯守金城，亦受诏不得西度。

则乃见郡中大吏及昭等[3]，与羌豪帅谋曰："今贼虽盛，然皆新合；或有胁从，未必同心。因衅击之[4]，善恶必离；离而归我，我增而彼损矣。既获益众之实，且有倍气之势[5]；率以进讨，破之必矣。若待大军，旷日持久；善人无归，必合于恶；善恶既合，势难猝离。虽有诏命[6]，违而合权，专之可也[7]。"于是昭等从之，乃发兵救武威；降其三种胡，与兴击进于张掖。演闻之，将步骑三千迎则；辞来助军[8]，而实欲为变。则诱与相见，因斩之；出以徇军[9]，其党皆散走。则遂与诸军围张掖，破之；斩进及其支党，众皆降。演军败，华惧，出所执乞降[10]。河西平，乃还金城。进封都亭侯，邑三百户。

征拜侍中，与董昭同僚。昭尝枕则膝卧，则推下之，曰："苏则之膝，非佞人之枕也[11]！"

初，则及临淄侯植，闻魏氏代汉[12]，皆发服悲哭[13]。文帝闻植如此，而不闻则也。帝在洛阳，尝从容言曰：“吾应天而禅，而闻有哭者，何也？”则谓为见问[14]，须髯悉张，欲正论以对[15]。侍中傅巽掐〔二〕则曰[16]：“不谓卿也。”于是乃止。〔三〕

文帝问则曰：“前破酒泉、张掖，西域通使，敦煌献径寸大珠。可复求市益得不[17]？”则对曰：“若陛下化洽中国，德流沙漠，即不求自至；求而得之，不足贵也。”帝默然。

后则从行猎，槎桎拔[18]，失鹿。帝大怒，踞胡床拔刀[19]，悉收督吏，将斩之。则稽首曰：“臣闻古之圣王，不以禽兽害人。今陛下方隆唐尧之化，而以猎戏多杀群吏；愚臣以为不可，敢以死请[20]！”帝曰：“卿，直臣也！”遂皆赦之。然以此见惮[21]。

黄初四年，左迁(东平)〔河东〕相[22]。未至，道病薨，谥曰刚侯。子怡嗣。怡薨，无子，弟愉袭封。愉，咸熙中为尚书。〔四〕

【注释】

〔1〕不受太守辛机：不让太守辛机入境到职。〔2〕郝昭：传见本书卷三《明帝纪》裴注引《魏略》。〔3〕大吏：重要官员。〔4〕因衅：趁其内部有问题。〔5〕倍气：士气倍增。〔6〕诏命：指上文所说“不得西度”的诏命。〔7〕专：自作决定。〔8〕辞：声称。〔9〕徇军：在军中示众。〔10〕所执：所关押的俘虏。〔11〕佞人：逢迎谄媚的人。董昭最先为曹操晋封魏公出谋画策，所以受到苏则的鄙视。〔12〕植：即曹植。〔13〕发服：脱下平常的衣服换上丧服。〔14〕谓为见问：以为是查问自己。〔15〕正论：以正当的理由。〔16〕傅巽：传见本书卷六《刘表传》裴注引《傅子》。〔17〕市益：购买。〔18〕槎桎(chá zhì)：用来阻挡野兽的竹木篱笆。〔19〕胡床：一种可以折叠的轻便坐具。由北方少数族地区传入，故名。〔20〕请：请求饶

恕将要被处死的人员。〔21〕见惮：受到皇帝的畏惧。实际上是曹丕讨厌他。〔22〕左迁：降职。按曹魏开始实行的九品官位分等制度，侍中为第三品，郡国守相为第五品，所以是降职。

【裴注】

〔一〕《魏名臣奏》载："文帝令，问雍州刺史张既曰：'试守金城太守苏则，既有绥民平夷之功，闻又出军西定湟中，为河西作声势，吾甚嘉之。则之功效，为可加爵邑未邪？封爵重事，故以问卿。密白意，且勿宣露也。'既答曰：'金城郡，昔为韩遂所见屠剥，死丧流亡；或窜戎狄，或陷寇乱：户不满五百。则到官，内抚凋残，外鸠离散，今现户千余。又梁烧杂种羌，昔与遂同恶；遂毙之后，越出障塞。则前后招怀，归就郡者三千余落；皆恤以威恩，为官效用。西平麹演等，倡造邪谋，则寻出军，临其项领；演即归命送质，破绝贼粮。则既有恤民之效，又能和戎狄，尽忠效节。遭遇圣明，有功必录；若则加爵邑，诚足以劝忠臣，励风俗也。'"

〔二〕掐，音古洽反。

〔三〕《魏略》曰："旧仪：侍中，亲省起居；故俗谓之'执虎子'。始，则同郡吉茂者，是时仕甫历县令，迁为冗散。茂见则，嘲之曰：'仕进不止执虎子。'则笑曰：'我诚不能效汝蹇蹇驱鹿车驰也！'初，则在金城，闻汉帝禅位，以为崩也，乃发丧。后闻其在，自以不审，意颇默然。临淄侯植自伤失先帝意，亦怨激而哭。其后文帝出游，追恨临淄，顾谓左右曰：'人心不同；当我登大位之时，天下有哭者。'时从臣知帝此言，有为而发也；而则以为为己，欲下马谢。侍中傅巽目之，乃悟。"

孙盛曰："夫士不事其所非，不非其所事；趋舍出处，而岂徒哉！则既策名新朝，委质异代，而方怀二心，生忿欲奋爽言；岂大雅君子去就之分哉？《诗》云：'士也罔极，二三其德。'士之二三，犹丧妃偶，况人臣乎？"

〔四〕愉字休豫。历位太常、光禄大夫，见《晋百官名》。山涛《启事》称愉"忠笃有智意"。臣松之按：愉子绍，字世嗣。为吴王师。石崇妻，绍之女兄也。绍有诗在《金谷集》。绍弟慎，左卫将军。

杜畿字伯侯，京兆杜陵人也[1]。〔一〕少孤，继母苦之，以孝闻。年二十，为郡功曹，守郑县令[2]。县囚系数百人，畿亲临狱，裁其轻重，尽决遣之[3]；虽未悉当[4]，郡中奇其年少而有大意也[5]。举孝廉，除汉中府丞[6]。会天下乱，遂弃官，客荆州。建安中乃还。

荀彧进之太祖。〔二〕太祖以畿为司空司直[7]。迁护羌校尉，使持节，领西平太守。〔三〕太祖既定河北，而高幹举并州反。时河东太守王邑，被征；河东人卫固、范先外以请邑为名[8]，而内实与幹通谋。太祖谓荀彧曰："关西诸将，恃险与马[9]，征必为乱。张晟寇崤、渑间，南通刘表；固等因之，吾恐其为害深。河东被山带河，四邻多变，当今天下之要地也。君为我举萧何、寇恂以镇之[10]。"彧曰："杜畿其人也。"〔四〕于是追拜畿为河东太守[11]。

【注释】

〔1〕杜陵：县名。县治在今陕西西安市东南。 〔2〕郑县：县名。县治在今陕西西安市华州区。 〔3〕决：判决。 〔4〕未悉当：未能使所有的判决都很恰当。 〔5〕大意：处理重大事情的主意。 〔6〕府丞：官名。即郡丞。郡太守的副手。 〔7〕司空司直：官名。建安八年(公元203)曹操任司空时，仿东汉初旧制，重新设司直，负责督察在京的官员，直接受曹操领导。曹操任丞相后，改称丞相司直。 〔8〕请邑：请求朝廷继续让王邑当河东郡太守。 〔9〕恃险与马：仗恃地形险而马匹多。在当时骑兵是步兵中的主力，马多则骑兵强。 〔10〕寇恂(？—公元36)：字子翼，上谷郡昌平(今北京市昌平区)人。世代为当地大族。东汉光武帝刘秀争夺天下，他被任命为河内郡太守，负责供应军需物资，成绩显著。后历任颍川、汝南郡太守，封雍奴侯。传见《后汉书》卷十六。刘邦得天下，靠萧何守关中。刘秀得天下，靠寇恂守河内。所以曹操以这两人作比方。 〔11〕追拜：当时杜畿正在前往西平郡上任的途中，所以是派使者追上他改授官职。

【裴注】

〔一〕《傅子》曰："畿，汉御史大夫杜延年之后。延年父周，自南阳徙茂陵；延年徙杜陵，子孙世居焉。"

〔二〕《傅子》曰："畿自荆州还，后至许。见侍中耿纪，语终夜。尚书令荀彧，与纪比屋，夜闻畿言，异之。旦遣人谓纪曰：'有国士而不进，何以居位？'既见畿，知之如旧相识者，遂进畿于朝。"

〔三〕《魏略》曰："畿少有大志。在荆州数岁，继母亡后，以三辅开通，负其母丧北归。道为贼所劫略，众人奔走，畿独不去。贼射之，畿请贼曰：'卿欲得财耳！今我无物，用射我何为邪？'贼乃止，畿到乡里。京兆尹张时，河东人也。与畿有旧，署为功曹；尝嫌其阔达，不助留意于诸事，言'此家疏诞，不中功曹也'；畿窃云：'不中功曹，中河东守也！'"

〔四〕《傅子》曰："或称畿'勇足以当大难，智能应变，其可试之'。"

固等使兵数千人绝陕津〔1〕，畿至，不得渡。太祖遣夏侯惇讨之，未至。或谓畿曰："宜须大兵〔2〕。"畿曰："河东有三万户，非皆欲为乱也。今兵迫之急，欲为善者无主，必惧而听于固；固等势专〔3〕，必以死战。讨之不胜，四邻应之，天下之变未息也；讨之而胜，是残一郡之民也。且固等未显绝王命〔4〕，外以请故君为名〔5〕，必不害新君〔6〕。吾单车直往，出其不意；固为人多计而无断，必伪受吾。吾得居郡一月，以计縻之，足矣！"遂诡道从郖津度〔7〕。〔一〕范先欲杀畿以威众，〔二〕且观畿去就〔8〕，于门下斩杀主簿以下三十余人；畿举动自若。于是固曰："杀之无损，徒有恶名；且制之在我。"遂奉之。

畿谓卫固、范先曰："卫、范，河东之望也〔9〕，吾仰成而已〔10〕。然君臣有定义，成败同之：大事当共平议[11]。”以固为都督，行丞事[12]，领功曹；将校吏兵三千余人，皆范先督之。固等喜，虽阳事畿[13]，不以为意。固欲大发兵[14]；畿患之，说固曰：“夫欲为非常之事，不可动众心。今大发兵，众必扰；不如徐以赀募兵[15]。”固以为然，从之；遂为赀调发，数十日乃定；诸将贪，多应募而少遣兵[16]。又入喻固等曰：“人情顾家。诸将掾吏，可分遣休息，急缓召之不难[17]。”固等恶逆众心[18]，又从之。于是善人在外，阴为己援；恶人分散，各还其家：则众离矣。

会白骑攻东垣[19]，高幹入濩泽[20]。上党诸县杀长吏，弘农执郡守。固等密调兵未至；畿知诸县附己，因出，单将数十骑，赴(张辟)〔坚壁〕拒守。吏民多举城助畿者，比数十日，得四千余人。固等与幹、晟共攻畿，不下；略诸县，无所得。会大兵至，幹、晟败，固等伏诛。其余党与，皆赦之，使复其居业。

【注释】

〔1〕陕津：黄河古津渡名。在今河南三门峡市西。〔2〕须：等待。〔3〕势专：力量集中。〔4〕显绝王命：公开反抗朝廷。〔5〕故君：指前任太守王邑。〔6〕新君：指杜畿。〔7〕诡道：假装要走另外的道路。　郖(dòu)津：黄河古津渡名。在今河南灵宝市东北。〔8〕去就：指反应。〔9〕望：民众仰望的人。〔10〕仰成：仰仗你们为我完成一切。〔11〕平议：商议。〔12〕丞：即郡丞。〔13〕阳：表面上。〔14〕发：指强制性征发。〔15〕赀：钱财。〔16〕多应募而少遣兵：指多领招兵的钱而少完成招兵的数额。这样可以从中贪污。〔17〕急缓：又作缓急。意思是紧急。〔18〕恶：不愿意。〔19〕白骑：即张白骑。当时黑山农民军的一位首领。　东垣：县名。县治在今山西垣曲县东南。〔20〕濩(huò)泽：县名。县治在今山西阳城县西北。

【裴注】

〔一〕郖，音豆。《魏略》曰："初，畿与卫固少相狎侮，固尝轻畿。畿尝与固博而争道，畿尝谓固曰：'仲坚，我今作河东也。'固褰衣骂之。及畿之官，而固为郡功曹。张时故任京兆。畿迎司隶，与时会华阴。时、畿相见，于仪当各持版。时叹曰：'昨日功曹，今为郡将也！'"

〔二〕《傅子》曰："先云：'既欲为虎而恶食人肉，失所以为虎矣。今不杀，必为后患。'"

是时，天下郡县皆残破，河东最先定，少耗减。畿治之，崇宽惠，与民无为。民尝辞讼，有相告者；畿亲见为陈大义，遣令归谛思之〔1〕；若意有所不尽，更来诣府。乡邑父老自相责怒曰："有君如此，奈何不从其教！"自是少有辞讼。班下属县〔2〕：举孝子、贞妇、顺孙，复其徭役〔3〕；随时慰勉之。渐课民蓄牸牛、草马〔4〕，下逮鸡豚犬豕，皆有章程。百姓勤农，家家丰实。畿乃曰："民富矣，不可不教也。"于是冬月修戎讲武；又开学宫〔5〕，亲自执经教授：郡中化之。〔一〕韩遂、马超之叛也，弘农、冯翊，多举县邑以应之。河东虽与贼接，民无异心。

太祖西征至蒲坂〔6〕，与贼夹渭为军，军食一仰河东。及贼破，余蓄二十余万斛。太祖下令曰："河东太守杜畿，孔子所谓'禹，吾无间然矣'〔7〕。"增秩中二千石〔8〕。太祖征汉中，遣五千人运。运者自率勉曰："人生有一死，不可负我府君！"终无一人逃亡，其得人心如此。〔二〕

魏国既建，以畿为尚书。事平〔9〕，更有令曰："昔萧何定关中，寇恂平河内，卿有其功。间将授卿以纳言之职[10]；顾念河东吾股肱郡[11]，充实之所，足以制天下：故且烦卿卧镇之。”畿在河东十六年，常为天下最。

【注释】

〔1〕谛思：仔细想一想。〔2〕班：颁布命令。〔3〕复：免除。〔4〕牸(zì)牛：母牛。　草马：母马。〔5〕学宫：学校。〔6〕蒲坂：县名。县治在今山西永济市西南。〔7〕吾无间然：我对他没有任何批评。意思是完美得无可挑剔。这两句出自《论语·泰伯》。〔8〕中二千石：当时郡国守相的俸禄等级是二千石，月俸为粮食一百二十斛。中二千石比这高一等，月俸为粮食一百八十斛。〔9〕事平：任命文书已经通过审议。〔10〕间(jiān)：最近。　纳言：指尚书。〔11〕股肱郡：起重要支柱作用的郡。

【裴注】

〔一〕《魏略》曰：“博士乐详，由畿而升。至今河东特多儒者，则畿之由矣。”

〔二〕《杜氏新书》曰：“平虏将军刘勋，为太祖所亲，贵震朝廷。尝从畿求大枣，畿拒以他故。后勋伏法，太祖得其书，叹曰：‘杜畿可谓“不媚于灶”者也！’称畿功美，以下州郡；曰：‘昔仲尼之于颜子，每言不能不叹；既情爱发中，又宜率马以骥。今吾亦冀众人仰高山、慕景行也。’”

文帝即王位，赐爵关内侯，征为尚书。及践阼[1]，进封丰乐亭侯，邑百户；〔一〕守司隶校尉。

帝征吴，以畿为尚书仆射，统留事。其后帝幸许昌，畿复居守。受诏作御楼船，于陶河试船[2]，遇风没。帝为之流涕，〔二〕诏曰：“昔冥勤其官而水死，稷勤百谷而山死。〔三〕故尚书仆射杜畿，于孟津试船，遂至覆没：忠之至也，朕甚愍焉！”追赠太仆，谥曰戴侯。

子恕嗣。〔四〕

【注释】

〔1〕践阼：登上宫殿台阶。指当了皇帝。 〔2〕陶河：地名。在今河南偃师市东北黄河南岸边。

【裴注】

〔一〕《魏略》曰："初，畿在郡，被书录寡妇。是时他郡或有已自相配嫁，依书，皆录夺，啼哭道路。畿但取寡者，故所送少；及赵俨代畿，而所送多。文帝问畿：'前君所送何少，今何多也?'畿对曰：'臣前所录，皆亡者妻；今俨送，生人妇也。'帝及左右顾而失色。"

〔二〕《魏氏春秋》曰："初，畿尝见童子谓之曰：'司命使我召子。'畿固请之。童子曰：'将为君求相代者。君其慎勿言！'言卒，忽然不见。至此二十年矣，畿乃言之；其日而卒，时年六十二。"

〔三〕韦昭《国语注》称《毛诗传》曰："冥，契六世孙也。为夏水官，勤于其职而死于水。稷，周弃也。勤播百谷，死于黑水之山。"

〔四〕《傅子》曰："畿与太仆李恢、东安太守郭智，有好。恢子丰，交结英俊，以才智显于天下。智子冲，有内实而无外观，州里弗称也。畿为尚书仆射，二人各修子孙礼，见畿。既退，畿叹曰：'孝懿无子；非徒无子，殆将无家！君谋为不死也；其子，足继其业。'时人皆以畿为误。恢死后，丰为中书令，父子兄弟皆诛。冲为代郡太守，卒继父业。世乃服畿知人。"《魏略》曰"李丰父，名义"，与此不同。义盖恢之别名也。

恕字务伯。太和中，为散骑、黄门侍郎。〔一〕恕推诚以质[1]，不治饰，少无名誉。及在朝，不结交援，专心向公；每政有得失，常引纲维以正言[2]。于是侍中辛毗等器重之。

【注释】

〔1〕推诚以质：以质朴表示真诚。 〔2〕引纲维：引用统治国家的基

本原则。

【裴注】

〔一〕《杜氏新书》曰："恕，少与冯翊李丰，俱为父任，总角相善。及各成人，丰砥砺名行，以要世誉，而恕诞节直意，与丰殊趣。丰竟驰名一时，京师之士多为之游说。而当路者，或以丰名过其实，而恕被褐怀玉也：由此为丰所不善。恕亦任其自然，不力行以合时。丰已显仕朝廷，恕犹居家自若。明帝以恕大臣子，擢拜散骑侍郎。数月，转补黄门侍郎。"

时公卿以下，大议损益。恕以为："古之刺史，奉宣六条；以清静为名，威风著称。今可勿令领兵[1]，以专民事。"俄而镇北将军吕昭又领冀州[2]，〔一〕乃上疏曰：

帝王之道，莫尚乎安民；安民之术，在于丰财；丰财者，务本而节用也。方今二贼未灭，戎车亟驾[3]，此自熊虎之士展力之秋也。然搢绅之儒，横加荣慕，扼腕抗论[4]，以孙、吴为首[5]；州郡牧守，咸共忽恤民之术，修将率之事；农桑之民，竞干戈之业：不可谓务本。帑藏岁虚，而制度岁广；民力岁衰，而赋役岁兴：不可谓节用。

今大魏奄有十州之地[6]，而承丧乱之弊，计其户口不如往昔一州之民。然而二方僭逆[7]，北虏未宾[8]，三边遘难，绕天略匝。所以统一州之民，经营九州之地，其为艰难，譬策羸马以取道里[9]，岂可不加意爱惜其力哉！以武皇帝之节俭，府藏充实，犹不能十州拥兵，郡且二十也[10]。今荆、扬、青、徐、幽、并、雍、凉缘边诸州，皆有兵矣；其所恃内充府库外制四夷者，惟兖、豫、司、冀而已。

臣前以“州郡典兵[11]，则专心军功，不勤民事；宜别置将守，以尽治理之务”。而陛下复以冀州，宠秩吕昭。冀州户口最多，田多垦辟，又有桑枣之饶；国家征求之府[12]，诚不当复任以兵事也。若以北方当须镇守，自可专置大将以镇安之；计所置吏士之费，与兼官无异。然昭于人才尚复易[13]，中朝苟乏人，兼才者势不独多。以此推之，知国家以人择官，不为官择人也。官得其人，则政平讼理。政平，故民富实；讼理，故囹圄空虚[14]。陛下践阼，天下断狱百数十人[15]；岁岁增多，至五百余人矣。民不益多，法不益峻。以此推之，非政教陵迟，牧守不称之明效欤？往年牛死，通率天下十能损二；麦不半收；秋种未下。若二贼游魂于疆埸[16]，飞刍輓粟[17]，千里不及。究此之术，岂在强兵乎？武士劲卒愈多，愈多愈病耳。

夫天下犹人之体：腹心充实，四支虽病，终无大患。今兖、豫、司、冀，亦天下之腹心也。是以愚臣悽悽，实愿四州之牧守，独修务本之业，以堪四支之重。然孤论难持，犯欲难成[18]；众怨难积，疑似难分：故累载不为明主所察。凡言此者，类皆疏贱[19]；疏贱之言，实未易听。若使善策必出于亲贵，亲贵固不犯四难以求忠爱[20]：此古今之所常患也。

【注释】

〔1〕领兵：建议州郡领兵，始于司马朗，见本书上卷《司马朗传》。〔2〕领冀州：兼任冀州刺史。〔3〕戎车亟(qì)驾：兵车不断出发。指战事频繁。〔4〕扼腕：一只手握住另一只手的手腕。是情绪激动的表示。 抗论：高声议论。〔5〕孙：指孙武。字长卿，春秋时齐国人。曾带《兵法》十三篇进见吴王阖闾，被任为将，率军攻破楚国。其著作《孙子兵法》，论述了有关军事的一系列问题，是中国最早而且最杰出的兵书，现已被译成多国文字流传世界。传见《史记》卷六十五。 吴：指吴起(？—前381)。战国时卫国左氏(今山东曹县北)人。善用兵，先任鲁将，又任魏将，屡建战功。后受迫害，逃奔楚国，任令尹，帮助楚悼王革新政治，促进楚国富强。楚悼王死，被旧贵族杀害。传见《史记》卷六十五。〔6〕十州：东汉末年全国十四州部中，当时被曹魏完全占领的有十，即司隶、豫、冀、兖、徐、青、并、幽、凉、雍。此处的“十州”即指此。另外还占有荆、扬二州的部分地区。〔7〕二方：指蜀汉、孙吴。〔8〕北虏：指北方的鲜卑族。继乌丸族之后，他们在曹魏北部边境构成巨大威胁，见本书卷三十《鲜卑传》。〔9〕取道里：赶路。〔10〕郡：这里指领兵的郡。〔11〕前以：此前的奏议以为。〔12〕征求之府：征调求取物资的府库。〔13〕尚复易：也还是易于得到的。意思是吕昭的才干平庸。〔14〕囹圄空虚：监狱里没有什么罪犯。〔15〕断狱：断案。这里专指死刑判决。〔16〕二贼：蜀汉、孙吴。 游魂于疆埸：指在边境发起进攻。埸(yì)是边境。〔17〕飞刍：飞驰的牛马。 輓粟：拉车载运粮食。〔18〕犯欲：违背了他人的欲望。〔19〕疏贱：与皇帝关系疏远而且地位不高的人。〔20〕四难：指上文所说的“孤论难持”等四难。

【裴注】

〔一〕《世语》曰：“昭字子展，东平人。长子巽，字长悌。为相国掾，有宠于司马文王。次子安，字仲悌。与嵇康善，与康俱被诛。次子粹，字季悌。河南尹。粹子预，字景虞。御史中丞。”

时又大议考课之制〔1〕，以考内外众官。恕以为：“用不尽其人〔2〕，虽(才且)〔文具〕无益；所存非所务，所务非世要〔3〕。”上疏曰：

书称“明试以功”[4]，“三考黜陟[5]”，诚帝王之盛制。使有能者当其官，有功者受其禄；譬犹乌获之举千钧[6]，良、乐之选骥足也[7]。虽历六代而考绩之法不著[8]，关七圣而课试之文不垂[9]。臣诚以为其法可粗依，其详难备举故也[10]。语曰：“世有乱人而无乱法。”若使法可专任[11]，则唐、虞可不须稷、契之佐，殷、周无贵伊、吕之辅矣。

今奏考功者，陈周、汉之(法)〔云〕为[12]，缀京房之本旨[13]，可谓明考课之要矣。于以崇揖让之风，兴济济之治[14]，臣以为未尽善也。其欲使州郡考士，必由四科[15]；皆有事效，然后察举；试辟公府，为亲民长吏[16]；转以功次补郡守者[17]，或就增秩赐爵：此最考课之急务也。臣以为便当显其身，用其言，使具为课州郡之法。法具施行，立必信之赏，施必行之罚。

至于公卿及内职大臣[18]，亦当俱以其职考课之也。古之三公，坐而论道；内职大臣，纳言补阙：无善不纪，无过不举。且天下至大，万机至众，诚非一明所能遍照。故君为元首，臣作股肱；明其一体，相须而成也。是以古人称廊庙之材[19]，非一木之支；帝王之业，非一士之略。由是言之，焉有大臣守职辨课可以致雍熙者哉[20]？且布衣之交，犹有务信誓而蹈水火，感知己而披肝胆，徇声名而立节义者；况于束带立朝，致位卿相，所务者非特匹夫之信，所感者非徒知己之惠，所徇者岂声名而已乎？诸蒙宠禄受重任者，不徒欲举明主于唐、虞之上而已，身亦欲厕稷、契之列[21]。是以古人不患于念治之心不尽[22]，患于自任之意不足[23]，此诚人主使之然也。

唐、虞之君，委任稷、契、夔、龙而责成功[24]；及其罪也，殛鲧而放四凶[25]。今大臣亲奉明诏，给事目下。其有夙夜在公，恪勤特立，当官不挠贵势，执平不阿所私，危言危行以处朝廷者[26]，自明主所察也；若尸禄以为高[27]，拱默以为智[28]，当官苟在于免负[29]，立朝不忘于容身[30]，洁行逊言以处朝廷者[31]，亦明主所察也。诚使容身保位，无放退之辜；而尽节在公，抱见疑之势；公义不修，而私议成俗：虽仲尼为谋，犹不能尽一才[32]，又况于世俗之人乎？今之学者，师商、韩而尚法术[33]，竞以儒家为迂阔不周世用[34]。此最风俗之流弊，创业者之所致慎也。

后，考课竟不行。[一]

【注释】

〔1〕考课：根据官员的具体工作成绩进行考核，视其优劣而加以赏罚，这叫做考课。当时魏明帝有心整顿吏治，命令散骑常侍刘邵制定《都官考课法》七十二条，交朝廷百官讨论。结果反对者占大多数，未能实行。详见本书卷二十一《刘劭传》和《傅嘏传》、卷二十四《崔林传》。〔2〕用不尽其人：使用人才而不能让他完全施展才能。〔3〕世要：现世的要务。〔4〕明试以功：认真考察成绩。这里的两句都是《尚书·尧典》中的话。〔5〕三考黜陟：三次考察后，黜退成绩差的，提拔成绩好的。〔6〕乌获：战国时秦国的大力士，秦武王曾任以大官。

事见《史记》卷五《秦本纪》。 钧：古代重量单位。一钧为三十斤。〔7〕良：即王良。春秋时善于驾马的人。 乐：即伯乐。春秋时的相马专家。有人认为伯乐和王良是同一个人。 骥足：骏马。〔8〕六代：指唐、虞、夏、商、周、汉。〔9〕七圣：儒家尊崇的七位圣人。这里指尧、舜、禹、汤、周文王、周武王和周公。上文提到的“三考黜陟”见于尧、舜时代，所以这里的“六代”、“七圣”都从唐尧算起。 不垂：没有留传下来。〔10〕备举：完全列举。〔11〕法可专任：可以只依靠法(来实现清明政治)的话。〔12〕云为：有关的说法和做法。〔13〕京房(前77—前37)：字君明，东郡顿丘(今河南内黄县东南)人。专精《周易》，善于用《周易》卦象解释灾变。西汉元帝时任郎官，曾建议实行考课制度，受到汉元帝的支持。他亲自制定考课条例，准备在魏郡先作试验。未等到实施，即被政敌中伤，下狱处死。传见《汉书》卷七十五。〔14〕济济：美好的样子。〔15〕四科：此处指汉代选拔人才的四种科目。第一种从品德上考虑，标准是“德行高妙，志节清白”；第二种从学问上考虑，标准是“学通行修，经中博士”；第三种从处理公文能力上考虑，标准是“明达法令，足以决疑，能按章覆问，文中御史”；第四种从行政能力上考虑，标准是“刚毅多略，遭事不惑，明足以决，才任三辅令”。详见《续汉百官志》一李贤注引《汉官仪》。〔16〕亲民：直接治理人民。〔17〕功次：成绩和年资。〔18〕内职：宫廷内为皇帝及其家属服务的官职，如侍中等。〔19〕廊庙：朝廷的殿堂。〔20〕辨课：弄清楚考课的规定。 致雍熙：实现天下太平。〔21〕身：自身。 厕：置身于。〔22〕念治之心不尽：关心政治的心情不迫切。〔23〕自任之意不足：自己受到信任的程度不够。〔24〕夔：传说中原始时代的部落首领。虞舜曾任命他为管音乐的官员。 龙：传说中原始时代的部落首领。虞舜曾任命他为纳言，宣布自己的命令。虞舜任命后稷等四人事，见《尚书·尧典》。〔25〕放：流放。 四凶：传说被虞舜流放的四个恶人。《史记》卷一《五帝本纪》说是浑沌、穷奇、梼杌(táo wù)、饕餮(tāo tiè)。〔26〕危言危行：正直的言语和行为。〔27〕尸禄：只拿俸禄不干事。〔28〕拱默：拱手沉默。指遇事不表示态度。〔29〕免负：逃避罪责。〔30〕容身：指为自身谋求安全的位置。〔31〕洁行：在行为上谨小慎微。〔32〕尽一才：让一个人的才能完全发挥。〔33〕商：指商鞅(？—前338)。公孙氏，名鞅，战国时卫国人。秦孝公时任左庶长，推行变法，不久升大良造。秦孝公把都城从雍(今陕西凤翔县南)迁往咸阳(今陕西咸阳市东北)后，进一步变法，奠定秦国富强基础。因功封商(今陕西商州市东南)十五邑，号商君。秦孝公死后，被贵族陷害，受车裂之刑而死。遗物今存“商鞅方升”。传见《史记》卷六十八。〔34〕不周世用：不适合现世使用。

【裴注】

〔一〕《杜氏新书》曰：“时李丰为常侍，黄门郎袁侃见转为吏部郎，荀俣出为东郡太守；三人皆恕之同班友善。”

乐安廉昭，以才能拔擢，颇好言事。恕上疏极谏曰：

伏见尚书郎廉昭，奏左丞曹璠以“罚当关，不依诏[1]”，坐判问[2]；又云“诸当坐者，别奏”。尚书令陈矫自奏不敢辞罚[3]，亦不敢(以处重为恭)〔陈理〕，意至恳恻。臣窃悯然为朝廷惜之！

夫圣人不择世而兴，不易民而治；然而生必有贤智之佐者，盖进之以道，率之以礼故也。古之帝王，之所以能辅世长民者，莫不远得百姓之欢心，近尽群臣之智力。诚使今朝任职之臣皆天下之选[4]，而不能尽其力，不可谓能使人；若非天下之选，亦不可谓能官人[5]。陛下忧劳万机，或亲灯火[6]；而庶事不康，刑禁日弛：岂非股肱不称之明效欤[7]？原其所由，非独臣有不尽忠，亦主有不能使。百里奚，愚于虞而智于秦[8]；豫让，苟容中行而著节智伯[9]：斯则古人之明验矣。

今臣言一朝皆不忠[10]，是诬一朝也。然其事类，可推而得。陛下感帑藏之不充实，而军事未息；至乃断四时之赋衣[11]，薄御府之私谷[12]：率由圣意[13]，举朝称明。与闻政事密勿大臣[14]，宁有恳恳忧此者乎[15]？骑都尉王才，幸乐人孟思[16]，所为不法，振动京都；而其罪状发于小吏[17]，公卿大臣初无一言[18]。自陛下践阼以来，司隶校尉、御史中丞，宁有举纲维以督奸宄，使朝廷肃然者邪？若陛下以为今世无良才，朝廷乏贤佐，岂可追望稷、契之遐踪，坐待来世之俊乂乎？

今之所谓贤者，尽有大官而享厚禄矣；然而奉上之节未立，向公之心不一者：委任之责不专，而俗多忌讳故也。臣以为：忠臣不必亲[19]，亲臣不必忠。何者？以其居无嫌之地而事得自尽也[20]。今有疏者毁人不实其所毁[21]，而必曰私报所憎；誉人不实其所誉，而必曰私爱所亲。左右或因之，以进憎爱之说。非独毁誉有之，政事损益，亦皆有嫌。陛下当思所以阐广朝臣之心，笃厉有道之节；使之自同古人，望与竹帛耳[22]。反使如廉昭者扰乱其间，臣惧大臣，遂将容身保位，坐观得失，为来世戒也！

昔周公戒鲁侯曰“无使大臣怨乎不以[23]”，不言贤愚[24]，明皆当世用也[25]；尧数舜之功，称去四凶，不言大小[26]，有罪则去也。今者朝臣不自以为不能，以陛下为不任也；不自以为不智，以陛下为不问也。陛下何不遵周公之所以用，大舜之所以去？使侍中、尚书，坐则侍帷幄，行则从华辇，亲对诏问，所陈必达，则群臣之行能否，皆可得而知；忠能者进，暗劣者退，谁敢依违而不自尽[27]？以陛下之圣明，亲与群臣论议政事；使群臣人得自尽，人自以为亲，人思所以报；贤愚能否，在陛下之所用：以此治事，何事不办？以此建功，何功不成？

每有军事，诏书常曰："谁当忧此者邪？吾当自忧耳！"近诏又曰："忧公忘私者必不然[28]，但先公后私即自办也[29]。"伏读明诏，乃知圣思究尽下情[30]；然亦怪陛下不治其本而忧其末也。人之能否，实有本性；虽臣亦以为朝臣不尽称职也。明主之用人也，使能者不敢遗其力；而不能者不得处非其任[31]。选举非其人，未必为有罪也；举朝共容非其人，乃为怪耳。陛下知其不尽力也，而代之忧其职；知其不能也，而教之治其事：岂徒主劳而臣逸哉？虽圣贤并世，终不能以此为治也！

陛下又患台阁禁令之不密，人事请属之不绝；听伊尹作迎客出入之制[32]，选司徒更恶吏以守寺门[33]，威禁由之：实未得为禁之本也。昔汉安帝时[34]，少府窦嘉，辟廷尉郭躬无罪之兄子[35]，犹见举奏，章劾纷纷。近司隶校尉孔羡，辟大将军狂悖之弟[36]，而有司默尔：望风希指[37]，甚于受属[38]。选举不以实，人事之大者也。〔一〕嘉有亲戚之宠，躬非社稷重臣，犹尚如此；以今况古，陛下自不督必行之罚以绝阿党之原耳[39]。伊尹之制与恶吏守门，非治世之具也[40]。使臣之言少蒙察纳，何患于奸不削灭，而养若昭等乎？

夫纠擿奸宄，忠事也；然而世憎小人行之者，以其不顾道理而苟求容进也[41]。若陛下不复考其终始，必以违众忤世为奉公，密行白人为尽节[42]。焉有通人大才，而更不能为此邪？诚顾道理，而弗为耳。使天下皆背道而趋利，则人主之所最病者；陛下将何乐焉？胡不绝其萌乎？夫先意承旨以求容美[43]，率皆天下浅薄无行义者；其意务在于适人主之心而已，非欲治天下安百姓也。陛下何不试变业而示之[44]，彼岂执其所守以违圣意哉？夫人臣得人主之心，安业也[45]；处尊显之官，荣事也；食千钟之禄，厚实也[46]。人臣虽愚，未有不乐此而喜干忤者也，迫于道自强耳[47]。诚以为陛下当怜而佑之，少委任焉；如何反录昭等倾侧之意[48]，而忽若人者乎？今者外有伺隙之寇，内有贫旷之民。陛下当大计天下之损益，政事之得失，诚不可以怠也。

恕在朝八年，其论议亢直，皆此类也。

【注释】

〔1〕左丞：官名。即尚书左丞。尚书台官员。负责宗庙祭祀和朝廷礼制，选用并监督尚书台内的吏员。　罚当关：惩罚吏员应当报告。〔2〕坐判问：因审问违法吏员而被治罪。　〔3〕辞罚：逃避处罚。〔4〕天下之选：从普天下选出来的优秀人才。　〔5〕能官人：善于授给人官职。　〔6〕亲灯火：指夜以继日地工作。　〔7〕股肱：比喻辅政大臣。　〔8〕百里奚：百里氏，名奚。春秋时秦国大夫。原为虞国大夫，虞亡时成为晋国俘虏，后又作为陪嫁之臣到秦国。与蹇叔、由余一起辅

佐秦穆公建立霸业。事见《史记》卷五《秦本纪》。〔9〕豫让：战国初晋国人。曾在晋国贵族范氏、中行氏手下供职而并不著名。后来投到晋卿智伯的门下，受到优待。赵、韩、魏三家联合消灭智氏后，豫让改名换姓，以漆涂身，又吞炭使声音变哑，然后一再行刺赵襄子。未成功，自杀。传见《史记》卷八十六《刺客列传》。〔10〕一朝(cháo)：一朝的官员。〔11〕断：停止。赋衣：赐给衣服。〔12〕薄：减少。〔13〕率由圣意：都是出自陛下自己的主意。〔14〕密勿：机密。〔15〕宁有：岂有。〔16〕幸：宠爱。乐人：搞音乐舞蹈的艺人。〔17〕发：揭发。〔18〕初：完全。〔19〕忠臣不必亲：忠臣不一定想和皇帝非常亲热。〔20〕事得自尽：什么事都尽心办。这指忠臣而言。〔21〕疏者：与皇帝关系疏远者。毁人：批评人。不实其所毁：所批评的情况不真实。〔22〕望与(yù)竹帛：希望名留史册。〔23〕鲁侯：这里指周公的儿子伯禽。不以：不受重用。这句话出自《论语·微子》。〔24〕不言贤愚：没有说这些大臣中还能分出贤愚高下。〔25〕皆当世用：都能够在社会发挥作用。〔26〕不言大小：没有说他们罪恶的大小。〔27〕依违：办事不尽心尽力。〔28〕必不然：不一定做得到。〔29〕自办：自然就办得好事情了。〔30〕究尽：完全了解。〔31〕处非其任：处在不该担任的职位上。〔32〕伊尹：这里比喻魏朝的辅政大臣。迎客出入之制：会客制度。〔33〕寺门：官署的大门。〔34〕汉安帝：即刘祜(公元94—125)。东汉皇帝。公元107至125年在位。事详《后汉书》卷五。〔35〕窦嘉：窦融的孙儿。窦氏是东汉皇室的外戚，先后娶了三位公主。事见《后汉书》卷二十三《窦融列传》。郭躬(？—公元94)：字仲孙，颍川郡阳翟(今河南禹州市)人。其父精通法律，他继承家学，在东汉明帝、章帝时长期担任司法官员，以执法精当公平著称。传见《后汉书》卷四十六。〔36〕大将军：指当时担任大将军的司马懿。狂悖：言行反常背理。〔37〕希指：迎合心意。〔38〕受属：受到请托。〔39〕自不：自己不愿意。原：根源。〔40〕治世之具：治理天下的措施。〔41〕苟求容进：以不正当手段谋求地位。〔42〕密行白人：悄悄去告发别人。〔43〕先意承旨：先揣摩心意而加以迎合。容美：受到接纳和称赞。〔44〕变业：故意改变惯常的做法。〔45〕安业：安全的事情。〔46〕厚实：丰厚的实利。〔47〕迫于道自强：迫于道义而强制自己走正路。〔48〕倾侧：有意陷害。

【裴注】

〔一〕臣松之按："大将军"，司马宣王也。《晋书》云："宣王第五弟，名通，为司隶从事。"疑恕所云"狂悖"者。通子顺，封龙阳亭侯。晋初受禅，以不达天命，守节不移，削爵土，徙武威。

出为弘农太守。数岁，转赵相，〔一〕以疾去官。〔二〕起家为河东太守。岁余，迁淮北都督护军，复以疾去。恕所在，务存大体而已；其树惠爱，益得百姓欢心，不及于畿。顷之，拜御史中丞。恕在朝廷，以不得当世之和[1]，故屡在外任。复出为幽州刺史，加建威将军，使持节，护乌丸校尉。

时征北将军程喜，屯蓟。尚书袁侃等，戒恕曰："程申伯处先帝之世[2]，倾田国让于青州[3]；足下今俱杖节使，共屯一城：宜深有以待之。"而恕不以为意。至官未期[4]，有鲜卑大人儿[5]，不由关塞，径将数十骑诣州[6]；州斩所从来小子一人，无表言上[7]。喜于是劾奏恕；下廷尉，当死。以父畿勤事水死[8]，免为庶人，徙章武郡[9]。是岁嘉平元年。〔三〕

恕倜傥任意[10]，而思不防患，终致此败。

【注释】

〔1〕当世：当权者。当指司马懿。杜恕批评孔羡辟司马懿狂悖的弟弟为下属，司马懿不会满意。〔2〕申伯：程喜的字。〔3〕倾：倾陷。田国让：指田豫。程喜陷害田豫事，见本书卷二十六《田豫传》。〔4〕未期(jī)：不满一年。〔5〕大人：首领。〔6〕州：指州治蓟县。〔7〕言上：上报。〔8〕勤事：勤于公事。〔9〕章武：郡名。郡治在今河北大城县。〔10〕倜傥(tì tǎng)：豪放不羁。

【裴注】

〔一〕《魏略》曰："恕在弘农，宽和有惠爱。及迁，以孟康代恕，为弘农。康字公休，安平人。黄初中，以于郭后有外属，并受九亲赐拜，遂转为散骑侍郎。是时，散骑皆以高才英儒充其选，而康独缘妃嫱，杂在其间，故于时皆共轻之，号为'阿九'。康既无才敏，因在冗官，博读书传；后遂有所弹驳，其文义雅而切要，众人乃更加意。正始中，出为弘农，领典农校尉。康到官，清己奉职，嘉善而矜不能，省息狱讼，缘民所欲，因而利之。郡领吏二百余人，涉春遣休，常四分遣一；事无宿诺。时出案行，皆豫敕督邮、平水：'不得令属官遣人探候，修设曲敬。'又不欲烦损吏民，常豫敕吏卒：'行各持镰，所在自刈马草；不止亭传，露宿树下。'又所从常不过十余人。郡带道路，其诸过宾客，自非公法，无所出给；若知旧造之，自出于家。康之始拜，众人虽知共有志量，以其未尝宰牧，不保其能也；而康恩泽治能乃尔，吏民称歌焉。嘉平末，徙勃海太守。征，入为中书令，后转为监。"

〔二〕《杜氏新书》曰："恕遂去京师，营宜阳一泉坞，因其垒堑之固，小大家焉。明帝崩时，人多为恕言者。"

〔三〕《杜氏新书》曰："喜欲恕折节谢己，讽司马宋权，示之以微意。恕答权书曰：'况示委曲。夫法天下事：以善意相待，无不致快也；以不善意相待，无不致嫌隙也。而议者言：'凡人天性皆不善，不当待以善意，更堕其调中。'仆得此辈，便欲归蹈沧海乘桴耳，不能自谐在其间也。然以年五十二，不见废弃，颇亦遭明达君子亮其本心；若不见亮，使人刳心著地，正与数斤肉相似，何足有所明？故终不自解说。程征北，功名宿著，在仆前甚多，有人出征北乎！若令下官，事无大小，咨而后行，则非上司弹绳之意；若咨而不从，又非上下相顺之宜：故推一心，任一意，直而行之耳。杀胡之事，天下谓之是邪，是仆谐也；呼为非邪，仆自受之，无所怨咎。程征北明之亦善，不明之亦善，诸君子自共为其心耳，不在仆言也。'喜于是遂深文劾恕。"

初，恕从赵郡还，陈留阮武亦从清河太守征；俱自（薄）〔簿〕廷尉[1]。谓恕曰："相观才性可以由公道而持之不厉[2]，器能可以处大官而求之不顺[3]，才学可以述古今而志之不一[4]：此所谓有其才而无其用。今向闲暇，可试潜思，成一家言。”在章武，遂著《体论》八篇。〔一〕又著《兴性论》一篇，盖兴于为己也。

四年[5]，卒于徙所。

甘露二年，河东乐详年九十余，上书讼畿之遗绩[6]。朝廷感焉。诏封恕子预，为丰乐亭侯，邑百户。〔二〕

恕奏议论驳皆可观，掇其切世大事著于篇[7]。〔三〕

【注释】

〔1〕自簿廷尉：亲自到廷尉的公堂接受审问和对证。据上文叙述，杜恕被撤职下廷尉，是他任幽州刺史时发生的事，这里说是“从赵郡还”，疑有误。〔2〕相观：观察后发现。　才性：这里指品德。　由：遵循。　持之不厉：不能严格坚持。〔3〕求之不顺：追求仕途的升迁又很不顺利。〔4〕志之不一：完成著述的志向却不专一。〔5〕四年：嘉平四年(公元252)。〔6〕讼：为别人申诉。〔7〕切世大事：切合当时政治中的大事。　著于篇：录入杜恕的这篇传记中。

【裴注】

〔一〕《杜氏新书》曰：“以为人伦之大纲，莫重于君臣；立身之基本，莫大于言行；安上理民，莫精于政法；胜残去杀，莫善于用兵。夫礼也者，万物之体也；万物皆得其体，无有不善：故谓之《体论》。”

〔二〕《魏略》曰：“乐详字文载。少好学，建安初，详闻公车司马令南郡谢该，善《左氏传》，乃从南阳(步诣)〔步涉诣许，从〕该问疑难诸要。今《左氏乐氏问》七十二事，详所撰也。所问既了而归乡里。时杜畿为太守，亦甚好学，署详文学祭酒，使教后进。于是河东学业大兴。至黄初中，征拜博士。于时太学初立，有博士十余人。学多褊狭，又不熟悉；略不亲教，备员而已。惟详，五业并授；其或难教，质而不解，详无愠色；以杖画地，牵譬引类，至忘寝食。以是独擅名于远近。详，学既精悉，又善推步三五，别受诏与太史典定律历。太和中，转拜骑都尉。详学优能少，故历三世，竟不出为宰守。至正始中，以年老，罢归于舍，本国宗族归之，门徒数千人。”

〔三〕《杜氏新书》曰："恕弟理，字务仲。少而机察精要，畿奇之，故名之曰'理'。年二十一而卒。弟宽，字务叔。清虚玄静，敏而好古。以名臣门户，少长京师；而笃志博学，绝于世务。其意欲探赜索隐，由此显名，当途之士多交焉。举孝廉，除郎中。年四十二而卒。经传之义，多所论驳，皆草创未就；惟删集《礼记》及《春秋左氏传》解，今存于世。预字元凯，司马宣王女婿。"

王隐《晋书》称："预智谋渊博，明于理乱，常称'德者，非所以企及；立功，立言，所庶几也'。大观群典，谓《公羊》、《穀梁》，诡辨之言。又非先儒说《左氏》，未究丘明意，而横以二《传》乱之。乃错综微言，著《春秋左氏经传集解》；又参考众家，谓之《释例》；又作《盟会图》、《春秋长历》：备成一家之学，至老乃成。尚书郎挚虞甚重之，曰：'左丘明本为《春秋》作传，而《左传》遂自孤行；《释例》本为《传》设，而所发明，何但《左传》？故亦孤行。'预有大功名于晋室，位至征南大将军，开府，封当阳侯，食邑八千户。子锡，字世嘏。尚书左丞。"《晋诸公赞》曰："（嘏）〔锡〕有器局。预从兄斌，字世将。亦有才望，为黄门郎，为赵王伦所枉杀。（嘏）〔锡〕子乂，字洪治。少有令名，为丹杨丞。早卒。"

阮武者，亦拓落大才也。案《阮氏谱》："武父谌，字士信。征辟无所就，造《三礼图》传于世。"《杜氏新书》曰："武字文业。阔达博通，渊雅之士。位止清河太守。武弟炳，字叔文。河南尹。精意医术，撰药方一部。炳子坦，字弘舒。晋太子少傅，平东将军。坦弟柯，字士度。"荀绰《兖州记》曰："坦，出绍伯父，亡，次兄当袭爵；父爱柯，言名传之，遂承封。时幼小，不能让；及长，悔恨，遂幅巾而居；后虽出身，未尝释也。性纯笃闲雅，好礼无违；存心经诰，博学洽闻。选为濮阳王文学，迁领军长史，丧官。王衍，时为领军，哭之甚恸。"

郑浑字文公，河南开封人也[1]。（高）〔曾〕祖父众[2]，众父兴[3]，皆为名儒。〔一〕浑兄泰，与荀攸等谋诛董卓；为扬州刺史，卒。〔二〕浑将泰小子袤，避难淮南，袁术宾礼甚厚。浑知术必败，时华歆为豫章太守，素与泰善，浑乃渡江投歆。

太祖闻其笃行，召为掾。复迁下蔡长、邵陵令[4]。

天下未定，民皆剽轻[5]，不念产殖[6]。其生子无以相活，率皆不举[7]。浑所在夺其渔猎之具，课使耕桑；又兼开稻田，重去子之法[8]。民初畏罪，后稍丰给，无不举赡。所育男女，多以“郑”为字。

辟为丞相掾、属，迁左冯翊。时梁兴等略吏民五千余家，为寇抄；诸县不能御，皆恐惧，寄治郡下[9]。议者悉以为“当移就险”，浑曰：“兴等破散，窜在山阻。虽有随者，率胁从耳。今当广开降路，宣喻恩信；而保险自守，此示弱也。”乃聚敛吏民，治城郭，为守御之备。遂发民逐贼，明赏罚，与要誓；其所得获，十以七赏。百姓大悦，皆愿捕贼，多得妇女、财物。贼之失妻子者，皆还求降。浑责其得他妇女[10]，然后还其妻子；于是转相寇盗，党与离散。又遣吏民有恩信者，分布山谷告喻。出者相继，乃使诸县长吏，各还本治以安集之。兴等惧，将余众聚鄜城[11]。

太祖使夏侯渊就助郡击之；浑率吏民前登，斩兴及其支党。又贼靳富等，胁将夏阳长、邵陵令并其吏民入硙山[12]。浑复讨击破富等，获二县长吏，将其所略还。及赵青龙者，杀左内史程休[13]。浑闻，遣壮士就枭其首。前后归附四千余家，由是山贼皆平，民安产业。

转为上党太守。太祖征汉中，以浑为京兆尹。浑以百姓新集，为制移居之法：使兼复者与单轻者相伍[14]，温信者与孤老为比；勤稼穑，明禁令，以发奸者。由是民安于农，而盗贼止息。及大军入汉中，运转军粮，为最。又遣民田汉中[15]，无逃亡者。太祖益嘉之，复入为丞相掾。

【注释】

〔1〕开封：县名。县治在今河南开封市西南。〔2〕众：即郑众（？—公元83）。出自儒学世家。东汉明帝时出使匈奴，誓死不向匈奴单于行跪拜礼，因此闻名。后任左冯翊、大司农，为官正直，政绩显著。传附《后汉书》卷三十六《郑兴传》。〔3〕兴：即郑兴。擅长经学。东汉初先后依附更始帝、隗嚣。后归从刘秀，任太中大夫。因反对谶纬迷信，不受刘秀重视。后辞官不仕，以教书终老。传见《后汉书》卷三十六。现存《十三经注疏》中的《周礼》郑玄注中，多处引用郑兴、郑众父子的解释。〔4〕下蔡：县名。县治在今安徽凤台县。　邵陵：县名。县治在今河南漯河市东北。〔5〕剽轻：强悍而随便。〔6〕产殖：农副业生产。〔7〕不举：不愿哺养。〔8〕重去子之法：加重惩治抛弃婴幼儿的法律。〔9〕寄治郡下：把治所暂时移到左冯翊的治所临晋县城（今陕西大荔县东南）内。〔10〕责：要求。〔11〕鄜城：地名。在今陕西洛川县东南。〔12〕夏阳：县名。县治在今陕西韩城市西南。硙（wèi）山：山名。在夏阳县附近。〔13〕左内史：官名。建安初年，曹操分左冯翊的西部置左内史郡，长官称左内史，治所在高陵（今陕西西安市高陵区）。后撤销。〔14〕兼复者：家庭成员代数多而人口众的。相伍：相互组成居民的小单位。郑浑这样做的目的，是要有能力的家庭就近帮助缺乏能力的家庭。〔15〕田：屯田。

【裴注】

〔一〕《续汉书》曰：“兴，字少赣。谏议大夫。众，字子师。大司农。”

〔二〕张璠《汉纪》曰：“泰，字公业。少有才略，多谋计。知天下将乱，阴交结豪杰。家富于财，有田四百顷；而食常不足，名闻山东。举孝廉，三府辟，公车征：皆不就。何进辅政，征用名士，以泰为尚书侍郎，加奉车都尉。进将诛黄门，欲召董卓为助，泰谓进曰：‘董卓强忍寡义，志欲无餍；若借之朝政，授之大事，将肆其心以危朝廷。以明公之威德，据阿衡之重任，秉意独断，诛除有罪，诚不待卓以为资援也！且事留变生，其鉴不远。’又为陈时之要务，进不能用。乃弃官去，谓颍川人荀攸曰：‘何公未易辅也。’进寻见害，卓果专权，废帝。关东义兵起，卓会议大发兵；群僚咸惮卓，莫敢忤旨。泰恐其强，益将难制，乃曰：‘夫治在德，不在兵也。’卓不悦曰：‘如此，兵无益邪？’众人莫不变容，为泰震栗。泰乃诡辞对曰：‘非以无益，以山东不足加兵也。今山东议欲起兵，州郡相连，人众相动，非不能也。然中国自光武以来，无鸡鸣狗吠之警，百姓忘战日久。仲尼有言：‘不教民战，是谓弃之。’虽众，不能为害。一也。明公出自西州，少为国将，闲习军事，数践战场，名称当世。以此威民，民怀慑服。二也。袁本初，公卿子弟，生处京师，体长妇人；张孟卓，东平长者，坐不窥堂；孔公绪，能清谈高论，嘘枯吹生：无军帅之才，负霜露之勤；临锋履刃，决敌雌雄，皆非明公敌。三也。察山东之士，力能跨马控弦，勇等孟贲，捷齐庆忌；信有聊城之守，策有良、平之谋；可任以偏师，责以成功：未闻有其人者。四也。就有其人，王爵不相加，妇姑位不定，各恃众怙力；将人人棋峙，以观成败，不肯同心共胆，率徒旅进。五也。关西诸郡，北接上党、太原、冯翊、扶风、安定。自顷以来，数与胡战，妇女载戟挟矛，弦弓负矢，况其悍夫？以此当山东忘战之民，譬驱群羊向虎狼，其胜可必。六也。且天下之权勇，今现在者不过并、凉、匈奴屠各、湟中义从、八种西羌：皆百姓素所畏服，而明公权以为爪牙；壮夫震栗，况小丑乎？七也。又明公之将帅，皆中表腹心，周旋日久；自三原、硖口以来，恩信醇著，忠诚可远任，智谋可特使：以此当山东解合之虚诞，实不相若。八也。夫战有三亡：以乱攻治者亡，以邪攻正者亡，以逆攻顺者亡。今明公秉国政平，讨夷凶宦，忠义克立；以三德待于三亡，奉辞伐罪，谁人敢御？九也。东州有郑康成，学该古今，儒生之所以集；北海邴根矩，清高直亮，群士之楷式。彼诸将若询其计画，案典校之强弱：燕、赵、齐、梁非不盛，终见灭于秦；吴、楚七国非不众，而不敢逾荥阳；况今德政之赫赫，股肱之邦良，欲造乱以徼不义者？必不相然赞成其凶谋。十也。若十事少有可采，无事征兵以惊天下，使患役之民，相聚为非，弃德恃众，以轻威重。’卓乃悦，以泰为将军，统诸军击关东。或谓卓曰：‘郑泰智略过人，而结谋山东；今资之士马，使就其党，窃为明公惧之！’卓收其兵马，留拜议郎。后又与王允谋共诛卓；泰脱身自武关走，东归。后将军袁术以为扬州刺史，未至官，道卒。时年四十一。”

文帝即位，为侍御史，加驸马都尉。迁阳平、沛郡二太守[1]。郡界下湿，患水涝，百姓饥乏。浑于萧、相二县界，兴陂堨，开稻田。郡人皆以为不便，浑曰：“地势洿下，宜溉灌，终有鱼稻经久之利。此丰民之本也。”遂躬率吏民，兴立功夫〔2〕，一冬间皆成。比年大收，顷亩岁增，租入倍常。民赖其利，刻石颂之，号曰“郑陂”。

转为山阳、魏郡太守，其治仿此。又以郡下百姓，苦乏材木，乃课树榆为篱，并益树五果〔3〕；榆皆成藩，五果丰实。入魏郡界，村落齐整如一，民得财足用饶。

明帝闻之，下诏称述，布告天下。迁将作大匠。浑清素在公，妻子不免于饥寒。及卒，以子崇为郎中。〔一〕

【注释】

〔1〕阳平：郡名。治所在今河北大名县东北。 〔2〕功夫：工程。〔3〕五果：五种主要果树。指桃、李、杏、栗、枣。

【裴注】

〔一〕《晋阳秋》曰：“泰子袤，字林叔。泰与华歆、荀攸善，见袤曰：‘郑公业为不亡矣！’初为临淄侯文学，稍迁至光禄大夫。泰始七年，以袤为司空；固辞不受，终于家。子默，字思玄。”《晋诸公赞》曰：“默遵守家业，以笃素称。位至太常。默弟质、舒、诩，皆为卿。默子球，清直有理识；尚书右仆射，领选。球弟豫，为尚书。”

仓慈字孝仁，淮南人也。始为郡吏。建安中，太祖开募屯田于淮南，以慈为绥集都尉〔1〕。

黄初末，为长安令。清约有方，吏民畏而爱之。

太和中，迁敦煌太守。郡在西陲，以丧乱隔绝，旷无太守二十岁。大姓雄张[2]，遂以为俗。前太守尹奉等，循故而已，无所匡革。慈到，抑挫权右，抚恤贫羸，甚得其理。旧大族田地有余，而小民无立锥之土；慈皆随口割赋[3]，稍稍使毕其本直[4]。

先是，属城狱讼众猥[5]，县不能决，多集治下。慈躬往省阅，料简轻重；自非殊死[6]，但鞭杖遣之，一岁决刑曾不满十人[7]。又常日西域杂胡欲来贡献[8]，而诸豪族多逆断绝；既与贸迁[9]，欺诈侮易，多不得分明[10]：胡常怨望。慈皆劳之，欲诣洛者，为封过所[11]；欲从郡还者，官为平取[12]，辄以府现物与共交市，使吏民护送道路。由是民夷翕然，称其德惠。

数年，卒官。吏民悲感如丧亲戚，图画其形，思其遗像。及西域诸胡闻慈死，悉共会聚于戊己校尉及长吏治下，发哀[13]；或有以刀画面，以明血诚。又为立祠，遥共祠之。〔一〕

自太祖迄于咸熙[14]，魏郡太守陈国吴瓘，清河太守乐安任燠，京兆太守济北颜斐，弘农太守太原令狐邵，济南相鲁国孔乂：或哀矜折狱[15]，或推诚惠爱，或治身清白，或擿奸发伏，[16]咸为良二千石[16]。〔二〕

【注释】

〔1〕绥集都尉：官名。负责召募流亡百姓屯田。〔2〕雄张：霸道嚣张。〔3〕随口割赋：按人口多少把大族田地分一部分给贫民。〔4〕稍稍：逐渐。 毕其本直：偿还田地所值的价钱。〔5〕众猥：众多。〔6〕殊死：死刑。〔7〕决刑：判决死刑。〔8〕杂胡：各类人数不多的少数族。〔9〕贸迁：贸易。〔10〕分明：把是非曲直弄清楚。

〔11〕过所：官府发给的通行证书。〔12〕平取：公平交换。〔13〕戊己校尉：官名。负责在西域的屯田事务，治所在高昌(今新疆吐鲁番市东)。治下：治所所在的地方。〔14〕咸熙：魏王朝最后一个年号。〔15〕哀矜折狱：怀着对老百姓的怜悯心判案。〔16〕擿奸发伏：揭露坏人坏事的隐情。

【裴注】

〔一〕《魏略》曰："天水王迁，承代慈，虽循其迹，不能及也；金城赵基承迁后，复不如迁；至嘉平中，安定皇甫隆，代基为太守。初，敦煌不甚晓田，常灌溉蓄水，使极濡治，然后乃耕；又不晓作耧犁、用水及种：人牛功力既费，而收谷更少。隆到，教作耧犁，又教衍溉。岁终率计：其所省庸力过半，得谷加五。又敦煌俗：妇人作裙，挛缩如羊肠，用布一匹；隆又禁改之，所省复不訾。故敦煌人以为：隆刚断严毅，不及于慈；至于勤恪爱惠，为下兴利，可以亚之。"

〔二〕瓘、燠，事行无所见。

《魏略》曰："颜斐字文林。有才学。丞相召为太子洗马。黄初初，转为黄门侍郎。后为京兆太守。始，京兆从马超破后，民人多不专于农殖；又历数四二千石，取解目前，亦不为民作久远计。斐到官，乃令属县整阡陌，树桑果。是时民多无车牛，斐又课民以闲月取车材，使转相教匠作车。又课民无牛者，令蓄猪狗，卖以买牛。始者，民以为烦；一二年间，家家有丁车、大牛。又起文学，听吏民欲读书者，复其小徭。又于府下起菜园，使吏役闲锄治。又课民当输租时，车牛各因便，致薪两束，为冬寒冰，炙笔砚。于是风化大行，吏不烦民，民不求吏。京兆与冯翊、扶风接界，二郡道路既秽塞，田畴又荒莱，人民饥冻；而京兆皆整顿开(明)〔辟〕，丰富常为雍州十郡最。斐又清己，仰奉而已，于是吏民恐其迁转也。至青龙中，司马宣王在长安立军市，而军中吏士，多侵侮县民。斐以白宣王，宣王乃发怒召军市候，便于斐前杖一百。时长安典农，与斐共坐，以为斐宜谢，乃私推筑斐。斐不肯谢，良久乃曰：'斐意观明公受分陕之任，乃欲一齐众庶，必非有所左右也。而典农窃见推筑，欲令斐谢；假令斐谢，是更为不得明公意也。'宣王遂严持吏士，自是之后，军营、郡县各得其分。后数岁，迁为平原太守。吏民啼泣遮道，车不得前，步步稽留，十余日乃出界。东行，至崤而疾困。斐素心恋京兆，其家人从者，见斐病甚，劝之，言：'平原，当自勉励作健。'斐曰：'我心不愿平原！汝曹等呼我，何不言京兆邪？'遂卒，还平原。京兆闻之，皆为流涕，为立碑，于今称颂之。

“令狐邵字孔叔。父仕汉，为乌丸校尉。建安初，袁氏在冀州，邵去本郡，家居邺。九年，暂出，到武安毛城中。会太祖破邺，遂围毛城。城破，执邵等辈十余人，皆当斩。太祖阅见之，疑其衣冠也；问其祖考，而识其父，乃解放。署军谋掾，仍历宰守，后徙丞相主簿，出为弘农太守。所在清如冰雪，妻子希至官省。举善而教，恕以待人；不好狱讼，与下无忌。是时，郡无知经者。乃历问诸吏，有欲远行就师，辄假遣，令诣河东，就乐详学经；粗明乃还，因设文学。由是弘农学业转兴。至黄初初，征拜羽林郎；迁虎贲中郎将，二岁，病亡。始，邵族子愚，为白衣时，常有高志。众人谓愚必荣令狐氏，而邵独以为：‘愚性倜傥，不修德而愿大，必灭我宗！’愚闻邵言，其心不平。及邵为虎贲郎将，而愚仕进已多所更历，所在有名称。愚见邵，因从容言次，微激之曰：‘先时闻大人谓愚为不继，愚今竟云何邪？’邵熟视，而不答也。然私谓其妻子曰：‘公治性度犹如故也！以吾观之，终当败灭。但不知我久当坐之不邪？将逮汝曹耳！’邵没之后，十余年间，愚为兖州刺史，果与王凌谋废立，家属诛灭。邵子华，时为弘农郡丞，以属疏，得不坐。”

按《孔氏谱》：孔乂字元儁。孔子之后。曾祖畴，字元矩。陈相。汉桓帝立老子庙于苦县之赖乡，画孔子像于壁；畴为陈相，立孔子碑于像前，今见存。乂父、祖皆二千石。乂为散骑常侍，上疏规谏，语在《三少帝纪》。至大鸿胪。子恂，字士信。晋平东将军、卫尉也。

评曰：任峻始兴义兵，以归太祖；辟土殖谷，仓庾盈溢，庸绩致矣〔1〕。苏则威以平乱，既政事之良；又矫矫刚直〔2〕，风烈足称〔3〕。杜畿宽猛克济〔4〕，惠以康民。郑浑、仓慈，恤理有方。抑皆魏代之名守乎！恕屡陈时政，经论治体〔5〕，盖有可观焉。

【注释】

〔1〕庸绩：功绩。〔2〕矫矫：坚强不屈的样子。〔3〕风烈：作风和事业。〔4〕克济：能够相互补充。〔5〕经论：常常议论。治体：治国的体制。

【译文】

任峻，字伯远，河南尹中牟县人。汉朝末年天下大乱，关东地区社会动荡；中牟县令杨原忧愁恐惧，打算弃官逃走。任峻劝他说：“董卓带头作乱，天下人没有不怨恨他的，然而至今还不见有人发出倡议讨伐他；这倒不是没有这种想法，而是不敢带这个头。您如果出来发出倡议，一定会有响应的。”杨原问：“具体怎么办呢？”任峻说：“现在关东有十多个县，加起来能调动上万壮丁打仗。如果您暂时行使河南尹的权力，把他们集中起来调遣，没有办不成的事。”杨原听从了任峻的计策，任命他为主簿。任峻便替杨原上表发布关于自己代理河南尹的文告，让各县坚守自己的辖地，并且发兵征讨董卓。

正赶上太祖曹操在关东起兵，进入中牟县界；当地人不知道该跟随谁。只有任峻与同郡的张奋商议，率领全河南郡的人服从太祖。任峻另外又召集自己宗族、门客以及家兵一共几百人，表示愿意跟随太祖作战。太祖非常高兴，上表请求任命任峻为骑都尉；并将自己的堂妹嫁给他，对他十分信任。太祖每次出征，常常让任峻留在后方，供给部队军粮。

当时连年干旱饥荒，军粮缺乏；担任羽林监的颍川郡人枣祗建议推行屯田制度。太祖就任命任峻为典农中郎将，招募百姓在许县一带屯田，收获粮食上百万斛；此后各郡都设置了屯田官员。几年间，各屯田区都储备了粮食，仓库全部堆满。官渡之战，太祖命任峻掌管军用器械和粮食的运输。敌人几次偷袭，截断了粮道；任峻便以一千辆粮车为一部，列成十路方队；又布置层次重复的阵形在外面护卫粮车，敌人不敢靠近。军队国库之所以能粮食充足，这个大功劳起源于枣祗而完成于任峻。

因为任峻功高，太祖上表请求封他为都亭侯，封邑三百户，又升任长水校尉。任峻待人宽厚有度量，通晓事理；每次提出建议，太祖总是很满意。在饥荒的年代，他收养抚恤朋友死后留下的妻子儿女，周济贫困的中表亲戚，人们都称赞他为人有信用和义气。

建安九年(公元204)，任峻去世。太祖为他的死长时间流泪哭泣。他的儿子任先继承了他的爵位。任先没有儿子，死后，封地撤销。后来魏文帝追封功臣，追谥任峻为成侯，又赐封任峻的次子任览为关内侯。

苏则，字文师，扶风郡武功县人。少年时就以学问操行闻名乡里。被举荐为孝廉和茂才，三公任命他为下属；他都没有接受。

后来出仕，初次做官就担任酒泉郡太守。又调任安定郡、武都郡太守，他在这些地方都有威严的名声。太祖征伐张鲁，经过苏则所管辖的郡；对他很欣赏，让他担任部队的前导。打败张鲁以后，苏则安抚住在下辩县一带的各氐族部落，打通了河西走廊。转任金城郡太守。

当时正是战乱之后，官吏百姓流离失所，饥饿贫穷，户口锐减。苏则认真安抚照顾百姓流民，非常尽力；对外招纳羌人，得到他们的牛羊，用来赡养贫困老弱的人；他和百姓平分口粮：一个多月后，流民陆续都回来了，一共有几千家。于是苏则明确宣布若干禁令，有违犯的就杀掉，对听从教育的一定奖赏。他亲自教百姓耕种，当年就获得了大丰收。从那以后，前来归附的人越来越多。陇西郡的李越发动叛乱，苏则率领羌族军队包围了李越，李越请求投降。

太祖去世，西平郡的麹演造反，自称护羌校尉。苏则指挥军队讨伐；麹演害怕了，也只好投降。魏文帝因为苏则的功劳，让他兼任护羌校尉，赐予关内侯的爵位。

后来麹演又勾结附近的郡发动叛乱。张掖郡的张进扣押了本郡太守杜通，酒泉郡的黄华不让新任太守辛机入境；张进、黄华都自称太守，响应麹演。再加上武威郡的三种少数族，也趁势掳掠，河西的道路再度断绝。武威郡太守毌丘兴向苏则告急。当时雍州、凉州的豪强大族，都逼迫羌族人追随张进等；金城郡的人认为张进势不可当。在此以前，将军郝昭、魏平，在金城屯兵驻守，又接到不许西进的诏书。

苏则亲自会见郡中的重要官员和郝昭等人，一起和羌族的首领商议说："现在敌人的势力虽然强盛，但都是乌合之众；有的还是被迫参加的，不一定能同心合力。利用他们的矛盾进行打击，好人和坏人必定会分离；好的分离出来归顺我军，我军的数量增加而敌人的数量便要减少。既得到增加兵力的实惠，又使我军气势倍增；到这时全军出动讨伐敌人，一定会打得他们落花流水。如果坐等大军支援，旷日持久；好人找不到归宿，必然要和坏人同流合污；善恶搅在一块，就很难把他们一下子分开了。现在虽然有朝廷不许西进的诏命，违背它而合乎权变，完全可以自行决定。”郝昭等人听从了苏则的意见，发兵去救武威郡；迫使作乱的三种少数族人投降，并与毌丘兴率军在张掖郡攻击张进。麴演得到消息，率领步军、骑兵共三千人来迎接苏则；说是前来援助，其实打算发动突然袭击。苏则引诱他来见面，趁机将他斩首示众，他的党羽都四散逃走。苏则与各路军队包围了张掖，大败敌人；杀死了张进和他的党羽，敌兵全部投降。麴演的部队被打败后，黄华感到恐惧，交出了他所扣押的人质乞求投降。河西一带完全平定，苏则回到金城。晋爵为都亭侯，食邑三百户。

朝廷征召苏则入朝任侍中，与董昭是同僚。有一次，董昭枕着苏则的膝盖睡觉，苏则把他的头推下去，说：“苏则的膝盖，可不是逢迎谄媚之辈的枕头！”

当初，苏则同临淄侯曹植，听说曹魏取代汉朝，都穿上丧服为灭亡的汉朝悲哀哭泣。曹植的举动被魏文帝听说了，却不知道苏则也是这样。后来文帝在洛阳，有一次空闲时问道：“我顺应天命受汉朝禅让当了皇帝，却听说有人为此悲哭，哭什么呢？”苏则还以为是质问自己，胡须都竖立起来，想要以正当的理由严肃地辩论一番。侍中傅巽连忙用手掐他并悄悄说：“不是说您啊。”这才挡住了他。

文帝问苏则说：“前些时攻破酒泉郡、张掖郡，和西域互通使节，敦煌郡献上直径一寸的大珠。这样的宝珠还能不能再买到呢？”苏则回答说：“陛下的德泽如果能充分滋润中原，并且流布到西北边境之外，宝珠就会不求自来；如果自己去求然后得到，那么也就值不得珍贵了。”文帝听了，顿时默然无语。

后来苏则陪同文帝打猎，包围的篱笆设置不牢固，被鹿撞破逃走了。文帝大怒，脚踩胡床拔出佩刀，把有关官吏都抓起来，要处死他们。苏则跪地叩拜，说：“为臣听说古代的圣明君王，不会因为禽兽而杀人。现在陛下正推崇唐尧的教化，却因为打猎的游戏要杀死很多吏员；愚臣认为绝对不能这样，所以斗胆用我的生命来求情!”文帝说:“您,真是正直的大臣啊!”便把那些官吏全部赦免。然而苏则也因此受到文帝的忌恨和畏惧。

黄初四年(公元223),他被降职为河东国相。赴任途中,得病去世,谥为刚侯。他的儿子苏怡继承了爵位。苏怡死后,没有儿子,由他的弟弟苏愉继承爵位。苏愉,在咸熙年间曾担任尚书。

杜畿,字伯侯,京兆尹杜陵县人。幼年时父亲死亡,继母虐待他,他却以孝顺继母而出了名。二十岁时在郡中担任功曹,又代理郑县的县令。县里关押了几百囚犯,杜畿亲自审问,衡量犯人罪行的轻重,全部判决定案然后遣送执行;虽然不是都判决得很恰当,但是郡中的人们见他这样年轻却对重大问题很有主见感到惊奇。后来他被举荐为孝廉,担任汉中郡丞。碰上天下大乱,他抛弃官职,客居荆州。建安年间才回到故乡。

荀彧把他推荐给太祖,太祖委任他为司空府司直。升任护羌校尉,持有节杖,兼任西平郡太守的职务。太祖平定了河北,高幹在并州反叛。当时河东郡太守王邑,被朝廷征召;河东人卫固、范先表面上请求王邑留任,背地里却同高幹勾结。太祖对荀彧说:“关西的那些将领凭借险要的地形和骑兵,要是去征伐他们一定会引起大规模叛乱。张晟在崤山、渑县之间烧杀抢掠,向南联络刘表;卫固等人也借张晟的力量起事,我担心他们造成严重危害。河东郡依傍大山面临黄河,四周的邻郡又总是发生变乱,是当今天下的战略要地。请您为我推荐像萧何、寇恂那样的人去镇守河东。”荀彧说:“杜畿就是合适的人选。”于是太祖派人追赶正在前往西平郡上任的杜畿,改派他当河东郡太守。

卫固等人派了几千人马截断陕津,杜畿到了那儿,不能渡过黄河去上任。太祖派夏侯惇征讨卫固,兵还未到。有人对杜畿说:“应该等待大兵来再走。”杜畿说:“河东郡有三万户人家,绝对不是人人都想作乱。如果大兵压境,把他们逼急了,想做好事的也找不到带头人,就会因为惧怕而服从卫固;卫固一旦能够集中力量,必然要拼死抵抗。我们讨伐他难以取胜,四周的邻郡也会响应他,天下的变乱就平息不下来;即使我们能够战胜他,也要摧残到一郡的百姓。况且卫固等人还没有明目张胆地抗拒朝廷,表面上仍然以请求过去的太守留任为名，一定不会加害于新太守。我单身乘车前去，出其不意；卫固为人计谋多而缺乏决断，一定会假装接受我的指挥。我只要在郡城停留上一个月，就能设法用计困住他，这就够了。”于是假装从另外的路走而暗中从郖津北渡黄河。到达之后，范先想杀杜畿借以威慑部下，同时也观察一下杜畿的反应，便在郡政府门前边连续杀了郡中主簿以下的官吏三十多人；杜畿目睹惨状若无其事。于是卫固说：“杀了他也没有什么用，徒然给咱们添上恶名；况且他也完全控制在我们手中。”于是承认杜畿为本郡的太守。

杜畿对卫固、范先说：“你们二位，是河东郡民众敬重的人士，我只能仰仗你们为我完成一切而已。但是上下级之间有固定的规矩，成败祸福共同承当：遇到大事应当共同商议。”于是他下令任命卫固为都督，代理郡丞职务，又兼任功曹；将军、校尉、吏员、士兵三千多人，都归范先统管。卫固等人很高兴，虽然表面上假装服从杜畿，心里面却不把他当回事。卫固要大举征兵；杜畿很担忧，劝卫固说：“要想成就非常的大事，就不能动摇民心。现在如果大规模征兵，民众一定会骚乱；不如慢慢用钱财来招募军队。”卫固认为他说得对，同意照办；于是用钱财来招募，拖了几十天才做好招兵的准备。而下面的将领都多领钱财而少招兵丁，以便从中贪污。杜畿又去劝告卫固说：“人们都顾恋家属。可以让将军和官吏们分批回家休息，有紧急情况再召他们回来也不难。”卫固等人不愿意违背人心，又听从了杜畿的劝告。这样一来，不肯谋反的好人留在外边，可以暗地里支援杜畿；而坏人被分开，各自回家：敌对势力就离散了。

碰上农民起义军首领张白骑的兵马攻打东垣县，高幹的叛军进入濩泽县境。上党郡各县杀死县官，弘农郡扣押了郡太守。卫固等人也想乘机公开反叛，秘密下令调兵而军队不按时前来；杜畿知道周围各县都支持自己，就借机出城，单独率领几十名骑兵到一处坚固的壁垒固守。官吏百姓得知消息后都全力帮助杜畿，过了几十天，聚集了四千多人。卫固等人与高幹、张晟联合起来攻打杜畿的壁垒，却久攻不破；抢掠附近的县城，又一无所得。这时朝廷的大兵到达，高幹、张晟都被打败，卫固等人被抓获砍头。杜畿赦免了卫固等人的余党，让他们恢复过去的住所产业。

当时，全国的郡县都残破不全，河东郡却最先平定，所以损失较小。杜畿治理河东，推行宽厚利民的政策，让百姓休养生息。有人家曾经打官司，相互告发；杜畿亲自为双方讲清道理，让他们回去仔细想一想；如果还有什么话，可以再来太守府申诉。乡亲父老都生气地责备打官司的人："有这么好的太守，你们为什么不听他的教诲！"从那以后，就很少再有打官司的了。杜畿向下属各县颁布命令：要求推选孝顺子孙、贞洁妇女，中选者都免除徭役；并随时去慰问勉励他们。他又开始督促百姓饲养母牛、母马，以及鸡、猪、狗，都有具体的章程制度，百姓勤劳地耕作，家家户户丰衣足食。于是杜畿说："百姓富足了，不可不进行教育。"便在冬天训练军队，讲习武艺；又开设学校，亲自讲授儒家的经典：郡中风气变得越来越好。韩遂、马超反叛的时候，弘农郡、冯翊郡很多县城都起兵响应。河东郡虽然同敌境相连，百姓却没有二心。

太祖西征到达蒲坂，与敌人隔着渭河排开阵势，军粮完全依赖河东郡供给。等到敌人被打败，郡中储备的粮食还剩二十多万斛之多。太祖下令说："河东郡太守杜畿，完全可以用孔子所说的'禹，完美得使我对他没有任何批评'这句话来形容了。"于是把他的俸禄破格提高到中二千石这一级。

后来太祖征伐汉中，调遣河中郡的五千民夫担任运输工作。这些人自动地互相勉励说："做人总免不了一死，可不能辜负了我们的好太守！"始终没有一个人逃跑，杜畿就是这样得人心。

魏国建立以后，用杜畿为尚书。任命文书已经通过审议，太祖又下令给杜畿说："过去萧何安定关中，寇恂安定河内，您也有他们那样的功劳。最近将授予您尚书的职位；但是又考虑到河东郡是我起支柱作用的要地，是充实储备的所在，占据那里就足以控制全国：所以还要麻烦您坐镇那里。"杜畿在河东郡十六年，他的政绩总是全国最好的。

魏文帝即魏王位，赐给杜畿关内侯的爵位，召他担任尚书。文帝称帝以后，杜畿晋爵为丰乐亭侯，食邑一百户；代理司隶校尉。

文帝亲自征伐吴国，任命杜畿为尚书仆射，在京城处理留守事务。后来文帝去许昌，仍然命杜畿留守。杜畿奉诏制造御用楼船，在陶河试航，遇到大风沉没而死。文帝为他的死而流泪，下诏说："从前冥勤劳地治水而死在水中，后稷勤劳地播种谷物而死在山上。已故的尚书仆射杜畿，在孟津试航，结果翻船沉没；这是极度忠诚的表现，朕非常痛惜他！"下令追赠杜畿太仆的官衔，谥为戴侯。他的儿子杜恕继承了爵位。

杜恕，字务伯。太和年间，任散骑侍郎、黄门侍郎。他为人在质朴中见真诚，不故意修饰自己，所以从小就没有什么名声。到了在朝中做官，也不拉帮结派，一心为公；每当政策有失误，他总是引用统治国家的基本原则发表正直的言论。因此很受侍中辛毗等人的器重。

当时自公卿以下的官员们，广泛议论朝廷制度的改革问题。杜恕认为："古代的刺史，奉行和宣示朝廷诏书中的六条规定；以清静为名誉，以威严受到称赞。现在可以不再让刺史掌握兵权，以便专心管理民政。"不久，镇北将军吕昭又兼任冀州刺史，杜恕便上奏说：

帝王之道，以安民最为重要；安民的办法，在于增加财富；而要增加财富，必须加强农业并节约开支。当今吴、蜀二贼还没有消灭，战争不断发生，这正是勇武的人努力奋斗的时候。但是朝中以儒学见长的文臣，竟然也羡慕起建立战功的军人来，激动得握住手腕高声议论，认为孙武、吴起是第一流人物；州、郡的行政长官，也都忽视安抚人民的政治措施，而把精力花在充当将帅上面；种地养蚕的百姓，也争着进行打仗的准备：这不能算是在加强农业。国库一年比一年空虚而行政机构的规模一年比一年扩大；民力一年比一年衰弱而赋役一年比一年增多：这也不能说是在节省开支。

现在魏国虽然拥有十个州的土地，然而由于死亡动乱的影响，十州的户口加起来还不如过去一州的多。现在吴、蜀非分地称帝与我们对抗，北方的鲜卑族也没有臣服，南、西、北三个方向的边境都有敌对势力，几乎要在我们周围形成一个包围圈。只有过去一个州的人口，而要想统治全国的地域，这种艰难，就如同赶着一匹瘦弱的马走远路，能不特别爱惜它的力量吗！当初武皇帝是何等的节俭，仓库中是何等的充实，也不能让十个州再加上将近二十个郡，都拥有各自的军队。现在边疆的荆州、扬州、青州、徐州、幽州、并州、雍州、凉州，都有军队了；能够用来给国家仓库提供粮食物资从而控制四方的，就只有兖州、豫州、司州、冀州了。

我从前已经提出："州和郡的行政长官如果兼领军队，就会只在建立军功上用心，而不注意民政；应该另外安排人带领军队，让州郡行政长官尽心来完成治理地方的任务。"但是陛下由于宠信吕昭，现今又让他兼任冀州刺史的职务。冀州人口最多，田地大部分已经开垦耕种，蚕桑果树副业也很发达；是国家粮食物资的重要供应地区，实在不该让冀州再承担军事任务。倘若认为北方应当派兵镇守，自然应当专门委派大将去冀州；而专门委派大将所需的费用，计算下来与行政长官兼任军职时的费用也差不多。何况吕昭的才干并不特别优秀，就是要设军政两兼的官员，也应该在朝廷中挑选；朝廷中即使缺乏军政兼长的人才，但也不至于非挑选吕昭不可。由此推断，可知陛下是因人设官职，而不是为官职而挑选人。官吏如果得到了称职的人选，那么政治就会平稳，诉讼也会得到审理。政治平稳，百姓就富足；诉讼得到审理，监狱就没有什么囚犯。陛下即位的时候，全国每年判决的死刑犯只有一百多人；此后一年年增加，现在每年已经到了五百多人了。百姓没有增加得很多，法律也没有更严刻。那么死刑犯的增多，原因岂不是明显在于政治教化的衰落，在于州郡行政长官的不称职吗？去年耕牛大量死亡，大体说来，全国的牛十头里面就要死去两头；麦子收获上来的还不到一半；而秋天的种子却还没播下。要是吴、蜀二敌再在边境上发起进攻，那我们即使鞭打牛马飞快地拉车运粮，千里迢迢也来不及了。追究治国的方略，难道只在加强兵力吗？就现今的情况而言，勇士精兵越多越坏事啊！

一个国家就如同人的身体：心腹充实了，四肢即使生了病，终究不会有大的妨害。现在的兖州、豫州、司州、冀州，就是国家的心腹。所以愚臣我怀着恳切的心情，实在是希望四州的各级行政长官，专心地加强农业生产，来承担四肢的需要。但孤独一人的议论难以坚持，触犯大家欲望的事难以取得成功；众人的不满难以承受，似是而非的道理难以分清：所以建议提出了多年也没有被英明的君主理解。凡是议论上述问题的，都是被陛下疏远而地位低下的人；这种人说的话，确实不容易被采纳。如果让好的建议都从亲信权贵们的口里说出来，亲信权贵就决不会冒犯上面我所说的四个“难以”：而这正是古往今来常见的政治弊病啊。

当时又对官吏的考核制度展开大规模的议论，朝廷内外的官吏都要考核。杜恕认为：“用人而不能让他完全发挥自己的才能，那么即便制定了考核制度的文件也没有多大用处；应当关心的问题没有急着去解决，急着去解决的却不是当前要紧的事务。”于是他上疏说：

《尚书》中说，“认真考察官吏的成绩”，“通过三次考察后，黜退成绩差的，提拔成绩好的”。这实在是帝王创立的伟大制度。让有才能的人做官，有功绩的人受禄；就如同大力士乌获举起千钧重物，王良、伯乐识别骏马一样令人心悦诚服。但是，经历了唐、虞、夏、商、周、汉六代而考核的制度仍然不明确，经过了唐尧、虞舜、夏禹、商汤、周文王、周武王、周公七位圣人而考核的规章却没有流传下来。我确实认为这是由于考核的办法只能粗略地依据，而详细的条款难以完全列举的缘故。俗话说：“世上有作乱的人而没有作乱的法。”要是治理国家可以只依靠法规的话，那么尧、舜也就用不着稷、契的辅佐，商、周的君主也就不会重视伊尹、吕望的帮助了。

现在上奏请求实施考核制度的官员，陈述周、汉两朝的有关说法和做法，继承京房制定考课法的原则，可以说是懂得考核制度的要点了。但是对于推崇礼让的风气，建立美好的政治，我认为还没有达到尽善的地步。不过，这些官员的上奏中提到州郡考察人才时，必须从品德、学问、处理公文、行政才干四方面衡量；都要有具体的事例效果，然后才举荐；

由三公府试用，再担任直接治理人民的县令县长；按成绩和年资升任郡太守的官职，有的可以就地增加品级，赐予爵位等等：倒确实是当前考核官吏中最为紧要的工作。我认为应当立即表彰提出上述建议的官员，采纳他们的意见，让他们详细制定出考核州郡官员的办法。办法制定好后就付诸实施，有功的一定奖赏，有过失的一定处罚。

至于朝廷的公卿和皇帝身边的侍臣，为臣认为也应该根据他履行职务的情况进行考核。古代的三公，坐着讨论国家的大政方针；宫内的侍从大臣，进献建议弥补缺失：君主的善事没有一条不记录，君主的过失没有一条不指出。再说国家太大了，事务太多了，单靠君主一个人的光明确实不能照亮所有的地方。所以皇帝被称为头脑，臣僚被称为四肢，说明他们是一体，具有相辅相成的关系。古人说过：朝廷的殿堂，不是一根木头能够支撑起来的；帝王的功业，也不是一位谋臣的策略所能实现的。从这个道理来说，哪有大臣只知道死守本分弄清楚考核的条文就能实现天下太平的道理呢？平民百姓之间交往，还有因为看重信义而去赴汤蹈火的人，还有因为彼此知己而披肝沥胆的人，还有因为追求声名而树立节操的人；何况是那些衣冠楚楚站在朝廷中间，官位达到卿相，所追求的不只是平民之间的信义，所感动的不只是知己间的恩惠，所追求的也不只是个人声名的那些大臣呢！得到宠幸和俸禄并且担当重任的大臣，不只是想把英明的君主推到比唐尧、虞舜还高的位置，他们自己也想跻身于稷、契的行列。所以古人不担心关注政治的心情不迫切，而担心自己受到的信任程度不够，而这实在又是君主造成的。

唐尧、虞舜那样的君主，任用稷、契、夔、龙而要求他们把公事办成功；一旦官员犯了罪，便处死鲧而放逐了四凶。现在的大臣亲自领受明确的诏旨，在君主的眼皮底下服务。这些人当中有的是从早到晚忙于处理公务，恭敬勤恳超过常人，不对权贵屈服，办事公正不徇私情，言语行为都非常正直的臣子，他们自然是英明的君主您都清楚的；还有一些却是只拿俸禄不干事却自认为清高，遇事拱手沉默不发表意见却自认为聪明，当着官却一心想着逃避罪责，站在朝廷中却总不忘为自己谋求安全位置，明哲保身谨小慎微的臣子，他们自然也是英明的君主您都清楚的。如果真要让那些为自己保职位的臣子顺顺当当在朝做官；反而让那些为公家尽忠诚的臣子受到怀疑；正义得不到扶植；而出于私心的议论反而占了上风：那么即使请孔子来出谋划策，也不能让哪怕一个人充分贡献自己的才能，更何况不是孔子而是普通的凡人呢？当今的学者，以商鞅、韩非为师而崇尚法律和手段，争着指责儒家学说迂腐疏阔，说它不适合现世使用。这是不良风气当中最坏的弊病，创业的君主最应当谨慎对待的问题。

后来，考核官吏的制度终究没有施行。

乐安国的廉昭，因为有才能被提拔，非常喜欢发表意见。杜恕上疏朝廷竭力规劝说：

我看到尚书郎廉昭的奏章，说“尚书左丞曹璠在惩罚吏员时没有遵照诏令向上级报告”，曹璠因此被治罪；又说“其他有关人员应当判罪的另外上奏”。尚书令陈矫自己上奏说不敢逃避处罚，也不敢为自己申诉，情辞十分恳切伤心。为臣知道这一切后私下里很为朝廷怜悯惋惜。

圣人出现时自己不能挑选时代，治理天下时也不能挑选人民；但圣人出现之后必然有贤能智慧的人做辅佐，原因就在于他用道义作为标准选择他们，又用礼仪作为规范来统率他们。古代能够治理国家、抚育人民的帝王，没有谁不是远能得到百姓的欢心，近能使群臣尽心竭力的。如果现在任职的官员都是从全国推选出来的优秀人才，而不能让他们充分发挥力量的话，那就算不上会用人；如果他们不是全国推选出来的优秀人才的话，那就算不上会任命人。陛下忧虑辛苦日理万机，有时甚至夜以继日；然而诸事不顺，刑法禁令一天一天废弛：这明显是辅政大臣不称职而造成的结果。深究其原因，不仅仅是做臣子的有不尽忠的表现，君主也有不善用人的缺点。百里奚，在虞国很愚钝而在秦国就能表现出很高的智慧；豫让，在中行氏手下表现平庸而在智伯手下就能展示非凡的节操：这是古人显著的例证。

现在我说满朝的臣僚都不忠，是诬蔑满朝的人。但是其中的事理，却可以推求得到。陛下感慨仓库的贮存不充实，而四方的征战又还没有平息；以至于停止赏赐手下四季的衣服，减少了宫廷的口粮供给：这完全出于您自己的意思，满朝文武都称赞陛下英明。但是当今参与政事机密的大臣，又有谁像您这样一心忧念国事的呢？骑都尉王才，宠爱演奏音乐的孟思，干了不少非法的事，扰动了京城；而他的罪状却是一个小吏揭发出来的，公卿大臣连一句批评的话也没说过。自从陛下即位以来，司隶校尉、御史中丞，难道有认真执行法纪来督察作奸犯法的官员，使朝廷秩序得到整肃的吗？倘若陛下认为当今没有良才，朝廷缺乏贤明的辅佐，难道可以空自追想稷、契遥远的踪迹，坐等来世的优秀人才吗？

现今所谓的贤者，都当了大官而享受厚禄了；然而辅佐君主的大节没有树立，为公家办事的心意不专：原因就在于委任给他们的职责不确定，而习惯上又有很多忌讳的缘故。我认为：忠臣不一定想和君主非常亲热，而和君主非常亲热的臣子不一定就有忠心。为什么呢？忠臣问心无愧而什么事情都想尽心尽力去办啊。现在如果有一位与陛下关系疏远的臣子批评别人而情况不真实，人们就一定会说他是公报私仇；如果他赞扬别人而情况也不真实，人们就一定会说他是有偏心。您左右的人也会顺势发表带个人感情的言论。不单单是褒贬人有这种现象，国家政策的增减，也都有相似的地方。陛下应当考虑如何开阔朝臣们的胸襟，鼓励高尚的节操；让他们自动地同古人相比较，希望名留青史。现在却让廉昭这种人扰乱朝廷，我恐怕大臣们，就要设法保住自己的职位，袖手观望得失，成为后世的人的鉴戒了。

过去周公告诫儿子伯禽说：“不要让大臣埋怨不受重用。”他没有说这些大臣中还要分出贤愚高下，说明都可以在社会发挥作用。唐尧列举虞舜的功绩，称赞他能去除四个恶人，唐尧没有说四个恶人的罪恶大小，意思是只要有罪就该除掉。现在朝臣并不认为自己没有才能，而是认为陛下不信任他们；不认为自己没有智谋，而是认为陛下不向他们咨询。

陛下何不遵循周公用人的标准、大舜处罚人的标准呢？让侍中、尚书这一类官员，坐则侍奉在您的旁边，行就紧跟在您的大驾之后，当面回答您的询问，他们有什么建议一定能够顺利地上达，那么，群臣的品行，能力的高低您就都可以知道；忠诚而有才能的人就进用，昏庸无能的人就斥退，那么，谁还敢办事敷衍而不尽力呢？凭着陛下的圣明，亲自与群臣讨论政事；使群臣人人都能尽心竭力，人人都自认为是亲信，人人都想报答陛下；贤明的和愚钝的，能干的和不能干的，全在于陛下您量才任用：这样来治理国家，还有什么事办不好呢？这样来建立功业，还有什么功绩建不成呢？

每当有紧急军情，陛下的诏书常说："谁会为此而担忧呢？只有我自己担忧而已啊！"最近的诏书又说："公而忘私不一定做得到，只要能先公后私也就办得好事情了。"拜读英明的诏书，才知道陛下的心里完全知道下边的情况；但还是对陛下不从事情的根本上着手解决而只担忧那些枝节问题而感到奇怪。人的能干与否，实在受他天赋的制约；即便是我也认为朝臣并不都称职。英明的君主用人，应该使能干的不敢留有余力；不能干的不要分给他不该担任的职务。推选上来的人不合格，不一定就是犯罪；而满朝都容忍不合格的人，这才是怪事啊。陛下知道臣僚不尽力，却替臣僚担忧他们分内的事；知道臣僚没有才能，却勉强教导他如何处理公务：这难道仅仅是君主劳碌而臣子舒服的问题吗？即使圣贤出世，毕竟也不能这样来治理国家呀！

陛下又担心尚书台的禁令不够严密，人情请托的现象制止不住，所以才让辅政大臣制定了尚书台的会客制度，又让司徒重新选了凶恶的吏员守卫尚书台大门，进出的人都得听从他们安排：这实际上并没有找到禁绝不正之风的关键。从前汉安帝的时候，少府窦嘉，任命廷尉郭躬清清白白的侄子为下属，还被人举报了，弹劾的奏章纷纷递上。而最近司隶校尉孔羡，任命大将军司马懿言行反常悖理的弟弟为下属，有关的官员对此却一言不发。迎合别人的意旨，比接受别人请托的影响还要恶劣。选拔人才弄虚作假，这是人事当中最大的问题。窦嘉是皇亲国戚受皇帝的宠爱，而他任命的郭躬又不是社稷重臣，可还是受到了弹劾；用今天的事来和古代相比，陛下可是自己没有督促执行必须遵守的法纪来杜绝结党营私的根源了。辅政大臣制定的会客制度，让凶恶吏员看守大门，并不是治理天下的正确措施。假使我的话能被您稍微采纳一些，还担心什么奸党不能铲除，又怎么会豢养像廉昭这样的人啊？

纠察举报奸恶的人，是一种忠诚的事情；然而世人都憎恶小人来做这种事，因为他们的目的只是想以不正当的手段谋求私利而不讲道理。倘若陛下又不去查考事情的整个过程，就一定会把违背人心抵触社会的行为当做奉公，把悄悄告发别人的做法当做尽忠。未必通情达理才能出众的人就做不来这种事吗？只不过因为遵守做人的原则而不肯去那样干罢了。如果让天下的人都违背道义而去争逐利益，那可是君主最担忧的事；陛下怎么能高兴得起来？为什么还不切断它的萌芽呢？那种预先设法揣摩君主的心意然后加以迎合以求取悦君主的人，全都是世上浅薄无聊，不讲信义之辈；他们一心想的只是如何得到君主的欢心，而不是治理天下安定百姓。陛下何不故意改变自己惯常的想法去试一试他们，看他们是否会坚持自己原来的立场而违背圣意呢？臣僚得到君主的欢心，这是安全的事情；担任尊贵显要的官职，这是光荣的事情；享受丰厚的俸禄，这是实惠的事情。做臣僚的即使再愚蠢，也不会不喜欢这些而去触犯君主；而触犯君主的人，只是迫于道义，所以强制自己走正路而已。我认为陛下实在是应当怜惜他们保护他们，对他们稍加信任；怎么反而听信廉昭等人有意陷害的话，而忽视那些忠良之臣呢？现今外有伺机而动的敌寇，内有贫困不满的人民。陛下应该好好考虑国家的改革和政治的得失，实在不可以懈怠。

杜恕在朝任官八年，他的议论刚正直率，都像上面所记载的那样。

杜恕出任弘农郡太守。几年后转任赵国相，因病离职。他在任职的地方，治理政事着眼于大的方面；在施与恩惠仁爱，更加得到百姓爱戴这方面，比不上他的父亲杜畿。不久，朝廷任命他为御史中丞。杜恕在朝廷，因为与当权的大臣不和睦，所以屡次出外任职。后来又出任幽州刺史，加建威将军的官衔，持有节杖，兼任护乌丸校尉。

当时，征北将军程喜，也在杜恕所在的蓟县驻扎，尚书袁侃等人告诫杜恕说："程喜在先帝时，曾在青州排挤田国让；现在您和他都是持有朝廷的节杖指挥军队的使臣，又驻扎在同一座城里：应该深思对策。"但杜恕并不在意。他到任不满一个月，有一个鲜卑族首领的儿子，带领几十名骑兵，没有经过边境上的关卡就擅自来到州治蓟县；州政府处死了其中一名随从，没有写表章上报。于是程喜上奏弹劾杜恕，杜恕被逮捕入狱，由廷尉审理，依法应当处死。因为他父亲杜畿勤于国事又以身殉职，得以减刑，被免职为平民，流放到章武郡。这一年是嘉平元年(公元249)。

杜恕为人豪放不羁，想不到要防备别人，终于招致这样的灾祸。

当初杜恕从赵郡回京，陈留郡的阮武也从清河郡太守的职位上被征召入朝；两人都被叫到廷尉的公堂接受审问和对证。见了面之后阮武对杜恕说："我观察后发现您的品德能够遵循公正之道，但还坚持得不够严格；您的能力可以担任重要官职，但是追求仕途的升迁又很不顺利；您的才学可以记述古今，但志向不够专一：这就是人们所说的有那样的才能却没有发挥那样的作用。现在将会有空闲了，可以试着深思一番，对此写出自己的独立见解来。"杜恕在章武郡，便撰写了《体论》八篇。又写出《兴性论》一篇，大概是有感于自己的遭遇而写的。

嘉平四年(公元252)，他死在流放的地方。

甘露二年(公元257)，河东郡九十多岁的乐详，上书申诉杜畿留下来的功绩。朝廷受到感动，下诏封杜恕的儿子杜预为丰乐亭侯，食邑一百户。

杜恕的奏议论辩文章都值得一读，这里选取其中切合当时政治大事的几篇记载在他的传记中。

郑浑，字文公，河南尹开封县人。他的曾祖父郑众，郑众的父亲郑兴，都是当时著名儒学家。郑浑的哥哥郑泰，曾和荀攸等人策划诛杀董卓；在扬州刺史任上去世。郑浑带着郑泰的小儿子郑袤到淮南避难，袁术对他非常尊重。但是郑浑知道袁术一定会失败，当时华歆担任豫章郡太守，素来和郑泰是很好的朋友，郑浑便渡过长江去投靠华歆。

太祖曹操听说他行为忠厚，召他担任下属。又升任下蔡县长、邵陵县令。当时天下还没有平定，百姓都强悍随便，不想从事农副业生产。那些生了儿女没有办法养活的，就一概把婴儿丢弃了。郑浑每到一地任职，就没收当地人的渔猎工具，督促他们种地养蚕；又连带开辟水田种稻，加重对弃婴者的处罚。开始百姓怕犯法不敢怀孩子，后来生活逐渐富裕，就再没有不怀孕和不养育婴儿的了。生下来的男女婴儿，很多都取“郑”字为名字以表达对他的感激。

后来郑浑被任命为丞相府下属，又升任左冯翊。当时梁兴等人控制了左冯翊辖区中五千多户人家，强迫他们一同烧杀抢掠；周围各县无力抵抗，非常恐惧，县令都把自己的官署转移到郡治所在的临晋县城。商议对策的人都认为应当把郡治转移到险要的地方。郑浑说：“梁兴等都是被击溃的散兵游勇，流窜在附近的山区。虽然有很多同伙，大都是被迫跟随他的。现在应当鼓励他的同伙来投降，大力宣传说明朝廷的恩德信义；要是跑到山区凭借险要地形防守，那是向敌人示弱啊。”于是便召集官吏民众，修筑城墙做好防御的准备。而后发动民众追捕贼寇，明确赏罚的制度，商定公约誓言；凡是老百姓在追捕贼寇时缴获的财物，十分之七都奖赏给本人。老百姓都非常高兴，很愿意捕捉贼寇，以便多得妇女、财物。结果贼寇中失去妻子儿女的，都回来请求投降。郑浑责令他们去捉获同伙的妇女，然后还给他们自己的妻子；这一来敌寇内部互相抢夺攻击，梁兴的党羽开始土崩瓦解。郑浑又分派有威信的官吏百姓，到山中去劝告。结果出山投降者接连不断。郑浑让各县的长官，都回到原来管辖的县，安抚和召集回来投诚的百姓。梁兴等人很是害怕，率领余党聚集在鄜城。

太祖派夏侯渊率军前去协助郑浑出击；郑浑带领下属和民众为先锋，杀死梁兴及其党羽。另有贼寇靳富等人，挟持夏阳县长、邵陵县令和很多官吏百姓进入砦山。郑浑再次带兵进剿，击败靳富，解救出两个县的行政长官，带领被劫持的百姓回到家乡。又有一个叫赵青龙的人，杀死左内史程休。郑浑听说后，派遣壮士前去砍下了赵青龙的头颅。前后投诚归附郑浑的百姓达到四千多家，从此山贼都被扫平，人民安居乐业。

郑浑转任上党郡太守。太祖征伐汉中郡，派郑浑任京兆尹。郑浑因为京兆地区的百姓都是新近迁来的，便制定了移居的办法：让代数多而人口众的家族同人丁单弱的人家配搭，组成居民的小单位；让温和诚实的人家同孤寡老人做邻居；督促他们勤劳地耕作，又明确宣布禁令，要求大家揭露坏人。从那以后，百姓安心务农，盗贼也销声匿迹。大军进入汉中之后，就数京兆地区运送的军粮为最多。郑浑又派遣一部分人去汉中屯田，这些人当中没有一个中途逃跑。太祖更加赞赏郑浑，让他再次入朝担任丞相府下属。

文帝曹丕即位，郑浑任侍御史，加驸马都尉职衔。后来又出任阳平郡和沛郡两处的太守。这两个郡的地势低洼潮湿，总是遭遇水灾，百姓穷困饥饿。郑浑在萧、相两县的边界，兴修陂塘的堤堰，开辟水田种稻。郡中的人都认为这事很困难，郑浑说："此处地势低平，适于放水灌溉，最终一定会变成鱼米之乡。这是富民的根本途径啊。"于是亲自率领官吏百姓，兴建水利工程，经过一个冬天终于完成。从此连年大丰收，粮食不断增产，租税的收入也成倍增长。百姓依靠这些水利工程得到很大的利益，纷纷刻碑颂扬郑浑的功绩，还把他兴建的水利工程称为"郑陂"。

郑浑又调任山阳郡、魏郡的太守，也遵照治理阳平郡、沛郡时的方法。他看到魏郡的百姓因缺少木材而苦恼，就督促他们种植榆树作为篱笆，又多栽桃、李、杏、栗、枣五种果树。后来，榆树都长得很高，五种果树也结出丰硕的果实。一进入魏郡的边界，就会看到村落整齐划一，人民富裕丰饶。

魏明帝听说后，专门下诏赞扬，把他的事迹宣布天下，任命他为将作大匠。郑浑做官清廉朴素一心为公，妻子儿女常常忍饥受冻。郑浑死后，他的儿子郑崇被任命为郎中。

仓慈，字孝仁，淮南郡人。他起初做本郡政府办事员。建安年间，太祖曹操在淮南招募流亡百姓屯田，任命仓慈为绥集都尉。

魏文帝黄初末年，他担任长安县令。为官清正简约很有办法，吏员百姓既怕他但又爱戴他。

魏明帝太和年间，仓慈升任敦煌郡太守。这个郡在西部边陲，由于动乱而和内地隔绝，已经有二十年没有委派太守了。豪强大族霸道嚣张，在当地形成风气。前任太守尹奉等人，依照过去的惯例敷衍而已，也不去改革匡正。仓慈到任以后，抑制豪强大族，抚恤贫弱的百姓，很符合做官的正道。过去豪强大族田地有剩余，可是小民百姓却没有立锥之地；仓慈到了之后，按人口的多少把豪强大族的田地分一部分给小民百姓，让他们逐步偿还田地所值的价钱。

起初，下面县城的案件又多又杂，县里不能决断，就都集中推到郡城。仓慈亲自审阅案卷，衡量罪刑的轻重；除了重罪必杀的囚犯之外，都处以鞭杖的刑罚然后释放，一年中判决死刑的还不到十个人。另外，平时西域的各种少数族人要到京城进贡礼物，郡中的豪强总是阻挠不让通过；与这些少数族进行贸易，也常常欺压对方，最终是非曲直还无法弄清楚：少数族人一直很不满。仓慈亲自安慰他们。有要到京城洛阳去的，就替他们办好沿路的通行证书；有要从郡城回国的，官府与他们进行公平交换，用现成货物同他们进行交易，让官吏百姓沿途护送他们。从此汉族与少数族百姓都一致称赞仓慈的德泽恩惠。

几年以后，他死在任上。官吏百姓都像死了亲戚一样悲痛，画出他的肖像，寄托哀思。西域各族的人民听到仓慈去世的消息，纷纷聚集到戊己校尉的官署和县城中致哀；有些人甚至还用刀割破自己的脸，以鲜血表示心意。又为他建立祠堂，共同祭祀。

从太祖时起到魏末的咸熙年间，魏郡太守有陈国的吴瓘，清河郡太守有乐安的任燠，京兆郡太守有济北的颜斐，弘农郡太守有太原的令狐邵，济南相有鲁国的孔乂：他们或者是从宽断案，或者是真诚仁爱，或者是廉洁清白，或者是揭露惩治坏人坏事，都属于魏朝郡太守当中的佼佼者。

评论说：任峻在开始发动义军讨伐董卓时，就率领部下归顺太祖；开垦土地种植谷物，仓库丰盈，建立了大功绩。苏则威风凛凛，平定了叛乱，既是行政的良才，又刚直正派，作风和事业都很值得称颂。杜畿执政时宽猛相互补充，有利于人民。郑浑、仓慈，抚恤治理百姓很有办法。他们大概都是魏朝有名的郡太守吧！杜恕屡次陈述时政，常常议论政治体制的问题，其言论颇有值得一读的地方。

【三国志译注卷十七】　　魏志十七

张乐于张徐传第十七

张辽字文远，雁门马邑人也[1]。本聂壹之后[2]，以避怨变姓。少为郡吏。汉末，并州刺史丁原，以辽武力过人，召为从事。使将兵诣京都。何进遣诣河北募兵，得千余人。还，进败，以兵属董卓。

卓败，以兵属吕布。迁骑都尉。布为李傕所败，从布东奔徐州，领鲁相。时年二十八。

太祖破吕布于下邳，辽将其众降；拜中郎将，赐爵关内侯。数有战功，迁裨将军。袁绍破，别遣辽，定鲁国诸县。与夏侯渊围昌豨于东海，数月粮尽，议引军还。辽谓渊曰："数日以来，每行诸围[3]，豨辄属目视辽；又其射矢更稀，此必豨计犹豫，故不力战。辽欲挑与语，傥可诱也[4]。"乃使谓豨曰："公有命，使辽传之!"豨果下，与辽语，辽为说："太祖神武，方以德怀四方，先附者受大赏。"豨乃许降。辽遂单身上三公山[5]，入豨家，拜妻子[6]；豨欢喜，随诣太祖。太祖遣豨还，责辽曰："此非大将法也!"辽谢曰："以明公威信著于四海，辽奉圣旨，豨必不敢害故也。"

从讨袁谭、袁尚于黎阳，有功，行中坚将军。从攻尚于邺，尚坚守，不下。太祖还许，使辽与乐进拔阴安，徙其民河南。复从攻邺。邺破，辽别徇赵国、常山〔7〕，招降缘山诸贼及黑山孙轻等。从攻袁谭。谭破，别将徇海滨，破辽东贼柳毅等。还邺，太祖自出迎辽，引共载。以辽为荡寇将军，复别击荆州，定江夏诸县。还屯临颍，封都亭侯。

从征袁尚于柳城，猝与虏遇；辽劝太祖战，气甚奋。太祖壮之，自以所持麾授辽〔8〕；遂击，大破之，斩单于蹋顿。〔一〕

【注释】

〔1〕雁门：郡名。治所在今山西代县西北。　马邑：县名。县治在今山西朔州市。〔2〕聂壹：雁门郡马邑人。出自当地大族。西汉武帝元光元年（前134），主动请求朝廷，担任间谍，引诱匈奴单于入塞，以便埋伏大军实施包围。事见《史记》卷一百八《韩长孺列传》。〔3〕行：巡视。〔4〕傥：或许。〔5〕三公山：山名。在今山东郯城县东北。〔6〕拜妻子：使妻室儿女拜见张辽。当时私交深厚的同辈，有请对方到内堂与妻室儿女见面的礼俗。〔7〕别：率军另外单独行动。　徇：攻占。〔8〕麾：主帅的指挥旗。

【裴注】

〔一〕《傅子》曰："太祖将征柳城，辽谏曰：'夫许，天下之会也。今天子在许，公远北征；若刘表遣刘备，袭许，据之以号令四方，公之势去矣！'太祖策表必不能任备，遂行也。"

时荆州未定，复遣辽屯长社。临发，军中有谋反者，夜惊乱起火，一军尽扰。辽谓左右曰："勿动！是不一营尽反〔1〕，必有造变者，欲以动乱人耳。"乃令军中：其不反者安坐。辽将亲兵数十人，中阵而立。有顷，定，即得首谋者，杀之。

陈兰、梅成以(氐)〔灊〕、六县叛[2]。太祖遣于禁、臧霸等讨成，辽督张郃、牛盖等讨兰。成伪降禁，禁还；成遂将其众就兰，转入灊山[3]。灊中有天柱山[4]，高峻二十余里；道险狭，步径才通[5]。兰等壁其上，辽欲进，诸将曰："兵少道险，难用深入。"辽曰："此所谓一与一[6]，勇者得前耳。"遂进到山下安营，攻之。斩兰、成首，尽虏其众。太祖论诸将功，曰："登天山，履峻险，以取兰、成：荡寇功也。"增邑，假节。

太祖既征孙权还，使辽与乐进、李典等，将七千余人屯合肥。太祖征张鲁，教与护军薛悌[7]，署函边曰"贼至乃发"。俄而权率十万众，围合肥，乃共发教。教曰："若孙权至者，张、李将军出战；乐将军守；护军，勿得与战！"诸将皆疑，辽曰："公远征在外，比救至，彼破我必矣。是以教指及其未合逆击之，折其盛势，以安众心，然后可守也。成败之机，在此一战，诸君何疑！"李典亦与辽同。于是辽夜募敢从之士，得八百人；椎牛飨将士[8]，明日大战。

平旦[9]，辽被甲持戟，先登陷阵；杀数十人，斩二将；大呼自名[10]，冲垒入，至权麾下。权大惊，众不知所为；走登高冢，以长戟自守。辽叱权"下战"，权不敢动；望见辽所将众少，乃聚围辽数重。辽左右麾围[11]，直前急击；围开，辽将麾下数十人得出。余众号呼曰："将军弃我乎！"辽复还，突围，拔出余众。

权人马皆披靡，无敢当者。自旦战至日中，吴人夺气[12]。还修守备，众心乃安，诸将咸服。权守合肥十余日[13]，城不可拔，乃引退。辽率诸军追击，几复获权。太祖大壮辽，拜征东将军。[一]

建安二十一年，太祖复征孙权，到合肥；循行辽战处，叹息者良久。乃增辽兵，多留诸军，徙屯居巢。

关羽围曹仁于樊。会权称藩[14]，召辽及诸军，悉还救仁。辽未至，徐晃已破关羽，仁围解。辽与太祖会摩陂。辽军至，太祖乘辇出，劳之。还屯陈郡。

【注释】

〔1〕是不：这不是。〔2〕灊(qián)：县名。县治在今安徽霍山县东北。 六：县名。县治在今安徽六安市东北。〔3〕灊山：灊县附近的山区。〔4〕天柱山：山名。在今安徽岳西县西北。〔5〕才通：刚好可以过人。〔6〕一与一：一个对付一个。〔7〕教：下达指示。〔8〕椎牛：宰牛。〔9〕平旦：清晨。〔10〕自名：自己的姓名。当时的勇将上阵冲杀时，常大呼自己的姓名，以震慑敌人。〔11〕左右麾围：向左右的敌军包围圈做指挥冲锋的手势。张辽要从正前方突围，先指向左右两方是想麻痹敌人。〔12〕夺气：因失败而丧气。此次张辽以少胜多的激战，其战场在今安徽合肥市逍遥津一带。现今尚有曹魏教弩台、屋上井等遗迹留存。〔13〕守：这里指持续包围。〔14〕称藩：以外地诸侯的身份称臣归顺。这是孙权要想进攻关羽夺取荆州之前，为了缓和曹魏方面压力而采取的一种策略。

【裴注】

〔一〕孙盛曰："夫兵固诡道，奇正相资。若乃命将出征，推毂委权；或赖率然之形，或凭掎角之势；群帅不和，则弃师之道也。至于合肥之守，悬弱无援；专任勇者则好战生患，专任怯者则惧心难保。且彼众我寡，必怀贪惰；以致命之兵，击贪惰之卒，其势必胜；胜而后守，守则必固。是以魏武推选方员，参以同异；为之密教，节宣其用；事至而应，若合符契。妙矣夫!”

文帝即王位，转前将军；〔一〕分封兄汎及一子列侯。孙权复叛，遣辽还屯合肥，进辽爵都乡侯；给辽母舆车，及兵马送辽家诣屯[1]；敕“辽母至，导从出迎”[2]。所督诸军将吏，皆罗拜道侧[3]，观者荣之。文帝践阼，封晋阳侯；增邑千户，并前二千六百户。

黄初二年，辽朝洛阳宫。文帝引辽会建始殿，亲问破吴意状[4]。帝叹息，顾左右曰：“此亦古之召虎也[5]!”为起第舍，又特为辽母作殿；以辽所从破吴军应募步卒，皆为虎贲[6]。孙权复称藩，辽还屯雍丘，得疾。帝遣侍中刘晔将太医视疾[7]，虎贲问消息，道路相属。疾未瘳，帝迎辽就行在所。车驾亲临，执其手；赐以御衣，太官日送御食。疾小差[8]，还屯。孙权复叛，帝遣辽，乘舟与曹休至海陵，临江。权甚惮焉，敕诸将：“张辽虽病，不可当也。慎之!”是岁，辽与诸将破权将吕范。辽病笃，遂薨于江都[9]。帝为流涕，谥曰刚侯。子虎嗣。

六年[10]，帝追念辽、典在合肥之功，诏曰：“合肥之役，辽、典以步卒八百，破贼十万；自古用兵，未之有也！使贼至今夺气，可谓国之爪牙矣。其分辽、典邑各百户，赐一子爵关内侯。”虎为偏将军，薨。子统嗣。

【注释】

〔1〕送辽家诣屯：把张辽的家属送到他驻屯的合肥。曹魏和孙吴，

为了控制领兵驻守边境的将领，都曾采取过把将领家属留在内地做人作质的办法。但是对少数特别亲信的将领，则允许带家属以示恩宠，这里对张辽即是如此。〔2〕导从：指张辽的仪仗队。〔3〕罗：沿道路排列。〔4〕意状：情况。〔5〕召(shào)虎：召公奭的后代，名虎。周宣王时，率军平定南方的淮夷，以军功著名。遗物今存“召伯虎簋”。〔6〕虎贲：皇帝侍卫队武士的一种。〔7〕将：带。　太医：御医。当时制度，三公有病，皇帝要派侍中或黄门侍郎前往探视。张辽地位还不到三公，魏文帝给他这种待遇，是表示特别优待。〔8〕小差：稍有好转。〔9〕江都：地名。在今江苏扬州市西南。〔10〕六年：黄初六年(公元225)。

【裴注】

〔一〕《魏书》曰：“王赐辽：帛千匹，谷万斛。”

乐进字文谦，阳平卫国人也〔1〕。容貌短小，以胆烈从太祖，为帐下吏。遣还本郡募兵，得千余人；还为军假司马、陷阵都尉〔2〕。从击吕布于濮阳，张超于雍丘，桥蕤于苦；皆先登有功，封广昌亭侯。从征张绣于安众；围吕布于下邳，破别将。击眭固于射犬，攻刘备于沛；皆破之，拜讨寇校尉〔3〕。渡河攻获嘉〔4〕。还，从击袁绍于官渡；力战，斩绍将淳于琼。从击谭、尚于黎阳，斩其大将严敬，行游击将军〔5〕。别击黄巾，破之，定乐安郡。从围邺。邺定，从击袁谭于南皮；先登，入谭东门。谭败，别攻雍奴，破之。

建安十一年，太祖表汉帝，称进及于禁、张辽曰：“武力既弘，计略周备；质忠性一，守执节义；每临战攻，常为督率；奋强突固，无坚不陷；自援枹鼓〔6〕，手不知倦。又遣别征，统御师旅；抚众则和，奉令无犯；

当敌制决，靡有遗失：论功纪用，宜各显宠。”于是禁，为虎威[7]；进，折冲[8]；辽，荡寇将军。进别征高幹，从北道入上党，回出其后[9]。幹等还守壶关，连战，斩首。幹坚守，未下；会太祖自征之，乃拔。太祖征管承，军淳于。遣进〔与〕李典击之。承破走，逃入海岛，海滨平。

荆州未服，遣屯阳翟。后从平荆州，留屯襄阳；击关羽、苏非等，皆走之；南郡诸县山谷蛮夷，诣进降。又讨刘备临沮长杜普、旌阳长梁大[10]，皆大破之。后从征孙权，假进节。太祖还，留进与张辽、李典屯合肥。增邑五百，并前凡千二百户。以进数有功，分五百户，封一子列侯；进，迁右将军。

建安二十三年薨，谥曰威侯。子綝嗣。綝果毅有父风，官至扬州刺史。诸葛诞反，掩袭杀綝。诏悼惜之，追赠卫尉，谥曰愍侯。子肇嗣。

【注释】

〔1〕卫国：县名。县治在今河南清丰县东南。〔2〕假司马：官名。司马的副手。陷阵都尉：官名。领兵征伐。〔3〕讨寇校尉：官名。领兵征伐。〔4〕获嘉：县名。县治在今河南新乡市西南。〔5〕游击将军：官名。领兵征伐。〔6〕自援枹（fú）鼓：亲自拿起鼓槌敲战鼓。〔7〕虎威：即虎威将军。官名。领兵征伐。〔8〕折冲：即折冲将军。官名。领兵征伐。〔9〕回：迂回。〔10〕旌阳：县名。县治在今湖北当阳市东南。

于禁字文则，泰山钜平人也[1]。黄巾起，鲍信招合徒众，禁附从焉。

及太祖领兖州，禁与其党俱诣，为都伯[2]，属将军王朗。朗异之，荐禁才任大将(军)。太祖召见，与语，拜军司马；使将兵诣徐州，攻广戚；拔之，拜陷阵都尉。从讨吕布于濮阳，别破布二营于城南；又别将破高雅于须昌。从攻寿张、定陶、离狐[3]，围张超于雍丘，皆拔之。从征黄巾刘辟、黄邵等，屯版梁；邵等夜袭太祖营，禁帅麾下击破之，斩(辟)邵等，尽降其众。迁平虏校尉[4]。从围桥蕤于苦，斩蕤等四将。从至宛，降张绣。

绣复叛，太祖与战，不利；军败，还舞阴。是时军乱，各间行求太祖；禁独勒所将数百人，且战且引，虽有死伤不相离。虏追稍缓，禁徐整行队，鸣鼓而还。未至太祖所，道见十余人被创裸走[5]。禁问其故，曰："为青州兵所劫。"初，黄巾降，号"青州兵"；太祖宽之，故敢因缘为略[6]。禁怒，令其众曰："青州兵同属曹公，而还为贼乎！"乃讨之，数之以罪。青州兵遽走，诣太祖自诉。禁既至，先立营垒，不时谒太祖[7]。或谓禁："青州兵已诉君矣，宜促诣公辨之！"禁曰："今贼在后，追至无时[8]；不先为备，何以待敌？且公聪明，谮诉何缘！"徐凿堑、安营讫，乃入谒，具陈其状。太祖悦，谓禁曰："淯水之难，吾其急也；将军在乱能整，讨暴坚垒，有不可动之节：虽古名将，何以加之！"于是录禁前后功，封益寿亭侯。

复从攻张绣于穰，擒吕布于下邳；别与史涣、曹仁攻眭固于射犬，破斩之。太祖初征袁绍，绍兵盛，禁愿为先登。太祖壮之，乃遣步卒二千人，使禁将，守延津以拒绍；太祖引军还官渡。刘备以徐州叛，太祖东征之。绍攻禁，禁坚守，绍不能拔。复与乐进等将步骑五千，击绍别营：从延津西南，缘河至汲、获嘉二县〔9〕，焚烧堡聚三十余屯；斩首、获生各数千，降绍将何茂、王摩等二十余人。太祖复使禁别将屯原武，击绍别营于杜氏津〔10〕，破之。迁裨将军。后从还官渡。太祖与绍连营，起土山相对。绍射营中，士卒多死伤，军中惧。禁督守土山，力战，气益奋。绍破，迁偏将军。

冀州平。昌豨复叛，遣禁征之。禁急进攻豨；豨与禁有旧，诣禁降。诸将皆以为豨已降，当送诣太祖。禁曰："诸君不知公常令乎〔11〕？围而后降者，不赦。夫奉法行令，事上之节也。豨虽旧友，禁可失节乎！"自临，与豨决，陨涕而斩之〔12〕。是时太祖军淳于，闻而叹曰："豨降，不诣吾而归禁，岂非命耶！"益重禁。〔一〕东海平，拜禁虎威将军。

后与臧霸等攻梅成，张辽、张郃等讨陈兰。禁到，成举众三千余人降；既降复叛，其众奔兰。辽等与兰相持，军食少；禁运粮前后相属，辽遂斩兰、成。增邑二百户，并前千二百户。

是时，禁与张辽、乐进、张郃、徐晃，俱为名将；太祖每征伐，咸递行为军锋〔13〕，还为后拒。而禁持军严整，得贼财物，无所私入，由是赏赐特重；然以法御下，不甚得士众心。太祖常恨朱灵，欲夺其营。以禁有威重，遣禁将数十骑，赍令书，径诣灵营，夺其军；灵及其部众，莫敢动。乃以灵为禁部下督，众皆震服。其见惮如此。

迁左将军，假节、钺；分邑五百户，封一子列侯。建安二十四年，太祖在长安，使曹仁讨关羽于樊，又遣禁助仁。秋，大霖雨，汉水溢，平地水数丈，禁等七军皆没。禁与诸将登高望水，无所回避。羽乘大船就攻禁等，禁遂降；惟庞德不屈节而死。太祖闻之，哀叹者久之，曰："吾知禁三十年，何意临危处难，反不如庞德邪!"会孙权擒羽，获其众，禁复在吴。

文帝践阼，权称藩，遣禁还。帝引见禁，须发皓白，形容憔悴，泣涕顿首。帝慰喻以荀林父、孟明视故事〔14〕。〔二〕拜为安远将军〔15〕，欲遣使吴。先令北诣邺，谒高陵〔16〕；帝使预于陵屋，画关羽战克、庞德愤怒、禁降服之状。禁见，惭恚发病，薨。子圭，嗣封益寿亭侯。谥禁曰厉侯。

【注释】

〔1〕钜平：县名。县治在今山东泰安市南。〔2〕都伯：军队小分队的队长。曹魏军队每五人一伍，设伍长一人；十人一什，设什长一人。什长之上即是都伯。〔3〕离狐：县名。县治在今山东东明县东北。〔4〕平虏校尉：官名。领兵征伐。〔5〕被创：受伤。〔6〕因缘：凭借。〔7〕时：及时。〔8〕无时：时间无法预测。意思是随时可以追上。〔9〕汲：县名。县治在今河南卫辉市西南。〔10〕杜氏津：黄河古津渡名。在今河南原阳县西北。〔11〕常令：长期实施的命令。指下句所说的受到包围然后投降的俘虏一律处死不赦免。〔12〕陨涕：流泪。〔13〕递行：轮换。〔14〕荀林父：即荀桓子。他曾率晋军与楚军交战，大败。晋景公依然重用他，三年后又率军击败赤狄，灭潞氏。孟明视：百里奚的儿子。名视，字孟明。前627年，率军攻郑，回军途

中被晋军袭击，兵败被俘。不久被释放回国，秦穆公依然重用他。后来终于率军击败晋军，复仇。事见《史记》卷五《秦本纪》。〔15〕安远将军：官名。这是赐给于禁的一个安慰性职务，不领兵。〔16〕高陵：在邺县的曹操陵墓。

【裴注】

〔一〕臣松之以为：围而后降，法虽不赦；囚而送之，未为违命。禁曾不为旧交，希冀万一；而肆其好杀之心，以戾众人之议。所以卒为降虏，死加恶谥，宜哉！

〔二〕《魏书》载制曰："昔荀林父败绩于邲，孟明丧师于崤；秦、晋不替，使复其位；其后晋获狄土，秦霸西戎。区区小国，犹尚若斯，而况万乘乎？樊城之败，水灾暴至，非战之咎。其复禁等官。'"

张郃字儁乂，河间鄚人也。汉末，应募讨黄巾，为军司马，属韩馥。馥败，以兵归袁绍。绍以郃为校尉，使拒公孙瓒。瓒破，郃功多，迁宁国中郎将[1]。

太祖与袁绍相拒于官渡。〔一〕绍遣将淳于琼等督运，屯乌巢，太祖自将急击之。郃说绍曰："曹公兵精，往必破琼等；琼等破，则将军事去矣：宜急引兵救之！"郭图曰："郃计非也！不如攻其本营，势必还；此为不救而自解也。"郃曰："曹公营固，攻之必不拔；若琼等见擒，吾属尽为虏矣。"绍但遣轻骑救琼；而以重兵攻太祖营，不能下。太祖果破琼等，绍军溃。图惭，又更谮郃曰："郃快军败[2]，出言不逊。"郃惧，乃归太祖。〔二〕太祖得郃甚喜，谓曰："昔子胥不早悟[3]，自使身危；岂若微子去殷、韩信归汉邪！"

拜郃偏将军，封都亭侯，授以众。从攻邺，拔之。又从击袁谭于勃海，别将军围雍奴，大破之。从讨柳城，与张辽俱为军锋，以功迁平狄将军[4]。别征东莱，讨管承；又与张辽讨陈兰、梅成等，破之。从破马超、韩遂于渭南。围安定，降杨秋。与夏侯渊讨鄜贼梁兴及武都氐。又破马超，平宋建。

太祖征张鲁，先遣郃督诸军讨兴和氐王窦茂[5]。太祖从散关入汉中，又先遣郃督步卒五千，于前通路。至阳平[6]，鲁降。太祖还，留郃与夏侯渊等守汉中，拒刘备。郃别督诸军，降巴东、巴西二郡[7]，徙其民于汉中。进军宕渠[8]，为备将张飞所拒，引还南郑。拜荡寇将军。刘备屯阳平，郃屯广石[9]。备以精卒万余，分为十部，夜急攻郃；郃率亲兵搏战，备不能克。

其后备于走马谷烧都围[10]；渊救火，从他道与备相遇，交战；短兵接刃，渊遂没。郃还阳平，〔三〕当是时，新失元帅，恐为备所乘，三军皆失色。渊司马郭淮乃令众曰："张将军，国家名将，刘备所惮；今日事急，非张将军不能安也！"遂推郃为军主。郃出，勒兵安阵，诸将皆受郃节度，众心乃定。太祖在长安，遣使假郃节。太祖遂自至汉中，刘备保高山，不敢战。太祖乃引出汉中诸军，郃还屯陈仓。

【注释】

〔1〕宁国中郎将：官名。领兵征伐。〔2〕快军败：对我军打败仗感到快活。〔3〕子胥：即伍子胥。〔4〕平狄将军：官名。领兵征伐。〔5〕兴和：地名。在今甘肃徽县附近。〔6〕阳平：即阳平关。当时的阳平关，在今陕西勉县西郊老城乡。〔7〕巴东：郡名。治所在今重庆市原奉节县东。巴西：郡名。治所在今四川阆中市。〔8〕宕渠：县名。县

治在今四川渠县东北。〔9〕广石：地名。在今陕西勉县西。〔10〕走马谷：地名。在今陕西勉县西南。 都围：大营外围用树木构成的屏障。

【裴注】

〔一〕《汉晋春秋》曰："郃说绍曰：'公虽连胜，然勿与曹公战也；密遣轻骑，抄绝其南，则兵自败矣。'绍不从之。"

〔二〕臣松之按《武纪》及《袁绍传》，并云：袁绍使张郃、高览攻太祖营，郃等闻淳于琼破，遂来降，绍众于是大溃。是则缘郃等降，而后绍军坏也。至如此传，为绍军先溃，惧郭图之谮，然后归太祖：为参错不同矣。

〔三〕《魏略》曰："渊虽为都督，刘备惮郃而易渊。及杀渊，备曰：'当得其魁，用此何为邪！'"

文帝即王位，以郃为左将军，进爵都乡侯。及践阼，进封鄚侯，诏郃与曹真，讨安定卢水胡及东羌；召郃与真并朝许宫。遣南与夏侯尚，击江陵；郃别督诸军渡江，取洲上屯坞。

明帝即位，遣南屯荆州。与司马宣王击孙权别将刘阿等，追至祁口〔1〕；交战，破之。

诸葛亮出祁山。加郃位特进，遣督诸军，拒亮将马谡于街亭。谡依阻南山，不下据城。郃绝其汲道〔2〕，击，大破之。南安、天水、安定郡反，应亮，郃皆破平之。诏曰："贼亮以巴蜀之众，当虓虎之师〔3〕；将军被坚执锐，所向克定。朕甚嘉之！"益邑千户，并前四千三百户。司马宣王治水军于荆州，欲顺沔入江伐吴；诏郃"督关中诸军，往受节度"，至荆州，会冬水浅，大船不得行，乃还屯方城〔4〕。

诸葛亮复出，急攻陈仓。帝驿马召郃，到京都。帝自幸河南城[5]，置酒送郃，遣南北军士三万及分遣武卫、虎贲使卫郃[6]。因问郃曰："迟将军到[7]，亮得无已得陈仓乎?"郃知亮悬军无谷，不能久攻，对曰："比臣未到，亮已走矣；屈指计亮粮，不至十日。"郃晨夜进至南郑[8]，亮退。诏郃还京都，拜征西、车骑将军。郃识变数，善处营阵；料战势地形，无不如计：自诸葛亮皆惮之。

郃虽武将而爱乐儒士，尝荐同乡(卑)〔毕〕湛经明行修[9]。诏曰："昔祭遵为将[10]，奏置五经大夫[11]；居军中，与诸生雅歌投壶[12]。今将军外勤戎旅，内存国朝[13]；朕嘉将军之意，今擢湛为博士。"

诸葛亮复出祁山，诏郃督诸将西至略阳[14]。亮还保祁山，郃追至木门[15]；与亮军交战，飞矢中郃右膝，薨。〔一〕谥曰壮侯。子雄嗣。郃前后征伐有功，明帝分郃户，封郃四子列侯；赐小子爵关内侯。

【注释】

〔1〕祁口：地名。在今湖北南漳县东南。〔2〕汲道：取水的路。〔3〕虓(xiāo)虎：咆哮的猛虎。〔4〕方城：山名。在今河南叶县西南。〔5〕河南：县名。在今河南洛阳市。〔6〕南北军：即南军与北军。汉代的南军守卫皇宫，北军守卫京城，是禁卫军的主体。曹魏时还保有南北军的名称，但是禁卫军的组织构成已有很大的变化。〔7〕迟：等到。〔8〕进至南郑：南郑即今陕西汉中市，远在陈仓以南，当时在蜀军占领之下，张郃不可能放弃陈仓不救而向南穿越秦岭到达这里。此处史文疑有误。〔9〕经明行修：汉代留下来的人才选用标准之一。用于选用经学教官即博士，要求通晓经典而品行优良。〔10〕祭(zhài)遵(？—公元33)：字弟孙，颍川郡颍阳(今河南许昌市西)人。随刘秀起兵，屡有战功。东汉建立，任征虏将军，封颍阳侯。传见《后汉书》卷二十。

〔11〕五经大夫：祭遵请求设立的官职。没有正式设立。〔12〕雅歌：歌唱《诗经》中《大雅》、《小雅》部分的诗歌。这是一种重视儒家礼乐的行为。投壶：古代流传的一种风雅游戏。在细颈圆壶中装入小豆，隔一定的距离，用柘木做成的箭向壶口投去，以投入壶中的箭多者为优胜。〔13〕存国朝：为朝廷着想。〔14〕诏郃督诸将：据本书卷三《明帝纪》、卷三十五《诸葛亮传》裴注引《汉晋春秋》记载，公元231年诸葛亮再出祁山时，曹魏防守大军的主帅是司马懿，张郃只是司马懿督领的大将之一。这里把张郃说成是督领诸将的主帅，是为司马懿讳言。张郃遇埋伏阵亡，责任在司马懿，是他强令张郃穷追蜀军造成的恶果。把张郃说成主帅，则中箭身死只能怪张郃自己。〔15〕木门：地名。在今甘肃天水市西南约60公里的牡丹乡木门村，位于祁山以东不远。木门道所经过有峡谷，深邃陡峭，最窄处宽度仅50米左右。附近曾有当时的箭镞、刀、矛、弓等文物出土。

【裴注】

〔一〕《魏略》曰："亮军退，司马宣王使郃追之。郃曰：'军法：围城必开出路，归军勿追。'宣王不听。郃不得已，遂进。蜀军乘高布伏，弓弩乱发，矢中郃髀。"

徐晃字公明，河东杨人也。为郡吏。从车骑将军杨奉讨贼，有功，拜骑都尉。李傕、郭汜之乱长安也，晃说奉，令与天子还洛阳；奉从其计，天子渡河至安邑，封晃都亭侯。及到洛阳，韩暹、董承日争斗，晃说奉令归太祖。奉欲从之，后悔；太祖讨奉于梁，晃遂归太祖。

太祖授晃兵，使击卷、〔一〕原武贼[1]；破之，拜裨将军。从征吕布，别降布将赵庶、李邹等。与史涣斩眭固于河内。从破刘备。又从破颜良，拔白马；进至延津，破文丑，拜偏将军。与曹洪击㶏强贼祝臂，破之。

又与史涣击袁绍运车于故市[2]，功最多，封都亭侯[3]。太祖既围邺，破邯郸。易阳令韩范，伪以城降而拒守，太祖遣晃攻之。晃至，飞矢城中，为陈成败；范悔，晃辄降之[4]。既而言于太祖曰："二袁未破，诸城未下者倾耳而听；今日灭易阳[5]，明日皆以死守：恐河北无定时也。愿公降易阳以示诸诚，则莫不望风。"太祖善之。别讨毛城，设伏兵掩击，破三屯。从破袁谭于南皮，讨平原叛贼，克之。从征蹋顿，拜横野将军[6]。

从征荆州，别屯樊，讨中庐、临沮、宜城贼[7]。又与满宠讨关羽于汉津[8]，与曹仁击周瑜于江陵。十五年[9]，讨太原反者，围大陵；拔之，斩贼帅商曜。

韩遂、马超等反关右，遣晃屯汾阴以抚河东[10]；赐牛酒，令上先人墓[11]。太祖至潼关，恐不得渡，召问晃。晃曰："公盛兵于此，而贼不复别守蒲坂，知其无谋也。今假臣精兵[二]，渡蒲坂津；为军先置，以截其里[12]：贼可擒也。"太祖曰："善！"使晃以步骑四千人，渡津。作堑栅未成，贼梁兴夜将步骑五千余人攻晃；晃击走之，太祖军得渡，遂破超等。使晃与夏侯渊平隃麋、汧诸氐，与太祖会安定。太祖还邺，使晃与夏侯渊平鄜、夏阳余贼，斩梁兴，降三千余户。从征张鲁。别遣晃讨攻椟、仇夷诸山氐[13]，皆降之。迁平寇将军[14]。解将军张顺围，击贼陈福等三十余屯，皆破之。

太祖还邺，留晃与夏侯渊拒刘备于阳平。备遣陈式等十余营，绝马鸣阁道[15]；晃别征，破之。贼自投山谷，多死者。太祖闻，甚喜，假晃节。令曰："此阁道，汉中之险要咽喉也。刘备欲断绝外内，以取汉中。将军一举，克夺贼计，善之善者也！"太祖遂自至阳平，引出汉中诸军。

【注释】

〔1〕卷(quān)：县名。县治在今河南原阳县西。〔2〕故市：地名。在今河南郑州市西北。〔3〕封都亭侯：上文记载徐晃在这以前已经封都亭侯，不应当重封。两处史文疑有一误。〔4〕辄降之：自行决定接受韩范的投降而不杀他。按照曹操的命令，凡是受到围攻之后才投降的敌军将士，一律处死不饶。这里徐晃没有杀俘虏，是出自自己的决定。所以下面他要专门就此事向曹操报告。〔5〕灭易阳：处死易阳的投降者。〔6〕横野将军：官名。领兵征伐。〔7〕中庐：县名。县治在今湖北襄阳市西南。〔8〕汉津：汉水古津渡名。在今湖北荆门市东南。〔9〕十五年：建安十五年(公元210)。〔10〕汾阴：县名。在今山西万荣县西南。〔11〕上先人墓：徐晃的家乡杨县，在汾阴东北不远，所以曹操恩准他回家乡祭扫祖上的坟墓。〔12〕里：内部。〔13〕山氐：居住在山区的氐族人。〔14〕平寇将军：官名。领兵征伐。〔15〕马鸣阁道：古蜀栈道名。在今四川广元市北朝天镇附近。沿嘉陵江河谷修建，现在还可见到安放木柱的岩壁凿孔。

【裴注】

〔一〕卷，音墟权反。

〔二〕臣松之云：按晃，于时未应称臣，传写者误也。

复遣晃助曹仁讨关羽，屯宛。会汉水暴溢，于禁等没。羽围仁于樊，又围将军吕常于襄阳。晃所将多新卒，以羽难与争锋，遂前，至阳陵陂屯[1]。太祖复还遣将军徐商、吕建等诣晃[2]，令曰："须兵马集至，乃俱前。"贼屯偃城[3]。晃到，诡道作都堑[4]，示欲截其后；贼烧屯走。晃得偃城，两面连营；稍前，去贼围三丈所。未攻，太祖前后遣殷署、朱盖等，凡十二营，诣晃。贼围头有屯[5]，又别屯四冢[6]。晃扬声当攻围头屯，而密攻四冢。羽见四冢欲坏，自将步骑五千出战。晃击之，退走；遂追陷与俱入围，破之：或自投沔水死。

太祖令曰："贼围堑鹿角十重，将军致战全胜，遂陷贼围，多斩首虏。吾用兵三十余年，及所闻古之善用兵者，未有长驱径入敌围者也。且樊、襄阳之在围，过于莒、即墨[7]；将军之功，逾孙武、穰苴[8]。"晃振旅还摩陂。太祖迎晃七里，置酒大会。太祖举卮酒劝晃，且劳之曰："全樊、襄阳，将军之功也。"时诸军皆集。太祖案行诸营，士卒咸离阵观；而晃军营整齐，将士驻阵不动。太祖叹曰："徐将军，可谓有周亚夫之风矣[9]！"

文帝即王位，以晃为右将军，进封逯乡侯。及践阼，进封杨侯。与夏侯尚讨刘备于上庸，破之。以晃镇阳平[10]，徙封阳平侯。

明帝即位，拒吴将诸葛瑾于襄阳。增邑二百，并前三千一百户。病笃，遗令敛以时服。

性俭约畏慎，将军，常远斥候[11]，先为不可胜；然后战，追奔争利，士不暇食。常叹曰："古人患不遭明君，今幸遇之；当以功自效，何用私誉为！"终不广交援。

太和元年薨，谥曰壮侯。子盖嗣。盖薨，子霸嗣。

明帝分晃户，封晃子、孙二人列侯。

初，清河朱灵，为袁绍将。太祖之征陶谦，绍使灵督三营助太祖，战有功。绍所遣诸将，各罢归，灵曰："灵观人多矣，无若曹公者，此乃真明主也！今已遇，复何之?"遂留不去。所将士卒慕之，皆随灵留。灵后遂为好将，名亚晃等；至后将军，封高唐(亭)侯。〔一〕

【注释】

〔1〕阳陵陂：陂塘名。在今湖北襄阳市西北。〔2〕复还遣：又再派遣。〔3〕偃城：地名。在今湖北襄阳市北。〔4〕都堑：大堑壕。〔5〕围头：包围圈北面正对曹军来援方向的部分。〔6〕四冢：地名。在今湖北襄阳市附近。〔7〕过于莒、即墨：形势的险恶超过了战国时齐将田单在莒、即墨二城受燕军围攻的情况。〔8〕穰苴(jū)：即司马穰苴。田氏，名穰苴。担任春秋时齐国的大司马。深通兵法，曾率齐军击退晋军和燕军，收复失地。他的兵法，在战国时被整理成《司马穰苴兵法》。传见《史记》卷六十四。〔9〕周亚夫(?—前143)：周勃的儿子。西汉名将。治军严格，汉文帝到他的军营劳军，也要遵守其军令。景帝时任太尉，平定吴楚七国之乱，升丞相。后因其子犯罪，在狱中绝食死。传附《史记》卷五十七《绛侯周勃世家》、《汉书》卷四十《周勃传》。〔10〕阳平：县名。县治在今山东莘县。〔11〕将军：统率军队。　远斥候：距军营很远就开始布置侦察兵。

【裴注】

〔一〕《九州春秋》曰："初，清河季雍，以鄃叛袁绍而降公孙瓒，瓒遣兵卫之。绍遣灵攻之。灵家在城中，瓒将灵母、弟置城上，诱呼灵。灵望城涕泣曰：'丈夫一出身与人，岂复顾家耶!'遂力战，拔之，生擒雍，而灵家皆死。"《魏书》曰："灵字文博。太祖既平冀州，遣灵将新兵五千人、骑千匹，守许南。太祖戒之曰：'冀州新兵，数承宽缓；暂见齐整，意尚快快。卿名先有威严，善以道宽之；不然即有变!'灵至阳翟，中郎将程昂等果反；即斩昂，以状闻。太祖手书曰：'兵中所以为危险者，外对敌国，内有奸谋不测之变。昔邓禹中分光武军，西行，而有宗歆、冯愔之难；后将二十四骑还(洛)〔宜〕阳，禹岂以是减损哉？来书恳恻，多引咎过，未必如所云也。’文帝即位，封灵鄃侯，增其户邑。诏曰：‘将军佐命先帝，典兵历年；威过方、邵，功逾绛、灌。图籍所美，何以加焉？朕受天命，帝有海内。元功之将，社稷之臣，皆朕所与同福共庆，传之无穷者也。今封鄃侯：富贵不归故乡，如夜行衣绣；若平常所志，愿勿难言。’灵谢曰：‘高唐，宿所愿。’于是更封高唐侯。薨，谥曰威侯。”

评曰：太祖建兹武功，而时之良将，五子为先。于禁最号毅重〔1〕，然弗克其终。张郃以巧变为称〔2〕，乐进以骁果显名；而鉴其行事，未副所闻：或注记有遗漏〔3〕，未如张辽、徐晃之备详也。

【注释】

〔1〕毅重：威严而稳重。〔2〕巧变：用兵巧妙多变。〔3〕注记：记载。

【译文】

张辽，字文远，雁门郡马邑县人。本是汉代聂壹的后裔，因为躲避仇家而改了姓。他年轻时做过郡政府的办事员。汉朝末年，并州刺史丁原看到张辽武艺高强，力气过人，任命他为从事史。让他带兵去京城洛阳。执政的大将军何进，又派他到河北去招募士兵，招到一千多人。回京城的时候，正碰上何进被暗杀，他就带着这批新兵归附了董卓。

董卓死后，他又带兵投靠吕布。担任骑都尉。吕布被李傕打败，张辽跟着吕布向东逃奔徐州，兼任鲁国相的职务，这时他二十八岁。

太祖曹操在下邳击破吕布，张辽率众投降；太祖任命他为中郎将，赐他关内侯的爵位。由于屡建战功，升任裨将军。袁绍被打败以后，太祖派张辽单独率领一支人马，去平定鲁国的各县。他会同夏侯渊在东海郡包围了吕布的余党昌豨，围了几个月后军粮将尽，有人提议暂时撤退。张辽对夏侯渊说："最近几天来，我每次巡视包围圈，对面的昌豨总是盯着我；而且他们射出的箭也渐渐少了，这一定是他心头犹豫，是战是降拿不定主意，所以不再奋力抵抗。我想引诱他同我对话，或许可以劝他投降。"于是派人向昌豨大声喊话说："曹公有命令，让张辽对你宣布！"昌豨果然从城上下来，与张辽面谈，张辽对他说："曹公具有非凡的军事天才，正在用他的仁德感化四方，先归附他的将有重赏。"昌豨答应投降。张辽独自一人登上三公山，进入昌豨的家，昌豨让他的妻子儿女出来拜见张辽；昌豨非常高兴，跟随他去见太祖。太祖让昌豨先回去，然后责备张辽说："你这样单身前往哪里是大将应当采用的办法啊！"张辽表示歉意说："明公的威信著称于四海，我秉承您的旨意，昌豨必然不敢伤害我，所以我才敢一人前去啊。"

后来，张辽跟随太祖在黎阳征讨袁谭、袁尚，再次立功，代理中坚将军的职务。又随太祖在邺县围攻袁尚，袁尚据城顽抗，一时不能攻克。太祖暂时撤退回许县，命令张辽同乐进攻克阴安县，把那里的人民迁移到黄河以南。接着张辽再次跟随太祖攻打邺县。邺县被攻破后，他单独率军攻占赵国、常山国，招降沿山各路贼寇以及黑山农民军的孙轻等人。此后随太祖攻击袁谭。消灭袁谭后，张辽又单独率军夺取沿海地区，击溃了辽东的敌对势力柳毅等人。回到邺县时，太祖亲自出来欢迎他，拉着他同乘自己的座车。任命他为荡寇将军，让他又领兵攻打荆州，平定了江夏郡各县。凯旋之后驻扎在临颍县，被封为都亭侯。

后来张辽又随太祖征讨袁尚和乌丸族，在柳城突然与乌丸骑兵遭遇；张辽鼓励太祖发起进攻，气势奋发。太祖觉得他真是雄壮无比，即把自己手拿的主帅指挥旗交给了他；于是张辽挥军出击，大败乌丸，当场杀死了乌丸单于蹋顿。

当时荆州还没有平定，太祖又派张辽驻扎在长社县。临出发前，军中有人谋反，在夜间放火呐喊，全军都被惊扰。张辽对左右的卫士说："不要动！这绝对不是全军都起来造反了，必定有制造叛乱的人，以此惊动扰乱全军。"他马上传令军中：不想造反的都安静地坐下！自己带着几十个亲兵，在营盘正中列队站立。不一会，全营就安定下来，当即抓到了带头谋反的人，全部处死。

陈兰、梅成煽动灊县、六县的百姓反叛，太祖派于禁、臧霸等领兵征讨梅成，派张辽督领张郃、牛盖等将领征讨陈兰。梅成假装投降于禁，等于禁撤军以后，他就同陈兰会合，退入灊山。灊山中有天柱峰，高峻陡峭，要爬二十多里山路才能到顶；山路险峻狭窄，宽度刚好只能容许一人通过。陈兰等人的营垒就在天柱峰上。张辽想要进军，将领们都说："兵少路险，恐怕难以深入。"张辽说："这正是古人所说的'一个对付一个'的形势，谁勇敢谁就占上风。"率军前进到山下安营，随即发起攻击。把陈兰、梅成斩首，全部俘虏了他们的部下。太祖为各位将领评功说："登上天柱峰，亲自爬山历险，直取陈兰、梅成，这是荡寇将军您的功绩啊。"为张辽增加了封邑，又授给他节杖以提高威权。

太祖征讨孙权回朝以后，命张辽与乐进、李典等，率领七千多人镇守合肥。太祖亲自征讨张鲁，临行前交给合肥战区的护军薛悌一份手令，在手令的封袋边上注明"敌人到了再打开"的字样。不久，孙权带领十万兵马，包围了合肥，于是各位将军一起打开手令。上面指示说："如果孙权带兵前来，立即由张、李二位将军出战；乐将军守城；护军薛悌，不得参战。"众将都疑惑不解。张辽说："曹公在外远征，如果坐等曹公的救兵赶到，敌人必定已经把我们打败了。所以命令我们趁敌人尚未集中的时候立刻迎击，挫伤他们的气势，来安定军心，然后就可以坚守了。胜负的机会，就在这一战，大家有什么可怀疑的呢！"李典也赞成张辽的意见。于是张辽连夜招募敢死队员，得到八百人；杀牛犒劳将士，决定明日大战。

次日清晨，张辽披甲持戟，率先冲向敌阵；连杀几十名敌兵，斩了两名敌将；大声喊着自己的姓名，冲入敌军营垒，直到孙权的主帅大旗之下。孙权大惊失色，手下也不知所措；孙权赶忙逃上一座小山顶，命令左右卫士端起长戟在周围护住自己。张辽喝令孙权下来接战，孙权不敢动；望见张辽带领的兵士很少，孙权的部下才聚拢来把张辽层层包围起来。张辽先向左右两方比划冲锋的手势以麻痹敌人，然后突然向正前方冲击；杀出一个缺口，带领部下几十人冲了出去。余下的士兵高声号叫："将军要抛弃我们吗！”张辽听了立即又返身，再次突入重围，救出余下的士兵。孙权的人马都望风披靡，没有谁敢阻挡他的锋芒。从清晨杀到中午，吴军失利丧气了。张辽退回城后修筑防御工事，大家的心情完全安定下来，诸位将军都对张辽钦佩不已。孙权包围合肥十多天，看到难以攻破，便领兵撤退。张辽又率领各军追击，差一点就抓获孙权。太祖大为赞赏张辽的勇武，任命他为征东将军。

建安二十一年(公元216)，太祖再次征讨孙权，到了合肥；沿着张辽当时作战的地方走了一趟，感慨叹息了很久。于是给张辽本人的部队增加了士兵，又调其他将军的兵马来合肥镇守，让张辽转移到更接近前线的居巢驻扎。

关羽在樊城包围了曹仁。正碰上孙权派使者前来称臣，太祖召张辽以及各路军马从防备孙吴的前线回来救援曹仁。张辽尚未赶到，徐晃已打败关羽，曹仁的围困被解除。张辽与太祖在摩陂会合。张辽的部队到达时，太祖亲自乘车出来，慰劳他的军队将士。调他驻扎在陈郡。

文帝曹丕即魏王位以后，张辽转任前将军；封他的哥哥张汎和他的一个儿子为列侯。孙权背叛朝廷后，文帝派张辽仍到合肥驻扎，晋爵为都乡侯；又赐车辆与张辽的母亲乘坐，派兵马护送张辽的家眷到驻地；又下达指示：“张辽母亲到达的时候，张辽的仪仗队要出来迎接。”张辽所督领的各军将吏，也在路边排队下拜。旁观者都认为无比荣耀。魏文帝受禅称帝之后，封张辽为晋阳侯，增封他一千户的食邑，连同以前的共二千六百户。

黄初二年(公元221)张辽到洛阳皇宫朝拜。文帝在建始殿会见他，亲自问他打败吴国的情景。文帝听了以后，叹息着对左右侍从说：“这位简直就是古代的召虎啊！”下令为他在洛阳建造住宅，又专门为他母亲盖了殿堂；把跟随张辽冲击孙吴大营的敢死队员，都调到宫廷卫队充当保卫皇帝的勇士。孙权再次派使者称臣，张辽退到内地的雍丘县驻扎，得了疾病。文帝派侍中刘晔带着御医前去诊治，又连着派侍从卫士询问病情，一路上络绎不绝。病还没有痊愈，文帝把他接到自己的行宫。亲自乘车来探视，握着他的手；赐给他御衣，御膳房每天送来御膳。病势稍有好转，张辽又回到驻扎地。孙权再次反叛，文帝派张辽，乘船同曹休率兵南下海陵县，到达长江北岸。孙权十分害怕，告诫吴军将领说："张辽虽然生了病，仍然勇不可当，你们可要小心啊！"这一年，张辽同各位将军打败了孙权的大将吕范。不久病重，死在江都。文帝痛哭流涕，谥为刚侯。他的儿子张虎继承了爵位。

黄初六年(公元225)，文帝追怀张辽、李典在合肥的战功，下诏说："合肥一战，张辽、李典以八百步兵，打败了十万敌军；自古以来用兵，没有这样辉煌的战例啊！使得敌人至今威风扫地，真可以称得上是国家的爪牙了。从张辽、李典的封邑中各分出一百户，赐他们每人的一个儿子以关内侯的爵位。"张虎曾任偏将军，死后，他的儿子张统继承爵位。

乐进，字文谦，阳平郡卫国县人。他身材短小，凭着勇敢无畏跟随太祖曹操，担任帐下一名吏员。太祖派他回本郡招募士兵，得到一千多人；回来后担任军中司马的副手、陷阵都尉。随太祖到濮阳攻打吕布，到雍丘县攻打张超，到苦县攻打桥蕤；都因率先冲杀立下战功，被封为广昌亭侯。又跟随太祖在安众县讨伐张绣；在下邳县包围吕布，打败了吕布手下的另一支部队。又在射犬攻打眭固，到沛县攻击刘备；都获得胜利，被任命为讨寇校尉。又渡过黄河攻打获嘉县。回军后，随太祖在官渡迎击袁绍；乐进奋力作战，杀死袁绍的大将淳于琼。此后他又随同太祖在黎阳攻击袁谭、袁尚兄弟，斩了袁军大将严敬，代理游击将军职务。领兵攻打黄巾军，他又大获全胜，平定了乐安郡。跟随太祖包围邺县。邺县平定后，又随太祖赴南皮县攻打袁谭；乐进率先冲击，攻进东门。袁谭被打败以后，乐进单独率兵攻破雍奴城。

建安十一年(公元206)，曹操上表给汉献帝，称赞乐进和于禁、张辽说："武力强大，计谋周全；品性忠诚专一，坚守高尚节操；每次征战，身先士卒；奋勇冲锋，无坚不摧；亲自擂鼓指挥，从来不会疲倦。凡是单独领兵征讨，统率部下；全军团结，纪律严明；临敌决策，从无失误：评定功劳记载贡献，他们都应该受到提升信任。"于是任命于禁为虎威将军，乐进为折冲将军，张辽为荡寇将军。乐进受命领兵征剿高幹，从北路进入上党郡，迂回到敌后。高幹退守壶关，乐进连续作战，大量杀伤敌人。高幹坚守壶关，未能攻破；碰上太祖亲自前来助战，才攻破了壶关。太祖征讨管承，在淳于驻军。派乐进和李典进攻，管承被击败逃往海岛，海滨一带得以平定。

荆州还没有臣服，太祖派乐进在阳翟县驻扎。此后，他又随太祖平定荆州，留守襄阳；同关羽、苏非等人作战，把他们都击败，南郡各县山中的少数族，都来投降。又奉命讨伐刘备委派的临沮县长杜普、旌阳县长梁大，都大获全胜。以后，他跟随太祖征讨孙权，乐进被朝廷授予节杖。太祖回去后，留下乐进和张辽、李典镇守合肥。增加了他的食邑五百户，连同以前的共一千二百户。由于乐进多次立功，又从他的封邑中分出五百户，封他的一个儿子为列侯；乐进本人，则升任右将军。

乐进在建安二十三年(公元218)去世，谥为威侯。他的儿子乐綝继承爵位。乐綝果敢刚毅，有他父亲的风范，官做到扬州刺史。诸葛诞谋反的时候，突然袭击乐綝，杀死了他。朝廷下诏表示痛惜，追赠他卫尉的官衔，谥为愍侯。他的儿子乐肇继承爵位。

于禁，字文则，泰山郡钜平县人。黄巾军起事，鲍信在泰山郡招募军队去镇压，于禁参加了他的队伍。

等到太祖曹操兼任兖州牧的时候，于禁和同伴都前往太祖军中担任小队长，归将军王朗指挥。王朗器重于禁，就向太祖推荐，说他的才干可以胜任大将的职务。太祖召见他谈话，任命他为司马；派他带兵前往徐州，攻打广戚县；结果攻破了县城，升任陷阵都尉。随同太祖到濮阳县讨伐吕布，于禁单独率兵在城南攻破了吕布的两座营寨；又率兵在须昌县打败了高雅。跟随太祖攻打寿张、定陶、离狐等县，在雍丘城包围了张超，占领了以上几座城池。接着随太祖讨伐黄巾军首领刘辟、黄邵等部，驻扎在版梁。黄邵等在夜晚偷袭太祖的大营，于禁率部下迎击，杀死了黄邵等，迫使敌人全部投降。他升任平虏校尉。然后他再度跟随太祖在苦县包围桥蕤，斩了桥蕤等四名敌将。又随太祖到宛县进攻张绣，张绣被迫投降。

后来张绣突然反叛，太祖迎战失利，败退回舞阴县。当时部队溃乱，士兵各自悄悄走小路去寻找太祖；只有于禁统率着属下的几百人，且战且退，虽有战死负伤的也没有分散。敌人的追击逐渐减慢之后，他就从容整理队伍，敲着战鼓回营。还没回到太祖的驻地，途中看到十多个赤身裸体的伤兵在逃跑。于禁问他们怎么会这样，回答说："我们遭到青州兵的抢劫。"当初青州黄巾军的一部分投降了太祖，称为"青州兵"；太祖对他们很宽容，所以敢借机抢掠。于禁非常愤怒，对部下发布命令说："青州兵也属曹公统辖，反而当强盗抢人吗！"便领兵惩治他们，责备他们的罪过。青州兵很快就跑到太祖那儿去告状。于禁随后到达，先建立营垒，没有及时去拜见太祖。有人对他说："青州兵已经告了您的状了，应该赶快到曹公那里去分辨啊！"于禁却说："现在敌人还在后面，随时可能追来；不先作防备，用什么来抵抗敌人呢？况且曹公英明，他们诬告我又有什么用！"等到堑壕挖好营垒安顿下来之后，他才进大营去拜见太祖，把事情经过一一禀报。太祖很高兴，对于禁说："在淯水收降张绣之后出现变故，我的处境非常危急；将军您能在混乱当中整顿自己的军队，惩治抢掠的暴行，筑好坚固的营垒，有不可动摇的节操。即使是古代的名将，也不可能赶过您！"于是依据于禁前后的功劳，封他为益寿亭侯。

于禁再次随太祖到穰县攻打张绣，在下邳活捉吕布；另外又与史涣、曹仁在射犬攻打眭固，把眭固击败杀死。太祖开始讨伐袁绍的时候，袁绍势力强大，于禁自愿担任前锋。太祖认为他气势雄壮，拨了二千名步兵，由于禁率领，扼守黄河的延津渡口抗御袁绍；太祖自己返回官渡。刘备占据徐州反叛，太祖东征刘备。袁绍趁机攻打延津，于禁坚守，袁绍未能得手。于禁又同乐进等人率领五千名骑兵和步兵，攻击袁绍的其他营地：从延津西南沿黄河直到汲、获嘉两个县，焚烧了敌人的三十多处据点；杀死和俘虏各几千人，袁绍部将何茂、王摩等二十多人投降。太祖又派于禁单独率军驻扎在原武城，在黄河的杜氏津渡口附近攻破了袁绍的又一处营寨。于禁升任裨将军。随太祖回到官渡。太祖和袁绍都分别把自己的营垒连接起来，筑起土山相互对峙。袁绍的部队向太祖营中射箭，很多士兵被射死射伤，人们都很害怕。于禁监督士兵守御土山，奋力作战，斗志更加高昂。袁绍被打败，于禁升任偏将军。

冀州平定之后，昌豨又举兵反叛，太祖派于禁去讨伐。于禁催兵急进，发起攻击；昌豨过去同于禁有过交情，所以向于禁投降。众将都认为昌豨既已投降，就应当送他到太祖那儿去。于禁却说："你们不知道曹公一贯的命令吗？被围攻以后再投降的一律处死，不予赦免。奉行法律遵守命令，这是臣下奉事上司应当具备的节操。昌豨虽然是我过去的朋友，于禁难道能因此而失节吗！"于是亲自到昌豨那里，与他诀别，流着泪将他斩首示众。当时太祖在淳于驻军，听到情况后叹息说："昌豨不到我这儿投降而去找于禁，这不是命中注定要死了吗！"从此更加器重于禁。东海郡平定以后，于禁任虎威将军。

后来他同臧霸等人攻击梅成的叛乱势力，张辽、张郃等人则进攻陈兰。于禁到达以后，梅成带领三千多人投降；随后又发动叛变，他的部下都投奔陈兰。张辽等人同陈兰相持，军粮不足；于禁押运的粮车不断到达，张辽得到给养，才得以消灭陈兰、梅成。于禁增加封邑二百户，连同以前的共一千二百户。

那时候，于禁同张辽、乐进、张郃、徐晃，都是全军的名将；太祖每次出征，他们轮换着担任先锋和后卫。而于禁带兵严格整齐，缴获的财物，自己分毫不取，因此赏赐特别丰厚；由于他以严厉的军法控制部下，所以不很得人心。太祖曾经愤恨朱灵，想夺了他的兵权。因为于禁有威信，就派他带几十名骑兵，拿着命令，径直到朱灵的营中，解除其军权；朱灵和他的部下，都不敢妄动。于是太祖让朱灵在于禁手下当部将，大家都被震慑而服从。他就是这样让人畏惧。

后来于禁升任左将军，朝廷授给他节杖和黄钺；又从他的封邑中分出五百户，封他的一个儿子为列侯。建安二十四年(公元219)，太祖在长安，命曹仁去樊城讨伐关羽，又派于禁协助。这年秋天，连降暴雨，汉水泛滥，平地水深好几丈，于禁部下七支军队都被淹没。他同众将登上高坡，察看水势，毫不躲避。关羽乘着大船靠近攻击，于禁只得投降；只有庞德拒不投降被杀。太祖听说后，哀叹了很久，说："我了解于禁已有三十年，哪想到面临危难时，他反而不如庞德啊！"后来孙权擒杀关羽，俘虏他的部下，于禁又转到了吴国。

魏文帝曹丕即位，孙权称臣，送于禁回魏国。文帝召见于禁，看到他须发雪白，面容憔悴，叩头流泪，文帝用从前荀林父、孟明视的事来安慰他。任命他为安远将军，又说想派他出使吴国。先让他到邺县，拜谒太祖的陵墓；却预先让人在陵堂画上关羽战胜、庞德愤怒不屈、于禁屈膝投降的情景。于禁看到以后，惭愧愤恨，发病而死。他的儿子于圭继承了他的爵位封为益寿亭侯，又谥于禁为厉侯。

张郃，字儁乂，河间国鄚县人。汉朝末年，响应招募入伍讨伐黄巾军，任司马，是韩馥的部下。韩馥失败以后，他带兵随从袁绍。袁绍让他担任校尉，抵御公孙瓒。公孙瓒被击溃以后，张郃由于军功多，升任宁国中郎将。

太祖曹操和袁绍在官渡相持。袁绍派将军淳于琼等人督运粮食，驻在乌巢，太祖亲自领兵突然出击。张郃劝袁绍说："曹操士兵精锐，去了一定会击溃淳于琼等人；淳于琼一旦失败，那么将军的大事就危险了。应该赶快带兵援救！"郭图却说："张郃的计策不对！不如进攻曹操的大本营，他势必要回救；这样一来乌巢的围困不救自解。"张郃反驳说："曹操营垒坚固，肯定攻不破。如果淳于琼等人被抓住，我们也就全部都要当俘虏了。"袁绍只派出一支轻骑兵增援淳于琼，而用重兵攻打太祖的大营，果然不能攻破。而太祖却大破淳于琼；袁绍全军崩溃。郭图很羞惭，又再诬陷张郃说："张郃对我军打败仗感到很高兴，竟然出言不逊。"张郃心中害怕，便来投奔太祖。太祖得到张郃非常高兴，对他说："从前伍子胥不早点醒悟，自己使自己陷入绝境；哪里比得上微子抛弃殷纣，韩信归从汉朝呢？"

太祖下令任命张郃为偏将军，封都亭侯，又配给他部队。让他跟随自己攻打邺县，占领了城池。他随太祖到勃海攻击袁谭，单独率领一支人马包围了雍奴，打得敌人大败。随同太祖征讨柳城的乌丸时，张郃与张辽都担任先锋，立功后升任平狄将军。领兵征讨东莱郡，击败管承；同张辽等人讨伐陈兰、梅成等人，大获全胜。随太祖到渭南，击溃马超、韩遂。包围安定郡，迫使杨秋投降。同夏侯渊一同征剿鄜城的贼寇梁兴以及武都郡一带的氐族叛军。再次攻破了马超的部队，又消灭了宋建的割据势力。

太祖征伐张鲁，先派张郃督领各军讨伐兴和一带氐族首领窦茂的军队。太祖从散关进入汉中，张郃督领五千步兵在前开路。到达阳平关，张鲁投降。太祖回朝，留下张郃与夏侯渊等人镇守汉中，抗御刘备的进攻。张郃单独督领各路军队，攻下巴东、巴西两郡，将两郡的百姓北迁到汉中。向南进军到宕渠城，被刘备的大将张飞阻击，退回汉中的南郑县。升任荡寇将军。刘备驻扎在阳平关，张郃驻扎在广石。刘备把一万多精兵，分成十支分队，在夜里发动突然袭击；张郃率领亲兵拼死战斗，刘备未能得手。

后来刘备在走马谷焚烧曹军大营外围的屏障；夏侯渊带人救火，在岔路上碰上刘备；两军短兵相接，夏侯渊阵亡。张郃退回阳平关。当时，刚刚丧失了元帅，三军将士害怕刘备乘胜进攻，都惊慌失色。夏侯渊的司马郭淮站出来下令说："张将军，是国家的名将，连刘备也害怕他；现今形势紧急，非张将军不能安定军心！"众将便推举张郃为全军主帅。张郃出外部署部队重整阵势，众将都服从张郃的指挥，军心这才安定下来。太祖在长安闻讯，派使臣授予张郃节杖和黄钺。接着又亲自到汉中，刘备在山上坚守，不敢应战。太祖便撤出汉中各路军队，张郃退到陈仓一线驻守。

文帝曹丕继承魏王位，任命张郃为左将军，晋爵都乡侯。等到文帝做了皇帝，又晋爵为鄚侯。下诏命令张郃与曹真，征讨安定郡一带的卢水胡人和东部羌人；又召张郃与曹真到许昌皇宫朝拜。此后派张郃南下同夏侯尚进攻江陵城。张郃单独带领几路军队强渡长江，夺取了江中百里洲上敌方的营垒。

魏明帝即位，派张郃到南方镇守荆州。他与司马懿进攻孙权的将领刘阿等人，一直追到祁口；两军交战，大败敌军。

诸葛亮率军出祁山。明帝加赐张郃特进的官衔，派他督领各路兵马，在街亭阻击诸葛亮的先锋马谡。马谡依傍南山扎营，没有下山占据城池。张郃断绝了他取水的道路，发动攻击，大败马谡。南安、天水、安定各郡叛变，响应诸葛亮；张郃领兵打败叛军，平定各郡。明帝下诏说："贼寇诸葛亮用巴、蜀的乌合之众，抵挡我们像咆哮老虎一样勇猛的大军。将军您穿上坚固的铠甲，手持锋利的武器，所向无敌，朕对此非常嘉许。”于是增加张郃的封邑一千户，连同从前的共四千三百户。司马懿在荆州训练水军，打算沿着沔水进入长江讨伐孙吴；明帝下诏命令张郃“督领关中的部队，前去听从司马懿的指挥”。到荆州以后，碰上冬天水浅大船不能行进，又退回方城驻扎。

诸葛亮再次北伐，突然进攻陈仓。明帝派驿马急召张郃到京城。明帝亲自到河南城，设置酒宴为张郃送行，派京城卫戍军队三万人随他赶赴前线，又派自己的侍卫武士护卫张郃。问他说：“等将军到了那儿，诸葛亮会不会已经占领陈仓了呢?”张郃知道诸葛亮孤军深入没有足够的粮草，不能久攻，回答说：“为臣还没到那儿，诸葛亮就会撤走了；屈指计算，诸葛亮的粮草支撑不了十天。”于是他昼夜行军赶到前线，诸葛亮果然撤退。明帝下诏令张郃回转京城，任命他为征西将军，不久又升任车骑将军。张郃看得清战争的变化，善于安营布阵；根据地形预测战局趋势，都不出他所料：包括诸葛亮在内的蜀军各位大将都惧怕他。

他虽然是武将却喜欢儒生，曾经举荐同乡的毕湛，说毕湛通晓儒经而品行优良。明帝下诏说：“从前祭遵任将军，上奏朝廷建议设置五经大夫；处在军队中，常与儒生作唱诗、投壶的文雅娱乐。现在将军您在外统率军队作战，内心还为朝廷着想；朕非常赞赏将军的美意，现在提拔毕湛为经学博士。”

诸葛亮再出祁山，张郃受命统领众将赶到略阳阻击。诸葛亮退守祁山，张郃追到木门谷；与蜀军交战，流箭射中张郃的右膝，阵亡。朝廷谥他为壮侯。他的儿子张雄继承爵位。张郃前后征战功勋卓著，明帝从他的封邑中分出一部分，封他四个儿子为列侯；又赐他的小儿子以关内侯的爵位。

徐晃，字公明，河东郡杨县人。起初在郡政府中做办事吏员。随车骑将军杨奉讨伐贼寇有功，被任命为骑都尉。李傕、郭汜在长安制造动乱，徐晃劝说杨奉，让他送汉献帝回洛阳；杨奉听从了他的建议，献帝渡过黄河到达安邑，封徐晃为都亭侯。献帝到洛阳以后，韩暹、董承天天争权夺利，徐晃劝说杨奉归顺太祖曹操。杨奉开始听从了他，过后又反悔；太祖到梁县讨伐杨奉，徐晃便投奔了太祖。

太祖配给徐晃军队，派他出击卷县、原武县的贼寇；大胜，升任裨将军。随太祖征伐吕布，徐晃单独领兵迫使吕布的将领赵庶、李邹等人投降。同史涣在河内郡击杀眭固。随太祖大破刘备。又随太祖打败颜良，攻克白马城；进军到延津，大败文丑，升任偏将军。同曹洪攻打㶏强县的贼寇祝臂，大破敌军。同史涣在故市截击袁绍的运粮车队，因为功劳最大，被封为都亭侯。太祖包围邺县，攻破邯郸。易阳县令韩范，佯装献城投降却负隅顽抗，太祖命徐晃进攻。徐晃到达以后，把一封信拴在箭尾射入城中，劝敌军看清形势投降；韩范表示悔过，徐晃就自作主张接受了他的投降。而当时太祖规定：凡是受到围攻之后才被迫出城投降的敌人一律处死。徐晃随即劝太祖说："袁谭、袁尚还没有被打败，那些观望形势的城池都在看您的举动；今天要是杀了易阳的投降者，明天各城就都要拼死据守：恐怕河北就没有平定的时候了。希望您接受易阳投降，为别的城池做个榜样，那么各城就都会望风归顺了。"太祖认为很对，立即照办。徐晃又单独率兵讨伐毛城的敌寇，设置伏兵袭击，攻破了敌军三处营地。随太祖在南皮县击杀袁谭，讨伐平原郡的叛军，平定了各地。又随太祖征讨乌丸族的首领蹋顿，徐晃任横野将军。

随太祖进攻荆州，徐晃独自率军驻扎樊城，扫荡中庐、临沮、宜城三县的敌人。与满宠到汉津征讨关羽，又与曹仁在江陵攻击周瑜。建安十五年(公元210)，徐晃统兵讨伐太原郡叛军，包围大陵县；攻下城池，杀死叛军首领商曜。

韩遂、马超在关中谋反，太祖派徐晃进驻汾阴县安抚河东郡；赐给他肉牛、美酒，让他回附近的家乡杨县为祖先上坟。太祖到潼关，担心不能西渡黄河，召徐晃询问办法。徐晃说："明公您的大兵集结在此地，而敌人不另派兵扼守北面蒲坂的渡口，可见他们没有谋略。现在请给我一支精兵，从北面的蒲坂津渡河；去充当全军的先头部队，从黄河西岸截入敌军的内部，就可以制服敌人。"太祖说："好!"即派徐晃率领骑兵、步兵四千人，从蒲坂渡河。渡河之后，徐晃的部队挖堑立栅还未完工，敌将梁兴就率五千多骑兵、步兵来抢攻；徐晃将他们击退，太祖大军得以渡河，打败了马超的势力。接着，太祖派徐晃与夏侯渊平定隃麋县、汧县的各氐族部落，同太祖在安定会师。太祖回邺县，派徐晃与夏侯渊平定鄜县、夏阳县的贼寇余党，斩了梁兴，接受三千多户敌方百姓投降。后来随太祖讨伐张鲁，另派徐晃去扫荡椟、仇夷各处山区的氐族人，逼使他们都投降。徐晃升任平寇将军，出兵解救被包围的将军张顺，攻破了贼寇陈福等人的三十多个屯兵据点。

太祖回到邺县，留下徐晃与夏侯渊在阳平关防御刘备。刘备派陈式等十多营的军队断绝了马鸣阁的栈道；徐晃独自领兵迎击，大破敌军。敌军被打得纷纷跳下山谷逃命，死了许多人。太祖听说后，非常高兴，授给徐晃节杖。发布嘉奖令说："这一条栈道，是汉中的咽喉要地，刘备进攻这里是想断绝我们的内外联系，以便夺取汉中。将军您一举粉碎了刘备的计划，真是好事当中的好事啊！"太祖后来亲自到阳平关，撤出汉中的各路军马。

太祖派徐晃协助曹仁讨伐关羽，驻扎在宛城。碰上汉水泛滥，于禁等人的部队被淹没。关羽在樊城包围了曹仁，又在襄阳包围了将军吕常。徐晃的部下大多是新兵，很难与关羽对敌，便进军到阳陵陂后，暂时停下来等待后援。太祖又再派将军徐商、吕建等人去支援徐晃，传令说："必须等兵马全部集中，再一起向前出击。"敌军在偃城驻守。徐晃率全军到达后，骗过敌人从小路深入敌后挖掘一条大堑壕，做出要截断敌人后路的样子；敌军烧毁自己的营寨逃跑，徐晃便占领偃城。他下令连接左右两面的营寨逐步向前推进，直到距离敌人的包围圈大约只有三丈左右的地方。还没有发起进攻，太祖又先后派殷署、朱盖等，一共十二营的部队增援徐晃。敌人包围圈的前头有营垒，另外在四冢还有营垒。徐晃扬言要攻打前头的守敌，却秘密地偷袭四冢。关羽看到四冢的阵地要被攻破，亲率五千步、骑兵出战。徐晃迎头痛击，关羽退走；徐晃乘胜追击趁势冲入敌军的包围圈，大破敌军，很多敌人跳下沔水而被淹死。

太祖下达嘉奖令说："敌人使用堑壕鹿角层层包围，将军您作战获得全胜，又乘势攻进敌人的包围圈，杀死大量敌人。我用兵三十多年，也听说过古代善于用兵的战例，从来也没有长驱直入冲进敌人重重包围而获胜的。而且樊城、襄阳被包围的局势，比起春秋时的莒城、即墨来要严重得多；所以将军您的功勋，要超过孙武和司马穰苴了。”徐晃整顿军队凯旋回到摩陂。太祖亲自出城七里迎接徐晃，设宴庆贺。又举杯向他劝酒，慰劳他说：“保全樊城、襄阳，都是将军您的功劳啊。”当时各路军队都集中到了一起。太祖巡视各营，士兵纷纷离开队列争着来看太祖；只有徐晃的军营阵形整齐，全体将士站在队列中一动不动。太祖赞叹说：“徐将军，可以说是有名将周亚夫的风范了！”

文帝曹丕即魏王位，封徐晃为右将军，晋爵逯乡侯。文帝受禅称帝后，徐晃又晋封家乡所在的杨县侯。同夏侯尚到上庸讨伐刘备，大破敌人。文帝命徐晃镇守阳平县，转封他为阳平侯。

魏明帝即位，徐晃在襄阳抵御吴将诸葛瑾。因功增加封邑二百户，连同以前的共三千一百户。徐晃生病垂危，临死前吩咐用与时令相适应的平常衣服收殓他。

徐晃为人作风俭朴，小心谨慎。统率军队时总是远远就派出侦察兵，先造成敌人无法战胜的形势；然后才开始作战，一旦获胜就穷追不舍，将士常常顾不上吃饭。徐晃常叹息说：“古人顾虑遇不上英明的君主，现在幸而让我遇到了；应该一心建功效力，哪里能用心在个人的声誉上呢！”始终不多交朋友。

太和元年(公元227)他去世。谥为壮侯。他的儿子徐盖继承了爵位。徐盖死后，儿子徐霸又继承爵位。明帝从徐晃的封邑中分出一部分，封他两个儿、孙为列侯。

起初，清河郡的朱灵，在袁绍手下担任将军，太祖征讨陶谦的时候，袁绍派朱灵统率三个营援助太祖，作战有功。作战结束后，袁绍派来的将领各自回去了。朱灵说：“我见到的人很多，没有像曹公这样杰出的，这真是英明的主上啊！既已碰上了，还要投奔谁呢？”便留下来不再离开。他所带的将士都仰慕太祖，全跟着朱灵留下来。朱灵以后也成为良将，名声稍次于徐晃；官做到后将军，封高唐侯。

评论说：太祖建立如此辉煌的武功，而当时的良将，以这五位居于前列。于禁最为威严稳重，但未能保持节操有始有终。张郃以用兵多变著称，乐进以骁勇果断扬名；但是对照他们的事迹，与所听说的声名并不相称：也许是生平事迹的记载有遗漏，不如张辽、徐晃的记载完备详尽吧。

【三国志译注卷十八】　　魏志十八

二李臧文吕许典二庞阎传第十八

李典字曼成，山阳钜野人也。典从父乾，有雄气，合宾客数千人在乘氏。初平中[1]，以众随太祖，破黄巾于寿张。又从击袁术，征徐州。吕布之乱，太祖遣乾还乘氏，慰劳诸县。布别驾薛兰、治中李封，招乾，欲俱叛；乾不听，遂杀乾。太祖使乾子整，将乾兵，与诸将击兰、封。兰、封破，从平兖州诸县有功，稍迁青州刺史。

整卒，典徙颍阴令，为中郎将，将整军。〔一〕迁离狐太守[2]。时太祖与袁绍相拒官渡，典率宗族及部曲，输谷帛供军。绍破，以典为裨将军，屯安民。太祖击谭、尚于黎阳，使典与程昱等以船运军粮。会尚遣魏郡太守高蕃，将兵屯河上，绝水道。太祖敕典、昱："若船不得过，下从陆道[3]。"典与诸将议曰："蕃军，少甲而恃水[4]，有懈怠之心，击之必克。军不内御[5]；苟利国家，专之可也：宜亟击之！"昱亦以为然。遂北渡河，攻蕃，破之，水道得通。

刘表使刘备北侵，至叶；太祖遣典从夏侯惇，拒之。备一旦烧屯去[6]，惇率诸军追击之。典曰："贼无故退，疑必有伏；南道狭窄，草木深：不可追也。”惇不听，与于禁追之，典留守。惇等果入贼伏里，战不利；典往救，备望见救至，乃散退。从围邺。邺定，与乐进围高幹于壶关，击管承于长广〔7〕；皆破之。迁捕虏将军〔8〕，封都亭侯。

典宗族、部曲三千余家，居乘氏；自请，愿徙诣魏郡。太祖笑曰：“卿欲慕耿纯邪〔9〕？”典谢曰：“典驽怯功微，而爵宠过厚，诚宜举宗陈力〔10〕；加以征伐未息，宜实郊遂之内〔11〕，以制四方：非慕纯也。”遂徙部曲、宗族万三千余口，居邺。太祖嘉之，迁破虏将军。

与张辽、乐进屯合肥，孙权率众围之。辽欲奉教出战〔12〕；进、典、辽，皆素不睦，辽恐其不从。典慨然曰：“此国家大事，顾君计何如耳！吾可以私憾而忘公义乎？”乃率众与辽破走权。增邑百户，并前三百户。典好学问，贵儒雅，不与诸将争功。敬贤士大夫，恂恂若不及〔13〕，军中称其长者〔14〕。年三十六，薨。子祯嗣。

文帝践阼，追念合肥之功，增祯邑百户，赐典一子爵关内侯，邑百户；谥典曰愍侯。

【注释】

〔1〕初平：东汉献帝的年号。〔2〕离狐：郡名。治所在今山东东明县东北。〔3〕下：下船。〔4〕甲：铠甲。〔5〕军不内御：军队不能由居中的主帅作远距离指挥。因为这不能适应外面战场瞬息万变的情况。〔6〕一旦：一下子。突然。〔7〕长广：县名。县治在今山东莱阳市东南。〔8〕捕虏将军：官名。领兵征伐。〔9〕耿纯（？—公元37）：字

伯山，钜鹿郡宋子县(今河北赵县北)人。刘秀起兵，他率宗族宾客二千余人投奔刘秀。为了避免这些人动摇，他派人焚烧了他们的房屋，老年有病者则随车载上棺材。东汉建立，任东郡太守，封东光侯。传见《后汉书》卷二十一。〔10〕陈力：效力。〔11〕实：充实。 郊遂：京城的近郊和远郊。〔12〕教：指曹操预先下达的指示。〔13〕恂恂：恭敬的样子。〔14〕长者：性情忠厚而有道德的人。

【裴注】

〔一〕《魏书》曰："典少好学，不乐兵事。乃就师，读《春秋左氏传》，博观群书。太祖善之，故试以治民之政。"

李通字文达，江夏平春人也[1]。〔一〕以侠闻于江、汝之间[2]。与其郡人陈恭，共起兵于朗陵，众多归之。时有周直者，众二千余家，与恭、通外和内违[3]。通欲图杀直，而恭难之；通知恭无断，乃独定策。与直克会[4]，酒酣，杀直。众人大扰，通率恭诛其党帅，尽并其营。后恭妻弟陈郃，杀恭而据其众。通攻破郃军，斩郃首，以祭恭墓。又生擒黄巾大帅吴霸而降其属。遭岁大饥，通倾家赈施，与士分糟糠[5]；皆争为用，由是盗贼不敢犯。

建安初，通举众诣太祖于许。拜通振威中郎将[6]，屯汝南西界。太祖讨张绣，刘表遣兵以助绣；太祖军不利。通将兵夜诣太祖，太祖得以复战；通为先登，大破绣军。拜裨将军，封建功侯[7]。分汝南二县，以通为阳安都尉[8]。通妻伯父犯法，朗陵长赵俨收治，致之大辟。是时，杀生之柄，决于牧、守，通妻子号泣以请其命。通曰："方与曹公戮力，义不以私废公！"嘉俨执宪不阿[9]，与为亲交。

太祖与袁绍相拒于官渡。绍遣使拜通征南将军，刘表亦阴招之：通皆拒焉。通亲戚、部曲流涕曰："今孤危独守，以失大援，亡可立而待也；不如亟从绍。"通按剑以叱之曰："曹公明哲，必定天下；绍虽强盛，而任使无方，终为之虏耳。吾以死不贰！"即斩绍使，送印绶诣太祖。又击郡贼瞿恭、江宫、沈成等，皆破残其众，送其首：遂定淮、汝之地。改封都亭侯，拜汝南太守。时贼张赤等五千余家，聚桃山，通攻破之。

刘备与周瑜围曹仁于江陵，别遣关羽绝北道。通率众击之，下马拔鹿角入围；且战且前，以迎仁军，勇冠诸将。通，道得病薨。时年四十二。追增邑二百户，并前四百户。

文帝践阼，谥曰刚侯。诏曰："昔袁绍之难，自许、蔡以南，人怀异心；通秉义不顾，使携贰率服[10]：朕甚嘉之！不幸早薨。子基已袭爵，未足酬其庸勋。基兄绪，前屯樊城，又有功，世笃其劳[11]。其以基为奉义中郎将[12]，绪平虏中郎将[13]，以宠异焉。"〔二〕

【注释】

〔1〕平春：县名。县治在今河南信阳市西北。〔2〕江、汝：长江和汝水。〔3〕内违：内心不满。〔4〕克会：约定时间聚会。〔5〕分糟糠：分食酒糟、糠皮之类的粗劣食物。指共患难。〔6〕振威中郎将：官名。领兵征伐。〔7〕建功侯：封爵名。这是一种名号侯，没有封地。〔8〕阳安都尉：官名。东汉时在边境或其他军事要地设领兵的都尉，下辖县，地位相当于郡太守。阳安都尉下辖阳安、朗陵二县，治所在今河南确山县东北。〔9〕执宪：执法。〔10〕使携贰率服：使怀有二心的

人纷纷服从。〔11〕世笃其劳：世代都专注于建立功劳。〔12〕奉义中郎将：官名。是奖励李基的荣誉性官职。〔13〕平虏中郎将：官名。领兵征伐。

【裴注】

〔一〕《魏略》曰："通，小字万亿。"

〔二〕王隐《晋书》曰："绪子秉，字玄胄。有俊才，为时所贵，官至秦州刺史。秉尝答司马文王问，因以为《家诫》曰：'昔侍坐于先帝，时有三长吏俱见。临辞出，上曰："为官长当清，当慎，当勤；修此三者，何患不治乎？"并受诏。既出，上顾谓吾等曰："相诫敕，正当尔不？"侍坐众贤，莫不赞善。上又问曰："必不得已，于斯三者何先？"或对曰："清，固为本。"次复问吾，对曰："清、慎之道，相须而成；必不得已，慎乃为大。夫清者不必慎，慎者必自清；亦由仁者必有勇，勇者不必有仁。是以《易》称括囊无咎，藉用白茅，皆慎之至也。"上曰："卿言得之耳。可举近世能慎者谁乎？"诸人各未知所对，吾乃举故太尉荀景倩、尚书董仲连、仆射王公仲，可谓为慎。上曰："此诸人者，温恭朝夕，执事有恪，亦各其慎也。然天下之至慎，其惟阮嗣宗乎？每与之言，言及玄远；而未曾评论时事，臧否人物：真可谓至慎矣！"吾每思此言，亦足以为明诫。凡人行事，年少立身，不可不慎：勿轻论人，勿轻说事。如此，则悔吝何由而生，患祸无从而至矣。'秉子重，字茂曾。少知名，历位吏部郎、平阳太守。"

《晋诸公赞》曰："重，以清尚称；相国赵王伦以重望，取为右司马。重以伦将为乱，辞疾不就。伦逼之不已，重遂不复自(活)[治]，至于困笃；扶曳受拜，数日卒。赠散骑常侍。重二弟：尚字茂仲，矩字茂约，永嘉中并典郡；矩至江州刺史。重子式，字景则，官至侍中。"

臧霸字宣高，泰山华人也。父戒，为县狱掾〔1〕。据法不听太守欲所私杀，太守大怒；令收戒诣府〔2〕，时送者百余人。霸年十八，将客数十人；径于费西山中要夺之〔3〕，送者莫敢动。因与父俱亡命东海，由是以勇壮闻。

黄巾起，霸从陶谦击破之，拜骑都尉。遂收兵于徐州，与孙观、吴敦、尹礼等并聚众；霸为帅，屯于开阳。太祖之讨吕布也，霸等将兵助布。既擒布，霸自匿。

太祖募索得霸〔4〕，见而悦之；使霸招吴敦、尹礼、孙观、观兄康等，皆诣太祖。太祖以霸为琅邪相，敦利城、礼东莞、观北海、康城阳太守〔5〕；割青、徐二州〔6〕，委之于霸。太祖之在兖州，以徐翕、毛晖为将。兖州乱，翕、晖皆叛。后兖州定，翕、晖亡命投霸。太祖语刘备，令语霸，送二人首。霸谓备曰："霸所以能自立者，以不为此也。霸受公生全之恩〔7〕，不敢违命。然王霸之君可以义告〔8〕，愿将军为之辞〔9〕。"备以霸言白太祖。太祖叹息，谓霸曰："此古人之事而君能行之，孤之愿也！"乃皆以翕、晖为郡守。

时太祖方与袁绍相拒。而霸数以精兵入青州〔10〕，故太祖得专事绍，不以东方为念。太祖破袁谭于南皮，霸等会贺；霸因求遣子弟及诸将父兄家属，诣邺，太祖曰："诸君忠孝〔11〕，岂复在是〔12〕！昔萧何遣子弟入侍，而高祖不拒；耿纯焚室舆榇以从〔13〕，而光武不逆：吾将何以易之哉〔14〕！东州扰攘〔15〕，霸等执义征暴，清定海岱〔16〕，功莫大焉：皆封列侯。"霸为都亭侯，加威虏将军〔17〕。又与于禁讨昌豨，与夏侯渊讨黄巾余贼徐和等；有功，迁徐州刺史。沛国(公)武周为下邳令，霸敬异周，身诣令舍。部从事谌诇不法，周得其罪，便收考竟；霸益以善周。

从讨孙权，先登；再入巢湖，攻居巢，破之。张辽之讨陈兰，霸别遣至皖，讨吴将韩当[18]，使权不得救兰。当遣兵逆霸，霸与战于逢龙[19]；当复遣兵邀霸于夹石，与战，破之，还屯舒[20]。权遣数万人乘船屯舒口[21]，分兵救兰；闻霸军在舒，遁还。霸夜追之，比明，行百余里，邀贼，前后击之；贼窘急，不得上船，赴水者甚众。由是贼不得救兰，辽遂破之。霸从讨孙权于濡须口，与张辽为前锋。行遇霖雨，大军先(及)〔反〕；水遂长，贼船稍(进)〔近〕，将士皆不安。辽欲去，霸止之曰："公明于利钝[22]，宁肯捐吾等邪[23]！"明日果有令[24]。辽至，以语太祖。太祖善之，拜扬威将军[25]，假节[26]。后权乞降，太祖还，留霸与夏侯惇等屯居巢。

文帝即王位，迁镇东将军，进爵武安乡侯，都督青州诸军事。及践阼，进封开阳侯，徙封良成侯。与曹休讨吴贼，破吕范于洞浦。征为执金吾，位特进。每有军事，帝常咨访焉。〔一〕

明帝即位，增邑五百，并前三千五百户。薨，谥曰威侯。子艾嗣。〔二〕艾官至青州刺史、少府。艾薨，谥曰恭侯。子权嗣。霸前后有功，封子三人列侯，赐一人爵关内侯。〔三〕

而孙观，亦至青州刺史，假节；从太祖讨孙权，战被创，薨。子毓嗣，亦至青州刺史。〔四〕

【注释】

〔1〕县狱掾：官名。负责审理本县案件。〔2〕府：指郡太守府。

〔3〕西山：山名。在今山东费县西北。又称蒙山。〔4〕募索：悬赏搜捕。〔5〕东莞：郡名。治所在今山东沂水县东北。〔6〕割青、徐二州：把青、徐二州的滨海地区分割出来。事见本书卷一《武帝纪》。〔7〕公：指曹操。〔8〕可以义告：可以用正当的道理来说服。〔9〕为之辞：为这件事说话。〔10〕数以精兵入青州：当时的青州由袁绍派长子袁谭据守，位于曹操根据地的东北面，臧霸多次骚扰青州目的在于使袁谭不能从侧翼进攻曹操。〔11〕忠孝：忠诚。这是当时习语。〔12〕岂复在是：难道还要在这一点上才能表现出来吗。意思是本来并不需要这样做。〔13〕舆榇（chèn）：用车载上棺材。〔14〕将何以易之：又以什么理由来改变这样的惯例呢。意思是只好仿照高祖、光武，同意臧霸等送家属到邺城做人质。〔15〕东州：指位于许都东北的青州。　扰攘：动乱。曹操灭袁谭后的第二年，青州的长广、牟平、东牟、昌阳等地连续发生叛乱，曹操曾亲自率军到青州平叛。见本书卷一《武帝纪》、卷十二《何夔传》。〔16〕海岱：东海和泰山。这里是指泰山以东面临东海的青州，因为《尚书·禹贡》有“海、岱惟青州”的句子。〔17〕威虏将军：官名。领兵征伐。〔18〕韩当：传见本书卷五十五。〔19〕逢龙：地名。在今安徽潜山县北。〔20〕舒：地名。在今安徽庐江县西南。〔21〕舒口：地名。在今安徽肥西县东南。〔22〕利钝：有利和不利。〔23〕捐：抛弃。〔24〕有令：有撤军的命令下达。〔25〕扬威将军：官名。领兵征伐。〔26〕假节：一种表示诛杀威权的名号。本意是被朝廷授予节杖。具有假节名号的将领，在战争期间有权诛杀违犯军令者。

【裴注】

〔一〕《魏略》曰：“霸，一名奴寇。孙观名婴子。吴敦名黯奴。尹礼名卢儿。建安二十四年，霸遣别军，在洛。会太祖崩，霸所部及青州兵，以为天下将乱，皆鸣鼓擅去。文帝即位，以曹休都督青、徐。霸谓休曰：‘国家未肯听霸耳！若假霸步骑万人，必能横行江表。’休言之于帝，帝疑霸军前擅去，今意壮乃尔；遂东巡，因霸来朝，而夺其兵。”

〔二〕《魏书》曰：“艾，少以才理称。为黄门郎，历位郡守。”

〔三〕霸一子舜，字太伯。晋散骑常侍，见《武帝百官名》。此《百官名》，不知谁所撰也，皆有题目，称舜“才颖条畅，识赞时宜”也。

〔四〕《魏书》曰：“孙观字仲台，泰山人。与臧霸俱起，讨黄巾，拜骑都尉。太祖破吕布，使霸招观兄弟，皆厚遇之。与霸俱战伐，观常为先登。征定青、徐群贼，功次于霸，封吕都亭侯。康，亦以功封列侯。与太祖会南皮，遣子弟入居邺。拜观偏将军，迁青州刺史。从征孙权于濡须口，假节。攻权，为流矢所中，伤左足，力战不顾。太祖劳之曰：'将军被创深重，而猛气益奋，不当为国爱身乎？'转振威将军。创甚，遂卒。"

文聘字仲业，南阳宛人也。为刘表大将，使御北方。表死，其子琮立。太祖征荆州，琮举州降，呼聘欲与俱。聘曰："聘不能全州[1]，当待罪而已[2]。"

太祖济汉，聘乃诣太祖。太祖问曰："来何迟邪？"聘曰："先日不能辅弼刘荆州以奉国家[3]。荆州虽没，常愿据守汉川，保全土境；生不负于孤弱[4]，死无愧于地下[5]。而计不得已，以至于此。实怀悲惭，无颜早见耳！"遂欷歔流涕。太祖为之怆然，曰："仲业，卿真忠臣也！"厚礼待之。授聘兵，使与曹纯追讨刘备于长坂。

太祖先定荆州，江夏与吴接，民心不安。乃以聘为江夏太守，使典北兵[6]，委以边事，赐爵关内侯。〔一〕与乐进讨关羽于寻口[7]，有功，进封延寿亭侯，加讨逆将军。又攻羽辎重于汉津，烧其船于荆城[8]。

文帝践阼，进爵长安乡侯，假节。与夏侯尚围江陵，使聘别屯沔口[9]，止石梵[10]；自当一队，御贼有功。迁后将军，封新野侯。孙权以五万众，自围聘于石阳[11]，甚急；聘坚守不动。权住二十余日，乃解去。聘追击破之。〔二〕增邑五百户，并前千九百户。聘在江夏数十年，有威恩；名震敌国，贼不敢侵。

分聘户邑，封聘子岱为列侯；又赐聘从子厚，爵关内侯。聘薨，谥曰壮侯。岱又先亡，聘养子休嗣。卒，子武嗣。

嘉平中，谯郡桓禺为江夏太守；清俭有威惠[12]，名亚于聘。

【注释】

〔1〕全州：保全荆州。〔2〕待罪：听候治罪。这是不愿离开职位的委婉说法。〔3〕刘荆州：指曾经当过荆州牧的刘表。〔4〕孤弱：指刘表死后留下来的年轻儿女。〔5〕地下：指死去的刘表。〔6〕北兵：曹操从北方带来的军队。〔7〕寻口：地名。在今湖北云梦县西南。〔8〕荆城：地名。在今湖北钟祥市南。〔9〕沔口：地名。在今湖北武汉市汉水入长江处。〔10〕石梵：地名。在今湖北天门市东南。〔11〕石阳：县名。县治在今湖北汉川市西北。〔12〕清俭：清廉节俭。威惠：威信和恩惠。

【裴注】

〔一〕孙盛曰："资父事君，忠孝道一。臧霸少有孝烈之称，文聘著垂泣之诚；是以魏武一面，委之以二方之任：岂直壮武见知于仓猝之间哉！"

〔二〕《魏略》曰："孙权尝自将数万众，猝至。时大雨，城栅崩坏；人民散在田野，未及补治。聘闻权到，不知所施，乃思惟：莫若潜默可以疑之。乃敕城中人使不得见，又自卧舍中不起。权果疑之，语其部党曰：'北方以此人忠臣也，故委之以此郡；今我至而不动，此不有密图，必当有外救。'遂不敢攻而去。"《魏略》此语，与本传反。

吕虔字子恪，任城人也。太祖在兖州，闻虔有胆策，以为从事，将家兵守湖陆[1]。襄(陵)〔贲〕校尉杜松部民炅母等作乱[2]，与昌豨通；太祖以虔代松。虔到，招诱炅母渠率及同恶数十人[3]，赐酒食；简壮士伏其侧，虔察炅母等皆醉，使伏兵尽格杀之。抚其余众，群贼乃平。

太祖以虔领泰山太守，郡接山海，世乱；闻，民人多藏窜。袁绍所置中郎将郭祖、公孙犊等数十辈，保山为寇：百姓苦之。虔将家兵到郡，开恩信〔4〕；祖等党属皆降服，诸山中亡匿者尽出安土业〔5〕。简其强者补战士，泰山由是遂有精兵，冠名州郡。济南黄巾徐和等，所在劫长吏〔6〕，攻城邑。虔引兵与夏侯渊会击之；前后数十战，斩首获生数千人。太祖使督青州诸郡兵，以讨东莱群贼李条等，有功。太祖令曰："夫有其志，必成其事，盖烈士之所徇也〔7〕。卿在郡以来，擒奸讨暴，百姓获安；躬蹈矢石〔8〕，所征辄克。昔寇恂立名于汝、颍〔9〕，耿弇建策于青、兖〔10〕：古今一也。"举茂才，加骑都尉，典郡如故。虔在泰山十数年，甚有威惠。

文帝即王位，加裨将军，封益寿亭侯。迁徐州刺史，加威虏将军〔11〕。请琅邪王祥为别驾，民事一以委之；世多其能任贤〔12〕。〔一〕讨利城叛贼，斩获有功。

明帝即位，徙封万年亭侯；增邑二百，并前六百户。虔薨，子翻嗣。翻薨，子桂嗣。

【注释】

〔1〕湖陆：县名。县治在今山东鱼台县东南。 〔2〕襄贲校尉：按照东汉制度，在边境或军事要地设都尉。此处说是校尉，疑有误。 部民：所辖区域的居民。 〔3〕渠率：首领。 〔4〕开恩信：给予恩惠赦免罪过，并且说到做到。 〔5〕安土业：安居故土谨守家业。 〔6〕所在：所到之处。 〔7〕烈士：有志之士。 〔8〕躬蹈矢石：亲自冒着敌人的

箭矢和硒石去打仗。〔9〕寇恂(？—公元36)：字子翼。上谷郡昌平(今北京市昌平区)人。随刘秀起兵，屡有战功，是东汉开国功臣之一。他曾担任颍川、汝南二郡的太守，政绩突出。传见《后汉书》卷十六。汝、颍：指汝南、颍川二郡。〔10〕青、兖：指青州和兖州。耿弇曾向光武帝建议，请求让自己领兵平定齐国的故地。见《后汉书》卷十九《耿弇传》。〔11〕威虏将军：官名。领兵征伐。〔12〕多：赞赏。

【裴注】

〔一〕孙盛《杂语》曰："祥，字休征。性至孝。后母苛虐，每欲危害祥，祥色养无怠。盛寒之月，后母曰：'吾思食生鱼。'祥脱衣，将剖冰求之。有(少)〔顷〕坚冰解，下有鱼跃出，因奉以供。时人以为孝感之所致也。供养三十余年，母终，乃仕。以淳诚贞粹，见重于时。"

王隐《晋书》曰："祥始出仕，年过五十矣。稍迁至司隶校尉。高贵乡公入学，以祥为三老。迁司空、太尉。"司马文王初为晋王，司空荀颉要祥尽敬，祥不从。语在《三少帝纪》。晋武践阼，拜祥为太保，封睢陵公。泰始四年，年八十九薨。祥弟览，字玄通。光禄大夫。《晋诸公赞》称览"率素有至行"。览子孙繁衍，颇有贤才相系；奕世之盛，古今少比焉。

许褚字仲康，谯国谯人也。长八尺余，腰大十围[1]；容貌雄毅，勇力绝人。汉末，聚少年及宗族数千家，共坚壁以御寇。时汝南葛陂贼万余人攻褚壁[2]。褚众少不敌，力战疲极[3]，兵矢尽；乃令壁中男女，聚治石如杅斗者置四隅[4]。褚飞石掷之，所值皆摧碎[5]；贼不敢进。粮乏，伪与贼和，以牛与贼易食；贼来取牛，牛辄奔还。褚乃出阵前，一手逆曳牛尾，行百余步。贼众惊，遂不敢取牛而走。由是淮、汝、陈、梁间[6]，闻皆畏惮之。太祖徇淮、汝，褚以众归太祖。

太祖见而壮之曰："此吾樊哙也[7]！"即日拜都尉，

引入宿卫；诸从褚侠客，皆以为虎士[8]。从征张绣，先登，斩首万计。迁校尉。从讨袁绍于官渡。时常从士徐他等谋为逆[9]；以褚常侍左右，惮之，不敢发。伺褚休下日[10]，他等怀刀入。褚至下舍心动[11]，即还侍。他等不知，入帐见褚；大惊愕，他色变。褚觉之，即击杀他等。太祖益亲信之，出入同行，不离左右。从围邺，力战有功，赐爵关内侯。

从讨韩遂、马超于潼关。太祖将北渡，临济河，先渡兵；独与褚及虎士百余人，留南岸断后。超将步骑万余人，来奔太祖军[12]，矢下如雨。褚白太祖："贼来多，今兵渡已尽，宜去!"乃扶太祖上船。贼战急，军急济，船重欲没；褚斩攀船者，左手举马鞍蔽太祖。船工为流矢所中，死；褚右手并泝船[13]，仅乃得渡。是日，微褚，几危。

其后，太祖与遂、超等单马会语；左右皆不得从，唯将褚。超负其力[14]，阴欲前突太祖[15]；素闻褚勇，疑从骑是褚，乃问太祖曰："公有虎侯者，安在?"太祖顾指褚，褚嗔目眄之[16]。超不敢动，乃各罢。后数日会战，大破超等，褚身斩首级。迁武卫中郎将[17]。"武卫"之号，自此始也。

军中以褚力如虎而痴[18]，故号曰"虎痴"；是以超问"虎侯"。至今天下称焉，皆谓其姓名也。

褚性谨慎奉法，质重少言。曹仁自荆州来朝谒，太祖未出，入与褚相见于殿外。仁呼褚，入便坐语[19]；褚曰："王将出。"便还入殿。仁意恨之。或以责褚曰：

"征南宗室重臣[20]，降意呼君[21]。君何故辞?"褚曰："彼虽亲重，外藩也；褚备内臣，众谈足矣[22]。入室何私乎[23]?"太祖闻，愈爱待之，迁中坚将军。太祖崩，褚号泣呕血。

文帝践阼，进封万岁亭侯，迁武卫将军；都督中军宿卫禁兵[24]，甚亲近焉。初，褚所将为虎士者从征伐，太祖以为皆壮士也，同日拜为将。其后以功为将军封侯者数十人，都尉、校尉百余人：皆剑客也[25]。

明帝即位，进牟乡侯，邑七百户；赐子爵一人关内侯。褚薨，谥曰壮侯。子仪嗣。褚兄定，亦以军功封为振威将军[26]，都督徼道虎贲[27]。

太和中，帝思褚忠孝，下诏褒赞；复赐褚子、孙二人爵关内侯。仪为钟会所杀。泰始初，子综嗣。

【注释】

〔1〕围：长度量词。一围相当于当时的五寸。根据上一世纪的 90 年代所能见到的大量考古实物资料，三国时期的每尺长度，相当于现今 24 厘米。许褚腰粗达到十围，相当于现今的 1.2 米。他的身长八尺余，八尺已经相当于现今 1.92 米左右。〔2〕葛陂：陂塘名。在今河南平舆县东。〔3〕极：疲乏。〔4〕杅(yú)：盛水的木盆。〔5〕所值：所碰上的东西。〔6〕淮、汝：淮水、汝水。陈、梁：陈国、梁国。〔7〕樊哙(？—前 189)：沛县(今江苏沛县)人。早年以杀狗为业。后随刘邦起兵，灭秦，在鸿门宴上保卫刘邦，使刘邦逃脱被杀的险境。西汉王朝建立，任左丞相，封舞阳侯。传见《史记》卷九十五、《汉书》卷四十一。〔8〕虎士：曹操贴身卫士的名称。〔9〕常从士：经常侍从曹操的卫士。〔10〕休下：下班休息。〔11〕下舍：下班休息的住房。〔12〕奔：冲击。〔13〕泝船：划船。〔14〕负其力：仗恃他的力气大。〔15〕突：突袭。〔16〕瞋目眄(xì)之：瞪大眼睛怒视马超。〔17〕武卫中郎将：官名。曹操贴身侍卫队的队长。后来是曹魏皇帝的侍卫队队

长。资历深的称武卫将军。〔18〕痴：许褚质朴不善言辞，上阵又不怕死，所以这样形容他。〔19〕便坐：正殿外面供被召见者坐下等候的房间。〔20〕征南：指曹仁。当时任征南将军。〔21〕降意：屈尊。〔22〕众谈：当着众人公开谈话。〔23〕何私：私下还谈什么。〔24〕中军：当时称驻守在京城地区由中央直辖的军队为中军。分驻在外地由各都督或将军统领的军队叫做外军。〔25〕剑客：精于剑术的勇士。〔26〕振威将军：官名。领兵征伐。〔27〕徼道虎贲：在道路上流动巡察以保卫皇帝的卫士。

典韦，陈留己吾人也。形貌魁梧，膂力过人；有志节，任侠〔1〕。襄邑刘氏与睢阳李永为仇〔2〕，韦为报之。永，故富春长〔3〕，备卫甚谨〔4〕。韦乘车载鸡酒，伪为候者〔5〕；门开，怀匕首入，杀永，并杀其妻。徐出，取车上刀戟，步(出)〔去〕。永居近市，一市尽骇；追者数百，莫敢近。行四五里，遇其伴，转战得脱。由是为豪杰所识。

初平中，张邈举义兵。韦为士，属司马赵宠。牙门旗长大〔6〕，人莫能胜〔7〕；韦一手建之〔8〕，宠异其才力。

后属夏侯惇，数斩首有功，拜司马。

太祖讨吕布于濮阳。布有别屯，在濮阳西四五十里。太祖夜袭，比明破之。未及还，会布救兵至，三面掉战〔9〕。时布身自搏战，自旦至日昳数十合〔10〕，相持急。太祖募陷阵〔11〕，韦先占〔12〕；将应募者数(千)〔十〕人。皆重衣两铠，弃盾，但持长矛、撩戟〔13〕。时西面又急，韦进，当之；贼弓弩乱发，矢至如雨。韦不视，谓等人曰〔14〕：“虏来十步〔15〕，乃白之。”等人曰：“十步矣。”又曰：“五步乃白！”等人惧，疾言：“虏至矣！”韦手持十余戟，大呼起，所抵无不应手倒者，布众退。会日暮，太祖乃得引去。

拜韦都尉，引置左右；将亲兵数百人，常绕大帐。韦既壮武，其所将皆选卒[16]；每战斗，常先登，陷阵。迁为校尉。

性忠至谨重，常昼立侍终日；夜宿帐左右，稀归私寝。好酒食，饮啖兼人[17]；每赐食于前，大饮长歠[18]，左右相属，数人益乃供。太祖壮之。韦好持大双戟，与长刀等。军中为之语曰：“帐下壮士有典君，提一双戟八十斤！”

太祖征荆州，至宛，张绣迎降。太祖甚悦，延绣及其将帅，置酒高会。太祖行酒[19]，韦持大斧立后；刃径尺，太祖所至之前，韦辄举斧目之。竟酒[20]，绣及其将帅莫敢仰视。

后十余日，绣反，袭太祖营。太祖出战，不利，轻骑引去。韦战于门中，贼不得入；兵遂散从他门并入。时韦校尚有十余人[21]，皆殊死战，无不一当十。贼前后至，稍多，韦以长戟左右击之；一叉入，辄十余矛摧。左右死伤者略尽，韦被数十创。短兵接战，贼前搏之；韦双挟两贼击杀之，余贼不敢前。韦复前突贼，杀数人；创重发，瞋目大骂而死。贼乃敢前，取其头，传观之；覆军就视其躯。

太祖退住舞阴，闻韦死，为流涕；募间取其丧[22]，亲自临，哭之，遣归葬襄邑[23]。拜子满为郎中。车驾每过，常祠以中牢[24]。太祖思韦，拜满为司马，引自近。

文帝即王位，以满为都尉，赐爵关内侯。

【注释】

〔1〕任(rèn)侠：行侠仗义。 〔2〕睢(suī)阳：县名。县治在今河南商丘市南。 〔3〕富春：县名。县治在今浙江杭州市富阳区。 〔4〕谨：严。 〔5〕候者：等候见面的人。 〔6〕牙门旗：军营正门竖立的大旗。〔7〕胜：举得起来。 〔8〕建：举起。 〔9〕掉战：交替上前作战。〔10〕日昳(dié)：太阳偏西。 〔11〕募陷阵：招募敢于冒死冲击敌阵的勇士。〔12〕占：报名。 〔13〕撩戟：用于挑刺的长戟。 〔14〕等人：一起冲锋的同伴。〔15〕十步：十步远的距离。 〔16〕选卒：经过严格挑选的士兵。 〔17〕兼人：食量要当两个和两个以上的人。〔18〕歠(chuò)：吃东西。 〔19〕行酒：依次劝酒斟酒。 〔20〕竟酒：直到酒宴结束。〔21〕校：部下。 〔22〕间：间谍。 丧(sāng)：遗体。 〔23〕襄邑：县名。县治在今河南睢县。这时典韦的故乡己吾县已经并入襄邑，所以说是“归葬襄邑”。 〔24〕中牢：祭祀时用猪羊二牲，称为中牢。

庞德字令明，南安狟道人也[1]。〔一〕少为郡吏，州从事。初平中，从马腾击反羌、叛氐，数有功。稍迁至校尉。建安中，太祖讨袁谭、尚于黎阳。谭遣郭援、高幹等略取河东，太祖使钟繇率关中诸将讨之。德随腾子超，拒援、幹于平阳。德为军锋，进攻援、幹，大破之，亲斩援首。〔二〕拜中郎将，封都亭侯。后张白骑叛于弘农，德复随腾征之，破白骑于两崤间[2]。每战，常陷阵却敌，勇冠腾军。后腾征为卫尉，德留属超。太祖破超于渭南，德随超亡入汉阳，保冀城。后复随超奔汉中，从张鲁。

太祖定汉中，德随众降。太祖素闻其骁勇，拜立义将军，封关门亭侯，邑三百户。侯音、卫开等以宛叛，德将所领与曹仁共攻拔宛，斩音、开；遂南屯樊，讨关羽。樊下诸将，以德兄在汉中[3]，颇疑之。〔三〕德常曰："我受国恩，义在效死[4]。我欲身自击羽。今年我不杀羽，羽当杀我！"后亲与羽交战，射羽中额。时德常乘白马，羽军谓之"白马将军"，皆惮之。

仁使德屯樊北十里。会天霖雨十余日，汉水暴溢；樊下平地五六丈，德与诸将避水，上堤。羽乘船攻之，以大船四面射堤上。德被甲持弓，箭不虚发。将军董衡、部曲将董超等欲降，德皆收斩之。自平旦力战至日过中，羽攻益急；矢尽，短兵接战。

德谓督将成何曰："吾闻良将不怯死以苟免，烈士不毁节以求生；今日，我死日也！"战益怒，气愈壮；而水浸盛，吏士皆降。德与麾下将一人，伍伯二人[5]，弯弓傅矢[6]，乘小船，欲还仁营；水盛船覆，失弓矢；独抱船覆水中，为羽所得。

立而不跪。羽谓曰："卿兄在汉中。我欲以卿为将，不早降何为？"德骂羽曰："竖子，何谓降也！魏王带甲百万，威振天下。汝刘备庸才耳，岂能敌邪？我宁为国家鬼，不为贼将也！"遂为羽所杀。太祖闻而悲之，为之流涕，封其二子为列侯。

文帝即王位，乃遣使就德墓，赐谥，策曰："昔先轸丧元[7]，王蠋绝脰[8]；陨身徇节，前代美之。惟侯式昭果毅[9]，蹈难成名；声溢当时，义高在昔：寡人愍焉，谥曰壮侯。"又赐子会等四人爵关内侯，邑各百户。

会，勇烈有父风，官至中卫将军[10]，封列侯。[四]

【注释】

〔1〕狟(huán)道：县名。县治在今甘肃陇西县东南。狟又作獂。〔2〕两崤：地区名。即东崤、西崤的合称。在今河南洛宁县西北，西北接陕州区，东北接渑池县。又称二崤。〔3〕樊下：樊城地区。〔4〕效死：以死报效。〔5〕伍伯：官员随身的听差。〔6〕傅矢：搭箭。〔7〕先轸(？—前627)：春秋时晋国的执政大臣。曾先后击败楚军和秦军。后与狄交战，阵亡。事见《史记》卷三十九《晋世家》。丧元：丢掉脑袋。〔8〕王蠋(zhú)：战国时齐国画邑(今山东淄博市东)人。燕军攻入齐国后，强迫他为燕军服务。他坚决拒绝，自己砍断颈项而死。事见《史记》卷八十二《田单列传》。绝脰(dòu)：砍断颈项。〔9〕式昭：效法和发扬。〔10〕中卫将军：官名。曹魏末年司马昭任相国时置，是司马昭贴身侍卫队的队长。

【裴注】

〔一〕狟，音桓。

〔二〕《魏略》曰："德手斩一级，不知是援。战罢之后，众人皆言援死而不得其首。援，钟繇之甥。德晚后于鞬中出一头，繇见之而哭。德谢繇，繇曰：'援虽我甥，乃国贼也！卿何谢之？'"

〔三〕《魏略》曰："德从兄名柔，时在蜀。"

〔四〕王隐《蜀记》曰："钟会平蜀，前后鼓吹，迎德尸丧，还葬邺；冢中身首，如生。"臣松之按：德死于樊城，文帝即位，又遣使至德墓所；则其尸丧，不应在蜀：此王隐之虚说也。

庞淯字子异，酒泉表氏人也[1]。初以凉州从事，守破羌长[2]。会武威太守张猛反，杀刺史邯郸商。猛令曰："敢有临商丧[3]，死不赦！"淯闻之，弃官，昼夜奔走；号哭丧所，讫[4]，诣猛门，衷匕首[5]，欲因见以杀猛。猛知其义士，敕遣不杀。由是以忠烈闻。[一]

太守徐揖请为主簿[6]。后郡人黄昂反，围城。淯弃妻子，夜逾城出围，告急于张掖、敦煌。二郡初疑，未肯发兵，淯欲伏剑〔7〕；二郡感其义，遂为兴兵。军未至而郡城邑已陷，揖死。淯乃收敛揖丧，送还本郡〔8〕；行服三年，乃还〔9〕。

太祖闻之，辟为掾属。文帝践阼，拜驸马都尉。迁西海太守〔10〕，赐爵关内侯。后征拜中散大夫〔11〕，薨。子曾嗣。

初，淯外祖父赵安，为同县李寿所杀。淯舅兄弟三人，同时病死，寿家喜。淯母娥，自伤父仇不报，乃帏车袖剑〔12〕，白日刺寿于都亭前〔13〕；讫，徐诣县〔14〕，颜色不变。曰："父仇已报，请受戮。"禄福长尹嘉，解印绶纵娥〔15〕；娥不肯去，遂强载还家。会赦得免。州郡叹贵，刊石表闾〔16〕。〔二〕

【注释】

〔1〕表氏：县名。县治在今甘肃高台县西。　〔2〕破羌：县名。县抬在今青海海东市乐都区东南。　〔3〕临(lìn)：哭丧。　〔4〕丧所：停放遗体的地方。庞淯最初在凉州刺史邯郸商的府署中当从事，按当时的观念算是有君臣之义，所以庞淯有哭丧和复仇的举动。　〔5〕衷：在衣服里面暗藏。　〔6〕太守：指庞淯家乡酒泉郡的太守。　〔7〕伏剑：用剑自杀。　〔8〕本郡：指徐揖家乡所在的郡。　〔9〕行服：穿起孝服居丧。庞淯被徐揖辟为主簿，当时的郡太守与僚属也有类似君臣的关系，所以为之服丧三年。　〔10〕西海：郡名。治所在今内蒙古额济纳旗东南。〔11〕中散大夫：官名。在皇帝身边顾问对答，没有固定任务。　〔12〕帏车：在车上挂帘子。这是为了隐蔽自己。　〔13〕都亭：县城附近的亭舍。　〔14〕县：指县政府。　〔15〕禄福：县名。县治在今甘肃酒泉市。解印绶纵娥：先把官印放在一边然后下令释放赵娥。意思是为此不怕丢官免职。　〔16〕刊石：把赵娥的事迹刻在石碑上。　表闾：在赵娥家所在的巷口树立显著的标记以示表彰。

【裴注】

〔一〕《魏略》曰："猛兵欲来缚淯，猛闻之，叹曰：'猛以杀刺史为罪，此人以至忠为名；如又杀之，何以劝一州履义之士邪！'遂使行服。"

《典略》曰："张猛字叔威，本敦煌人也。猛父奂，桓帝时，仕历郡守、中郎将、太常，遂居华阴，终因葬焉。建安初，猛仕郡，为功曹。是时河西四郡以去凉州治远，隔以河寇，上书求别置州。诏以陈留人邯郸商，为雍州刺史，别典四郡。时武威太守缺，诏又以猛父昔在河西有威名，乃以猛补之。商、猛俱西。初，猛与商同岁，每相戏侮；及共之官，行道更相责望。暨到，商欲诛猛；猛觉之，遂勒兵攻商。商治舍与猛侧近，商闻兵至，恐怖登屋，呼猛字曰：'叔威，汝欲杀我耶？然我死者有知，汝亦族矣！请和解，尚可乎？'猛因呼曰：'来！'商逾屋就猛，猛因责数之；语毕，以商属督邮。督邮录商，闭置传舍。后商欲逃，事觉，遂杀之。是岁建安十四年也。至十五年，将军韩遂，自上讨猛，猛发兵遣军东拒。其吏民畏遂，乃反共攻猛。初奂为武威太守时，猛方在孕。母梦带奂印绶，登楼而歌；旦以告奂。奂讯占梦者，曰：'夫人方生男。后当复临此郡，其必死官乎！'及猛被攻，自知必死，曰：'使死者无知则已矣；若有知，岂使吾头东过华阴历先君之墓乎？'乃登楼自烧而死。"

〔二〕皇甫谧《列女传》曰："酒泉烈女庞娥亲者，表氏庞子夏之妻，禄福赵君安之女也。君安为同县李寿所杀，娥亲有男弟三人，皆欲报仇，寿深以为备。会遭灾疫，三人皆死。寿闻大喜，请会宗族，共相庆贺。云：'赵氏强壮已尽，唯有女弱。何足复忧！'防备懈弛。娥亲子淯，出行，闻寿此言，还以启娥亲。娥亲既素有报仇之心，及闻寿言，感激愈深。怆然陨涕曰：'李寿，汝莫喜也，终不活汝！戴履天地，为吾门户，吾三子之羞也。焉知娥亲不手刃杀汝，而自侥幸邪！'阴市名刀，挟长持短；昼夜哀酸，志在杀寿。寿为人凶豪，闻娥亲之言，更乘马带刀，乡人皆畏惮之。比邻有徐氏妇，忧娥亲不能制，恐逆见中害，每谏止之，曰：'李寿，男子也。凶恶有素，加今备卫在身。赵虽有猛烈之志，而强弱不敌。邂逅不制，则为重受祸于寿；绝灭门户，痛辱不轻也。愿详举动，为门户之计。'娥亲曰："父母之仇，不同天地共日月者也！李寿不死，娥亲视息世间，活复何求！今虽三弟早死，门户泯绝；而娥亲犹在，岂可假手于人哉！若以卿心况我，则李寿不可得杀；论我之心，寿必为我所杀明矣。'夜数磨砺所持刀，讫，扼腕切齿，悲涕长叹。家人及邻里咸共笑之。娥亲谓左右曰：'卿等笑我，直以我女弱不能杀寿故也。要当以寿颈血，污此刀刃，令汝辈见之！’遂弃家事，乘鹿车伺寿。至光和二年二月上旬，以白日清时，于都亭之前，与寿相遇；便下车扣寿马，叱之。寿惊愕，回马欲走。娥亲奋刀斫之，并伤其马。马惊，寿挤道边沟中。娥亲寻复就地斫之，探中树兰，折所持刀。寿被创，未死，娥亲因前欲取寿所佩刀杀寿；寿护刀，瞋目大呼，跳梁而起。娥亲乃挺身奋手，左抵其额，右椿其喉，反覆盘旋，应手而倒。遂拔其刀以截寿头，持诣都亭，归罪有司，徐步诣狱，辞颜不变。时禄福长汉阳尹嘉不忍论娥亲；即解印绶去官，弛法纵之。娥亲曰：‘仇塞身死，妾之明分也。治狱制刑，君之常典也。何敢贪生，以枉官法！’乡人闻之，倾城奔往，观者如堵焉，莫不为之悲喜慷慨嗟叹也。守尉不敢公纵，阴语使去，以便宜自匿。娥亲抗声大言曰：‘枉法逃死，非妾本心。今仇人已雪，死则妾分；乞得归法，以全国体。虽复万死，于娥亲毕足，不敢贪生为明廷负也！’尉故不听所执，娥亲复言曰：‘匹妇虽微，犹知宪制。杀人之罪，法所不纵。今既犯之，义无可逃。乞就刑戮，陨身朝市。肃明王法，娥亲之愿也！’辞气愈厉，面无惧色。尉知其难夺，强载还家。凉州刺史周洪、酒泉太守刘班等，并共表上，称其烈义；刊石立碑，显其门闾。太常弘农张奂，贵尚所履，以束帛二十端，礼之。海内闻之者，莫不改容赞善，高大其义。故黄门侍郎安定梁宽，追述娥亲，为其作传。玄晏先生以为父母之仇，不与共天地，盖男子之所为也。而娥亲以女弱之微，念父辱之酷痛，感仇党之凶言；奋剑仇颈，人马俱摧；塞亡父之怨魂，雪三弟之永恨。近古以来，未之有也！《诗》云‘修我戈矛，与子同仇’，娥亲之谓也。”

阎温字伯俭，天水西(城)人也[1]。以凉州别驾守上邽令。马超走奔上邽，郡人任养等举众迎之；温止之，不能禁，乃驰还州。

超复围州所治冀城，甚急；州乃遣温密出，告急于夏侯渊。贼围数重，温夜从水中潜出。明日，贼见其迹，遣人追遮之[2]。于显亲界，得温，执还诣超。超解其缚，谓曰：“今成败可见，足下为孤城请救而执于人手，义何所施？若从吾言，反谓城中‘东方无救[3]’，此转祸为福之计也。不然，今为戮矣！”温伪许之，超乃载温诣城下。温向城大呼曰：“大军不过三日至，勉之！”城中皆泣，称“万岁[4]”。超怒数之曰：“足下不为命计邪？”温不应。时超攻城，久不下；故徐诱温，冀其改意。复谓温曰：“城中故人，有欲与吾同者不？”温又不应。遂切责之，温曰：“夫事君有死无贰，而卿乃欲令长者出不义之言，吾岂苟生者乎！”超遂杀之。

先是，河右扰乱，隔绝不通。敦煌太守马艾卒官，府又无丞[5]；功曹张恭，素有学行，郡人推行长史事：恩信甚著。乃遣子就，东诣太祖，请太守。时酒泉黄华、张掖张进，各据其郡，欲与恭(艾)并势。就至酒泉，为华所拘执；劫以白刃，就终不回[6]。私与恭疏曰：“大人率厉敦煌[7]，忠义显然，岂以就在困厄之中而替之哉[8]！昔乐羊食子[9]，李通覆家[10]；经国之臣，宁怀妻孥邪[11]？今大军垂至，但当促兵以掎之耳[12]！愿不以下流之爱[13]，使就有恨于黄壤也。”

恭即遣从弟华，攻酒泉沙头、乾齐二县[14]。恭又连兵，寻继华后，以为首尾之援。别遣铁骑二百，迎吏官属；东缘酒泉北塞，径出张掖北河，逢迎太守尹奉[15]。于是，张进须黄华之助[16]；华欲救进，西顾恭兵，恐急击其后，遂诣金城太守苏则降：就竟平安，奉得之官[17]。

黄初二年，下诏褒扬，赐恭爵关内侯。拜西域戊己校尉，数岁，征还，将授以侍臣之位，而以子就代焉。恭至敦煌[18]，固辞疾笃[19]。

太和中卒，赠执金吾。就，后为金城太守，父子著称于西州[20]。[一]

【注释】

〔1〕西：县名。县治在今甘肃礼县东北。〔2〕追遮：追截。〔3〕东方无救：东面的夏侯渊不可能来救援。〔4〕称万岁：高呼万岁。当时臣民对君王表示感恩时常高呼万岁。〔5〕丞：指郡丞。太守的副手。东汉光武帝时把边境各郡的郡丞取消，由长史代行郡丞的职责。敦煌是边境上的郡，所以没有郡丞。〔6〕不回：不背叛。〔7〕率厉：率领激励。〔8〕替：停止。〔9〕乐羊：战国时魏国的将军。前408年，率军越过赵国进攻中山，三年后攻克。当时他的儿子在中山，中山国君把他的儿子煮成肉汤送给他，他坦然喝下。见《战国策》卷三十三《中山策》。〔10〕李通(？—公元42)：字次元，南阳郡宛县(今河南南阳市)人。新莽末年，大力支持刘秀起兵争夺天下，王莽因此杀他的家属亲戚数十人。东汉王朝建立，封固始侯，官至大司空。传见《后汉书》卷十五。〔11〕妻孥：妻室儿女。〔12〕促兵：赶快进兵。掎：牵制。〔13〕下流之爱：对子孙后辈的宠爱。〔14〕沙头：县名。县治在今甘肃玉门市西北。乾齐：县名。县治在今甘肃玉门市西北。〔15〕逢迎：在中途迎接。〔16〕于是：在这时。〔17〕之官：到任所敦煌就职。〔18〕敦煌：县名。县治在今甘肃敦煌市西。〔19〕固辞疾笃：以病重为理由坚决辞职。〔20〕西州：指凉州。

【裴注】

〔一〕《世语》曰："就子敩，字祖文。弘毅有干正，晋武帝世，为广汉太守。王濬在益州，受中制，募兵讨吴，无虎符；敩收濬从事，列上，由此召敩还。帝责敩：'何不密启而便收从事？'敩曰：'蜀汉绝远，刘备尝用之。辄收，臣犹以为轻！'帝善之。官至匈奴中郎将。敩子固，字元安。有敩风，为黄门郎，早卒。"敩，一本作勃。

《魏略·勇侠传》载孙宾硕、祝公道、杨阿若、鲍出等四人。宾硕虽汉人，而鱼豢编之《魏书》，盖以其人接魏，事义相类故也。论其行节，皆庞、阎之流。其祝公道一人，已见《贾逵传》；今列宾硕等三人于后：

"孙宾硕者，北海人也。家素贫。当汉桓帝时，常侍左悺、唐衡等，权侔人主。延熹中，衡弟为京兆虎牙都尉，秩比二千石，而统属郡。衡弟初之官，不修敬于京兆尹，入门不持版。郡功曹赵息呵廊下曰：‘虎牙，仪如属城，何得放臂入府门！’促收其主簿。衡弟顾促取版，既入见尹；尹欲修主人，敕外为市买。息又启云：‘左悺、〔唐衡〕子弟，来为虎牙，非德选；不足为特酤买，宜随中舍菜食而已。’及其到官，遣吏奉笺谢尹；息又敕门，言：‘无常见此无阴儿辈子弟邪？用其笺记为通乎！’晚乃通之，又不得即令报。衡弟皆知之，甚恚，欲灭诸赵。因书与衡，求为京兆尹。旬月之间，得为之。息自知前过，乃逃走。时息从父仲台，现为凉州刺史；于是衡为诏，征仲台，遣归。遂诏中都官及郡部督邮：捕诸赵尺儿以上，及仲台皆杀之；有藏者，与同罪。时息从父岐，为皮氏长，闻有家祸，因从官舍逃；走之河间，变姓字；又转诣北海，著絮巾布裤，常于市中贩胡饼。宾硕时年二十余，乘犊车，将骑入市。观见岐，疑其非常人也。因问之曰：‘自有饼邪？贩之邪？’岐曰：‘贩之。’宾硕曰：‘买几钱？卖几钱？’岐曰：‘买三十，卖亦三十。’宾硕曰：‘视处士之望，非似卖饼者，殆有故！’乃开车后户，顾所将两骑，令下马，扶上之。时岐以为是唐氏耳目也，甚怖，面失色。宾硕闭车后户，下前檐，谓之曰：‘视处士状貌，既非贩饼者；加今面色变动，即不有重怨，则当亡命。我北海孙宾硕也，阖门百口，又有百岁老母在堂，势能相度者也；终不相负，必语我以实！’岐乃俱告之。宾硕遂载岐驱归。住车门外，先入白母，言：‘今日出〔行〕，得死友在外，当来入拜。’乃出，延岐入，椎牛钟酒，快相娱乐。一二日，因载著别田舍，藏置复壁中。后数岁，唐衡及弟皆死；岐乃得出，还本郡。三府并辟；展转仕进至郡守、刺史、太仆。而宾硕，亦从此显名于东国，仕至豫州刺史。初平末，宾硕以东方饥荒，南客荆州。至兴平中，赵岐以太仆、持节使，安慰天下，南诣荆州；乃复与宾硕相遇，相对流涕。岐为刘表陈其本末，由是益礼宾硕。顷之，宾硕病亡；岐在南，为行丧也。

“杨阿若，后名丰，字伯阳，酒泉人。少游侠，常以报仇解怨为事，故时人为之号曰：‘东市相斫杨阿若，西市相斫杨阿若。’至建安年中，太守徐揖，诛郡中强族黄氏。时黄昂得脱在外，乃以其家粟金数斛，募众得千余人以攻揖；揖城守。丰时在外，以昂为不义；乃告揖，捐妻子，走诣张掖求救。会张掖又反，杀太守；而昂亦陷城，杀揖：二郡合势。昂恚丰不与己同，乃重募取丰；欲令张掖以麻系其头，生致之。丰遂逃走。武威太守张猛，假丰为都尉，使赍檄告酒泉：听丰为揖报仇。丰遂单骑入南羌中，合众得千余骑；从乐(浪)〔涫〕南山中出，指趋郡城。

未到三十里，皆令骑下马，曳柴扬尘。酒泉郡人，望见尘起，以为东大兵到，遂破散；昂独走出，羌捕得昂。丰谓昂曰：'卿前欲生系我颈，今反为我所系，云何？'昂惭谢，丰遂杀之。时黄华在东，又还领郡；丰畏华，复走依敦煌。至黄初中，河西兴复，黄华降；丰乃还郡。郡举孝廉，州表其义勇，诏即拜驸马都尉。后二十余年，病亡。

"鲍出字文才，京兆新丰人也。少游侠。兴平中，三辅乱，出与老母、兄弟五人，家居本县。以饥饿，留其母守舍，相将行，采蓬实；合得数升，使其二兄初、雅及其弟成，持归，为母作食；独与小弟，在后采蓬。初等到家，而噉人贼数十人，已略其母；以绳贯其手掌，驱去。初等怖恐，不敢追逐。须臾，出从后到，知母为贼所略，欲追贼。兄弟皆云：'贼众，当如何？'出怒曰：'有母而使贼贯其手，将去煮噉之，用活何为！'乃攘臂结衽独追之，行数里及贼。贼望见出，乃共布列待之。出到，回从一头，斫贼四五人。贼走，复合聚围出；出跳越围，斫之，又杀十余人。时贼分布，驱出母，前去。贼连击出，不胜，乃走与前辈合。出复追击之，还见其母，与比舍妪同贯相连。出遂复奋击贼，贼问出曰：'卿欲何得？'出责数贼，指其母以示之；贼乃解还出母。比舍妪独不解，遥望出求哀。出复斫贼，贼谓出曰：'已还卿母，何为不止？'出又指求哀妪：'此我嫂也！'贼复解还之。出得母还，遂相扶侍，客南阳。建安五年，关中始开，出来北归；而其母不能步行。兄弟欲共舆之，出以舆车历山险危，不如负之安稳；乃以笼盛其母，独自负之，到乡里。乡里士大夫，嘉其孝烈，欲荐州郡；郡辟召出，出曰：'田民，不堪冠带！'至青龙中，母年百余岁乃终，出时年七十余，行丧如礼。于今年八九十，才若五六十者。"

鱼豢曰："昔孔子叹颜回，以为'三月不违仁'者，盖观其心耳。孰如孙、祝菜色于市里，颠倒于牢狱，据有实事哉！且夫濮阳周氏不敢匿迹，鲁之朱家不问情实，是何也？俱祸之及，且心不安也；而太史公，犹贵其竟脱季布。岂若二贤，厥义多乎？今故远收孙、祝，而近录杨、鲍；既不欲其泯灭，且敦薄俗。至于鲍出，不染礼教，心痛意发，起于自然；迹虽在编户，与笃烈君子何以异乎？若夫杨阿若，少称任侠，长遂蹈义；自西徂东，摧讨逆节：可谓勇而有仁者也。"

评曰：李典贵尚儒雅，义忘私隙，美矣！李通、臧霸、文聘、吕虔，镇卫州郡，并著威惠。许褚、典韦，折冲左右〔1〕，抑亦汉之樊哙也。庞德授命叱敌〔2〕，有周苛之节〔3〕；庞淯不惮伏剑，而诚感邻国。阎温向城大呼，齐解、路之烈焉〔4〕。

【注释】

〔1〕折冲左右：在曹操的左右抗御外来袭击。〔2〕授命：献出生命。〔3〕周苛(？—前204)：沛县人。秦末与堂弟周昌一起随刘邦起兵。刘邦当汉王，任命他为御史大夫。前204年，受命留守荥阳。项羽率军攻破荥阳，被俘，坚不投降，受烹煮的酷刑而死。事附《史记》卷九十六《张丞相列传》。〔4〕解、路：指解杨、路中大夫。

【译文】

李典，字曼成，山阳郡钜野县人。他的叔父李乾，气概雄壮，在乘氏县聚集了几千家门客。初平年间，李乾带着这些人投奔了太祖曹操。在寿张县打败了黄巾军。又随太祖讨伐袁术，攻打徐州。吕布作乱的时候，太祖派李乾回到乘氏，安抚周围各县。吕布的别驾薛兰、治中李封，招李乾入伙，打算一起反抗太祖；李乾不从，被杀。太祖让李乾的儿子李整，统领他父亲的旧部，和别的将军一起进攻薛兰、李封。获胜以后，李整又随太祖平定兖州各县，因功逐渐升到青州刺史。

李整去世后，李典转任颍阴县令，担任中郎将，统领李整的部队。升任离狐郡太守。当时太祖同袁绍在官渡相持，李典率领自己的宗族和部属运输粮食布匹以供军需。袁绍被打败以后，李典担任裨将军，驻扎在安民城。太祖在黎阳进攻袁谭、袁尚，派李典与程昱用船输送军粮。碰到袁尚派魏郡太守高蕃，领兵扼守在黄河一线，断绝了水路。此前太祖命令李典、程昱：“倘若船队不能通过，就下船走陆路。”李典同众将领商议说：“高蕃的部队，缺乏甲胄而依靠黄河天险，松懈怠惰，进攻他一定能取胜。军队不能由居中的主帅作远距离的指挥；只要有利于国家，独自作出决定也可以：应当迅速发动攻击！”程昱也认为是这样。于是向北渡河，攻打高蕃，击溃了对方，水路得以打通。

刘表派刘备向北侵犯，到达叶县；太祖派李典随同夏侯惇阻击。刘备突然烧毁营寨撤退，夏侯惇领兵追击。李典说："敌人无故撤退，恐怕一定有埋伏；南边的道路狭窄，草木茂密：千万不能去追！"夏侯惇不听，同于禁追去，让李典留守。果然陷入敌人埋伏圈中，战斗失利；李典前去营救，刘备望见救兵来到，才分散撤退。李典随着太祖包围邺县。攻下邺县后，又同乐进在壶关包围高幹，在长广攻打管承；都击溃了敌人，升任捕虏将军，封都亭侯。

李典宗族、部属有三千多家，住在乘氏县；他主动要求把他们移居到魏郡。太祖笑着说："想要学耿纯吗？"李典谦虚地说："我愚钝胆小功劳微薄，而享受的爵位太厚，实在应该动员全族来效力；加上现在战争还没有停止，应当迁移人口来充实魏国的都城地区，以控制四方：并不是要效仿耿纯。"共迁移宗族、部属一万三千多人到邺县居住。太祖对他的忠诚很赞赏，提升他为破虏将军。

李典与张辽、乐进一起镇守合肥，孙权率领大军包围了合肥。张辽要按照曹操的预先下达的指令出战；乐进、李典、张辽三人平素都不和睦，张辽怕他们不听指令。李典慨然说："这是国家大事，只看您的主意如何了！我难道会因为私人成见而忘了公义吗？"当下领兵同张辽出击，击退了孙权。朝廷增加他的封邑一百户，连同以前的共三百户。李典喜欢学问，看重儒雅的学者，不和众将争功。又尊敬贤德的士大夫，恭顺得唯恐失去他们，军中都称他为忠厚而有道德的人。他在三十六岁时去世。他的儿子李祯继承爵位。

魏文帝登上帝位，追念李典守卫合肥的功劳，增加了李祯的封邑一百户，赐给李典另一个儿子关内侯的爵位，食邑一百户；又追谥李典为愍侯。

李通，字文达，江夏郡平春县人。以行侠仗义著名于长江、汝水之间。与同郡人陈恭在朗陵县起兵，很多人都去投奔他。当时有个叫周直的，部下有两千多户人家，与陈恭、李通表面和睦而心中不满。李通想设法杀掉周直，而陈恭不愿意；李通知道陈恭没有决断，便自定计策。约定时间聚会，趁酒兴正浓的时候杀了周直。周直的部下顿时大乱，李通带领陈恭杀了周直部下的头目，吞并了他的队伍。后来陈恭的妻弟陈郃，又杀死陈恭夺取了他的部队。李通击败陈郃，砍下他的头颅来，祭奠陈恭的坟墓。又活捉了黄巾军大首领吴霸并招降了他的部下。碰上大饥荒，李通倾家荡产赈济灾民，同士兵同吃酒糟、糠皮之类的粗劣食物；大家都争着为他效力，从那以后，盗贼再不敢来侵犯。

建安初年，李通带领部下到许县投奔太祖。太祖任命他为振威中郎将，驻扎在汝南郡西边。太祖征讨张绣，刘表派兵援助张绣；太祖军队失利。李通带兵连夜赶到，太祖得以再战；李通抢先登城，大败张绣的军队，升任裨将军，封为建功侯。太祖分出汝南郡的两个县，命李通在那里担任阳安都尉。李通妻子的伯父犯了法，下属的朗陵县长赵俨将他关押起来，准备处以死刑。当时百姓的生杀大权，掌握在州牧、太守的手中，李通的妻子号哭着向他求情。李通说："我刚刚要与曹公共同效力朝廷，从道义上说不能以私废公！"赞赏赵俨执法不徇私情，与他结成亲密朋友。

太祖与袁绍在官渡相持。袁绍派使者到李通驻地，任命李通为征南将军，刘表也在暗中招引他：李通一概拒绝。他的亲戚部属流着泪劝他说："现在我们孤军独守，失去大军的援助，灭亡已经是眼前的事了；不如赶紧投奔袁绍。"李通手按剑柄怒斥他们说："曹公英明智慧，一定能平定天下；袁绍虽然强盛，却指挥无方，最终必将成为曹公的俘虏。我宁死也不怀二心！"当下杀了袁绍的使者，把送来的征南将军印绶送交太祖。又扫荡郡中的贼寇瞿恭、江宫、沈成等人，把他们全部击溃，砍头颅呈送朝廷：平定了淮河、汝水一带。太祖改封李通为都亭侯，任命他为汝南郡太守。这时候，贼寇张赤在桃山集聚党羽五千多家，被李通攻破。

刘备同周瑜在江陵包围了曹仁，另派关羽断绝了江陵北面的交通。李通率兵出击，亲自下马拔除敌方设置的障碍物，冲进敌人的包围；一边战斗一边前进，接应曹仁的部队，全军将士中以李通最为勇敢。不久他在行军途中得病去世。终年四十二岁。朝廷追赐他的封邑二百户，连同以前的共有四百户。

魏文帝曹丕即帝位，谥他为刚侯。下诏说："当初袁绍大兵压境，许县、蔡县以南，人人都怀有异心；只有李通坚持正义不顾个人安危，使怀有二心的人纷纷服从：朕对此非常赞赏！他不幸早逝。儿子李基虽已继承了爵位，仍然不足以酬劳他的功勋。李基的哥哥李绪，此前屯驻樊城，又立战功，世代都专注于为国效劳。现在任命李基为奉义中郎将，李绪为平虏中郎将，以表示特殊的优待。”

臧霸，字宣高，泰山郡华县人。父亲臧戒，在县里担任审案的狱掾。因为不肯依从本郡太守随便处死想杀的犯人，太守大怒；下令逮捕臧戒送往郡政府，押送的士兵有一百多人。那年臧霸十八岁，带着几十名门客；径直到费县西部山上拦截，抢回臧戒，押送的士兵没人敢动，于是他同父亲一起逃亡到东海郡，从此以勇壮闻名。

黄巾军起事，臧霸跟随陶谦打败黄巾军，担任骑都尉。他趁机在徐州招兵买马，与孙观、吴敦、尹礼等人一起聚集力量；由臧霸任首领，屯驻在开阳。太祖曹操讨伐吕布的时候，臧霸领兵援助吕布。后来吕布被擒杀，臧霸只好躲藏起来。

太祖悬赏捉住他，见到他时很高兴；让他招降吴敦、尹礼、孙观、孙观的哥哥孙康等人，都来见太祖。太祖任命臧霸为琅邪国相，吴敦为利城郡太守，尹礼为东莞郡太守，孙观为北海郡太守，孙康为城阳郡太守；把青州、徐州的沿海地区分割出来，委托给臧霸治理。太祖在兖州，用徐翕、毛晖为将军。后来兖州大乱，徐翕、毛晖一同叛变。兖州平定后，徐翕、毛晖逃亡到臧霸那里。太祖告诉刘备，让刘备通知臧霸，送上徐、毛二人的脑袋。臧霸对刘备说：“敝人之所以能够自立，就是因为不干这种事。我受曹公不杀的大恩，不敢违抗命令。但是致力于王霸大业的主上可以用信义来打动，希望将军为这件事说说话。”刘备把臧霸的话告诉太祖，太祖感叹不已，说：“这是古人才能做出的高尚事情而臧霸能够办到，我当然赞成啊！”便把徐翕、毛晖都任命为郡太守。

当时，太祖正与袁绍相持。臧霸几次率精兵进入青州威胁袁绍的侧翼，所以太祖能够专心对付袁绍，不用顾虑东部的局势。

太祖在南皮大破袁谭，臧霸等人都来聚会庆贺；臧霸借这个机会请求把自己家族的子弟和部下众将的父兄家眷，全部迁到邺县居住。太祖说："各位的忠诚，难道还需要用这来表现吗！不过，从前萧何让子弟入京侍奉皇帝，汉高祖没有阻止；耿纯焚烧自家的住宅，载着棺材追随光武帝，光武帝也没有阻拦：我又有什么理由改变这样的惯例啊！青州发生动乱，臧霸等人坚持正义出兵讨伐暴乱者，平定了青州地区，功绩最大：都封为列侯。"臧霸封都亭侯，加任威虏将军。又同于禁讨伐昌豨，与夏侯渊讨伐黄巾军余党徐和等人；都立下战功，升任徐州刺史。沛国人武周担任下邳县令，臧霸尊重优待武周，亲自到他的县政府探访。州政府中的一名部郡国从事史浮躁而不守法，武周获得罪证，把他逮捕审问后处死；臧霸因此更加看重武周。

后来，臧霸又跟随太祖征讨孙权，率先冲锋；又进入巢湖，攻打居巢，攻破城池。张辽征剿陈兰的时候，臧霸被派往皖县，讨伐吴将韩当，使孙权不能援救陈兰。韩当派兵迎击臧霸，在逢龙展开激战；韩当另外又派兵在夹石截击臧霸，臧霸打败敌人，回军驻扎在舒城。孙权派几万人马乘船进驻舒口，分兵援救陈兰；听说臧霸的部队在舒城，只好退回。臧霸连夜追击，天刚亮时，已行军一百多里，追上敌人之后先从中间截断，然后前后夹击；敌军陷入困境，一时又上不了船，很多人跳到水中淹死。由于陈兰未能得到援助，张辽才消灭了陈兰。臧霸随太祖到濡须口征讨孙权，同张辽一起充任先锋。半路遇到大雨，后面的大军先行撤退；水势上涨，敌船逐渐逼近，担任先锋的将士都很不安。张辽想要自行撤退，臧霸阻止他说："曹公对形势的有利与否看得非常清楚，难道肯舍弃我们吗！"第二天果然接到了撤退的命令。张辽回去后，把臧霸的表现对太祖讲了。太祖对臧霸很满意，任命他为扬威将军，持有节杖。后来孙权请求投降，太祖回朝，留下臧霸与夏侯惇在居巢镇守。

文帝曹丕继魏王位，升任臧霸为镇东将军，晋爵为武安乡侯，负责指挥青州各路军队。后来文帝做了皇帝，他又晋爵为开阳侯、改封良成侯。他同曹休讨伐孙吴，在洞浦大破敌将吕范。朝廷召他入朝任执金吾，赐给特进的官号。每有军事行动，文帝总是先听取他的意见。

魏明帝即位，为他增加五百户封邑，连同以前的共三千五百户。臧霸去世后，谥为威侯。他儿子臧艾继承爵位。臧艾官至青州刺史、少府，死后谥为恭侯。他的儿子臧权继承爵位。臧霸前后立下战功，有三个儿子被封为列侯，一个儿子被赐予关内侯。

上面提到的孙观，也做到青州刺史，持有节杖；他曾跟随太祖讨伐孙权，交战中负伤，去世。他的儿子孙毓继承爵位，官也做到青州刺史。

文聘，字仲业，南阳郡宛县人。在刘表手下任大将时，刘表派他防御北方。刘表死后，他的儿子刘琮继承权位。太祖讨伐荆州，刘琮献出全州归顺朝廷，又招呼文聘一起投降。文聘说："我不能保全荆州，只有听候治罪而已。"

太祖渡过汉水之后，文聘才来投奔。太祖问他："为什么来得这样晚呢？"文聘说："先前不能辅助刘表尊奉朝廷。刘表虽死，我总想依据汉水固守，保全荆州；生不辜负刘家的孤儿弱女，死不愧见地下的主人。然而形势迫不得已，以至到了现在这个地步。实在感到惭愧悲伤，没脸面早来见您啊。"说完抽泣流泪不止。太祖也为之感动，说："仲业，您真是忠臣啊！"对他非常尊重厚待。授予他军队，让他同曹纯赶往长坂追击刘备。

太祖平定了荆州，这个州的江夏郡与孙吴接壤，民心动荡。便任命文聘为江夏郡太守，让他统领从北方来的军队，把镇守边境的任务托付给他，赐他关内侯的爵位。文聘与乐进到寻口讨伐关羽，立下战功，晋爵延寿亭侯，加授讨逆将军的军职。又在汉津攻击关羽的辎重车队，在荆城焚烧了关羽的船只。

魏文帝即皇帝位后，文聘晋爵为长安乡侯，持有节杖。又会同夏侯尚包围江陵，文帝命文聘另率一支部队到沔口驻守，中途暂时在石梵停留；抵御敌军来犯的一支军队，立下战功。升任后将军，封新野侯。孙权亲自率领五万人马，在石阳城包围了文聘，形势危急；文聘坚守不动。孙权包围了二十多天后撤退。文聘乘机追击，打败了吴军。朝廷为他增加封邑五百户，连同以前的共一千九百户。文聘在江夏郡前后几十年，恩威并施；名震敌国，贼寇不敢轻易侵犯。

朝廷把文聘的封邑分出一部分，封他的儿子文岱为列侯；又赐他的侄儿文厚关内侯的爵位。文聘死后，谥为壮侯。文岱先死，文聘的养子文休继承爵位。文休死后，他的儿子文武继承爵位。

嘉平年间，谯郡的桓禺又担任江夏郡太守；清廉俭朴，也是恩威并施，不过名声次于文聘。

吕虔，字子恪，任城国人。太祖曹操在兖州当州牧的时候，听说吕虔有勇有谋，任命他为从事史，让他带领自己的家兵镇守湖陆县。襄贲校尉杜松所管辖的地界内有居民炅母等人作乱，与昌豨勾结；太祖命吕虔代替杜松的职务。吕虔到达以后，邀请炅母和他的首领以及同党几十个人，赏给他们酒饭；先挑选壮士埋伏在旁边，吕虔看到他们都喝醉了，指挥伏兵出动把他们全部杀死。然后安抚炅母的部下，平定了动乱。

太祖让吕虔兼任泰山郡太守，这个郡依山傍海，社会秩序混乱；百姓听说吕虔要来当太守，都逃跑或藏匿起来。而袁绍所设置的中郎将郭祖、公孙犊等几十个人，又占山为寇：百姓深受其害。吕虔率领家兵到达泰山郡后，施加恩惠、讲求信用；郭祖的党羽纷纷降服，藏到山里的百姓也都出来定居故乡。吕虔挑选强壮民丁补充到军队中，泰山郡从此便有了一支精兵，在各州郡中名声远扬。济南国的黄巾军首领徐和等人，所到之处劫持县令，攻打城池。吕虔率兵与夏侯渊共同出击；前后打了几十仗，斩首俘虏了几千人。太祖派吕虔督领青州各郡的地方部队，讨伐东莱郡的李条等各路贼寇，立下战功。太祖向吕虔发布嘉奖令说："人有志向，必定能成就大事，这是有志之士所追求的目标。您在泰山郡以来，捕捉奸人讨伐暴徒，使百姓获得安宁；亲自冒着敌人的箭矢和礌石去打仗，每次出征总能取胜。过去寇恂在汝南、颍川两郡扬名；耿弇针对青、兖二州进献出兵平定的大计：古人和今天的您都一样啊。"吕虔被推举为茂才，加授骑都尉职衔，依然管辖泰山郡。吕虔在泰山郡十几年，威恩并施。

文帝曹丕继承魏王位，加授吕虔裨将军的军职，封他为益寿亭侯。不久吕虔升任徐州刺史，加授威虏将军的军职。吕虔请琅邪郡人王祥担任别驾，民政的事情全部委托给王祥去办；世人都赞扬他能够任用贤才。吕虔征讨利城郡的叛乱者，斩杀俘获敌人有功。

魏明帝即位，改封他为万年亭侯；增加封邑二百户，连同以前的共六百户。吕虔死后，他的儿子吕翻继承爵位。吕翻死，他的儿子吕桂继承爵位。

许褚，字仲康，谯国谯县人。他身高八尺多，腰大十围；形貌雄伟刚毅，勇气力量大得惊人。汉朝末年，许褚聚集青年人和同姓宗族几千家，修筑坚固的壁垒抵抗贼寇。那时候汝南郡葛陂一带的强盗一万多人，前来进攻许褚的壁垒。许褚人少打不过，拼死力战疲劳到极点，弩箭也用光了，他就叫壁垒中的男女老少，把木盆一样大小的石头搬来放在壁垒四角上。许褚用石头飞掷敌人，谁碰上石头谁的身体就被打碎；强盗们吓得不敢逼近。眼看粮食缺少，他假装同对方讲和，用牛和敌人交换食物；对方来取牛，牛总是跑回去。许褚便冲出阵前，一手抓住牛尾，把牛倒着拉退了一百多步。强盗们大惊，不敢要牛而逃跑了。从此，淮河、汝水、陈国、梁国一带，听说这件事的人都惧怕他。太祖曹操扫荡淮河、汝水一带，许褚带领部众归顺太祖。

太祖看到他后认为真是雄壮，说："这就是我的樊哙啊！"当天就任命他为都尉，让他担任自己的随身警卫队队长；跟随他来的侠客，都充当警卫队员。许褚随太祖讨伐张绣，充当先锋，杀死了上万的敌人。升任校尉。又随太祖在官渡讨伐袁绍。当时经常侍从太祖的卫士徐他等人企图谋杀太祖；因为许褚总是在太祖旁边侍卫，害怕他而不敢轻举妄动。等到许褚下班休息不在跟前的时候，徐他等人身藏利刀进了太祖的营帐。许褚到了下班休息的住房后心神不安，又回来侍卫太祖。徐他等人并不知道，进帐之后见到许褚，不禁大惊失色。许褚觉察到徐他等神色反常，当即杀了他们。太祖对许褚更加亲信，出入都和他同行，不离左右。跟随太祖包围邺县，他奋勇力战建立功勋，被赐予关内侯的爵位。

又随太祖到潼关讨伐韩遂、马超。太祖要北渡黄河，到了河南岸，太祖先让士兵渡过；自己和许褚及一百多名侍卫留在南岸断后。马超率领一万多步兵、骑兵，来追击太祖，箭矢像雨点一样飞来。许褚报告太祖说："敌人来得很多，现在士兵都已经渡过河去，我们也应离开了！"便扶着太祖上船。敌军发起猛攻，士兵争着要渡河，船因超重快要沉没；许褚用刀砍死攀船的士兵，左手举着马鞍护住太祖。船工被流箭射中死去，许褚赶忙用右手撑船，勉强渡过对岸。那一天若不是许褚，太祖就很危险了。

后来，太祖同韩遂、马超单独对话；不许左右的侍卫跟随，只带了许褚一个人。马超仗着自己力大，想靠近后突然袭击捉住太祖；他早就听说许褚勇猛，怀疑跟来的就是他。便问太祖说："您有位虎侯，在什么地方？"太祖回头向许褚一指，许褚就瞪眼怒视马超。马超不敢妄动，各自返回。过了几天两军会战，击溃了马超，许褚亲自斩杀敌人。升任武卫中郎将。武卫的称号，就是从许褚开始的。

军中因为许褚力大如虎而生性质朴憨厚，都称他为"虎痴"，所以马超要问虎侯在什么地方。到现在人们还这样称呼他，都以为这是他的姓名。

许褚性格谨慎守法，质朴稳重，沉默寡言。曹仁从荆州来拜见太祖，太祖在内室还没出来，曹仁在殿外和许褚相见。曹仁招呼许褚，到等候召见的房间里坐下谈话；许褚说："魏王就要出来了。"说完便返身进殿。曹仁很不高兴。有人因此而责备许褚说："征南将军曹仁是宗室重臣，屈尊来招呼你。你怎么推辞了呢？"许褚说："他虽然是亲戚重臣，却是宫外的大臣；我担任宫内的侍臣，要谈就当着众人面前谈好了。私下还进屋去谈什么？"太祖听说以后，更加喜欢和厚待他，提升他为中坚将军。太祖去世，许褚痛哭得口吐鲜血。

文帝即皇帝位，封他为万岁亭侯，升任武卫将军；负责指挥京城驻军当中的宫廷禁卫军，对他十分亲近。起初，许褚所统率的部下跟随太祖东征西讨，太祖认为他们都是勇士，同一天把他们都任命为将领。后来，因立功升任将军封侯的有几十个人，做都尉、校尉的有一百多人：都是精于剑术的勇士。

魏明帝即位，封许褚为牟乡侯，封邑七百户；赐他一个儿子关内侯的爵位。许褚死后，谥为壮侯。他的儿子许仪继承爵位。

许褚的哥哥许定，也因立下战功担任振威将军，负责指挥在道路上流动巡察以保卫皇帝的卫士。

太和年间，明帝思念许褚的忠诚，下诏赞美他；又赐他子、孙二人关内侯爵位。许仪被钟会处死。泰始初年，许仪的儿子许综继承爵位。

典韦，陈留郡己吾县人。体形魁伟，膂力过人；有志向节操，喜欢行侠仗义。襄邑县的刘氏和睢阳县的李永有仇，典韦要替刘氏报仇。而李永曾任富春县长，防备得很严密。典韦坐着车带着鸡和酒，伪装成等待拜见李永的人；门一开，他就带着匕首冲进去杀了李永，连他的妻子也杀了。然后慢慢走出来，取出车上的刀戟，缓步走了。李永的住处接近集市，整个集市的人都震惊了；有几百人去追典韦，可是没有谁敢靠近他。走了四五里，遇到他的伙伴，奋战一阵才脱身。从此地方上的豪杰都知道他的大名。

初平年间，张邈发动义军讨伐董卓。典韦担任士兵，是司马赵宠的部下。军营正门的大旗又高又大，士兵都举不动；典韦只用一只手就把它举了起来，赵宠对他的力量很惊异。

后来典韦又转到夏侯惇手下，屡次杀敌立功，升为司马。

太祖在濮阳县讨伐吕布。吕布在濮阳西边四五十里的地方有另一处兵营。太祖夜间去偷袭，到天亮时击溃敌人。还没有来得及撤回，吕布的救兵赶到，从三面交替进攻。当时吕布亲自上阵冲杀，从早晨到太阳偏西打了几十个回合，相持不下，情况十分紧急。太祖招募冲锋陷阵的敢死队，典韦首先报名；他带领应募的几十名勇士，都穿上几层衣服双重铠甲，丢下盾牌，只拿着长矛大戟。这时西面告急，典韦率军阻挡；敌兵用弓箭乱射，箭像雨点一样飞来。典韦看也不看，对同伴说："敌人冲到离我十步远的时候，再告诉我！"同伴说："十步了！"典韦又说："到五步再告诉我。"同伴都害怕了，大声疾呼："敌人到了！"典韦手握十几支戟，大吼一声跃起，碰上他的戟锋没有不立即倒地的，吕布率军退却。正好天色也到傍晚，太祖得以撤退。

于是太祖任命典韦为都尉，让他在自己身边；率领亲兵几百人，常常环绕大帐巡逻。典韦雄壮勇武，部下都是严格挑选的士兵；每次战斗，他都先冲上去攻陷敌阵。

典韦升任校尉，他的性格非常忠诚谨慎稳重；总是白天在太祖旁边侍立，夜晚睡在大帐左右，很少回到自己的帐中歇宿。他喜欢喝酒吃肉，食量相当于两个甚至两个以上的人；太祖每次赐他饮食，他就要畅饮猛吃，左右不断送上酒菜，几个人要轮番端来才供得上。太祖觉得他真是豪壮。典韦好使大双戟，他的双戟，威力比得上长刀。军中为他编了顺口溜说："帐下壮士有典君，提一双戟八十斤！"

太祖征伐荆州，到宛城，张绣来投降。太祖非常高兴，招请张绣和他的将领，设宴欢聚。太祖亲自斟酒，典韦握着大斧站在背后；斧刃长达一尺，太祖每到一个人的前面斟酒，典韦就举起长斧盯住那个人。酒宴从始至终，张绣和他的将领没有人敢抬头看。

过了十多天，张绣造反，偷袭太祖大营。太祖战斗失利，轻装骑马逃跑。典韦在营门里面死战，叛军攻不进去；就散开从别的门一拥而入。当时典韦身边的部下还有十多人，都拼死战斗，无不以一当十。叛军在前后越聚越多，典韦用长戟左右攻击；一戟杀去，就有十几支矛被击断。部下死伤殆尽，典韦也受伤数十处。又用短兵器接战，敌兵冲上前肉搏。典韦用双臂挟住两人用来击打敌人，剩下的不敢上前。典韦又冲上前去突击，杀死几人；这时重伤发作，他瞪眼大骂而死。敌人这才敢上前，割下他的头，互相传看，又返回来看他的躯体。

太祖退到舞阴县，听说典韦英勇战死，痛哭流涕；招募间谍取回他的遗体，亲自哭泣祭奠后，派人送到襄邑县安葬。让他的儿子典满担任郎中。太祖每次经过他的墓地，总用猪、羊二牲来祭奠他。太祖思念典韦，任命典满为司马，让他在自己身边。

文帝曹丕即魏王位，任命典满为都尉，赐他关内侯的爵位。

庞德，字令明，南安郡狟道县人。年轻时曾担任郡政府的办事吏员和州政府的从事史。初平年间，跟随马腾进攻反叛的羌人和氐人，屡次立功。逐渐升到校尉。建安年间，太祖曹操在黎阳县征讨袁谭、袁尚。袁谭派郭援、高幹等人攻占河东郡，太祖命钟繇率领关中诸将讨伐他们。庞德随马腾的儿子马超，在平阳县抵御郭援、高幹。庞德担任先锋，进攻对方，大获全胜，亲自斩了郭援。被任命为中郎将，封都亭侯。后来张白骑在弘农郡造反，庞德再次随马腾出征，在东、西崤山之间大破敌军。每次出战，庞德总是突破敌阵击溃敌人，勇冠全军。后来马腾入朝担任卫尉，庞德留下来归马超指挥。太祖在渭南打败马超，庞德随马超逃入汉阳郡，据守冀城。后来又随马超逃到汉中，投奔张鲁。

太祖平定汉中，庞德随部队投降。太祖一向听说庞德骁勇，任命他为立义将军，封为关门亭侯，封邑三百户。侯音、卫开等人占据宛城叛变，庞德率领部下与曹仁攻克宛城，斩了侯音、卫开；便南下驻扎在樊城，讨伐关羽。樊城地区的将领们，因为庞德的哥哥正在汉中刘备的手下效力，对他产生怀疑。庞德常常说："我受国家恩惠，自当以死报效。我要亲自击杀关羽。今年我不杀关羽，关羽就该杀了我！"后来他亲自同关羽交战，一箭射中关羽前额。那时庞德常骑白马，关羽的士兵称他为白马将军，都很怕他。

曹仁让庞德在樊城北边十里的地方驻扎。碰上连下十几天大雨；汉水泛滥，樊城平地水深五六丈，庞德同众将上堤避水。关羽乘大船进攻，四面包围之后向堤上射箭。庞德披甲持弓对射，箭无虚发。将军董衡、部下将领董超等人想投降，庞德立即把他们处死。从清晨一直激战到午后，关羽攻击更急；庞德的箭用完了，就用短兵器逼近肉搏。

他对将领成何说："我听说良将在死亡面前决不会苟且偷生，志士也不会毁掉节操以求活命；今天，就是我死的日子了！"越战越愤怒，越战气越壮；但水势也越来越大，将士们纷纷投降。庞德同部下一名将领、两名侍从，弯弓搭箭，乘上小船，准备撤回曹仁营中。因为水大船翻了，弓箭也丢了；庞德一人抱着船浮在水中，被关羽俘获。

庞德站立不跪。关羽对他说："您哥哥就在汉中，我想用您为将军，为什么不早投降呢？"庞德骂关羽说："你这家伙，说什么投降！魏王率领甲兵百万，威震天下。你们的刘备不过是平庸之辈，岂能敌过魏王！我宁肯做魏王的鬼，也不当贼人的将！"结果他被关羽杀死。太祖听说后很悲痛，为他的死而流泪，封他两个儿子为列侯。

文帝曹丕即魏王位，派使者到庞德墓前送去谥号。下诏说："从前先轸在战场上为国献身，王蠋宁肯自刎也不为敌人服务；不惜捐躯以追求节操的完美，前代人都赞美他们。庞德效法和发扬古人的果敢刚毅精神，赴难立名；在当时人们就一致称赞他，他的大义比过去的古人还崇高。寡人痛惜他，追谥他为壮侯。"又赐给他儿子庞会等四人关内侯的爵位，封邑各一百户。

庞会勇猛刚烈，有他父亲的风范，官做到中卫将军，封为列侯。

庞淯，字子异，酒泉郡表氏县人。起初以凉州从事史的职衔代理破羌县的县长。碰上武威郡太守张猛叛变，杀死了凉州刺史邯郸商。并下令说："敢有为邯郸商吊丧的，一律处死不赦！"庞淯听说上司遇害，丢弃官职昼夜赶路；赶往邯郸商的遗体前痛哭致哀，然后来到张猛门口，怀中藏着匕首，想借见面的机会来杀死张猛。张猛知道他是义士，下令把他送走而不杀他。从此庞淯就以忠烈出名。

酒泉郡太守徐揖请他任主簿。后来郡里的黄昂造反，包围了郡城。庞淯抛弃了妻子儿女，乘夜翻越城墙逃出包围圈，向张掖、敦煌两郡告急。两郡的太守起初有怀疑，不肯发兵，庞淯当场要拔剑自杀；两郡的太守被他的义气感动，同意派兵救援。可惜援军未到而酒泉郡城已被攻陷，徐揖被杀。庞淯便收殓徐揖的遗体，送回他的故乡；穿上孝服为他居丧三年后才回来。

太祖听说后，任命庞淯为下属。魏文帝称帝后，任命他为驸马都尉。升任西海郡太守，赐他关内侯的爵位。后来又征召他入朝担任中散大夫。他死后，儿子庞曾继承了他的爵位。

起初，庞淯的外祖父赵安，被同县的李寿所杀。庞淯的三个舅舅同时病死，李寿家非常高兴。庞淯的母亲赵娥痛感父仇未报，便乘着挂上帘子的车，袖藏短剑，白天在都亭前刺死了李寿；然后，缓步走到县令的官署，面不改色。说："父仇已报，请判我死刑吧！"禄福县的县长尹嘉，不惜丢官免职释放她，赵娥不肯离开，县长只好强迫用车把她送回家。碰上朝廷宣布大赦，她得以免罪。州郡的人们都十分赞赏看重她，把她的事迹刻在石碑上，又在赵娥家所在的巷口树立显著的标记以示表彰。

阎温，字伯俭，天水郡西县人。以凉州别驾的职衔代理上邽县的县令。马超逃亡来到上邽，本郡的任养等人率众迎接；阎温阻挡任养，禁止不住，只好骑马逃回州城。

马超又包围了凉州当时的治所冀县，形势紧迫；州刺史派阎温秘密出城，向夏侯渊告急。而马超军队的包围圈有好几层，阎温夜里潜水出城。第二天，敌人发现踪迹，派人追踪拦截。在显亲县界内追上他，捉住他来见马超。

马超解开他的绳索，对他说："现在的胜败形势已经分明，您为这座孤城请救兵却被人捉住，还怎么表现大义呢？如果听我的话，回去告诉城里，东方不会有救兵来了，这才是转祸为福的计策。若其不然，今天就把您杀了！"阎温假装同意，马超用车载着他来到城下。他朝着城内大声喊道："大军不出三天就会到达，大家要努力呀！"城中将士都感动得哭泣，高呼万岁。马超恼怒得很，责问他："您不要命了吗？"阎温拒不回答。当时马超久攻冀县不下，所以打主意慢慢引诱阎温，盼他回心转意。又对他说："您城里的朋友，有想跟我合作的吗？"阎温又不理睬。马超便严厉地责备他。阎温说："事君之道誓死不生二心，你却要让忠厚的人说出不义的话，我难道是苟且偷生的人吗！"马超顿时就杀了他。

先前，河西一带发生骚乱，道路隔绝不通。敦煌郡太守马艾死在任上，太守府里又没有郡丞；功曹张恭学问品行素来都好，郡中的人便推举他代理长史的职务：恩惠信用都很显著。张恭派儿子张就往东去见太祖曹操，请求委新太守来。当时酒泉郡的黄华、张掖郡的张进，都各自占领本郡，准备拉张恭加入造反。所以张就到了酒泉，即被黄华扣押；用利刀相威胁，张就始终不屈服。私下给张恭写信说："大人统领鼓励敦煌军民，忠义显著，难道因为儿子在困厄之中就放弃了自己的初衷吗！从前乐羊喝了用儿子的肉做成的羹，李通全家人都被王莽杀害；报国的臣僚难道能顾念妻子儿女吗！现在大军快要到了，只应当赶快出兵牵制住叛军！希望不要顾及对子孙后辈的宠爱，以免让我死不瞑目。”

张恭看了来信立即派堂弟张华，领兵攻打酒泉郡的沙头、乾齐两县。张恭又连续派兵紧跟在张华的后面，准备彼此随时支援。另派二百名铁骑兵，再加上去迎接新太守的吏员下属；往东沿着酒泉郡的北部边塞，直接出张掖郡的北河，去迎接新任太守尹奉。当时，张进在等黄华的援助；黄华想要救张进，又顾虑西面张恭的部队，怕他们袭击自己的后方，只好向金城郡的太守苏则投降：张就竟然平安活了下来，尹奉也得以到达任所。

黄初二年(公元 221)，朝廷下诏褒奖张恭，赐他关内侯的爵位。此后任命他为西域戊己校尉，过了几年又召他回朝，要授予他侍从近臣的职务，让他的儿子张就接替西域戊己校尉一职。张恭到了敦煌县，坚持说自己病重推辞了朝廷的征召。

他在太和年间去世，朝廷赠他执金吾官衔。张就后来担任金城郡太守，父子都著称于凉州。

评论说：李典崇尚儒雅，公而忘私，真是好啊！李通、臧霸、文聘、吕虔，镇守保卫州郡，都能恩威并施。许褚、典韦在太祖左右抗御外来的袭击，差不多就是汉朝的樊哙了。庞德献出生命痛斥敌人，有周苛的节操；庞淯不怕拔剑自杀，忠诚感动了邻郡。阎温对城高呼，其刚烈真可以和从前的解杨、路中大夫相媲美了。

【三国志译注卷十九】　魏志十九

任城陈萧王传第十九

任城威王彰[1]，字子文。少善射御，膂力过人，手格猛兽，不避险阻。数从征伐，志意慷慨。太祖尝抑之曰："汝不念读书慕圣道，而好乘汗马击剑：此一夫之用，何足贵也！"课彰读《诗》、《书》。彰谓左右曰："丈夫一为卫、霍[2]，将十万骑驰沙漠，驱戎狄，立功建号耳！何能做博士邪！"

太祖尝问诸子所好，使各言其志。彰曰："好为将。"太祖曰："为将奈何？"对曰："被坚执锐[3]，临难不顾，为士卒先；赏必行，罚必信。"太祖大笑。

建安二十一年，封鄢陵侯。二十三年[4]，代郡乌丸反，以彰为北中郎将，行骁骑将军。临发，太祖戒彰曰："居家为父子，受事为君臣；动以王法从事，尔其戒之！"彰北征，入涿郡界；叛胡数千骑，猝至。时兵马未集，唯有步卒千人，骑数百匹；用田豫计，固守要隙[5]，虏乃退散。彰追之，身自搏战，射胡骑，应弦而倒者前后相属。战过半日，彰铠中数箭，意气益厉；乘胜逐北，至于桑干[6]，〔一〕去代二百余里[7]。长史、诸将皆以为："新涉远，士马疲顿；又受节度，不得过代：

不可深进违令轻敌!”彰曰:“率师而行,唯利所在,何节度乎!胡走未远,追之必破;从令纵敌,非良将也。”遂上马,令军中:“后出者,斩!”一日一夜与虏相及;击,大破之,斩首、获生以千数。彰乃倍常科大赐将士[8],将士无不悦喜。时鲜卑大人轲比能,将数万骑观望强弱;见彰力战,所向皆破,乃请服。北方悉平。

时太祖在长安,召彰诣行在所[9]。彰自代过邺,太子谓彰曰[10]:“卿新有功,今西见上;宜勿自伐[11],应对常若不足者[12]。”彰到,如太子言,归功诸将。太祖喜,持彰须曰:“黄须儿,竟大奇也!”〔二〕太祖东还,以彰行越骑将军[13],留长安。

太祖至洛阳,得疾,驿召彰。未至,太祖崩。〔三〕

文帝即王位,彰与诸侯就国[14]。〔四〕诏曰:“先王之道,庸勋亲亲[15],并建母弟[16],开国承家;故能藩屏大宗,御侮厌难[17]。彰前受命北伐,清定朔土[18],厥功茂焉。增邑五千,并前万户。”黄初二年,进爵为公。三年[19],立为任城王。四年[20],朝京都,疾薨于邸[21]。谥曰威。〔五〕至葬,赐銮辂、龙旂[22],虎贲百人:如汉东平王故事[23]。

子楷嗣。徙封中牟。五年[24],改封任城县[25]。太和六年,复改封任城国,食五县,二千五百户。青龙三年,楷坐私遣官属,诣中尚方作禁物[26],削县二,千户。正始七年,徙封济南,三千户。正元、景元初,连增邑,凡四千四百户。〔六〕

【注释】

〔1〕任城威王：任城是曹彰的封地，威是他死后的谥号。自此以下曹魏宗室王公的传记中，在传文开头提到某人，照例都是先列封地，然后列谥号。没有谥号的则只列封地。 〔2〕卫：指卫青（？—前106）。字仲卿，河东郡平阳（今山西临汾市西南）人。以外戚受到西汉武帝的重用，官至大将军，封长平侯。多次率军进攻匈奴，建立战功，消除了匈奴对西汉王朝的严重威胁。传见《史记》卷一百一十一、《汉书》卷五十五。 霍：指霍去病。 〔3〕被坚执锐：身穿坚固的铠甲，手执锐利的兵器。 〔4〕二十三年：建安二十三年（公元218）。 〔5〕要隙：阵地之间最要紧的接合处。当时战斗情景参见本书卷二十六《田豫传》。 〔6〕桑干：县名。县治在今河北阳原县东北。 〔7〕代：这里指代郡的治所高柳县，在今山西阳高县。 〔8〕倍常科：按通常的规定加倍。 〔9〕行在所：皇帝所在的地方。简称行在。这时的曹操虽然还是魏王，但是已经可以使用天子旌旗、冕旒、车辆，出入称警跸，享有的待遇与皇帝无异，所以陈寿用了这个词。 〔10〕太子：指曹彰的哥哥曹丕。 〔11〕自伐：自夸。 〔12〕常若不足：对自己的功劳总好像说得不够充分。〔13〕越骑将军：官名。领兵征伐。 〔14〕就国：离开邺县到各自的封国居住。从此之后，曹氏宗室王侯分散各地，未经准许不能回京城，也不能相互来往。 〔15〕庸勋：赏赐有功勋的人。 亲亲：亲近自己的亲属。 〔16〕并建母弟：同时封自己的同胞弟弟为诸侯。〔17〕厌难：抵制祸难。 〔18〕朔土：北方。 〔19〕三年：黄初三年（公元222）。 〔20〕四年：黄初四年（公元223）。 〔21〕疾薨于邸：生病死在京城中安置来朝诸侯的馆舍。关于曹彰突然死亡的原因，有一种记载说是曹丕下毒所致，见《世说新语·尤悔篇》。〔22〕銮辂（lù）：系有金铃的皇帝座车。 龙旂（qí）：画有两条交叉飞龙的旗帜。銮辂、龙旂和虎贲，都在曹彰出丧时做仪仗用品和仪仗队，这是一种特殊待遇。 〔23〕东平王：即刘苍（？—公元83）。东汉光武帝刘秀的儿子，明帝刘庄的胞弟。好学。明帝时任骠骑将军辅政，声誉很好。后主动辞职，离京回封国。传见《后汉书》卷四十二。 故事：过去的事例。 〔24〕五年：黄初五年（公元224）。〔25〕任城：县名。县治在今山东济宁市东南。 〔26〕中尚方：皇宫中专门制造御用刀剑等用品的官署。 禁物：禁止臣民使用的御用物品。

【裴注】

〔一〕臣松之按：桑干县，属代郡。今北虏居之，号为“索干之都”。

〔二〕《魏略》曰：“太祖在汉中，而刘备栖于山头，使刘封下挑战。太祖骂曰：‘卖履舍儿，长使假子拒汝公乎？待呼我黄须来，令击之！’乃召彰。彰晨夜进道，西到长安；而太祖已还，从汉中而归。彰须黄，故以呼之。”

〔三〕《魏略》曰：“彰至，谓临淄侯植曰：‘先王召我者，欲立汝也。’植曰：‘不可！不见袁氏兄弟乎？’”

〔四〕《魏略》曰：“太子嗣立，既葬，遣彰之国。始，彰自以先王见任有功，冀因此遂见授用；而闻当随例，意甚不悦，不待遣而去。时以鄢陵瘠薄，使治中牟。及帝受禅，因封为中牟王。是后大驾幸许昌，北州诸侯上下，皆畏彰之刚严；每过中牟，不敢不速。”

〔五〕《魏氏春秋》曰：“初，彰问玺绶，将有异志；故来朝，不即得见。彰忿怒，暴薨。”

〔六〕楷，泰始初，为崇化少府。见《百官名》。

陈思王植[1]，字子建。年十岁余，诵读诗、论及辞赋数十万言。善属文，太祖尝视其文，谓植曰：“汝倩人邪[2]？”植跪曰：“言出为论，下笔成章；顾当面试，奈何倩人？”时邺铜爵台新成[3]，太祖悉将诸子登台，使各为赋。植援笔立成，可观；太祖甚异之。〔一〕

性简易[4]，不治威仪；舆马服饰，不尚华丽。每进见难问，应声而对，特见宠爱。建安十六年，封平原侯。十九年[5]，徙封临淄侯。

太祖征孙权，使植留守邺。戒之曰：“吾昔为顿邱令，年二十三；思此时所行，无悔于今。今汝年，亦二十三矣，可不勉欤！”植既以才见异，而丁仪、丁廙、杨修等为之羽翼。太祖狐疑，几为太子者，数矣[6]。而植任性而行，不自雕励[7]，饮酒不节；文帝御之以术，矫情自饰，宫人左右，并为之说：故遂定为嗣。

二十二年[8]，增置邑五千，并前万户。植尝乘车行驰道中[9]，开司马门出[10]。太祖大怒，公车令坐死。由是重诸侯科禁，而植宠日衰。〔二〕太祖既虑终始之变；以杨修颇有才策，而又袁氏之甥也[11]，于是以罪诛修：植益内不自安。〔三〕二十四年[12]，曹仁为关羽所围。太祖以植为南中郎将，行征虏将军；欲遣救仁，呼有所敕戒；植醉，不能受命，于是悔而罢之。〔四〕

【注释】

〔1〕思：作为谥号，“思”的含义是追悔从前的过错。〔2〕倩人：请人代做。〔3〕铜爵台：即铜雀台。其落成时间在建安十七年(公元212)，这年曹植二十一岁。〔4〕性简易：生性喜欢简单随便。〔5〕十九年：建安十九年(公元214)。〔6〕数(shuò)：多次。〔7〕自雕励：指刻意从表面上美化自己的形象。〔8〕二十二年：建安二十二年(公元217)。〔9〕驰道：专供皇帝外出时使用的御道。平常禁止臣民使用，也不准随便跨越。这里指在邺县城中专供曹操使用的道路。当时曹操已获准乘坐皇帝的礼仪专车，自然也要修驰道。〔10〕司马门：皇宫的南面正门。这里指邺县魏王宫的南面正门。司马门专供曹操使用，臣下出入只能走旁侧的掖门。〔11〕袁氏：指被曹操消灭的袁绍和袁术家族。据《后汉书》卷五十四《杨震传附杨修传》，杨修是袁术的外甥，即其母是袁术的姐妹。卷一《武帝纪》注引《九州春秋》曾记载杨修泄露军中口令“鸡肋”的机密，后世据此演绎，认定杨修被杀在于曹操阴刻忌才。其实杨修被杀的根本动因，还在于他显要而复杂的家世背景，特别是其父杨彪与曹操的生死恩怨。〔12〕二十四年：建安二十四年(公元219)。

【裴注】

〔一〕阴澹《魏纪》载：“植赋曰‘从明后而嬉游兮，登层台以娱情。见太府之广开兮，观圣德之所营：建高门之嵯峨兮，浮双阙乎太清；

立中天之华观兮，连飞阁乎西城。临漳水之长流兮，望园果之滋荣；仰春风之和穆兮，听百鸟之悲鸣。天云垣其既立兮，家愿得而获逞。扬仁化于宇内兮，尽肃恭于上京；惟桓文之为盛兮，岂足方乎圣明？休矣美矣，惠泽远扬。翼佐我皇家兮，宁彼四方。同天地之规量兮，齐日月之晖光。永贵尊而无极兮，等年寿于东王’云云。太祖深异之。”

〔二〕《魏武故事》载令曰：“始者谓子建，儿中最可定大事。”又令曰：“自临淄侯植私出，开司马门，至金门，令吾异目视此儿矣！”又令曰：“诸侯、长史及帐下吏，知吾出辄将诸侯行意否？从子建私开司马门来，吾都不复信诸侯也；恐吾适出，便复私出；故摄将行，不可恒使吾尔谁为心腹也！”

〔三〕《典略》曰：“杨修字德祖。太尉彪子也。谦恭才博。建安中，举孝廉，除郎中。丞相请署仓曹属，主簿。是时，军国多事，修总知外内，事皆称意。自魏太子以下，并争与交好。又是时，临淄侯植以才捷爱幸，(来)〔委〕意投修，数与修书。书曰：‘数日不见，思子为劳！想同之也。仆少好词赋，迄至于今，二十有五年矣！然今世作者，可略而言也：昔仲宣独步于汉南，孔璋鹰扬于河朔；伟长擅名于青土，公幹振藻于海隅；德琏发迹于大魏，足下高视于上京。当此之时，人人自谓握灵蛇之珠，家家自谓抱荆山之玉也。吾王于是设天网以该之，顿八纮以掩之：今尽集兹国矣。然此数子，犹不能飞翰绝迹，一举千里也。以孔璋之才，不闲辞赋；而多自谓与司马长卿同风：譬画虎不成还为狗者也。前为书嘲之，反作论盛道仆赞其文。夫钟期不失听，于今称之。吾亦不敢妄叹者，畏后之嗤余也。世人著述，不能无病。仆常好人讥弹其文；有不善者，应时改定。昔丁敬礼尝作小文，使仆润饰之；仆自以才不能过若人，辞不为也。敬礼云：“卿何所疑难乎？文之佳丽，吾自得之。后世谁相知定吾文者邪？”吾常叹此达言，以为美谈。昔尼父之文辞，与人通流；至于制《春秋》，游、夏之徒不能(错一字)〔措一辞〕。过此而言不病者，吾未之见也！盖有南威之容，乃可以论于淑媛；有龙渊之利，乃可以议于割断。刘季绪才不逮于作者，而好诋呵文章，掎摭利病。昔田巴毁五帝、罪三王、呰五伯于稷下，一旦而服千人；鲁连一说，使终身杜口。刘生之辩，未若田氏；今之仲连，求之不难。可无叹息乎！人各有所好尚。兰茝荪蕙之芳，众人之所好，而海畔有逐臭之夫；《咸池》、(六英)〔《六茎》〕之发，众人所乐，而墨翟有非之之论：岂可同哉！今往仆少小所著词赋一通相与。夫街谈巷说，必有可采；击辕之歌，有应风雅；匹夫之思，未易轻弃也。辞赋小道，固未足以揄扬大义，彰示来世也。昔扬子云，先朝执戟之臣耳，犹称“壮夫不为”也。吾虽薄德，位为藩侯，犹庶几戮力上国，流惠下民；建永世之业，（流）〔留〕金石之功；岂徒以翰墨为勋绩，辞（颂）〔赋〕为君子哉？若吾志不果，吾道不行；亦将采史官之实录，辩时俗之得失；定仁义之衷，成一家之言；虽未能藏之名山，将以传之同好；此要之白首，岂可以今日论乎！其言之不怍，恃惠子之知我也。明早相迎，书不尽怀。’

修答曰：‘不侍数日，若弥年载。岂（独）〔由〕爱顾之隆，使系仰之情深邪！损辱来命，蔚矣其文。诵读反覆，虽（风）〔讽〕《雅》、《颂》，不复过也！若仲宣之擅（江）〔汉〕表，陈氏之跨冀域，徐、刘之显青、豫，应生之发魏国，斯皆然矣。至如修者，听采风声，仰德不暇；自周章于省览，何（惶骇）〔遑〕于“高视”哉？伏惟君侯，少长贵盛；体旦、发之质，有圣善之教。远近观者，徒谓能宣昭懿德，光赞大业而已；不谓复能兼览传记，留思文章。今乃含王超陈，度越数子；观者骇视而拭目，听者倾首而耸耳。非夫体通性达，受之自然，其谁能至于此乎？又尝亲见执事握牍持笔，有所造作；若成诵在心，藉书于手：曾不斯须少留思虑。仲尼日月，无得逾焉；修之仰望，殆如此矣。是以对《鹖》而辞，作《暑赋》弥日而不献；见西施之容，归憎其貌者也。伏想执事不知其然，猥受顾赐，教使刊定。《春秋》之成，莫能损益；《吕氏》、《淮南》，字直千金。然而弟子钳口，市人拱手者；圣贤卓荦，固所以殊绝凡庸也。今之赋颂，古诗之流；不更孔公，风雅无别耳。修家子云，老不晓事；强著一书，悔其少作。若此，仲山、周旦之徒，则皆有愆乎？君侯忘圣贤之显迹，述鄙宗之过言，窃以为未之思也。若乃不忘经国之大美，流千载之英声；铭功景钟，书名竹帛：此自雅量素所蓄也，岂与文章相妨害哉！辄受所惠，窃备矇瞍诵歌而已。敢（忘）〔望〕惠施，以忝庄氏？季绪琐琐，何足以云！’

其相往来，如此甚数。植后以骄纵见疏，而植故连缀修不止；修亦不敢自绝。至二十四年秋，公以修前后漏泄言教，交关诸侯，乃收杀之。修临死，谓故人曰：‘我固自以死之晚也！’其意以为坐曹植也。修死后百余日，而太祖薨；太子立，遂有天下。初，修以所得王髦剑，奉太子，太子常服之。及即尊位，在洛阳，从容出宫；追思修之过薄也，抚其剑，驻车，顾左右曰：‘此杨德祖昔所说王髦剑也。髦今焉在？’及召见之，赐髦谷帛。”

挚虞《文章志》曰：“刘季绪，名修，刘表子。官至东安太守。著诗、赋、颂六篇。”

臣松之按《吕氏春秋》曰：“人有臭者，其兄弟妻子皆莫能与居；其人自苦，而居海上。海上人有悦其臭者，昼夜随之而不能去。”此植所云“逐臭之夫”也。田巴事，出《鲁连子》，亦见《皇览》，文多故不载。

《世语》曰：“修年二十五，以名公子，有才能，为太祖所器。与丁仪兄弟，皆欲以植为嗣。太子患之，以车载废簏，纳朝歌长吴质，与谋。修以白太祖，未及推验；太子惧，告质。质曰：‘何患？明日，复以簏受绢车内以惑之，修必复重白；重白必推，而无验，则彼受罪矣。’世子从之，修果白；而无人，太祖由是疑焉。修与贾逵、王凌，并为主簿，而为植所友。每当就植，虑事有阙；忖度太祖意，预作答教十余条；敕门下：教出，以次答。教才出，答已入；太祖怪其捷，推问，始泄。太祖遣太子及植，各出邺城一门，密敕门不得出，以观其所为。太子至门，不得出而还。修先戒植：‘若门不出侯，侯受王命，可斩守者。’植从之。故修遂以交搆，赐死。修子嚣，嚣子准，皆知名于晋世。嚣，泰始初，为典军将军，受心膂之任。早卒。准字始丘。惠帝末为冀州刺史。”

荀绰《冀州记》曰：“准，见王纲不振，遂纵酒，不以官事为意，逍遥卒岁而已。成都王知准不治，犹以其为名士，惜而不责，召以为军谋祭酒。府散，停家，关东诸侯议欲以准补三事；以示怀贤尚德之举，事未施行而卒。准子峤，字国彦；髦，字士彦：并为后出之俊。准与裴頠、乐广善，遣往见之。頠性弘方，爱峤之有高韵。谓准曰：‘峤当及卿，然髦小减也。’广性清淳，爱髦之有神检。谓准曰：‘峤自及卿，然髦尤精出。’准叹曰：‘我二儿之优劣，乃裴、乐之优劣也！’评者以为，峤虽有高韵，而神检不逮，广言为得。傅畅云：‘峤似准而疏。’峤弟俊，字惠彦。最清出。峤、髦，皆为二千石；俊，太傅掾。”

〔四〕《魏氏春秋》曰：“植将行，太子饮焉，逼而醉之。王召植，植不能受王命，故王怒也。”

文帝即王位，诛丁仪、丁廙，并其男口；〔一〕植与诸侯，并就国。

黄初二年，监国谒者灌均希指[1]，奏植“醉酒悖慢，劫胁使者”。有司请治罪[2]；帝以太后故[3]，贬爵安乡侯。〔二〕其年，改封鄄城侯。三年[4]，立为鄄城王，邑二千五百户。

【注释】

〔1〕监国谒者：曹魏官名。受皇帝指派，专门监视宗室王侯王公的言行。当时负有监视宗室王公言行责任的官员，一是王公下属之中的文学、防辅，二是封地所在的地方行政长官，三是皇帝特派的监国谒者。如果出现问题，都将受到严厉惩罚。　希指：迎合心意。〔2〕治罪：当时执法官员拟判曹植死刑。〔3〕以太后故：由于卞太后不同意。〔4〕三年：黄初三年(公元222)。

【裴注】

〔一〕《魏略》曰："丁仪字正礼，沛郡人也。父冲，宿与太祖亲善。时随乘舆，见国家未定，乃与太祖书曰：'足下平生，常喟然有匡佐之志，今其时矣。'是时张杨适还河内，太祖得其书；乃引军迎天子，东诣许，以冲为司隶校尉。后，数来过诸将饮，酒美不能止，醉烂肠死。太祖以冲前见开导，常德之。闻仪为令士，虽未见，欲以爱女妻之，以问五官将。五官将曰：'女人观貌；而正礼，目不便，诚恐爱女未必悦也。以为不如与伏波子楙。'太祖从之。寻辟仪为掾，到，与论议，嘉其才朗，曰：'丁掾，好士也！即使其两目盲，尚当与女，何况但眇？是吾儿误我。'时，仪亦恨不得尚公主，而与临淄侯亲善，数称其奇才。太祖既有意欲立植，而仪又共赞之。及太子立，欲治仪罪，转仪为右刺奸掾，欲仪自裁；而仪不能，乃对中领军夏侯尚叩头求哀。尚为涕泣而不能救。后遂因职事收付狱，杀之。"

廙字敬礼，仪之弟也。《文士传》曰："廙少有才姿，博学洽闻。初辟公府。建安中，为黄门侍郎。廙尝从容谓太祖曰：'临淄侯，天性仁孝，发于自然；而聪明智达，其殆庶几；至于博学渊识，文章绝伦。当今天下之贤才君子，不问少长，皆愿从其游，而为之死；实天所以钟福于大魏，而永授无穷之祚也。'欲以劝动太祖。太祖答曰：'植，吾爱之，安能若卿言？吾欲立之为嗣，何如？'廙曰：'此国家之所以兴衰，天下之所以存亡，非愚劣琐贱者所敢与及。廙闻知臣莫若于君，知子莫若于父。至于君不论明暗，父不问贤愚，而能常知其臣子者何？盖由相知非一事一物，相尽非一旦一夕；况明公加之以圣哲，习之以人子？今发明达之命，吐永安之言；可谓上应天命，下合人心；得之于须臾，垂之于万世者也。廙不避斧钺之诛，敢不尽言！'太祖深纳之。"

〔二〕《魏书》载诏曰："植，朕之同母弟。朕于天下无所不容，而况植乎？骨肉之亲，舍而不诛；其改封植。"

四年[1]，徙封雍丘王。其年，朝京都，上疏曰：

臣自抱衅归藩[2]，刻肌刻骨，追思罪戾；昼分而食[3]，夜分而寝[4]。诚以天网不可重罹，圣恩难可再恃。窃感《相鼠》之篇无礼遄死之义[5]，形影相吊，五情愧赧[6]！以罪弃生，则违古贤“夕改”之劝[7]；忍活苟全，则犯诗人“胡颜”之讥[8]。伏惟陛下德象天地，恩隆父母；施畅春风，泽如时雨。是以不别荆棘者[9]，庆云之惠也[10]；七子均养者，尸鸠之仁也[11]；舍罪责功者[12]，明君之举也；矜愚爱能者[13]，慈父之恩也。是以愚臣徘徊于恩泽而不能自弃者也。前奉诏书，臣等绝朝[14]；心离志绝，自分黄耇无复执珪之望[15]。不图圣诏，猥垂齿召[16]；至止之日[17]，驰心辇毂[18]。僻处西馆[19]，未奉阙廷[20]；踊跃之怀[21]，瞻望反仄[22]，谨拜表献诗二篇。

其辞曰：“於穆显考[23]，时惟武皇；受命于天，宁济四方。朱旗所拂，九土披攘[24]；玄化滂流[25]，荒服来王[26]：超商越周，与唐比踪。笃生我皇[27]，奕世载聪[28]；武则肃烈[29]，文则时雍[30]；受禅炎汉，（临君）〔君临〕万邦。万邦既化，率由旧则[31]；广命懿亲[32]，以藩王国。帝曰：‘尔侯[33]，君兹青土[34]；奄有海滨，方周于鲁[35]。’车服有辉，旗章有叙[36]；济济俊乂，我弼我辅。伊予小子[37]，恃宠骄盈；举挂时网[38]，动乱国经[39]。作藩作屏，先轨是隳[40]；傲我皇使，犯我朝仪。国有典刑[41]，我削我黜；将置于理[42]，元凶是率[43]。明明天子，时笃同类[44]；不忍我刑[45]，暴之朝肆[46]；违彻执宪，哀予小子；改封兖邑[47]，于河之滨。股肱弗置，有君无臣；荒淫之阙，谁弼予身？茕茕仆夫[48]，于彼冀方[49]；嗟予小子，乃罹斯殃！赫赫天子，恩不遗物[50]；冠我玄冕[51]，腰我朱绂[52]。朱绂光大，使我荣华；剖符授玉[53]，王爵是加。仰齿金玺[54]，俯执圣策[55]；皇恩过隆，祗承怵惕[56]。咨我小子[57]，顽凶是婴[58]；逝惭陵墓[59]，存愧阙廷。匪敢傲德[60]，实恩是恃[61]；威灵改加，足以没齿[62]。昊天罔极[63]，性命不图[64]；常惧颠沛[65]，抱罪黄垆[66]。愿蒙矢石，建旗东岳[67]；庶立毫厘，微功自赎。危躯授命[68]，知足免戾[69]；甘赴江、湘[70]，奋戈吴、越[71]。天启其衷[72]，得会京畿；迟奉圣颜[73]，如渴如饥。心之云慕，怆矣其悲；天高听卑[74]，皇肯照微[75]？”

又曰：“肃承明诏，应会皇都；星陈夙驾[76]，秣马脂车[77]。命彼掌徒[78]，肃我征旅；朝发鸾台[79]，夕宿兰渚[80]。芒芒原隰，祁祁士女[81]；经彼公田，乐我稷黍。爰有樛木[82]，重阴匪息[83]；虽有糇粮[84]，饥不遑食。望城不过，面邑匪游[85]；仆夫警策[86]，平路是由。玄驷蔼蔼[87]，扬镳漂沫[88]；流风翼衡[89]，轻云承盖[90]。涉涧之滨，缘山之隈[91]；遵彼河浒[92]，黄坂是阶[93]。西济关谷，或降或升；騑骖倦路[94]，再寝再兴[95]。将朝圣皇，匪敢晏宁；弭节长骛[96]，指日遄征[97]。前驱举燧[98]，后乘抗旌；轮不辍运，鸾无废声[99]。爰暨帝室[100]，税此西墉[101]；嘉诏未赐，朝觐莫从。仰瞻城阈[102]，俯惟阙廷；长怀永慕，忧心如酲[103]！”

帝嘉其辞义，优诏答勉之[104]。〔一〕

六年，帝东征；还，过雍丘，幸植宫，增户五百。

【注释】

〔1〕四年：黄初四年（公元223）。〔2〕抱衅归藩：带着罪过回到自己的封国。〔3〕昼分：中午。〔4〕夜分：半夜。〔5〕相鼠：《诗经》中的一篇。诗中有“相鼠有体，人而无礼。人而无礼，胡不遄死（何不赶快死）”的句子。〔6〕五情：人的五种情感，即喜、怒、哀、乐、怨。五情愧赧指所有的情感都化成了惭愧，使得脸上发红。〔7〕古贤：指曾子。曾子说过“君子朝有过，夕改，则与之”的话。〔8〕胡颜：即何颜。意思是有什么脸面。前面所引的《相鼠》中“胡不遄死”一句，当时有人解释为有什么脸面再活而不赶快去死。〔9〕不别荆棘：并不因为是荆棘就厌弃不管。〔10〕庆云：祥瑞的云气。古代认为庆云出现就会普降甘露，滋润地上的植物。〔11〕尸鸠：即鸤鸠。一种具有爱心的鸟。据说这种鸟哺养幼雏时，早上是从上到下，黄昏是从下到上，以求平均。《诗经》有《鸤鸠》篇。〔12〕责功：要求建立功劳。〔13〕矜：怜悯。〔14〕绝朝：离开朝廷回封国。〔15〕分（fèn）：料想。　黄耇（gǒu）：指年老。　珪：一种上尖下方的玉版。诸侯入朝天子时拿在手中。〔16〕不图：没有想到。　猥：谦词。表示对方是屈尊就卑。　齿召：收容召见。〔17〕至止：到达。〔18〕辇毂：皇帝的座车。这里指代皇帝曹丕。〔19〕西馆：位于洛阳城西专门供来朝诸侯暂住的馆舍。〔20〕阙廷：也指代曹丕。〔21〕踊跃：形容心情激动。〔22〕反仄：在床榻上翻来覆去睡不着。〔23〕於（wū）：表示赞美的叹词。　穆：美好。　显考：指曹操。〔24〕九土：九州。　披攘：归服。〔25〕玄化：指道德上的潜移默化。　滂流：遍及各地。

〔26〕荒服：最边远的地区。　来王：前来朝觐。〔27〕笃生：（继曹操之后）又诞生。　我皇：指曹丕。〔28〕奕世：累世。　载：又。载聪指曹操聪慧，曹丕也聪慧。〔29〕肃烈：武功显赫的样子。〔30〕时雍：社会和谐的样子。〔31〕率：遵循。　旧则：过去的制度。指分封制。〔32〕懿亲：至亲。指兄弟。〔33〕尔侯：指封临淄侯的曹植。〔34〕君：拥有。　青土：曹植的封地临淄，属青州的齐郡。〔35〕方周于鲁：就像鲁国与周王朝的关系一样。〔36〕叙：等级。〔37〕伊：句首语气词。　予小子：我小子。曹植的自称。〔38〕时网：当今的法律。〔39〕国经：国法。〔40〕先轨：先前传下来的规范。　隳（huī）：破坏。这一句中，“隳”的宾语“先轨”，在结构助词“是”的帮助下提到句首，达到强调的目的。类似句式下文还可见到。〔41〕典刑：典章法制。〔42〕理：执法机关。〔43〕率：捕捉。〔44〕笃：深深爱护。〔45〕刑：指处死刑。〔46〕暴（pù）：暴露。　朝肆：即朝市。处死罪犯并陈列尸体示众的地方。常在城内集市的广场上进行。〔47〕兖邑：指鄄城县。鄄城县属兖州，在黄河南岸边。〔48〕茕茕（qióng qióng）：孤独的样子。　仆夫：驾车的仆人。〔49〕冀方：冀州。曹植改封鄄城王后，被东郡太守和下属防辅告发有不轨行为，魏文帝把他移到冀州的邺县禁闭了一段时间后，才又放他回封地。〔50〕遗：漏掉。〔51〕玄冕：黑色的礼冠。在软帽的顶部加上一块水平的板，板长一尺二寸，宽七寸，前端圆形，后端方形，两端悬挂珠串。板的上平面为黑色，故称玄冕。天子和诸侯百官通用，区别只是在两端悬挂的珠串数量和材质上。这种珠串叫旒。天子前后各十二旒，白玉珠；三公诸侯九旒，青玉珠；九卿七旒，黑玉珠。〔52〕朱绂（fú）：即朱绶。印章上系的红绶带。按当时制度，皇太子和宗室诸王为金印朱绂。〔53〕剖符：朝廷分封诸侯时，把合二为一的符分开，给一半与受封者作为凭信，这叫剖符。　授玉：授给玉珪。〔54〕齿金玺：列入享用金玺者的行列。〔55〕策：指封爵的文书。〔56〕祗承：恭敬承受。　怵惕：恐惧谨慎。〔57〕咨：句首叹词。〔58〕婴：被缠绕。〔59〕逝：死。　陵墓：这里指代曹操。〔60〕傲德：傲视皇帝的德泽。〔61〕实：实在是。〔62〕没齿：直到年龄的终了。〔63〕罔极：没有穷尽。《诗经·蓼莪》形容父母的恩德，有“欲报之德，昊天罔极”的句子。这里用来形容皇帝对自己的大恩大德。〔64〕不图：不能预测。〔65〕颠沛：倒下。指死亡。〔66〕黄垆：黄泉下的黑土。指坟墓。〔67〕建旗：古代领兵将军的大营要建立大牙旗，这里用建旗代指领兵。〔68〕危躯授命：身临危险甚至献出生命。〔69〕戾：罪过。〔70〕江、

湘：指孙吴占领的荆州。〔71〕吴、越：指孙吴占领的扬州。〔72〕天：比喻皇帝。 衷：内心。〔73〕迟：等待。〔74〕听卑：可以听到低处的声音。这句是说高高在上的皇帝能够了解自己的心情。〔75〕肯：可以。 照微：洞察我内心的诚意。〔76〕星陈：星夜准备行装。 夙驾：一早就驾车出发。〔77〕秣马：给马喂饲料。 脂车：用油脂润滑车轴。〔78〕掌徒：掌管仆役的人。〔79〕鸾台：鸾鸟栖息的高台。〔80〕兰渚：兰草生长的洲渚。曹植得到入京朝见的通知后非常高兴，所以用鸾台、兰渚这种美好词语来表示这种心情。〔81〕祁祁：人多的样子。〔82〕樛(jiū)木：枝条向下弯垂的树木。〔83〕重阴：浓荫。〔84〕餱(hóu)粮：干粮。〔85〕面：面临。〔86〕警策：对马呵斥挥鞭。〔87〕蔼蔼：精力旺盛的样子。〔88〕漂沫：奔跑得口流白沫。〔89〕翼衡：扶持车轭。〔90〕承盖：支撑车盖。〔91〕隈(wēi)：弯道。〔92〕浒：水边。〔93〕黄坂：黄土坡。 阶：登上。〔94〕骓骖：用四匹马拉车时，外边两侧的两匹马叫骓，又叫骖。〔95〕再寝再兴：不断地睡下休息和起床赶路。〔96〕弭节长骛：按着节拍不断前进。〔97〕指日遄征：计算着日程急急赶路。〔98〕举燧：举起火把。指赶夜路。〔99〕鸾：车铃铛。 废声：声音停止。〔100〕暨：到达。 帝室：皇都。〔101〕税：住宿。 西墉：西城。〔102〕城阈(yù)：城门。〔103〕酲(chéng)：酒醉后神志恍惚。〔104〕优诏：措辞温和表示嘉许的诏书。

【裴注】

〔一〕《魏略》曰："初，植未到关，自念有过，宜当谢帝；乃留其从官著关东，单将两三人微行；入见清河长公主，欲因主谢。而关吏以闻，帝使人逆之，不得见。太后以为自杀也，对帝泣。会植科头负斧锧，徒跣诣阙下，帝及太后乃喜。及见之，帝犹严颜色；不与语，又不使冠履。植伏地泣涕，太后为不乐。诏乃听复王服。"《魏氏春秋》曰："是时，待遇诸国法峻。任城王暴薨，诸王既怀友于之痛；植及白马王彪还国，欲同路东归，以叙隔阔之思，而监国使者不听。植发愤告离而作诗曰：'谒帝承明庐，逝将归旧疆。清晨发皇邑，日夕过首阳。伊、洛旷且深，欲济川无梁；泛舟越洪涛，怨彼东路长。回顾恋城阙，引领情内伤。大谷何寥廓！山树郁苍苍。霖雨泥我途，流潦浩从横；中逵绝无轨，改辙登高冈。修坂造云日，我马玄以黄。玄黄犹能进，我思郁以纡。郁纡将何念？亲爱在离居。本图相与偕，中更不克俱。鸱枭鸣衡轭，豺狼当路衢。苍蝇间白黑，谗巧(反)〔令〕亲疏。欲还绝无蹊，揽辔止踟蹰。踟蹰亦何留，相思无终极：秋风发微凉，寒蝉鸣我侧。原野何萧条！白日忽西匿。孤兽走索群，衔草不遑食；归鸟赴高林，翩翩厉羽翼。感物伤我怀，抚心长叹息！叹息亦何为，天命与我违。奈何念同生，一往形不归！孤魂翔故域，灵柩寄京师。存者勿复过，亡没身自衰。人生处一世，忽若朝露晞。年在桑榆间，影响不能追。自顾非金石，咄咤令心悲！心悲动我神，弃置莫复陈。丈夫志四海，万里犹比邻。恩爱苟不亏，在远分日亲。何必同衾帱，然后展殷勤？〔忧思成疾疢，无乃儿女仁。〕仓猝骨肉情，能不怀苦辛！苦辛何虑思，天命信可疑。虚无求列仙，松子久吾欺。变故在斯须，百年谁能持？离别永无会，执手将何时？王其爱玉体，俱享黄发期！收涕即长途，援笔从此辞。'"

太和元年，徙封浚仪[1]。二年[2]，复还雍丘。植常自愤怨，抱利器而无所施[3]；上疏，求自试曰：

臣闻士之生世，入则事父，出则事君：事父尚于荣亲，事君贵于兴国。故慈父不能爱无益之子，仁君不能蓄无用之臣。夫论德而授官者，成功之君也；量能而受爵者[4]，毕命之臣也[5]。故君无虚授，臣无虚受；虚授谓之谬举，虚受谓之尸禄[6]：《诗》之"素餐"所由作也[7]。昔二虢不辞两国之任[8]，其德厚也；旦、奭不让燕、鲁之封[9]，其功大也。今臣蒙国重恩，三世于今矣。正值陛下升平之际，沐浴圣泽，潜润德教，可谓厚幸矣。而窃位东藩[10]，爵在上列[11]；身被轻暖，口厌百味；目极华靡，耳倦丝竹者[12]，爵重禄厚之所致也。退念古之(授)〔受〕爵禄者，有异于此；皆以功勤济国，辅主惠民。今臣无德可述，无功可纪；若此终年无益国朝，将挂风人"彼其"之讥[13]：是以上惭玄冕，俯愧朱绂。

方今天下一统，九州晏如[14]；而顾西有违命之蜀，东有不臣之吴。使边境未得脱甲，谋士未得高枕者，诚欲混同宇内以致太和也[15]。故启灭有扈而夏功昭[16]，成克商、奄而周德著[17]。今陛下以圣明统世，将欲卒文、武之功[18]，继成、康之隆[19]；简贤授能，以方叔、召虎之臣镇御四境[20]，为国爪牙者，可谓当矣。然而高鸟未挂于轻缴[21]，渊鱼未悬于钩饵者，恐钓射之术或未尽也[22]。

昔耿弇不俟光武，亟击张步[23]，言不以贼遗于君父[24]。故车右伏剑于鸣毂[25]，雍门刎首于齐境[26]；若此二士，岂恶生而尚死哉？诚忿其慢主而陵君也！〔一〕夫君之宠臣[27]，欲以除患兴利；臣之事君，必以杀身靖乱，以功报主也。昔贾谊弱冠，求试属国[28]，请系单于之颈而制其命；终军以妙年使越[29]，欲得长缨缨其王，羁致北阙。此二臣，岂好为夸主而耀世哉[30]？志或郁结，欲逞其才力，输能于明君也[31]！

昔汉武为霍去病治第[32]，辞曰："匈奴未灭，臣无以家为！"固夫忧国忘家，捐躯济难，忠臣之志也。今臣居外，非不厚也[33]；而寝不安席，食不遑味者，伏以二方未克为念。伏见先武皇帝武臣宿将，年耆即世者有闻矣[34]。虽贤不乏世[35]，宿将、旧卒，犹习战陈；窃不自量，志在效命，庶立毛发之功，以报所受之恩。

若使陛下出不世之诏[36]，效臣锥刀之用[37]：使得西属大将军[38]，当一校之队[39]；若东属大司马[40]，统偏(舟)〔师〕之任；必乘危蹈险，骋舟奋骊；突刃触锋，为士卒先。虽未能擒权馘亮[41]，庶将虏其雄率[42]，歼其丑类；必效须臾之捷，以灭终身之愧；使名挂史笔，事列朝策[43]：虽身分蜀境，首悬吴阙，犹生之年也。

如微才弗试，没世无闻；徒荣其躯而丰其体，生无益于事，死无损于数；虚荷上位而忝重禄，禽息鸟视[44]，终于白首：此徒圈牢之养物[45]，非臣之所志也。流闻东军失备[46]，师徒小衄[47]；辍食弃餐，奋袂攘衽[48]；抚剑东顾，而心已驰于吴会矣。臣昔从先武皇帝南极赤岸[49]，东临沧海[50]，西望玉门[51]，北出玄塞[52]；伏见所以行军用兵之势，可谓神妙矣！故兵者不可预言，临难而制变者也。志欲自效于明时，立功于圣世。每览史籍，观古忠臣义士，出一朝之命[53]，以徇国家之难；身虽屠裂，而功铭著于鼎钟，名称垂于竹帛：未尝不拊心而叹息也。

臣闻明主使臣，不废有罪[54]。故奔北败军之将用[55]，秦、鲁以成其功；〔二〕绝缨盗马之臣赦[56]，楚、赵以济其难。〔三〕臣窃感先帝早崩[57]，威王弃世[58]；臣独何人，以堪长久？常恐先朝露[59]，填沟壑[60]；坟土未干，而身名并灭！

臣闻骐骥长鸣，则伯乐照其能[61]；卢狗悲号[62]，则韩国知其才[63]。是以效之齐、楚之路[64]，以逞千里之任；试之狡兔之捷[65]，以验搏噬之用。今臣志狗马之微功[66]；窃自惟度[67]，终无伯乐、韩国之举：是以于邑而窃自痛者也[68]！

夫临博而企竦[69]，闻乐而窃抃者[70]，或有赏音而识道也[71]。昔毛遂，赵之陪隶[72]，犹假锥囊之喻，以悟主立功；何况巍巍大魏多士之朝，而无慷慨死难之臣乎？夫自炫自媒者[73]，士女之丑行也；干时求进者[74]，道家之明忌也[75]。而臣敢陈闻于陛下者，诚与国分形同气[76]，忧患共之者也。冀以尘(雾)〔露〕之微补益山海，萤烛末光增辉日月；是以敢冒其丑，而献其忠。〔四〕〔必知为朝士所笑；圣主不以人废言，伏惟陛下少垂圣听，臣则幸矣。〕

【注释】

〔1〕浚仪：县名。县治在今河南开封市。〔2〕二年：太和二年(公元228)。〔3〕抱利器：比喻具有杰出才能。〔4〕量能：衡量自己的才能。〔5〕毕命：尽力效命。〔6〕尸禄：白拿俸禄。〔7〕素餐：《诗经·伐檀》有“彼君子兮，不素餐兮”的句子。素餐意为白吃饭不做事。〔8〕二虢：指虢仲、虢叔。二人是周文王的弟弟，封于东虢、西虢，又都曾当过周文王手下的官员，建有功勋。〔9〕旦、奭：指周公旦和召公奭。周公封于鲁，召公封于燕。〔10〕窃位：占有封地的谦虚说法。　东藩：东面的藩王。曹植的封地雍丘在京城洛阳的东面。〔11〕上列：上等。〔12〕丝竹：指管弦乐器奏出的音乐。〔13〕风人：指创作《诗经》中“国风”这部分民歌的诗人。“彼其(jì)”之讥：《诗经·候人》有“彼其之子，不称其服”的句子，讽刺在位的官

员坐吃俸禄，与所穿的官服不相称。〔14〕晏如：安然。〔15〕太和：太平安乐。〔16〕启：传说中夏代国王，夏禹的儿子。禹死，继位，从此确立传子的王位继承制度。事见《史记》卷二《夏本纪》。　有扈：传说中部落名。在今陕西户县一带。夏启继位，有扈氏不服，夏启灭有扈氏，天下都来服从。〔17〕成：指周成王。　商：指商纣王的儿子武庚。　奄：先秦国名。嬴姓。本商王朝的盟国，在今山东曲阜市一带。周武王死，成王继位，奄国跟随武庚发起武装反抗，被周公消灭，事见《史记》卷四《周本纪》。以上是以夏启、周成王比喻继位的皇帝曹叡。〔18〕文、武：周文王、周武王。〔19〕成、康：周成王、周康王。〔20〕方叔：周宣王时的大臣。曾率兵进攻南方的荆蛮、北方的狎狁(xiǎn yǔn)，有功。〔21〕缴(zhuó)：系在箭上的细丝绳。射中鸟后收绳，即可获得猎物。此处以在山上高飞的鸟比喻多有山谷的蜀汉。下句以在深渊游动的鱼比喻鱼多有江湖的孙吴。〔22〕未尽：不完善。〔23〕张步：字文公，琅邪郡不其(今山东青岛市东北)人。东汉初反抗刘秀的一支武装势力首领。曾占有青州、兖州十二郡。后投降刘秀，不久逃亡，被杀。传见《后汉书》卷十二。〔24〕遗于君父：留给君主来处理。〔25〕车右：在车上右边陪乘的人。　伏剑：用剑自杀。　鸣毂：车轴发出异常的声音。〔26〕雍门：即雍门狄。战国时齐国的义士。越军攻入齐国，他刎颈自杀，使越军感到震惊而后退。以上车右、雍门狄事，见刘向《说苑·立节》。〔27〕君之宠臣：君主之所以宠待臣下。〔28〕属国：即典属国。官名。主管少数族事务。贾谊曾向汉文帝要求试做典属国官职，说自己一定会制服匈奴单于。见《汉书》卷四十八《贾谊传》。〔29〕终军(？—前112)：字子云，济南郡(治所在今山东章丘市西北)人。十八岁时被本郡选为博士弟子，到长安后上书议论政事，受到西汉武帝的赏识，先后担任谒者、谏大夫官职。后受命出使南越，他表示要用长缨把南越王缚送到长安。到南越后被杀，死时仅二十多岁。传见《汉书》卷六十四下。〔30〕夸主：在君主面前夸耀。〔31〕输能：效力。〔32〕治第：修建住宅。〔33〕厚：待遇优厚。〔34〕即世：去世。〔35〕贤不乏世：当今不缺乏贤才。〔36〕不世：不寻常。〔37〕锥刀：比喻微小。〔38〕大将军：指当时镇守关中的大将军曹真。〔39〕校：军队中编制名称。相当于分队。〔40〕大司马：指当时镇守淮南的大司马曹休。〔41〕权：孙权。　亮：诸葛亮。〔42〕雄率：将领。〔43〕朝策：朝廷封赏的策书。〔44〕禽息鸟视：指像被关起来的禽鸟那样生活。〔45〕养物：豢养的动物。〔46〕流闻：传闻。失备：疏于防备。〔47〕师徒：军队。　小衄(nǜ)：小挫折。指当年八月曹休在淮南大败事。〔48〕奋袂攘衽：挥起袖子，撩起衣襟。形容心情激动。〔49〕赤岸：地名。当时以赤岸为名的地方有多处。此处的赤岸，当在今湖北当阳市附近的沮水河岸上。赤壁之战前，曹操南下荆州，其大军曾到达此地，追击刘备。〔50〕东临沧海：指建安十一年（公元206）到青州扫荡滨海武装首领管承等。〔51〕玉门：关隘名。在今甘肃敦煌市西北。西望玉门指建安十六年（公元211）进攻凉州安定郡的杨秋割据势力。〔52〕玄塞：北方的边塞。指越过卢龙塞进攻乌丸。〔53〕出一朝之命：一下子献出生命。〔54〕不废有罪：不废弃曾经犯有罪过的人。〔55〕奔北：战败。这里指曹沫的故事。曹沫是春秋时鲁国的将军。与齐军作战，三战三败，鲁庄公仍然用他。后来鲁庄公与齐桓公结盟，他持匕首逼迫齐桓公退还全部被掠走的鲁国土地。传见《史记》卷八十六《刺客列传》。 败军：指秦国孟明视等人的故事。〔56〕绝缨：扯断系冠帽的细绳。据说春秋时楚庄王有一次夜宴群臣，烛灭，有一人暗中拉了楚庄王王后的衣服。王后把这人的冠缨扯断后悄悄告诉楚庄王，庄王马上在黑暗中下令要大家都把冠缨扯断，然后才点烛重饮。后来这人在与晋军的作战中异常勇敢，借此作为报答。事见《韩诗外传》卷七。 盗马：指秦穆公的故事。秦穆公驾车的骏马跑到野外，被一群百姓杀来分吃。秦穆公发现后反而送给这些人美酒。后来对晋国作战，就在秦穆公即将被对方俘虏时，这群百姓杀来救了他，并反败为胜。见《吕氏春秋·爱士》。据《史记》卷四十三《赵世家》说："赵氏之先，与秦同祖。"为了避免与上文的"秦"重复，下句就把秦改作"赵"。〔57〕先帝：指曹丕。〔58〕威王：指曹彰。〔59〕先朝露：比早上的露珠更早消失。比喻死亡。〔60〕填沟壑：也指死亡。〔61〕照：了解。〔62〕卢狗：黑狗。〔63〕韩国：古代一个善于相狗的人。〔64〕效：测试。这两句针对骐骥而言。〔65〕试之：这两句针对卢狗而言。〔66〕志：有志于。〔67〕惟度：揣测。〔68〕痛：悲伤。〔69〕博：古代游戏名。两人对局，一方黑子，另一方白子，各六枚。 企竦：踮起脚跟伸长脖子。〔70〕窃抃（biàn）：悄悄击掌打拍子。〔71〕识道：懂得博戏中走子的路线。〔72〕毛遂：战国时赵国平原君的食客。秦攻赵，平原君到楚国求救，毛遂自荐同行，并比喻自己将如锥在囊中脱颖而出。后来毛遂果然说服楚王救赵。见《史记》卷七十六《平原君列传》。 陪隶：低贱的人。〔73〕自媒：自己给自己做媒人。〔74〕干时：迎合当时风气。〔75〕道家：先秦学术流派之一。以《老子》、《庄子》为代表性著作。〔76〕分形：从同一个人的形体分出。指自己是皇室直系血亲。

【裴注】

〔一〕刘向《说苑》曰："越甲至齐，雍门狄请死之。齐王曰：'鼓铎之声未闻，矢石未交，长兵未接，子何务死？知为人臣之礼邪？'雍门狄对曰：'臣闻之：昔者王田于囿，左毂鸣，车右请死之。王曰："子何为死？"车右曰："为其鸣吾君也。"王曰："左毂鸣者，此工师之罪也。子何事之有焉？"车右对曰："吾不见工师之乘，而见其鸣吾君也。"遂刎颈而死。有是乎？'王曰：'有之。'雍门狄曰：'今越甲至，其鸣吾君，岂左毂之下哉？车右可以死左毂，而臣独不可以死越甲邪？'遂刎颈而死。是日，越人引军而退七十里。曰：'齐王有臣均如雍门狄，疑使越社稷不血食。'遂归。齐王葬雍门狄以上卿之礼。"

〔二〕臣松之按：秦用败军之将，事显，故不注。鲁连与燕将书曰："曹子为鲁将，三战三北而亡地五百里；向使曹子计不反顾，义不旋踵，刎颈而死，则亦不免为败军之将矣。曹子弃三北之耻，而退与鲁君计。桓公朝天下，会诸侯。曹子以一剑之任，披桓公之心于坛坫之上；颜色不变，辞气不悖。三战之所亡，一朝而复之；天下震动，诸侯惊骇，威加吴、越。若此二士者，非不能成小廉而行小节也。"

〔三〕臣松之按：楚庄掩绝缨之罪，事亦显，故不书。秦穆公有赦盗马事，赵则未闻。盖以秦亦赵姓，故互文以避上"秦"字也。

〔四〕《魏略》曰："植虽上此表，犹疑不见用，故曰：'夫人贵生者，非贵其养体好服，终竟年寿也；贵在其代天而理物也。夫爵禄者，非虚张者也，有功德然后应之，当矣。无功而爵厚，无德而禄重；或人以为荣，而壮夫以为耻。故太上立德，其次立功，盖功德者所以垂名也。名者不灭，士之所利；故孔子有夕死之论，孟轲有弃生之义。彼一圣一贤，岂不愿久生哉？志或有不展也。是用喟然求试，必立功也。呜呼！言之未用，欲使后之君子知吾意者也。'"

三年〔1〕，徙封东阿。五年〔2〕，复上疏，求存问亲戚〔3〕，因致其意曰：

臣闻天称其高者，以无不覆；地称其广者，以无不载；日月称其明者，以无不照；江海称其大者，以无不容。故孔子曰："大哉！尧之为君。惟天为大，惟尧则之〔4〕。"夫天德之于万物，可谓弘广矣；盖尧之为教，先亲后疏，自近及远。其《传》曰："克明俊德[5]，以亲九族[6]；九族既睦，平章百姓[7]。"及周之文王，亦崇厥化[8]。其《诗》曰："刑于寡妻[9]，至于兄弟；以御于家邦[10]。"是以雍雍穆穆[11]，风人咏之。昔周公吊管、蔡之不咸[12]，广封懿亲以藩屏王室。《传》曰："周之宗盟[13]，异姓为后[14]。"诚骨肉之恩，爽而不离[15]；亲亲之义，实在敦固。未有义而后其君[16]，仁而遗其亲者也[17]。伏惟陛下：资帝唐钦明之德，体文王翼翼之仁[18]；惠洽椒房[19]，恩昭九族；群后百僚[20]，番休递上[21]；执政不废于公朝，下情得展于私室；亲理之路通，庆吊之情展。诚可谓恕己治人，推惠施恩者矣。

至于臣者，人道绝绪[22]，禁锢明时，臣窃自伤也。不敢过望交气类[23]，修人事，叙人伦；近且婚媾不通[24]，兄弟(乖)〔永〕绝；吉凶之问塞[25]，庆吊之礼废；恩纪之违[26]，甚于路人；隔阂之异，殊于胡越[27]。今臣以一切之制[28]，永无朝觐之望；至于注心皇极，结情紫闼[29]，神明知之矣。然"天实为之[30]，谓之何哉[31]"！退惟诸王常有戚戚具尔之心[32]，愿陛下沛然垂诏[33]：使诸国庆问，四节得展；以叙骨肉之欢恩，全怡怡之笃义；妃妾之家，膏沐之遗[34]，岁得再通；齐义于贵宗[35]，等惠于百司[36]。如此，则古人之所叹，风雅之所咏，复存于圣世矣。臣伏自惟省，岂无锥刀之用？及观陛下之所拔授，若以臣为异姓，窃自料度，不后于朝士矣[37]。若得辞远游[38]，戴武弁[39]；解朱组[40]，佩青绂[41]；驸马、奉车[42]，趣得一号[43]；安宅京室，执鞭珥笔[44]；出从华盖，入侍辇毂；承答圣问，拾遗左右：乃臣丹诚之至愿，不离于梦想者也！远慕《鹿鸣》君臣之宴[45]，中咏《常棣》匪他之诫[46]；下思《伐木》友生之义[47]，终怀《蓼莪》罔极之哀[48]。每四节之会，块然独处[49]；左右唯仆隶，所对唯妻子；高谈无所与陈，发义无所与展。未尝不闻乐而拊心[50]，临觞而叹息也。

臣伏以为：犬马之诚不能动人，譬人之诚不能动天。崩城、陨霜[51]，臣初信之；以臣心况[52]，徒虚语耳！若葵藿之倾叶太阳[53]，虽不为之回光[54]，然〔终〕向之者，诚也。窃自比于葵藿；若降天地之施垂三光之明者，实在陛下。

臣闻《文子》曰[55]："不为福始，不为祸先。"今之否隔[56]，友于同忧[57]；而臣独倡言者，窃不愿于圣世使有不蒙施之物。有不蒙施之物，必有惨毒之怀[58]；故《柏舟》有"天只"之怨[59]，《谷风》有"弃予"之叹[60]。故伊尹耻其君不为尧舜；孟子曰[61]："不以舜之所以事尧事其君者，不敬其君者也。"臣之愚蔽，固非虞、伊；至于欲使陛下崇光被时雍之美[62]，宜缉熙章明之德者[63]，是臣偻偻之诚，窃所独守。实怀鹤立企伫之心；敢复陈闻者，冀陛下傥发天聪而垂神听也。

诏报曰："盖教化所由，各有隆弊，非皆善始而恶终也，事使之然。故夫忠厚仁及草木，则《行苇》之诗作[64]；恩泽衰薄不亲九族，则《角弓》之章刺[65]。今令诸国兄弟，情理简怠；妃妾之家，膏沐疏略：朕纵不能敦而睦之，王援古喻义备悉矣。何言精诚不足以感通哉？夫明贵贱，崇亲亲[66]；礼贤良，顺少长：国之纲纪。本无禁锢诸国通问之诏也；矫枉过正，下吏惧谴，以至于此耳。已敕有司：如王所诉。"

【注释】

〔1〕三年：太和三年（公元 229）。 〔2〕五年：太和五年（公元 231）。 〔3〕存问：看望问候。 〔4〕则之：效法上天。这三句话出自《论语·泰伯》。 〔5〕克明俊德：能够识别提拔同族中才德兼备的人。〔6〕九族：指高祖、曾祖、祖、父、自己、儿、孙、曾孙、玄孙九代人发展起来的同姓宗族。 〔7〕平章：辨别分清。 百姓：百官的同姓宗族关系。以上四句话出自《尚书·尧典》。 〔8〕厥化：指尧"先亲后疏，由近及远"的这种教化。 〔9〕刑于寡妻：首先对自己的嫡妻作示范。 〔10〕御于家邦：治理家族和国家。以上三句诗出自《诗经·思齐》。 〔11〕雍雍：和睦。《诗经·思齐》中还有"雍雍在宫"一句，是说周文王对家族态度和睦。 穆穆：态度端庄恭敬。《诗经·文王》有"穆穆文王"的句子。 〔12〕吊：伤感。 不咸：不和睦。 〔13〕宗盟：有同姓诸侯参加的盟会。 〔14〕为后：在排列次序上位于后面。这两句话出自《左传》隐公十一年。 〔15〕爽：犯有过失。 〔16〕义而后其君：忠义的臣下会怠慢君主。 〔17〕仁而遗其亲：仁慈的君主会遗弃亲属。 〔18〕翼翼：恭敬谨慎的样子。 〔19〕椒房：指后妃。〔20〕群后：诸侯。指曹氏宗族中关系比较疏远的成员和异姓当中享有封爵的人。分居在各自封国的宗室近亲王公不在此列。 〔21〕番休：轮番休息。 递上：依次入宫侍从皇帝。 〔22〕人道：人际交往。〔23〕气类：志趣投合的朋友。 〔24〕婚媾：婚姻。 〔25〕问：消息。〔26〕恩纪：人情。 〔27〕胡越：胡是北方少数族的泛称，越是南方的

少数族，比喻无法来往。〔28〕一切：不问情况一刀切。〔29〕紫闼：宫门。指代皇帝。〔30〕天实为之：上天造成这样。〔31〕谓之何哉：还能说什么。这两句诗出自《诗经·北门》。〔32〕戚戚具尔：《诗经·行苇》有“戚戚兄弟，莫远具尔”的诗句，意思是亲爱的兄弟之间不要疏远，应当亲近。〔33〕沛然：大雨倾泻的样子。这里指断然决定。〔34〕膏沐：搽头发的油和洗头发的液体。　遗(wèi)：赠送。〔35〕贵宗：宗室远亲中的显贵，如曹洪、曹爽等人。〔36〕百司：百官。〔37〕朝士：朝廷士大夫。〔38〕辞远游：脱掉远游冠。远游冠是亲王戴的礼帽。〔39〕武弁：武官所戴的礼帽。〔40〕朱组：即朱红色的印章绶带。〔41〕青绂：即印章上的青色绶带。当时九卿、中二千石、二千石、比二千石等官员享用银印青绂。〔42〕驸马、奉车：即驸马都尉、奉车都尉。二者是皇帝的侍从武官，都属比二千石这一级，上文的“戴武弁”、“佩青绂”就针对二者而言。〔43〕趣：尽快。〔44〕珥(ěr)笔：把笔插在冠帽的旁边。这是为了随时记录皇帝的指示。〔45〕《鹿鸣》：《诗经》篇名。这是周代君主设宴款待群臣嘉宾时唱的歌。〔46〕《常棣》：《诗经》篇名。这首诗阐明兄弟之间应当友爱。匪他：《诗经·頍弁》有“兄弟匪他”的句子，意思是好酒好菜只招待亲兄弟而不是其他人。〔47〕《伐木》：《诗经》篇名。这是宴请亲戚朋友时唱的歌。　友生：友人。《伐木》一诗中用的词语。〔48〕《蓼莪》：《诗经》篇名。这首诗写一个人受外来因素阻碍未能奉养父母，而父母不幸去世时的悲痛。　罔极：无穷。《蓼莪》一诗用的词语。这时曹植的生母卞太后也死了，所以他用了《蓼莪》的典故。〔49〕块然：孤独的样子。〔50〕拊心：内心悲伤时的动作。〔51〕崩城：传说春秋时齐国大夫杞梁战死，他的妻子到遗体所在的城下哭了十天，城墙也受到感动而崩溃。见刘向《列女传·贞顺》。这一传说多种古书都有记载，细节略有不同，或说是杞梁遗体运回齐国都城，他的妻子痛哭而城崩。后来，这就演化成孟姜女哭倒长城的故事。　陨霜：战国时燕国的邹衍尽忠于燕惠王，但惠王听信谗言，把他关进监狱。邹衍仰天大哭，据说感动了上天，夏季也突然降霜。见王充《论衡·感应》。〔52〕况：比拟。〔53〕葵：蔬菜名。　藿：豆叶。〔54〕回光：把光线转过来专门照耀葵藿。〔55〕《文子》：书名。春秋时辛妍著。辛妍字文子。原书多有残缺，现存的《文子》已非原本。1973 年在河北定州市汉墓中，有《文子》竹简出土。〔56〕否(bǐ)隔：闭塞阻隔。〔57〕友于：指兄弟。《论语·为政》有“友于兄弟”的句子。〔58〕惨毒：悲痛。〔59〕《柏舟》：《诗经》篇名。　天只：天呵。“只”是语气词。《柏舟》

有“母也天只”的句子。〔60〕《谷风》:《诗经》篇名。弃予：抛弃我。《谷风》有“女转弃予”的句子。〔61〕孟子曰：下面两句出自《孟子·离娄上》。〔62〕光被:《尚书·尧典》有“光被时雍”一句，意思是光芒照耀四方。时雍：和睦。〔63〕缉熙：光明。〔64〕行苇:《诗经》篇名。〔65〕《角弓》:《诗经》篇名。刺：讽刺。曹植的上疏中大量引用《诗经》，曹叡在答诏中也模仿他。但这只是表面文章，此后曹植的处境并无改善。〔66〕亲亲：这里指亲属。

植复上疏，陈审举之义〔1〕，曰：

臣闻天地协气而万物生〔2〕，君臣合德而庶政成〔3〕。五帝之世非皆智，三季之末非皆愚〔4〕；用与不用，知与不知也。既时有举贤之名，而无得贤之实，必各援其类而进矣。谚曰：“相门有相，将门有将。”夫相者，文德昭者也；将者，武功烈者也。文德昭，则可以匡国朝，致雍熙〔5〕，稷、契、夔、龙是也；武功烈，则所以征不庭〔6〕，威四夷，南仲、方叔是矣。昔伊尹之为媵臣〔7〕，至贱也；吕尚之处屠钓，至陋也。及其见举于汤武、周文，诚道合志同，玄谟神通〔8〕；岂复假近习之荐〔9〕，因左右之介哉〔10〕！《书》曰：“有不世之君，必能用不世之臣；用不世之臣，必能立不世之功。”殷、周二王是矣。若夫龌龊近步〔11〕，遵常守故，安足为陛下言哉！

故阴阳不和，三光不畅〔12〕，官旷无人，庶政不整者，三司之责也；疆埸骚动，方隅内侵，没军丧众，干戈不息者，边将之忧也。岂可虚荷国宠而不称其任哉！故任益隆者负益重，位益高者责益深；《书》称“无旷庶官[13]”，《诗》有“职思其忧[14]”：此其义也。

陛下体天真之淑圣[15]，登神机以继统[16]；冀闻康哉之歌[17]，偃武(行)〔修〕文之美。而数年以来，水旱不时，民困衣食；师徒之发，岁岁增调；加东有覆败之军[18]，西有殪没之将[19]：至使蚌蛤浮翔于淮、泗[20]，鼲鼬喧哗于林木[21]。臣每念之，未尝不辍食而挥餐[22]，临觞而扼腕矣！

昔汉文发代[23]，疑朝有变。宋昌曰[24]：“内有朱虚、东牟之亲[25]；外有齐、楚、淮南、琅邪[26]：此则磐石之宗[27]，愿王勿疑！”臣伏惟陛下远览姬文二虢之援[28]，中虑周成召、毕之辅[29]，下存宋昌磐石之固。昔骐骥之于吴坂，可谓困矣；及其伯乐相之，孙邮御之[30]，形体不劳而坐取千里。盖伯乐善御马，明君善御臣；伯乐驰千里，明君致太平：诚任贤使能之明效也。若朝司唯良[31]，万机内理；武将行师，方难克弭[32]：陛下可得雍容都城[33]，何事劳动銮驾[34]，暴露于边境哉！

臣闻羊质虎皮，见草则悦，见豺则战[35]，忘其皮之虎也。今置将不良，有似于此。故语曰：“患为之者不知，知之者不得为也。”昔乐毅奔赵，心不忘燕；廉颇在楚[36]，思为赵将。臣生乎乱，长乎军，又数承教于武皇帝，伏见行师用兵之要，不必取孙、吴而暗与之合[37]。窃揆之于心，常愿得一奉朝觐，排金门[38]，蹈玉陛；列有职之臣，赐须臾之(问)〔间〕[39]；使臣得一散所怀，摅舒蕴积[40]：死不恨矣。被鸿胪所下发士息书[41]，期会甚急[42]。又闻豹尾已建[43]，戎轩鹜驾[44]，陛下将复劳玉躬，扰挂神思。臣诚竦息，不遑宁处。愿得策马执鞭，首当尘露；撮风后之奇[45]，接孙、吴之要[46]，追慕卜商起予左右[47]，效命先驱，毕命轮毂：虽无大益，冀有小补。然天高听远，情不上通；徒独望青云而拊心，仰高天而叹息耳。

屈平曰[48]："国有骥而不知乘，焉皇皇而更索[49]！"昔管、蔡放诛，周、召作弼[50]；叔鱼陷刑[51]，叔向匡国[52]。三监之衅[53]，臣自当之；二南之辅[54]，求必不远：华宗贵族，藩王之中，必有应斯举者。故传曰："无周公之亲[55]，不得行周公之事。"唯陛下少留意焉。

近者汉氏广建藩王，丰则连城数十，约则飨食祖祭而已[56]；未若姬周之树国，五等之品制也。若扶苏之谏始皇[57]，淳于越之难周青臣[58]，可谓知时变矣。夫能使天下倾耳注目者，当权者是矣；故谋能移主，威能慑下。豪右执政[59]，不在亲戚；权之所在，虽疏必重；势之所去，虽亲必轻。盖取齐者田族[60]，非吕宗也；分晋者赵、魏[61]，非姬姓也：唯陛下察之！苟吉专其位[62]，凶离其患者[63]，异姓之臣也；欲国之安，祈家之贵，存共其荣，没同其祸者，公族之臣也[64]。今反公族疏而异姓亲，臣窃惑焉。臣闻孟子曰："君子穷则独善其身[65]，达则兼善天下。”今臣与陛下，践冰履炭，登山浮涧；寒温燥湿，高下共之：岂得离陛下哉！

不胜愤懑，拜表陈情。若有不合，乞且藏之书府[66]，不便灭弃[67]；臣死之后，事或可思。若有毫厘少挂圣意者，乞出之朝堂；使夫博古之士，纠臣表之不合义者。如是，则臣愿足矣！

帝辄优文答报。[一]

【注释】

〔1〕审举：审慎举用人才。这篇奏疏的主旨是要求重用宗亲近亲，特别是自己。对于异姓掌握重权的危险性，他的担心后来竟成为现实。〔2〕协气：合气。〔3〕合德：同德。〔4〕三季：夏、商、周。〔5〕雍熙：和谐安乐。〔6〕不庭：不服从。〔7〕媵(yìng)臣：陪嫁的男女奴隶。〔8〕玄谟：玄妙的谋略。〔9〕近习：君主亲近的侍臣。〔10〕介：介绍。〔11〕龌龊：气量狭窄。近步：胆小拘谨。〔12〕三光：日、月、星。〔13〕无旷庶官：不要让不称职的人占据各个官位。这是《尚书·皋陶谟》里的话。〔14〕职思其忧：常常想到忧患。意思是居安思危。这是《诗经·蟋蟀》中的句子。〔15〕天真：天然生就的。〔16〕神机：皇位。〔17〕康哉：《尚书·皋陶谟》记载赞颂虞舜的歌谣，其中有“庶事康哉”的句子。〔18〕东有覆败之军：指曹休大败于淮南。〔19〕西有殪没之将：指被蜀军杀死的王双、张郃。〔20〕蚌蛤浮翔：形容孙吴军队气焰嚣张。吴军长于水战，故以蚌蛤作比喻。〔21〕鼲鼬(hún yòu)：灰鼠、黄鼠狼。这比喻善于山地作战的蜀军。〔22〕挥餐：推开面前的食物。〔23〕汉文：汉文帝。发代：从代王国(都城在今山西平遥县西南)出发。汉文帝刘恒是汉高祖刘邦的儿子，最初封代王。周勃等人消灭了吕氏势力，迎立他为皇帝。〔24〕宋昌：刘恒的下属。当时任代国的中尉。周勃等人派出使者请刘恒进京，代国的官员都怀疑其中有诈，劝刘恒不去。唯有宋昌认为可信，力劝刘恒入京。事见《史记》卷十《孝文本纪》。〔25〕朱虚：指朱虚侯刘章(？—前175)。刘邦的孙子。是参与消灭吕氏势力的主要人物，亲手杀

相国吕产。文帝即位，封城阳王。传附《史记》卷五十二《齐悼惠王世家》。　东牟：指东牟侯刘兴居(？—前175)。刘章的弟弟。随刘章消灭吕氏势力，后封济北王。传附《史记》卷五十二《齐悼惠王世家》。〔26〕齐：指齐王刘襄(？—179)。刘章的哥哥。袭父爵为齐王。传附《史记》卷五十二《齐悼惠王世家》。　楚：指楚王刘交(？—前179)。刘邦的小弟。传见《史记》卷五十、《汉书》卷三十六。　淮南：指淮南王刘长(？—前174)。刘邦的小儿子。传见《史记》卷一百一十八、《汉书》卷四十四。　琅邪：指琅邪王刘泽(？—前178)。刘邦的族兄弟。传见《史记》卷五十一、《汉书》卷三十五。〔27〕磐石之宗：像巨石一样坚定强大的宗族势力。〔28〕姬文：即周文王。〔29〕周成：周成王。　召、毕：指召公奭、毕公高。二人以同姓辅佐成王。〔30〕孙邮：即伯乐。伯乐名孙阳，又名邮无恤。这里被曹植合称为孙邮。〔31〕朝司：朝廷的三公。〔32〕方难：边境的战争。〔33〕雍容：从容悠闲。〔34〕何事：何必。〔35〕战：战抖。〔36〕廉颇：战国时赵国名将。屡次击败齐、魏大军。赵孝成王时，大破燕军，任相国，封信平君。至赵悼襄王时受冷落，出走魏国、楚国，死于楚。传见《史记》卷八十一。〔37〕取孙、吴：从孙武、吴起那里吸取军事谋略。〔38〕排：推。　金门：汉代皇宫有金马门。这里指宫门。〔39〕赐须臾之间：赐给我短暂的空隙。指召见自己。〔40〕摅舒蕴积：抒发我蓄积很久的情思。〔41〕鸿胪：即大鸿胪。宗室王国的事务归大鸿胪主管。　士息：士兵的儿子。曹魏的兵家，儿子照例要承担兵役。曹植的王国配有一定数量的士兵，现在要求他们把自己够条件的儿子送出去当兵。〔42〕期会：报到的期限。〔43〕豹尾：皇帝出行时，整个礼仪车队的最后一辆车上要悬挂豹尾。豹尾之前属于禁区，相当于皇宫之内。豹尾车过了之后，才能撤除路旁的警卫。这里“豹尾已建”指皇帝准备亲自出征。〔44〕戎轩：兵车。　骛：迅疾。〔45〕风后：传说中黄帝的臣僚，擅长兵法。〔46〕接：抽取。〔47〕卜商(前507—?)：字子夏，孔子的弟子。传见《史记》卷六十七《仲尼弟子列传》。　起予左右：在左右启发我。《论语·八佾》记载，孔子曾称赞子夏，说“起予者商也”。〔48〕屈平：即屈原。名平，字原。出身楚国贵族，官至三闾大夫。主张东联齐国，抵抗强秦。受人谗害，被免职流放。后见国势衰落，国都郢(今湖北荆州市荆州区西北)又被秦军攻破，遂投汨罗江而死。作品今存有《离骚》等篇。传见《史记》卷八十四。〔49〕皇皇：匆匆忙忙的样子。这两句诗出自宋玉《九辩》。宋玉是屈原的弟子，这里曹植误记。〔50〕作弼：作辅佐。〔51〕叔鱼：春秋时晋国的司法官。当时邢侯与雍子争夺田地，叔鱼受雍子的贿赂，判邢侯有罪。邢侯忿而杀叔鱼和雍子。〔52〕叔向：叔鱼的哥哥，当时任晋国大夫。邢侯报复行凶后，叔向受命受理，他秉公执法，认为三人都有罪，于是处邢侯死刑，把叔鱼与雍子的尸体陈列在市场示众。事见《左传》昭公十四年。〔53〕三监：指上文提到的管叔、蔡叔，再加霍叔。三人都是周武王的弟弟，又都封在殷王朝故都附近，以监视殷的遗民，合称“三监”。武王死，周公摄政，他们不服而反抗，被周公出兵平定。　衅：罪过。〔54〕二南：指周公、召公。《诗经》的《国风》这部分民间歌谣中，有《周南》十一首、《召南》十四首，合称“二南”。《周南》是周公统治区（今河南三门峡市陕州区以东）的民歌，《召南》是召公统治区（今河南三门峡市陕州区以西）的民歌，故以二南指代二人。〔55〕无周公之亲：没有周公那样的近亲关系。〔56〕约：小。〔57〕扶苏（？—前210）：秦始皇的长子。　谏始皇：秦始皇下令活埋儒生四百多人，扶苏认为不妥，出面劝阻。见《史记》卷六《秦始皇本纪》。〔58〕淳于越：秦始皇时的博士。　周青臣：秦始皇时的仆射，二人曾参加咸阳宫中宴会，周青臣赞美秦实行郡县制，淳于越反驳他，认为分封制才能实现长治久安。事见《史记》卷六《秦始皇本纪》。〔59〕豪右：指异姓的大族名门。〔60〕取齐者田族：西周齐国的始封君主是吕尚。传到春秋末年，君权被大臣田氏所夺。前386年，周天子正式承认田和为齐侯，吕氏失国。事见《史记》卷三十二《齐太公世家》。〔61〕分晋者赵、魏：西周晋国的始封君主是周成王的弟弟叔虞，姬姓。春秋后期卿大夫势力膨胀。进入战国时代，赵、韩、魏三家即瓜分晋国。其中赵为嬴姓，但魏、韩都为姬姓，见《史记》卷四十四《魏世家》、卷四十五《韩世家》。这里曹植说魏不是姬姓，不确。〔62〕吉专其位：吉利的时候就把持官位。〔63〕凶离其患：形势险恶就马上逃离祸患。〔64〕公族：宗室。〔65〕穷：困穷。这两句话出自《孟子·尽心上》。〔66〕书府：收藏文书档案的府署。〔67〕便：立即。

【裴注】

〔一〕《魏略》曰：“是后，大发士息，及取诸国士。植以近前诸国士息已见发；其遗孤稚弱，在者无几，而复被取。乃上书曰：‘臣闻古者圣君，与日月齐其明，四时等其信；是以戮凶无重，赏善无轻；怒若惊霆，喜若时雨；恩不中绝，教无二可：以此临朝，则臣下知所死矣。受任在万里之外，审主之所授官，必己之所以投命；虽有构会之徒，泊然不以为惧者，盖君臣相信之明效也。昔章子为齐将，人有告之反者。威王曰："不然!"左右曰："王何以明之?"王曰："闻章子改葬死母；彼尚不欺死父，顾当叛生君乎?"此君之信臣也。昔管仲亲射桓公，后幽囚，从鲁槛车载，使少年挽而送齐。管仲知桓公之必用己，惧鲁之悔。谓少年曰："吾为汝唱，汝为和；声和声，宜走。"于是管仲唱之，少年走而和之；日行数百里，宿昔而至。至则相齐，此臣之信君也。臣初受封，策书曰："植受兹青社，封于东土；以屏翰皇家，为魏藩辅。"而所得兵百五十人，皆年在耳顺，或不逾矩；虎贲官骑及亲事，凡二百余人。正复不老，皆使年壮；备有不虞，检校乘城，顾不足以自救；况皆复耄耋疲曳乎?而名为魏东藩，使屏翰王室，臣窃自羞矣。就之诸国，国有士子，合不过五百人；伏以为三军益损，不复赖此。方外不定，必当须办者；臣愿将部曲倍道奔赴，夫妻负襁，子弟怀粮，蹈锋履刃，以徇国难：何但习业小儿哉?愚诚以挥涕增河，鼷鼠饮海；于朝万无损益，于臣家计甚有废损。又臣士息，前后三送，兼人已竭；唯尚有小儿，七八岁以上，十六七以还，三十余人。今部曲皆年耆：卧在床席，非糜不食，眼不能视，气息才属者，凡三十七人；疲瘵风靡，疣盲聋聩者，二十三人。唯正须此小儿：大者可备宿卫，虽不足以御寇，粗可以警小盗；小者未堪大使，为可使耘锄秽草，驱护鸟雀。休候人则一事废，一日猎则众业散；不亲自经营则功不摄，常自躬亲，不委下吏而已。陛下圣仁，恩诏三至；士子给国，长不复发。明诏之下，有若皦日；保金石之恩，必明神之信；画然自固，如天如地。定习业者并复见送，晻若昼晦，怅然失图。伏以为陛下既爵臣百僚之右，居藩国之任，为置卿士，屋名为宫，冢名为陵；不使其危居独立，无异于凡庶。若柏成欣于野耕，子仲乐于灌园；蓬户茅牖，原宪之宅也；陋巷箪瓢，颜子之居也：臣才不见效用，常慨然执斯志焉。若陛下听臣，悉还部曲，罢官属，省监官；使解玺释绂，追柏成、子仲之业，营颜渊、原宪之事；居子臧之庐，宅延陵之室。如此，虽进无成功，退有可守；身死之日，犹松、乔也。然伏度国朝，终未肯听臣之若是，固当羁绊于世绳，维系于禄位；怀屑屑之小忧，执无已之百念；安得荡然肆志，逍遥于宇宙之外哉！此愿未从，陛下必欲崇亲亲，笃骨肉，润白骨而荣枯木者，唯遂仁德，以副前恩诏。'皆遂还之。"

其年冬，诏诸王：朝六年正月[1]。其二月，以陈四县，封植为陈王[2]，邑三千五百户。

植每欲求别见独谈，论及时政；幸冀试用，终不能得。既还，怅然绝望。时法制：待藩国既自峻迫，僚属皆贾竖下才[3]；兵人给其残老，大数不过二百人。又植以前过[4]，事事复减半；十一年中而三徙都[5]，常汲汲无欢[6]。遂发疾，薨，时年四十一。[一]

遗令薄葬。以小子志，保家之主也，欲立之。初，植登鱼山[7]，临东阿；喟然有终焉之心，遂营为墓[8]。子志嗣，徙封济北王。

景初中，诏曰："陈思王昔虽有过失，既克己慎行，以补前阙；且自少至终，篇籍不离于手：诚难能也。其收黄初中诸奏植罪状，公卿以下议，尚书、秘书、中书、三府、大鸿胪者，皆削除之；撰录植前后所著赋、颂、诗、铭、杂论凡百余篇，副藏内外[9]。"

志累增邑，并前九百九十户[10]。[二]

【注释】

〔1〕六年：太和六年(公元232)。〔2〕陈：县名。县治在今河南淮阳县。〔3〕贾(gǔ)竖下才：像市场摊贩一样的庸俗之辈。〔4〕前过：从前的过失。〔5〕十一年中而三徙都：太和六年(公元232)的十一年前是黄初三年(公元222)。但是据上面的传文，从黄初三年曹植受封鄄城王后，先后改封雍丘王、浚仪王、雍丘王、东阿王、陈王，都城的迁移变动为五次而非三次。〔6〕汲汲：急于改变自己恶劣处境的样子。〔7〕鱼山：山名。在今山东东阿县西南。〔8〕遂营为墓：曹植墓现今尚存。1951年曾发掘清理一次，出土文物一百多件。1977年又在墓壁上发现阴刻铭文砖一块。据铭文记载，曹植陵墓修建于太和七年(公元233)三月，出动劳工二百人，奉令调发劳工的是兖州刺史王昶。见《文物》1979年5期、《文献》1989年3期。此外，在今河南淮阳县、开封市等处，也还有相传是曹植的陵墓留存。〔9〕副：制成副本。〔10〕九百九十户：据本卷上下文记载，曹彰死后儿子曹楷袭王爵，明帝

赐二千五百户，以后增加到四千四百户；曹熊死后儿子曹炳袭王爵，也赐二千五百户。现在曹志的情况相同，并且多次增加了户数，食邑应当不止九百九十户。此处史文疑有脱落。

【裴注】

〔一〕植尝为琴瑟调歌，辞曰："吁嗟此转蓬，居世何独然！长去本根逝，夙夜无休闲。东西经七陌，南北越九阡；猝遇回风起，吹我入云间。自谓终天路，忽焉下沉渊；惊飚接我出，故归彼中田。当南而更北，谓东而反西。宕宕当何依？忽亡而复存。飘飘周八泽，连翩历五山；流转无恒处，谁知吾苦艰？愿为中林草，秋随野火燔；糜灭岂不痛？愿与根荄连！"

孙盛曰："异哉，魏氏之封建也！不度先王之典，不思藩屏之术；违敦睦之风，背维城之义。汉初之封，或权侔人主；虽云不度，时势然也。魏氏诸侯，陋同匹夫；虽惩七国，矫枉过也！且魏之代汉，非积德之由；风泽既微，六合未一；而雕翦枝干，委权异族；势同瘣木，危若巢幕：不嗣忽诸，非天丧也！五等之制，万世不易之典。六代兴亡，曹冏论之详矣。"

〔二〕《志别传》曰："志字允恭。好学有才行。晋武帝为中抚军，迎常道乡公于邺。志夜与帝相见，帝与语，从暮至旦，甚器之。及受禅，改封鄄城公。发诏以志为乐平太守。历章武、赵郡。迁散骑常侍、国子博士。后转博士祭酒。及齐王攸当之藩，下礼官，议崇锡之典。志叹曰：'安有如此之才，如此之亲，而不得树本助化，而远出海隅者乎？'乃建议以谏，辞旨甚切。帝大怒，免志官。后复为散骑常侍。志遭母忧，居丧尽哀；因得疾病，喜怒失常。太康九年卒，谥曰定公。"

萧怀王熊，早薨。黄初二年，追封谥萧怀公。太和三年，又追封爵为王。青龙二年，子哀王炳，嗣，食邑二千五百户。六年薨[1]；无子，国除。

【注释】

〔1〕六年：这里"六年"承接上文"青龙二年"，按本书行文惯例，即应为青龙六年。但是，青龙年号只到四年为止，无六年。而且自青龙

起到曹魏灭亡之间的年号，只有齐王曹芳的“正始”有六年。因此，或许是“六”字有误，或许是“六年”之前脱落“正始”二字。

评曰：任城武艺壮猛，有将领之气。陈思文才富艳，足以自通后叶〔1〕；然不能克让远防，终致携隙。传曰：“楚则失之矣〔2〕，而齐亦未为得也。”〔3〕其此之谓欤！〔一〕

【注释】

〔1〕后叶：后世。〔2〕楚则失之：比喻曹植有过错。〔3〕齐亦未为得：比喻曹丕、曹叡父子对待曹植也不得当。这两句出自司马相如《上林赋》。

【裴注】

〔一〕鱼豢曰：“谚言‘贫不学俭，卑不学恭’，非人性〔殊〕分也，势使然耳。此实然之势，信不虚矣。假令太祖防遏植等，在于畴昔；此贤之心，何缘有窥望乎？彰之挟恨，尚无所至；至于植者，〔岂能兴难?〕乃令杨修以倚注遇害，丁仪以希意族灭。哀夫！余每览植之华采，思若有神；以此推之，太祖之动心，亦良有以也。”

【译文】

任城威王曹彰，字子文。年轻时就擅长射箭骑马，臂力过人，敢于徒手与猛兽格斗，不畏艰难险阻。多次随从父亲太祖曹操征伐，慷慨激昂。太祖曾经抑制他说：“你不想读书学习圣人之道，只喜欢驰马击剑：这只不过是一介勇夫的作为而已，怎么值得看重呢！”于是督促他阅读《诗经》、《尚书》。曹彰对左右随从说：“大丈夫应当像卫青、霍去病那样，率领十万骑兵驰骋沙漠，驱逐少数族，建功立名呀！哪能去当一个讲授儒经的博士教官啊！”

太祖有一次问儿子们各自的喜好，让他们说出自己真正的志向。曹彰说：“我喜欢当将军。”太祖问：“当将军怎么个当法?”

他回答说："身穿坚固的铠甲，手持锐利的武器；临危不顾，身先士卒；说赏赐必定兑现，说惩罚必定执行。"太祖大笑。

建安二十一年(公元216)，曹彰被封为鄢陵侯。建安二十三年(公元218)，代郡的乌丸族人反叛，太祖以曹彰为北中郎将，代理骁骑将军职务，领兵前去讨伐。临出发时，太祖告诫他说："居家时我们是父子，接受命令后我们就是上下级；动辄是要按王法处理的，你可要注意这一点！"曹彰领兵北上，进入涿郡地界；反叛的乌丸族骑兵数千人，突然出现。当时曹彰手下的部队尚未集中，身边只有步兵一千人，骑兵几百人；他当即采用田豫的计策，坚决守住要紧的接合处，把敌人击退。曹彰乘胜追击，亲自投入战斗，弯弓搭箭瞄准敌人骑兵，箭不虚发，被射死的敌人倒了一路。激战了大半天，曹彰的铠甲上也中了数箭，而他斗志更加昂扬；乘势猛追，一直追到桑干县境内，距离代郡的治所高柳县只有二百多里。曹彰属下的长史和众将官都认为军队刚刚经历远道跋涉，人马疲劳；而且出发前受了太祖的指令，不准越过代郡的治所高柳县境：因此目前不能违抗指令，轻敌冒进。曹彰却说："率领军队行动，怎么有利就怎么干，还管什么指令啊！敌人逃跑得不远，发动追击必定击败他们；遵从指令而放跑敌人，这还算什么优秀将领！"于是纵身上马，向全军发令说："拖在后面出发者，斩首！"追了一天一夜终于赶上敌人；立即发起攻击，打得对方落花流水，斩杀和俘获敌人数以千计。曹彰下令按通常的数额加倍奖赏将士，部下无不兴高采烈，欢天喜地。当时鲜卑族的首领轲比能，带了几万骑兵在旁边观望形势；看到曹彰拼力作战，所向无敌，于是向朝廷请求归顺。北方边境至此完全平定。

正在长安的太祖，召曹彰到自己的驻地。曹彰应召从代郡南下，途中经过邺县，在这里见到镇守邺县的哥哥曹丕。曹丕对他说："您新近立下大功，现在到西边去见父亲大人；最好不要自夸，回答询问时对自己的功劳要好像不愿说得很充分似的。"曹彰到了长安，按照曹丕的指教，把功劳都归给属下众将。太祖大为高兴，摸着曹彰的胡须说："这个长着黄胡须的娃娃，竟然很不寻常呀！"太祖东还，以曹彰代理越骑将军职务，留守长安。

到达洛阳时，太祖突然发病，下令用驿车把曹彰接来交代任务。曹彰还未赶到，太祖已经去世。

文帝曹丕继承魏王位之后，命令曹彰与宗室的诸侯都回到各自的封国。朝廷下诏说："古代圣明君主的治国之道，是赏赐有功勋的人，亲近自己的亲属，一并封自己的同胞弟弟为诸侯，开创封国而继承家族；所以能够对君主进行保护，抗御外侮而抵制祸难。曹彰此前受命北伐，平定北方，功劳很大。现在增加他的封邑五千户，加上以前的共计一万户。"黄初二年(公元221)，曹彰晋升为公爵。黄初三年(公元222)，立为任城王。黄初四年(公元223)，到京城朝见时，曹彰发急病死在京城安置来朝见的诸侯的馆舍中。谥号为威。下葬时，文帝赏赐系有金铃的皇帝座车，画有两条交叉龙形图案的旗帜；还有宫廷侍卫的勇士一百人，作为仪仗用品和仪仗队：如像从前汉朝优待东平王的事例。

曹彰的儿子曹楷继承了父亲的爵位。不久封地改到中牟县。黄初五年(公元224)，又改封在任城县。太和六年(公元232)，又以任城郡为封地，封邑共有五县，二千五百户。青龙三年(公元235)，曹楷因私自派下属，到中尚方去制作禁止臣民使用的御用物品，被削减封邑二县，共一千户。正始七年(公元246)，曹楷封地又改到济南郡，有封邑三千户。正元、景元年间，接连增加他的封邑，共有四千四百户。

陈思王曹植，字子建。才十多岁的时候，就诵读诗歌、论文和辞赋共几十万字。他很会写文章，太祖曹操曾经阅读他写的文章；问他："你这是请人代作的吗?"曹植立即跪下回答说："出口就是议论，下笔便成文章，这可以当面考试，怎么会找人帮忙?"当时邺县魏宫后园的铜雀台刚刚修好，太祖带着自己的儿子登上铜雀台，让他们各自写一篇赋。曹植提起笔来一挥而就，文辞很值得观赏；太祖非常器重他。

曹植生性喜欢简单方便，不注重威严的仪式；车马服饰，也不追求华丽。每次拜见太祖接受考问，都能应声对答，所以特别受到太祖的宠爱。建安十六年(公元211)，封为平原侯。建安十九年(公元214)，改封为临淄侯。

太祖带兵征讨孙权，让曹植留守邺县。告诫他说："我过去当顿丘县令时，是二十三岁；回想当时所做的事，到今天也没有什么后悔的。现今你的年龄，也是二十三岁，能不自勉吗!”曹植既以才能受到宠爱，而丁仪、丁廙、杨修等人又充当了他的支持者。太祖因此而犹豫不决，有好几次，都要下决心立他为太子了。然而曹植做事任性，不刻意在表面上美化自己的形象，在饮酒上也毫无节制；他的哥哥曹丕却能使用手段，克制自己和美化自己，连魏宫中的宫女和侍从，都在帮曹丕说好话：所以结果曹丕被确定为太祖的继承人。

建安二十二年(公元217)，增加曹植的封邑五千户，连同以前的共有一万户。曹植曾经乘车在邺县中专供太祖使用的驰道上行驶，又打开魏宫的南面正门从门中间乘车出外。太祖得知他这些严重违反礼仪制度的行为后勃然大怒，把守卫宫门的公车令处死。从此加重了限制诸侯行动的条文和禁令，而曹植受到的宠爱则日益淡薄。太祖很担心曹植不能与哥哥曹丕始终和睦相处而可能出现变故；考虑到支持曹植的杨修很有才能和策略，而且又是被自己消灭了的袁氏家族的外甥，于是安上罪名处死了杨修：曹植心中更加不安。建安二十四年(公元219)，曹仁在襄阳被关羽包围。太祖任命曹植为南中郎将，代理征虏将军职务；准备派他带兵去援救曹仁，并要召见他进行一番告诫；不料曹植喝酒喝得酩酊大醉，根本不能接受命令，太祖很是后悔，便停止让他去执行任务。

文帝曹丕继承魏王的王位后，下令诛杀曹植的支持者丁仪、丁廙及其家中的男性人口；曹植和同姓诸侯，都被送到各自的封地而不能留在京城。

黄初二年(公元221)，监国谒者灌均，迎合文帝的心意，上奏告发曹植“醉酒之后言行傲慢，而且动手劫持威胁朝廷派去监视诸侯的使者”。有关部门的官员准备判处曹植死刑；文帝因为皇太后不同意，只好把曹植贬为安乡侯以示惩罚。同年改封为鄄城侯。黄初三年(公元222)，立为鄄城王，封邑二千五百户。

黄初四年(公元223)，曹植改封雍丘王。同年，奉命到京城朝见天子，他上疏说：

为臣自从带着罪过回到自己的封国，刻骨铭心，反省罪过；中午才吃饭，半夜才睡觉。确实感到王朝的法律不能再触犯，圣上的恩德难以再依仗了。我暗中背诵《诗经》中《相鼠》这首诗歌，品味其中所说的人要是无礼为什么不赶快去死的道理，看着自己的身影，真是羞愧万分！本想带着罪过去死，不免违背了古代贤人“君子早晨有过失，晚上就改掉”的勉励；苟且活下去吧，又会受到《相鼠》这首诗作者发出的“你还有何脸面活着”的讽刺。为臣跪着回想陛下具有天地一般伟大的品德，比父母还深厚的恩泽；施恩的时候像和煦的春风，润物的时候像及时的甘雨。并不因为是荆棘就厌弃不管，这是祥瑞云气才能给予的恩惠啊；七个儿子平均哺养一视同仁，这是鸤鸠才能施加的慈爱啊；不计较罪责而要求建立功劳，这是英明君主才有的举动啊；怜悯愚笨的人而又爱护能干的人，这是慈父才有的大恩啊——每当愚臣想到陛下这些恩泽就徘徊留恋，所以始终不愿意抛弃自己去寻死轻生呀。此前奉接陛下的诏书，要为臣等进京朝见；为臣等离开朝廷回到封国，自己料想到年老也不会再有手持玉版朝见圣上的希望了。没有想到一下子接到圣诏，蒙受陛下收容召见的恩典；到达京城的时候，心却早已飞到圣上您身边了。现在为臣还住在城西专供来朝诸侯居住的僻静馆舍，没有接到陛下召见的指示；心情一直激动不安，望着皇宫所在的方向始终平静不下来。这里谨跪拜呈上表章和献诗两篇。其中第一首诗是：

啊，我们的父亲太祖武皇帝，
这个时代伟大美好的形象！
他承受了上天的旨意，
前来安定和拯救四方。
红色的战旗飘舞，
九州的反叛者都举手投降；
道德上的潜移默化遍及各地，
连最边远的地区也来朝拜君王：
父皇的功德超过了商、周的圣君，
简直可以与唐尧相提并论。

接着又养育了皇上您，
一代接一代都是天生的智慧聪明；
论武功您是显赫无比，
论文德您把社会治理得和谐昌盛；
因此理所当然受禅称帝，
君临天下统治各族人民。
全国各地既已受到教育感化，
皇帝便遵循古代制度实行分封；
至亲兄弟都得到了封地，
形成一道屏障把皇室保护在当中。
皇上对我说："你这位侯爷，
让你去拥有青州的土地和民众；
封地一直延伸到大海之滨，
就像周朝的鲁国一样强大兴隆。"
赏赐我的车辆服饰流光溢彩，
各色旌旗美得如同五彩云霞；
优秀人物济济一堂，
辅佐我治理好自己的国家。
哎，可恨我这小子，
却仗恃恩宠骄傲自大；
一举一动不是违背当前的禁令，
就是触犯了恒定不变的王法。
我受命充当皇室的屏障，
却破坏了从前传下来的规范；
既对皇上的使者不恭不敬，
又把朝廷的礼仪任意违反。
国家按照典章制度，
贬低我的爵位还把封地削减；
有关部门还要追查罪魁祸首，
提议把我送交执法机关审判。
幸亏天子无比英明，
深深爱护自己的同胞弟弟；

不忍心让我承受严厉的刑罚，
在集市上先砍头再陈列尸体；
所以才驳回执法官员的意见，
下诏宽恕了我的一切过失；
只把我改封在兖州的鄄城县，
让我在黄河边上好生反省自己。
这时我身边的辅佐大臣全部撤销，
封地上只有君主而没有臣僚；
不知道谁会来帮助我，
把荒唐无礼的毛病彻底改掉？
结果我又犯了错误被召到冀州检讨，
一路上只有孤零零一个马夫把我照料；
可叹可悲啊我这个小子，
竟然又一次掉进了灾祸的泥沼！
感谢功德显赫的皇上您，
施予恩泽没有任何人遗漏；
让我戴上黑礼帽系上红绶带，
依然充当大魏王朝的诸侯。
大红的绶带光闪闪，
无比荣耀的感觉涌上心头；
使者送来符信和玉珪，
我又重新把王朝的爵位接受。
封爵的文书捧在手上，
又佩戴起黄金制作的印章；
皇上给了我过于深厚的恩典，
在恭敬接受的同时不免有些惶惶。
哎，我这个可恨的小子，
被愚顽和凶恶缠住不放；
死了没脸见伟大的父亲，
活着愧对您，英明的皇上。
我并不敢对皇上傲慢，
实在是仗恃皇上的恩宠；

现在再一次得到您的赦免，
足以使我到死都感激无穷。
您的恩情像青天没有止境，
而我的生命却不知会在何时告终；
所以才常常担心会突然倒下死去，
大恩未报将使我无法安眠在黄土之中。
我多么希望在附近的泰山上插起军旗，
带领将士冒着刀林箭雨前去作战；
如果能建立哪怕是点滴的功勋，
或许可以抵消我从前的罪愆。
最好是面对危险甚至献出生命，
这样才会使我报恩抵罪的愿望实现；
我愿去进攻荆湘的敌人，
更想挥舞戈矛去平定扬州的江南。
上天明白我的心意，
使我能够来到京城；
急着等待拜见皇上您，
就像一个饥渴难忍的人。
我心中满怀对您的仰慕，
还夹杂了一股悲怆之情；
高远的上天也听得见下面的呼声，
不知皇上您能不能体察我的内心？

其中第二首诗是：

恭恭敬敬接到皇上的诏令，
要皇族的诸侯前往京城；
我星夜收拾行装打早就出发，
喂饱马给车轴涂上油便往前飞奔。
我向统带仆役的管事再三嘱咐，
要好生整顿随同进京的队伍；
早上从鸾鸟栖息的高台动身，
到晚来露宿在兰花遍布的洲渚。
一路上经过茫茫原野芳草青青，

看到许多在农田里辛勤劳动的百姓；
那一片又一片的公家土地，
庄稼长得真是茁壮茂盛！
虽然有下垂的树枝形成浓荫，
我却没有时间稍作停留；
连口袋里面装的干粮，
也顾不得取出来咬上一口。
看到城镇也不进去，
面临街市也没有仔细瞧一眼；
只是催促马夫猛挥长鞭，
沿着平坦的大路直往前赶。
黑色的辕马精力充沛，
昂起头跑得口中白沫流下来；
清风在两旁为我扶持车轭，
白云在头顶为我托起车盖。
从水滨径直横渡溪涧，
沿着陡峭的山弯小心经过；
才离开大河的长长堤岸，
又爬上缓缓的黄土高坡。
一直向西穿越关隘山谷，
时而往下走时而又往上行；
拉车的马终于也跑疲倦了，
我们只好不断休息再不断起程。
想到将要朝见圣明的皇上，
不敢安然停留在途中；
只能按着节拍不断前进，
计算着日子驰骋如风。
前面的侍从举起火把照路，
后面的车上旌旗随风翻卷；
车轮儿不停地转呀转，
车铃铛的悦耳响声一路不断。
终于赶到了壮丽的京城，

在城西的馆舍中暂时住下；
皇上召见的诏命还没有下达，
不知道何时才能进宫朝见他。
我仰起头瞻望那巍峨的宫城大门，
低下头想念宫内的殿堂和朝廷；
心中涌起的是永不消逝的眷恋，
就像喝醉酒一样神志恍惚不宁。

文帝读了之后很欣赏他的文辞和心意，下达了一道措辞温和表示嘉许的诏书来回复和勉励他。

黄初六年(公元225)，文帝东征孙权；回来的路上，经过曹植的封地雍丘县，文帝亲临曹植的住宅，给他增加封邑五百户。

魏明帝即位之后的太和元年(公元227)，曹植的封地改到浚仪县。第二年，又改回雍丘。他常常愤恨自己，具有杰出的才能而无处施展；于是向明帝上疏，请求试用自己，奏疏说：

为臣听说有志之士活在世上，回家就侍奉父亲，出外就侍奉君主：而侍奉父亲的最好方式是为他赢得荣耀，侍奉君主的最好方式是为他振兴国家。因此，慈父也不会疼爱毫无用处的儿子，仁君也不会养着没有作为的臣僚。能够评判人才的品德而授予官职，必定是事业成功的君主；能够衡量自己的才能来接受爵位，必定是尽力效命的臣僚。所以君主不会凭空授予官爵，臣僚也不能凭空接受官爵；凭空授予被称为胡乱任用，凭空接受被称为白拿俸禄：《诗经》中的《伐檀》一诗讽刺有的人“白吃饭”，就是由此而来。从前周文王的弟弟虢仲、虢叔不推让给他们的封国，是因为他们有深厚的道德；周公、召公也不推让给他们的封国，是因为他们有巨大的功劳。而今为臣蒙受国家厚重的恩典，已经连续三代了。有幸碰上陛下在位的太平盛世，圣上的恩泽沐浴着我，圣上的教诲感染着我，真可以说是莫大的幸福了。而我在东边享有封地，爵位列在上等；身上穿的是轻便暖和的好衣服，口中吃厌了各种各样的珍馐美味；眼睛看到了最为华丽的东西，耳朵也听够了管弦音乐：这一切都是享有上等爵位和丰厚俸禄的结果。为臣私下回想古代接受爵位、俸禄的人，情况与我完全不同；他们都是在建立功劳以拯救国家、辅佐君主以造福百姓方面作出成绩的佼佼者。而为臣我至今却无德可述，无功可记；像这样终年对国家毫无贡献，将会受到《诗经》中《候人》一诗所说的“在位官员坐吃俸禄”的讽刺。因此，为臣抬头时愧对头上戴的黑色礼帽，低头时愧对身上系的红色绶带。

而今天下统一，全国安定；但是西边还有违抗命令的蜀国，东边还有不来称臣的吴国。所以边境的将士还没有脱下铠甲，朝廷的谋士也还不能高枕无忧，他们都想统一四海以达到太平安乐。从前夏启继承王位之后出兵消灭有扈氏部落，使夏朝功勋昭著；周成王继位出兵攻克反叛的武庚和奄国，使周朝的德泽显扬。现今陛下以圣明的品质统治全国，将要完成周文王、周武王一般伟大的功业，实现周成王、周康王时那样兴隆的政治局面；所以才选拔贤能，任用能够与方叔、召虎媲美的武将镇守四方边境，充当国家的保卫者，这完全是恰当的措施。但是直到如今还未能消灭西蜀山区的罪魁，捕获东吴水乡的祸首，原因恐怕在于用兵的方法还不够完善啊。

从前耿弇不等光武帝刘秀的后援大军到达，就赶紧出兵攻击张步，说是不能把贼寇留给君主来处理。因此，在车右边陪乘的人听到车轴发出异常的声音就用剑自杀，雍门狄在越军攻入祖国时也慷慨结束自己的生命；这两位烈士，未必然讨厌生存而喜欢死亡吗？实在是因为气愤君主受到轻慢和欺凌啊！如果君主厚待臣僚，是为了兴利除弊；那么臣僚侍奉君主，一定能献出生命以清除祸乱。从前贾谊在二十岁左右的年纪，就请求汉文帝让他试做典属国的官职，说自己将制服匈奴单于，把绳索拴在单于的脖子上；终军年纪轻轻就出使南越，发誓要用长绳把南越王捆绑送回长安。这两位臣僚，未必然喜欢在君主面前夸口和向世人炫耀吗？实在是因为志气郁闷在胸中，所以急于发挥才能，向英明的君主效力啊！

汉武帝要为霍去病兴修住宅，霍去病推辞说：“匈奴还没有消灭，为臣拿家来做什么！”的确，忧国忘家，舍身赴难，这是忠臣的志向。现今为臣居住在外面的封地，享受到的待遇不能说不优厚；但是仍然睡觉不能安枕，吃饭不知道滋味，其原因就在于时刻挂念着蜀、吴二贼还没有消灭。为臣看到从前跟随太祖武皇帝的武臣战将，不少都年老去世了。虽然当今不缺乏人才，然而比起来还是过去久经沙场的将士，更为熟习作战布阵；为臣不自量力，一心为国效力，或许能建立微薄功勋，以报答受到的深恩大德。

如果陛下能打破常规颁发诏书，让为臣得以发挥小小的作用：把我编入西边大将军曹真的部下，统领一营步兵；或者把我编入东边大司马曹休的部下，指挥一支分队；那我一定会冒着危险，乘舟跨马，迎着刀锋剑刃，身先士卒冲锋杀敌。虽然不一定能亲手抓住孙权或杀死诸葛亮，也会俘虏他们的大将，歼灭他们的党羽；一定会以猛然得到的胜利，抵消我终身的羞愧；使我名留史册，事迹列入朝廷封赏的策书：即使因此而在蜀国丢了生命，在吴宫门前悬挂我的头颅示众，我也像投生人间那么快乐啊！

如果不让我的微薄才能得到试用，到死也默默无闻；只是让我的身体沾点光荣，长得白白胖胖，活着无益于政事，死了也不觉得少了一个人；空自占有上等爵位和丰厚俸禄，像被关在笼子里面的鸟儿那样生活，直到白发满头：这只是猪圈牛圈中豢养的动物，可不是为臣内心的志向啊。最近听说东部战区的守军疏于防备，遭受了小小挫折；我不禁推开饭菜，挥起袖子，撩起衣襟；拔剑东顾，一颗心早已飞到讨伐东吴的前线去了。为臣从前曾经随从太祖武皇帝征战，南面到达赤岸，东面直抵沧海，西南望见了玉门关，北面越过了卢龙塞；暗中观察他老人家如何行军用兵，真可谓神妙之极！所以用兵的事情不可能作出预言，全在于到时候如何控制局势的变化。我的唯一心愿就是在圣明君主当政的时代为国效力，建立功绩。每当我阅读史书，看到古代的忠臣义士，一下子献出生命，以解除国家的危难；肉体虽然遭到残害，而功绩却以铭文形式铸刻在鼎、钟上面，英名永留史册：就不禁要摸着胸口长叹不已。

为臣听说英明的君主使用臣僚，不会废弃那些曾经犯有罪过的人。所以秦国、鲁国起用曾经打过败仗的孟明视、曹沫，结果大获成功；楚国、秦国赦免了扯断帽绳、盗窃马匹的罪人，后来这些人为他们解除了危难。为臣暗中想到作为兄长的文皇帝早已驾崩，任城威王也离开人世；我算什么人，能够长久活下去吗？经常都担心突然死去，尸体倒在沟壑里；坟墓上的泥土还没有干燥，肉体与名字就一起磨灭了。

为臣又听说千里马长鸣，伯乐就了解它的能力；黑狗发出悲哀的吠声，善于识别狗的韩国就知道它的才干。于是把千里马放在齐、楚的大路上测试，让它承担一日千里的重任；把黑狗放出去捕捉敏捷的狡兔，让它发挥抓获猎物的作用。现今为臣一心想建立黑狗、千里马那样微薄的功劳；但是暗自揣测，终究不会出现伯乐、韩国那样的举动，所以只有仰天长叹而私下悲伤不已！

在那些面临六博的游戏就踮起脚跟伸长脖子，听到音乐就悄悄击掌打拍子的人当中，或许有精通六博和音乐的人。从前的毛遂，不过是赵国一个低贱平民，都还能借助锥在囊中的比喻，来打动主人建立功劳；何况大魏是人才辈出的伟大王朝，难道会没有愿意为国捐躯志气慷慨的臣僚吗？其实自己炫耀自己、自己为自己作媒，在知书明理的男女看来都是一种丑恶行为；而迎合当时风气一心追求仕进，则是道家明明白白的忌讳。然而为臣之所以不顾这些敢于向陛下陈述一切并请求试用，原因就在于我是皇室的近亲，应当与陛下共同承担忧患啊。我一心想在高山上增加一粒尘土，在大海里补充一滴露珠；用萤火和烛火一般微弱的光亮，去为太阳和月亮增辉添彩，所以才不顾丑陋向您进献忠心。为臣知道这定然会遭到朝廷士大夫的嘲笑；但是圣明的君主不会因人废言，恳切希望陛下能稍微听一听我的心声，那为臣就十分幸运了。

太和三年(公元229)，曹植的封地改到东阿县。太和五年(公元231)，他又上疏，请求看望问候亲属，他表达自己的意思说：

为臣听说上天之所以称得上高，是因为没有什么东西不受其覆盖；大地之所以称得上广，是因为没有什么东西不受其承载；日月之所以称得上明，是因为没有什么东西不受其照耀；江海之所以称得上大，是因为没有什么东西不受其容纳。所以孔子说："伟大啊！唐尧这位君主。只有天最伟大，而能够效法上天的君主只有唐尧。"上天施与万物的德泽，可以说是深广得很了；大概唐尧施加教化，就是先亲后疏，由近到远。《尚书·尧典》中说："唐尧能够识别提拔同族中才德兼备的人物，以使同姓宗族亲密团结；同姓宗族和睦了，再来辨别分清百官的同姓宗族关系。"到了周朝的文王，也是用这一原则来推行教化。所以《诗经》中的《思齐》一诗形容他说："首先为自己的嫡妻作示范，其次是兄弟；然后治理家族和国家。"周文王对待家族态度和睦、端庄、恭敬，所以《诗经》的诗歌对他进行赞颂。从前周公为管叔、蔡叔两个兄弟的不和睦而伤感不已，所以大封家族成员来为王室充当保护的屏障。《左传》上说："周朝凡有同姓诸侯参加的盟会，在排列顺序上总把异姓诸侯放在后面。"可见骨肉同胞之间的关系，即使犯了过失也不会分离；而亲属之间的情分，确实应当深厚坚固。从来不会有忠义的臣下怠慢君主，也不会有仁慈的君主遗弃自己的亲属啊。为臣跪着回想陛下：具有唐尧那样圣明的品德，表现出周文王细心的仁爱；恩惠不仅施加给后妃，也分给同姓的宗族；同姓宗族中亲缘关系较疏远的诸侯，以及朝廷的异姓百官，都在轮番休息之后依次入宫侍奉陛下；既不荒废朝廷的政务处理，又使臣下能在起居室中向皇上表达亲情；亲戚的关系通畅无碍，婚丧的庆贺和吊唁都能正常进行。确实称得上是用宽恕的心来治理人际关系，在更广大的范围里施加恩泽了。

但是为臣的情况却完全不同，我的人际交往完全断绝，在圣明的时代被严密禁锢起来，真令我暗自伤心不已。为臣不敢奢望交结志趣投合的朋友，建立人际关系，交流思想感情；就拿亲近的人来说，联姻的亲家不能来往，同胞的兄弟永远不能相见；吉凶的消息一无所知，庆贺和吊唁的礼仪完全荒废；人情的淡薄，甚至还不如路上碰到的陌生人；隔阂的彻底，就连北方胡人与南方越人之间的不相往来也比不上。现今由于不问情况一刀切的制度限制，使我永无进京朝见的希望；但是我的心依然向着朝廷，感情依然眷恋皇上，这一点神灵可以作证。悠悠上天造成这样，我还能说什么呢！退一步想到宗室亲王们都有相互亲近而不愿疏远的意愿，希望陛下断然下诏：让各个王国彼此问候，互通音信，在四季节日表示祝贺；以倾诉骨肉同胞之间的欢乐感情，成全他们友好和睦的深厚关系；至于王妃和小妾的家庭，也应当允许各位亲王赏赐给他们一些钱财，作为购买洗头擦面的化妆品之用，一年当中和他们见面两次；这样，宗室亲王的待遇，才和宗室远亲中的显贵，以及朝廷异姓的百官相同。真能如此，那么古人所赞叹的和《诗经》所歌颂的家族和睦团结景象，就会在这圣明时代出现了。为臣暗自思量，我本人哪里就没有一点微薄的用处呢。观察陛下所提拔任用的人才后心里明白，如果为臣是异姓，自我估计，在仕进上决不会比现今朝廷的官员落后。如果我能脱掉亲王的礼冠，换上武将的官帽；解开身上佩的亲王官印和绶带，系上武将官印连着的青色绶带；在驸马都尉、奉车都尉之类的官职中，尽快挑选一个；然后安家在京城，手中提着鞭，帽侧插着笔；出外跟随陛下的座车，进宫陪伴在陛下左右；回答您的询问，在政事上拾遗补阙：这是为臣内心的最大愿望，梦寐以求的事情啊！在《诗经》的诗歌中，我最向往《鹿鸣》一诗中所描述的君臣欢宴情景；其次忘不掉《常棣》一诗所说的“好酒好菜只能招待亲兄弟而不是其他人”的告诫；再次对《伐木》一诗中表现的亲情难以忘怀；最后是《蓼莪》一诗引起我对已故父母的无穷哀思。每逢一年四季的节日聚会，一人独自呆坐；左右只有奴婢，相对的只有妻子儿女；高谈没有人倾听，阐发没有人理解。所以在这时一听到奏乐反而内心悲伤，一举起酒杯反而叹息不已啊。

为臣现在才认识到：犬马的忠诚并不能打动人，就像人的忠诚不能打动上天一样。听说杞梁的妻子能哭崩城墙，邹衍的冤死会使夏天降霜，为臣开初还相信；现在从我的心境来比拟，这才觉得都是些假话。不过，像葵藿把叶子一直向着太阳，即使太阳并不把光线转过来专门照耀它，它依然始终不变，这就叫做忠诚。为臣暗自把自己比做葵藿；而能够像天地那样施与恩惠，像太阳那样散发光辉的，那就是陛下您啊。

为臣记得《文子》中说过："不要成为最早享福的，也不要成为最先受祸的。"现今在亲戚关系上处于闭塞阻隔状态的，还有我的兄弟们，他们和我一样感到忧虑悲愁；为什么唯独只有我向陛下进言呢？因为我不希望在太平盛世还有一些得不到陛下所施恩德的人啊。有这样的人，就有悲痛的心情；就像《诗经》当中《柏舟》一诗发出"天啊"那样的悲呼，《谷风》一诗留下"抛弃了我呀"那样的哀叹。伊尹曾经为他的君主不如唐尧、虞舜而深感羞耻；孟子也说："凡是不能像虞舜侍奉唐尧那样侍奉自己君主的人，就是对他的君主不尊敬。"为臣愚昧，固然不能和虞舜、伊尹相比；至于说到想让陛下的光芒照耀八方，德泽传播四海，这倒是为臣的真实心愿，为臣独自坚守的志向。心里确实怀着急切的企盼；我之所以敢冒昧向陛下进言，是希望您有可能显现天生的聪明来倾听我的陈述。

明帝下诏回答他说："教育和感化的过程，有时顺利有时曲折，并不都是有善始而无善终，这是事物发展的规律。因此，当君主为人忠厚连草木都给予爱护的时候，就会有《诗经》中《行苇》那样赞美兄弟情谊的诗篇产生；而君主的恩泽淡薄不亲近家族成员的时候，又会有《诗经》中《角弓》那样的讽刺诗出现。现今造成宗室亲王的兄弟之间，人情关系怠慢淡薄；亲王对自己的王妃和小妾家庭，也缺乏礼节性的关怀：朕即使不能使大家的感情和睦深厚，但是王爷您援引古代的事例讲明道理已经做得很充分了。怎么能说精诚难以打动人呢？分清贵贱，尊崇亲戚；优待贤才，区别长幼：这些都是治国的要点。朝廷从来没有发布过禁止宗室亲王之间互通问候的诏书；大概是矫枉过正，下面的有关官员害怕受到谴责，才造成目前的情形。已经指示有关部门：按照王爷您陈述的意见办理。"

曹植又向明帝上疏，陈述审慎举用人才的问题，他说：

为臣听说天地的元气汇合而万物生长，君臣的品德统一而政事成功。五帝的时代并不都是智者而社会太平，夏、商、周三代的末期并不都是愚人而天下大乱；这就是对于贤才用与不用，了解与不了解而产生的不同后果。如果一个时代只在表面上说要举用贤才，而实际上并不这样做，那么官员们必定会各自提携同党。民间的谚语有“相门有相，将门有将”之说。相是什么人？是文德昭著的人；将是什么人？是武功显赫的人。文德昭著，才能辅佐王朝，使社会和谐安乐，像后稷、契、夔、龙等虞舜的贤明大臣就是如此；武功显赫，才能够讨伐不来王庭朝拜的人，威慑四方的少数族，像周朝的著名统帅南仲、方叔就是如此。从前伊尹在当陪嫁的奴隶时，算是最低贱的人了；吕尚在当屠夫和渔翁时，算是最鄙陋的人了。他们之所以受到商汤、周文王破格任用，确实是因为彼此志同道合，玄妙的谋略能心领神会；哪里是借助亲近侍臣的推荐，通过左右随从的介绍呀！古书上说：“有非凡的君主，必定能使用非凡的臣僚；使用非凡的臣僚，必定建立非凡的功业。”像上述的商汤、周文王就是这样。至于说那些气量狭窄、胆小拘谨的人，只知道墨守成规，哪里值得向陛下提说啊！

所以气候失常，日、月、星辰光芒不显，官职长久空缺无人替补，政务混乱，这些都是三公应负的责任；边境骚动，外敌入侵，军队损兵折将，战争持续不断，这些都是边防将领应当为之忧心的事情。怎么能空自蒙受国家的恩宠而不认真履行职责呢！最受信任的臣僚应当承担最繁重的任务，官位最高的人责任应当最大；《尚书》中说“不要让不称职的人占据各个官位”，《诗经》中《蟋蟀》一诗也有“常常想到忧患”的句子，都是在阐述这方面的道理。

陛下具有天然生就的完美和圣明，登上帝位继承大业；希望听到百姓由衷的歌颂，实现停止使用武力而建立文明教化的理想。然而近几年来，水旱灾害频频发生，百姓衣食困难；军队频繁出动，造成年年向人民增加赋税；加上东边对吴作战损了兵，西边对蜀作战折了将：以至于让吴贼在淮南水乡气焰嚣张，蜀寇在陇西山地耀武扬威。为臣一想到这些，就禁不住要推开面前的饭菜，面对酒杯而仰天感叹了！

从前汉文帝从代国出发到京城去接替皇帝位置，途中怀疑朝廷中会出现变故。他的下属宋昌却说："京城当中有朱虚侯刘章、东牟侯刘兴居；京城之外有齐王刘襄、楚王刘交、淮南王刘长、琅邪王刘泽：刘氏宗族的力量像巨石一样坚定强大，愿大王打消疑虑！"为臣现在殷切希望陛下能够效法周文王，依靠自己弟弟处理国政；或者仿照周成王，任用同姓宗亲作为辅佐大臣；至少也要建立起如宋昌所说的那种像巨石一样坚定强大的宗族力量。从前千里马被安排去跋涉吴国的高坡，弄得困乏不堪；等到伯乐看出它是千里马，自己亲自驾驭它，结果它轻轻松松就跑出千里之外。伯乐善于驾驭骏马，英明君主善于驾驭臣僚；伯乐的目的是驰骋千里，英明君主的目的是实现天下太平：这就是信任和使用贤能的结果。假如朝廷大臣个个优秀能干，各项政务治理得井井有条；武将率军出征，各地的动乱都完全平定：陛下就可以在京城悠闲自在，又何必亲自劳动圣体带兵出征，在边境上风餐露宿啊！

为臣听说羔羊即使披上虎皮，仍然是见到青草就喜欢得不得了，见到豹狗就吓得浑身发抖，完全忘了它的外表是虎。而今任用的战将不称职，就像这种情形。所以俗语说："令人担心的事是动手做的人不懂，懂的人又不能动手做。"从前乐毅逃奔到赵国，心里依然忘不掉燕国故乡；廉颇移居到楚国，仍然盼望为老家赵国带兵打仗。为臣生在乱世，长在军营，又多次受到太祖武皇帝指教军事，所以熟习行军用兵的要点，不必从孙武、吴起那里吸取军事谋略，一举一动也能与他们阐述的用兵之道相符合。我多次在心里考虑，只要能得到一个机会朝见陛下，进宫门，上殿阶；排在侍从之臣的队伍里，蒙受陛下单独召见；使我能畅叙胸怀，说出郁积多年的话语：也就死而无憾了！最近接到大鸿胪卿下达的公文，要求征调我封地中士兵的儿子入伍当兵，报到的期限非常紧急。又听说陛下的警卫部队已经集合，乘坐的兵车正迅速调来，陛下又要劳动玉体，耗费思虑，率兵大军出征。为臣得知后吃惊不小，呼吸急促，坐卧不安。我真想扬鞭策马，冒着尘土雨露；运用风后的奇妙策略，抽取孙武、吴起的兵法精髓，效法能够在老师孔子身边发挥启发作用的卜商，充当陛下的先驱，在您身边效力：虽然对陛下不会有大的帮助，希望多少有点补益。然而上天太高距离太远，我的请求无法送到您身边；只有空自望着浮云而摸胸口，对着青天长叹气而已！

屈原曾说："国内有千里马不知道乘坐，为什么又匆匆忙忙到别处去寻找！"从前管叔、蔡叔被流放处死，周公、召公却充当辅政大臣；叔鱼被陈尸示众，叔向却扶助国家。管叔、蔡叔那样的罪过，就由为臣来承受好了；那么像周公、召公那样的辅政大臣，一定也就在您身边：宗室远亲中的权贵，以及近亲的藩王当中，当然会有能担当这种重任的人。不过古书上说："没有周公那样的亲属关系，不能担当周公那样的重任。"希望陛下稍微留心这一点。

近代的汉朝大封同姓亲王，封地大的有接连几十座城池，小的只能维持祖宗祭祀而已；不像周朝的分封，依次有公、侯、伯、子、男五等。像扶苏劝谏秦始皇，淳于越驳斥周青臣，都可以说是看清了时势的变化。能够使普天下的人集中注意力的，就是当权者了；他们的主意能够左右君主，威势能够震慑下级。现今是异姓的名门大族执政，而不是同姓的宗亲；其实一旦掌握权势，即使是疏远的异姓也变得举足轻重；一旦失去权势，即使是皇族近亲也变得毫无分量。何以见得？请看夺取齐国君主位置的，乃是异姓的田氏家族，而非同姓的吕氏宗亲；而瓜分晋国土地的，乃是异姓的赵氏、魏氏家族，而非同姓的姬姓宗亲啊：殷切希望陛下明察这一点。只想在王朝顺利的时候把持官位，形势险恶就马上逃离祸患，这就是异姓大臣的做法；而一心想使国家安定，家族保持尊贵，存在时共同享受光荣，灭亡时共同承受祸难，这就是同姓宗族大臣的做法。而今的情况却反而是同姓被疏远，异姓被亲近，为臣私下很不理解啊。为臣听孟子说过："君子处境困穷时就把自己管好，地位显贵时就把天下管好。”现今为臣与陛下，一起走过冰层踩过炭火，登上高山横渡溪涧，寒冷和灼热，干燥和湿润，升高和降低，我们都将共同承受：我怎么能只顾“把自己管好”而离开陛下啊！

因为忍不住心中的愤懑，所以跪拜呈上这封表章陈述内心的感情。如果有不合适的地方，请求陛下把我的表章收藏到文书档案馆里，不要立即销毁丢掉；在为臣死了之后，或许还值得拿出来再看一看。如果其中还有那么一点点合乎陛下心意的地方，那就请把表章在朝堂中展示；让博古通今的大臣们，纠正其中不合道理的地方。像这样，为臣的心愿也就算满足了！

对他这些上奏，明帝总是用措辞亲切的诏书敷衍他。

太和五年(公元231)冬天，明帝下诏要各位宗室亲王，在太和六年(公元232)的春正月进京朝见。朝见之后的二月间，以陈县等四县，作为封地封曹植为陈王，封邑三千五百户。

曹植多次请求明帝单独召见自己，谈论时事；希望得到试用，却始终不能如愿。从京城回到封地，他心情惆怅深感绝望了。当时的法制，对待宗室亲王极为严厉无情，而亲王们的下属，都是像市场摊贩一样的庸俗之辈；封地上的士兵不是残疾人就是老年人，大体数量还不到二百名。对于曹植，又因为他从前有过错，一切待遇都减少一半；而且在封王之后的十一年里多次迁徙封地，经常为了急于改变自己的处境而郁郁寡欢。于是发病，去世，死时四十一岁。

临死前他吩咐家属丧事从简。考虑到小儿子曹志，是能够保全家庭的主事人，所以曹植想立他为继承者。当初，曹植登上鱼山，遥望东阿县城；感叹之余就有在这里终老长眠的想法萌生，于是在鱼山修建墓地。他死后，儿子曹志继承了他的爵位，改封济北王。

景初年间，明帝下诏说：“陈思王曹植从前虽然犯有过失，后来能够克制自己，做事谨慎，以弥补一切；而且从年轻时起一直到生命终结，文献书籍总不离手：这是很难得的啊。现在把先皇帝黄初年间所有告发曹植有罪的上奏文书，以及公卿官员在尚书台、秘书署、中书署、三公府、大鸿胪署评议曹植罪过的文字记录，全部收集起来销毁；把曹植前后撰写的赋、颂、诗、铭、杂论共一百多篇编辑整理，抄成副本收藏在宫廷内外的有关机构中。”

后来朝廷多次给曹志增加封邑，加上以前的共有九百九十户。

萧怀王曹熊，早死。文帝黄初二年(公元221)，被追加封爵、谥号为萧怀公。明帝太和三年(公元229)，又追加封爵为王。青龙二年(公元234)，儿子曹炳，继承了他的爵位，封邑为二千五百户。曹炳死后谥为哀王，没有儿子，封地被撤销。

评论说：任城王曹彰武艺高强雄壮勇猛，有大将的气概。陈思王曹植文才丰富艳丽，作品足以留传后世；可惜他不能表现出谦让并且早作预防，结果造成同胞兄弟之间的矛盾和裂痕。古书上说：“楚国有过失，然而齐国做得也不妥当。”大概曹植、曹丕的情况就像这样吧！

【三国志译注卷二十】　　魏志二十

武文世王公传第二十

武皇帝二十五男：卞皇后生文皇帝、任城威王彰、陈思王植、萧怀王熊；刘夫人生丰愍王昂、相殇王铄；环夫人生邓哀王冲、彭城王据、燕王宇；杜夫人生沛穆王林、中山恭王衮；秦夫人生济阳怀王玹、陈留恭王峻；尹夫人生范阳闵王矩；王昭仪生赵王幹；孙姬生临邑殇公子上、楚王彪、刚殇公子勤；李姬生谷城殇公子乘、郿戴公子整、灵殇公子京；周姬生樊安公均；刘姬生广宗殇公子棘；宋姬生东平灵王徽；赵姬生乐陵王茂。

丰愍王昂，字子修。弱冠举孝廉。随太祖南征，为张绣所害。无子。黄初二年追封谥曰丰悼公〔1〕。

三年〔2〕，以樊安公均子琬，奉昂后，封中都公。其年，徙封长子公。五年〔3〕，追加昂号曰丰悼王。太和三年，改昂谥曰愍王。嘉平六年，以琬袭昂爵为丰王。正元、景元中，累增邑，并前二千七百户。琬薨，谥曰恭王。子廉嗣。

相殇王铄，早薨。太和三年，追封谥。青龙元年，子愍王潜嗣，其年薨。二年[4]，子怀王偃嗣，邑二千五百户。四年薨[5]。无子，国除。

正元二年，以乐陵王茂子阳都乡公竦，继铄后。

【注释】

〔1〕追封谥：追加封爵和谥号。本卷之中宗室王公的记载顺序，是依照其生母的地位，从高到低排列；生母相同者，则按年龄从高到低排列。〔2〕三年：黄初三年（公元222）。〔3〕五年：黄初五年（公元224）。〔4〕二年：青龙二年（公元234）。〔5〕四年：青龙四年（公元236）。

邓哀王冲，字仓舒。少聪察岐嶷[1]。生五六岁，智意所及，有若成人之智。时孙权曾致巨象，太祖欲知其斤重；访之群下，咸莫能出其理[2]。冲曰："置象大船之上，而刻其水痕所至；称物以载之[3]，则校可知矣[4]。"太祖大悦，即施行焉。

时军国多事，用刑严重。太祖马鞍在库，而为鼠所啮；库吏惧必死，议欲面缚首罪，犹惧不免[5]。冲谓曰："待三日中，然后自归[6]。"冲于是以刀穿单衣[7]，如鼠啮者；谬为失意[8]，貌有愁色。太祖问之，冲对曰："世俗以为鼠啮衣者，其主不吉。今单衣见啮，是以忧戚。"太祖曰："此妄言耳！无所苦也。"俄而库吏以啮鞍闻，太祖笑曰："儿衣在侧[9]，尚啮；况鞍悬柱乎？"一无所问。冲仁爱识达，皆此类也。凡应罪戮，而为冲微所辨理[10]，赖以济宥者，前后数十。[一]

太祖数对群臣称述，有欲传后意。年十三，建安十三年疾病。太祖亲为请命[11]；及亡，哀甚。文帝宽喻太祖，太祖曰："此我之不幸，而汝曹之幸也[12]！"〔二〕言则流涕，为聘甄氏亡女与合葬；赠骑都尉印绶，命宛侯据子琮，奉冲后。

二十二年[13]，封琮为邓侯。

黄初二年，追赠谥冲曰邓哀侯；又追加号为公。〔三〕三年[14]，进琮爵，徙封冠军公。四年[15]，徙封己氏公。太和五年，加冲号曰邓哀王。景初元年，琮坐于中尚方作禁物，削户三百，贬爵为都乡侯。三年[16]，复为己氏公。正始七年，转封平阳公。景初、正元、景元中，累增邑；并前千九百户。

【注释】

〔1〕岐嶷：人在小时候聪明懂事。〔2〕出其理：想出办法。〔3〕称物：称量重物。〔4〕校(jiào)：计算。指算出能使船沉到刻痕记号时的重物总量。〔5〕不免：不能免遭处死。〔6〕自归：主动报告认罪。〔7〕穿：戳破。〔8〕谬为失意：假装不高兴的样子。〔9〕侧：人的身旁。〔10〕微：委婉含蓄。〔11〕请命：向神灵请求延长生命。〔12〕汝曹：你们。曹冲死了，对曹丕等人而言就少了一个权位继承的竞争者，所以曹操说是"汝曹之幸"。〔13〕二十二年：建安二十二年(公元217)。〔14〕三年：黄初三年(公元222)。〔15〕四年：黄实四年(公元223)。〔16〕三年：景初三年(公元239)。

【裴注】

〔一〕《魏书》曰："冲每见当刑者，辄探睹其冤枉之情，而微理之。及勤劳之吏，以过误触罪；常为太祖陈说，宜宽宥之。辨察仁爱，与性俱生；容貌姿美，有殊于众：故特见宠异。"臣松之以"容貌姿美"，一类之言而分以为三，亦叙属之一病也。

〔二〕孙盛曰："《春秋》之义：立嫡以长不以贤。冲虽存也，犹不宜立；况其既没，而发斯言乎？《诗》云：‘无易由言。’魏武其易之也。”

〔三〕《魏书》载策曰：“惟黄初二年八月丙午，皇帝曰：‘咨！尔邓哀侯冲：昔皇天钟美于尔躬，俾聪哲之才，成于弱年；当永享显祚，克成厥终。如何不禄，早世夭昏！朕承天序，享有四海，并建亲亲，以藩王室；惟尔不逮斯荣，且葬礼未备：追悼之怀，怆然攸伤！今迁葬于高陵，使使持节兼谒者仆射、郎中陈承，追赐号曰邓公，祠以太牢。魂而有灵，休兹宠荣。呜呼哀哉！’”《魏略》曰：“文帝常言：‘家兄孝廉，自其分也；若使仓舒在，我亦无天下。’”

彭城王据，建安十六年，封范阳侯。二十二年〔1〕，徙封宛侯。

黄初二年，进爵为公。三年〔2〕，为章陵王；其年徙封义阳。文帝以南方下湿，又以环太妃彭城人，徙封彭城。又徙封济阴。五年〔3〕，诏曰：“先王建国，随时而制。汉祖增秦所置郡；至光武以天下损耗，并省郡县。以今比之，益不及焉；其改封诸王，皆为县王〔4〕。”据，改封定陶县。

太和六年，改封诸王，皆以郡为国〔5〕；据，复封彭城。景初元年，据坐私遣人诣中尚方作禁物，削县二，千户。〔一〕三年〔6〕，复所削户邑。正元、景元中，累增邑；并前四千六百户。

【注释】

〔1〕二十二年：建安二十二年(公元217)。〔2〕三年：黄初三年(公元222)。〔3〕五年：黄初五年(公元224)。〔4〕县王：此前诸王封地为一郡，现缩小为一县。〔5〕以郡为国：意思是恢复黄初五年之前的旧制。〔6〕三年：景初三年(公元239)。

【裴注】

〔一〕《魏书》载玺书曰："制诏彭城王：有司奏，王遣司马董和，赍珠玉，来到京师中尚方，多作禁物，交通工官，出入近署，逾侈非度；慢令违制，绳王以法。朕用怃然，不宁于心。王以懿亲之重，处藩辅之位；典籍日陈于前，勤诵不辍于侧；加雅素奉修，恭肃敬慎；务在蹈道，孜孜不衰：岂忘率意正身，考终厥行哉？若然小疵，或谬于细人；忽不觉悟，以斯为失耳。《书》云：'惟圣罔念作狂，惟狂克念作圣。'古人垂诰，乃至于此；故君子思心，无斯须远道焉。常虑所以累德者而去之，则德明矣；开心所以为塞者而通之，则心夷矣；慎行所以为尤者而修之，则行全矣：三者，王之所能备也。今诏有司宥王，削县二，千户；以彰八柄与夺之法。昔羲、文作《易》，著休复之诰；仲尼论行，既过能改。王其改行，茂昭斯义，率意无怠。"

燕王宇，字彭祖。建安十六年，封都乡侯。二十二年〔1〕，改封鲁阳侯。

黄初二年，进爵为公。三年〔2〕，为下邳王。五年〔3〕，改封单父县〔4〕。太和六年，改封燕王。明帝少与宇同止〔5〕，常爱异之；及即位，宠赐与诸王殊。青龙三年，征入朝。景初元年，还邺。

二年夏〔6〕，复征诣京都。冬十二月，明帝疾笃，拜宇为大将军，属以后事。受署四日，宇深固让；帝意亦变，遂免宇官。三年夏〔7〕，还邺。景初、正元、景元中，累增邑；并前五千五百户。

常道乡公奂，宇之子，入继大宗。

沛穆王林，建安十六年，封饶阳侯。二十二年〔8〕，徙封谯。黄初二年，进爵为公。三年〔9〕，为谯王。五年〔10〕，改封谯县〔11〕。七年〔12〕，徙封鄄城。太和六年，改封沛。景初、正元、景元中，累增邑；并前四千七百户。

林蕙，子纬嗣。〔一〕

【注释】

〔1〕二十二年：建安二十二年(公元217)。〔2〕三年：黄初三年(公元222)。〔3〕五年：黄初五年(公元224)。〔4〕单父(shàn fǔ)：县名。县治在今山东单县。〔5〕同止：同住。〔6〕二年：景初二年(公元238)。〔7〕三年：景初三年(公元239)。〔8〕二十二年：建安二十二年(公元217)。〔9〕三年：黄初三年(公元222)。〔10〕五年：黄初五年(公元224)。〔11〕改封：指封地由谯郡缩小为谯县。〔12〕七年：黄初七年(公元226)。

【裴注】

〔一〕按《嵇氏谱》：“嵇康妻，林子之女也。”

中山恭王衮，建安二十一年，封平乡侯。少好学，年十余岁，能属文。每读书，文学左右常恐以精力为病〔1〕，数谏止之；然性所乐，不能废也。二十二年〔2〕，徙封东乡侯；其年，又改封赞侯。

黄初二年，进爵为公，官属皆贺，衮曰：“夫生深宫之中，不知稼穑之艰难，多骄逸之失。诸贤既庆其休〔3〕，宜辅其阙。”

每兄弟游娱，衮独覃思经典〔4〕。文学、防辅相与言曰〔5〕：“受诏察公举措，有过当奏；及有善，亦宜以闻，不可匿其美也。”遂共表，称陈衮美。衮闻之，大惊惧；责让文学曰〔6〕：“修身自守，常人之行耳；而诸君乃以上闻，是适所以增其负累也。且如有善，何患不闻；而遽共如是，是非益我者〔7〕！”其戒慎如此。

三年[8]，为北海王。其年，黄龙现邺西漳水，衮上书赞颂。诏赐黄金千斤，诏曰："昔唐叔馈禾[9]，东平献颂[10]；斯皆骨肉赞美，以彰懿亲。王研精坟典，耽味道真[11]，文雅焕炳；朕甚嘉之！王其克慎明德，以终令闻。"四年[12]，改封赞王。七年[13]，徙封濮阳。

太和二年，就国。尚约俭，教敕妃妾纺绩织纴，习为家人之事。五年冬[14]，入朝。六年[15]，改封中山。初，衮来朝，犯京都禁[16]。青龙元年，有司奏衮。诏曰："王素敬慎，邂逅至此[17]。其以议亲之典议之[18]。"有司固执。诏削县二，户七百五十。[一]衮忧惧，戒敕官属愈谨；帝嘉其意。二年[19]，复所削县。三年秋，衮得疾病，诏遣太医视疾；殿中虎贲赍手诏、赐珍膳相属[20]；又遣太妃、沛王林并就省疾[21]。

衮疾困，敕令官属曰："吾寡德忝宠，大命将尽。吾既好俭，而圣朝著终诰之制[22]，为天下法。吾气绝之日，自殡及葬，务奉诏书。昔卫大夫蘧瑗葬濮阳[23]，吾望其墓，常想其遗风，愿托贤灵以弊发齿[24]；营吾兆城，必往从之。《礼》：'男子不卒妇人之手[25]。'亟以时成东堂[26]。"堂成，名之曰"遂志之堂"，舆疾往居之[27]。

又令世子曰："汝幼少，未闻义方[28]，早为人君；但知乐，不知苦；不知苦，必将以骄奢为失也。接大臣，务以礼；虽非大臣，老者犹宜答拜。事兄以敬[29]，恤弟以慈；兄弟有不良之行，当造膝谏之[30]；谏之不从，流涕喻之；喻之不改，乃白其母；若犹不改，当以奏闻，并辞国土：与其守宠罹祸，不若贫贱全身也。此亦谓大罪恶耳。其微过细故，当掩覆之〔31〕。嗟尔小子，慎修乃身；奉圣朝以忠贞，事太妃以孝敬。闺闱之内〔32〕，奉令于太妃；阃阈之外〔33〕，受教于沛王。无怠乃心，以慰予灵。”其年薨。诏沛王林留，讫葬；使大鸿胪持节典护丧事，宗正吊祭，赠赗甚厚。

凡所著文章二万余言。才不及陈思王，而好与之侔〔34〕。

子孚嗣。景初、正元，景元中，累增邑；并前三千四百户。

【注释】

〔1〕文学：官名。曹操为儿子曹丕、曹植置文学，是擅长文学的侍从官员。曹魏代汉后，宗室诸王的下属官员也有文学，但是职责主要是监视举报诸王的违法言行。 以精力为病：由于精力损耗过度而得病。〔2〕二十二年：建安二十二年(公元217)。 〔3〕休：美。 〔4〕覃(tán)思：深思。 〔5〕防辅：官名。王国官员之一，专门监视举报诸王的违法言行。 〔6〕让：责备。 〔7〕是非益我者：这不是对我有益的事。 〔8〕三年：黄初三年(公元222)。 〔9〕唐叔：名虞，字子于，周成王的弟弟。始封于唐，后改称晋。事见《史记》卷三十九《晋世家》。馈禾：唐叔辖地内发现两株禾的穗连成一体，认为是祥瑞，献给周成王，成王叫人转送给周公。并写了《馈禾》的诗赞美这件事。 〔10〕东平：即东汉东平王刘苍。 献颂：刘苍的哥哥东汉明帝刘庄，曾为父亲刘秀撰《光武本纪》，送给刘苍看。刘苍看了写了一篇《光武受命中兴颂》献上，受到赞赏。事见《后汉书》卷四十二《东平王刘苍传》。〔11〕耽味：酷爱和品味。 道真：真理。 〔12〕四年：黄初四年(公元223)。 〔13〕七年：黄初七年(公元226)。 〔14〕五年：太和五年(公元231)。 〔15〕六年：太和六年(公元232)。 〔16〕京都禁：指不准来朝诸王公在京城随便与人交往的禁令。 〔17〕邂逅：偶然。〔18〕议亲：评议犯罪的宗室亲属。这句话意思是要从宽处理。〔19〕二年：青龙二年(公元234)。 〔20〕殿中虎贲：在皇宫殿堂内担任警卫的武士。 〔21〕太妃：指曹衮的生母杜氏。 林：即曹林。曹衮的胞兄。 〔22〕终诰之制：指曹丕在生前为自己今后丧葬问题所作的规

定，又称终制。内容详见本书卷二《文帝纪》。〔23〕蘧瑗(qú yuàn)：春秋时卫国的大夫。勇于改正自己的过错。孔子在卫国时曾住在他家，后来一直很尊敬他。事见《左传》襄公十四、二十六年和《论语·卫灵公》。〔24〕托：依附。 弊发齿：使头发、牙齿腐朽。指埋葬。〔25〕男子不卒妇人之手：男子临死时不能由妇女来送终。这是《礼记·丧大记》的话。〔26〕东堂：曹衮为自己修的临终住所。前往东堂是要避开女性家属。〔27〕舆疾：带病让人抬着。〔28〕义方：为人应遵守的原则规矩。〔29〕兄：这里指世子的庶兄。〔30〕造膝：膝盖挨着膝盖。与人亲切谈心时的动作。〔31〕掩覆：掩盖。〔32〕闺闱：妇女的卧室。〔33〕阃阈(kǔn yù)：妇女卧室的门槛。〔34〕好(hào)：对文学的喜好。

【裴注】

〔一〕《魏书》载玺书曰："制诏中山王：有司奏，王乃者来朝，犯交通京师之禁；朕惟亲亲之恩，用寝吏议。然法者，所与天下共也，不可得废。今削王县二，户七百五十。夫克己复礼，圣人称仁；朝过夕改，君子与之。王其戒诸，无贰咎悔也。"

济阳怀王玹，建安十六年，封西乡侯。早薨，无子。二十年[1]，以沛王林子赞，袭玹爵邑；早薨，无子。文帝复以赞弟壹，绍玹后。黄初二年，改封济阳侯。四年[2]，进爵为公。太和四年，追进玹爵，谥曰怀公。六年[3]，又进号曰怀王；追谥赞曰西乡哀侯。壹薨，谥曰悼公。子恒嗣。景初、正元、景元中，累增邑；并前千九百户。

陈留恭王峻，字子安。建安二十一年，封郿侯。二十二年[4]，徙封襄邑。黄初二年，进爵为公。三年[5]，为陈留王。五年[6]，改封襄邑县。太和六年，又封陈留。甘露四年，薨。子澳嗣。景初、正元、景元中，累增邑；并前四千七百户。

范阳闵王矩，早薨，无子。建安二十二年，以樊安公均子敏，奉矩后，封临晋侯。黄初三年，追封谥矩为范阳闵公。五年[7]，改封敏范阳王。七年[8]，徙封句阳。太和六年，追进矩号曰范阳闵王；改封敏琅邪王。景初、正元、景元中，累增邑；并前三千四百户。敏薨，谥曰原王。子焜嗣。

赵王幹，建安二十年，封高平亭侯。二十二年[9]，徙封赖亭侯。其年，改封弘农侯。黄初二年，进爵，徙封燕公。[一]三年[10]，为河间王。五年[11]，改封乐(城)〔成〕县[12]。七年，徙封钜鹿[13]。太和六年，改封赵王。

幹母，有宠于太祖。及文帝为嗣，幹母有力。文帝临崩，有遗诏，是以明帝常加恩意。

青龙二年，私通宾客，为有司所奏；赐幹玺书诫诲之，曰："《易》称'开国承家，小人勿用[14]'；《诗》著'大车惟尘'之诫[15]。自太祖受命创业，深睹治乱之源，鉴存亡之机；初封诸侯，训以恭慎之至言，辅以天下之端士。常称马援之遗诫[16]，重诸侯宾客交通之禁[17]，乃使与犯妖恶同[18]。夫岂以此薄骨肉哉[19]？徒欲使子弟无过失之愆[20]，士民无伤害之悔耳。高祖践阼，祗慎万机，申著诸侯不朝之令[21]。朕感诗人《棠棣》之作[22]，嘉《采菽》之义[23]；亦缘诏文曰'若有诏得诣京都'[24]，故命诸王以朝聘之礼。而楚、中山并犯交通之禁[25]，赵宗、戴捷咸伏其辜[26]。近东平王复使属官殴寿张吏〔27〕，有司举奏，朕才削县〔28〕。(令)〔今〕有司以‘曹纂、王乔等，因九族时节〔29〕，集会王家〔30〕；或非其时，皆违禁防’。朕惟王幼少有恭顺之素；加受先帝顾命，欲崇恩礼，延乎后嗣；况近在王之身乎？且自非圣人，孰能无过？已诏有司，宥王之失。古人有言：‘戒慎乎其所不睹〔31〕，恐惧乎其所弗闻；莫现乎隐〔32〕，莫显乎微：故君子慎其独焉〔33〕。’叔父兹率先圣之典〔34〕，以纂乃先帝之遗命；战战兢兢，靖恭厥位：称朕意焉。”

景初、正元、景元中，累增邑；并前五千户。

【注释】

〔1〕二十年：建安二十年(公元215)。〔2〕四年：黄初四年(公元223)。〔3〕六年：太和六年(公元232)。〔4〕二十二年：建安二十二年(公元217)。〔5〕三年：黄初三年(公元222)。〔6〕五年：黄初五年(公元224)。〔7〕五年：黄初五年(公元224)。〔8〕七年：黄初七年(公元226)。〔9〕二十二年：建安二十二年(公元217)。〔10〕三年：黄初三年(公元222)。〔11〕五年：黄初五年(公元224)。〔12〕乐成：县名。县治在今河北献县东南。〔13〕钜鹿：县名。县治在今河北鸡泽县东北。〔14〕开国承家，小人勿用：这两句是《周易·师卦》的象辞。〔15〕大车惟尘：《诗经·无将大车》中有“无将大车，维尘冥冥”的句子，意思是不要去推车，那扬起的尘土一片昏暗。但郑玄的解释认为是在告诫人们不应使用小人，以免被他们蒙蔽眼睛。〔16〕马援(前14—公元49)：字文渊，扶风茂陵(今陕西兴平市东北)人。先曾在新莽手下做官，不久依附隗嚣。最后归顺刘秀，任伏波将军，多有战功。他曾写信告诫在京城的侄儿，要他们不要乱交朋友。又劝告部属不要在皇室亲王的门下频繁出入，以免招致杀身之祸。传见《后汉书》卷二十四。〔17〕交通：交往。〔18〕同：同罪。〔19〕薄骨肉：使亲属感情变得淡薄。〔20〕徒：只是。〔21〕不朝之令：指要求诸王公离开朝廷各回封国的命令。〔22〕《棠棣》：《诗经》篇名。主题

强调兄弟间应相互友爱。〔23〕《采菽》:《诗经》篇名。是周天子欢迎来朝诸侯时演唱的乐歌。〔24〕缘:依据。〔25〕楚:指楚王曹彪。中山:指中山王曹衮。〔26〕赵宗、戴捷:与曹彪、曹衮交往的宾客姓名。伏其辜:伏法处死。〔27〕东平王:指曹徽。寿张:县名。县治在今山东东平县西南。当时是东平王国的都城。〔28〕才削县:只是处以削减所封县数的惩罚。〔29〕九族时节:本家族一年四季各种节日的聚会。〔30〕王:指赵王曹幹。〔31〕不睹:看不见的东西。指无处不有无时不在但又看不见听不到的普遍真理。下面的"弗闻"、"隐"、"微",都指这种普遍真理。这四句出自《礼记·中庸》。〔32〕莫现乎隐:再没有比看不见的真理更清晰可见的了。〔33〕慎其独:在独自一人时做事也要慎重。〔34〕兹率:更加遵守。

【裴注】

〔一〕《魏略》曰:"幹,一名良。良本陈妾子,良生而陈氏死,太祖令王夫人养之。良年五岁,而太祖疾困,遗令语太子曰:'此儿三岁亡母,五岁失父,以累汝也!'太子由是亲待,隆于诸弟。良年小,常呼文帝为'阿翁';帝谓良曰:'我,汝兄耳。'文帝又愍其如是,每为流涕。"臣松之按:如传以母贵贱为次,不计兄弟之年;故楚王彪,年虽大,传在幹后。寻《朱建平传》,知彪大幹二十一岁。

临邑殇公子上,早薨。太和五年,追封谥。无后。

楚王彪,字朱虎。建安二十一年,封寿春侯。黄初二年,进爵,徙封汝阳公。三年〔1〕,封弋阳王。其年徙封吴王。五年〔2〕,改封寿春县。七年〔3〕,徙封白马。太和五年冬,朝京都。六年〔4〕,改封楚。

初,彪来朝,犯禁;〔青龙〕元年,为有司所奏,诏削县三,户千五百。二年〔5〕,大赦,复所削县。景初三年,增户五百,并前三千户。

嘉平元年,兖州刺史令狐愚与太尉王凌,谋迎彪,都许昌。语在《凌传》。乃遣傅及侍御史〔6〕,就国案验，收治诸相连及者。廷尉请征彪治罪。于是依汉燕王旦故事[7]，使兼廷尉、大鸿胪持节，赐彪玺书切责之[8]，使自图焉[9]。[一]彪乃自杀；妃及诸子皆免为庶人，徙平原；彪之官属以下及监国谒者，坐知情无辅导之义，皆伏诛；国除，为淮南郡。

正元元年，诏曰："故楚王彪，背国附奸，身死嗣替[10]；虽自取之，犹哀矜焉。夫含垢藏疾[11]，亲亲之道也；其封彪世子嘉，为常山真定王[12]。"景元元年，增邑；并前二千五百户。[二]

【注释】

〔1〕三年：黄初三年（公元222）。〔2〕五年：黄初五年（公元224）。〔3〕七年：黄初七年（公元226）。〔4〕六年：太和六年（公元232）。〔5〕二年：青龙二年（公元234）。〔6〕傅：官名。曹魏的宗室王公有傅，是其辅导老师。〔7〕旦：指刘旦（？—前80）。汉武帝的儿子。武帝死，立小儿子刘弗陵，即昭帝。刘旦认为自己年长，应当继承，即积极准备夺取帝位。不久失败，昭帝下达诏书，令其自杀。传见《汉书》卷六十三《武五子传》。〔8〕切责：严厉斥责。〔9〕自图：自己打主意。指自杀。〔10〕嗣替：后嗣被废弃。〔11〕含垢藏疾：比喻能容忍他人的过失。〔12〕真定：县名。县治在今河北石家庄市西北。当时属常山郡。

【裴注】

〔一〕孔衍《汉魏春秋》载玺书曰："夫先王行赏，不遗仇雠；用戮，不违亲戚：至公之义也。故周公流涕，而决二叔之罪；孝武伤怀，而断昭平之狱：古今常典也。惟王：国之至亲，作藩于外；不能祗奉王度，表率宗室；而谋于奸邪，乃与太尉王凌，兖州刺史令狐愚，构通逆谋，图危社稷；有悖忒之心，无忠孝之意。宗庙有灵，王其何面目以见先帝？朕深痛王，自陷罪辜；既得王情，深用怃然。有司奏王当就大理，朕惟公族甸师之义，不忍肆王市朝，故遣使者赐书。王自作孽，匪由于他；燕剌之事，宜足以观。王其自图之！"

〔二〕臣松之按：嘉，入晋，封高邑公。元康中，与石崇俱为国子博士。嘉后为东莞太守；崇为征虏将军，监青、徐军事，屯于下邳。嘉以诗遗崇曰："文武应时用，兼才在明哲。嗟嗟我石生，为国之俊杰。入侍于皇闼，出则登九列。威检肃青、徐，风发宣吴裔。畴昔谬同位，情至过鲁、卫。分离逾十载，思远心增结。愿子鉴斯诚，寒暑不逾契。"崇答曰："昔常接羽仪，俱游青云中。敦道训胄子，儒化涣以融。同声无异响，故使恩爱隆。岂惟敦初好，款分在令终。孔不陋九夷，老氏适西戎。逍遥沧海隅，可以保王躬。世事非所务，周公不足梦。玄寂令神王，是以守至冲。"王隐《晋书》载吏部郎李重启云："魏氏宗室屈滞，每圣恩所存。东莞太守曹嘉，才干学义，不及志、翕；而良素修洁，性业逾之；又已历二郡。臣以为优先代之后，可以嘉为员外散骑侍郎。"

刚殇公子勤，早薨。太和五年，追封谥。无后。

谷城殇公子乘，早薨。太和五年，追封谥。无后。

郿戴公子整，奉从叔父郎中绍后。建安二十二年，封郿侯。二十三年薨[1]。无子。黄初二年，追进爵，谥曰戴公。以彭城王据子范，奉整后。三年[2]，封平氏侯。四年[3]，徙封成武[4]。太和三年，进爵为公。青龙三年薨。谥曰悼公。无后。

四年[5]，诏以范弟东安乡公阐，为郿公，奉整后。正元、景元中，累增邑；并前千八百户。

灵殇公子京，早薨。太和五年，追封谥。无后。

樊安公均，奉叔父蓟恭公彬后。建安二十二年，封樊侯。二十四年薨[6]。子抗嗣。黄初二年，追进公爵，谥曰安公。三年[7]，徙封抗蓟公。四年[8]，徙封屯留公。景初元年，薨，谥曰定公。

子谌嗣。景初、正元、景元中，累增邑；并前千九百户。

广宗殇公子棘，早薨。太和五年，追封谥。无后。

东平灵王徽，奉叔父朗陵哀侯玉后。建安二十二年，封历城侯。黄初二年，进爵为公。三年〔9〕，为庐江王。四年〔10〕，徙封寿张王。五年〔11〕，改封寿张县。太和六年，改封东平。

青龙二年，徽使官属挝寿张县吏〔12〕，为有司所奏。诏削县一，户五百。其年，复所削县。正始三年，薨。

子翕嗣。景初、正元、景元中，累增邑；并前三千四百户。〔一〕

【注释】

〔1〕二十三年：建安二十三年（公元218）。〔2〕三年：黄初三年（公元222）。〔3〕四年：黄初四年（公元223）。〔4〕成武：县名。县治在今山东成武县。〔5〕四年：青龙四年（公元236）。〔6〕二十四年；建安二十四年（公元219）。〔7〕三年：黄初三年（公元222）。〔8〕四年：黄初四年（公元223）。〔9〕三年：黄初三年（公元222）。〔10〕四年：黄初四年（公元223）。〔11〕五年：黄初五年（公元224）。〔12〕挝（zhuā）：殴打。

【裴注】

〔一〕臣松之按：翕入晋，封廪丘公；魏宗室之中，名次鄄城公。至泰始二年，翕遣世子琨，奉表来朝。诏曰："翕秉德履道，魏宗之良。今琨远至，其假世子印绶，加骑都尉；赐服一具，钱十万：随才叙用。"翕撰《解寒食散方》，与皇甫谧所撰，并行于世。

乐陵王茂，建安二十二年，封万岁亭侯。二十三年〔1〕，改封平舆侯。黄初三年，进爵，徙封乘氏公。七年〔2〕，徙封中丘〔3〕。

茂性傲佷[4]，少无宠于太祖。及文帝世，又独不王。

太和元年，徙封聊城公，其年为王。诏曰："昔象之为虐至甚[5]，而大舜犹侯之有庳[6]；近汉氏淮南、阜陵[7]，皆为乱臣逆子，而犹或及身而复国[8]，或至子而锡土。有虞，建之于上古；汉文、明、章，行之乎前代[9]：斯皆敦叙亲亲之厚义也。聊城公茂，少不闲礼教，长不务善道。先帝以为古之立诸侯也，皆命贤者，故姬姓有未必侯者；是以独不王茂。太皇太后，数以为言。如闻茂[10]，顷来少知悔昔之非，欲修善将来。君子与其进[11]，不保其往也。今封茂为聊城王，以慰太皇太后下流之念。"

六年[12]，改封曲阳王。正始三年，东平灵王薨，茂称嗌痛[13]，不肯发哀，居处出入自若。有司奏除国土，诏削县一，户五百。五年[14]，徙封乐陵[15]；诏以茂租奉少，诸子多，复所削户，又增户七百。嘉平、正元、景元中，累增邑；并前五千户。

【注释】

〔1〕二十三年：建安二十三年(公元218)。 〔2〕七年：黄初七年(公元226)。 〔3〕中丘：县名。县治在今河北内丘县西。 〔4〕傲佷(hěn)：傲慢凶横。 〔5〕象：传说中虞舜的异母弟。性格凶暴。曾动手谋害舜。舜继承尧的君位后，仍然封他为诸侯。事见《史记》卷一《五帝本纪》。〔6〕有庳(bì)：地名。在今湖南道县北。 〔7〕淮南：指西汉淮南王刘长(？—前174)。刘长在汉文帝时骄横不遵法度，被流放，死在途中。见《汉书》卷四十四《淮南王传》。 阜陵：指东汉阜陵王刘延(？—公元89)。刘延是光武帝刘秀的儿子。曾因谋反罪受处罚。传见《后汉书》卷四十二。 〔8〕及身：生前。 〔9〕文：指西汉文帝。 明：指东汉明帝。章：指东汉章帝刘炟(公元57—89)。公元76至89年在位。事详《后汉

书》卷三。阜陵王刘延曾先后受明帝、章帝宽大，免受死刑。〔10〕如闻：听说。〔11〕与其进：看重别人的进步。〔12〕六年：太和六年(公元 232)。〔13〕嗌(yì)：咽喉。〔14〕五年：正始五年(公元 244)。〔15〕乐陵：王国名。治所在今山东阳信县东南。

文皇帝九男：甄氏皇后生明帝；李贵人生赞哀王协；潘淑媛生北海悼王蕤；朱淑媛生东武阳怀王鉴；仇昭仪生东海定王霖；徐姬生元城哀王礼；苏姬生邯郸怀王邕；张姬生清河悼王贡；宋姬生广平哀王俨。

赞哀王协，早薨。太和五年，追封谥曰经殇公。青龙二年，更追改号谥。三年〔1〕，子殇王寻，嗣。景初三年，增户五百；并前三千户。正始九年薨，无子，国除。

北海悼王蕤，黄初七年明帝即位，立为阳平县王。太和六年，改封北海。青龙元年，薨。二年〔2〕，以琅邪王子赞，奉蕤后，封昌乡公。景初二年，立为饶安王。正始七年，徙封文安〔3〕。正元、景元中，累增邑；并前三千五百户。

东武阳怀王鉴，黄初六年，立。其年薨。青龙三年，赐谥。无子，国除。

东海定王霖，黄初三年，立为河东王。六年〔4〕，改封馆陶县〔5〕。

明帝即位，以先帝遗意，爱宠霖，异于诸国。而霖性粗暴，闺门之内，婢妾之间，多所残害。太和六年，改封东海。嘉平(元)〔二〕年薨。

子启嗣。景初、正元、景元中，累增邑；并前六千二百户。

高贵乡公髦，霖之子也，入继大宗。

元城哀王礼，黄初二年，封秦公，以京兆郡为国。三年[6]，改为京兆王。六年[7]，改封元城王。太和三年，薨。五年[8]，以任城王楷子悌，嗣礼后。六年[9]，改封梁王。景初、正元、景元中，累增邑；并前四千五百户。

邯郸怀王邕，黄初二年，封淮南公，以九江郡为国。三年[10]，进为淮南王。四年[11]，改封陈。六年[12]，改封邯郸。太和三年，薨。五年[13]，以任城王楷子温，嗣邕后。六年[14]，改封鲁阳。景初、正元、景元中，累增邑；并前四千四百户。

清河悼王贡，黄初三年封。四年薨[15]，无子，国除。

广平哀王俨，黄初三年封。四年薨[16]，无子，国除。

【注释】

〔1〕三年：青龙三年（公元235）。〔2〕二年：青龙二年（公元234）。〔3〕文安：县名。县治在今河北文安县东北。〔4〕六年：黄初六年（公元225）。〔5〕馆陶：县名。县治在今河北馆陶县。〔6〕三年：黄初三年（公元222）。〔7〕六年：黄初六年（公元225）。〔8〕五年：太和五年（公元231）。〔9〕六年：太和六年（公元232）。〔10〕三年：黄初三年（公元222）。〔11〕四年：黄初四年（公元223）。〔12〕六年：黄初六年（公元225）。〔13〕五年：太和五年（公元231）。〔14〕六年：太和六年（公元232）。〔15〕四年：黄初四年（公元223）。〔16〕四年：黄初四年（公元223）。

评曰：魏氏王公，既徒有国土之名，而无社稷之实；又禁防壅隔，同于囹圄；位号靡定[1]，大小岁

易[2]；骨肉之恩乖[3]，《棠棣》之义废[4]：为法之弊，一至于此乎！〔一〕

【注释】

〔1〕靡定：不固定。〔2〕岁易：一年之中就要改变。〔3〕乖：背离。〔4〕《棠棣》之义：指兄弟关系。

【裴注】

〔一〕《袁子》曰："魏兴，承大乱之后，民人损减，不可则以古始。于是封建侯王，皆使寄地空名，而无其实。王国使有老兵百余人，以卫其国；虽有王侯之号，而乃侪为匹夫。悬隔千里之外，无朝聘之仪，邻国无会同之制。诸侯游猎，不得过三十里；又为设防辅、监国之官以伺察之。王侯皆思为布衣而不能得。既违宗国藩屏之义，又亏亲戚骨肉之恩。"

《魏氏春秋》载宗室曹冏上书曰：

"臣闻古之王者，必建同姓，以明亲亲；必树异姓，以明贤贤。故《传》曰'庸勋亲亲，昵近尊贤'；《书》曰'克明俊德，以亲九族'；《诗》云'怀德维宁，宗子维城'。由是观之，非贤无与兴功，非亲无与辅治。夫亲亲之道，专用则其渐也微弱；贤贤之道，偏任则其弊也劫夺。先圣知其然也，故博求亲疏而并用之；近则有宗盟藩卫之固，远则有仁贤辅弼之助；盛则有与共有治，衰则有与守其土；安则有与享其福，危则有与同其祸。夫然，故能有其国家，保其社稷；历纪长久，本枝百世也。今魏，尊尊之法虽明，亲亲之道未备。《诗》不云乎，'鹡鸰在原，兄弟急难'。以斯言之，明兄弟相救于丧乱之际，同心于忧祸之间；虽有阋墙之忿，不忘御侮之事。何则？忧患同也！今则不然：或任而不重，或释而不任；一旦疆埸称警，关门反拒，股肱不扶，胸心无卫。臣窃惟此，寝不安席；思献丹诚，贡策朱阙。谨撰合所闻，叙论成败。论曰：

昔夏、殷、周历世数十，而秦二世而亡。何则？三代之君，与天下共其民，故天下同其忧。秦王独制其民，故倾危而莫救。夫与民共其乐者，人必忧其忧；与民同其安者，人必拯其危。先王知独治之不能久也，故与人共治之；知独守之不能固也，故与人共守之；兼亲疏而两用，参同异而并建。是以轻重足以相镇，亲疏足以相卫；并兼路塞，逆节不生。及其衰也，桓、文帅礼；苞茅不贡，齐师伐楚；宋不城周，晋戮其宰；

王纲弛而复张，诸侯傲而复肃。二霸之后，浸以陵迟。吴、楚凭江，负固方城；虽心希九鼎，而畏迫宗姬；奸情散于胸怀，逆谋消于唇吻。斯岂非信重亲戚，任用贤能，枝叶硕茂，本根赖之欤！自此之后，转相攻伐：吴并于越，晋分为三；鲁灭于楚，郑兼于韩。暨于战国，诸姬微矣，唯燕、卫独存；然皆弱小，西迫强秦，南畏齐、楚，忧惧灭亡，匪遑相恤。至于王赧，降为庶人；犹枝干相持，得居虚位。海内无主，（四）〔三〕十余年。秦据势胜之地，骋谲诈之术；征伐关东，蚕食九国；至于始皇，乃定天位。旷日若彼，用力若此，岂非深固根蒂不拔之道乎？《易》曰：'其亡其亡，系于苞桑。'周德其可谓当之矣。

秦观周之弊，以为小弱见夺。于是废五等之爵，立郡县之官；弃礼乐之教，任苛刻之政；子弟无尺寸之封，功臣无立锥之地；内无宗子以自毗辅，外无诸侯以为藩卫；仁心不加于亲戚，惠泽不流于枝叶；譬犹芟刈股肱，独任胸腹；浮舟江海，捐弃楫棹。观者为之寒心，而始皇晏然自以为关中之固，金城千里，子孙帝王万世之业也：岂不悖哉！是时淳于越谏曰：'臣闻殷、周之王，封子弟功臣，千有余（城）〔岁〕。今陛下君有海内，而子弟为匹夫；卒有田常六卿之臣，而无辅弼，何以相救？事不师古而能长久者，非所闻也。'始皇听李斯偏说而黜其议，至于身死之日，无所寄付；委天下之重于凡夫之手，托废立之命于奸臣之口；至令赵高之徒，诛锄宗室。胡亥少习刻薄之教，长遭凶父之业；不能改制易法，宠任兄弟；而乃师谈申、商，谘谋赵高；自幽深宫，委政谗贼：身残望夷，求为黔首，岂可得哉！遂乃郡国离心，众庶溃叛；胜、广倡之于前，刘、项弊之于后。向使始皇纳淳于之策，抑李斯之论；割裂州国，分王子弟；封三代之后，报功臣之劳；士有常君，民有定主；枝叶相扶，首尾为用；虽使子孙有失道之行，时人无汤、武之贤；奸谋未发，而身已屠戮；何区区之陈、项，而复得措其手足哉！故汉祖奋三尺之剑，驱乌集之众；五年之中，遂成帝业。自开辟以来，其兴立功勋，未有若汉祖之易也。夫伐深根者难为功，摧枯朽者易为力，理势然也。

汉监秦之失，封殖子弟；及诸吕擅权，图危刘氏；而天下所以不倾动，百姓所以不易心者，徒以诸侯强大，磐石膠固；东牟、朱虚受命于内，齐、代、吴、楚作卫于外故也。向使高祖踵亡秦之法，忽先王之制；则天下已传，非刘氏有也。然高祖封建，地过古制；大者跨州兼郡，小者连城数十；上下无别，权侔京室：故有吴、楚七国之患。贾谊曰：'诸侯强盛，长乱起奸。夫欲天下之治安，莫若众建诸侯而少其力；令海内之势，若身之使臂，臂之使指；则下无背叛之心，上无诛伐之事。'文帝不从。至于孝景，猥用晁错之计，削黜诸侯；亲者怨恨，疏者震恐；

吴、楚倡谋，五国从风。兆发高帝，衅钟文、景；由宽之过制，急之不渐故也。所谓末大必折，尾大难掉；尾同于体，犹或不从；况乎非体之尾，其可掉哉！武帝从主父之策，下推恩之令。自是之后，齐分为七，赵分为六；淮南三割，梁、代五分；遂以陵迟，子孙微弱；衣食租税，不预政事；或以酎金免削，或以无后国除。至于成帝，王氏擅朝。刘向谏曰：'臣闻公族者，国之枝叶；枝叶落，则本根无所庇荫。方今同姓疏远，母党专政；排摈宗室，孤弱公族：非所以保守社稷，安固国嗣也。'其言深切，多所称引；成帝虽悲伤叹息而不能用。至于哀、平，异姓秉权。假周公之事，而为田常之乱；高拱而窃天位，一朝而臣四海。汉宗室王侯，解印释绂，贡奉社稷，犹惧不得为臣妾；或乃为之符命，颂莽恩德：岂不哀哉！由斯言之，非宗子独忠孝于惠、文之间，而叛逆于哀、平之际也；徒权轻势弱，不能有定耳。赖光武皇帝挺不世之姿，擒王莽于已成，绍汉嗣于既绝：斯岂非宗子之力也？而曾不监秦之失策，袭周之旧制；踵(王)〔亡〕国之法，而侥幸无疆之期。至于桓、灵，阉竖执衡；朝无死难之臣，外无同忧之国；君孤立于上，臣弄权于下；本末不能相御，身首不能相使。由是天下鼎沸，奸凶并争；宗庙焚为灰烬，宫室变为榛薮；居九州之地，而身无所安处。悲夫！

魏太祖武皇帝，躬圣明之资，兼神武之略；耻王纲之废绝，愍汉室之倾覆；龙飞谯、沛，凤翔兖、豫；扫除凶逆，翦灭鲸鲵；迎帝西京，定都颍邑：德动天地，义感人神。汉氏奉天，禅位大魏；大魏之兴，于今二十有四年矣。观五代之存亡而不用其长策，睹前车之倾覆而不改于辙迹。子弟王空虚之地，君有不使之民；宗室窜于闾阎，不闻邦国之政；权均匹夫，势齐凡庶；内无深根不拔之固，外无磐石宗盟之助：非所以安社稷，为万世之业也！且今之州牧、郡守，古之方伯、诸侯；皆跨有千里之土，兼军武之任；或比国数人，或兄弟并据；而宗室子弟，曾无一人间厕其间，与相维持：非所以强干弱枝，备万一之虞也！今之用贤，或超为名都之主，或为偏师之帅；而宗室有文者必限小县之宰，有武者必置百人之上；使夫廉高之士，毕志于衡轭之内；才能之人，耻与非类为伍：非所以劝进贤能，褒异宗室之礼也！夫泉竭则流涸，根朽则叶枯；枝繁者荫根，条落者本孤。故语曰'百足之虫，至死不僵'，以扶之者众也。此言虽小，可以譬大。且墉基不可仓猝而成，威名不可一朝而立；皆为之有渐，建之有素。譬之种树，久则深固其本根，茂盛其枝叶；若造次徙于山林之中，植于宫阙之下；虽壅之以黑坟，暖之以春日；犹不救于枯槁，而何暇繁育哉！夫树犹亲戚，土犹士民；建置不久，则轻下慢上：平居犹惧其离叛，危急将若之何？是以圣王安而不逸，以虑危也；存而设备，以惧亡也。故疾风猝至而无摧拔之忧，天下有变而无倾危之患矣！”

冏，中常侍兄叔兴之后，少帝族祖也。是时，天子幼稚，冏冀以此论感悟曹爽；爽不能纳。

【译文】

武皇帝有二十五个儿子：卞皇后生文皇帝曹丕、任城威王曹彰、陈思王曹植、萧怀王曹熊；刘夫人生愍王曹昂、相殇王曹铄；环夫人生邓哀王曹冲、彭城王曹据、燕王曹宇；杜夫人生沛穆王曹林、中山恭王曹衮；秦夫人生济阳怀王曹玹、陈留恭王曹峻；尹夫人生范阳闵王曹矩；王昭仪生赵王曹幹；孙姬生临邑殇公子曹上、楚王曹彪、刚殇公子曹勤；李姬生谷城殇公子曹乘、郡戴公子曹整、灵殇公子曹京；周姬生樊安公曹均；刘姬生广宗殇公子曹棘；宋姬生东平灵王曹徽；赵姬生乐陵王曹茂。

丰愍王曹昂，字子修。二十岁左右被举荐为孝廉。随从太祖南征，被张绣杀害。没有儿子。黄初二年(公元 221)，被追加封爵和谥号，为丰悼公。

黄初三年(公元 222)，让樊安公曹均的儿子曹琬，做曹昂的后代，封为中都公。当年迁移封地，为长子公。黄初五年(公元 224)，追加曹昂封号为丰悼王。太和三年(公元 229)，修改曹昂的谥号为愍王。嘉平六年(公元 254)，让曹琬继承曹昂的爵位为丰王。正元、景元年间，屡次给他增加封邑；连同以前的共有二千七百户。曹琬去世，谥为恭王。曹琬的儿子曹廉继承了他的爵位。

相殇王曹铄，早死。太和三年(公元 229)，追加封爵、谥号。青龙元年(公元 233)，曹铄的儿子愍王曹潜继承爵位，当年去世。青龙二年(公元 234)，曹潜的儿子怀王曹偃继承爵位，封邑二千五百户。青龙四年(公元 236)，去世。曹偃没有儿子，封国废除。

正元二年(公元 255)，让乐陵王曹茂的儿子阳都乡公曹竦继承曹铄，做他的后代。

邓哀王曹冲，字仓舒。少年时就聪明懂事。五六岁时，智慧思维所达到的水平，就像成年人那样了。当时孙权曾送来一只很大的象，太祖想要知道象的重量；询问各位下属，都想不出办法来。曹冲说："把象放在大船上面，在船体上刻下水痕到达的记号；再称量重物装上船到达同样的刻度，那么计算以后就可以知道了。"太祖大为高兴，马上施行了这个办法。

当时军队国家事务繁多，施用的刑罚又严又重。太祖的马鞍在仓库里被老鼠咬坏了；管理仓库的吏役害怕要被处死，想要自己反绑双手去坦白罪过，仍然惧怕不能免罪。曹冲对他说："等待三天，然后你再去自首认罪。"曹冲于是拿刀戳破自己的单衣，就像老鼠咬坏的一样；然后装出不高兴，脸上一副发愁的样子。太祖问他为什么，曹冲回答说："民间风俗认为老鼠咬破衣服，主人就会不吉利。现在我的单衣被老鼠咬破了，所以发愁。"太祖说："这是瞎说嘛！用不着难过了。"不久管库的吏役把老鼠咬马鞍的事情汇报了，太祖笑着说："我儿子的衣服就在身旁，尚且被咬；何况是挂在柱子上的马鞍呢？"一点也没有追查。曹冲心地仁慈，识见通达，都像这样。本来犯罪应被处死，却被曹冲委婉含蓄加以分辩申诉而得到救助宽宥的，前后有几十人。

太祖多次对大臣称赞曹冲，有想要把权位传给他的意思。建安十三年(公元208)，曹冲十三岁时得了重病。太祖亲自为他向神灵请求延长生命；曹冲死时，太祖极为哀痛。文帝曹丕宽解劝慰太祖，太祖说："这是我的不幸，却是你们的幸运啊！"一说到曹冲就流下眼泪，还为曹冲聘了甄家已死的女儿与他合葬；追赠他骑都尉的印绶，又命宛侯曹据的儿子曹琮，做曹冲的后代。

建安二十二年(公元217)，封曹琮为邓侯。

黄初二年(公元221)，追赠谥号给曹冲为邓哀侯；又追加爵号为邓公。黄初三年(公元222)，晋升曹琮的爵位，改封为冠军公。黄初四年(公元223)，改封为己氏公。太和五年(公元231)，追加曹冲爵号为邓哀王。景初元年(公元237)，曹琮因为在皇宫的中尚方署为自己制作御用器物而犯罪，被削减封邑三百户，贬爵为都乡侯。景初三年(公元239)，恢复爵位为己氏公。正始七年(公元246)，转封为平阳公。景初、正元、景元年间，屡次为曹琮增加封邑；连同以前的共有一千九百户。

彭城王曹据，建安十六年(公元211)，封为范阳侯。建安二十二年(公元217)，改封为宛侯。

黄初二年(公元221)，晋升爵位为公。黄初三年(公元222)，晋升爵位为章陵王；当年迁移封地到义阳。文帝考虑到南方地势低下气候潮湿，又因为曹据的母亲环太妃是彭城人，所以迁移曹据的封地到彭城。后又迁移到济阴。黄初五年(公元224)，文帝下诏说："前代帝王建立国家，随着时势的变化而修改制度。汉高祖比秦朝增加了郡的数量；到了汉光武帝，因为全国人口减少，合并减少了郡县。拿目前来比较，郡的数量就更不如那时多了。现在把亲王的封地从郡缩小为县。"曹据改封在定陶县。

太和六年(公元232)，又改封亲王，仍然都以一郡为封地；曹据又封为彭城王。景初元年(公元237)，曹据因为私自派人到皇宫的中尚方署为自己制作御用器物而犯罪，削减封邑两个县，共一千户。景初三年(公元239)，恢复了所削减的封邑。正元、景元年间，屡次为曹据增加封邑；连同以前的共四千六百户。

燕王曹宇，字彭祖。建安十六年(公元211)，封为都乡侯。建安二十二年(公元217)，改封为鲁阳侯。

黄初二年(公元221)，晋升爵位为公。黄初三年(公元222)，晋升爵位为下邳王。黄初五年(公元224)，迁移封地到单父县。太和六年(公元232)，改封为燕王。明帝少年时和曹宇在一起居住，特别喜爱他；明帝即位以后，对曹宇的恩宠赏赐都比其他各王优厚。青龙三年(公元235)，征召曹宇入朝。景初元年(公元237)，返回邺县。

景初二年(公元238)夏天，又征召曹宇到京都。这年的冬十二月，明帝病重，任命曹宇为大将军，把后事托付给他。受到任命四天之后，曹宇坚决辞让；明帝的主意也改变了，于是免去了曹宇的官职。景初三年(公元239)夏天，曹宇回到邺县。景初、正元、景元年间，屡次为曹宇增加封邑；连同以前的共有五千五百户。

常道乡公曹奂，就是曹宇的儿子，进宫做了皇位继承人。

沛穆王曹林，建安十六年(公元211)，封为饶阳侯。建安二十二年(公元217)，迁移封地到谯县。黄初二年(公元221)，晋升爵位为公。黄初三年(公元222)，晋升爵位为谯王。黄初五年(公元224)，封地从谯郡缩小为谯县。黄初七年(公元226)，迁移封地到鄄城。太和六年(公元232)，改封为沛王。景初、正元、景元年间，屡次为曹林增加封邑；连同以前的共有四千七百户。

曹林去世，他的儿子曹纬继承爵位。

中山恭王曹衮，建安二十一年(公元216)，封为平乡侯。少年时喜好学习，十几岁就能写文章。每次读书，文学辅导官员和左右近侍常常担心他精力损耗过度而得病，屡次劝阻他；但他性情喜欢读书，不能中止。建安二十二年(公元217)，迁移封地，为东乡侯；当年又改封为赞侯。

黄初二年(公元221)，晋升爵位为公，官员下属都向他祝贺，曹衮说："我生长在深宫之中，不知收种庄稼的艰难，有很多骄奢享乐的过失。各位贤者已经庆贺了我的喜庆事，也应该帮助我弥补缺陷。"

每次兄弟们游玩娱乐时，曹衮总是独自深思经典。文学侍从和监督官员们互相商议说："我们接受诏命监察公爵的举止，有了过失应当上奏；有了好事也应当上报，不能隐瞒他的优点啊！"于是一同上表，称赞陈述曹衮的美德。曹衮知道了，极为惊恐，召见责备这些官员说："提高自身修养和谨守本分，不过是普通人的行为罢了；诸位却报告给上面知道，这恰恰会为我增加负担和拖累。再说如果有优点，何必担心别人不知道；却急急忙忙一起这样做，这可不是对我有益的事啊！"他的警惕慎重就像这样。

黄初三年(公元222)，曹衮封为北海王。当年，有黄龙出现在邺县西边的漳水中，曹衮上书赞颂这件事。文帝下诏赏赐给他黄金十斤，诏书说："过去唐叔把祥瑞的谷穗献给周成王，东平王刘苍向光武帝献上颂文；都是对骨肉亲属奉上的赞美，以表彰美好的亲人。北海王对文献典籍有精深的研究，钻研和品味其中的真理，文雅的气质光彩焕发；我很是赞赏他！北海王应该更加谨慎地培养自己的品德，使你美好的名声完美无缺。"黄初四年(公元223)，改封曹衮为赞王。黄初七年(公元226)，迁移封地到濮阳。

太和二年(公元228)，他到达封地，崇尚节约俭朴，要求妻妾纺线织补，学习做普通家庭妇女所做的事。太和五年(公元231)冬天，曹衮到京都朝见。太和六年(公元232)，改变封地到中山。当初，曹衮前来朝见时，违犯了京都的禁令。青龙元年(公元233)，有关官员上奏弹劾曹衮。明帝下诏说："中山王素来恭敬谨慎，偶然出现这样的问题。还是从宽处理这事吧。"主管官员坚持要追究。明帝下诏削减曹衮的封邑两县，共七百五十户。曹衮忧虑害怕，告诫约束属下官员更加谨慎；明帝赞赏他的心意，在青龙二年(公元234)，恢复了所削减的封地。青龙三年(公元235)秋天，曹衮得了病，明帝下诏派遣御医为他看病；不断派出皇宫殿堂的警卫武士带着手令和赏赐的珍贵膳食去探望，又派遣曹衮的母亲杜太妃、胞兄沛王曹林一起去他的封地探视病情。

曹衮病危时，向属下官员下达指令说："我缺少德行，愧受恩宠，现在我的生命将要走到尽头了。我生性喜好俭朴，而先皇帝也有关于丧葬问题的制度，作为全国遵行的法典。我断气的时候，从遗体入殓到下葬，务必遵奉先皇帝诏书的规定。过去卫国大夫蘧瑗埋葬在濮阳县，我看到他的坟墓，常常想到他遗留的风范，我希望依托于贤人的灵魂长眠地下；修造我的坟墓时，地址一定要选在他的墓近旁。《礼记》上说：'男子不死在妇人手里。'赶快抓紧建成东堂。"东堂建成后，曹衮把它命名为"遂志之堂"，带病让人抬到那里去居住。

又命令继承自己王位的儿子说："你还太小，不懂得为人应遵守的原则和规矩，这么早就成了王爷；只知道乐，不知道苦；不知道苦，必将会有骄傲奢侈的过失。接待大臣，务必遵照礼仪；即使不是大臣，对老人也应该行跪拜礼来答谢。对待哥哥要恭敬，照顾弟弟要慈爱；兄弟当中有不好的行为，应当亲切谈心劝谏他们；劝谏不听从，就流着泪给他们讲道理；讲道理还不改，那就秉告他们的生母；要是仍然不改，就应当上奏给天子知道，一起辞掉封地：与其凭借恩宠而遭到灾祸，不如过贫贱生活以保全生命。当然这指的是大罪恶了。至于微细的过错，就应当为他们掩盖。你这个小孩子啊，要谨慎地修养自身；对朝廷要忠诚坚贞，对太妃要孝顺恭敬。家里的事应听奉太妃的指示；外面的事应接受伯父沛王的教导。你的心不要懈怠，以此来安慰我的灵魂。”当年曹衮去世。明帝下诏让他的胞兄沛王曹林留在那里等丧事办完；又派大鸿胪持有节杖，前去主持办理丧事，宗正前去吊唁祭奠，赠送的丧葬礼品十分丰厚。

曹衮著有文章共两万多字。文学才华不如陈思王曹植但爱好相同。

曹衮的儿子曹孚继承王位。景初、正元、景元年间，屡次为曹孚增加封邑；连同以前的共有二千四百户。

济阳怀王曹玹，建安十六年(公元211)，封为西乡侯。去世得早，没有儿子。建安二十年(公元215)，以沛王曹林的儿子曹赞继承曹玹的爵位和封邑，做他的后人；曹赞也去世得早，没有儿子。文帝又让曹赞的弟弟曹壹继承曹玹，做他的后代。黄初二年(公元221)，改封曹壹为济阳侯。黄初四年(公元223)，晋升曹壹为公爵。太和四年(公元230)追加曹玹爵号，谥为怀公。太和六年(公元232)，又升曹玹的爵号为怀王；追谥曹赞为西乡哀侯。曹壹去世，谥为悼公。他的儿子曹恒继承爵位。景初、正元、景元年间，屡次为曹恒增加封邑；连同以前的共一千九百户。

陈留恭王曹峻，字子安。建安二十一年(公元216)，封为郿侯。建安二十二年(公元217)，封地改到襄邑县。黄初二年(公元221)，晋升爵位为公。黄初三年(公元222)，封为陈留王。黄初五年(公元224)，改封在襄邑县。太和六年(公元232)，又封为陈留王。甘露四年(公元259)，曹峻去世。

他的儿子曹澳继承爵位。景初、正元、景元年间，屡次为曹澳增加封邑；连同以前的共有四千七百户。

范阳闵王曹矩，早死，没有儿子。建安二十二年(公元217)，让樊安公曹均的儿子曹敏继承曹矩，做他的后代，封为临晋侯。黄初三年(公元222)，给曹矩追加封爵、谥号，为范阳闵公。黄初五年(公元224)，改封曹敏为范阳王。黄初七年(公元226)，封地改到句阳。太和六年(公元232)，追加曹矩的封爵为范阳闵王；改封曹敏为琅邪王。景初、正元、景元年间，屡次为曹敏增加封邑；连同以前的共有三千四百户。曹敏去世，谥为原王。他的儿子曹焜继承爵位。

赵王曹幹，建安二十年(公元215)，封为高平亭侯。建安二十二年(公元217)，改封赖亭侯。当年改封弘农侯。黄初二年(公元221)，晋升爵位，迁移封地为燕公。黄初三年(公元222)，封为河间王。黄初五年(公元224)，改封乐成县。黄初七年(公元226)，封地改在钜鹿。太和六年(公元232)，改封为赵王。

曹幹的母亲，受太祖曹操宠爱。文帝曹丕之所以能成为帝位继承人，曹幹的母亲是出了力的。文帝临去世时，有遗诏关照曹幹，因此明帝对曹幹常常给以恩宠。

青龙二年(公元234)，曹幹私自交结宾客，被有关官员弹劾；明帝下诏书告诫教诲他，说："《周易》说是'创立国家和继承家业时，不要使用小人'，《诗经》也有'小人就像大车扬起的灰尘，遮人眼目'的诗句。太祖承受天命创建基业，深刻地看到了造成天下治乱的根源和影响国家存亡的关键；刚开始分封诸侯，就用恭敬慎重的至理名言教训他们，用天下正直的人士辅佐他们。常常引用马援对侄儿和部下的告诫，加重禁止诸侯与宾客互相交往的条令，以至于把这与犯有妖恶罪同样看待。他难道是要用这些措施来使亲属关系变得淡薄吗？只不过想使曹氏子弟不犯过失罪责，士人和民众没有受到伤害的悔恨罢了。高祖文皇帝即位后，恭敬慎重地处理天下大事，颁布了诸侯不再留在朝廷而各回自己封国的命令。我有感于《棠棣》一诗赞美了兄弟之间的友爱感情，而赞赏《采菽》一诗讽刺了周幽王对前来朝见的诸侯侮慢无礼；也根据先帝的诏书中有'如果诏书允许，诸侯也可以来到京都'这一条，所以制定了诸王定期进京朝见天子的礼仪。但是楚王、中山王一同触犯了私自交往宾客的禁令，与他们有关的赵宗、戴捷都因他们的罪过被处死。最近东平王又指使他的下属官员殴打寿张县的官吏，有关官员举报后，我只是给他削减封县的处罚。现今有关官员又举报曹纂、王乔等人乘曹氏家族节日聚会的时机，在赵王家里集会，不合时宜，都违背了禁令。我考虑赵王您年轻时候一直恭敬顺从，加上受到先帝临终关照，总想给您优待，并且延续到后代，何况是您本人呢？只要不是圣人，谁能没有过错呢？所以我已下诏要有关官员，要宽恕赵王您的过失。古人说过：‘真理虽然看不见，你仍然应当警惕谨慎；真理虽然不发声，你仍然应当畏慎小心；再没有比看不见的真理更清晰可见的了，再没有比幽微的真理更明显的了：所以君子在个人独处的时候也要极为谨慎。’请叔父您更加遵守先世圣人的教导，以继承先帝的遗命；战战兢兢，恭恭敬敬保守您的王位：以满足我的心愿。”

景初、正元、景元年间，屡次给曹幹增加封邑；连同以前的共有五千户。

临邑殇公子曹上，早死。太和五年(公元231)，追加封爵和谥号。没有后代。

楚王曹彪，字朱虎。建安二十一年(公元216)，封寿春侯。黄初二年(公元221)晋升爵位并迁移封地，为汝阳公。黄初三年(公元222)，封为弋阳王。当年改封为吴王。黄初五年(公元224)，改封在寿春县。黄初七年(公元226)，改封在白马县。太和五年(公元231)冬天，到京都朝见天子。太和六年(公元232)，改封为楚王。

当初，曹彪进京朝见时，违犯了禁令；青龙元年(公元233)，被有关官员弹劾，明帝下诏削减了他的封邑三县，共一千五百户。青龙二年(公元234)，遇到大赦，恢复了削减的封地。景初三年(公元239)，增加曹彪封邑五百户；连同以前的共有三千户。

嘉平元年(公元249)，兖州刺史令狐愚和太尉王凌，准备迎立曹彪为帝，在许昌建都。事情经过记载在本书《王凌传》中。朝廷派遣王傅和侍御史，去到他的封地核实验证，把有牵连的人都逮捕治罪。廷尉请求征召曹彪入京受审。于是依照汉朝惩治燕王刘旦的旧例，派人兼任廷尉、大鸿胪，持有节杖，赐给曹彪诏书严厉谴责他，让他自己打主意。曹彪被迫自杀；他的妻子和几个儿子都被贬为平民，流放到平原郡；曹彪手下的官员以及监国谒者，因为犯了知情而没有辅正教导的过错，都被处死；而曹彪的封地则被撤销。

正元元年(公元254)，皇帝下诏书说：“已故楚王曹彪，背叛国家依附奸人，自己被处死，后代被废弃；虽然是咎由自取，我还是哀怜他。容忍他人的过失，是加深亲属感情的方法；特封曹彪的继承人曹嘉，为常山郡真定县王。”景元元年(公元260)，为曹嘉增加封邑；连同以前的共有二千五百户。

刚殇公子曹勤，早死。太和五年(公元231)，追加封爵、谥号。没有后代。

谷城殇公子曹乘，早死。太和五年(公元231)，追加封爵、谥号。没有后代。

郿戴公子曹整，做了他堂叔父郎中曹绍的后代。建安二十二年(公元217)，封为郿侯。建安二十三年(公元218)，去世。没有儿子。黄初三年(公元222)，追加爵位，谥为戴公。让彭城王曹据的儿子曹范，做了曹整的后代。黄初三年(公元222)，封曹范为平氏侯。黄初四年(公元223)，改封在成武县。太和三年(公元229)，晋升爵位为公。青龙三年(公元235)，曹范去世。谥为悼公，没有后代。

青龙四年(公元236)，明帝下诏以曹范的弟弟东安乡公曹阐，为郿公，做曹整的后代。正元、景元年间，屡次为曹阐增加封邑；连同以前的共有一千八百户。

灵殇公子曹京，早死。太和五年(公元231)，追加封爵、谥号。没有后代。

樊安公曹均，做了叔父蓟恭公曹彬的后代。建安二十二年(公元217)，封为樊侯。建安二十四年(公元219)，去世。儿子曹抗继承爵位。黄初二年(公元221)，追封曹均为公爵，谥为安公。黄初三年(公元222)，改封曹抗为蓟公。黄初四年(公元224)，改封为屯留公。景初元年(公元237)，曹抗去世，谥为定公。

儿子曹谌继承爵位。景初、正元、景元年间，屡次给曹谌增加封邑；连同以前的共有一千九百户。

广宗殇公子曹棘，早死。太和五年(公元231)，追加封爵、谥号。没有后代。

东平灵王曹徽，做了叔父朗陵哀侯曹玉的后代。建安二十二年(公元217)，封为历城侯。黄初二年(公元221)，晋升爵位为公。黄初三年(公元222)，封为庐江王。黄初四年(公元223)，迁移封地，为寿张王。黄初五年(公元224)，改封为寿张县王。太和六年(公元232)，改封为东平王。

青龙二年(公元234)，曹徽指使属下官员殴打寿张县官吏，被有关官员弹劾。明帝下诏削减他的封邑一县，共五百户。当年又恢复封邑。正始三年(公元242)，曹徽去世。

他的儿子曹翕继承爵位。景初、正元、景元年间，屡次增加曹翕的封邑；连同以前的共有三千四百户。

乐陵王曹茂，建安二十二年(公元217)，封为万岁亭侯。建安二十三年(公元218)，改封为平舆侯。黄初三年(公元222)，晋升爵位并迁移封地，为乘氏公。黄初七年(公元226)，改封在中丘县。

曹茂性情傲慢凶横，小时候太祖一点不喜欢他。到了文帝的时候，又只有他没有封王。

太和元年(公元227)，改封为聊城公，当年封王。明帝的诏书说："过去象这个人为非作歹很厉害，而大舜仍然封他在有庳为侯；近代汉朝的淮南王刘长、阜陵王刘延，都是谋反作乱的人，尚且有的在生前就恢复了封爵，有的到了儿子时又重新赐给封地。这种做法，虞舜创建在上古时代；文帝、明帝、章帝实行在汉朝：这都是加深亲属感情的仁厚办法。聊城公曹茂，年轻时不习礼教，成年后不务正业。先帝认为古代封立诸侯，任命的都是贤良的人，周朝姬姓家族中就不一定都封侯；因此独独没有封曹茂为王。太皇太后屡次提及此事。听说曹茂近来稍微知道悔改过去的错误，想要在以后学习向善。君子看重别人的进步，不死死追究以往的过失。现在封曹茂为聊城王，以慰藉太皇太后对子孙的关爱和顾念。"

太和六年(公元232)，改封曹茂为曲阳王。正始三年(公元

242)，东平灵王曹徽去世，曹茂自称咽喉疼痛，不肯哭泣哀悼，起居出入像没事一样。有关官员上奏请求削除他的封地，皇帝下诏削减他一县，共五百户。正始五年(公元244)，封地改在乐陵；因为曹茂封地收租少，孩子多，朝廷又下诏恢复他的封邑，并且增加了七百户。嘉平、正元、景元年间，屡次为曹茂增加封邑；连同以前的共有五千户。

文皇帝共有九个儿子：甄氏皇后生明帝；李贵人生赞哀王曹协；潘淑媛生北海悼王曹蕤；朱淑媛生东武阳怀王曹鉴；仇昭仪生东海定王曹霖；徐姬生元城哀王曹礼；苏姬生邯郸怀王曹邕；张姬生清河悼王曹贡；宋姬生广平哀王曹俨。

赞哀王曹协，早死。太和五年(公元231)，追加封爵、谥号为经殇公。青龙二年(公元234)，又追改谥号。青龙三年(公元235)，曹协的儿子殇王曹寻，继承爵位。景初三年(公元239)，给曹寻增加封邑五百户；连同以前的共三千户。正始九年(公元248)，曹寻去世，没有儿子，封地废除。

北海悼王曹蕤，黄初七年(公元226)，明帝即位，立他为阳平县王。太和六年(公元232)，改封北海王。青龙元年(公元233)，去世。青龙二年(公元234)，让琅邪王的儿子曹赞，做曹蕤的后代，封为昌乡公。景初二年(公元238)，立曹赞为饶安王。正始七年(公元246)，改封文安王。正元、景元年间，屡次为曹赞增加封邑；连同以前的共有三千五百户。

东武阳怀王曹鉴，黄初六年(公元225)，立为王。当年去世。青龙三年(公元235)，赐给谥号。没有儿子，封地废除。

东海定王曹霖，黄初三年(公元222)，立为河东王。黄初六年(公元225)，改封馆陶县。

明帝即位，因为先帝临死前的关照，对曹霖的爱护恩宠，不同于其他各王。但曹霖性情粗暴，在家庭内，对婢妾常加残害。

太和六年(公元232)，改封东海王。嘉平二年(公元250)，去世。

他的儿子曹启继承爵位。景初、正元、景元年间，屡次给曹启增加封邑；连同以前的共有六千二百户。

高贵乡公曹髦，就是曹霖的儿子，进入皇宫做了帝位继承人。

元城哀王曹礼，黄初二年(公元221)，封为秦公，以京兆郡为封地。黄初三年(公元222)，改为京兆王。黄初六年(公元225)，改封为元城王。太和三年(公元229)，去世。太和五年(公元231)，让任城王曹楷的儿子曹悌，继承曹礼，做他的后代。太和六年(公元232)，改封曹悌为梁王。景初、正元、景元年间，屡次给曹悌增加封邑；连同以前的共有四千五百户。

邯郸怀王曹邕，黄初二年(公元221)，封为淮南公，以九江郡为封地。黄初三年(公元222)，晋升爵位为淮南王。黄初四年(公元223)，改封陈王。黄初六年(公元225)，改封邯郸王。太和三年(公元229)，去世。太和五年(公元231)，让任城王曹楷的儿子曹温，继承曹邕，做他的后代。太和六年(公元232)，改封曹温为鲁阳王。景初、正元、景元年间，屡次为曹温增加封邑；连同以前的共有四千四百户。

清河悼王曹贡，黄初三年(公元222)，封为王。黄初四年(公元223)，去世，没有儿子，封地废除。

广平哀王曹俨，黄初三年(公元222)，封为王。黄初四年(公元223)，去世，没有儿子，封地废除。

评论说：魏朝皇族的各个王公，空自享有封地的名义，并没有管理国土的实权；又受到严格禁令的防备阻隔，就像关在监狱之中的囚犯一般；爵位封号没有一定，封地大小年年改动；骨肉的感情被分离，《棠棣》一诗中歌颂的兄弟友爱关系遭到废弃：制定法规的弊端，竟然就到了这样的地步么！